M&A, DCF, 자산손상, PPA, 옵션, 스타트업,
DATA, 세법 등을 고려한

기업가치평가와 재무실사

이중욱 · 김성수 공저

SAMIL | 삼일인포마인

머리말

최근 가치평가는 다양한 목적으로 활발하게 이루어지고 있습니다. M&A와 같은 양수도/투자/철수/기업 구조재편 등이 기업의 성장 및 경제 환경의 적응 수단으로서 중요해지고 있으며, 회계상 공정가치 평가의 필요성 및 적정한 세무 목적 평가의 중요성이 나날이 커짐에 따라 가치평가는 기업뿐만 아니라 기업의 이해관계자들에게도 필수적인 사항이 되어가고 있습니다.

이렇게 가치평가에 관한 이야기를 주변에서 쉽게 접할 수 있음에도 불구하고 많은 사람들이 가치평가를 복잡하고 어려운 일로 생각합니다. 어떤 측면에서는 복잡하고 어려운 부분도 있는 것이 사실입니다. 그러나 가치평가의 핵심적인 개념 몇 가지를 명확히 이해한다면 단순하고 쉽게 이해할 수 있는 것 또한 사실입니다. 이 책은 가치평가는 누구나 쉽게 접근할 수 있다는 생각을 바탕으로 많은 사람들이 개념적 이해를 토대로 가치평가를 해내는 데 도움을 줄 목적으로 집필되었습니다.

이 책은 가치평가방법으로 실무에서 가장 많이 활용되고 있는 수익가치접근법 중 현금흐름할인법(DCF), 시장가치접근법(상대가치접근법), 자산가치접근법을 기본적으로 다루고 있으며, 법규상 평가방법으로서는 자본시장과 금융투자업에 관한 법률(이하 "자본시장법") 상 평가방법과 상속세및증여세법(이하 "상증법") 상 평가방법을 다루고 있습니다. 또한 회계상 공정가치 평가의 중요성이 강조되는 측면을 고려하여 사업결합원가 배분(PPA) 목적의 무형자산 평가 및 회계상 손상평가도 포함하였습니다. 이외에도 스타트업/신생 벤처기업의 평가, 기술이나 무형의 자산 또는 Intellectual Property(IP)만을 보유한 기업의 평가, 데이터 가치 평가, 다양한 사업부로 구성된 기업의 평가, Cross-border 평가(해외기업 평가), ESG가 기업가치에 미치는 영향과 같은 실무에서 접하게 되는 여러 상황에서 평가할 때의 고려사항을 추가하였으며, 전환상환우선주(RCPS)와 같은 옵션이 부여된 지분의 평가, 초과이익모형(RIM)과 같은 전통적인 평가방법 이외에 고려할 필요가 있는 평가방법도 포함하였습니다.

그리고 이번 개정판에서는 최근 평가현장에서 다루어지는 다양한 이슈에 대한 접근방법과 견해, 시장가치접근법 적용시 참고가 될 수 있는 다양한 시장데이터, 전통적인 주식가치평가방법의 하나인 배당할인모형을 추가하였습니다.

머리말

가치평가를 위해서는 평가대상 및 평가대상과 관련한 환경에 대한 충분한 이해가 필수적입니다. 이 책이 가치평가와 함께 실사(Due Diligence)를 다루고 있는 것은 가치평가 방법론만큼 중요한 것이 평가대상에 대한 "이해"의 과정이라고 보기 때문입니다.

앞서 언급한 바와 같이 이 책은 가치평가와 실사에 관심이 있거나 이러한 업무를 수행하고자 하는 분들에게 도움을 줄 목적으로 집필되었기 때문에 기본개념에 대한 이해, 필요한 절차 및 각 절차별 핵심사항, 실무상의 주요이슈, 예시 및 사례, 체크포인트 등이 중요한 부분을 차지하고 있습니다.

어떤 일을 하든지 기본 개념과 목적을 이해하는 것은 중요합니다. 특히 가치평가와 재무실사의 이해관계자는 너무 다양하고, 이렇게 다양한 이해관계자 모두에게 개념적인 부분에 대한 이해는 필수적입니다. 그래서 기본 개념에 대한 부분은 본문에서 다루는 내용과 별도로 "Key Concept"으로 핵심적인 내용을 쉽게 정리해 두었습니다.

실무 목적으로는 어떤 업무를, 어떤 절차를 통해 수행하는 것인지를 이해하는 것이 필요합니다. 그러나 단지 실무 목적이 아니더라도 업무 절차와 흐름을 이해하는 것은 가치평가와 재무실사의 내용과 본질을 이해하는 데에도 많은 도움을 줄 수 있습니다. 이 책에서는 필요절차를 설명하고 해당 내용을 절차별로 기술하고자 하였습니다. 절차별 내용을 설명하는 데 추가적인 설명이 필요한 경우에는 가능한 한 흐름을 끊지 않기 위해서 주석과 주기를 많이 활용하였습니다.

가치평가와 재무실사는 각각의 Case별로 다양한 상황에 직면하게 됩니다. 다양한 상황은 다양한 질문을 만들어내기 마련입니다. 이 책에서는 실무상 빈번하게 발생하는 이러한 질문들을 하나의 주제로 삼아 정리하였습니다. 특정 상황에서 지금까지 적용해오고 있는 방법을 이해하는 것은 빈번하게 발생하는 동일한 상황에서의 적용뿐만 아니라 다른 상황에서 다른 문제에 대한 해결책을 찾는 데에도 도움이 될 것입니다.

같은 맥락에서의 예시와 사례는 설명한 내용의 적용 방식을 이해하는 데 도움을 줄 수 있을 것이며, 다양한 방법론과 기준에 대한 활용 통계는 각각의 평가방법을 실무에 적용할 때 참고할 수 있을 것입니다. 또한 수익가치와 상대가치(multiple 평가)에 활용되는 다양한 실무 데이터를 조사하여 활용성과 이해가능성을 높이고자 하였습니다.

가치평가 및 재무실사를 하고자 하는 많은 사람들이 체크리스트를 필요로 합니다. 체크리스트는 중요한 사항을 놓치지 않고 완전성 있게 일을 마무리하기 위한 목적일 것입니다. 그러나 체크리스트가 의미가 있으려면 앞서 언급한 개념, 절차, 발생 가능한 주요 이슈들에 대한 이해가 바탕이 되어야 합니다. 체크리스트 그 자체만으로는 의미가 없다는 것이 필자의 생각입니다. 이 책에서도 그러한 목적으로 기본 개념과 절차, 주요 이슈를 고려하여 체크리스트를 작성하였지만, 필자의 생각으로는 이 체크리스트를 바탕으로 각각의 Case에 맞는 건별 체크리스트를 각자 만들어 보기를 권장합니다. 그리고, 그 과정에서 이 책이 도움이 될 수 있기를 희망합니다.

많은 분들께서 이 책의 집필에 도움을 주셨습니다. 먼저 아낌없는 격려와 함께 항상 곁에 있어준 가족에게 고맙다는 말을 전하고 싶습니다. 수많은 경험과 고민을 함께했던 삼일회계법인의 선배, 동료, 후배들에게도 감사드립니다. 이 책의 내용에 대해 소중한 의견을 주신 김상협, 이승훈, 이승섭, 손종현, 이수빈, 김용광, 장성욱, 김지훈, 정우재, 이문규, 김정, 이진행님께도 감사드립니다. 그리고 책을 쓰기 시작할 때부터 마무리가 될 때까지 최원호 회계사님과 박길동 회계사님께서 주셨던 조언과 의견은 이 책의 가치를 한 단계 더 높여주었습니다. 진심으로 감사드립니다.

책의 목적을 이해하고 전적으로 지원을 아끼지 않으셨던 삼일피더블유씨솔루션의 이희태 대표이사님, 조원오 전무님 및 편집부 식구들께도 감사드립니다.

함께 한다는 것은 누구에게나 소중한 것입니다. 필자가 책상 앞에서 이 책을 쓸 때에도 누군가 걸어왔던 길을 좇아 동료들과 함께 했던 경험들이 늘 함께 있었습니다. 마찬가지로 이 책이 여러분과 함께한다는 것이 그 동안 이 길을 걸었던 많은 선배, 동료와 함께한다는 의미가 되기를 바랍니다. 감사합니다.

2025년 2월
저자

차례

차 례

차례

차 례

차례

차례

차례

주요 약어 및 용어 정리

법규	
법인세법	법인세법
법인령	법인세법 시행령
법인칙	법인세법 시행규칙
소득세법	소득세법
소득령	소득세법 시행령
소득칙	소득세법 시행규칙
상증법	상속세 및 증여세법
상증령	상속세 및 증여세법 시행령
상증칙	상속세 및 증여세법 시행규칙
조특법	조세특례제한법
자본시장법	자본시장과 금융투자업에 관한 법률
공정거래법	독점규제 및 공정거래에 관한 법률
기관명	
금감원	금융감독원
공정위	공정거래위원회
Dart	Data Analysis, Retrieval and Transfer System(전자공시시스템)
회계 및 재무	
DCF	Discounted Cashflow method(현금흐름할인법)
FDD	Financial Due Diligence(재무실사)
EBITDA	Earnings before interest, taxes, depreciation and amortization
PV	Present Value(현재가치)
WACC	Weighted average cost of capital(가중평균자본비용)
Net Debt	순이자부부채
NOPLAT	Net Operating Profit less Adjusted Taxes(세후영업이익)
QoE	Quality of Earnings(이익의 질)
QoA	Quality of Assets
FCF	Free Cash Flow(잉여현금흐름)
CAPEX	Capital Expenditure(자본적지출)

CGU	Cash-generating unit(현금창출단위)
GAAP	Generally accepted accounting principles(일반적으로 인정되는 회계원칙)
IFRS	International Financial Reporting Standards(국제회계기준)
K-IFRS	한국채택국제회계기준
PPA	Purchase Price Allocation(사업결합 시 이전대가 배분, 매수가격배분)
IRR	Internal rate of return(내부수익률)
WARA	Weighted Average Return on Assets(가중평균투자수익)

* 상기 약어 및 용어는 별도의 설명이 없을 경우 위에서 설명한 의미로 사용되며, 상기 용어 이외의 주요 용어는 각 Chapter(장)에서 개별적으로 설명하고 있다.

제 **1** 장

가치평가의 정의, 종류, 절차

가치평가란 무엇인가?

1 가치평가의 개념

Key Concept

가치평가는 "이용 가능한 정보를 활용하여 합리적으로 값을 결정하는 과정"

가치(Value)는 우리 생활의 다양한 측면에서 사용되는 용어다. 도덕적, 철학적, 미적, 경제적 측면 등에서 사용되는 가치의 의미는 무엇인가의 "追求"에 대한 것이며, 이러한 "追求"에 "보편타당성을 지닌 객관성"의 확보를 통해 그 가치에 대한 사회적 합의 또는 이해관계자간의 합의가 이루어지는 "보편적 가치"에 도달하게 된다.

가치의 사전적 의미는 "<u>사물이 지니고 있는 쓸모</u>"라고 정의된다.[1] "쓸모"라는 부분도 상당히 주관적인 개념이다. 그러나, 이 주관적인 쓸모가 시장에서는 다른 누군가의 주관적 쓸모에 의해 다시 평가되는 과정을 거치게 된다. 이 과정은 주관이 객관성을 확보해 가는 과정일 것이다.

우리는 위와 같은 가치의 의미들에서 "합의"라는 단어에 주목할 필요가 있다.

가치평가(Valuation)는 평가대상에 대한 특정인의 기대치가 다양한 과정을 거쳐 이해관계자의 기대치와 이해 – 설득 – 합의를 이루는 과정이기 때문이다.[2]

금융감독원의 외부평가업무 가이드라인(2009.6.)에서도 공정시장가치(Fair Market Value)를 다음과 같이 정의하고 있다.

"대상자산에 대한 충분한 지식을 가진 자발적인 매수자와 자발적인 매도자가 합의할 수 있는 거래가격"

즉, 가치평가는 "이용 가능한 정보를 활용하여 합리적으로 값을 결정하는 과정"이라고

---

[1] 국립국어원 표준국어대사전
[2] 물론 모든 가치가 합의를 필요로 하는 것은 아니지만, 본서에서 논하고 있는 "가치평가"에서 "가치"의 의미는 그렇다.

볼 수 있으며, 여기서 합리적인 값이란 이해관계자가 **"합의"**할 수 있는 가격이 될 수 있을 것이다.

[Note 1] 가치평가를 위한 小考

- 가치평가의 결과는 숫자로 표현되지만, 숫자만 보아서는 평가 대상의 가치를 제대로 파악하지 못할 수 있다. 기업의 경영활동은 외부 경제요인, 산업환경에서부터 기업내부의 비재무적 사항들까지 다양한 요인들이 복합적으로 영향을 미친 결과로 나타나게 된다. 숫자로 나타나는 이러한 결과의 올바른 이해는 기업의 경영활동에 영향을 미치는 내·외부 요인을 충분히 이해할 때 가능할 것이다.
- 가치평가를 둘러싼 다양한 가정과 변수에 대한 이야기들이 충분히 이해 가능하고 합리적일 때, 이해관계자와 합의할 수 있는 평가결과에 도달할 가능성이 크다.
- 적절한 가치평가를 위해서는 정보를 객관적으로 바라볼 필요가 있다. 편견을 가지고 일부분의 정보만으로 전체를 판단하게 된다면 합리적인 평가가 어려울 것이다.
- 때로는 지나치게 복잡한 것보다는 비교적 단순한 것이 좋을 수도 있다. 복잡성은 이해가능성을 떨어뜨리고, 추정에 따른 불확실성을 오히려 증대시킬 수 있다.
- 가치평가는 평가 시점에 따라 결과가 달라질 수 있다. 평가시점에 따라 경영환경은 변할 수 있고, 이러한 변화는 기업의 성과와 위험의 수준에 대한 이해관계자의 기대에 영향을 미치게 되며, 이는 가치평가에도 영향을 미치게 된다.

---

2 다양한 가치의 개념

Key Concept

> "내재가치"는 평가대상의 자산 또는 역량 분석을 통해 평가되는 가치이고,
> "상대가치"는 비교대상의 가치를 통해 평가대상의 가치를 분석하는 것이다.

가치(Value)의 개념은 여러 가지 방식으로 정의되고 있으며 가치평가의 방법도 다양하다. 가치의 개념으로 흔히 언급되는 것은 Market Value(시장가치), Fair Value(공정가치), Investment Value(투자가치), Intrinsic Value(내재가치), Relative Value(상대가치) 등이 있다. 각각의 개념은 다음과 같이 설명될 수 있을 것이다.

[표 1-1] 다양한 가치의 개념

구분	정의
Market Value (시장가치)	일반적 의미로는 자발적인 매도자와 매수자가 상호 합의한 가격이며, 세무상[3] 정의는 건전한 사회통념 및 상관행과 특수관계자가 아닌 자간의 정상적인 거래에서 적용되거나 적용될 것으로 판단되는 가격을 말한다.
Fair Value (공정가치)	공정가치의 개념은 양당사자에게 공정한 결과를 가져오는 가격이다. 회계상 공정가치의 정의는 측정일 시점에 시장 참여자간의 정상거래에서 자산의 매도로 수취하거나 부채의 이전으로 지급하게 될 가격[4]을 말한다. *Fair Market value(**공정시장가치**)는 대상자산에 대한 충분한 지식을 가진 자발적인 매수자와 자발적인 매도자가 합의할 수 있는 거래가격이다.[5]
Investment Value (투자가치)	투자로 인한 추가적인 가치창출이 고려된 가치, 즉 현재 시점에서 투자자의 계획이나 시너지가 고려된 가치 개념이다.[6] *Value In Use(**사용가치**)는 회계기준 상 정의에 의하면 자산이나 현금창출단위에서 얻을 것으로 예상되는 미래현금흐름의 현재가치를 말한다.[7]
Intrinsic Value (내재가치)	내재가치는 기업의 본질적 가치의 의미로서 평가대상 기업의 고유한 재무상황 및 평가대상 기업이 갖는 현금흐름 창출 능력을 바탕으로 평가되는 가치이다.
Relative Value (상대가치)	상대가치는 평가대상기업과 유사한 기업의 가격을 통해 평가되는 가치이다.

Market Value(시장가치)나 Fair Value(공정가치)는 법규 등에서 규정하는 정의이거나, 다수의 시장참여자가 거래를 통해 형성하는 가치의 개념이고, Investment Value(투자가치)는 M&A 등과 같은 거래에서 투자자 입장의 가치 개념이라고 볼 수 있다.

이 중 가치평가 방법론과 관련하여 중요한 개념은 내재적 가치평가와 상대적 가치평가이다.[8] 가치평가방법론 측면에서 보면 자산가치접근법과 수익가치접근법이 내재가치의 개념으로 평가하는 것이고, 시장가치접근법이 상대가치 개념의 평가라고 볼 수 있을 것이다.

---

3) 법인세법 제52조
4) K-IFRS 제1113호 "공정가치 측정" 문단9
5) 금감원, 외부평가업무 가이드라인(2009.6.) 상의 정의
6) 회계상 공정가치와 사용가치의 개념은 M&A에 있어서 시장가치와 투자가치의 개념과 유사하다고 볼 수 있다.
7) 기업회계기준서 제1036호 "자산손상" 문단6. 회계상 정의에 의하면 공정가치는 시장관점에서 일반적으로 기대 가능한 수준의 가치라면 사용가치는 평가대상 회사의 관점(해당 사업을 영위하면 얻게 되는 고유한 시너지 등이 고려된)에서 기대 가능한 수준의 가치라는 차이점이 있다. 이에 대해서는 "제9장 회계상 공정가치 평가" 참조
8) 주식가치평가를 위한 작은 책, 에스워드 다모다란, 부크온, 2013 참고

3 가치평가의 목적 및 활용

가치평가는 우리의 일상에서 빈번하게 발생할 뿐만 아니라, 기업활동을 함에 있어서 다양한 목적으로 여러 분야에서 수행되고 있다.

[표 1-2] 기업활동에서 활용되는 가치평가의 예

> • 양수도를 위한 가치평가
>   - 지분 양수도, 영업양수도, 자산양수도 등
> • 합병을 위한 평가
> • 현물출자를 위한 재산 평가
> • 재무보고를 위한 공정가치 측정
>   - 자산손상, 무형자산 평가 등
> • 세무상 필요에 의한 평가
>   - 상속세 및 증여세법 상 비상장주식 평가
>   - 세무상 영업권 평가 등
> • 청산 시 잔여재산 분배를 위한 평가
> • IPO 등 기업 공개를 위한 평가

가치평가는 목적에 맞게 적절한 평가방법이 적용되어야 할 것이며, 평가방법은 기본적으로는 이해관계자간의 합의에 의해 결정된다. 그러나, 특정 상황의 경우에는 법규상 정해진 방법에 따라 평가가 이루어져야 한다. 상기 활용의 예 중에서는 자본시장법에서 규정하고 있는 상장법인과 비상장법인의 합병과 상증법에서 규정하고 있는 비상장주식의 평가가 법규에 따라 평가가 이루어지는 대표적인 경우라 할 수 있다.

Ⅱ　가치평가의 기본 가정

1　가치평가의 기본 전제

> **Key Concept**
>
> 가치평가의 기본 전제는 "**계속기업의 가정**"이다. 단, 특수한 경우 청산가정이 전제될 수 있다.

　가치평가를 함에 있어서 이해관계자들이 암묵적으로 동의하는 가장 기본적인 전제는 "**계속기업의 가정**(Going Concern consideration)"이다. 물론 청산을 전제로 하는 청산가치 접근법에 의한 평가의 경우나 목적사업을 위한 존속기간이 정해져 있는 회사의 평가와 같은 경우 등이 있기는 하지만 이러한 경우를 제외하고는 특별한 언급이 없더라도 계속기업의 가정이 전제되어 있다.

　일반적으로 기업의 목적은 영업활동을 통해 미래 현금흐름을 지속적으로 창출하여 가치를 높이는 데 있다고 본다. 계속기업의 가정이 전제되는 이유이다.

　그러나 현실적으로는 기업이 영구히 존재할 것이라는 가정은 불합리한 가정일 수도 있다. 케빈 케네디와 메리 무어의 '100년 기업의 조건'에 따르면, 세계 기업들의 평균 수명은 단 13년에 불과하고 30년이 지나면 80%의 기업이 사라진다고 한다. 우리나라의 경우도 1965년 100대 기업 중 1995년까지 살아남은 기업은 16개에 불과하며, 일본은 메이지유신 이후 100년간 100대 기업을 조사한 결과 기업의 평균 수명은 30년에 그친 것으로 밝혀졌다.[9] 평균적인 기업의 수명은 1935년에는 90년에 달하였는데, 1975년에는 평균 30년, 1995년에는 22년으로 단축 추세가 가속화되고 있으며, 급기야 2015년에는 15년 수준까지 떨어질 수도 있다고 예상한 조사도 있다.[10] 그럼에도 불구하고 100년 이상 지속하면서 꾸준히 성장해 가고 있는 회사가 있다는 것은 우리에게 시사하는 바가 크다.

　이처럼 기업의 생존기간이 영속이지 않음에도 불구하고 계속기업의 가정을 전제로 평가

---

9) 한국기업의 생존보고서, 한국경제연구원, 2008년 12월. 대한상공회의소 조사에 따르면 한국상장기업의 평균 생존기간은 32.9년으로 나타나고 있다(노컷뉴스, 2015.10.4.).
10) 기업의 장수비결은 변신과 질적 성장, POSRI 보고서, 2013년 7월

를 하는 이유는 기업의 생존기간을 예측하여 평가하는 것은 평가의 객관성을 저해할 우려가 있고, 기업의 목적 자체가 특수한 경우를 제외하고는 청산을 전제로 한 것이 아니며, 미래현금흐름할인법과 같은 평가방법에 있어서 장기간 이후의 현금흐름 가치가 현재의 기업가치에서 차지하는 비중이 크지 않기 때문일 것이다.[11]

청산가정은 기업가치의 평가 시 일반적인 가정은 아니다. 그러나 기업을 유지할 것인가 혹은 청산할 것인가의 의사결정 등이 필요할 때, 청산이 확정된 상황에서 잔여재산 배분 의사 결정이 필요할 때, 특수목적 기간 동안 기업이 존속할 것으로 예정되어 있는 기업의 평가 등에 사용될 수 있다.

예를 들면 기업이 정상적인 영업활동의 지속이 어렵다고 판단될 때, 계속기업의 가정을 통한 기업가치와 청산을 가정했을 때의 기업가치를 비교하게 된다. 일반적으로 회생절차를 밟는 기업들에 대하여 계속기업가정이 전제된 계속기업가치와 청산가치를 산정하여 비교함으로써 청산 여부를 결정하게 된다.

청산가정은 사업을 계속하지 않는다는 전제이므로 계속기업의 가정과는 필요한 정보와 판단의 기준에 있어서 상당한 차이가 있다. 예를 들어 다양한 자산의 집합을 통해 향후 지속적으로 창출할 것으로 예상되는 이익을 기준으로 가치를 산정하는 것이 계속기업의 가정이라면, 청산가정은 각 자산을 개별적으로 처분할 때의 가치이므로 개별자산의 처분가치와 처분에 소요되는 비용이 가치평가를 위해 필요한 중요한 정보가 된다.

2 가치평가의 기본적인 한계

완전히 객관적인 가치평가는 없을 것이다. 가치평가는 어떤 형태로든 주관이 개입될 여지가 크다. 그래서 가치평가는 객관성을 유지하기 위해 이해관계자들이 받아들일 수 있는 다양한 기준과 가정을 두고자 한다. 이러한 기준과 가정은 때로는 자본시장법이나 세법과 같이 해당 거래를 하는 모든 당사자가 따라야 하는 기준일 수도 있고, 금감원에서 제시한 외부평가업무 가이드라인과 같이 평가자가 따라야 하는 지침일 수도 있으며, 양 당사자가 해당 평가를 위해 합의한 가정과 기준일 수도 있다.

또한 가치평가는 현 상황에서 바라보는 관점으로서 1년 후 동일한 대상을 평가할 때는

11) 1백만원의 현금흐름이 매년 계속된다고 가정할 때 전체 가치에서 30년 이후 영구현금흐름이 차지하는 비중은 10% 할인율 적용 시 5.7%, 15% 할인율 적용 시 1.5% 수준이다. 미래현금흐름할인법에서 영구현금흐름 산정 시 영구성장률을 0%~1% 정도로 낮게 가정하는 경우는 성장과 침체가 반복되는 기업의 life-cycle과 실제적으로는 영속하지 않을 가능성 등이 복합적으로 고려된 결과로 볼 수 있다.

다른 결과가 나올 수 있다. 환경은 변할 수 있으며, 예측은 달라질 수 있고, 이는 복잡하게 추정한다고 해결될 수 있는 부분은 아니다. 다만 현시점에서 이용 가능한 정보를 바탕으로 이해관계자들이 타당하게 받아들여질 수 있는 가정을 통해 평가 결과를 도출하는 과정은 합리적일 필요가 있을 것이다.

가치평가방법론의 종류

> **Key Concept**
>
> • 3가지 기본 접근법: 수익가치접근법, 시장가치접근법, 자산가치접근법
> • 평가방법의 기본 개념은 Input과 Output, 즉 효익과 비용의 차이 분석이다. 평가방법은 효익과 비용 관측방법의 차이로 구분될 수 있다.

가치평가의 접근법으로는 크게 수익가치접근법, 시장가치접근법, 자산가치접근법 그리고 법규 상 평가방법이 있다.

다양한 가치평가방법에 공통적으로 내재된 기본 개념은 투자한 비용보다 효익이 더 크게 발생하는지 여부를 평가하는 것이다. 투자한 비용과 효익을 어떻게 분석하고 산출하는지만 다를 뿐이다.

수익가치접근법은 효익과 비용을 구성하는 요소별 분석을 통해 가치를 평가하는 방법이다. 자산가치접근법은 가치를 창출하는 구성항목의 분석을 통해 평가하는 방법으로, 자산과 부채는 효익과 비용의 결과물로 나타나게 된다. 시장가치접근법은 비교대상 유사회사 평가 결과가 시장에 나타나는 결과를 바탕으로 평가하는 상대가치(relative value)의 개념으로서, 직접적인 효익/비용 분석이 아닌 효익과 비용의 구조가 유사한 회사를 이용하여 가치를 평가하는 방법이다.

[표 1-3] 가치평가방법론의 종류

접근방법	평가 방식	주요 평가 모델
수익가치접근법 (Income Approach)	미래에 예상되는 효익과 비용을 가치로 전환시켜 평가대상을 측정하는 방법	기업현금흐름할인법 (FCFF: Free cash flow to Firm)
		주주현금흐름할인법 (FCFE: Free cash flow to Equity)
		조정현가법(APV: Adjusted Present Value)
		배당할인법(DDM: Dividend discount model)
		초과이익모형(RIM: Residual Income Model)

접근방법	평가 방식	주요 평가 모델
시장가치접근법 (Market Approach)	비교대상이 되는 유사기업의 가치로부터 평가대상기업의 가치를 추정하는 방법	EV / EBITDA Multiple
		EV / Revenue Multiple
		PER (Price to Earnings ratio)
		PBR (Price to Book Value ratio)
		PSR (Price to Sales ratio)
		가입자·이용자 당 가치 등 비재무적 지표 배수
자산가치접근법 (Asset-based Approach)	개별 자산 및 부채의 가치를 측정하여 합산하는 방법	장부가액법
		원가법
		조정순자산가액법
		공정가액법
		청산가치법
법규 상 평가방법	자본시장법 또는 세법상 규정에 의한 평가방법	자본시장법상 본질가치
		상속세 및 증여세법에 의한 주식가치

법규상 평가방법은 자산가치와 수익가치를 가중평균하는 방법을 기본으로 하고 있다. 이에 대한 보완으로 시장가치접근법을 두고 있으나, 일률적으로 유사기업을 정하는 데 한계가 있기 때문에 법규상 평가방법에서 시장가치접근법은 예외적으로 활용되고 있다.

다음은 각 평가방법론과 법규상 평가방법의 평가 시 접근방법을 그림으로 표시하였다.

[그림 1-1] 가치평가방법론의 접근방법

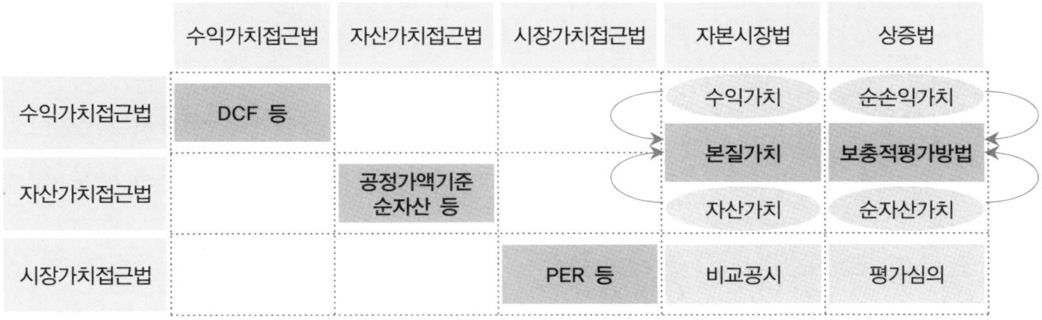

1 수익가치접근법

Key Concept

수익가치접근법의 핵심 요소는 "미래현금흐름(기회)"과 "할인율(위험)"이다.

기업이 보유한 유·무형의 자산으로 향후 얼마만큼의 수익(또는 현금흐름)을 실현시킬 수 있는가라는 관점, 즉 미래의 수익(현금)창출능력을 바탕으로 기업가치를 평가하는 것이 수익가치접근법이다. 이는 기업가치는 기업이 향후 창출할 것으로 기대되는 미래현금흐름의 현재가치로 평가된다는 논리에 근거한다.

[그림 1-2] 수익가치접근법의 기본 개념

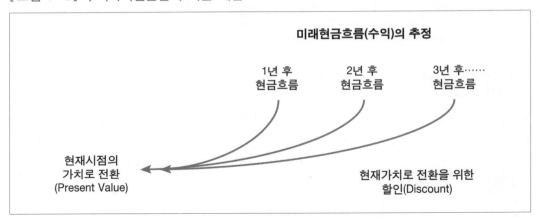

수익가치접근법은 주로 현금흐름으로 측정되며, 이 중 대표적인 방법이 현금흐름할인법(DCF[12])으로 일반적으로 가장 널리 활용되는 방법이다. 현금흐름할인법은 현금흐름의 귀속에 따라 다시 기업현금흐름할인법(FCFF), 주주현금흐름할인법(FCFE)으로 구분되기도 한다.

---

12) Discounted Cash Flow Method

[표 1-4] 수익가치접근법의 주요 평가 모델

주요 평가 모델	설명
기업현금흐름할인법 (Free cash flow to Firm)	• 이자비용 등이 차감되기 전 기업에 귀속되는 현금흐름을 타인자본 과 자기자본의 가중평균자본비용(WACC[13])으로 할인하여 기업가 치를 추정하는 방식 • 주주가치는 기업가치에서 차입금 등 타인자본을 차감하여 산정함. • WACC Approach로서 일반적으로 수익가치접근법 중 가장 널리 적 용되는 방식임.
주주현금흐름할인법 (Free cash flow to Equity)	• 이자비용, 차입금 상환액 등 타인자본에 귀속되는 현금흐름을 차감 한 후 주주의 귀속 현금흐름을 자기자본비용으로 할인하여 주주가 치를 추정하는 방식
조정현가법 (Adjusted Present Value)	• 기업 또는 자산에 대한 투자를 모두 자기자본으로 조달하였다고 가 정하여 평가한 가치에 타인자본 사용에 따른 절세효과를 가산하여 기업가치를 추정하는 방식
배당할인법 (Dividend Discount Model)	• 미래 기대되는 배당의 현재가치를 통해 주주지분(자기자본)의 가치 를 추정하는 방식
초과이익모형 (Residual Income Model)	• 평가시점의 자기자본가액에 향후 정상이익을 초과한 이익의 현재가 치를 합한 가액으로 가치를 평가

수익가치접근법의 가장 중요한 두 가지 요소는 **"미래현금흐름"**과 **"할인율"**이다. 이는 기 업이 영업활동을 하면서 맞게 되는 기회와 위험을 어떻게 이해하고 해석하느냐의 문제이기 도 하다.[14]

"미래현금흐름"은 Income Approach의 가장 기본적인 요소로서, 미래 예상되는 경제적 이익의 합이 기업가치라는 개념의 출발점이다.

미래현금흐름에 기회비용, 영업위험, 재무위험 등이 고려된 "할인율"을 반영하여 가치를 산정하므로, 할인율이 적절히 추정되지 않으면 가치평가는 역시 왜곡될 수 있다.

미래현금흐름과 할인율은 대상회사의 특성과 상황, 시기 등에 따라 산정방법이 달라질 수 있으며, 대상회사의 특성과 경영환경 등을 고려하여 가치평가를 하여야 할 것이다.

---

13) Weighted Average Cost of Capital
14) 3가지 요소로 본다면, 현금흐름, 할인율, 성장률이 될 수 있다.

2 시장가치접근법

> **Key Concept**
>
> 시장가치접근법에서 가장 중요한 사항은 "비교 가능한 자산(유사회사 등)"과 "Value driver(비교 요소)"의 파악 및 일관성 있는 적용이다.

수익가치접근법이나 자산가치접근법이 회사의 수익활동 또는 보유자산에 대한 분석을 바탕으로 평가를 하는 내재가치에 기초한 평가방법이라면, 시장가치접근법은 상대적으로 시장의 상황에 따라 평가되는 방법이라고 할 수 있겠다.

시장가치접근법의 가장 대표적인 방법은 "시가"일 것이다. 상장기업의 경우 주식시장에서 거래를 통해 가격이 형성되고, 이때의 가격이 시장가치가 된다. "시가"는 이론적으로는 자산가치 혹은 수익가치에 기반한 내재가치를 통해 평가되어야 하겠지만, 현실적으로는 시장 상황의 변화에 많은 영향을 받음으로써 내재가치와는 차이가 있다고 일반적으로 받아들여지고 있다.[15]

시장가치접근법은 상대적 가치 접근법(Relative method)이다. 일반적으로 시장가치접근법을 적용할 때 유사회사의 가치와 비교를 통해 대상회사의 가치를 추정하기 때문이다. 그렇기 때문에 시장가치접근법에서 중요한 사항은 **"비교가 가능한 유사한 자산을 파악하는 것(비교대상회사의 선정)"**과, 유사한 자산과 비교를 할 때 **"어떤 요소(Key value driver)를 기준으로 비교를 할 것인지"**를 분석하는 것이다. 비교 요소는 보통 이익(Earnings)이나 EBITDA[16]와 같은 재무적 지표가 활용되지만, 산업에 따라서는 MAU[17]와 같은 비재무적 지표가 활용되기도 한다. 또한 비교대상회사를 선정할 때에는 평가대상회사와 영업위험 및 재무위험[18]이 유사한 회사를 선정하여야 한다.

시장가치접근법은 그 자체로 대상자산을 평가하는 방법으로 활용되지만, 때로는 수익가치접근법의 적정성에 대한 검증 목적으로 활용되기도 하고, 다른 평가방법을 적용할 때 보

---

15) 또한 주가의 계속적인 변동으로 어느 시점의 주가를 적용하느냐에 따라 평가결과가 달라질 수 있다. 이에 대해서는 "제4장 시장가치접근법"에서 자세히 다루기로 한다.

16) EBITDA: EBIT(영업이익)+D(depreciation, 감가상각비)+A(amortization, 무형자산상각비)

17) MAU: Monthly Active User(월 활성사용자)

18) 영업위험은 미래 매출의 불확실성, 미래 영업이익의 변동 가능성을 의미하고, 재무위험은 자금조달과 관련된 위험(부채금액의 크기와 속성에 따라 주주에게 귀속되는 미래 이익의 변동성이 달라질 수 있는 위험)을 의미한다.

완적 방법으로 활용되기도 한다.[19] 또한 다양한 재무적·비재무적 지표를 통해 동 업종의 가치를 비교 분석함으로써 산업의 핵심가치창출요소(Key value driver)[20]가 무엇인지 파악하기 위해 목적으로 활용되기도 한다.

일반적으로 수익가치접근법이 이론상 합리적인 평가방법이라고 하지만, 추정의 불확실성으로 인해 시장가치접근법의 적용가능성이 높은 경우에는 시장가치접근법이 더 적극적으로 활용되기도 한다. 특히, 평가방법의 특성 상 매매 등의 거래와 관련된 평가에 많이 활용된다. 시장가치접근법이 이렇게 많이 활용되는 이유는 시장상황을 가치평가에 적극적으로 반영할 수 있다는 점도 있지만 무엇보다도 그 추정방법의 단순함과 명확함으로 인해 이해가능성이 높다는 점 때문일 것이다. 그러나, 회사마다 고유의 위험 속성이 다를 수 있고, 유사회사의 선정 등이 적절하게 이루어지지 않는다면 적정한 평가가 이루어지지 못할 수도 있다.

[표 1-5] 시장가치접근법의 주요 평가모델

구분	주요 평가모델	설명
Enterprise Multiple[21]	EV/ EBITDA Multiple, (또는 EV/ EBIT)	유사회사의 기업가치와 EBITDA(또는 EBIT) 배수를 통해 대상회사의 기업가치 추정
	EV/ Revenue	유사회사의 기업가치와 매출 배수를 통해 대상회사 기업가치 추정
Equity Multiple	PER(Price to Earnings ratio)	유사회사 주가와 주당순이익 배수를 통해 대상회사의 주가 (자기자본 가치) 추정
	PBR(Price to Book Value ratio)	유사회사 주가와 주당순자산 배수를 통해 대상회사의 주가(자기자본 가치) 추정
기타	MAU, ARPU,[22] RPB,[23] 등의 산업별 경쟁 지표	산업별 핵심경쟁요소에 따른 가치 비교를 통해 대상회사의 가치를 추정

---

19) DCF(미래현금흐름할인법)에서 비영업자산을 평가할 때 또는 자산가치평가시 시장성 있는 자산의 평가에 시장가치를 적용하는 것이 그 예가 될 수 있음.

20) Key Value Driver의 파악은 동 업종의 가치 비교에 적합한 지표(Indicator)의 파악을 가능하게 하고, 이를 통해 효과적인 상대가치분석뿐만 아니라 기업의 상대적인 경쟁력, 성장잠재력 등의 분석도 가능하게 한다.

21) EV(Enterprise value)는 기업가치를 의미한다. 기업가치는 영업가치와 비영업가치를 합한 가치이다. 그러나 통상적으로 EBITDA와 비교되는 EV는 영업가치(비영업가치가 제외된) 개념이다. 비영업가치가 중요하지 않다면 EBITDA와 비교되는 EV를 기업가치로 보아도 되지만, 비영업가치가 중요할 경우에는 EV를 영업가치 개념으로 보고, 비교대상 유사회사와 평가대상회사 모두 비영업가치를 별도로 고려해 주어야 할 것이다.

22) ARPU: Average Revenue Per User

23) RPB: Revenue Per Box

시장가치접근법을 적용할 때에는 일관성 있는 적용이 중요하다. 물론 다른 평가방법에 있어서도 논리적으로 일관성 있는 전개가 필요하지만 시장가치접근법은 비교가 핵심적 요소인 만큼 각 요소들을 일관성 있게 비교하는 것이 중요하다.

일관성은 두 가지 관점에서 필요하다. 하나는 비교요소간의 논리적 부합 여부이다. 만약 재무구조가 상이한 회사에 대해 주가(Price)와 매출(Sales) 배수를 비교한다면, 이자비용의 발생이나 차입금의 가치가 배수 비교에 반영되지 못하여 논리적인 결과를 이끌어 내지 못할 수 있다. 매출은 타인자본(차입금 등)과 자기자본이 모두 기여한 것이므로 이러한 경우에는 타인자본과 자기자본이 모두 포함된 EV(Enterprise Value)와 같은 기업가치와 비교되는 것이 더욱 논리적이라는 것이다. 두 번째는 비교대상회사와 평가대상회사를 동일한 기준으로 비교하여야 한다는 것이다. EV/EBITDA를 계산하면서 평가대상회사는 비영업자산을 차감한 배수를 적용하면서, 비교대상회사는 이를 포함한 배수를 적용한다면 논리성이 낮은 비교라 볼 수 있다.

3 자산가치접근법

> **Key Concept**
>
> - 평가대상이 자산가치접근법에 부합하는지에 대한 판단이 필요하다. 자산이 독립적으로 수익창출을 하거나 비교적 자산대비 수익률이 낮은 상황에서 자산가치접근법의 활용이 고려될 수 있다.
> - 평가대상이 보유한 개별 자산과 부채에 대한 이해를 바탕으로 각 자산부채의 평가 기준을 정하여야 한다.

자산가치접근법은 기본적으로 평가대상이 보유하고 있는 자산에서 부채를 차감한 순자산 가치를 이용하여 평가대상의 가치를 산정하는 방법이다. 여기서 자산과 부채를 어떠한 방식으로 측정하느냐에 따라 장부가액법, 실사가액법, 공정가액법, 청산가치법 및 대체원가법 등으로 구분될 수 있다.

상대적으로 이해하기 쉽고 평가가 간편하여 가치평가 시에 기본적 평가방법으로 사용된다.

자산가치접근법은 다른 가치평가방법에서 보완적으로 활용되거나 비교목적으로 평가되기도 한다. 예를 들어 현금흐름할인법으로 평가 시 비영업자산을 평가할 때 자산가치접근법이 활용되기도 하며, 자본시장법이나 상증법과 같은 법규상 가치평가의 경우에는 수익가치와 자산가치를 가중평균하여 가치를 평가하도록 하고 있다.

자본시장법 상 평가를 위한 가치평가 가이드라인인 '외부평가업무 가이드라인[24]'은 시장가치접근법과 함께 자산가치접근법을 우선적으로 고려할 필요가 있는 경우를 예시하고 있으며, 상증법 상 보충적 평가규정은 순자산가치만으로 주식가치를 평가하는 경우를 규정하고 있다. 이를 비교하면 다음과 같다.

[표 1-6] 외부평가업무 가이드라인과 상증법 상 순자산가치 평가 규정 비교

외부평가업무 가이드라인(자본시장법 상 평가)	상증법 상 순자산가치 평가 규정
• 영업활동을 수행하지 않고 부동산이나 타 회사의 지분을 보유함으로써 이익을 얻는 지주회사 유형	• 부동산이나 주식이 자산총액 중 80% 이상인 법인
• 신생 벤처기업, 설립된 지 5년 미만인 경우, 건설중인 자산 등	• 3년 미만의 법인, 잔여 존속기간이 3년 이내인 법인
• 적자기업	• 휴업·폐업중인 법인[25]
• 청산을 전제로 한 기업	• 청산절차가 진행중이거나, 사업의 계속이 곤란한 경우

외부평가업무 가이드라인에서 우선적으로 고려한다는 의미는 수익가치접근법의 적용이 항상 불합리하다는 의미는 아니다. 신생 벤처기업이나 설립된 지 5년 미만의 법인이라도 미래현금흐름에 대한 합리적인 추정이 가능하다면 적용이 가능할 것이고, 부동산 보유회사일지라도 임대용 부동산을 소유하면서 임대수익이 주력 사업인 경우에는 수익가치접근법의 적용에 대한 고려가 필요한 것이다.

[표 1-7] 자산가치접근법의 주요 평가모델

주요 평가모델		설명
순자산가액법	장부가액법	기업회계기준에 따라 작성된 재무상태표상의 순자산가액(총자산 - 총부채)으로 평가하는 방법
	공정가액법, 조정순자산가액법, 실사가치법	**공정가액법**은 장부상의 각 자산, 부채를 공정가액으로 평가한 후 이 평가금액을 기준으로 순자산가액을 평가하는 방법이고, **조정순자산가액법**은 순자산에서 일정 기준에 의한 조정사항을 반영한 것이며,

---

24) 금융감독원, 2009.6.
25) 2018년 2월 13일 상증령 개정으로 3년 연속 결손법인에 대해 자산가치로 평가하는 규정은 삭제되었다.

주요 평가모델		설명
순자산가액법		**실사가치법**은 실사를 통해 파악된 조정사항을 반영한 순자산가액으로 평가하는 방법임.
	청산가치법	현재 회사가 보유하고 있는 각각의 자산을 처분한다고 할 때 예상 처분가격의 합계에서 총부채금액을 차감한 잔여가액을 자산가치로 평가하는 방법
원가접근법	재생산원가법 (Reproduction cost)	동일한 대상을 만드는 데 소요되는 비용을 통해 대상을 평가하는 방법
	대체원가법 (Replacement cost)	동일한 효용을 지니는 대상을 만드는 데 소요되는 비용을 통해 대상을 평가하는 방법

4 법규상 평가 방법

법규상 가치평가가 필요한 경우를 자본시장과 금융투자업에 관한 법률에서는 합병, 분할합병, 주식의 포괄적 교환 및 이전, 영업양수도, 자산양수도 등으로 규정하고 있고, 세법상으로는 시가 없는 경우 등을 규정하고 있다. 그 외에도 상법에서 현물출자가액에 대한 조사보고서를 제출하도록 하는 규정이나 자산유동화에 관한 법률에서 외부평가기관의 평가의견서를 제출하도록 하는 규정 등이 있다.

1) 자본시장법 상 평가

자본시장법 상에서는 상장법인이 합병, 분할합병, 주식교환·이전, 영업양수도, 자산양수도를 할 때 법령에 정해진 방법을 따르도록 하고 있다.

[표 1-8] 자본시장법 상 평가대상 및 평가방법

구분	원칙적 평가방법
합병	상장법인: 기준주가에 따라 평가[26] 비상장법인: 본질가치에 따라 평가(상대가치는 비교 공시)
분할합병	합병가액 산정 방법 준용(분할되는 법인의 합병대상이 되는 부분에 대해 본질가치 적용)
주식의 포괄적 교환 · 이전	합병가액 산정 방법 준용
중요한 영업 · 자산 양수도	당사자간의 합의에 따라 자율적으로 결정

---

26) 기준시가는 30% 범위 내에서 할인 또는 할증이 가능하며, 계열사간 합병의 경우에는 10% 범위 내에서 할인 또는 할증이 가능하다.

주권상장법인 간 합병의 경우에는 기준주가에 따라 합병가액을 산정하고, 주권상장법인이 비상장법인과 합병할 때에는 비상장법인은 본질가치로 평가하고, 상장법인은 기준주가로 평가한다. 단, 비상장법인과 합병 시 상장법인의 기준주가가 자산가치에 미달할 때에는 자산가치로 할 수 있다.

기준주가는 다음과 같이 산정한다.

> 기준주가 = (1개월간 평균 종가 + 1주일간 평균 종가 + 최근일 종가) ÷ 3

본질가치는 다음과 같이 산정한다.

> 본질가치 = (자산가치 x 1 + 수익가치 x 1.5) ÷ 2.5

자산가치는 직전 사업연도 말의 재무상태표를 기준으로 법규상 정하는 조정사항을 반영하여 산정하고, 수익가치는 현금흐름할인모형, 이익할인모형, 배당할인모형 등 미래의 수익가치 산정에 관하여 일반적으로 공정하고 타당한 것으로 인정되는 모형을 적용하여 합리적으로 산정하도록 하고 있다.

또한 상장법인이 비상장법인과 합병하는 등 규정상 정하는 경우에는 외부평가기관의 평가를 받도록 하고 있다.

영업양수도 및 자산양수도의 경우에도 평가가액의 산정을 자율적으로 결정하도록 하고 있지만, 양수도가액 산정의 적정성을 도모하기 위하여 외부평가기관의 평가 의견을 주요사항보고서에 첨부하도록 의무화하고 있다.

참고로 원칙적인 규정에 따라 본질가치평가의 적용 및 외부평가의 적용과 관련된 사항을 정리하면 다음과 같다.

[표 1-9] 자본시장법 상 본질가치 적용 여부 및 외부평가의견서 필요 여부

구분	본질가치법 적용 여부	외부평가의견서 필요 여부
합병, 분할합병, 주식의 포괄적 교환·이전	○ (기준시가 적용 시 제외[27])	○
분할	×	×
중요한 영업·자산양수도	×	○

자본시장법 상 주식평가에 대해서는 "제6장 자본시장법 상 주식평가"에서 상세하게 다룬다.

2) 세법

세법에서는 과세목적 상 시가 거래 여부 등을 판단하여 부당행위계산부인 규정의 적용이나 증여의제 등으로 과세를 하기 위해 각 세법에서 시가에 대한 규정을 두고 있다. 특히, 상속세 및 증여세법에서는 '재산의 평가'에 관한 별도의 장을 두어 개별자산에 대한 평가 규정을 마련해 놓고 있다.

각 세법에서 규정한 시가의 개념과 주식의 평가 방법은 다음과 같다.

[표 1-10] 각 세법 상 시가의 개념 및 평가 원칙

구분	상증법	법인세법	소득세법
시가의 개념	불특정 다수인간에 자유로운 거래가 이루어지는 경우에 통상 성립된다고 인정되는 가액	건전한 사회 통념 및 상거래 관행과 특수관계인이 아닌 자 간의 정상적인 거래에서 적용되거나 적용될 것으로 판단되는 가격[28]	상증법 준용
상장주식의 시가[29]	평가기준일 전후 2개월 종가평균	• 거래소 장내거래: 평가기준일의 종가[30] • 그 외: 평가기준일 전후 2개월 종가평균	• 부당행위계산부인 적용 시 상증법 상 시가 준용 • 양도소득계산 시 실지거래가액 원칙(실지거래가액 불분명 시에는 기준시가 적용)[31]
비상장주식의 평가	• 거래가액 원칙(시가) • 시가로 인정받는 경우(매매사례가액, 수용/공매 등) • 시가산정 어려운 경우 보충적 평가방법	• 시가원칙 • 시가 불분명 시에는 상증법상 보충적 평가방법	

---

27) 상장법인과 같이 시가가 있는 경우에는 기준시가를 적용한다.

28) 또한 시가의 범위로 유사한 상황에서 당 법인이 특수관계자 외의 불특정다수인과 계속적으로 거래한 가격 또는 특수관계가 아닌 제3자간에 일반적으로 거래한 가격을 규정하고 있으며, 비상장주식의 평가에 있어 시가가 불분명한 경우에는 상증법을 준용하여 평가한다(법령 89조).

29) 상장주식이라고 상증법에서 규정하고 있는 주식은 유가증권시장 및 코스닥시장에서 거래되는 주식을 말하며, 코넥스시장에서 거래되는 주식을 포함한 그 외의 주식은 비상장주식 평가방법에 따라 평가하여야 한다. 단, 소득세법상 상장주식 기준시가 산정시에는 코넥스 상장주식을 포함한다.

30) 한국거래소에서 거래된 경우에 한하고, 장외거래의 경우에는 상증법상 주식평가방법에 준하여 평가기준일 전후 2개월 종가 평균으로 산정한다.

31) 기준시가는 상증법 평가방법을 준용하되, 일부 차이가 있다. 예를 들어, 상장주식은 양도·취득일 이전 1개월간 최종시세가액 평균액으로 산정한다. 또한, 보충적 평가방법을 준용한 기준시가 산정시에도 적용기준에

특히, 상증법에서는 비상장주식에 대해 시가가 불분명할 경우의 평가방법으로 보충적 평가방법을 두고 있는데 이는 손익가치와 순자산가치를 가중평균하는 방법에 의한다.

주당평가액 = (1주당 순손익가치 × 3 + 1주당 순자산가치 × 2) ÷ 5

상증법 상 비상장주식의 보충적 평가방법의 상세한 내용은 "제7장 상속세 및 증여세법 상 주식평가"에서 다룬다.

5 가치평가방법의 비교 및 선정

Key Concept

• 법규에 따른 평가가 필요한 상황인지 또는 준수하여야 할 규범 등이 있는지 확인하여야 한다.
• 가치평가방법의 선정을 위해서 대상회사의 수익창출방식, 주요 수익창출자산, 그리고 평가를 위해 활용 가능한 정보가 무엇이 있는지 파악한다.
• 적용가능한 평가방법을 상호 보완적으로 활용할 필요가 있다.

1) 장단점 및 일반적 적용기준

[표 1-11] 가치평가방법 장·단점 비교

	수익가치접근법	시장가치접근법	자산가치접근법
장점	• '가치창출'이라는 기업의 목적을 고려할 때 이론적으로 가장 합리적이며, 내재가치 측정에 상대적으로 적합	• 직관적이고 이해가능성이 높음. • 유사기업이 많을 경우, 적용이 용이함. • 시장상황 변동을 평가에 반영 • 재무적·비재무적 요인 모두 고려 가능 (예: 가입자 수, 침대(객실)수 등)	• 평가방법이 간단하고 객관적이며, 검증가능성이 높아 신뢰성이 높음.[32]

차이가 있으므로 주의하여야 한다. 자세한 평가방법은 제7장 참고
32) 평가방법이 간단하고 검증가능성이 높다는 부분은 자산가치접근법이 대상회사의 평가에 적합한 경우에 한정된다고 볼 수 있다. 예를 들어 장부가액법을 적용하는 경우나, 공정가액을 적용하는 경우에도 자산의 구성이 영업활동을 위한 자산이 아니라 자산의 보유를 주업으로 하는 경우이다. 개별자산 및 부채의 공정가액을

	수익가치접근법	시장가치접근법	자산가치접근법
단점	• 평가과정에서 고려해야 될 변수가 많고 복잡 • 추정의 불확실성 • 회계 및 재무에 관한 이론적 이해가 바탕이 되어야 유용	• 비교가능 유사회사가 적거나 없을 경우 평가 어려움. • 평가 시점별로 변동가능성이 클 수 있음. • 기업의 본질가치와 일치하지 않을 수 있음(개별 기업 특성의 고려가 용이하지 않음).	• 미래 수익창출능력에 대한 고려가 용이하지 않아 계속기업의 가정에 적합하지 않을 수 있음.
적용기준의 예	• 가장 일반적으로 통용되는 방법 중 하나	• 비교가능 상장회사가 많은 경우 활용	• 청산가치 또는 DCF의 비영업자산 평가 시 사용 • 일반적으로 보수적 평가로서 Valuation의 하한으로 고려되기도 함.
적용의 예	• 안정적인 성장기업 평가에 적합하나, 고성장 예상기업 등에도 사용 가능하여 사실상 모든 기업에 적용가능	• 시장가치 중심의 평가방법으로 매매거래 시 많이 활용 • 업계평균과 비교 분석 시 많이 활용	• 청산가치 산정, 자산양수도 거래, 지주회사, 부동산 등 자산 보유 중심 회사의 평가 *Venture 기업 등 성장단계 기업평가에는 부적절할 수 있음.

가치평가를 할 경우 어떤 방법이 절대적으로 적정하다고 단정하기는 쉽지 않다. 그러므로, 수익가치접근법, 시장가치접근법, 자산가치접근법으로 대상회사를 각각 평가하여 상호간 보완 또는 적정 평가액의 범위를 산정하는 방식으로 평가가 이루어지기도 한다.

2) 거래의 성격에 따른 적용

가치평가방법을 선정함에 있어서 **평가 대상의 성격**이 우선적으로 고려되어야 한다. 평가 대상의 성격에 추가적으로 거래의 성격이 고려되는 경우가 종종 있다. 거래의 성격에 따라 평가 대상의 속성이 달라지지 않는 것이 일반적이므로 대부분의 경우는 해당 거래가 특정 법규의 적용을 받아 관련 법규에 따른 가치평가가 필요한 경우이다. 아래의 표에 거래의 종류 및 상황에 따라 평가방법이 다를 수 있음을 보여주는 예를 들어 보았다.

산정하는 것이 용이하지 않는 상황 또는 그러한 자산구성 등의 경우에는 자산가치접근법이 간단하지 않거나 검증가능성이 높지 않을 수도 있음을 보여준다.

[표 1-12] 주요 거래 방식별 가치평가방법 적용 예시

구분	거래 종류	수익가치 접근법	시장가치 접근법	자산가치 접근법	자본시장 법	상증법
Case1	비상장 주식양수도에서 A가 활용한 평가 방법	DCF	상대가치	ⓑ		ⓐ
Case2	영업양수도 거래에서 B가 활용한 방법	DCF	상대가치	ⓑ		ⓐ
Case3	자산양수도 거래에서 C가 활용한 방법	보완적 평가	보완적 평가	공정가액 법		ⓐ
Case4	특수관계 비상장회사 (D,E) 합병에서 합병비율	ⓒ	ⓒ			상증법
Case5	F와 G의 비상장회사간 합병에서 합병비율 평가	DCF	ⓒ			ⓐ
Case6	H(상장)와 I(비상장)의 합병에서 합병비율 평가				기준시가, 본질가치	

이는 예시로서 참고일 뿐이다.

즉, 상기 표에서 Case1과 Case2의 주식양수도나 영업양수도 시에 DCF(미래현금흐름할인법)과 상대가치법을 적용하는 것으로 예를 들고 있지만, 실제 주식 및 영업양수도를 실행할 때에는 앞서 살펴본 바와 같이 대상회사의 특징이나 거래의 상황 등에 따라 자산가치접근법이 활용될 수도 있는 것이다(ⓑ). 반대로 자산양수도를 위해 해당 자산을 평가하는 경우, 자산의 속성 상 수익가치접근법 또는 시장가치접근법에 의해 평가를 하여야 하는 경우도 있을 것이다(Case3).

또한 상기 예시에서는 Case4의 특수관계자간 비상장 합병의 경우 상증법상 평가방법을 사용한 사례가 제시되었지만, 다른 거래에 있어서도 특수관계자간 거래이거나, 세무상 이슈를 확인할 목적으로 세법상(특히, 상증법상) 방법에 의한 평가가 이루어지고 있다(ⓐ). 단, 특수관계 비상장회사간 합병의 경우에도 이해관계자가 많을 경우에는 세무 이외의 이슈 가능성 등으로 인해 수익가치접근법 등 다른 합리적인 방법에 의해 평가하는 것을 고려하여야 한다(ⓒ).

합병비율 또는 주식의 포괄적 교환·이전 시 교환비율 산정에 있어서 상장법인이 포함될 경우에는 자본시장법에서 평가방법을 규정하고 있다. 상장법인은 기준시가, 비상장법인은 본질가치로 평가한다(Case6). 그러나 비상장법인간의 합병 등의 경우에는 규정에 정해진

바가 없기 때문에 합리적인 가액으로 평가하여 합병비율을 산정한다(Case5).

3) 가치평가방법 선정 시 고려할 그 밖의 사항

가치평가방법을 선정할 때에는 앞에서 살펴본 바와 같이 각 평가방법의 장단점, 평가 대상 및 거래의 성격 등이 고려되어야 한다. 이와 함께 반드시 고려되어야 하는 것 중의 하나가 **평가 대상회사 및 대상회사가 보유한 자산의 특성**에 대한 고려일 것이다. 이는 앞서 언급한 바와 같이 평가 대상의 성격이 우선적으로 고려되어야 한다는 부분과 같은 맥락이다.

평가 대상에 따라서는 시장에서 일반적으로 통용되는 평가기준이 있거나 혹은 법규, 지침 등의 기준을 두고 있는 경우가 있다. 이는 위에서 설명한 법규상 정해진 평가방법을 따르는 것과 별개로 적절한 평가를 위한 Guide와 같은 것이다. 예를 들어 상장회사와 비상장회사가 합병할 때 비상장회사의 평가를 "자본시장법"에서 정하고 있는 본질가치 평가방법을 따라야 하는 것과 별개로 외부 평가자는 금감원에서 제시한 "외부평가업무 가이드라인"을 준수하여 평가하고 있다.[33] 또한 산업별로 일반적으로 통용되는 평가 및 보고 기준이 있을 수 있는데, 예를 들어 광산이나 유전광구 등 자원관련 자산을 평가할 때에는 '유전(가스)개발사업 모범공시기준'을 참고하여야 할 것이다.

상증법 상 보충적 평가방법에서는 비상장주식을 평가할 때 사업개시 3년 미만의 법인은 자산가치로 평가하도록 규정되어 있다. 마찬가지로 금융감독원의 외부평가업무 가이드라인에서도 설립된 지 5년 미만인 법인의 지분가치 평가 시에는 자산가치접근법 이외의 평가방법을 사용할 경우 자산가치접근법에 따른 평가결과와의 차이를 검토하도록 규정하고 있다. 이는 사업을 개시한 지 얼마 되지 않은 기업은 현금흐름의 합리적인 추정이 쉽지 않고, 현금흐름의 창출능력도 안정적이지 않을 것이라는 가정이 전제되어 있다. 물론 설립된 지 얼마 되지 않았지만 기업의 잠재력을 높이 평가받는 경우도 있다. 특히, 초기 설비 투자가 많지 않은 venture 기업의 경우에는 무형의 가치를 측정하기 쉽지 않기 때문에 자산가치만으로는 회사의 가치를 충분히 측정하기는 어려울 것이다.

또한 평가 대상회사가 다른 영업활동 없이 다른 회사의 지분을 소유하는 지주회사 형태의 법인이거나, 부동산과 같은 자산을 주로 보유하는 회사의 경우에는 자산가치접근법이나 시장가치접근법이 수익가치접근법과 함께 평가되더라도 좀 더 우선적으로 고려되는 평가 방법론이 될 수 있다. 그러나, 보유하고 있는 부동산이 임대목적으로 사용되고 있다면 계약 상황에 따라 수익가치접근법이 우선적으로 고려될 수도 있다.

---

33) 공인회계사인 평가자는 한국공인회계사회의 "가치평가서비스 수행기준"을 추가적으로 준수하도록 하고 있다.

어떤 평가방법을 선정할 지에 대한 일률적인 기준이 존재하는 것은 아니나, 대상회사의 상황 또는 대상회사가 보유한 자산의 성격에 따라 우선적으로 고려되는 평가방법론은 있을 수는 있다. 그러나, 하나의 평가접근법만을 활용하는 것보다는 2 이상의 평가방법론을 활용하여 평가방법간의 결과를 종합적으로 고려하는 것이 적정한 가치평가를 하는 데 필요하다.

[표 1-13] 가치평가방법 선정 시 주요 고려사항

Checkpoint	고려사항
평가 **목적**은 무엇인가?	
법규 상 평가방법에 따른 평가가 필요한가?	해당 법률에 따른 평가 (예: 자본시장법, 상증법)
준수하여야 할 **규범 또는 지침**이 있는가?	해당 규범 또는 지침의 내용을 고려하여 평가방법 선정
이해관계자간 **합의된 평가방법**이 있는가?	합의된 평가 기준을 고려
평가 **가정 및 전제** 사항은 무엇인가?	(예: 계속기업 가정 또는 청산가정)
평가 **대상의 업종 및 속성**, 보유자산의 특성, 수익 창출방식은 어떻게 되는가?	평가방법 별 장단점의 비교를 통해 적절한 복수의 평가방법 선정
평가 대상의 사업 **영위 기간**은?	
평가를 위해 활용 가능한 **정보**는 무엇인가?	이용 가능한 평가방법에 제약이 있는지 고려
다양한 평가방법의 적용이 가능하고 합리적인가?	다양한 평가방법을 활용하여 비교

4) M&A에서의 가치평가, 다른 평가방법과의 비교

M&A 등에서 가치평가가 이루어질 경우에는 다양한 방법에 의한 가치평가가 비교되어 평가가 이루어질 뿐만 아니라 전략적 가치(시너지 등)와 경쟁상황까지 고려하여 가치평가가 이루어진다.

다음의 그림은 M&A에서 매수자의 가치평가를 단계적으로 보여주고 있다.

[그림 1-3] M&A에서의 가치평가 시 다양한 평가방법 고려 예시

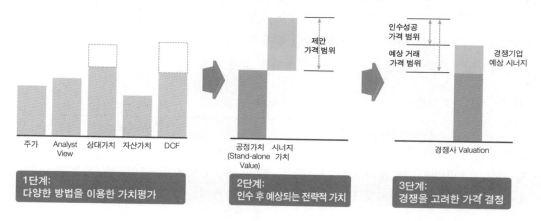

참고로 "외부평가업무 가이드라인[34]"에서도 가치평가 시에는 다른 평가방법과의 비교가 필요한지를 고려하여야 한다고 기술하고 있는데 그 내용은 다음과 같다.

다른 평가방법과의 비교	각 가치 추정치의 타당성 및 신뢰성을 평가하여 하나의 평가접근법과 방법의 결과만을 활용할 것인지 또는 여러 평가접근법이나 방법의 결과를 종합하여 활용할 것인지를 결정해야 한다. 최종가치를 산출함에 있어서 적절한 방법의 선택 및 각 방법에 대한 의존 정도는 평가자의 전문가적 판단에 기초하여야 하며 정해진 공식 등에 의하여 기계적으로 결정하여서는 아니 된다.
다른 평가결과 또는 거래가격과의 비교	평가자는 대상자산의 최근 2년간 거래가격, 과거 평가실적 등이 존재하고 입수 가능한 경우 이를 고려하여 최종가치 산출에 반영 여부를 검토하여야 한다. 시장에서 충분한 기간 거래된 후 그 대상물건의 내용에 정통한 거래당사자간에 성립한다고 인정되는 적정가격과 평가방법으로 구한 가치가 차이가 나는 경우 반드시 가치 조정 여부를 고려하여야 하며, 가치 조정을 하지 않는 경우 가치조정을 하지 않는 사유를 문서화하고 평가의견서에 기재하여야 한다.

---

34) 금융감독원에서 자산평가의 공정성을 확보하기 위해 2009년 6월 제정

일반적인 가치평가 절차

Key Concept

- 평가의 목적과 평가대상의 성격에 대한 파악이 선행되어야 한다.
- 재무정보 이외의 비재무정보에 대한 분석, 해당 산업 및 경제환경에 대한 분석, 가치창출 핵심요소의 분석은 평가대상의 가치에 대한 이해를 높인다.
- 어떤 가치평가방법을 선정하느냐에 따라 가치평가 결과는 달라질 수 있다[35]. 평가대상의 가치를 합리적으로 평가할 수 있는 평가방법의 선정이 중요하며, 가능한 평가방법을 종합적으로 고려할 필요가 있다.

가치평가[36]의 절차는 평가의 목적 및 평가대상의 성격 등에 따라 차이가 있을 수 있으나, 일반적으로 평가의 목적, 전제 등을 파악하는 개요 분석 단계, 대상회사 및 산업에 대한 재무정보와 비재무정보 분석 단계, 가치평가 방법을 선정하는 단계, 선정된 방법론을 적용하여 평가결과를 도출하는 단계, 그리고 이를 문서화하는 단계를 통해 이루어진다.

[그림 1-4] 가치평가 Process

| 평가의 개요 및 특성 파악 | 재무정보와 비재무정보 분석 | 가치평가 방법 선정 | 가치평가 및 수행결과 도출 | 문서화 |

가치평가 수행 전 계획 수립을 위한 참고 목적으로 각 평가단계에서 수행이 필요한 절차 및 고려사항의 예시를 다음과 같이 제시한다. 이는 예시이므로 이를 참고하여 각 평가의 특성에 맞게 필요한 사항 및 절차를 가감하여 활용하여야 할 것이다.

---

35) 본질적으로는 가치평가방법에 따라 가치평가 결과가 차이가 나지는 않을 것이나, 현실적으로는 적용한 가치평가방법에 따라 평가 결과가 달라지는 경우가 대부분이다.

36) 가치추정업무는 가치평가업무와 가치산정업무로 구분되는데 가치산정업무는 일반적으로 가치평가에 비해 상대적으로 업무범위가 제한적이다(가치평가서비스 수행기준 문단21. 2008.8.28. 한국공인회계사회).

[표 1-14] 가치평가 단계별 To-do 사항 예시

평가단계	To-do & 고려사항의 예시	
평가의 개요 및 특성 파악	평가대상 회사와 그 업종	
	평가 용도	공시목적, 거래목적, 세무목적, 회계목적 등
	평가의 성격 및 거래구조	지분평가, 영업양수도, 자산양수도 등
	평가대상 자산의 성격	평가·식별 가능성, 복잡성, 수익창출활동 형태 등
	평가 기준일	평가 기준일 시점의 정보 입수 가능성 등
	평가에 적용될 가치 기준 및 적용법규	공정가치, 시장가치, 자본시장법, 상증법, 업종별 적용 법규 및 기준 등
	가정 및 제약사항	계속 기업 또는 청산 가정을 포함한 평가의 기본 전제 및 가정
	평가 계획 수립	평가를 위해 필요한 사항, 중요한 checkpoint 및 to-do사항, 일정 등
재무정보와 비재무정보 분석	자료 수집	다양한 원천으로부터의 충분한 자료 확보 및 내·외부 자료의 신뢰성 확인 등
	대상회사의 재무정보 분석	과거 경영실적 분석, 추정 및 사업계획 자료 분석 등
	대상회사의 비재무정보 분석	회사 일반사항, 주요 제품 및 서비스, 경쟁현황, 경영전략 분석 등 평가대상에 대한 전반적 이해
	경영환경 분석	경제환경분석, 산업분석, 경영전략분석
	실사	대상회사에 대한 Due Diligence[37] 등
	핵심역량 분석	가치창출 주요 요소 분석
가치평가 방법 선정	평가방법 선정	평가대상의 분석, 재무정보와 비재무정보 분석을 바탕으로 합리적인 평가방법의 선정 혹은 적용이 필요한 법규상 평가방법을 선정 *한 가지 평가방법이 아닌 다양한 평가방법의 적용이 가능하다면 이를 모두 선정할 지 여부에 대한 고려도 필요
가치평가 및 수행결과 도출	방법별 가치평가	수익가치접근법, 시장가치접근법, 자산가치접근법, 법규상 평가방법 등 선정된 가치평가방법의 적용
	타전문가 업무 검토	타전문가 활용의 경우 가정과 방법 등의 적정성에 대한 검토[38]
	평가결과의 도출 및 평가방법 간 비교	2 이상의 평가방법 수행 시 각 평가결과의 관련성 및 합리성 분석, 평가대상의 특성을 고려한 가장 적합한 평가방법에 의한 적정가치 또는 다양한 평가결과를 통한 범위의 도출

평가단계		To-do & 고려사항의 예시
	가치조정 필요성 여부 검토	가치의 할증(Premium) 또는 할인(discount)의 필요성 여부
		평가기준일 이후 후속사건이 가치평가에 미치는 영향 또는 평가기준일 전후 평가대상에 대한 다른 평가결과가 있을 경우 차이 검토
	시너지와 민감도	적용된 가정 및 변수에 따른 가치변화, 실현 가능한 시너지에 대한 검토 등
	최종가치 산출	각 평가방법, 가치조정 사항 등을 고려한 최종평가 가치 산출
문서화	문서화 및 보고서 작성	평가절차, 가정 및 평가결과를 문서화, 이해관계자에 정보 제공을 위한 보고서·평가서 작성

재무정보와 비재무정보에 대한 분석은 확보한 자료에 대한 신뢰성이나 합리성에 대한 검토를 포함한다.

각 평가방법에 따라 일차적으로 산출된 가치평가결과에 할인이나 할증의 여부에 대한 고려가 필요할 수도 있다. 할인이나 할증에는 규모에 따른 기대수익의 차이, 유동성 결여에 따른 할인, 경영권 프리미엄에 따른 할증 등이 있을 수 있다. 이러한 사항은 수익가치접근법을 활용하는 경우 자본비용이나 현금흐름의 추정 시 반영할 수 있으며, 시장가치접근법을 활용하는 경우에는 배수(Multiple)의 조정이나, Transaction Multiple[39] 등을 적용함으로써 반영할 수 있다.

여러 평가방법을 사용하였을 경우 각 평가방법을 적용한 결과의 상호 관련성 혹은 차이점을 살펴보아야 한다. 가장 합리적인 평가는 서로 다른 평가방법을 사용하였더라도 평가 결과의 차이가 크지 않은 것이겠지만 현실적으로는 평가 결과에 차이가 발생하는 경우들이 있다. 이 경우 평가 결과의 차이 원인에 대해 검토하고 어떤 평가방법이 더 적절한지를 논의해 보아야 한다.

평가대상회사의 지분거래가 평가기준일 기준으로 최근에 있었거나, 평가대상회사의 중요한 자산 또는 영업에 대한 거래가 있었다면, 이러한 거래가격이 가치평가에 미치는 영향의 고려도 필요할 수 있다. 하나의 평가대상이라고 하더라도 평가시점, 거래구조 및 대상회

---

37) Due Diligence(DD)는 대상회사를 이해하고 파악하는 절차로서 실사라고 하며, 다양한 형태의 DD가 있다. 이 중 재무적 사항을 중심으로 수행하는 실사를 재무실사(FDD: Financial Due Diligence)라고 한다.
38) 예를 들어 산업전문가, Market research 전문가, 특정Technology 전문가 등이 활용될 수 있다.
39) Transaction Multiple(거래사례가액 배수법): 시장가치접근법에서 유사기업의 M&A 거래 대금을 기초로 선정한 평가배수로서 일반적으로 경영권이전 거래(Buy-out)에서는 거래대금에 경영권 프리미엄이 포함되었다고 본다.

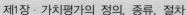

사의 상황 등에 따라 다르게 평가될 수도 있다. 하지만 이러한 변동사항이 평가결과에 어떤 차이를 가져오는지에 대해 고려하는 것은 평가결과의 신뢰성을 제고할 수 있다.

앞서 가치평가는 합의의 과정이 필요한 개념이라고 설명하였다. 합의는 이해관계자간의 이해를 바탕으로 이루어지며, 이러한 이해를 위해 필요한 부분을 문서화를 통해 제공하게 된다. 그러므로 문서화대상은 가치평가 과정의 중요한 정보들이 모두 포함되는 것이 바람직하다. 예를 들어, 평가대상에 관한 사항, 수집하고 분석한 정보에 대한 사항, 가치평가에 적용한 가정과 해당 가정의 적용 근거, 적용한 가치평가방법에 대한 사항, 평가결과에 대한 설명 등이 문서화되어야 할 것이다.

가치평가 실행 시 고려할 주요 사항

Key Concept

평가대상회사에 대한 충분한 이해, 적절한 평가방법의 선정, 합리적인 가정에 의한 평가, 다른 평가 결과와의 비교 또는 가정 등의 변경에 따른 효과의 분석은 가치평가 실행 시 중요하게 고려되는 항목이다.

이번 장은 가치평가 실행 시 일반적으로 고려되어야 하는 주요 사항을 체크리스트(Checklist) 방식으로 정리하였다. 다음의 표는 "가치평가서비스 수행기준 이행 점검표[40]"를 기본으로 하여 핵심 항목 위주로 일반적으로 검토되어야 하는 사항을 정리한 것이다. 이는 평가 업무를 수행함에 있어서 필요한 모든 절차를 포함하는 것이 아니므로, 평가 업무 수행 시에는 이해관계자간에 중요한 체크포인트(Checkpoint)를 보완하여 활용할 필요가 있다. 또한 다음의 체크리스트를, 앞서 설명한 가치평가 절차와 함께 고려한다면 점검의 효과를 높일 수 있을 것이다.

[표 1-15] 가치평가 실행 시 주요 항목 Checklist

구분	체크리스트	체크
평가 개요	• 평가 목적, 평가 기준일, 평가대상의 성격, 가정 및 제약사항에 대한 고려	
자료 수집	• 평가에 필요한 충분한 자료 확보 및 자료 원천의 신뢰성 확인 - 자료의 예: 재무·세무 자료, 계약서, 법률문서, 시장·산업·경제자료 등 • 대상회사 방문을 통한 보유 자산 등의 확인 또는 실사 여부	
평가대상회사에 대한 분석	• 재무정보에 대한 충분한 분석 • 재무정보 및 핵심역량과 관련된 비재무정보의 충분한 분석 - 비재무정보의 예: 경영진, 핵심고객과 거래처, 공급하고 있는 재화·용역, 시장 및 경쟁 현황, 사업 위험 및 기회 등	
평가방법	• 대상회사의 성격에 부합하는 적절한 평가방법의 선정 • 준수하여야 할 법규·규범·기준 등의 충족 여부 • 적용한 평가방법의 논거의 합리성 및 객관성	

40) "가치평가서비스 수행기준 이행점검표"는 공인회계사회가 2008년 9월 자율규정으로 만들어 놓았던 것을 2009년 금융감독원의 외부평가업무 가이드라인에서 평가업무 절차의 이행 여부를 점검하여 공시하도록 하고 있다.

구분	체크리스트	체크
가치평가 수행	• 실사 또는 분석을 통해 발견한 사항이 평가에 충분히 고려되었는지 여부 • 영업외 자산부채, 비영업자산, 우발부채 등의 항목이 고려되었는지 여부 • Stand-alone[41] 가치와 Synergy가치가 구분되어 평가되었는지 여부 • 할인 또는 할증에 대한 고려 여부	
가치평가 수행 (평가방법별 구분)	**[수익가치접근법]** • 이익·현금흐름에 대한 예측의 합리성 　-예측(추정)기간 및 추정기간 동안 현금흐름 예측의 논거 　-예측 최종기간 현금흐름의 안정성 　-Value Driver(핵심역량)에 대한 충분한 분석 　-수익창출활동과 Capex(투자활동)에 대한 관계 분석 • 비경상적인 수익과 비용항목에 대한 고려 • 할인율 산정 시 고려되는 위험요소 예측이나 추정에 대한 가정의 합리성 • 적용된 성장률에 대한 논거 **[시장가치접근법: 상대가치]** • 비교가능회사 선정이 적절한지 여부 • 비교지표(PER, PBR, EV/EBITDA, 기타 value driver 등)에 대한 분석의 충분성 • 비교가능회사와 비교시 조정이 필요한 항목의 파악 여부 **[자산가치]** • 평가기준에 따라 개별 자산부채가 평가되었는지 여부 • 평가시 누락된 항목(우발부채 등)은 없는지 여부	
가치평가 결과	• 가치에 대해 이해관계자간의 Consensus 여부 • 다른 평가접근법과 다른 거래의 평가 결과에 대해 상호관련성 등 비교 • 평가결과로서 단일의 평가접근법을 반영할 것인지, 복수의 평가접근법을 반영할 것인지, 그리고 평가결과를 범위로 반영한다면 범위의 설정은 어떻게 할 것인지 여부 • 평가기준일 이후 발생한 사건이 평가에 미치는 영향에 대한 고려 • 가치평가의 결과가 Tax 등 다른 부분에 미치는 영향에 대한 고려 • 이해관계자의 이해가능성 제고를 위한 문서화	

　상기 체크리스트는 법규상 평가방법에 따른 것이 아니므로, 자본시장법 상 평가 또는 상증법 상 평가와 같은 법규, 기준, 규범에 따른 평가는 해당 규정에서 정하는 바를 우선적으로 충족하여야 할 것이다.

---

41) 인수 후 효과 등이 배제된 현 상태에서 독립적으로 운영될 때 평가되는 가치

VI 가치평가에 영향을 주는 요인

1 가치평가에 영향을 미치는 주요 요인은 무엇인가?

기업의 가치는 다양한 요인에 의해 결정된다. 그렇기 때문에 단정적으로 어떤 한두 가지 상황만을 가지고 가치를 판단하기는 어렵다. 그렇지만 일반적인 경우에 있어서 어떤 상황이 기업의 가치판단에 영향을 미치는지에 대한 이해는 필요할 수 있다. 다음의 그림은 규모나 이익률 등에 있어서 유사해 보이는 각각의 기업 가치를 비교해 보았다.

[그림 1-5] 가치평가에 영향을 주는 요인; 사례분석

❸

	A사	C사	MF사	MN사	J사	W사
매출(직전년도)	4,300억	4,300억	200억	140억	870억	552억
영업이익	243억	1,800억	13억	34억	(−)10억	74억
거래시 추정가치	7,200억	3조4,000억	320억	275억	1,150억	1,780억
거래지분	26%	95%	65%	70%	80%	70%

	A사	C사	MF사	MN사	J사	W사
Revenue 배수	1.7	7.9	1.5	1.9	0.7	3.2
EBITDA 배수	24.7	18.6	–	7.3	–	10.1
EBIT 배수	29.9	18.9	23.6	8.1	–	7.3

	A사	C사	MF사	MN사	J사	W사
영업이익률	5.6%	41.9%	6.5%	24.0%	(−)0.8%	13.4%
성장률(직전년도)	6.5%	174.5%	85.7%	(−)2.1%	(−)1%	(−)1.4%

❶ ❷ ❹

첫 번째 사례(1)는 매출이 4,300억원으로 동일하나 거래되는 가치는 7,200억과 3조4천억원으로 5배 가까이 차이가 난다. 이렇게 가치가 차이가 나는 이유는 영업이익률과 성장률의 차이에서 비롯된 것이다. C사의 영업이익률 41.9%와 성장률 174.5%는 A사의 값보다 현저하게 높다. 즉, 매출규모는 유사하더라도 성장률과 수익성의 차이가 가치의 차이로 나타난 것이다[42].

두 번째 사례(2)는 MN사가 MF사보다 이익률이 훨씬 높지만 가치평가는 더 높다고 볼 수 없을 것 같다. Revenue배수와 EBIT배수[43]를 보면 이를 알 수 있다. 두 회사의 가치평가의 차이는 성장률의 차이 때문이다. MN사의 성장률은 정체되어 있어, MF사에 비해 높은 평가를 받지 못하고 있는 것이다.

세 번째 사례(3)는 A사와 MF사를 보면 이익률은 유사한데, 성장률은 MF사가 A사에 비해 훨씬 높다. 그렇다면 시장에서의 가치평가는 A사에 비해 MF사가 상대적으로 더 높아야 할 것이다[44]. 그러나, Revenue배수와 EBIT배수를 보면 MF사의 상대적인 가치가 더 높게 평가받았다고 보기는 어려울 것이다. 이는 향후 현금흐름의 안정성 측면으로 볼 수 있다. Risk 관점에서의 차이인데, 위의 사례에서는 매출 규모가 상당히 커서 시장에서 안정적으로 판매가 되고 있다면 향후 현금흐름도 안정적일 것으로 예측하는 것이다. 매출규모만으로 향후 현금흐름의 안정성을 측정할 수 있는 것은 아니지만, 매출규모가 현저하게 커서 시장점유율 1~2위를 차지하는 시장지배적 사업자로 인식이 되면 그에 따른 위험도 낮게 측정되고, 따라서 가치도 높아질 가능성이 있다는 관점이 이 사례에 반영된 것으로 볼 수 있다. 이러한 현상은 IT업계에서 쉽게 찾아볼 수 있다. 성장성이 높은 동일한 산업군에서도 가입자 수가 월등하게 많은 기업은 이익이 나지 않더라도 높은 가치를 인정받는 경우를 종종 목격한다. 이는 그 시장에서의 리딩사업자라는 점이 고려되어 향후 성장성에 대한 기대가 가치평가에 반영되기 때문이다.

네 번째 사례(4)는 J사와 W사 모두 성장률이 정체되어 있는 상태이다. 매출규모는 J사가 더 크다는 것을 알 수 있다. 그러나 가치는 W사가 더 높게 평가되고 있다. 이는 W사가 성장은 정체되어 있지만 꾸준하고 안정적으로 이익을 창출하고 있으나, J사는 상대적으로 그렇지 못하기 때문이다.

위의 4가지 사례를 통해 일반적으로 가치에 영향을 주는 핵심적인 요인 3가지를 추론할 수 있다.

바로 "현금흐름 창출능력"과 "현금흐름의 성장에 대한 기대치", 그리고 "미래 예상되는

---

42) 추가적으로 거래를 통해 확보되는 지분율이 충분히 높은 경우에는 그렇지 않은 경우에 비해 가치가 더 높게 평가될 수 있는데 이런 차이는 경영권 프리미엄 등 회사의 경영권을 확보함으로써 얻게 되는 여러 가지 효과가 고려된 것으로 볼 수 있다.

43) Revenue배수는 매출 대비 몇 배로 가치가 평가되고 있는지를 나타내는 지표이고, EBIT배수는 영업이익 대비 몇 배로 가치가 평가되고 있는지를 나타내는 지표이다("제4장 시장가치접근법" 참고).

44) 절대적인 가치 크기가 커야 한다는 의미라기보다는 기준이 되는 재무지표(매출, 영업이익 등) 대비 평가배수(Multiple)가 더 커야 한다는 상대적인 가치의 크기를 의미한다.

현금흐름에 대한 불확실성"을 의미하는 Risk[45]이다. 이러한 3가지 요인은 위의 사례에서 바로 "이익률", "성장률", 그리고 "시장점유 또는 (매출)규모"로 예를 들어 묘사되고 있으며, 현금흐름의 불확실성 혹은 현금창출 능력의 안정성 및 지속성은 평가 방법론에 따라 **"할인율"** 또는 **"요구수익률"** 등으로 설명되기도 한다.

[그림 1-6] 가치에 영향을 주는 3가지 핵심요소

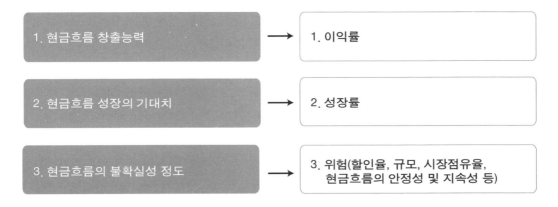

물론 위의 사례에서 "현금흐름 창출능력", "성장에 대한 기대치", "현금흐름의 불확실성 (risk) 또는 안정성"이라는 가치평가에 영향을 주는 중요한 3요소를 "이익률", "성장률", "위험(Risk)"라는 대표값으로 단순화하여 설명하였기 때문에 상황에 따라서는 다른 값으로 묘사하는 것도 충분히 가능할 수 있다. 그러나 어떤 방식으로 묘사가 되더라도, 혹은 어떠한 방법으로 평가가 되더라도 가치평가를 위해서는 위에서 언급한 3가지 요소에 대한 고려는 반드시 필요할 것이라고 본다.

2 ESG는 기업가치에 어떻게 영향을 미치는가?

기업가치에 영향을 미치는 요인은 다양하다. 최근 기업활동에 강조되고 있는 환경, 사회 그리고 지배구조의 문제인 ESG(Environment, Social, Governance)도 기업가치에 영향을

---

45) Risk는 재무적인 관점에서는 변동성의 의미에 가깝다. 확실하지 않고, 많고 적음을 떠나서 예측이 힘든 경우를 불확실성이 크다 혹은 Risk가 크다라고 한다. Risk를 측정하는 지표는 여러 가지가 있을 수 있지만, 여기서는 시장점유율이 높은 시장지배적 사업자의 현금흐름 불확실성이 상대적으로 그렇지 못한 회사에 비해 낮을 수 있다라는 측면에서 이를 단순화하여 설명한 것이다. 즉, 안정성 혹은 Risk는 매출 규모나 시장점유가 아닌 다른 요소로 묘사될 수도 있다.

미치는 중요한 요인 중의 하나이다. ESG 활동은 기업의 현금흐름 창출능력, 성장의 기대치, 현금흐름 불확실성에 많은 영향을 미치기 때문이다.

많은 시장참여자들은 ESG를 고려하여 경영계획을 수립하고 이를 실천하는 기업은 중장기적으로 가치가 높아질 것으로 기대한다. 매출 측면에서는 향후 성장성이 높고 지속가능한 투자 기회를 확보할 수 있고, 영위하는 사업의 시장을 확대하거나 신시장을 개척하는데 ESG 실천이 도움이 된다. 또한 ESG 실천 기업에 대한 소비자들의 선호도가 높아져 매출의 성장 가능성도 높아질 수 있다. 비용 측면에서는 기업의 생산성 향상에 ESG 실천이 도움이 된다. 의사결정 과정을 투명하게 하여 경영 효율성을 높이고, 우수한 임직원을 유치하여 회사의 비전을 함께하는 동기부여를 강화하는 것은 생산성 향상으로 이어져 비용 절감의 기회를 가져다 줄 수 있다. 또한 ESG가 효과적으로 정착되면 탄소비용 절감 등과 함께 원자재 조달의 다양성과 융통성이 높아질 수 있다.

예를 들어 2009년 사모펀드인 칼라일이 중국의 최대 분유회사 중 하나인 Yashili 지분을 매입한 후 경영체제 및 비용구조를 개선하여 지속 가능한 수익창출을 이끌어내고 기업가치를 높인 사례는 ESG 실천이 기업가치에 미치는 영향의 중요성을 보여주는 사례 중의 하나가 될 수 있다. Yashili는 2008년 멜라민 스캔들과 관련하여 소비자의 신뢰가 급격하게 실추된 상태였다. 이러한 상황에서 칼라일은 Yashili 지분을 매입하였고, 이후 Yashili는 원료를 100% 수입 고품질 분유로 대체하고 해당 업계에서는 선도적으로 식품 품질 및 안전자문위원회를 설립하여 국제품질표준을 충족시키고 평판을 회복하기 위해 많은 노력을 하였다. 이러한 ESG 실천 노력의 결과로 Yashili의 기업가치는 다시 높은 평가를 받게 되었고, 칼라일은 2013년에 초기 투자 대비 2.3배의 가격으로 Yashili 지분을 매각하게 되었다.

기업의 가치는 지속 가능성과 밀접한 관련이 있다. 단기적으로는 비용의 증가로 보이는 것들이 궁극적으로는 기업의 지속 가능성과 성장성을 높이는 결과로 이어지는 경우가 있는데, ESG 실천이 바로 그 중의 하나이다.

한편 Mckisey & company의 "Valuation"에서는 ESG는 (1) 매출액 성장률 촉진, (2) 비용 절감, (3) 규제 및 법적 개입 최소화, (4) 직원 생산성 향상, (5) 투자 및 자본 지출 최적화 등 다섯 가지 중요한 방법으로 현금흐름과 연계될 수 있다고 언급하고 있다.

ESG는 기업이 시장과 규제기관의 신뢰를 얻게 되면 새로운 시장을 개척하고, 기존 시장을 확장하는 데 도움이 되고, 소비자 선호도를 높일 수 있기 때문에 매출액 성장률 촉진이 가능하다.

ESG를 효과적으로 실행하는 기업은 자원의 효율성이 높아져 증가하는 운영비용에 효과적으로 대처할 수 있으므로 궁극적으로 비용절감을 가져올 수 있다.

사업영역 및 지역과 관계없이 ESG를 잘 관리하는 것은 규제기관의 규제위험을 줄이는데 도움이 되기 때문에 전략적 자유도가 향상된다.

올바른 ESG 정책은 기업이 우수한 직원을 유치하고 동기부여를 강화하여 임직원의 생산성 향상에 기여할 수 있다.

잘 관리되고 실행되는 ESG 정책은 보다 유망하고 장기적인 수익창출 기회를 찾아 투자함으로써 기업의 지속가능성을 높일 수 있다.

제2장

경영환경 분석 및 재무실사

Ⅰ 재무제표와 Valuation에 대한 이해

1 재무제표와 Valuation

Key Concept

- 재무상태표는 향후 **"가치창출"** 관점에서 재분류하여 바라볼 필요가 있다.
- 손익계산서는 **"지속가능성"** 관점에서 살펴볼 필요가 있다.
- 현금흐름표는 가치창출관점의 재무상태표와 지속가능성 관점의 손익계산서의 **"연결"**이고 **"결과"**이다.

1) 재무상태표와 Valuation

[그림 2-1] 재무상태표와 Valuation의 관계

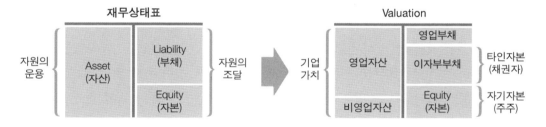

재무상태표는 자원의 조달과 이를 통한 운용의 결과를 보여주는 표이다. 가치평가 (Valuation)는 자원의 운용 결과가 현재 또는 미래에 어떤 가치를 지니는지 평가하는 것이 므로 재무상태표를 향후 가치창출 관점에서 바라볼 필요가 있다. 즉, 재무상태표 상에 나타나는 자원 운용의 결과를 향후 가치창출에 어떻게 기여하는지를 기준으로 재분류하여 분석할 필요가 있으며,[46] 재무상태표 상에 자원의 조달 결과로서 나타나는 항목도 가치의 귀속에 따라 재분류하여 분석할 필요가 있다.

---

46) 일반적으로 기업가치는 "영업자산 - 영업부채 + 비영업자산"으로서 영업부채가 고려되는 개념으로 사용된다.

2) 손익계산서와 Valuation

[그림 2-2] 손익계산서와 Valuation의 관계

손익계산서	EBITDA	잉여현금흐름(FCF)
매출	매출	매출
(-)매출원가	(-)매출원가	(-)매출원가
매출총이익	매출총이익	매출총이익
(-)판매비와 관리비	(-)판매비와 관리비	(-)판매비와 관리비
영업이익	영업이익	영업이익
(+)영업외수익	(+)감가상각비	(-)영업이익에 대한 법인세
(-)영업외비용	EBITDA	세후 영업이익
법인세차감전순이익		(+)감가상각비
(-)법인세비용		(±)순운전자본 증감
순이익		(-)투자비
		잉여현금흐름(FCF)

기업회계기준상 손익계산서는 발생주의[47] 관점에서 일정기간 동안의 수익과 이에 대응하는 비용을 표시하여 손익을 나타낸 것이다. 가치평가는 이렇게 계산된 손익계산서를 기초로 이루어지기도 하지만, 이를 EBITDA 또는 잉여현금흐름(Free cash flow)과 같은 현금주의의 개념으로 수정하여 수행되기도 한다. 어떤 방식으로 평가를 수행하느냐에 따라 손익분석을 위한 재분류 방식이 달라질 수 있으며, 기업의 핵심가치와 가치창출을 위한 핵심요소가 무엇인지에 따라서도 분석을 위한 재분류 방식이 달라질 수 있다. 예를 들어, 일반적인 기업의 경우 상기 그림과 같이 이자비용을 차감하기 전 손익을 분석하지만, 금융비용의 조달이 핵심경쟁력인 산업의 경우에는 해당 이자비용을 포함하여 손익을 분석할 필요가 있다. 중요한 것은 어떤 방식으로 분석을 하더라도 향후 지속가능성과 핵심경쟁요소가 고려되어야 한다는 점이다.

3) 현금흐름표와 Valuation

현금흐름표도 Valuation을 하는 데 있어서 유용한 정보들을 제공해준다. 현금유출이 없는 중요한 비용 및 수익에 대한 정보, 중요한 운전자본 변동 항목들에 대한 정보가 그 예일 수 있다. 그러나 일반적으로 현금흐름할인법(DCF)을 위해 추정되는 영업현금흐름 및 잉여현금흐름(FCF[48])은 재무제표로서 작성되는 현금흐름표와 다소 차이가 있다.

---

47) 발생주의는 현금의 수수와 상관없이 수익과 비용이 발생하였을 때 이를 손익으로 인식하는 개념이다.
48) Free Cash Flow로서 평가대상의 주주 등 권리자에게 귀속되는 현금흐름을 의미한다. 제3장 참조

[표 2-1] 현금흐름표와 평가 목적 현금흐름분석[49]의 일반적 차이

구분	재무제표 상 현금흐름표	가치평가 목적의 잉여현금흐름
손익의 기초	당기손익이 출발점으로 이자의 지급 및 수취 등의 영업외손익이 고려됨.	일반적으로 영업이익을 바탕으로 현금흐름을 추정함. (단, 경상적이고 지속적으로 발생이 예상되는 영업외손익 항목은 현금흐름에 고려될 수 있음)
운전자본의 변동	투자활동과 재무활동에 포함되지 않는 대부분의 자산부채의 변동이 고려됨.	일반적으로 매출채권, 재고자산, 매입채무 등 중요한 운전자본에 대한 변동을 추정함. (단, 중요하지 않은 운전자본은 향후 증감이 없다고 가정하는 방식 등으로 고려될 수 있음)[50]
투자활동현금흐름	영업자산, 비영업자산의 투자활동이 모두 포함됨.	영업자산과 관련한 투자활동(Capex 등)이 반영됨.
재무활동현금흐름	차입금의 차입 및 상환, 배당의 지급 등이 재무현금흐름에 반영됨.	기업현금흐름할인법에서 재무활동은 자본비용(할인율, WACC)으로 반영됨. (단, 주주현금흐름할인법에서는 차입금의 상환 등이 현금흐름에 고려됨)

2 화폐의 시간가치

가치평가의 핵심적인 개념 중의 하나는 미래의 현금흐름에 대해 불확실성과 위험 등을 고려한 시간가치를 적용하여 동일시점의 현재가치로 환산하여 비교가 이루어지는 것이다. 시간가치의 개념이 직접적으로 활용되는 평가방법은 DCF[51]로 대표되는 수익가치접근법이다.

순투자가치 = 투자수입(미래 & 불확실) - 투자지출(현재&확실)

49) 여기서 비교대상인 가치평가목적의 현금흐름분석은 수익가치접근법의 대표적인 방법인 미래현금흐름할인법(DCF: Discounted Cashflow Method)을 의미한다.
50) 단, 다른 자산부채도 어떤 방식으로든 가치평가에 고려되어야 한다. 즉, 재무상태표상 모든 자산부채 항목은 기업의 가치에 어떤 형태로든 고려가 되어야 하는 것이다. 예를 들어 기계장치 등 유형자산은 영업현금흐름 창출에 기여하고, Capex 등으로 투자비가 현금흐름에 반영되며, 매도가능증권은 비영업자산으로 고려된다. 상대적으로 중요하지 않은 운전자본을 순운전자본의 증감으로 고려하기 위해 향후 변동이 없다고 가정하거나, 발생하지 않는다고 가정하는 방법을 사용할 수 있다.
51) Discounted Cash flow method; 미래현금흐름할인법

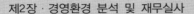
현재가치(Present value)는 미래의 현금흐름을 적절한 이자율로 할인하여 현재시점에서의 가치로 환산한 크기를 말한다.

$$PV_0 = \frac{CF_n}{(1+k)^n}$$

PV_0 = Present Value, 현재시점(time 0)의 가치
CF = Cash Flow, t시점의 현금흐름
K = 할인율

다기간 현재가치는 각 기간별로 구한 미래현금흐름 현재가치의 합이다. 실제 현금흐름을 기초로 기업의 가치를 산정할 때에도 다기간의 추정한 현금흐름을 기대수익률과 불확실성이 반영된 할인율로 할인한 현재가치의 합을 통해 산정하게 된다.

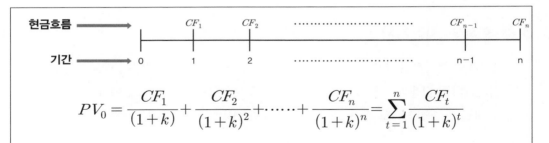

$$PV_0 = \frac{CF_1}{(1+k)} + \frac{CF_2}{(1+k)^2} + \cdots\cdots + \frac{CF_n}{(1+k)^n} = \sum_{t=1}^{n} \frac{CF_t}{(1+k)^t}$$

PV_0 = Present Value, 현재시점(time 0)의 가치
CF = Cash Flow, t시점의 현금흐름
K = 할인율

사실 할인율에는 시간가치에 대한 개념과 함께 위험에 대한 보상 측면의 개념이 포함되어 있다. 예를 들어 A자산에 1년간 투자한 수익률이 5%이고, B자산은 12%이라고 한다면, 동일한 1년간의 투자에 대해 B자산이 높은 수익률을 요구하는 것은 위험이 A자산에 비해 높다고 보는 것이고, 위험에 대한 대가로 A자산 대비 7% 추가 수익률이 요구되는 것이다.

재무적 · 비재무적 정보 분석

기업의 가치를 미래수익창출능력이라고 보면, 기업의 가치를 결정하는 요소는 기업의 미래수익창출에 영향을 미치는 요인들이 될 것이다. 기업가치를 결정하는 요소는 내부환경적 요소와 외부환경 요소, 재무적 요소와 비재무적 요소로 구분할 수 있으며, 이렇게 기업을 둘러싼 다양한 내·외부 환경적 요소들을 분석하는 것은 가치평가(Valuation)의 출발점이 된다.

[표 2-2] 기업가치를 결정하는 요소의 예

구분	내부환경 요소	외부환경 요소
재무적 요소 (양적 요소)	대상회사의 과거 재무성과 및 재무현황, 대상회사의 미래 재무추정 등	경제성장률, 물가상승률, 금리, 환율, 유가 등
비재무적 요소 (질적 요소)	경영진, 영업구조, 고객과의 관계, 기술수준, 제품 또는 서비스 등	경쟁현황, 기술동향, 정부정책, 법규, 사회/문화적 요소 등

비재무적 정보의 분석은 평가대상회사를 둘러싼 경제 여건, 산업 동향, 사업 구조 등에 관한 정보를 파악하는 과정이다. 이를 통해 평가대상회사에 대한 이해를 한층 높일 수 있다. 수집하고, 분석하여야 할 비재무적 정보의 유형은 평가대상에 따라 결정되어야 할 것이며,[52] 아래 제시된 예시는 참고가 될 수 있을 것이다.

[표 2-3] 일반적으로 검토되는 비재무적 정보의 예

- 대상회사의 연혁 및 지배구조
- 주요 제품과 서비스
- 영업구조(핵심 고객과 거래처 등) 및 주요 계약사항
- 대상회사의 경영전략 및 가치창출의 핵심역량
- 관련 법규 및 규제
- 시장 및 고객 현황, 경쟁현황
- 경제, 산업 및 회사에 대한 전망 등

재무적 정보는 가치평가를 위한 분석에 있어서 충분한 기간 동안의 과거 재무 및 세무

---

52) 금융감독원 외부평가업무 가이드라인(2009.6.)의 "비재무적 정보의 분석" 정의 참조

정보, 해당 산업에 대한 재무정보, 사업계획을 비롯한 예측정보 등이 있을 수 있다. 재무정보 분석은 "Ⅱ. 3. 대상회사의 분석"에서 자세히 다루기로 한다.

1 경제환경 분석

> **Key Concept**
>
> • 경제환경 요인의 예로는 경제성장지표로서 GDP, 물가 및 임금상승률, 이자율, 원자재가격, 물동량 등이 있다.
> • 기업의 경영활동에 영향을 미치는 경제환경요인을 파악하고, 이러한 요인이 영향을 미치는 방식을 이해할 필요가 있다.
> • 거시환경분석으로 넓게 보면 정치적 상황, 환경규제, 사회/문화적 요인, 기술환경의 변화 등도 중요한 환경적 요인이 된다.[53]

외부환경은 기업의 가치창출활동에 영향을 미치고, 기업은 이러한 환경변화에 대처하면서 생존하고 성장해 나간다. 그러므로 평가대상 회사 및 회사가 속한 산업에 영향을 미치는 경제환경을 이해하는 것은 가치평가에 있어서 중요한 부분이다.

산업 및 회사에 대한 현황파악을 바탕으로 회사에 영향을 미치는 주요 경제적 요인이 무엇인지 파악하는 것이 필요하며, 이를 위해서는 과거 경제지표의 변화와 과거 회사 재무실적과의 연관성을 파악하는 것도 도움이 될 수 있다.

[표 2-4] 경제환경 요인의 예 (양적 요인)

경제환경 요인[54]	활용 예시	고려사항
GDP(Gross Domestic Product; 국내총생산)	매출성장률 등	대표적인 경제성장지표. 명목GDP와 실질GDP가 있으며, 일반적으로 물가상승률이 고려된 명목가치 기준인 명목GDP를 많이 사용
물가상승률	판매 및 구매단가, 원가/비용 상승률 등	생산자물가지수, 소비자물가지수 등이 있으며, 각 특성을 고려하여 매출 및 원가 유형별로 적용

---

53) 거시환경을 구조적으로 분석하는 방법으로는 PEST분석이 있다. (Political, Economic, Social and Technological analysis). 법적(Legal) 특성을 추가하여 SLEPT로 부르기도 하며 환경(Environmental) 분야를 추가하여 PESTEL 혹은 PESTLE로 분석이 이루어지기도 한다.
54) GDP, 물가상승률과 같은 경제환경 요인의 과거자료 또는 예측치는 통계청, 한국은행, IMF(International

경제환경 요인	활용 예시	고려사항
임금상승률	인건비 증가율 등	예측 data를 활용할 때에는 과거 대상회사의 임금상승률과 시장의 평균적 임금상승률과의 관계 분석이 선행될 필요가 있음.[55]
환율	외환거래가 많은 기업 또는 외국자회사 등의 평가	현금흐름을 환산할 것인지, 평가 후 환산을 할 것인지에 대한 고려가 필요함.
금리	차입금 보유 기업 등	자본비용(할인율) 계산 시 활용, 회사의 추가 자본조달 비용 등의 고려
유가 등 원자재 가격	상관관계 분석을 통한 매출 또는 원가 추정 등	운송업, 정유산업 및 원자재를 사용하는 제조업 등에 많은 영향
지역별 물동량	매출 추정의 요소 등	물류산업, 운송업 등에 많은 영향
인구성장률	매출 추정의 요소 등	보급이 안정화 된 제품 및 서비스의 시장규모에 영향

때로는 환율이나 금리와 같이 변동의 방향성이 일정하지 아니하면서 기업에 전반적으로 영향을 미치는 요인들의 경우에는 예측치를 추정에 활용하기보다는 시나리오 방식으로 분석하는 경우가 가치를 이해하는 데 적합할 수도 있다. 예를 들어 환율을 적용할 때 현 수준이 계속 유지된다고 가정하여 평가한 후 환율이 변동할 때마다 가치가 어떻게 변동하는지를 분석하는 방식 등이 있을 것이다. 또는 환산을 하지 않고 현지화(외화)로 평가를 수행하기도 한다.

경제환경분석이 가치평가 및 재무분석에 활용되는 대표적인 경우는 향후 추정에 활용되거나, 비경상적인 항목을 파악해 내는 데 활용되는 경우이다.

[표 2-5] 향후 추정 활용의 예

단계	분석 및 추정의 예
① 재무분석	• 비용의 증가와 물가상승률의 관계 분석 • 물가상승률과 관련 있는 비용 항목의 파악
② 과거 물가상승률 파악	• 재무분석 기간에 해당하는 기간의 물가상승률 자료를 확보

Monetary Fund), EIU(Economist Intelligence Unit), Bloomberg나 Thomson과 같은 전문 데이터 제공 서비스, 그리고 KDI를 비롯한 여러 경제연구소 등에서 확인할 수 있다. 단, 일부는 유료서비스로서 접근이 제한적일 수 있다.

55) 직급 상승분이 포함되는 경우에는 임금상승률이 물가상승률보다 상대적으로 높을 수 있다. 인건비 검토를 위해서는 인력구조 및 인력계획과 같은 비재무적 분석이 함께 수행되어야 이와 같은 사항을 파악할 수 있다.

단계	분석 및 추정의 예					
③ 과거 비용증가율과 물가상승률 비교 분석						

구분	Actual				
	01(A)	02(A)	03(A)	04(A)	05(A)
물가상승률	3.4%	3.7%	3.3%	4.1%	3.6%
비용증가율	3.3%	3.8%	3.4%	4.1%	3.5%

평가대상회사의 과거 비용증가율과 동기간의 물가상승률을 비교 분석하고 물가상승률과 관련 있는 비용항목을 파악하여 연관성을 확인

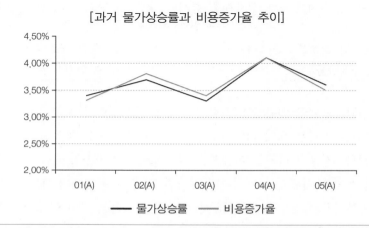

[과거 물가상승률과 비용증가율 추이]

단계	분석 및 추정의 예
④ 향후 비용증가율 추정	

구분	Forecasting				
	06(F)	07(F)	08(F)	09(F)	10(F)
물가상승률	4.3%	4.5%	3.5%	3.0%	3.0%
비용증가율	4.3%	4.5%	3.5%	3.0%	3.0%

물가상승률과 비용증가율의 연관성이 확인되었다면, 향후 물가상승률 예측치를 확보하여 연관성이 확인된 비용항목의 증가율 추정에 활용

[표 2-6] 비경상적인 항목 파악의 예

비경상적인 항목 파악의 예	
① 재무분석	비용의 증가와 물가상승률의 관계 분석, 물가상승률과 관련 있는 비용항목의 파악
② 과거 물가상승률 파악	재무분석 기간에 해당하는 기간의 물가상승률 자료
③ 동업종의 평균 비용 증가율 파악	재무분석 기간에 해당하는 기간 동안 동일업종 영위 회사의 평균 비용 증가율 파악

구분	Actual				
	01(A)	02(A)	03(A)	04(A)	05(A)
물가상승률	3.4%	3.7%	3.3%	4.1%	3.6%
비용증가율	3.3%	3.8%	7.5%	4.1%	3.5%
동업종 평균 비용증가율	3.3%	3.7%	3.4%	4.0%	3.6%

④ 과거 비용증가율과 물가상승률 비교 분석

평가대상회사의 과거 비용증가율과 동기간의 물가상승률 및 동업종 평균 비용증가율을 비교 분석

[비용증가율과 물가상승률 및 동업종 평균 비용증가율 비교]

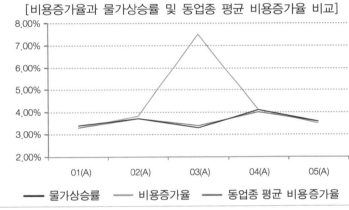

⑤ 비경상적 항목의 원인 파악

동 업종의 평균 비용증가율은 물가상승률과 일정한 방향성을 유지하고 있으며, 평가대상회사의 비용증가율도 물가상승률과 높은 관련성을 보이고 있으나, 03년도의 비용증가율만 다른 연도에 비해 특이성이 있음. 해당연도의 증가율에 특이성이 나타나게 된 원인을 파악

비경상적인 항목 파악의 예

경제환경을 거시환경 분석으로 넓게 확대하여 보면 정치적 상황, 환경규제, 사회·문화적 요인, 기술환경의 변화 등도 질적인 요소로서 중요한 환경적 요인이 된다. 거시경제 환경 요인을 분석할 때에는 모든 요인을 분석하기보다는 몇 가지 카테고리의 환경요인 중 각각의 주요 항목별로 현재와 미래의 경영환경변화에 따른 기회·위협요인을 파악하여 평가대상회사와 관련성이 가장 높은 항목을 중심으로 분석하는 것이 효과적이다.

이러한 환경 분석을 위한 방법론으로 많이 활용되는 것이 PEST 분석이다.

[그림 2-3] PEST 분석의 기본 Frame

거시경제 환경이 산업 및 기업에 미치는 영향을 파악하기 위해서는 각각의 요인들이 경제환경으로 작용하는 메커니즘을 이해할 필요가 있을 것이다. 예를 들어 어떤 요인이 물가를 상승하게 하고, 물가상승은 기업활동에 어떻게 작용하는지를 구조적으로 이해하는 것이다.

[그림 2-4] 거시경제 환경이 기업에 미치는 영향의 구조적 분석 (물가 상승의 예)

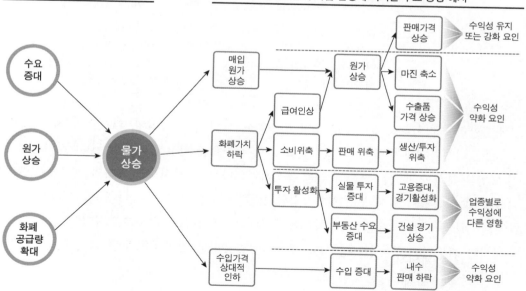

2　산업 및 시장분석

Key Concept

산업분석은 산업의 구조적 특성 및 경쟁현황을 이해하여 핵심 경쟁 요소를 파악하는 것이 중요하다.

일반적으로 기업은 그 기업이 속한 산업의 특성을 따르고, 거시경제요인에 반응하는 형태도 산업의 특성별로 다르다. 해당 산업을 이해함으로써 평가 대상회사에 대한 이해를 높일 수 있는 것이다. 또한 평가대상기업의 분석결과를 산업분석결과와 비교함으로써 결과치의 특이성 여부 등을 확인할 수 있으며, 산업전망의 분석 등은 대상기업의 향후 재무성과 추정 등에 활용될 수도 있다.

산업분석은 전반적인 현황 분석, 산업의 구조적인 특성, 경쟁업체 분석을 포함한 경쟁현황, 재무적 사항 등에 대한 분석을 포함한다. 다음은 상기 내용을 포함한 산업분석 방법론의 예시이다.

[그림 2-5] 산업분석 방법론의 예

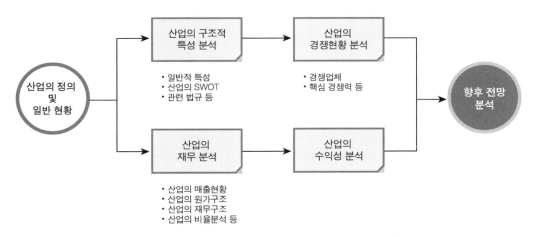

산업분석 단계에서 중요한 것 중 하나는 산업의 구조적 특성 및 경쟁현황 등의 이해를 바탕으로 핵심 경쟁 요소를 파악하는 것이다. 이때 경쟁자의 분석은 현재의 경쟁상황뿐만 아니라, 잠재적인 경쟁자를 포함하여 수행할 필요가 있다.

산업분석을 위한 방법으로서 실무상 많이 활용되는 Frame은 마이클포터의 5-Forces 모델이 있으며, SWOT분석에서도 내부환경요인과 함께 산업분석이 이루어진다.

산업분석에 필요한 자료는 여러 경제연구기관의 자료, 증권회사 등의 산업분석 보고서 및 산업별 전문연구기관의 자료 등을 통해 얻을 수 있다. 특히, 전자공시시스템(Dart)에 공시된 상장기업의 사업보고서는 해당 산업을 이해하는 데 필요한 많은 정보를 제공해 준다.

[그림 2-6] 산업 및 경쟁 현황 분석 예시

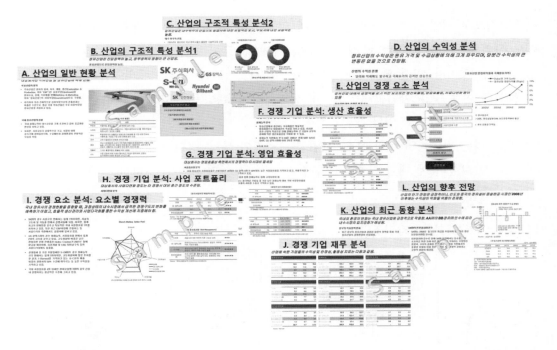

상기 사례는 평가대상이 속한 산업 분석 및 경쟁기업을 포함한 경쟁현황 분석을 수행한 예이다. ⓐ 산업의 일반현황, ⓑ 산업의 구조적 특성, ⓒ 산업의 수익성, ⓓ 산업의 경쟁요소, ⓔ 경쟁기업에 대한 분석(생산효율성, 영업효율성, 사업포트폴리오 등), ⓕ 경쟁 요소별 각 기업의 경쟁력, ⓖ 경쟁기업별 재무분석, ⓗ 산업의 최근 동향, ⓘ 산업의 향후 전망 등에 대한 분석을 토대로 산업을 이해한 후 대상회사에 대한 가치평가를 수행하게 된다.

3 대상회사의 분석

Key Concept

- 재무적·비재무적 분석을 통해 대상회사의 핵심역량과 위험을 파악하는 것이 필요하다.
- 재무적 분석은 경영활동 결과 및 추정에 대한 분석이고, 비재무적 분석은 경영활동 과정에 대한 분석이다.

가치평가는 대상회사 및 대상회사의 경영환경에 대한 충분한 이해를 바탕으로 이루어지는 것이 바람직하다. 이는 곧 대상회사에 대한 재무적·비재무적 자료를 충분히 확보하고, 수집된 자료를 분석하면서 가치평가에 적용된 가정 및 근거에 대한 합리성 및 타당성의 검토가 필요함을 의미한다. 합리성 및 타당성에 대한 분석은 자료간의 비교 검토, 이해관계자와의 인터뷰, 실지조사와 같은 실사 등을 통해 이루어진다.

대상회사의 분석은 재무분석과 비재무분석으로 구분될 수 있다.

[그림 2-7] 대상회사 분석 방법론의 예

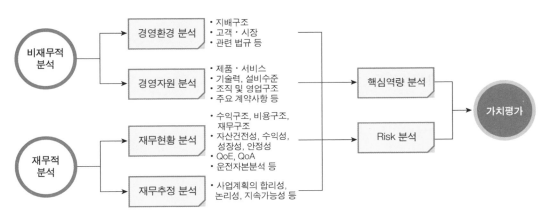

1) 비재무분석

비재무분석은 지배구조, 시장, 관련법규 등에 관한 경영환경 분석과, 제품 및 서비스, 기술력, 설비수준, 영업구조 등에 대한 경영자원에 관한 분석이다. 이러한 경영환경 및 경영자원에 대한 분석이 필요한 이유는 전반적인 경영활동의 결과치가 재무성과로 나타나는데, 이를 보다 잘 이해하기 위해서는 이러한 결과가 나오기까지의 과정에 대한 이해가 필요하기 때문이다.

가치평가 시 수집, 분석해야 할 비재무적 정보의 유형, 이용가능성, 상대적 중요도는 평가 대상에 따라 결정될 것이며 참고적으로 "외부평가업무 가이드라인[56)]" 및 "가치평가서비스 수행기준[57)]"에서 분석대상으로 예시하고 있는 정보는 다음과 같다.

[표 2-7] 비재무정보 분석 대상의 예

비재무정보 분석 대상의 예시 1(외부평가업무 가이드라인)
가. 조직형태, 기업 연혁 및 사업배경
나. 주요 제품과 서비스
다. 경쟁사 현황, 시장 및 고객현황
라. 경영진의 경력 및 평판
마. 경제, 산업 및 회사에 대한 전망
바. 비상장주식의 과거 거래 내역
사. 계절적 요인이나 경제 순환적 요인에 대한 민감도 등의 위험요인
아. 이용정보의 출처
자. 기타 평가대상 기업을 이해하기 위해 필요한 정보
비재무정보 분석 대상의 예시 2(가치평가서비스 수행기준)
• 회사의 성격, 배경 및 연혁
• 설비
• 조직구조
• 경영진(이사회, 임원 및 주요 직원)
• 지분의 종류와 의결권
• 공급하고 있는 재화나 용역
• 경제적인 환경
• 지역별 시장현황
• 해당 산업의 시장현황
• 핵심 고객과 거래처
• 경쟁
• 사업위험
• 전략과 미래 계획
• 법규 환경

비재무정보 중 지배구조 혹은 지분구조에 대한 정보는 대상회사에 대한 이해 과정에서 중요한 부분이나 가치평가 과정에서 간과되기 쉽다. 그러나, 평가대상 지분의 종류를 파악

---

56) 금융감독원, 기업공시본부, 2009.6.
57) 한국공인회계사회, 2008.8.28.

하고, 지분의 종류와 의결권의 내용을 이해하며, 동 지분의 지배력 수준을 확인하여 평가대상의 가치에 미치는 잠재적 영향을 파악하는 것은 중요한 비재무분석 절차 중의 하나이다.[58]

또한 재무제표에 계상되지 않은 무형의 자산이나 부채에 대해 이해하는 것이 필요하며, 이를 위해 법적 권리, 라이선스 협약, 옵션 여부 등에 대한 사항을 파악하는 것이 필요할 수 있다.

상기 표에서 예시로 제시한 비재무정보의 분석은 기업의 핵심역량과 위험요인을 파악하고 재무분석 결과를 보다 명확하게 이해하는 데 도움을 줄 수 있다.

아래의 사례는 비재무적 분석 사례이다. 조직구조 및 인력 현황에 대한 분석은 대상회사의 사업구조를 이해하는 데 도움이 되며, 향후 원가 및 비용을 추정하는 데 있어서도 기초자료가 될 수 있다. 판매 및 영업망 현황분석은 회사의 Target 시장에 대한 이해를 용이하게 하고, 향후 시장 규모를 추정할 때의 기초자료가 될 수 있다.

또한 비재무적 분석은 경쟁회사와의 비교를 통해 대상회사의 현 위치를 보다 명확하게 이해할 수 있다. 아래의 사례는 비재무적 사항을 경쟁기업과 비교함으로써 향후 대상회사의 시장점유율 수준에 대한 전망의 기초자료로 활용한 예이다. 연도별 생산량과 가동률에 대한 이해는 향후 생산규모를 추정하는 데 기초자료로 활용될 수 있고, 이를 경쟁회사와 비교하여 향후 대상회사의 시장 지위를 예측하는 데에도 활용할 수 있다.

[그림 2-8] 비재무적 분석 사례

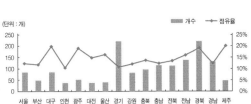

---

58) 이를 위해 지분구조 또는 지분현황 자료 이외에 주주협약, 운영협약, 투표권 위임협약, 매수매도협약, 차입약정 등 계약상 의무나 제약사항을 파악할 수 있는 자료를 통해 관련 내용을 파악할 필요가 있을 수 있다.

[그림 2-9] 비재무적 분석 및 경쟁사 비교 사례

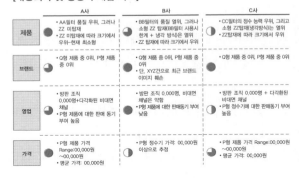

[대상회사 및 경쟁사 제품 비교]

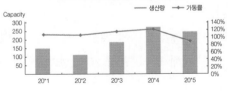

[연도별 생산량 및 가동률 현황]

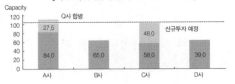

[대상회사 및 경쟁사 생산능력 비교]

[Note 2] 비재무분석의 중요성 - 신생벤처기업

일반적으로 비재무적 분석은 회사를 이해하는 데 있어서 중요하지만, 특히 신생 벤처기업의 경우에는 그 중요성이 더욱 강조될 수 있다. 성숙한 회사의 경우에는 회사의 역량이 상당부분 재무실적으로 달성되어 왔기 때문에 재무실적의 분석은 회사의 역량을 파악하는 데 중요한 근거자료가 된다. 그러나 신생 벤처기업의 경우는 회사의 역량이 재무실적으로 실현되지 못한 경우가 대부분이므로 비재무적 요소에 대한 분석이 회사의 평가에 중요한 부분을 차지하게 된다. 예를 들어 모바일 게임회사의 경우에는 ⓐ 경영자의 능력(경험, 경영능력, Knowledge 등), ⓑ 제작사 능력(개발실적, 자금조달능력, 연구개발투자비율 등), ⓒ 제작능력(PD역량, 핵심개발자 역량, 콘텐츠 개발 역량 등), ⓓ 콘텐츠의 질적 수준 및 경쟁력(기획 및 사업전략의 타당성, 콘텐츠 우수성, 제작 진척도, 사업성 등), ⓔ 시장 환경 및 마케팅 능력(시장전망 및 시장 적합성, 수익모델, 파급효과 등) 등과 같은 비재무적 요소를 분석하는 것이 회사 분석의 핵심 사항일 수 있는 것이다. 또한 실제적으로도 회사 자산의 대부분이 이런 형태의 비재무적 요소인 무형의 자산인 경우가 많다.

---

2) 재무분석

재무분석은 과거의 재무실적 및 재무구조에 대해 파악하는 것이다. 만약 사업계획이 갖춰져 있다면 사업계획에 반영된 가정과 재무추정의 합리성을 검토하는 과정이 과거의 재무실적에 대한 이해를 도울 수도 있다.

① 재무현황 분석의 단계

[표 2-8] 재무현황 분석 단계

단계	설명
기본현황 파악	평가대상의 일반현황 및 산업에 대한 이해는 재무제표에 대한 이해 수준을 증대시킴.
재무제표 분석	재무상태표, 손익계산서, 현금흐름표 항목에 대한 구성비율, 증감분석, 수익성, 안정성에 대한 전반적인 분석을 수행 전반적인 재무현황 파악 단계이며, 이를 통해 세부 분석을 전략적으로 접근 가능
세부 분석	동 업종평균과 비교, 기간별 재무정보간의 비교, 동일기간 내 재무정보 상호간 비교, 관련 비재무정보와의 비교 등

재무분석은 QoE, QoA분석으로 이어진다. QoE(Quality of Earnings)는 "이익의 질"을 의미하며, 향후 지속가능한 이익의 수준에 대한 분석이고, QoA(Quality of Assets)은 인수자 등 평가자 입장에서의 "실질순자산"으로 자산의 건전성과 부채의 완전성 등에 대한 분석이다.

재무분석은 회계기준에 따라 작성된 재무제표만을 분석하는 것이 아니라, 관리회계상 중요하게 다루어지는 항목에 대한 분석을 포함하여야 한다. 예를 들어, 회사에서 관리하고 있는 변동비와 고정비의 구분 및 내역, 통제가능비용과 통제불가능비용, KPI 요소 등에 대한 분석은 회사의 재무흐름을 효과적으로 이해할 수 있게 해준다.

또한 추정자료에 대한 분석과 추정의 근거 자료 분석은 회사의 Key value driver 및 각 재무적 요소의 변동 요인을 용이하게 파악할 수 있도록 해준다. 추정자료의 분석은 후술하는 "사업계획 분석"을 참고하기 바란다.

기업가치를 평가하기 위해서는 사업이 이루어지는 과정, 즉 사업프로세스를 이해하는 것이 필요하다. 그리고 사업프로세스에 대한 이해를 통해 각각의 활동들이 재무제표에 어떻게 반영되는지 아는 것도 중요하다. 이 과정은 재무 및 회계 사이클에 대한 이해에 도움을 줄 수 있다. 기업의 재무분석은 이 재무 및 회계 사이클에 대한 이해를 기초로 이루어져야 한다.

[그림 2-10] 재무 및 회계 사이클 예시

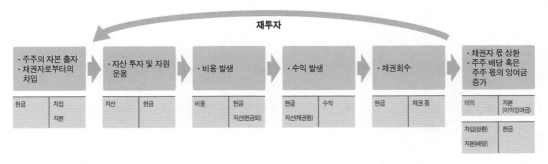

② 분석적 검토와 실사

재무현황을 검토하는 방법은 분석적 검토와 실사의 방법이 있다. 분석적 절차는 재무적 또는 비재무적 자료나 항목에 대하여 비율과 추세, 상관관계 등을 분석함으로써 대상을 이해하고 파악하는 방법이며, 실사는 실물이나 자료 등을 직접 확인하는 방법을 통해 대상을 이해하고 파악하는 방법이다. 실사에 대해서는 다음 장에서 자세히 다루기로 하며, 이 장에서는 재무현황 분석의 방법으로 분석적 검토를 주로 다룬다.

[표 2-9] 분석적 검토를 수행할 때 주요 고려사항

구분	고려사항
전반적 분석과 세분화 분석	분석적 검토는 전체적인 분석을 통해 전반적인 내용을 이해한 후, 상세하고 세분화된 분석을 통해 이해의 깊이를 높일 필요가 있다. (세분화의 예는 사업부문별, 제품별, 고객별, 시기별로 세분화하여 분석하는 것을 들 수 있음)
자료의 신뢰성	이용가능한 모든 자료를 활용하여야겠지만, 자료 활용 전 해당 자료의 신뢰성을 고려하여야 한다.
논리적 접근	분석하는 정보가 논리적으로 설명이 가능한지에 대한 검토가 필요하다. 즉, 다른 계정, 기간 또는 비 재무정보 등과 논리적으로 관련성이 있는지 등에 대한 분석적 검토가 필요하다.
분석적 절차의 유형	여러 분석적 절차 중 어떤 유형의 절차가 해당 항목 분석에 가장 적절한지에 대한 고려가 필요하다. 예를 들어 매출채권의 경우 성장률 분석보다는 활동성(회전율 등)이나 비율분석(매출액 대비 비율 등)이 더 효과적일 수 있다.

분석적 검토는 여러 자료간의 비율, 추세, 상관관계 등을 분석하는 방법이라고 하였다. 이러한 분석의 예로는 다음과 같은 방법을 들 수 있다.

[표 2-10] 분석적 검토 방법의 예

주요 방법	설명
추세 분석	일정한 추세의 원인과 향후 추세의 지속성 여부에 대한 검토, 일정하지 않은 추세의 원인과 향후 추세 형성가능성 여부 검토, 추세 검토를 통해 우선적으로 수행하여야 할 부분에 대한 확인
동일기간 내의 재무정보 상호간의 상관관계 분석	재무제표의 각 계정과 그 변동액 사이에는 밀접한 관계가 있으므로 계정간 논리적인 연관성을 파악하여 상호간 비교 검토를 수행 예) 매출원가와 재고자산, 매출과 매출채권 등
구성비율 분석 및 당기와 전기 재무정보의 비교	동일기간의 구성비율 분석은 기간별 비교 및 동업종과 비교를 통해 차이 원인을 분석하는 방식으로 수행 당기와 전기의 비율 차이 여부 및 증감내역에 대한 검토 예) 전기대비 당기의 원가율 변화 등
재무정보와 관련된 비재무정보의 관계검토	재무정보와 비재무정보간의 논리적인 연관성 파악을 통한 분석 예) 설비확충에 따른 감가상각비 증가, 인원증가와 인건비성 급여의 증가 등
예측자료와 실제자료의 비교	예산과 실적의 비교 또는 당기 재무정보의 합리적인 기대치와 실적의 비교
재무정보와 논리적 연관성이 있는 경제지표의 비교	경제지표와 밀접한 관련이 있는 대상회사의 항목 비교 예) 물가상승률과 비용의 증가율 → 사전적으로 연관성 여부가 검토가 되어야 하며, 다른 원인에 의한 변동을 제거한 세분화를 통해 비교가능성을 제고
대상회사의 재무정보와 동 업종의 산업평균의 비교	동 업종의 사업구조에 대한 이해가 전제되어야 하고 비교대상회사와 비교가능항목에 대한 고려가 필요 예) 매출채권회전율을 동 업종 매출채권회전율과 비교 등
계절적 요인 등 특이성 분석	분·반기 단위 재무제표 추이 분석 등을 통해 계절적 요인 등 특이성 분석이 필요 예) 과거 온라인게임 시장의 경우 방학기간의 매출이 타 기간보다 커서 분기별 매출 변동성이 비교적 크게 나타났으나, 최근 모바일 게임 시장 확대로 계절성은 과거에 비해 낮아지고 있음.

③ 주요 분석 항목

재무분석은 재무분석의 목적에 따라 다양한 방식으로 이루어지고 그에 따라 분석하는 항목도 달라지게 된다. 여기서는 일반적인 가치평가를 전제로 하는 재무분석에서 수행되는 대표적인 분석항목의 예를 다음과 같이 제시한다.

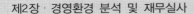

[표 2-11] 재무분석의 주요 분석 항목[59]

분석 항목	고려사항
수익성 및 원가구조	가치창출 핵심영역 중 하나인 수익성에 대한 분석으로써 산업 및 회사마다 수익과 원가구조가 다르고, 이에 따라 가치창출의 핵심 영역에 있어서도 차이가 있다. Key Value driver, QoE, EBITDA, 영업이익률, ROIC 등의 분석이 기초 분석이 될 수 있다.
성장성	매출, 영업이익, EBITDA 등 수익 측면에서 성장성이 주로 다루어진다. 과거 성장성이 반드시 미래의 성장성으로 이어지는 않는다. 미래 성장성을 예측하고자 한다면 그에 따른 합리적인 근거가 필요하며, 그러므로 과거 성장성의 원인을 경제지표 등과 연계하여 분석하는 것이 필요할 수 있다.
안정성 및 자본구조	재무구조적 측면의 위험에 대한 노출 정도를 분석하는 것으로 부채비율, 유동비율, 이자보상배율 등이 활용된다. 자본구조의 분석은 자본비용의 합리적 추정을 위해 필요한 분석이기도 하다.
활동성	자산, 부채 및 자본의 회전율로 측정되며, 투하된 자본이 얼마나 효과적으로 운용되었는가를 알 수 있다. 측정지표간의 상관관계분석이 중요한 분석으로 매출채권회전율(매출액÷매출채권), 재고자산회전율(매출원가÷재고자산), 매입채무회전율(매출원가÷매입채무) 등이 운전자본의 분석에 많이 활용된다.[60] 활동성 분석 시에는 비경상적인 항목을 제외하고 산정할 것인지에 대한 고려가 필요하다.
지속성	과거 실적과 실적을 통해 나타난 경영지표의 지속가능성은 가치평가의 영역에서는 중요한 부분이며 이는 QoE(Quality of Earnings)분석을 통해 이루어질 수 있다.
적정성 등	금액이 적절하게 평가되어 계상되고 비경상적인 부분은 없는지(금액의 적정성), 누락된 부채는 없는지(부채의 완전성), 거래의 귀속시기가 적절하게 이루어졌고, 계정분류가 적절하고 일관성 있는지 등에 대한 분석이 수행될 수 있다.

59) 주요 재무비율 계산식에 대해서는 본장 "V. 3. 주요 재무비율"을 참고하기 바란다.
60) 매출채권, 재고자산, 매입채무와 같은 기말잔액 항목은 연평균액을 사용하기도 한다. 연평균금액을 산정하는 방식 중 하나는 (기초금액 + 기말금액) ÷ 2로 계산할 수 있다. 즉, 매출 또는 매출원가는 일정기간 동안의 성과인데, 이에 대응되는 재무상태표 상 잔액으로서 기말잔액 대신 기초 및 기말의 연평균금액을 적용하여 비율을 산정하기도 한다.

[표 2-12] 재무비율 분석 예시[61]

(단위: %, 회)

IFRS(연결) 기준		Dec-13	Dec-14	Dec-15	Dec-16	Dec-17
성장성 비율	매출액증가율	(-)53.5	136.7	86.9	57.1	34.7
	판매비와관리비증가율	(-)58.8	122.5	161.6	59.8	34.0
	영업이익증가율	(-)35.3	167.9	(-)49.8	31.1	42.4
	EBITDA증가율	(-)47.2	174.8	(-)17.8	40.2	28.4
수익성 비율	영업이익률	31.2	35.4	9.5	7.9	8.4
	EBITDA마진율	34.4	40	17.6	15.7	15
	ROA	14.8	10	2.6	1.5	2.1
	ROE	17.7	11.4	3	1.9	2.9
	ROIC	52.1	17.6	3.5	2.8	3.9
활동성 비율	총자산회전율(회)	0.5	0.3	0.3	0.3	0.3
	총자본회전율(회)	0.6	0.4	0.4	0.5	0.5
	순운전자본회전율(회)	7.0	(-)8.0	(-)6.0	(-)5.0	(-)3.9
안정성 비율	유동비율	503.2	350.9	306.9	151	191.5
	부채비율	22.5	12.4	23.3	48.1	40.9
	유보율	744.2	8,415.6	8,382.9	10,040.4	11,751.3
	순차입금비율	N/A	N/A	N/A	3.1	N/A
	이자보상배율(배)	20,132.2	4,316.6	105.9	8.1	14.7
	자기자본비율	81.6	89.0	81.1	67.5	71.0

상기 재무비율 계산식에 대해서는 본장 "V. 3. 주요 재무비율"을 참고하기 바란다.

---

61) 카카오 재무비율 분석. 2018년 3월 기준.

[그림 2-11] 재무비율 추이 예시(카카오)

(단위: %, 회)

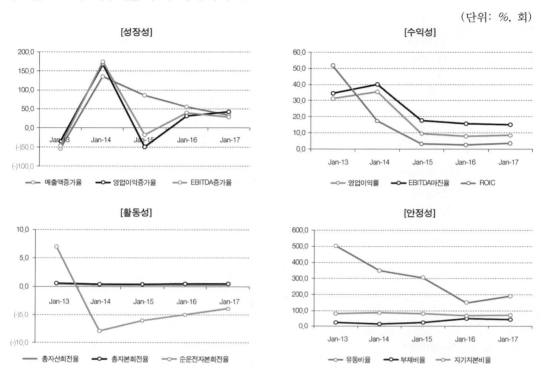

　　성장성은 경영활동의 성과가 전기에 비해 얼마나 증가하였는가를 측정한 지표로 기업의 경쟁력이나 미래의 수익창출능력의 예측을 위한 간접적인 자료가 된다. 수익성은 일정기간 동안의 경영성과를 측정하는 지표로서 기업의 이익창출능력, 투하자본의 수익성에 대한 정보를 제공한다. 활동성은 투하된 자본이 얼마나 효율적으로 운용되었는지에 대한 정보를 제공한다. 안정성은 재무적 건전성을 나타낸다.

　　상기 사례에서의 재무비율 분석 결과는 각각의 분석 항목들이 일정 추세를 나타내는 것으로 보일 수 있다. 재무비율 분석(분석적 절차)은 분석결과를 도출하는 데서 그치지 않고, 이러한 결과가 나타나는 원인이 무엇인지, 이러한 분석결과 및 추세는 향후에 지속될 것인지 등의 분석으로 이어져야 할 것이다.

　　분석적 검토와 관련된 다양한 사례는 "Ⅳ. 재무실사"에서도 추가적으로 다루었으므로 재무분석과 재무실사를 연결선상에서 참고할 수 있을 것이다.

④ 재무제표 조정 후 분석 및 재무정보의 적정성 검토

　　재무제표 분석은 적정한 가치평가를 위한 재무제표 조정이 필요한지에 대한 분석으로 이어질 수 있다. 재무제표의 조정이 필요한 사항이란 ⓐ 향후 지속가능한 현금흐름 등의 추정을 위해 일시적이고 비경상적인 사항을 제거하여 반복적이고 경상적인 사항만으로 조정하는 것, ⓑ 비교대상회사의 재무제표간 서로 다른 기준을 일치시키는 것, ⓒ 재무제표 금액을 장부가액에서 공정가액으로 수정하는 것 등을 포함한다.

가치평가를 위해서는 확보된 재무정보의 적정성에 대한 검토도 필요할 것이다. 감사받지 않은 재무제표나 객관성 및 적정성이 확인되지 않은 재무정보를 토대로 평가가 이루어진다면 평가의 신뢰성은 현저히 낮아지기 때문이다.

⑤ 각 계정별 주요 분석적 절차 예시

재무상태표 항목의 분석에 주로 활용되는 비율은 구성비율, 성장률, 회전율 등의 분석이다. 하나의 항목에 다양한 방식의 분석적 절차가 가능하지만, 항목의 특성에 따라 중요한 분석의 종류는 다를 수 있다. 다음 예시와 같은 매출채권 분석에서는 일반적으로 회전율 분석이 중요하다.

[표 2-13] 분석적 절차 예시 - 재무상태표 항목[62]

(단위: 백만원, %, 회)

구분	20*1	Portion	20*2	Portion	20*3	Portion	성장률			회전율		
							*0-*1	*1-*2	*2-*3	20*1	20*2	20*3
⋮												
매출채권	1,000	10%	1,050	10%	1,500	18%	6%	5%	43%	12.5	13.0	10.1
⋮												

구분	주요 분석 내용
구성비율	구성비율은 재무상태표에서 중요한 항목의 파악을 가능하게 하고, 자산구성 분석은 회사 보유 자산의 건전성, 안정성 등에 대한 이해에도 도움이 된다.
성장률	성장률은 관련된 다른 항목(매출액 등)과의 비교를 통해 의미 있는 분석이 된다.
회전율	회전율은 변동요인을 파악하고 요일별 변동사항에 따른 비율을 분석하는 것이다. 과거 추세, 경쟁사 비교 분석을 통해 적정 수준 등을 파악하게 된다.

상기 분석적 절차는 다른 연도에 비해 20*3년의 매출채권 증가율이 높아지면서, 구성비율이 커지고, 회전율도 낮아지고 있다. 이러한 특이사항, 변동원인의 물음으로 질문리스트를 작성하여 상세확인 작업 혹은 재무실사 등에 임할 필요가 있다.

손익항목의 분석에 주로 활용되는 비율은 이익률, 성장률, 안정성과 관련된 분석이다. 아

---

62) 상기 재무비율 계산식에 대해서는 본장 "Ⅴ. 3. 주요 재무비율"을 참고하기 바란다. 손익계산서 항목도 동일하다.

래의 사례는 영업이익 항목에 대해 영업이익률, 영업이익 성장률, 이자보상배율의 분석을 수행한 경우이다.

[표 2-14] 분석적 절차 예시 - 손익계산서 항목

(단위: 백만원, %, 회)

구분	20*1	20*2	20*3	20*4	20*5
⋮					
영업이익	1,000	1,100	1,500	1,400	1,550
이익률	*6%*	*10%*	*13%*	*11%*	*9%*
성장률	*8%*	*10%*	*36%*	*(-)7%*	*11%*
이자보상배율	*3.3*	*3.7*	*5.0*	*4.7*	*5.2*

구분	주요 분석 내용
이익률	이익률 분석은 일반적으로 매출액 대비 비율로 수행된다. 손익항목의 대표적인 분석이다.
성장률	손익항목의 증가율은 매출액 증가율을 중심으로 분석이 이루어지지만, 이익의 증가율도 질적 성장 분석을 위해 중요하다.
안정성	안정성 분석은 일반적으로 재무제표 항목을 중심으로 이루어지나, 이자비용 부담능력의 측정 지표로서 영업이익과 비교분석이 이루어지기도 한다.

상기 분석적 절차의 경우에서도 20*3년도에 이익률과 성장률에 급격한 변화를 보이는데, 이러한 변동 원인을 파악하는 것은 회사가 창출할 수 있는 정상적인 수준의 이익을 파악하는 데 도움이 될 것이다. 재무제표 항목 분석과 마찬가지로 이러한 특이사항, 변동원인의 물음은 질문리스트에 포함되어 향후 상세확인 작업 혹은 재무실사 등에서 확인할 수 있도록 한다.

현금흐름 항목에서 주로 분석되는 사항은 성장성, 현금창출규모 및 창출과정, 그리고 BS 및 IS항목과의 비교 분석이다.

[표 2-15] 분석적 절차 예시 - 현금흐름 항목

(단위: 억원, %)

구분	2007년	2008년	2009년	2010년	2011년	2012년	2013년
영업현금흐름 (EBITDA)	(95)	(135)	279	(32)	173	17	(15)
매출대비비율	(−)16.2%	(−)4.0%	6.1%	(−)0.4%	1.2%	0.1%	(−)0.1%
영업이익	18	100	136	249	420	881	1,104

구분	주요 분석 내용
성장성	현금흐름의 성장성은 주로 영업현금흐름의 분석을 중심으로 이루어지며, BS 및 IS 항목과의 비교로 이루어진다.
현금창출능력	현금 창출규모와 창출과정에 대한 분석이 이루어진다. 창출과정은 이익의 질(QoE)과 관련된 높은 수익이 높은 현금창출로 계속적으로 이어질 수 있는지에 대한 분석이다. 이는 영업현금흐름이 손익의 창출로부터 발생하는지, 운전자본의 변동으로부터 발생하는지 등을 파악하는 데서부터 시작된다.
비교분석	현금흐름은 자산의 운용(BS항목)과 영업활동(IS항목)의 결과로서 나타나므로, BS 및 IS 항목과의 비교가 현금흐름의 질을 효과적으로 분석할 수 있도록 한다.

상기 사례에서 영업이익은 지속적으로 실현되고 있으나, 영업현금흐름은 (+)와 (−)의 시현을 반복하고 있다. 이러한 경우에는 영업이익과 영업현금흐름을 비교분석하고, 영업현금흐름의 창출과정을 분석하는 것이 필요하다.

[Note 3] 재무제표 항목의 상호간 연관 분석의 중요성

재무제표의 관련 있는 항목간의 상호관계를 이해하고 분석하는 것은 중요하다. 다음의 그 래프는 모뉴엘[63]이라는 회사의 2007년부터 2013년까지의 영업이익과 영업현금흐름을 비 교한 것이다.

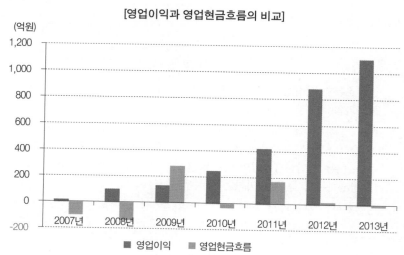

[영업이익과 영업현금흐름의 비교]

상기 그래프를 보면 영업이익은 증가추세이지만 영업현금흐름은 영업이익의 추세를 따라 오지 못하고 있다. 이러한 경우에는 영업이익이 향후에 지속될 수 있는 것인지 확인할 필 요성이 제기될 수 있다. 또한 영업활동으로 인해 발생한 매출채권 등의 자산이 실질순자산 으로서 의미가 있는 자산인지에 대한 의문도 갖게 된다(실제로 상기 사례는 가상의 매출 로 영업이익을 허위로 인식할 수는 있었지만, 현금을 창출하지 못하였으므로 영업이익과 영업현금흐름은 큰 차이를 보이게 된 것이고, 일시적으로는 운전자본의 변동을 활용하여 영업현금흐름이 창출되는 것처럼 보일 수 있었다).

이처럼 다양한 재무항목의 연관성을 이해하면서 분석을 하는 것은 정상이익과 실질순자산 을 파악하는 데 도움을 준다. 추가적으로 영업활동이 현금흐름으로까지 이어지는 과정을 이해하고 분석하는 것도 중요하다는 것을 위의 사례가 잘 알려주고 있다.

다음의 표는 재무제표 각 계정별로 실무상 많이 사용되는 비율에 대한 예시이다. 이는 규범처럼 적용되는 것이 아니고, 상황에 따라 다르게 접근 가능할 것이다. 중요한 것은 각 계정의 특성을 파악하고 해당 계정의 분석에 가장 적합한 방법이 무엇이고, 이와 연관된 다른 재무제표 계정과 어떻게 연결하여 분석할 것인지를 파악하는 것이다.

---

63) 한때 빌 게이츠가 극찬하고, 국내 E은행에서 히든 챔피언으로 선정했던 모뉴엘은 대부분이 장부 위장에 의 한 허위매출로 밝혀졌으며 3조 4,000억원의 대출사기 사건을 일으키고 결국 파산하였다.

[표 2-16] 재무상태표 각 항목별 주요 분석 사항[64]

구분	구성비율	수익성분석	성장성분석	안정성분석	활동성분석	기타 분석적 절차
유동자산	○			유동비율		
현금 등	○			현금 대 차입금 (or 유동부채) 비율		현금잔액 추이, 필요현금 분석
매출채권	○				매출채권 회전율 (회수기일)	매출채권(or 매출액) 대비 대손충당금비율, 매출채권 연령 분석 및 연령별 회수율
재고자산	○				재고자산 회전율 (회전기간)	매출액 · 매입액(원가) 대비 재고자산 비율, 재고자산 연령 분석
기타자산	○				회전율분석	증감분석, 계속성, 영업관련성 분석
비유동자산	○			비유동비율		
지분 증권 등	○					증감분석, 시가 또는 (해당주식) 순자산가액과 비교
유형자산	○				유형자산 회전율	증감분석, 유형자산 대비 감가상각비 비율, 재투자 비율, 수선 유지비 비율, 간접비 배부 비율
무형자산	○				무형자산 회전율	증감분석
자산총계	○	총자산 순이익률	총자산 증가율	차입금 의존도	총자산 회전율	
유동부채	○			유동비율		
매입채무	○				매입채무 회전율 (지급기일)	매입(매출,원가) 대비 매입채무 비율, 재고자산 대비 매입채무 비율, 공급업체 · 매입유형별 · 기간별 매입채무 비율
기타부채	○				회전율	증감분석, 계속성, 영업관련성 분석

---

64) 상기 표는 실사 등과 같은 각 계정의 확인절차를 포함하지 않은 분석적 절차와 관련된 사항만 예시적으로 포함된 것이다.

구분	구성비율	수익성분석	성장성분석	안정성분석	활동성분석	기타 분석적 절차
차입부채	○			차입금 의존도		차입금·사채 향후 상환 스케줄, 이자비용·차입 부채 비율
부채총계	○			부채비율		
자본총계	○	자기자본 순이익률		부채비율		
주당순자산			주당순자산 증가율			
비재무적 요소		○	○		○	○

[표 2-17] 손익계산서 각 항목별 주요 분석 사항[65]

구분	수익성분석	성장성분석	안정성분석	활동성분석	기타 분석적 절차
매출액		매출액증가율(제품별·고객별), 판매량 증가율, 단가 추세분석		매출채권회 전율, 자산회 전율	Key Value Driver별 성장성, 수익성 분석(예: ARPU 등), 매출 내역별 구성비, 경쟁기 업 매출성장률과 비교
매출원가	매출원가율(제품별·고객별·기간별)	매출원가증감 률, 원가추이 분석			원가요소(재료비, 노무비, 간 접비)별 비율, 경쟁기업 원가 율과 비교
매출총이익	매출액총이익률(제품별·고객별·기간별)	매출총이익증 감률			
판매관리비	판관비율	판관비증감률			기간별 판관비 구성비, 관련 계정 대비 증감률, 기간별 인 당 평균 급여
영업이익	매출액영업 이익률, ROIC	영업이익 증가율	이자보상 배율		
EBITDA	EBITDA Margin	EBITDA margin증가율	Net Debt/ EBITDA		
영업외손익					증감분석, 계속성, 영업관련성 분석, 이자비용 over-all test

65) 상기 표는 실사 등과 같은 각 계정의 확인절차를 포함하지 않은 분석적 절차와 관련된 사항만 예시적으로 포함된 것이다.

구분	수익성분석	성장성분석	안정성분석	활동성분석	기타 분석적 절차
법인세					유효세율, 한계세율 분석
당기순이익	매출액순이익률, 총자산순이익률, 자기자본순이익률	순이익 증가율			
주당순이익		주당순이익 증가율			

[표 2-18] 현금흐름표 항목별 주요 분석 사항[66]

구분	분석적 절차
영업활동으로 인한 현금흐름	영업활동현금흐름의 규모 및 증감추이 분석, 영업이익과 비교 분석
당기순이익	
순운전자본의 증감	매출액 대비 순운전자본의 증감추이 분석
현금유출이 없는 비용 등의 가산	비현금성 비용·수익의 파악 및 당기순이익과 영업현금흐름의 차이내역 분석
현금유입이 없는 수익의 차감	
투자활동으로 인한 현금흐름	투자활동으로 인한 현금흐름의 규모 및 증감 추이
재무활동으로 인한 현금흐름	재무활동으로 인한 현금흐름의 규모 및 증감 추이
현금의 증감	현금 증감 추이 분석
기초의 현금	
기말의 현금	

　　재무상태표 분석에서 구성비율은 일반적으로 자산대비 또는 매출액 대비 비율로 분석하고, 계정의 세부분석 목적으로는 계정 성격에 따라 거래처별(예: 매출채권 등), 계정의 세부 항목별 구성비율(예: 재고자산의 경우, 원재료/재공품/제품 등)로 추가분석이 이루어질 수 있다.

　　회사 사업의 특성 상 비재무적 요소에 대한 분석적 절차가 필요할 수 있다. 인터넷 산업의 경우 가입자 수, 사용자 수의 증감률 등이 예일 수 있다. 이러한 비재무적 요소는 재무적 항목과의 비교 분석으로 수행될 수 있다. 가입자당 매출액(ARPU[67] 등) 등이 그 예이다.

---

66) 상기 표는 실사 등과 같은 각 계정의 확인절차를 포함하지 않은 분석적 절차와 관련된 사항만 예시적으로 포함된 것이다.
67) Average Revenue Per User.

필요한 경우 계정의 성격 별로 그룹화하여 분석하는 것이 효율적일 수 있다(예: 재무상태표 항목은 운전자본을 그룹화하여 분석할 수 있고, 차입부채를 그룹화하여 분석할 수 있다. 손익계산서 항목은 인건비성 경비, 매출연동경비, 감가상각비, 고정비성 경비 등으로 그룹화하여 분석할 수 있다).

[Note 4] 추세분석 및 동업종 기업과 비교 분석

일반적으로 동일업종에 속하는 회사는 동일한 경제환경의 영향을 받으며 이로 인하여 유사한 성장률을 보일 것이라고 가정한다. 그러므로 분석적 절차에서는 동업종 기업과 비교 분석을 통해 대상회사에 대한 많은 정보를 얻을 수 있다.

다음의 표는 대상회사와 동업종회사의 매출총이익률 추이를 비교한 예이다. 동업종 평균 매출총이익률 추세는 5.0%~5.9% 수준으로 매년 안정적인 증가율을 보이고 있는데, 대상회사의 매출이익률은 20*2~20*3년에 감소한 이후 20*4~20*5년에는 동업종 평균매출을 상회하는 이익률을 나타내고 있다. 이러한 경우에는 해당 시기에 매출이익률을 중요하게 변동시킨 요인이 무엇인지에 대한 분석과 함께 최근의 이익률이 지속적으로 유지될 수 있는지에 대한 분석으로 이어져야 할 것이다.

매출총이익률	20*1	20*2	20*3	20*4	20*5
대상회사	7.0%	2.0%	3.5%	10.2%	11.0%
동 업종평균	5.5%	5.8%	5.0%	5.8%	5.9%

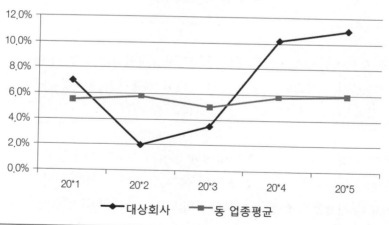

[Note 5] 거시경제지표 등 다른 항목과의 비교 분석

분석적 절차는 앞서 예시로 든 다른 계정과의 연관성 분석, 동업종 기업과의 비교와 같이 다른 지표와 비교분석이 효과적이다. GDP 증가율, 물가상승률과 같은 거시경제지표와 비교분석도 대표적으로 비교가 이루어지는 방법이다. 거시경제 지표와의 비교에 대해서는 본장 "II. 1. 경제환경 분석"과 "제3장 IV. 3. 매출추정"을 참고하기 바란다. 다른 지표와의 비교분석을 위해서는 분석 대상 항목이 어떤 요인으로부터 영향을 받고, 어떤 결과로 나타날 수 있는지에 대해 파악하는 것이 필요하다. 상호간 연관되는 항목간에 비교가 이루어져야 하므로 비교 대상과의 상호 연관성을 이해하는 것이 비교 분석결과의 효과적 해석을 위해 필요한 것이다.

⑥ QoE(Quality of Earnings) 분석

재무분석에서 중요한 사항 중의 하나가 Quality of Earnings(QoE) 분석이다.

일반적으로 과거 실적과 현재 재무사항의 분석은 분석결과가 향후 지속되거나 안정적으로 증감할 것이라고 가정한다. 그러나 때로는 경상적이지 않은 상황의 연속이 경상적으로 보이는 착시 현상을 일으키는 경우도 있다. 이는 Quality of Earnings(QoE)의 분석이 필요한 이유이다. QoE 분석은 과거 실적이 향후 재무성과를 추정하는 데 적절한 것인지를 파악하고, 경상적·반복적으로 발생하는 항목과 비경상적·비반복적으로 발생하는 항목을 구분하여 대상회사의 지속가능한 정상 이익수준을 분석하는 것이 QoE의 핵심이다. 그러므로, 추세가 있는 사항은 추세의 원인을, 그렇지 않은 사항은 해당 수준이 향후에도 유지 혹은 증가할 수 있는 여건이 되는지에 대한 검토가 필요한 것이다.

가치평가 목적의 재무실사에서는 최근 QoE분석을 중요시 하고 있다. 그러나 가치를 창출하는 것은 회사가 보유한 유형·무형의 자산에서부터 시작되기 때문에 여전히 QoA에 대한 분석도 간과되어서는 안될 것이다.

QoE분석의 자세한 사항은 다음 장의 "IV. 재무실사"에서 다루기로 한다.

⑦ 현금흐름 분석

일반적으로 가치평가는 기업의 현금창출능력에 대한 이해를 바탕으로 이루어진다. 손익도 기업의 가치평가를 위한 중요한 재무정보이지만, 기업의 가치창출 결과가 최종적으로는 현금창출로 이어져야 한다는 측면에서 현금흐름 분석은 중요하다. 현금흐름분석은 앞서 언급한 바와 같이 재무상태표 항목 및 손익계산서 항목과의 상관관계를 파악하고, 현금흐름의 창출과정을 이해함으로써 정상적인 현금의 흐름과 현금 창출 원천을 파악하는 데 중점을 둘 필요가 있다.

⑧ QoA(Quality of net Assets) 분석

QoA 분석은 실질 순자산 분석이다. QoA 분석은 두 가지 측면에서 중요하다. 하나는 인수대상 회사가 현재 보유한 자산부채의 건전성을 파악한다는 의미에서 중요하다. 미래에 창출 가능한 이익·현금흐름이 중요하지만 이는 현재 보유한 자산[68]에서부터 시작되는 측면이 있기 때문이다. 이는 실질적인 자산과 부채의 과대·과소 계상을 파악하는 것과도 관련이 있다. 다른 하나는 지속가능한 현금흐름의 창출과 관련하여 영업활동에 필요한 순운전자본의 규모, 적정 수준의 CAPEX, 비영업자산의 가치 및 활용도 그리고 적정 자본구조 등을 파악한다는 측면에서 중요하다. 이러한 분석은 가치평가와도 밀접하게 연관되기 때문이다. QoA 분석의 자세한 사항은 다음 장의 "Ⅳ. 재무실사"에서 다루기로 한다.

3) 사업계획 분석

사업계획 분석에서 중요한 부분은 ⓐ추정 과정 및 ⓑ적용된 가정에 대한 검토이다.

사업계획의 추정 과정 분석은 회사의 핵심 역량과 주요 매출 변동 요인, 원가 변동 요인 등에 대한 파악을 가능하게 한다. 분석과정에서 확인하여야 할 중요한 사항은 논리적 타당성과 가정의 합리성이다.

다음의 사례는 회사 사업계획 가정의 합리성을 검토한 경우이다. 가정의 합리성을 검토하기 위해서는 과거 실적 분석 결과 및 외부의 시장 전망 자료를 종합적으로 고려하는 것이 필요하다.

[그림 2-12] 사업계획 검토 예시

Key Driver	Historical Growth			회사 추정 성장률	예측 성장률	Review
	FY14-15	FY15-16	FY16-17			
결제 유저수	16.0%	22.5%	11.1%	15%	6.7%	한국콘텐츠진흥원 모바일 게임 시장 CAGR 전망 및 과거 회사 실적 고려
ARPU	6.5%	4.9%	5.5%	6%	4.5%	
DAU	19.6%	24.3%	12.7%	15%	8.9%	한국콘텐츠진흥원 모바일 게임 시장 CAGR 전망 및 과거 회사 실적 고려

(Mobile Game)

---

68) 유형의 자산뿐만 아니라 무형의 자산도 포함한다.

상기 예시는 회사의 사업계획을 분석하기 위해 매출에 대한 Key factor를 파악하고, 과거 실적 추이, 외부 시장 전망을 종합적으로 고려하여 회사 추정 성장률의 합리성을 검토하는 과정을 보여주고 있다.

4) 과거 거래 사례의 분석

추가적으로 평가대상에 대한 취득가액 등과 관련된 정보, 평가대상회사에 대한 다른 거래 사례도 가치평가를 할 때 참고하여야 할 중요한 사항이 될 수 있다. 예를 들어 평가대상회사가 이전에 매매되는 과정에서 평가가 이루어졌고 평가과정에서 고려되었던 사항들을 확인할 수 있다면, 그러한 내용은 회사를 이해하는 데 많은 도움을 줄 수 있다.

핵심역량 분석

1 핵심역량 분석

Key Concept

- 기업의 현금흐름 창출능력이 어떤 요소로부터 비롯된 것인지를 파악하는 것이 핵심역량의 분석이다.
- 핵심 역량은 재무적인 결과로 나타나지만, 재무적인 결과에 영향을 미치는 비재무적 요소까지 파악할 필요가 있다.

핵심역량을 파악하기 위해서는 기업의 환경적 측면과 내적 경쟁력이 종합적으로 고려되어야 한다. 접근방법으로는 다양한 견해가 존재하지만, 일반적으로는 ① 시장규모 및 성장 가능성을 고려한 강력한 고객기반이 있는지, ② 경쟁의 수준은 어떻고 경쟁사와의 차별화는 어떻게 이루어지고 있는지, ③ 경쟁사 대비 원가 경쟁력은 있는지, ④ 보유 자원의 역량은 어떠한지 등에 대한 분석이 이루어질 수 있다.

핵심역량은 기업이 현재 보여주고 있는 performance가 향후에 어떻게 이어질 것인지를 파악하는 데 있어 Key factor가 될 것이다.

핵심역량을 다음 장에서 살펴볼 가치평가방법론 측면에서 단순화하여 살펴보면 아래 표에서 보는 바와 같이 FCF(Free Cash Flow; 잉여현금흐름법) 또는 EBITDA(영업현금흐름)를 안정적이고 지속적으로 창출할 수 있도록 하는 요소가 무엇인지를 파악하는 것이 가치평가의 핵심이고, 이는 핵심역량의 분석에서 도출될 수 있는 것이다.

[표 2-19] 수익가치접근법과 시장가치접근법 중 DCF와 EV/EBITDA multiple의 예

	수익가치접근법(DCF)	시장가치접근법(EBITDA배수)
가치평가의 기본 구조	$\sum_{n=1}^{\infty} \dfrac{FCFn}{(1+WACC)^n}$	$\dfrac{EV(\alpha)}{EBITDA(\alpha)} \times EBITDA(\beta)$

핵심역량을 분석하는 데 있어서 정해진 방법론이 있는 것은 아니지만, 상황에 따라서 적용 가능한 몇 가지 분석 Tool이 있을 수 있다. 참고할 수 있는 방법론 몇 가지를 소개한다.

1) 가치창출요소의 이해

핵심역량의 분석은 가치창출요소의 파악으로부터 시작된다. 가치창출요소는 가치평가에 직접적인 영향을 미치는 요소이다. 일반적으로 대부분의 경우 가치창출요소는 현금흐름 창출 능력, 성장률, 위험과 관련된 사항이다. 이는 가치평가의 대표적 방법 중 하나인 미래현금흐름할인법의 산식을 보면 쉽게 이해될 수 있다.

[표 2-20] 미래현금흐름할인법(DCF)과 핵심가치창출요소

DCF 기본 산식	$\sum \dfrac{FCF_1}{(1+WACC)} + \dfrac{FCF_1 \times (1+g)}{(1+WACC)} + \dfrac{FCF_1 \times (1+g) \times (1+g)}{(1+WACC)} + \cdots$
가치 창출 요소	FCF (Free Cash Flow, 잉여현금흐름): **현금흐름 창출 능력** g (Growth Rate): **성장률** WACC (Weighted Average Cost of Capital, 가중평균자본비용): **위험**

상기 산식은 기업가치 창출의 요소로서 현금흐름 창출 능력, 성장률, 위험이 가치에 미치는 영향을 명확히 보여주고 있다. 이러한 가치 창출 요소가 기업의 어떤 요소로부터 비롯된 것인지를 파악하는 것이 핵심역량의 분석이다. 기업의 역량은 재무적인 결과[69]로 나타나지만, 재무적인 결과에 영향을 미치는 비재무적 요소까지 파악할 필요가 있다.

2) 수익성 및 건전성 관점의 ROIC 분석

기업의 가치는 미래 수익 또는 현금흐름의 창출능력이라고 보기 때문에 재무성과로서의 수익과 현금흐름을 분석하는 것은 중요하다. 그러나 단기적인 기업의 수익 또는 현금흐름의 많고 적음이 미래에도 지속적으로 이어질 것인지에 대한 확신을 갖게 하지는 않는다. 이러한 경우 ROIC 분석이 핵심 역량에 대한 통찰력을 갖는 데 도움을 줄 수 있다

ROIC는 Return On Invested Capital의 약자로 투하자본수익률이라 한다. 여기서 투하자본은 영업활동에 사용되는 자산을 의미한다. 즉, 영업활동에 활용되는 자산을 통해 어느 정도의 영업이익(NOPLAT: Net Operating Profit Less Adjusted Taxes)을 창출하였는지를 분석하는 방법이다. 이 분석에서 중요한 부분은 단순히 수익률 분석에 머무는 것이 아니라 수익률 분석에 사용되는 각각의 항목을 세부적으로 나누어 어느 부분에 회사의 역량이 있

---

69) 재무적인 결과는 산업마다 다양한 지표 또는 언어로 표현되기 때문에 이러한 사항을 파악하는 것도 중요하다. 예를 들어 핵심역량에 따른 재무지표가 정유산업은 정제마진, 해운(벌크)산업은 CB(charter base)/HB(Hire base) 등으로 나타날 수 있고, 인터넷 산업과 같이 가입자 수와 같은 비재무적 항목으로 나타날 수도 있다.

고, 어느 부분에 한계가 있는지를 파악해내는 것이 필요하다.

[그림 2-13] ROIC를 기본으로 한 수익성 및 건전성 분석

ROIC 분석은 이를 응용하여 다양한 방식의 분석에 적용될 수 있다. 예를 들면 매출과 비용의 분석을 통해 다음과 같이 영업과 공급측면에서의 회사 역량을 파악할 수 있다.

[그림 2-14] Revenue/Cost 분석을 기본으로 한 영업 및 공급 경쟁력 분석

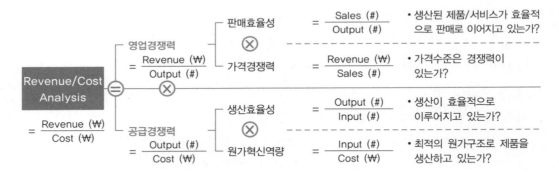

3) Dupont chart

Dupont chart[70]는 ROE(Return On Equity: 자기자본수익률)를 분해하여 기업의 성과를 결정짓는 각 요소들을 분석하는 방법론이다. 수익성을 나타내는 매출액이익률, 자산이

---

70) Dupont chart는 DuPont Corporation이 1920년대부터 도입하여 기업 운영의 효율성과 역량을 제고하는 데 사용하기 시작하였다.

용의 효율성을 나타내는 총자산회전율을 포함하여 이들을 구성하는 각 요인들을 분석하여 ROE의 개선여지가 있는지, ROE를 높이기 위해 어떤 영역에서의 활동이 효과적일 수 있는지를 분석하는 것이 Dupont analysis를 통해 궁극적으로 얻고자 하는 목적이다.

[그림 2 – 15] Dupont Chart

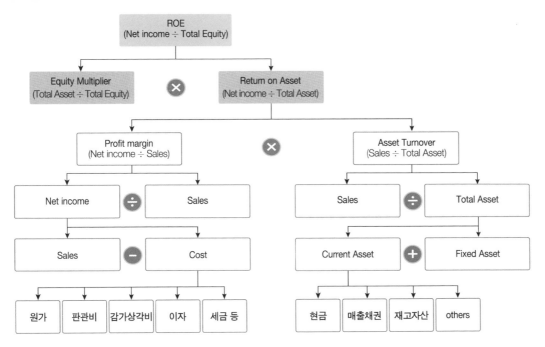

ROE는 총자산회전율과 총자산수익률(ROA)을 기초로 하여 기업에 영향을 미치는 다양한 요소들로 구분하여 그 영향을 분석하는 방법이다. 그러므로 Dupont formula는 ROE를 기업의 목적에 맞게 다양한 형태로 분해하여 분석할 수 있다. ROE와 ROA의 일반적인 분해 방식은 다음과 같다.

[표 2 – 21] ROE 및 ROA Formula 예시

ROE	$ROE = \dfrac{Net\ Income}{Total\ Equity} = \dfrac{Total\ Assets}{Total\ Equity} \times \dfrac{Net\ Income}{Total\ Assets}$
ROA	$ROA = \dfrac{Net\ Income}{Total\ Assets} = \dfrac{Net\ Income}{Revenue} \times \dfrac{Revenue}{Total\ Assets}$
ROE	$ROE = \dfrac{Net\ Income}{Total\ Equity} = \dfrac{Net\ Income}{Pretax\ Income} \times \dfrac{Pretax\ Income}{EBIT} \times \dfrac{EBIT}{Revenue} \times \dfrac{Revenue}{Total\ Assets} \times \dfrac{Total\ Assets}{Total\ Equity}$

ROA는 총자산 대비 수익률을 나타내고, ROE는 자기자본 대비 수익률을 나타낸다. ROE가 높을수록 자본을 효율적으로 활용하여 수익성 있는 성과를 달성하였다고 볼 수 있지만, 부채비율이 높아지면 ROE가 높아질 가능성이 있어 재무위험을 충분히 고려하지 못하는 한계가 있다. 그러므로 자본의 효율성뿐만 아니라 재무적 위험요소까지 고려하기 위해서는 ROE와 함께 ROA를 살펴보아야 한다.

4) SWOT 분석

SWOT분석은 기업의 강점(Strengths), 약점(Weaknesses), 기회(Opportunities), 위협(Threats)을 구분하여 분석하는 방법이다. 강점과 약점은 내부적 요인의 영향을 많이 받을 것이고, 기회와 위협 요인은 외부적 요인의 영향을 상대적으로 많이 받을 것이다. 기회를 활용하여 강점이 유지되고 강화될 수 있는지, 약점을 어떻게 보완 할 수 있는지, 위협요인을 어떻게 극복할 수 있는지 등을 파악함으로써 핵심역량을 분석해 나가는 것이다.

[그림 2-16] SWOT 분석의 구조 및 항목별 핵심질문의 예

	Helpful	Harmful
	Strengths	**Weaknesses**
내적요인	• 시장의 경쟁요소에서 우월한 점은 무엇인가? • 경쟁자가 갖지 않는 보유 자원/역량이 있는가? • 경쟁자보다 잘하고 있는 것은 무엇인가? • 시장은 우리의 강점을 무엇으로 인지하고 있나? • 고객이 우리의 제품을 이용하는 이유는?	• 개선해야 할 점은 무엇인가? • 피하여야 할 점은 무엇인가? • 시장은 우리의 약점을 무엇으로 인지하고 있나? • 판매를 감소시킬 수 있는 요소는 무엇인가?
외적요인	• 시장환경이 우호적으로 변할 수 있는가? • 시장환경에 적응이 용이한가?	• 직면하고 있는 장애요인이 있는가? • 경쟁자는 어떻게 변화를 시도하고 있는가? • 시장의 표준이나 경쟁요소가 변화하고 있는가? • 기술 또는 시장환경의 변화가 매출에 영향을 주는가?
	Opportunities	**Threats**

5) 5 – Forces Model

마이클 포터 교수가 제시한 5요인 모델은 기업을 둘러싼 환경적 측면에 대한 이해를 바탕으로 기업의 경쟁력을 파악하는 데 도움이 되는 모델로 받아들여지고 있다. 5요인 모델은 신규진입의 위협, 공급자의 협상력, 구매자의 협상력, 대체재의 위협, 산업 내 경쟁 정도를 5가지 주요한 환경적 요인으로 들고 있다.

신규진입의 위협 분석에는 정부규제와 제도적 진입장벽, 규모의 경제, 유통 및 판매 채널 등에 대한 내용이 포함될 수 있고, 공급자의 협상력 분석에는 공급업체의 공급범위, 공급자를 교체할 경우 발생하는 비용, 대체 공급자의 존재 여부, 공급자의 구매자 영역으로의 수직적 통합 가능성 등이 포함될 수 있다. 구매자의 협상력 분석에는 제품차별화 여부, 구매자의 가격 민감도, 구매자의 정보력, 구매자의 크기, 구매자의 교섭능력 등이 포함될 수 있으며, 대체재 분석에는 대체재의 유용성, 대체재로의 이동 용이성 등이 포함될 수 있고, 산업 내 경쟁정도의 분석에는 산업의 집중도, 경쟁기업의 동질성과 이질성, 제품차별화, 비용구조 등의 내용이 포함될 수 있다.

이러한 요인들이 내부 역량과 함께 고려되어 기업의 핵심역량을 어떻게 키우고 강화할 수 있는지를 파악할 수 있는 것이다.

[그림 2-17] 5 – Forces Model의 구조

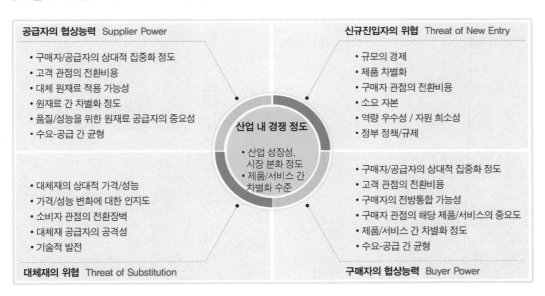

5-Forces Model은 산업구조 분석과 경쟁요인 분석, 그리고 회사의 경쟁전략 분석[71]을 기초로 한다. 산업구조는 기업의 경영활동에 큰 영향을 미치며, 경쟁의 규칙도 결정하게 된다. 기업이 속한 산업의 구조를 이해하여야 해당 기업이 보유한 역량이 어떻게 펼쳐질 수 있는지를 이해할 수 있다는 것이 5-Forces model의 출발점이다. 5-Forces model은 산업구조를 다섯 가지 경쟁요인이 어떻게 작용하는가를 분석하는 것이다. 한 가지 고려할 것은 다섯 가지 경쟁요인을 모두 같은 수준으로 분석할 필요는 없으며, 가장 중요한 요인을 파악하여 해당 영역에서 대상 기업의 경쟁전략과 경쟁력을 검토할 필요가 있을 것이다.

6) 3C 분석[72]

3C 분석은 Competitor(경쟁사), Customer(고객), Company(대상회사)에 대한 3가지의 사업 환경을 분석하는 것을 의미한다. 3C 분석을 수행하는 이유는 3C 분석은 시장, 고객, 경쟁우위에 관한 insight를 제공하기 때문이다. 시장분석을 통해 시장이나 segment가 얼마나 매력적인지, 시장 성장 및 수익성에 관한 근본적인 동인은 무엇인지, 시장에서의 주요 성공요인이 무엇인지를 도출할 수 있다. 또한 고객분석을 통해 고객 만족도를 제고할 수 있는 기회를 발굴하고, 고객의 수요에 기반한 시장/제품/서비스 제공의 기회를 포착할 수 있으며, 사업의 개념을 바꿀 수 있는 새로운 시장 세분화가 가능할 수도 있다. 대상회사에 대한 분석을 통해서는 경쟁 우위에 기반한 시장지배력을 강화할 수 있는 요인을 발견하고, 보다 수익성이 높은 segment를 찾아 선점할 수 있는 기회를 포착하며, 경쟁자의 취약 포지션에 진출할 수 있는 기회를 발굴할 수 있다.

---

71) 마이클 포터 교수는 경쟁상황을 파악 후 세 가지 기본 경쟁전략으로 원가우위전략, 차별화전략, 집중화전략을 언급하고 있다.
72) 또한 지속가능성을 중시하는 새로운 3C 모델도 있는데, 1. Capability, 2. Consistency, 3. Cultivation을 분석하는 것이다.

[표 2-22] 3C 분석의 Framework[73]

3C	분석요소	분석 목표
고객(Customer)	시장규모(시장 세분화), 잠재수요 분석, 시장성장률 분석	시장의 특징을 파악하고, 시장규모, 고객이 필요한 것이나 구매행동 등에 대한 분석으로 어떻게 고객을 계속 유치할 것인지를 파악
경쟁자(Competitor)	현재의 경쟁자 잠재적 경쟁자	각 경쟁사의 강/약점, 경쟁사와 대상회사를 비교하여 어떤 역량을 강화하여 포지셔닝을 할 수 있을 것인지를 분석
대상회사(Company)	기업목표, 자원(인적, 물적, 기술적 자원 등), 기존역량과 연계한 시너지 효과	대상회사의 경쟁력을 객관적으로 점검하고, 자체적으로 보유하고 있는 기술력, 조직력, 인적자원, 매출액, 시장점유율, 수익성 등에 대한 구체적인 분석

7) Value Chain 분석

Value chain 분석은 기업의 이익(가치)창출 과정에 대한 단계별 주요 역할, 규모, 특성 등의 파악과 역량을 분석하는 것이다. Value Chain 분석은 사업모델을 포함한 회사에 대한 이해를 강화하고 시장 전반에 대한 통찰력을 갖게 한다. 재무실사 및 가치평가를 하는 데 있어서 회사에 대한 기본적인 이해가 필요한데, 그 중에서 회사의 Business Process에 대한 이해가 필수적이다. Value Chain 분석은 회사의 Business Process를 이해하기 위한 효과적인 분석도구가 될 수 있다.

[그림 2-18] Value Chain Framework

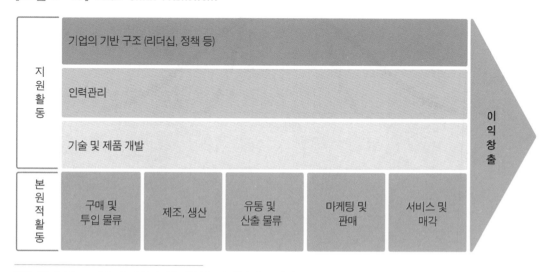

---

73) 3C에 Channel을 추가하여 4C 분석을 수행하기도 한다.

2 Risk 분석

핵심역량 분석에는 필연적으로 위험요소에 대한 분석이 따른다. 대체품이 시장에 출현할 위험, 다른 신제품이나 혁신기술이 출현할 잠재적 가능성, 소비자의 기호 또는 생활양식 변화 가능성, 금리나 환율의 변동으로 인한 위험, 불경기로 인한 위험, 그리고 제품이나 서비스의 질적 하락으로 인한 위험 등 기업의 위험은 내부적/외부적 다양한 요인에 노출되어 있다. 위험은 늘 발생하기 마련이고, 위험의 정도는 가치에 영향을 미치는 중요한 요소이므로 핵심역량을 분석할 때에는 위험에 대한 분석도 함께 수행되어야 한다.

참고로 가치평가 영역에서 위험은 변동성의 개념이다. 즉 수익률의 좋고, 나쁨을 떠나서 실제 수익률이 기대치와 달라질 가능성을 모두 위험으로 보는 것이다.

일반적으로 위험에 영향을 미치는 요인에 따라 회사에만 영향을 미치는 회사 특유의 위험, 경쟁기업으로부터 발생하는 경쟁위험, 산업 전체에 영향을 미치는 산업위험, 금리나 물가상승률과 같이 대부분의 기업에 영향을 미치는 시장 위험 등으로 구분할 수 있다.

[그림 2-19] 가치평가 영역에서의 위험

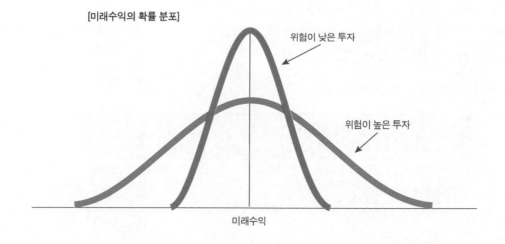

IV 재무실사

1 실사의 개요

Key Concept

- 재무실사는 대상회사를 충분히 이해하고자 하는 절차이다.
- 성장성과 위험요소를 고려한 향후 지속할 수 있는 이익(현금흐름) 수준에 대한 분석이고,
- 이익(현금흐름)창출을 가능하게 하는 자산·부채의 건전성 분석이며,
- M&A 등 거래의 적합성 분석이다.

1) 실사는 무엇인가?

실사는 지분인수, 투자, 파트너십 등의 평가 등에 있어, 대상회사·사업부·자산 등의 가치평가를 위하거나 거래에 영향을 미치는 중요한 사실의 존재 여부 등을 파악하기 위해 대상을 분석하고 검토하는 것을 말한다. 즉 대상을 이해하기 위해 행하여지는 절차를 실사라고 한다.

실사는 흔히 "DD" 또는 "Due Diligence"용어로 사용된다. Due Diligence는 "required carefulness(적절한 주의)" 또는 "reasonable care"의 의미로 사용되는 법률 용어였으나, 미국의 "Securities Act of 1933"에서 이 용어를 사용하면서 오늘날의 기업을 대상으로 하는 실사의 의미로 쓰여지게 되었다. 이는 주식을 발행하는 회사에 대한 충분한 조사를 통해 투자자들에 중요한 정보를 누락 없이 제공하도록 하기 위한 것으로서 회사에 대한 이해 측면에서 접근하는 실사의 의미와 상통한다고 볼 수 있다.

대상회사를 이해하기 위해서는 회사를 둘러싼 다양한 환경과 기업활동의 전체적인 사업수행과정에 대한 이해가 필요하다. 그렇기 때문에 실사는 다양한 측면에서 수행된다. 이 중 재무실사는 회사 사업의 Fundamental 즉, 핵심 영업 요소, 핵심 가치 창출 요인이 무엇인지 이해하고, 제시된 정보와 가정의 적정성을 검토하기 위해 적정한 수준의 의구심(Skepticism)을 가지고 분석함으로써 대상회사의 실체를 파악하는 것이라고 볼 수 있다.

2) 실사의 목적

재무실사의 목적은 실사의 배경에 따라 다양하게 정의될 수 있지만, M&A의 경우라면 일반적으로 대상회사는 어떤 회사이고 인수(투자)하는 것이 이익이 되는가? 인수를 위해 얼마를 지불해야 하는가? 인수 시 고려하여야 하는 사항은 무엇인가? 인수 후 통합을 위해 필요한 사항은 무엇인가? 등에 대한 정보를 제공하는 것에 있다고 할 수 있다.

[표 2-23] 재무실사의 목적

재무실사의 목적	재무실사가 제공하는 주요 정보
A. 대상회사는 어떤 회사이고 인수(투자)하는 것이 이익이 되는가?	• 대상회사에 대한 이해를 강화하는 정보의 제공 • 자산의 실재성과 건전성, 부채의 완전성 등의 분석 • 우발부채, 주어진 정보에 숨겨진 진실(underlying reality) 여부 파악 • 주어진 정보의 확인, 가정의 합리성, 전략의 타당성 확인 • 핵심가치창출 요소(Value Driver)가 무엇이고 향후 변동 가능성이 있는지 파악 • 대상 기업의 현재 상태와 향후 전망 분석
B. 인수를 위해 얼마를 지불해야 하는가?	• 대상회사의 가치평가를 위한 정보 제공 • QoE, QoA, 현금흐름(FCF) 분석 • 성장동력, 현금창출능력 분석
C. 인수 시 고려하여야 하는 사항은 무엇인가?	• 대상회사와 Deal을 위한 Key Deal Issue, Deal-breakers, 협상 Point, 주식매매계약서의 진술과 보장에 반영할 사항 등의 파악 • 잠재적 Risk 여부 및 해소 방안 검토
D. 인수 후 통합을 위해 필요한 사항은 무엇인가?	• 통합의 장애요인 및 취득 후 통합을 위해 필요한 정보 제공 • 향후 추가될 비용 여부 등 분석 • M&A 적합성 및 Synergy 분석의 기초자료 제공

재무실사가 제공하는 정보는 M&A 전반에 걸쳐 다른 절차들과 밀접하게 관련된다. 예를 들어 상기 표의 목적 A는 M&A의 모든 절차와 과정에 영향을 미치고, B는 Valuation에 직접적인 영향을 미치며, C와 D는 SPA(주주간 계약서) 및 PMI(인수 후 통합)를 위해 필요한 정보를 제공한다.

> ### [Note 6] 회계감사와 재무실사
> 참고적으로 재무실사는 여러 측면에서 회계감사와 유사하다. 재무정보 및 비재무정보를 바탕으로 회사를 파악하는 형식적인 측면에서 유사하고, 분석적 절차를 수행하거나 회계

감사의 입증절차의 방법으로 회사의 재무정보를 확인하는 부분이 유사하다. 그러나 회계감사는 "주식회사의 외부감사에 관한 법률(이하 "외감법")"에 의해 수행되고 회계기준에 따라 적절하게 재무제표가 작성되었는지를 파악하는 것이라면 재무실사는 매수인 또는 매도인 등 이해관계자의 합의에 의해 수행되고, 회계기준을 기본으로 하지만 필요에 따라서는 특정 목적에 맞게 회사의 지속성 측면에 초점을 맞추거나 현금흐름 중심의 재무실적에 초점을 맞추는 등 정해진 룰이 없다는 점이 차이점이라고 볼 수 있다. 다만 외감법에 의한 감사를 받지 않았거나 회사 전체가 아닌 일부 사업부문에 대한 재무실사의 경우에는 해당 재무제표 또는 구분재무제표의 적정성에 대한 실사의 선행이 필요할 수도 있다.

3) 실사의 종류

앞서 실사는 회사를 둘러싼 다양한 환경과 기업활동의 전체적인 수행과정에 대한 이해의 과정이기 때문에 다양한 측면에서 실사가 수행된다고 하였다. 기능적 측면에서 보면 실사는 아래의 그림과 같이 재무실사 이외에도 Commercial DD, Operational DD 등 다양한 분야에서, 종합적으로, 때로는 필요한 부분에 한하여 수행된다. 다음의 그림은 다양한 영역에서 이루어지는 실사 종류의 예이다.

[그림 2 - 20] 실사의 종류

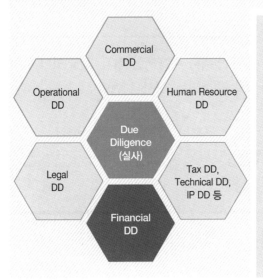

-Commercial DD: 대상과 관련된 산업, 시장, 경쟁업체, 거래처, 산업규제 및 산업성장의 동인에 대한 실사
-Operational DD: 구매, 제조에서 판매까지 회사 운영 전반에 걸친 업무효율성, 영업활동의 핵심요소 등 value 제고를 위한 요소에 대한 실사
-Human Resource DD: 인원 구성, 인사정책, 보상 등 인사/노무관련 현황 등을 파악하기 위한 실사
-Technical DD: 대상회사가 보유하고 있는 기술과 기술의 운영에 관련한 사항 등을 파악하는 실사
-Legal DD: 대상회사의 법률 준수 여부, 소송/약정사항/우발사항과 관련한 사항, 거래구조 상에서 발생하는 법규 사항을 파악하는 실사 (환경문제와 관련된 사항을 별도로 Environmental DD라고도 함)
-Intellectual Property DD: 지적재산권과 관련한 사항을 파악하는 실사
-Tax DD: 대상회사의 조세 규정 준수 여부, 거래구조 상에서 발생하는 조세 위험 등 세무관련 실사
-Financial DD: 대상회사의 재무적·비재무적 사항이 재무적으로 미치는 영향 등을 파악하는 실사

실사의 영역이 다양한 만큼 실사 시에는 대상회사를 충분히 이해하기 위해 필요한 다양한 분야의 전문가가 함께 업무를 수행하게 되고, 인수회사 측에서도 다양한 Function의 팀원들이 실사에 참여하는 것이 일반적이다.[74]

[표 2-24] 실사 시 Function별 주요 검토 항목의 예

Industry	Business	Marketing & Sales	Operations	Financial
• 산업의 현황, 특징 • 경쟁구도 • 관련 규제 • 산업전망 등	• 회사 일반사항 • 최근 연혁 및 주요 Event • 주요 제품 및 서비스 • 회사 전략 등	• 판매시장, 고객 • 예상 매출 • 가격 및 판매 정책 및 경쟁력 • 마케팅 전략 및 활동 • 브랜드 정책 등	• 운영비용, 제조 및 서비스 비용 • 생산 및 서비스 인프라 • 품질 및 서비스 관리 등	• 매출, 원가 및 EBITDA • 운전자본 분석 • CAPEX 분석 • Net Debt 및 우발부채 검토 • 재무구조 분석 등
Management Team	Reporting&Budgeting, Accounting	HR	Legal&Tax	IT& R&D
• 경영진 현황 • 보상 및 계약 등	• 경영진 보고 사항 • 예산 Process • 재무회계/관리회계 및 예산 차이 분석 • 회계정책 • 외부 및 내부 감사 내역	• 조직구조 및 인원 현황 • 조직문화 • 보상 • 기타 HR 이슈 등	• 관련 법규 • 지적재산권 • 보험 • 환경 • 세무 이슈 등	• 연구개발 인력 및 시설 • 기술수준 • 연구개발 현황 • 시스템 인프라 등

실사는 M&A 진행 단계에 따라서도 자료의 접근 범위나 수행되는 절차 등에 있어서 차이가 있을 수 있다. 다음은 M&A의 진행단계별로 수행되는 실사의 예이다.

[그림 2-21] M&A 단계별 실사의 종류

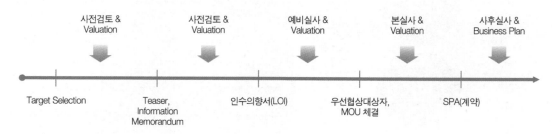

---

74) 이는 진행단계 및 실사의 복잡성에 따라 달라진다. 예를 들어 공개된 M&A의 정밀실사에서는 상기 내용과 같이 인원이 투입되지만, 비공개 deal이나 보안이 유지되는 실사 초기 단계에는 소수의 인원을 통해 실사가 수행되기도 한다.

사전검토는 인수 대상을 선정하거나 인수 가능성 등을 파악하기 위해 사전적으로 외부에서 입수 가능한 자료를 바탕으로 대상회사를 분석하는 단계이며, 본실사는 대상회사로부터 자료 등을 제공받아 인수 여부 및 가격 의사결정 등에 필요한 수준으로 대상회사를 분석하는 단계이고, 예비실사는 본실사와 대부분 동일하나 제한된 정보로 대상회사를 분석하는 단계라고 볼 수 있다. 인수 의사결정이 이루어진 후에는 다양한 목적으로 실사가 수행될 수 있는데 정산실사나 사후 통합 목적의 실사 등이 그 예가 될 수 있다.

[표 2 - 25] 단계별 실사의 비교

구분	개념 및 목적	고려사항
사전검토	사전적으로 인수 적합성을 검토하고 예비적 평가의 기초 정보를 제공	• 외부의 입수 가능한 정보에 의존 • 다양한 채널(공시자료, 관련 산업site, 업종 전문지, 산업전문가 인터뷰 등)을 통해 자료 입수하여 검토 • 사전검토 단계에서부터 PMI[75]이슈 검토
예비실사	대상회사가 Data room 등에 제공한 제한된 자료에 기초하여 대상회사에 대한 재무적 · 비재무적 사실관계에 대한 정보 입수 및 이에 대한 확인 작업	• M&A의 적합성 확인 및 적정 가격 산정을 위한 기초자료 제공 • 인수가격 제안이 합리적으로 이루어질 수 있는 수준으로 수행 • 본실사를 효율적으로 수행하기 위한 계획수립도 고려
본실사	우선협상자 선정 또는 MOU 체결 이후에 실시되는 실사로서 인터뷰, 실물확인, 상세 자료 등을 통해 대상회사를 파악	• 인수 여부 및 가격 의사결정에 충분한 정보를 제공할 수 있는 수준으로 실사 수행
정산실사, 사후실사	각 거래의 필요에 따라 다양한 목적 및 다양한 방식으로 진행 (예: 정산실사, 사후통합실사 등)	• 사후실사는 실행 목적에 따라 다양한 방식으로 수행 가능(예: 계약내용에 따른 권리의무의 이행 여부 확인을 위한 실사, 본실사 시점 이후 운전자본 등의 가격조정 항목 위주로 확인하는 정산실사)

실사는 수행주체가 누구냐에 따라서도 실사의 목적 등이 달라질 수 있다.

---

75) Post Merger Integration으로 인수 후 통합 과정을 말한다.

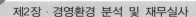

[표 2-26] 실사 수행 주체에 따른 분류

	Buy-side DD	Vendor's DD	Pre-sale DD
수행주체	잠재적 투자자	매각자	매각자
주요 이용자	잠재적 투자자	잠재적 투자자	매각자
목적	• 대상회사에 대한 이해 목적으로 수행 • 잠재적인 투자와 관련한 위험과 기회를 평가하고 우발부채 발견 및 적정가격 산정	• 매각자가 잠재적 투자자를 위해 실시하며 객관성 확보를 위해 외부 전문가가 수행 • 매수자 실사 생략 또는 축소 가능 • 매각자는 사전적으로 이슈 파악 가능	• 매각과정에서 잠재적 투자자가 발견할 수 있는 주요 이슈 등을 사전 파악하거나 또는 매수자 실사 등에 대비하기 위한 준비과정으로서 수행

[Note 7] 자료의 제공과 Data room

공개입찰의 경우에는 매도자가 제공자료 목록(Data Index)을 먼저 공개하면, 매수자는 매도자로부터의 공개자료 목록 외 추가 요청자료(RFI: Request For Information) 통해 추가 자료를 요구하는 방식으로 자료가 제공될 수 있다. Private Deal의 경우에는 매수자가 먼저 RFI를 작성하여 자료를 요청하면 매도자는 요청받은 자료를 제공하는 방식으로 실사가 진행될 수 있다.

Data Room에 비치될 자료는 어느 정도 Target의 내용을 파악할 수 있는 범위로 하나, 매우 민감한 정보는 제공하지 않는 경우도 있다. 민감한 정보의 예로는 개별 제품의 판매가격, 제조원가, 원재료 구매단가, 임직원 성과평가자료, 인사자료 등으로 이러한 자료의 확인 반드시 필요한 경우에는 실사참여자 중에서도 소수에 한하여 열람하는 방식으로 자료가 될 수는 있을 것이다. 만약 동종 업계에 있는 매수자가 민감한 정보를 열람하게 되는 경우에는 Deal 이루어지지 않을 경우, 매도자측의 심각한 사업적 피해의 가능성이 있으며, 경우에 따라서는 각국 경쟁법상 Cartel로 오인받을 소지도 있으므로 특히 유의해야 하며, 이 경우 Clean Room을 반드시 활용하여야 한다.

대상회사는 실사를 위한 자료를 실사 참여자들이 열람 등을 할 수 있도록 별도의 공간에 제공한다. 특정장소에 물리적인 자료를 제공하는 경우에는 Physical dataroom 실사가 된다. 만약, 인터넷 상 가상의 공간에 자료를 업로드 하는 방식으로 제공하는 경우에는 Virtual dataroom 실사가 된다. Clean Room은 일반적으로 제공하기에 매우 민감한 정보를 특별히 격리된 공간에 매우 제한된 인력들만이 접근하여 자료를 열람할 수 있는 기회를 제공하는 것이다. Clean Room에 접근할 수 있는 인력은 외부자문사로 제한할 수 있으며,

이에 따라 법무법인 및 회계법인의 일부 인력만이 사전에 열람인력 명단을 제출한 후 제한된 장소와 제한된 시간에 열람할 수 있도록 하는 장치이다.

4) 실사의 범위

실사의 범위는 실사 항목에 대한 범위, 실사 대상 회사에 대한 범위, 실사 대상 기간에 대한 범위 등을 포함한다. 실사의 범위는 거래 목적 및 중요성, 그리고 위험의 정도 등에 따라 결정된다.

재무실사(FDD) 측면에서 개별기업의 재무분석 시 수행되는 실사 항목과 관련된 범위는 일반적으로 QoE(Quality of Earnings; 이익의 질)에 관한 실사와 QoA(Quality of Assets; 실질순자산)에 관한 실사로 설명된다. QoE에 관한 실사는 손익측면 또는 현금흐름측면을 중심으로 수행되며, QoA에 관한 실사는 순운전자본, CAPEX(고정자산 투자), Net debt 및 우발부채, 비영업자산 및 부채 등을 중심으로 수행된다.

실사 대상회사에 대한 범위는 예를 들어 자회사나 관계회사를 포함할 것인지에 대한 것이며, 실사 대상기간에 대한 범위는 과거 특정기간 또는 미래의 분석기간[76]을 정함과 관련이 있다. 과거 분석기간은 손익의 경우 통상 과거 3~5개년 전후의 기간을 분석 범위로 한다.

그러나, 다음의 표에서 보는 바와 같이 실사는 개별기업의 현재 상황 분석에 한정되지 않고 향후 성장 요소에 대한 분석, M&A 후 효과에 대한 분석, M&A 적합성에 대한 분석 등을 포함할 수 있다.

[표 2-27] 전반적인 실사의 범위

개별기업 분석	성장요소 분석	M&A 후 효과 분석	M&A 적합성 분석
• 재무현황 분석 • 시장과 경쟁환경 • 제품 및 가격경쟁력 • Value Chain 상에서의 주요 역량 • 문화 및 관리의 강점, 약점 • 법률, 세무 상의 이슈 • 시스템 및 인프라 현황	• 시장의 성장성 • 경쟁구도의 변화 추이 및 전망 • 신제품 전략 • 기술 및 규제 추이 • 시장 및 기업의 위험 요소 • 사업모델의 안전성	• 전략적 시너지 • 운영 시너지 • 재무적 시너지	• 법률적 제약조건 • 자금조달 능력 • 회사 내부 노조와의 마찰가능성 • 문화 및 조직적 이슈 • 타 인수희망 업체 현황 • 경쟁업체들의 예상 반응

---

76) 사업계획의 타당성을 실사범위에 포함하는 경우 등이 있다.

5) 실사팀의 구성 및 유지

실사팀은 실사의 목적, 범위, 시기 등을 고려하여 구성된다. 실사팀의 구성에서 중요한 부분은 R&R과 커뮤니케이션이다. 다양한 영역의 전문가들이 참여하지만, 기업을 이해하고 분석한다는 것 자체가 복잡하면서도 상호간에 밀접하게 연관되어 있기 때문에 각 참여자들의 역할과 업무 범위를 명확하게 정의할 필요가 있으며, 이들간의 지속적이고 효율적인 커뮤니케이션이 가능하도록 실사팀을 구성하고 유지할 필요가 있다.

2 재무실사와 Valuation

> **Key Concept**
>
> • 재무실사는 가치평가 목적 및 방법에 맞게 계획되고 수행되어야 한다.
> • 그러므로, 재무보고 목적으로 작성된 재무제표를 가치평가 목적에 맞게 재분류하고 재해석할 필요가 있다.

실사는 대상회사를 이해하기 위한 절차라고 앞서 언급한 바 있다. 대상회사를 인수하거나 투자하기 위해서도 마찬가지이지만 가치평가를 위해서도 대상회사에 대한 충분한 이해가 수반되지 않는다면 가치평가가 제대로 이루어질 수 없을 것이다.

가치평가를 위한 실사에서 자산의 구분은 영업자산과 비영업자산으로 이루어진다. 영업자산은 영업활동을 통하여 창출하는 현금흐름으로 가치가 평가되고, 비영업자산은 별도로 구분되어 그 자산의 성격에 맞는 평가방법으로 가치가 평가된다.

다음의 표는 가치평가가 재무실사와 어떻게 연결될 수 있는지 관계를 보여준다.

[그림 2-22] 가치평가와 재무실사의 관계

기업가치 & 주주가치 산정 Logic		재무실사의 범위

EBITDA	100	• Quality of Earning (EBITDA) 분석
±) 순운전자본 변동	(10)	• 순운전자본 분석
−) CAPEX	(10)	• 유형자산 등 자본적 지출 자산 분석
−) 세금	(20)	• 세무 분석
Free Cash Flow	60	
영업가치 (PV of FCF)	300	• 자본비용, 성장성, 위험 요소 분석
+) 비영업자산가치	100	
기업가치	400	• 비영업자산 · 부채 분석
−) net debt	(50)	• 이자부부채 분석
주주가치	350	• 자본 분석

*영업가치는 FCF의 5배인 300으로 단순 가정
*EBITDA(Earnings Before Interest, Taxes, Depreciation and Amortization) : 이자, 세금, 감가비 차감전 영업이익
*CAPEX(Capital Expenditure) : 자본적 지출 투자비

　왼쪽의 그림은 기업가치 및 주주가치가 산정되는 과정의 예이다. 오른쪽 그림은 각각의 가치평가에 필요한 항목이 어떻게 재무실사로 연결될 수 있는지를 보여준다. 상기 그림과 같이 가치평가를 위해서는 이를 위한 이익의 질에 대한 분석, 순운전자본 분석, 유형자산과 이에 대한 투자비 분석, 비영업자산과 순이자부채에 대한 분석이 수반되어야 한다. 이는 곧 재무실사의 범위로 연결되는 것이다.

　재무실사는 앞서 언급한 바와 같이 다양한 목적으로 수행될 수 있기 때문에 실사 목적에 따라 실사의 범위 및 분석의 기본 Frame 등이 달라질 수도 있고, 그로 인해 실사 절차가 실사의 성격마다 다양할 수 있다. 본서에서 설명하는 재무실사는 가치평가와 연계되는 경우를 중심으로 설명할 것이지만, 다른 목적의 재무실사에 있어서도 참고할 수 있을 것으로 본다.

3 재무실사 절차

> **Key Concept**
>
> • 사전적 검토를 통해 회사를 이해하고, 이를 바탕으로 잘 준비된 실사 계획은 실사를 효과적으로 수행할 수 있도록 한다.
>
> • 실사 실행 시에는 각 실사참여자가 원활하게 커뮤니케이션을 할 수 있도록 하여야 한다. 이는 회사의 Operation이 다양한 요소의 원활한 협업을 통해서 기능하는 것과 같다.

재무실사를 효율적이고 효과적으로 수행하기 위해서는 예비적 분석을 통한 대상회사 및 산업에 대한 충분한 이해를 바탕으로 실사계획을 체계적으로 수립할 필요가 있다.

[그림 2-23] 재무실사 절차

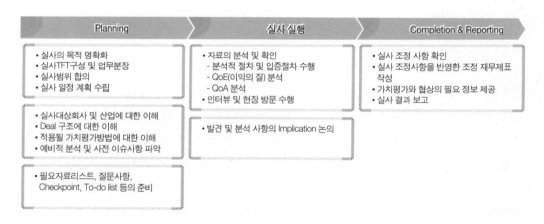

실사의 목적은 명확하여야 한다. 목적에 따라 실사범위, 실사절차 등이 달라질 수 있다. 그리고 명확히 설정된 목적은 실사 TFT(Task Force Team)간에 충분히 공유되어야 한다.

실사팀의 구성은 대상 및 업무의 성격을 고려하여 다양한 각 분야의 전문가가 참여할 수 있도록 구성하는 것이 필요하며, 각 영역별 업무분장을 명확히 하되 실사팀 구성원간의 커뮤니케이션이 원활히 이루어지도록 하는 것이 중요하다. 영업활동의 각 영역은 독립적으로 존재하는 것이 아니고 맞물려 유기적으로 움직이는 조직활동이므로 실사의 수행도 회사의 영업활동과 같이 유기적으로 파악되고 분석될 수 있는 최선의 방법은 원활한 커뮤니케이션인 것이다.

 Deal 구조가 무엇이고, 어떤 가치평가방법이 적용되는지에 따라서도 재무실사의 업무범위와 중점 분석 사항의 차이를 가져올 수 있다. 예를 들어 지분양수도가 아닌 자산양수도의 구조라면 우발부채 등에 대한 검토수준이 낮아질 것이고, 사업양수도라면 현금을 포함한 운전자본의 검토수준이 높아질 수 있다. 또한 DCF 평가라면 QoE(이익의 질)에 대한 분석이 중요해 지지만, 자산가치평가에 의한 거래라면 손익보다는 각 자산의 건전성과 부채의 완전성 분석이 상대적으로 중요해질 것이다.

 재무실사의 목적은 대상회사에 대한 재무적, 비재무적 사실관계에 대한 정보 입수 및 이에 대한 확인작업이므로, 실사는 이러한 사항들에 대해 충분히 확신할 수 있도록 실사 범위가 합의되어야 할 것이다. 그러나, 인수가 확정되지 않은 상황에서 대상회사의 모든 것을 잠재적 인수자에게 공개하는 것은 현실적으로 어려울 수 있다. 특히, 핵심역량의 모방이 가능한 경우는 그러한 위험이 더욱 증가될 것이다. 비밀유지확인서[77] 등의 작성도 필요하지만 실사를 계약수준에 맞춰 단계적으로 범위를 확대하도록 하는 이유 중의 하나가 여기에 있다.

 본격적인 실사가 수행되기 전에 회사는 예비적으로 혹은 사전적으로 대상에 대해 분석하고 이슈사항을 미리 예상해 볼 필요가 있다. 실사는 "물음"에서 시작된다. 잘 준비된 "물음"은 필요한 답을 가져다 준다. "물음"을 위한 준비가 사전에 필요한 이유이다. 이러한 사항들이 정리되어서 질문사항리스트가 작성되고, 이를 바탕으로 필요자료리스트와 수행되어야 할 업무를 정리한 To-do list가 작성된다.

 실사의 수행절차 및 실사 수행을 통해 발견한 사항은 실사팀 내 다른 팀원들과 함께 논의하는 과정이 필요하다. 각 구성원의 발견사항이 상호간에 미치는 영향을 고려하면서 최종적으로 발견사항의 중요성, 가치평가에 미치는 영향, 인수 후 PMI나 시너지 등에 미치는 효과를 평가할 필요가 있다. QoE, QoA와 같은 분석을 바탕으로 조정사항이 반영된 재무정보는 대상회사에 대한 보다 깊이 있는 이해가 가능하도록 한다.

 실사는 정형화되어 있지 않고, 실사 목적, 범위 등에 따라 다양한 방식으로 수행되므로 보고서의 내용도 일반화되기는 어려울 수 있다. 그러나, 통상적으로 보고서에 포함되는 내용을 중심으로 작성된 목차 예시는 업무 수행 시 참고하여 대상거래에 맞게 수정하여 사용하는 데에는 도움이 될 수 있을 것으로 보인다.

---

77) NDA(Non-disclosure Agreement), CA(Confidentiality Agreement)라고 하며, 실사과정에서 공개되지 않은 정보의 접근으로 인해 발생하게 될 여러 가지 이슈를 사전에 방지하고자 비밀유지 혹은 비밀준수약정이 필요하다.

> **[Note 8] 재무실사 보고서 목차 예시**
>
> - Summary[78]
> - Overview
>   - 실사 목적 및 실사 범위
>   - 실사 기준 및 실사 수행절차
>   - 거래에 대한 이해
>   - 대상 회사에 대한 일반사항
>   - 대상 회사의 사업 및 산업에 대한 이해
>   - 사업구조 및 조직 현황
> - QoE
>   - Normalized EBITDA Summary
>   - 과거 손익분석[79]
>   - 손익 항목별 분석 및 조정내역
> - QoA
>   - 실사조정 후 순자산 Summary
>   - 조정사항 Summary
>   - 재무상태표 분석[80]
>   - 항목별 분석 및 조정 내역
> - Tax
>   - 세무실사 결과 및 이슈
> - 기타 고려사항
>   - 실사 기준일 이후 FS 변동[81]
>   - 기타 발견사항[82]

---

78) Summary에는 주요실사발견사항, Key deal issue, 회사 및 재무사항에 대한 요약 등이 포함될 수 있다.

79) Key value driver에 대한 분석, 매출 및 매출구성요소추이, 원가율, 현금흐름추이, 영업비용(판관비), 계약조건, 비경상적 항목, 고정비용 변동비 등에 대한 분석이 포함될 수 있다.

80) 운전자본에 대한 분석, 이자부부채 / 비영업자산에 대한 분석, CAPEX(고정 투자항목)에 대한 분석, 주요약정 사항 및 우발부채 등에 대한 분석이 포함될 수 있다.

81) 실사 기준일 현금 변동 내역이 분석될 수 있고, 현금분석이 중요한 경우에는 QoA 분석에 net cash 분석이 다루어질 수 있다.

82) 기타 발견사항은 관리체계상의 이슈, PMI 관련한 이슈, 인수 후 전략적 접근이 필요한 부분 등 실사과정에서 발견한 QoE, QoA 분석 이외의 사항이 정리될 수 있을 것이다.

4   일반사항 및 사업구조에 대한 이해

> **Key Concept**
>
> • 회사에 대한 일반적인 사항에 대한 이해, 사업구조에 대한 이해는 효과적인 실사를 위해 반드시 필요하다.
> • 각론으로 들어가기에 앞서 전체를 살펴 볼 필요가 있다. 재무분석도 재무제표의 전반적인 사항을 파악한 후 세부적인 내용을 다루는 것이 좋다.

일반사항은 경영환경과 회사의 운영형태 등과 관련한 사항을 말한다. 회사의 일반사항에 대한 이해는 과거 재무실적에 대한 이해를 폭넓게 하며 가치창출 핵심요소와 위험요인의 파악을 위한 초석이 된다.

일반사항은 주주 및 관계사 현황, 정관, 조직 및 인력구조, 기술현황, 산업의 구조 등 회사 전반적인 사항에 대한 이해를 포함한다. 회사에 영향을 미치는 경영환경의 중요성은 특정하여 논할 수 없을 만큼 다양하므로 그 중 가치창출요소와 위험요소에 중요한 영향을 미치는 사항 등을 중점적으로 파악할 필요가 있다.

재무제표의 전반적인 사항에 대한 검토는 재무상태표와 손익계산서, 현금흐름표의 구성항목 및 연관성에 대한 검토를 전반적인 수준에서 수행함으로써 회사의 재무구조를 전체적으로 파악하고 이해하는 것이 목적이다. 여기에는 회계정책 및 결산정책에 대한 이해, 총계정원장[83])과 결산명세서, 재무제표의 대사 확인뿐 아니라, 결산 및 보고절차, 내부확인 및 검증절차 등 재무제표 작성환경을 이해하는 것도 포함된다.

대상회사의 일반사항 및 재무제표 전반적 사항에 대한 검토와 관련된 사항은 앞서 설명한 "재무적, 비재무적 정보 분석" 부분을 참고하면 된다. 단, 여기서는 **대상회사의 사업구조에 대한 이해**를 추가적으로 강조하고자 한다. 재무실사를 수행함에 있어서 모든 실사 참여자가 대상회사의 사업구조를 이해할 필요가 있기 때문이다. 실사 참여자가 각자 주어진 역할만을 고려한다면 실사가 효과적이고 효율적으로 수행되기는 어려울 것이다. 사업구조의 이해는 회사의 Value-chain을 이해하는 데에서부터 시작된다.

다음의 그림에서 볼 수 있는 바와 대상회사의 사업구조를 이해하기 위해 value-chain을 분석하는 것은 파악되어야 할 중요한 항목을 발견하는 것 외에도 각각의 기능이 어떻게 체

---

83) General Ledger. 회계시스템에 의해 산출된 회사의 모든 계정의 수입과 지출을 수록한 장부

계적으로 연결될 수 있는지 알 수 있게 해 준다.

[그림 2-24] 사업구조 분석의 예시

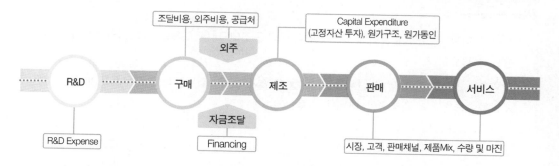

5 분석적 절차와 입증절차

Key Concept

• 분석적 절차는 비율과 추세분석이다.

• 입증절차는 이해하는 바를 확인하는 절차이다.

• 분석적 절차는 재무실사의 효과성을 증대시킬 뿐만 아니라, 이해하는 바를 확인하는 데에도 효과적일 수 있다.

분석적 절차는 평가대상회사 전반에 대한 이해를 증진시키고 세부적으로 확인이 필요하거나 우선적으로 확인이 필요한 사항을 파악하는 데 도움을 준다. 그러나 분석적 절차는 실사의 효율과 효과를 증대시키는 데 그 목적이 있을 뿐 아니라, 추가적인 실사 절차 없이 분석적 절차 자체가 기본 실사절차가 되기도 한다. 다만 분석적 절차는 의미있는 차이에 대한 상황적 사실만을 제시하므로 인터뷰나 실지조사, 문서 등의 확인절차가 추가적으로 필요할 수 있다. 분석적 절차의 자세한 내용은 앞서 다룬 "재무적 · 비재무적 정보 분석"을 참고하기 바란다.

입증절차는 실물이나 문서 등을 직접 확인 또는 조회 등의 방법으로 확인하는 절차이다. 대상회사가 외부감사를 받지 않은 경우에 입증절차의 중요성이 증가한다고 볼 수 있지만, 대상회사가 외부감사를 받았다고 하더라도 입증절차를 수반한 실사는 여전히 중요하다고 볼 수 있다. 그 이유는 실사가 반드시 회계기준의 적정성만을 확인하는 것이 아니라, 자산의 건전성이 향후 현금흐름에 미치는 영향, 순운전자본의 적정성에 관한 사항, 설비 등의 현황 및 향후 투자의 필요성, 비영업자산 등의 자산성 및 회수가능가액, 사업계획의 실현가능성, 이익의 지속가능성에 관한 사항, 통합의 장애요인 및 잠재적 위험요소 등 대상회사를 이해할 수 있는 방법이기 때문이다. 그리고 많은 거래가 기중에 발생하고 실사기준일도 회계결산연도 말이 아닌 특정일을 정하여 수행되기 때문에 결산기말 이후의 변동사항에 대한 확인 절차는 실사의 중요한 수행 범위가 된다.

재무실사 입증절차의 단계에서 수행되는 Fact finding 방법은 일반적으로 다음과 같다.

[표 2-28] 재무실사 Fact Finding 방법

방법	내용
분석적 검토	• 주요 비율 분석 및 추세분석 • 재무적 또는 비재무적 자료나 항목에 대하여 중요한 비율과 추세, 상관관계 등을 분석하고, 그 결과 이상항목이 발견될 경우 이를 조사하는 절차
실재성 검토	• 일반적으로 자산의 실재 존재 여부 파악 • 금액이 크고 중요하며, Risk 있는 자산 위주로 확인 • Case에 따라, 거래의 실재성 확인이 필요할 수도 있다.
조회	• 직접 확인하기 어려운 타처보관 자산(금융조회, 채권 조회 등)에 대한 실재성 파악 • 조회서의 발송과 회수를 실사팀이 직접 통제하는 것이 필요
평가	• 회수가능성 파악 • 실제 회수가능성은 장부상 금액과 다를 수 있다.
완전성	• 우발손실의 가능성 여부 파악 • 기준일 이후의 거래내역, 계정간의 상관관계분석, 지급보증 및 담보사항 검토, 금융기관조회서(또는 은행연합회 자료)나 변호사조회서, 이해관계자와의 인터뷰도 중요
권리/의무	• 실재성 확인시 소유권 여부를 반드시 확인하여야 하며, 회사의 의무가 재무제표에 충분히 반영되었는지 확인
기간 귀속	• 차기 이후 매출의 조기인식 파악 및 당기비용(급여 등)의 차기이월 여부 파악 • 기준일 전후의 거래내역 파악 및 관련 채권 채무의 조회 확인

[Note 9] 실사기준일과 최근의 거래 내역

　일반적으로 실사의 진행은 실사기준일보다 몇 개월 이후에 이루어진다. 이러한 경우 재무분석은 실사기준일의 재무제표를 기본으로 진행될 것이지만, 실사기준일부터 실사시점까지의 최근 실적을 추가적으로 검토하는 것도 고려해 볼 수 있다. 이러한 검토는 회사의 실적 추세를 효과적으로 이해하는 데 도움이 되며, 실질적인 인수 재무제표에 미치는 영향 파악에도 효과적일 수 있다.

6　QoE(Quality of Earnings; 이익의 질) 분석

Key Concept

- QoE 분석은 대상회사의 지속 가능한 실질(정상) 이익 수준을 파악하는 것이다.
- 이익 창출 요인에 대한 분석, 원가 변동 요인에 대한 분석이 필요하다.
- 일시적, 비경상적인 항목이 있다면 이는 지속 가능한 이익 수준에서 제외된다.

　손익분석의 핵심은 QoE(이익의 질) 분석이라고 할 수 있다. 대상회사의 지속가능한 정상 이익 수준은 대상회사의 가치에 중요한 영향을 미치기 때문이다.

　손익분석 시 일반적으로 중요하게 여겨지는 핵심 사항은 다음과 같다.

[표 2 - 29] QoE 분석 시 Key Questions의 예

- 대상회사의 지속가능한 정상 이익수준은?
- 과거 실적이 향후 재무성과를 추정하는 데 적절한가?
- 매출 및 이익을 창출하는 Key value driver는 무엇인가?
- 향후 재무성과를 달성하는 데 있어서 위험요인은 무엇인가?
- 원가 및 비용의 주요 변동 요인은 무엇인가?
- 일시적 혹은 비경상적인 항목이 존재하는가?

1) QoE (Quality of Earnings, 이익의 질)

실사 및 Valuation을 할 때 중요한 사항으로 파악하는 것이 이익의 질(QoE)에 관한 사항이다. 이익의 질은 일시적이거나 비경상적인 항목을 제외한 반복적이고 지속적으로 발생할 수 있는 이익이 무엇인지에 대한 개념이다. 이익의 질은 가치평가의 중요한 요소 중 하나인 미래 현금흐름 창출이 지속적이고 안정적으로 가능한지, 현금흐름의 위험요인은 없는지, 현금흐름의 성장성은 있는지에 대한 분석의 토대가 된다. 이익의 질에 대한 분석은 회계기준 상 이익에 대한 분석과 차이가 날 수 있으며, 이익의 질로 인한 분석 자체로는 평가대상 회사가 제시한 재무제표에 대한 실사의 수정사항이 발생하지 않을 수도 있다.

이익의 질에 관한 분석은 재무제표 상 이익을 normalized earing[84]으로 조정하여 기업의 실질이익수준을 파악하는 것을 목적으로 하는 분석과, 가치창출·위험요소·성장 요인 파악을 목적으로 하는 분석이 있다.

① 기업의 실질이익수준 파악 목적의 QoE

기업의 실질이익수준 파악 목적의 QoE 분석은 이익의 Normalizing, 비경상적이고 일시적인 손익사항의 조정, 연환산 등을 통해 영업이익을 경상적이고 계속적인 수준으로 제시하는 데 초점을 둔다.

[표 2-30] QoE 분석의 예시 - 실질 이익 수준의 파악

항목 예시	QoE 분석 예시	추가로 고려할 사항
고객의 상실	중단된 거래처에 해당되는 부분을 손익에서 제외한 후 손익을 분석	대체거래가 있는지 고려
공장 일부의 임대	영업과 무관한 이익으로 임대이익이 발생. 반복적으로 발생하며 지속가능하다면 영업손익이 아니더라도 QoE에 반영	해당 이익이 반복적이고 지속적으로 발생하는가?
소송 등	소송으로 인한 배상금을 손실에서 차감하여 손익 산정	해당 소송이 경상적으로 발생하는 사항인가?

---

84) "Normalization"과 "Pro-forma"라는 용어가 재무분석에서 많이 사용된다. Normalization은 일회성 또는 비경상적인 항목을 조정하는 것이고, Pro-forma는 향후 예상되는 변동이 과거에 발생하였을 것이라 가정하고, 이로 인한 효과를 과거 재무자료에 반영하거나, 기중에 발생한 변동으로 인한 효과를 해당 연도 전체 재무성과에 반영하는 것을 말한다. 그러나, 실무상 두 개념은 종종 혼용되어 사용되는데, 지속가능한 실질이익으로 조정하는 행위를 Normalization으로, 그리고 인수자가 인수를 위한 혹은 실사를 위한 가상의 상황을 상정하여 조정한 손익계산서 또는 EBITDA의 형태를 Pro-forma IS 또는 Pro-forma EBITDA로 이해하면 될 것 같다.

항목 예시	QoE 분석 예시	추가로 고려할 사항
일시적인 공급부족	일시적인 공급부족으로 3개월간 정상적인 영업을 하지 못하였다면, 해당기간의 손익을, 정상적인 영업기간에 발생한 손익으로 대체하여 반영	공급부족 기간 이후 손익에 공급부족기간의 손익이 일부 반영된 것은 아닌가? 공급부족이 경상적으로 발생하는 사항인가?
인수 후 경영진의 변화	인수 후 퇴직 예정 경영진의 급여를 손익에서 제외하고, 신규 선임될 경영진의 급여 등을 손익에 추가 반영	경영진의 변동이 다른 비용 등에 미치는 영향은 없는가?
Stand alone cost	일부 부분이 분할되어 거래되는 경우의 독립된 법인으로 발생될 수 있는 비용 등을 평가에 추가반영	거래조건이나 향후 운영방식을 고려할 때에도 stand alone cost의 반영은 필요한가?
연환산	최근 평가기간이 1년 미만일 경우 손익을 1년으로 확장하여 추정	계절성 등 연환산을 하는 것이 부적절하지는 않은가?
결산손익항목의 조정	실사기준일이 기중인 경우 결산기말에 이루어지는 조정사항을 반영	배부 또는 연환산 기준의 적절성에 대한 고려
신규계약	최근 신규계약을 손익에 반영	신규계약의 계속 가능성에 대한 평가 및 다른 거래에 미치는 영향을 고려하였는가?

[표 2-31] QoE 조정사항 주요 category

구분	설명
Normalization: Non-recurring/unusual	• 일회성, 비경상적으로 발생한 수익 및 비용에 대한 조정 　-주요 영업과 무관하더라도 recurring하게 발생하는 항목은 QoE에 포함 가능
Normalization: 평준화	• 연환산, 변동성이 있는 항목을 정상적/평균적 수준을 검토하여 분석
Non-cash	• 현금의 유입 및 유출이 발생하지 않은 항목의 조정 　-예: 주식결제형 stock option, 회계상 이연수익 등
Cut-off	• 실사기준일이 12월말이 아닐 경우, 결산조정사항에 대한 확인 　-예: 미지급비용 반영, 퇴직급여충당부채, 재고자산평가손실 반영 등
Accounting policy & errors	• 회계처리 오류가 존재할 경우 이에 대한 조정 필요 　-추가고려사항: 동종 업계의 경쟁사와 회계처리가 다를 경우 이에 대한 고려가 필요
Pro forma and run-rate	• 향후 예상되는 변동이 과거에 발생하였을 것이라 가정하고, 이로 인한 효과를 과거 재무자료에 반영하거나, 기중에 발생한 변동으로

구분	설명
	인한 효과를 해당 연도 전체 재무성과에 반영하는 조정 - 예: Carve-out/stand-alone costs, 중단사업 손익, 주요 제품군 생산 중지, 신제품/신규계약, 회계기간 중의 인수 혹은 처분, 주요 경영진/인원의 변동 등

② 가치창출·위험요소·성장 요인 파악 목적의 QoE

가치창출·위험요소·성장 요인 파악 목적의 QoE 분석 이해를 위해 먼저 다음의 사례를 살펴보도록 한다.

[그림 2-25] 매출: 주요 고객사 분석

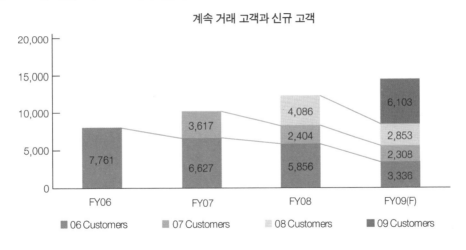

상기 사례는 기존고객과 신규고객의 추이를 분석한 그래프이다. 이러한 분석의 의미는 무엇일까? 상기 분석은 대상회사가 안정적인 고객기반을 가지고 있는지, 고객의 회사 제품이나 서비스에 대한 충성도는 어떻게 되는지, 신규 고객의 확보 능력은 어떠한지 등을 파악하기 위함이다. 이러한 분석은 향후 매출의 지속성, 또는 안정적인 성장성 등을 평가하는 데 도움을 줄 수 있다. 상기 사례를 보면 기존 고객은 지속적으로 감소하고 있다. 그리고 매출은 신규고객의 확보를 통해서 증가하고 있는 상황이다. 그렇다면 여기서 갖는 의문은 기존 고객이 계속 유지되지 못하는 이유는 무엇인지, 시장상황이 계속적인 신규고객의 확보가 가능한지에 대한 부분일 것이다. 시장의 규모가 제한되어 있어 계속적인 신규고객 확보가 어렵고, 기존 고객이 계속적으로 유지되지 못한다면 과거 회사의 매출이 성장해오고

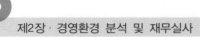
있더라도 향후 매출이 안정적으로 유지되거나 성장하기는 어려울 수 있는 것이 아닌가 하는 물음에 도달할 수 있다.

[그림 2-26] EBITDA 변동 내역 분석

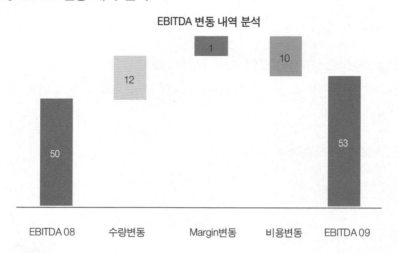

EBITDA 변동 내역 분석

상기 두 그래프를 함께 보면 대상회사 이익의 질을 보다 잘 이해할 수 있다. 대상회사의 08~09년 EBITDA변동을 보면 판매수량의 증가로 인해 EBITDA가 +12 증가하였고, Margin의 영향으로 +1이 증가하였으며, 판매수량 증가에 따른 비용의 증가로 -10만큼 감소하였다. 대상회사는 높은 마진을 통해 이익을 창출하기보다는 판매수량의 확대를 통해 이익을 창출하고 있는 상황이다. 판매수량의 계속적인 확대 또는 유지가 어렵다면 대상회사의 이익은 지속적으로 유지 또는 성장하기 어려운 것이 아닌가 하는 물음에 도달할 수 있다.

이익의 질에 대한 분석은 이렇게 이익의 성격을 분석하고 이익의 질을 개선할 수 있는 여지가 있는지를 분석하는 것이다. 상기 두 그래프의 분석에서 살펴본 바와 같이 기존 고객을 계속적으로 유지시킬 수 있는 가능한 방법이 있는지, margin의 확대를 도모할 방안이 있는지, 원가구조의 효율적인 개선이 가능한지에 따라 회사에 대한 평가가 달라질 수 있다.

[표 2-32] QoE 분석의 예 - 가치창출/위험요소/성장요인 파악 목적의 QoE

분석항목		분석 내용 예시
매출	제품구성 & 수량/마진	• 제품구성별 추세 및 전망, 제품별 성장 동인, 이익에 미치는 영향, 신제품 출시의 영향 및 중단 제품의 영향 등 제품별 판매수량 및 판매가격 분석
	고객	• 고객의 충성도, 기존고객의 유지율/이탈율, 신규고객의 수주 능력, 특정 고객의 매출 집중으로 위한 위험, 고객 구성의 변경추세 등에 대한 분석
	판매/유통 채널	• 판매/유통 채널의 안정성, 계약조건 등에 대한 분석
	Market	• 판매시장 및 경쟁사에 대한 이해 • 시장점유율 및 점유율 추이에 대한 분석 • 새로운 시장으로의 침투 능력 또는 기존 시장점유율 확대능력 검토(경쟁우위 요소, 시장지배력 검토)
	Seasonality	• 매출의 계절성 또는 증감 패턴에 대한 분석
원가 및 비용	원재료	• 가격 및 수율 분석, 가격 및 수율의 변동 가능성 및 현금흐름에 미치는 영향
	인력	• 과거 인원 변동 추이, 핵심인력의 유지 또는 이탈 가능성 등 보상 정책 및 보상수준의 검토
	공급처	• 공급의 안정성, 주요거래처 매입 의존도, 매입조건, Relationship 등의 분석
	고정비 및 변동비	• 원가구조 파악, 변동요인 분석, 공헌이익 분석 등을 통한 현금흐름 개선 가능성 검토 • 주요 자본적 지출 항목 분석
	기타비용	• 구분된 비용의 추세, 비경상적 비용의 내역 및 발생 빈도/크기 등의 검토
Margin 분석		• 이익률, 이익규모의 추이 및 변동 내역 분석

③ QoE 분석에 의한 이익 조정

QoE 분석을 통해 확보한 기업의 실질 이익수준을 기초로 하여 평가대상에 대한 가치평가가 이루어지게 된다. 다음의 그림은 EBITDA를 중심으로 이루어지는 QoE 분석에서 이익의 조정단계를 보여준다.

회계상 손익이 항상 경상적이고 지속 가능한 손익만을 반영하는 것이 아니므로 다음과 같은 조정을 통해 지속 가능한 손익으로 조정해 주는 것이다. 지속 가능한 손익의 분석은 가치평가를 합리적으로 수행할 수 있게 해준다.

[그림 2-27] QoE 조정 단계 - EBITDA의 예

	Reported EBITDA	회계기준에 따른 공시된 재무제표 기준 EBITDA
(±)	*Management adjustments*	대상회사가 제시하는 EBITDA 조정사항으로 추정치의 반영, 비경상적 손실의 배제 등이 조정항목에 포함될 수 있음
(=)	*회사제시 수정 EBITDA*	회사제시 조정사항이 반영된 EBITDA
(±)	*QoE adjustments*	실사 조정사항, Normalization 또는 Pro-forma 조정사항: - 재무제표에 미반영된 회계오류 조정 - 비경상적, 비반복적 항목 조정 - 특수관계자 거래의 효과에 대한 조정 - Stand alone costs의 반영 (사업부 양수도인 경우 독립법인으로서 　비용 등 반영) - 1년 미만 손익을 1년으로 연환산 - 결산 손익항목의 기간별 배분 (기중 실사의 경우 미반영된 손익항목 조정) - 임직원 변동 등에 따른 항목 조정 등
(=)	*Adjusted EBITDA*	QoE 조정사항이 반영된 분석 기준 EBITDA

　　대상회사의 조정사항(Management adjustments)에 포함되는 사항은 매수인 입장에서의 adjusted EBITDA를 산출하기 위한 조정항목이 모두 포함될 수 있다. 즉, 회사에서 제시하는 QoE개념이 반영된 EBITDA인 것이다. 단, 매도자와 매수자의 입장 차이에 따라 포함되는 내용에는 차이가 있을 수 있다.[85] 회사 경영진이 회사에 대해 가장 많은 정보를 보유하고 있기 때문에 회사 제시 수정 EBITDA를 참고하는 것은 회사를 이해하는 데 많은 도움이 된다.

　　다음 표는 실질 이익수준의 QoE 산정을 위해, 제시된 EBITDA를 normalized EBITDA로 조정한 간단한 사례이다. 사례를 보면 향후 발생되지 않을 수익/비용에 대한 조정, 기중 발생한 수익/비용이 지속 가능하다면 이를 반영한 조정, 일시적으로 발생한 수익/비용의 조정 등을 통해 지속 가능한 실질 이익수준을 파악하고 있다.

---

85) 예를 들어 동일한 비경상적 항목에 대해 회사의 조정사항과 인수자의 조정사항은 차이가 있을 수 있고, stand-alone cost가 회사의 조정사항에는 반영되지 않았지만, 인수자의 조정사항에 추가적으로 반영될 수도 있다.

[표 2-33] Normalized EBITDA 조정 사례

(단위: 백만원)

구분	금액	조정 내용	비고
Reported EBITDA	20,000		
Adjustment			
"AM" 소프트웨어 개발 서비스 및 Data 제공 중단	(1,500)	업데이트가 중단된 서비스로 향후 미발생	Non-recurring
"PM" 소프트웨어 개발수입 기간 귀속 조정	(800)	수익인식 기간 오류 수정	Abnormal
신규 서비스 "Noon" 손익 반영	2,000	신규 제공 중인 서비스 연환산 반영	Annualize
임대료 수입[86]	(4,000)	보유 부동산 매각으로 향후 임대료 수입은 발생되지 아니함	Non-recurring
급여	(3,000)	기중 영입된 인원에 대해 연간 기준으로 급여 재계산	Annualize
경상연구개발비	(1,000)	기중 영입된 인원에 대해 연간 기준으로 급여 재계산	Annualize
세금과공과	(200)	급여 재계산에 따른 공과금 인상효과 반영	Annualize
지급임차료	(1,000)	기존의 협회지원기간 계약 종료에 따라 통상 임차료 수준으로 비용 추가 반영	Abnormal
"Noon"서비스 관련 수수료	(500)	신규 서비스 관련 비용 추가 반영	Annualize
지급수수료(부동산 중개수수료)	500	부동산 매각 관련 일회성 수수료임	One-time
Adjustment total	(9,500)		
Normalized EBITDA	10,500		

86) 만약 부동산을 계속 보유하고 있는 경우라면 가치평가 시 임대료수입에 반영하는 것과 비영업자산으로 반영하는 것 중 어떤 방법이 평가 목적으로 적절한지 판단이 필요할 수 있다.

다음의 표는 상기 Normalized EBITDA 조정을 통해 산정된 수정 손익계산서이다.

[표 2-34] QoE 조정에 따른 손익 조정 사례

구분		FY 2X18 Actual (실적)	FY 2X18 Normalized(조정 후)
매출액		100,000	95,700
	소프트웨어 개발 서비스 및 data 제공 수입	96,000	95,700
	임대료 수입	4,000	
영업비용		85,000	88,200
	급여 등	45,000	48,000
	복리후생비	5,000	5,000
	경상연구개발비	15,000	16,000
	지급수수료	10,000	10,000
	유무형자산 상각비	5,000	3,000
	기타비용	5,000	6,200
영업이익		15,000	7,500
유무형자산 상각비		5,000	3,000
EBITDA		20,000	10,500

[Note 10] EBITDA 조정 case study

Q: 다음과 같은 정보와 실사 발견사항이 있을 경우, 조정 후 normalized EBITDA는 어떻게 될 것인가?

구분	19년	20년
영업이익	800	1,800
감가상각비	100	100
EBITDA		
조정사항		
Normalized EBITDA		

- 2020년에 상각비 과소 계상 금액 50원이 발견됨
- 2019년 귀속상여 100원이 2020년에 계상된 사실이 발견됨
- 회사는 2020년 7월 초부터 신설 공장이 가동되기 시작하였고, 신설 공장 사업부에서 영업이익 150원이 추가로 발생하였고, 해당 사업부에서 감가상각비는 50원이 발생한 것으로 분석됨
- 신설 공장 가동 준비와 관련하여 2020년 5월에 비용 20원이 발생하였으며, 해당 비용은 향후 계속적으로 발생할 비용은 아닌 것으로 파악됨

A: 조정 후 normalized EBITDA 예시

구분	2019년	2020년
영업이익	800	1,800
감가상각비	100	100
EBITDA	900	1,900
조정사항	(-)100	320
-감가상각비 과소	-	-
-상여 귀속 조정	(-)100	100
-신규공장 run-rate	-	200
-일회성 비용 조정		20
Normalized EBITDA	800	2,200

2) 이익의 질(QoE)의 항목별 실사

① Key Value Driver

이익의 질에 대한 분석은 손익의 모든 항목에 대해 수행될 수 있지만, 그 중 가장 중요하게 다루어져야 할 부분은 Key Value Driver와 관련된 부분일 것이다. Key Value Driver는 상당 부분 매출 분석과 관련이 있겠지만, 경우에 따라서는 원가분석과도 밀접한 관련이 있을 수도 있다. Key Value Driver에 대한 분석은 앞서 설명한 "핵심 역량 분석"을 참고하기 바란다.

② 매출 분석

매출 분석은 QoE 분석에서 통상 가장 중요한 부분으로 여겨진다. 흔히 Top-line으로 불려지는 매출에서부터 회사의 손익이 결정되기 때문이다. 매출은 시장환경과 회사의 경쟁력 등 다양한 요인이 복합적으로 작용하여 결정되는 만큼, 분석도 다양한 방식으로 이루어지고 있다. 다음은 그 중 몇 가지 실무상 많이 활용되는 매출 분석 사례를 소개하고자 한다.

[표 2-35] 매출 분석의 Key Questions 및 매출에 영향을 미치는 주요 동인의 예

구분	내용
Key Question의 예	회사의 매출은 무엇으로 구성되는가? 과거의 추세는 향후에도 지속될 수 있는가? 매출의 증가 또는 감소 요인은 무엇인가?
매출에 영향을 미치는 주요 요인	제품 및 서비스 속성 Volume (수량) Price (가격) 제품 및 서비스 Mix 고객 및 시장 판매채널 지역 경쟁구도 및 경쟁사 등

매출 분석에서 수행되는 시장점유율 분석은 QoE 분석에서 EBITDA의 조정을 가져오지는 않지만, 향후 지속 가능한 손익을 파악하는 데에는 도움이 된다. 시장점유율 분석을 통해 산업구조, 경쟁 요소, 회사의 시장 지배력 또는 보유 경쟁력 파악 등 산업과 경쟁회사 및 대상회사에 대한 다양한 정보의 획득이 가능하기 때문이다. 다음의 그래프는 그러한 시장점유율 분석의 예시이다.

[그림 2-28] 시장점유율 분석의 예

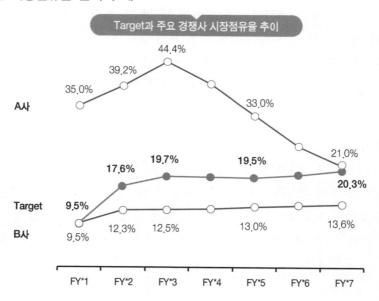

　상기 분석은 대상회사와 주요 경쟁상의 연도별 시장점유율 추이를 분석한 것이다. 대상 회사는 안정적으로 점유율을 성장 – 유지시키고 있는 반면 경쟁회사 A는 시장점유율이 점 차 하락 추세에 있다. 두 회사의 점유율 추이의 차이를 가져오는 요소를 분석하는 것은 산 업과 대상회사의 경쟁요소 및 역량을 파악하는 데 도움이 될 수 있다.

　회사의 과거 실적이 충분한 정보를 제공하지 못하거나, 신규 제품/서비스를 출시한 회사 의 손익 분석을 할 때에는 경우에 따라서 과거 유사한 사례를 경험한 타사의 분석을 통해 유용한 정보를 얻을 수 있다. 다음의 그래프가 벤치마크 분석의 예이다.

[그림 2 – 29] Benchmark – 타사 시장점유율(M/S) 변동 추이 분석의 예

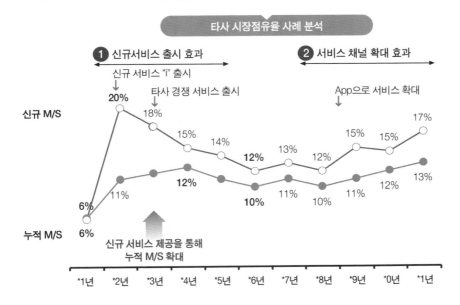

　상기 그래프는 과거 동일 산업 내에서 신규 제품을 출시한 벤치마크 대상회사의 제품 시 장점유율 분석이다. 대상회사의 제품군 중에 신규 제품이 포함되어 있을 경우, 향후 예상 판매 수준을 검토함에 있어서 벤치마크 대상회사의 과거 사례를 분석하는 것은 참고가 될 수 있다.

　다양한 시장요인들이 제품이나 서비스의 판매에 영향을 미치고, 회사는 그러한 환경에 적응하면서 매출과 수익성 제고를 도모하게 된다. 제품 믹스, 채널 믹스, 고객 믹스 분석은 각각의 제품별, 채널별, 고객별 수익성, 경쟁력, 안정성 등에 대한 검토를 통해 이익의 지속 적 창출 가능성 등에 대한 정보를 얻을 수 있게 해준다. 이러한 종류의 분석에는 아래 그래

프와 같은 Mix 분석 이외에도 앞서서 "QoE"에서 예시로 들었던 "기존 고객의 유지율과 신규고객 증가율 분석"이나 고객사별 매출액 및 수익성 분석과 같은 고객분석, 그리고 Key value driver를 중심으로 한 변동요인 분석도 효과적이다.

[그림 2-30] 서비스 채널 Mix 추이 분석의 예

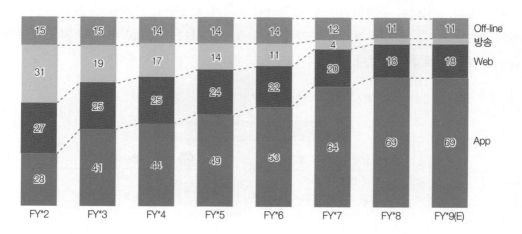

대상회사가 다양한 사업부를 영위하고 있는 경우에는 사업부별 매출을 구분하여 분석함으로써 회사 전체의 매출 증가요인에 대한 많은 정보를 획득할 수 있다. 다음의 그래프가 사업부문별 성장성 분석의 예시이다.

[그림 2-31] 사업부문별 성장성 분석의 예

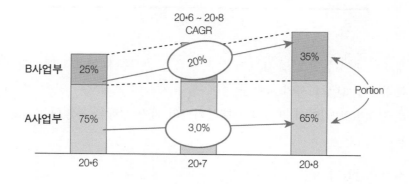

상기 예시의 경우 A사업부는 연평균 3%로 안정적으로 성장하고 있는 반면, B사업부는 연평균 20%로 급격히 성장함과 동시에 전체 매출에서 차지하는 비중도 확대해 가고 있음을 알 수 있다. 회사의 매출 추이를 이와 같이 사업부문별로 구분하여 보면 성장동력이 무엇인지에 대한 정보를 획득할 수 있다.

이와 같은 사업부문별 분석은 사업부문별 수익성과 같은 다른 손익분석과 병행하여 수행함으로써 성장의 Quality에 대한 유용한 정보 확보가 가능해진다.

[그림 2-32] 사업부문별 수익성 분석

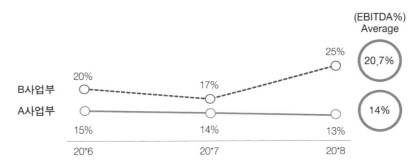

상기의 그래프는 대상회사의 사업부문별 수익성 분석의 예이다. 앞서 성장성 분석과 함께 살펴보면 수익성이 높은 B사업부의 성장성이 상대적으로 높게 유지되고 있음을 볼 수 있다. 향후 대상회사의 전체적인 수익성이 높아질 가능성도 존재하나, 여전히 회사에서 중요한 부분을 차지하고 있는 A사업부의 수익성이 낮아지고 있다는 것은 수익성 감소 요인도 있다는 의미일 것이다. 결국 B사업부의 성장규모와 높은 수익성의 유지 가능성, 그리고 A사업부 수익성 개선 가능성 또는 추세상 감소율을 지연시킬 수 있는지 여부 등이 향후 대상회사의 전체적인 수익성을 결정하게 될 것이다.

다음의 그래프는 다양한 사업부문을 가지고 있는 회사의 매출 성장을 견인하는 사업부가 어떤 사업부문인지를 분석하기 위한 것이다. 각 연도별 사업부문의 성장 정도 및 추이는 다르며, 매출 Mix 등의 변화로 수익성에도 많은 영향을 미칠 수가 있다.

[그림 2-33] 사업부별 매출 추이 분석의 예

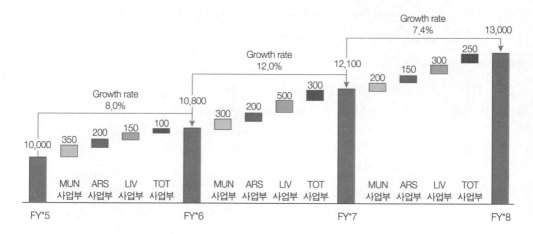

즉, 이처럼 회사의 매출을 구분하여 보는 것은 지속가능한 손익을 분석함에 있어서 중요하다.

매출 분석의 기본에는 P-Q분석(Price-Quantity analysis)이 자리잡고 있다. P-Q분석은 판매수량에 대한 검토, 판매가격에 대한 검토 및 P-Q의 추세에 대한 검토를 포함함으로써 매출 변동 요인에 대한 원인을 확인할 수 있다. 그리고, 판매가격과 판매수량을 세분화하여 분석을 진행하면서 앞에서 설명한 핵심 가치 창출 요소에 대한 분석, 회사의 경쟁력, 수익성 등에 대한 이해를 할 수 있는 것이다. 세분화의 예로는 **고객별, 사업부별, 시장별**로 구분하여 분석하거나, 경쟁사 또는 예산과 비교하여 분석하는 방법들이 있을 수 있다.

[그림 2 - 34] P - Q 분석(Price - Quantity Analysis) 예시[87]

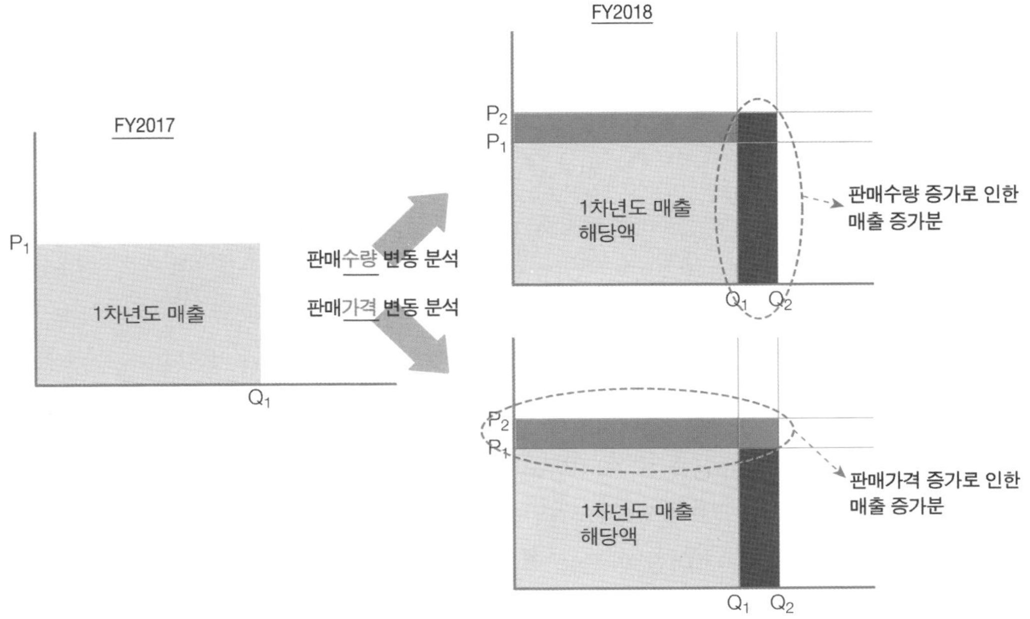

③ 마진(Margin) 분석

산업에 따라서는 판매가격에 특정한 원가를 차감한 이익(Margin)의 분석이 효과적인 경우가 있다. 이러한 산업의 특징은 특정 원가가 전체 원가에서 차지하는 비중이 상당히 크거나 매출이 원가에 상당한 연관성을 가지고 변동한다는 것이다. 철강산업에서 롤마진, 정유산업에서의 정제마진, 해운업에서의 Charter base/Hire base 분석이 그 예가 될 수 있다. 그러나 마진분석은 이러한 특정 산업이 아니더라도 동일조건으로 비교가 가능하다면 동종 업계와의 비교를 통해 영업활동의 효율성을 검토할 수 있는 효과적인 분석 방법이 될 수 있다. Margin 분석은 제품 또는 서비스별, 고객별 등으로 세분화하여 수행된다면 QoE 분석 측면에서 좀 더 효과적일 수 있을 것이다.

---

87) 전기의 판매량과 가격을 기준으로 하여 판매량 또는 가격의 변화로 인한 매출 증가분을 구할 수 있다. 판매량 변동차이 = $(Q_2 - Q_1) \times P_1$, 가격 변동차이 = $(P_2 - P_1) \times Q_1$ (또한 당기의 매출액과 가격을 기준으로 변동 해당 분을 산정할 수도 있다.)

[그림 2-35] 마진(Margin) 분석의 예

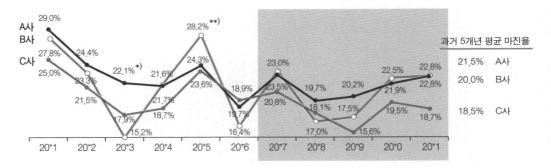

*) 경쟁업체들의 CAPA 증설로 인한 공급과잉과 수요산업의 저성장으로 마진율이 감소
**) XX특수로 인한 판매단가의 상승으로 마진율 증가

상기 사례는 경쟁사별 마진율을 연도별로 비교하여 분석한 것이다. 이 사례의 경우에서
는 경쟁사별 마진율의 차이가 발생하는 원인, 최근 A사와 B사의 마진율 격차가 줄어든 이
유 등에 대한 분석을 통해, 이러한 마진율 격차가 향후 지속될 수 있는지에 대한 분석으로
이어진다.

[그림 2-36] 연도별/제품별 마진 분석 사례

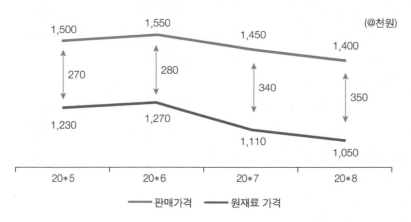

상기 사례는 연도별/제품별 마진의 추이를 분석한 사례이다. 이 사례의 경우에는 연도별
로 판매가격은 등락하나 마진폭은 지속적으로 증가하고 있다. 이러한 추세의 원인 분석을
통해, 현 추세의 지속가능성 여부에 대한 분석으로 이어진다.

[그림 2-37] 월별 매출이익률 추세 분석

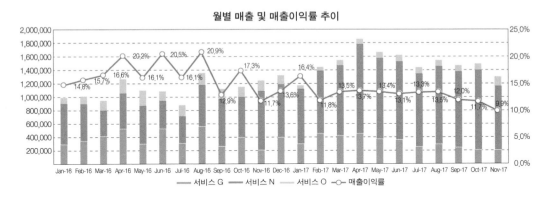

과거 분석기간이 짧거나, 최근의 매출 및 이익률 추세 분석이 중요할 경우 또는 계절성이 있는 산업 등의 경우에는 월별 분석이 중요한 의미를 갖는다. 상기 예시의 경우는 서비스별 매출 구성이 변동됨과 동시에 매출이익률도 감소추세를 보이고 있음을 파악할 수 있다. 이에 따라 매출 구성의 변동 원인, 서비스별 수익성 등에 대한 분석을 바탕으로 향후 매출이익률이 현 추이를 따를 것인지에 대한 분석으로 이어져야 할 것이다.

④ 원가 및 비용 분석

원가 및 비용 분석은 구성항목에 대한 분석과 변동 요인에 대한 분석으로 이루어진다. 손익에 영향을 미치는 중요한 원가항목을 파악하고, 각 원가가 어떤 요인에 의해 변동하는지 분석하는 것이 필요하다.

원가 및 비용은 일반적으로 변동비, 고정비로 구분하여 분석한다. 경우에 따라서는 준고정비와 같이 단계적으로 변동하는 항목을 추가로 구분하여 분석하기도 한다.

변동비는 변동원인을 파악하는 것이 필요하다. 일반적으로 매출액 또는 매출관련 항목과 관련된 것으로 보지만 다른 요인이 더 직접적인 영향을 미칠 수도 있으므로 요소별 동인을 분석하여야 한다.

고정비 역시 발생 원인을 파악하는 것이 필요하다. 무한히 고정적으로 발생하는 비용은 없을 것이므로 고정비로 구분되었다고 하더라도 어떤 요인에 의해 영향을 받고 변동되는지 파악하여야 한다.

변동비 및 고정비 분석은 공헌이익 분석, 손익분기분석(BEP분석), 수익성 제고를 위한 제품 Mix분석으로 이어질 수 있다.

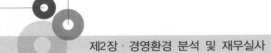

원가 분석에서는 주요 원재료 및 공급처 분석도 중요하게 다루어진다. 조달부분도 회사의 경쟁력이 될 수 있고, 동시에 성장에 제약이 될 수도 있기 때문이다.

임직원의 현황과 인건비 분석도 중요한 항목이다. 이를 위해서는 인원 변동 추이, 향후 인력 계획 등 전반적인 인원에 대한 분석이 이루어져야 한다. 인건비 분석 시 이와 관련된 복리후생비 등을 포함하여 분석하는 것이 필요할 수도 있다.

원가 및 비용 분석 시 중요한 항목은 개별 항목별 변동 원인을 분석하나, 실무상으로 중요하지 않은 항목은 기타비용 등으로 통합하여 검토가 이루어질 수 있다.

[그림 2-38] 원가 구조 및 추이 분석

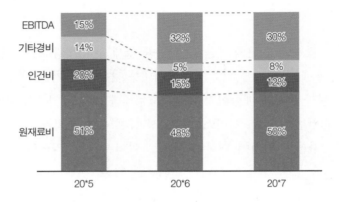

상기 예시는 원가의 주요 구성항목을 구분하고, 항목별 구성비율의 추이를 분석한 것이다. 핵심 원가 구성항목은 원재료인 것을 파악할 수 있으며, 매출의 50% 이상, 총원가의 70% 이상이 변동비로서 매출 성장에 따른 규모의 경제 효과는 제한적일 수 있다는 것을 파악할 수 있다.

[그림 2-39] 원가 구성항목별 구성비 및 증감률 추세 분석 예시

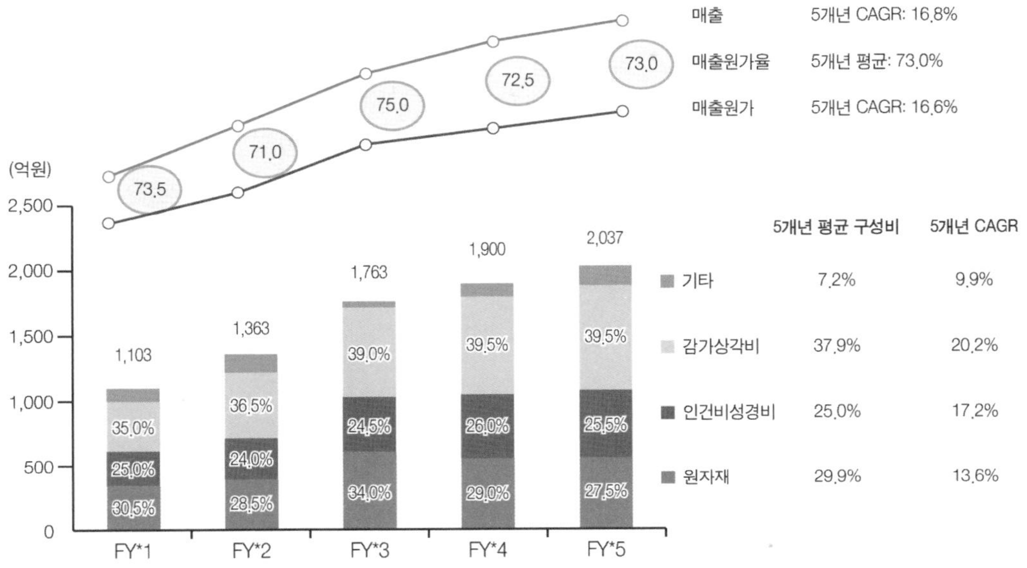

상기 예시는 원가 구성항목별 구성비 및 증감률의 추세를 매출 추이와 비교하여 분석한 것이다. 상기 예시의 경우 감가상각비의 비중이 지속적으로 늘어나고 금액도 증가하고 있다는 것을 알 수 있다. 이것은 최근에 지속적인 투자가 발생하였을 가능성을 보여준다. 이러한 활동이 원가율에 미치는 영향과 경쟁구도상 이러한 패턴이 지속될 것인지 등에 대한 분석을 통해 향후 예측되는 수익성을 검토할 수 있다.

[그림 2-40] 매입처 분석

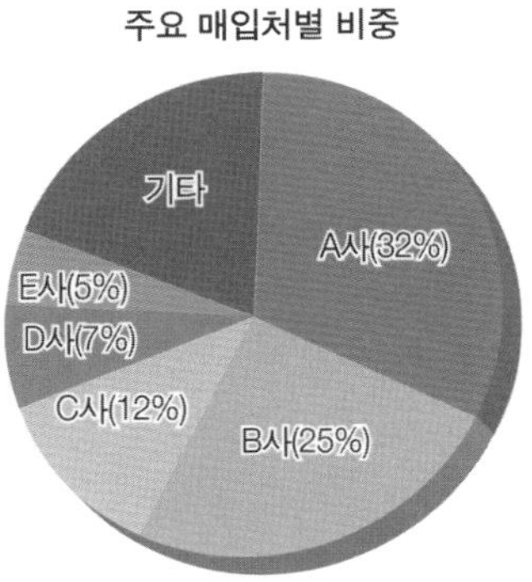

주요 매입처별 비중

매입처	매입액	매입품목	비고
A사	200억	Z소재 등 5개 품목	Z소재 시장 지배적 사업자
B사	156억	Y소재 등 3개 품목	장기 공급 계약 준비 중
C사	75억	X module	장기 매입 계약으로 안정적 공급
D사	43억	Q형 칩	국내 독점 계약
E사	31억	P형 칩	주문형 매입

상기 사례는 주요 매입처에 대한 분석 사례이다. 회사는 5개 거래처와의 매입 비중이 80% 이상으로 높은 편이다. 핵심 소재에 대해서는 해당 소재 시장(원재료) 시장지배적 사업자에 의존하고 있으며, 나머지 3개 주요 원재료에 대해서는 장기 계약을 체결하거나 혹은 체결 준비 중에 있다. 이 경우 구매처가 안정적으로 공급이 가능한지에 대한 분석과 공급에 차질이 생겼을 때의 계획에 대해 확인할 필요가 있을 것이다. 추가적인 분석으로 주요 매입처로부터 매입한 것과 동일한 원재료를 기타 거래처에서도 일부 매입하고 있는데, 이 경우의 거래단가는 주요거래처의 거래단가에 비해 높은 것으로 분석되고 있다. 즉, 원재료 공급이 불안정할 때에는 회사의 원가경쟁력이 악화될 가능성이 있는지에 대한 확인이 필요한 것이다.

[그림 2-41] 제품별-공정별 원가 및 마진 분석 예시

	제품A	제품B	제품D	제품E	제품…
단위당 원재료 단가	66	45	10	90	…
1공정(50%)	1EA 당 평균 가공원가 5원				
누적 원가	72	50	15	95	…
누적 마진	23	30	5	25	…
누적 마진율	+24.2%	+37.5%	+25.0%	+20.8%	…
1EA 당 판매가	95	80	20	120	…
	판매 100%	96.4% / 3.6%	21.5% / 78.5%	21.5% / 78.5%	… % 투입… %
2공정(40%)	1EA 당 평균 가공원가 15원				
누적 원가		65	30	110	…
누적 마진		30	5	701	…
누적 마진율		+31.6%	+14.3%	+38.9%	…
평균 판매단가		95	35	180	…
		3.2% / 0.4%	12.8% / 65.7%	12.8% / 65.7%	… % 투입… %
3공정(10%)	1EA 당 평균 가공원가 5원				
누적 원가		70	35	115	…
누적 마진		80	5	25	…
누적 마진율		+53.3%	+12.5%	+17.8%	…
평균 판매단가		150	40	140	…

상기 사례와 같이 제품별－공정별 원가 및 마진 분석을 통해 각 공정과 제품별로 원가 및 마진에 차이가 크게 발생함에도 불구하고 회사가 이러한 제품 판매 및 생산구조를 갖게 된 상황을 분석함으로써 산업 내에서 회사의 경쟁력과 핵심역량에 대한 파악을 할 수 있다. 이러한 분석과정에서는 소요되는 원가의 각 요소에 대한 분석이 필수적이며, 직접비 이외 에도 간접비 배부 기준의 적정성에 대한 검토가 분석의 효과를 향상시켜 줄 수 있다.

[Note 11] 공헌이익 분석

원가 및 비용 분석은 회사의 상황에 맞게 다양한 형태로 분석이 이어질 수 있다. 공헌이 익 분석도 그러한 분석의 예이다.

다양한 제품을 판매하고 있는 경우 제품별 공헌이익을 분석하는 것은 수익성 제고를 위 해 필요할 수 있다. 공헌이익은 매출액에서 변동비를 차감한 값으로 제품 1단위를 추가 생산하여 판매할 때 기업의 이익 증가분이라고 할 수 있다.

공헌이익 분석은 원가구조에 대한 분석이 선행되어야 한다. 각 제품별 원가의 특성을 파악해서 원가동인을 분석하고 이를 통하여 고정원가와 변동원가로 구분하여야 하기 때문 이다.

[공헌이익 분석의 예]

제품	매출	구성비	총고정비	변동비	공헌이익	공헌이익률
A	120,000	12%	–	90,000	30,000	25%
B	380,000	38%	–	270,000	110,000	29%
C	200,000	20%	–	90,000	110,000	55%
D	300,000	30%	–	100,000	200,000	67%
합계	1,000,000	100%	360,000	550,000	–	

*공헌이익 = 매출 － 변동비
*공헌이익률 = 공헌이익 ÷ 매출액

상기의 예에서 공헌이익률이 가장 높은 제품은 D제품이다. 이 경우 현재 생산능력에서 D제품의 추가 생산이 가능하고, 시장에서 D제품의 추가 판매가 가능한 상황이라면 다른 제품보다는 D제품을 추가 생산하여 판매하는 것이 기업의 수익성을 제고할 수 있는 방안 이 될 수 있다.

공헌이익 분석은 손익분기점(BEP: Break Even Point) 분석과도 관련이 있다. 상기 사례를 통해 손익분기점을 살펴보면 다음과 같다.

[매출액 구성비가 현재와 동일할 경우의 손익분기점]

제품	매출구성비	총고정비	공헌이익률	가중평균 공헌이익률	손익분기 매출
A	12%		25%	3%	96,000
B	38%		29%	11%	304,000
C	20%		55%	11%	160,000
D	30%		67%	20%	240,000
합계	100%	360,000		45%	800,000

*손익분기 매출 = 총고정비(360,000) ÷ 가중평균공헌이익률(45%) = 800,000
*손익분기점에서의 [총고정비 = 매출 - 변동비]

상기 손익분기점은 매출액 구성비가 일정하다는 가정이지만 제품구성비가 달라질 경우에는 손익분기매출도 달라질 수 있다. 예를 들어 제품 D만 생산하여 판매하였을 때의 손익분기매출은 540,000(360,000 ÷ 67%)이며, 제품 A만 생산하여 판매하였을 때의 손익분기매출은 1,440,000(360,000 ÷ 25%)이다.

⑤ EBITDA 분석

실무적으로 QoE 분석은 EBITDA를 중심으로 이루어지는 경우가 많다. EBITDA(Earnings Before Interest, Taxes, Depreciation and Amortization)는 영업현금흐름의 대용치로 실무적으로 많이 사용하는 개념이다. 일반적으로 가치평가모델에서 평가액 또는 거래가격의 근간을 이루는 개념으로 받아들여지고 있어서 QoE의 분석도 EBITDA를 통해 이루어지는 경우가 많다. EBITDA는 영업이익으로부터 산정될 수 있고, 순이익으로부터 산정될 수 있다.

[그림 2-42] EBITDA를 산정하기 위한 두 가지 방법

EBITDA가 지속가능한 현금흐름의 개념으로 항상 적절하다고 할 수는 없을 것이다. 특히, EBITDA는 CAPEX 등 투자지출이 반영되지 않는 구조로서 현재 영위하는 사업에 기초하여 분석이 이루어지므로 재투자가 지속적으로 필요한 산업 등에서는 지속가능한 현금흐름의 개념으로 적절하지 않다는 지적이 있다. 만약, 감가상각비가 중요한 영업비용이거나 지속적인 재투자가 필요한 경우에는 EBIT 또는 EBITA를 활용하거나, 이자비용이 중요한 영업비용인 금융업의 경우에는 EBT를 활용하는 것이 더 적절한 지속가능한 현금흐름의 개념이 될 수 있다[88]. 이에 대한 자세한 사항은 "제4장 시장가치접근법"의 EV/EBIT Multiple 분석에서 살펴보기로 한다.

EBITDA 분석은 앞서 설명한 normalized EBITDA 분석이 핵심적인 사항이다.[89]

이를 위해 EBITDA 증감분석, 추세 분석, 변동 내역 분석, EBITDA 구성 내역 분석 등이 이루어진다. 다음의 표는 연도별 EBITDA 증감사항을 원인별로 구분하여 분석한 것이다. 이러한 분석을 EBITDA Bridge 분석이라고 하는데, Bridge를 구성하는 항목은 대상회사의 특징 및 분석 목적별로 달라질 수 있다.

---

88) 극히 예외적이기는 하지만 운전자본의 증감액(운전자본 투자액)이 이익수준에 비해 상당히 큰 경우에도 EBITDA만으로는 회사의 현금흐름을 적절하게 파악하지 못할 경우가 있다.
89) 공시된 EBITDA에서 Normalized EBITDA로 조정하는 사례는 "QoE 조정 단계"에서 설명하였다.

[그림 2-43] EBITDA Bridge 분석

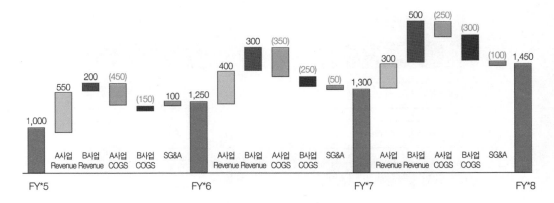

상기 EBITDA Bridge 분석 내용은 각 사업부별 매출의 증가로 인한 효과와 원가의 증가로 인한 감소효과, 그리고 판관비의 증감으로 인한 효과를 구분하여 살펴보고 있다. 이를 통해 B사업부의 지속적인 매출증가가 EBITDA의 증가를 견인하고 있음을 파악할 수 있다. 상황에 따라서는 이를 좀 더 세분화하여 수량, 단가, 환율 등 중요 Factor 기준으로 파악할 필요가 있을 수 있다.

⑥ 기타 손익 및 비용 항목 분석

QoE 분석에서 영업외손익은 일반적으로 지속가능하지 않다고 보는 경우가 많다.

그러나 영업외손익 항목이라도 영업과 관련된 항목이 있을 수 있다. 매출채권 처분에 따른 손익이 그러한 예가 될 수 있다. 영업과 관련된 항목이라고 하여 지속가능한 손익이 되는 것이 아니므로 해당 손익 항목이 지속가능한지는 별도로 파악되어야 한다. 지속가능하다면 영업외손익이라도 EBITDA에 포함하여 분석하는 것이 가능할 것이다.

7 **QoA(Quality of Asset; 실질 순자산) 분석**

Key Concept

- 자산부채 건전성을 검토하는 것으로 과대계상 자산, 과소계상 부채를 파악하여 실질 순자산을 분석하는 절차이다.
- 영업활동을 위한 적정 순운전자본과 적정 자본적 지출(CAPEX) 수준의 분석, 그리고 자본구조를 분석하는 절차이기도 하다.

1) QoA

일반적으로 양수도 거래에서의 실질 순자산의 분석은 실무상 두 가지 측면에서 이루어진다. 하나는 인수자 입장에서 대상회사의 ⓐ 자산부채 건전성을 검토하는 것으로 과대계상 자산, 과소계상 부채를 파악하는 절차이다. 이때 과대 또는 과소의 의미가 회계기준과 항상 일치하지는 않는다. 그리고 다른 하나는 ⓑ 지속가능한 현금흐름의 창출 측면에서 영업활동에 필요한 순운전자본의 규모, 적정 수준의 CAPEX, 비영업자산의 가치 및 활용도 그리고 자본구조 등을 파악하는 절차이다. 이러한 분석은 가치평가와도 밀접하게 연관된다.

[표 2-36] QoA 분석 시 Key Questions의 예

- 장부상 금액과 인수자 입장에서의 실현가능액이 차이가 존재하는 자산 및 부채가 있는가? (또는 과대계상 자산, 과소계상 부채가 존재하는가?)
- 가치창출을 위한 핵심자산은 무엇인가?
- 영업활동을 위한 정상적인 수준의 운전자본 규모는?
- 영업활동을 위한 적정 수준의 CAPEX와 주기는?
- 타인자본과 자기자본의 약정사항과 이러한 약정사항이 재무구조, 비용 등에 미치는 영향
- 비영업자산의 존재 여부 및 가치는?
- 인수 후 중요한 변동이 있을 수 있는 자산 및 부채가 존재하는가?
- 계약서(SPA)나 PMI(사후통합과정)에서 고려되어야 할 사항이 있는가?

QoA 분석을 위해서 제시된 재무제표를 그대로 활용할 수도 있지만, 목적에 맞게 재무제표를 재구성하여 분석하는 것을 고려할 수도 있다.

[그림 2 - 44] 재무상태표(BS)의 재구성 예

통상적으로 재무상태표는 영업활동에 필요한 순운전자본, 고정자산(유무형자산) 등과 같이 운전자본에 비해 상대적으로 장기투자의 개념인 CAPEX, 영업과 직접적인 관련성이 낮은 비영업자산, 그리고 타인자본 성격으로 분류되는 이자부부채 등으로 재구성하여 분석한다.

[그림 2 - 45] 재구성된 재무상태표(BS)의 의미

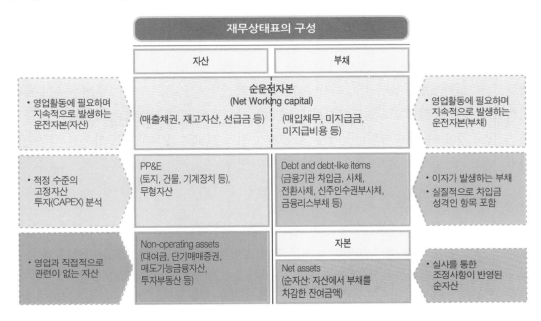

[표 2 - 37] QoA 분석을 통한 조정 순자산 산정 예시

(단위: 백만원)

조정 전 순자산(기준일: 2X18년 5월 31일)		150,000
조정사항		
A	매출채권 대손충당금 추가설정	(350)
B	재고자산 평가충당금 추가설정	(410)
C	유형자산 손상차손 인식	(1,150)
D	장기선급비용 감액	(600)
F	소송충당부채 추가설정	(1,200)
G	무형자산 감액	(560)
H	투자주식 감액	(480)
I	단기대여금 대손인식	(130)
	합계	(4,880)
조정 후 순자산		145,120

상기 예시는 실사조정사항을 반영하여 순자산을 조정한 것이다. 실사의 기준일이 기중에 발생하여 결산일 이후에 발생한 사항에 대한 조정사항이 포함되었을 수도 있으며, 실사기준과 회계기준의 차이로 조정이 필요한 사항이 발생할 수도 있다. 또한 인수자 입장에서 실질순자산을 파악한다는 측면에서 본다면 위의 조정사항 이외에 추가적인 조정사항이 발생할 수도 있다. 예를 들어 대상회사에서 사용하고 있는 시스템이 인수 후에는 인수자의 시스템을 사용할 것이므로 불필요하다면 인수자 입장에서 해당 시스템은 자산성이 없다고 볼 수 있을 것이며, 인수자의 시스템을 활용하기 위한 개발이 필요하다면 사후적으로 추가적인 통합비용이 발생할 수 있음을 파악하여야 한다.

2) 순운전자본 분석[90]

운전자본은 설비투자와 같이 자본적 지출에 해당하지 않는 자산·부채로서 매출채권, 재고자산, 매입채무 등과 같이 영업활동과 관련하여 발생한 자산과 부채를 의미한다. 순운전자산은 이러한 운전자본자산(영업용 유동자산)에서 운전자본부채(영업용 유동부채)를 차감한 금액이다.[91]

순운전자본에 대한 실사가 필요한 이유 중 하나는 자산·부채의 항목으로서 ⓐ 자산의 건전성과 부채의 완전성 측면에서 확인이 필요하기 때문이고, 다른 하나는 순운전자본은 영업활동을 영위하면서 필요한 필수적 투자로 간주되고 있는바 정상적인 영업활동을 위해 필요한 순운전자본 규모에 따라 ⓑ 가치평가에 영향을 미치기 때문이다. 또한 순운전자본의 규모는 거래구조에 따라 ⓒ 인수자 입장에서 필요한 자금조달액에 영향을 미칠 수 있으며, 거래의 가격조정 구조에 따라서는 거래 종결 시 ⓓ 운전자본의 규모에 따라 정산이 필요한 경우도 있다.[92]

운전자본은 구성항목별로 성격이 다양하기 때문에 항목별 실사절차를 살펴볼 필요가 있다.

① 현금및현금성자산

현금및현금성자산은 영업활동을 위해 필요한 최소필요현금과 이를 초과하여 보유하는 잉여현금으로 구성된다고 본다. 최소필요현금은 매입채무 등의 지급을 위해 보유가 필요한 최소 현금 수준, 최소 운영자금 등으로 정의할 수 있을 것이나 실무상으로 이를 명확하게

---

90) QoWC(Quality of Working Capital)
91) 운전자본의 정의는 경우에 따라서는 불분명한 경우가 존재할 수 있다. 회계기준에서는 유동자산이나 유동부채의 정의는 있지만 운전자본에 대한 정의는 없기 때문이다. 그러므로 M&A 거래구조에서 운전자본은 협상을 통해 정의가 이루어질 수도 있다.
92) 운전자본에 의한 가격조정 구조 및 정산 구조는 본 장의 "⑥ 적정 운전자본이 산정"을 참고하기 바란다.

구분하는 것은 쉽지 않다. 그렇기 때문에 가치평가 시에는 현금, 단기금융상품 등 즉시 현금화할 수 있는 자산은 이자부부채를 즉시 상환하는 데 사용된다고 가정하고 차입금의 차감항목, 즉 순차입금으로 고려하기도 한다.[93]

이러한 현금및현금성자산의 실사에는 현금 보유 및 운영정책에 대한 검토, 실재성 및 평가의 적정성에 대한 검토, 사용제한금액과 담보제공 등으로 인한 잠재적 리스크(risk)에 대한 검토가 수행된다.

QoA 검토에서는 각 계정에 대한 현황과 분석사항, 실사 절차, 실사조정사항 등에 대한 설명이 정리되는데, 다음의 그림은 현금성 자산에 대한 분석사항의 일부를 예시적으로 보여주고 있다.

[그림 2-46] 현금및현금성자산의 분석 사항 예시

현금성 자산 현황

(백만원)	FY*1	FY*2	FY*3
	Audited	Audited	Non-Audited
현금	1,200	1,800	1,100
보통예금	9,000	4,000	8,000
정기예·적금	8,000	12,000	20,000
단기매매증권	500	0	0
합계	18,700	17,800	29,100
자산대비비중	8.00%	5.00%	10.00%

실사조정 사항

• 실사조정 사항에 대한 설명

(백만원)	실사조정 전	실사조정	실사조정 후
현금성 자산	29,100	(-)1,000	28,100

〔Descriptions〕

• 현금성 자산의 현황, 증감내역 등에 대한 설명
• 분석 사항, 실사 절차에 대한 설명

월별 현금 변동 추이

❶ ❷ ❸의 주요 변동 사항에 대한 설명

② 매출채권

매출채권은 재고자산과 함께 일반적으로 가장 중요하게 다루어지는 운전자본이다. 매출채권의 회수정책, 계정잔액의 적정성 확인, 장기 미회수 채권의 발생 여부 및 대손충당금 설정의 적정성 확인, 담보/견질 제공된 채권의 발생 여부 및 매출채권 할인 등과 관련된

---

93) 영업현금과 관련하여 금융감독원은 본질가치 산정을 위한 수익가치에서 현금성자산을 기본적으로 영업자산으로 보고, 영업활동에 지출되지 않을 것이 확실한 경우에 비영업자산으로 분류하는 것으로 해석하고 있다. 비영업자산으로 분류한 경우에는, 영업활동 현금흐름(회전율, 배당률 등) 및 금융상품의 예치기간을 고려하여 비영업자산으로 구분한 근거를 상세히 기재하도록 요구하고 있다(합병 등 특수공시 관련 실무 안내서, 금융감독원, 2017년 8월 참고). 이러한 사항은 본질가치를 비롯한 자본시장법 상 요구에 의한 평가 시에는 고려되어야 할 것이다. 영업현금과 비영업현금의 구분은 "제3장 Ⅴ. 2. 비영업자산가치"를 참고하기 바란다.

약정사항, 매출채권의 구성내역에 대한 검토, 매출채권회전율 분석, 관계사간 거래 내역 파악 등의 절차가 수행된다.

　매출채권 회수 정책이 회전율과 차이가 있는지에 대한 파악이 필요하며, 현금흐름의 개선 가능성이 있는지에 대한 검토도 필요할 것이다. 장기 미회수 채권의 회수가능성 및 매출채권 연령분석을 통해 채권의 회수율에 대한 검토와 더불어 대손충당금 설정의 적정성도 검토하게 된다. 필요한 경우 조회확인을 통해 매출채권의 실재성 및 금액의 적정성을 검토할 수도 있다.

　매출채권회전율과 매출채권 회수기간 검토는 향후 운전자본 투자의 예상 규모에 대한 정보를 제공하는 데 유용하게 활용된다. 그러나 과거 매출채권회전율과 회수기간 검토 시에는 비경상적인 사항의 발생 여부 등을 검토하여 향후 지속가능한 비율을 파악해 내는 것이 필요하다.

매출채권 회전기간 (일)	$\text{매출채권 회전기간} = \dfrac{\text{매출채권}}{(\text{매출} \div 365)}$
매출채권 회전율 (회)	$\text{매출채권 회전율} = \dfrac{\text{매출}}{\text{매출채권}}$

*매출채권은 기말 또는 연평균액[94]을 활용함.

[표 2-38] 매출채권 연령 분석의 예

구분	내수 매출채권		수출 매출채권		총매출채권	
	금액	비중	금액	비중	총금액	비중
1개월 이내	50,000	40.82%	5,000	23.58%	55,000	38.27%
1개월 초과 3개월 이내	51,000	41.63%	10,000	47.17%	61,000	42.45%
3개월 초과 6개월 이내	15,000	12.24%	3,000	14.15%	18,000	12.53%
6개월 초과 1년 이내	5,000	4.08%	2,000	9.43%	7,000	4.87%
1년 초과	1,500	1.22%	1,200	5.66%	2,700	1.88%
총합계	122,500	100.00%	21,200	100.00%	143,700	100.00%

　상기 사례의 경우, 회사의 매출채권 회수 정책 및 평균적인 매출채권 회수기일이 90일이라면 3개월 초과 매출채권에 대해서는 원인 분석 및 거래처별 회수가능성 분석, 그리고 이

---

94) 연평균액은 (기초매출채권 + 기말매출채권)/2의 방식으로 계산하거나 월 단위 자료 확보가 가능한 경우 월평균잔액 기준으로 계산할 수도 있음.

러한 상황이 일시적인 것인지 등에 대한 분석으로 이어져야 할 것이다.

[표 2-39] 매출채권 연령분석을 통한 대손충당금 설정의 사례

(단위: 백만원)

구분	기준일 잔액	연령별 매출채권					합계
		30일이내	31일~90일	91일~120일	121일~180일	181일초과	
A그룹	30,000	30,000					30,000
B그룹	20,000	20,000					20,000
C그룹	15,000	10,000	2,500	2,500			15,000
D그룹	25,000	9,500	6,700	4,800	2,000	2,000	25,000
E그룹	12,643	6,000	5,500	1,143			12,643
기타 그룹	48,872	30,000	10,000	5,000		3,872	48,872
①매출채권 합계	151,515	105,500	24,700	13,443	2,000	5,872	151,515
②회사제시 대손충당금(①×④)	1,515	1,055	247	134	20	59	1,515
③매출채권 순액 (①-②)	150,000						150,000
대손충당금 설정률							
④회사 설정률		1%	1%	1%	1%	1%	
⑤연령별 경험률		−	1%	3%	5%	30%	
적정 대손충당금							
⑥경험률 적용 (①×⑤)		−	247	403	100	1,762	2,512
⑦개별법 적용 (개별거래처분석)		30,000					30,000
⑧대손충당금 합계 (⑥+⑦)		30,000	247	403	100	1,762	32,512

상기의 사례를 보면 회사는 매출채권의 연령과 상관없이 모든 채권에 대해 1%의 대손충당금을 설정하고 있다. 그러나, 거래처에 판매 후 30일 이내 대금회수가 이루어지는 약정을 맺고 있는 상황에서 과거 경험률 분석을 토대로 파악하면 매출채권의 연령별로 대손처리될 확률이 다름을 알 수 있다. 이러한 경우에는 매출채권 연령별 과거 대손처리 경험률에 기초하여 적정 대손충당금을 설정하는 것을 고려할 필요가 있다. 또한 개별 거래처별로 부실화 여부 판단이 가능한 경우에는 거래처별 분석을 통해 회수가능성을 검토하는 것도 고려할 수 있다. 상기 사례에서는 A그룹의 경우 개별거래처 분석을 위해 구분한 case로서, 최근

회생절차 신청으로 회수의 불확실성이 높아 개별법으로 대손충당금을 설정하였고, 나머지 그룹의 채권에 대해서는 대손경험률에 의해 대손충당금을 설정하였다.

[그림 2-47] 매출채권 및 매입채무 회전기간 분석 예시

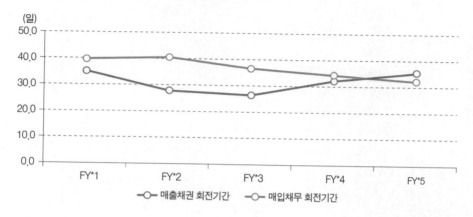

상기 예시와 같이 매출채권 등의 회전율 또는 회전기간을 분석을 통하여 영업을 위해 필요한 운전자본의 규모를 파악할 수 있다. 이때 회전기간의 추세상 변동 또는 정책과 차이 등이 있는 경우에는 차이 원인에 대한 분석이 필요하며, 다른 운전자본과 비교하여 분석하는 것은 운전자본 활용의 효율성 등을 확인하는 데 도움이 될 수 있다. 또한 동업종 회사와의 비교도 대상회사의 운전자본 적정성 등을 파악하는 데 의미있는 정보를 제공할 수 있다.

[그림 2-48] 동업종 회사와 회전기간 비교 예시

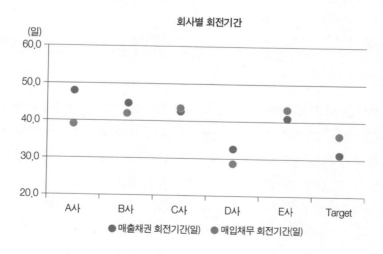

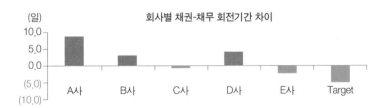

상기 예시는 동업종 회사와 매출채권 및 매입채무의 회전기간 및 채권과 채무의 회전기간 차이를 비교한 것이다. 동업종 회사와 회전기간의 차이를 비교하여 유사점과 차이점에 대해 그 원인을 살펴봄으로써 대상회사의 운전자본 적정성 및 지속성 등에 대한 분석이 이루어질 수 있을 것이다.

③ 재고자산

재고자산에 대해서는 재고자산 관련 정책의 검토, 재고자산의 실재성 확인, 재고자산 평가의 적정성 확인, 원가동인 분석 등의 검토, 장기구매계약 등 약정사항, 안전재고수준 및 회전율 분석 등이 수행된다.

실재성 확인을 위해서는 실지조사가 필요할 수도 있으며, 장기체화 또는 진부화재고가 있다면 진부화된 사유, 처분 가능성 등에 대해 검토한다. 안전재고수준의 파악이 가능하여 회사의 평균재고수준과 안전재고수준의 비교를 통해 재고관리의 효율성이 제고될 수 있다면 회사의 가치는 증대될 수 있을 것이다. 원가검토와 연계하여 재고자산의 단위당 원가 추이를 파악함으로써 향후 현금흐름에 미칠 수 있는 영향을 검토할 필요가 있다.

재고자산회전율과 재고자산회전기간 검토는 향후의 운전자본 투자의 예상 규모에 대한 정보를 제공하는 데 유용하게 활용된다. 그러나 과거 재고자산회전율과 회전기간 검토 시에는 비경상적인 사항의 발생 여부 등을 검토하여 향후 지속 가능한 비율을 파악해 내는 것이 필요하다.

재고자산 회전기간(일)	$재고자산\ 회전기간 = \dfrac{재고자산}{(매출원가 \div 365)}$
재고자산 회전율(회)	$재고자산\ 회전율 = \dfrac{매출원가}{재고자산}$

*재고자산은 기말 또는 연평균액을 활용함.

[그림 2-49] 재고자산 회전기간(보유기간) 분석 사례

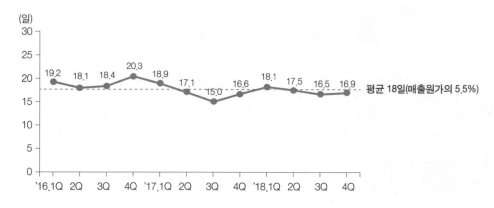

상기 사례는 최근 3년간 분기별 재고자산 회전기간을 분석한 것이다. 동기간 회사의 매출이 지속적으로 성장하였음에도 불구하고, 재고자산 회전기간은 비교적 안정적인 수준을 지속적으로 유지하고 있다. 회사는 재고관리를 중요시 하고 있으며, 재고수준을 필요한 최소 수준으로 관리해 오고 있다. 또한 동업종의 유사회사에 비해서도 회전기간은 상당히 낮은 편이다. 이러한 경우에는 회사의 재고관리가 가치를 제고하는 긍정적인 측면이 될 수 있지만, 안전재고의 수준에 대한 검토와 구매처와 관련된 사항들을 추가적으로 살펴봄으로써 조달부문의 안정성에 대한 정보를 확인하여 Risk 요인의 존재 여부도 파악해 볼 필요가 있을 것이다.

[그림 2-50] 재고자산 적정성 검토 예시

[매출 및 재고 변동 추세]

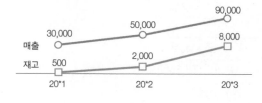

[재고별 회전기일 변동 추세]

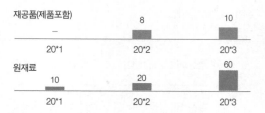

• 제품/재공품은 평균 10일분을 보유
  → 투입에서 납품에 이르는 생산주기(7일)와 유사한 수준
• 원재료 재고분은 평균 2개월을 보유
  → 주거래처의 재고보유분(55일)과 유사
  → 원재료 소싱에서 납품까지 소요기간(30일) 고려 시,
    추가로 1개월분의 안전재고를 유지하는 수준

　상기 사례는 매출 변동 추세와 주요 거래처의 재고흐름, 생산주기 등을 고려할 때 재고자산의 적정 보유 수준은 어느 정도인지를 검토한 사례이다. 매출의 증대에 따라 재고 보유 수준도 증가하고 있으며, 제품의 생산주기, 필요 원재료의 조달시기를 고려할 때 재고자산의 보유는 적정 수준인 것으로 판단되었다. 그러나, 재고자산의 보유 수준이 적정 수준보다 많거나 적을 경우에는 이로 인한 Risk나 장기보유재고 등이 있는지 등에 대한 검토가 필요할 것이다.

④ 매입채무

　매입채무는 영업활동 중 구매활동 과정에서 발생하는 채무로서 구매관련 조건 및 약정사항 등 검토, 매입채무의 완전성 확인, 관계사간 거래 내역 파악, 회전기간/회전율 등의 검토가 수행된다.

　매입채무의 완전성 확인 목적으로 조회,[95] Subsequent payment test[96] 등의 방법이 활용될 수 있으며, 관계사 및 거래처별 매입거래에 특이사항이 있는지를 살펴보고 이러한 특이점이 향후 현금흐름에 미칠 수 있는 영향을 고려하여야 한다.

　매입채무회전율과 매입채무회전기간 검토는 향후의 운전자본 투자의 예상 규모에 대한 정보를 제공하는 데 용이하게 활용된다. 그러나 과거 매입채무회전율과 회전기간 검토 시에는 비경상적인 사항의 발생 여부 등을 검토하여 향후 지속 가능한 비율을 파악해 내는 것이 필요하다.

매입채무 회전기간(일)	$\text{매입채무 회전기간} = \dfrac{\text{매입채무}}{(\text{매출원가} \div 365)}$
매입채무 회전율(회)	$\text{매입채무 회전율} = \dfrac{\text{매출원가}}{\text{매입채무}}$

*매입액의 확인이 가능한 경우 매출원가 대신 매입액을 사용하여 계산하기도 함.

⑤ 현금 전환 주기 및 운전자본 회전기일 비교

　재고자산, 매출채권, 매입채무의 회전기간을 통하여 회사가 제품 등을 구매·생산하여 판매하고 회수하는 데 소요되는 현금회수기간(Cash conversion cycle)을 산출할 수 있다.

---

95) 채무의 조회는 금액의 적정성 등에 대한 확인은 가능하나 채무의 속성 상 완전성 검토 목적으로는 적절하지 않을 수도 있다. 이러한 경우에는 기준일의 잔액과는 무관하게 기중거래가 있었던 거래처에 대해서도 조회 확인을 함으로써 그러한 단점을 보완할 수 있을 것이다.
96) Subsequent payment test는 기준일 이후 지급내역을 확인함으로써 기준일의 채무 계상이 적정한지를 검토하는 방법이다.

> 현금회수기간 = 재고자산 회전기간 + 매출채권 회전기간 − 매입채무 회전기간

제품이나 서비스 매출이 바로 현금으로 회수가 되는 것이 아니라 매입 이후 판매를 통한 회수까지 일정기간이 소요되며, 이 기간 동안 보유한 자산은 회사 입장에서는 판매를 위한 단기 투자가 이루어진 것과 같은 것이다.

위의 그림과 같은 순환과정을 시간의 흐름에 따라 배열하면 다음의 그림과 같다.[97]

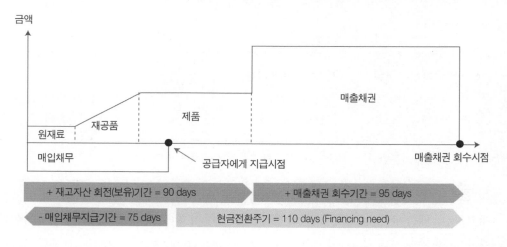

재고를 매입하면 회사는 재고를 판매하기 전까지 보유하게 되고, 매입처에 지급해야 할 채무가 발생한다. 이후 제품을 완성하여 판매하는 매출활동을 통해 매출처로부터 받을 채권이 발생한다. 이와 같은 투자가 발생하는 기간은 "매출채권회수기간(95일)+재고보유기

---

97) "가치투자를 위한 나의 첫 주식가치평가, 삼일인포마인" 참고

간(90일) − 매입채무지급기간(75일) =110일"이 되고, 이 기간을 현금전환주기라고 한다. 이 기간 동안 이루어지는 "매출채권+재고자산−매입채무"의 금액이 순운전자본투자가 이루어지는 금액으로 볼 수 있다.

[그림 2 - 51] 운전자본 회전기일 비교 분석 예시

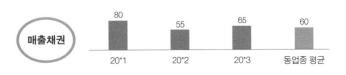

- 익월 15일, 익월말 등 거래처별로 회수 정책 차이가 존재하며 3개년 평균 67일 수준
- '*3년 기준 회수기일은 67일로 전년 대비 증가하였으며, 주요 거래처에 대한 회수기일 증가가 주요 원인

매출채권 회수기간은 주요 거래처 대비 높은 수준

- 2~3개월 수준 재고 보유 정책
- '*3년 창고 증축 및 공장신규 취득으로 재고 적재 공간 추가 확보 → 재고 보유 수준 증가
- '*3년 기준 회전기간은 55일로 동업종과 유사한 수준임

재고자산 회전기일은 주요 거래처와 유사한 수준

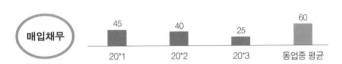

- 수입상품 : T/T 방식 결제
- 국내매입 : 매입월말 일괄 결제
- SS거래처에 대한 대금 선급 지급과 수입 대금 결제방식을 T/T 방식으로 변경함에 따라 회전기일 감소

매출 채권 회수 대비 짧은 채무 지급 기간

상기 사례는 매입채무 회전기일을 매출채권과 재고자산 회전기일과 비교한 예시이다. 회전기일의 분석은 연도별 추세분석, 다른 계정과 비교 분석, 동업종 기업과 비교 분석을 통해 많은 정보를 얻을 수 있다. 회전율이 연도별로 크게 변동하지 않는다면 재고자산이 증가할 때 매입채무도 증가할 것이라고 가정한다. 그러나 상기 사례의 경우에는 재고자산 회전기간은 증가하고 매입채무 회전기간은 감소하는 방향으로 일반적인 경우와는 다른 추세를 보이고 있다. 이러한 경우에는 회전기간이 연도별로 변동하게 된 이유, 다른 계정과 변동의 방향성이 차이가 나는 이유 등의 분석이 필요하다.

상기 사례는 재고자산 적재 공간의 이슈로 과거 회전기간이 동업종 평균과 차이가 나는 부분이 있었고, 매입채무 회전기간은 매출채권 회전기간 및 동업종 평균 회전기간과 차이가 있는데, 이는 주요 매입거래처에 대한 선급 지급과 수입상품에 대한 결제 방식 때문으로 분석되고 있다. 이 경우에는 주요 거래처의 매입결제 조건이 안정적인 조달과 경쟁력 확보

를 위해 필요한 부분인지 확인할 필요가 있을 것이다.

⑤ 그 밖의 운전자본

운전자본에는 매출채권, 재고자산, 매입채무 이외에도 미수금, 미지급금, 선수금, 선급금 등이 있다. 미수금이나 미지급금은 영업활동과 관련하여 발생하기도 하지만 투자활동과 재무활동 관련하여 발생하기도 한다. 영업활동과 관련된 미수금이나 미지급금이 매출이나 매입의 증감에 직접적인 영향을 받는 경우도 있으나, 영업활동과 관련이 있다고 하더라도 매출이나 매입액의 증감액에 직접적인 영향을 받지 않는 경우가 있을 수 있다. 현금흐름 추정 목적으로 운전자본 투자 규모 또는 변동액을 추정할 때, 매출·매입의 증감액에 직접적인 영향을 받는 운전자본은 회전율 분석을 토대로 추정하지만, 그렇지 않은 운전자본은 별도의 추정이 필요할 수 있다. 실무적으로 이러한 항목을 별도로 추정할 때에는 발생원인에 대해 파악할 필요가 있으며, 중요하지 않은 항목의 경우에는 변동이 없는 것으로 추정하기도 한다.

미수금 및 미지급금 등 기타유동자산·부채 실사 시에는 구성내역 및 발생원천 검토, 자산성 및 회수 가능성 검토, 타계정과의 연계 검토를 통한 적정성 및 완전성 검토 등이 이루어진다.

⑥ 적정 운전자본의 산정

적정 운전자본은 정상적인 영업활동을 위해 필요한 수준의 운전자본 규모를 의미한다.

적정 운전자본의 산정은 일시적이고 비경상적인 사건으로 인한 효과나 특수관계자간의 거래효과를 제거하고 연환산 등이 필요한 항목의 환산 효과 등을 고려하여 산정한다. 이를 통하여 적정 회전기간 또는 회전율을 산정하고, 향후 예상 투자규모를 추정하는 데 활용한다.

적정 운전자본의 수준을 실무적으로 산정하는 것은 쉽지 않을 수 있다. 운전자본의 변동을 가져오는 Key driver의 파악이 필요하지만 과거의 변동이 Key driver의 변동 요인만으로는 설명이 되지 않는 경우가 빈번하기 때문이다. 따라서, 회사의 정책과 과거 실적에 따른 추이, 운전자본의 변동을 가져오는 주요 원인, 산업의 Practice를 종합적으로 고려하는 것은 적정 운전자본 수준을 추정하는 데 도움을 줄 것이다.

[표 2-40] 적정 운전자본 산정을 위한 회전율 분석의 예

구분	Nature	운전자본 해당 여부	Driver	회전기간		
				FY 16	FY 17	FY 18
매출채권	**매출 대가**	○	**매출**	35	31	34
선급금	외주업체 운반비	○	매출원가	11	9	15
선급비용	보험료	○	매출원가	45	46	42
매입채무	**원재료 및 외주비**	○	**매출원가**	29	32	30
미지급금	무형자산 개발관련 대가	×	–	–	–	–
미지급비용	미지급급여	○	매출원가	15	16	17

　상기 표는 적정 운전자본 산정을 위하여 각 항목별 회전율 분석을 수행한 사례이다. 각 항목별 속성을 파악하고, 해당 항목이 영업활동에 지속적으로 필요한지 여부를 판단하여야 한다. 상기 사례의 경우 미지급금은 현재 개발중인 무형자산의 개발과 관련하여 발생한 것으로서 영업활동을 위해 지속적으로 발생할 것이라고 보지는 않았다. 단, 이 경우에도 해당 무형자산 투자는 CAPEX분석 시 주기적으로 투자가 필요한 사항인지에 대한 검토가 이루어져야 할 것이다. 이렇게 적정 순운전자본에 해당하는 항목이 파악되면 이러한 항목의 변동을 가져오는 요인(Driver)이 무엇인지 파악하여 과거 추세 등을 살펴볼 필요가 있다.

[Note 12] Normalized 순운전자본 분석

월별 순운전자본의 변동 및 정상적 수준의 순운전자본

Normalized 순운전자본 분석을 통해 인수자는 인수 이후 영업활동에 필요한 순운전자본 수준의 파악이 가능하다. 또한 거래구조에 따라 순운전자본 규모는 인수가격 조정 Mechanism의 근간이 되기도 하는데, 예를 들어 정상 수준의 순운전자본 규모를 고려한 목

표 운전자본 규모와 거래 종결 시점의 순운전자본 규모의 차이로 인수가격이 정산되는 거래 구조가 있다.[98] 이러한 거래구조는 Carved-out deal[99]의 경우에 빈번하게 발생한다.

[Note 13] Lock-box Mechanism[100]

Lock-box 메커니즘은 거래 당사자들이 주식양수도계약(SPA) 체결 전의 특정일을 기준으로 대상 회사의 기업가치를 평가해 매매대금을 정하고, 그 이후에 기업가치의 변화가 있어도 매매대금을 조정하지 않는 방식이다. 그러므로 앞서 설명한 순운전자본 등의 정산 구조가 없다.

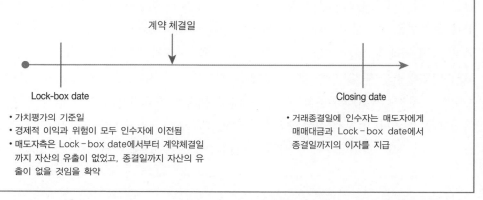

- 가치평가의 기준일
- 경제적 이익과 위험이 모두 인수자에 이전됨
- 매도자측은 Lock-box date에서부터 계약체결일까지 자산의 유출이 없었고, 종결일까지 자산의 유출이 없을 것임을 확약

- 거래종결일에 인수자는 매도자에게 매매대금과 Lock-box date에서 종결일까지의 이자를 지급

---

3) CAPEX

영업현금흐름 창출에 필요한 중요 자산에는 자본적 지출(CAPEX)에 의한 설비투자와 같은 유형자산, 무형자산 등이 있을 수 있다.

CAPEX는 설비 등의 ⓐ유지를 위한 투자와 ⓑ 내용연수 종료 후의 재투자, 그리고 ⓒ 확장을 위한 신규 투자 등이 있을 수 있다. 이를 구분하여 보는 이유는 어떤 종류의 CAPEX인가에 따라 매출 등 영업수익 및 비용과 밀접한 관련이 있기 때문이다. 특히, 매출과

---

[98] 운전자본을 통한 정산의 구조는 거래가격에 합의가 이루어진 후, 거래종결시점의 실제 순운전자본과 거래가격 합의 시점의 목표 순운전자본의 차이를 정산하게 되는데, 실제 순운전자본이 크다면 인수자 측에서 차이를 매도자 측에 지급하게 되며, 실제 순운전자본이 작다면 매도자측이 인수자 측에 차이를 지급하는 구조가 일반적이다.

[99] 분할 또는 일부 사업부를 분리하여 매각하는 거래 구조

[100] Lock-box 메커니즘은 국내에서는 일반적이지 않은 구조로써, 유럽에서 많이 활용되고 국내의 경우에는 2017년 대성산업가스 매각에서 활용된 적이 있다. 보통 Seller 우위의 거래에서 많이 사용되는 것으로 알려져 있다.

CAPEX의 관련성을 파악하기 위해서는 CAPEX의 가동률과 적정 CAPEX 수준 등의 파악이 필요할 수 있다.

다른 자산도 마찬가지이지만 CAPEX는 산업에 대한 이해가 가장 필요한 자산이다. CAPEX는 산업 특성에 따라 차이가 많기 때문에 분석 사항이 정형화되기 어려운 부분이 있지만, 일반적으로 유무형자산 실사 시에는 자산 현황, 가동 상태, 생산능력, 정상적인 운영을 위한 계속적인 투자 필요액, 향후 투자계획, 수선 및 유지 활동 실적 및 향후 계획, 경제적 내용연수, 잔존가치와 감가상각 적정성 등에 대한 검토가 이루어진다. 이러한 분석 사항은 산업에 대한 이해 없이는 쉽게 파악할 수 없을 것이다. 이외에도 관련 자산의 실재성, 변동 내역, 소유와 관련된 권리 및 의무, 손상 여부, 담보내역 등의 실사절차 수행이 필요할 수 있다.

[그림 2-52] 연도별 CAPEX 내역 및 투자계획 검토 사례

연도별 CAPEX 지출내역

(단위 : 백만원)	20X1	20X2	20X3	투자내역
토지	500	2,000	1,600	2공장, 3공장
건물	1,900	800	1,700	
구축물	–	–	200	
기계장치	100	10	500	A기계 4대, B기계 12대, C기계 2대
차량운반구	200	400	200	임직원차량, 운송장비
비품	20	330	60	
시설장치	300	100	250	1공장 시설공사
건설중인자산	–	200	–	X3년 2공장으로 대체
합계	3,020	3,840	4,510	

향후 투자계획

1. 향후 투자계획

(단위 : 백만원)	20X4년	20X5년	20X6년	20X7년	20X8년
건물	1,000	–	–	–	–
구축물	–	–	–	–	–
기계장치	200	20	150	180	300
차량운반구	–	–	–	–	20
비품	100	–	10	10	–
합계	1,300	20	160	190	320

상기 사례는 과거 CAPEX 지출 내역과 향후 투자계획을 분석한 경우이다. CAPEX 분석은 회사의 현재 투자현황과 과거 지출내역, 그리고 향후 투자계획을 파악하는 것에서부터 시작된다. 이를 통해 현재 생산활동에 충분한 설비를 보유하고 있는지, 향후 투자계획이 적절한지, 상각비의 반영이 적절한지 등에 대한 검토로 이어질 수 있다.

[그림 2-53] 단위당 CAPEX 추이 분석 사례

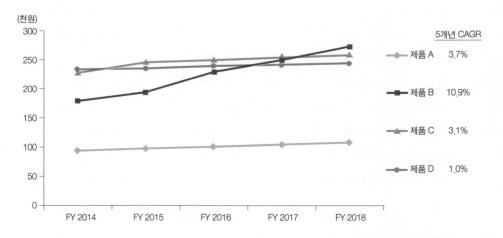

상기 사례의 경우 제품별로 단위당 CAPEX 및 단위당 CAPEX의 증감률에 차이가 있음을 파악할 수 있다. 이러한 차이를 동업종회사와 비교를 하여 분석한다면 CAPEX의 적정성에 대한 좀 더 의미있는 정보를 획득할 수 있을 것이다. 또한 신규제품B의 단위당 CAPEX 증가율이 다른 제품에 비해 높은 이유가 제품의 특성 때문인 것인지, 현재 경쟁구도 하에서 특수한 상황에서 기인한 것인지, 제품 출시 초기 단계로서 불가피한 것인지를 분석하여 적정 CAPEX 수준에 대해 파악할 필요가 있을 것이다.

[그림 2-54] 사업부문별 감가상각비 분석 사례

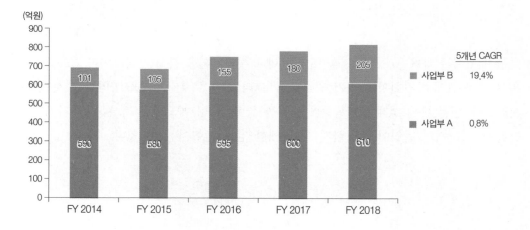

통상 CAPEX 분석은 감가상각비 분석과 함께 수행된다. 감가상각비는 내용연수 동안 평균적으로 투자되어야 하는 투자비용의 개념이 될 수도 있다. 또한 감가상각비나 CAPEX를 사업부문별로 구분하여 살펴봄으로써 각 수익창출활동에 필요한 투자비용을 효과적으로 분석할 수 있다.

4) 그 밖의 영업 자산 및 부채

충당부채 및 퇴직급여[101]관련 부채는 영업과 관련하여 발생하므로 운전자본으로 볼 수도 있다.

충당부채는 충당부채 설정의 이유 및 과정, 규모, 설정 방법, 충당부채 설정이 합리적 가정 하에 이루어졌는지, 설정의 추이 등에 대한 검토가 이루어진다.

퇴직급여 관련 부채는 회사가 채택하고 있는 퇴직급여 정책, 관련 채무 변동 추이 등에 대한 검토가 이루어진다.[102]

5) 이자부부채

차입금이나 사채와 같은 타인자본은 가치 평가 시 기업가치에서 차감되어 지분가치가 산정되는 구조 하에서 반드시 확인이 필요한 중요한 항목이다. 특히 계정분류 상 명시적으로 차입금 등으로 구분되지 않았더라도 운전자본에 포함되지 않았거나, EBITDA에 반영되지 않은 항목 중에 이자부부채의 성격에 해당하는 부채가 있을 수 있으므로 이에 대한 검토가 이루어져야 한다.

차입약정, 담보, 상환·만기·이자지급 구조 및 연체 내역 등에 대한 검토, 차입금 관련 금액의 적정성 및 완전성 검토, 담보 및 지급보증 내역의 확인이 필요하다. 확인 방법으로는 계약서/약정서 등의 문서확인 이외에도 조회확인이 필요할 수 있다.

---

101) 퇴직급여는 회사가 확정기여형을 택하고 있는지, 확정급여형을 택하고 있는지에 따라 충당부채 또는 운전자본으로 볼 것인지, 현금의 유출로 파악할 것인지 등이 달라질 수 있다.
102) 실무상으로 가치평가 목적으로는 임직원의 퇴직시기를 특정할 수 없으므로 퇴직급여를 회사가 채택하는 퇴직제도와 무관하게 현금유출 비용으로 간주하기도 한다.

[그림 2-55] 차입금 현황 분석 사례

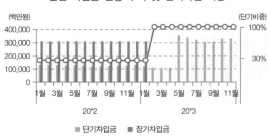

차입금 현황

(백만원)	FY 20*1 Audited	FY 20*2 Audited	FY 20*3 Non-Audited
단기차입금	135,000	130,000	300,000
장기차입금	300,000	300,000	0
합계	435,000	430,000	300,000

〔Descriptions〕

• 차입금의 현황에 대한 설명, 증감내역에 대한 설명
• 분석사항 설명, 실사 절차 설명 등

월별 차입금 변동 추이 및 단기차입 비중

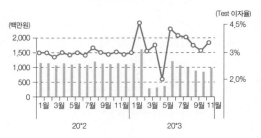

월별 이자비용 추이 및 overall test

상기 사례는 차입금 현황 및 월별 변동 추이, 차입금과 관련된 월별 이자비용 추이를 분석한 예시이다. 차입금과 관련된 이자부부채 분석은 이러한 추세분석을 통해 특이사항을 발견할 수도 있지만, 약정사항/계약서 등의 검토를 통해 재무제표에 반영되지 않은 중요한 사항을 파악하는 것도 필요할 것이다.

6) 우발채무 및 약정사항에 대한 검토

우발채무(Contingent liabilities)는 회사의 지급의무가 확정되지 않았거나 발생액의 추정도 불확실한 채무로서 회계기준 상 요건을 충족하지 못하여 재무제표에 계상되지 않았지만 발생 시에는 회사의 가치에 중요한 영향을 미칠 수도 있다.

우발채무에 대한 검토를 위해서는 다양한 약정사항에 대한 검토가 필요하다. 약정사항에 대한 실사는 Legal DD를 통해 법률전문가의 도움을 받는 것이 필요할 것이다. 약정사항에 대한 검토 이외에도 주주총회 의사록, 이사회 의사록 등 주요 회의 자료, 담보 및 지급보증의 내역, 세무조사나 공정위 등 외부조사의 결과, 금융조회서를 발송하였다면 조회서상 회신된 위험요인 등에 대한 검토가 수행된다.

우발부채와는 구분되는 부외부채[103])도 상기의 절차로 검토가 수행될 수 있다. 그러나 해당 항목의 특성상 특정계정에 귀속된 사항이 아닐 것이므로 실사의 전 과정에서 전계정에 걸쳐 검토가 진행될 필요가 있다.

파생상품은 위험회피목적과 투자목적으로 구분된다. 실사 시 파생상품에 대해서는 파생상품 거래 목적, 계약구조에 대한 파악을 통해 노출된 위험의 수준에 대한 검토가 필요하다.

7) 비영업자산 및 부채

가치평가를 위한 재무실사에서 자산의 구분은 영업자산과 비영업자산으로 이루어진다고 하였다. 영업자산은 영업활동을 통하여 창출하는 현금흐름으로 가치가 평가되지만, 비영업자산은 별도로 구분되어 그 자산의 성격에 맞는 평가방법으로 가치가 평가되어야 한다.

비영업자산의 예로는 대여금, 투자목적 부동산, 투자목적의 지분증권 등이 있다. 이러한 자산이 항상 비영업자산으로 분류되는 것은 아니다. 대여금도 영업상 필요한 경우에는 영업자산이 되기도 하며, 지분법투자주식도 피투자회사와의 영업이 영업현금흐름에 반영된다면 비영업자산으로 볼 수는 없을 것이다.

이러한 자산의 실사는 실재성, 회수가능성, 평가액(공정가액), 권리와 의무에 관한 사항 등의 파악이 필요하다.

8) 자본항목

가치평가를 위한 실사에서 자본은 가치평가의 결과로 도출되는 항목이므로 일반적인 경우 실사에서 중요하게 다루어지지 않는다. 그러나 자본항목은 향후 가치의 배분, 권리의 제한, 시너지 창출 등에 영향을 미칠 수 있는 부분이 있어 일반사항의 검토와 함께 분석이 이루어져야 한다. 예를 들어 자본의 구성내역, 주주구성 및 의결권 현황, 배당정책 및 배당가능이익, 향후 예상되는 자본구조 변화 등에 대한 검토가 수행될 필요가 있다. 예를 들어 전환우선주가 존재하는 경우에는 향후 전환에 따른 희석화 여부, 상환우선주가 존재하는 경우에는 부채로 간주 될 수 있는지에 대한 검토가 필요할 수 있다. 이자부부채로 구분될 수 있는 전환사채 등도 부채로 간주할 것인지 주식으로 전환된다고 가정할 것인지 등에 대한 판단이 필요할 수 있다.

---

103) 현재의 채무에 해당하나 장부상 계상되지 않은 부채(Off balance sheet liabilities)

9) 순자산 조정 목적의 계정별 주요 실사 발견사항의 예시

다음의 표는 자산부채의 건전성 검토 목적으로 과대계상 자산, 과소계상 부채 등을 파악하기 위한 실사 시 순자산 조정이 이루어지는 계정별 주요사항의 예시이다.[104]

[표 2 - 41] 순자산 조정 목적의 계정별 주요 실사 발견사항의 예시

계정	주요 조정사항 예시
현금성자산	환산오류, 미수이자 미계상, 가지급금/가수금의 미정산
매출채권	(연령분석, 거래처분석, 채권 성격 파악에 따른)회수가능성 평가로 대손충당금 설정, 클레임 채권 조정
재고자산	장기보유자산 평가감, 미사용/판매불가 재고 평가감, 판매가 하락에 따른 평가감, 실사기준일 이후 폐기된 자산 감액
투자자산(지분, 부동산 등)	시가 평가로 인한 조정, 피투자회사 순자산검토에 따른 감액 조정(관련 영업권 조정)
유형자산	감가상각 내용연수 조정, 감가상각비 재계산 조정, 감가상각자산 재분류에 따른 조정, 유휴설비 구분 및 시가 평가 조정, 경제적 가치가 손상된 자산 감액
무형자산	자산성 검토/손상검토를 통한 조정, 자산의 비용화, 상각비 재계산 조정, 영업권 손상 평가, 무형자산 소유권
기타자산	(연령분석, 거래처분석, 채권 성격 파악에 따른)회수불가능 미수금/대여금/기타채권 등의 감액, 시가 평가 대상 자산의 시가 조정, 회원권 등 손상평가, 자산성 없는 선급비용 등의 감액, 매각 예정 자산에 대한 시가 평가 조정, 미수이자 계상 오류 조정, 선급비용 기간 귀속 오류 조정
매입채무	거래가 완료된 매입건에 채무 미계상
미지급비용	급여/상여 등의 과소 계상 조정, 로열티 등 계약서 상 확인된 비용에 대한 비용 미계상/과소 계상, 지급수수료 등 비용 미계상/과소 계상 조정
차입부채	건설중인 자산 등에 대한 이자비용 자본화 금액의 조정
기타부채	소송사건에 따른 충당부채 미계상, 판매보증충당금/손실부담충당금 등 충당부채 미계상, 법인세/과징금 등 추가 납부 금액 조정, 파생상품 등의 평가손실 조정, 연차충당부채 미인식, 선수금 매출 인식, 퇴직급여충당부채 부족계상 등

---

104) 순자산 조정과 관련된 사항만을 예시한 것이므로 앞서 언급한 지속가능한 현금흐름의 창출 측면에서 영업활동에 필요한 순운전자본의 규모, 적정 수준의 CAPEX 파악 등과 관련한 사항은 포함되지 않은 것이며, QoE와 관련된 사항도 포함되지 않은 것이다. 이러한 사항에 대해서는 "6. QoE분석"과 "7. QoA분석"을 참고하기 바란다.

8 세무실사

- 과거 사건의 결과로 미래에 발생할 수 있는 우발부채로서의 세무 이슈를 파악하여야 한다.
- M&A 등 거래과정에서 발생할 수 있는 세무 이슈를 파악하여야 한다.
- 거래로 인한 변동사항으로 향후에 발생할 수 있는 잠재적 세무 이슈를 파악하여야 한다.

세무와 관련된 우발부채가 계약서 등에 확약과 보증 등으로 포함된다고 하더라도 인수자 측에서는 실사 과정에서 대상회사의 세무와 관련된 사항과 잠재적인 세무부담 수준을 파악하는 것이 필요하다. 세무 이슈는 상황에 따라서는 M&A 자체를 무산시킬 정도로 중요한 이슈가 되기도 하기 때문이다.

많은 기업들이 주기적으로 세무조사를 받으며, M&A 등 주주변경이나 특정 이벤트가 있는 기업의 경우에는 세무조사를 받을 가능성이 높아진다. 이러한 문제가 아니더라도 대상회사가 미처 파악하지 못한 세무 문제로 인해, 또는 인수과정에서 발생하는 세무문제로 인해 인수회사가 추후에 부담을 갖게 되는 경우가 있을 수 있다. 그리고, 파악된 잠재적 우발부채는 대상회사의 평가에도 영향을 미치게 된다.

세무실사는 일반적으로 과거 5개 사업연도에 대한 법인세/부가가치세/소득세/지방세 신고의 적정성에 대해 검토한다. 과거 5개 사업연도를 검토하는 것은 원칙적인 국세부과 제척기간이 5년[105]이기 때문이다.

[표 2-42] 세무실사 검토 사항의 예

검토 항목	설명	세부 검토 사항
법인세 신고 및 납부 내역[106]	과거 신고 및 납부의 오류나 누락 위험 검토	• 주요 세목별 신고기한 내 신고 및 납부 여부 • 국세 완납증명서
세무조정 내역 및 유보 내역	과거 세무조정 내역이 현금흐름에 미치는 영향 검토, 유보에 의한 향후 법인세 부담 증감 여부 검토	• 발행일 현재 신고 및 부과된 세금 중 체납된 세액 유무 확인 • 향후 공제가능 이월결손금 및 유보사항 확인 • 감면 및 최저한세 적용의 적정성 및 향후 이월

---

105) 원칙적으로 5년이지만 부정행위로 인한 국세 포탈은 10년, 국제거래에서의 부정행위는 15년이다. (국세기본법 제26조의 2)

검토 항목	설명	세부 검토 사항
		세액공제액 검토 • 투자세액공제의 적정성
재무 및 세무 연관 검토	세무 관련 부채 계상의 적정성	• 세무 관련 계상된 부채의 적정성 • 실사 조정된 사항이 재무제표에 미치는 영향 • 잠재적 세무 부채의 영향 검토
세무조사 내역	완료 또는 진행중인 조사 결과/내역 파악을 통한 잠재적인 세무 위험요소 파악	• 과거 세무조사 수감내역 확인 • 세무조사 적출사항 확인, 적출사항의 계속적 발생 여부 및 시정 여부 등 사후관리 여부 검토
소송 및 분쟁 내역	과거의 소송내역, 진행중인 소송 내역, 향후 발생가능성 있는 잠재적인 소송 또는 분쟁가능성이 가치에 미치는 영향 검토	• 국세청, 감사원, 조세심판원에 대한 불복 및 조세소송 현황 파악 • 승소가능성 및 세액효과 등에 대한 판단
특수관계자 거래 내역	특수관계자간 거래의 내역, 거래조건이 향후 조세부담 위험의 가중 여부 검토	• 특수관계자 거래의 시가 검토(부당행위계산부인: 거래조건의 산정근거 및 증빙자료의 적정한 문서화 여부 검토) • 특수관계자 거래의 경제적 합리성 등의 분석을 통해 특수관계자에 대한 우회적인 자금대여 해당 여부 검토 • 특수관계자 대여금(업무무관가지급금)에 대한 세무조정 및 파산 등으로 대손 발생시 관련 세무조정 검토 • 장기미회수 채권에 인정이자 계산 대상 여부 검토
인수구조 상 세무 이슈	인수구조 상 고려 대상 세무 사항의 파악	• 인수과정에서 발생할 수 있는 과세문제(과점주주 취득세 등) • 인수 전후의 상황 변화로 인해 발생하게 되는 과세 문제(특례제도의 지속적 적용 여부 등)
자본거래	과거 분할, 합병, 증자, 감자 등 발생 시 세무 적정성	• 합병, 분할 시 적격 여부, 사후관리 위배 여부 • 자본거래의 세무처리 적정성 및 보고의 적정성 확인 • 소득처분 및 원천징수의 적정성
주식 또는 자산 양수도 거래	원천징수 및 부가가치세 문제	• 거래 가액의 적정성 • 원천징수 세무처리의 적정성 • 부가가치세법 상 포괄적 사업양수도 해당 여부

검토 항목	설명	세부 검토 사항
지방세, 부가가치세, 원천세	취득록세 및 부가가치세법상 공급시기와 매입세액 공제 등	• 지방세 완납 증명서 확인 • 취득세 과세대상, 중과 여부 • 지방세 세무조사 여부 및 사후관리 여부 • 재산세, 종합부동산세의 규모 • 매출구조 및 세금계산서 교부 실태 파악 • 부가가치세법 상 공급시기의 적정성 • 업무무관자산, 접대비 관련 항목에 대한 매입세액공제 여부 확인 • 근로소득, 퇴직소득, 사업소득, 기타소득 등 세법상 규정된 소득구분 및 원천징수세율의 적정성 검토
기타		• 임원상여지급규정 및 구체적 상여 산정근거 검토 • 정관에 의한 임원퇴직금지급규정의 존재 여부 및 지급액의 적정성 여부 • 접대성 경비(복리후생비, 회의비, 보상비, 업무추진비, 각종 용역비 등) 검토 • 감가상각비 시부인(상각방법, 내용연수 등) • 비업무용자산 및 업무무관 가지급금 지급이자 손금불산입 • 재산세 등 보유세 손금부인 등 검토 • 양도시 비사업용 토지 법인세 추가납부 검토

9 재무실사의 기타 발견 사항

재무실사의 목적을 다시 상기해 보면, 재무실사는 "대상회사는 어떤 회사이고 인수(투자)하는 것이 이익이 되는가?", "인수를 위해 얼마를 지불해야 하는가?", "인수 시 고려하여야 하는 사항은 무엇인가?", "인수 후 통합을 위해 필요한 사항은 무엇인가?"의 관점에서 볼 수 있다. 이는 재무실사 시에는 QoE, QoA와 관련된 사항뿐만 아니라 실사과정에서 발견되는 인수(투자)적합성과 관련된 사항은 발견사항이 공유되어 그 효과가 검토되도록 하여야 한다. 이러한 분석은 대부분의 경우 FDD 이외에 다른 역할의 실사참여자가 ODD(Operation Due Diligence) 등 다른 종류의 실사를 수행할 경우, Communication 과정

---

106) 세무조정계산서를 기본으로 검토하며 가장 기본이 되는 서식은 3호 서식, 8호 서식, 50(갑) 서식, 52(갑) 서식이다.

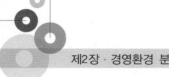

에서 재무실사 시 발견된 사항을 논의하면서 다루어질 수 있다.

예를 들어 중요한 인허가의 승인과 관련된 사항의 발견은 향후 회사 영업의 계속성에 큰 영향을 미칠 수 있으며, 매출에서 큰 비중을 차지하는 고객과의 관계 악화는 향후 매출의 안정적인 창출에 영향을 미칠 수 있다. 회계기준이 차이가 난다면 인수자의 연결관점에서 재무사항에 미치는 영향에 대한 고려가 필요할 수도 있다. 인수대상회사가 인수회사와 중복되는 자산을 보유하고 있을 경우에는 이를 향후 어떻게 관리 운영할 것인지에 대한 방안이 고려되어야 할 것이며, 사용 시스템의 불일치로 기존 자산의 활용도가 낮아지게 될 경우에도, 기존 자산의 처분 혹은 새로운 시스템 설치비용의 발생 등에 대한 사항이 검토될 수 있도록 발견사항이 공유되어야 할 것이다.

[표 2-43] 재무실사 시 발견된 기타 발견사항의 예

Case1. 공장증설 계획	만약 대상회사가 직접 보유한 공장으로부터의 생산과 전략적 제휴 관계를 맺고 있는 협력사에 위탁생산을 병행하고 있는 경우, 회사는 추가적인 공장 증설을 계획하고 사업계획에 투자비용을 반영하였는데, 재무실사의 이사회의사록 분석과정에서 협력업체가 전략적 제휴관계를 강화하고자 기존보다 좋은 거래조건으로 추가적인 물량의 위탁을 요청해 온 사항이 확인되었다면, 인수자는 이러한 상황이 향후 가치에 미치는 영향을 고려하여 전략적인 선택을 할 필요가 있을 것이다. 이러한 사항은 재무실사 단계에서 판단할 수 있는 사항은 아니지만 의사결정사항으로서 다른 역할의 실사참여자와 공유될 필요가 있는 것이다.
Case2. 시스템 설치비용	대상회사는 실사기준일 2년 전부터 ERP 시스템 및 물류시스템을 새롭게 업그레이드 하였고, 이와 관련하여 A사에 지속적으로 수수료를 지급하고 있다. 시스템 업그레이드 비용은 모두 자산화되어 있다. 그러나, 인수회사가 사용하고 있는 시스템과 대상회사의 시스템은 호환이 되지 않기 때문에 인수 후 추가적으로 시스템을 설치하는 비용이 소요될 것으로 예상된다. 이러한 사항은 대상회사의 무형자산에는 인수자 입장에서 자산성이 없는 소프트웨어, 개발비 등이 포함되어 있음을 의미함과 동시에 사후통합(PMI: Post Merger Integration)과정에서 필요한 사항에 대한 정보가 된다.

> **[Note 14] 실사이슈의 4가지 주요 category**

구분	예시
Deal breaking Issues	• 대상회사 제시 자료 및 임직원에 대한 신뢰성 부족 • 관련 법규 등으로 인해 Deal의 진행이 사실상 불가한 경우 • 중대한 우발부채의 존재 • M&A의 실익을 저해하는 주요한 자산 또는 인력의 유출 등
Valuation Issues	• 비경상적인 손익에 따른 과거 손익 조정 • 대손충당금 추가설정에 따른 순운전자본 및 과거 손익조정 • 기말 재고자산 수정에 따른 순자산 조정 및 이에 따른 원가율 조정 등
Integration Issues	• 기업문화의 차이, 급여보상체계의 차이, 전산시스템 차이 등
Contractual Issues	• 경쟁금지, 우발채무, Transition period 동안 Seller로부터 받아야 할 지원, 장기계약의 원활한 이전 및 연장 필요성 등

[표 2-44] 실사와 관련된 Deal breaker[107]의 예시

구분	내용
자료의 왜곡	설명과 사실이 다를 경우의 기본적인 신뢰 훼손
우발부채	소송이나 클레임의 현실화 가능성이 높고 예상되는 우발부채의 규모가 큰 상황에서 상호간에 견해 차이가 큰 경우
잠재적 부실	과거 실적에는 나타나지 않았던 향후 예상되는 대규모 손실 또는 인수 후 현저한 매출 감소나 원가 증가가 예상되는 경우
계약관계상의 제약사항	중요한 지적재산권의 불완전 소유, 과도한 장기 지급수수료 계약, Change of control 규정[108]

10 정산실사

M&A 시 거래 종결일에 재무실사 대상이 되었던 실사 기준 재무제표와 거래종결일의 확정 재무제표의 차이에 대해 매매대금 정산이 이루어지는 경우가 있다. 정산의 대상은 주로 순자산 정산, 순운전자본 정산, 순현금 정산이 될 수 있다. 기준 재무제표 대비 확정 재무제표 순자산이 더 클 경우 매수자가 매도자에게 두 재무제표 순자산의 차이를 정산대가로 지급하는 구조이다[109].

---

107) 거래를 중단되게 하는 중요한 이슈
108) 경영권이 변동되면 계약이 종료되거나 상대방의 사전동의를 받도록 하는 계약조건

순운전자본을 정산하는 구조에서는 실사기준 재무제표와 거래종결일의 확정 재무제표 순운전자본 차이를 정산하는 경우도 있지만, 정상적인 수준의 순운전자본을 검토하여 이를 정산의 기준으로 삼는 경우도 있다. 정상적인 수준의 순운전자본이란 앞서 설명한 'Normalized net working capital'로서 재무실사시 발견된 사항을 조정하고 비경상적인 사항의 조정 및 계절적 요인에 대한 평준화 등이 고려된 정상적인 영업활동을 위해 필요한 평균적인 수준의 운전자본 규모를 의미한다.

순운전자본만이 정산대상일 경우에는 순운전자본의 범위를 정하는 것도 중요할 수 있다. 순운전자본의 증감은 순현금의 증감에 직접적으로 영향을 미칠 수 있으므로 순운전자본과 순현금은 정산구조에서 함께 고려되는 것이 필요하지만, cash free/debt free와 같은 거래구조에서 순운전자본만의 정산이 불가피하다면 순운전자본의 범위와 정상적인 수준의 운전자본에 대해 파악하여 정산이 합리적으로 이루어질 수 있도록 하여야 한다.

또한 정산항목으로 추가적으로 고려될 수 있는 사항은 거래 종결시점 이전에 확정된 부채의 부담 주체에 따른 정산이 있을 수 있다. 예를 들어 이전 대상 근로자들의 거래 종결시점까지의 퇴직급여에 대한 사외적립 등의 의무나 거래 종결이 이전에 지급의무가 확정된 근로 관련 부채의 부담 주체와 관련된 사항이다. 이러한 문제는 거래구조나 평가구조에 따라 부담 주체가 달라질 수 있다. 그리고 배당, 상여, 자산양수도 등 정상적인 영업활동 이외의 비경상적인 활동으로 가치에 영향을 줄 수 있는 사항도 정산대상이 될 수 있다.

정산실사는 이와 같은 거래구조상에서 거래당사간에 정산이 필요한 항목에 대한 확인을 통해 정산대가를 확정할 목적으로 수행되는 실사이다. 그러므로 정산실사시에는 거래구조 및 정산구조에 대한 이해가 반드시 선행되어야 한다.

---

109) "M&A와 투자, 기업재편가이드, 삼일인포마인" 참조

Ⅴ **Wrap-up & Checkpoint**

1 **Wrap-up**

- 재무상태표는 향후 "가치창출" 관점에서 재분류하여 바라볼 필요가 있다.
- 손익계산서는 "지속가능성" 관점에서 살펴볼 필요가 있다.
- 현금흐름표는 가치창출관점의 재무상태표와 지속가능성 관점의 손익계산서의 "연결"이고 "결과"이다.

- 기업의 경영활동에 영향을 미치는 경제환경 요인을 파악하고, 이러한 요인이 영향을 미치는 방식을 이해할 필요가 있다.
- 경제환경 요인의 예로는 경제성장지표로서 GDP, 물가 및 임금상승률, 이자율, 원자재가격, 물동량 등이 있다.
- 거시환경 분석으로 넓게 보면 정치적 상황, 환경규제, 사회/문화적 요인, 기술환경의 변화 등도 중요한 환경적 요인이 된다.

- 산업 분석은 산업의 구조적 특성 및 경쟁현황을 분석하여 핵심 경쟁 요소를 파악하는 것이 중요하다.

- 재무적·비재무적 분석을 통해 대상회사의 핵심역량과 위험을 파악하는 것이 필요하다.
- 재무적 분석은 경영활동 결과 및 추정에 대한 분석이고, 비재무적 분석은 경영활동 과정에 대한 분석이다.

- 기업의 현금흐름 창출능력이 어떤 요소로부터 비롯된 것인지를 파악하는 것이 핵심역량의 분석이다.
- 핵심 역량은 재무적인 결과로 나타나지만, 재무적인 결과에 영향을 미치는 비재무적 요소까지 파악할 필요가 있다.

- 재무실사는 대상회사를 충분히 이해하고자 하는 절차이다.
- 재무실사는 성장성과 위험요소를 고려한 향후 지속할 수 있는 이익(현금흐름) 수준에 대한 분석이고, 이익(현금흐름)창출을 가능하게 하는 자산·부채의 건전성 분석이며, M&A 등 거래의 적합성 분석이다.

- 재무실사는 가치평가 목적 및 방법에 맞게 계획되고 수행되어야 한다.
- 그러므로, 재무보고 목적으로 작성된 재무제표를 가치평가 목적에 맞게 재분류하고 재해석할 필요가 있다.

- 사전적 검토를 통해 회사를 이해하고, 이를 바탕으로 잘 준비된 실사 계획은 실사를 효과적으로 수행할 수 있도록 한다.
- 실사 실행 시에는 각 실사참여자가 원활하게 커뮤니케이션을 할 수 있도록 하여야 한다. 이는 회사의 Operation이 다양한 요소의 원활한 협업을 통해서 기능하는 것과 같다.

- 회사에 대한 일반적인 사항에 대한 이해, 사업구조에 대한 이해는 효과적인 실사를 위해 반드시 필요하다.
- 각론으로 들어가기에 앞서 전체를 살펴 볼 필요가 있다. 재무분석도 재무제표의 전반적인 사항을 파악한 후 세부적인 내용을 다루는 것이 좋다.

- 분석적 절차는 비율과 추세분석이다.
- 입증절차는 이해하는 바를 확인하는 절차이다.
- 분석적 절차는 재무실사의 효과성을 증대시킬 뿐만 아니라, 이해하는 바를 확인하는 데에도 효과적일 수 있다.

- QoE 분석은 대상회사의 지속 가능한 실질(정상) 이익 수준을 파악하는 것이다.
- 이익 창출 요인에 대한 분석, 원가 변동 요인에 대한 분석이 필요하다.
- 일시적, 비경상적인 항목이 있다면 이는 지속 가능한 이익 수준에서 제외된다.

- QoA 분석은 자산부채 건전성을 검토하는 것으로 과대계상 자산, 과소계상 부채를 파악하여 실질 순자산을 분석하는 절차이다.
- 영업활동을 위한 적정 순운전자본과 적정 자본적지출(CAPEX) 수준의 분석, 그리고 자본구조를 분석하는 절차이기도 하다.

- 과거 사건의 결과로 미래에 발생할 수 있는 우발부채로서의 세무 이슈를 파악하여야 한다.
- M&A 등 거래과정에서 발생할 수 있는 세무 이슈를 파악하여야 한다.
- 거래로 인한 변동사항으로 향후에 발생할 수 있는 잠재적 세무 이슈를 파악하여야 한다.

2 재무실사 Checkpoint, To-do, 필요자료 예시

재무실사는 회사의 특성, 거래의 성격, 실사의 목적 등에 따라 수행절차도 다를 수 있고, 실사의 범위 및 수행하여야 할 업무의 내용도 다양하다. 그러므로 실사 시 수행되어야 할 checkpoint나 to-do list는 실사 계획단계에서 회사와 거래에 대한 사전적 이해를 바탕으로 작성되어야 한다. 다음의 check-point는 이 과정에서 참고할 수 있도록 일반적인 사항을 중심으로 예시적으로 작성된 것이다. 여기에 필요한 사항들을 보완하여 개별 거래의 목적에 적합한 checklist를 작성할 필요가 있을 것이다.

[표 2-45] 재무실사 Checkpoint 예시

주요 Checkpoint 예시	고려사항, To-do 사항 예시	필요자료 예시
A. 계획단계		
거래 속성 파악	○거래 당사자에 대한 이해, ○거래의 성격 파악, ○실사 목적에 대한 이해	
대상에 대한 기본 사항 이해	○기초자료 검토, ○Business에 대한 이해, ○잠재적 이슈사항 파악	공시자료, 외부에서 입수 가능한 자료, 사전적으로 입수한 자료 활용
실사 계획 수립	○TFT 구성 및 업무 분장, ○실사 범위 및 일정 확인, ○평가에 적용될 가치평가방법 이해, ○To-do list, ○요청자료 리스트 작성	
B. 일반사항		
연혁, 지배구조, 일반 사항 검토	○연혁, ○주소, ○정관, ○사규, ○제품/서비스에 대한 이해, ○결산월, ○주주현황, ○발행주식 및 권리 현황(CB, BW 우선주 등), ○거래은행 및 채무현황, ○신용등급, ○법률자문 현황, ○인허가 사항, ○특수관계자/계열사/투자-피투자 현황 등	등기부등본, 정관 및 사규집, 주주명부, 주주간 협약서, 계약 목록, 이사회 및 주총 의사록, 회사 소개자료, 특수관계자 현황 등
산업 현황 검토	○산업 현황, 성장성, 기술변화 및 전망, ○산업구조, ○경쟁자 현황, ○업계 관행	
사업구조 및 Value chain 분석	○사업구조에 대한 이해, 생산 및 서비스 흐름도 파악	
규제 사항 검토	○환경 규제, ○인허가 등 법적 규제 여부	
인사, 조직 현황 및 급여 정책 검토	○조직 및 인원 현황, ○인력운용 계획 검토, ○급여 및 성과분배 내역, ○stock-option 계약 내역, ○퇴직급여 정책 및 설정 내역	조직도, 급여대장, 관련 계약서/협약서 등
영업사항 및 시장 현황 검토	○주요 경쟁요소, ○SWOT, ○고객 추이, ○고객확보 방법, ○향후 고객 유치 전략, ○관계사간 거래 현황, ○계절성 여부, ○판매 계약의 형태	제품별/고객별 판매 현황, 판매 계약서, 전략보고서, 관계사 거래 현황 등
통제활동 검토	○내부통제 활동의 적정성, ○예산 작성 절차 및 신뢰성	내부통제 기술서 및 검토보고서, 예산-실적 비교 자료
	○담보제공 및 사용제한 자산 여부, ○지급보증 내역 검토, ○내부거래 내역 검토	담보/사용제한/지급보증 현황, 내부거래 내역서
경영진 보고 사항 및 KPI 검토	○경영진 보고자료 검토(영업실적 현황 등), ○KPI 분석자료 검토, ○중점 관리 Point 검토	경영진 보고서, KPI 관리 보고서

주요 Checkpoint 예시	고려사항, To-do 사항 예시	필요자료 예시
C. 기본재무정보		
분석적 검토 (BS)	○주요 비율 및 추세 분석(이익률, 성장률, 비중, 회전율 등), ○증감분석, ○재무정보 상호관계 분석, ○재무-비재무정보 관계 분석[110]	과거 3~5개년 재무제표, 결산명세서, 계정원장, 제조원가명세서, 월별/분기별 결산 자료, 예산 또는 사업계획서, 투자계획서
분석적 검토 (IS)	○주요 비율 및 추세 분석(이익률, 성장률, 비중 등), ○재무정보 상호관계 분석, ○재무-비재무 상호관계 분석, ○동종 업종 비율과 비교 분석	
실질 순자산 검토	○비경상적/일시적 발생 항목 검토, ○과대/과소 계상 내역 검토(자산의 실재성, 금액의 적정성, ○부채의 완전성 등), ○사용제한/담보제공 자산, 투자내역 및 투자 필요액 검토	
지속가능한 정상적 손익 분석	○비경상적/일시적 발생 항목 검토, ○지속가능한 정상적 이익수준 검토	
회계정책 및 관리회계 검토	○정책의 타당성 및 일관성, ○인수자와의 차이 검토, ○관리회계와 차이 및 관리회계 중점사항 검토	
D. QoA (재무상태표)		
현금 등가물 실재성 및 평가 적정성	○금융기관별 잔액 확인, ○운용 실적 파악, ○비경상적으로 이자가 높거나 낮은 항목 파악, ○필요현금수준 검토, ○사용제한 현금, ○시가평가 내역	금융기관조회서, 잔액확인서, 어음/수표 현황
매출채권 적정성, 회수 가능성	○비경상적/일시적 변동 항목 검토, ○채권 잔액의 적정성(정상적 수준의 운전자본, 회전율 분석), ○기간귀속 적정성, ○기준일 이후 회수 내역, ○매출계약 및 회수정책 검토, ○동업종과 비교(거래조건, 회수기간 등), ○과거 매출채권 제각 내역, ○매출채권 연령 분석, ○회수가능성/대손충당금 설정 합리성, ○매출채권 할인내역, ○매출채권 구성내역 및 추이 분석, ○외화환산 적정성 검토, ○장기매출채권 현재가치 할인 적정성 등	매출채권 연령분석표, 대손충당금 설정 총괄표, 제품별/고객사별 매출채권 내역 등
적정 재고자산 수준 및 관리, 평가	○적정 재고수준, ○회전율 분석, ○장기체화재고, ○진부화 정도 검토, ○위탁/타처보관 재고, ○원가계산Logic 파악, ○원가구성 항목 검토, ○원가동인 분석, ○생산량 및 출하량 검토, ○평가내역 검토(시가 검토), ○필요시 재고자산 실사	재고수불부, 사이트별 재고현황, 재고자산연령분석표, 재고자산평가내역서, 재고실사보고서 등

주요 Checkpoint 예시	고려사항, To-do 사항 예시	필요자료 예시
지분증권 보유 목적 및 평가	○보유 목적 검토, ○ (시가)평가의 적정성 (손상 여부), ○관계사간 거래내역 분석, ○ 배당정책, ○수익인식 방법	시가평가보고서, 매매계약서, 내부거래 내역
유형자산 Capability (생산능력 및 정상적 수준의 필요 투자 규모)	○유형자산의 사용현황(생산내역 등), ○증 감분석, ○감가상각 내역검토(상각방법, 내용연수, 잔존가치 등), ○취득/처분 내역검토, ○금융비용 자본화 내역 검토, ○건설중인 자산의 목적/진행현황/자산성/향후 지출 예상액 검토, ○재평가여부 및 시가(손상 여부), ○운휴자산 존재여부, ○담보/사용제한 여부, ○보험가입내역, ○자산의 노후화/생산성(매출 계획을 뒷받침할 수준의 자산 보유 여부), ○수익적/자본적 지출 내역, 향후 투자계획	유형자산 관리대장, 취득/처분 계약서, 부동산 등기부등본, 감가 상각명세서, 감정평가보고서 또는 공시지가, 임대차 계약서 등
	○금융리스/운용리스의 리스조건 검토, ○ 회계처리의 적정성	리스자산 목록, 리스계약서 등
무형자산의 권리 및 자산성	○보유 무형자산의 권리 및 사업에 미치는 영향, 회계정책(내용연수, 평가방법, 상각방법 등), ○산업의 특성과 비교, ○개발비 등의 자산성(자본화 적정성), ○손상 여부, ○상각 적정성, ○소유권 및 소송 여부, ○국고보조금 수령 및 사용 내역, ○향후 투자계획	무형자산관리대장(특허권/라이선스 등 무형자산리스트), 취득/처분 계약서, 등록증 등
기타자산에 대한 자산성 및 회수가능성	○내역파악, ○변동요인 분석, ○회전율, ○증감내역, ○실재성, ○회수가능성, ○평가의 적정성, ○계약서 검토, ○경상적/지속적 발생 여부 검토	계약서 등
매입채무 완전성 및 지급정책	○비경상적/일시적 변동 항목 검토, ○채무 잔액의 적정성 및 완전성(정상적 수준의 운전자본, 회전율 분석), ○기간귀속 적정성, ○기준일 이후 지급 내역, ○매입계약 및 지급정책 검토, ○동업종과 비교(거래조건, 지급기간 등), ○회수가능성/대손충당금 설정 합리성, ○매입채무 구성내역 및 추이 분석, ○외화환산 적정성 검토, ○장기 미지급매입 채무 내역, ○관계사간 거래 내역	거래처 목록, 매입채무 연령분석표, 품목별/고객사별 매입 및 매입채무 내역, 매입계약서 및 구매조건 등

주요 Checkpoint 예시	고려사항, To-do 사항 예시	필요자료 예시
차입금 및 사채의 완전성 및 조건	○차입 목적 및 차입 약정 사항, ○특약사항 여부, ○담보여부, ○상환스케줄, ○지급여력, ○여신한도, ○변동내역, ○이자계상 적정성, ○외화환산, ○환위험/이자위험의 헤지 등 파생거래 분석 등	차입약정서, 금융거래조회서, 은행연합회 조회, 파생거래계약서 등
	○주주/임직원에 대한 차입금/대여금 존재 여부, ○발생원인 및 적정 이자 수취여부, ○지급 및 회수 관리 현황	기간별 차입-대여 명세, 약정서 등
퇴직급여 정책	○퇴직급여 정책, ○기간별 주요 변동 내역, ○설정 내역 및 설정 기준 검토, ○M&A가 미치는 영향 검토	인원별 퇴직급여 설정 내역서
기타부채의 완전성	○미지급급여/이자/배당/법인세 등의 적정 계상 여부, ○주주-임원-종업원 등에 대한 부채, ○손해배상 및 소송관련 부채의 계상 여부, ○하자보수/판매보증/반품 등 필요한 충당금 설정 사항 검토, ○장기 채무 내역 및 위험	
우발부채 발생 위험	○계약/소송/주요 자산의 취득-처분 관련 계약서/이사회 및 주주총회 의사록/법률자문 변호사 등을 통해 우발채무 발생 가능성 검토, ○파생거래 내역 검토, ○담보제공/지급보증 내역 검토, ○금융거래 조회서 등을 통한 검토, ○클레임의 내용 및 빈도, ○세무조사/공정거래위원회 등의 조사 내역 검토, ○기타 계약서/약정사항 검토	계약서 목록, 담보/지급보증 목록, 조회서, 은행연합회 자료, 주주총회 및 이사회의사록 등
자본의 구성 현황	○증감내역 검토, ○발행주식 현황, ○배당/의결권/상환권/전환권 등이 부여된 주식 여부 및 관련 조건 검토, ○배당내역 및 자기주식 내역, ○Stock-option 부여 내역, ○우리사주 정책 및 대출 내역, ○M&A가 주주구성에 미치는 영향	주주간 약정서, 투자약정서 또는 관련 계약서 등
E. QoE (손익항목)		
매출 Key driver 및 성장성	○매출 Key driver 파악, ○제품별/시장별/거래처별 매출 내역 분석(수익성, 성장성, 지속가능성 등 검토), ○매출 계약서 및 거래조건 검토, ○매출 경쟁 현황 및 경쟁 요인 검토, ○시장점유율 추세 및 시장규모 분석,	매출 현황 분석 자료, 산업 분석 및 전망 자료, 수주 및 계약 현황, 주요 매출 계약서, 제품별 단가 및 판매수량 등

주요 Checkpoint 예시	고려사항, To-do 사항 예시	필요자료 예시
	○관계사간 거래 내역, ○매출과 부가세공급가액 비교 검토, ○환산	
매출원가 변동요인 및 수익성	○원가계산 logic 검토, ○원가구성항목 검토 및 추세분석, ○원가구성항목 변동요인 검토, ○고정비 발생원인 및 투자현황, ○간접비용 배부기준 검토, ○매입조건 검토, ○원재료 등 단가 추세 분석, ○로열티 지급 여부 및 지급 조건 검토, ○동업종 원가율과 비교	원가명세서 또는 BOM(자재명세서), 거래처별/품목별 매입리스트, 매입계약서
판매관리비 변동요인 및 수익성	○항목별 구성비율 및 추세분석, ○주요 항목 증감분석 및 세부 내역 검토, ○항목별 변동요인 분석, ○비경상 항목 여부 파악	
영업외 손익의 지속성	○항목별 발생 사유 및 변동 원인 분석, ○계상 내역의 적정성 확인, ○타계정과의 연관성 검토, ○계속적 발생 가능성 검토	
법인세 비용	○유효법인세율 및 한계법인세율 검토, ○이월결손금 등 내역 검토, ○세액공제 등 특례의 지속적 적용 가능성 검토, ○세무관련 우발부채 존재 여부 검토, ○이연법인세자산/부채 적정성 검토	

F. Cash flow

주요 Checkpoint 예시	고려사항, To-do 사항 예시	필요자료 예시
현금 창출능력 및 필요현금	○EBIT/EBITDA 추세 분석, ○운전자본 추세분석, ○영업현금/투자현금/재무현금흐름 추세 분석, ○현금흐름 계절성 분석, ○필요현금 분석, ○향후 투자계획 검토, ○차입계획 및 목표자본구조 검토	
비영업 현금흐름	○비영업자산/부채 관련 현금흐름 내역 및 평가 적정성 검토	

G. 세무

주요 Checkpoint 예시	고려사항, To-do 사항 예시	필요자료 예시
세액 신고의 적정성	○법인세/부가가치세/지방세 등 신고의 적정성, ○특수관계자 거래 내역의 적정성, ○세액공제/감면사항의 지속적 적용 가능성, ○세무조정사항이 평가에 미치는 영향	과거 5개년 세무조정계산서, 부가가치세 신고서, 원천징수신고서, 국세/지방세 완납 증명서
세무관련 부채 계상의 적정성	○잠재적 세무 부채 존재 여부, ○실사조정사항이 세무에 미치는 영향	
조사, 소송, 분쟁 현황 및 잠재적 이슈	○세무조사 내역, 소송 내역, ○분쟁 가능 항목 및 위험 검토	
M&A 거래의 영향	○거래과정에서 발생할 수 있는 과세문제,	

주요 Checkpoint 예시	고려사항, To-do 사항 예시	필요자료 예시
	○거래 전후 상황의 변화로 발생 가능성 있는 과세 문제 검토	
H. Reporting		
목적 적합한 보고	○QoE(이익의 질)분석, ○QoA(실질순자산, 자산부채의 과소/과대 조정사항)분석, ○현금흐름 분석, ○M&A 적합성 분석, ○PMI 관련 이슈 분석, ○기회 및 위험 분석 사항 등	

3 주요 재무비율

다음의 표는 재무사항을 중심으로 하는 분석적 검토에서 주로 사용되는 재무비율이다. 아래에서 제시되는 재무비율은 일반적인 분석항목이며, 산업별로 분석항목이 다를 수 있으므로 산업분석 단계에서 필요한 재무분석 항목을 파악할 필요가 있을 것이다.[111]

손익항목과 자산항목을 비교하는 경우 자산항목은 아래 산식에서는 연평균기준으로 계산식을 제시하였으나, 당기말(또는 평가기준일)로 분석하는 경우도 있다. 예를 들어 매출채권회전율 분석을 당기 매출액을 전기매출채권과 당기매출채권의 평균으로 나누어 분석하기도 하고, 당기매출채권 잔액 기준으로 분석이 이루어지기도 한다.

손익항목의 경우에는 기중 분석의 경우, 최근 12개월, 최근 4개 분기, 직전 사업연도, 당해 사업연도 실적+추정 등 다양하게 분석이 이루어지고 있으므로 상황에 맞게 적용하면 될 것이다.

[표 2-46] 주요 재무비율 예시

항목	계산식	비고
수익성 분석 지표		
총자본 순이익률 (ROA)	$$\frac{당기순이익}{(전기총자산+당기총자산)\div2}$$	연결은 연결당기순이익 기준. 자산은 당기 기준으로도 분석함. 기업이 소유하고 있는 총자산 운용의 효율성을 나타내는 지표

---

110) 재무정보 상호관계의 예: 매출-매출채권 관계, 재무-비재무 상호관계의 예: 급여-인원 관계 등. 자세한 사항은 본장 분석적 절차 참고
111) 예를 들어 은행산업에서는 수익성에서 예대마진율, 성장성에서 총수신증가율, 안정성에서 예대율, 그리고 인원 기준의 생산성 분석 등이 이루어질 수 있다.

항목	계산식	비고
자기자본 순이익률(ROE)	$$\frac{당기순이익}{(전기총자본+당기총자본)\div2}$$	연결은 지배주주순이익 기준. 자본은 당기 기준으로도 분석함. 주주자본 입장에서의 수익성을 나타내는 지표로서 ROA에서 자본구조 효과 제거
투하자본 수익률(ROIC)	$$\frac{세후영업이익}{(전기투하자본+당기투하자본)\div2}$$	투하자본은 영업활동에 사용되는 자산. 투하자본은 당기 기준으로도 분석함.
매출액 순이익률	$$\frac{당기순이익}{(당기매출액)}$$	매출액 순이익률은 정상적인 영업활동으로 창출된 이익뿐 아니라 법인세를 포함한 기업의 순자산을 증가 또는 감소시키는 모든 활동을 반영한 이익효과
매출액 영업이익률	$$\frac{당기영업이익}{(당기매출액)}$$	영업활동의 효율성을 나타냄.
EBITDA margin	$$\frac{EBITDA}{(매출액)}$$	EBITDA 이외에 EBITA 분석이 이루어지기도 함. (단기적)영업현금흐름 창출 능력 지표

성장성 분석 지표

항목	계산식	비고
매출액 증가율	$$\frac{당기매출액}{전기매출액}-1$$	대표적인 성장성 지표 시장규모의 증감 또는 시장점유율과 관련이 있음.
영업이익 증가율	$$\frac{당기영업이익}{전기영업이익}-1$$	영업활동으로 인한 이익의 성장 지표
EBITDA 증가율	$$\frac{당기EBITDA}{전기EBITDA}-1$$	영업현금흐름 창출 관점에서의 성장 지표

안정성 분석 지표

항목	계산식	비고
유동비율	$$\frac{유동부채}{유동자산}$$	단기지급능력을 나타냄.
부채비율	$$\frac{부채총계}{자본총계}$$	재무적 안정성을 측정하는 가장 일반적인 지표
유보율	$$\frac{유보액}{자본금}$$	유보액＝지배주주순자산(자기주식 차감전) － 자본금

항목	계산식	비고
순차입금비율	$\dfrac{순차입부채}{자본총계}$	재무적 안정성 측정 지표
이자보상배율	$\dfrac{영업이익}{이자비용}$	이자비용의 지급에 필요한 이익을 창출할 수 있는 능력(이자부담능력)을 나타내는 것으로 재무적 건전성 측정 지표
자기자본비율	$\dfrac{자본총계}{자산총계}$	재무적 안정성 측정 지표
활동성 분석 지표		
총자산회전율	$\dfrac{매출액}{(전기총자산+당기총자산)\div2}$	당기총자산 기준으로 산정하기도 함. 총자산의 운용 효율을 측정하는 지표
순운전자본회전율	$\dfrac{매출액}{(전기순운전자본+당기순운전자본)\div2}$	당기순운전자본 기준으로 산정하기도 함. 운전자본의 효율적 관리 수준 측정 지표
매출채권회전율	$\dfrac{매출액}{(전기매출채권+당기매출채권)\div2}$	당기매출채권 기준으로 산정하기도 함.
재고자산회전율	$\dfrac{매출원가}{(전기재고자산+당기재고자산)\div2}$	매출액기준, 당기재고자산 기준으로 산정하기도 하며, 변동요인 파악 후 분석할 필요가 있음.
매입채무회전율	$\dfrac{매출원가}{(전기매입채무+당기매입채무)\div2}$	매출액기준, 당기매입채무 기준으로 산정하기도 하며, 변동요인 파악 후 분석할 필요가 있음.
회수(지급)기간	$\dfrac{365}{매출채권회전율}$	분자에 매입채무, 재고자산 등으로 분석하면 해당 자산 및 부채의 회전기간이 됨.
운전자본회전 주기	매출채권회수기간+재고자산회전기간 − 매입채무지급기간	매출채권과 재고자산은 현금화 주기, 매입채무는 지급 주기를 나타냄.

상기 재무비율 분석의 예시는 "Ⅱ. 3. 2) 재무분석"을 참고하기 바란다.

제3장

현금흐름할인법(DCF)

현금흐름할인법(DCF: Discounted Cash flow Method) 개요

이 장에서 현금흐름할인법은 기업현금흐름할인법(Free cash flow to Firm)을 중심으로 설명한다. 그러므로 이 장에서 "현금흐름할인법", "DCF"는 별도의 언급이 없다면 "기업현금흐름할인법"을 의미한다.[112]

1 기본 개념 요약

Key Concept

- DCF의 핵심적인 요소는 현금흐름과 할인율, 그리고 성장률이다.
- 기업이 창출 가능한 예상 현금흐름을 추정하고, 추정된 현금흐름의 성장률을 예측하여, 이를 현금흐름의 위험이 반영된 기대수익률(할인율)로 할인하는 것이 기본 개념이다.

[그림 3-1] 현금흐름할인법(Discounted Cashflow Method)의 기본 개념

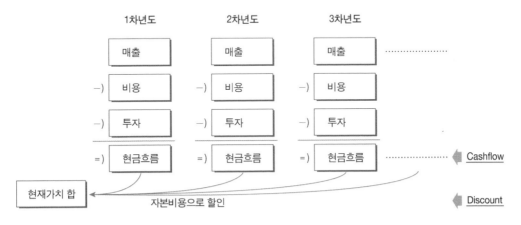

현금흐름할인법은 상기 그림과 같이 미래 예상 현금흐름을 현금흐름의 위험 수준을 고려한 기대수익률로 할인하여 현재가치의 합으로 가치를 평가하는 방법이다.

---

112) 주주현금흐름할인법(FCFE)에 대해서는 "제8장 기타 평가방법"에서 다루었다.

[그림 3-2] 재무제표와 현금흐름할인법

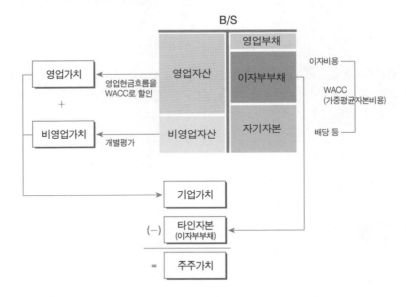

　기업이 보유한 자산은 영업활동에 사용되고, 기업은 영업활동을 통해 현금흐름을 창출한다. 영업활동을 통해 창출된 영업현금흐름의 합이 영업가치이다. 단, 영업가치는 현재의 가치로 계산되어야 하는데, 이때 필요한 것이 할인율(자본비용)[113]이다. 할인율은 기업에 투자된 자본의 속성을 고려하여 산정한다. 즉, 이자비용을 발생시키는 차입금, 배당 등을 발생시키는 자기자본의 요구수익률을 반영하여 할인율을 결정한다. 만약 영업활동에 직접 활용되지 않은 자산이 있다면 비영업가치로써 별도로 평가하여 가산한다. 영업가치와 비영업가치를 합하여 기업가치를 산출하고, 차입 등 타인자본[114]을 차감하면 자기자본가치(주주가치)가 산정된다.

　현금흐름할인법의 적용을 위해서는 재무상태표나 손익계산서를 가치평가 목적에 맞게 재분류하여 바라볼 필요가 있다. 재무제표의 재분류와 관련한 내용은 "제2장 경영환경분석 및 재무실사"를 참고하기 바란다.

---

113) 본 장에서 할인율은 기대수익률, 요구수익률, 기회비용, 자본비용 등 다양한 용어로 사용된다. 정확한 의미는 조금씩 다를 수 있으나, 본 장에서는 각각의 용어를 유사한 의미로 보아 맥락에 따라 선택하여 사용한다.
114) 본 장에서는 별도의 언급이 없다면 타인자본은 순이자부부채, 순차입금과 문맥상 동일한 의미로 사용된다.

앞서 설명한 현금흐름할인법의 개념과 계산구조를 도식화하면 다음과 같다.

[그림 3-3] 현금흐름할인법의 기본 계산 구조

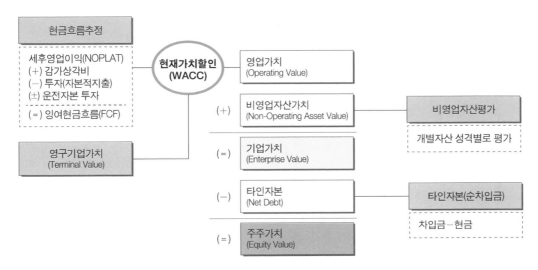

영업가치 = 예측기간에 발생하는 현금흐름의 현재가치 + 예측기간 이후에 발생하는 현금흐름의
현재가치
기업가치 = 영업가치 + 비영업자산가치
주주가치 = 기업가치 − 타인자본의 가치

2 현금흐름할인법(DCF)의 기본 개념 및 특징

1) 기본 개념

현금흐름할인법은 수익가치접근법의 대표적 방법 중 하나이다. 기업 또는 자산의 가치는 그 기업 또는 자산이 창출하는 미래현금흐름의 현재가치로 평가할 수 있다는 전제하에 가치평가가 이루어진다. 그러므로 현금흐름할인법에서는 현금흐름의 추정과 현재가치 산정을 위한 할인율의 추정이 중요하다고 볼 수 있다.

현금흐름할인법은 현금흐름과 할인율의 종류에 따라 기업현금흐름할인법(Free cash flow to Firm), 주주현금흐름할인법(Free cash flow to Equity), 배당평가모형(Dividend Discount Model), 조정현재가치법(Adjusted Present value) 등이 있다. 기업현금흐름할인법은 영업가치를 중심으로 평가가 이루어지기 때문에 기업의 가치를 명확히 보여준다는 측면에서 일반적으로 더 선호된다. 본 장에서도 기업현금흐름할인법을 중심으로 설명하고자 한다.

현금흐름할인법은 평가대상으로부터 기대되는 미래현금흐름을 해당 현금흐름이 갖는 위험수준을 반영한 할인율을 적용하여 현재가치를 산정하는 방법이다. 실무상으로는 기업전체에 귀속되는 잉여현금흐름(Free cash flow to Firm), 주주에게 귀속되는 잉여현금흐름(Free cash flow to Equity)방법이 주로 사용된다.[115]

2) 현금흐름할인법의 특징

현금흐름할인법은 기업이 창출할 것으로 예상되는 미래순현금흐름(Free Cash Flow)의 기대치를 해당 현금흐름이 갖고 있는 위험수준을 반영하는 자본비용으로 할인하여 기업 가치를 구하는 것이라고 하였다. 이러한 현금흐름할인법의 특징을 살펴보면 다음과 같다.

- 우선 현금흐름의 추정이 필요한데, 현금흐름 추정을 위해서는 거시경제상황, 관련 산업 등 시장 전반에 대한 체계적인 분석이 이루어진다.
- 미래현금흐름 추정을 위해서는 과거 실적에 대한 분석이 필요하다. 과거실적분석과 경제환경 분석을 토대로 현금흐름이 예측된다.
- 미래현금흐름 추정을 위해서 기업의 핵심역량, 수익성, 성장성 등에 대한 분석이 이루어진다.
- 현금흐름에는 투자지출에 대한 고려가 반영된다.
- 현금흐름은 기간별로 추정이 이루어진다. 현금흐름별 예측시기가 다르므로 화폐의 시간적 가치가 고려된다.
- 현금흐름의 예측기간에 대한 고려가 이루어진다. 한정된 현금흐름과 영구현금흐름이 모두 고려 가능하다.
- 추정현금흐름에는 위험이 따른다. 위험은 현금흐름에 직접 고려될 수도 있지만, 일반적으로 할인율에서 고려한다.
- 할인율에는 이자비용, 주주의 기대수익률, 그리고 재무구조(자본구조)에 대한 고려가 반영된다.
- 추정변수의 조정을 통한 민감도 분석, 시너지 분석이 용이하다.
- 현금흐름의 가치는 타인자본(차입 등)과 자기자본(주주)으로 구분된다.
- 현금흐름의 가치에 반영하지 못하는 자산과 부채는 비영업자산·부채로 별도로 가산하거나 차감될 수 있다.

---

115) 이와 유사한 개념으로 초과이익모형(RIM)이 있으나, 초과이익모형은 회계상 이익을 바탕으로 평가가 이루어진다는 측면에서 현금흐름할인법과 구분하였다. 초과이익모형은 "제8장 기타 평가방법"에서 다루었다.

지금까지 현금흐름할인법의 특징을 나열해 보았다. 위와 같은 특징은 현금흐름할인법의 장점이 되기도 하고 단점이 되기도 한다. 예를 들어 추정변수의 조정을 통해 시너지 분석이 용이하다는 것은 장점이 될 수도 있지만, 추정 변수가 많다는 것은 주관이 개입될 여지가 많아져 객관성이 낮아질 수 있다는 단점이 될 수도 있다. 이와 같은 현금흐름의 특징과 관련한 사항을 하나씩 살펴보기로 한다.

3) 기본 계산구조

현금흐름할인법의 기본 계산구조는 현금흐름을 추정하고 이를 자본비용으로 할인하는 방식이다. 그러므로 현금흐름을 추정하는 단계와, 자본비용을 추정하는 단계가 필요하며, 할인하여 현재가치의 합으로 가치를 산출하는 단계가 필요하다.

기본개념에서 설명한 그림을 바탕으로 현금흐름할인법의 일반적인 계산구조를 살펴보면 다음과 같다.

[그림 3-4] 현금흐름할인법의 기본 계산 구조

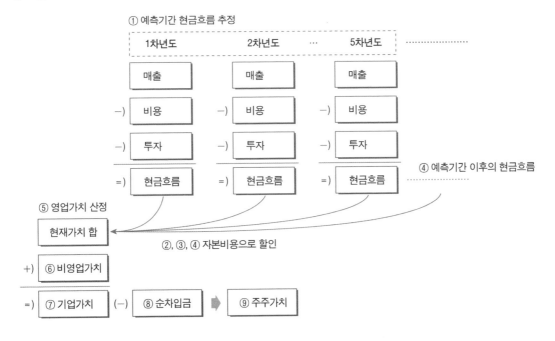

① 일정기간("**예측기간**")의 **현금흐름**(Free cash flow)을 추정한다.

② **자본비용**을 산정한다.

③ 추정한 현금흐름을 자본비용을 할인하여 **예측기간 현금흐름의 현재가치**를 산정한다.

④ **예측기간 이후의 잔여가치**를 산정한다.

⑤ 예측기간의 현금흐름 현재가치와 예측기간 이후의 잔여가치를 합하여 **영업가치**를 산정한다. (③+④)

⑥ 비영업자산에 대해서는 자산의 성격에 따라 자산가치접근법 등의 방법을 적용하여 **비영업가치**를 추정한다.

⑦ 영업가치와 비영업가치를 합산하여 **기업가치**를 산정한다.(⑤+⑥)

⑧ 타인자본에서 초과보유현금[116]을 차감하여 **순차입금**을 산정한다.

⑨ 기업가치에서 순차입금(타인자본의 가치)을 차감하여 **주주가치**를 산정한다.(⑦-⑧)

3 현금흐름 및 할인율

현금흐름할인법(DCF)에서 가장 중요한 요소는 현금흐름과 할인율이다.[117]

현금흐름은 일반적으로 매출에서 매출원가 및 판매비와관리비를 차감하여 영업이익을 산정하고 영업이익에 대한 법인세를 차감한 후, 운전자본 소요액과 자본적지출(CAPEX[118])을 차감하여 기간별로 산출한다. 미래 현금흐름의 추정은 짜임새 있게 구조화된 이야기 전개 과정과 같다. 가장 합리적인 산업 및 경제환경에 대한 제가정과 기업 역량에 대한 분석이 결합되어 추정이 이루어지고, 논리가 타당하고 명확해야 합리성을 확보한 추정이라고 볼 수 있다.

할인율은 채권자와 주주가 요구하는 수익률로서, 기대수익률, 자본비용, 기회비용의 개념으로 사용되기도 한다. 할인율에는 위험이 고려된다. 현금흐름할인법에서 위험은 현금흐름의 변동성이다. 국고채와 같이 현금흐름이 거의 확실한 자산은 위험이 낮아 요구수익률이 낮고, 상대적으로 현금흐름의 불확실성이 큰 자산은 요구수익률이 높다. 그러므로 일반적으로 주주보다 이익접근의 선순위에 있는 채권자의 요구수익률보다 주주의 요구수익률이 높다고 본다. 채권자와 주주가 투하자본을 함께 구성할 때에는 이들의 자본구성비율을 고

---

116) 초과보유현금이 아닌 모든 현금을 차감하기도 한다. 초과보유현금과 이에 대한 다양한 견해는 "Ⅶ. 현금흐름할인법(DCF)의 추가적인 고려사항"에서 다루고자 한다.

117) 애스워드 다모다란은 '주식가치평가를 위한 작은책'에서 내재가치 추정을 위한 4가지 변수로 기존 자산으로부터의 현금흐름, 예측기간 내 현금흐름 성장에 대한 기대치, 자본 조달 비용, 예측기간의 끝에 기업이 얼마의 가치를 가지고 있는지에 대한 추정치를 제시하고 있다. 이것은 예측기간의 현금흐름, 성장률, 할인율, 영구가치를 의미하는 것으로 볼 수 있다.

118) Capital Expenditure로서 유형자산 투자와 같은 자본적 지출을 의미한다.

려하여 가중평균한 할인율을 사용한다. 이를 WACC(Weighted Average Cost of Capital, 가중평균자본비용)이라고 한다. 할인율의 합리성을 살펴보는 것은 검증이 쉽지 않아 현금 흐름의 합리성을 파악하는 것보다 어렵다고 보는 것이 일반적이다. 그러므로 자기자본비용 을 산정할 때 직접적으로 측정하기보다는 대용기업을 바탕으로 위험의 정도를 파악하는 간 접적인 측정 방법들이 활용되고 있다.

4 기업현금흐름할인법(FCFF) vs 주주현금흐름할인법(FCFE)[119]

[그림 3-5] 기업현금흐름할인법과 주주현금흐름할인법의 기본개념 비교

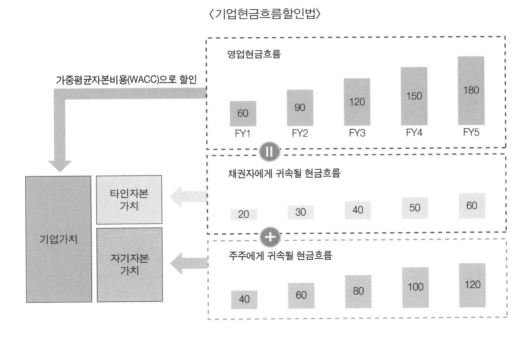

〈기업현금흐름할인법〉

---

119) 주주현금흐름할인법(FCFE)은 "제8장 기타평가방법"에서 다루기로 한다.

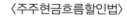

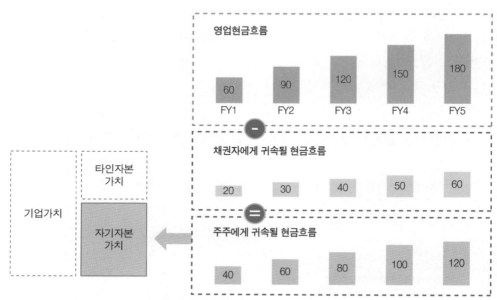

자기자본비용으로 할인

기업현금흐름할인법은 세후영업이익에서 투자비용을 차감한 영업현금흐름을 채권자와 주주의 자본비용을 가중평균한 WACC(가중평균자본비용)으로 할인하여 기업가치(영업가치)를 산정하는 방식이다. 여기서 순차입금을 차감하여 주주가치를 산정한다.

주주현금흐름할인법은 영업이익에서 이자비용(원금의 유출입액 포함)과 투자비용을 차감한다. 법인세도 영업이익이 아닌 이자비용 차감 후 이익에 대해 산정한다. 이렇게 산정한 주주현금흐름을 자기자본비용으로 할인하여 주주가치를 산정하는 방식이다.

[표 3-1] 기업현금흐름할인법과 주주현금흐름할인법의 계산구조 비교

FCFF Method (Free Cash Flow to Firm: 기업현금흐름)		FCFE Method (Free Cash Flow to Equity: 주주현금흐름)
EBIT(영업이익)		EBIT(영업이익)
+ 감가상각비 − 투자비 ± 순운전자본변동 − EBIT에 대한 법인세		+ 감가상각비 − 투자비 ± 순운전자본변동
		− 이자비용 − EBT[120]에 대한 법인세 − 차입금 상환액
Free Cash flow (to Firm)		Free Cash flow (to Equity)
가중평균자본비용(WACC)으로 할인		자기자본비용으로 할인
기업가치		
순차입금 차감		
주주가치	≒	주주가치

이론적으로 기업현금흐름할인법으로 산정한 주주가치와 주주현금흐름할인법으로 산정한 주주가치는 동일하다고 하나 현실적으로 다소 차이가 날 수 있다. 기업현금흐름할인법에서는 단일의 목표자본구조를 가정하여 단일의 가중평균자본비용으로 할인을 하는데, 주주현금흐름할인법에서는 예측되거나 실현되는 매기간 자본구조가 일정하지 않을 수 있기 때문이다. 이에 대한 예시는 "제8장 기타 평가방법"에서 다루기로 한다.

---

120) EBT(Earnings before tax): 이자비용 차감 후 법인세 공제 전 영업이익

Ⅱ 일반적인 평가 구조 및 절차

Key Concept

대상회사와 경영환경에 대한 충분한 이해를 바탕으로 논리적 일관성을 갖추어 평가한다.

대부분의 이론은 많은 부분을 단순화하여 설명한다. 그러나 가치평가를 실무적으로 수행하게 되면 훨씬 다양한 상황에 직면하게 되고, 판단이 필요한 사항이 발생하게 된다. 결국 대상회사와 경영환경에 대한 충분한 이해가 바탕이 되어 그러한 사항들이 논리적으로 일관되게 평가에 반영될 수 있도록 하는 것이 필요하다.

대상회사와 경영환경에 대한 이해가 기초가 되어 회사의 예상 현금흐름을 추정한다. 추정된 현금흐름은 타인자본비용과 자기자본비용 및 자본구조가 고려된 가중평균자본비용으로 할인되어 가치가 평가된다.

[그림 3-6] 현금흐름할인법의 일반적인 절차

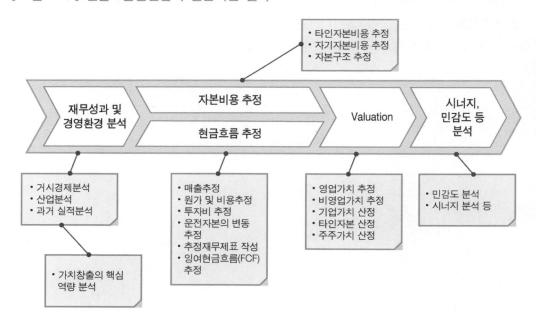

참고 목적으로 현금흐름할인법 평가를 위한 모델의 작성과 보고서 항목의 예시를 다음의 표로 제시하였다. 모델과 보고서의 구성은 평가에 필요한 사항과 절차에 대해 전반적인 관점에서 살펴보는 데 도움을 줄 수 있기 때문이다.

[표 3-2] 엑셀평가모델 구성의 예

Sheet 구분		주요 내용
Assumption		주요 가정 등을 취합하여 작성. 경제 및 산업분석을 토대로 평가에 적용되는 주요 지표 및 데이터를 정리
Raw data	취합1	외부 보고서, 외부 데이터 등 외부자료를 출처와 함께 취합
	취합2	회사의 과거 재무실적을 취합. 필요에 따라 가공되지 않은 사업계획 등을 포함
	취합3	자본비용 산정을 위한 자료 취합. 시장수익률, 무위험이자율, 대용기업베타 등
재무분석 및 재무자료 통합	재무분석	과거 실적, 사업계획, 외부자료를 바탕으로 비율분석 등의 재무분석
	Normalized FS 및 추정재무제표 작성	평가목적에 맞게 재무제표 재구성. 재구성된 재무제표에 기초하여 추정 재무제표 작성
FCF 및 Valuation		각 항목별 추정 결과를 취합하여 잉여현금흐름(FCF) 작성 및 Valuation 결과 도출. 필요시 민감도 분석을 포함
현금흐름 추정	매출	매출추정 논리와 함께 Assumption sheet의 가정들과 연결하여 작성
	원가 및 비용	변동요인 분석과 매출 등을 연결하여 구성
	운전자본	변동요인, 증감분석 및 추정
	자본적지출(CAPEX)	투자계획 등을 고려. 감가상각비 추정을 포함
비영업자산		비영업자산의 구분 및 평가
순차입금(Net Debt)		순차입금의 구분 및 평가
자본비용		타인자본비용, 자기자본비용, 재무구조 등에 기초하여 가중평균자본비용 산정
추가 sheet		필요한 경우, 시나리오분석, 시너지분석, 과거 거래/평가 내역, To-do 사항 등 상황에 맞는 sheet 추가

가정을 입력하는 시트(sheet)와 기초자료(raw data)의 입력시트, 기초자료를 분석하여 가공하고 재구성하는 시트는 구분하고, FCF(잉여현금흐름) 산출 및 가치평가 시트에서는 데이터를 직접 입력하기보다는 각 분석 시트로부터 연결하여 결과가 도출될 수 있도록 작

업을 하는 것이 오류를 줄일 수 있는 방법이다. 또한 기초자료 및 가정을 한 곳에서만 입력하여 모델이 연동되도록 구성하면 추후 가정의 변동으로 인한 효과를 파악하기에도 용이하다. 즉, 자료 입력과 출력 시트를 구분함으로써 오류를 줄일 수 있을 뿐만 아니라, 평가작업의 효율성을 증대시킬 수 있다.

가치평가보고서에는 가치평가의 기초가 되는 가정과 자료에 관한 사항, 분석의 내용과 결과 등이 포함될 수 있다. 보고서의 형식 및 내용이 동일할 수는 없지만 일반적인 보고서의 구성항목을 살펴보는 것은 가치평가의 구조와 절차를 이해하는 데 도움이 될 수 있을 것이다.

[표 3-3] 가치평가 보고서 구성의 예시

보고서 항목		주요 내용
Summary		가치평가의 주요 가정 및 핵심 결과의 요약
개요		평가의 목적, 범위, 주요 전제, 평가 방법론[121]
환경 분석	거시경제	GDP, 물가지수, 금리, 환율 등 대상회사에 영향을 미치는 거시경제요인
	산업	산업구조, 수익성, 시장규모 및 성장성, 경쟁현황 및 시장점유율, 전망 등
평가대상 분석		일반현황, 제품 또는 서비스 현황, 영업 및 생산현황, 과거 실적 및 재무현황, 원가구조, SWOT 등
가치 평가	가정	평가기준일, 추정의 가정, 적용된 지표, 정보의 원천 등
	현금흐름 추정 내역	매출, 원가, 비용, 운전자본, 자본적 지출(CAPEX) 추정을 통한 현금흐름 산정 내역
	자본비용 추정 내역	타인자본비용 및 자기자본비용 추정, 자본구조 및 가중평균자본비용 (WACC) 추정 내역
	비영업자산	비영업자산의 현황 및 평가내역
	순차입금	타인자본으로 기업가치에서 차감될 순차입금(Net debt)의 내역
	평가결과	가치평가결과의 범위. 할인 또는 할증 등이 필요할 경우 해당 내역, 2 이상의 평가방법을 활용하였다면 평가방법별 결과 비교
민감도 또는 시나리오 분석		주요 변수 또는 가정의 변화에 따른 가치 변화 검토 사항

---

121) 고려된 평가방법론과 평가에 실제 적용된 평가방법론 및 선정 사유

III 재무성과 및 경영환경 분석

Key Concept

가치를 창출할 수 있는 요소, 향후 지속될 수 있는 현금흐름 수준, 가치에 영향을 미치는 요인들의 변화 가능성을 분석하는 것이 필요하다.

현금흐름의 추정은 대상 기업의 과거 재무성과 및 경영환경 분석을 토대로 이루어지는 것이 일반적이다.

재무성과 및 경영환경 분석이 미래현금흐름추정과 관련하여 중요한 부분은 다음과 같은 사항일 것이다.

- 대상회사의 과거 재무성과가 미래에도 계속 유지될 수 있는지
- Normalization[122]과 같은 재무제표 조정이 필요한지
- 대상회사의 핵심역량은 무엇이고, 이러한 핵심역량이 미래의 현금흐름 창출에 어떻게 기여할 수 있는지
- 경제환경과 시장, 산업의 어떤 특성이 대상회사의 현금흐름 창출에 중요한 영향을 미치는지
- 대상회사 현금흐름 창출에 중요한 영향을 미치는 요인들의 변화 가능성 및 이러한 변화가 대상회사에 어떤 영향을 미칠 수 있는지

재무분석 과정에서 현금흐름할인법의 적용을 위해 필요한 사항 중 하나는 재무제표를 평가목적에 맞게 재구성하는 것이다. 이러한 사항을 포함한 재무성과 및 경영환경분석에 대한 자세한 사항은 "제2장 경영환경분석 및 재무실사"에서 다루었다.

---

122) 향후 지속가능한 사항의 추정을 위해 일시적이고 비경상적인 사항을 반복적이고 경상적인 사항으로 조정하는 것, 비교대상간의 서로 다른 기준의 통일, 장부가액을 공정가액으로 수정하는 것 등을 포함한다.

현금흐름의 추정

1 개 요

Key Concept

• 세후영업이익에 감가상각비를 가산하고, 투자요소인 CAPEX(자본적 지출)와 순운전자본 변동을 가감하여 잉여현금흐름(FCF: Free Cash Flow)을 산정한다.

• 현금흐름 추정 시에는 정상적이고 지속적으로 발생가능한 수준에 대한 고려가 필요하다.

현금흐름할인법(DCF)은 기업의 가치는 대상 기업이 창출할 것으로 기대되는 미래현금흐름의 현재가치이므로 현금흐름의 적절한 추정은 기업가치를 추정하는 데 핵심적인 사항이다.

현금흐름은 합리적이고 체계적인 추정이 가능한 영업현금흐름을 중심으로 이루어진다. 비영업현금흐름은 일반적으로 잉여현금흐름(Free Cash Flow) 추정에서 제외하고, 대신 해당 자산의 성격을 고려하여 비영업자산의 가치를 별도로 추정하게 된다.

잉여현금흐름(Free Cash Flow)의 추정은 연도별 손익계산서와 재무상태표에 대한 추정을 통해 이루어진다.[123] 추정재무제표를 전반적으로 작성하였다면 재무상태표, 손익계산서, 현금흐름표 상의 모든 항목들이 현금흐름과 할인율 등 가치평가에 어떻게 고려되고 반영되고 있는지 확인할 필요가 있다. 회사의 자산을 구성하고 손익을 구성하는 모든 항목들은 어떤 형태로든 가치에 영향을 미칠 수 있기 때문이다. 또한 지나치게 복잡한 추정보다는 간결하고 명료한 방식으로 추정하는 것이 오류의 가능성을 낮추고, 이용자의 이해 가능성을 높일 수 있다.

---

[123] 물론 손익계산서와 재무상태표의 모든 항목에 대한 추정이 아닌 잉여현금흐름을 위한 항목 위주로 추정이 이루어지는 경우도 있으나, 검증 및 추정의 합리성에 대한 검토 등을 위해서는 관련 재무제표를 종합적으로 추정하는 것을 고려할 필요가 있다. 그러나, 재무제표 각 항목을 종합적으로 추정하더라도 중요성을 판단하여 중요한 항목 위주로 추정하되, 중요하지 않은 항목은 가정을 단순화할 필요가 있을 것이다.

잉여현금흐름을 산정하는 일반적인 방식은 다음과 같다.

[표 3-4] 잉여현금흐름(FCF) 산정 방법

구분			설명
I/S 항목		매출	산업분석, 거시경제분석, 과거 실적분석 등을 통한 추정
	(−)	매출원가	원가구조 분석 등을 통한 추정
	=	매출총이익	Gross margin
	(−)	판매비와 관리비	비용구조 분석 등을 통한 추정
	=	**영업이익(EBIT)**	Earnings Before Interest and Taxes
	(−)	법인세	영업이익에 대한 법인세
	=	**세후영업이익(NOPLAT)[124]**	Net Operating Profit less Adjusted Taxes
	(+)	감가상각비	현금지출 없는 비용의 가산
B/S항목	(±)	순운전자본 증감	회전율 분석 등을 통한 추정
	(−)	투자비(CAPEX)	Capital Expenditures 투자소요계획, 생산능력 등의 분석을 통한 추정
	=	**잉여현금흐름(FCF)**	Free Cash Flow, 총현금유입액 − 총현금지출액

한 가지 주의할 부분은 영업가치 산정을 위한 잉여현금흐름(FCF) 추정 시 영업외 손익과 관련된 부분은 포함되지 않는다는 점이다. 이자비용이나 배당과 같은 재무활동은 현금흐름이 아닌 할인율로서 고려되고, 그 외 영업외자산에서 발생하는 수익은 일반적으로 비경상적인 경우로 간주하여 추정에서 배제된다. 단, 경상적인 경우 비영업자산 등의 개념으로 가치산정에 별도로 고려되거나, 영업외 손익항목이더라도 영업과 관련하여 지속적으로 발생하는 항목이라면 영업가치 산정을 위한 현금흐름에 포함하여 추정할 것을 고려해 보아야 한다.

---

124) 실무적으로는 NOPAT(Net Operating Profit After Tax)과 동일하게 사용된다. Noplat에서 adjusted taxes 에 포함되는 이연법인세 등 조정은 추정 시에는 실무적으로 없는 것으로 가정하기 때문이다.

2 추정을 위한 제반 가정

Key Concept

- 합리적인 가정이 적절한 평가를 이끈다.
- 가정은 회사의 과거 실적과 외부기관의 전망, 현 상황과 향후 제약사항이 모두 고려되어야 한다.

미래에 대한 추정은 필연적으로 다양한 가정이 필요하다. 가치평가의 신뢰성 확보를 위해서는 가정의 근거를 합리적으로 확보할 필요가 있다.

특정 거시경제지표를 매출 혹은 비용과 연계하여 추정하는 경우가 있다. 이는 과거 실적 분석을 통해 충분한 상관관계 분석이 이루어졌다는 전제하에 가능할 것이다. 그러나 이 경우에도 한 가지 주의할 점은 통계적으로 상관관계가 있다는 것이 반드시 인과관계가 있다고 단정할 수는 없다는 점이다. 그러므로 추정을 위한 가정으로 사용되는 거시경제지표가 어떻게 회사에 영향을 미칠 수 있는지에 대한 파악이 함께 이루어져야 할 것이다.

현금흐름을 추정할 때 과거실적을 바탕으로 하는 방법과 외부기관의 전망을 기초로 하는 방법이 있다. 정보가 제한되어 있을 경우에는 과거실적을 바탕으로 현금흐름을 추정하는 것이 우선적으로 고려될 것이다. 그러나 이러한 가정은 성숙산업이나 성장이 안정적으로 이루어지는 기업에는 적합할 수 있지만, 신생기업 또는 신사업에 진출한 기업 등에는 적합하지 않을 수 있다. 신생기업 또는 신사업에 진출하는 기업들의 경우에는 외부기관의 전망 자료를 참고하거나, 과거 유사회사의 실적 등을 참고하는 것이 도움이 될 수 있다.[125]

제약사항이 존재하는 상황에서 특별한 이유 없이 제약사항을 벗어난 가정을 설정하는 것은 일반적으로 바람직하지 않다. 특허권의 법적 존속기간이나 유형자산의 실질 내용연수를 초과하여 사용 가능한 것으로 가정하는 것들이 그러한 예가 될 수 있다.[126]

---

125) 특별한 경우가 아니라면 과거성장률과 외부시장 전망 자료를 종합적으로 고려하여 추정에 적용하는 것이 필요하다. 많은 연구 결과가 과거성과와 미래 성과는 상호 독립적이라는 것을 보여주고 있으며, 외부전망 자료는 단기적인 예측정보로서의 유효성은 있으나, 중장기적인 유효성은 낮고, 개별기업의 상황을 충분히 담지 못할 가능성이 높기 때문이다. 그러므로 최선의 추정은 개별기업의 과거 실적 성장 요인에 대한 분석과 예측정보로서의 외부 전망 자료에 기초하되 개별 기업의 향후 시장에서의 경쟁력을 분석하여 추정하는 것이다.

126) 신약 등의 장기추정에 있어서 예상되는 법적 존속기간을 초과하여 신약판매가 계속된다는 가정을 하는 경우도 있다. 이는 과거의 경험, 산업의 특성이 고려된 것이다.

> **일반적인 가정의 예**: 거시경제지표(물가상승률, GDP증가율, 임금상승률, 환율 등), Projection 기간, 계획되어 있는 설비투자의 여부, 계획되어 있는 신제품에 대한 가치평가 반영 여부(매출, CAPEX 등), 영구성장률 등

3 매출 추정

Key Concept

- 매출 추정은 시장 예측을 바탕으로 하는 Top-down Approach, 대상회사의 개별 제품의 판매수량과 단가 추정을 통한 Bottom-up Approach, 과거 실적이나 예측정보의 성장률을 토대로 하는 성장률 Approach 등이 있다.
- 모든 추정 방법은 내외부 환경 및 실적 분석이 바탕이 되어야 한다. 그 중에서 산업의 경쟁구도, 성장전망, 대상회사의 핵심 역량과 경쟁력을 파악하는 것이 중요하다.
- 그리고, 가치창출 관점에서 매출의 구성요소와 각 구성요소에 영향을 미치는 요인[127]이 무엇인지 파악하여야 한다.

　매출의 추정은 현금흐름 추정에 있어서 가장 중요한 부분 중의 하나이다. 매출은 재무성과 및 경영환경 분석에서 파악된 내용을 바탕으로 하여 추정하되 산업의 특성 및 경쟁 상황, 평가대상회사의 사업 성격 및 핵심역량에 기반한 경쟁력 등이 종합적으로 고려되어야 한다. 이는 과거 재무성과가 미래에 계속 유지되거나 성장할 수 있는지, 미래현금흐름 창출에 영향을 미치는 중요한 사항이 무엇인지에 대한 판단 근거가 된다.

　일반적으로 산업의 특성 및 경쟁상황은 산업의 성숙도나 예상 성장률, 시장점유율의 확대가능성, 잠재적 경쟁자나 잠재적 제품/서비스의 위협수준 등이 있을 수 있다. 평가대상회사의 사업의 성격 및 경쟁력은 제품/서비스 별 비중, 안정적 고객 또는 시장의 확보 여부, 경쟁자와 차별화된 핵심역량의 보유 여부 등이 있을 수 있다. 예를 들어 산업의 성숙도가 성장단계라면 일정기간 고성장의 가정이 적절한지 또는 성숙단계라면 저성장의 가정이 적절한지에 대한 고려가 필요한 것이다.

---

127) 무엇이 매출을 증가 혹은 감소시키는지, 매출 창출을 위해 대상회사가 보유한 역량은 무엇인지를 파악하는 것이 중요하다.

[그림 3-7] 매출 추정을 위한 기본적인 분석 틀 예시

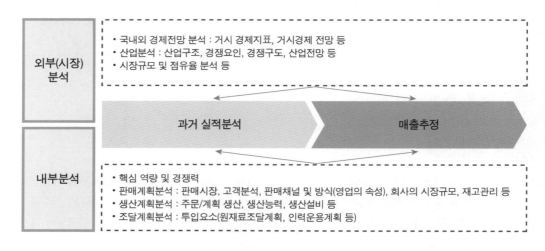

매출 추정을 위한 방법으로는 Top-down approach(하향식 접근법), Bottom-up approach(상향식 접근법)와 매출성장률 추정방식 등이 있다.

[표 3-5] 매출 추정 방법론

	Top-down approach	Bottom-up approach	매출성장률 추정
개념	시장에 대한 추정으로부터 평가대상회사의 매출을 추정하는 방식	평가대상회사의 매출 항목별로 매출단가와 수량 예측을 통해 매출을 추정하는 방식	과거 매출성장률 또는 예상 성장률을 기초로 일정 성장률을 반영하여 추정하는 방식
Check Point	시장 예측자료 활용 (시장규모, 시장성장률, 시장점유율)	개별 물량 및 단가 추정	과거 매출성장률 또는 예상 매출 성장률
Logic 예시	전기시장규모 × (1 + 예상시장성장률) × 회사 예상시장 점유율 × 예상단가	예상판매수량 × 예상판매단가	전기매출액 × (1 + 예상매출 성장률)

Top-down approach는 산업 분석 등을 통한 시장의 전망으로부터 시작된다. 예상 시장 규모에서 평가대상회사가 차지할 것으로 예상되는 점유율을 추정 매출로 보는 것이다. Top-down approach에서 시장예측정보는 객관성 및 신뢰성 확보를 위해 전문예측기관의 자료를 활용하는 것을 고려할 필요가 있다. 시장점유율 추정을 위해서는 평가대상회사의 경쟁력을 파악하는 것이 중요하다. Top-down approach는 대부분의 회사에 적용이 가능하나, 특히 신성장 산업에서는 다른 접근법에 비해 효과적일 수 있다.

[표 3-6] 매출 추정 Top-down approach 예시

구분	20X1 (실적)	20X2 (실적)	20X3 (실적)	20X4 (추정)	20X5 (추정)	20X6 (추정)	20X7 (추정)	20X8 (추정)
시장규모(a)	100,000	108,000	118,800	127,116	134,743	141,480	147,139	151,553
시장성장률	5%	8%	10%	7%	6%	5%	4%	3%
시장점유율(b)	10.0%	12.0%	14.0%	15.0%	18.0%	20.0%	20.0%	20.0%
매출(=a×b)	10,000	12,960	16,632	19,067	24,254	28,296	29,428	30,311
매출증가율	2.90%	29.6%	28.3%	14.6%	27.2%	16.7%	4.0%	3.0%

　　Bottom-up approach는 회사의 과거 실적, 판매계획, 시장전망 등의 분석을 통해 예상판매량과 예상판매가를 예측하여 매출을 추정하는 방법이다. Bottom-up approach에서 판매수량의 추정은 시장의 성장률, 평가대상회사의 경쟁력, 과거 성장률 등이 고려되어야 한다. 다른 방법에서도 마찬가지이지만, 판매수량이 Capacity(생산능력) 등을 고려하여 평가대상회사가 달성 가능한 수준인지에 대한 고려가 필수적이다. 판매단가는 시장가격의 변동 추이, 물가상승률 등 경제지표의 변동 추이, 평가대상회사의 가격정책, 과거 단가 변동 등이 고려되어야 한다. 물론 Bottom-up approach에서도 수량에 대한 시장의 성장률, 시장가격 변동 추이 등 market data는 전문예측기관의 분석보고서를 참고하여 추정의 객관성을 확보할 수 있다.

[표 3-7] 매출 추정 Bottom-up approach 예시

구분	20X1 (실적)	20X2 (실적)	20X3 (실적)	20X4 (추정)	20X5 (추정)	20X6 (추정)	20X7 (추정)	20X8 (추정)
단가(a)	50	54	59	64	67	71	74	76
수량(b)	200	240	280	300	360	400	400	400
Capacity[128]	320	320	320	320	450	450	450	450
매출(=a×b)	10,000	12,960	16,632	19,067	24,254	28,296	29,428	30,311

　　매출성장률 추정 방식은 매출에 영향을 미치는 주요 변수를 파악하여 해당 변수의 예측을 바탕으로 매출성장률을 추정하거나 과거 일정기간의 매출성장률을 적용하여 추정하는

---

128) Capacity의 증가는 통상 CAPEX(설비 등에 대한 자본적 지출)의 증가를 의미한다. 매출의 증가에 따라 Capacity의 증가가 필요하다면 이에 따른 CAPEX도 매출 증가 전후로 이루어져야 할 것이다.

방식 등을 활용할 수 있다. 예상성장률을 적용함에 있어서도 단일의 성장률을 적용하는 경우, 기간별 성장률을 달리 적용하는 경우가 있을 수 있다. 전자의 경우는 주요 예측 변수의 중장기 CAGR(연평균성장률)을 활용하거나, 과거 평균성장률을 적용하는 경우 등이 있을 수 있다. 후자의 경우는 주요 예측변수의 기간별 예상성장률을 적용하는 경우로서 예를 들어 매출액이 GDP성장률과 밀접한 관련이 있다면 전문예측기관의 기간별 GDP성장률을 예상 매출성장률로서 활용하는 경우가 있을 수 있다.

[표 3-8] 매출성장률 추정 방법 (단일 성장률 활용)

구분	20X1 (실적)	20X2 (실적)	20X3 (실적)	20X4 (추정)	20X5 (추정)	20X6 (추정)	20X7 (추정)	20X8 (추정)
매출	10,000	12,960	16,632	18,753	21,145	23,842	26,882	30,311
성장률				12.8%	12.8%	12.8%	12.8%	12.8%

회사의 상황이나 산업의 특성에 따라서는 상대적으로 더 적합한 매출 추정 방법이 있을 수 있다. 예를 들어 과거 재무성과의 정보가 충분하지 않은 신생 벤처기업이나 신사업 영위 기업의 경우에는 Bottom-up approach를 적용하기보다는 Top-down approach를 적용하는 것이 효과적일 수 있다.

그러나, 일반적인 상황에 있어서는 사실상 위의 세 가지 매출 추정 방법은 서로 독립적인 방법이라기보다는 동일한 내용을 다르게 접근하는 것이라고 보아야 할 것이다. Top-down Approach라고 하더라도 대상회사의 수량과 단가로 이루어진 매출수준이 고려가 되어야 할 것이고, Bottom-up Approach이지만 시장의 성장률 등 산업의 전반적인 전망이 고려되어야 한다. 매출성장률을 이용한 추정도 과거의 회사 성장률과 시장의 추정 성장률을 종합적으로 고려하여야 한다. 즉, 정보의 확보가 가능하다면 세 가지 방법은 복합적으로 고려되고 상호간 검증될 수 있도록 활용하는 것이 필요하다.[129]

회사의 매출 분석과 관련된 상세한 내용은 "제2장 Ⅳ. 재무실사" 중에서 "6. QoE분석"을 참고하기 바란다.

---

129) 예를 들어, Top-down방식으로 매출을 추정하는 경우, 주요 제품별 판매량과 판매단가도 산정하여 과거 추이와 비교해 볼 수 있다면 추정의 실현 가능성에 대한 훌륭한 판단 근거가 될 수 있다.

[Note 1] 기업의 매출은 어떻게 성장하는가?

매출 추정은 기업 현금흐름 추정에서 가장 중요한 부분 중의 하나이다. 기업의 성장은 곧 매출 성장과 동일시 되기도 한다. 물론 매출 성장만이 가치창출의 중요한 요소라고 볼 수는 없지만 가치창출을 위한 핵심적인 요소인 것만은 분명하다. 그렇다면 기업의 매출은 어떻게 성장하는가?

첫번째는 기업의 사업영역, 시장, 산업의 성장이다. 기업분석시 산업의 매력도 분석단계에서 다루어지는 항목이다. 기업의 성장가능성을 바라볼 때 가장 먼저 시장의 성장가능성을 보게 되는데, 기업이 참여하는 시장의 성장은 매출 성장의 가장 중요한 원천이기 때문이다. 그렇기 때문에 기업 매출 추정에서 가장 중요하게 다루어지는 항목이다.

두번째는 시장점유율의 확보를 통한 매출 성장이다. 이는 기존 시장에서 경쟁력, 차별화를 통해 점유율을 높여가는 성장이며, 시장성장 전망과는 또다른 시장참여자들의 경쟁정도와 관련된 분석이 필요할 수 있다.

다음으로는 M&A를 통한 성장이 있으나, 이는 기업이 성장전략으로 고려할 수 있는 부분이기는 하지만, 일반적으로 기업가치평가 목적의 현금흐름 추정에서는 고려하지 않는 경우가 많다.

[Note 2] 매출 성장의 요인

기업의 매출이 성장하는 요인은 다양하지만 이를 몇 가지로 분류를 하면 다음과 같다.

1. 시장의 성장: 시장의 성장 및 시장 규모의 증가에 따라 회사 매출이 증가할 수 있다. 만약 고성장 시장 혹은 시장규모가 성장하고 있는 시장에 포지셔닝을 하고 있다면 회사의 매출은 시장의 성장과 함께 성장할 가능성이 있다.
2. 경쟁력 증가에 따른 점유율 상승: 제품/서비스 경쟁력, 원가 경쟁력 등의 요인으로 경쟁력이 증가하여 시장점유율이 증가함으로써 매출이 증가할 수 있다.
3. 확장을 통한 증가: 신규투자를 통한 규모의 확대, 신규시장 진출, M&A 등을 통한 확대 등 전반적인 규모 증가를 통해 매출이 증가할 수 있다.
4. 혁신을 통한 새로운 시장 진출: 혁신을 통해 새로운 제품과 서비스로 새로운 시장을 만들거나 틈새 시장에 진출함으로써 매출이 증가할 수 있다.

매출을 추정할 때에는 이와 같이 기업의 성장이 어떤 요인에 기반하는지에 따라 매출 추정의 방법론도 달라질 수 있다는 점을 고려하여야 한다.

[Note 3] 성장률 지표로서의 GDP 증가율

    다음의 그래프는 1940년부터 2016년까지 미국 GDP와 기업이익의 추세를 나타낸 것이다.[130]

    동 기간 동안 미국의 GDP 연평균 성장률은 7.1%이고, 기업이익의 연평균 성장률은 7.0%로 장기추세상 방향성은 유사하게 나타나고 있다. 장기적 전망의 경우, 매출의 증가와 이익의 증가의 방향성이 동일하다고 본다면, 예상 GDP 증가율이 성장지표로서 참고가 되는 것은 합리적일 수 있다. 그러나, 개별기업의 관점에서 보면 각 회사의 상황 및 산업의 특성에 따라 중기적·단기적 전망은 직접적으로 영향을 주는 다른 환경지표의 영향을 받을 수 있다는 점을 인지하여야 한다.

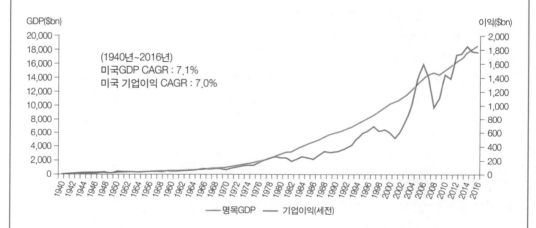

    여기서 추가적으로 고려할 사항은 동일기간의 재무제표의 각 항목별 성장률은 다를 수 있다는 점이다. 다음은 미국 상장사의 1997~2007년 동안 재무제표 각 항목별 성장률과 GDP성장률을 비교한 표이다.[131]

	1997~2002					2002~2007				
	GDP	매출	EBITDA	EBIT	NI	GDP	매출	EBITDA	EBIT	NI
평균	5.0%	9.56%	7.65%	5.46%	7.04%	5.7%	10.67%	15.80%	11.38%	11.32%
중앙값		7.32%	6.38%	3.90%	6.54%		10.76%	13.63%	12.09%	12.50%

1997~2002년 매출액은 다른 재무지표에 비해 성장률이 높은 반면, 2002~2007년 매출액은 다른 재무지표에 비해 성장률이 상대적으로 낮다. 이러한 결과는 성장률 추정 시 어떤 재무지표를 기준으로 성장률을 추정하느냐가 가치평가에 영향을 미칠 수 있는 부분이 있음을 보여준다. 그러나 이 경우에 있어서도 GDP성장률이 상대적으로 높았던 2002~2007

년 기간의 모든 재무지표 성장률이 1997~2002년의 기간에 비해 전반적으로 높다는 것을 확인할 수 있다. 단, 앞서 언급한 바와 같이 이러한 통계는 평균적인 결과이므로 개별기업의 추정에 있어서는 해당 기업의 특성이 우선적으로 고려되어야 할 것이다.

[Note 4] 가치 창출 요인이 무엇인지 파악하자

회사의 가치창출은 매출에서부터 시작된다. 매출 추정을 위해서는 Top-down방식과 Bottom-up방식을 구분할 것이 아니라 이를 종합적으로 분석할 필요가 있다. 즉, ⓐ 시장, ⓑ 경쟁자 및 경쟁요소, ⓒ 회사의 경쟁력, ⓓ 과거실적 및 사업계획이라는 매출추정의 4가지 기본적인 항목은 가능하다면 통합적으로 분석하여야 하는 것이다.

우선적으로 산업의 특성을 파악한다. 그리고 회사의 포지션과 경쟁사의 포지션을 분석한다. 이는 과거 장기간의 시장점유율 추이를 분석하는 것과 같은 양적 지표의 분석과, 제품이나 서비스의 차이 혹은 Target 시장의 차이를 분석하는 질적 분석을 포함하며, 시장의 성장률 추이와 같은 시장 변화 분석도 함께 이루어져야 한다. 이 과정에서 회사는 어떻게 경쟁해왔고, 또 어떻게 경쟁할 수 있는지에 대한 파악이 이루어진다.

이렇게 산업의 구조와 평가대상회사의 포지션에 대한 그림을 그리고 나면, 향후 추정 방향성에 대한 가닥을 잡을 수 있다.

향후 추정을 위해 전문예측기관의 전망과 같은 외부 시장자료의 활용이 도움이 될 수도 있지만, 그렇지 못할 경우에는 합리적인 추정이 가능한 다른 방안을 고려하여야 한다. 다른 방안의 예로는 과거 성장률이 같은 패턴으로 향후에도 유지된다고 가정할 수도 있으나, 시장의 변화가 예상되는 상황이라면, 해외시장 또는 국내 선도 기업의 사례를 벤치마킹하는 방법 등을 고려해 볼 수 있을 것이다.

일련의 분석과정에서 주의 깊게 보아야 할 것은 매출을 창출 혹은 구성하는 요소, 나아가 가치창출 핵심 요인이 무엇인지와 핵심 요인이 환경에 어떻게 영향을 받는지를 파악하는 것이다.

다음은 상기 사항을 고려하여 분석한 사항 중 매출 창출 요소에 대한 분석 사례이다.[132]

130) Data source: Fred (Federal Reserve Economic Data)
131) Growth and Value(Aswath Damodaran) 및 저자 조사
132) 시장점유율 분석 및 과거 실적 분석과 관련한 사례는 "제2장 경영환경 분석과 재무실사"를 참고하기 바란다.

[그림 3-8] 매출 분석 예시[133]

매출 Factor	주요 변동 요인	회사 역량
항차당 운임	• 핵상물동량과 선복량, 운임지수(BDI 등)	• 운임 통세력 미미
× 항차당 운송물량	• 세계 경제 동향(무역 수요, 물동량 등)	• 화주와의 안정적 network
× 연간 항차수	• 항차당 운항 기간, 공차 항해, 운휴 Risk	• 운항일정 관리능력 • 공차항해손실 회피를 위한 영업 채널 다변화
매출		

상기 예시는 해운업(Dry Bulk, 부정기선)을 영위하는 회사의 분석 사례이다. 매출 구성 요소를 파악하고, 이러한 요소에 영향을 주는 요인을 분석하고 있다. 그리고 회사가 이러한 변동 요인에 어떻게 대응하고 경쟁할 수 있는지에 대한 분석을 포함하고 있다. 그러나, 상기 사례와 같은 매출 분석이 가치 창출 요소의 분석으로서 항상 충분한 것은 아니다. 상기 예시에서 경쟁력의 상당 부분은 원가 측면에서 발생하고 있기 때문이다. 그러므로 매출 분석에서 시작한 가치 창출요소에 대한 분석은 다음에 설명할 원가 분석에까지 이어 질 필요가 있다.

4 원가 및 비용의 추정

Key Concept

• 원가의 항목별 변동 요인을 파악하여 추정한다.
• 많은 경우에 있어서 영업관련 원가 및 비용은 매출액을 기준으로 추정될 수 있다.

원가의 추정은 원가구조 및 원가의 변동요인 파악에서 시작되며, 이는 평가대상회사와 산업별 특성에 맞게 접근할 필요가 있다. 일반적인 제조업의 경우 원가구조는 재료비, 인건

---

133) 주요 용어: [선복량]은 해상 운송 용역의 공급량을 나타내는 지표의 하나로서 운항할 수 있는 선박의 총 적재능력을 말하며, [BDI지수]는 Baltic Dry Index의 약자로서 벌크화물 운임과 용선료 등을 종합해 산출 하는 해운 시황의 척도이다.

비, 제조간접비 등으로 구성되고, 이러한 원가·비용은 변동비성 비용과 고정비성 비용으로 구분될 수 있다. 수주산업의 경우에는 진행매출에 따른 원가구조 파악이 필요할 것이다. 원가구조는 산업별 차이가 큰 부분이므로 재무분석 및 산업분석 단계에서 원가의 구성요소, 발생 및 변동 요인 등에 대한 명확한 파악이 필요하다. 원가분석에 대한 자세한 사항은 "제2장 경영환경 및 재무실사"를 참고하기 바란다.

평가대상회사에 대한 원가구조 및 원가동인(Cost driver)이 파악되었다면 구성항목별 추정도 가능할 것이며, 원가 동인별로 묶어서 추정하는 방식도 가능할 것이다.

또한 과거 원가구성 요소 중 일시적이거나 비경상적인 사항으로 파악되는 항목이 있다면 이를 반복적·경상적인 사항으로 조정할 것인지에 대한 판단도 필요하다. 단, 약식 추정 등의 경우에는 매출액의 일정비율로 추정되기도 한다.

[표 3-9] 원가 항목에 대한 일반적인 추정 방식의 예[134]

원가 구분	추정 방식의 예
재료비	• 투입량은 매출추정 결과에 따라 결정(판매계획, 생산계획 등의 자료 참고)
	• 단가는 시장예측자료, 거시경제자료, 산업분석보고서, 과거 변동 추이 등을 참고하여 추정
인건비	• 변동비성 인건비와 고정비성 인건비를 구분하여 추정 또는 제조 등에 직접 관여된 인원에 대한 인건비와 판매 또는 관리인원에 대한 인건비로 구분하여 추정(조직구조, 급여정책, 급여대장, 인력계획 등 자료 참고) • 인당 평균 인건비를 추정하고, 임금상승률은 관련 경제지표, 과거 회사 및 산업 임금상승률 등 고려 • 급여 외 인건비성 경비를 포함하여 추정할 때 경비의 범위 정의 필요(복리후생비 등)
감가상각비	• CAPEX(투자비)와 연계하여 추정. 즉 기존 자산에 대한 상각은 기존 스케줄에 따라 진행하되 신규투자로 인한 상각비를 추가적으로 반영(CAPEX는 투자계획 등 자료 참고)
기타 매출원가 및 판매관리비	• 재료비, 인건비, 감가상각비를 제외한 매출원가 및 판매관리비는 원가항목별 원가동인(Cost Driver)에 따라 추정 • 고정비는 예상비용을 독립적으로 추정하거나 물가상승률 등 관련 경제지표를 고려하여 추정 • 변동비는 원가항목별 원가동인에 따라 추정. 매출에 연동되는 경우, 매출증가율을 고려하여 추정

---

134) 원가의 항목별 추정방식의 예는 "Ⅷ. DCF 평가 예시"를 참고하기 바란다.

[그림 3-9] 원가구성 항목 및 추정 Logic 분석의 예

원가 구성		추정 로직
운항 변동비	연료비	• 1일 연료 소모량 × 유가 × 운항일수
	항비	• 항로별 항비 × 항차수
운항 고정비	감가상각비(및 장기용선료)	• Capex(선박건조) 계획 및 선박 용선 계획 반영
	선원비	• 선원수 × 임금 × 임금상승률
	선박수리비	• 수리횟수 및 물가상승률 반영
	보험료 등	• 물가상승률 반영

상기 예시는 해운업(Dry Bulk, 부정기선)을 영위하는 회사의 원가를 분석한 것이다. 원가의 구성항목을 파악하고, 각 구성항목을 변동비와 고정비로 구분하여 어떠한 요인에 의해 변동하는지를 분석한다. 그리고 각 원가항목의 변동요인은 향후 추정의 Logic으로 반영된다. 원가의 구성항목과 각 구성항목의 변동요인을 어떻게 파악하느냐에 따라 추정원가는 영향을 받게 된다. 원가의 추정은 ⓐ **과거분석**, ⓑ **시장전망**, ⓒ **동업종 회사와의 비교 분석**의 기초 하에서 이루어져야 한다.[135]

앞서 설명한 사례들은 매출의 구성항목과 영향요인, 원가의 구성항목과 변동요인이 연결되어 있기는 하지만 구분하여 분석한 것이라고 볼 수 있다. 그러나, 산업에 따라서는 수익성을 분석하고 향후 추정을 하는 데 있어서 매출과 주요 원가를 묶어서 분석하기도 한다. 주로 핵심 원가와 매출 단가가 연동하여 움직이는 산업, 또는 매출과 핵심원가의 일정 마진(Margin) 확보가 주요 경쟁요인이 되는 산업 등에서 이러한 분석이 필요하다. 즉 개별 원가의 증감 또는 개별 판매단가의 증감보다는 마진의 증감에 Focus를 두는 분석이다.

---

135) 원가의 분석은 "제2장 경영환경분석 및 재무실사"를 참고하기 바라며, 원가추정의 사례는 본장 "Ⅷ. DCF 평가 예시"를 참고하기 바란다. 상기 예시의 경우, 시장전망은 다른 기업과 동일하게 영향을 받을 것으로 가정하지만, 과거 분석 및 동업종 회사와의 비교를 통해 회사가 갖는 원가구조상의 차별점이 발견될 수도 있다. 상기 예시에서 만약 원가의 중요한 부분을 차지하는 용선료가 동업종 다른 회사에 비해 낮게 분석된다면, 대상회사는 원가경쟁력을 갖게 되는 것이다. 이러한 상황이 향후에도 계속 지속될 수 있는지 등의 파악이 필요하다. 향후 용선료의 하락 등으로 현 상황과 다른 시장상황에 직면하게 될 수도 있지만, 대상회사는 장기계약을 통해 현 원가구조를 일정기간 안정적으로 유지하는 전략을 선택하였다.

예를 들어 앞서 언급한 해운업(Dry bulk, 부정기선)에서는 Charter base(C/B)와 Hire base (H/B)분석이 중요할 수 있다. Charter base는 운임수입에서 운항변동비를 차감한 공헌이익 개념이고, Hire base는 용선료 등을 포함한 고정비 개념이다.[136] 즉, Charter base – Hire base가 수익성 분석의 핵심이고, 향후 추정에 있어서도 매출과 원가를 각각 구분하여 추정하는 것이 아니라 이를 묶어서 분석하는 것이 필요할 수도 있는 것이다. 이와 유사한 분석으로는 정유산업의 정제마진, 철강산업의 롤마진 등이 있을 수 있다.[137]

5 법인세[138]

> **Key Concept**
>
> • 법인세는 영업이익[139]에 적용하며, 적용세율은 유효세율이나 법정 한계세율을 사용한다.
> • 이월결손금 등의 효과가 크다면 법인세비용을 직접 조정하거나, 비영업자산으로 법인세 절감효과를 반영할 수 있다.

현금흐름은 세후로 산정한다. 현금흐름할인법에서 적용하는 법인세는 손익계산서상에 계상되는 법인세비용과는 달리 영업이익(EBIT)에 대한 법인세를 산정한다.

법인세를 산정하기 위해 적용하는 세율은 일반적으로 유효세율이나 한계세율(또는 법정세율)을 적용한다.[140]

현금흐름할인법이므로 현금흐름에 적용할 법인세는 법인이 실제 납부할 금액을 적용하는 것이 합리적일 것이다. 이런 관점에서는 유효세율을 적용하는 것이 의미가 있을 수 있다.

---

136) Charter base〉Hire base인 경우에는 공헌이익이 고정비를 초과하기 때문에 수익성이 있는 운항조건이 되고, Hire base〉Charter base〉0인 경우에는 공헌이익은 (+)이나 회계상은 손실이다. 그러나 고정비 회수를 위해서는 운항 의사결정이 필요한 경우일 수 있다.

137) 정제마진은 석유제품가격에서 유가 등 원자재 가격을 차감한 값이고, 롤마진은 철강의 톤당 판매가격에서 철광석 등의 원자재 가격을 차감한 값이다.

138) 법인세를 납부하는 과세의 기준은 회계상 이익에서 법인세법상 목적으로 익금과 손금의 조정이 이루어진 소득이다. 이를 과세표준이라고 하며, 회계상 법인세비용과 법인세법 상 납부할 세금의 일시적 차이를 회계상으로는 이연법인세 항목으로 조정하고 있다.

139) 영업외손익이라도 영업과 관련한 항목이나, 지속적으로 발생되고 별도로 비영업용자산으로 산정되지 않는 경우에는 영업이익에 포함하여 계산할 수 있다.

140) 실무적으로는 유효세율(기업이 실제로 부담하는 세율)과 법정세율 모두 사용되나, 유효세율을 장기적으로 적용하는 데 있어 상기와 같은 불확실성이 있는 경우 등의 이유로 법정세율을 한계세율로서 사용하는 경우가 많다.

그러나, 유효세율을 적용할 경우에는 일시적이거나 비경상적인 이유로 세율이 영향을 받았다면 추정을 함에 있어 이러한 효과가 지속될 수 있는지에 대한 분석이 필요하다. 정책적인 조세감면 등이 있을 경우, 해당 세액감면이 향후에도 일정하게 지속될 수 있는지를 파악하는 것이 그 예가 될 수 있다.

한계세율 또는 연도별 예상 법정 세율을 적용하는 것은 현금흐름 추정과정에서 회계와 세무상 차이가 나는 현금흐름은 발생하지 않는다는 가정에 기초한다. 회계와 세무상 일시적 차이가 발생하지 않으므로 이연법인세를 통한 조정도 없는 것으로 볼 수 있다.[141]

그러나, 이 경우에도 세금 감면이나 이월결손금이 존재한다면 이로 인한 절세 효과가 추정기간 및 추정기간 이후에 지속될지 여부에 대한 고려가 필요하다.

이월결손금 및 세액공제 등의 효과가 크다면 이를 가치평가에 반영하는 것이 필요한데, 가치평가에 반영하는 방법은 추정현금흐름에 법인세비용을 직접 조정하여 반영하는 방법과, 이월결손금으로 인한 법인세 절감효과를 별도로 평가하여 비영업용 자산으로 가산해주는 방법이 있을 수 있다.[142]

법인세율 적용 시에는 법인세에 가산하는 지방소득세(주민세)도 포함하는 것이 일반적이다. 이러한 세금은 향후에도 경상적·지속적으로 발생하는 것으로 가정할 수 있기 때문이다.

[표 3-10] 법인세 법정 세율[143]

과세표준	구간 적용 세율	세율
2억원 이하	9%	과세표준의 100분의 9
2억원 초과 200억원 이하	19%	1천800만원 + (2억원을 초과하는 금액의 100분의 19)
200억원 초과 3천억원 이하	21%	37억8천만원 + (200억원을 초과하는 금액의 100분의 21)
3천억원 초과	24%	625억8천만원 + (3천억원을 초과하는 금액의 100분의 24)

상기 표의 법인세율은 법인세에 가산하는 지방소득세가 포함되지 않은 것이므로 이를 포

---

141) 그러나, 지속적으로 회계와 세무상 손익의 차이를 가져올 수 있는 항목을 구분할 수 있다면, 이를 반영하는 것이 필요하다.
142) 계속적으로 발생하는 이연법인세자산은 이월결손금과는 달리 실무상 별도로 변동사항을 추정하지 않는 것이 일반적이다. 대부분의 경우 과세소득과 추정이익은 동일하다고 간주하기 때문이다. 만약 이연법인세 자산이나 부채의 실현으로 인한 법인세효과가 중요할 경우에는 이를 이월결손금과 같이 별도로 고려할 것인지를 판단하여야 한다.
143) 법인세법 제55조, 2022년 12월 31일 개정

함하기 위해서는 법인세율에 10%를 가산하여 적용한다. 즉, 21% 법인세율이 적용되는 경우에 지방소득세를 포함하여 적용하는 세율은 23.1%가 되는 것이다.

해외법인의 현금흐름을 파악하기 위해서는 해외법인의 법인세율 구조를 파악할 필요가 있다. 아래 표는 국가별로 법인에 적용되는 대표적인 세율이다. 각 국가별 세율 구조에 따라서는 소재지와 자본금 규모 등에 따라 차이가 나는 경우도 있고, 미국의 경우와 같이 연방세에 지역별 주세가 추가되는 경우도 있으며, 세율의 변경도 발생하는 경우가 있으므로, 아래 표의 내용은 참고만 하기 바라며, 실제 현금흐름 추정 시에는 해당 국가의 세율구조를 이해한 후 상황에 맞는 세율을 적용하는 것이 필요하다.

[표 3-11] 2017년 기준 국가별 Corporate Marginal Tax Rates[144]

국가	Canada	China	France	Germany	Hong Kong SAR	India	Indonesia	Japan
세율	26.5%	25.0%	33.3%	29.8%	16.5%	30.0%	25.0%	30.9%
국가	Korea, Republic of	Malaysia	Singapore	Taiwan	Thailand	United Kingdom	United States	Vietnam
세율	22.0%	24.0%	17.0%	17.0%	20.0%	19.0%	21.0%	20.0%

6 현금 지출 없는 비용의 가산

Key Concept

- 현금흐름 관점이므로 회계상 비용이지만 현금이 지출되지 않는 항목은 비용으로 보지 않는다.
- 대표적인 항목은 유무형자산에 대한 감가상각비이다.

잉여현금흐름(Free Cash Flow)을 산정하기 위해 영업이익에서 현금이 유출입되지 않는 항목에 대한 조정이 필요하다. 잉여현금흐름 추정이 현금의 유입과 유출을 추정하는 방식이므로 회계상 비용으로 인식되는 시점이 아닌, 실제 현금이 유입되고 유출되는 시점을 기준으로 계산된다.

---

144) 애스워드 다모다란 페이지(http://pages.stern.nyu.edu)의 Corporate Marginal Tax Rates by Country 참고(January 2018 Update)

현금유출입이 없는 항목으로써 대표적인 비용이 유형자산 및 무형자산에 대한 상각비다. 감가상각비는 기존자산에 대한 상각비와 신규투자로 인한 상각비로 구분하여 추정하는 것이 일반적이다. 감가상각비는 그 특성이 투자비(CAPEX)가 기간에 걸쳐 비용화되는 과정이므로, 추정 시 반드시 CAPEX와 연결하여 추정할 필요가 있다.

이때 감가상각비를 영업이익 산정단계에서 제외하지 않고, 비용으로 인정하여 법인세를 차감한 후 세후영업이익에 가산하는 이유는 감가상각비의 비용처리로 인해 법인세가 절감되는 효과가 있기 때문이다. 그러므로 영업이익을 산정하는 단계에서부터 감가상각비를 제외하여 계산하고 추가적으로 상각비 절세효과만을 가산하여도 동일한 결과를 얻을 수 있다. 다음의 표는 두 가지 방법으로 영업현금흐름을 계산한 예이다.

[표 3-12] 감가상각비 절세효과 반영 방법 비교

구분	감가상각비 가산	감가상각비 절세효과 가산	산정방법
ⓐ 감가상각비 차감전 영업이익	1,000	1,000	
ⓑ 감가상각비	(200)	–	
ⓒ 영업이익	800	1,000	ⓐ-ⓑ
ⓓ 영업이익에 대한 법인세(20%)	(160)	(200)	ⓒ×20%
ⓔ 세후 영업이익	640	800	ⓒ-ⓓ
ⓕ 감가상각비 가산	200	–	ⓑ
ⓖ 감가상각비 절세효과	–	40	감가상각비×20%
ⓗ 순운전자본 증감	(100)	(100)	
ⓘ 영업현금흐름	740	740	ⓔ+(ⓕ or ⓖ)+ⓗ

*감가상각비 절세효과는 [200(감가상각비) × 20%(법인세율) = 40]으로 감가상각비가 영업이익에서 비용으로 차감됨으로 인해 법인세가 절감되는 효과를 의미함.

7　순운전자본(Net Working Capital)의 추정

> **Key Concept**
>
> • 현금흐름 관점이므로 투자지출을 현금흐름에서 차감한다.
> • 운전자본은 영업활동을 위한 단기투자이다. 그러므로 순운전자본은 사업 규모가 확대되는 경우 (-)현금흐름으로 반영되는 것이 일반적이다.

　운전자본은 영업을 영위하거나 확장하기 위해 지속적으로 필요한 영업투자의 개념이다.[145] 운전자본은 설비투자와 같이 자본적 지출에 해당하지 않는 자산·부채로서 매출채권, 재고자산, 매입채무 등과 같이 영업활동과 관련하여 발생한 자산과 부채를 의미한다. 영업활동관련 자산에서 영업활동관련 부채를 차감한 순운전자본(Net working capital)이 전기 대비 당기에 얼마나 증가 또는 감소하였는지를 파악하는 변동의 개념으로 현금흐름에 반영한다. 이렇게 순운전자본 증감사항이 현금흐름 반영에 필요한 이유는 현금흐름 계산의 출발점인 영업이익은 회계상 손익으로 실질적인 현금흐름과 다소 차이가 있어 이를 현금흐름에 맞게 조정해 줄 필요가 있기 때문이다. 예를 들어 다음의 사례를 살펴보자.

[표 3-13] 영업이익과 현금회수액의 차이

구분	1차년도	2차년도
매출	100	120
영업이익	100	120
매출채권	20	40
현금회수	80	100
현금회수액 계산	100(매출)-20(매출채권)=80	120(매출)+20(전기매출채권) -40(당기매출채권)=100

　위의 사례에서 살펴본 바와 같이 회계상 영업이익과 현금회수는 차이가 있다. 이를 운전자본의 변동을 통해 조정해 주는 것이다. 즉, 2차년도 현금흐름은 영업이익 120에서 운전자본의 변동(40-20)인 20을 차감하여 100이 계산되는 구조인 것이다.

---

145) 즉, 매출로 인한 대가를 현금으로 바로 회수하지 못하고 1개월 이후에 받기로 하였다면 영업활동의 계속성을 위해서는 자금의 투자가 필요하게 된다. 이러한 활동은 지속적이고 반복적으로 발생하기 때문에 전기와 당기의 변동액만을 필요투자금액으로 간주한다.

운전자본을 분석하고 추정할 때는 영업활동과 관련한 운전자본을 파악하고 운전자본의 변동요인을 검토하여 지속 가능한 수준의 운전자본을 분석하는 것이 필요하다.

[그림 3-10] 순운전자본의 추정 단계

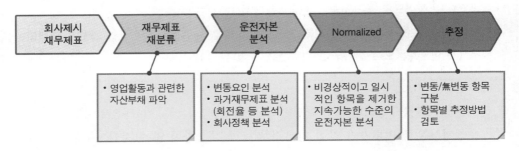

운전자본은 회계상 개념이 아니므로 회계 계정별로 명확하게 구분되지는 않는다. 그러므로 우선적으로는 운전자본을 명확히 정의하고 영업활동과 관련 자산부채를 파악하여 재무제표를 **재구성**하는 것이 필요하다. 예를 들어 지속적으로 발생한 비용과 관련한 미지급금이라면 운전자본을 구성할 수 있을 것이나, 유무형자산의 일시적인 투자와 관련하여 발생한 미지급금이라면 분석대상 운전자본에는 포함되지 않을 것이다. 또한 특정 산업에서 단기차입금은 매입채무의 속성을 갖는 경우도 있다.[146] 운전자본의 범위는 회사마다 또는 동일 회사 내에서도 기간마다 다를 수 있음을 고려하여야 한다.

각각의 운전자본은 항목별로 **변동요인**이 다를 수 있다. 항목별 변동요인의 파악은 적절한 회전율 분석을 통해 추정을 합리적으로 하기 위함이다. 일반적으로는 순운전자본의 각 항목은 매출, 매출원가, 매입 등과 연동된다고 보지만[147] 매출, 매입과 연동되지 않은 항목이 있을 수 있다. 이러한 경우에는 개별적인 변동 원인을 파악하여야 한다. 단, 중요성이 낮고 합리적으로 변동의 크기를 측정하기가 용이하지 않는 경우에는 증감이 없는 것으로 가정하는 것도 고려할 수 있다.

회사의 정책과 업계의 실무내용은 추정에 합리적인 가이드를 제공해 줄 수 있다. 그러나, 과거 실적이 회사의 정책 등과 차이가 날 수 있으므로 이러한 차이 원인을 고려한 분석이 필요하다.

---

146) 기업의 영업활동과 밀접하게 관련되어 있는 팩토링이나 무역어음 등은 회계상 단기차입금으로 계상하지만 운전자본으로 반영할 것인지 고려가 필요한 대표적인 항목이다. 이러한 항목은 일반적으로 금융비용을 발생시키기 때문에 회계상 단기차입금으로 분류하지만, 평가의 관점에서는 기업의 영업특성이나, 운전자본 정책 등에 따라 운전자본으로 분류하는 것이 합리적일 수도 있다.
147) 통상 매출채권은 매출, 매입채무 및 재고자산은 매입 또는 매출원가로 회전율을 산정한다.

　　회전율 분석의 결과를 그대로 향후 추정에 적용하기 전에, 해당 분석결과가 비경상적이고 일시적인 사건으로 왜곡된 비율은 아닌지, **지속 가능한 수준**의 운전자본 규모를 추정하는 데 적합한 결과인지에 대한 분석이 필요하다. 만약 기말시점의 운전자본이 결산정책에 따라 경상적인 경우와 차이가 있다면 측정된 과거 회전율은 왜곡되어 있을 수도 있으므로 월별회전율 등 기중 회전율을 고려할 수 있다면 이를 반영하여 연회전율을 산정하는 것이 필요할 수 있다.

　　운전자본의 추정은 변동 요인별로 추정이 이루어질 것이나, 중요하지 않은 항목의 경우에는 변동이 없이 유지되는 것으로 추정할 수도 있다.

　　순운전자본은 사업규모에 비례하여 증가하는 투자의 개념으로 잉여현금흐름(FCF) 추정시에 일반적으로는 (-)현금흐름으로 반영되는 경우가 많다.[148]

　　운전자본의 분석과 관련한 자세한 사항은 "Ⅱ. 경영환경분석 및 재무실사"에서 다루었으며, 항목별 추정의 예는 "Ⅷ. DCF 평가 예시"를 참고하기 바란다.

[Note 5] 순액채권 vs 총액채권

현금흐름을 추정할 때에는 손익추정과 투자액의 추정이 연관성을 갖는 경우가 많다. 운전자본 투자를 추정함에 있어서 대손충당금을 차감한 매출채권 순액으로 추정을 할 것인지, 매출채권 총액기준으로 추정을 할 것인지의 결정도 이와 유사한 문제이다. 손익 추정시 대손상각비를 추정하여 현금유출로 반영하였다면 매출채권은 순액기준으로 추정하고, 손익 추정시 대손상각비를 현금유출로 반영하지 않았다면 매출채권을 총액기준으로 추정하는 것이 보다 논리적일 것이다. 비용 현금유출로 대손상각비를 반영하였다면 운전자본 추정시에는 반영을 할 필요가 없는 것이고, 비용 현금유출로 대손상각비를 반영하지 않았다면 운전자본 추정시 투자액의 증가로 반영할 필요가 있을 것이다.

---

148) 현금흐름할인법에서 현금흐름으로 고려되는 것은 순운전자본의 "증감"이다. 안정된 기업에서 사업이 정상적인 영업만으로 유지되는 경우와 다른 상황이라면 순운전자본의 증감이 크게 변동할 수 있다. 예를 들어 만약 회사를 설립하거나, 새로운 사업을 개시하는 경우에는 대규모의 운전자본이 필요할 수도 있다.

8 CAPEX(Capital Expenditure, 자본적지출)

> **Key Concept**
> - 성장률 또는 매출을 뒷받침할 수 있는 수준의 자본적 지출이 고려되어야 한다.[149]
> - 현 수준의 유지를 위한 투자와 확장 또는 신규 투자는 구분할 필요가 있다.

영업현금흐름 창출을 위한 원가나 비용은 모두 현금유출로 현금흐름에 반영된다. 그러나 유형자산 등과 관련한 비용은 감가상각비의 형태로 영업이익에 반영되는데, 이는 현금이 유출되지 않는 비용으로 세후영업이익에 가산된다. 그러므로 Capex(Capital Expenditure, 자본적 지출 또는 투자비)로 인한 현금유출이 별도로 고려될 필요가 있는 것이다.

매출 성장을 위해 Capex가 필요한 부분도 있지만, 현재 수준의 매출을 유지하기 위해서 재투자 성격의 Capex가 지속적으로 필요한 부분도 있다. 여기서 중요한 것은 매출의 추정 수준과 대상회사가 보유한 Capacity(생산능력) 및 가동률은 반드시 연계하여 고려되어야 한다는 것이다.[150] 매출은 급격히 증가하는데, Capex는 현 수준을 유지하는 재투자 성격으로만 발생한다고 가정하는 경우에는 그 이유가 명확히 설명되어야 할 것이다. 즉, 성장률이 높으면 높은 수준의 신규투자가 발생하고, 안정적인 성장을 가정하더라도 유지를 위한 재투자는 필요하다고 보는 것이 일반적이다.

또한 해당 자산이 영업현금흐름 창출에 기여하는지 여부에 대한 판단이 필요하다. 영업현금흐름 창출에 기여하지 못하는 자산은 비영업자산을 분류하여 별도로 평가되어야 할 것이다.

CAPEX와 관련하여 추가적으로 고려할 부분은 재투자 또는 신규투자의 시기와 관련된 사항이다. 설비투자 시기에 따라 현금흐름의 현재가치가 차이가 날 수 있기 때문이다.

1) Capex 시기

Capex 시점에 따른 평가결과의 차이를 다음의 사례를 통해 살펴보고자 한다.
사례의 기본 사항은 다음과 같다.

---

149) CAPEX(투자지출)의 시기는 현금흐름 및 가치에 영향을 줄 수 있다. 그러나 단순한 시기만의 문제가 본질적인 가치의 차이를 가져와서는 안될 것이다.

150) 또한, 일정 주기마다 발생하는 대수선의 경우에는 관련 현금유출금액을 반영하는 것도 중요하지만, 대수선 기간 동안 매출이 발생하지 않을 수 있다는 점도 고려되어야 한다.

현금흐름은 다음 표와 같이 주어지고, WACC(가중평균자본비용)은 10%, 영구성장률은 0%인 경우, 영업가치(Operating Value)를 산정하면?

[표 3-14] Capex 시기-Case1

구분	Comment	Projection				
		20*1(F)	20*2(F)	20*3(F)	20*4(F)	20*5(F)
③ NOPLAT		11,000	12,000	14,000	16,000	18,000
④ 감가상각비		13,000	13,100	13,200	13,300	13,400
⑤ 운전자본의 변동		(1,400)	(1,700)	(2,500)	(2,900)	(3,200)
⑥ Operating Cash Flow	③+④+⑤	22,600	23,400	24,700	26,400	28,200
⑦ CAPEX			38,000			40,500
⑧ Free Cash Flow	⑥-⑦	22,600	(14,600)	24,700	26,400	(12,300)
⑨ Discounted FCF	⑧×현가계수	20,545	(12,066)	18,557	18,032	(7,637)
⑩ PV of FCF	Sum of ⑨	37,431				
⑪ Terminal Value	-	(-)76,373				
⑫ Operating Value	⑩+⑪	(-)38,942				

$$*\text{Terminal Value} = \frac{\text{추정최종기간 CF} \times (1+\text{영구성장률})}{(\text{WACC} - \text{영구성장률})} \times \frac{1}{(1+K)^n}$$

투자로 인한 현금지출이 예측기간 마지막 연도에 발생하고 예측기간 마지막 현금흐름을 기초로 영구기업가치를 산출하니 영구기업가치가 음수로 산정되었다. 실제 투자가 예측기간 마지막 연도에 발생이 불가피하다고 하더라도 이러한 투자가 매년 발생하는 것이 아니므로 상기 Case1처럼 투자로 인한 현금지출이 반영된 현금흐름이 매년 계속 지속된다고 가정하는 데에는 무리가 있을 것으로 보인다.[151]

---

151) 상기 사례는 영구현금흐름 산정과도 관련이 있다. 예측기간 이후의 현금흐름 산정을 위해 예측기간 마지막 연도의 현금흐름은 안정화된 상태이어야 한다. 예측기간 동안 연도별 변동이 심한 금액은 Normalize되거나, 예측기간을 늘리는 것을 고려해 보아야 한다.

[표 3-15] Capex 시기 - Case2

구분	Comment	Projection					영구흐름
		20*1(F)	20*2(F)	20*3(F)	20*4(F)	20*5(F)	
③ NOPLAT		11,000	12,000	14,000	16,000	18,000	18,000
④ 감가상각비		13,000	13,100	13,200	13,300	13,400	13,400
⑤ 운전자본의 변동		(1,400)	(1,700)	(2,500)	(2,900)	(3,200)	–
⑥ Operating Cash Flow	③+④+⑤	22,600	23,400	24,700	26,400	28,200	31,400
⑦ CAPEX			38,000			40,500	13,500
⑧ Free Cash Flow	⑥-⑦	22,600	(14,600)	24,700	26,400	(12,300)	17,900
⑨ Discounted FCF	⑧×현가계수	20,545	(12,066)	18,557	18,032	(7,637)	
⑩ PV of FCF	Sum of ⑨	37,431					
⑪ Terminal Value	–	111,145					
⑫ Operating Value	⑩+⑪	148,576					

$$*Terminal\ Value = \frac{추정최종기간\ CF \times (1+영구성장률)}{(WACC-영구성장률)} \times \frac{1}{(1+K)^n}$$

Case1의 문제를 해결하기 위해 상기 Case2처럼 추정기간 이후에 지속될 것으로 예상되는 현금흐름을 별도로 산정하여 이를 기초로 영구기업가치를 산출하는 방법을 고려할 수 있다. 상기 사례는 투자는 3년마다 주기적으로 발생하므로, 매년 평균적으로 투자가 발생하는 것을 가정하여 영구현금흐름 CAPEX에 반영하였다.

Capex의 크기가 중요할 경우, 투자비의 지출 시기를 언제로 하느냐에 따라서 영업가치의 크기가 달라질 수 있다. 상기 사례는 예측기간 동안은 투자시기가 투자계획에 따라 정해진 것으로 가정하였다. 그러나, 거액의 투자가 예측기간 동안 일시에 발생하였다면 이로 인한 현금유출로 가치는 왜곡될 수도 있다. 이러한 경우에는 예측기간 동안의 투자비지출도 일시적으로 발생하는 것이 아니라 매 기간 균등하게 발생하는 것으로 가정하거나, 예측기간을 늘리는 방법을 고려해 볼 수 있다.

[그림 3 - 11] Capex 시기 - Case3

구분	Comment	Projection					영구흐름
		20*1(F)	20*2(F)	20*3(F)	20*4(F)	20*5(F)	
③ NOPLAT		11,000	12,000	14,000	16,000	18,000	18,000
④ 감가상각비		13,000	13,100	13,200	13,300	13,400	13,400
⑤ 운전자본의 변동		(1,400)	(1,700)	(2,500)	(2,900)	(3,200)	–
⑥ Operating Cash Flow	③+④+⑤	22,600	23,400	24,700	26,400	28,200	31,400
⑦ CAPEX	⑥-⑦	13,100	13,200	13,300	13,400	13,500	13,500
⑧ Free Cash Flow		9,500	10,200	11,400	13,000	14,700	17,900
⑨ Discounted FCF	⑧×현가계수	8,636	8,430	8,565	8,879	9,128	
⑩ PV of FCF	Sum of ⑨	43,638					
⑪ Terminal Value	–	111,145					
⑫ Operating Value	⑩+⑪	154,783					

$$\text{*Terminal Value} = \frac{\text{추정최종기간 CF} \times (1+\text{영구성장률})}{(\text{WACC} - \text{영구성장률})} \times \frac{1}{(1+K)^n}$$

상기의 사례는 매 기간 일정하고도 지속적으로 투자가 필요한 것으로 가정한 사례이다.

매 기간 일정하게 투자가 발생하는 것으로 보느냐, 특정시기에 일시에 투자비 지출이 이루어지는 것으로 보느냐, 또는 예측기간을 늘려서 추정하느냐의 문제는 선택의 문제라기보다는 투자비의 발생형태, 매출 등 다른 요인에 미치는 영향을 연계하여 고려함으로써 합리적으로 판단되어야 할 사항이다.

Capex의 시기를 분석할 때에는 설비 등의 실질내용연수, 매출 성장을 위해 투자가 필요한 시기, 설비 등의 투자에 대한 지출 형태, Capex로 인한 현금유출이 전반적인 현금흐름을 왜곡하는지 등의 여부가 종합적으로 고려되어야 할 것이다.

2) Capex와 예측기간

영업활동이 설비투자를 바탕으로 이루어지고 일시적인 거액의 CAPEX가 예측기간 내에 발생한다면, 예측기간의 현금흐름은 기업전체의 현금흐름을 중요하게 왜곡할 수도 있다. 이 경우에는 앞서 언급한 바와 같이 투자가 매년 평균적으로 발생하는 것으로 가정할 수도 있지만, 그에 따른 매출 성장 요인도 적절하게 반영되어야 할 것이기 때문에 예측기간을 연장하는 것도 고려해야 보아야 한다.

3) 신규투자

신규투자를 고려할 때에는 이러한 투자가치가 가치평가에 반영하는 것이 적절한지에 대한 고려가 필요하다.

회사의 현수준 유지를 위한 재투자는 계속기업의 가정에서 필요하며, 정상적인 수준의 성장을 위한 신규투자도 일반적으로 필요하다고 본다.

그러나 상황에 따라서 신규투자는 stand-alone[152] 평가에서는 제외되고 시나리오 중의 하나로만 고려될 수도 있다. 예를 들어 1공장을 보유한 회사가 2공장을 증설하기 위한 부지만을 보유한 상태에서 2공장 건설로 인한 가치를 회사 가치에 반영할 것인지에 대한 판단이 필요할 수 있다.

참고로 외부평가업무 가이드라인[153]에서는 이와 관련된 몇 가지 참고할 만한 사례를 제시하고 있다.

"부적절한 평가 사례" 중 일부 발췌
- 건물(공장) 건설부지를 매입함에 있어 자산접근법 또는 시장접근법이 아닌 건물(공장)을 완공했을 경우를 가정한 이익접근법으로 평가
- 기계장치가 설치되어 있지 않은 공장부지와 공장건물을 평가함에 있어 외국 유수의 기업으로부터 정밀한 설비라인을 설치한 경우를 가정하여 평가
- 건설중인 건물에 대하여 완성건물을 가정하여 이익접근법으로 평가하면서 미분양 위험을 고려하지 않고 평가
- 이익접근법을 적용하여 평가하면서 평가대상 자산을 현재 상태와 다르게 가정(예: 토지가 현재 농지임에도 산업용지로 가정)하여 평가

물론 상기 가이드라인이 모든 가치평가에 있어서 그대로 적용되어야 하는 것은 아니다. 평가의 목적 자체가 공정시장가치가 아닌 투자가치평가 등일 경우에는 기본전제가 이와는 다를 수 있기 때문이다. 그러나, 가치평가를 함에 있어서 중요하게 고려되어야 할 질문을 던져주고 있다는 측면에서 의미가 있다.

---

152) 대상회사가 현 상황을 기준으로 독립적으로 운영하였을 때 시장에서 평가받을 수 있는 공정가치의 개념이다.
153) 자본시장법 상 자산평가의 공정성 확보를 위해 2009년 6월 금융감독원에서 제정

9 **잉여현금흐름(FCF: Free cash Flow)의 추정**

　매출, 원가 및 비용, 순운전자본, Capex 등의 추정을 토대로 예측기간 동안의 잉여현금흐름이 추정된다.

　다음의 표는 이러한 과정을 통해 예측기간 동안의 잉여현금흐름(FCF)이 산정된 예시이다. "㈜가치"라는 가상 회사의 잉여현금흐름 추정의 전반적인 과정은 "Ⅷ. DCF 평가 예시"에서 다루기로 한다.

[표 3-16] 잉여현금흐름(FCF)의 산정: "㈜가치"의 예

(단위: 원)

구분	계산	20*5(F)	20*6(F)	20*7(F)	20*8(F)	20*9(F)
ⓐ 매출		313,751	327,376	341,018	352,688	363,033
ⓑ 매출원가		217,860	226,989	235,761	243,765	251,383
ⓒ 판매관리비		16,022	16,600	17,193	17,773	18,351
ⓓ 영업이익(EBIT)	ⓐ-ⓑ-ⓒ	79,869	83,787	88,065	91,150	93,299
ⓔ 법인세[154]	ⓓ×22%	17,571	18,433	19,374	20,053	20,526
ⓕ 세후영업이익	ⓓ-ⓔ	62,297	65,354	68,691	71,097	72,773
ⓖ 감가상각비		8,454	8,560	8,668	8,786	8,900
ⓗ 운전자본변동		(-)463	(-)1,133	(-)1,132	(-)972	(-)866
ⓘ CAPEX		(-)8,350	(-)8,475	(-)8,628	(-)8,792	(-)8,924
ⓙ 잉여현금흐름	ⓕ+ⓖ+ⓗ+ⓘ	61,939	64,305	67,600	70,120	71,883

　잉여현금흐름 추정 시에는 만약 평가가 기중에 이루어진 경우라면, 평가기준일의 결산 재무제표를 기초로 현금흐름을 추정하거나, 연말·반기·분기 등 가장 최근의 결산 재무제표를 기초로 현금흐름을 추정한다. 이때 계절성이 존재하는 수익·비용이나, 연말 결산 시에만 반영되는 항목들이 있을 경우에는 전체적인 현금흐름의 추정이 왜곡될 수 있다. 그러므로 재무분석 단계에서 이러한 사항을 파악하여 평준화 또는 정상화 수준(Normalizing)으로 조정된 현금흐름에 기초하여 추정될 수 있도록 하여야 한다.

---

154) 현 법정 세율구조와 무관하게 상기 예시에서 적용할 한계세율은 22%로 가정한다.

10 추정 재무제표의 작성[155]

Key Concept

추정 재무제표는 가치평가에 반드시 필요한 것은 아니나, 추정의 적정성을 확인할 목적으로 유용하다.

잉여현금흐름(FCF) 추정 과정에서 추정 재무제표 작성을 고려할 수 있다. 현금흐름을 추정함에 있어서 재무제표의 추정이 반드시 필요한 것은 아니다. 그러나 재무상태표, 손익계산서 등의 재무제표 추정이 잉여현금흐름(Free Cash Flow) 추정과 함께 이루어진다면 미래현금흐름 각 요소의 추정에 대한 합리성과 신뢰성이 제고될 수도 있다.[156]

우선 미래현금흐름 추정과정에서 기업가치에 중요한 영향을 미치는 항목들이 제대로 반영되었는지 확인이 가능하다. 이는 다음의 표에서 예시로 제시한 것과 같은 방식으로 각재무제표 항목이 어떤 방식으로 Valuation에 반영되고 있는지 구분하면서 확인할 수 있을 것이다. 이러한 과정은 재무제표 각 항목별 특징을 파악함으로써 평가가 적절하게 이루어지도록 하는 것을 돕는다.

[표 3-17] 재무제표 각 항목의 Valuation 반영 Logic 구분 예시

재무상태표	구분 예시	손익계산서	구분 예시	현금흐름표	구분 예시
유동자산		매출액	FCF	**영업현금흐름**	
현금&현금등가물	N/O 또는 net debt	매출원가	FCF	**당기순이익**	ⓑ
매출채권	W/C	매출총이익	FCF	**비현금항목 조정**	
재고자산	W/C	판매비와 관리비	FCF	감가상각비	Dep(FCF)
미수금	W/C	영업이익	FCF	기타비용(수익)	Case by case
비유동자산		영업외손익		**운전자본변동**	
종속기업투자주식	N/O[157] 또는 FCF	이자수익	N/O	매출채권 증감	W/C
토지	Capex	이자비용	Debt, WACC	재고자산의 증감	W/C
건물	Capex, Dep(FCF)	지분법손익	N/O	매입채무의 증감	W/C

155) 현금흐름을 직접 추정하지 아니하고, 대상회사가 제시한 사업계획에 근거하여 평가를 할 때에는 산업분석 및 과거 재무자료 분석 등을 통해 회사 사업계획의 합리성 여부에 대한 검토가 이루어져야 할 것이다.
156) 재무제표 추정을 할 경우에도 실제 재무제표보다는 중요한 항목 위주로 간단하게 추정할 필요가 있다. 복잡성은 이해가능성을 낮추고 오류 가능성을 높일 수 있다.

재무상태표	구분 예시	손익계산서	구분 예시	현금흐름표	구분 예시
기계장치	Capex, Dep(FCF)	법인세비용 차감전 손익		기타자산부채변동	W/C
보증금(회원권)	N/O 또는 W/C	법인세 등	FCF, WACC	**투자현금흐름**	
유동부채		당기순이익	ⓑ	토지	Capex
매입채무	W/C			건물	Capex
미지급금	W/C			기계장치	Capex
단기차입금	Debt, WACC			기타자산	Capex
비유동부채				**재무현금흐름**	
장기차입금	Debt, WACC			단기차입금	Debt, WACC
퇴직급여충당부채[158]	W/C 또는 cost, debt			장기차입금	Debt, WACC
순자산	ⓐ			현금의 증감	
				기초현금	ⓒ
				기말현금	ⓓ

*N/O: Non-Operating Asset(비영업자산), W/C: Working Capital(운전자본), Capex(투자비), Dep.: Depreciation(감가상각비), WACC: Weighted Average Cost of Capital(가중평균자본비용), FCF: Free Cash Flow(잉여현금흐름), Debt(이자부부채, 타인자본)
*재무제표 상호간 검증의 예로는
'당해연도 순자산(ⓐ)[159] = 직전연도 순자산(ⓐ) + 당기순이익(ⓑ)',
'ⓒ와 ⓓ가 직전 및 당기 재무상태표 상 현금과의 일치 여부' 등이 있을 수 있다.
계정과목 상으로는 손익계산서 혹은 현금흐름표 상의 감가상각비를 반영하고 Capex의 증감을 고려한 금액이 재무상태표 상 유형자산과 일치 여부 등을 확인할 수 있을 것이다.

　상기 표에서 재무제표 각 항목별 가치평가의 반영 방법은 예시일 뿐이다. 각 회사별로 계정의 특성이 다르고, 변동요인도 다를 수 있기 때문이다. 평가대상회사에 대한 재무분석

157) 종속기업이 지배기업과 사업적 연관성이 밀접한 경우에는 현금흐름 추정 시에 종속기업 현금흐름을 묶어서 추정하는 방안을 고려할 수 있다. 또한 별도기준으로 현금흐름을 추정하는 경우에도 중요한 종속기업은 개별로 현금흐름을 추정하여 DCF가치를 산정하여 비영업용 가치로 반영하는 것을 고려할 수 있다.
158) 퇴직급여에 대해서는 회사의 정책을 확인할 필요가 있다. 확정급여형은 근로자가 지급받을 금액이 사전에 정해진 제도이고, 확정기여형은 회사가 지급할 금액이 사전에 정해진 제도이다. 확정기여형의 경우에는 일반적으로 퇴직급여를 현금유출과 동일하게 간주한다. 그러나 확정급여형의 경우에도 퇴직급여충당부채를 운전자본(또는 부채성 항목)으로 구분하여 추정하기도 하지만, 향후 추정 시 예측되는 퇴직급여를 직접 현금이 유출되는 영업비용으로 가정하기도 한다.
159) 실제로는 기타자본잉여금등 자본변동이 복잡하지만 추정 시에는 가정을 단순화하기 때문에 이러한 검증이 가능하다. 그러나 유상증자, 유상감자, 배당 등이 발생하는 경우를 가정한다면 이러한 변동사항이 순자산 증감에 고려되어야 한다.

을 통해 회사를 이해한 후 회사별 특성에 맞게 적용되어야 할 것이다.

다음으로 과거재무제표와 추정재무제표를 연결하여 분석적 검토를 함으로써 추정의 적정성을 확인할 수 있을 것이며, 회사의 장기적인 재무사항을 검토하면서 지속가능성 등에 대한 의미 있는 정보를 얻을 수도 있다. 그리고, 재무제표 상호간의 연계성을 통한 검증도 가능하다. 다음의 그림은 각각의 재무제표가 어떻게 연결되고 있는지를 보여준다. 추정재무제표 작성을 할 경우 해당 연결 지점이 가치평가 모델 작성 오류의 검증 포인트 중 하나가 될 수 있을 것이다.

[그림 3-12] 재무제표간 관계

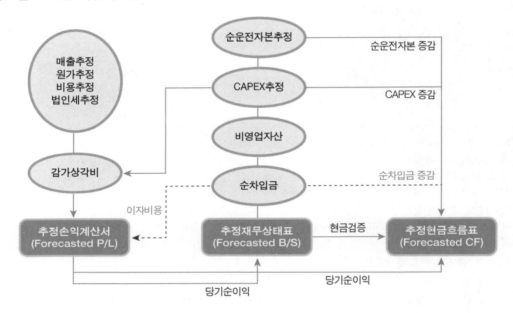

영업가치, 기업가치, 주주가치 산정

잉여현금흐름이 추정되면 영업가치를 산정하고, 영업가치에 비영업자산의 가치를 합하여 기업가치를 산정한 후, 타인자본(순이자부부채)의 가치를 차감하여 주주가치를 산정하게 된다.

1 영업가치(Operating Value)

> **Key Concept**
>
> - 영업가치는 일정기간 동안(예: 향후 5개년)의 예측한 현금흐름의 현재가치와 이후 기간의 잔여가치[160] 합으로 계산한다.
> - 예측기간은 현금흐름이 향후 큰 변동 없이 안정적으로 지속될 수 있는 기간까지 추정한다.
> - 계속기업의 가정 하에서 잔여가치는 영구성장모형을 적용하는 경우가 많으며, 영구성장률은 예측기간 동안의 성장률보다 낮게 추정하는 것이 일반적이다.

영업가치는 현금흐름예측기간의 현재가치와 예측기간 이후 발생하는 현금흐름의 현재가치 합으로 산정된다.

[그림 3-13] 영업가치(Operating Value) 산정

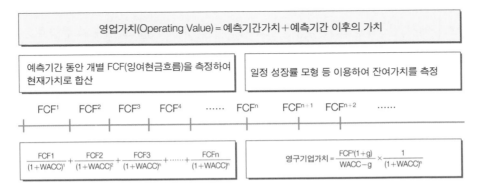

---

160) 예측기간 이후의 가치는 영구기업의 가치, 잔여가치, 잔존가치, Terminal Value, Continuing Value, Residual Value 등 다양한 용어로 표현된다.

1) 예측기간의 가치 산정

예측기간의 가치는 예측기간 동안의 현금흐름을 현재가치로 할인하여 산정한다. 그렇다면 예측기간은 어떻게 정할 것인가의 문제에 직면하게 된다.

예측기간은 산업의 성숙도, 경기순환주기(Business cycle), 핵심설비의 실질적인 내용연수, 예상되는 중요한 이벤트 등이 종합적으로 고려되어야 한다. 성장기인 회사의 추정 시 성숙단계에 도달하는 시점까지 추정할 것인지, 예측기간 내에 해당 산업의 경기순환주기가 포함되어 추정되었는지[161] 등이 예측기간을 결정할 때 필요한 고려사항인 것이다.

이와 같은 사항이 고려될 때 가장 중요한 부분은 비즈니스가 안정적인 상태에 도달하는 시기까지 예측을 하는 것이다. 예측기간 이후 현금흐름, 즉 예측기간 마지막 연도의 현금흐름이 향후 지속가능한 수준으로 추정되고, 이러한 현금흐름의 변동성이 최소화될 수 있는 수준이라면 예측기간 이후의 가치에 대한 추정의 합리성이 확보될 수 있기 때문이다.

그렇다면 안정적인 상태란 어떤 상태인가? 일반적으로 장기적인 성장 추세가 물가상승률, 실질 경제 성장률 등과 유사한 수준이면서 이익률의 수준도 과거 달성한 이익률, 경쟁정도, 산업의 평균 이익률을 고려하여 합리적인 수준인 경우를 말한다.

그러나, 현실적으로 장기적인 성장 추세 등도 추정의 영역이고, 또한 경기순환주기 및 현금흐름 안정화 시기 등의 정확한 예측이 쉽지 않기 때문에 자본시장법 상 평가의 경우에는 실무적으로는 금감원에서 2009년 6월에 발표한 "외부평가업무 가이드라인"을 참조하여 5년[162]을 추정기간으로 하는 사례가 많다.

신생 벤처기업이나 급격히 성장하는 기업 등 특별한 경우를 제외하고는 예측기간(예: 5년 등) 동안 기업은 안정화 상태에 도달하고, 예측기간 이후의 추정을 예측기간 마지막 연도 현금흐름에서 일정수준으로 성장한다고 가정하는 경우 굳이 그 이후의 현금흐름을 별도로 추정하지 아니하고 영구현금흐름을 가정하여도 큰 차이가 없다고 보기 때문이다.

하지만, 예측기간을 단순히 5년으로 일률적으로 적용하기보다는 현금흐름의 특성을 고려할 필요가 있다. 향후 투자의 시기 및 방식, 장기 계약에 따른 매출, 비용의 발생 여부, 예측기간 마지막 현금흐름이 이후 지속 가능할 것으로 예상될 수 있을 정도의 안정성 등을 종합

---

161) 만약 예측기간 내에 1 business cycle이 포함된다면, Terminal value는 주기의 중반 수준을 가정하는 것이 합리적일 수 있다.

162) 외부평가업무 가이드라인 붙임2. 가치평가접근법 중 이익접근법 문단 9 "미래 효익 추정시 예측기간은 5년 이상 충분히 길게 하고 과거 장기간의 추세분석을 바탕으로 기업이 속한 산업의 경기순환주기를 결정하는 경우 경기순환주기상 중간점에서의 이익수준에 근거하여 영구가치를 산출하여야 한다. 또한 영구가치산출 시 적용하는 영구성장률은 과거 5년치 평균성장률을 넘지 않도록 추정한다."

적으로 고려하여 판단할 필요가 있을 것이다. 즉, 장기계약으로 현금흐름의 합리적 추정이 5년 이후의 기간 동안에도 필요하거나, 5년 이후에 대규모 투자가 필요한 경우 혹은 5년 이후에 중요한 변수 등의 합리적인 추정이 가능하거나 필요한 경우 등에는 그러한 내용이 포함되도록 예측기간을 충분히 연장하는 것이 필요할 것이다.[163]

[Note 6] 예측기간이 왜 중요한가?

사실 예측기간을 몇 년으로 하는지가 기업가치에 근본적인 영향을 미치지는 않을 것이다. 그러나 예측기간이 중요한 것은 영구가치 산정에 간접적으로 영향을 미칠 수 있는 계산구조 때문이다. 기본적으로 영구가치는 예측기간 마지막 연도의 현금흐름을 바탕으로 일정한 비율의 성장률과 할인율을 적용하여 산정한다. 이는 예측기간 마지막 연도의 현금흐름이 어떻게 되는 지가 계산구조 상 평가에 영향을 미치게 됨을 의미한다. 그러므로 **예측기간을 현금흐름이 안정적(Stable)인 수준이 될 때까지 추정하도록 하는 것이다.** 그래야만 추가적으로 장기를 예측하는 것과 예측기간 이후의 현금흐름을 영구가치 현금흐름으로 추정하는 것의 차이가 없어질 것이다. 만약 이익률이 지속적으로 변할 것으로 예측되거나 성장률이 지속적으로 변할 것으로 예측된다면 예측기간은 그러한 변화가 줄어들 수 있는 기간까지 확장되어야 할 것이다.

---

2) 예측기간 이후의 가치(영구기업가치)

앞서 우리는 일반적인 경우에 있어서 기업의 가치평가는 계속기업의 가정 하에서 이루어진다고 하였다. 그러므로 통상 예측기간 이후의 가치는 기업의 영업이 향후에도 지속될 것을 가정하여 평가가 이루어진다.[164]

예측기간 이후의 가치를 산정하는 방법에는 영구성장모형, 시장가치접근법 등이 있으며, 일반적으로 영구성장모형이 많이 활용되고 있다.

---

163) 물론 5개년 정도의 구체적인 예측기간 추정작업을 하고, 이후 10여 년 정도를 성장률, 이익률, 할인율 등 몇 가지 핵심요소만으로 단순화된 추정을 하는 방식의 장기추정도 고려해 볼 수 있다.

164) 만약 한정된 기간 동안 사업을 영위하는 것으로 가정하는 것이 필요한 경우에는 영구성장모형 등을 사용하지 않고, 예상 사업종료시점까지 현금흐름을 추정한 후, 예상 종료시점에는 청산가치법을 적용하여야 할 것이다.

방법	내용
영구성장모형(Growing Perpetuity Method) (growth model)	현금흐름 예측기간 이후에도 일정한 성장률로 현금흐름 창출이 지속된다는 가정으로 Gordon의 영구성장모형을 사용
다단계 성장모형 (Multi-stage calculations)	예측기간 동안의 추정이 안정적인 상태에 도달하지 못하였을 경우, 안정적인 상태에 도달하기까지의 기간과 도달 이후의 기간을 구분하여 복수의 성장률을 적용하는 방법
시장가치법 적용 (Market multiple)	현금흐름, 이익 또는 장부가치에 일정 배수를 적용하여 평가
청산가치법 적용	예측기간 말에 보유 자산을 매각한다고 가정하였을 경우 가치를 적용

① 영구성장모형(고든의 성장모델) 적용

[그림 3-14] 영구성장모형

계산식	$\text{예측기간 이후의 가치} \atop (\text{Terminal value})$ $= \dfrac{FCF_t \times (1 + g)}{(WACC - g)} \times \dfrac{1}{(1 + WACC)^t}$
비고	FCF_t = 현금흐름 예측기간의 마지막 연도의 **현금흐름** g = **영구성장률** $WACC$ = **할인율**

　　고든의 영구성장모형(Gordon growth model)은 계속기업의 가정 하에 무한한 기간 동안 매출, 비용 등을 상세히 추정할 수 없으므로, 예측기간 이후에는 영구 성장률로 일정하게 성장한다고 가정한 현금흐름의 현재가치를 산정하는 방법이다.

　　영구성장모형의 기본전제는 기업의 성장률, 이익률, 투자비율, 할인율 등이 일정하게 유지되는 것으로 가정한다. 그러므로 영구성장모형을 적용하기 위한 기초 현금흐름은 기업이 안정적인 상태 혹은 장기적으로 지속될 수 있는 정상이익으로부터 출발하여야 한다.

　　산업별 특성이나 회사의 상황에 따라 다를 수 있지만,[165] 전체 영업가치에서 영구성장모형으로 산정한 예측기간 이후의 가치비중이 과도하게 클 경우에는 그 원인에 대한 분석이 필요하다.[166] 예측기간 이후의 가치비중이 크다는 것은 추정의 불확실성이 상대적으로 높

---

165) 신생기업이나, 급성장기의 기업의 경우에는 예측기간이 동일할 경우 성숙기의 기업에 비해 예측기간 이후의 가치 비중이 더 클 수 있다.

166) 이러한 이유로 장기추정을 요구하는 경우도 있으나, 추정의 기간보다는 안정화 상태에 언제 도달하느냐가 더 중요한 문제일 것이다. 즉, 3년 내에 안정화 상태에 도달하여 3%씩 영구적으로 성장한다고 가정한다면

을 수 있다는 의미이기도 하기 때문이다.

영구기업의 가치를 산정할 때 주의할 점은 상기 산식에서 보는 바와 같이 고든의 성장모델에 의해 계산된 가치($\frac{FCF_t \times (1 + g)}{(WACC - g)}$)를 현재시점으로 계산하는 것($\frac{1}{(1 + WACC)^t}$)이 필요하다는 것이다. 고든의 성장모델에 의해 계산된 영구기업의 가치는 예측기간 말 시점의 가치이고 영업가치에 합산하여야 하는 값은 현재시점의 가치이므로 이를 현재시점의 값으로 환산하는 과정이 필요한 것이다.

가) 영구성장률

영구성장률을 적용할 때에는 예측기간 동안의 성장률보다는 낮은 수준을 적용하는 것이 일반적이다.

영구성장률 적용 시 고려하여야 하는 사항의 예는 다음과 같다.

[표 3-18] 영구성장률 적용 시 고려 사항

- 예측기간 동안의 물가상승률 또는 성장률
- 장기 추정 경제성장률, 장기 산업성장률 또는 장기물가상승률
- 무위험이자율
- 과거 5개년 평균성장률
- 0%
- 경쟁상황, 신기술, 수요변화 등

영구가치 산출 시 적용하는 영구성장률을 예측기간의 평균성장률보다 높게 추정하여 평가하는 경우는 특별한 경우가 아니라면 재고해 보아야 한다. 금감원의 "외부평가업무 가이드라인"에서도 높은 영구성장률은 일반적으로 적정하지 않은 것으로 간주하고 있다.

"제1장"에서 살펴본 바와 같이 경험적으로 영구히 성장하면서 지속되는 회사는 매우 드물다는 측면에서 영구성장률로서 0%를 적용하는 경우도 있다. 명목가치 기준에서 0%의 성장률은 실질가치가 감소함을 의미한다. 그러므로 명목현금흐름으로 추정할 때 물가상승률 수준의 성장률을 적용하는 것이 합리적일 수 있다고 보는 견해도 있으나, 산업의 성숙도나 대상회사의 특성 등을 고려하여 장기적인 기업의 잉여현금흐름 성장은 낮은 수준일 것이라는 가정의 적용이 필요하다는 견해도 있다. 실무상으로는 상대적으로 보수적인 성장률

3년 이후 영구성장모형을 적용하여 추정하는 것과 10년 이상 장기추정의 결과는 차이가 없을 것이기 때문이다. 그러므로 장기추정을 요구하는 대부분의 경우는 단기간 내에 안정화 상태에 도달하지 못하는 경우이다. (장기계약에 의한 추정이 필요한 경우 제외)

이 적용되고 있는 편이며, 다수의 이해관계자가 있는 공시 목적의 본질가치[167] 평가 시 현금흐름할인법을 적용할 때 영구성장률은 대부분의 경우 1% 이내에서 적용되고 있다.[168]

나) 영구기업가치 산정을 위한 현금흐름

일반적으로 영구기업가치 산정을 위해서는 예측기간 마지막 연도의 현금흐름을 사용한다. 단일의 현금흐름으로 예측기간 이후의 가치를 산정하기 때문에, 영구기업가치 산정을 위한 현금흐름은 안정적이고 지속가능한 현금흐름이어야 한다.

그러므로, 영업이익, 감가상각비, CAPEX, 순운전자본의 변동은 Normalized된 정상이익에 기초하며, 향후 장기적인 현금흐름의 대표성을 지닐 수 있는 안정적인 성장이 가능한 현금흐름 수준이어야 한다.

㉠ 영업이익

영업이익은 예측기간 이후의 영업이익을 대표할 수 있는 정상화된(Normalized) 이익 수준이어야 한다. 비경상적이고 일시적 사항의 조정과 관련된 Normalized 영업이익에 대해서는 "제2장 경영환경분석 및 재무실사"를 참고하기 바란다.

㉡ CAPEX와 감가상각비

고려하여야 할 첫 번째 사항은 영구현금흐름에 반영할 감가상각비와 CAPEX(투자비)가 향후 지속적으로 발생할 매 기간의 금액으로 적절한지에 대한 검토이다.

검토되어야 할 두 번째 사항은 감가상각비와 CAPEX(투자비)의 관계이다. 일반적으로 자본적 지출인 투자비가 감가상각비를 통해서 비용화되므로 장기적으로 CAPEX와 감가상각비는 유사할 것으로 가정하는 것은 합리적이다.[169]

---

167) 자본시장법 상 수익가치와 자산가치를 가중평균하여 주식가치를 산정하는 방법. "제6장 자본시장법 상 평가" 참고
168) 2017년 공시된 합병을 위한 증권신고서(합병) 상의 영구성장률 적용 사례를 보면 대부분 0%~1%를 영구성장률로 적용하고 있다. 그 밖의 공시목적 평가가 아닌 평가에 있어서도 영구성장률의 적용은 1% 이내에서 적용하는 사례가 많으나, 물가상승률, 장기추정 경제성장률, 무위험이자율 등도 적용되고 있다.
169) 추정기간 내에는 감가상각비와 투자비가 반드시 유사한 수준은 아닐 수 있다. 그러나, 감가상각비가 투자지출액을 내용연수 동안 비용화하는 개념이므로 장기적으로 감가상각비와 투자비가 유사할 것으로 보는 가정은 합리적이라고 할 수 있다.

[그림 3-15] 영구현금흐름에 반영할 CAPEX와 감가상각비

구분	Projection					영구흐름1	영구흐름2
	20*1(F)	20*2(F)	20*3(F)	20*4(F)	20*5(F)		
NOPLAT	11,000	12,000	14,000	16,000	18,000	18,000	18,000
감가상각비	13,000	13,100	13,200	13,300	13,400	13,400	13,400
운전자본의 변동	(1,400)	(1,700)	(2,500)	(2,900)	(3,200)	–	–
CAPEX		38,000			40,500	40,500	13,500
Free Cash Flow	22,600	(14,600)	24,700	26,400	(12,300)	(9,100)	17,900

상기 사례에서 영구현금흐름 1과 영구현금흐름 2를 비교해 보자. 검토되어야 할 첫 번째 사항과 관련하여 영구현금흐름 1은 예측기간 마지막 연도의 CAPEX가 영구현금흐름에 그대로 반영되었는데, 이와 같은 투자가 매 기간 동일하게 발생하는 것으로 가정하는 것은 일반적인 경우에 있어서 합리적이지 않다. 현금흐름이 상대적으로 과소 추정될 가능성이 있는 것이다.[170]

검토되어야 할 두 번째 사항과 관련하여 영구현금흐름 1에서는 감가상각비와 CAPEX의 차이가 크다. 일반적인 상황에서 이러한 차이는 합리적이지 않다.

영구현금흐름 2는 영구현금흐름 1의 이러한 차이를 고려하여 과거 투자내역 및 향후 계획 등을 고려하여 필요한 투자의 연평균액 수준이 반영되었고, 감가상각비와 CAPEX의 차이도 크게 발생하지 않도록 조정되었다.[171]

ⓒ 순운전자본 변동

순운전자본의 변동도 매출 등의 운전자산과 매입 등의 운전부채 정책 및 동업종 실무(업계 Practice)를 고려하여 순운전자본 증감의 크기 및 방향성이 향후 지속적으로 발생한다고 볼 수 있는 수준인지에 대한 검토가 필요하다. 순운전자본은 성장에 따라 증가하는 투자의 개념으로서 음(-)의 현금흐름을 갖는 것이 일반적이다. 순운전자본의 변동은 기간별 성장률의 정도에 따라 기간별 변동액이 영향을 받을 수 있다.

---

170) 반대로 CAPEX가 발생하지 않은 20*4년도를 예측기간 마지막 연도로 가정해 보자. 해당 현금흐름을 영구기업가치 산정을 위한 현금흐름으로 사용한다면 가치가 상대적으로 과대평가될 것이다.
171) 위와 같은 이유로 추정 마지막 연도의 NOPLAT를 영구가치산정을 위한 영구현금흐름으로 보거나, NOPLAT에 순운전자본의 변동만을 추가적으로 고려하여 영구현금흐름으로 보는 경우도 있다. 이 경우 순운전자본의 변동은 영구성장가정에 적합한 수준이어야 할 것이다.

[표 3-19] 영구현금흐름에 반영할 순운전자본 변동

(단위: 백만원)

구분		4차년도	5차년도	영구현금흐름Case1		영구현금흐름Case2	
				성장률3%	성장률0%	성장률3%	성장률0%
ⓐ 매출		145,000	155,000			159,650	155,000
ⓑ 매출원가		87,000	93,000			95,790	93,000
ⓒ 판관비		37,487	38,923			40,091	38,923
ⓓ 영업이익	ⓐ－ⓑ －ⓒ	20,513	23,077			23,769	23,077
ⓔ 법인세	ⓒ×22%	4,513	5,077			5,229	5,077
ⓕ 세후영업이익	ⓓ－ⓔ	16,000	18,000			18,540	18,000
ⓖ 감가상각비		13,300	13,400			13,400	13,400
ⓗ CAPEX		(13,400)	(13,500)			(13,500)	(13,500)
ⓘ 순운전자본변동	ⓝ	(875)	(583)			(271)	0
ⓙ 잉여현금흐름	ⓕ+ⓖ+ ⓗ+ⓘ	15,025	17,317	17,836	17,317	18,169	17,900
순운전자본 변동							
ⓚ 매출채권	ⓐ÷ⓞ	18,125	19,375			19,956	19,375
ⓛ 매입채무	ⓑ÷ⓟ	9,667	10,333			10,643	10,333
ⓜ 순운전자본	ⓚ－ⓛ	8,458	9,042			9,313	9,042
ⓝ 순운전자본변동	전 기 ⓜ － 당 기 ⓜ	(875)	(583)			(271)	0
ⓞ 매출채권회전율		8.0	8.0			8.0	8.0
ⓟ 매입채무회전율		9.0	9.0			9.0	9.0

영구현금흐름 case1은 5차년도의 잉여현금흐름 "17,317백만원"에 영구성장률 3%를 적용하는 경우와 영구성장률 0%를 적용하는 경우의 영구기업가치에 적용할 잉여현금흐름이다. 그러나, 영구현금흐름 case1에서는 예측기간 마지막 연도의 현금흐름에 반영할 순운전자본 변동이 영구현금흐름에 적절한지에 대해서는 추가적인 검토가 필요하다. 영구성장률은 일반적으로 낮게 적용되는데, 상기 표에서 예측기간 마지막 연도의 매출성장률은 7%이고, Noplat(세후영업이익) 증가율은 10%를 상회하기 때문이다. 이러한 성장률에서 나타난 순운전자본 변동이 낮은 성장률 가정에서도 적절한지에 대한 고려를 통해 영구기업가치에

적용할 현금흐름이 산정되어야 하는 것이다.

낮은 성장률을 적용할 순운전자본 변동의 수준을 반영하는 방법 중의 하나는 상기 표의 영구현금흐름 case2에서 제시한 방법이다. 영구현금흐름 case2는 영구현금흐름에 적용할 성장률을 반영하여 이에 따른 운전자본의 변동 수준을 직접 산출하는 방법이다. 이렇게 산정된 순운전자본의 변동은 영구성장률이 0%인 경우에는 순운전자본의 변동이 없을 것이고, 영구성장률이 3%인 경우에는 성장률이 이보다 높은 5차년도의 순운전자본 변동보다는 작은 금액이 현금흐름에 반영되고 있음을 볼 수 있다.

② 다단계 성장 모형[172]

기업의 성장단계 상 예측기간(예: 5년)의 마지막 연도 현금흐름이 영구성장모형을 적용하기에 적합하지 않을 수도 있다. 이런 경우에는 기업의 성장과 현금흐름이 안정화 단계에 이르기까지 예측기간을 늘리는 방안을 고려하여야 한다. 이 외의 간편한 대체적 방법으로서 다단계 성장 모형과 Multiple Method를 고려해 볼 수 있다.

다단계 성장모형은 영구가치 적용 기간을 나누어 서로 다른 성장률을 적용하는 방법이다. 예를 예측기간 이후 5개년은 예측기간 동안의 평균성장률로 성장을 가정하고, 그 이후는 경제성장전망치나 일반적인 영구성장가정인 0~3%의 성장률을 가정하여 평가하는 방법이다. 이는 실무상 간편법으로서 영구가치가 평가에 중요한 영향을 미치는 평가에 있어서는 신중하게 활용 여부를 결정하여야 할 것이다.

③ Multiple 적용

앞서 설명한 바와 같이 실무상 간편법의 다른 방법으로서 시장가치접근법인 Multiple(이익 배수 등)을 이용하여 영구가치를 산정할 수 있다.

예측기간 마지막 연도의 현금흐름 또는 재무지표를 기초로 EV/EBITDA, PER, PBR 등의 상대가치 배수를 통해 영구기업가치를 산정하는 것으로서 추정기간까지는 DCF, 추정기간 이후는 상대가치를 적용하는 방식이다. Multiple 적용 시에는 예측기간 마지막 연도를 기준으로 한 추정 Multiple을 적용하여야 할 것이나, 예측기간 이후 시점의 추정 Multiple 산정이 쉽지 않으므로 실무상으로 예측기간 마지막 연도의 현금흐름 또는 재무지표 등에 현재시점에 관측되는 Multiple을 적용하는 경우가 많다.

그러나 Multiple data는 현재의 시장자료로서 영구가치산정의 시점과 다르다는 부분은 한

---

172) 이와 함께 생각해 볼 수 있는 문제가 할인율을 기간별로 달리 적용하는 것이다. 이에 대해서는 'Ⅶ. 현금흐름할인법의 추가적인 고려사항'을 참고하기 바란다.

계로서 고려되어야 할 것이다. 이는 Multiple 적용방법은 예측기간과 예측기간 이후의 할인율 및 성장률 등의 가정에 일관성이 유지되지 못할 수 있다는 점을 의미한다. 즉, 현재 관측되는 Multiple은 시장에서 비교적 짧은 기간의 성장에 대한 예측을 반영하고 있고, 이는 예측기간(예: 5년의 추정기간) 동안의 높은 성장률이 반영된 것으로 볼 수 있다. 만약, 예측기간 이후의 성장률이 기업이 안정화된 상태로 예측기간 동안의 성장률에 미치지 못할 것으로 예상된다면 Multiple의 적용은 배수에 내재된 성장률의 차이로 인해 다른 평가결과를 가져올 수 있을 것이다. 그러므로 Multiple 적용방법 역시 실무상 간편법이므로 영구가치가 평가에 중요한 영향을 미치는 평가에 있어서는 신중하게 활용 여부를 결정할 필요가 있다.

[Note 7] 예측기간 말에 영구가치 산정 목적으로 적용할 시장 배수

　영구가치 산정 목적으로 시장배수를 적용할 때, 예측기간 마지막 연도에 적용할 배수는 어떤 배수를 적용할 것인가? 사실 예측기간 마지막 시점의 산업전망과 시장상황은 현재와 많이 다를 수 있어서 현재 시점에 적용되고 있는 시장배수를 예측기간 마지막 연도에도 동일하게 적용하는 것은 적절하지 않을 수도 있다.

　또한 예측기간 동안의 현금흐름을 추정하여 현재가치로 환산 값과 시장배수를 적용하여 영구가치를 산정한 값의 합을 영업가치라고 가정하고, 이렇게 산정된 가치로 평가대상회사의 Multiple을 산정하면, 산정된 Multiple은 현 시점에서 시장가치접근법에 의해 적용할 시장배수(Multiple)와 차이가 날 수도 있을 것이다. 영구가치를 산정할 때 시장배수를 적용한 가정에 혼란이 생길 수도 있는 것이다.[173]

　그러나 현실적으로 미래기간의 시장배수를 적정하게 추정하는 것이 쉽지 않기 때문에 이러한 한계에도 불구하고 실무상으로는 현재시점에 관측되고 있는 배수를 많이 사용하고 있다.

---

173) 물론 시장가치배수가 모든 기간에 동일한 배수를 나타낸다고 보는 것은 아니다. 현금흐름의 추이 등에 따라 각 시점별 시장배수는 달라질 수 있으며, 그러한 잠재적 이익 창출에 대한 종합적인 기대가 현재의 가치로 반영된 결과일 것이다. 그러나 현재의 시장배수를 영구가치 산정 시 동일하게 적용한다는 것은 암묵적으로 각 기간(현재와 예측기간 말)의 배수는 동일할 것이라는 가정이 전제되어야 한다.

④ 청산가치법

청산가치는 예측기간 이후 보유하고 있는 각 자산을 처분하여 부채를 상환하고 남는 금액의 가치로 잔여가치를 평가하는 방법이다. 일반적으로 사업의 영위 기간, 또는 중요한 자산의 내용연수가 종료되는 경우에 적용이 가능하다. 예를 들어 발전시설의 경우 핵심 발전설비 내용연수 동안 사업을 영위하고 내용연수 종료 시점에 보유 자산의 청산가치를 산정하여 기업 또는 사업의 가치를 평가할 수 있을 것이다.

2   비영업자산 가치

Key Concept

- 비영업자산 가치는 영업가치 산정에 고려되지 않는 자산과 부채[174]이다. 일반적으로 투자주식, 투자부동산 등이 있으며, 영업활동에 필수적인 현금을 초과하여 보유하는 현금성자산도 포함될 수 있다.
- 비영업자산 가치는 평가기준일의 시가로 평가한다.[175]

잉여현금흐름(FCF) 추정에 사용되는 현금흐름은 영업활동과 관련한 현금흐름이다. 영업활동과 무관한 자산은 현금흐름 추정에 포함되지 않는다. 이는 곧 영업현금흐름에 포함되지 않는 비영업자산이 있다면 기업의 가치평가에 누락되는 부분이 있는 것과 같다.

비영업자산의 예로는 지분투자증권, 투자부동산 등이 있을 수 있다. 현금성자산도 비영업자산으로 고려되기도 한다.

비영업자산의 가치평가를 위해서는 비영업자산을 영업자산과 구분하는 것이 필요하고, 구분된 비영업자산을 평가하여야 한다.

1) 영업자산과 비영업자산의 구분

① 투자주식

투자주식은 일반적으로 비영업자산으로 분류되는 대표적인 항목 중 하나이다. 그러므로

---

174) 기업현금흐름할인법에서 이자부부채는 할인율로 고려된다. 기업가치 산정 후에는 타인자본의 가치로서 차감하여 주주지분의 가치를 산정하게 된다.

175) 그러나 실무상 장부가액을 시가로 간주하는 경우도 있다. 회계상 결산이 공정가액으로 이루어져 공정가액의 변동이 크지 않을 것으로 예상되는 경우나, 비영업자산이 차지하는 비중이 크지 않을 경우이다.

중요한 주식의 경우에는 시가나 DCF 등의 방법으로 평가하여 비영업자산으로 가산한다. 그러나, 보유 지분증권 중 관계회사지분의 경우에는 영업활동과 밀접하게 관련이 있는 지분이 있을 수 있다. 이러한 관계회사 지분 보유로 인한 현금흐름이 영업현금흐름 산정 시 포함되었다면, 해당 지분증권은 별도로 비영업자산에 가치를 평가하여 가산할 필요가 없을 것이다.[176] 또한 관계회사 보유 지분의 평가와 관련하여 연결회사간 내부거래 또는 시너지로 인해, 연결현금흐름을 산정하는 것이 더 적절한 경우가 있을 수 있다. 만약 연결현금흐름으로 가치를 평가한다면 외부주주지분에 해당하는 평가액은 타인자본가치 등의 항목으로 차감되어야 할 것이다. 연결현금흐름에 대해서는 "Ⅶ. 현금흐름할인법의 추가적 고려사항"을 참고하기 바란다.

② 영업현금과 비영업현금

영업자산과 비영업자산의 구분에서 중요한 사항 중의 하나가 현금성자산을 영업자산과 비영업자산으로 구분하는 것이다. 영업현금과 비영업현금을 명확하게 구분하는 기준은 없다. 그러므로 실무상으로는 현금성 자산에 대해서는 다양한 접근이 이루어지고 있다.

우선 모든 보유현금을 비영업자산으로 보는 견해가 있다. 이러한 관점에서는 타인자본의 가치 산정 시 차입금 등에서 현금성자산을 모두 차감하여 순타인자본(Net Debt)을 구하거나[177] 비영업용자산으로 기업가치에 가산하여야 한다. 모든 보유현금을 비영업자산으로 보는 접근법은 회사가 현금성 자산에 대해 영업필요현금과 초과보유 현금을 구분하여 운용하지 않고, 영업현금흐름에는 현금성자산으로부터 발생하는 이익을 고려하지 않기 때문에 현금성자산의 가치 반영을 위하여 비영업자산으로 가산해 주어야 한다고 보는 것이다.

다른 견해로는 보유현금 중 운전자본 성격의 필요현금과 비영업자산 성격의 초과보유 현금을 구분하여야 한다고 보는 의견이 있다. 이러한 견해에서는 영업에 필요한 일정 수준의 현금규모는 운전자본으로서 기능한다고 보며,[178] 그래서 매출액, 영업비용 등의 일정비율

---

176) 투자주식의 개별 법인 현금흐름을 평가대상회사의 현금흐름에 합산할 경우에는 대상회사와의 거래 및 채권-채무를 제거할 것인지 포함할 것인지에 대한 고려가 필요하다. 어떠한 경우든 현금흐름에 미치는 영향은 없어야 할 것이다. 단, 비용이나 운전자본 등의 변동요인이 다를 수 있으므로 합산하여 평가하더라도 매출, 원가, 순운전자본 등 각 항목을 구분하여 평가하는 것을 고려할 필요가 있다.
177) 차입금 등에서 현금성자산을 모두 차감하여 순타인자본(net Debt)을 산정하는 것은 언제라도 현금성자산으로 차입금 등을 상환 가능하다고 보기 때문이다. 이 경우에는 현금성자산을 전부 차감하여 순타인자본을 구하거나 모두 비영업용가치로 가산하는 경우 모두 주주가치는 동일하게 산정된다.
178) 필요자금 수준의 현금을 운전자본으로 본다는 것은 보통의 운전자본과 마찬가지로 해당 금액만큼은 지속적인 투자가 필요하다고 보는 개념이다. 그러나 매출채권 등과 같은 운전자본과는 달리 현 상황에서 추정한 필요자금이 변동 없이 지속적으로 투자된다고 본다. 필요자금을 구분하여야 한다는 다른 논리로는 필요자금을 보유하여야 하는 이유는 재무적 혹은 영업적 위험이 존재하기 때문이고, 이러한 위험은 할인율에

또는 법률·약정사항 등 규제사항 충족을 위한 수준을 고려한 일정액은 필수 보유 자금으로 구분할 수 있다는 것이다.[179] 필요 현금 규모의 파악을 위해서는 회사의 현금보유 및 운용 정책, 운전자본의 규모 및 순환구조, 일정기간 동안(예:1~2개월)의 영업비용 등이 고려된다. 필요자금을 운전자본으로 보는 만큼 매출액의 일정비율로 파악하기도 한다. 실무적으로 필요자금 구분 기준으로 많이 활용되는 방법은 다음과 같다.

[표 3-20] 필요현금을 구분하는 경우, 실무상 산정 방법의 예[180]

- 평가기준일 이후 1개월간의 소요자금
- 추정된 영업비용(유무형자산 상각비 등 제외)의 1개월분
- 매출원가 및 판매비와관리비(감가상각비 제외)의 1개월분
- 인건비 및 관련 기타경비 등 1개월분
- 영업현금 보유정책에 따라 영업비용과 자본적 지출의 합계액 중 유무형자산 감가상각비를 제외한 금액의 0.5개월분
- 최근 3개월 현금성 자산 월말 평균 잔액을 초과하는 부분
- 3개년 평균 순운전자본

현금성 자산 중 비현금성 자산을 구분하는 다른 방법으로는 보유현금 중 Wasting Cash와 Non-Wasting Cash를 구분하는 방법이 있다. Wasting Cash는 시장에서 정상적인 운용을 통해 획득할 수 있는 수준의 수익을 창출하는 못하는 현금이다. 비영업자산으로서 가산되어야 할 현금은 Non-wasting cash이고, 운전자본을 구성하는 현금은 wasting cash라는 것이다.[181]

적절하게 반영되어야 하나, 해당 위험을 측정하여 할인율에 반영하는 것이 용이하지 않기 때문에 현금흐름에서 직접 조정하여야 한다는 견해가 있다.

179) 초과보유현금과 구분되는 필요자금(영업현금)에 대한 이자수익이 중요한 경우에는 현금흐름에 이자수익도 반영되어야 할 것이나, 실무상으로는 대부분의 경우 해당 현금흐름이 중요하지 않은 것으로 보고 반영하지 않고 있다.

180) 2017년 공시목적 합병비율 평가의 본질가치 산정 시 적용된 영업현금을 구분한 사례 중 일부
영업현금과 관련하여 금융감독원은 본질가치 산정을 위한 수익가치에서 현금성자산을 기본적으로 영업자산으로 보고, 영업활동에 지출되지 않을 것이 확실한 경우에 비영업자산으로 분류하는 것으로 해석하고 있다. 비영업자산으로 분류한 경우에는, 영업활동 현금흐름(회전율, 배당률 등) 및 금융상품의 예치기간을 고려하여 비영업자산으로 구분한 근거를 상세히 기재하도록 요구하고 있다(합병 등 특수공시 관련 실무 안내서, 금융감독원, 2017년 8월 참고). 이러한 사항은 본질가치를 비롯한 자본시장법 상 요구에 의한 평가 시에는 고려되어야 할 것이다.

181) Damodaran homepage 참고(stern.nyu.edu). Damodaran 교수는 Operating vs non-operating cash를 구분하는 것보다는 Wasting vs non-wasting cash를 구분하는 것이 더 실제적인 접근방법이라고 보고 있다. Wasting cash가 운전자본을 구성하는 것이고, 매출이 증가함에 따라 wasting cash 잔액은 증가하게 될 것이라고 보고 있다.

③ 기타 항목

이월결손금이 있는 경우에도 비영업자산으로 반영할 수 있다. 이월결손금으로 법인세가 절감되는 효과는 현금흐름 산정 시 직접 반영할 수도 있고, 법인세 절감 효과를 별도로 산정하여 비영업자산으로 가치에 가산해 주는 방식을 활용할 수도 있다.

중단사업으로 인한 매각 예정자산은 비영업자산으로 가산하고, 패소 가능성이 큰 소송과 같은 잠재적인 부채 및 확정급여형 퇴직급여의 미적립금액 등의 경우에도 비영업부채로 가치에서 차감하여야 한다.

최종적인 검토단계에서 비영업자산이 적절하게 구분되어 반영되었는지를 확인하기 위해서는 각 자산들이 현금흐름, 할인율 등에 어떤 형태로 반영되었는지를 살펴봄으로써 가능하다. 간단하게는 영업현금흐름 산정에서 제외된 자산을 대상으로 비영업자산 또는 Net debt으로 누락 없이 반영되었는지 확인하는 것이다.

2) 비영업자산의 평가

현금성 자산은 별도로 평가하지 않고 장부가액을 공정가액으로 본다. 현금성 자산 이외의 비영업자산도 결산일 이후 가치가 중요하게 변동되었을 상황이 발생하지 않았다면 재무상태표 상 계상된 금액을 공정가액으로 가정하고 장부가액을 그대로 비영업자산의 가치로 반영하는 경우도 많이 있다.

비영업자산이 중요하거나 장부가액과 시가와의 차이가 큰 경우에는 평가를 하여야 한다. 평가방법은 자산의 성격이나 활용 가능한 정보의 수준 등을 고려하여 수익가치접근법, 시장가치접근법, 자산가치접근법 등으로 평가가 이루어진다.

시가평가가 이루어진 자산은 평가액이 비영업가치로 반영된다[182]. 그러나, 가까운 기간 내에 해당 자산이 매각될 것으로 예상된다면 매각 시 발생하게 될 세금 등 거래비용을 차감한 가액을 비영업가치로 반영하는 것이 합리적일 수 있다.[183]

---

182) 실무상 비영업자산에 대해 시가평가 후 평가증이 이루어진 부분에 대해 세금효과를 고려하지 않는 경우가 있다. 이는 영업가치에 가산하는 비영업자산의 가치를 영업가치와 구분하여 평가한 계속보유자산의 가치로 가정하거나, 비영업자산의 가치 혹은 평가증에 따른 세금효과의 중요성이 낮다고 가정하는 것이다. 그러므로 비영업자산이 보유가치 가정의 대상이 되는 자산이 아니거나 비영업자산의 가치 및 세금효과가 중요하다면 평가증에 따른 세금효과 등 거래비용이 고려되어야 할 것이다.

183) 현금흐름 산정 시 일반적으로 이연법인세 자산부채는 변동이 없는 것으로 가정하기 때문에 자산처분으로 인한 영향은 없을 것이다. 그러나 이연법인세의 변동 등을 고려한 경우에는 세금효과가 이중으로 반영되지 않도록 확인하여야 할 것이다.

3 기업가치

> **Key Concept**
>
> 타인자본 차감 전 기업가치(또는 영업가치)를 우선적으로 산정하는 이유 중의 하나는 영업 성과라는 기업가치의 본질에 분석의 Focus를 두기 위함이다.

영업가치와 비영업가치를 합산하여 기업가치를 산정한다. 기업현금흐름할인법에서는 기업의 가치를 추정하고, 기업의 가치에서 타인자본의 가치를 차감하여 주주가치를 산정하는 방식으로 평가가 이루어진다. 기업가치(또는 영업가치)를 우선적으로 산정하는 방식의 분석은 자본구조가 고려되기 전 영업성과에 분석의 초점을 둠으로써 가치의 본질에 집중하게 하고, 다른 기업과의 성과 비교도 용이하게 하는 장점이 있다.

4 타인자본가치(Net Debt)

> **Key Concept**
>
> • 타인자본은 평가기준일 현재의 이자부부채이다.
> • 재무제표에 계상되지 않은 우발부채도 포함한다.
> • 즉시 현금화 가능한 자산은 이자부부채를 상환한다고 가정하여 순이자부부채(net debt)로 계산한다.
> • 타인자본 중에는 운전자본 성격의 부채도 있을 수 있다. 그럴 경우에는 현금흐름에 반영하는 것도 고려해 볼 수 있다.

타인자본은 이자부부채를 의미하며, 일반적으로 Net debt의 개념을 사용한다. Net debt은 이자부부채의 가치에서 현금성 자산을 차감한 금액을 의미한다. 즉, 일반적으로 현금, 단기금융상품 등 즉시 현금화 할 수 있는 자산은 이자부부채를 즉시 상환하는 데 사용될 수 있다고 가정하는 것이다.

타인자본(Net debt)에는 일반적으로 사채, 차입금, 금융리스 등이 포함된다고 보지만, 회사별 상황에 따라서는 운전자본에 포함되는 단기차입금이 있을 수 있으며, 충당부채, 우발부채, 우선주, 비지배지분 등도 타인자본으로 분류되어 평가될 수도 있다. 그러므로 계정분류 상 명시적으로 차입금 등으로 구분되지 않았더라도 운전자본에 포함되지 않았거나, EBITDA에 반영되지 않은 항목 중에 타인자본의 성격에 해당하는 부채성 항목이 있는지 검토가 필요하다.

평가기준일 현재의 시장가치를 적용하는 것이 원칙이나, 일반적으로 장부가액과 시장가치가 동일하다고 보아 평가기준일의 장부가액을 시장가치로 본다.

또한 평가기준일 현재의 부채만으로 타인자본의 가치를 산정한다. 평가시점 이후 추가로 발생하는 차입금은 고려하지 않는 것이다. 즉, 추정재무제표 작성 시에는 자금수지에 따라 미래에 추가적인 차입금 발생 또는 상환을 가정할 수 있으나, 기업가치에서 차감하는 타인자본의 가치에서는 미래에 발생할 차입금을 고려하지 않는 것이다. 자본구조 분석을 통한 자본비용 계산시 목표자본구조에 이러한 효과가 이미 반영되어 있으며, 평가시점 이후에 발생하는 차입금은 동일한 이자율로 할인되므로 순유입과 순유출의 현재가치가 동일하다고 보기 때문이다.

5 주주가치(자기자본가치)

영업가치와 비영업가치를 합산하여 산정한 기업가치에서 타인자본의 가치를 차감하면 주주가치가 산정된다.

다음의 표는 ㈜가치의 주주가치를 "영업가치＋비영업자산의 가치－타인자본가치"의 방식으로 산정한 내역이다. ㈜가치 평가에 대한 상세한 사항은 "Ⅷ. DCF(기업현금흐름할인법) 평가 예시"를 참고하기 바란다.

[표 3-21] 주주가치 산정 예시

구분	산식	금액
ⓐ 예측기간의 현재가치		40,000
ⓑ 예측기간 이후의 현재가치		60,000
ⓒ 영업가치(Operating Value)	ⓐ＋ⓑ	100,000
ⓓ 비영업자산의 가치		20,000
ⓔ 기업가치(Enterprise Value)	ⓒ＋ⓓ	120,000
ⓕ 타인자본의 가치(Net Debt)		30,000
ⓖ 주주가치(Equity Value)	ⓔ－ⓕ	90,000

6 추가적인 분석(민감도, 할인 또는 할증)

Key Concept

- 가치평가는 여러 가정 하에서 이루어지므로 한 가지 값으로 추정하기 어려울 수 있다. 그러므로 가치에 중요한 영향을 미치는 변수의 변화에 따른 가치의 민감도를 분석함으로써 가치를 범위로 파악할 필요가 있다.
- 추가적으로 가치의 할증 또는 할인이 필요할 수 있다. 할증은 경영권 프리미엄, 할인은 비유동성, 소규모로 인한 할인이 대표적이다. 그 외 기업특유의 상황이 평가에 적절하게 반영되지 않았다면 추가적인 가치 조정을 고려할 수 있다.

주주가치가 산정된 이후에는 평가결과를 검토하거나 추가적인 분석이 필요할 수 있다. 추가적인 분석으로는 가치를 범위로 산정함에 있어서 범위에 영향을 미치는 요소를 고려하여 민감도를 분석하는 것, 가치의 할인 또는 할증 여부를 검토하는 것, 주당 가치를 산정함에 있어서 전환권 등이 있는 경우 총 주식 수 산정과 관련된 사항을 검토하는 것, 다른 평가방법에 의해 평가한 결과가 있다면 이러한 평가결과와 비교검토하는 것 등이 있을 수 있다.

1) 가치의 범위 추정, 민감도 분석

현금흐름할인법에 의한 평가결과는 다양한 가정과 변수 등으로 인해 단일의 점추정 값으로 제시되기는 쉽지 않다. 그래서 많은 경우 범위 추정으로 가치평가가 이루어진다. 범위 추정을 위해 민감도 분석이 이루어지는데, 주된 가정의 변화에 따른 가치변동을 검토하는 것이다. 주된 가정으로는 매출의 증가율과 같은 예측기간의 현금흐름에 직접적인 영향을 미치는 요소를 사용하기도 하지만 일반적으로는 할인율과 영구성장률 변화에 따른 가치분석이 이루어지고 있다.

[표 3 - 22] 민감도 분석의 예시1: 할인율 및 영구성장률[184]

(단위: 백만원)

		할인율(WACC)		
		10.1%	11.1%	12.1%
영구성장률	0.0%	900,519	900,519	837,287
	1.0%	953,136	953,136	878,931
	2.0%	1,018,670	1,018,670	929,680

상기 표는 할인율과 영구성장률로 민감도 분석을 수행한 예시이다. 이러한 경우 가치의 범위는 837,287~1,018,670백만원이 된다.

[표 3 - 23] 민감도 분석의 예시2: 할인율 및 매출성장률 변수

(단위: 백만원)

		할인율(WACC)		
		9.0%	10.0%	11.0%
유가전망	High	95,000	85,000	78,000
	Middle	80,000	72,000	65,000
	Low	53,000	48,000	43,000

상기 표는 할인율과 중요 현금흐름변수를 민감도 분석 요인으로 사용하였다. 현금흐름 추정에 있어서 중요한 영향을 미치지만 예측이 어려운 변수가 있을 경우에 많이 활용된다.

참고로 가치의 범위는 현금흐름할인법의 주된 가정 변화에 따른 가치변동으로 설정하지만, M&A 목적의 평가 등에서는 다른 평가방법과의 비교 또는 시너지 효과 등을 고려하여 가치의 범위를 정하기도 한다. 이에 대해서는 "Ⅶ. 현금흐름할인법의 추가적인 고려사항"을 참고하기 바란다.

2) 할인 또는 할증

주주지분의 가치를 산정할 때에는 가치를 할인 또는 할증할 것인지에 대한 고려가 필요할 수 있다. 일반적으로 할인은 비유동성에 대한 할인 또는 소규모 기업에 적용되는 할인 등이 검토되고, 할증은 지배주주로서의 갖는 프리미엄이 있는지가 검토된다. 이에 대해서

---

184) 민감도 분석은 엑셀의 "표"기능을 이용하면 쉽게 구할 수 있다.

는 "Ⅶ. 현금흐름할인법의 추가적인 고려사항"을 참고하기 바란다.

3) 주당가치의 산정

평가대상 기업이 전환가능증권(CB, BW 등)을 발행한 경우에는, 해당 증권의 전환 여부를 고려하여 주식수를 산출하고 최종 주당가치를 산출하여야 한다. 해당 전환증권이 보통주로 전환된다고 가정하여 발행주식총수에 포함되는 경우에는 이로 인한 현금유입 등의 가치 증가분이 기업가치에 가산되어야 할 것이고, 발행주식수에 포함되지 않을 경우에는 기업가치에 차감되어 주주가치가 산정될 것이다. 자기주식이 있는 경우에도 동일하다.

자본비용의 추정

1 기본 개념

> **Key Concept**
>
> • 자본비용은 투자자가 요구하는 혹은 기대하는 수익률이다.
> • 평가 대상 현금흐름에 적합한 위험이 고려되어야 하고, 현금흐름과 일관성 있게 적용되어야 한다.
> • 향후 현금흐름에 대한 기대값에 대응될 수 있도록 목표자본구조가 고려되어야 한다.

자본비용의 의미는 기업이 조달한 자금에 대하여 투자자가 요구하게 되는 최소한의 수익률이다. 이러한 이유로 자본비용은 요구수익률, 기대수익률, 할인율, 위험 등의 용어로 사용되기도 한다. 자본비용의 간단한 예로는 타인으로부터 자금을 빌릴 때의 "이자비용"이 있을 수 있다.

자본비용은 평가대상으로부터 기대되는 미래 현금흐름이 발생하는 시점, 위험요소, 성장성 및 시간가치 등이 종합적으로 고려되어야 하며 추정된 미래현금흐름과 논리적 일관성이 있어야 한다. 예를 들어 기업전체에 귀속되는 잉여현금흐름(FCFF)은 가중평균자본비용(WACC)으로 할인되어야 하고, 주주귀속 잉여현금흐름(FCFE)은 자기자본비용으로 할인되어야 한다. 또한 세후이익을 기준으로 산정하는 현금흐름은 세후 기준의 자본비용으로 할인되어야 한다.[185]

미래현금흐름을 장기간 추정하게 되므로 요구수익률도 현금흐름 기간과 대응되도록 각 기간별로 추정하여야 한다고도 볼 수 있으나, 일반적으로 매 기간 요구수익률을 달리 추정하는 것이 용이하지 않으므로 현재시점에 추정한 요구수익률이 향후에도 지속된다고 가정한다. 그러나 특수한 경우에는 일정기간별 할인율을 달리 적용하는 것도 고려할 수 있다. 예를 들어 신생기업의 할인율을 산정할 때 초기단계에서 사업이 시작되고 성장해 가는 기

---

185) 회계기준 상 손상평가 시와 같은 세전이익기준일 경우에는 세전 기준의 자본비용으로 할인하여야 하나, 실무상으로 세전기준 자기자본비용의 합리적 측정이 쉽지 않아 손상평가 시 사용가치를 평가할 때에도 세후현금흐름을 세후 자본비용으로 할인하여 평가한다.

간의 할인율과 일정 기간 후 안정화 단계에 도달했을 때의 할인율을 합리적으로 추정 가능하다면 각각의 기간에 대해 다른 할인율을 적용하는 것도 고려해 볼 수 있을 것이다.

1) 평가대상 현금흐름에 적합한 자본비용의 조건

자본비용은 평가대상 현금흐름의 위험과 기회비용 등이 고려된 투자자의 요구수익률이다. 다음의 표는 자본비용을 추정할 때 고려하여야 할 사항이다.

[표 3-24] 평가대상 현금흐름에 적합한 자본비용의 조건[186]

자본비용의 조건	내용
① 예상 현금흐름의 기대 수익률	자본비용은 예상 현금흐름의 확률적인 발생 가능성이 고려된 기대현금흐름에 대응되는 수익률이다.
② 평가대상에 대한 요구 수익률	예상현금흐름은 평가대상에서 발생한다. 즉, 자본비용은 특정 투자자가 요구하는 수익률이 아닌 투자대상의 예상 현금흐름에 대한 요구수익률을 가정한다.
③ 위험과 기회비용[187]	자본비용은 각 투자자가 선택 가능한 여러 투자안 중에서 해당 위험을 선택한 대가로서, 투자자의 기회비용이 고려되어야 한다.
④ 일관성	현금흐름이 명목현금흐름이라면 할인율도 명목기준으로, 현금흐름이 세후라면 할인율도 세후기준으로, 현금흐름이 원화라면 할인율도 원화가 가진 통화위험이 고려되도록 하여야 하며, 기업영업현금흐름이라면 모든 투하자본이 고려된 할인율로, 주주현금흐름이라면 자기자본비용으로 측정되어야 한다.
⑤ 한계비용	과거 발생시점의 비용이 아닌 평가기준일의 한계비용을 기준으로 측정되어야 한다.[188]
⑥ 목표 자본구조	자본구조는 전체 현금흐름을 타인자본과 자기자본으로 배분하는 구성비율이므로 현재의 자본구조가 아니라 목표자본구조이어야 한다.[189]
⑦ 자본구성요소의 가중평균 및 시장가치기준	자본비용 산정에는 현금흐름 창출에 투하된 자본이 모두 고려되어야 하며, 각 투하자본 요소별 자본비용은 시장가치 기준[190]으로 가중 평균된다.

---

186) 재무관리(이론과 응용), 이의경, 경문사 및 Valuation, 박대준 공저, 삼일인포마인 참고
187) 기회비용은 하나의 재화를 선택할 때, 이러한 선택으로 인해 포기하게 된 대안들 중 가장 큰 대안의 가치를 말하는 경제학적 용어이다.
188) 예를 들어 회사가 과거 여러 차례에 걸쳐 동일한 권리의무가 있는 회사채를 발행시점마다 다른 이자비용으로 발행하였다고 하더라도, 평가기준일 시점에는 대상회사의 현금흐름에 노출된 채권자의 위험은 동일하다고 보는 것이 합리적일 것이라는 가정이다. 그러므로 발행시점이 아닌 평가기준일에 측정되는 한계비용을 고려하는 것이 타당하다는 것이다. 그러나, 실무적으로는 각각의 채권에 대해 동일한 권리를 갖는 평가기준일 시점의 수익률을 산정하는 데 한계가 있을 수 있고, 개별기업의 장기 회사채 수익률의 신뢰성 있는 정보확보가 용이하지 않을 수 있어, 대안으로서 가중평균차입이자율을 타인자본비용으로 적용하기도 한다.
189) 기업의 목표자본구조를 현실적으로 명확히 정의하기 어려운 경우가 많아 실무적으로는 산업 또는 유사기

[Note 8] 투자대상자산과 대상자산으로부터의 기대하는 수익의 성격에 따라 요구하는 수익률이 달라지는 예시

대상자산	수익	요구수익률 예
국공채	이자, 시가상승	1~2%
상가	월세, 시가상승	4~7%
발전소	배당	5~8%
제조/서비스 상장회사	배당, 주가상승	8~13%
시장선도 기업 브랜드 상표권	로얄티	10~15%
스타트업 비상장사	배당, 지분가치상승	15~30%

2) 가중평균자본비용의 개념

기업현금흐름할인법에서는 기업현금흐름을 창출하기 위해 투하된 자본을 모두 고려하여 자본비용을 산정하여야 한다. 여기서 투자자는 자기자본(주주)과 타인자본(차입금)이 모두 포함된다. 만약 우선주와 같은 다른 형태의 청구권을 가진 자본이 있다면 이러한 자본도 모두 포함된다. 각각 자본구성항목별 자본비용은 투하된 자본의 시장가치에 따라 가중평균되어 기업현금흐름을 할인할 자본비용이 산정된다. 이를 가중평균자본비용(Weighted Average Cost of Capital: WACC)이라고 한다.

가중평균자본비용(WACC)은 기업 또는 영업으로부터 기대되는 미래 잉여현금흐름을 모든 자본적 투자자, 즉 주주 및 채권자에게 귀속되는 현재가치로 환산하는 데 사용하기 위한 할인율이다.

여기서 타인자본은 이자부부채를 의미한다. 매입채무와 같은 부채계정은 일반적으로 영업부채로 구분되어 운전자본의 증감으로 잉여현금흐름(FCF)에 반영하므로 타인자본에서 제외하는 것이다.

가중평균자본비용(WACC)을 산정하는 기본구조는 다음과 같다.

업의 부채비율 등을 참고하여 목표자본구조를 가정하기도 한다.

190) 가중평균자본비용(WACC)을 산정하기 위한 목표자본구조는 시가로 산정해야 하는데, 자기자본가치(시가)를 구하기 위해 자본비용을 산정하기 때문에 순환 논리에 빠지게 된다. 그러므로 통상 비상장회사의 경우에는 자신의 자본구조를 직접 반영하기보다는 동종업종 평균을 쓰거나, 회사가 지향하는 (목표)재무구조(무부채 자본구조 등)를 사용한다.

[표 3 - 25] 가중평균자본비용(WACC) 산정 구조

구분	내용
개념	
산정 방식	$$K_{(WACC)} = K_d(1-t) \times \frac{B}{V} + K_e \times \frac{S}{V}$$
주요 용어	$K_{(WACC)}$ = 가중평균자본비용 K_d = 타인자본비용 (채권자의 요구수익률) K_e = 자기자본비용 (주주의 요구수익률) t = 한계세율 S = 주주지분의 시장가치 B = 타인지분(차입금)의 시장가치 V = 기업의 시장가치

[Note 9] 이자비용에 대한 법인세 절감효과를 현금흐름에 반영하지 않고, 할인율에 반영하는 이유는?

이자비용을 현금흐름에 반영하지 않고 자본비용에 반영하게 되면, 자본구조와 상관없는 기업의 영업성과 분석이 가능해지고, 이러한 분석은 다른 기간과의 비교 또는 다른 기업과의 비교를 용이하게 하여 회사의 영업가치 분석을 효과적으로 수행할 수 있게 된다. 즉, 현금흐름 분석 시 영업성과에만 집중함으로써 기업의 본질적 가치인 영업가치 중심의 평가를 수행할 수 있는 것이다. 물론 이는 일반적인 경우이고 이자비용이 영업활동의 직접적인 영향을 주는 경우(금융업 등)에는 영업성과에 해당하는 항목을 다르게 접근할 필요가 있다.

2 타인자본비용

> **Key Concept**
>
> • 타인자본비용은 이자비용과 같은 채권자가 요구하는 수익률이다.
> • 이자비용은 법인세를 절감하는 효과가 있으므로 세후타인자본비용을 적용한다.
> • 신용등급 등을 고려한 회사채 수익률 또는 가중평균차입이자율[191] 등이 실무상 많이 활용된다.

타인자본비용은 이자비용과 같이 채권자가 투자(자금대여 등)의 대가로 요구하는 수익률을 의미한다.

일반적으로 타인자본비용은 자기자본비용에 비해 요구수익률이 낮다. 그러나, 부채비율이 계속 증가하는 경우에는 default risk(부도위험)가 증가하여 타인자본비용도 상승할 수 있다. 타인자본비용은 무위험이자율에 회사의 신용도와 재무상황 등을 고려한 위험이 추가적인 마진으로 가산되어 산정된다.

[그림 3-16] 타인자본비용 구성 요소

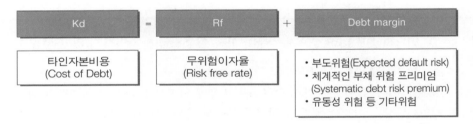

여기에 추가적으로 고려되는 것이 법인세 효과이다. 이자비용은 기업현금흐름할인법에서 현금흐름추정에 반영하지 않지만 법인세 납부를 위한 소득금액 산정 시에는 과세소득을 감소시켜 줌으로써 법인세를 줄여주는 효과가 있기 때문에 법인세 절감효과를 타인자본비용 계산 시에 반영한다. 일반적으로 가중평균자본비용(WACC) 산정 시 타인자본비용(Kd)은 Kd×(1-법인세율)의 방식으로 고려된다. 이때 법인세율은 한계세율이 적용된다.[192]

---

191) 가중평균차입이자율은 회사가 발행하는 채무증권에 대한 투자자들의 평가시점의 기대 수익률로서 적절하지 않다는 견해가 있지만, 신용등급과 이에 부합하는 회사채수익률 등의 파악이 어렵고, 금융기관 차입금 등에 대한 평가기준일의 시장가격을 직접적으로 산정하기 어려운 경우에는 실무상 가중평균차입이자율을 많이 사용하고 있다.

타인자본 계산식	$k_d - k_d \cdot t = k_d(1-t)$
	K_d : 타인자본비용, t : 법인세율

타인자본비용의 산정은 일반적으로 다음의 방법이 활용된다.

[표 3-26] 타인자본비용 산정 방법

방법	활용 방법 및 활용 시 고려사항
시장수익률(만기수익률)에 의한 방법	회사가 발행한 회사채 등이 있고, 현재 시장에서 거래되고 있는 경우에는 회사의 부채조달비용은 회사채 등의 시장가격에 의한 만기수익률에 의하여 추정할 수 있다.[193] 이 경우 주의할 점은 만기수익률은 채권에 부여된 속성에 따라 왜곡될 여지도 있기 때문에, 옵션 등이 부여된 채권은 타인자본비용 산정에서 제외하는 것을 고려하여야 한다.[194]
신용등급 또는 유사회사 채권 수익률에 의한 방법	회사의 신용등급이 평가되어 있는 경우, 동 등급에 해당하는 수익률[195]을 이용하여 회사의 타인자본비용을 추정할 수 있다.
	신용등급이 없다면, 평가대상회사와 사업 및 재무구조가 유사한 회사의 회사채 수익률을 사용하는 방법이 있다.
최근 차입이자율 적용 방법	최근 금융기관 등으로부터 자금을 조달한 경우가 있는 경우에는 해당 자금에 대한 이자율을 타인자본비용으로 활용할 수 있다. 단, 차입시기, 차입금의 성격이 타인자본비용으로서 적절한지에 대해서는 확인이 필요하다.
가중평균차입이자율 적용 방법	궁극적으로 타인자본비용은 현재까지 조달한 비용의 평균과 유사할 것이라고 가정할 수 있다. 또한 가중평균차입이자율이 실무상 많이 활용되는 이유 중의 하나는 실제적으로 금융기관 차입금과 같은 타인자본비용은 평가기준일 시점의 시장가격을 직접적으로 산정하지 못할 수 있기 때문이다.

---

192) 실무적으로는 법정 한계세율이 많이 적용되고 있다.
193) 회사채 수익률은 발행 이후 시장이자율이 변동될 수 있으므로 발행시점의 수익률이 아닌 유통시장에서 측정되는 수익률을 적용하여야 한다. 회사채 채권수익률의 조회는 금융투자협회 채권정보센터(kofiabond)에서 가능하다.
194) 예를 들어 회사에서 발행한 채권 등이 전환권 또는 다른 우선적 권리(옵션 등)를 가지고 있을 경우, 만기수익률은 회사의 진정한 부채조달비용보다 낮을 수 있다.
195) 신용평가기관의 신용등급에 따른 회사채 수익률을 사용할 때에는 이론적으로는 장기채권의 만기수익률을 활용하는 것이 타당할 수 있다. 그러나, 장기 회사채 수익률 정보의 활용이 가능하지 않거나 타인자본비용으로서 신뢰성이 낮을 경우에는 실무적으로 3~5년의 회사채 수익률을 활용하기도 한다. 무위험이자율로 10년만기 국고채 이자율을 실무적으로 활용하고 있는 것과 다소 차이가 있다.

타인자본비용을 산정하기 위해서는 타인자본의 정의가 필요하다. 타인자본비용에 포함되는 항목은 이자부부채이다. 이자부부채에는 다음과 같은 항목들이 있을 수 있다.

[표 3-27] 타인자본(이자부부채)의 일반적인 예

- 차입금
- 회사채
- 리스
- Commercial paper 등

그러나, 상기의 이자부부채가 항상 이자부부채에 해당하는 것은 아니며, 반대로 상기에 포함되지 않으나 이자부부채에 해당하는 항목이 있을 수도 있다. 이에 해당하는지는 경제적 실질을 분석하여 판단하여야 할 것이다.

3 자기자본비용

Key Concept

- 자기자본비용은 주주가 요구하는 혹은 기대하는 수익률이다.[196]
- 실무상 자기자본비용은 시장수익률(주가지수 등)에 대상회사가 갖는 위험의 정도를 추가적으로 고려하여 측정한다.

자기자본비용은 주식과 같이 자본 투자의 대가로 요구하는 투자자의 요구수익률이다. 자본투자의 수익률은 투자시점에 확정되지 않고 미래 경영성과에 따라 달라지므로 타인자본에 비해 위험이 따른다고 본다. 그러므로 위험을 부담하는 대가로 위험프리미엄을 추가적으로 요구하게 되는 것이다. 일반적으로 타인자본비용에 비해 자기자본비용이 더 큰 이유이다.

실무적으로 자기자본비용을 추정하는 방식으로는 자본자산가격결정모형(CAPM: Capital Asset Pricing Model)이 가장 보편적으로 사용된다. 이 장에서 설명하는 자기자본 비용도

---

196) 만약 홍길동이 누군가에게 자금을 빌려주면서 이자율 3%를 받는다면 이것은 타인자본비용의 한 예가 될 수 있다. 그리고 홍길동이 주식투자를 하면서 목표수익률을 10%로 기대하고 있다면 이는 자기자본비용의 한 예가 될 수 있다.

CAPM의 모형을 기본으로 한다.[197)

　CAPM은 시장위험을 핵심위험으로 가정하여 자본비용을 산정하는 방식이다. 그러나 개별기업의 수익률은 시장위험인 베타 이외에도 회사의 크기, 장부가치와 시장가치의 비율, 수익성 및 투자형태 등 다양한 요소들이 추정에 영향을 미친다. 그러나, 이 모든 요인을 자본비용 추정에 합리적으로 반영하는 것은 어려운 일이기 때문에, 가정을 비교적 단순화한 CAPM이 실무적으로 가장 넓게 활용되고 있는 모형이다.

　CAPM에 의한 자기자본비용의 기본 구조는 무위험이자율을 초과하는 주식의 수익률을 산정하는 방식이며, 초과수익률은 시장위험프리미엄에 각 주식이 갖는 위험을 고려하여 산정한다. 시장위험프리미엄은 (시장수익률－무위험이자율)로 산정되고, 각 주식이 갖는 위험은 베타로 표현되는 시장수익률과 비교한 상대적인 수익률의 변동성으로 측정된다. CAPM에 의한 자기자본비용의 산정구조는 다음과 같다.

[표 3-28] CAPM에 의한 자기자본비용 계산구조

구분	기본 계산구조
자기자본비용(Ke)	무위험이자율 ＋ (시장수익률 － 무위험이자율) × 개별회사 위험
	Rf + (Rm － Rf) × β

　상기 표의 산식을 보면 무위험이자율과 시장위험프리미엄(Rm-Rf)은 동일 시장의 모든 회사에 동일하게 적용됨을 알 수 있다. 즉, 개별회사의 위험을 나타내는 베타(β)만이 회사에 따라 차이가 있는 것이다. 개별회사의 위험(β)이 1이라는 것은 시장위험과 동일하다는 것이고, 1보다는 작다는 것은 시장위험보다 위험이 작다는 의미가 된다.

197) CAPM 이외에 자기자본비용을 산정하는 방법으로는 APM(Arbitrage Pricing Model), Multi-factor model, Proxy Model 등이 있다. 상기 대안 모델 및 자기자본비용의 이론적 배경에 대해서는 재무관리 교재를 참고하기 바란다.

[표 3-29] CAPM에 의한 자기자본비용 및 구성요소의 개념

개념	구분	설명
β = 1.5인 경우의 자기자본비용 β = 1인 경우의 자기자본비용 β = 0.5인 경우의 자기자본비용 시장위험프리미엄 시장수익률 무위험이자율	무위험이자율(Rf)	영업위험이 없는 경우에도 적용되는 기본 위험
	시장수익률(Rm)	평가대상이 속한 (주식) 시장의 수익률
	Risk Premium (Rm - Rf)	무위험이자율을 초과하는 시장수익률
	개별회사의 위험(β)[198]	전체시장 대비 개별주식의 주가수익률 변동성
	Rs	기업 특유의 위험으로 자기자본비용에 추가적으로 가산

CAPM의 가정이 이론적으로 성립하기 위해서는 시장의 균형, 세금과 같은 거래비용이 없고, 무위험이자율로 차입과 대출이 제한 없이 가능하며, 완전경쟁시장으로서 모든 투자자가 시장에 거래되는 투자자산들의 수익률과 위험에 대해 동일한 기대를 가지고 있다고 보는 등 다양한 가정이 충족되어야 한다. 이러한 가정들은 현실적으로 충족되기 어렵기 때문에 개별종목의 실증분석에서 많은 비판을 받고 있지만, 다른 대안에 비해 시장에서의 이해 및 활용가능성이 높아 현재까지 실무적으로 가장 널리 이용되고 있다.

[Note 10] Build-up Method(적산법)

Build-up Method는 주식 수익률에 내재된 위험요인을 구분하여 각 위험 요인별로 프리미엄을 추정하고 무위험이자율에 각 프리미엄을 합산하여 자기자본비용을 산정하는 방법론이다. Ibbotson[199]이 제시하여 실무에서 활용되고 있다.

Build-up Method에 의하면 무위험이자율에 주식 위험프리미엄, 규모 프리미엄, 산업 위험프리미엄과 기업고유 위험프리미엄을 더하여 자기자본비용을 구하기 때문에 자기자본비용을 정확히 추정하기 위해서는 무위험이자율을 비롯하여 각각의 위험요인에 대한 프리미엄의 적정한 추정이 중요하다.

---

198) CAPM에서 위험의 측정단위인 베타(β)는 시장포트폴리오를 보유하고 있는 투자자가 특정한 개별주식의 보유로 인하여 부담하게 되는 분산투자로 제거할 수 없는 위험을 의미한다.

Build up Method의 자기자본비용 산정방법

Ke= 무위험이자율 + 주식위험프리미엄(Equity Risk Premium)
　　　　　　　 + 산업위험프리미엄(Industry premium)
　　　　　　　 + 규모 위험 프리미엄 (Size Premium)
　　　　　　　 + 기업 고유 위험 프리미엄(Company specific risk premium)

[Note 11] CAPM에서 무위험이자율, 시장위험프리미엄, 베타의 실무상 적용기준 예시

　CAPM이 실무상에서 널리 사용되고 있지만, CAPM을 통한 자기자본비용 산정 시 무위험이자율(Rf), 시장수익률(Rm), 베타에 대한 적용기준은 명확하지 않아 평가자별로 다른 기준을 적용하고 있다. 이는 자기자본비용을 도출하기 위해 필요한 각 변동요인의 합리성에 대한 판단이 시장상황에 따라 달라질 수 있기 때문일 것이다. 그러나, 안정된 시장에서 비교 가능성 등을 위한 적절한 기준은 필요할 것으로 보인다. 다음은 실무상 주로 사용되는 적용기준의 예이다.

- 무위험이자율(Rf) : 평가기준일[200]의 10년 만기 등 장기 국고채 이자율
- 시장수익률(Rm) : Bloomberg 등 리서치기관이 제공하는 평가기준일 혹은 평가기준일의 1년 평균의 시장수익률 또는 종합주가지수의 장기 역사적 수익률[201]
- 베타(β) 표본추출 주기 및 기간 : 2년 weekly 또는 5년 Monthly

　무위험이자율 적용에 있어 각 기간의 현금흐름마다 기간이 유사한 만기를 가지는 국채이자율로 할인을 하여야 할 것이나, 실무적으로는 대응되는 기간별 이자율을 적용하는 경우는 거의 없고, 대부분 평가할 전체 현금흐름에 적정한 단일의 이자율을 적용한다. 이러한 이유로 영구현금흐름을 가정할 경우 30년 등 만기가 긴 국채 이자율을 사용해야 한다는 견해도 있으나, 이러한 채권은 유동성이 낮아 시장이자율을 적절하게 반영하지 못할 수 있다는 단점이 있는 것으로 보고 있다.

1) 무위험이자율

---

199) 예일대학 재무학 교수인 Roger G. Ibbotson은 기업가치평가회사인 Ibbotson Associates사를 1977년에 설립하여 1999년부터 매년 SBBI Valuation Yearbook을 제공하였다. Ibbotson Associates사는 2006년 Morningstar사에 인수되고, 이어 2013년 9월 Duff and Phelps에 의해 인수되었는데, SBBI Valuation Yearbook의 주요 내용은 Duff and Phelps에 의해 지속적으로 제공되고 있다(한국 주식시장의 규모 프리미엄과 자기자본비용의 추정, 오세경, 박기남, 2015.2.11. 참고).

200) 수익률이 급격히 변동하고 있거나, 평가 당시의 시장상황이 정상적이라고 판단되지 않는 경우 등을 제외하고는 평가기준일 시점의 수익률을 사용한다.

201) 시장의 불확실성 증대로 시장수익률의 변동성이 확대된 상황이라면, 평가기준일 시점이나 1년 평균의 시장위험프리미엄을 적용하지 않고 보다 장기 관측기간의 평균값을 적용하기도 한다.

자기자본비용을 CAPM에 근거하여 추정하는 것이라면 무위험수익률도 CAPM의 정의에 따라야 할 것이다. CAPM에서 무위험이란 영업위험이 없다는 의미이며, 해당 현금흐름(통화)이 갖는 고유위험이 없다는 의미는 아니다. 즉, 무위험이자율은 영업위험이 전혀 존재하지 않더라도 적용되는 기본적인 할인율로서 해당 현금(통화)이 갖는 고유위험이라고 할 수 있으며, 그러므로 적용 국가의 현금(적용 통화)에 따라 무위험이자율의 수준은 달라진다.

CAPM 하에서 위험은 변동성을 의미한다. 즉, 기대하였던 수익과 실제 수익이 달라질 가능성의 정도가 위험의 수준이 된다. 그러므로 무위험은 기대했던 수익률과 실제 수익률이 동일한 경우를 말하는 것이다. 실제수익과 기대수익이 동일하다는 것은 파산위험(지급거절위험)이 없다는 것이다. 이론적으로 완전한 무위험 자산을 현실적으로 찾는 것은 쉽지 않을 것이며, 실무적으로 정부가 발행하는 채권을 무위험자산으로 활용하고 있다. 그런데 정부가 발행하는 채권도 다양한 종류의 채권이 있다. 예를 들어 기간측면만 보아도 1년물, 3년물, 5년물, 10년물, 20년물 등으로 다양하며 해당 국고채별로 수익률도 차이가 있다. 그렇다면 이러한 국고채 중 어떤 국고채 수익률을 무위험이자율로 사용할 것인지에 대한 판단이 필요하게 된다. 여기서 고려되어야 하는 사항은 기대수익률과 실제수익률이 동일한 자산이 무위험자산이라고 하였는데, 1년물 등 단기의 국고채 수익률을 활용할 경우 1년 후 국고채 수익률은 변동할 것이므로 장기투자의 경우 매년 이자율 변동에 따른 위험에 노출되게 된다는 점이다. 이를 재투자위험이라고 하며, 평가대상기업에 대한 평가가 장기간의 현금흐름에 대한 추정이 일반적인 상황에서는 무위험이자율도 장기채권[202]을 활용하는 것이 합리적일 것으로 보인다. 그러나 장기채권이라고 하더라도 유동성이 풍부하여 할인율의 합리적인 측정이 가능하여야 하기 때문에, 국내기업의 가치평가에 있어 무위험이자율은 10년물(또는 5년물) 국고채수익률을 실무적으로 많이 활용하고 있다.[203],[204]

2) 시장위험프리미엄

시장위험프리미엄(Rm - Rf)은 시장기대수익률(Rm)과 무위험이자율(Rf)간의 차이다. 즉, 위험자산에 투자함으로써 일반적으로 기대되는 초과수익률의 의미이다.

---

202) 이론적으로는 기간별 이자를 지급하지 않는 할인채권(Zero Coupon bond)이 적절하다고 언급되고 있다.

203) 어떤 만기 채권의 수익률이 무위험수익률로 가장 적절한지에 대해서는 상황에 따라 다를 것이나 장기추정의 경우에는 장기채권(예: 10년~20년 만기 국고채)의 안정성이 확보되고 수익률을 합리적으로 측정할 수 있다면 장기채권의 수익률을 적용하는 것이 적절할 것이다. 단, 이러한 요건의 충족 여부는 국가별로 다를 수 있어 국가에 따라서는 3년 또는 5년물의 채권 수익률이 무위험이자율로 적용될 수도 있다.

204) 국고채 수익률의 조회는 금융투자협회 채권정보센터(kofiabond), Bloomberg, 한국은행 등의 금융정보제공기관으로부터 조회 가능하다.

　자기자본비용을 CAPM에 근거하여 추정하는 것이라면 시장기대수익률도 CAPM의 정의에 따라야 할 것이며, 무위험수익률, 베타 등과의 일관성도 고려되어야 할 것이다.

　만약 무위험수익률을 원화 국고채 수익률로 적용하였다면, 시장기대수익률은 한국 주식시장의 종합주가지수 기대수익률을 대용치로 사용하는 것이 일반적이다.

　시장위험프리미엄 산정을 위한 시장수익률 추정 방식은 역사적 시장수익률을 대용치로 사용하는 방법과 Forward looking 방식의 추정수익률을 사용하는 방법이 있으며, 신흥시장의 경우 성숙시장의 시장위험프리미엄에 일정 스프레드를 가산하는 방식을 적용하기도 한다.

[표 3 – 30] 시장수익률 추정 방식[205]

구분	방법
역사적 시장수익률 방식	일반적으로 종합주가지수의 역사적 장기수익률을 산정하여 사용한다. 그러나, 자본비용은 미래기대현금흐름의 할인을 위해 사용된다는 측면에서 역사적 수익률이 미래의 수익률을 설명해주지 못할 수 있다는 한계가 있다.
Forward looking 방식	Bloomberg를 포함한 리서치 기관에서 주로 사용한다. 개별 종목의 기대배당수익률과 기준일의 주가를 토대로 주식별 기대수익률을 파악하고, 이를 가중평균하여 산정하는 방식이다.
성숙시장 MRP 참조 방식	주식시장의 역사가 짧거나 관련 정보를 신뢰하기 어려운 신흥시장의 경우 시장위험프리미엄 추정이 쉽지 않을 수 있기 때문에, 성숙시장의 시장위험프리미엄을 참조할 수 있다. 이 경우 일반적으로 신흥시장이 성숙시장에 비하여 평균수익률과 변동성이 더 높다고 보고 국가위험프리미엄 등 일정 프리미엄을 성숙시장의 시장위험프리미엄에 가산하는 방식이다.
총체적 접근방식	총체적 접근방식은 다양한 방법론을 적용한 연구결과, 통계자료 및 이를 가공한 지표, 가치평가 실무 현황, 한국과 해외 자본시장의 추세, 글로벌 경제상황 및 기타 관련 요소 등을 학계와 실무 전문가들이 종합적으로 면밀히 분석하는 방식을 말한다. 한국은행 금융통화위원회, 유럽국가의 공인회계사 및 한국공인회계사회 가치평가위원회도 총체적 접근방식을 통한 자료를 제공하고 있다.

　역사적 시장수익률을 사용할 때에는 실무적으로는 특별한 사유가 있는 경우가 아니라면 장기간의 시장수익률을 기준으로 산정하는 것이 과거의 다양한 경제적 효과를 반영함으로써 미래를 합리적으로 추정할 수 있다고 보고 있다.

---

205) 시장수익률은 진정한 시장포트폴리오는 관측 및 측정이 불가능하므로 여전히 많은 금융전문가들이 시장위험프리미엄을 측정하는 방법에 관해 서로 합의하지는 못하고 있다. 그러므로 각 분석기관마다 시장수익률은 다소 차이가 난다.

[그림 3-17] 한국의 시장수익률 추이(Bloomberg 추정)

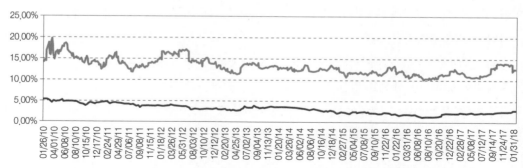

일자	시장수익률	무위험수익률	일자	시장수익률	무위험수익률
01/26/10	14.07%	5.31%	12/30/14	13.15%	2.61%
12/30/10	13.92%	4.52%	12/30/15	12.38%	2.09%
12/29/11	14.25%	3.79%	12/29/16	11.37%	2.09%
12/28/12	14.08%	3.16%	12/28/17	13.85%	2.47%
12/30/13	13.41%	3.59%	02/28/18	12.64%	2.74%

[Note 12] 한국공인회계사회에서 발표한 한국의 시장위험프리미엄 가이던스

한국공인회계사회 가치평가위원회는 가치평가 실무 현황, 한국과 해외 자본시장의 추세, 글로벌 경제상황 및 실무 전문가와 학계의 의견 등을 종합적으로 고려하는 총체적 접근방식(look-at-everything approach)을 채택하여 한국의 시장위험프리미엄을 발표하고 있는데, 2023년 6월 발표된 시장위험프리미엄은 7~9%이다. 한국공인회계사회는 시장상황을 지속적으로 모니터링하여 시장상황의 변화에 따라 시장참여자의 견해가 시장위험프리미엄에 반영되도록 할 예정이다.[206]

---

3) 베타

베타(β)는 위험측정단위이다. "개별기업의 위험 = 시장위험 × Beta"의 방식으로 무위험이자율에 가산되는 개별주식의 위험이 측정된다.

CAPM모형에서 베타는 상대적인 위험을 나타내는 수치로서 시장수익률과 개별기업 수익

---

206) 한국공인회계사회 MRP(시장위험프리미엄) 산정 발표자료는 본서 부록을 참조

률간의 상관관계를 의미한다.[207] 즉, 주식시장에 대한 개별주식의 상대적인 주가수익률 변동성을 나타내는 것이다. 베타는 1을 기준으로 베타값이 1보다 크면 시장위험보다 더 많은 위험(변동성)에 노출되어 있다고 보는 것이고, 1보다 낮으면 위험(변동성)에 덜 노출되어 있다고 보는 것이다.[208]

베타의 의미:
시장포트폴리오의 베타는 1이다.
베타가 1인 주식은 시장위험프리미엄이 1% 변동할 때 수익률이 1% 변동한다.
베타가 1.5인 주식은 시장위험프리미엄이 1% 변동하면 주식수익률은 1.5% 변동한다.
베타가 0.5인 주식은 시장위험프리미엄이 1% 변동하면 주식수익률은 0.5% 변동한다.

즉, 베타가 0.5이라면 주식시장의 수익률에 상대적으로 덜 민감하게 반응한다는 의미이고, 베타가 1.5라면 주식시장의 수익률에 훨씬 민감한 변동성을 보인다는 의미이다. 일반적으로 음식료, 생활용품과 관련된 산업의 베타가 낮고, 건설업 등의 베타가 높은 편이다.

베타는 개별기업의 시장수익률에 대한 민감도를 의미하며, 수익률 방향의 일치성 여부 및 변동 크기를 설명해준다.

[Note 13] 베타의 측정

베타는 일정기간 시장포트폴리오 수익률의 분산 대비 특정주식률과 시장포트폴리오 수익률의 공분산의 비율로 측정한다. 여기서 시장포트폴리오는 측정자산의 시장과 성격에 따라 KOSPI, S&P500, MSCI 등이 될 수 있다.

$$Beta = \frac{Covariance(Ri,\ Rm)}{Variiance(Rm)} = \frac{\text{일정기간 특정주식수익률과 시장수익률의 공분산}}{\text{일정기간 시장수익률의 분산}}$$

시장포트폴리오 수익률을 독립변수(X축)로, 특정주식의 수익률을 종속변수(Y축)로 놓고 여러 기간을 회귀분석하면 다음의 산식을 얻게 된다

$$R_i = \alpha + \beta \cdot R_m + e_t$$

---

207) 시장수익률은 일반적으로 KOSPI지수를 많이 활용한다. KOSPI지수에 편입되지 않은 KOSDAQ기업도 시장 기대수익률의 대용치로 KOSPI지수를 적용하는 경우에는, 베타 측정시의 시장수익률을 KOSPI지수로 적용하는 것이 좀 더 합리적인 것으로 보인다.
208) 베타를 역사적 관점에서 파악한다면 시장수익률(KOSPI 등)과 개별주식 수익률의 회귀식 기울기로 볼 수 있다.

R_i = t기간의 당해 주식의 수익률

R_m : t시간의 시장포트폴리오 수익률

e_t : 오차항

　여기서 R_i는 특정주식의 수익률이며, R_m은 시장포트폴리오 수익률이다. 이 회귀분석식에서 시장포트폴리오 수익률에 대한 특정주식수익률의 변동 정도를 나타내는 β값을 측정할 수 있으며, 이 베타값이 CAPM(자본자산가격모형)에서 사용하는 개별기업 위험을 측정하는 단위값이 된다.

① 베타(β)의 표본추출주기 및 기간의 실무 적용

　베타는 시장포트폴리오 수익률(시장수익률)과 특정자산 수익률의 일정기간 동안의 회귀분석을 통해 도출된다. 앞서 시장위험프리미엄을 산정할 때 장기간의 시장수익률을 적용하는 것이 일반적으로 더 합리적일 것이라고 언급하였다. 그러나 베타의 경우는 상대적으로 단기의 데이터 분석을 통해 얻은 값을 실무적으로 많이 활용한다. 이는 시장포트폴리오와는 달리 개별 기업의 입장에서는 시간이 지남에 따라 기업의 성숙도나 시장에서의 안정화 정도가 차이가 날 것이므로 장기보다는 단기 측정을 통해 얻은 베타값이 유효하다고 보는 것이다. 예를 들어 어떤 회사의 제품이나 서비스가 3년 전에 큰 변화를 겪었고, 이로 인해 베타가 크게 차이가 나게 된다면 회사의 현재 사업모델의 위험이 과소 또는 과대 평가될 수 있다는 것이 최근의 베타를 사용하는 논리 중의 하나이다.

[표 3 - 31] 베타(β)의 표본추출주기 및 기간에 대한 실무 적용 예

구분	일반적인 실무 적용 예
베타(β)의 표본추출 기간	평가대상 회사가 속한 산업의 주기에 따라 다를 수 있고, 개별기업의 성숙도 등 경영환경의 변화 등을 고려할 때 장기보다는 상대적으로 단기 측정을 선호하고 있다. 표본 수에 따른 오차를 고려할 때 2년 이상으로 하는 것이 적절하다고 보고 있으며, 일반적으로 2년 또는 5년을 많이 적용하고 있다.
베타(β)의 표본추출 주기	베타(β)의 표본추출주기는 짧은 기간에 발생하는 주가변동의 특이사항에 의한 영향을 줄이기 위해 주간단위 이상으로 표본을 추출하는 것이 적절하다고 보고 있다. 일반적으로 주간 또는 월간 단위로 측정된 자료를 표본으로 추출하고 있다.

　참고로 Datastream(Thomson), Valueline, S&P Capital IQ, LBS, Bloomberg, 한국공인회계사회와 같은 시장 정보 제공 기관의 자료에서 베타의 측정도 표본추출주기와 기간에

대한 다양한 옵션을 제공하기도 하지만 2년/5년, 주간/월간 데이터를 기준으로 측정한 자료를 기본으로 제공하고 있다.[209]

② 원시베타(Raw beta) vs 조정베타(Adjusted beta)

시장포트폴리오 수익률(시장수익률)과 개별자산 수익률의 회귀분석을 통해 산출한 베타를 원시베타(Raw beta) 또는 역사적 베타(Historical beta)라고 한다. 역사적 베타를 사용하는 것은 미래의 베타가 과거의 베타와 의미있는 차이가 없을 것이라는 가정이 전제되는 것인데, 여러 실증분석 결과는 이러한 가정과 차이가 있는 것으로 알려지고 있다. 이러한 이유로 실무에서는 원시베타(Raw beta)를 조정하여 사용하기도 한다.

베타를 조정하는 방법으로는 Bloomberg 등에서 사용하는 평활기법을 예로 들 수 있다. 평활기법에 의한 베타 조정 방식은 다음과 같다.

> **베타조정(평활기법)의 기본 산식**
>
> $$\text{Adjusted } \beta = \text{Raw } \beta \times \frac{2}{3} + 1.0 \times \frac{1}{3}$$

조정값으로 "1"은 시장의 위험(시장수익률)을 의미한다. 이는 기업의 장기수익률은 시장수익률의 추세에 동일한 방향으로 움직이게 되고, 성숙단계로 접어든 기업의 위험은 일반적으로 시장수준의 위험으로 수렴하게 된다는 가정이 바탕이 되는 것이라고 볼 수 있다.

베타조정방식은 이외에도 다양한 방법이 있는데, 그 중에 Vasicek method는 유사회사 평균베타와 평가대상회사의 원시베타를 가중평균하여 조정베타를 산정하는 방법이다.

③ 유사회사의 베타 활용

평가대상회사의 관측 가능한 베타가 없을 경우에는 동종 업종의 유사상장회사를 대용회사로 정의하여 대용회사의 관측 베타를 참고하여 평가대상회사의 베타를 측정한다.

베타로 측정되는 위험은 회사의 영업위험과 재무위험을 모두 포함한다.

일반적으로 대용회사는 각각 다른 자본구조를 가지고 있을 수 있는데, 대상회사와 다른 자본구조로 인한 재무위험이 반영된 대용회사의 베타를 사용할 경우 평가대상회사의 베타가 왜곡될 수 있으므로 자본구조효과를 배제한 베타로 조정하여 사용한다.

자본구조 관점에서 대용회사의 베타를 조정하는 방법으로 실무상 가장 많이 활용되는 방

---

209) 원시적인 회귀분석의 적정성을 위해서는 최소한 60개 이상의 데이터가 필요하다고 보고 있다.

법은 하마다 모형(Hamada model)이다.

[표 3-32] 유사회사의 베타 활용－하마다 모형의 기본 개념

개념도	구분	설명
	기본구조	$\beta_L = [1 + (1-t) \times (\frac{B}{S})] \times \beta_U$
		$\beta_U = \beta_L \div [1 + (1-t) \times (\frac{B}{S})]$
	β_L (Levered Beta)	재무구조가 반영된 β, 개별기업의 자금조달형태에 따른 위험이 고려됨. → 부채사용이 많은 경우 재무위험이 증가하게 됨.
	β_U (Unlevered Beta)	재무위험을 제거하여 영업위험만 반영된 β, 개별기업의 영위하는 업종의 위험이 고려됨. → 재무위험이 반영되기 전의 Beta

하마다 모형을 적용하여 대상회사의 베타를 산정하는 경우에는 다음 순서를 따른다.

ⓐ 상장된 동업종 유사회사의 베타를 측정한다.

ⓑ 하마다 모형을 적용하여 재무위험이 제거된 유사회사의 무부채베타(Unlevered beta)를 산정한다(재무위험을 제거하는 산식은 상기 표의 β_U 계산식을 참고한다).

ⓒ 동업종 유사회사가 다수일 경우, 이를 평균 또는 중앙값 등의 방법을 통해 평가대상회사에 적용할 베타를 계산한다.

ⓓ 동업종 유사회사의 무부채베타 평균 또는 중앙값을 다시 평가대상회사의 자본구조를 반영하여 하마다 모형으로 평가대상회사의 부채베타(Levered beta)로 전환한다(부채베타로 전환하는 산식은 상기표의 β_L 계산식을 참고한다).

재무위험을 제거하거나 다시 재무위험을 반영하기 위해 적용하는 자본구조에서 부채가치와 자기자본가치는 시가를 기준으로 한다. 통상적으로 자기자본의 시가는 시가총액을, 부채의 시가는 장부가액을 적용한다.

④ 유사회사(대용회사)의 선정방법

유사회사(대용회사)의 선정방법은 시장가치접근법(상대가치)에서 비교대상 유사회사(Guideline Company)를 선정하는 과정과 유사하다. 유사회사 선정 시에는 회사의 업종, 영업활동 시장, 회사의 규모 등이 종합적으로 고려되어야 한다. 정보의 접근성 등으로 인해 상장회사를 대상으로 하는데, 유사 상장회사가 없는 경우에는 위험의 형태가 유사한 다른 산업 또는 다른 국가로 범위를 확대하는 것을 고려할 필요가 있다.

유사회사를 파악하기 위해서는 회사의 사업담당자와 인터뷰하고, 표준산업분류 상 동일 산업으로 분류된 회사 중 홈페이지 또는 사업보고서상 사업의 내용을 통해 선별하며, 사업보고서상의 경쟁회사의 내역 등을 통해서도 확인이 가능하다. 사업 현황 분석을 통해 리스트가 확보되면 재무현황(매출, 자산 등) 분석을 통해 대용회사로 사용할 회사를 최종 선정하게 된다.[210] 이러한 분석과정에서 대용회사로 적용하기에 적합하지 않은 상황의 유사회사가 있다면 사업의 유사성에도 불구하고 제외할 것을 고려하여야 한다.[211]

4) 자기자본비용의 산정 예

① 유사회사(대용회사)로부터 베타 산정

대용회사	Levered Beta	Debt to Equity	Tax Rate	Unlevered Beta
㈜다저수	1.3	56.0%	22%	0.90
㈜양키수	1.4	65.0%	22%	0.93
㈜텍사수	1.5	68.0%	22%	0.98
㈜필리수	1.6	78%	22%	1.00
평균		66.7%		0.95
중앙값(Median)		66.5%		0.95

Unlevered beta는 하마다모형의 산식 ($\beta_U = \beta_L \div [1 + (1-t) \times (\frac{B}{S})]$)을 통해 산정하였다.

② 평가대상회사의 levered beta 산정

평가대상회사의 무부채베타(Unlevered beta)는 대용회사로부터 산정한 0.95이다. 이를 평가대상회사의 목표자본구조를 이용하여 Levered beta로 전환한다. 법인세율을 22%로, 목표자본구조를 대용회사 부채비율의 평균으로 가정하면 평가대상회사의 베타는 1.45가 산출된다.

---

210) 유사회사의 선정은 시장가치접근법에서 비교대상회사를 선정하는 과정과 유사하다. 비교대상회사의 선정 과정은 "제4장 시장가치접근법"을 참고하기 바란다.
211) 유사회사로서 적합하지 않은 경우인지 확인할 필요가 있는 경우의 예로는 지속적인 적자 상태인 경우, 회생 중인 기업, 관리종목인 경우 등이다.

제3장 · 현금흐름할인법(DCF)

구분	가정 및 적용
대용회사의 무부채베타	0.95
목표자본구조	66.7%
전환산식	$\beta_L = [1 + (1-t) \times (\frac{B}{S})] \times \beta_U$
평가대상회사의 베타	$\beta_L = [1 + (1-0.22) \times (66.7\%)] \times 0.95 = 1.45$

③ 자기자본비용의 산정

무위험이자율, 시장수익률, 베타를 이용하여 자기자본비용을 산정한다. 무위험이자율과 시장수익률을 각각 2%, 12%라고 가정하면, 자기자본비용은 다음과 같이 16.5%로 산정된다.

구분	가정 및 적용
무위험이자율	2%
시장수익률	12%
베타	1.45
기본산식	Rf + (Rm − Rf) × β
자기자본비용 계산	Ke = 2% + (12% − 2%) × 1.45 = 16.5%

4 자본구조

Key Concept

- 추정된 영업현금흐름에는 채권자와 주주의 기대현금흐름이 모두 포함되어 있다.
- 그러므로 자본비용도 배분비율을 고려하여 가중 평균한다.
- 가중평균은 시가를 기준으로 목표자본구조를 반영하여 구한다.

가중평균자본비용(WACC)은 자기자본비용과 타인자본비용을 자기자본과 타인자본의 자본구성비율로 가중평균하여 산정한다. 이때 적용되는 자본구성비율은 목표자본구조이다.[212] 목표자본구조는 기업이 장기적으로 달성하고자 하는 자본구조로서, 기업가치를 높

---

212) 실무적으로 대부분 목표자본구조를 활용하나, 앞서 설명한 바와 같이 매 기간 자본구조에 대응하는 할인율의 적용이 적정하다는 견해도 있다. 또한 예측기간 동안은 평균자본구조를 활용하고 이후 영구가치를 산정할 때 예측 최종기간의 자본구조 혹은 목표자본구조를 고려한 할인율의 적용이 적정하다는 견해도 있다.

이는 최적의 자본구조가 분명하다면 최적 자본구조에 해당하는 자본구성비율을 적용하면 되겠지만, 아직 최적자본구조에 대해서는 연구 및 논의가 계속되고 있는 중으로 명확한 해답은 없는 상황이다.

1) 목표자본구조

　실무적으로도 목표자본구조에 대해 다양한 방법으로 접근하고 있는데, 그 중에서 가장 일반적으로 활용되는 방법이 동업종 평균부채비율이다. 성숙단계에 접어든 기업의 부채비율은 일반적으로 산업평균으로 수렴한다고 가정하기 때문이다.

[표 3 - 33] 목표자본구조의 실무 적용의 예[213)

구분	목표자본구조 예시
산업 환경 고려	산업평균, 동업종, 유사기업 또는 선도기업(leading company)의 자본구조(부채비율)를 활용하는 방법
회사 정책 고려	무차입 경영 등과 같은 대상회사의 Policy 또는 대상회사의 장기적인 자금조달 계획을 고려한 Target Capital Structure(목표자본구조) 활용
재무 예측 고려	대상회사의 추정재무제표 상 안정화된 기간(추정기간 말 등)의 자본구조를 사용

　상기 예시로 제시된 목표구조 산정 방법은 어느 방법이 가장 합리적인 방법이라고 단정할 수는 없으며 각각 다음의 사항을 고려하여 활용되어야 한다.

　동업종 또는 유사기업의 자본구조 활용의 경우에는 유사기업의 자본구조가 항상 회사의 목표자본구조와 일치하는 것은 아니라는 사실을 인지하여야 한다. 즉, 유사기업의 자본구조를 활용하는 근거는 유사기업이 시장에서 안정적으로 정착한 기업이라면 유사기업의 자본구조가 궁극적으로 도달하게 될 자본구조가 될 가능성이 높다라는 가정이 전제되어 있는 것이다. 만약 회사가 무차입 경영을 유지하고자 하는 정책을 가지고 있다면 유사기업의 자본구조와 무관하게 회사의 목표자본구조가 고려될 필요가 있다.

　또한 자본구조는 시장가치 기준으로 구성비율을 반영하여야 하는데, 동업종 유사기업의 경우 상장기업이 아닌 기업은 자본구성비율을 파악하기가 어렵다는 문제도 고려하여야 한다. 장부가액과 시장가치가 동일하다는 전제하에 장부가액을 기준으로 자본구성비율을 반영할 것인지 아니면 PBR, PER, EV/EBITDA 비율 같은 시장가치접근법을 활용하여 시장가치로 환산한 가액으로 자본구성비율을 반영할 것인지 판단하여야 한다.

---

213) 기타의 방법으로는 PBR이 1에 근접하는 경우 순자산 장부가액을 사용하는 방법, 인수 후를 가정하여 인수회사의 자본구조를 적용하는 방법(투자의 타당성 평가 시) 등이 있다.

평가대상회사의 장기적인 자금조달계획을 고려한 Targeted Capital Structure(목표자본 구조) 활용의 경우에는 산업평균이나 현 재무구조 또는 추정 재무구조와 상당한 차이가 있 는 경우에도 활용 가능한지에 대해 살펴볼 필요가 있다.

평가대상기업의 추정재무제표 상 안정화된 기간의 자본구조를 활용의 경우에는 자기자 본에 대해 시장가치를 반영할 때 가치평가의 결과가 가치평가를 위한 자본구성비율의 변수 로 다시 반영되어야 하므로 순환참조가 발생하게 된다.

어떤 방법을 활용하든지 상기 예시로 제시된 방법을 모두 고려하여, 적용할 자본구조가 합리적인지 살펴볼 필요가 있다. 특히 예측기간 동안 또는 최종예측기간의 자본구조와 목 표자본구조를 비교 검토함으로써 차이가 있는 경우 차이 원인이 무엇인지 파악하는 것은 자본비용의 합리적 추정을 위해 필요한 부분일 것이다.

2) 시장가치기준

자본구조는 시장가치기준으로 산정한다.

자기자본은 시장에서 평가되는 시가총액(Market Cap)을 적용한다. 만약 비상장기업이 유사기업인 경우에는 장부가액을 시가로 간주하여 적용할 것인지, 시장가치접근법 등을 활 용하여 시가평가를 한 후의 가액을 적용할 것인지 고려하여야 한다.

자기자본과 달리 타인자본은 시장에서 거래되지 않은 형태의 부채를 지니고 있기 때문에 부채의 시장가치를 추정하는 것은 상대적으로 용이하지 않다. 그래서 실무적으로 부채는 장부가액이 시장가치와 동일하다고 간주하는 경우가 많다.

3) 목표자본구조의 검토

기업이 장기적으로 달성하고자 하는 목표자본구조를 예측하는 것은 어려운 문제이다. 그 러므로 목표자본구조 산정시에는 몇 가지 참고가 되는 기준을 설정하여 이 기준과 목표자본 구조의 차이를 살펴볼 필요가 있다. 참고가 되는 기준의 예로서 첫 번째는 평가시점의 장부 가 기준 자본구조이다. 장부가 기준은 시가 기준과 차이가 있을 수 있고, 현재시점은 향후 장기적 목표자본구조와는 차이가 있을 수 있지만, 비교가 될 수 있는 가장 객관적인 지표 중의 하나가 될 수 있다. 두 번째 예로는 유사기업의 자본구조 비율이다. 이 비율을 목표자본 구조로 활용하는 경우도 많지만 그렇지 않을 경우에도 참고지표로서의 의미를 갖을 수 있다. 세 번째 예로는 회사의 중장기 자금조달계획을 고려하여 예상되는 자본구조와 비교해 보는 것이다. 네 번째 예로는 추정재무제표상 예측기간 동안의 자본구조와 목표자본구조를 비교해 보는 것이다. 이 경우에는 평가모델을 구성할 때 순환참조가 될 수 있어 이를 대신하여 시장가치배수를 활용한 자본의 시장가치를 산정하여 자본구조를 추정해 볼 수도 있다.

만약 참고 기준이 되는 이러한 자본구조와 적용할 목표자본구조가 차이가 있다면 차이원인이 합리적인지를 살펴볼 필요가 있을 것이다.

5 가중평균자본비용(WACC)의 산정

지금까지 언급한 방법으로 타인자본비용, 자기자본비용이 추정되었다면, 이를 목표자본구조의 비율로 가중평균하여 최종적으로 기업현금흐름을 할인할 자본비용을 산정하게 된다.

[표 3-34] 가중평균자본비용 산정의 예

구분	가정 및 계산 내역
① 타인자본비용	4.04%
② 세후타인자본비용(① × (1 - 법인세율))	3.15%
③ 자기자본비용	16.48%
④ 목표자본구조(B/S)[214]	66.7%
⑤ 자본비용 가중평균 산식	자기자본비용 × 자기자본 구성비율 + 세후타인자본비용 × 타인자본 구성비율
	16.48% × (1/(1+66.7%)) + 3.15% × (66.7%/(1+66.7%))
⑦ 가중평균자본비용(WACC)	11.15%

6 Premium or Discount(할증 및 할인)

> **Key Concept**
>
> • (자기)자본비용은 일반적으로 직접 측정하는 것이 아니라 시장 및 유사기업의 수익률과 위험을 통해 간접적으로 측정되기 때문에 개별주식의 상황을 고려한 추가적인 위험의 고려가 필요하다고 보는 견해가 있다.

---

214) 목표자본구조의 산정시 적용하는 Debt은 Total debt과 Net debt을 모두 사용가능하다고 보고 있다. 단, 어떤 방법을 사용하든 일관성을 갖고 적용하는 것이 필요한데, Total debt을 적용할 때에는 이자비용은 전체 이자부부채에 대한 것이며, Net Debt을 적용할 때는 순이자비용으로 접근하는 것을 고려해 보아야 할 것이다. 실무적으로는 목표자본구조 산정시 Debt은 Total debt을 많이 적용하고 있는 것으로 보인다.

- 비유동성위험, 소규모 위험을 자본비용에 가산하는 것이 대표적인 경우이다. 그 외 기업특유의 상황이 할인율에 적절하게 반영되지 않았다면 추가적인 위험 조정을 고려할 수 있다.

자기자본비용은 직접적으로 평가대상기업의 자기자본비용을 산정하는 방식보다는 일반적으로 유사기업, 그 중에서도 상장기업의 위험과 수익률 등의 자료를 바탕으로 하는 경우가 많아, 평가대상기업과 차이를 조정해 주어야 한다는 의견이 있을 수 있다. 또한 자기자본비용 산정을 위해 활용된 CAPM은 시장포트폴리오의 확보를 통해 제거 가능한 위험이 있다는 것이 기본 전제이고, 개별자산만 보유하고 있는 경우를 가정하고 있지는 않은데, 대부분의 가치평가는 개별자산 또는 주식에 대한 평가이므로 개별주식의 상황을 고려한 추가적인 위험의 고려가 필요하다고 보는 견해도 있다.[215]

위와 같은 이유로 인해 CAPM 모델에 의하여 산정된 자본비용에 추가적인 위험프리미엄을 자본비용 또는 자기자본비용에 가산하는 경우가 있다.

그러나, 이러한 위험프리미엄의 조정이 항상 필요한 것인지, 프리미엄을 가산한다면 어느 정도 가산하는 것이 적절한지에 대해서는 아직 명확한 이론은 없다고 볼 수 있다. 실무적으로는 위험프리미엄을 가산 조정할 때에는 실증적 조사 결과[216]를 참고하는 방법이나 경험적 방법 등으로 프리미엄을 산정하여 가산하고 있다.

한 가지 주의할 점은 현금흐름과 자본비용간의 일관성이다. 현금흐름에 반영한 위험은 자본비용에 반영하지 않는다. 반대로 자본비용에 고려한 위험은 현금흐름에 반영하여서는 안될 것이다.

할인율에 추가적인 위험을 가산하는 방법 등에 대해서는 "Ⅶ. 현금흐름할인법의 추가적인 고려사항"을 참고하기 바란다.

---

215) 특히 비상장주식은 투자자가 포트폴리오 구성을 통한 체계적 위험의 제거가 되기 어렵다고 보고, 상장기업과는 다르게 비체계적 위험 성격의 추가위험(specific risk premium)을 고려하기도 한다.

216) 대표적인 실증 연구결과는 Ibbotson Associate에서 과거 장기간의 회사 규모별 수익률 자료를 기초하여 size premium에 대해 조사한 연구가 있다. 해당 조사결과는 Annual Report 형식으로 매년 지속적으로 업데이트되어 발표되고 있다.

현금흐름할인법(DCF)의 추가적인 고려사항

1 명목가치 vs 실질가치

명목가치(Nominal Value)는 물가상승률(Inflation Rate)이 고려된 화폐로 측정한 가치이며, 실질가치(Real Value)는 물가상승률이 배제된 구매력 기준으로 측정한 가치이다.

만약 현금흐름을 물가상승률에 대한 기대가 반영된 명목가치기준으로 추정한다면 할인율도 기대 물가상승률이 반영된 명목할인율로 할인하여야 할 것이다. 반대로 물가상승의 영향이 제거된 실질현금흐름으로 추정한다면 할인율도 기대 물가상승률이 제거된 실질할인율로 할인하여야 적정한 가치평가가 가능하다.

그러므로 현금흐름을 추정할 때 명목가치로 추정할 것인지 실질가치로 추정할 것인지 기준을 명확히 할 필요가 있다. 이러한 가치기준의 정립이 필요한 이유는 현금흐름이나 자본비용을 추정하기 위해 외부시장 데이터를 참고할 때, 가치기준을 혼용하게 되면 적절한 평가가 이루어지지 않을 수 있기 때문이다.

실무적으로는 통상 물가상승률이 고려된 명목가치 기준으로 평가가 이루어지고 있다.

[표 3-35] Real GDP와 Nominal GDP[217]

Series Title	Units	2010	2011	2012	2013	2014
Real GDP - [YQ]	bn	1,265,307.9	1,311,892.8	1,341,966.5	1,380,832.7	1,426,972.5
Real GDP(PPP US$ at 2005 prices)	bn	1,426.0	1,479.0	1,513.0	1,556.0	1,608.0
Real GDP(US$ at 2005 prices)	bn	1,098.5	1,138.9	1,165.0	1,198.8	1,238.8
Nominal GDP - [YQ]	bn	1,265,307.9	1,332,680.9	1,377,456.6	1,429,445.4	1,486,079.4
Nominal GDP(US$ at PPP) - [Y]	bn	1,505.3	1,559.4	1,611.3	1,644.8	1,706.7
Nominal GDP(US$) - [Y]	bn	1,094.1	1,202.5	1,222.4	1,305.5	1,411.5

상기 표는 EIU(Economist Intelligence Unit)에서 발췌한 한국의 연도별 경제지표 자료

---

217) EIU(Economist Intelligence Unit). South Korea Economic Indicator. 참고

의 일부이다. 상기의 자료에서 현금흐름을 명목가치 기준으로 추정하고 있을 경우에는 Real GDP의 증감률을 사용하기보다는 Nominal GDP의 증감률 사용하여야 적절한 평가가 이루어질 수 있을 것이다.

2 기말현금흐름 가정과 기중현금흐름의 가정

현금흐름을 추정하는 방법은 기말현금흐름 가정과 기중현금흐름 가정이 있다. 기말현금흐름 가정은 매 기간의 현금흐름이 매 기말에 발생한다고 가정하는 것이다. 기중현금흐름 가정은 매 기간의 현금흐름이 연중 균등하게 발생한다고 가정하는 것이다. 즉, 1년을 가정할 때는 0.5기간(6월 말)에 발생하는 것으로 가정하는 것과 같다.

다음의 두 가지 경우의 사례를 통해 비교해 보기로 한다. 기본 가정은 다음과 같다.

시장이자율을 10%라고 가정할 때, 1~3년 동안 100만원, 4~5년 동안 200만원을 받는다고 가정하면 현재가치는?

[그림 3-18] 기말현금흐름 가정

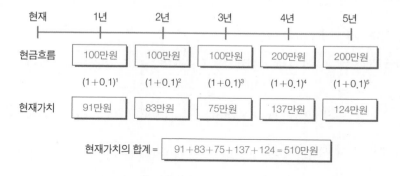

기말현금흐름의 가정에서는 현재시점의 가치는 510만원이다.

그러나, 이를 기중현금흐름을 가정하면 534만원이 된다.

266

[그림 3-19] 기중현금흐름 가정

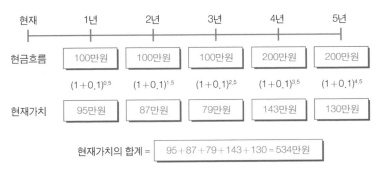

실무적으로 기말 및 기중현금흐름의 가정을 모두 적용하고 있다. 그러나, 현금흐름의 특성을 감안하여 현금흐름이 연중 고르게 발생한다는 가정이 합리적이라면 기중현금흐름의 가정을 적용하는 것을 고려해 볼 수 있을 것이다.

실무적으로 기중현금흐름 가정을 사용할 때 평가기준일이 기중이라면 주의할 부분이 있다. 예를 들어 9월 말이 평가기준일이라면 기말현금흐름 가정의 경우 초기에는 0.25년의 기간을 할인하고 이후의 기간에는 매 기간을 가산하는 1.25, 2.25, 3.25…. 방식으로 기간 할인을 하면 되나, 기중현금흐름 할인을 가정할 경우에는 초기에 0.25의 기중평균 개념인 0.125에 매 기간을 가산하는 방식으로 기간 할인을 반영하면 안되기 때문이다. 아래의 그림처럼 평가기준일 다음 연도의 기중현금흐름은 0.25에 1년의 기중 개념인 0.5을 가산하여 기간 할인하여야 하는 것이다.

[그림 3-20] 평가기준일이 기중일 경우의 기간할인 문제

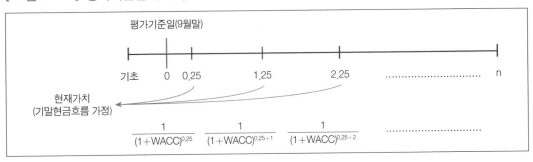

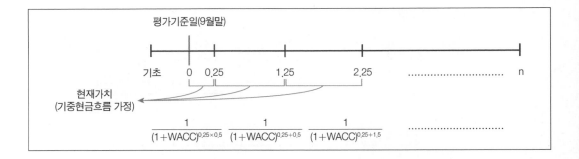

3 연결현금흐름 vs 별도(개별)현금흐름

현금흐름을 추정할 때 연결기준으로 추정할 것인지, 별도(또는 개별)기준으로 추정할 것인지에 대한 판단이 필요한 경우가 있을 수 있다.

연결기준으로 현금흐름을 추정하여 평가할 때에는 비지배지분[218]의 평가를 어떻게 할 것인지를 고려하여야 한다. 비지배지분의 가치를 별도로 평가하여 차감하는 게 쉽지 않을 수 있기 때문이다. 비지배지분의 가치를 평가할 때에는 중요성을 감안하여 평가방법이 선정되는데, 시가가 있는 지분의 경우에는 시가로 평가할 수 있지만, 그렇지 않은 지분의 경우에는 수익가치접근법이나 시장가치접근법이 사용된다.

4 영업현금과 비영업현금

영업현금과 비영업현금을 구분하는 명확한 기준은 없다. 영업현금에 대한 개념적 정의가 분명하게 이루어지지 않았기 때문에 대부분 실무적 판단에 의해 영업현금의 수준이 구분되고 있다.

영업현금과 비영업현금을 구분하는 실무적 방법으로는 보유 현금을 모두 비영업현금으로 보는 방법과 영업현금을 운전자본으로 간주하여 비영업현금과 구분하는 방법이 있다. 영업현금의 수준을 파악하는 방법으로는 일정기간의 영업비용, 일정기간의 순운전자본 규모 및 운전자본 순환구조, 일정기간의 평균 현금잔액, 회사의 현금 보유 정책 등을 고려한다.

영업현금과 비영업현금의 구분과 관련된 자세한 사항은 "V. 2. 비영업가치평가"를 참고하기 바란다.

---

218) 비지배주주지분은 모회사의 주주가 아니라 100% 자회사가 아닌 자회사의 모회사 이외의 주주를 말한다. 그러므로 모회사 가치의 일정 %로 평가되는 것이 아니고, 각 자회사의 가치에 따라 별도로 평가되어야 할 것이다.

5 단일 할인율 vs 기간별 할인율

할인율(WACC)은 모든 기간에 걸쳐 단일의 할인율을 적용하여야 하는가?

목표자본구조를 추정하여 이를 바탕으로 하나의 할인율을 추정하며, 이렇게 산정된 단일의 할인율로 모든 기간의 현금흐름을 산정하는 것이 일반적이다. 각 자본의 요구수익률은 기간별로 달라질 수 있기 때문에 각 기간별로 할인율을 달리 적용하는 것이 이상적일 수 있을 것이나, 현실적으로 이렇게 각 기간별 할인율을 달리 추정하는 것은 쉽지 않다.

그러나, 상황에 따라서는 할인율을 일정단계별로 구분하여 달리 적용하는 것을 고려해 볼 수 있다. 예를 들어 성장기 회사의 경우 초기에는 현금흐름의 변동성이 커 높은 할인율을 적용하고, 상당기간 후 성숙기에 접어들었을 경우를 가정한 시점부터 현금흐름의 변동성이 상대적으로 안정적이라고 보고 낮은 할인율을 적용하는 경우가 있을 것이다.[219]

또한 회사의 자본구조가 지속적으로 변하는 경우(예: 차입금의 규모를 지속적으로 줄여나가는 기업 등)에는 APV모델[220]과 같은 다른 평가방법을 사용하는 것도 고려해 볼 수 있다.

6 외화현금흐름

외화현금흐름의 현재가치를 계산하는 방법은 크게 두 가지 방안이 있을 수 있다. 한 가지는 현금흐름을 국내통화로 환산 후 국가위험조정이 고려된 국내 할인율로 할인하여 현재가치를 계산하는 방안과, 외화현금흐름을 현지국(외국) 할인율로 할인하여 현재가치를 먼저 계산한 후 국내통화로 할인하는 방안이다. 주의할 점은 현금흐름과 할인율은 항상 일관성이 있어야 하며, 외국 현금흐름을 국내할인율로 할인할 경우에는 할인율에 국가위험(Country risk)의 조정이 필요한 것인지 확인하여야 한다는 점이다. 두 가지 방안 중 어떤 방안을 적용할 것인지는 현지 환율의 안정성, 획득 가능한 자료의 신뢰성 등이 고려될 수 있다.

---

219) The little book of Valuation(주식가치 평가를 위한 작은 책, 애스워드 다모다란, 부크온) 중 "5. 성장에 대한 기대의 가치" 참고
220) Adjusted Present Value model로서 부채를 사용하지 않는 경우를 가정하여 기업가치를 구하고, 여기에 부채사용에 대한 절세효과를 구하는 방식이다.

[표 3-36] 외화현금흐름 자산의 평가

STEP	국내 할인율 적용 방안	현지국(외국) 할인율 적용 방안
① 현금흐름	외화(Local currency)로 미래현금흐름을 추정	외화(Local currency)로 미래현금흐름을 추정
② 현금흐름을 환산	예상환율을 이용하여 현금흐름을 국내통화(Domestic Currency)로 전환	–
③ 현재가치	국내 할인율(Domestic discount rate)을 이용하여 현재가치를 계산 * Domestic discount rate는 국가위험조정 프리미엄 또는 할인이 고려됨.[221]	외국 할인율(Local discount rate)을 이용하여 현재가치를 계산
④ 현재가치를 환산	–	현물(spot)환율을 이용하여 현재가치를 국내통화로 전환

외화 현금흐름을 국내 통화로 환산하여 국내할인율을 이용하여 현재가치를 계산할 경우에는 다음과 같이 Country Risk Premium 반영하여 자기자본비용을 산정할 수 있다.

> 자기자본비용(Ke) = Rf + β x (Rm − Rf) + Country Risk Premium
>
> Rf : 국내 무위험이자율
> β : 유사기업의 베타는 유사기업의 수익률을 KOSPI와 같은 국내 주식시장 Index와 비교하여 산출하거나, 전세계적으로 사업을 영위하는 기업의 경우에는 MSCI 등에서 제공하는 Global Index와 비교하여 산출. 시장위험프리미엄과 동일 기준으로 베타(β)를 산정하는 것을 우선적으로 고려하나, 유사기업의 제약, 분산된 시장으로서 대표성 부족 등 가용정보의 한계가 있을 때 CAPM을 보다 유연하게 적용하여 자본비용을 산출하는 것이 실용적인 경우가 있음
> Rm − Rf = MRP(Market Risk Premium) : 국내 시장위험프리미엄
> Country Risk Premium : 현지국(Foreign)과 국내(Home) country risk premium의 차이

외화 현금흐름을 현지국(외국) 할인율을 이용하여 현재가치를 계산할 경우에는 다음과 같이 현지국 시장정보를 이용하여 자기자본비용을 산정할 수 있다.

---

221) 국가위험조정 프리미엄 또는 할인은 "Ⅶ. 7. 할인 또는 할증"을 참고하기 바란다.

$$자기자본비용(Ke) = Rf + \beta \times (Rm - Rf)$$

Rf : 현지국(외국) 무위험이자율

β : 유사기업의 베타는 유사기업의 수익률을 평가대상기업이 주로 해당국가에서 사업을 영위할 경우에는 해당국가 주식시장 Index와 비교하여 산출하고, 평가대상기업이 전세계적인 범위에 걸쳐 사업을 영위할 경우에는 MSCI 등에서 제공하는 Global Index와 비교하여 산출. 시장위험프리미엄과 동일 기준으로 베타(β)를 산정하는 것을 우선적으로 고려하나, 유사기업의 제약, 분산된 시장으로서 대표성 부족 등 가용 정보의 한계가 있을 때 CAPM을 보다 유연하게 적용하여 자본비용을 산출하는 것이 실용적인 경우가 있음

Rm - Rf = MRP(Market Risk Premium) : 현지국 시장위험프리미엄

* 만약 현지국 주식시장이 CAPM을 적용하기 위한 분산된 시장으로서의 대표성이 부족하다고 판단될 경우에는 선진국시장의 무위험이자율, 글로벌 시장위험프리미엄, 글로벌 시장지수 대비 베타를 적용하고, 필요시 일정 스프레드·프리미엄을 반영하여 자본비용을 산출하는 방법도 고려해 볼 수 있음

[Note 14] 글로벌 기업의 평가

해외 여러 국가에서 사업을 영위하고 해외 투자의 제약이 상대적으로 없다고 볼 수 있는 글로벌 기업을 평가할 때에는 글로벌 CAPM으로 자본비용을 추정할 수 있다.

앞서 언급한 외화현금흐름을 갖는 자산의 평가에서 시장위험프리미엄은 국내 시장위험프리미엄 또는 현지국의 시장위험프리미엄을 사용하면서 베타를 국내 또는 현지국의 로컬 베타를 사용하는 것은 각 항목들을 일관성있게 적용하는 것이 되지만, 시장위험프리미엄은 국내 시장위험프리미엄 또는 현지국의 시장위험프리미엄을 사용하면서 베타를 글로벌 지수와 비교한 베타를 사용하게 되면 다소 일관성이 부족한 적용이 된다. 그럼에도 불구하고 이런 방식으로 사용하는 것은 유사기업이 충분하지 않는 등의 현실적인 제약이 있기 때문이다.

만약 이러한 경우에 해당 기업의 시장이 글로벌이고 해외 투자의 제약이 많지 않은 글로벌 기업이라고 가정할 수 있는 경우에는 글로벌 CAPM으로 자본비용을 산출하는 것을 고려해볼 수 있다.

글로벌 CAPM에서 시장위험 프리미엄은 MSCI world index와 같은 글로벌 지수를 바탕으로 산출한다. 때로는 글로벌 지수의 대용치로 S&P500과 같은 미국시장의 지수를 사용하기도 한다.

이 경우 베타도 글로벌 지수를 바탕으로 산출한 글로벌 베타를 사용한다.

한 예로 미국달러를 기초 통화로 두고 미국달러 무위험이자율, 글로벌지수 또는 미국시장지수 기반 시장위험프리미엄, 글로벌 베타를 통해 자본비용을 추정하고, 필요시 일정 스

프레드 또는 프리미엄을 반영한다. 그리고 이렇게 산출된 자본비용으로 미국달러를 기반으로 한 현금흐름을 할인하여 가치를 평가하는 것이다

7 할인 또는 할증

주식가치를 할인 또는 할증하는 방법에는 평가된 가치에서 할인 또는 할증을 직접 반영하는 방법과, 자본비용에 위험에 따른 프리미엄을 가산하는 방법이 있을 수 있다.

1) 주식가치에 직접 할인 또는 할증 반영

자본비용이 아닌 주식가치에 직접적으로 할인 또는 할증 조정이 이루어지는 경우가 있다. 그 대표적인 경우가 Control Premium(지배주주 할증)이나, 비유동성(Lack of Marketability)을 고려하는 것이다. 지배주주 할증은 경영권의 확보를 통한 시너지 등으로 인한 효과가 평가에 반영되는 개념이고, 비유동성 위험은 거래가 상대적으로 용이하지 않아 가치가 할인 조정될 가능성을 의미한다[222].

① 비유동성 할인[223]

기업의 비유동성에 따른 할인비용을 파악하기는 쉽지 않다. 미국의 경우 상장회사가 발행한 상장주식과 일정기간 상장하지 못하고 사모방식으로만 거래 가능한 주식과의 거래가격 차이를 분석하는 방법 등을 통해 비유동성 할인비용에 대한 실증 연구를 진행하고 있다. Maher의 연구결과는 제한된 주식이 시가 대비 평균적으로 35.43% 할인된 가격으로 거래되고 있음을 확인하였고, 모집단을 달리한 Maroney의 연구결과는 시가 대비 평균적으로 35% 할인된 가격으로 거래되고 있음을 확인하였다. 이와 관련된 Silber의 업데이트된 연구

---

222) 지배주주 할증과 비유동성 위험은 평가결과에 할인 또는 할증한다는 유사점이 있으나, 개념적으로는 조금 차이가 있다. 예를 들어 지배주주 할증은 평가대상의 모든 지분에 대해 할증이 반영되는 것이 아니라 경영권을 확보할 수 있는 수준의 지분거래 시 평가에 할증이 이루어진다. 반면 비유동성 위험은 동일한 조건의 모든 지분에 공통적으로 적용되는 사항이다. 자기자본비용 산정을 위해 활용된 CAPM은 시장포트폴리오의 확보를 통해 제거 가능한 위험이 있다는 것이 기본 전제이고, 개별자산만 보유하고 있는 경우를 가정하고 있지는 않은데, 대부분의 가치평가는 개별자산 또는 주식에 대한 평가이므로 개별주식의 상황을 고려한 추가적인 위험의 고려가 필요하다고 보는 것이고, 이러한 위험을 반영하는 것이 Specific Risk Premium이다. 비유동성 위험은 Specific Risk Premium의 대표적인 예이고, 이외에도 규모, 파산, 경영진, 소수품목(단일거래처) 등으로 인한 위험요인이 고려될 수 있다. 특히 Start-up 평가에서는 이러한 비체계적인 위험이 훨씬 중요한 요인으로 작용할 수도 있다.

223) Multiple을 이용한 Koeplin의 연구결과도 20~30%의 비유동성 할인의 결과를 보여주고 있다. "제4장 시장가치접근법" 참조

결과는 33.75% 할인이었다.[224]

일반적으로 유동성이 낮은 자산은 대체로 가치가 할인되어 거래가 되고, 이러한 할인을 비유동성 할인이라고 가정하지만, 비유동성 할인이 필요한지에 대해서는 여전히 이견이 있다.

만약 적용이 필요하다고 판단되는 상황이라면 할인율의 범위를 개별적인 상황에 맞게 판단해야 할 것이다. 단, 추정가치의 약 20~30%가 비유동성 할인으로서 거래가격의 차이를 가져왔다는 상기의 연구결과들은 이 과정에서 참고할 수 있을 것으로 보인다.[225],[226]

위에 언급한 방법으로 비유동성 할인을 반영하고자 할 경우에는 기본적인 가치평가는 유동성이 있다고 가정하여 평가한 후 비유동성 할인을 반영하여야 한다.

② 경영권 프리미엄 (시너지 혹은 전략적 투자가치의 고려)

경영권 프리미엄은 시너지, 비효율의 개선, 재무비용의 절감 등 인수 후 전략적/재무적 프리미엄 이외에도 대상회사의 현재 상황 등이 종합적으로 고려되는 것으로 개별 상황, 개별 회사마다 차이가 있어 프리미엄의 범위는 상당히 큰 것으로 알려지고 있다.

경영권 프리미엄에 대한 다양한 이견에도 불구하고 합리적인 투자의 경우 평가대상회사의 평가방법에 따라 경영권 프리미엄은 존재할 수도 있을 것이다. 단, 경영권 프리미엄이 어느 정도인지는 개별 회사별·상황별로 결정되어야 하는 것이지 일률적으로 결정할 수 있는 부분은 아닌 것으로 보인다.[227],[228]

경영권 프리미엄을 적용할 때 주의할 점은, 경영권 프리미엄을 인수 후 시너지 혹은 비효율의 개선 등 경영권을 확보함으로 인해 창출 가능한 현금흐름의 증분 가치로 가정할 경우, 해당 증분 현금흐름이 이미 현금흐름 추정 시 반영되었다면 추가로 고려할 경영권 프리미엄은 없는 것이다. 이와 같은 가정에서는 대상회사의 인수 전 현금창출능력을 기준으로 가치를 평가하고, 경영권 확보에 따른 증분현금흐름을 추가로 고려하여 평가함으로써 경영권 프리미엄을 산정할 수 있을 것이다.

---

224) The Cost of Illiquidity, NYU, Aswath Damodaran 참고
225) 어스워스 다모다란의 투자철학 제2판 p.195, 2013.7.1, 어스워스 다모다란 著, 리딩리더 출판
226) W.L. Silber, "Discounts on Restricted Stock: The Impact of Illiquidity on Stock Prices."(1991)의 연구에서 밝혀진 할인율의 중간값은 30~40%로 나타났다. [어스워스 다모다란의 투자철학 제2판, 2013.7.1, 어스워스 다모다란 著, 리딩리더 출판]
227) 미국의 경우에도 M&A에서 인수자들이 20~30%의 프리미엄을 지급하고 있지만, 비교대상 가격이 시기 및 상황에 있어 인수 시점 및 상황과 차이가 있으며, 인수자들의 인수목적은 다양하므로 인수대가의 프리미엄이 모두 경영권 프리미엄이 아닐 수 있고, 통상 M&A거래에서는 Overpay의 가능성이 높다는 점이 고려되어야 한다고 보고 있다(The value of Control, NYU, Aswath Daomodaran).
228) 세법(상속세 및 증여세법 제63조)에서는 최대주주 할증으로 20%를 평가액에 가산하고 있다.

2) 자본비용에 프리미엄 가산(size Premium 등)

주식가치를 할인 또는 할증하는 방법에는 자본비용에 프리미엄 등을 가산하는 방식으로 위험을 조정하는 방법이 있다.

자본비용에 가산하는 프리미엄으로는 규모에 따른 위험조정, 비유동성에 따른 위험조정, 국가별 위험에 따른 조정, 기타 기업 특유의 위험 조정 등이 있다. 실무적으로 규모에 따른 위험조정이 많이 활용되고 있다. 규모에 따른 위험조정(Size Risk Premium)이 많이 활용되는 이유는 앞서 언급한 다양한 위험들이 일반적으로 존재한다고 볼 수 있으나, 이를 측정하기는 쉽지 않은 데 비하여, Size risk Premium은 미국시장을 기준으로 한 자료이기는 하지만 규모에 따른 위험 조정률(수익률 차이)의 자료가 체계적으로 제공되고 있기 때문인 것으로 보인다.

① Size Premium(규모에 따른 위험 조정)

일반적으로 Size Premium은 Duff and Phelps[229]에서 제공하는 자료를 많이 활용하고 있다. Duff and Phelps에서 제공하는 Size Premium은 상대적으로 규모가 작은 회사의 수익률이 규모가 큰 회사의 수익률보다 평균적으로 크다는 실증분석을 토대로 하고 있다. 이러한 실증분석 결과를 바탕으로 매년 규모에 따른 Size Premium을 발표하고 있다.

다음은 이러한 자료를 바탕으로 Size Premium을 적용한 사례이다.

[표 3-37] Size Premium 적용 사례[230]

구 분	적용비율	계산식
가. 무위험이자율(Rf)	2.09%	
나. 시장수익률(Rm)	11.69%	
다. Levered Beta	1.17	
라. Size Premium	3.84%	
마. 자기자본비용	17.16%	=(가 + (나-가) × 다) + 라 =Rf + (Rm - Rf) × β + Size Premium
바. 타인자본비용	7.28%	

---

229) Size Premium은 Ibbotson Associates에서 조사하기 시작하였고, Ibbotson 사는 2006년 Morningstar사에 인수되고, 이어 2013년 9월 Duff and Phelps에 의해 인수되었는데, Size Premium이 수록된 SBBI Valuation Yearbook의 주요 내용은 Duff and Phelps에 의해 지속적으로 제공되고 있다. Duff and Phelps에서 제공하는 Size Risk Premium은 미국 주식 시장의 기업규모별 수익률을 1926년 이후로 지속적으로 축적한 자료를 바탕으로 조사된 것으로 매년 정보를 업데이트 하고 있다.

230) D사 주요사항보고서(영업양도)의 첨부문서인 외부평가기관의 평가의견서 중, 전자공시시스템 참고

구 분	적용비율	계산식
사. 자기자본비율	35.23%	
아. 타인자본비율	64.77%	
자. Tax Rate	24.20%	
차. 가중평균자본비용(WACC)	10.00%	(차＝마×사+바×(1－자)×아)

상기 사례는 Size Premium을 적용할 때 CAPM에 의해 산정된 자기자본비용에 Size Premium을 가산해 주는 방식으로 반영하고 있다.[231]

> **Size Premium 반영 방법**
> $$Ke = Rf + \beta L \times (Rm - Rf) + Size\ Premium$$

Size Premium의 반영 방식은 Size Premium의 도출방식에 따라 달라질 것이다. 상기 방식처럼 CAPM에 의해 산정된 자기자본비용에 Size Premium을 가산하는 방식으로 반영하는 것은 적용할 Size Premium의 도출이 Actual return과 CAPM에 계산된 return과의 차이로 계산되었기 때문이다.

위와 같은 Size Premium의 반영이 반드시 필요한지에 대해서는 이견이 있다. 그렇기 때문에 반영 여부를 일률적으로 정의하기는 어렵지만, 유사기업에 비해 소규모로서 상대적으로 유사회사인 상장회사보다 위험이 크다고 평가자가 판단한다면, Size Premium에 내재된 복합적 위험 요인을 감안할 때, Premium을 위험조정 요소로 가산하는 것을 고려할 수 있을 것이다. 다만, 소규모 여부는 평가시점뿐만 아니라 향후에도 소규모의 가정이 유지되어야 한다. 그러므로 평가 후 가치의 크기가 여전히 소규모인지 여부를 확인할 필요가 있다.

---

231) 실무적으로 많이 활용되고 있는 Size Premium의 경우는 국내시장과 규모 등에 있어서 차이가 있는 미국시장에서 산출된 것이므로 국내 시장에서 반영하는 것이 적합한 지에 대한 이견이 있다. 그렇기 때문에 상기 Size Premium을 국내 기업에 적용 시 상대적인 규모차이를 반영하여 적용하는 경우도 있다. 그러나 실무 적용에 있어서는 후술하는 바와 같이 비상장 또는 소규모 기업은 상장 또는 대규모 기업에 비해 상대적으로 (반드시 규모만의 위험요인이 아닐지라도) 여러 위험요인이 더 커 기대수익률이 높을 것이라는 전제하에 상기 사례와 같은 방식으로 size premium이라는 명목을 적용하여 할인율에 위험조정 프리미엄을 가산하는 경우가 많다.

[Note 15] 한국공인회계사회에서 발표한 한국의 기업규모위험 프리미엄

한국공인회계사회에서는 국내의 전문가 그룹에 연구 용역을 의뢰하여 한국의 기업규모위험 프리미엄(Size Risk Premium)의 연구결과를 2022년 6월 28일에 발표하였으며, 2024년 6월 5일에 업데이트된 내용을 발표하였다. 다음의 표는 기업규모를 3분위수와 5분위수로 구분하여 규모위험을 측정하여 발표한 내용이다.[232]

① 2022년 발표 내용

[규모위험 프리미엄 : 3분위수]

규모	주1) 평균	시가총액(단위 : 백만원)			
		Min	Max	Median	Mean
Mid	−0.26%	922,834	544,116,848	11,103,155	2,238,130
Low	0.60%	336,121	859,621	556,629	543,750
Micro	3.35%	63,685	333,630	212,443	216,340

[규모위험 프리미엄 : 5분위수]

규모	주1) 평균	시가총액(단위 : 백만원)			
		Min	Max	Median	Mean
1분위	−0.25%	1,851,312	544,116,848	4,187,573	17,793,014
2분위	0.00%	721,685	1,824,793	1,067,545	1,127,037
3분위	0.44%	402,051	718,622	543,751	546,965
4분위	1.82%	236,816	401,845	305,786	314,292
5분위	4.16%	63,685	234,320	162,566	163,406

② 2024년 발표 내용

[규모위험 프리미엄 : 3분위수]

규모	주1) 평균	시가총액(단위 : 백만원)			
		Min	Max	Median	Mean
Mid	−0.31%	799,816	469,000,000	2,118,418	7,275,833
Low	1.31%	247,355	798,867	412,800	450,343
Micro	3.75%	22,360	247,238	143,444	144,436

[규모위험 프리미엄 : 5분위수]

규모	주1) 평균	시가총액(단위 : 백만원)			
		Min	Max	Median	Mean
1분위	-0.63%	1,660,780	469,000,000	4,089,102	11,400,000
2분위	0.08%	609,450	1,658,212	915,395	995,841
3분위	1.27%	299,250	608,290	412,800	425,863
4분위	2.47%	162,910	299,171	222,198	226,573
5분위	4.73%	22,360	162,876	108,300	105,495

② 비유동성 프리미엄 및 Specific Risk Premium

비유동성 프리미엄(Liquidity Risk Premium)은 시장성(유동성)이 부족한 주식이 가진 위험을 추가적으로 조정하기 위한 것으로 일반적으로 Size Premium을 적용할 경우에는 위험의 중복 반영 등의 문제가 있어 동시에 반영하지는 않는다.[233]

비유동성 할인을 주식가치가 아닌 할인율에 직접 반영할 경우의 프리미엄에 대한 연구도 진행되고 있다. 이러한 연구결과로 나타난 수익률의 차이는 실제적으로는 유동성의 결여 이외에도 다양한 복잡한 요인이 작용한 결과이므로 이를 모두 비유동성 할인으로 보기는 어렵지만, 유사한 상황에 놓은 회사들이 영향받는 요인이 평균적으로 비슷할 것이라고 가정한다면 할인의 요소로 참고할 수는 있을 것이다. 비유동성을 자본비용에 반영하는 일부 연구결과는 2~4%가 가산 요소가 될 수 있음을 보여주고 있다.[234]

이외에도 기업 특유의 위험 조정(Specific Risk Premium)으로 시장 또는 산업 전체가 가지는 위험이 아니라 베타값에 반영되지 않은 해당 기업이 가지는 고유 위험을 반영하는 것이 있을 수 있다. 이러한 예로는 파산 또는 실패 risk, 소수품목생산에 따른 Risk 등이 있을 수 있는데, Start-up 기업 등에 대한 평가 시에 적용을 고려해 볼 수 있다.

3) 국가 위험 프리미엄(Country Risk Premium)

자본비용에 가산하는 프리미엄으로 대상회사가 외화현금흐름을 창출하는 경우에 추가적으로 고려할 필요가 있는 것은 국가 위험 프리미엄(Country Risk Premium)이다.

현금흐름과 할인율은 일관성 있게 적용되어야 한다. 앞서 "외화현금흐름"에서 설명한 바

---

233) 평가대상기업이 비상장기업이더라도 평가일로부터 가까운 기간 내에 상장이 이루어질 것으로 예정되어 있다면 비유동성 프리미엄을 고려할 필요가 없을 것이다.

234) Ibbotson Associate의 연구는 3~4%, 벤처캐피탈의 수익률에 대한 연구결과는 4%, Kristin Kandy의 연구는 2%(The cost of illiquidity, NYU 참고)

와 같이 외화현금흐름을 외화로 평가할 때에는 할인율도 외화(현지) 기준 할인율을 적용하여야 한다. 현지 할인율의 추정 방법은 국내와 동일하다. CAPM에 적용되는 무위험이자율, 베타, 시장위험프리미엄을 모두 외화(현지)기준으로 적용하면 된다.[235]

그러나, 외화현금흐름을 본국통화로 환산하여 평가를 할 때에는 할인율에 외화(현지)국가의 위험프리미엄이 고려될 수 있다. 이렇게 고려되는 위험을 "Country Risk Premium"이라고 한다.

물론 국가 위험 프리미엄(Country Risk Premium)을 가산하여야 하는지는 이견이 있다. 통화 위험은 이미 환율에 반영되어 있기 때문에 환산과정에서 고려가 되므로 추가적인 위험프리미엄은 필요가 없다는 견해와 국가의 채무불이행 위험과 같은 국가별 위험은 존재하므로 할인율에 상대적인 위험의 정도는 고려되어야 한다는 견해이다.[236]

그러므로 외화 현금흐름 자산을 평가할 때에는 외화(현지화폐)기준으로 추정하고 현지 시장의 자본비용으로 할인한 후 환산하는 방법을 우선적으로 고려하는 것이 필요하다고 본다. 만약 본국(국내)통화로 환산한 후 국내 자본비용으로 할인하여 평가하여야 하는 상황이라면 Country Risk Premium의 반영 여부에 대해서는 판단이 필요할 것이다.

Country Risk Premium을 반영하는 방법은 일반적으로 두 가지가 있다.

[표 3-38] Country Risk Premium을 자기자본에 반영하는 방법

구분	산정 방법
방법1	자기자본비용 = 무위험이자율 + Country ERP + Beta × 시장위험프리미엄
방법2	자기자본비용 = 무위험이자율 + Beta × (시장위험프리미엄 + Country ERP)

*Country ERP: Country Equity Risk Premium

---

235) 이 경우 베타는 대상회사의 사업 영위 범위에 따라 현지국 또는 Global Index 기준으로 적용하기도 한다. 즉, 평가대상 기업이 해당 국가에서 주로 사업을 영위한다면 해당 국가의 지수를 적용하고, Target market이 국제적이라면 MSCI Index와 같은 Global Index를 적용하는 것이다.
물론 이상적으로 완전한 시장포트폴리오라고 볼 수 있는 Index는 없기 때문에 합리적으로 설명될 수 있는 Index를 적용하는 것이 필요하다. 예를 한국시장에서 사업을 영위하는 한국기업의 베타를 산정할 때, S&P500(대표적인 시장지수라고 하더라도)과 같은 해외지수를 사용하면 상관성과 환율효과 등의 이슈가 있을 수 있어, KOSPI와 같은 동일국가내의 대표지수(해당 지수가 안정적이라면)가 일반적으로 Benchmark Index로 사용된다. 그러므로 전세계적으로 사업을 영위하는 해외기업의 베타를 산정하는 경우에 있어서 Global Index를 사용할 때에도 상관성, 대상지역, 환율 등 다른 요소의 개입 최소화 등의 고려를 통해 합리적으로 설명될 수 있는 Index의 적용이 필요할 것이다.
236) Country risk Premium을 반영하지 않아도 된다는 견해에서는 현지국가의 현금흐름에 위험성이 있다면 이는 기대현금흐름에서 조정할 수 있다고 보고 있다.

방법 1은 모든 회사가 동일한 국가 위험에 노출되어 있다고 가정한 경우이다. 이 경우에 는 개별회사의 베타와 무관하게 Country Risk Premium을 가산한다.

방법 2는 회사가 국가위험에 노출된 정도는 시장위험에 노출된 정도와 같다고 보는 것이 다. 이 경우에는 시장위험프리미엄에 Country Risk Premium을 가산함으로써 베타의 영향 을 받도록 조정한다.

Country Risk Premium은 Damodaran online이나 Bloomberg 등에서 제공하고 있다. 이 러한 Country Risk Premium을 실무적으로 적용할 때에는 미국의 무위험이자율 및 시장수 익률을 기준으로 상기 방법에 의해 자기자본비용을 산정하고 있다.

[표 3-39] 주요 국가의 risk premium (by Damodaran online) updated 2018년 1월

Country	Country Risk Premium	Country	Country Risk Premium
Australia	0.00%	Korea	0.57%
Brazil	3.46%	Malaysia	1.38%
Canada	0.00%	Russia	2.88%
China	0.81%	Singapore	0.00%
Germany	0.00%	Taiwan	0.70%
Hong Kong	0.57%	Thailand	1.84%
India	2.19%	United Kingdom	0.57%
Indonesia	2.54%	United States	0.00%
Japan	0.81%	Vietnam	5.19%

[표 3-40] 주요 국가의 risk premium (by Damodaran online) updated 2023년 1월

Country	Country Risk Premium	Country	Country Risk Premium
Australia	0.00%	Korea	0.85%
Brazil	5.19%	Malaysia	2.07%
Canada	0.00%	Russia	12.94%
China	1.22%	Singapore	0.00%
Germany	0.00%	Taiwan	1.03%
Hong Kong	1.03%	Thailand	2.76%
India	3.79%	United Kingdom	1.03%
Indonesia	3.29%	United States	0.00%

Country	Country Risk Premium	Country	Country Risk Premium
Japan	1.22%	Vietnam	5.19%
France	0.85%	Spain	2.76%

8 현금흐름 위험과 할인율의 관계

할인율은 일반적으로 투자자의 특성으로 인해 영향을 받기보다는 평가대상의 위험의 크기에 따라 영향을 받는다.

예를 들어 안정적인 현금흐름 창출이 예상되는 평가대상을 10%의 자본비용으로 할인한다고 가정하자. 만약 평가대상이 안정적인 현금흐름에 추가하여 불확실성이 상대적으로 높은 현금흐름을 예상하고 있는 경우에도 동일한 자본비용으로 할인할 수 있는가에 대한 질문이 필요할 수 있다.

이러한 상황은 미래현금흐름을 추정할 때 빈번하게 발생한다. 사업계획 또는 추정현금흐름은 상당히 확정적인 현금흐름과 불확실한 현금흐름으로 구분되어지기도 하고, 목표 현금흐름은 달성가능성이 높은 수준과 달성가능성이 상대적으로 낮은 수준으로 구분되어지기도 한다. 기업가치를 평가할 때 상당히 확정적인 현금흐름만을 대상으로 평가할 때와 상대적으로 불확실한 상황이 추가된 현금흐름을 대상으로 평가할 때의 할인율은 차이가 있어야 할 것이다. 일반적으로 현금흐름의 위험이 클수록 할인율의 크기도 클 것으로 예상된다.[237]

9 투자자의 조달비용과 평가에 적용할 자본비용

앞서 설명한 "VI. 자본비용의 추정"에서 자본비용은 "평가대상 현금흐름에 적합한 자본비용"이어야 한다고 설명하였다. 즉, 일반적으로 평가대상의 Stand-alone Value 측정 목적으로는 자본비용 산정 시 평가대상의 현금흐름에 대한 위험이 고려되어야 하는 것이다.[238] 만약 자동차 회사가 의류업 회사를 인수한다면 의류업을 영위하는 회사의 평가에는

---

[237] 예측된 현금흐름의 불확실성이 크다면 때로는 현금흐름 또는 할인율을 조정할 필요가 있을 수 있다. 이 경우에는 할인율을 조정하는 것은 설명력이 낮아질 수 있으므로 대상 현금흐름 특성, 시장 상황 등을 고려하여 현금흐름을 조정하는 것을 우선적으로 고려해 볼 수 있다. 만약 추가된 현금흐름이 새로운 별도의 프로젝트로 인한 것이라면 해당 현금흐름을 구분하여 별도의 프로젝트 할인율로 평가하는 것을 고려할 수 있다.

[238] 이는 결국 베타를 산정할 때 대상회사의 영업위험이 반영된 unlevered 베타에 근거하여 자본비용을 산정하는 것과 같은 개념이다.

의류업 회사의 현금흐름 위험에 맞는 자본비용이 적용되어야 하는 것이다. 종종 자동차회사가 의류업 회사를 인수하기 위해 내부자금 또는 인수자가 자금을 조달하여 투자할 것이므로 이렇게 조달한 자본비용[239]으로 할인하여야 하지 않을까 하는 의문을 갖는 경우가 있다. 이는 인수자의 자본비용과 같은 의미인데, 인수자의 자본비용은 투자의 타당성 검토 목적으로 활용될 수 있는 것이고,[240] 평가대상회사의 공정한 Stand-alone Value[241] 평가 목적으로는 적절하지 않다.

10　이자부부채의 현금흐름 반영

이자부부채는 일반적으로 타인자본으로 분류되기 때문에 기업현금흐름할인법에서는 현금흐름에 반영하지 않고, 자본비용에 반영한다고 설명하였다. 그러나, 이자부부채의 경우에도 해당 채무의 성격이 운전자본 성격으로서 영업활동과 밀접한 연관이 있는 경우에는 현금흐름에 반영하는 것이 적절한지 고려하여야 한다. 단, 이 경우에 가중평균자본비용은 현금흐름에 반영한 이자부부채와 관련된 사항은 제외되어야 한다.

이와 같은 방법은 일부 이자부부채만을 현금흐름에 반영하는 것이기 때문에 "제8장 기타의 평가방법"에서 설명하는 주주현금흐름할인법(FCFE)과는 차이가 있다고 볼 수 있다.

11　우선주의 가치평가

우선주는 주식과 채권의 성격을 모두 갖고 있기 때문에 보통주와는 다르게 평가될 수 있다. 그러나, 우선주는 각각의 우선주마다 다양한 속성을 가지고 있기 때문에, 평가를 위해서는 우선주가 갖고 있는 권리 및 성격에 대한 파악이 필요하다.

실무적으로는 우선주의 발행비중이 중요하지 않다면 타인자본으로 간주하여 기업가치에서 차감하거나,[242] 보통주로 간주하고 평가하기도 한다.[243]

일반적으로 우선주는 이익의 배당, 잔여재산의 분배에 대하여 보통주보다 우선권을 갖는

---

239) 이러한 자본비용은 인수자의 자본비용이라는 의미가 된다.
240) 가치평가 시 할인율로서의 자본비용은 투자자와는 무관하게 결정된다. 자본비용은 대상회사의 현금흐름의 특성에 적합한 할인율을 적용하여야 하기 때문이다. 인수자의 자본비용을 투자대상에 대한 기대수익률과 비교하는 것이 경영의사결정상 참고로 필요할 수는 있으나, 투자대상의 가치평가 목적으로 적합하지는 않다고 보는 것이 일반적인 견해이다.
241) 공정가치는 다수의 시장참여자가 기대할 수 있는 관점에서 평가하는 것이고, 인수자만의 특수한 상황이 고려되는 것이 아니기 때문에 인수자의 자본비용으로 할인하는 것은 공정가치의 개념은 아닌 것이다.
242) Estimating Discount rate, Damodaran Online 참고
243) 신형우선주의 경우는 일정기간이 지나면 보통주로 전환된다.

대신 이러한 권리부여기간에는 의결권이 상대적으로 제한된다.

우선주에 대한 배당이 일정액으로 지급되는 경우에는 이자를 지급하는 부채와 같이 타인 자본으로 간주하여 평가할 수 있을 것이다. 즉 기업가치 산정 후 타인자본을 차감하는 것과 같이 우선주가치를 차감하여 보통주 지분의 가치를 산출할 수 있다.

이론상으로 우선주의 가치는 배당액이 일정액으로 지급되는 경우 예상배당액(D)을 우선 주 자본비용(Kp)으로 할인하여 측정한다.

> **우선주 가치(P) 산정 기본 산식**
>
> $$P = D / Kp$$

이 과정에서 우선주 자본비용의 파악은 쉽지 않을 수 있다. 우선주 배당은 세후 이익에서 지급되기 때문에 법인세 절감효과가 없다. 그러한 이유로 우선주 자본비용은 타인자본비용 에 비해 더 높은 것이 일반적이다. 우선주 자본비용을 직접적으로 측정하는 것은 어렵기 때문에 시장에서 거래되는 유사한 우선주의 자본비용을 측정하고 이렇게 측정된 자본비용 을 대용치로서 사용하는 방법을 고려해 볼 수 있다. 예를 들어 상장되어 있는 우선주 중에 서 평가대상회사와 속성이 유사한 우선주의 거래가격, 배당액을 검토하여 이로부터 위의 산식에 의해 우선주 자본비용을 측정하는 것이다. 유사회사를 선정할 때에는 유사회사 선 정 시 일반적으로 확인하는 사항 이외에 우선주의 속성이 유사한지를 반드시 확인하여야 한다. 우선주 속성의 예로는 배당의 지급이 누적적 우선주인지 이익분배에 대해 참여적 우 선주인지, 청산 시 이익분배에 우선권이 있는지, 상환조건부 우선주인지, 의결권 조건은 어 떠한지, 전환조건이 부여된 우선주인지, 기타 다른 권리가 부여된 사항은 무엇인지 등을 파 악하는 것이 포함된다.[244]

우선주의 가치 평가 시에는 우선주가 가지는 이러한 속성이 고려되어야 하며, 우선주의 특징에 따라 개별 평가가 필요한 경우에는 옵션가격 결정모형 등을 활용하는 방법도 고려 해 볼 수 있다. 사실 우선주가 가지는 다양한 권리는 우선주의 평가를 어렵게 만드는 요인

---

[244] 우선주 가치를 별도로 평가하였다면 가중평균자본비용(WACC)에도 우선주 자본비용을 고려해 주어야 할 것이다. 우선주 자본비용을 가중평균자본비용에 반영할 때에는 목표자본구조를 추정하는 것이 필요하다. 목표자본구조 추정에 대해서는 "Ⅵ. 자본비용의 추정"의 "자본구조" 부분을 참고하기 바란다. 만약 우선주 의 가치비중이 중요하지 않아 타인자본으로 보고 기업가치에서 차감하거나 또는 보통주와 동일하게 간주 하여 평가한 경우라면, 가중평균자본비용 산정에 있어서도 이를 별도로 구분하지 않고 목표자본구조를 구 하면 될 것이다.

중의 하나이다. 배당에 대한 우선권, 상환에 대한 우선권, 전환권, 수익률 보장, 유동성 보장 등 경제적 권리도 다양할 뿐만 아니라, 의결권, 우선매수청구권, 동반매각청구권, 공동매각권 등 의사결정에 관한 권리도 다양하다. 현실적으로 우선주가 갖는 모든 권리를 개별적으로 식별하여 평가하는 것은 어렵지만, 우선주가 회사의 평가에서 중요하고, 보통주와는 현저하게 차별적인 권리를 갖고 있다면 해당 권리에 대해 옵션가격 결정모형 등을 활용하여 주주지분 내에서의 가치배분(Equity Allocation)을 하는 것이 필요할 수도 있다.

우선주를 평가하는 또 다른 방법으로는 보통주와 우선주의 가격차이인 괴리율을 적용하는 방법과 우선배당의 가치를 고려하는 방법 등이 있을 수 있다. 이러한 방법에 대해서는 "제6장 자본시장법 상 평가"에서 살펴보기로 한다.

12 증자 계획 또는 추가 차입 계획 시의 평가

향후의 유상증자 계획은 현 시점에서의 기업가치 평가에 영향을 미치지 않는다고 보는 것이 일반적이다. 유상증자가 지분가치에 해당하는 가액으로 이루어진다면, 기존의 평가된 지분가치에 추가로 유상증자에 해당하는 현금 등이 증가할 것이므로, 평가시점의 주주가치에 미치는 영향은 없을 것이라고 보는 것이다. 즉, 향후 현금흐름을 통해 추정된 지분가치가 200억원이라고 가정할 때, 50억원의 유상증자가 발생한다면 기존 주주의 지분가치 200억원에 50억원의 가치가 추가로 더해져 총 지분가치는 250억원이 된다. 이처럼 유상증자로 인해 기존주주의 지분율이 달라질 수는 있지만 평가시점의 지분가치에는 영향을 미치지 않는다고 가정하는 것이다. 그러나, 유상증자로 인해 사업계획 등의 변경 혹은 향후 추정 현금흐름의 변동이 발생한다면, 유상증자 시점 또는 유상증자로 인해 현금흐름의 변동이 예상되는 시점에 다시 평가하는 것을 고려하여야 한다.

향후 추가 차입 계획이 있는 경우에도 기업가치에서 차감하는 타인자본의 가치에는 이를 고려하지 않고, 평가기준일 현재의 차입금 등만 타인자본으로 반영하는 것이 일반적이다. 평가시점 이후에 발생하는 차입금은 동일한 이자율로 할인되므로 순유입과 순유출의 현재가치가 동일할 것이라고 간주하기 때문이다. 단, 자본비용 산정 시 목표자본구조에는 향후 차입계획이 자본구조에 미치는 효과 등이 고려되어야 할 것이다.[245]

---

245) 추가 차입계획을 반영하는 방식은 차입목적에 따라서도 달리 고려될 필요가 있다. 예를 들어, 매입채무 상환 목적의 차입, 또는 매출채권 할인의 대체적인 방법으로서의 차입과 같이 운전자본 변동과 연계된 차입 계획의 경우에는 해당 차입금의 차입-상환 관련 활동을 현금흐름에 반영하는 것이 평가에 더 적절한지 고려하여야 한다. 즉, 차입금이 운전자본 성격으로 분류된다고 판단한다면 이는 타인자본으로 별도로 고려

이와는 별개로 추정재무제표를 작성하는 경우에는 자금수지에 따라 미래에 추가적인 차입금 발생 또는 상환을 가정할 수는 있다. 그러나, 기업현금흐름할인법(FCFF)을 이용한 평가방법에서는 차입-상환 계획은 자본구조에 미치는 영향을 제외하면, 평가시점의 가치에 영향을 미치지 않는다고 가정하는 것이 통상적이라고 볼 수 있다.

반면, 주주현금흐름할인법(FCFE)을 이용한 평가방법하에서는 차입금과 같은 타인자본의 차입-상환, 이자비용 등을 모두 현금흐름에 반영하기 때문에 평가방법에 따라 다르게 접근할 필요가 있다는 점도 고려하여야 할 것이다.

다음의 simulation은 증자 및 차입의 효과만을 보기 위해 가정을 단순화하였다. 매기간의 현재가치 차이는 없으며, 증자 혹은 차입으로 인한 사업계획의 변동은 없고, 오직 기존의 사업계획에 증자 또는 차입계획으로 인한 현금흐름 증감만 있다고 가정하여 Simulation을 해보면 다음과 같이 증자 또는 차입이 기존주주지분의 가치에 영향이 미치지 않는 것을 확인할 수 있다. 그러나 이러한 자금유입으로 인한 사업계획의 변화 혹은 시가와 차이가 있는 증자 등의 경우에는 영업가치의 변화 또는 기존주주의 가치에 영향을 미칠 수 있다는 점도 이해하여야 한다.

[표 3-41] 증자 및 차입 Simulation

CASE 1 차입 후 상환

		1기	2기	3기	4기	5기
영업이익		100	100	100	100	100
차입증감				100		-100
주주현금흐름		100	100	200	100	0
value(sum)	500	기존주주 가치	500			

CASE 1-1 차입 후 미상환

		1기	2기	3기	4기	5기
영업이익		100	100	100	100	100
차입증감				100		
주주현금흐름		100	100	200	100	100
value(sum)	600	기존주주 가치	500			
		이자부부채 가치	100			

하기보다는 현금흐름에서 운전자본으로 반영하는 것이 더 합리적일 수 있다.

CASE 2 유상증자 가정

		1기	2기	3기	4기	5기
영업이익		100	100	100	100	100
유상증자				100		
주주현금흐름		100	100	200	100	100
value(sum)	600	**기존주주 가치** 500				
		유상증자지분 가치 100				

위의 예시에서 Case1은 3기에 차입 후 5기에 상환하는 가정이고, Case1 – 1은 차입 후 미상환가정, Case2는 유상증자 가정이다. 이러한 가정을 반영한 기간별 현금흐름의 합은 기존주주지분의 가치에 영향이 없음을 확인할 수 있다. 그러나 사업계획이 이러한 증자 또는 차입을 고려한 경우라면 기존주주지분의 가치와는 별개로 회사의 영업가치는 달라질 수 있기 때문에 사업계획이 어떤 가정에 기반하는지도 확인이 필요한 사항이다.

13 자기주식을 보유한 기업의 평가

자기주식의 보유 유무는 기본적으로 평가시점의 영업가치에 영향을 미치지 않는다고 보는 것이 일반적이다. 자기주식은 영업현금흐름 창출에 직접적인 영향을 주지 않는다고 가정하기 때문이다. 보유하고 있는 자기주식을 매각하여 현금이 늘어나는 경우를 가정하여도 마찬가지이다. 자기주식이 공정가액으로 매각된다면 제3자 배정 증자와 같은 효과가 발생하는 것이고, 이는 기존의 영업가치와 기존 주주의 가치는 유지된 채로 자기주식 매각대가만큼의 비영업가치(매각대가를 비영업현금으로 가정한다면)가 늘어나고, 이를 포함한 기업가치를 기존주주와 자기주식 매수자에게 나누어 배분할 것이기 때문이다.

다음의 예는 자기주식 보유 시와 자기주식 매각 시 회사의 영업가치와 기존주주의 지분가치를 비교한 것이다.

구분	자기주식 보유 시	자기주식 매각 시
영업가치	100억원	100억원
비영업가치(자기주식 가치 50억원, 발행 시 지분율 33.3% 가정)	_246)	50억원
주주A(기존주주)의 유효지분율	100%	66.7%
주주B(자기주식매수자)의 유효지분율	-	33.3%
주주A(기존주주)의 지분가치	100억원	100억원
주주B(자기주식매수자)의 지분가치	-	50억원

상기 사례에서 보는 바와 같이, 자기주식을 제외한 영업가치가 100억원인 회사의 지분을 주주 A가 100% 보유하고 있다면 주주A의 지분가치는 100억원이라고 볼 수 있다. 그리고 보유하고 있는 자기주식을 지분에 해당하는 영업가치와 동일한 가액인 50억원에 제3자(주주B)에게 매각하였다면, 회사의 가치는 영업가치 100억원 + 비영업가치 50억원 = 150억원이 되고, 기존 주주 A와 자기주식 매수자(주주B)의 지분율은 각각 66.7%와 33.3%가 된다. 이 경우 기존 주주A 지분가치는 여전히 100억원으로 변동이 없는 것이다.

물론 여기에는 다양한 변수들이 존재할 수 있다. 자기주식을 공정가액 혹은 시가와는 다른 가액에 매각하는 경우에는 기존 주주의 가치는 변동될 수 있다. 그리고, 자기주식 매각을 통해 조달한 자금으로 공장증설이나 신규사업 투자와 같은 계획 등이 있는 경우, 이러한 계획은 기존의 사업계획과는 다른, 별도의 건으로 간주되어야 한다. 즉, 유상증자와 마찬가지로 자기주식 매각 시점 또는 자기주식 매각으로 인한 현금흐름 변동이 예상되거나 계획되는 시점에 다시 평가하여 가치를 재산정하는 것을 고려해 보아야 한다.

14 기업가치에서 차감되는 부채성 항목

"V. 영업가치, 기업가치, 주주가치 산정"의 "2) 비영업자산 가치"에서 영업가치 산정에 고려되지 않은 자산과 부채를 가산하거나 차감한다고 설명하였다. 비영업자산을 영업가치

---

246) 상황에 따라서는 자기주식 보유 시에도 자기주식의 가치를 비영업가치로 가산하여 회사의 가치를 산정하는 경우가 있으나(상기 사례에서는 영업가치 100억 + 자기주식 보유 가치 50억원 = 회사가치 150억원), 이 경우에도 기존주주의 지분가치는 100억원으로 보는 것이 합리적일 것이다. 또한 주식시장에서 자기주식 매입으로 주주가치를 제고한다는 의미는 이러한 관점과는 조금 다른 의미로 이해할 필요가 있다. 주식시장에서 자기주식매입효과는 배당효과, 주주환원정책의 일환으로서, 또는 경영진이 시장에 주는 시그널(signal)로서의 작용이라는 경영의사결정의 관점에서 이해할 필요가 있다. 반면, 가치평가에서의 자기주식은 영업활동 또는 각 자산의 가치(Value) 관점에서 이해할 필요가 있다.

에 가산하는 것뿐만 아니라 영업가치에 고려되지 않은 부채성 항목도 기업가치에서 차감해 주어야 하는 것이다. 이러한 항목의 예로는 패소가능성이 큰 소송과 같은 우발부채나 적립 되거나 불입되었어야 하는 퇴직급여 부채 등과 같은 충당부채 등이 해당될 수 있다.

다만 퇴직급여 부채는 운전자본으로 간주되어 운전자본 증감에 반영함으로써 영업가치 산정시 포함하는 경우도 있다. 운전자본으로 반영할 것인지 부채성항목으로 반영할 것인지 는 퇴직급여 부채의 성격 및 대상회사의 정책 등을 고려하여 대상회사의 가치를 평가하는 데 적절한 방법으로 결정하여야 한다.

우선주의 가치도 보통주주의 가치를 산정할 경우에는 기업가치에서 차감되어야 할 것이다.

평가대상회사인 모회사가 자회사의 지분을 100% 보유하지 않은 경우에는 비지배지분이 있을 수 있는데, 비지배지분의 가치도 연결회사의 가치에 포함되어 있으므로, 모회사 지배 주주 지분의 가치를 산정할 목적이라면 비지배지분도 기업가치에서 차감되어야 할 것이다.

금융리스의 경우는 이자부부채로 고려되어 기업가치에서 차감될 것이나, 운용리스의 경우 에는 운용리스료를 직접 현금흐름에 반영할 수도 있지만 운용자산을 자본화하여 자산으로 반영하였다면 운용리스부채도 이자부부채 성격으로 기업가치에서 차감되어야 할 것이다.

또한 스톡옵션이나 전환사채의 가치를 부채성 항목으로 간주하여 차감할 수도 있다. 스톡옵션이나 전환사채 등을 가치평가에 고려하는 방법은 크게 두 가지가 있다. 첫 번째 방법은 스톡옵션이나 전환사채의 전환권이 전환된 것으로 가정하고 이에 따른 현금유입액과 증자지분을 고려하여 주주지분의 가치를 평가할 수도 있으며, 두 번째 방법은 스톡옵션이나 전환사채 등은 비주주가 주주에게 요구하는 청구권적 성격으로 스톡옵션과 전환사채 등의 공정가치를 평가하여 이를 기업가치에서 차감하는 방법이다. 현재 기업의 상황에서 어떤 경우가 합리적인지를 판단하여 반영할 방법을 결정하여야 한다.

15 연결기준으로 평가 및 비지배지분에 대한 고려

여러 자회사를 소유하고 있는 기업을 평가할 때, 연결법인 관점에서 평가할 것인지, 개별 법인 관점에서 평가할 것인지를 결정하여야 한다. 그리고 연결관점에서 평가한다면 지배지 분과 비지배지분을 합한 지분가치 기준으로 평가할 것인지, 아니면 비지배지분을 제외한 지배지분의 가치 기준으로 평가할 것인지도 결정하여야 한다.

지배지분과 비지배지분을 합한 전체 지분가치 기준의 평가라면 비지배지분도 자기자본 으로 간주되어 평가된다. 그러나 비지배지분을 제외한 지배지분 기준의 평가라면 비지배분은 차입금과 같이 기업가치에서 차감되어야 할 것이다.

만약 개별법인 관점에서 평가한다면 자회사의 가치는 모회사 별도 평가에 자회사 가치의 모회사 지분해당액만을 가산하는 방식으로 반영하면 될 것이다. 그러나 연결관점에서 지배지분의 가치를 구하는 경우라면 연결재무제표에는 비지배지분이 포함되어 있기 때문에 이를 차감하는 것이 필요한 것이다.

비지배지분은 모회사가 자회사 지분을 100% 소유하고 있지 않은 경우, 모회사 연결재무제표에는 자회사의 자산부채가 모두 합산되어 하나의 회사인 것처럼 표시되지만, 자회사의 소유주는 모회사 주주 이외에 다른 주주도 있기 때문에 이를 자본항목에서 모회사 주주지분과 구분하여 표시한 것이다.

다음의 그림에서 Case A는 모회사가 자회사를 100% 보유하고 있기 때문에 비지배주주가 없어서 모회사의 주주와 연결지배주주는 주주 X로 동일한 경우이다. 그러나 Case B와 같이 자회사의 지분 20%를 다른 제3자인 주주 Y가 보유하고 있을 때, 연결재무제표 작성을 위해 모회사와 자회사의 자산부채를 합산한 후에도 자회사의 지분 20%는 주주 Y의 몫이어야 한다. 그렇기 때문에 자회사의 순자산(자기자본) 20% 해당액을 주주 Y의 몫으로 구분하여 비지배주주지분이라고 하는 것이다. 즉, 비지배주주지분은 모회사의 주주가 아니라 연결대상 자회사 주주 중 제3자인 외부주주지분을 의미한다.

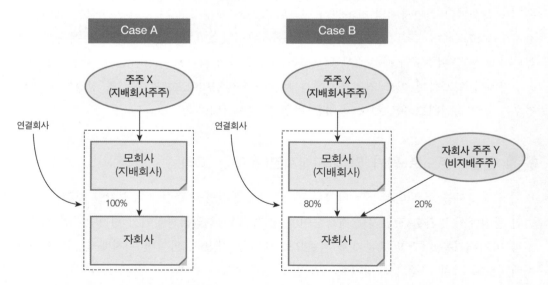

가치평가를 할 때 연결재무제표 기준으로 평가를 할 것인지 각 법인별로 별도로 평가를 할 지에 대한 판단이 필요할 수 있다. 연결회사의 사업이 유사하거나 연결회사간 거래가

많다면 연결재무제표 기준으로 평가하는 것을 고려해 볼 필요가 있고, 연결회사간 사업의 성격이 이질적이라면 각 법인별로 평가하는 것을 고려해 볼 필요가 있을 것이다.

연결재무제표 기준으로 평가를 할 때 한 가지 주의할 점은 지배주주와 비지배주주지분을 포함한 전체 지분가치를 구하는지, 비지배지분을 제외한 지배주주지분만의 가치를 구하는지를 명확히 하여야 하며, 연결회사의 주주인 지배주주지분의 가치를 구하는 것이 목적이라면 비지배주주지분의 가치는 기업가치에서 순이자부부채를 차감하여 자기지분의 가치를 구하는 것 같이 기업가치에서 차감해 주어야 한다.

이 때 비지배지분의 가치는 자회사의 지분가치 파악이 용이할 경우에는 자회사 지분가치에서 비지배지분의 지분율 해당액을 구하여 연결회사 기업가치에서 차감하면 된다. 종종 모회사 지분가치 혹은 연결회사 지분가치의 일정비율을 차감하는 경우가 있는데, 비지배지분은 모회사의 지분이 아니라 자회사의 지분이기 때문에 대상 자회사 지분가치에서 비지배지분 소유자의 지분 해당액을 차감하여야 한다. 자회사 지분가치는 DCF 등 수익가치법, 상대가치법 등을 적용하여 평가하거나 시가와 장부가액의 차이가 중요하지 않다고 판단될 경우에는 장부가액을 기준으로 비지배지분을 차감하는 경우도 있다.

16 리스계약

일반적으로 금융리스는 이자부부채로 간주되어 기업가치에서 리스부채의 공정가치를 차감해준다. 운용리스는 일반회계기준을 적용하는 경우는 리스기간에 걸쳐 운용리스료를 비용처리하고, 국제회계기준을 적용하는 경우에는 리스자산과 리스부채를 계상하여 금융리스와 유사한 방식으로 처리한다. 운용리스는 현금흐름은 동일한데, 회계처리는 두 가지 방식으로 이루어지고 있는 것이다. 그러므로 운용리스를 현금흐름할인법에 반영하는 방법도 크게 두 가지 방식이 있다. 하나는 운용리스료를 직접 현금흐름에 반영하는 직접법이고, 운용리스자산(사용권자산)과 운용리스부채를 자산과 부채에 반영한 후 리스자산은 상각비로, 리스부채는 이자부부채로 반영하는 간접법이다.

먼저 직접법을 방식을 개념적으로 살펴보면 다음과 같다.

[표 3-42] 운용리스료 직접 반영 방식의 개념

구분	계정	계약만료일 이전	계약만료일 이후(리스 계속 가정)
CF	리스료(비용)	(-) 100	(-) 100
Debt	리스부채	0	-

직접법에서는 현금흐름에서 리스료를 비용으로 직접 반영하기 때문에 일반회계기준을 적용하는 경우에는 별도로 조정할 사항이 없으나, 한국채택국제회계기준을 적용하는 경우에는 상각비에서 운용리스자산(사용권자산)과 관련된 상각비를 제외하고, 이자부부채에서 운용리스 관련 부채도 제외하는 조정이 필요하다.

다음은 간접법의 방식을 개념적으로 나타난 것이다.

[표 3-43] 운용리스 간접 반영 방식의 개념

구분	계정	계약만료일	계약만료일 이후(리스 계속 가정)
CF	상각비(비용)	(-) 100	(-) 100
	상각비(비현금비용 가산)	(+) 100	(+) 100
	capex	-	(-) 100
debt	리스부채	(-) 100	-

간접법에서는 리스자산과 리스부채를 자산과 부채로 반영하고 리스자산에 대한 상각비가 리스료를 대신하여 비용으로 반영된다. 그러므로 세후영업이익에 비현금비용인 감가상각비를 가산할 때 리스자산에 대한 상각비를 포함하여 비현금비용으로 가산한다. 그리고 이자부부채를 기업가치에서 차감할 때 리스부채를 포함하여 차감함으로써 주주지분의 가치에서 리스료로 지출되는 금액이 차감될 수 있도록 하는 것이다. 그리고 리스계약 이후에도 계속적으로 운용리스를 하는 것으로 가정한다면 Capex가 지출되는 방식으로 리스료를 반영할 수 있다. 단, Capex의 일시적인 반영이 현금흐름의 왜곡을 가져올 수 있는 경우에는 현금이 지출되는 방식을 고려한 정상적인 수준의 normalized capex를 반영하는 것이 필요할 수 있다. 또한 현금흐름과 할인율의 일관성 있는 적용을 고려하는 것도 필요하다. 예를 들어 리스를 이자부부채로 가정하였다면 할인율 산정시 부채비율에도 리스를 포함하고, 리스를 이자부부채로 가정하지 않았다면, 할인율 산정시 부채비율에 리스를 제외하는 방식을 고려해 볼 수 있을 것이다.

17 이연법인세

이연법인세는 세무적인 지식이 필요하므로 가치평가시 이에 대한 고려는 복잡하고 어려운 부분이다. 그렇기 때문에 이연법인세 규모 및 효과가 중요하지 않을 경우에는 가치에 미치는 영향이 미미하다고 가정하여 평가시 고려하지 않는 경우도 많다. 그러나 이연법인세의 효과, 특히 비영업자산으로 분류되는 항목의 법인세 영향이 중요할 경우에는 개별 항목별로 이연법인세로 인한 영향을 고려하여야 하는 경우가 있을 수 있다.

먼저 이연법인세를 가치평가시 고려하기 위해서는 이연법인세 자산 및 부채를 영업관련 항목과 비영업자산 및 부채 항목으로 구분하여야 한다.

앞서 언급한 바와 같이 일반적으로 영업활동 관련 이연법인세 자산 및 부채는 현금흐름 추정시 별도로 고려하지 않는다.[247]

그러나 만약 비영업자산 및 부채와 관련된 중요한 이연법인세가 있다면, 이러한 항목이 평가에 미치는 영향을 개별 항목별로 고려하여야 한다.

예를 들어 이월결손금에 대한 이연법인세 자산이 있는 경우라면, 일반적으로 이연법인세 자산을 직접적으로 가치에 가산해 주는 방법을 사용하기보다는, 현금흐름 추정시 이월결손금 효과를 고려하여 법인세비용을 추정하거나, 향후 추정 이익에 따른 법인세 절감효과를 별도로 추정하여 비영업자산을 가산하는 방법과 동일한 방법으로 법인세 절감효과를 기업가치에 가산해 줄 수 있다.

다른 예로 매각을 계획하고 있는 비영업자산으로 분류된 투자주식을 공정가액으로 평가함에 따라 이연법인세 부채가 존재하는 경우라면, 영업가치에 가산하는 비영업자산가치 평가시 이연법인세 부채를 투자주식 공정가액에서 차감하여 반영하는 방법을 적용하거나, 이연법인세 부채를 차감하지 않고 평가시 투자주식의 가치를 직접 평가한 후 매각으로 인한 세금효과를 차감하여 해당 투자주식의 가치를 구하는 방법을 적용할 수 있다.

---

247) 물론 종종 영업관련 이연법인세 자산 및 부채를 운전자본과 같은 성격으로 가정하여 증감을 추정하여 현금흐름에 반영하는 경우도 있으나, 이를 위해서는 영업이익에 대한 법인세에 미치는 영향도 고려하여야 하는 복잡함이 있다는 점을 감안하여야 한다.

18 이월결손금

평가기준일에 이월결손금이 존재하고, 향후 추정시 이익창출이 예상되는 경우에는 향후 추정현금흐름에서 이월결손금으로 인한 법인세비용 절감효과를 고려하여야 한다.

이월결손금으로 인한 법인세비용 절감효과를 고려하는 방법은 크게 영업현금흐름의 법인세비용 추정시 반영하는 방법과 이월결손금의 법인세 절감효과를 별도로 산정하여 비영업자산으로 가산하는 방법이 있다.

어떤 방법을 적용하더라도 우선적으로는 이월결손금의 공제한도를 확인할 필요가 있다.

예를 들어 이월결손금 발생시기와 세법상 공제시기가 다음과 같고, 향후 현금흐름 추정시 이익창출 시점 2027년이라고 가정한다면, 법인세 절감효과가 있는 이월결손금은 총합계 이월결손금이 아닌 2017년 발생분부터 계산하여 92,127,803,279원이 된다.

결손금 발생시기	이월결손금	세법상 공제시기 한도
2014년 발생분	73,198,148	2024년도까지 사용(10년 이내)
2015년 발생분	435,299,948	2025년도까지 사용(10년 이내)
2016년 발생분	1,536,470,743	2026년도까지 사용(10년 이내)
2017년 발생분	1,407,861,552	2027년도까지 사용(10년 이내)
2018년 발생분	1,932,463,651	2028년도까지 사용(10년 이내)
2019년 발생분	9,556,798,632	2029년도까지 사용(10년 이내)
2020년 발생분	10,760,141,270	2030년도까지 사용(10년 이내)
2021년 발생분	22,904,574,770	2036년도까지 사용(15년 이내)
2022년 발생분	45,565,963,404	2037년도까지 사용(15년 이내)
평가기준일 합계	94,172,772,118	
공제가능액 합계	92,127,803,279	

또한 이월결손금의 공제는 당해년도 과세표준의 80%까지만 공제가 가능하다. 단, 중소기업과 회생계획을 이행중인 기업의 경우에는 당해년도 과세표준의 100%까지 공제가 가능하다.

기초 이월결손금에 추정기간 초기단계의 결손을 가산한 후 이후 이익 발생시 이월결손금 으로 법인세 비용이 절감되는 효과를 가산하는 방식의 예는 다음과 같다. 아래의 예시는 중소기업으로 과세표준의 100%까지 공제가 가능한 경우를 가정한다.

[영업이익 및 법인세비용 추정]

구분	2023년	2024년	2025년	2026년	2027년	2028년	2029년	2030년
영업이익	(57,702)	(48,023)	(48,408)	(32,319)	18,632	85,513	129,916	152,914
tax	-	-	-	-	3,872	19,291	29,549	34,861

[이월결손금 법인세 절감효과 추정]

구분	2023년	2024년	2025년	2026년	2027년	2028년	2029년	2030년
기초이월결손금잔액	92,128	149,830	197,853	246,261	278,580	259,948	174,435	44,519
당기증가(추정손실)	57,702	48,023	48,408	32,319	–	–	–	–
당기감소(공제범위 내 추정이익)	–	–	–	–	18,632	85,513	129,916	44,519
기말이월결손금잔액	149,830	197,853	246,261	278,580	259,948	174,435	44,519	–
결손금 공제 효과 (당기 결손금 공제액 *세율)	–	–	–	–	3,872	19,291	29,549	10,149
할인기간		0.50	1.50	2.50	3.50	4.50	5.50	6.50
현가계수 (할인율 17% 가정)		0.9245	0.7902	0.6754	0.5772	0.4934	0.4217	0.3604
현재가치	–	–	–	–	2,235	9,518	12,460	3,658
현재가치 합	27,871							

위 예시의 경우에는 영업이익과 이에 따른 법인세비용은 이월결손금 존재 여부와 무관하 게 추정한 후, 이와 별도로 이월결손금의 법인세 절감효과를 구하여 기업가치에 가산해 주 는 방식이다.

이와 달리 이월결손금 법인세절감효과를 현금흐름 추정시 법인세 비용에 직접 고려하여 추정하는 방법의 적용도 가능한데, 그 예는 다음과 같다.

[결손금 공제효과를 법인세비용에 반영한 현금흐름 추정]

구분	2023년	2024년	2025년	2026년	2027년	2028년	2029년	2030년
영업이익	(57,702)	(48,023)	(48,408)	(32,319)	18,632	85,513	129,916	152,914
결손금 공제액					18,632	85,513	129,916	44,519
과세표준					–	–	–	108,395
tax	–	–	–	–	–	–	–	24,712

어떤 방법을 적용하더라도 두 가지 방법은 적용되는 세율이 동일하다면 평가 결과는 차이가 없게 된다.

19 민감도(및 시나리오) 분석[248]

앞서 "V. 영업가치, 기업가치, 주주가치 산정"에서 가치의 범위 추정을 위한 민감도 분석에 대해 설명하였다.[249] 그러나, 민감도 분석의 효용은 더 나아가 가치가 중요하게 영향을 받을 수 있는 요인을 분석하고, 이를 통해 취약점 등의 위험요소를 파악하여 향후 Contingency Plan의 수립이나 Risk Management를 효과적으로 하는 데에 있을 것이다. 이러한 과정이 가치의 평가에 그치지 않고 예상된 가치가 제대로 실현되도록 하는 것을 도울 수 있기 때문이다.

---

248) 민감도 분석과 시나리오 분석은 실무상 조금 다른 의미로 사용되기도 한다. 민감도 분석은 할인율, 성장률 등의 변동에 따라 가치의 변화를 파악하는 것이고, 시나리오 분석은 현금흐름에 미치는 중요한 요소에 대한 가능한 상황을 설정하고 이에 따른 효과를 분석하는 것이다. 그러나, 현금흐름에 영향을 미치는 중요 가정 및 요소의 변동에 따른 효과 분석이라는 측면에서는 유사하다.

249) 일반적으로 수행되는 민감도 분석과 수행 방법에 대해서는 "V. 6. 1) 가치의 범위 추정, 민감도분석"을 참고하기 바란다.

[그림 3 - 21] 민감도(및 시나리오) 분석 Process

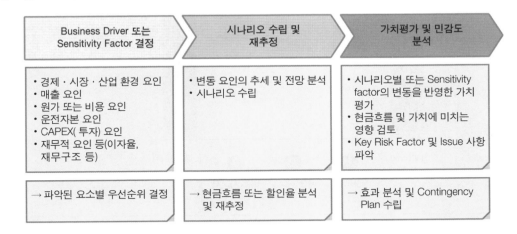

20 시너지(Synergy)

가치평가는 일반적인 경우에 있어서 대상회사의 Stand-alone Value[250]를 측정하는 것이 목적이지만 상황에 따라서는 대상회사의 인수로 인한 시너지효과 등을 고려한 가치평가가 필요한 경우가 있을 수 있다. 현금흐름할인법은 이러한 시너지효과를 고려하여 평가하기에 상대적으로 적합한 방법이라고 볼 수 있다. 시너지효과를 가져오는 중요한 요소를 현금흐름이나 할인율에 반영하여 그 효과를 분석할 수 있기 때문이다.

시너지에는 매출 확대 등을 가져오는 매출시너지, 효율성 제고 등의 비용시너지, 통합비용의 증가와 같은 역시너지가 있을 수 있다. 각각의 시너지는 기존의 예측된 현금흐름에 시너지로 인한 변동 요소를 반영한 현금흐름을 재추정하는 방식으로 효과를 분석할 수 있다. 또한 금융비용의 절감과 같은 시너지 발생이 예상된다면 앞서 언급한 바[251]와 같이 Stand-alone Value 산정에서 적용하였던 할인율을 수정하여 그 효과를 분석할 수도 있을 것이다.

---

250) 대상회사가 현 상황에서 독립적으로 운영되었을 때 시장에서 평가받을 수 있는 공정가치의 개념이다.
251) "VII. 8. 투자자의 조달비용과 평가에 적용할 자본비용"에서 투자자의 조달비용은 시너지의 한 종류가 될 수 있다고 하였다.

[그림 3-22] 시너지 Category의 예

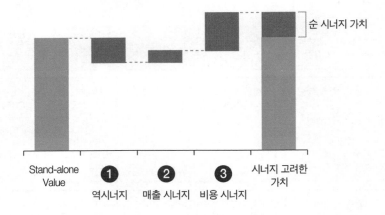

시너지 구분	시너지 예시
① 역시너지 & 통합비용	cannibalization(자기잠식효과), 제3자에 의한 기존 계약 종료에 따른 거래 비용, 통합비용의 증가, 기타 거래비용 등
② 매출시너지	시장 확대(판매지역, 판매시장, 고객 확보 등), 기술력 제고(제품의 Quality 향상 등), 브랜드 확보 또는 제품 이미지 제고를 통한 매출 확대 등
③ 비용시너지	Best practice 활용, 프로세스의 통합 및 집중화, 효율성 제고, 중복적 비용 축소 재무적 비용의 절감 등

　　매출시너지는 상호간 지역적 보완성을 이용하여 기존 또는 신규 제품을 추가로 판매하여 매출을 증대하는 경우, 상호간 고객 기반을 활용하여 고객을 확대함으로써 매출을 증대하는 경우, 신규 기술을 확보하여 제품이나 서비스의 Quality를 개선함으로써 매출을 증대하는 경우, 브랜드 인지도 강화 등을 통해 시장지배력을 강화함으로써 매출 상승효과를 가져오는 경우가 시너지효과를 가져오는 대표적인 예이다.

　　비용시너지의 경우에는 중복 비용의 절감 측면과 효율성 제고 등을 통한 측면이 있을 수 있다. 비용시너지를 검토하기 위해서는 양사의 사업구조 및 Value-chain을 비교 분석함으로써 가능한 시너지 유형을 파악하여야 한다.

[표 3-44] 비용 시너지의 예시

구분	R&D	구매	제조	영업&마케팅	관리
시너지 예시	R&D 설비/자재의 공유, 기술의 공유 등	통합구매, 구매처 다변화 등	규모의 경제를 통한 비용 절감 생산설비의 효율적 운용, 가동률 제고, 외부조달의 내부화, Best Practice의 전파 등	채널 통합 또는 다변화, 통합마케팅, 물류비용의 절감 등	중복기능의 통합, 금융비용의 절감, IT 통합 등

21　DCF 간편법

　가치평가를 할 때 때로는 내재가치를 대략적으로 평가하게 되는 경우가 있다. 약식으로 내재가치를 평가할 때에도 앞서 설명한 방식으로 DCF 접근 방법을 적용하여 평가할 수 있지만, DCF의 개념을 단순화하여 간단한 모델을 만들어서 적용하는 것도 고려해 볼 수 있다.

　현금흐름할인법의 핵심요소는 성장률, 이익률 그리고 할인율이라고 하였다. 그렇다면 이 **성장률, 이익률, 할인율**과 성장과 이익창출을 위해 필요한 **재투자율**에 대한 가정만으로 간단한 모델을 만들어 볼 수 있다.

　아래의 표는 다음 장의 "DCF 평가 예시"인 "㈜가치"의 평가사례를 성장률, 이익률, 할인율과 재투자율에 대한 가정만으로 간단한 모델을 만들어 내재가치 평가를 한 것이다.

[표 3-45] DCF 간편법 적용 예시

(단위:원)	Base Year	year 1	year 2	year 3	year 4	year 5
매출	302,650	314,027	328,064	341,666	353,159	363,313
매출성장률		3.8%	4.5%	4.1%	3.4%	2.9%
영업이익	77,141	80,041	83,619	87,086	90,015	92,603
영업이익률	25.5%	25.5%	25.5%	25.5%	25.5%	25.5%
Tax(22% 가정)	16,971	17,609	18,396	19,159	19,803	20,373
세후영업이익		62,432	65,223	67,927	70,212	72,231
재투자비율		2.0%	2.0%	2.0%	2.0%	2.0%
재투자		(1,249)	(1,304)	(1,359)	(1,404)	(1,445)

(단위:원)	Base Year	year 1	year 2	year 3	year 4	year 5
FCF(잉여현금흐름)		61,183	63,918	66,568	68,808	70,786
할인율	11.0%					
현재가치		55,120	51,878	48,674	45,326	42,008

구분	(단위:원)
예측기간 현재가치 합계	243,006
5년 이후의 가치 합계	385,788
영업가치	628,794
비영업가치	196,053
기업가치 – 주주지분가치	824,847

위의 예시를 보면 기본 평가구조는 성장률을 가정하여 매출을 추정하고, 영업이익률을 가정하여 영업이익을 추정한 후, 재투자비율을 가정하여 잉여현금흐름을 산정하고 연도별 잉여현금흐름에 할인율을 반영하여 현재가치를 구하는 방식이다.

위의 예시에서 매출은 향후 거시경제지표인 물가상승률 전망과 산업성장률 전망을 고려하여 추정하였다.

영업이익률은 현재 영업이익률이 유지된다고 가정하였으나, 산업의 성장단계와 경쟁구도에 따라 영업이익률이 단계적으로 증가하거나 감소한다고 가정할 수도 있을 것이다.

재투자비율은 [(운전자본투자 + 유무형자산투자 – 감가상각비) ÷ 세후영업이익]으로 정의한다.

재투자율은 매출성장률, 물가상승률, 과거 재투자비율 등을 고려하여 추정한다.

재투자비율은 성장률 추정과도 관련이 있다. 만약 매출 성장률이 더 높게 추정된다면 재투자비율도 더 높게 추정되어야 할 것이며, 성장률이 낮게 추정된다면 재투자비율도 낮게 추정되어야 할 것이다. 위의 예시에서는 매출 성장률이 높지 않고 감가상각비 수준의 재투자자를 고려하였으므로 재투자비율이 낮게 추정되었다.

예측기간 이후의 영구기업가치는 DCF에서의 영구기업가치 추정 방법과 동일하나 재투자비율을 추정함에 있어 영구성장률 가정이 낮게 추정되는 경우가 많으므로 재투자비율도 낮은 비율로 추정되어야 할 것이다.

이렇게 DCF 간편법을 적용하여 추정한 기업가치는 824,847원으로 다음 장의 평가 예시에서 DCF를 적용하여 평가한 827,278원과 크게 차이가 나지 않음을 볼 수 있다.

VIII DCF평가 예시

이번 장은 "㈜가치"라는 가상의 회사에 대해 일반적으로 이루어지는 현금흐름할인법을 적용하여 평가한 것이다. 현금흐름할인법은 거래 속성 및 대상회사의 특성 등에 따라 다양한 방법으로 접근할 수 있기 때문에 여기서 예시적으로 설명되는 내용은 참고목적으로 이해하면 될 것이다.

1 거래의 속성 및 환경 분석

가치평가를 위해서는 거래의 성격, 경제환경, 산업 및 시장환경에 대한 분석이 수행되어야 한다. 이와 관련된 자세한 내용은 "제2장 경영환경 및 재무실사"를 참고하기 바란다.

2 대상회사 분석

대상회사에 대한 분석은 대상회사의 연혁, 주주현황, 주요 제품 및 서비스, 핵심역량 등 비재무적 사항에 대한 분석에서부터 과거 실적에 대한 분석을 모두 포함한다. 과거 실적분석의 경우에는 미래 추정을 위해 normalization 등의 분석 작업이 필요하다. 이와 관련된 자세한 내용은 "제2장 경영환경 및 재무실사"를 참고하기 바란다. 다음에 제시된 대상회사의 과거 재무제표는 normalization등 통해 수정된 재무제표로 가정한다.

1) 대상회사의 재무상태표

(단위: 원)

구분	Description	과거 재무상태표(Normalized BS)		
		20*2(A)	20*3(A)	20*4(A)
Ⅰ.유동자산		143,566	199,726	264,120
(1) 당좌자산		124,766	179,726	243,020
현금및현금등가물	CF	99,182	152,824	214,053
매출채권	운전자본	20,800	22,000	24,100
기타자산	운전자본	4,784	4,902	4,867
(2) 재고자산	운전자본	18,800	20,000	21,100
Ⅱ.고정자산		133,251	132,721	132,371
(1) 투자자산		30,000	30,000	30,000

구분	Description	과거 재무상태표(Normalized BS)		
		20*2(A)	20*3(A)	20*4(A)
기타투자자산	비영업	30,000	30,000	30,000
(2) 유형자산		103,251	102,721	102,371
토지	Capex	7,625	7,625	7,625
건물	Capex	21,450	21,850	22,350
감가상각누계액	Capex	−3,974	−4,404	−4,854
기계장치	Capex	111,655	118,855	126,355
감가상각누계액	Capex	−33,505	−41,205	−49,105
자산총계		276,817	332,447	396,491
Ⅰ.유동부채		54,201	56,385	55,951
매입채무	운전자본	17,000	18,500	19,500
단기차입금	차입금	24,000	24,000	23,000
기타부채	운전자본	13,201	13,885	13,451
Ⅱ.고정부채		25,000	21,800	25,000
장기차입금	차입금	25,000	21,800	25,000
부채총계		79,201	78,185	80,951
Ⅰ.자본금		20,000	20,000	20,000
자본금		20,000	20,000	20,000
Ⅱ.자본잉여금		50,000	50,000	50,000
Ⅲ.이익잉여금		127,616	184,262	245,540
처분전이익잉여금	IS	127,616	184,262	245,540
자본총계		197,616	254,262	315,540
부채와자본총계		276,817	332,447	396,491

2) 대상회사의 손익계산서

구분	Description	과거 손익계산서(Normalized IS)		
		20*2(A)	20*3(A)	20*4(A)
Ⅰ.매출액		270,000	287,860	302,650
제품_A	매출추정	218,000	233,260	242,590
제품_B	매출추정	52,000	54,600	60,060
Ⅱ.매출원가	원가추정	188,142	200,805	210,016
Ⅲ.매출총이익		81,858	87,055	92,634
매출총이익률		30.3%	30.2%	30.6%

구분		과거 손익계산서(Normalized IS)		
	Description	20*2(A)	20*3(A)	20*4(A)
Ⅳ.판매비와관리비	판관비추정	13,466	14,622	15,493
Ⅴ.영업이익		68,392	72,433	77,141
영업이익률		25.3%	25.2%	25.5%
Ⅵ.영업외수익		1,048	2,480	3,821
이자수익		1,048	2,480	3,821
Ⅶ.영업외비용		2,450	2,290	2,400
이자비용		2,450	2,290	2,400
Ⅷ.법인세비용 차감전 이익		66,990	72,623	78,562
Ⅸ.법인세등	법인세율 22% 가정[252]	14,738	15,977	17,284
Ⅹ.당기순이익		52,252	56,646	61,278

3) 대상회사의 현금흐름표

구분	Description	20*2(A)	20*3(A)	20*4(A)
Ⅰ.영업현금흐름		57,318	64,442	67,029
1. 당기순이익	IS	52,252	56,646	61,278
2. 현금유출(입) 없는 비용(수익)		7,960	8,130	8,350
감가상각비	Capex	7,960	8,130	8,350
기타비용(수익)	IS			
4. 영업자산부채변동		(-)2,894	(-)334	(-)2,599
매출채권 증감	운전자본	200	(-)1,200	(-)2,100
재고자산의 증감	운전자본	(-)3,800	(-)1,200	(-)1,100
매입채무의 증감	운전자본	-	1,500	1,000
기타자산부채변동	운전자본	706	566	(-)399
Ⅱ.투자현금흐름		(-)7,350	(-)7,600	(-)8,000
토지	Capex			
건물	Capex	(-)450	(-)400	(-)500
기계장치	Capex	(-)6,900	(-)7,200	(-)7,500
기타자산	Capex	-	-	-
Ⅲ.재무현금흐름		7,300	(-)3,200	2,200

---

252) 본 사례에서 법인세율은 금액과 무관하게 한계세율로서 22%를 "가정"한다(실제 실무 수행시에는 법정한 계세율, 유효세율 등을 고려하여 적용하여야 한다).

구분	Description	20*2(A)	20*3(A)	20*4(A)
단기차입금	차입금	(−)1,500	−	(−)1,000
장기차입금(사채 포함)	차입금	8,800	(−)3,200	3,200
IV.현금의 증감		57,268	53,642	61,229
V.기초 현금		41,913	99,182	152,824
VI.기말 현금		99,182	152,824	214,053

3 Assumption(주요 가정)

미래현금흐름을 추정하는 데 있어서 필요한 주요 가정 및 전제는 다음과 같다.

주요 항목	적용 가정
FCF	• EBIT − Tax on EBIT + Dep. +(−) 순운전자본변동 − CAPEX • 현금흐름발생 가정: 연말현금흐름 가정
기준일	• 평가기준일: 20*4.12.31
예측기간	• 20*5.01 ~ 20*9.12(5년)
경제지표	• 향후 5년 주요 경제지표 전망(source: ABC)
산업전망	• 향후 5개년 B제품 시장 성장률 전망(source: XYZ)
세율	• 22% 가정
Terminal Value	• 영구성장모형 적용 • 영구성장률: 0% 가정 • CAPEX, 감가상각비, Working Capital: 영구성장률에 따른 Normalize 적용
할인율	• 목표자본구조(B/S): 66.7%(산업평균) • 타인자본비용: 4.04%(신용등급(A0) 만기 5년 회사채평가수익률 적용: source: · 금융투자협회 채권정보센터(Kofia Bond)) • 자기자본비용: 16.5%(CAPM 이용) • 가중평균자본비용(WACC): 11.15%

경제지표 표:

	20*5(F)	20*6(F)	20*7(F)	20*8(F)	20*9(F)
물가상승률	2.1%	1.5%	1.8%	1.9%	1.5%
임금상승률	4.2%	4.2%	3.4%	3.6%	3.9%
GDP 증가율	5.0%	4.5%	5.2%	5.5%	4.7%

산업전망 표:

	20*5(F)	20*6(F)	20*7(F)	20*8(F)	20*9(F)
Market Growth rate	10.0%	15.0%	12.0%	8.0%	7.0%

4 잉여현금흐름(Free Cash flow) 추정

1) 매출 추정

[표 3-46] ㈜가치의 추정 매출

(단위: 원)

	Historical			Forecasting				
	20*2(A)	20*3(A)	20*4(A)	20*5(F)	20*6(F)	20*7(F)	20*8(F)	20*9(F)
매출액	270,000	287,860	302,650	313,751	327,376	341,018	352,688	363,033
제품_A	218,000	233,260	242,590	247,685	251,400	255,925	260,788	264,700
제품_B	52,000	54,600	60,060	66,066	75,976	85,093	91,900	98,333

제품 A는 시장의 성장이 정체되어 있으나, 물가상승률 수준의 성장은 가능할 것으로 예상되어 전문시장분석기관에서 예측한 물가상승률을 적용하여 매출을 추정하였다.

제품 B는 시장이 확대되어가고 있는 제품으로서 과거 매출은 시장의 성장률 수준으로 매출이 성장해 오고 있었다. 향후 5개 매출 추정에 있어서도 산업전문 예측기관이 추정한 B제품 시장 성장률을 매출성장률로 적용하였다. 그리고, 회사의 설비 등 생산여력 및 역량은 해당 매출수준의 실현이 가능한 정도로 분석되었다.

[그림 3-23] 과거 실적과 추정 매출 추이 분석

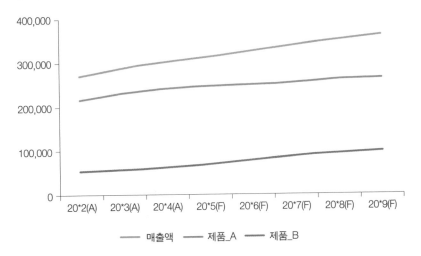

2) 매출원가 추정

[표 3-47] ㈜가치의 추정 매출원가[253]

	Historical			Forecasting				
	20*2(A)	20*3(A)	20*4(A)	20*5(F)	20*6(F)	20*7(F)	20*8(F)	20*9(F)
매출원가	188,142	200,805	210,016	217,859	226,987	235,665	243,770	251,398
매출원가율	*69.7%*	*69.8%*	*69.4%*	*69.4%*	*69.3%*	*69.1%*	*69.1%*	*69.2%*
재료비	90,000	99,000	103,000	106,422	111,043	115,671	119,629	123,138
인건비	49,500	51,000	54,000	56,268	58,631	60,625	62,807	65,257
감가상각비	7,642	7,805	8,016	8,115	8,215	8,226	8,441	8,559
기타원가	41,000	43,000	45,000	47,054	49,097	51,143	52,893	54,445

[그림 3-24] 과거 실적과 추정 매출원가 추이 분석

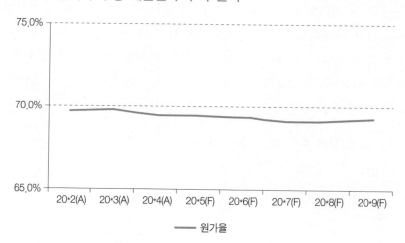

253) 각 제품별 원가구성비율이 동일한 것으로 가정한다. 제품별 원가구성비율을 파악하여 차이가 있을 경우에는 이를 구분하여 추정하여야 할 것이다.

[표 3-48] 원가 변동요인 구분

구분	변동요인	가정 및 설명
재료비	매출	판매수량의 증가는 재료비를 증가시키고, 재료비의 상승은 판매가격에 반영되고 있다.
인건비	인원, 임금상승률	현 추정 하에서 인원은 유지되고, 임금상승률은 시장의 상승률을 따르고 있다.
감가상각비	CAPEX	지속적인 재투자만 발생한다.
기타원가	매출	기타원가는 대부분 변동비 성격으로 매출액의 증감에 영향을 받는다.

재료비와 매출은 직접적으로 영향을 미치며, 과거 3개년 재료비율이 향후에도 계속 유지될 것으로 가정하였다.

	20*2(A)	20*3(A)	20*4(A)	20*5(F)	20*6(F)	20*7(F)	20*8(F)	20*9(F)
재료비율	33.3%	34.4%	34.0%	33.9%	33.9%	33.9%	33.9%	33.9%
3개년 평균		33.9%						

인건비는 전문예측기관에서 전망한 연도별 임금상승률을 적용하였다. 과거의 임금 상승률 추세도 시장의 평균 임금 상승률 추세와 유사하였다.

	20*2(A)	20*3(A)	20*4(A)	20*5(F)	20*6(F)	20*7(F)	20*8(F)	20*9(F)
인건비증가율	3.1%	3.0%	5.9%					
시장평균증가율	3.0%	3.5%	5.5%	4.2%	4.2%	3.4%	3.6%	3.9%

감가상각비는 CAPEX(자본적 지출) 추정과 함께 검토되었다. 기존 자산에 대한 상각비와 CAPEX 추정에서 도출된 상각비의 추정 내역은 다음과 같다. 감가상각비는 총 발생액을 추정하고 이를 사용비율에 따라 원가와 판관비로 배부하였다. 추정의 세부내역은 CAPEX 부분에서 다시 다루기로 한다.

	20*2(A)	20*3(A)	20*4(A)	20*5(F)	20*6(F)	20*7(F)	20*8(F)	20*9(F)
감가상각비	7,960	8,130	8,350	8,453	8,557	8,568	8,792	8,915
원가	7,642	7,805	8,016	8,115	8,215	8,226	8,441	8,559
판관비	318	325	334	338	342	343	352	357
원가배부율	96%	96%	96%	96%				

기타원가는 과거 평균 매출액 대비비율을 이용하여 추정하였다.

	20*2(A)	20*3(A)	20*4(A)	20*5(F)	20*6(F)	20*7(F)	20*8(F)	20*9(F)
기타원가비율	15.2%	14.9%	14.9%	15.0%	15.0%	15.0%	15.0%	15.0%
3개년 평균	15.0%							

[그림 3 - 25] 원가구성비율 추이

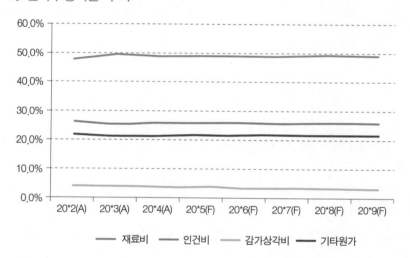

3) 판매관리비 추정

[표 3 - 49] ㈜가치의 추정 판매관리비

	Historical			Forecasting				
	20*2(A)	20*3(A)	20*4(A)	20*5(F)	20*6(F)	20*7(F)	20*8(F)	20*9(F)
판매관리비	13,466	14,622	15,493	16,022	16,574	17,090	17,617	18,139
판매관리비율	5.0%	5.1%	5.1%	5.1%	5.1%	5.0%	5.0%	5.0%

	Historical			Forecasting				
	20*2(A)	20*3(A)	20*4(A)	20*5(F)	20*6(F)	20*7(F)	20*8(F)	20*9(F)
인건비성경비	6,188	6,375	6,750	7,034	7,329	7,578	7,851	8,157
판매관련경비	3,695	3,954	4,151	4,304	4,490	4,678	4,838	4,980
일반관리비	3,265	3,968	4,258	4,347	4,412	4,492	4,577	4,646
기타	318	325	334	338	342	343	352	357

[그림 3 - 26] 과거 실적과 추정 판매관리비 추이 분석

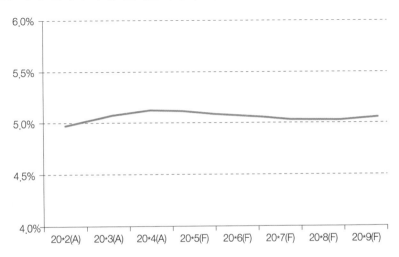

인건비는 전문예측기관에서 전망한 연도별 임금상승률을 적용하였다. 과거의 임금상승률 추세도 시장의 평균 임금상승률 추세와 유사하였다.

	20*2(A)	20*3(A)	20*4(A)	20*5(F)	20*6(F)	20*7(F)	20*8(F)	20*9(F)
인건비증가율	3.1%	3.0%	5.9%					
시장평균증가율	3.0%	3.5%	5.5%	4.2%	4.2%	3.4%	3.6%	3.9%

판매관련경비 증가율은 매출증가율을 적용하여 추정하였다. 과거 판매관련경비의 증가도 매출증가율의 추이를 따랐다.

	20*2(A)	20*3(A)	20*4(A)	20*5(F)	20*6(F)	20*7(F)	20*8(F)	20*9(F)
판매경비증가율	7.5%	7.0%	5.0%	3.7%	4.3%	4.2%	3.4%	2.9%
매출증가율	8.0%	6.6%	5.1%	3.7%	4.3%	4.2%	3.4%	2.9%

일반관리비는 고정비성 비용으로 물가상승률을 적용하여 추정하였다.

기타비용은 감가상각비 중 판매관리비 배부액이다. 감가상각비에 대해서는 CAPEX 추정에서 다루기로 한다.

4) 순운전자본 변동

[표 3-50] ㈜가치의 추정 순운전자본 변동

	Historical			Forecasting				
	20*2(A)	20*3(A)	20*4(A)	20*5(F)	20*6(F)	20*7(F)	20*8(F)	20*9(F)
매출채권	20,800	22,000	24,100	24,370	25,428	26,488	27,394	28,198
재고자산	18,800	20,000	21,100	21,785	22,698	23,566	24,376	25,139
매입채무	17,000	18,500	19,500	19,992	20,830	21,626	22,370	23,070
순운전자본	22,600	23,500	25,700	26,163	27,296	28,428	29,400	30,267
순운전자본증감	(−)3,600	(−)900	(−)2,200	(−)463	(−)1,133	(−)1,132	(−)972	(−)866

[그림 3-27] 과거실적 및 추정 순운전자본 추이

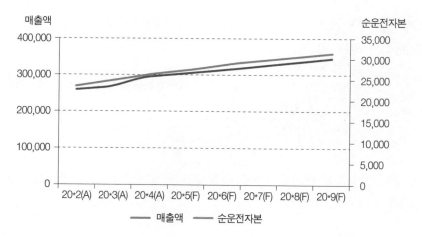

[표 3-51] 운전자본 변동요인 구분

구분	Nature	변동요인	과거 3개년 회전율
매출채권	매출대가	매출	12.9
재고자산	원재료 및 제품	매출원가	10.0
매입채무	재료비 및 외주비	매출원가	10.9

매출채권은 매출액 대비 회전율 분석을 통해 추정하였다. 과거 회전율 분석 시에는 Normalization 분석이 이루어진 매출과 매출채권을 바탕으로 하였다.

	20*2(A)	20*3(A)	20*4(A)	20*5(F)	20*6(F)	20*7(F)	20*8(F)	20*9(F)
매출액	270,000	287,860	302,650	313,751	327,376	341,018	352,688	363,033
매출채권	20,800	22,000	24,100	24,370	25,428	26,488	27,394	28,198
회전율	13.0	13.1	12.6	12.9	12.9	12.9	12.9	12.9
과거 3개년 평균		12.9						

재고자산은 매출원가 대비 회전율 분석을 통해 추정하였다. 과거 회전율 분석 시에는 Normalization 분석이 이루어진 매출원가와 재고자산을 바탕으로 하였다.

	20*2(A)	20*3(A)	20*4(A)	20*5(F)	20*6(F)	20*7(F)	20*8(F)	20*9(F)
매출원가	188,142	200,805	210,016	217,859	226,987	235,665	243,770	251,398
재고자산	18,800	20,000	21,100	21,785	22,698	23,566	24,376	25,139
회전율	10.0	10.0	10.0	10.0	10.0	10.0	10.0	10.0
과거 3개년 평균		10.0						

매입채무는 매출원가 대비 회전율 분석을 통해 추정하였다. 과거 회전율 분석 시에는 Normalization 분석이 이루어진 매출원가와 매입채무를 바탕으로 하였다.

	20*2(A)	20*3(A)	20*4(A)	20*5(F)	20*6(F)	20*7(F)	20*8(F)	20*9(F)
매출원가	188,142	200,805	210,016	217,859	226,987	235,665	243,770	251,398
매입채무	17,000	18,500	19,500	19,992	20,830	21,626	22,370	23,070
회전율	11.1	10.9	10.8	10.9	10.9	10.9	10.9	10.9
과거 3개년 평균		10.9						

5) CAPEX(자본적 지출) 및 감가상각비

감가상각비는 기존의 유형자산에 대한 상각비와 신규투자로 인한 상각비를 구분하여 추정하였다. 신규투자는 재투자 수준의 투자만 발생한다고 가정하였다.

[표 3-52] ㈜가치의 추정 CAPEX 및 감가상각비

	Historical			Forecasting				
	20*2(A)	20*3(A)	20*4(A)	20*5(F)	20*6(F)	20*7(F)	20*8(F)	20*9(F)
유형자산 계	103,251	102,721	102,371	102,268	102,186	102,245	102,245	102,253
토지	7,625	7,625	7,625	7,625	7,625	7,625	7,625	7,625
건물	21,450	21,850	22,350	22,800	23,257	23,722	24,196	24,676
감가상각누계액	(−)3,974	(−)4,404	(−)4,854	(−)5,309	(−)5,771	(−)6,240	(−)6,720	(−)7,204
기계장치	111,655	118,855	126,355	134,255	142,274	150,436	158,754	167,197
감가상각누계액	(−)33,505	(−)41,205	(−)49,105	(−)57,103	(−)65,198	(−)73,298	(−)81,610	(−)90,041
상각비 합계	7,960	8,130	8,350	8,453	8,557	8,568	8,792	8,915
CAPEX 합계	7,350	7,600	8,000	8,350	8,475	8,628	8,792	8,924

건물의 내용연수는 40년이다. 상각비는 기존건물의 상각비와 신규투자의 상각비를 구분하여 추정하였고, 신규투자는 재투자 수준의 투자만 발생한다고 가정하였다.

	20*2(A)	20*3(A)	20*4(A)	20*5(F)	20*6(F)	20*7(F)	20*8(F)	20*9(F)
기존 상각비[254]	(−)460	(−)430	(−)450	(−)450	(−)445	(−)440	(−)440	(−)432
신규투자	450	400	500	450	457	465	474	481
신규투자 상각비				(−)6	(−)17	(−)28	(−)40	(−)52

신규투자에 대한 상각비는 다음과 같이 추정되었다. 신규투자에 대한 내용연수는 40년이고 기중 투자를 가정하였다.

취득시기	취득액	상각연수	20*5(F)	20*6(F)	20*7(F)	20*8(F)	20*9(F)
20*5(F)	450	40	6	11	11	11	11
20*6(F)	457	40		6	11	11	11
20*7(F)	465	40			6	12	12

---

254) 기존 상각비는 상각스케줄에 따라 주어진 금액으로 가정한다.

취득시기	취득액	상각연수	20*5(F)	20*6(F)	20*7(F)	20*8(F)	20*9(F)
20*8(F)	474	40				6	12
20*9(F)	481	40					6
상각비 합계	–	–	6	17	28	40	52

기계장치의 내용연수는 20년이다. 상각비는 기존 기계장치의 상각비와 신규투자의 상각비를 구분하여 추정하였고, 신규투자는 재투자 수준의 투자만 발생한다고 가정하였다.

	20*2(A)	20*3(A)	20*4(A)	20*5(F)	20*6(F)	20*7(F)	20*8(F)	20*9(F)
기존 상각비[255]	(−)7,500	(−)7,700	(−)7,900	(−)7,800	(−)7,500	(−)7,100	(−)6,900	(−)6,600
신규투자	6,900	7,200	7,500	7,900	8,019	8,163	8,318	8,443
신규투자 상각비				(−)198	(−)595	(−)1,000	(−)1,412	(−)1,831

신규투자에 대한 상각비는 다음과 같이 추정되었다. 신규투자에 대한 내용연수는 40년이고 기중 투자를 가정하였다.

취득시기	취득액	상각연수	20*5(F)	20*6(F)	20*7(F)	20*8(F)	20*9(F)
20*5(F)	7,900	20	198	395	395	395	395
20*6(F)	8,019	20		200	401	401	401
20*7(F)	8,163	20			204	408	408
20*8(F)	8,318	20				208	416
20*9(F)	8,443	20					211
상각비 합계			198	595	1,000	1,412	1,831

6) 잉여현금흐름 (Free Cash flow) 추정

매출, 원가 및 비용, 순운전자본, Capex 등의 추정을 토대로 예측기간 동안의 잉여현금흐름(Free Cash Flow)을 산정하였다.

---

255) 기존 상각비는 상각스케줄에 따라 주어진 금액으로 가정한다.

[표 3-53] "㈜가치"의 잉여현금흐름(FCF)의 산정

구분	계산	20*5(F)	20*6(F)	20*7(F)	20*8(F)	20*9(F)
ⓐ 매출		313,751	327,376	341,018	352,688	363,033
ⓑ 매출원가		217,859	226,987	235,665	243,770	251,398
ⓒ 판매관리비		16,022	16,574	17,090	17,617	18,139
ⓓ 영업이익 (EBIT)	ⓐ-ⓑ-ⓒ	79,870	83,815	88,264	91,301	93,496
ⓔ 법인세	ⓓ × 22%	17,571	18,439	19,418	20,086	20,569
ⓕ 세후영업이익	ⓓ-ⓔ	62,298	65,376	68,846	71,215	72,927
ⓖ 감가상각비		8,453	8,557	8,568	8,792	8,915
ⓗ 운전자본변동		(-)463	(-)1,133	(-)1,131	(-)973	(-)866
ⓘ CAPEX		(-)8,350	(-)8,475	(-)8,628	(-)8,792	(-)8,924
ⓙ 잉여현금흐름	ⓕ+ⓖ+ⓗ+ⓘ	61,939	64,324	67,655	70,242	72,052

5 자본비용 산정

1) 타인자본비용 산정

타인자본비용은 회사의 신용등급 A0인 만기 5년의 회사채 평가 수익률(4.04%)을 적용하였다. 회사채 수익률 정보는 금융투자협회 채권정보센터(Kofia Bond)에서 확인하였다. 세후 타인자본비용 산정을 위해 적용할 법인세율은 22%로 가정한다.

> 세후 타인자본비용
> $$Kd × (1 - 법인세율) = 4.04\% × (1 - 22\%) = 3.15\%$$

2) 자기자본비용

전문리서치기관에서 제공한 평가기준일의 시장수익률은 12.0%이고, 무위험이자율은 평가기준일의 10년 만기 국고채수익률인 2.0%를 사용하였다. 시장위험프리미엄은 10.0% (12%-2%)이다.

베타를 산정하기 위해 사업의 유사성, 규모 등을 종합적으로 고려하여 유사회사를 선정하였고, 유사회사로부터 ㈜가치의 베타값을 추정하였다.

[표 3-54] 유사회사(대용회사)로부터 베타 산정

대용회사	Levered Beta	Debt to Equity	Tax Rate	Unlevered Beta
㈜다저수	1.3	56.0%	22%	0.90
㈜양키수	1.4	65.0%	22%	0.93
㈜텍사수	1.5	68.0%	22%	0.98
㈜필리수	1.6	78%	22%	1.00
평균		66.7%		0.95
중앙값(Median)		66.5%		0.95

Unlevered beta는 하마다모형의 산식 ($\beta_U = \beta_L \div [1 + (1-t) \times (\frac{B}{S})]$)을 통해 산정하였다.

평가대상회사의 무부채베타(Unlevered beta)는 대용회사로부터 산정한 0.95이다. 이를 평가대상회사의 목표자본구조를 이용하여 Levered beta로 전환하였다. 법인세율을 22%로, 목표자본구조를 대용회사 부채비율의 평균으로 가정하여 평가대상회사의 베타는 1.45가 산출되었다.

[표 3-55] 평가대상회사의 levered beta 산정

구분	가정 및 적용
대용회사의 무부채베타	0.95
목표자본구조	66.7%
전환산식	$\beta_L = [1 + (1-t) \times (\frac{B}{S})] \times \beta_U$
평가대상회사의 베타	$\beta_L = [1 + (1-0.22) \times (66.7\%)] \times 0.95 = 1.45$

무위험이자율, 시장수익률, 베타를 이용하여 CAPM의 산식에 따라 다음과 같이 자기자본비용을 산정하였다.

[표 3-56] 자기자본비용의 산정

구분	가정 및 적용
무위험이자율	2%
시장수익률	12%

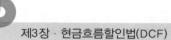

구분	가정 및 적용
베타	1.45
기본산식	Rf + (Rm − Rf) × β
자기자본비용 계산	Ke = 2% + (12% − 2%) × 1.45 = 16.5%

3) 가중평균자본비용(WACC)

타인자본비용, 자기자본비용, 목표자본구조를 토대로 가중평균자본비용(WACC)을 다음과 같이 산정하였다.

[표 3-57] 가중평균자본비용 산정

구분	가정 및 계산 내역
① 타인자본비용	4.04%
② 세후타인자본비용(① × (1-법인세율))	3.15%
③ 자기자본비용	16.48%
④ 목표자본구조(B/S)	66.7%
⑤ 자본비용 가중평균 산식	자기자본비용 × 자기자본 구성비율 + 타인자본비용 × 타인자본 구성비율
	16.48% × (1/(1+66.7%)) + 3.15% × (66.7%/(1+66.7%))
⑦ 가중평균자본비용(WACC)	11.15%

6 영업가치

1) 예측기간의 영업가치

다음은 예측기간의 영업가치 산정을 위한 잉여현금흐름 추정 결과이다. 잉여현금흐름을 가중평균자본비용인 11.15%로 각 기간별 할인한 값을 합하여 예측기간의 영업가치를 산정한다.

구분	계산	20*5(F)	20*6(F)	20*7(F)	20*8(F)	20*9(F)
ⓕ 세후영업이익	ⓓ-ⓔ	62,298	65,376	68,846	71,215	72,927
ⓖ 감가상각비		8,453	8,557	8,568	8,792	8,915
ⓗ 운전자본변동		(−)463	(−)1,133	(−)1,131	(−)973	(−)866
ⓘ CAPEX		(−)8,350	(−)8,475	(−)8,628	(−)8,792	(−)8,924

구분	계산	20*5(F)	20*6(F)	20*7(F)	20*8(F)	20*9(F)
ⓙ 잉여현금흐름	ⓕ+ⓖ+ⓗ+ⓘ	61,939	64,324	67,655	70,242	72,052
ⓚ 현가계수	11.15%	0.8997	0.8095	0.7283	0.6553	0.5895
ⓛ Discounted FCF		55,727	52,069	49,273	46,026	42,478

ⓛ 행의 현재가치로 할인된 잉여현금흐름(FCF)을 합하면 예측기간의 영업가치인 <u>245,573</u> 원이 산정된다.

2) 예측기간 이후의 가치(영구현금흐름의 가치)

예측기간 이후의 가치는 영구현금흐름을 가정하여 영구성장모형을 적용하였다. 영구성 장률은 0%를 적용하였으며, 영구현금흐름의 가치를 산정하기 위해 영구현금흐름 산정에 적합한 normalize한 현금흐름을 별도로 추정하였다.

구분	20*9(F)	영구현금흐름	추정식
ⓐ 매출	363,033	363,033	영구성장률 0% 적용
ⓑ 매출원가	251,398	251,398	
ⓒ 판매관리비	18,139	18,139	
ⓓ 영업이익(EBIT)	93,496	93,496	
ⓔ 법인세	20,569	20,569	
ⓕ 세후영업이익	72,927	72,927	
ⓖ 감가상각비	8,915	8,915	향후 평균적으로 발생할 것으로 예측되는 수준의 감가상각비
ⓗ 운전자본변동	(−)866	−	성장률을 수준을 고려한 순운전자본 "Ⅴ. 영업가치, 기업가치, 주주가치"의 "영구 성장모형"에서 "순운전자본 변동" 참고
ⓘ CAPEX	(−)8,924	(−)8,924	향후 평균적으로 발생할 것으로 예측되는 수준의 CAPEX
ⓙ 잉여현금흐름	72,052	72,918	

이렇게 산정된 영구현금흐름을 영구성장모형의 산식에 따라 계산하여 예측기간 이후의 영업가치는 <u>385,652</u>원으로 산정되었다.

영구현금흐름의 가치 산식	예측기간 이후의 가치 (Terminal value) $= \dfrac{FCF_t \times (1 + g)}{(WACC - g)} \times \dfrac{1}{(1 + WACC)^t}$		
적용	$385{,}652 = [72{,}918 \times (1+0\%) \ / \ (11.15\% - 0\%)] \times (1/(1+11.15\%)^{\wedge}5$

참고로 영구성장모형을 적용하기 위한 현금흐름 추정시에는 감가상각비와 CAPEX 규모의 비교, 운전자본 변동액의 수준에 대한 고려가 필요하다. 위의 사례에서는 추정최종 기간의 감가상각비와 CAPEX 규모가 유사하기 때문에 향후 지속 가능한 현금흐름으로서 합리적이라 보고 이를 적용하였으나, 감가상각비와 CAPEX가 향후 동일할 것이라고 가정하는 경우도 실무상 많이 있다. 또한 향후 성장률은 0%로 가정하였기 때문에 순운전자본의 규모는 동일하게 유지되는 것으로 보고, 순운전자본 증감액은 없는 것으로 반영하였다.

7 비영업자산 및 Net Debt 평가

비영업자산으로는 시장성 있는 투자주식으로 현재 처분 계획은 없으며, 장부가액 30,000원이 평가기준일의 시가이다. 비영업용 자산에는 현금성자산은 제외되어 있다. 현금성자산은 순차입금(Net Debt)에서 차입금의 차감항목으로 고려하였다.

> 비영업용자산: 30,000원(평가기준일의 시가)

순차입금(net Debt)은 다음과 같다. 차입금의 시가는 장부가액과 동일하다고 보았고, 현금성자산은 모두 비영업용 자산으로 보았다.

구분	계산식	금액
① 단기차입금		23,000
② 장기차입금		25,000
③ 이자부부채 합계	①+②	48,000
④ 현금성자산		214,053
⑤ 순차입금(Net Debt)	③-④	(-)166,053

8 기업가치, 주주(자기자본)가치 산정

영업가치, 비영업자산의 가치, 순이자부부채(Net Debt)의 평가를 바탕으로 기업가치와
주주지분의 가치가 다음과 같이 평가되었다.

구분	산식	Case1	Case2
① 예측기간의 가치		245,573	245,337
② 예측기간 이후 가치		385,652	385,652
③ 영업가치	①+②	631,225	631,225
④ 비영업자산의 가치		30,000	196,053
⑤ 기업가치	③+④	661,225	827,278
⑥ 타인자본(Net Debt)		(-)166,053	-
⑦ 주주가치	⑤-⑥	827,278	827,278

상기 평가결과는 Case1과 Case2로 산정되었는데, Case1의 경우 순이자부부채가 (-)의
값이 나옴에 따라 기업가치에 비영업용자산과 같이 가산되는 방식으로 주주가치가 산정되
었다.[256) 이러한 경우에는 Case2와 같이 기업가치를 산정할 수 있을 것이다.

9 민감도 분석

평가결과를 바탕으로 자본비용과 영구성장률을 이용하여 민감도 분석을 아래와 같이 수
행하였다.

영구성장률/자본비용	10.15%	11.15%	12.15%
0.0%	891,336	827,278	773,821
1.0%	947,617	872,024	810,046
2.0%	1,017,778	926,610	853,459

---

256) 상기 사례의 경우에는 현금성 자산이 차입금을 초과하여 순차입금이 없는 경우이다. 결국 무부채 상태인데,
    이러한 경우에는 회사의 정책 상 무부채 구조가 목표자본구조로서 적절한지에 대한 재검토가 필요할 수
    있다. 단, 상기 사례는 산업평균의 목표자본구조가 유효한 것으로 가정하였다.

10 다른 평가방법과 비교

평가결과의 적정성 검토를 위해 다른 평가방법과 결과를 비교 검토하였다. 최근 대상회사에 대한 거래내역은 없었으며, 다른 평가방법으로는 시장가치접근법인 EV/EBITDA Multiple과 PBR을 적용한 평가결과를 비교하였다. 시장가치접근법의 평가결과와 현금흐름할인법의 평가 범위는 중복되는 영역이 있으며, 3가지 평가결과가 중복되는 영역을 대상회사 평가액의 범위로 보았다.

[그림 3-28] 다른 평가방법과의 비교

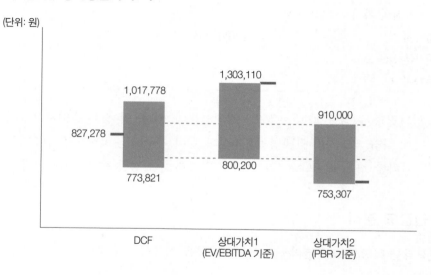

Wrap up & Checkpoint

1 Wrap - up

- DCF(현금흐름할인법)의 핵심적인 요소는 현금흐름과 할인율, 그리고 성장률이다.
- 기업이 창출 가능한 예상 현금흐름을 추정하고, 추정된 현금흐름의 성장률을 예측하여, 이를 현금흐름의 위험이 반영된 기대수익률(할인율)로 할인하는 것이 기본 개념이다.

- 대상회사와 경영환경에 대한 충분한 이해를 바탕으로 논리적 일관성을 갖추어 평가한다.

- 가치를 창출할 수 있는 요소, 향후 지속될 수 있는 현금흐름 수준, 가치에 영향을 미치는 요인들의 변화 가능성을 분석하는 것이 필요하다.

- 세후영업이익에 감가상각비를 가산하고, 투자요소인 CAPEX(자본적 지출)와 순운전자본 변동을 가감하여 잉여현금흐름(FCF: Free Cash Flow)을 산정한다.
- 현금흐름 추정 시에는 정상적이고 지속적으로 발생한 가능한 수준에 대한 고려가 필요하다.

- 합리적인 가정이 적절한 평가를 이끈다.
- 가정은 회사의 과거 실적과 외부기관의 전망, 현 상황과 향후 제약사항이 모두 고려되어야 한다.

- 매출추정은 시장 예측을 바탕으로 하는 Top - down Approach, 대상회사의 개별 제품의 판매수량과 단가 추정을 통한 Bottom - up Approach, 과거 실적이나 예측정보의 성장률을 토대로 하는 성장률 Approach 등이 있다.
- 모든 추정 방법은 내외부 환경 및 실적 분석이 바탕이 되어야 한다. 그 중에서 산업의 경쟁 구도, 성장전망, 대상회사의 핵심 역량과 경쟁력을 파악하는 것이 중요하다.
- 그리고, 가치창출 관점에서 매출의 구성요소와 각 구성요소에 영향을 미치는 요인이 무엇인지 파악하여야 한다.

- 원가의 항목별 변동 요인을 파악하여 추정한다.
- 많은 경우에 있어서 영업관련 원가 및 비용은 매출액을 기준으로 추정될 수 있다.

- 법인세는 영업이익에 적용하며, 적용세율은 유효세율이나 법정 한계세율을 사용한다.
- 이월결손금 등의 효과가 크다면 법인세비용을 직접 조정하거나, 비영업자산으로 법인세

절감효과를 반영할 수 있다.

- 현금흐름 관점이므로 회계상 비용이지만 현금이 지출되지 않는 항목은 비용으로 보지 않는다.
- 대표적인 항목은 유무형자산에 대한 감가상각비이다.

- 현금흐름 관점이므로 투자지출을 현금흐름에서 차감한다.
- 운전자본은 영업활동을 위한 단기투자이다. 그러므로 순운전자본은 사업 규모의 확대에 따라 (−)현금흐름으로 반영되는 것이 일반적이다.

- 성장률 또는 매출을 뒷받침할 수 있는 수준의 자본적 지출이 고려되어야 한다.
- 현 수준의 유지를 위한 투자와 확장 또는 신규 투자는 구분할 필요가 있다.
- CAPEX의 시기는 현금흐름 및 가치에 영향을 줄 수 있다. 그러나, 이러한 영향이 본질적인 가치의 차이여서는 안될 것이다.

- 추정 재무제표를 작성하는 것은 가치평가에 반드시 필요한 것은 아니나, 추정의 적정성을 확인할 목적으로 유용하다.

- 영업가치는 일정기간 동안(예: 향후 5개년)의 예측한 현금흐름의 현재가치와 이후 기간의 잔여가치 합으로 계산한다.
- 예측기간은 현금흐름이 향후 큰 변동 없이 안정적으로 지속될 수 있는 기간까지 추정한다.
- 계속기업의 가정 하에서 잔여가치는 영구성장모형을 적용하는 경우가 많으며, 영구성장률은 예측기간 동안의 성장률보다 낮게 추정하는 것이 일반적이다.

- 비영업자산 가치는 영업가치 산정에 고려되지 않는 자산과 부채이다. 일반적으로 투자주식, 투자부동산 등이 있으며, 영업활동에 필수적인 현금을 초과하여 보유하는 현금성자산도 포함될 수 있다.
- 비영업자산 가치는 평가기준일의 시가로 평가한다. 그러나 실무상 장부가액을 시가로 간주하는 경우도 있다.

- 타인자본 차감 전 기업가치(또는 영업가치)를 우선적으로 산정하는 이유 중의 하나는 영업 성과라는 가치의 본질에 분석의 Focus를 두기 위함이다.

- 타인자본은 평가기준일 현재의 이자부부채이다.
- 재무제표에 계상되지 않은 우발부채도 타인자본에 포함될 수 있다.
- 즉시 현금화 가능한 자산은 이자부부채를 상환한다고 가정하여 순이자부부채(net debt)로 계산한다.
- 타인자본 중에는 운전자본 성격의 부채도 있을 수 있다. 그럴 경우에는 현금흐름에 반영

하는 것도 고려해 볼 수 있다.

- 가치평가는 여러 가정 하에서 이루어지므로 한 가지 값으로 추정하기 어려울 수 있다. 그러므로 가치에 중요한 영향을 미치는 변수의 변화에 따른 가치의 민감도를 분석함으로써 가치를 범위로 파악할 필요가 있다.
- 추가적으로 가치의 할증 또는 할인이 필요할 수 있다. 할증은 경영권 프리미엄, 할인은 비유동성, 소규모로 인한 할인이 대표적이다. 그 외 기업특유의 상황이 평가에 적절하게 반영되지 않았다면 추가적인 가치 조정을 고려할 수 있다.

- 자본비용은 투자자가 요구하는 혹은 기대하는 수익률이다.
- 평가 대상 현금흐름에 적합한 위험이 고려되어야 하고, 현금흐름과 일관성 있게 적용되어야 한다.
- 향후 현금흐름에 대한 기대값에 대응될 수 있도록 목표자본구조가 고려되어야 한다.

- 타인자본비용은 이자비용과 같은 채권자가 요구하는 수익률이다.
- 이자비용은 법인세를 절감하는 효과가 있으므로 세후타인자본비용을 적용한다.
- 신용등급 등을 고려한 회사채 수익률 또는 가중평균차입이자율 등이 실무상 타인자본비용으로 많이 활용된다.

- 자기자본비용은 주주가 요구하는 혹은 기대하는 수익률이다.
- 실무상 자기자본비용은 시장수익률(주가지수 등)에 대상회사가 갖는 위험의 정도를 추가적으로 고려하여 측정한다.

- 추정된 영업현금흐름에는 채권자와 주주의 기대현금흐름이 모두 포함되어 있다.
- 그러므로 자본비용도 배분비율을 고려하여 가중 평균한다.
- 가중평균은 시가를 기준으로 목표자본구조를 반영하여 구한다.

- 자본비용은 일반적으로 직접 측정하는 것이 아니라 시장 및 유사기업의 수익률과 위험을 통해 간접적으로 측정되기 때문에 개별주식의 상황을 고려한 추가적인 위험의 고려가 필요하다고 보는 견해가 있다.
- 비유동성위험, 소규모 위험을 자본비용에 가산하는 것이 대표적인 경우이다. 그 외 기업특유의 상황이 할인율에 적절하게 반영되지 않았다면 추가적인 위험 조정을 고려할 수 있다.

2 DCF 평가 실행 시 Checkpoint, 필요자료 예시

1) Key Checkpoint

[표 3-58] Key Checkpoint

구분	Checkpoint
회사에 대한 이해	대상회사의 경영환경(내부, 외부 환경)에 대한 이해는 충분한가?
	현금흐름할인법이 평가방법으로서 적절한가?
	추정을 위한 제반 가정은 무엇이고, 적용된 가정은 합리적인가?
현금흐름	핵심역량에 대한 분석이 추정에 적절히 고려되었는가?
	성장률의 주요 논거는 무엇인가?
	원가 및 비용은 매출 추정에 부합하고, 변동요인이 적절하게 고려되었는가?
	투자(CAPEX 및 운전자본)는 합리적인가?
	현금흐름 추정은 정상적이고 지속적으로 발생한 가능한 수준을 바탕으로 하고 있는가?
	예측(추정)기간이 합리적이며, 마지막 연도 현금흐름이 안정적인가?
영구가치	영구성장률의 주요 논거는? 예측기간의 성장률과 비교하여 높은 것은 아닌가?
	예측기간 이후의 장기 현금흐름으로서 대표성 있는 값으로 추정되었는가?
할인율	할인율은 현금흐름과 일관성 있는 대응관계를 갖는가?
	할인율은 현금흐름의 위험이 충분히 고려되었는가?
비영업 및 net debt	비영업자산과 타인자본(Net debt)은 시가로 고려되고, 누락 없이 반영되었는가?
평가 결과 도출	가치평가 결과를 다른 거래 혹은 다른 평가방법과 비교하였는가?
	민감도 분석은 이루어졌으며, 민감도 분석의 기준은 무엇인가?
	가치의 할인 또는 할증 요인이 있는가?

2) Checklist

[표 3-59] Checklist

구분	Checkpoint
일반사항	신뢰성 있는 내부자료 및 외부자료를 확보하였는가?
	자료의 신뢰성 및 합리성에 대해 검토하였는가?
	대상회사의 경영환경(내부, 외부 환경)에 대한 이해는 충분한가?

구분	Checkpoint
	현금흐름할인법이 평가방법으로서 적절한가?
	추정을 위한 제반 가정은 무엇이고, 적용된 가정은 합리적인가?
과거 재무 분석	재무제표의 각 항목에 대해 이해하고, 각 항목에 영향을 미치는 요인에 대한 분석이 이루어졌는가?
	과거(3~5개년) 재무분석을 통하여 적절한 추세, 비율, 정상적인 이익수준 등에 대한 파악이 이루어졌는가?
산업 및 매출 분석	과거 일정기간(3~5년 또는 장기) 동안 해당 산업의 규모, 회사별 점유율, 성장추이 분석 등이 이루어졌는가?
	해당 산업 및 평가 대상회사에 중요한 영향을 미치는 요인은 무엇인가? 산업 환경을 변화시킬 수 있는 위험요인, 기회요인은 무엇인가?
	경쟁구도에 대한 분석, 회사의 경쟁력에 대한 분석은 이루어졌는가
	회사의 매출을 창출하는 요인은 무엇이고 매출의 구성항목은 무엇인가?
	매출을 구성하는 각 항목에 대한 추정이 산업전망(외부자료)과 과거 실적 등이 종합적으로 고려되어 이루어졌는가?
	과거 실적 분석은 정상적이고 지속적으로 발생한 가능한 수준을 바탕으로 이루어졌는가? (Normalization)
	성장의 주요 논거는 충분히 합리적인가?
원가 및 비용	회사의 원가 및 비용 구조에 대해 이해하였는가?
	과거 일정기간(3~5개년)에 대한 항목별 추세, 구성비율, 항목별 변동요인에 대한 분석이 이루어졌는가?
	산업, 경쟁기업과의 원가구조, 원가율 비교가 이루어졌는가?
	원가율은 경상적이고 지속가능한 수준에 대한 분석(Normalization)을 토대로 추정에 고려되었는가?
	변동비, 고정비에 대한 구분은 합리적이며, 추정은 각 항목의 변동요인과 매출성장률이 고려되었는가?
	현금유출 비용과 현금유출이 없는 비용의 구분이 이루어졌는가?
CAPEX	CAPEX의 속성에 대해 이해하였는가?
	과거의 투자 History에 대해 분석하였는가?
	동종업계의 경쟁회사에 대한 CAPEX분석이 이루어졌는가?
	투자계획은 교체(투자)주기 및 매출성장률 등이 고려되었으며, 금액 및 시기는 적절한가?
	유지보수를 위한 투자는 적절히 추정에 반영되었는가?
	상각비의 분석이 CAPEX와 연계되어 분석되고 추정되었는가?

구분	Checkpoint
운전자본	운전자본의 속성 및 변동요인이 파악되었고, 운전자본으로의 구별은 적정한가?
	과거 일정기간(3~5개년)에 대한 운전자본 분석(변동요인별 회전율)은 Normalization을 고려하여 이루어졌는가?
	회사의 정책·계약 및 동업종과의 비교는 이루어졌는가?
법인세	유효세율 또는 한계세율을 파악하였는가?
	지속가능한 세액공제 등 세제혜택이 있는가? 혹은 법인세 외에 지속적으로 부담해야 할 추가적인 세금이 있는가?
	이월결손금이 있다면, 이에 대한 효과가 고려되었는가?
예측기간의 현재가치	예측기간이 합리적이며, 마지막 연도 현금흐름이 안정적인가?
	예측기간 현금흐름의 추세를 산업전망 및 과거 실적과 비교하여 보았는가?
영구기업가치	영구기업가치를 산정하기 위한 현금흐름은 예측기간 이후의 장기 현금흐름으로서 대표성이 있는가?
	영구성장률의 논거는 무엇이고, 예측기간의 성장률과 비교하여 높지는 않은가?
할인율	할인율은 현금흐름과 대응관계를 갖는가? (영업현금흐름의 할인이라면 가중평균자본비용인가?)
	타인자본비용은 한계비용 개념이고, 세후기준으로 반영되었는가?
	자기자본비용의 베타, 시장수익률, 무위험이자율은 적절하게 반영되었는가?
	베타 산정 시 유사기업의 선정 기준은 무엇인가?
	목표자본구조의 논거는 무엇이며, 시장가치 기준으로 산정되었는가?
	할인 또는 할증 요인을 반영하였는가? 반영하였다면 논거는 무엇인가?
비영업용자산	가치에 반영되어야 할 비영업용자산이 있으며, 시가가 파악되었는가?
	현금흐름에 반영된 사항과 비영업용자산으로부터 수익을 비교하여 중복 여부, 혹은 누락 여부를 검토하였는가?
	현금성자산이 영업자산과 비영업자산으로 구분되는가? 구분 논거는 무엇인가?
Net Debt	타인자본은 누락 없이 고려되었는가?
가치평가 결과 도출	가치평가 결과를 다른 거래 혹은 다른 평가방법과 비교하였는가?
	민감도 분석은 이루어졌으며, 민감도 분석의 기준은 무엇인가?
	가치의 할인 또는 할증 요인이 있는가?
	가치를 범위로 나타낼 수 있는가?
	평가기준일 이후 평가에 중요한 영향을 미치는 사건이 있는가?

3) 필요자료 예시

Valuation은 회사 및 산업에 대한 이해를 바탕으로 하므로 이에 대한 자료가 필수적이다. 이러한 이해를 위해 실사를 수행한다면 실사를 위한 자료가 Valuation을 위한 기초자료가 된다. 회사의 재무상황을 이해하기 위한 자료는 실사의 필요자료 예시를 참고하기 바라며 (하기의 표는 기본자료만을 기재함), 아래의 표는 이를 제외한, 평가를 위한 필요자료만을 예시적으로 정리하였다.

[표 3-60] 필요자료 예시

구분	필요자료
일반사항	회사소개서, 회사 및 제품 설명서, 장기계약 등의 주요 계약사항, 조직도 등
	산업분석 및 경쟁현황 분석 자료
	경쟁회사 또는 유사회사 리스트
	회사의 경쟁전략
사업계획	중장기(5년) 사업계획자료
	최근 3~5년간 사업계획 대비 실적현황
재무상황	과거 3~5개년간 재무상태표, 손익계산서. 계정명세서
매출 추정	매출구성내역 및 수익구조
	과거 3~5개년 매출구성별 Quantity & Price 자료
	주요 거래처별 매출현황
	향후 매출 계획: 판매량, 판매가격, 판매처 등
매출원가 추정	매출원가 구성내역 (원가구조 및 원가구분(변동비·고정비 구분, 변동요인별 구분 등))
	과거 3~5개년 원가구성 항목별 내역
	주요 매입처별 매입현황
	향후 원가 계획: 각 구성 항목별 내역
판매관리비 추정	판매관리비 구성 내역 및 구성 항목별 성격
	과거 3~5개년 판매관리비 항목별 내역
	향후 판매관리비 계획
Capex 추정	CAPEX(설비 등) 구성 내역
	과거 3~5개년 투자내역 및 현 CAPEX 투자 현황
	향후 추가 투자 계획(유형자산, 무형자산 구분)
	유형자산 및 무형자산 상각스케줄

구분	필요자료
운전자본	운전자본 현황 및 각 운전자본 항목별(회수·지급) 정책
	향후 운전자본(운용·투자) 계획
법인세	과거 3~5개년 유효법인세율
	세제 혜택, 이월결손금, 추가적인 세금 부담 등 향후 법인세 부담에 영향을 미치는 요인 내역
인력	인력 운영 계획
	과거 3~5개년 인원 내역 및 평균 급여
할인율, 비영업자산, Net debt	비영업자산의 현황
	현금 등의 운용정책
	차입금의 현황(이자율, 상환스케줄 등)
	신용평가 보고서
	목표자본구조

제4장

시장가치접근법

I 시장가치접근법의 개요

1 시장가치접근법 Summary

본 장에서 시장가치접근법은 재무적, 사업적으로 유사한 기업의 가치를 바탕으로 대상회사의 가치를 평가하는 "상대가치평가(Market Multiple Method 또는 Relative Valuation)"를 말한다. 상대가치평가를 위해서는 유사한 회사가 있어야 하고, 유사한 회사간에 비교를 위한 기준이 있어야 한다.[257]

[그림 4-1] 시장가치접근법의 기본 Logic

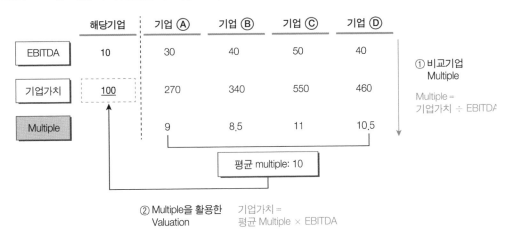

상기 그림에서 기업간 가치비교를 위한 재무지표로서 EBITDA의 예를 들었다. 유사회사의 기업가치가 평균적으로 EBITDA의 10배이고, 평가대상 기업의 EBITDA가 10원이라고 한다면, 기업가치는 유사회사의 배수 10배를 적용하여 100원이라고 평가되는 것이 시장가치접근법(상대가치법)의 기본 Logic이다.

---

257) 유사한 회사를 비교대상회사, guideline company, comparable company 등으로 표현하고, 비교를 위한 기준을 비교지표, 재무지표, financial Indicator, Key value driver 등으로 표현한다.

[그림 4-2] 가치배수(Multiple)의 개념

$$Multiple = \frac{Value}{재무\ 지표}$$

· 평가하고자 하는 가치
- Enterprise value, equity value 등

· 비교 가능한 공통의 재무 수치
- 매출, EBIT, EBITDA, 당기순이익 등

즉, 시장가치접근법으로 가치평가를 하기 위해서는 비교 가능한 유사회사로부터 비교에 적합한 지표를 적용하여 적절한 가치배수(Multiple)를 얻는 것이 필요하다.

2 시장가치접근법의 기본 개념 및 특징

Key Concept

· 시장가치접근법은 대상회사의 현금흐름 창출 능력을 토대로 평가하는 내재가치(Intrinsic Value)의 개념이 아니라, 유사회사의 가치를 통해 평가대상회사의 가치를 산정하는 상대가치(Relative Value)의 개념이다.
· "동일한 시장에서 동일한 조건의 1m² 토지가격이 1원으로 거래되고 있다면, 평가대상 토지 100m²의 평가액은 100원이다." 이것이 시장가치접근법의 기본 개념이다.

시장가치는 유사회사의 가치를 적용하여 평가대상회사의 가치를 산정하는 방법이다. 시장가치의 측정방법은 특정 재무지표(Value Driver, Indicator)를 기준으로 가치를 평가하고, 이를 배수(Multiple)의 형태로 나타낸다. 즉, 비교지표 한 단위에 대해 시장에서 가치가 어떻게 평가되는지의 비율을 산정하는 것이다. 예를 들어 PER(Price Earnings Ratio)는 한 단위의 이익에 대해 가치를 얼마로 평가하는가의 비율인 것이다. 각 기업과 산업별로 이러한 비율에 차이가 나는 이유는 성장률과 위험 등에 차이가 있기 때문이다. 비교대상기업을 선정할 때 향후 성장성과 위험의 수준이 유사한 회사를 대상으로 선정하는 것이 시장가치접근법에 의한 평가에서 중요한 이유이다.

비교지표와 가치의 일정비율로 배수(Multiple)를 측정한다는 것은 분모와 분자가 일관성 있게 정의될 필요가 있음을 의미한다. 분자가 기업가치[258]라면 분모도 기업가치와 관련성

---

258) 기업가치(Enterprise Value) = 주주가치(Equity Value) + 부채가치(Net Debt)

이 있는 지표이어야 할 것이고, 분자가 주주가치라면 분모도 주주가치와 관련성이 있는 지표이어야 할 것이다. 예를 들어 PER(주가수익률)의 경우, 분자는 주주가치이고, 분모는 주주에게 귀속되는 주당순이익이므로 일관성이 있다고 본다. 그러나 PSR(주가매출액비율)의 경우는 분자는 주주가치인데, 분모는 자기자본과 타인자본이 구분되지 않은 영업자산으로부터 발생한 금액을 기준으로 하고 있기 때문에 일관성이 낮다고 본다.

시장가치접근법은 동일시점을 기준으로 비교대상 유사회사와 평가대상회사를 비교하여 가치를 평가하는 개념이다. 즉 배수를 비교함에 있어 다른 시점의 배수를 비교하는 것은 일반적이지 않다. 배수는 시장환경의 변화 등에 따라 계속 변하기 때문이다. 그러므로 내재적 가치를 평가하는 것이 아닌 시장가치접근법은 평가의 유효기간이 상대적으로 짧다고 볼 수 있다.

다음의 표는 2000년부터 2010년까지 시간에 따른 미국 주식시장의 PER 평균과 중앙값의 추이다.[259] 시간이 지남에 따라 배수가 변하고 있음을 보여주고 있다.

[그림 4-3] 미국 주식시장 연도별 PER의 변화 추이

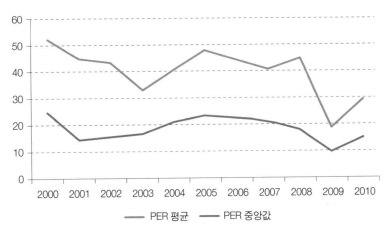

259) '주식가치평가를 위한 작은 책', p.74, 애스워드 다모다란, 부크온, 2013 참고

3 시장가치접근법의 효용

> **Key Concept**
>
> • 시장가치접근법이 많이 활용되는 이유는 단순하며 명료하여 이해 가능성이 높기 때문이다.

일반적으로 수익가치접근법이 이론상 가장 합리적인 평가방법이라고 하지만, 추정의 불확실성[260]으로 인해 시장가치접근법의 적용 가능성이 높은 경우에는 시장가치접근법이 더 적극적으로 활용되기도 한다. 특히, 평가방법의 특성 상 매매 등의 거래와 관련된 평가에 많이 활용된다.[261] 시장가치접근법이 이렇게 많이 활용되는 이유는 시장상황을 가치평가에 적극적으로 반영할 수 있다는 점도 있지만 무엇보다도 그 추정방법의 단순함과 명확함으로 인해 이해가능성이 높다는 점 때문일 것이다.

시장가치접근법은 그 자체로 대상자산을 평가하는 방법으로 활용되지만, 때로는 수익가치접근법의 적정성에 대한 검증 목적으로도 활용되기도 하고, 다른 평가방법을 적용할 때 보완적 방법으로 활용되기도 한다.[262] 또한 다양한 재무적·비재무적 지표를 통해 동업종의 가치를 비교 분석함으로써 산업의 핵심가치창출요소(Key value driver)[263]가 무엇인지 파악하기 위한 목적으로 활용되기도 한다.

---

260) 현금흐름의 추정과 할인율 추정에 있어서 주관성의 개입 여지, 평가 결과에 대한 객관적 검증의 어려움을 의미한다.

261) 일반적인 매매거래와 관련된 평가 이외에도 주식의 상장 시 공모가격의 평가에도 많이 활용되고 있다. IPO 시 공모가격은 수요예측을 고려하여 주식을 발행한 회사와 주관회사(증권사)가 협의하여 결정한다. 이때 공모가격 산정의 기초가 되는 가격의 평가는 과거에는 본질가치와 상대가치의 평균으로 산정하였으나, 현재는 자율화되어 상대가치접근법에 의한 평가가 많이 활용되고 있다.

262) DCF(미래현금흐름할인법)에서 비영업자산을 평가할 때 또는 자산가치평가 시 시장성 있는 자산의 평가에 시장가치를 적용하는 것이 그 예가 될 수 있다.

263) Key Value Driver의 파악은 동업종의 가치 비교에 적합한 지표(Indicator)의 파악을 가능하게 하고, 이를 통해 효과적인 상대가치분석뿐만 아니라 기업의 상대적인 경쟁력, 성장잠재력 등의 분석도 가능하게 한다.

4　시장가치접근법의 핵심요소

> **Key Concept**
>
> - 시장가치접근법의 핵심적인 요소는 평가대상회사와 유사한 ① **비교대상회사의 선정**, 가치 측정에 적합한 ② **비교지표(Value driver 또는 Financial Indicator)의 도출**, 비교대상회사와의 차이조정과 Normalization과 같은 ③ **표준화 작업**이다.
> - 비교대상기업은 **수익성, 성장성, 위험**이 유사한 회사이다.

시장가치접근법에서 가장 중요한 부분은 ① 비교대상회사의 선정, ② 적합한 비교지표, ③ 비교를 위한 지표의 표준화라고 할 수 있다.

비교대상회사(Guideline Company)의 선정은 평가대상회사와 사업적, 재무적으로 비교가 가능한 유사한 회사를 선별하는 것이고, 적합한 비교지표는 해당 산업의 특성과 평가대상회사의 상황을 고려할 때 비교가 가장 적절한 재무지표(또는 비재무지표)를 말한다. 표준화 조정은 두 가지 측면이 있는데, 하나는 Normalization으로 비경상적 사항을 조정하여 지속가능한 지표들간에 비교가 이루어지도록 하는 조정이며, 다른 하나는 비영업자산 등 비교에서 제외되어야 할 가치 요소를 조정해 주는 것이다.

1) 비교대상 기업 (Guideline Company)

Guideline Company는 비교대상 유사회사를 말하며, Comparable Company라고 표현되기도 한다. 비교대상 유사회사의 선정은 시장가치접근법의 핵심이다. 일반적으로 비교대상 유사회사의 수가 많으면 평가의 신뢰성이 높아진다고 본다. 비교대상회사는 앞서 설명한 바와 같이 회사의 가치에 영향을 주는 요소가 고려되어야 한다. 회사의 가치에 영향을 주는 가장 중요한 요소는 **수익성, 성장성, 위험**이다. 그러므로 비교대상 유사회사의 선정에도 수익성, 성장성, 위험의 유사성 여부가 고려되어야 한다. 그러나, 평가대상회사 이외의 유사회사에 대해 이러한 요소들을 제대로 확인하는 것이 쉽지 않기 때문에 일반적으로 동일한 업종에서 동일한 사업을 영위하는 회사를 유사회사로 가정한다. 이러한 회사들은 동일한 시장에서 동일한 경제상황의 영향을 받기 때문에 수익성, 성장성, 위험이 유사할 것이라고 가정하는 것이다. 그래서 일반적으로 비교대상회사는 동일한 산업에서, 동일한 사업을 영위하면서, 동일한 경제요인에 의해 영향을 받는 기업 중에서 선별한다. 그러나, 현실적으로 동일업종에 속하더라도 각 기업들의 현금흐름 특성, 성장성, 위험 등에 있어서 차이가 큰 경우가 많기 때문에 현금흐름의 특성 등에 있어서 유사성이 있고, 동일한 경제 요인에 의해 영향을 받는다면 동일 업종이 아닌 이종 업종간 비교도 이루어질 수 있을 것이다.

일반적으로 비교대상 유사기업 선정 시 고려하여야 하는 요소는 다음과 같다.

[표 4-1] 비교대상 기업 선정 시 고려 사항의 예

> - 정성적 사업 특성의 유사성: 영위하는 산업, Target Market(고객기반, 판매시장, 지역 등), 사업형태, 사업구조(다각화 여부 등), 사업포트폴리오, 업계 內 위치 등
> - 정량적 사업 특성의 유사성: 매출규모, 수익·비용구조, 이익률, 이익규모 등
> - 잠재적 성장률의 유사성
> - 회사규모의 유사성
> - 재무구조의 유사성: 부채비율, 이자보상배율 등.
> - 비교대상 유사기업에 대한 자료의 입수 가능성
> - 비교대상 유사기업의 거래가격의 형성 구조의 유사성[264]
> - 기타: 규제사항, 경쟁현황, 현재 입지 및 향후 전략 방향 등

위에 제시한 사항들이 유사하다고 하여 가치가 유사하게 형성되거나 유사하게 평가되지는 않을 수 있으며, 이러한 사항들이 모두 유사한 회사를 찾는 것도 쉽지 않을 수 있다. 그러므로 앞서 언급한 바와 같이 실무적으로는 동일 산업 내에서 잠재적 성장성의 유사성 또는 미래현금흐름의 유사성, 위험 수준의 유사성을 고려하여 비교대상회사를 선정하고 영업가치 이외의 항목 등 다른 항목은 차이조정을 반영하여 비교하는 것이 일반적이다.

참고로 자본시장법 상 상대가치평가(시장가치접근법)를 위한 증권의 발행 및 공시 등에 관한 규정 시행세칙 제7조에서는 상대가치를 산정하기 위한 유사회사 요건으로 다음과 같이 규정하고 있다.

[표 4-2] 자본시장법상 유사회사 요건

기본 전제	평가대상회사와 한국거래소 업종분류에 따른 소분류 업종이 같은 주권상장법인 중 매출액에서 차지하는 비중이 가장 큰 제품 또는 용역의 종류가 유사한 법인
	3개 회사 이상
유사회사의 범위	최근 사업연도 말 주당 법인세비용 차감전 계속사업이익을 비교하여 100분의 30 이내의 범위
	최근 사업연도 말 주당순자산을 비교하여 100분의 30 이내의 범위

---

264) 가격이 다른 요인에 의해 영향받지 않는 거래 구조인지에 대한 부분. 예를 들어 기업집단의 가치변동과 연동되는 기업의 경우 그렇지 않은 기업과의 비교 가능성은 낮아질 수 있다.

유사회사의 요건	1. 주당법인세비용 차감전 계속사업이익이 액면가액의 10% 이상일 것 2. 주당순자산이 액면가액 이상일 것 3. 상장일이 속하는 사업연도의 결산을 종료하였을 것 4. 최근 사업연도의 재무제표에 대한 감사인의 감사의견이 "적정" 또는 "한정"일 것

유사기업이 많거나 산업분류표 등으로부터 유사회사 선정 검토를 할 경우에는 단계적인 Screening을 통해 비교가 적합한 유사회사를 선별하는 작업이 필요할 수 있다. 단계적 Screening의 예는 다음과 같다.

[표 4-3] 단계적 Screening을 통한 유사회사 선정의 예

구분	선정기준	세부 검토 기준
1차	업종의 유사성	한국거래소 유가증권시장 및 코스닥시장 상장 업체 중 한국표준산업분류 소분류상 대상회사와 유사한 업종에 해당하는 기업
2차	사업의 유사성	대상회사가 판매하는 제품 또는 서비스와 동일한 제품 또는 서비스의 매출이 발생하는 기업 또는 각 기업의 전체 매출 중 대상회사와 유사한 제품의 매출비중이 가장 높은 기업
3차	재무적 유사성	① 2*16년 및 2*17년 상반기 영업이익 및 순이익을 실현한 기업 ② 비경상적인 영업외손익 발생이 없는 기업 ③ 자본잠식이 없는 기업
4차	일반적 기준 또는 비재무적 유사성	① 결산월이 동일한 기업 ② 상장 및 유/무상증자 후 6개월 이상 경과한 기업 ③ 최근 2사업연도 감사의견이 적정인 기업 ④ 최근 1년간 투자경고종목 또는 관리종목 지정 및 불성실공시 및 예고를 받은 바 없는 기업 ⑤ 최근 1년간 경영에 중대한 영향을 미칠 수 있는 합병, 영업양수도, 분할 등이 없는 기업

2) 비교지표 (Value Driver, Indicator)

비교지표는 일반적으로 재무지표로 비교가 이루어지기 때문에 Financial Indicator라고도 하며, 가치 산정의 기준이 되기 때문에 Value Driver라고도 한다. 비교지표는 기업의 경쟁력, 이익, 현금창출능력 또는 성장성을 가장 잘 설명할 수 있는 지표를 선정하는 것이 필요하다.

[표 4-4] 비교지표의 유형

구분		자기자본 측면	투하자본 측면 (자기자본+타인자본)
Value Driver 또는 Financial Indicator	재무상태표 항목 기준	순자산, 주당순자산	총자산
	손익계산서 항목 기준	순이익, 주당순이익	Revenue, EBIT
	현금흐름표 항목 기준	배당, Free cash flow to Equity	EBITDA[265], Free cash flow to Firm
	그 밖의 항목 기준	가입자 수, MAU, ARPU[266] 등의 산업별 경쟁 지표	
		▼	▼
측정 가치		Equity Value (자기자본 가치)	Enterprise Value (기업 가치)
Multiple의 예		PBR, PER 등	EV/EBITDA 등

비교지표는 크게는 재무적 지표와 비재무적 지표로 구분할 수 있다. 재무적 지표는 주당순자산 같은 재무상태표(BS) 상 항목이나, 주당순이익과 같은 손익계산서(IS) 상 항목, EBITDA와 같은 현금흐름 항목을 활용하며, 비재무지표는 가입자 수 또는 MAU 등 산업별 경쟁 지표를 활용하여 비교한다.

비교지표를 통해 산정되는 가치는 지표의 특성에 따라 자기자본가치와 기업가치로 구분될 수 있다. 예를 들어 주당순자산과 주가를 비교하는 PBR의 경우, 주당순자산이 차입금과 같은 타인자본을 차감한 자산 항목이므로 이를 통해 비교되는 가치도 자기자본가치인 주가와 비교되어야 한다. 반면, EBITDA를 통해 산정하는 EV/EBITDA의 경우에는 EBITDA가 타인자본의 항목인 이자비용이 차감되기 전이므로 이를 통해 비교되는 가치는 타인자본을 포함한 기업가치와 비교되어야 한다. 이에 대해서는 다음 장의 시장가치접근법의 종류에서 자세히 다루기로 한다.

비교지표를 산정할 때 중요시 되는 개념 중의 하나가 "일관성"이다. 상기 예에서 PBR의 경우 주주지분인 주당순자산과 주주가치인 주가를 비교하여 산정된 비율이므로 일관성이 있다고 보지만, PSR의 경우에는 주주와 타인자본의 귀속분이 구분되기 전의 재무지표인 매출과 주주가치인 주가를 비교하여 산정된 비율이므로 일관성이 상대적으로 결여되어 있

---

265) EBITDA는 현금흐름표 상 항목은 아니지만 영업현금흐름의 대용치로서 사용되므로 현금흐름 항목으로 구분하였으나, 손익계산서항목인 EBIT(영업이익)에서 감가상각비만을 가산하는 것이므로 손익항목으로 구분하기도 한다.

266) MAU: Monthly Active User(월간 활성사용자, 인터넷/앱 기업 등), ARPU: Average Revenue Per User (가입자당 평균 매출, 통신업 등)

다고 본다.

일관성의 개념은 분모와 분자간의 적용상 문제 이외에도 비교회사간에도 적용되는 문제이다. 예를 들어 EV/EBITDA로 평가대상회사의 기업가치를 산정할 때 비영업자산을 별도로 구분하여 가산하였다면 비교대상회사의 EV/EBITDA 배수 산정 시에도 동일한 방식으로 비영업자산을 별도로 구분하여 차감한 배수를 산정하여야 할 것이다. 이는 다음에 언급할 표준화 조정과도 관련이 있다.

3) 이익의 질(QoE)을 고려한 표준화 조정

시장가치접근법의 가장 핵심적인 요소인 "유사기업의 선정"단계에서 대상기업과 똑 같은 기업들이 선정되었다면 표준화 조정은 불필요할 것이다. 그러나 현실적으로 이렇게 동일한 기업이 존재하는 것은 일반적인 경우가 아니며, 대부분의 경우는 기본적인 속성이 유사할 뿐이고 기업간 차이가 존재하기 마련이다. 효과적인 비교를 위해서는 이러한 차이를 어떻게 조정할 수 있는지를 고민하여야 한다.

표준화 조정은 "Normalization"과 "차이조정"으로 구분하여 볼 수 있다.

시장가치접근법에 사용되는 재무수치는 일시적이거나 비경상적인 사건에 의해 영향을 받을 수 있으며, 비교대상 유사기업과의 비교가능성 제고와 장기적 관점에서 회사의 가치를 보다 잘 이해하기 위해서는 이러한 비경상적 사건의 영향을 제거할 필요가 있다. 그러나 이러한 normalization과정은 관점에 따라 차이가 있을 수 있다. 보는 시각에 따라 특정 사건은 향후에도 지속 가능할 것이라고 판단될 수도 있고, 일시적/비경상적 사건으로 판단될 수도 있는 부분이 존재하기 때문이다[267]. 결국 어떻게 바라보느냐의 판단은 과거에 유사 사건의 발생 유무, 동일 산업군 또는 최근의 시장동향에서 유사 사건의 발생 형태 등을 종합적으로 고려하여야 할 것이다.

주요 normalization 대상 항목의 예로는 과거 M&A에 따른 영업권의 손상, 구조조정에 따른 일회성 비용, 일시적인 제품 및 서비스 매출, 실적호조로 과거 대비 초과 지급된 성과급 등에 대한 조정 등이 있을 수 있다. Normalization은 단순히 과거 발생한 일시적이거나 비경상적인 사건의 조정에만 그칠 것이 아니라 이익의 질(QoE[268]) 관점에서 향후 지속가능한 손익인지도 파악할 필요도 있을 것이다.

---

267) Normalization은 가능하다면 평가대상회사와 유사회사 모두에 적용된다. 일시적, 비경상적 항목의 Normalization과 관련한 사항은 "제2장 경영환경분석 및 재무실사"를 참고하기 바란다.
268) Quality of Earnings: 이익의 질은 일시적이거나 비경상적인 항목을 제외한 반복적이고 지속적으로 발생할 수 있는 이익에 대한 개념이다. "제2장 경영환경분석 및 재무실사"를 참고하기 바란다.

차이조정은 비교대상회사가 갖는 속성과 평가대상회사가 갖는 속성의 차이를 조정해 주는 것을 말한다. 회사간에 갖는 성장성이나 위험의 차이를 고려하여 배수를 조정할 수도 있으나, 이를 위해서는 기대성장률이나 위험에 대한 측정이 필요하므로 실무적으로는 이러한 차이조정보다는 비영업자산과 같은 비교대상이 아닌 자산이나 사업부분에 대한 조정이 이루어지는 것이 일반적이다.

5 일반적인 평가구조 및 절차

시장가치접근법은 평가대상회사에 대한 예비적 분석과 산업 분석을 통해 비교대상 기업을 선정하고, 비교대상회사와 평가대상회사의 상세 분석을 통해 비교를 위한 지표(Financial Indicator)를 결정하는 데에서부터 시작된다. 다음의 절차는 시장가치접근법의 일반적인 Process이고 각 재무지표별 구체적인 적용 예시는 다음 장에서 다루기로 한다.

[그림 4-4] 시장가치접근법의 절차

일반적인 평가 절차	일반적인 평가 절차 예시
Research	Research
산업분석 / 시장분석 / 증권정보 / 대상분석	산업의 핵심 경영지표, 경쟁현황, 시장 및 동업종회사 관련 보고서 등 검토
비교대상 기업 선정	비교대상 기업 10개사 선정
비교대상 기업 재무 분석	비교 대상 기업의 가치, 비교 가능한 표준화된 재무지표 분석
비교가능 재무지표의 선정	평균 PER = 10
대상회사의 재무 분석 및 배수 (Multiple) 적용	평균대상회사 Earnings = 100
기업(주식)가치의 산정	주식가치 = 100 × 10 = 1,000

시장가치접근법을 적용할 때 핵심적인 3가지 요소(적절한 유사기업, 적합한 비교지표, Normalization 등 차이조정) 이외에 추가적으로 고려하여야 할 사항이 있다.

시장가치접근법을 적용할 때 시장배수(Multiple)의 계산방식은 비교대상 유사기업과 평가대상회사에 대하여 **일관성** 있게 적용되어야 한다. 그리고, 비교를 위한 지표는 **동일한 시점 또는 동일한 기간**이어야 한다.

비교대상회사로부터 산출된 지표는 평균, 중앙값 등이 사용될 수 있으며, 경우에 따라서는 outlier의 조정[269]을 통해 이러한 값들이 산출될 수 있다. 이는 평가대상회사가 비교대상회사의 평균 정도 수준의 가치로서 평가될 것이라고 가정하는 것과 같다. 그러므로 성장률이나 현금흐름창출능력, 위험의 정도 등을 고려하여 평균이나 중앙값보다 큰 배수를 선택하거나, 작은 배수의 적용을 고려할 수도 있다.

또한 평가대상회사가 비상장회사이고 비교대상기업이 상장회사인 경우에는 시장배수 적용 시 적절한 유동성 할인에 대한 고려가 필요할 수 있고, 경영권이 있는 지분 거래인 경우에는 경영권 프리미엄에 대한 고려가 필요할 수 있다.

이에 대해서는 "시장가치접근법의 추가적인 고려사항"에서 자세히 다룬다.

---

269) Outlier는 다른 값에 비해 현저하게 높거나 낮은 값, 혹은 비경상적으로 보이는 값을 말한다. 이러한 값은 평가의 요소로서 포함될 수도 있으며, 유사회사의 평균 또는 중앙값 등을 산정할 때 제외되기도 한다. 일반적으로 outlier는 제외하는 것을 고려하며, 중앙값을 적용하는 경우에는 특이값의 영향이 평균에 비해 낮아 포함하기도 한다.

시장가치접근법의 종류

1 시장가치접근법의 구분

시장가치는 비교지표(Value driver, Indicator)로서 ① 재무적 지표를 사용하는가, 비재무적 지표를 사용하는가, ② 지표를 통해 비교하는 가치가 주주가치인가, 기업가치인가, ③ 과거 실적으로 비교하는가, 미래추정으로 비교하는가, ④ 유사기업의 주식시장에서 거래가를 기준으로 하는가, M&A시장에서의 거래가를 기준으로 하는가 등으로 구분하여 다양하게 접근할 수 있다. 이러한 기준은 시장가치접근법의 유형으로서 구분되기도 하지만 적절한 상대가치 산정을 위해 각 단계별로 선택하여야 하는 요소이기도 하다.

[그림 4-5] 시장가치접근법의 구분

2 재무적 지표와 비재무적 지표

Key Concept

- 기업 가치의 측정에 가장 적합한 재무지표를 도출하는 것이 필요하다.
- 비재무적 지표는 재무지표의 도출에 한계가 있는 경우에 보완 혹은 대체적 방법으로 활용한다.

시장가치는 기업의 가치를 가장 잘 대변할 수 있는 지표를 비교함으로써 산출되는 것이 바람직할 것이다. 즉, 어떠한 지표가 비교에 가장 적합한 것인지를 파악하기 위해서는 산업의 경쟁요소, 가치창출요인, 성장성 및 위험 등을 종합적으로 고려할 필요가 있다. 이러한 기업 경영활동의 결과가 재무적 결과로 나타나기 때문에 재무지표를 활용하여 상대가치를 산정하는 것이 일반적이다. 그러나, 재무적 지표만으로는 상대가치를 산정하기에 적절하지 않은 경우가 있을 수 있다. 예를 들어 벤처기업이나 신생기업과 같이 기술력이나 성장잠재력은 인정받으나, 사업 초기 재무 실적에 대한 정보가 충분하지 않거나 안정적이지 않은 회사의 경우에는 재무적 지표가 아닌 해당 산업에서의 경쟁요소를 바탕으로 상대가치를 산정할 수 있을 것이다.

비재무지표의 예로는 인터넷/APP 산업 등에서 가입자 수 혹은 고객 수, 방문자 수, MAU[270] 등을 통해 기업가치를 산정하는 경우를 예로 들 수 있다.

비재무적 지표를 활용하여 시장가치를 산정할 때 주의할 점은, ⓐ 적용되는 지표들이 기업의 핵심역량과 높은 관련성을 가지면서 일정 기간이 지나면 재무 실적으로서 결과가 나올 수 있는 지표이어야 한다는 것과, ⓑ 재무적 지표와 달리 비재무적 지표는 향후 어느 정도의 재무적 성과를 달성할 수 있을 것인지에 대한 부분을 명료하게 제공하지 못한다는 측면을 이해하여야 한다는 점이다.[271]

궁극적으로 가치평가는 미래 현금흐름 창출 능력을 바탕으로 이루어지기 때문에 신생 기업에 대한 비재무적 지표의 평가가 계속적으로 적절할 수는 없고 대상기업이 성숙해지는 과정에서는 전통적인 평가기법인 재무적인 정보를 기초로 한 현금흐름 창출 능력으로 평가가 이루어지게 될 것이다.

---

270) Monthly Active User(월간 활성 사용자)
271) 즉, PER 10배로 가치가 평가된다는 것은 이익을 100만큼 달성하는 회사가 1,000원으로 평가된다는 의미이므로, 이익이 100인 회사의 평가로서 적절한지에 대해서는 과거의 많은 사례나 이익접근법 등 다른 평가방법을 통해 평가의 적정 수준을 가늠할 수 있을 것이다. 그러나, 비교대상회사의 가입자 수가 100인 경우 가입자 당 10배의 배수로 평가가 되어 1,000원에 거래가 되었을 때, 그렇게 거래된 Fact만 알려줄 뿐 어느 정도 가치창출을 할 수 있는지에 대한 재무적 정보가 없기 때문에 평가의 적정성 수준은 평가자와 이용자의 추가적인 판단 영역이 될 수밖에 없다.

[표 4-5] 비재무적 지표를 활용한 가치평가 예시

(단위: 백만원, 명)

비교회사	Revenue	MAU	거래가격	거래지분	EV	EV/Revenue multiple	EV/MAU multiple
	ⓐ	ⓑ	ⓒ	ⓓ	ⓔ=ⓒ÷ⓓ	ⓕ=ⓔ÷ⓐ	ⓖ=ⓔ÷ⓑ
내일봄	100	35,000	2,205	60%	3,675	36.8	0.105
다음봄	800	180,000	12,600	100%	12,600	15.8	0.070
오늘봄	2,000	150,000	18,750	100%	18,750	9.4	0.125
⋮	⋮	⋮	⋮	⋮	⋮	⋮	⋮
어제봄	–	110,000	9,570	100%	9,570	–	0.087
오래봄	10,000	300,000	14,535	51%	28,500	2.9	0.095
					평균	16.2	0.096
					중앙값	12.6	0.095
					최대	36.8	0.125
					최소	2.9	0.070

평가대상회사의 Revenue가 5,000백만원이고, MAU가 250,000명일 때, EV/Revenue와 EV/MAU 기준의 상대가치 평가액은 다음과 같이 계산된다.

평가대상 회사	EV/Revenue 기준	EV/MAU 기준	산식
평균	80,906	24,100	
중앙값	62,813	23,750	EV/Revenue = 5,000 × 평균배수 등
최대	183,750	31,250	EV/MAU = 250,000 × 평균배수 등
최소	14,250	17,500	

[그림 4-6] 비재무적 지표를 활용한 가치평가 예시

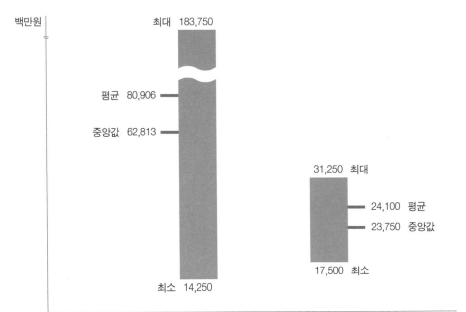

상기 평가 예시에서와 같이 비교대상회사들의 사업 특성이 유사하더라도 설립초기 단계에서 매출액 등 재무적 지표가 안정적이지 않을 경우, 해당 산업의 Value driver로서 시장에서 평가받는 MAU와 같은 비재무지표를 기준으로 시장가치를 평가할 수도 있다.

[Note 1] 핵심 경쟁 요소로서 비재무적 지표의 의미

비재무지표를 통한 상대가치 평가는 재무적 지표를 통한 상대가치가 제한적일 경우 활용하는 대안적 평가방법이다. 그러나, 평가결과가 주는 의미를 떠나 비재무적 지표를 분석하고 상대회사와 비교한다는 것은 그 자체로 의미가 있다. 비재무적 요인의 분석을 통해 어떤 재무적 지표가 효과적인 분석지표인지를 파악할 수도 있을 것이며, 회사의 경쟁력 수준, 잠재적 성장가능성을 파악할 수 있는 경우도 있어, 이를 토대로 상대가치 평가를 좀 더 효과적으로 접근할 수 있도록 하기 때문이다.

---

3 적용 재무지표에 따른 구분

Key Concept

- 주가와 비교를 통해 주주가치를 직접 측정하는 방법(PER, PBR)과 기업가치와 비교를 통해 주주가치를 간접적으로 측정하는 방법(EV/EBITDA)이 있다.
- 재무상태표 항목을 기초로 평가하는 방법(PBR)과 손익 또는 현금흐름 항목을 기초로 평가하는 방법(PER, EV/EBITDA)이 있다.
- 가장 적합한 방법을 활용하되, 다수의 평가방법이 활용 가능할 경우, 이들을 보완적으로 활용할 필요가 있다.

재무지표별 Multiple에는 당기순이익, 순자산가액 등의 Indicator를 통해 주식가치를 산정하는 방식과 EBITDA, EBIT, Revenue 등의 Indicator를 통해 기업가치를 산정하는 방식이 있다. 기업가치 산정 방식을 통해 주식가치를 산정할 때에는 타인자본(net debt)의 가치를 구하여 기업가치에서 차감하면 된다.

[표 4-6] 적용 재무지표에 따른 시장가치접근법의 종류

구분	주요 평가 모델	설명
Enterprise Multiple (기업가치기준 배수)	EV/EBITDA	유사회사의 기업가치와 EBITDA 배수를 통해 대상회사의 기업가치 추정
	EV/EBIT	유사회사의 기업가치와 EBIT(영업이익) 배수를 통해 대상회사의 기업가치 추정
	EV/Revenue	유사회사의 기업가치와 매출 배수를 통해 대상회사 기업가치 추정
Equity Multiple (자기자본기준 배수)	PER(Price to Earnings ratio)	주가와 주당순이익 배수를 통해 대상회사의 주가(자기자본 가치) 추정
	PBR(Price to Book Value ratio)	주가와 주당순자산 배수를 통해 대상회사의 주가(자기자본 가치) 추정
	PSR(Price to Sales ratio)	주가와 매출액 배수를 통해 대상회사의 주가(자기자본 가치) 추정
	PCR(Price to Cash flow)	주가와 (영업)현금흐름 배수를 통해 대상회사의 주가(자기자본 가치) 추정
	PEG(Price Earning Growth)	PER에 주당이익의 기대성장률을 반영하여 가치평가 (PER 주당이익성장률)

Enterprise Multiple 중에서는 EV/EBITDA Multiple과 EV/Revenue Multiple이 많이 활용된다.

EV/Revenue는 비교대상 유사기업과 평가대상기업의 원가 및 비용구조가 유사하다는 가정으로 매출은 발생하지만 이익이 (-)인 기업의 평가에 사용될 수 있다. 특히 PSR(주가÷매출액 비율)이 자본구조가 다른 경우에 적용하기에 불합리한 측면이 있지만 EV/Revenue는 자본구조가 상이한 경우에도 활용가능하다.

[그림 4-7] 적용 재무지표에 따른 주주가치 산정 방식(DCF와 비교)

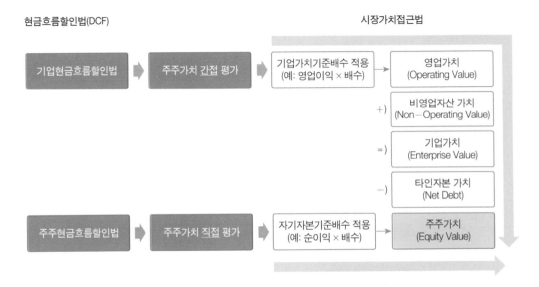

상기 그림에서 보는 바와 같이 주주가치를 산정할 때 영업가치(기업가치)를 산정한 후 타인자본가치를 차감하여 주주지분가치를 평가하는 방법과 주주지분가치를 직접 평가하는 방법이 있다. 전자와 같이 영업가치(기업가치)를 우선적으로 평가하는 방식은 현금흐름할인법(DCF)의 기업현금흐름할인법(FCFF)과 비교될 수 있으며, 후자와 같이 주주지분가치를 직접 평가하는 방식은 현금흐름할인법(DCF)의 주주현금흐름할인법(FCFE)과 비교될 수 있다.

1) EV/EBITDA Multiple

EV/EBITDA는 영업현금흐름 창출능력을 기업가치와 비교하는 개념이다. 잉여현금흐름(FCF)과는 Capex, 운전자본변동, 세금 등이 고려되지 않는다는 차이점이 있다.

EBITDA[272]는 EBIT+Depreciation+Amortization이다. 이는 영업이익에 유형자산과 무형자산의 상각비를 가산하여 계산하는 것으로 기업의 현금창출 능력을 나타낸다. 즉, EV/EBITDA는 기업가치와 영업활동을 통해 얻은 이익과의 관계를 나타내는 것으로 PER과 함께 대표적 평가지표로 실무적으로 많이 활용되고 있다.

[표 4-7] EV/EBITDA 배수 적용 기본 Logic

구분	방법
Multiple(적용배수)	$\dfrac{\text{시가총액 + 이자부 부채}}{\text{EBITDA}}$
Valuation(기업가치)	평가대상기업 EBITDA × Multiple + 비영업자산
Valuation(자기자본 가치)	평가대상기업 EBITDA × Multiple + 비영업자산 − 이자부부채

[그림 4-8] EV/EBITDA 배수를 적용한 가치 평가 기본 Logic

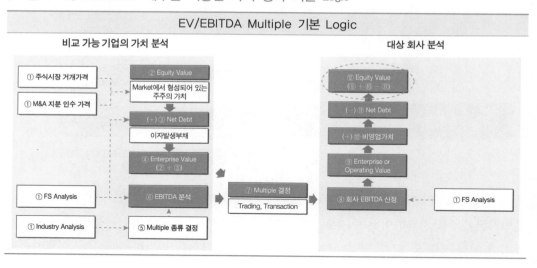

[표 4-8] EV/EBITDA의 계산 순서

STEP1. Multiple 산정 (①②③④⑤⑥)	비교대상기업의 EV/EBITDA를 산정한다. (만약, 비교대상기업이 영업자산 이외에 중요한 비영업자산을 보유하고 있다면 EV(Equity value + Net debt)에서 비영업자산의 가치를 차감한 후 EBITDA와 비교할 것인지 고려하여야 한다)

---

272) EBITDA에서 D(감가상각비)를 제외하면 EBITA, EBIT에서 I(이자비용)을 제외하면 EBT(Earnings before taxes)가 된다.

STEP2. 평가대상 영업가치 산정(⑨)	비교대상기업의 EV/EBITDA 배수에 평가대상기업의 EBITDA 를 곱하여 영업가치를 산정한다.
STEP3. 평가대상 기업가치 산정	평가대상기업의 비영업자산이 있을 경우 이를 영업가치에 가산하 여 기업가치를 산정한다.
STEP4. 평가대상 주주가치 산정	기업가치에서 Net debt[273](타인자본)을 차감하여 주주가치를 산 정한다.

　　시장가치접근법 중에서 EV/EBITDA multiple이 많이 활용되는 이유는 영업현금흐름을 활용하고, 기업 전체 가치 산정을 통해 기업의 영업능력에 바탕을 둔 영업가치의 비교가 가능하며, 타인자본을 기업가치 산정 후 차감하는 방식으로 계산함으로써 재무구조가 다른 기업간에도 비교가 가능하기 때문이다.

　　EV/EBITDA 배수 적용 시 비영업자산이 있다면 이를 일관된 방식으로 고려해 주어야 한다. 비교대상기업에 비영업자산이 있을 경우에는 EV(기업가치)에서 비영업자산의 가치에 해당하는 부분을 차감하여 영업가치 배수의 개념으로 EV/EBITDA를 산정하고, 평가대상회사에 비영업자산이 있을 경우에는 EV/EBITDA 배수를 적용하여 산정한 가치에 비영업자산의 가치를 가산해 주어야 EV(기업가치)가 산정된다. 이렇게 산정된 EV(기업가치)에서 타인자본(Net Debt)의 가치를 차감하면 주주지분의 가치가 계산된다.[274]

[표 4-9] EV/EBITDA 배수 적용 예시 - 비교대상회사 재무현황

(단위: 억원, 배수)

비교대상회사	시가총액 ⓐ	장단기차입금 ⓑ	기업가치 ⓒ=ⓐ+ⓑ	비영업자산 ⓓ	영업가치 ⓔ=ⓒ-ⓓ	EBITDA ⓕ	EV/EBITDA ⓔ/ⓕ
A사	1,800	300	2,100	550	1,550	310	5.0
B사	1,650	280	1,930	310	1,620	360	4.5
C사	1,500	410	1,910	910	1,000	50	20.0
D사	1,350	80	1,430	0	1,430	220	6.5
E사	1,100	260	1,360	755	605	110	5.5

---

273) 이론상으로는 Net debt에서 차감하는 현금성 자산은 운전자금 상환 목적 등의 필요자산을 제외한 초과보유현금이 되어야 할 것이나 현실적으로 초과보유현금을 명확하게 구분하는 것이 쉽지 않기 때문에, 시장가치접근법 적용 시에는 실무상 현금성자산 전체를 차입금에서 차감한 금액을 Net Debt으로 보기도 한다.

274) 실무적으로 유사회사의 자산을 영업자산과 비영업자산을 명확하게 구분하는 것이 쉽지 않으므로, 이를 고려하지 않거나 재무상태표 상 계정과목을 통해 일괄적으로 구분 적용하는 경우가 있다(예: 매도가능증권, 투자부동산 등과 같은 투자성 항목을 모두 비영업자산으로 간주).

비교대상회사	시가총액	장단기차입금	기업가치	비영업자산	영업가치	EBITDA	EV/EBITDA
	ⓐ	ⓑ	ⓒ=ⓐ+ⓑ	ⓓ	ⓔ=ⓒ-ⓓ	ⓕ	ⓔ/ⓕ
F사	900	230	1,130	500	630	105	6.0
G사	850	180	1,030	648	383	85	4.5
H사	720	90	810	180	630	90	7.0
I사	650	200	850	400	450	30	15.0
평균							8.2
중앙값							6.0

상기 표에서 비교대상회사의 EV/EBITDA배수로 산정한 값은 기업가치(EV: Enterprise Value)가 아니라 영업가치(Operating Value)임을 알 수 있다. 기업가치는 영업가치와 비영업가치의 합산으로 산정하는데, EBITDA는 영업현금흐름의 개념이므로 영업활동과 무관한 비영업자산의 가치는 별도로 가감하여 반영하여야 한다.

평가대상회사의 EBITDA에 적용하여 가치를 산정하기 위해 비교대상회사 EV/EBITDA 배수의 평균 및 중앙값을 계산한다. 이때 각 비교대상회사의 재무분석을 통해 특이사항이 있는 회사의 값을 제외할 수 있다.[275] 상기 예시의 경우에는 C사의 값이 다른 회사에 비해 크게 차이가 나고 차이원인에 대해 분석한 후 이를 배수 산정 시 제외할 수도 있을 것이다. 아래의 가치평가에서는 비교대상회사를 배수 산정 시 모두 포함하였고 단 상대적으로 큰 값과 작은 값들로 인한 효과를 축소하기 위해 중앙값을 적용하였다.[276]

[표 4-10] EV/EBITDA 배수 적용 예시 - 평가대상회사 재무현황

구분	Net income	EBITDA	Book Value	Net Debt	매출	비영업자산
대상회사	25	200	800	150	2,400	200

[표 4-11] EV/EBITDA 배수 적용 예시 - 가치평가

구분	EBITDA	EV/EBITDA	영업가치	비영업자산	기업가치	Net debt	주식가치
	ⓐ	ⓑ	ⓒ=ⓐ×ⓑ	ⓓ	ⓔ=ⓒ+ⓓ	ⓕ	ⓖ=ⓔ-ⓕ
대상회사	200	6.0	1,200	200	1,400	150	1,250

---

275) 특이값을 제외하는 방법으로는 개별 회사의 분석을 통해 비경상적인 상황으로 인해 왜곡된 값을 제외하는 방법과 MAX(최대) 및 MIN(최소) 값을 제외하는 방법이 있다.
276) 평균 혹은 중앙값 적용에 관한 사항은 "Ⅲ. 시장가치접근법의 추가적인 고려사항"을 참고하기 바란다.

비교대상회사의 계산 방식과 마찬가지로 EBITDA에 EV/EBITDA배수를 적용하여 산정한 값은 영업가치가 되고, 여기에 비영업자산을 가산하여 기업가치(EV)를 계산한다. 그리고, 타인자본(Net Debt)을 차감하여 주식가치(Equity Value)를 산정한다.

2) EV/EBIT Multiple

EBITDA는 영업이익에 현금유출이 없는 감가상각비를 가산하여 계산된 금액으로 현 상황에서 창출 가능한 영업현금흐름 대용치로 사용된다. 그러나, 계속기업의 경우 지속적인 투자가 필요할 수 있고, 이 경우에는 CAPEX(자본적 지출)가 고려된 현금흐름이 비교를 위한 재무지표가 되어야 하는데, EBITDA는 CAPEX를 반영하지 못한다는 단점이 있다.[277]

또한 EBITDA는 동일한 제품을 생산·판매하고 있더라도 모든 자산을 직접 보유하여 생산하느냐 외주업체를 활용하여 생산하느냐에 따라 중요하게 차이가 날 수 있다.

다음의 예시는 그 차이를 보여준다. 동일한 제품을 생산하며 시장에서 가치가 동일하게 평가받는 두 회사의 EV/EBITDA 배수와 EV/EBIT 배수를 비교하여 보았다.

[표 4-12] EV/EBITDA 대 EV/EBIT의 비교

	㈜다소유	㈜다외주
① 매출	1,000	1,000
② 원가 및 비용	(900)	(900)
③ 영업이익(EBIT)	100	100
④ 유형자산 감가상각비(D)	400	–
⑤ EBITDA (③+④)	500	100
⑥ EBIT (③)	100	100
⑦ 영업가치(EV)	5,000	5,000
EV/EBITDA (⑦/⑤)	10	50
EV/EBIT (⑦/⑥)	50	50

상기 사례에서 ㈜다소유는 직접 설비를 소유하여 제품 생산·판매하는 사업구조를 가지고 있고, ㈜다외주는 설비를 직접 소유하는 것 대신 외주화하여 제품을 생산하고 판매하고 있다. 물론 이러한 경우에도 위험 요인 등 다른 요인으로 인해 가치에 차이가 있을 수는 있지만, 다른 한편으로는 동일한 제품을 생산하고 동일한 시장에서 동일한 제품을 판매하

---

277) 운전자본 투자액이 이익수준에 비해 상당히 큰 경우에도 EBITDA가 경상적으로 발생하는 투자로 인한 효과를 충분히 반영하지 못하여 영업현금흐름의 대용치로 적절하지 않은 경우가 발생할 수 있다.

므로 직접생산과 외주생산의 차이만으로는 가치의 차이는 크지 않을 것이라고 볼 수도 있다. 그러나 상기의 사례는 EBITDA 배수는 두 회사간 차이가 크게 나타나지만 설비 보유 여부의 차이를 배제한 EBIT 배수는 동일하게 나타나서 동일한 영업가치를 갖게 된다.

상기 예시는 EBITDA 배수를 적용할 때 한 가지 고려할 점이 있다는 것을 보여준다. 영업의 계속성을 위해 재투자가 지속적으로 필요한 경우 재투자활동이 고려되는 것이 가치를 더 적절하게 평가할 수도 있으며, 영업현금흐름의 개념인 EBITDA는 재투자활동이 고려되지 않으므로 EBITDA에 예상 투자를 반영한 조정을 하거나 EBIT 등 적절한 다른 비교지표를 적용하는 것이 필요할 수도 있다는 점이다.

유사한 방식으로 EBITDA 배수에 CAPEX를 반영하여 산정할 수도 있을 것이나, 지속적인 재투자가 필요한 경우 CAPEX 추정을 별도로 하는 것과 감가상각비를 비용으로 반영한 EBIT을 이용하는 것과의 차이가 크지 없을 것이므로 실무적으로는 EBIT 배수를 활용한다.

[Note 2] EV/EBITA

EBITA는 EBIT(영업이익)에 Amortization(무형자산상각비)을 가산한 금액이다. 상기 예시와 같이 자본적지출(CAPEX)을 고려할 목적으로 EBIT을 사용하더라도 무형자산상각비가 중요한 경우에는 이를 가산한 값으로 비교하는 경우가 있다. 무형자산상각비는 유형자산과 달리 외주화하기 어렵고, 상대적으로 지속적인 재투자가 필요하지 않다고 보기 때문이다. 특히 최근 M&A 활성화에 따라 사업결합회계처리에 의해 무형자산을 공정가치로 평가하여 계상하는 경우가 많아지면서 EBITA에 의한 비교가 의미있는 경우가 많아지고 있다. 그러나 이 경우에도 무형자산에 대한 회계처리 차이 여부에 대한 검토를 통해 이를 조정하여 반영하는 것이 필요할 수 있다.

상기 내용을 종합하여 보면 동일업종의 회사간 영업현금흐름에 기반하여 기업가치를 비교하는 방법으로서 상대가치를 적용할 때 EV/EBITDA, EV/EBIT, EV/EBITA를 활용할 수 있으며, 이를 비교하면 다음과 같다.

[표 4-13] EV/EBITDA, EV/EBIT, EV/EBITA의 비교

구분	적용 예시
EV/EBITDA	대규모 투자 이후 중요한 재투자가 발생하지 않거나, 설비투자가 미래현금흐름의 절감에 중요한 영향을 미칠 수 있는 자본집약적 산업 등
EV/EBIT	지속적인 재투자가 필요한 사업이거나, 감가상각비가 중요한 영업비용으로 간주될 수 있는 경우, 또는 동일업종에서 설비의 보유 형태를 직접보유, 리스, 외주 등 다양한 방식으로 가져가면서 경쟁하는 경우 등
EV/EBITA	무형자산의 보유 유무가 가치에 영향을 미칠 수 있는 경우

[Note 3] EV/EBITDA와 WACC

일반적으로 영구현금흐름을 가정한 기업가치는 "EV = FCF/(WACC-g)"의 산식으로 계산된다. 시장가치접근법에서 FCF는 EBITDA 혹은 EBIT으로 간주된다. 그러므로 "EV = EBITDA/(WACC-g)"으로 단순화하여 볼 수 있다. 즉 "EV/EBITDA = 1/(WACC-g)"가 된다. 만약 상대가치와 더불어 미래현금흐름할인법(DCF) 목적으로 WACC을 산정하였다면, EV/EBITDA 배수 및 WACC과 예상성장률의 비교를 통해 검토 결과를 비교할 수 있을 것이다.[278]

〈FCF는 미래예상 잉여현금흐름, g는 예상성장률, WACC은 가중평균자본비용〉

[Note 4] 운전자본투자가 중요한 산업에서의 EBITDA

기업의 투자는 설비투자와 같은 자본적지출을 의미하는 CAPEX도 중요하지만, 매출채권이나 재고자산과 같이 영업활동과정에서 지속적인 투자가 필요한 운전자본(Working capital) 투자도 중요하다. 그리고 산업에 따라서는 운전자본의 회전에 빠르게 이루어지는 경우도 있지만, 장기가 운전자본의 회수가 이루어지지 않는 산업도 있다. 이러한 산업에서 운전자본의 투자는 평가를 하는 데 중요한 요소로 작용한다.

다음의 사례는 매출성장률이 5%, 원가율이 98%인 회사를 예시로 한 Cashflow이다.

---

278) "EV = FCF/(WACC-g)"에서 "FCF = EBIT(1-t) - 순투자"이므로, "순투자 = 내부유보율 × EBIT(1-t)", "g = 내부유보율 × 투자수익률"로 보면 "FCF = EBIT(1-t) × (1-g/투자수익률)"이 된다. 그러므로 "EV/EBIT = (1-t) × (1/투자수익률) × (**투자수익률-g**)/(WACC-g)"가 된다. 즉, 투자수익률이 WACC 보다 큰 경우에 한하여 EV/EBIT는 성장률(g)에 따라 커지게 됨을 알 수 있다. 여기서 투자수익률은 ROIC(Return on Invested Capital)이라고도 한다. 상기 Note의 내용은 이를 단순화한 것이다.

		'18.A	'19.F	'20.F	'21.F	'22.F	'23.F
	매출	100	105	110	116	122	128
	영업비용	98	103	108	113	119	125
	영업이익	2.0	2.1	2.2	2.3	2.4	2.6
22%	세후영업이익	1.6	1.6	1.7	1.8	1.9	2.0
180일	매출채권	49	52	54	57	60	63
90일	재고자산	24	25	27	28	29	31
30일	매입채무	8	8	9	9	10	10
	순운전자본	65	69	72	76	80	84
	증감		(3)	(3)	(4)	(4)	(4)
	FCF		(1.6)	(1.7)	(1.8)	(1.9)	(2.0)

위의 사례를 보면 영업이익은 지속적으로 (+)로 나타나지만 운전자본 회전이 늦어 지속적인 운전자본투자액의 증가로 현금흐름은 (-)로 추정되고 있다. 이러한 경우에는 EBITDA나 EBIT만의 비교로는 대상회사의 가치를 적절하게 평가하지 못할 수 있다.

3) EV/Revenue Multiple

신생기업이나 벤처기업 등 영업이익과 같은 재무지표가 안정적이지 않는 기업은 사업초기에 자금조달 구조의 차이에도 비교가 가능할 수 있도록 매출액을 활용하여 기업가치가 비교되는 경우가 있다. 이러한 상황에서 PSR(price to sales ratio)을 활용하는 경우도 있으나, 앞서 설명한 바와 같이 일관성 있는 비교를 위해서는 EV/Revenue의 적용을 고려할 수 있다.[279]

다른 배수의 적용에 있어서도 마찬가지이지만, 매출액을 활용한 평가방법인 PSR 또는 EV/Revenue를 적용할 때에는 성장성 및 위험 요인이 유사한 회사를 비교대상으로 선정할 필요가 있다. 또한 시장가치(주가)가 미래의 기대를 반영한다는 전제하에서는 가능하다면 미래 예상 매출을 통해 배수를 산정하는 것이 평가의 적정성을 제고할 수 있다.

EV/Revenue를 활용한 평가는 신생기업, 벤처기업 이외에도 원가/비용 구조가 복잡하지 않아 수익이 이익에 직접적 영향을 주는 산업이나, 수수료를 획득하는 서비스업 등의 산업에 유용하게 활용할 수 있다.

---

279) 2016년 설립된 지 5년된 신생 벤처기업인 Dollar Shave Club이 Unilever에 현금 $1 billion에 인수된 적이 있다. 이때 시장에서는 EV/Revenue로 Dollar shave club의 가치를 평가하면서, EV/Revenue 5배로 거래된 인수가가 당시 시장에서 유사업종의 평균 배수에 비해 현저히 높아 화제가 된 적이 있었다. 이렇듯 시장에서 신생 벤처기업을 평가할 때 EV/Revenue를 적용하는 경우가 많은데, 이는 다른 평가 지표에 대한 정보가 충분하지 않기 때문이기도 하다.

기본적인 평가 Logic은 EV/EBITDA 배수를 활용한 평가방법과 동일하다.

4) PER(주가수익률, Price Earnings Ratio)

Price Earnings ratio는 한 단위의 이익에 대해 가치를 얼마로 평가하는 가의 비율이다. PER는 주주가치와 순이익을 비교하는 대표적인 방법 중의 하나이다. 그러나 PER는 이 자비용 등을 차감한 후의 순이익과 타인자본을 차감한 후의 자기자본의 가치에 대한 비율 이므로 자본구조에 의해 영향을 받을 수 밖에 없고, 영업외손익이 이익에 영향을 미쳐서 PER의 비교 가능성을 낮출 가능성도 있다는 점을 이해하여야 한다.

그러므로, PER는 일반적으로 많이 활용되기는 하지만, 기업들이 유사한 수익구조와 함 께 유사한 재무구조를 가지고 있는 경우에 적합하다고 볼 수 있다. 또한 PER는 기업공개 (IPO) 시 공모가격의 기초자료로서 평가할 때에도 많이 활용되고 있다.

[표 4-14] PER 적용 기본 Logic

구분	방법
Multiple (적용배수, PER)	$\dfrac{주가}{주당순이익(EPS)}$ 또는 $\dfrac{시가총액}{당기순이익}$
Valuation (@주가)	대상기업 주당순이익(EPS[280]) × Multiple(PER)
Valuation (자기자본 가치)	대상기업의 당기순이익 × Multiple(PER) 또는 대상기업 주당순이익(EPS) × Multiple(PER) × 주식수

[표 4-15] PER 적용 예시 - 비교대상 회사 재무현황

(단위: 억원, 배수)

비교대상회사	시가총액 ⓐ	당기순이익 ⓑ	PER ⓒ=ⓐ÷ⓑ
A사	1,800	200	9.0
B사	1,650	127	13.0
C사	1,500	(-)	N/A
D사	1,350	123	11.0
E사	1,100	116	9.5

280) EPS: Earnings per share(주당 순이익)

비교대상회사	시가총액 ⓐ	당기순이익 ⓑ	PER ⓒ=ⓐ÷ⓑ
F사	900	113	8.0
G사	850	100	8.5
H사	720	72	10.0
I사	650	62	10.5
평균			9.9
중앙값			9.8

*상기 사례에서 PER는 주가/주당이익이 아닌 시가총액/당기순이익 비율로 계산하였다.

[표 4-16] PER 적용 예시 – 평가 대상회사 재무현황 및 가치평가

구분	Net income	PER	주주가치
대상회사	25	9.8	244

상기 예시에서 평가대상회사의 주주가치는 비교대상회사로부터 산출된 PER 9.8(중앙값을 가정하였다[281])에 평가대상회사의 Net Income(순이익)을 곱하여 244억원으로 산정되었다.

시장에서 관측되는 PER는 KOSPI의 경우 2008년 금융위기 영향으로 인한 높은 변동성의 시기를 제외하면 산업별로 편차는 있지만 2009년~2021년 전체 평균 PER는 약 16배이며, 연도별로는 약 10배~30배 수준으로 평균 PER가 형성된 것으로 나타나고 있다.

PER에 대해서는 이론적인 연구도 많이 이루어져 왔으며, 이러한 연구결과를 보면 PER는 자기자본비용(K_e)과 예상 성장률(g)의 영향을 받는다. 즉, 비교대상기업을 선정할 때 사업적 환경을 고려한 영업위험과 함께 재무위험도 고려되어야 한다는 점을 알 수 있다.[282]

예를 들어 다음의 사례를 보면 자본비용(요구수익률)과 성장률이 PER를 활용할 때 고려되어야 함을 알 수 있다.

---

281) 적용 배수를 산정할 때에는 특이값을 제외하고 배수를 산정하는 것을 고려할 수 있다. 특이값을 제외하는 방법으로는 개별 회사의 분석을 통해 비경상적인 상황으로 인해 왜곡된 값을 제외하는 방법과 MAX(최대) 및 MIN(최소) 값을 제외하는 방법이 있다.

282) 자기자본비용은 CAPM에 따라 살펴보면, 무위험이자율과 시장위험프리미엄, 베타, 그리고 특별위험 등에 영향을 받는다. 이 중 베타는 기업의 영업위험과 재무위험이 모두 반영된 값이다.

주식	주가(P)	주당순이익 (EPS)	주가순이익비율 (PER)	예상주당배당액 (d1)	기대수익률 (r)	기대성장률 (g)
A	100	10	10	5	10%	5%
B	100	5	20	2	12%	10%

주당순이익은 A주식이 10으로 B의 2배나 됨에도 불구하고 주가는 100으로 동일하다고 가정한다. B의 PER가 20으로 A의 PER 10보다 2배 더 높은데, B의 PER가 A보다 더 높은 이유는 기대성장률이 높기 때문이다. 기대성장률이 높으면 그렇지 못한 기업에 비해 상대적으로 더 높은 PER를 보일 수 있다.

참고로 적정가격을 $P_0 = d_1/(r-g)$로 정의한다면 A의 가격은 $100 = 5/(10\% - 5\%)$가 되고, B의 가격은 $100 = 2/(12\% - 10\%)$가 된다.

또한 위의 사례에서 B의 재무구조가 안정적이거나 향후 예상현금흐름의 불확실성이 A에 비해 낮아 요구수익률이 7%이고 성장률이 A와 동일하게 5%라고 가정한다면, 적정가격을 $P_0 = d_1/(r-g)$로 정의할 경우 A의 가격은 $100 = 5/(10\% - 5\%)$가 되고, B의 가격은 $100 = 2/(7\% - 5\%)$가 된다. 즉, 자기자본비용(요구수익률)이 낮으면 그렇지 못한 기업에 비해 상대적으로 더 높은 PER를 보일 수 있다.

[표 4-17] 적정 PER 산정 방식

이론상의 적정 PER	
성장이 없는 경우	$PER = \dfrac{1}{Ke}$
성장이 일정한 경우	$PER = \dfrac{1}{Ke-g} \times (1 - 내부유보율) \times (1+g)$

상기 표의 내용을 보면 각각의 기업들간 PER가 차이 나는 원인 중에는 미래의 성장률 기대치에 대한 차이가 있다는 것을 알 수 있다. PER에 미래기대성장률을 반영하여 주주가치의 과대 혹은 과소 평가를 파악하는 비율로서는 PEG(PER to Growth rate)이 있다. PEG에 대해서는 본장 후반부에서 설명하기로 한다.

[Note 5] 적정 PER 도출 과정

$$P_0 = \frac{D_1}{(Ke-g)}$$

$$\frac{P_0}{E_1} = \frac{1}{(ke-g)} \times \frac{D_1}{E_1}$$

$$PER = \frac{1}{ke-g} \times \text{배당성향}$$

$$P_0 = \frac{D_0 \times (1+g)}{(Ke-g)}$$

$$P_0 = EPS_0 \times (1-\text{내부유보율}) \times (1+g)/(Ke-g)$$

$$PER = \frac{1}{Ke-g} \times (1-\text{내부유보율}) \times (1+g)$$

- P_0는 현재시점의 주가
- D_1은 1기간 후의 배당
- E_1은 1기간 동안의 당기순이익
- Ke는 자기자본비용(할인율)
- g는 성장률
- D_1/E_1는 배당성향
- EPS는 Earnings per share (주당순이익)
- 성장이 없는 경우에는 이익이 모두 배당이 된다고 가정하여 $D_1 = E_1$이라고 간주함.

[표 4-18] 어떤 PER를 적용할 것인가?

① 유사회사 혹은 동업종 평균(또는 중앙값) PER를 이용하거나, 대상회사와의 차이를 조정한 PER의 이용
② 기대성장률과 위험이 유사한 회사의 PER를 이용
③ 이론상 적정 PER를 이용
④ 과거 장기 평균 PER의 이용(단, 과거 평균 PER는 현재 시장상황에 유효하지 않을 가능성이 크므로 참고목적으로만 활용)

5) PBR(주가순자산비율, Price-to-book ratio, P/B ratio)

PBR은 주식가치기준의 Multiple 중에서 PER와 함께 많이 활용되는 방법이다. 순자산가치는 순이익이 (-)로 PER를 사용할 수 없는 경우에도 사용가능하다. 즉, 순이익에 비해 상대적으로 변동성이 작아 안정된 지표가 될 수 있다. 비교 기업간 회계원칙이 동일하다면 과대 또는 과소 평가된 주식을 파악하는 데 있어서도 유용한 지표이다.

[표 4-19] PBR 적용 기본 Logic

구분	방법
Multiple(적용배수, PBR)	$\dfrac{주가}{주당순자산(BPS)}$ 또는 $\dfrac{시가총액}{순자산}$
Valuation(@주가)	대상기업 주당순자산(BPS[283]) × Multiple(PBR)
Valuation(자기자본 가치)	대상기업의 순자산 × Multiple(PBR) 또는 대상기업 주당순자산(BPS) × Multiple(PER) × 주식수

PBR은 미래현금창출능력을 평가에 반영하기 어려운 점, 회계기준의 차이에 따라 평가가 달라질 수 있다는 점 등의 단점에도 불구하고, 특정산업의 경우에는 PBR과 주가가 높은 상관관계를 보이기도 하여 중요한 평가 지표의 하나로 활용되고 있다.

일반적으로 지주회사나 금융업과 같이 보유자산이 대부분 시가로 평가되고 개별자산이 독립적으로 수익을 창출하는 산업의 경우에 활용의 효과성이 높으며, 반대로 인터넷 기업, 기술기업과 같이 회계상 자산 비중이 중요하지 않으면서 높은 성장이 예상되는 경우에는 적합하지 않다고 보고 있다.

시장에서 관측되는 PBR은 KOSPI의 경우 산업별로 편차는 있지만 2009년~2021년 전체 PBR 평균은 약 1.1배이며, 연도별로는 약 0.9배~1.5배 수준으로 평균 PBR이 형성된 것으로 나타나고 있다.

기본적인 평가 방법은 PER에서 살펴본 바와 같이 유사회사의 PBR을 평가대상회사의 순자산(또는 주당순자산)에 곱하여 평가대상회사의 주주가치(또는 주당가치)를 산정한다.

6) PSR(주가매출액비율, Price Sales ratio)

PSR은 이익의 변동성이 크고, 자산가치도 평가에 있어서 중요하지 않은 기업의 평가에 활용되었던 방법이다. 평가대상에 대한 정보가 충분하지 않거나, 회계의 신뢰도가 낮은 상황에서 상대적으로 가장 신뢰 가능한 숫자는 매출이 될 확률이 높다. 이러한 경우 PSR의 활용이 선택될 수 있는 것이다. 재무정보의 변동성이 크거나 과거 실적 데이터가 충분하지 않은 벤처기업 평가에서의 활용이 대표적인 예일 수 있다.

---

283) BPS: Book-value per share(주당 순자산)

[표 4-20] PSR 적용 기본 Logic

구분	방법
Multiple(적용배수, PSR)	$\dfrac{\text{주가}}{\text{주당매출액(SPS)}}$ 또는 $\dfrac{\text{시가총액}}{\text{매출액}}$
Valuation(@주가)	대상기업 주당매출액(SPS[284]) × Multiple(PSR)
Valuation(자기자본 가치)	대상기업의 매출액 × Multiple(PSR) 또는 대상기업 주당매출액(SPS) × Multiple(PSR) × 주식수

PSR은 상황에 따라 기업의 성장성을 적절히 반영할 수 있는 수치일 수는 있으나, 타인자본을 차감 후의 가치인 주가와 타인자본의 기여분을 포함한 매출액을 비교한다는 점에서 자본 조달구조에 차이가 있는 기업간의 비교에는 적절하지 않은, 일관성이 낮은 방법이다. 그러므로 이러한 단점을 보완하기 위해 실무상으로는 PER 등이 안정적이지 않은 신생기업이나 벤처기업의 평가 시, 재무구조의 차이에도 비교가 가능할 수 있도록 "EV/R (Enterprise value to Revenue)"가 활용되는 경우가 많다.[285] EV/Revenue multiple 평가방법은 앞장에서 설명하였다.

다른 배수의 적용도 마찬가지이지만 PSR 또는 EV/Revenue를 적용할 때에는 성장성 및 위험 요인이 유사한 회사를 비교대상으로 선정할 필요가 있으며 가능하다면 미래 예상 매출을 통해 배수를 산정하는 것이 필요할 것이다.

PSR의 기본적인 평가방법은 PER와 동일하다.

7) PEG(Price to Earing Growth)

비교대상회사와 평가대상회사간에 성장률의 차이가 있을 경우, 성장률의 차이를 배수에 합리적으로 조정하여 반영하기 위한 방법으로서 PEG이 활용된다.

[표 4-21] PEG의 계산 방식

평가단계	계산 방식
① 비교대상회사 PEG 계산	PEG ratio = PER ÷ (기대성장률 × 100)
② 평가대상회사의 성장률을 반영한 조정 PER 계산	조정 PER = 비교대상회사 PEG × 평가대상회사 성장률 × 100

---

284) SPS: Sales per share(주당 매출액)
285) 신생기업 또는 벤처기업의 경우 타인자본의 활용도가 비교적 낮아 PSR과 EV/Revenue의 실질적인 차이가 없는 경우도 있다.

평가단계	계산 방식
③ 조정 PER와 주당순이익으로 주식가치 계산	Price = 조정 PER × 주당순이익

여기서 기대성장률은 이익(또는 영업이익)의 성장률을 의미한다. PEG은 가치평가에 중요한 요소 중의 하나인 성장률을 반영한다는 장점은 있으나, 기대성장률의 합리적인 측정에는 한계가 있을 수 있다.[286]

[표 4-22] PEG 계산 사례 - 비교대상회사

구분	PER ①	기대성장률 ②	PEG ③=①÷(②×100)
A사	10	5%	2.00
B사	15	10%	1.50
평균	12.5		1.75

[표 4-23] PEG 계산 사례 - 평가대상회사

평가대상회사의 주당순이익은 100, 기대성장률은 12%를 가정한다.

구분	PER ①	주식가치 ②=100×①
단순 PER 적용 시	12.5	1,250
PEG 조정 PER 적용 시	21.0 (1.75×12%×100)	2,100

상기 사례와 같이 PER를 단순히 적용하였을 때와 기대성장률을 반영한 PER를 적용하였을 때의 평가가치는 차이가 나게 된다. 이러한 분석을 통해 주식가치의 저평가 또는 고평가를 판단하기도 하는데, 상기 사례와 같이 B사의 PER가 상대적으로 높지만 기대성장률까지 고려한 PEG의 경우에는 B사가 낮아 상대적으로 저평가된 것으로 평가하기도 한다.

---

286) PEG은 기대성장률을 측정하기 위한 시간개념이 명확하지 않다. 즉 1년 성장률 혹은 단기성장률 또는 장기 성장률 중 어느 것을 사용해야 하는지에 따라 다른 결론에 도달할 수 있다(Measuring and Managing the Value of Companies, Tim Koller 등, 김종일/이석준/박종현 공역, Infinity books, 참고).

4 Historical Multiple vs Forwarding Multiple

> **Key Concept**
>
> - 시장배수는 과거실적을 기준으로 산정할 수도 있고, 예상손익을 기준으로 산정할 수 있다.
> - 합리적이고 신뢰성 있는 정보의 확보가 가능하다면 예상손익 기준 시장배수 적용을 고려할 수 있다.

Historical Multiple은 과거실적을 바탕으로 시장배수를 산정하는 것이고, Forwarding Multiple은 미래 추정(손익 등)을 바탕으로 시장배수를 산정하는 것이다.

기업의 가치를 미래수익(현금흐름) 창출능력이라고 가정한다면, 시장가치접근법에서의 평가도 미래추정이익 또는 미래추정현금흐름을 바탕으로 하는 Forwarding multiple을 산정하는 것이 합리적일 것이다. 그러나, 비교대상 유사회사에 대한 합리적인 예측정보를 확보하기는 쉽지 않다. 그러므로 실무상으로는 자료 접근이 용이한 Historical multiple을 많이 활용하고 있다.

Forwarding Multiple은 유사회사의 단기 예상 실적을 바탕으로 산출된 배수에 대상회사의 동일시점의 예상 재무지표를 곱하여 가치를 평가한다.[287] 주가가 과거 실적뿐 아니라 단기적인 예상 실적까지 반영하고 있다고 가정하면 적절한 배수일 것이다. 또한 과거 실적이 비정상적일 경우에도 향후 예상 실적을 토대로 평가하는 것이 합리적인 결과를 도출하는 데 유용할 것이다. 그러나 이는 예상 실적에 대한 추정의 합리성을 전제로 한다는 점에서, 그리고 자료 확보가 현실적으로 용이하지 않을 수 있다는 점에서 적용에 제약이 있다.[288]

Historical multiple을 현실적으로 사용하여야 한다면 과거 실적과 미래 성장성 등이 유사할 것으로 예상되는 비교대상회사를 선정하고, 가능한 최근의 자료를 활용하며, 비경상적

---

287) 일관성 측면에서 비교대상과 평가대상회사 재무지표는 동일하게 적용하여야 한다. 유사회사의 재무지표를 미래 추정치로 적용하였다면, 평가대상회사의 재무지표도 미래추정치를 기초로 하여 비교하여야 적절한 비교가 가능할 것이다.

288) 통상 비교대상회사의 Forwarding Multiple은 Thomson, Bloomberg 등 데이터서비스 기관에서 제공하는 정보나, Analyst report 등 증권분석기관의 report 등을 통해 확보한다. 시장 Consensus도 참고할 수 있을 것이다.
   *시장 Consensus: 시장에서 예상하는 대상회사에 대한 추정손익의 평균을 시장 consensus라 하는데, 통상적으로 주요기관에서 제시하는 시장 consensus는 최근 3개월간 증권사에서 발표한 전망치의 평균값이다.

인 항목을 제거한 지속가능한 손익 또는 비교가 적절하도록 조정된 재무지표를 사용할 필요가 있다.

5 경영권 포함 유무에 따른 구분

Key Concept

- 주식시장에서 거래되는 시가는 경영권이 포함되지 않은 가격이다.
- 경영권 이전이 수반되는 거래(Buy – Out Trading)는 일반적으로 경영권 프리미엄[289]이 포함된다. 단, 경영권프리미엄은 일률적으로 적용될 수는 없고 거래의 개별적인 특성에 따라 결정되는 사항임을 인지하여야 한다.

기업가치평가에 주로 활용되는 시장배수의 개념은 경영권 프리미엄의 포함 여부에 따라 크게 두 가지로 구분된다.

[표 4 – 24] Trading Multiple vs Transaction Multiple

구분	Trading Multiple (유사기업 이용법)	Transaction Multiple (유사거래 이용법)
개념	① 주식거래시장에서 형성되어 있는 가격을 기준으로 산정한 시장배수	① 유사기업의 M&A 거래(Buy – out 거래) 가액을 기초로 산정한 평가배수
특징	② 일반적으로 소액주주간의 거래실적 기준 ③ 기업가치평가시 통상적으로 언급되는 경영권 Premium이 반영되지 않은 결과치로 간주됨.	② 일반적으로 최대주주의 지위확보가 가능한 수준의 지분에 대한 거래실적을 기준으로 함. ③ 기업가치평가시 통상적으로 언급되는 경영권 Premium이 반영된 결과치로 간주됨.
활용의 예	상장기업의 적정 가치 검토 M&A 대상회사 가치의 탐색	M&A 및 자산 매각 시의 예상 가격 산출
장점	정보 획득이 용이함. 현재 기준으로 가치가 산출가능	경영권 premium, 시너지 가치 등의 M&A 관련 요소가 반영됨.

---

289) 경영권 프리미엄에 대해서는 다양한 이견이 있다. 본 장에서 경영권 프리미엄은 시너지, 비효율의 개선 등의 개념으로 보아 인수 전에 비해 가치가 증가될 수 있는 기대치에 대해 인수자가 추가적으로 지불하는 대가로 본다.

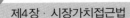

구분	Trading Multiple (유사기업 이용법)	Transaction Multiple (유사거래 이용법)
단점	상장 기업에 한해 비교 가능함. 경영권 premium 등의 M&A 관련 요소가 반영되지 않음.	정보수집이 제한적임. 과거 특정 시점의 가치를 기준으로 평가될 수 있음(산업 cycle의 차이, 과거 경쟁 구도와의 차이, 시장상황의 변화 등으로 인해 현재 상황과 다를 수 있음).

　일반적으로 Trading Multiple(유사기업 이용법)은 경영권프리미엄이 포함되지 않은 배수이며, 상대적으로 현행 가격을 기준으로 한다. Transaction Multiple(유사거래 이용법)은 어떤 거래 사례를 사용하느냐에 따라 경영권프리미엄 포함 여부가 달라지는데, 통상 최대주주의 변경을 가져오는 buyout deal[290]의 경우 경영권프리미엄이 포함된 거래로 본다. Transaction Multiple을 사용할 때 주의할 점은 Trading Multiple에 비해 상대적으로 동일 기간이 아닐 수 있어 시장환경의 변화 등에 대한 고려가 필요하다는 점과 경영권 프리미엄은 대상 및 거래의 속성에 따라 개별적으로 결정되는 부분이므로 유사거래를 통해 파악하는 데 한계가 있다는 점이다.

　추가적으로 평가대상회사 지분의 과거 거래가액을 기초로 Multiple을 산정하여 평가대상회사의 가치를 평가하는 방법인 과거거래 이용법이 있다. 시장가치접근법에 적용되는 배수는 시장환경의 영향을 많이 받으므로 유효기간이 짧기 때문에, 과거 거래 이용법이 사용되는 경우에는 과거 거래 이후 발생한 중요한 상황의 변화에 대한 조정이 고려될 필요가 있다.

---

290) 회사의 소유지분 또는 경영권 확보가 가능한 다수 지분(Majority)을 취득하는 거래이다.

III 시장가치접근법의 추가적인 고려사항

Key Concept

- 시장가치접근법의 한계 및 추가적인 고려사항은, 이 방법이 대상회사의 내재가치(Intrinsic Value)를 평가하는 것이 아니라, 유사회사의 가치를 통해 평가대상회사의 가치를 산정하는 상대가치(Relative Value)의 개념이라는 데에서 발생한다.
- 즉, 시장 배수를 어떻게 산정하고 적용하느냐의 문제에서 다양한 고려사항이 존재하게 된다.

1 시장가치접근법의 한계

시장가치접근법은 시가가 존재하는 상장회사가 비교 대상 주요 회사가 되며, 상장회사의 경우에는 한 가지 이상의 사업을 영위하는 경우가 많다. 즉 사업구성내역이 평가대상회사와 유사하면서 상장회사인 기업을 선정하는 것이 용이하지 않은 경우가 빈번히 발생한다. 비교대상회사의 주요사업을 살펴보고, 필요한 경우 기타사업에 대한 조정이 가능한지 고려할 필요가 있다.

비교대상 유사기업 선정에 평가자의 주관이 개입된다면 이는 현금흐름할인법에서 현금흐름이나 자본비용 산정 시에 평가자의 주관이 개입되는 것과 동일한 문제가 발생할 수 있다. 선정의 객관성을 확보하기 위해 선정기준을 명확히 할 필요가 있다.

시장가치접근법 중 어떤 시장배수를 사용하느냐에 따라 Valuation 결과가 달라진다. PER, PBR, EV/EBITDA 등의 방법론 중 유사기업과 평가대상회사의 재무분석을 토대로 비교가 가장 유의미한 방법론을 선정하되, 적용 가능한 방법론이 다양할 경우 이를 종합적으로 고려할 필요가 있다.

일시적이고 비경상적인 항목의 조정이 평가대상회사는 가능할 수 있으나, 비교대상 유사회사에도 이러한 조정을 함께 적용하는 데에는 실무적으로 제약이 있을 수 있다. 또한 가치의 본질적 차이가 아닌 회계기준 등의 차이가 평가에 영향을 미치기도 한다. 가능한 차이를 최소화하여 평가의 효용성을 높일 수 있는지 고려하여야 한다.

시장가치접근법은 본질가치와는 차이가 있을 수 있다. 평가대상회사가 갖고 있는 본질에 대한 평가가 아닌, 비교대상 유사회사가 시장에서 어떻게 평가받고 있는지를 보고 평가대상회사를 평가하는 방식이다. 시장가치접근법의 장점이면서 단점이기도 한 부분이다. 그러므로 실무적으로 시장가치접근법만으로 가치평가를 하기보다는 현금흐름할인법과 같은 수익가치접근법과 병행하여 Valuation을 수행하는 경우가 많다.

시장가치접근법은 내재가치평가의 핵심요소인 현금흐름, 위험, 성장률에 대해 직접적으로 평가하지 않는다. 즉, 현금흐름, 위험, 성장률이 유사한 회사를 기초로 평가하지 않는다면 시장가치접근법에 의한 평가는 적절한 결과를 얻지 못할 수도 있다.

2 평균 vs 중앙값

비교대상회사의 배수를 평가에 적용할 때 어떤 값을 적용할 것인지에 대한 판단이 필요하다. 실무적으로 평균(Average)과 중앙값(Median)을 많이 사용한다. 시장가치접근법에서 배수를 적용함에 있어 중앙값이 사용되는 이유는 일시적으로 배수가 왜곡되는 특이값들의 영향을 평균보다는 중앙값이 덜 받기 때문이다.

비교대상 기업의 Multiple(배수)를 계산하다 보면 비정상적으로 크거나 작은 배수가 나오는 경우가 있다. 이러한 경우 해당 배수를 평가에 포함시킬 것인지에 대한 판단이 필요하다. 우선 다른 비교대상과 차이가 많이 나는 원인을 살펴볼 필요가 있다. 동일한 산업군에 속한 회사이지만 경쟁력의 차이가 많이 나거나 제품서비스의 종류가 다를 수도 있고, 일시적인 손익변동 등 특정 사건으로 비교지표가 왜곡되었을 수도 있다. 비정상적 수치가 있을 경우 평균은 이러한 이상치(outlier)에 크게 영향을 받지만, 중앙값은 상대적으로 이러한 outlier의 영향을 덜 받을 수 있다.

[표 4-25] 평균과 중앙값의 비교 예시

회사명	PER	PBR	PSR	EV/EBITDA
A사	9.03	2.92	0.65	5.12
B사	13.82	2.73	0.40	4.91
C사	N/A	0.53	0.14	25.69
D사	13.24	9.00	0.68	6.55
E사	9.17	1.74	0.74	5.73
F사	9.33	13.71	0.64	6.03
G사	9.49	1.57	0.69	4.71
H사	8.89	2.10	0.76	5.74

회사명	PER	PBR	PSR	EV/EBITDA
I사	26.28	2.18	1.18	19.92
Average	12.41	4.05	0.65	9.38
Median	9.41	2.18	0.68	5.74
Min, Max 제외의	10.68	3.18	0.71	7.71
경우	9.41	2.18	0.68	5.74

상기 표에서 보는 바와 같이 평균의 경우는 동업종의 다른 회사에 비해 값이 큰 배수의 영향에 중앙값보다는 더 민감하게 반응하고 있다. 이 경우 최대값과 최소값을 제외한 평균값을 적용하면 중앙값과 조금 더 근접한 결과로 나타나기도 한다. 그러나 이렇게 배수 산정 방법에 대한 고려 이전에 특이값으로 보이는 회사들이 그러한 값을 나타내는 원인을 파악하는 것이 우선되어야 할 것이다. 해당 회사 또는 해당 값이 비교대상에서 제외될 수도 있지만 상황에 따라서는 평가대상회사와의 유사성이 가장 높은 회사일 수도 있다.[291]

3 평균과 중앙값 이외의 배수 적용

보통의 경우 시장가치접근법을 적용할 때 비교대상기업들의 평균값 또는 중앙값(Median)을 평가대상회사에 적용하는 것으로 평가가 이루어진다. 이는 평가대상회사가 비교대상기업군 중에서 평균 또는 중간 정도의 역량을 보유하고 있다는 가정이 된다. 비교대상회사 선정을 위한 모집단이 충분히 커서, 그 중에서 규모나 역량 등이 유사한 회사들을 중심으로 비교가 이루어지는 것이 합리적일 것이나, 현실적으로는 비교대상군에 속하는 동업종 회사일지라도 회사마다 규모나 역량 등에서 차이가 있을 수 있다. 이러한 경우에는 평가대상회사의 성장률이나 이익률 등을 비교대상회사들과 차이를 분석하여 이를 토대로 각각의 배수를 어떻게 적용할 것인지에 대해 고려하는 것이 필요할 것이다. 이러한 조정은

---

291) 실무적으로는 Outlier의 영향을 덜 받는 중앙값을 사용하거나, Outlier를 제외하고 평균값을 적용하여 사용하는 경우가 많다.

또한 PER의 경우 (−)의 값이 산출될 수 있다. 그렇다면 부의 PER도 평균에 포함시킬 것인가? 비교대상기업의 PER 평균을 구할 때 순이익이 (−)일 경우에는 PER도 (−)의 값을 갖게 된다. 이 경우 해당 값을 평균 산정 시 제외할 것인가의 문제가 발생한다. (−)의 PER도 미래 이익에 대한 시장의 기대치로서의 정보가치가 있기 때문에 그대로 사용할 것을 주장하는 경우도 있지만, 주가의 변동보다는 손익의 크기에 민감하게 변동하는 경향이 있는 PER의 특성상 손실이 일시적이라면 (−)PER로 인한 정보의 부정적인 영향이 더 큰 것으로 보고 일반적으로는 (−)PER는 평균 산정 시 제외하고 있다. 그러나 이러한 경우에도 중앙값의 경우에는 이를 포함하여 산정할 수 있다.

그 판단이 주관적일 수 있어서 객관성이 강조되는 평가보다는 Private Deal 등을 위한 가치평가 목적으로 고려될 수 있을 것이다.

다음은 추가적으로 고려될 수 있는 항목들의 예시이다.[292],[293]

- **성장률에 대한 고려**: 평가대상회사의 예상 성장률이 비교대상회사에 비해 높고 장기간 지속될 것으로 예상된다면 비교대상회사의 배수(Multiple) 중 상위 배수의 적용을 고려할 수 있다.
- **이익률에 대한 고려**: 평가대상회사의 예상 이익률이 비교대상회사에 비해 높고 장기간 지속될 것으로 예상된다면 비교대상회사의 배수(Multiple) 중 상위 배수의 적용을 고려할 수 있다.
- **위험요인에 대한 고려**: 평가대상회사의 예상 성장률 및 이익률이 비교대상회사에 비해 높을 것으로 예상되지만, 사업초기단계로서 그러한 성장률 및 이익률 달성에 불확실성이 존재하는 경우에는 불확실성의 크기에 따라 조금 낮은 배수의 적용을 고려할 수 있다.
- **비유동성에 대한 고려**: 평가대상회사가 비상장회사이고 상장을 앞두고 있는 상황이 아니라면 비유동성에 대한 고려로서 조금 낮은 배수의 적용을 고려할 수 있다.
- **회사별 현황 차이에 대한 고려**: 위와 유사한 회사별 현황 차이가 배수 적용에 고려될 수 있을 것이다. 예를 들어, 평가대상회사의 경우 주요 설비의 교체시기가 다가와 대규모 Capex가 필요한 사항이라면 조금 낮은 배수의 적용을 고려할 수 있다.

[표 4-26] 평균과 중앙값 이외의 배수 적용시 할인/할증 요인 분석 예시

구분	항목	Premium/Discount	내용
일반 요인	유동성	Discount	A社는 조인트벤쳐회사로, SSS와 BBB가 50:50으로 모든 주식을 소유하고 있고, 지분거래에 제약이 있으며, 비상장회사로서 비교대상회사와 달리 지분이 시장거래가 되지 않는 점은 상대적으로 할인요인이 될 수 있음.
	IPO	Discount	비교대상회사로 선정된 회사는 모두 국내 증권거래소에 상장을 계획하고 있는 시점의 거래가액임. 반면 A社는 상장을 계획하고 있지 않기 때문에, 이에 따른 할인 요소를 고려할 수 있음.

292) "주식가치평가를 위한 작은 책" 애스워드 다모다란 著 및 "Valuation" 박대준 등 著, 삼일인포마인 참고.
293) 배수를 차등 적용함에 있어서 데이터를 4분위로 나누어 적용하는 방법을 고려할 수 있을 것이다.

구분	항목	Premium /Discount	내용
사업 특성 요인	규모	Discount	A社의 매출, 영업이익과 시장점유율은 비교대상회사보다 낮은 수준임. 이런점은 평가시 할인요소로 작용할 수 있음.
	제품 Mix	Discount	A社의 제품 포트폴리오는 비교대상회사에 비해 다변화되어 있지 않음. 단순한 제품 포트폴리오는 비교대상회사에 비해 상대적으로 할인요소로 작용할 수 있음.
	판매채널	Discount	A社의 판매채널은 특정회사에 집중되어 있음. 다양하지 못한 판매채널은 비교대상회사에 비해 할인요소로 작용할 수 있음.
재무 요인	순이익률/ROE	Neutral	A社의 순이익률과 ROE는 비교대상회사의 평균 수준이며, 이는 A社의 가치평가에 중립적인 영향을 미칠 것임.
	부채비율	Premium	A社의 부채비율은 비교대상회사에 비해 낮으며, 이로 인한 재무적 위험은 비교적 낮은 편임. 이러한 상황은 기업가치를 증가시키는 요소로 작용할 수 있음.
	성장성	Discount	최근 3개년 A社의 성장률은 비교대상회사에 비해 높은 편임. 비교대상회사 대비 이러한 높은 성장률은 가치평가시 할증 요소로 작용할 수 있음.

4 새로운 사업의 기회 또는 성장기회

시장가치접근법은 현 상황을 기초로 한 이익이나 현금흐름 등의 재무지표를 기준으로 평가하는 것이므로 현재 사업의 가치만을 평가한다고 보는 것이 일반적이다. 만약 해당 산업에 대해 기대되는 공통된 성장기회가 있다면 가치에 반영될 것이나 평가대상회사만의 새로운 사업기회나 성장기회가 있다면 이러한 가치는 상대가치로 반영되기는 어렵다. 이러한 경우에는 기존사업의 가치와 성장기회의 가치를 별도로 고려하는 것이 타당할 것이다.

5 재무지표의 산정 기간

앞서 언급하였던 것처럼 미래추정 손익을 바탕으로 배수를 산정하는 것이 가장 합리적일 것이나 현실적으로 미래추정자료를 확보하기 어렵다면 과거실적을 적용하여야 한다.[294] 이때 과거자료는 어떤 기간의 자료를 활용하느냐에 따라 평가결과가 달라질 수 있다.

---

294) 과거 실적을 기준으로 하느냐 향후 예상 실적을 기준으로 하느냐에 대한 부분은 앞서 "Historical multiple vs Forwarding multiple"에서 설명하였다.

손익지표의 경우 직전 회계연도의 손익을 기준으로 하거나, 최근 4분기 또는 최근 12개월의 손익을 기준으로 적용할 수 있다. 연환산 손익을 기준으로 평가하기도 한다. 과거 실적을 기준으로 평가할 때에는 다른 특이사항이 없다면 최근 12개월 또는 최근 4개 분기의 손익자료를 사용하는 것이 일반적이다.[295]

재무지표에 대응되는 시가총액(주가)의 산정 기간도 가치평가에 영향을 줄 수 있다. 현 시장상황을 기초로 평가한다는 측면에서 평가기준일의 시가를 사용하기도 하며, 시가의 일시적 변동으로 인한 영향을 축소하기 위해 1개월 평균 또는 1년 평균 등 일정기간의 평균 시가를 사용하기도 한다. 자본시장법 상 상장법인의 기준시가 산정방법을 준용하여 평가하는 경우도 있다.[296] 일정기간에 대한 명확한 기준이 없기 때문에 시가의 변동 추이, 산업의 현황 등을 종합적으로 고려하여 판단하여야 할 것으로 보인다. 단, 현 시장상황에 기초한 시장가치 산정 목적이라면 평가기준일의 시가를 사용하거나, 주가의 일시적인 변동으로 인한 영향을 축소할 필요가 있다고 판단될 때에는 1주일 또는 1개월 정도 기간의 평균을 적용하는 경우가 많다는 점을 참고할 필요가 있을 것이다[297].

6 재무지표와 가치(주가)간의 일관성

재무지표와 가치(주가)의 일관성은 평가가 이루어지는 금액이 주주가치이면 배수의 적용을 위한 재무지표도 자기자본에 귀속되는 항목이어야 하고, 기업가치이면 투하자본에 귀속되는 항목이어야 한다는 것이다. 여기서 투하자본에 귀속되는 항목은 자기자본과 타인자본으로 구분되기 전 기업전체에 귀속되는 항목이라는 의미로서 재무구조와 무관하게 적용될 수 있는 재무지표이다. 예를 들어 PER의 경우, Price는 주주가치를 평가하는 것이고 Earnings는 자기자본에 귀속되는 항목이므로 논리적으로 일관성이 있다고 본다. EV/EBITDA 배수의 경우, EV(Enterprise Value)는 기업가치를 평가하는 것이고, EBITDA[298]는 투하자본에 귀속되는 항목이므로 이 역시 논리적으로 일관성이 있다고 본다. 그러나 PSR의 경우에는 주주가치(Price)와 투하자본에 귀속되는 항목(Sales)을 비교하여 배수

---

295) 최근 12개월은 LTM(Last Twelve Months)이라고 한다.
296) 평가기준일 전 1개월, 1주일, 최종일의 (평균)종가 평균으로 기준주가를 산정한다. 자세한 사항은 "제6장 자본시장법상 평가"를 참고하기 바란다.
297) 일시적인 주가변동이 커서 단기간의 주가를 사용하는 경우 대표성을 갖기가 어렵다고 판단되는 때에는 1개월 이상 혹은 3개월 정도까지의 주가를 사용하는 경우도 있음.
298) EBITDA는 EBIT(영업이익)에 감가상각비를 가산하여 산정하는데, 타인자본의 몫에 해당하는 이자비용을 차감하기 전이므로 자기자본과 타인자본 몫이 모두 포함되어 있다.

를 산정하는 것으로 논리적으로 일관성이 낮을 수 있어, 이 경우에는 EV/Sales(EV/Revenue)의 배수를 적용하는 것을 고려할 필요가 있을 것이다.[299]

[Note 6] 재무제표 각 항목의 기여자 및 귀속주체에 대한 고려

재무지표와 가치(주가)간의 일관성에 대한 고려를 위해서는 재무제표 각 항목의 기여자 및 귀속주체에 대한 고려가 필요하다. 아래의 표는 손익계산서 각 항목별 기여자 및 귀속주체를 구분한 것이다[300].

손익계산서; Income Statements		기여자 및 귀속주체
Sales, Revenue	매출액	채권자와 주주
(-)Cost of Sales	매출원가	
Gross Profit (Loss)	매출총이익(손실)	
(-)SG&A	판매비 및 관리비	
Operating Income (Loss)	영업이익(EBIT)	채권자와 주주
(+)Interest income	영업외수익	
(-)Interest expenses	이자비용	채권자
Income before tax	세전이익	
(-)Tax expense	법인세비용	
Net Income	순이익	주주

위의 구분을 고려하여 매출과 영업이익은 채권자와 주주지분이 모두 고려된 기업가치(EV, Entity value)와 비교하고, 순이익은 주주지분인 주주가치(Equity value, Price)와 비교를 하는 것이 논리적이라고 보는 것이다.

---

7 평가 기준 시점의 일관성

일관성의 개념은 비교대상회사의 평가시점과 평가대상회사의 평가시점에서도 적용되는 것이 바람직하다. 비교대상회사에 대해 과거 12개월 EBITDA를 재무지표 배수로 산정하였

---

299) 그럼에도 불구하고 PSR이 시장가치접근법으로 많이 활용되는 이유는 ① 다른 재무정보의 사용가능성이 낮은 경우이거나, ② 성장성을 반영하는 지표라는 인식이 있으며, ③ 산업이나 성장단계의 특성상 타인자본의 활용도가 낮은 경우 등에는 비교지표로서 효과적일 수 있다라고 보기 때문이다.
300) 가치투자를 위한 나의 첫 주식가치평가, 삼일인포마인 참조

다면, 평가대상회사에 대해서도 동일한 기준의 EBITDA에 배수를 적용하여 가치를 산정하는 것이 필요하다. 또한 과거 기간에 산정하였던 비교대상회사의 배수를 현 시점의 평가에 적용하는 것도 주의하여야 한다.

앞서 언급한 바와 같이 시장가치접근법은 동일시점을 기준으로 비교대상 유사회사와 평가대상회사를 비교하여 가치를 평가하는 개념이므로, 배수를 비교함에 있어 다른 시점의 배수를 비교하는 것은 합리적이지 않게 받아들여지기 때문이다. 시장가치접근법은 시장환경의 변화 등에 따라 배수(Multiple)가 계속 변할 수 있는, 평가의 유효기간이 상대적으로 짧은 평가방법이다.

8 비영업자산 가치에 대한 고려

평가대상기업이 비영업자산을 보유하고 있는 경우 이러한 자산이 가치에 어떻게 반영될 것인지에 대한 고려가 필요하다. 일반적으로 비교대상기업의 가치는 평가대상회사의 영업가치와 대응되는 것이고 비영업자산에 대한 부분까지 고려되기는 쉽지 않다. 그러므로 비영업자산이 평가대상회사 또는 비교대상회사에 있어서 중요한 부분을 차지하고 있다면 이에 대한 영향을 고려하여야 할 것이다.

앞서 EV/EBITDA에서 살펴본 바와 같이 비교대상기업의 EV/EBITDA 배수를 산정할 때 비교대상회사의 비영업자산 가치를 EV(Enterprise Value＝Equity value + Net Debt)에서 차감함으로써 영업가치 개념의 배수가 계산된다. 이를 평가대상회사의 EBITDA에 곱하면 평가대상회사의 영업가치가 되고 여기서 다시 평가대상회사의 비영업자산의 가치를 가산하여 평가대상회사의 기업가치를 산정하는 방식으로 비영업자산의 가치를 고려할 필요가 있는 것이다.[301]

비영업자산에 대한 조정 이외에도 기업간의 비교 가능성 제고를 위한 조정이 있을 수 있다. 예를 들어 동일 사업을 영위하면서 주요 설비를 금융리스로 이용하는 회사와 운영리스로 이용하는 회사의 비교 가능성 제고를 위해 운영리스를 하는 회사의 EBITDA에 운영리스료를 가산하고 기업가치에 리스자산의 가치를 합산하여 배수를 산정함으로써 금융리스를 하는 회사와 동일한 형태로 전환하여 비교하는 것이다.

비영업자산에 대한 고려는 자기자본 측면의 Indicator(재무지표)를 통해 자기자본가치를 직접 산정하는 방법론보다는 투하자본 측면의 Indicator를 통해 기업가치(Enterprise

---

301) 계산 Logic에 대해서는 'EV/EBITDA Multiple' 참고

Value)를 산정하는 방법론에서 보다 용이하게 이루어질 수 있다.

9 전환증권 등이 있는 경우

전환사채, 신주인수권부사채 등이 있는 경우 전환 가능성에 대한 고려가 필요할 수 있다. 전환가능성이 높다면 자기자본의 가치를 산정할 경우에는 전환으로 인한 효과를 가산하고, 타인자본에서 차감하는 방식을 고려할 수 있을 것이다. 주당가치를 산정할 때에도 희석화되는 주식수를 포함시켜 산정하는 것이 적절할 수 있다.

10 주식가치의 할인 및 할증

Multiple에 경영권 프리미엄이 포함되었는지 유무에 따른 구분을 "Trading multiple(유사기업 이용법)과 Transaction multiple(유사사례 이용법)"에서 살펴보았다.[302] 또한 회사간 차이로 나타나는 성장성, 이익률, 위험 등에 대한 조정의 방법으로 평균이나 중앙값이 아닌 다른 배수의 적용을 고려할 수 있다는 측면도 살펴보았다. 이 외의 경영권 프리미엄에 대한 추가적인 설명은 "제3장 현금흐름할인법"의 추가적인 고려사항을 참고하기 바란다.

여기에 추가적으로 고려될 수 있는 사항은 비유동성 등에 대한 할인이 필요한 것인지, 필요하다면 어떻게 반영할 수 있는지에 대한 부분이다.[303]

비유동성 할인은 실무적으로 다양한 견해가 존재하지만 아직까지는 상당히 주관적인 판단이 필요한 영역으로 보여진다. 기업의 비유동성에 따른 할인비용을 파악하기는 쉽지 않기 때문이다.

미국의 경우 상장회사가 발행한 상장주식과 일정기간 상장하지 못하고 사모방식으로만 거래 가능한 주식과의 거래가격 차이를 살펴보는 방법 등 다양한 방법을 통해 비유동성 할인비용에 대한 실증 연구를 진행하여 오고 있다. 실증연구 결과로 보면, 일반적으로 유동성이 낮은 자산은 대체로 가치가 할인되어 거래가 되고 있고, 추정된 가치의 약 20~30% 정도를 비유동성 할인으로 파악하고 있다.[304],[305]

---

302) Transaction multiple이 아닌 방법으로 경영권 프리미엄을 적용할 때에는 실무적으로 20~30%의 할증률을 적용한다(기업가치평가실무, 강진홍, 조한웅 著 참고). 그러나 경영권 프리미엄은 속성상 일반화되기보다는 개별적인 상황에 따라 달라지는 것이므로 대상 및 거래의 성격에 따른 판단이 필요하다.

303) 경영권프리미엄은 개별기업의 특성에 따라 각각 다른 specific한 상황에 대한 조정이라면, 비유동성할인은 유동성결여라는 일반적인 상황에 대한 조정이라는 부분에서 다소 차이가 있다.

304) 어스워스 다모다란의 투자철학 제2판 p.195, 2013.7.1, 어스워스 다모다란 著, 리딩리더 출판

305) W.L. Silber, "Discounts on Restricted Stock: The Impact of Illiquidity on Stock Prices."(1991)의 연구에

Multiple의 상대적인 배수를 활용한 연구도 Koeplin[306] 등에 의해 수행되었는데, 이들의 연구는 Private deal companies의 거래가가 Publicly traded companies보다 EV/EBIT, EV/EBITDA, EV/Revenues의 multiple이 평균적으로 20~30% 수준으로 낮게 조사되었다.

비유동성 할인이 필요한지에 대해서는 여전히 이견이 있지만, 적용이 필요하다고 판단되는 상황에서는 할인율의 범위를 개별적인 상황에 맞게 판단해야 할 것이다. 단, 평가액의 약 20~30%가 비유동성 할인으로서 거래가격의 차이를 가져왔다는 상기의 연구결과들은 이 과정에서 참고할 수 있을 것으로 보인다.

한편 상대가치평가방법을 적용할 때 비교대상회사를 선정하는 단계에서 규모의 차이를 고려한 선택이 이루어진다면 규모의 차이를 고려한 조정은 추가적으로 반영할 필요가 없을 것이다.

11 유사기업이 없는 경우

실무상으로 국내 유사기업이 없는 경우가 있을 수 있다. 이 경우에는 동일사업을 영위하는 국외기업으로 비교기업의 대상 시장을 확장해서 보거나, 산업의 범위를 확대하여 유사기업을 찾을 수도 있을 것이다. 자동차 에어백 시스템을 생산하여 판매하는 회사의 비교대상 국내회사가 한정되어 있다면 자동차 부품 산업 전체로 유사회사의 범위를 확대하는 것이다. 이렇게 산업전체로 범위를 확대하는 경우에는 향후 성장성이나 수익성 및 규모의 유사성을 고려하여 비교대상회사를 선별하여야 한다.

12 발행주식총수 vs 유통주식수

자기주식을 보유하는 기업의 주주가치(시가총액)를 산정할 때 발행주식총수로 산정할 것인가, 자기주식을 제외한 유통주식수로 산정할 것인가의 판단이 필요한 경우가 있다.

일반적인 경우의 시가총액은 상장된 주식의 총수를 기준으로 설명하지만, 가치평가 목적으로 시가총액을 산정할 때에는 시장에서 자유로운 거래가 가능한 유통주식수[307]를 기준으로 하는 것이 시장가치에 좀 더 부합하는 방법일 것이다.

서 밝혀진 할인율의 중간값은 30~40%로 나타났다(어스워스 다모다란의 투자철학 제2판, 2013.7.1, 어스워스 다모다란 著, 리딩리더 출판).

306) Koeplin, Sarin and Shapiro의 연구(2000년), The Private Company Discount, Journal of Applied operate Finance, v12

307) 발행주식에서 자기주식을 제외한 주식을 말한다.

13　산업별 활용되는 특정 배수 혹은 비재무적 지표

　시장가치를 유사회사와 비교할 때는 산업별 특성에 따라 Revenue, EBIT, EBITDA, Earnings, net asset 등 다양한 재무지표가 활용될 수 있음을 설명하였다. 그리고 이러한 재무지표를 통한 비교와 함께 산업별 핵심 가치창출요소 (혹은 핵심 경쟁요소)를 파악하여 비교대상회사와 이러한 요소를 비교함으로써 가치를 추정할 수도 있다.

　이러한 요소의 예로는 다음과 같다.

구분	핵심가치창출요소 (혹은 핵심경쟁요소)
인터넷/APP 사업	고객수, page 방문자수, 가입자 수, MAU(Monthly Active User) 등
방송, 통신 등 구독 서비스 사업	가입자 수, 구독자 수
동일 혹은 유사제품 대량 제조업, CMO, OEM 사업 등	생산능력(Capacity)
해상, 육상, 항공 운송 물류 사업	운송능력(단위 등)
여객 사업	Passenger 수
호텔 등 숙박업	객실 수
의약품 개발가치	보유 파이프라인(Pipeline)의 기대 시장규모[308]
보험업	Embedded Value
E-Commerce(이커머스)	매출, 총거래액(GMV)
핀테크기업, 인터넷/모바일 파이낸스 서비스	총결제대금(TPV)
배달사업	고객수, 배달건수, 거래액 등

---

308) [EV / Pipeline 평가방법을 통한 상대가치 산출의 의의, 방법 및 한계점]: "EV / Pipeline은 기업가치가 보유 파이프라인 시장규모의 몇 배 인지를 나타내는 수치로, 현재 개발 및/또는 판매하고 있는 제품 파이프라인의 오리지널 의약품 시장규모, 진행단계 및 성공가능성 등이 기업가치에 어느 정도 기여하고 있는지를 함의하는 배수입니다. EV / Pipeline 배수는 보유 파이프라인 시장규모 및 상업화 진행단계가 기업가치에 중요한 역할을 할 때 적용할 수 있는 지표입니다. EV / Pipeline 평가방법을 적용한 상대가치는 회사가 보유한 파이프라인의 오리지날 바이오의약품 시장규모에 임상 단계별 상업화 확률을 반영하여 합산 후 EV / Pipeline 배수를 곱하여 상대가치를 산출하였습니다. 기업가치에 영향을 미치는 변수로 회사가 보유한 파인프라인의 오리지널 시장규모와 임상 진행단계별 상업화 확률만을 고려하였기 때문에 각 회사의 고유의 특성(사업 구조, 인력 수준, 재무안정성, 경영진, 경영 전략 등)뿐만 아니라 파이프라인별 고유의 특성(개별 시장 점유율, 침투율, 진입시기 등) 및 기타 기업가치에 영향을 미치는 다양한 요인(전임상단계 파이프라인 등)들을 직접적으로 나타내고 있지 않는다는 점에서 사용에 제한이 있을 수 있습니다." (2016.10.28 삼성바이오로직스 투자설명서 중 바이오시밀러 개발회사인 삼성바이오에피스 평가방법 중 발췌. 금융감독원 전자공시시스템)

이러한 핵심경쟁요소는 대부분 기업가치인 EV(Enterprise Value)와 비교를 통한 배수로 가치가 추정된다. 예를 들어 생산능력 비교를 통한 가치추정이라면, 비교대상회사의 EV/Capacity 배수를 산정하여 평가대상회사의 Capacity에 비교대상회사의 EV/Capacity 배수를 적용하여 평가대상회사의 EV를 추정하는 것이다.

특정산업배수 중에는 재무적 지표도 있지만 비재무적 지표도 많이 활용된다. 그러나, 비재무지표를 통한 가치 추정은 앞서 설명한 바와 같이 재무적 지표를 통한 상대가치 추정이 제한적일 경우 활용하는 것을 고려할 수 있으며, 비재무적 지표를 활용할 때에는 반드시 ⓐ 적용되는 지표들이 기업의 핵심역량과 높은 관련성을 가지면서 일정 기간이 지나면 재무 실적으로서 결과가 나올 수 있는 지표이어야 한다는 것과, ⓑ 재무적 지표와 달리 비재무적 지표는 향후 어느 정도의 재무적 성과를 달성할 수 있을 것인지에 대한 부분을 명료하게 제공하지 못한다는 측면이 있다는 점을 이해하여야 한다.

14 여러 사업을 영위하고 있는 기업의 평가

시장가치접근법으로 평가시 유사기업의 선정은 기대 성장성, 현금흐름 창출능력, 불확실성이라는 가치평가 3요소가 얼마나 유사한지가 고려되어야 한다. 그러나, 여러 사업을 영위하는 기업의 경우에는 각각의 영위 사업별로 기대 성장성, 현금흐름 창출능력, 불확실성에 차이가 날 수 있다. 이 경우 가치가 가장 중요한 사업을 중심으로 비교기업을 선정하여 시장가치접근법을 적용할 수도 있지만, 각각의 사업이 모두 중요한 수준이라면 각 사업별로 유사기업을 선정하여 평가하는 방법도 고려해 볼 수 있다.

다음의 예시는 여러 사업을 영위하고 있는 A사의 주식가치를 평가하기 위해 주요 사업부문을 구분하고 각 사업부문별로 비교대상회사를 별도로 선정하여 평가한 사례이다. 각 사업부문별로 기대 성장성, 이익률, 사업 위험의 정도가 다르기 때문에 각 사업부문을 구분하여 별도로 평가한 것이다. 이와 같은 평가방식에서는 각 사업부별 평가액을 합산하여 기업가치를 추정하게 된다.

[그림 4-9] 여러 사업을 영위하고 있는 기업의 상대가치 평가[309]

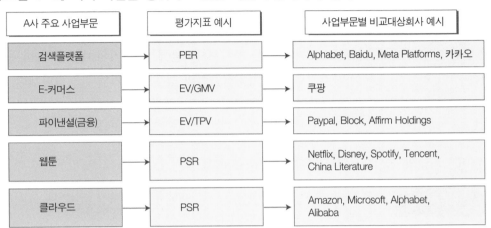

A사 주요 사업부문	평가지표 예시	사업부문별 비교대상회사 예시
검색플랫폼	PER	Alphabet, Baidu, Meta Platforms, 카카오
E-커머스	EV/GMV	쿠팡
파이낸셜(금융)	EV/TPV	Paypal, Block, Affirm Holdings
웹툰	PSR	Netflix, Disney, Spotify, Tencent, China Literature
클라우드	PSR	Amazon, Microsoft, Alphabet, Alibaba

15　시장상황의 변화에 따른 상대가치 지표

　모든 상황에서 항상 특정 평가방법이나 특정 배수가 절대적으로 대상회사를 평가하는 데 적합하다고 단정할 수는 없을 것이다. 대상산업의 상황과 시장상황에 따라 평가대상 지표는 달라질 수 있는 것이다.

　예를 성장단계의 인터넷 기업을 평가하는데 가입자 수나 MAU 등의 비재무적 지표가 적합한 평가지표가 될 수는 있으나, 그러한 산업이 어느정도 성장한 후에는 가입자를 기반으로 매출과 이익을 창출해야 하기 때문에 어느 단계에서부터는 매출 대비 배수나 이익 대비 배수가 평가를 위한 적절한 배수가 되어야 할 것이다.

　또한 동일한 산업에서도 어떤 시장상황에서는 PER가 적절한 배수였지만, 시장상황의 변화에 따라 PBR이 적절한 배수가 되는 경우도 있다. 예를 PER가 적절한 평가방법이었던 어떤 산업 내 회사를 평가하는 데 있어서 경기가 둔화되거나 위축되는 사이클에서는 이익이 감소하여 산업 내 회사별로 PER의 변차가 커지거나 PER가 (-)을 나타내어 비교가 적합하지 않은 상황이 발생할 수 있다. 이러한 경우에는 PER보다는 다른 배수 예를 들어 PBR이 적절한 배수가 될 수 있는 것이다.

　이처럼 상대가치를 평가할 때는 산업 내 경쟁요소를 감안한 배수의 선정과 더불어 시장 상황에 따라 적용이 적합한 배수가 무엇인지에 대한 고려도 필요한 것이다.

---

309) "가치투자를 위한 나의 첫 주식가치평가, 삼일인포마인" 참고

16 기업의 성장단계에 따른 상대가치평가

이익가치접근법인 현금흐름할인법의 경우에는 기업의 성장단계에 따라 성장률, 이익률, 위험에 대한 가정을 달리 적용함으로써 다양한 라이프사이클에 있는 거의 대부분의 회사를 평가하는 것이 가능한 것과 마찬가지로, 시장가치접근법의 경우에는 기업의 성장단계별 기업의 핵심목표와 경쟁상황을 고려하여 단계별 다른 비교지표를 사용하는 것을 고려해 볼 수 있다.

[그림 4 - 10] 기업의 성장단계별 시장가치평가지표 예시

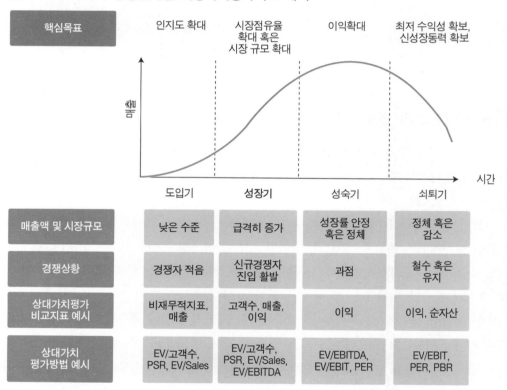

핵심목표	인지도 확대	시장점유율 확대 혹은 시장 규모 확대	이익확대	최저 수익성 확보, 신성장동력 확보
	도입기	성장기	성숙기	쇠퇴기
매출액 및 시장규모	낮은 수준	급격히 증가	성장률 안정 혹은 정체	정체 혹은 감소
경쟁상황	경쟁자 적음	신규경쟁자 진입 활발	과점	철수 혹은 유지
상대가치평가 비교지표 예시	비재무적지표, 매출	고객수, 매출, 이익	이익	이익, 순자산
상대가치 평가방법 예시	EV/고객수, PSR, EV/Sales	EV/고객수, PSR, EV/Sales, EV/EBITDA	EV/EBITDA, EV/EBIT, PER	EV/EBIT, PER, PBR

시장가치접근법을 적용할 때에는 시장에서의 핵심 경쟁요소로 비교가 이루어진다.

도입기의 경우에는 인지도 및 매출 확대가 핵심목표라면 매출 관련 지표로 비교가 이루어질 수 있다. 그러나 이 단계에서는 재무적인 성과가 미미할 수 있기 때문에 비재무지표로 평가를 하거나, 다른 질적 평가방법이 고려되기도 한다.

성장기 기업의 경우에는 시장점유율 확대와 매출 확대가 목표이므로 PSR, EV/Sales와

같은 매출지표나 잠재적으로 매출을 확대할 수 있는 고객수, 거래량과 같은 지표로 비교가 이루어질 수 있다.

성숙기 기업은 이익확대가 핵심목표일 경우에는 PER나 EV/EBIT과 같은 이익지표로 비교가 이루어질 수 있다.

쇠퇴기 기업은 이익지표로 평가가 이루어지거나 성장성이 낮다면 순자산관련 지표의 비교도 가능할 것이다.

17 다양한 시장가치접근법의 활용과 비교

시장가치접근법은 내재가치를 평가하는 것이 아니기 때문에 어떤 시장배수를 사용하느냐에 따라 Valuation 결과가 달라질 수 있다. PER, PBR, EV/EBITDA 등의 방법론 중 유사기업과 평가대상회사의 재무분석을 토대로 비교가 가장 유의미한 방법론을 선정하되, 적용 가능한 방법론이 다양할 경우에는 다양한 방법으로 평가한 결과를 종합적으로 고려하여 가치의 범위를 정하는 데 있어 참고할 수 있을 것이다.

[그림 4-11] 다양한 시장가치접근법 평가 결과의 비교 및 가치평가의 범위

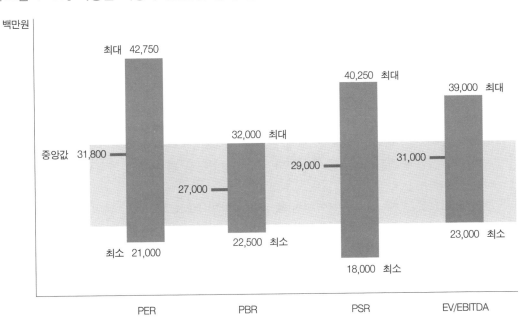

Wrap up & 참고사항

1 Wrap up

- 시장가치접근법은 대상회사의 현금흐름 창출 능력을 토대로 평가하는 내재가치 (Intrinsic Value)의 개념이 아니라, 유사회사의 가치를 통해 평가대상회사의 가치를 산정하는 상대가치(Relative Value)의 개념이다.
- "동일한 시장에서 동일한 조건의 $1m^2$ 토지가격이 1원으로 거래되고 있다면, 평가대상 토지 $100m^2$의 평가액은 100원이다." 이것이 시장가치접근법의 기본 개념이다.
- 시장가치접근법이 많이 활용되는 이유는 단순하며 명료하여 이해가능성이 높기 때문이다.
- 시장가치접근법의 핵심적인 요소는 평가대상회사와 유사한 ①비교대상회사의 선정, 가치 측정에 적합한 ②비교지표(Value driver 또는 Financial Indicator)의 도출, 비교대상회사와의 차이조정과 Normalization과 같은 ③표준화 작업이다.
- 기업 가치의 측정에 가장 적합한 재무지표를 도출하는 것이 필요하다.
- 유사회사의 선정시에는 기대되는 현금흐름 특성의 유사성, 예를 들어 성장률, 이익률, 위험의 유사성이 고려되어야 한다.
- 비재무적 지표는 재무지표의 도출에 한계가 있는 경우에 보완 혹은 대체적 방법으로 활용한다.
- 일관성을 유지하는 것이 중요하다. 예를 들어 분자와 분모는 동일하게 주주지분과 관련된 값이거나 동일하게 기업가치와 관련된 값이어야 하며, 비교대상 기업과 평가대상 기업에 적용하는 값은 동일한 기준이어야 한다.
- 적절한 비교를 위해 비영업자산 및 부채는 별도로 고려할 필요가 있다. 유사기업의 가치배수 산정에서도 비영업자산 및 부채 효과를 제외하고, 이러한 효과가 제외된 배수를 평가대상 법인에 적용한 후 평가대상 법인의 비영업자산 및 부채의 가치를 별도로 가감하는 것이다.
- 주가와 비교를 통해 주주가치를 직접 측정하는 방법(PER, PBR)과 기업가치와 비교를 통해 주주가치를 간접적으로 측정하는 방법(EV/EBITDA)이 있다.
- 재무상태표 항목을 기초로 평가하는 방법(PBR)과 손익 또는 현금흐름 항목을 기초로 평가하는 방법(PER, EV/EBITDA)이 있다.
- 가장 적합한 방법을 활용하되, 다수의 평가방법이 활용 가능할 경우, 이들을 보완적으로 활용할 필요가 있다.
- 시장배수는 과거실적을 기준으로 산정할 수도 있고, 예상손익을 기준으로 산정할 수 있다.

- 합리적이고 신뢰성 있는 정보의 확보가 가능하다면 예상손익 기준 시장배수 적용을 고려할 수 있다.
- 주식시장에서 거래되는 시가는 경영권이 포함되지 않은 가격이다.
- 경영권 이전이 수반되는 거래(Buy-Out Trading)는 일반적으로 경영권 프리미엄 이 포함된다. 단, 경영권프리미엄은 일률적으로 적용될 수는 없고 거래의 개별적인 특성에 따라 결정되는 사항임을 인지하여야 한다.
- 시장가치접근법의 한계 및 추가적인 고려사항은, 이 방법이 대상회사의 내재가치 (Intrinsic Value)를 평가하는 것이 아니라, 유사회사의 가치를 통해 평가대상회사의 가치를 산정하는 상대가치(Relative Value)의 개념이라는 데에서 발생한다.
- 즉, 시장 배수를 어떻게 산정하고 적용하느냐의 문제에서 다양한 고려사항이 존재하게 된다.

2 Checkpoint 예시

[표 4 - 27] Checkpoint 예시

- 유사회사의 선정이 적절하게 이루어졌는가?
- 적정한 측정지표(PER, PBR, EV/EBITDA)는 무엇이며, 그에 대한 논거는 무엇인가?
- 유사회사와 대상회사간 차이가 나는 사항에 대한 적절한 조정이 이루어졌는가? (비영업자산, 회계기준차이 등)
- 유사회사들의 Multiple 편차가 크지 않고 안정적인가?
- 편차가 있을 경우 유사회사의 선정에 대한 재검토, outlier의 제외 여부 등이 고려되었는가?
- 가치평가 결과를 다른 거래 혹은 다른 평가방법과 비교하였는가?
- 최근의 거래가액이 있다면 최근 거래가격과 비교되었는가?
- 가치의 할인 또는 할증 요인이 있는가?

3 공모가(IPO) 산정 시 적용된 평가 방법 사례 조사

[표 4 - 28] 2019년 및 2017년 KOSPI 신규상장기업에 대한 공모희망가 산정 시 적용된 평가방법[310]

기업명	신규상장일	최초상장 주식수(주)	액면가	공모가 (원)	업 종	PER	PBR	PSR	EV/ EBITDA	기타	평가액 대비 할인율
(주)센트랄 모텍	2019/11/25	8,400,000	500	6,000	자동차 신품 부품 제조업	9.77					31.68%~ 18.02%

---

310) 전자공시시스템 참고, 해외상장인 카카오를 제외한 2017년 및 2019년 KOSPI의 신규상장 기업을 대상으로 하였다. : 공모가(IPO) 산정 사례에 대해서는 "제6장"을 참고하기 바란다.

기업명	신규상장일	최초상장 주식수(주)	액면 가	공모가 (원)	업 종	PER	PBR	PSR	EV/ EBITDA	기타	평가액 대비 할인율
현대에너지 솔루션 주식 회사	2019/11/19	11,200,000	5,000	18,000	반도체 제조업	20.28					33.26%~ 22.14%
한화시스템 (주)	2019/11/13	110,230,389	5,000	12,250	전자부품 제조 업				10.06~ 12.27		26.50%~ 35.69%
자이에스앤 디(주)	2019/11/06	26,782,520	1,000	5,200	부동산 임대 및 공급업	14.78					15%~ 30%
(주)지누스	2019/10/30	14,206,749	500	70,000	가구 제조업	26.7					21.06%~ 29.83%
현대오토에 버(주)	2019/03/28	21,000,000	500	48,000	소프트웨어 개 발 및 공급업	24.04					33.05%~ 26.36%
(주)드림텍	2019/03/14	27,585,500	100	13,000	전자부품 제조 업	14.57					36.30%~ 24.71%
동양피스톤 (주)	2017/12/08	13,168,460	500	5,700	자동차용 엔진 및 자동차 제조 업	9.805					34.64%~ 16.30%
주식회사 진 에어	2017/12/08	30,000,000	1,000	31,800	항공 여객 운송 업	15					5%~ 20%
주식회사 삼 양패키징	2017/11/29	14,209,804	5,000	26,000	플라스틱제품 제조업	19.48					29.7%~ 18.9%
(주)테이팩 스	2017/10/31	4,717,650	500	23,000	플라스틱제품 제조업	18.53					27.24%~ 17.75%
넷마블(주)	2017/05/12	84,730,000	100	157,000	소프트웨어 개 발 및 공급업		7.84	8.51			39.01%~ 20.86%
아이엔지생 명보험(주)	2017/05/11	33,500,000	1,000	33,000	보험업		0.72			0.7 (P/EV)	22.24%~ 1.25%
(주)덴티움	2017/03/15	11,068,830	500	32,000	의료용 기기 제 조업	35.83					32.33%~ 39.09%
호전실업 주 식회사	2017/02/02	8,000,000	500	25,000	봉제의복 제조 업	18.61			10.59		40.8%

4 주요 업종 및 주요 기업의 Multiple

1) 주요 기업 및 주요 업종의 EV/EBITDA Multiple

[표 4-29] 주요 기업의 EV/EBITDA Multiple[311]

구분	FY 2012	FY 2013	FY 2014	FY 2015	FY 2016	FY 2017	FY 2018	FY 2019	FY 2020	FY 2021	FY 2022	FY 2023
삼성전자	4.1	2.7	3.0	2.3	3.1	3.3	1.8	4.4	5.8	4.3	2.8	8.8
LG전자	6.4	5.8	4.6	5.2	5.0	5.9	4.0	4.1	4.4	4.5	3.6	3.9
삼성전기	7.1	5.6	5.3	6.3	7.0	9.3	4.6	6.4	7.6	6.0	4.5	7.5
SK하이닉스	7.6	4.3	4.1	2.2	4.1	2.6	1.4	6.4	6.0	4.4	3.3	20.4
LG디스플레이	2.4	2.2	2.9	2.2	3.2	2.4	3.7	7.3	4.3	2.8	7.0	11.5
삼성SDI	11.0	18.1	13.8	20.2	(13.9)	23.8	12.5	13.8	24.9	19.7	12.4	10.4
LG에너지솔루션											34.7	24.8
LG이노텍	6.3	5.2	4.4	4.3	6.2	7.0	4.5	4.2	4.0	4.7	3.4	3.8
S-Oil	12.0	14.5	158.6	9.0	5.3	9.5	16.8	16.3	(27.3)	4.8	3.2	5.6
LG화학	8.4	7.5	5.4	7.1	5.4	6.6	7.2	10.7	15.8	7.1	8.8	8.7
코오롱인더	6.5	7.4	8.5	7.0	7.7	10.7	10.1	8.7	6.6	7.8	7.0	8.3
LG생활건강	18.7	15.0	15.9	19.9	12.9	16.5	13.6	13.0	16.1	10.2	10.5	6.3
아모레퍼시픽	14.7	11.3	17.9	25.5	17.4	21.1	15.7	12.5	19.1	12.9	15.1	21.7
SK이노베이션	9.5	9.7	27.7	5.6	3.7	5.2	6.6	9.2	(24.9)	9.8	5.8	9.7
롯데케미칼	11.2	9.1	8.0	3.7	4.4	3.5	3.9	4.5	8.3	3.2	61.2	20.6
KCC	6.5	10.1	5.1	4.5	3.1	3.6	2.4	3.7	3.5	4.6	4.0	7.6
한화솔루션	20.4	16.4	11.6	11.2	6.4	7.3	9.9	8.0	10.4	8.2	8.8	12.0
SK아이이테크놀로지										56.9	41.1	34.7
KT	4.1	4.0	5.7	2.9	2.9	2.6	2.6	2.8	2.5	2.9	3.6	3.2
SK텔레콤	3.8	4.4	5.2	4.4	4.6	5.0	5.9	5.3	5.0	4.1	3.8	3.8
한국전력	11.6	9.2	6.6	4.3	3.7	5.2	8.2	9.0	5.7	15.8	-	17.0
한국가스공사	13.8	13.3	15.7	13.2	11.7	10.1	9.9	9.7	10.5	10.5	11.2	12.3
현대차	6.9	7.4	6.8	8.4	9.5	10.0	12.5	11.5	16.0	11.1	8.0	7.3
현대모비스	7.1	6.9	4.8	5.7	5.7	6.9	3.8	4.9	5.7	5.5	4.1	4.5

311) Dart, Krx, Bloomberg 자료 참조하여 계산. EV/EBITDA는 "(시가총액+비지배지분+우선주+순차입금)/(영업이익+유무형자산 상각비)"으로 계산하였고, 시가총액에서는 자기주식은 제외. 산정기준에 따라서 Multiple 결과는 다를 수 있으며 표의 배수는 단순 참고용임.

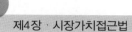

구분	FY 2012	FY 2013	FY 2014	FY 2015	FY 2016	FY 2017	FY 2018	FY 2019	FY 2020	FY 2021	FY 2022	FY 2023
한국조선해양	8.2	13.5	(6.4)	(29.6)	13.9	13.9	(72.5)	17.0	22.6	(9.0)	121.3	13.8
팬오션	(192.7)		5.1	8.2	10.2	10.4	8.9	8.3	8.6	4.9	3.0	3.9
대한항공	9.6	9.6	9.2	6.8	5.9	6.4	7.1	8.0	8.9	6.0	3.1	4.0
CJ대한통운	10.5	21.9	16.6	15.1	13.9	12.5	13.7	8.6	8.4	6.7	5.4	5.4
현대글로비스	12.3	12.6	15.5	9.3	7.1	6.1	5.9	5.3	7.2	4.3	2.8	3.2
HMM	(37.7)	(108.5)	1,469.9	(117.4)	(5.0)	(10.2)	(5.9)	27.7	6.1	1.6	0.1	3.2
유한양행	27.2	19.7	13.3	20.8	12.1	14.5	18.9	36.6	31.4	38.5	48.2	47.4
셀트리온	21.6	29.9	17.2	31.2	44.6	45.5	60.1	42.8	54.1	28.0	25.7	48.0
삼성바이오로직스					324.1	182.0	172.2	127.7	125.3	85.4	44.7	33.7
SK바이오사이언스										31.8	30.1	193.5
에스디바이오센서										2.8	0.9	-
KB금융	5.0	6.2	6.0	8.5	12.7	11.2	10.2	9.5	11.6	12.6	9.9	6.3
신한지주	7.3	8.9	10.1	10.5	12.3	12.7	11.2	11.2	12.5	12.7	8.4	6.4
하나금융지주	5.3	6.1	5.6	6.8	5.7	7.0	6.6	6.1	7.4	9.1	7.0	4.7
미래에셋증권	17.7	18.6	16.9	21.6	93.4	22.4	17.0	12.8	20.9	23.4	20.5	13.9
SK	22.9	26.1	32.4	17.4	5.9	6.1	7.1	7.6	11.0	7.3	6.8	8.7
LG	12.7	14.8	15.4	18.1	14.1	18.3	17.5	18.1	21.8	17.2	13.8	6.8
현대건설	8.2	8.8	5.9	3.4	3.8	4.0	6.2	4.9	4.5	4.5	4.2	4.1
대우건설	15.2	(29.4)	8.7	8.1	(11.4)	7.3	4.8	7.4	4.8	2.4	2.3	3.5
쌍용C&E	7.8	8.2	8.3	7.1	5.5	7.1	10.1	9.2	9.9	10.6	9.8	7.7
POSCO 홀딩스	7.8	8.6	7.4	6.0	6.5	5.3	3.7	4.2	4.8	2.3	3.9	7.1
한샘	5.3	9.2	16.8	25.2	18.8	19.8	13.0	10.1	11.3	11.7	18.1	13.9
신세계	12.6	12.0	11.5	11.8	12.5	11.2	10.2	7.8	11.7	7.0	6.1	6.8
이마트	7.8	8.3	7.8	8.7	7.6	9.3	9.1	9.8	8.6	10.7	8.8	9.3
LX인터내셔널	10.6	10.3	9.4	20.5	11.6	8.1	8.8	6.8	6.0	2.7	2.2	4.3
현대코퍼레이션	15.3	24.2	15.5	14.9	10.8	9.8	11.5	14.2	14.2	22.7	7.6	6.6
영원무역	5.8	9.3	10.1	7.4	5.9	5.6	6.8	5.0	3.4	3.2	2.0	2.3
삼성물산			42.4	91.3	12.6	19.0	12.6	14.4	17.7	12.5	0.6	7.2
GS리테일	9.3	7.6	6.8	13.5	10.4	10.0	9.3	7.0	6.3	6.8	5.8	5.0
한세실업	10.2	12.3	16.0	14.5	14.1	15.5	16.5	10.3	8.9	10.1	4.3	5.3

구분	FY 2012	FY 2013	FY 2014	FY 2015	FY 2016	FY 2017	FY 2018	FY 2019	FY 2020	FY 2021	FY 2022	FY 2023
두산에너빌리티	15.0	10.9	10.4	24.3	11.3	9.6	8.5	8.4	38.1	13.1	10.6	8.5
제일기획	11.7	15.4	8.7	10.5	6.4	9.3	8.5	7.5	6.2	5.9	5.0	3.7
이노션				8.4	4.7	7.3	4.6	6.7	4.9	3.2	1.6	2.1
NAVER	14.1	32.8	22.1	19.6	15.7	16.5	13.0	15.6	24.6	32.4	14.4	16.4
카카오	7.1	37.4	32.8	39.2	24.3	30.6	34.2	26.6	43.6	49.4	20.4	19.9
엔씨소프트	13.0	17.9	8.7	13.7	12.3	11.4	13.1	18.4	19.6	25.1	11.0	13.8
넷마블						23.7	22.7	14.9	22.6	33.2	48.6	50.3
크래프톤										26.5	6.0	7.0
하나투어	11.5	12.5	14.0	20.7	15.8	15.8	14.2	11.1	(19.3)	(12.5)	-	10.8
대교	2.3	3.2	3.2	4.4	3.8	4.1	5.8	3.4	6.1	8.8	61.0	32.7
더존비즈온	10.5	11.3	8.7	13.7	11.2	13.8	20.0	29.0	32.0	23.9	16.3	9.8
코웨이	9.0	9.4	10.8	9.0	11.7	10.7	7.6	10.0	4.9	4.9	3.8	3.8
하이브									27.1	51.5	19.1	22.8
SPC삼립	14.2	11.1	19.0	28.3	15.7	16.2	12.6	10.9	8.0	6.9	6.1	5.3
CJ제일제당	12.0	14.9	11.0	9.9	9.5	10.4	10.0	8.3	6.9	6.8	6.5	6.6
오뚜기	4.8	9.1	10.2	23.5	11.0	12.9	10.6	7.7	6.7	5.8	6.9	4.1
해태제과식품						11.9	14.7	10.4	7.3	6.0	7.8	7.7	4.9
농심	6.9	5.9	7.0	10.8	8.1	8.8	5.7	5.5	4.9	6.9	7.0	5.1
하이트진로	11.3	9.7	12.5	10.1	9.7	11.1	8.4	12.7	8.4	7.8	7.1	8.6
한솔제지				8.7	5.7	8.4	6.1	5.8	5.6	7.0	5.6	7.6
KT&G	7.8	7.2	6.5	7.8	6.5	7.7	7.5	6.0	4.7	4.6	6.0	6.4
컴투스	23.7	19.3	11.6	6.1	2.6	5.1	6.0	4.7	10.4	25.9	40.9	-
펄어비스							14.9	12.1	15.8	121.1	57.5	221.6
카카오게임즈									32.6	45.5	16.4	16.6
엘앤에프	15.9	25.0	14.1	30.0	15.6	24.9	23.9	196.7	125.0	104.4	21.9	-
씨젠			49.0	65.2	52.8	60.5	20.8	22.9	6.9	4.0	3.6	19.0
에코프로비엠									19.2	40.7	75.3	21.8	119.3
CJ ENM	5.5	7.5	5.1	4.3	4.0	4.7	8.5	3.7	4.8	4.9	3.7	4.8
에스엠	11.6	16.3	13.9	14.3	10.7	20.8	12.8	7.7	6.9	11.5	10.4	11.7
스튜디오드래곤						21.9	21.1	14.8	16.2	17.6	12.0	6.4

[그림 4-12] 주요 기업 EV/EBITDA 중앙값 추이

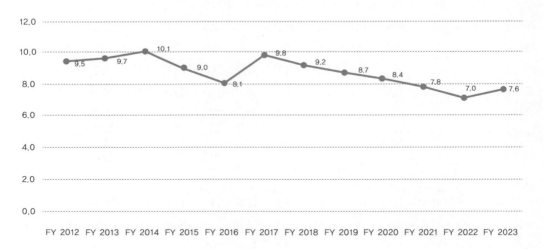

[표 4-30] 주요 업종별 EV/EBITDA Multiple [312]

구분	2015년	2016년	2018년	2019년	2020년	2021년	2022년	2023년
코스피	7.3	6.7	5.6	7.2	8.6	6.8	6.4	8.3
전기전자	4.4	5.7	3.1	6.9	8.1	6.19	5.49	12.84
화학	10.4	7.8	8.8	9.6	15.0	7.3	7.7	10.3
통신	4.0	3.9	4.5	4.2	3.9	3.5	3.5	3.5
전기가스				9.1	6.5	13.5	-	14.5
운수장비	11.7	9.0	10.7	10.0	13.3	12.7	7.9	6.6
운수창고	10.3	9.6	9.4	9.2	10.0	4.6	2.7	5.2
의약품	22.6	30.0	44.8	38.9	55.9	40.5	28.5	28.8
의료정밀				8.6	9.1	5.0	3.6	22.4
금융				3.3	3.4	3.1	2.9	3.8
건설	12.5	10.1	5.5	6.1	6.2	5.3	5.9	9.9
비금속광물	8.0	6.3	8.0	10.3	13.0	12.9	12.9	0.0
철강및금속			5.4	6.0	6.6	3.6	4.8	7.3
유통업	15.7	13.5	10.6	9.0	10.3	9.1	7.1	7.6
섬유의복	13.7	13.1	9.1	8.6	10.7	11.0	6.4	5.8
기계	19.4	11.8	9.2	8.5	15.1	11.1	8.8	9.9

---

312) FnGuide 참조

구분	2015년	2016년	2018년	2019년	2020년	2021년	2022년	2023년
서비스업	12.8	8.1	12.1	11.6	18.3	17.5	10.6	10.8
음식료	12.8	9.9	10.2	8.7	7.3	7.2	7.2	6.5
종이목재	11.6	8.9	6.5	7.4	8.1	8.5	6.9	8.2
코스닥	15.5	14.3	8.6	14.1	18.5	16.9	12.2	19.9
코스닥제조			0.0	16.9	21.0	19.5	14.5	22.7
오락, 문화	19.5	17.1	30.1	20.1	28.7	31.5	19.9	14.2

[그림 4-13] 주요 업종별 EV/EBITDA Multiple

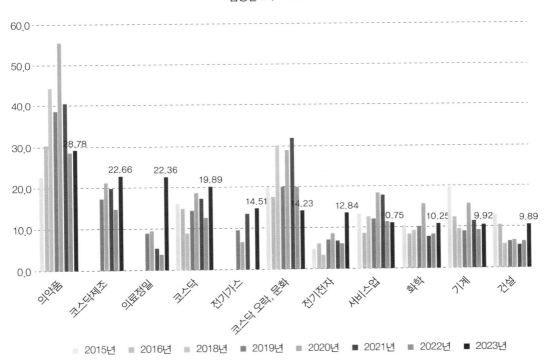

업종별 EV/EBITDA 1

■ 2015년 ■ 2016년 ■ 2018년 ■ 2019년 ■ 2020년 ■ 2021년 ■ 2022년 ■ 2023년

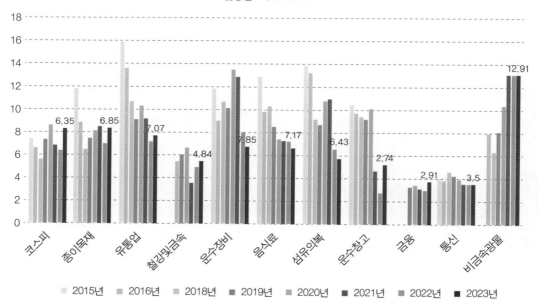

업종별 EV/EBITDA 2

■ 2015년　■ 2016년　■ 2018년　■ 2019년　■ 2020년　■ 2021년　■ 2022년　■ 2023년

2) 주요 기업의 EV/EBIT Multiple

[표 4 – 31] 주요 기업의 EV/EBIT Multiple[313]

구분	FY 2012	FY 2013	FY 2014	FY 2015	FY 2016	FY 2017	FY 2018	FY 2019	FY 2020	FY 2021	FY 2022	FY 2023
삼성전자	6.2	3.9	5.1	4.1	5.3	4.6	2.6	9.0	10.8	7.2	5.4	60.8
LG전자	15.9	14.5	9.7	13.6	11.5	10.0	7.0	8.3	7.4	7.8	6.6	7.4
삼성전기	13.4	12.9	2,092.3	16.6	181.4	28.4	7.6	13.9	14.7	9.5	7.8	17.3
SK하이닉스	(99.6)	8.3	6.8	3.9	9.7	3.6	1.8	26.8	17.8	8.1	10.3	(15.6)
LG디스플레이	14.2	9.3	10.5	6.8	10.5	5.5	145.1	(12.6)	(612.1)	8.5	(8.3)	(7.8)
삼성SDI	37.6	(884.3)	117.3	(29.9)	(7.1)	117.5	22.8	39.3	65.2	42.7	22.4	21.3
LG에너지솔루션											87.3	50.9
LG이노텍	45.0	25.3	11.9	13.6	27.0	15.3	13.5	9.3	7.9	7.6	5.8	8.5
S-Oil	18.0	29.0	(27.4)	12.0	6.2	11.5	26.1	40.2	(11.6)	6.3	3.9	8.6

---

313) Dart, Krx, Bloomberg 자료 참조하여 계산. EV/EBIT는 "(시가총액＋비지배지분＋우선주＋순차입금)/(영업이익)"으로 계산하였고, 시가총액에서는 자기주식은 제외. 산정기준에 따라서 Multiple 결과는 다를 수 있으며 표의 배수는 단순 참고용임.

구분	FY 2012	FY 2013	FY 2014	FY 2015	FY 2016	FY 2017	FY 2018	FY 2019	FY 2020	FY 2021	FY 2022	FY 2023
LG화학	12.3	12.0	10.1	11.9	9.1	9.7	12.0	34.9	35.9	11.1	18.8	22.4
코오롱인더	10.4	13.2	18.1	11.9	13.3	21.4	22.5	20.9	17.1	15.0	13.8	21.3
LG생활건강	23.3	18.3	19.7	23.6	14.9	19.1	15.7	15.8	19.5	12.3	14.7	9.8
아모레퍼시픽	18.8	15.1	22.2	30.4	21.1	29.0	24.1	26.4	79.3	26.2	34.8	70.6
SK이노베이션	12.9	14.4	(91.2)	8.4	4.8	6.6	9.5	19.1	(10.8)	18.3	8.4	20.0
롯데케미칼	25.0	18.5	19.2	4.8	5.5	4.3	5.3	7.5	27.5	4.9	(14.8)	(48.9)
KCC	11.9	17.0	8.0	6.9	5.1	6.0	4.8	10.5	14.4	9.5	7.6	18.2
한화솔루션	1,382.3	81.2	46.2	26.1	10.1	11.4	22.2	17.8	20.8	15.4	15.2	25.3
SK아이이 테크놀로지										132.0	(81.5)	202.5
KT	15.3	21.3	(54.4)	11.2	9.7	9.2	9.4	11.6	10.1	9.2	11.4	10.6
SK텔레콤	9.5	10.5	13.4	12.0	13.7	15.6	22.1	24.3	21.8	16.4	12.7	11.8
한국전력	(88.0)	54.0	15.5	7.4	6.5	15.5	(386.2)	(69.6)	21.7	(16.4)	(4.1)	(31.7)
한국가스공사	25.3	23.3	32.4	30.9	32.3	26.8	23.8	22.4	29.7	25.2	19.2	27.2
현대차	9.0	9.7	9.1	12.1	15.7	17.7	31.8	24.3	45.1	18.9	12.3	9.8
현대모비스	8.2	8.2	5.6	6.7	7.0	9.4	5.2	6.7	8.3	7.7	5.9	6.4
한국조선해양	12.3	30.0	(4.4)	(10.0)	45.7	562.8	(18.4)	40.3	145.5	(6.4)	(22.0)	36.6
팬오션	(23.6)		8.9	14.0	20.4	19.2	16.2	16.3	17.3	8.0	5.5	8.8
대한항공	73.2	(809.4)	46.4	19.5	15.2	17.9	25.6	102.6	171.3	13.1	4.9	7.7
CJ대한통운	16.8	51.6	28.9	25.2	22.7	21.0	25.7	20.6	20.9	15.9	12.2	12.0
현대글로비스	13.6	14.2	17.9	11.0	8.6	7.5	7.4	7.2	11.3	5.9	3.5	4.3
HMM	(17.8)	(23.0)	(27.1)	(19.4)	(3.9)	(7.2)	(4.7)	(19.0)	9.7	1.7	0.1	8.0
유한양행	40.1	25.4	17.8	28.1	17.3	22.9	40.8	206.0	53.6	79.8	105.4	84.4
셀트리온	25.6	44.2	23.8	41.7	61.8	54.4	82.7	60.8	67.7	36.2	34.7	66.0
삼성바이오로직스					(316.7)	374.9	455.1	312.3	186.5	111.1	58.8	48.5
SK바이오사이언스										33.1	37.2	(367.7)
에스디바이오센서										2.9	0.9	(5.9)
KB금융	5.2	6.4	6.2	8.9	13.4	11.9	10.9	10.4	12.9	13.9	10.5	6.5
카카오뱅크												
신한지주	7.5	9.2	10.5	10.9	12.7	13.1	11.5	11.9	13.5	13.9	9.0	6.8
하나금융지주	5.6	6.6	6.0	7.4	6.2	7.5	7.1	6.6	8.1	10.0	7.5	5.0
삼성생명												

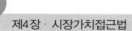
구분	FY 2012	FY 2013	FY 2014	FY 2015	FY 2016	FY 2017	FY 2018	FY 2019	FY 2020	FY 2021	FY 2022	FY 2023
삼성화재												
미래에셋증권	18.6	19.4	17.6	22.4	111.3	23.6	17.5	13.3	22.1	24.7	21.5	14.2
SK	28.4	32.3	39.3	44.7	11.7	11.9	16.0	23.1	(1,133.3)	19.7	14.1	24.2
LG	19.6	24.6	25.3	31.6	21.8	25.4	22.3	23.1	28.0	22.0	16.9	7.5
현대건설	9.0	10.0	7.0	4.0	4.4	4.8	7.4	5.9	5.9	5.5	5.4	5.1
대우건설	17.3	(22.3)	9.7	9.6	(8.8)	8.8	5.5	9.9	5.9	2.8	2.6	4.1
쌍용C&E	12.5	13.3	12.8	10.3	7.6	10.0	15.6	15.7	16.8	20.4	23.6	20.9
POSCO 홀딩스	13.3	16.3	14.9	14.0	13.8	9.1	5.8	8.0	12.0	3.2	6.8	14.8
한샘	6.1	10.2	18.1	27.0	20.5	22.3	18.0	20.7	19.1	23.6	(41.7)	541.4
신세계	20.1	18.8	18.6	19.7	22.8	20.0	17.5	18.8	96.2	15.6	11.5	11.9
이마트	11.7	12.7	13.3	16.2	13.7	17.0	19.4	61.9	41.5	46.3	104.3	(291.1)
LX인터내셔널	13.3	21.2	13.0	34.2	15.2	11.1	12.6	14.7	12.1	3.5	2.7	7.4
현대코퍼레이션	26.7	37.0	20.9	21.9	13.8	10.8	12.0	15.7	16.6	26.7	8.3	7.1
영원무역	6.8	11.0	11.9	9.4	7.8	7.5	8.9	6.8	4.5	3.8	2.2	2.6
삼성물산			71.0	558.8	39.8	29.2	17.6	23.0	28.0	17.8	0.7	9.2
GS리테일	18.8	15.4	14.6	24.6	20.9	25.8	24.5	25.5	22.2	28.3	16.5	13.7
한세실업	11.8	14.7	18.6	16.2	16.9	22.2	27.4	17.5	14.1	12.9	5.0	6.3
두산에너빌리티	27.9	17.0	17.1	253.7	18.9	14.9	12.8	12.6	(121.9)	21.0	15.0	11.1
제일기획	13.4	18.6	11.0	13.8	8.0	11.5	10.2	10.3	8.3	7.6	6.1	4.6
이노션				9.0	5.0	7.8	4.9	8.0	6.5	4.2	2.1	2.8
NAVER	17.0	41.3	26.3	23.6	18.0	19.4	16.6	22.3	34.6	43.0	20.6	22.7
카카오	9.5	41.2	37.1	72.3	48.2	54.5	97.2	54.8	69.0	80.3	40.8	52.8
엔씨소프트	16.3	20.9	9.9	15.7	13.5	12.0	13.7	20.3	21.1	31.3	13.0	24.8
넷마블						26.7	30.3	23.6	31.9	66.3	(53.8)	(83.5)
크래프톤										29.3	6.8	8.0
하나투어	13.3	14.1	16.4	24.9	28.2	23.2	25.4	119.7	(9.3)	(8.6)	(8.7)	19.6
대교	5.9	8.2	7.7	8.5	6.9	7.0	12.4	10.1	(6.8)	(7.7)	(4.5)	(9.7)
더존비즈온	15.1	19.3	14.9	21.1	15.6	17.8	25.9	38.4	42.4	32.9	27.0	14.8
코웨이	16.3	14.8	17.2	13.4	19.7	16.0	11.4	16.1	9.3	9.0	6.6	6.0
하이브									33.6	74.0	28.6	32.7
SPC삼립	35.3	19.3	30.4	43.8	23.9	26.5	20.2	26.9	22.2	16.5	12.3	10.7

구분	FY 2012	FY 2013	FY 2014	FY 2015	FY 2016	FY 2017	FY 2018	FY 2019	FY 2020	FY 2021	FY 2022	FY 2023
CJ제일제당	18.0	31.2	19.4	16.1	15.4	17.9	17.7	18.6	13.4	12.3	11.9	14.4
오뚜기	5.9	11.5	13.0	29.8	14.3	17.0	14.8	12.6	10.4	9.9	12.1	6.9
해태제과식품					20.9	36.3	23.1	17.3	12.3	15.8	18.1	8.1
농심	12.7	11.3	14.7	18.0	15.7	16.4	10.7	11.8	7.8	13.3	13.9	7.9
하이트진로	19.6	16.9	28.9	19.1	19.0	26.3	20.0	34.1	15.1	14.1	12.8	18.7
한솔제지				15.9	8.9	19.5	10.5	11.4	11.1	17.4	9.2	20.9
KT&G	9.1	8.4	7.3	8.6	7.2	8.5	8.3	6.8	5.3	5.3	7.0	7.6
컴투스	27.2	25.6	11.9	6.3	2.6	5.2	6.0	4.9	11.1	32.3	(52.4)	(18.4)
펄어비스							15.4	13.5	18.0	189.7	147.5	(129.7)
카카오게임즈									43.5	63.1	25.2	38.1
엘앤에프	62.5	(45.8)	141.7	(112.3)	26.4	33.3	32.8	(91.2)	1,299.1	152.7	24.5	(37.8)
씨젠			73.6	110.8	87.1	112.2	36.0	33.3	7.1	4.3	4.6	(22.6)
에코프로비엠								34.3	68.0	103.7	25.5	190.1
CJ ENM	9.4	14.4	11.7	10.2	10.0	9.8	33.1	14.1	13.5	13.4	38.1	(314.3)
에스엠	13.5	20.1	19.2	22.5	22.8	62.1	23.4	20.0	83.4	22.4	17.4	17.6
스튜디오드래곤						48.9	60.5	74.4	54.7	50.7	40.3	27.9

[그림 4-14] 주요 기업의 EV/EBIT 중앙값 추이

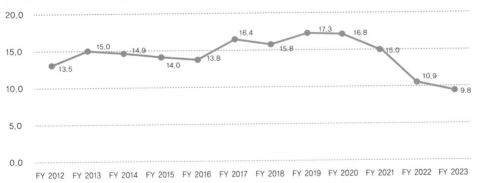

3) 주요 기업의 EV/Sales Multiple

[표 4-32] 주요 기업의 EV/Sales Multiple[314]

구분	FY 2012	FY 2013	FY 2014	FY 2015	FY 2016	FY 2017	FY 2018	FY 2019	FY 2020	FY 2021	FY 2022	FY 2023
삼성전자	0.9	0.6	0.6	0.5	0.8	1.0	0.6	1.1	1.6	1.3	0.8	1.5
LG전자	0.4	0.3	0.3	0.3	0.3	0.4	0.3	0.3	0.5	0.4	0.3	0.3
삼성전기	1.0	0.7	0.5	0.8	0.7	1.3	1.1	1.3	1.7	1.5	1.0	1.2
SK하이닉스	2.2	2.0	2.0	1.1	1.9	1.6	1.0	2.7	2.8	2.3	1.6	3.7
LG디스플레이	0.4	0.4	0.5	0.4	0.5	0.5	0.6	0.7	0.7	0.6	0.7	0.9
삼성SDI	1.2	2.2	1.5	1.6	1.3	2.2	1.8	1.8	3.9	3.4	2.0	1.5
LG에너지솔루션											4.1	3.3
LG이노텍	0.7	0.6	0.6	0.5	0.5	0.6	0.4	0.6	0.6	0.6	0.4	0.3
S-Oil	0.4	0.3	0.3	0.6	0.6	0.8	0.7	0.7	0.8	0.5	0.3	0.3
LG화학	1.0	0.9	0.6	1.1	0.9	1.1	1.0	1.1	2.2	1.3	1.1	1.0
코오롱인더	0.6	0.6	0.6	0.7	0.8	0.9	0.8	0.8	0.6	0.8	0.6	0.7
LG생활건강	2.7	2.1	2.2	3.0	2.1	2.9	2.4	2.4	3.0	2.0	1.5	0.7
아모레퍼시픽	2.4	1.8	3.2	4.9	3.2	3.4	2.2	2.0	2.6	1.9	1.8	2.1
SK이노베이션	0.3	0.3	0.3	0.3	0.4	0.5	0.4	0.4	0.8	0.7	0.4	0.5
롯데케미칼	0.6	0.5	0.5	0.7	1.1	0.8	0.6	0.6	0.8	0.4	0.5	0.9
KCC	0.7	1.2	0.6	0.6	0.5	0.5	0.3	0.5	0.4	0.6	0.5	0.9
한화솔루션	1.0	1.0	0.8	1.1	0.8	0.9	0.9	0.9	1.3	1.1	1.1	1.2
SK아이이테크놀로지										19.5	7.3	10.0
KT	0.8	0.8	0.8	0.6	0.6	0.5	0.5	0.6	0.5	0.6	0.7	0.7
SK텔레콤	1.0	1.3	1.4	1.2	1.2	1.4	1.6	1.5	1.7	1.4	1.2	1.2
한국전력	1.5	1.5	1.6	1.4	1.3	1.3	1.3	1.5	1.5	1.6	1.9	1.6
한국가스공사	0.9	0.9	0.9	1.2	1.4	1.3	1.2	1.2	1.3	1.1	0.9	0.9
현대차	0.9	0.9	0.8	0.8	0.9	0.8	0.8	0.8	1.0	1.1	0.8	0.9
현대모비스	0.8	0.7	0.5	0.5	0.5	0.5	0.3	0.4	0.4	0.4	0.2	0.2
한국조선해양	0.4	0.4	0.3	0.3	0.8	0.5	0.7	0.8	0.7	0.6	0.4	0.5
팬오션	0.9		1.2	1.8	1.8	1.6	1.2	1.4	1.6	1.0	0.7	0.8

314) Dart, Krx, Bloomberg 자료 참조하여 계산. EV/Sales는 "(시가총액+비지배지분+우선주+순차입금)/(매출액)"으로 계산하였고, 시가총액에서는 자기주식은 제외. 산정기준에 따라서 Multiple 결과는 다를 수 있으며 표의 배수는 단순 참고용임

구분	FY 2012	FY 2013	FY 2014	FY 2015	FY 2016	FY 2017	FY 2018	FY 2019	FY 2020	FY 2021	FY 2022	FY 2023
대한항공	1.4	1.3	1.5	1.5	1.5	1.4	1.3	1.5	2.4	2.1	1.0	0.9
CJ대한통운	0.9	0.9	1.1	0.9	0.9	0.7	0.7	0.6	0.6	0.5	0.4	0.5
현대글로비스	0.7	0.7	0.8	0.5	0.4	0.3	0.3	0.3	0.5	0.3	0.2	0.3
HMM	1.1	0.9	0.9	1.0	0.7	0.6	0.5	1.0	1.5	0.9	0.0	0.6
유한양행	1.8	1.7	1.3	2.1	1.3	1.4	1.3	1.7	2.8	2.3	2.1	2.6
셀트리온	14.3	19.5	10.2	16.7	20.4	28.6	28.5	20.4	26.1	14.2	9.8	19.8
삼성바이오로직스					32.7	53.2	47.3	40.8	46.9	38.1	19.3	14.6
SK바이오사이언스										16.9	9.4	11.9
에스디바이오센서										1.3	0.4	2.2
KB금융	2.6	3.0	3.2	3.4	4.7	3.6	3.3	3.2	3.4	3.6	4.3	3.2
신한지주	3.3	3.6	3.9	3.7	4.2	4.7	4.9	4.7	4.9	5.0	5.0	4.1
하나금융지주	3.2	3.4	2.9	3.0	2.6	3.6	3.8	3.5	4.1	5.0	4.3	3.3
삼성생명	0.8	0.6	0.7	0.8	1.1	1.2	1.0	0.9	0.9	0.9	0.9	1.9
삼성화재	0.6	0.5	0.6	0.6	0.5	0.5	0.5	0.4	0.3	0.3	0.3	0.5
미래에셋증권	9.7	10.1	10.1	10.9	20.4	11.6	10.7	9.0	11.8	12.3	11.8	9.7
SK	2.5	3.2	4.4	1.6	0.7	0.7	0.7	0.9	1.1	1.0	0.9	0.9
LG	1.4	1.3	1.3	1.4	1.3	1.5	1.9	2.0	2.6	2.3	1.8	1.6
현대건설	0.6	0.5	0.3	0.2	0.3	0.3	0.4	0.3	0.2	0.2	0.2	0.1
대우건설	0.8	0.6	0.5	0.4	0.3	0.3	0.3	0.4	0.4	0.2	0.2	0.2
쌍용C&E	0.9	0.9	1.0	1.1	1.4	1.6	2.6	2.3	2.9	3.0	2.7	2.1
POSCO 홀딩스	0.8	0.8	0.7	0.6	0.7	0.7	0.5	0.5	0.5	0.4	0.4	0.7
한샘	0.4	0.8	1.5	2.3	1.7	1.5	0.5	0.7	0.9	0.7	0.5	0.5
신세계	2.2	2.4	2.0	2.0	1.9	1.8	1.3	1.4	1.8	1.3	0.9	1.2
이마트	0.7	0.7	0.6	0.6	0.5	0.6	0.5	0.5	0.4	0.6	0.5	0.5
LX인터내셔널	0.2	0.2	0.2	0.2	0.2	0.2	0.2	0.2	0.2	0.1	0.1	0.2
현대코퍼레이션	0.1	0.2	0.2	0.1	0.1	0.1	0.1	0.2	0.2	0.2	0.1	0.1
영원무역	1.2	1.6	1.8	1.2	0.7	0.7	0.9	0.7	0.5	0.6	0.5	0.5
삼성물산			3.0	2.3	0.3	0.9	0.7	0.7	0.8	0.6	0.0	0.6
GS리테일	0.6	0.5	0.4	0.9	0.6	0.5	0.5	0.7	0.6	0.6	0.5	0.5
한세실업	0.7	0.7	1.3	1.5	0.9	0.7	0.6	0.5	0.5	0.8	0.4	0.6
두산에너빌리티	0.8	0.8	0.8	1.0	1.1	1.0	0.9	0.9	1.8	1.6	1.1	0.9

구분	FY 2012	FY 2013	FY 2014	FY 2015	FY 2016	FY 2017	FY 2018	FY 2019	FY 2020	FY 2021	FY 2022	FY 2023
제일기획	0.7	0.9	0.5	0.6	0.4	0.5	0.5	0.6	0.6	0.6	0.4	0.3
이노션				0.8	0.5	0.7	0.5	0.8	0.6	0.4	0.2	0.2
NAVER	4.9	9.3	7.2	5.5	4.9	4.9	2.8	5.9	7.9	8.4	3.3	3.5
카카오	2.1	12.9	13.1	6.9	3.8	4.6	2.9	3.7	7.6	7.8	3.3	3.2
엔씨소프트	3.3	5.7	3.3	4.4	4.5	4.0	4.9	5.7	7.2	5.1	2.8	1.9
넷마블						5.6	3.6	2.2	3.5	4.0	2.2	2.3
크래프톤										9.9	2.8	3.2
하나투어	1.7	1.6	1.7	2.4	1.0	1.2	0.8	1.5	9.7	27.3	7.6	1.6
대교	0.2	0.3	0.3	0.4	0.4	0.4	0.4	0.4	0.3	0.3	0.3	0.4
더존비즈온	3.0	2.7	2.2	3.9	3.4	4.6	6.3	9.8	10.6	7.4	4.0	2.9
코웨이	1.8	2.4	2.9	2.7	2.8	3.0	2.2	2.4	1.7	1.6	1.2	1.1
하이브									6.1	11.2	3.8	4.4
SPC삼립	0.5	0.7	1.3	1.8	0.8	0.7	0.5	0.5	0.4	0.4	0.3	0.3
CJ제일제당	1.1	1.0	1.0	0.9	0.9	0.8	0.8	0.7	0.7	0.7	0.7	0.6
오뚜기	0.4	0.7	0.8	2.1	1.0	1.2	1.0	0.8	0.8	0.6	0.7	0.5
해태제과식품					0.9	0.9	0.7	0.9	0.7	0.7	0.7	0.6
농심	0.6	0.5	0.5	1.0	0.6	0.7	0.4	0.4	0.5	0.5	0.5	0.5
하이트진로	1.6	1.4	1.4	1.3	1.2	1.2	1.0	1.5	1.3	1.1	1.0	0.9
한솔제지				0.8	0.7	0.8	0.6	0.7	0.7	0.6	0.5	0.5
KT&G	2.4	2.3	2.1	2.9	2.4	2.6	2.3	1.9	1.5	1.4	1.5	1.5
컴투스	5.7	2.4	5.1	2.4	1.0	2.0	1.8	1.3	2.5	3.0	1.1	0.8
펄어비스							6.4	3.8	5.8	20.2	6.3	6.4
카카오게임즈									5.8	7.0	3.9	2.8
엘앤에프	0.7	0.7	0.6	0.9	1.5	2.4	1.8	2.2	5.4	7.0	1.7	1.8
씨젠			12.7	14.7	11.9	9.5	3.7	6.1	4.3	2.1	1.1	1.8
에코프로비엠								2.1	4.4	8.0	1.8	4.3
CJ ENM	1.2	1.5	1.1	0.9	0.8	1.0	2.6	1.0	1.1	1.1	1.1	1.1
에스엠	3.4	3.0	2.3	2.5	1.3	1.9	1.8	1.2	0.9	2.2	1.9	2.1
스튜디오드래곤						5.7	6.4	4.6	5.1	5.5	3.8	2.1
알테오젠								29.8	116.0	80.3	66.8	53.8
HLB								128.6	85.4	53.5	18.6	153.7

[그림 4 -15] 주요 기업의 EV/Sales 중앙값 추이

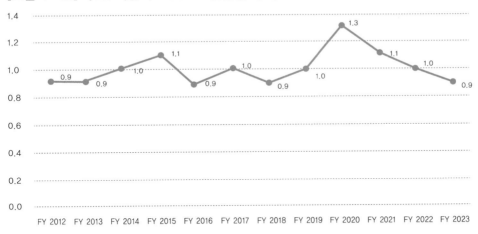

4) KOSPI 산업별 연간 PER

[표 4 - 33] KOSPI 산업별 연간 PER 추이[315]

구분	2008년	2009년	2010년	2011년	2012년	2013년	2014년	2015년	2016년	2017년	2018년	2019년	2020년	2021년	2022년	2023년
코스피	9,0	23,7	17,8	10,9	12,9	15,0	15,3	15,1	13,9	13,0	9,6	18,2	29,47	12,72	10,76	19,36
코스피 200	8,9	22,9	18,0	10,5	12,3	12,8	13,2	14,4	13,3	11,9	8,5	16,6	27,09	11,88	9,36	18,54
코스피 100	8,8	22,3	17,7	10,3	12,1	12,6	12,4	13,9	13,1	11,4	8,3	16,5	26,31	11,91	9,52	19,85
코스피 50	8,4	22,6	17,2	9,8	11,9	11,9	10,7	12,6	12,8	10,9	8,0	16,2	25,85	11,73	9,7	19,98
코스피 대형주	8,6	22,3	17,2	10,2	11,9	12,4	12,1	13,5	13,0	11,8	8,9	17,4	28,65	12,33	10,75	21,85
코스피 중형주	9,9	21,4	33,8	12,6	19,4	31,3	78,7	17,1	17,5	19,2	12,1	21,4	27,02	11,99	10,4	10,54
코스피 소형주	25,8	-	10,5	-	-	-	-	-	117,9	27,1	23,7	34,7	62,86	11,1	13,37	15,35
제조업	9,9	25,0	16,0	10,3	13,4	12,3	10,9	13,4	14,8	11,8	8,9	20,8	40,32	16,27	11,73	24,54
음식료품	15,5	32,1	11,8	11,6	20,0	19,9	24,8	41,4	17,6	13,0	11,2	37,2	13,86	15,21	16,42	10,98
섬유의복	14,7	131,7	19,0	9,9	13,6	41,6	79,1	28,2	32,7	27,6	6,4	-	255,24	33,41	11,04	6,91
종이목재	-	-	6,2	11,7	-	9,0	66,5	-	97,7	258,4	16,2	14,1	14,29	13,44	9,11	38,39
화학	10,8	23,8	18,5	11,2	11,0	18,0	23,1	40,2	13,7	14,2	10,2	32,2	-	13,7	11,23	25,95
의약품	17,0	19,6	14,9	15,6	22,4	29,4	33,0	68,8	11,3	225,2	91,7	83,3	99,01	85,07	42,29	71,14
비금속광물	-	-	45,0	-	-	-	24,8	7,9	21,7	7,7	14,4	13,9	42,56	25,01	23,91	8,32

315) KRX 통계 data(재무자료는 최근 4개 분기의 실적을 누적하여 반영하며, 지수PER = 구성종목의 시가총액 합계 / 구성종목의 보통주 귀속 지배지분 순이익 합계임)

구분	2008년	2009년	2010년	2011년	2012년	2013년	2014년	2015년	2016년	2017년	2018년	2019년	2020년	2021년	2022년	2023년
철강금속	7.5	10.9	11.9	7.8	8.9	11.2	13.5	15.2	13.0	12.6	10.7	19.5	27.72	5.74	4.68	19.13
기계	11.0	432.5	-	17.7	19.8	27.8	-	46.9	-	92.1	71.9	59.7	-	25.08	19.04	29.85
전기전자	10.3	302.7	16.4	10.8	24.6	12.2	8.5	8.7	17.2	9.9	5.5	16.0	28.55	15.63	11.17	42.79
의료정밀	10.0	60.2	24.6	9.2	-	-	32.7	67.8	19.8	13.6	5.3	22.8	18.36	10.01	3.2	-
운수장비	7.5	11.1	14.3	9.0	7.8	9.0	7.3	10.3	9.5	10.0	52.6	23.1	56.27	22	13.18	7.37
유통업	10.4	19.0	31.8	12.8	9.7	18.3	26.1	40.9	79.6	22.2	9.5	17.1	42.24	11.13	11.56	11.54
전기가스업	11.3	-	38.3	37.0	-	-	160.8	10.8	4.1	20.1						
건설업	6.8	16.9	21.3	-	-	-	-	-	51.5	41.3	13.1	8.3	6.52	9.82	5.42	11.69
운수창고업	11.0	-	-	9.3	-	-	-	6.8	11.8	-	26.0	-	-	13.31	2.49	7
통신업	10.2	11.9	11.3	7.0	7.2	13.1	17.6	25.9	12.9	9.7	8.8	13.6	12.46	6.92	8.24	8.28
금융업	5.6	14.6	17.2	9.8	7.7	10.4	18.6	9.7	9.3	10.6	7.6	8.5	8.71	6.44	5.18	7
은행	3.6	9.8	11.5	5.4	3.9	6.8	13.6	6.8	7.5	7.7	5.6	5.1	5.73	16.98		
증권	7.7	19.6	14.8	9.0	15.8	27.2	-	17.9	16.0	12.8	7.7	8.5	6.72	4.47	5.64	7.58
보험	12.9	16.7	16.9	11.6	12.3	13.4	22.3	14.1	9.8	12.4	10.6	12.4	11.03	6.83	7.12	5.02
서비스업	10.6	19.0	16.6	11.9	10.2	12.0	23.7	32.0	18.6	33.5	25.2	33.2	74.79	11.82	20.45	31.01
코스피 200 커뮤니케이션서비스															14.83	20.92
코스피 200 건설															7.67	9.9
코스피 200 중공업															-	104.41
코스피 200 철강/소재															3.46	13.96
코스피 200 에너지/화학															6.98	25.01
코스피 200 정보기술															9.93	-
코스피 200 금융															4.66	5.17
코스피 200 생활소비재															-	-
코스피 200 경기소비재															8.45	6.57
코스피 200 산업재															4.85	13.87
코스피 200 헬스케어															24.63	97.27
코스피 200 TOP 10															12.05	16.94
평균	10.21	65.39	18.92	11.93	13.02	17.15	33.72	25.68	23.34	41.26	19.95	23.64	42.47	17.54	11.35	23.74
중앙값	10.38	19.30	16.51	10.54	11.68	13.08	23.44	16.56	14.78	13.03	10.57	17.07	23.04	13.44	9.52	13.87

[그림 4-16] KOSPI 연간 PER 추이 그래프

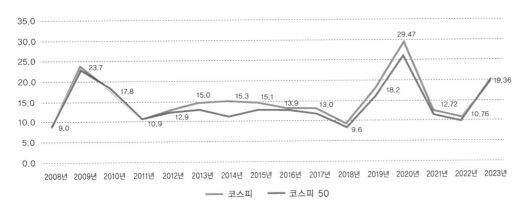

[그림 4-17] KOSPI 산업별 PER[316)]

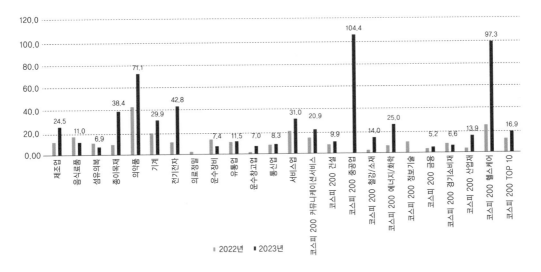

316) KRX 통계 data (재무자료는 최근 4개 분기의 실적을 누적하여 반영하며, 지수PER = 구성종목의 시가총
     액 합계 / 구성종목의 보통주 귀속 지배지분 순이익 합계임)

5) KOSDAQ 산업별 연간 PER

[표 4-34] KOSDAQ 산업별 연간 PER 추이[317]

구분	2008년	2009년	2010년	2011년	2012년	2013년	2014년	2015년	2016년	2017년	2018년	2019년	2020년	2021년	2022년	2023년
코스닥				35.4	28.5	31.2	39.7	41.8	40.8	33.7	42.9	48.4	62.68	38.67	23.2	106.97
코스닥 150								28.8	32.6	42.5	41.0	42.2	50.15	37.32	24.46	127.85
코스닥 대형주	15.4	42.6	22.7	22.3	21.8	20.4	23.4	25.5	28.6	25.6	32.8	38.5	41.34	41.44	25.72	169.16
코스닥 중형주				34.0	23.6	36.5	30.3	39.1	32.6	28.9	29.1	28.5	42.34	26.5	13.45	36.96
코스닥 소형주	-	-	-	-	-	-	-	361.9	77.3	-	489.3		52.99	37.52		418.81
제조업	-	-	-	31.6	29.0	33.9	29.6	43.8	33.2	34.8	52.1	53.9	65.42	45.16	35.55	83.33
음식료·담배	-	-	10.1	10.5	21.6	18.9	16.7	29.8	21.3	28.2	24.2	29.1	23.93	13.66	144.92	51.78
섬유·의류	-	-	-	-	33.9	-	-	-	-	-	37.2	112.1	44.07	12.64	8.75	10.93
종이·목재	-	-	-	9.8	9.5	6.9	54.8	18.8	26.7	16.2	9.3	16.5	38.66	22.76	25.38	-
출판·매체복제	-	-	-	38.7	145.3	-	-	57.3	39.4	58.5	153.2	-	39.11	27.51		
화학	-	-	-	220.1	40.6	27.8	-	31.5	28.2	30.8	38.0	23.3	11.23	28.85	19.26	47.86
제약	16.9	48.4	-	40.0	38.8	36.2	50.6	96.8	36.0	80.0	147.2	96.8	264.4	90.66	57.17	-
비금속	9.3	-	-	13.0	-	18.0	8.0	5.0	12.9	14.8	21.7	45.8	30.18	27.12	11.85	15.86
금속	33.7	28.6	-	252.2	24.4	21.9	28.9	-	23.5	16.7	41.0	458.2	1965.96	32.97	20.66	38.98
기계·장비	-	-	-	22.0	23.3	-	25.9	74.5	65.0	16.7	28.5	100.4	183.27	63.93	29.6	77.12
일반전기전자	-	-	-	-	-	68.6	67.2	171.7	82.5	24.6	47.6	35.1	57.82	91.68	57.83	79.91
의료·정밀기기	-	-	-	24.5	62.0	40.4	28.4	85.8	64.3	44.5	57.8	33.8		40.37	40.04	72.01
운송장비·부품	4.4	-	10.0	9.7	8.8	10.8	9.1	12.8	18.1	15.9	-	132.8		77.89	25.74	15.87
기타제조	11.0	-	7.1	12.1	8.6	9.5	-	41.2	23.1	52.0	46.9	31.4	81.93	14.22	432.82	12.75
건설	8.5	18.2	15.9	12.2	-	41.3	-	16.5	13.3	7.0	7.1	10.1	9.82	7.03	10.62	9.08
유통	-	-	-	288.0	36.3	58.4	120.7	140.3	46.3	94.9	72.6		126.78	32.66	15.79	54.73
운송	-	23.9	-	5.6	3.2	20.7	9.3	-	14.2	11.3	7.7	149.0	8.32	8.43	6.17	2.85
금융	9.7	-	-	111.4	25.4	62.2	24.5	15.5	16.5	6.5	21.0	24.1	13.27	6.88	14.34	78.84
오락·문화	-				57.9	37.5	27.1	46.1	52.3	-					49.92	42.48
기타서비스	-			36.0	26.2	57.4	32.9	86.8	96.7	233.1	218.6	250.5	104.06	164.81	38.72	-
코스닥 우량기업부	-	-	-	13.5	13.2	15.7	16.5	19.4	19.4	17.6	17.2	18.6	22.83	18.77	11.52	33.34

317) KRX 통계 data (재무자료는 최근 4개 분기의 실적을 누적하여 반영하며, 지수PER= 구성종목의 시가총액 합계 / 구성종목의 보통주 귀속 지배지분 순이익 합계임)

구분	2008년	2009년	2010년	2011년	2012년	2013년	2014년	2015년	2016년	2017년	2018년	2019년	2020년	2021년	2022년	2023년
코스닥 벤처기업부	-	-	-	29.3	27.5	42.9	96.8	119.0	128.3	79.0	156.6	79.0	78.63	64.01	41.34	-
코스닥 중견기업부	-	-	-	-	-	-	-	-	-	291.0	-	-	-	1435.5	398.66	
코스닥 기술성장기업부	-	-	-	-	-	-	-	-	-	-	-	-				
코스닥 글로벌															17.56	82.18
코스닥 150 정보기술															14.64	61.97
코스닥 150 헬스케어															198.27	-
코스닥 150 커뮤니케이션서비스															17.19	-
코스닥 150 소재															22.32	55.47
코스닥 150 산업재															81.3	98.76
코스닥 150 필수소비재															16.24	177.29
코스닥 150 자유소비재															7.59	8.71

[그림 4 - 18] KOSDAQ 산업별 연간 PER 추이 그래프

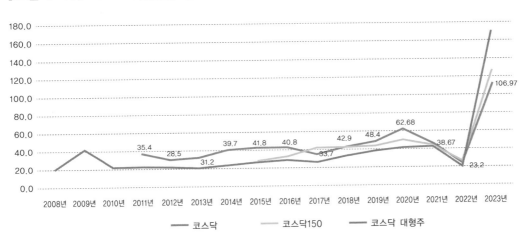

[그림 4-19] KOSDAQ 산업별 PER[318]

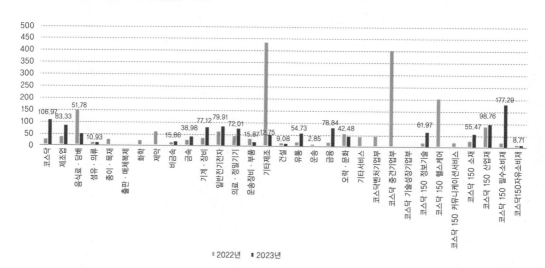

6) 주요 기업의 PER

[표 4-35] 주요 기업의 PER 추이[319]

구분	FY 2012	FY 2013	FY 2014	FY 2015	FY 2016	FY 2017	FY 2018	FY 2019	FY 2020	FY 2021	FY 2022	FY 2023
삼성전자	8.6	6.0	7.5	8.6	9.9	7.4	5.3	15.5	18.5	11.9	6.9	36.8
LG전자	129.8	62.8	24.1	70.4	109.3	10.0	8.2	375.4	11.2	21.8	11.6	25.8
삼성전기	16.8	16.5	8.1	425.0	251.1	44.9	11.5	17.7	21.4	16.1	9.8	26.9
SK하이닉스	(113.1)	9.1	8.3	5.0	10.7	5.1	2.7	32.3	17.1	9.4	23.1	-
LG디스플레이	47.6	21.3	13.3	9.1	12.4	5.9	(31.2)	(2.1)	(74.3)	7.4	-	-
삼성SDI	4.5	53.8	(95.1)	145.5	32.9	20.4	20.4	43.3	71.5	36.6	20.2	15.7
LG디스플레이											131.7	80.9
LG이노텍	(66.4)	108.6	23.6	24.5	422.3	19.5	12.5	32.4	18.3	9.7	6.1	10.0
S-Oil	20.0	28.8	(18.9)	14.2	7.9	10.6	42.6	164.0	(9.8)	7.0	4.6	8.5
LG화학	14.6	15.6	13.7	18.8	13.4	14.4	16.2	69.8	112.7	11.8	26.2	29.0
코오롱인더	9.3	12.0	28.7	(10.9)	10.9	16.9	23.8	41.3	5.4	10.3	7.0	34.7

318) KRX 통계 data (재무자료는 최근 4개 분기의 실적을 누적하여 반영하며, 지수PER= 구성종목의 시가총액 합계 / 구성종목의 보통주 귀속 지배지분 순이익 합계임)

319) Dart, Krx, Bloomberg 자료 참조하여 계산. PER는 "시가총액/지배주주지분순이익"으로 계산하였고, 시가총액에서는 자기주식은 제외. 평균주식수로 주당이익을 계산하여 PER를 산출할 경우에는 위의 결과와 다를 수 있으며, 산정기준에 따라서도 PER 산정 결과는 다를 수 있음. 제시된 표의 배수는 단순 참고용임.

구분	FY 2012	FY 2013	FY 2014	FY 2015	FY 2016	FY 2017	FY 2018	FY 2019	FY 2020	FY 2021	FY 2022	FY 2023
LG생활건강	31.7	22.5	26.1	33.4	22.1	28.7	23.6	23.8	29.8	19.0	51.2	41.7
아모레퍼시픽	26.2	21.8	34.2	41.9	29.4	45.2	36.8	48.5	339.8	50.4	70.5	55.6
SK이노베이션	13.5	17.8	(13.3)	14.7	8.1	8.9	9.5	(365.0)	(7.2)	65.5	8.6	50.0
롯데케미칼	26.3	27.1	36.7	8.3	6.8	5.6	6.0	10.7	59.7	5.5	99.1	-
KCC	6.5	18.5	15.6	22.4	23.2	89.7	(128.9)	(10.3)	2.5	(52.7)	44.8	7.9
한화솔루션	87.0	366.4	33.7	23.4	5.3	6.2	17.6	(12.8)	24.7	10.9	24.3	-
SK아이이테크놀로지										125.6	-	68.5
KT	8.3	(47.4)	(7.3)	12.5	10.1	15.6	10.6	10.8	8.8	5.3	6.5	8.5
SK텔레콤	9.2	10.0	10.6	10.0	9.4	7.3	6.2	19.6	11.3	5.2	11.5	10.1
한국전력	(6.0)	360.8	9.9	2.4	4.0	18.9	(16.2)	(7.6)	8.8	(2.7)	-	-
한국가스공사	14.9	(29.1)	9.7	10.1	(6.3)	(3.1)	8.3	85.6	(15.4)	3.5	2.1	-
현대차	5.3	5.8	4.8	4.8	5.6	8.0	16.1	8.2	27.0	8.4	5.1	4.1
현대모비스	7.7	8.2	6.6	7.6	8.2	15.9	9.5	10.4	15.5	9.9	7.4	6.3
한국조선해양	14.9	56.5	(4.0)	(4.3)	17.6	2.3	(18.6)	54.5	(9.2)	(7.2)	-	38.6
팬오션	(2.1)		0.7	42.5	21.8	19.7	15.6	16.0	29.0	5.3	4.5	8.2
대한항공	12.4	(8.1)	(5.8)	(3.6)	(3.5)	4.1	(18.6)	(4.3)	(22.4)	17.7	4.8	8.3
CJ대한통운	21.1	(31.2)	59.6	73.3	56.5	78.4	57.6	70.8	26.8	45.9	11.4	12.3
현대글로비스	16.7	18.0	20.4	19.2	11.5	7.5	11.1	10.7	11.4	8.0	5.2	6.8
HMM	(3.7)	(2.7)	45.3	(1.4)	(2.6)	(1.3)	(1.5)	(1.9)	36.8	2.5	0.9	11.7
유한양행	22.1	22.0	18.8	21.7	12.4	22.4	41.6	72.3	25.0	40.7	43.0	37.9
셀트리온	25.9	36.7	35.2	64.0	82.7	73.3	106.6	77.4	93.9	48.0	42.1	53.6
삼성바이오로직스					(56.5)	(253.1)	114.1	141.2	226.8	151.8	71.8	63.1
SK바이오사이언스										48.5	46.1	247.4
에스디바이오센서										5.3	3.4	-
KB금융	8.5	12.9	10.0	7.5	8.0	7.6	6.0	5.6	4.9	4.9	4.7	4.7
카카오뱅크										137.3	43.9	38.3
신한지주	7.9	11.8	10.1	7.9	7.7	8.0	5.9	5.9	4.8	4.7	4.1	5.0
하나금융지주	5.2	13.6	9.9	7.7	7.0	7.2	4.9	4.5	3.8	3.5	3.5	3.8
삼성생명	20.6	20.6	16.5	17.2	9.8	19.2	8.8	13.7	11.2	7.8	8.1	6.5
삼성화재	11.8	12.0	14.0	15.3	12.5	10.1	10.0	15.1	9.9	7.2	7.1	6.1
미래에셋증권	25.5	29.4	15.5	10.2	93.6	10.2	7.8	6.3	5.7	3.6	5.5	14.4

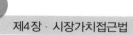

구분	FY 2012	FY 2013	FY 2014	FY 2015	FY 2016	FY 2017	FY 2018	FY 2019	FY 2020	FY 2021	FY 2022	FY 2023
SK	13.2	32.0	73.8	2.5	16.7	9.4	6.4	19.1	66.4	7.1	11.6	-
LG	12.0	12.3	12.5	12.9	9.6	6.6	6.5	11.8	10.3	5.0	9.0	10.7
현대건설	15.3	15.3	14.2	7.6	8.3	20.0	15.9	11.6	34.1	12.1	9.6	7.3
대우건설	23.1	(4.2)	23.1	16.1	(2.8)	9.4	7.4	9.3	7.2	4.9	3.4	3.3
쌍용C&E	12.7	12.7	8.6	15.9	7.5	6.2	21.7	21.9	24.3	20.8	26.4	42.3
POSCO 홀딩스	10.9	18.9	35.2	73.7	15.1	9.5	11.5	10.3	12.9	3.1	6.7	22.3
한샘	8.5	14.8	23.9	36.5	28.2	33.1	13.2	25.5	27.7	28.2	-	-
신세계	13.3	15.8	11.4	5.6	7.6	16.2	10.5	5.4	(22.8)	8.1	5.3	7.4
이마트	15.6	15.9	19.5	11.6	13.6	12.3	11.3	14.7	11.3	2.7	2.6	-
LX인터내셔널	8.4	23.1	(84.1)	(5.5)	19.4	17.4	(8.4)	20.4	3.0	2.7	2.4	9.0
현대코퍼레이션	9.0	7.3	19.8	2.6	35.5	9.9	(40.4)	13.9	3.9	5.3	2.5	2.7
영원무역	11.3	17.0	18.3	14.4	12.3	12.7	14.9	9.0	9.4	6.4	3.1	3.9
삼성물산			40.2	8.5	191.1	32.2	10.1	16.9	21.8	11.9	9.1	9.6
GS리테일	18.7	18.1	17.7	25.2	13.4	26.3	25.9	22.7	15.7	3.8	20.4	29.8
한세실업	12.6	18.2	25.7	20.5	21.6	24.5	(15.3)	(2,723.5)	19.6	12.8	7.1	7.4
두산에너빌리티	94.5	49.4	(24.7)	(2.0)	(16.9)	(5.6)	(2.2)	(2.9)	(4.7)	21.5	-	182.8
제일기획	24.1	28.0	18.3	26.4	18.1	16.9	17.6	17.6	13.3	14.0	12.0	10.3
이노션			20.0	17.5	23.8	16.5	19.3	18.8	16.8	11.7	8.4
NAVER	18.1	11.4	46.2	37.0	29.8	33.1	27.5	46.5	43.0	3.4	35.5	33.6
카카오	16.1	46.2	47.7	92.0	90.3	85.7	170.5	(41.9)	215.3	35.1	17.1	-
엔씨소프트	19.3	31.2	15.8	28.2	19.3	21.6	23.0	31.1	32.7	32.9	20.9	23.0
넷마블						51.7	49.3	48.4	34.4	42.6	-	-
크래프톤										41.4	15.3	15.1
하나투어	19.5	21.6	25.7	40.0	91.0	86.5	87.0	(70.4)	(4.4)	(22.7)	-	17.2
대교	21.4	15.8	13.2	14.9	14.4	14.7	25.8	25.7	(14.5)	(6.2)	-	-
더존비즈온	18.8	22.9	25.6	28.5	22.6	25.2	35.8	46.5	54.0	41.3	54.5	26.8
코웨이	34.5	20.2	25.0	18.2	26.6	21.6	15.3	20.2	13.0	11.6	8.9	8.8
하이브									66.5	105.5	137.2	51.8
SPC삼립	19.7	22.9	37.7	61.6	28.6	33.2	24.5	35.0	(46.8)	14.2	10.9	10.1
CJ제일제당	17.7	30.2	42.6	25.5	16.6	12.7	5.6	24.3	8.2	9.3	10.2	13.5
오뚜기	9.9	14.7	17.5	39.6	16.2	20.2	14.8	18.7	18.1	11.7	5.9	8.6
해태제과식품					18.8	55.0	101.3	(5.5)	8.0	(541.4)	-	6.6

구분	FY 2012	FY 2013	FY 2014	FY 2015	FY 2016	FY 2017	FY 2018	FY 2019	FY 2020	FY 2021	FY 2022	FY 2023
농심	(231.4)	16.4	22.5	21.7	9.6	22.6	17.5	19.6	11.7	18.4	17.8	13.7
하이트진로	19.5	18.7	75.2	30.0	37.6	130.0	51.0	(46.8)	25.1	28.7	20.4	43.9
한솔제지				14.1	9.3	7.9	9.7	8.6	5.6	23.5	4.3	143.8
KT&G	14.1	16.6	11.8	12.6	10.5	12.5	14.2	11.5	8.8	9.7	10.7	11.0
컴투스	23.0	12.5	16.8	11.9	7.2	12.0	12.3	11.7	23.8	14.5	19.8	86.7
펄어비스							18.4	14.3	31.1	142.5	-	156.3
카카오게임즈									39.6	13.3	-	-
엘앤에프	382.0	(11.0)	(55.3)	(37.9)	51.1	44.8	39.4	(51.3)	(114.3)	(61.1)	21.0	-
씨젠			89.6	145.8	128.0	267.3	38.8	29.9	10.0	5.9	7.6	1,635.7
에코프로비엠								31.5	76.0	113.4	32.0	-
CJ ENM	10.4	18.5	16.5	13.6	41.9	10.6	24.4	30.1	50.8	14.9	-	-
에스엠	23.4	39.6	116.7	41.1	154.4	172.9	39.3	(98.9)	(9.8)	13.0	22.6	24.8
스튜디오드래곤						76.4	72.3	86.0	93.8	69.9	51.1	51.4

[그림 4-20] 주요 기업의 PER 중앙값 추이

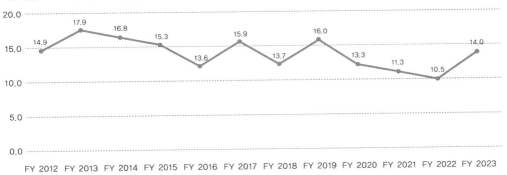

7) KOSPI 산업별 연간 PBR

[표 4-36] KOSPI 산업별 연간 PBR 추이[320]

구분	2008년	2009년	2010년	2011년	2012년	2013년	2014년	2015년	2016년	2017년	2018년	2019년	2020년	2021년	2022년	2023년
코스피	0.94	1.34	1.50	1.19	1.25	1.20	1.11	1.10	1.00	1.11	0.87	0.89	1.16	1.14	0.84	0.96
코스피 200	0.97	1.41	1.60	1.24	1.31	1.24	1.10	1.11	1.01	1.15	0.88	0.93	1.24	1.18	0.81	0.96
코스피 100	0.99	1.47	1.64	1.26	1.33	1.24	1.09	1.08	1.00	1.14	0.86	0.93	1.24	1.2	0.82	0.98
코스피 50	0.97	1.43	1.61	1.23	1.35	1.26	1.07	1.07	1.00	1.15	0.86	0.94	1.26	1.21	0.82	0.99
코스피 대형주	1.00	1.47	1.66	1.26	1.35	1.26	1.12	1.07	1.01	1.13	0.88	0.92	1.21	1.18	0.89	1.06
코스피 중형주	0.72	0.93	1.00	0.97	0.97	1.02	1.06	1.21	0.95	1.06	0.89	0.80	0.97	0.91	0.74	0.64
코스피 소형주	0.48	0.63	0.63	0.56	0.59	0.66	0.76	0.93	0.79	0.76	0.67	0.63	0.72	0.73	0.55	0.5
제조업	1.03	1.56	1.77	1.43	1.57	1.41	1.21	1.17	1.13	1.26	0.95	1.05	1.49	1.4	1.01	1.24
음식료품	1.05	1.19	1.07	1.21	1.49	1.42	1.47	1.99	1.29	1.58	1.15	0.99	1.06	0.96	0.89	0.82
섬유의복	0.53	0.75	0.80	0.84	0.70	0.79	2.58	1.14	0.82	0.80	0.65	0.86	0.78	1.67	1.18	0.78
종이목재	0.52	0.62	0.52	0.41	0.46	0.52	0.50	0.50	0.62	0.52	0.61	0.54	0.68	0.68	0.52	0.42
화학	1.12	1.64	2.32	1.81	1.56	1.46	1.27	1.79	1.44	1.54	1.18	1.04	1.49	1.27	0.91	0.83
의약품	1.61	1.78	1.36	1.20	1.58	1.57	1.60	3.06	2.64	3.85	4.74	4.24	7.29	5.79	3.73	4.08
비금속광물	0.39	0.55	0.55	0.46	0.47	0.58	1.00	1.03	0.85	0.78	0.96	1.00	1.49	1.62	1.5	0.67
철강금속	0.92	1.36	1.15	0.86	0.84	0.76	0.64	0.50	0.62	0.68	0.51	0.46	0.52	0.54	0.46	0.64
기계	1.48	1.48	2.05	1.45	1.16	0.99	1.03	1.22	1.31	1.40	1.20	1.00	1.58	1.7	1.21	1.67
전기전자	0.99	1.78	1.84	1.48	2.15	1.78	1.50	1.22	1.35	1.56	0.98	1.26	1.8	1.69	1.16	1.59
의료정밀	1.68	4.02	1.48	0.91	1.00	1.61	1.49	1.89	1.59	2.22	1.13	1.36	1.27	2.1	1	0.83
운수장비	0.99	1.48	2.24	1.76	1.52	1.43	0.93	0.83	0.71	0.62	0.54	0.58	0.73	0.8	0.59	0.75
유통업	1.11	1.34	1.39	1.11	1.07	1.06	1.01	1.37	1.06	1.01	0.86	0.78	0.84	0.73	0.65	0.67
전기가스업	0.48	0.54	0.48	0.41	0.42	0.49	0.54	0.56	0.41	0.36	0.33	0.28	0.28	0.26	0.35	0.32
건설업	0.95	1.13	1.17	0.96	1.01	0.85	0.84	0.82	0.82	0.75	0.86	0.69	0.7	0.74	0.44	0.42
운수창고업	1.08	1.15	1.53	1.04	1.43	2.14	2.01	1.19	1.18	1.20	1.08	1.07	1.5	1.4	0.72	0.78
통신업	0.95	0.82	0.95	0.74	0.94	1.13	1.19	1.01	0.98	1.04	0.90	0.75	0.68	0.56	0.67	0.66
금융업	0.79	1.22	1.30	0.86	0.80	0.80	0.77	0.67	0.62	0.83	0.64	0.52	0.48	0.59	0.47	0.45
은행	0.59	1.22	1.14	0.67	0.57	0.56	0.44	0.41	0.41	0.49	0.43	0.30	0.26	1.09		
증권	0.93	1.19	1.24	0.66	0.77	0.64	0.76	0.72	0.69	0.74	0.57	0.56	0.58	0.57	0.39	0.41
보험	1.90	2.06	1.66	1.32	1.17	1.09	1.27	1.08	0.76	0.86	0.67	0.47	0.4	0.44	0.78	0.4

320) KRX 통계 data (재무자료는 최근 결산기(분, 반기 포함)의 자본총액을 반영하며, 지수PBR = 구성종목의 시가총액 합계 / 구성종목의 지배지분 자본총계 합계임)

구분	2008년	2009년	2010년	2011년	2012년	2013년	2014년	2015년	2016년	2017년	2018년	2019년	2020년	2021년	2022년	2023년
서비스업	1.14	1.57	1.78	1.42	1.43	1.50	1.62	1.97	1.43	2.73	2.13	2.31	3.23	2.73	1.46	1.56
코스피 200 커뮤니케이션서비스															1.19	1.19
코스피 200 건설															0.67	0.61
코스피 200 중공업															1.03	1.36
코스피200 철강/소재															0.4	0.62
코스피 200 에너지/화학															0.75	0.72
코스피200 정보기술															0.88	1.15
코스피200 금융															0.45	0.44
코스피 200 생활소비재															0.71	0.68
코스피 200 경기소비재															0.6	0.67
코스피200 산업재															1.01	1.5
코스피200 헬스케어															3.09	3.8
코스피 200 TOP 10															1.06	1.18
평균	1.01	1.38	1.35	1.05	1.10	1.12	1.17	1.19	1.03	1.22	1.05	1.01	1.32	1.33	0.97	1.03
중앙값	0.99	1.28	1.33	1.00	1.04	1.08	1.11	1.11	0.92	0.94	0.88	0.82	0.81	1.03	0.78	0.75

[그림 4 - 21] KOSPI 연간 PBR 추이 그래프

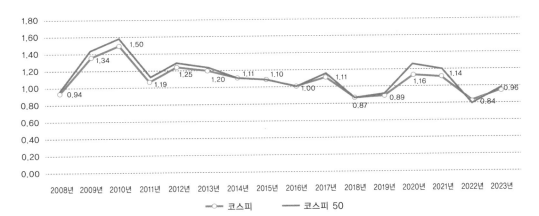

[그림 4-22] KOSPI 산업별 PBR

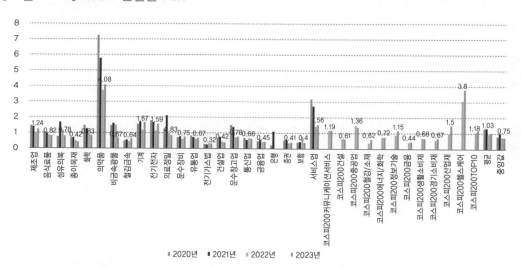

■ 2020년　■ 2021년　■ 2022년　■ 2023년

8) KOSDAQ 산업별 연간 PBR

[표 4-37] KOSDAQ산업별 연간 PBR 추이[321]

구분	2008년	2009년	2010년	2011년	2012년	2013년	2014년	2015년	2016년	2017년	2018년	2019년	2020년	2021년	2022년	2023년
코스닥	0.8	1.4	1.5	1.5	1.5	1.5	1.7	2.1	1.9	2.3	1.7	1.7	2.55	2.51	1.53	2.02
코스닥 150								3.0	2.7	4.1	3.0	2.8	4.35	3.92	2.26	3.6
코스닥 대형주	1.3	2.0	2.3	2.1	2.2	2.2	2.4	2.9	2.5	3.5	3.1	2.8	4.5	4.48	2.5	4.22
코스닥 중형주	0.7	1.4	1.4	1.5	1.5	1.4	1.5	1.9	1.7	1.9	1.4	1.5	2	2.22	1.28	1.59
코스닥 소형주	0.4	0.8	0.8	0.8	0.9	0.9	1.0	1.4	1.4	1.3	1.1	1.1	1.52	1.54	1.08	1.05
제조	0.9	1.4	1.5	1.6	1.4	1.5	1.5	2.3	2.1	2.5	1.8	1.7	2.54	2.37	1.62	2.12
음식료·담배	0.7	1.1	1.2	0.9	0.9	1.3	1.3	2.0	1.9	2.0	1.6	1.3	1.41	1.25	0.96	1.05
섬유·의류	0.3	0.7	0.6	1.2	0.8	0.7	0.8	1.6	2.2	1.6	1.5	1.5	1.37	1.57	1	0.81
종이·목재	0.5	0.7	0.6	0.6	0.5	0.5	1.0	0.9	0.9	0.8	0.7	1.0	1.4	1.81	0.93	0.96
출판·매체복제	0.9	1.7	1.7	2.9	1.5	1.6	3.3	5.3	4.2	3.8	1.3	1.5	1.92	1.9	1.5	1.14
화학	0.8	1.4	1.3	1.5	1.6	1.5	1.4	2.1	2.0	2.1	1.5	1.6	2.5	2.75	1.77	1.92
제약	1.3	2.4	3.0	3.4	3.3	2.9	3.3	5.7	4.4	6.4	4.0	3.2	5.5	3.59	2.4	2.85
비금속	0.6	0.6	1.3	1.2	0.9	1.0	1.0	1.0	1.1	1.6	2.0	1.0	1.03	1.11	0.74	0.74
금속	1.6	1.8	1.3	1.2	1.1	1.1	0.8	0.9	1.0	0.9	0.8	0.7	0.93	1.06	0.97	1.05

321) KRX 통계 data (재무자료는 최근 결산기(분, 반기 포함)의 자본총액을 반영하며, 지수PBR = 구성종목의 시가총액 합계 / 구성종목의 지배지분 자본총계 합계임)

구분	2008년	2009년	2010년	2011년	2012년	2013년	2014년	2015년	2016년	2017년	2018년	2019년	2020년	2021년	2022년	2023년
기계·장비	0.8	1.4	1.9	2.0	1.4	1.3	1.3	1.7	2.0	1.9	1.5	1.7	2.21	2.09	1.52	1.93
일반전기전자	0.5	1.0	1.0	0.8	0.8	1.0	1.1	1.3	1.4	1.5	1.5	1.9	2.79	3.81	2.29	5.1
의료·정밀기기	0.8	1.5	1.4	1.7	2.2	2.4	3.0	4.1	3.1	2.7	2.0	2.2	3.16	3.14	2.15	2.55
운송장비·부품	0.5	0.9	1.0	0.9	0.8	1.0	0.9	1.1	1.0	1.0	1.2	1.3	1.51	1.37	0.65	0.73
기타 제조	0.5	0.7	0.7	0.7	0.9	0.9	1.3	1.3	1.4	1.3	1.2	1.3	1.64	1.6	2.3	1.11
건설	0.6	0.9	0.8	0.6	0.6	0.7	1.0	1.3	1.1	0.9	0.7	0.7	0.8	0.83	0.59	0.57
유통	0.7	1.1	1.2	1.4	1.4	1.5	2.0	2.6	1.6	3.4	2.3	1.8	3.83	2.43	1.62	1.78
운송	0.4	0.6	0.7	0.5	0.5	0.5	0.5	0.7	0.7	0.6	0.4	0.6	0.61	0.88	0.92	0.31
금융	0.8	0.7	0.6	0.6	0.9	1.0	1.3	1.3	1.2	1.0	0.8	0.8	0.97	1.01	0.81	2.19
오락문화	0.4	0.8	0.8	1.8	3.4	3.5	3.2	2.8	1.7	2.4	2.7	2.2	2.53	3.47	2.5	2.31
기타서비스	1.4	1.6	1.4	1.3	1.5	1.6	1.9	2.7	2.3	4.3	3.9	3.1	5.12	3.51	1.94	3.39
코스닥 우량기업부	0.0	0.0	0.0	1.6	1.6	1.7	1.7	1.9	1.6	2.1	1.5	1.5	2.2	2.17	1.33	1.88
코스닥 벤처기업부	0.0	0.0	0.0	1.8	1.6	1.8	2.2	2.9	2.6	2.7	2.0	2.1	2.71	3.09	1.76	2.35
코스닥 중견기업부	0.0	0.0	0.0	1.2	1.3	1.1	1.3	2.0	1.9	2.3	1.6	1.7	2.29	2.36	1.54	1.53
코스닥 기술성장기업부	0.0	0.0	0.0	2.7	4.9	6.9	6.4	10.6	5.7	8.6	9.3	5.6	10.45	6.52	3.25	5.32
코스닥 글로벌															2.19	3.53
코스닥150 정보기술															2.11	3.31
코스닥 150 헬스케어															3.53	5.24
코스닥 150 커뮤니케이션 서비스															2	1.93
코스닥 150 소재															1.69	3.56
코스닥 150 산업재															2.58	4.21
코스닥 150 필수소비재															0.9	1.05
코스닥 150 자유소비재															1.1	1.01

[그림 4-23] KOSDAQ 산업별 연간 PBR 추이 그래프

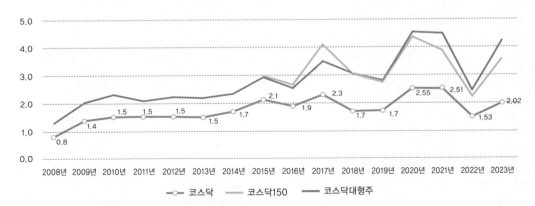

[그림 4-24] KOSDAQ 산업별 PBR[322]

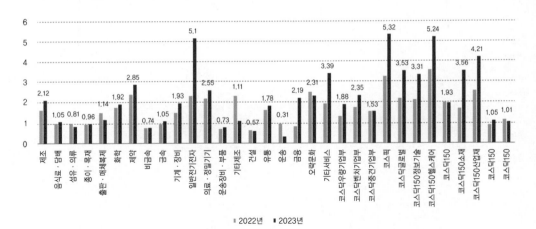

9) 주요 기업의 PBR 추이

[표 4-38] 주요 기업의 PBR 추이

구분	FY 2012	FY 2013	FY 2014	FY 2015	FY 2016	FY 2017	FY 2018	FY 2019	FY 2020	FY 2021	FY 2022	FY 2023
KB금융	0.6	0.6	0.5	0.4	0.5	0.7	0.5	0.5	0.4	0.4	0.4	0.4
카카오뱅크										5.1	2.0	2.2

---

322) KRX 통계 data (재무자료는 최근 결산기(분, 반기 포함)의 자본총액을 반영하며, 지수PBR = 구성종목의 시가총액 합계 / 구성종목의 지배지분 자본총계 합계임)

구분	FY 2012	FY 2013	FY 2014	FY 2015	FY 2016	FY 2017	FY 2018	FY 2019	FY 2020	FY 2021	FY 2022	FY 2023
신한지주	0.6	0.8	0.7	0.6	0.7	0.7	0.5	0.5	0.4	0.4	0.4	0.4
하나금융지주	0.4	0.6	0.4	0.3	0.4	0.6	0.4	0.4	0.3	0.3	0.3	0.3
삼성생명	1.1	0.9	1.0	0.9	0.7	0.7	0.5	0.4	0.3	0.3	0.6	0.3
삼성화재	1.2	1.0	1.2	1.2	1.0	0.9	0.9	0.7	0.5	0.5	0.7	0.7
미래에셋증권	1.1	0.9	0.8	0.7	0.6	0.7	0.4	0.5	0.5	0.4	0.3	0.3
SK	2.1	2.7	3.6	0.3	0.3	0.3	0.3	0.3	0.2	0.2	0.5	0.5
LG	1.0	0.9	0.8	0.9	0.7	1.0	0.7	0.7	0.7	0.6	0.5	0.5
POSCO 홀딩스	0.6	0.6	0.5	0.3	0.4	0.6	0.4	0.4	0.4	0.4	0.4	0.7

[그림 4-25] 주요 기업의 PBR 중앙값 추이

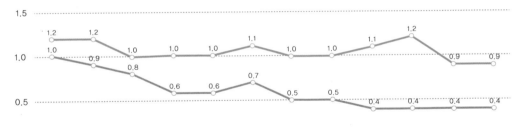

제5장

자산가치접근법

자산가치접근법의 개요

Key Concept

- 상대적으로 이해하기 쉽고 평가가 간편하며, 객관적이고 검증 가능성이 높다.
- 그러나, 미래 수익창출능력에 대한 고려가 용이하지 않아 독립적인 평가방법으로서는 활용도가 제한적이다.
- 평가 대상이 자산가치접근법에 부합하는지에 대한 판단이 필요하다. 자산이 독립적으로 수익창출을 하거나 비교적 자산대비 수익률이 낮은 상황에서 자산가치접근법이 많이 활용된다.

자산가치접근법은 자산에서 부채를 차감한 순자산가치를 이용하여 평가대상의 가치를 산정하는 평가방법론이다. 여기서 자산과 부채를 어떠한 방식으로 평가하고 측정하느냐에 따라 장부가액법, 대체원가법, 실사가액법, 공정가액법, 청산가치법 등으로 구분될 수 있다.

자산가치접근법은 상대적으로 이해하기 쉽고 평가가 간편하기 때문에 객관적이고 검증 가능성이 높아 신뢰성이 높은 평가로 알려져 있다. 그러나 미래 수익창출능력에 대한 고려가 용이하지 않아 계속기업의 가정에서는 적절하지 않을 수 있다는 한계로 인해, 독립적인 평가방법으로는 비교적 제한적으로 사용되고 다른 평가방법과 함께 사용되거나 보완적으로 사용되는 경우가 많다. 예를 들어 다양한 평가방법을 적용할 때 다른 평가와 비교하기 위한 기준점이 되거나, 현금흐름할인법으로 평가 시 비영업자산이 있을 경우 비영업자산에 대한 평가에 자산가치접근법을 적용하거나, 자본시장법이나 상증법에서 규정된 평가방법과 같이 수익가치와 가중평균하는 가치 개념으로서 활용되기도 한다.

또한 회생절차에서는 수익가치접근법인 계속기업가치와 자산가치접근법인 청산가치를 비교하여 회생계획안의 인가 여부가 결정되기도 한다.

자본시장법 상 평가를 위한 가치평가 가이드라인인 '외부평가업무 가이드라인[323]'은 다음과 같은 경우에는 시장가치접근법과 함께 자산가치접근법을 우선적으로 고려할 필요가 있다고 기술하고 있다.

---

323) 금융감독원, 2009.6.

[표 5-1] 자산가치접근법의 활용이 우선적[324]으로 고려되는 경우[325]

- 영업활동을 수행하지 않고 부동산이나 타 회사의 지분을 보유함으로써 이익을 얻는 지주회사 유형
- 신생 벤처기업
- 적자기업
- 설립된 지 5년 미만인 경우
- 청산을 전제로 한 기업
- 개별자산 측면에서는 건설중인 자산 등

상기의 예를 통해 보거나 실무 적용 사례를 보면, 자산가치접근법이 우선적으로 고려되는 경우는 자산이 독립적으로 수익창출을 하거나 비교적 자산대비 수익률이 낮은 상황이라고 볼 수 있다.

1 자산가치접근법의 종류

자산가치평가의 기본적인 접근방법은 모두 동일하다. 개별 자산과 부채를 평가하고 이들의 합을 통해 가치를 산정한다. 개별 자산과 부채의 평가기준에 따라 평가방법의 종류가 나뉘며, 평가방법의 선택은 평가의 목적, 대상자산의 성격과 활용 가능한 정보 수준 등에 따라 결정된다.

[표 5-2] 자산가치접근법의 종류

주요 평가 방법		설명
순자산가액법	장부가액법	회계기준에 따라 작성된 재무상태표상의 순자산가액(총자산 – 총부채)으로 평가하는 방법
	공정가액법, 조정순자산가액법, 실사가치법	**공정가액법**은 장부상의 각 자산, 부채를 공정가액으로 평가한 금액 기준으로 순자산가액을 평가하는 방법이고, **조정순자산가액법**은 순자산에서 합의된 기준에 의한 조정사항을 반영한 것이며, **실사가치법**은 실사를 통해 파악된 조정사항을 반영한 순자산 가액으로 평가하는 방법임.

---

324) **우선적**으로 고려한다는 의미는 수익가치접근법의 적용이 항상 불합리하다는 의미는 아닌 것으로 해석된다. 신생 벤처기업이나 설립된 지 5년 미만의 법인이라도 미래현금흐름에 대한 합리적인 추정이 가능하다면 적용이 가능할 것이고, 부동산 보유회사일지라도 임대용 부동산을 소유하면서 임대수익이 주력 사업인 경우에는 수익가치접근법의 적용에 대한 고려가 필요할 것이다.
325) 상증법 상 보충적 평가방법에서도 순자산가치로 평가하는 경우를 규정하고 있다. 외부평가업무 가이드라인과 상증법 상 자산가치가 우선적으로 고려되는 경우의 비교는 "제1장 Ⅲ. 3. 자산가치접근법"을 참고하기 바란다.

주요 평가 방법		설명
원가접근법[326]	청산가치법	현재 회사가 보유하고 있는 각각의 자산을 처분한다고 할 때 (처분비용을 차감한) 예상 처분가격의 합계에서 총부채금액을 차감한 잔여가액을 자산가치로 평가하는 방법
	재생산원가법 (Reproduction cost)	동일한 대상을 만드는 데 소요되는 비용을 통해 대상을 평가하는 방법(같은 재료와 생산기준, 디자인을 통해 대상을 만드는 데 소요되는 비용을 적용하여 산출)
	대체원가법 (Replacement cost)	동일한 효용을 지니는 대상을 만드는 데 소요되는 비용을 통해 대상을 평가하는 방법(평가시점의 재료, 생산기준 등을 적용하여 산출)

　자산가치접근법은 크게 순자산가액법과 원가접근법으로 구분할 수 있다. 순자산가액법은 개별 자산 및 부채를 일정 기준에 따라 평가한 가액 기준으로 순자산을 조정하여 가치를 평가하는 방법이고, 원가접근법은 특정 자산을 대체하기 위해 소요되는 비용을 통해 가치를 평가한다.

　자산가치접근법을 적용하는 대표적인 예는 청산가치를 산정하는 경우이다. 청산가치는 회생절차에서 계속기업가치와 비교됨으로써 기업의 회생계획안 인가 여부를 판단하는 중요한 기초자료가 된다.

　자본시장법 상 본질가치평가에서 자산가치평가는 기본적으로 장부가액을 기초로 하나 손상차손의 반영, 실질가치가 없는 무형자산의 차감, 투자주식 등의 평가감 등을 조정한다는 측면에서 조정순자산가액법과 유사한 개념이라고 볼 수 있을 것이다.

　공정가액법은 증권시장의 분석보고서 등에서 활용되는 경우가 있으며,[327] 상증법 상 보충적 평가방법의 자산가치평가도 개별 자산을 세법 상 시가로 평가한다는 측면에서는 공정가액법과 유사하다고 볼 수 있다.

　대체원가법은 무형자산의 평가에서 내부사용 목적의 소프트웨어 평가나 집합적 노동력(Assembled Workforce)[328]의 평가에 활용된다.

---

326) 원가접근법은 재생산원가 또는 대체원가가 공정가치라고 보는 관점으로 자산의 재생산 또는 재구축 비용을 산정하고, 여기에 물리적 감가상각, 경제적 또는 기능적 진부화 등을 고려하여 자산의 가치를 추정하는 방법이다.
　원가접근법은 개발 초기 단계로서 향후의 이익을 추정하기 어려운 경우나, 판매시장이 존재하지 않는 경우에 사용될 수 있으며, 이러한 예로서 내부사용 소프트웨어의 평가나 집합적 노동력(Assembled workforce)과 같은 무형자산의 평가에 적용될 수 있다.
327) 자산의 보유를 통해 가치를 창출하는 기업의 주식, 지주회사 성격의 주식 등 개별 자산가치의 합을 통해 주식가치를 분석할 때 자산가치접근법이 활용된다.

2 법규상 자산가치

실무상 가장 빈번하게 산정하게 되는 자산가치는 자본시장법 상 본질가치 산정 시 자산가치를 평가하는 경우와 상증법 상 보충적 평가방법에 의한 자산가치를 산정하는 경우일 것이다.

본질가치 산정 시 자산가치는 "제6장 자본시장법 상 평가"에서, 보충적 평가방법에 의한 자산가치는 "제7장 상증법 상 평가"에서 자세히 다루기로 한다.

3 절차

자산가치접근법의 평가절차는 간단하다. ① 재무상태표와 부속 명세서를 입수하여 ② 개별 자산과 부채에 대한 평가를 수행하고 평가된 자산과 부채를 기초로 ③ 재무상태표를 재작성하면 된다.

이 과정에서 중요한 것은 **평가기준**이 필요하다는 점이다. 개별 자산은 평가기준에 따라 다양한 평가결과가 도출될 수 있으므로 사전에 평가기준을 명확하게 수립하는 것이 중요하다. 여기에는 대상자산에 대한 실사를 수행할 것인지에 대한 논의까지 포함된다.

그 다음으로는 장부상 계상되지 않은 자산과 부채가 있을 수 있으므로 이러한 부외자산 부채를 평가에 포함시켜야 한다.

자산가치 평가절차의 기본적인 흐름에 대해서는 다음에 설명한 "청산가치 산정 절차"에서 추가적으로 다루기로 한다.

[Note 1] 자산가치접근법 적용 여부 판단 또는 적용 시 고려사항

자산가치접근법은 간단하고 이해가능성 및 검증가능성이 높다는 장점이 있으나, 미래 가치창출 요인이 적절하게 반영되지 못할 가능성으로 인해 계속기업의 가정에서는 제한적으로 사용되고 있다. 그러나, 평가대상의 속성에 따라 자산가치접근법이 우선적으로 고려되어야 하는 상황도 있고 자산가치접근법 적용 시 고려되어야 하는 사항도 있는데, 이에 대해서는 "외부평가업무 가이드라인(금감원, 2009.6.)"에서 언급하고 있는 몇 가지 사항을 소개하고자 한다.

---

328) 집합적 노동력(Assembled Workforce)은 무형의 자산으로서 노동력이 현금흐름 창출에 기여한 가치, 즉 보유한 인력의 경험 및 생산성의 대가로 지불하여야 하는 금액에 상당하는 가치를 말한다. 자세한 사항은 "제9장 사업결합의 배분(PPA)및 손상평가"를 참고하기 바란다.

- 자산접근법은 평가대상기업이 영업활동을 수행하지 않고 부동산이나 타 회사의 지분을 보유함으로써 이익을 얻는 **지주회사**이거나 **청산을 전제로 한 기업**인 경우에 적절한 방법이다. 계속기업을 전제로 한 가치평가에서 자산접근법만을 유일한 방법으로 선택해서는 안 되며 만일 자산접근법만을 사용하는 경우에는 그에 대한 정당한 근거를 제시하여야 한다.
- 만약 매각을 전제로 한 가치평가인 경우에는 **매각과 관련된 비용**이 고려되어야 한다.
- 평가자는 특별한 이유가 없는 한 **세 가지 접근법**(이익접근법, 시장접근법, 자산접근법)**을 모두 고려**하여야 한다.
- **설립된 지 5년 미만**인 기업이 발행한 지분증권을 자산접근법 이외의 평가접근법을 적용하여 평가하고자 하는 경우 거래처목록, 고객 또는 공급자와의 관계, 고객충성도 등을 고려하여 자산접근법을 적용하는 경우와의 차이금액에 대한 합리적 근거를 확보하고 이를 문서화하고 평가의견서에 기재하여야 한다.
- **건물의 평가**는 가치평가접근법 중 자산접근법 또는 시장접근법의 적용을 우선 고려하여야 한다. 다만, 임대목적의 상업용건물의 경우 이익접근법을 우선적으로 적용할 수 있다.
- **건설중인 건물**, 설치중인 기계장치 등을 대상으로 가치평가를 하는 경우 가치평가접근법 중 자산접근법의 적용을 우선 고려하여야 한다.
- **토지의 평가**는 평가대상토지와 용도지역, 이용상황, 지목, 주변환경 등이 동일 또는 유사한 [부동산 가격공시 및 감정평가에 관한 법률]에 의하여 공시된 인근지역 또는 동일수급권안 유사지역 내 표준지의 공시지가를 이용하여 공시기준일부터 평가기준일까지의 지가변동률, 생산자물가상승률 및 기타사항을 종합적으로 참고하여 평가하여야 한다.
- 부동산 등의 자산가치를 평가할 때에는 **실지조사** 등을 통해 대상자산을 확인할 필요가 있다. 다만, 신뢰할 수 있는 자료가 있는 경우에는 실지조사를 생략할 수 있다.
- 부동산에 대한 평가 시 **선순위 채권자유무**, 완성된 건물인지 여부 등 대상자산의 가치에 영향을 줄 수 있는 사유가 있는지를 확인하여 평가에 반영하여야 한다.

- 평가방법 적용 오류의 예1: **신생 벤처기업이나 적자기업** 등의 가치평가에 자산접근법 또는 시장접근법의 적용을 고려하지 않고 이익접근법만을 적용하여 평가
- 평가방법 적용 오류의 예2: 영업활동을 수행하지 않고 **부동산이나 타 회사의 지분을 보유함으로써 이익을 얻는 지주회사** 평가 시 자산접근법 또는 시장접근법을 고려하지 않고 이익접근법만을 적용하여 평가
- 평가방법 적용 오류의 예3: 건물(공장) 건설부지를 매입함에 있어 자산접근법 또는 시장접근법이 아닌 건물(공장)을 완공했을 경우를 가정한 이익접근법으로 평가

청산가치법

Key Concept

회사가 보유하고 있는 각각의 자산을 분리하여 개별적으로 처분한다고 가정한다. 그러므로 처분에 이르기까지 소요되는 비용이 모두 고려되어야 한다.

1 청산가치 개요

제1장에서 가치평가의 기본적인 전제는 "계속기업의 가정"이라고 하였다. 그러나, 예외적으로 청산가치법에서는 계속기업의 가정이 전제되지 않고, 기업이 현재 사업을 청산할 경우를 가정하여 가치를 산정한다. "청산가정"이 전제되는 것이다.

청산가정 하에서는 자산의 집합[329]으로서 사용가치보다는 개별자산의 처분가치를 중심으로 평가가 이루어진다. 그러므로, 현재 회사가 보유하고 있는 각각의 자산을 분리하여 개별적으로 처분한다고 할 때 예상 처분가격[330]의 합계에서 총부채금액을 차감한 잔여가액을 자산가치로 평가하게 된다.

> **[Note 2]** 회생절차와 청산가치
>
> 회생절차에서는 계속기업의 가치와 청산가치를 비교하게 된다. 계속기업의 가치가 청산가치보다 클 경우에는 사업을 계속 영위하는 것을 내용으로 하는 회생계획안을 작성하게 되고, 청산가치가 계속기업의 가치보다 클 경우에는 청산절차를 밟게 된다.[331] 물론 이 과정에서 영업을 양도하고 신주를 발행하는 회생계획안에 의한 M&A가 진행되기도 한다.

---

329) 영업양수도 가액은 자산의 집합이 유기적으로 결합되어 기능하는 가치로서 일반적으로 청산가치의 개념으로 사용되지는 않는다.
330) 처분 시 발생하는 처분비용도 고려되는 것이 일반적이다.
331) 청산가치는 회생계획안 인가 여부의 기준이 된다고 볼 수 있다. 2016년 한진해운의 청산가치가 계속기업가치보다 높다고 조사되어 청산절차를 진행하게 된 것이 대표적인 사례 중의 하나이다.

[Note 3] 회생절차에서 계속기업의 가치와 청산가치의 비교

회생절차에서 청산가치와 비교되는 계속기업의 가치는 일반적으로 미래현금흐름할인법 (DCF)에 의해 평가된다.[332] 미래현금흐름할인법을 적용할 때에는 대부분 기업가치 (Enterprise Value) 개념으로 평가한다. 기업가치에서 부채가치를 차감한 것이 주주가치인데, 회생절차의 특성 상 채무변제계획을 중요하게 다룬다는 측면에서 부채가치를 차감하기 전 기업가치로 계속기업의 가치와 청산가치를 비교하는 것이다.[333]

회생절차에서 계속기업가치 산정 시 할인율에 대해 법원에서는 일정 가이드를 제시하고 있다. 할인율의 산정 시 기본할인율에 위험프리미엄을 가산하는 방식으로 이루어지는데, 위험프리미엄은 서울중앙지방법원 관리위원회의 '계속기업가치 산정시의 적용할인율 수정 통보'에 따른 권고안인 2.5%~6.5%의 범위 내에서 산정되고 있고, 기본할인율은 3년만기 국고채 할인율이 실무상 주로 활용되고 있다(일반적인 가치평가에서 무위험이자율은 10년만기 국고채 할인율 등 장기 이자율이 활용된다).

다음은 회생절차에서 계속기업 가치 평가 시 할인율 산정 예시이다.

"계속기업가치를 평가하기 위해 사용한 할인율은 기본할인율에 위험프리미엄 6.5%를 가산한 것으로 기본할인율인 회생절차개시 결정일 현재의 3년만기 국고채 수익률 3.95%에 위험프리미엄 6.5%를 적용한 10.45%를 적용하였습니다."

2 청산가치 산정 절차

청산가치의 산정을 위해서는 각 개별 자산 및 부채에 대한 평가가 필요하다. 이를 위해서는 회사가 보유한 자산 및 부채를 파악하기 위한 목적으로 실사를 수행하는 것이 일반적이다. 실사를 통해 개별자산의 특성을 파악하고 처분가치를 산정한다. 처분가치는 실무적으로 모든 자산에 대한 평가가 용이하지 않으므로 중요한 자산에 대해서는 시장가치 등을 감안하여 평가를 수행하나 그렇지 않은 자산에 대해서는 기업회계기준에 따른 평가액 또는

---

[332] 채무자의 사업을 계속할 때의 가치는 채무자의 재산을 해체·청산함이 없이 이를 기초로 하여 기업 활동을 계속할 경우의 가치로서 기업의 미래 수익흐름을 현재가치로 할인하는 현금흐름할인법에 의하여 산정한다. [회생사건의 처리에 관한 예규 9조 2항]

[333] 청산가치와 비교되는 계속기업가치에는 영업부채를 가산하여 비교하는 것이 필요하다는 의견이 있다. 계속기업 가치는 영업자산과 영업부채가 모두 포함되는 개념이지만, 청산가치는 일반적으로 영업부채가 포함되지 않은 총자산의 처분에 따른 가치이기 때문이다. 그러나, 실무적으로는 계속기업가치와 청산가치를 비교할 때 이러한 조정 없이 비교가 이루어지고 있는데, 이는 운전자본 추정 시 회생기업의 특성상 운전자본에 해당하는 매입채무 등 부채항목이 없는 것으로 보거나, 초기에는 부채항목이 없고 이후 발생하는 것으로 추정하는 등, 일반적으로 비교대상이 되는 청산가치와 기준을 동일하게 가져가고 있기 때문일 것이다.

실사를 통해 파악된 회수가능가액을 처분가치로 간주한다. 이렇게 산정된 가치를 회생절차 또는 청산실사에서의 실사가치라고 하는데, 실사가치에 처분에 따른 비용을 추가적으로 반영하여 청산가치를 산정한다.

[그림 5-1] 청산가치 산정 Flow[334]

예를 들어 토지 및 건물은 공시지가를 토대로 평가하여 실사가치를 산정한 후 해당 지역 법원의 경매와 평균 낙찰률을 적용하여 청산가치를 산정하고, 토지 및 건물을 제외한 자산은 기업회계기준에 따른 평가액 또는 실사를 통해 파악된 회수가능가액에서 처분에 따른 손실과 비용을 감안하여 청산가치를 산정할 수 있을 것이다.

현금 및 현금성 자산을 제외하고는 거래세, 수수료 등 절차비용이 발생하고 현금화되기까지의 기간과 그에 따른 추가적인 비용이 소요되는 것으로 보는 것이 일반적이다.

> **[Note 4] 청산실사에서 실사가치의 의미**
>
> 실사가치는 실사의 목적에 따라 달라질 수 있다.
>
> 예를 들어 계속기업의 가정 하에서 실사는 일반적인 경우에 있어서 사용가치에 중점을 두고 실사를 진행한다. 당연히 실사로 파악되는 각 자산의 가액은 향후 계속적인 영업활동을 통해 회수가능한 가액이다.
>
> 이 장에서 "회생절차에서의 실사가치" 또는 "청산실사에의 실사가치"라고 표현한 이유는 청산가치 산정 시 실사목적이 청산 시 회수가능가액을 검토하는 데 중점을 둔다는 의미로서 사용가치에 중점을 두는 실사와 구분하기 위함이다. 그러므로 실사로 파악되는 각 자산의 가액은 미래 영업활동을 통해 회수 가능할 것으로 기대되는 가치가 아니라, 당장 처분을 가정하여 회수가능할 것으로 기대되는 가액이다.

---

334) 청산가치는 일반적으로 개별자산의 처분에 따른 가치를 의미한다. 만약, 청산가치법을 준용하여 순자산가치를 산정할 때에는 부채의 가치를 차감해 주어야 할 것이고, 이 경우 부채의 가치는 실사가치를 모두 인정할 수 있을 것이다. 또한 청산인의 보수, 전문가의 자문료 및 법적 절차비용 등 제비용도 청산가치 산정 시 고려하는 것이 일반적이다.

3 　자산별 청산가치 산정

청산가치 산정에서 중요한 것은 개별 자산을 분리하여 처분할 때의 회수가능가액을 추정하는 것이다. 회수가능액은 처분예상가액에서 처분에 따른 손실과 비용을 차감한 가액을 의미한다. 처분예상가액은 개별 자산의 성격을 고려하여 다양한 방법에 의해 평가가 가능하지만,[335] 처분 혹은 청산에 따른 손실과 비용을 명확하게 추정하는 것은 쉽지 않다. 청산에 따른 비용이 단순히 처분에 따른 거래세나 수수료만을 의미하는 것이 아니고, 해당 자산을 처분 가능한 상태로 만드는 데 소요되는 증분원가까지 포함되기 때문이다. 현실적으로 할인하여 처분될 수 밖에 없는 상황이라면 할인가액도 청산비용의 개념으로 반영된다.

그러나, 청산에 따른 손실과 비용이 자산 종류별로 얼마 정도가 되는지 명확한 기준은 없다. 회사의 상황, 각각의 자산 속성, 거래처 상황 및 사례 등을 종합적으로 고려하여 개별적으로 판단하여야 한다.

다음은 개별 자산별로 청산 가정에 따른 가치를 산정하는 방법의 예시이다. 청산비용의 적용은 각 자산의 상태 및 시장환경 등이 종합적으로 고려되어야 하므로 개별 기업 및 각 자산별로 달리 적용될 수 있을 것이다. 실사가치는 앞서 설명한 "재무실사" 부분을 참고하고, 여기서는 실사가치에 대한 조사가 완료된 후 청산가치를 산정하는 방법의 예를 다루기로 한다.

[표 5-3] 자산별 청산가치 산정 기준의 예[336]

구분	청산가치 산정 기준의 예
현금성 자산	• 대부분 회수 가능하다고 보고 실사가치를 그대로 청산가치로 인정 • 단, 중도상환수수료 등 발생 수수료 등은 회수비용으로 적용
매출채권	• 청산 시 회수비용이 발생할 것으로 예상 • 외부 신용평가정보 등을 활용하여 거래처별 청산비용을 차등 적용 • 신용평가정보 등의 활용이 용이하지 않거나, 거래처가 소액으로 다수일 경우에는 실사가치의 일정 비율(예: 20~30%)을 회수비용으로 조정
미수금	• 채권회수비용(예: 실사가치의 20~30%)을 고려하여 산정

---

335) 개별자산가액 평가 시 회수가능가액은 대부분의 경우 해당자산의 시장가치가 형성되는 객관적인 시장이 존재할 경우에는 동 시장에서 형성되는 최근 시가를 청산가치 산정의 기초로 삼고, 그렇지 않은 경우에는 실사에 의해 조사된 가액을 기초로 한다.
336) 청산실사 시에는 부외자산도 확인된다면 인식 가능하다. 예를 들어 상각이 완료된 중고차의 실재성이 확인되고 처분 가능하다면 장부가액이 0원이라도 중고차 매매사이트 등을 통한 시가 파악 후 실사가액에 반영할 수 있다.

구분	청산가치 산정 기준의 예
	• 공사미수금 등 진행률에 의해 계상한 금액은 회수 가능성이 없는 것으로 보고, 확정미수금은 실사가치의 일정 비율(예: 50%)을 회수비용으로 조정
선급비용	• 일반적으로 청산 시 회수가능성이 없다고 보나, 회수가능성이 있는 항목의 경우에는 실사가치의 일정 비율(예: 20~30%)을 회수비용으로 조정
재고자산	• 제품/상품 등 판매시장이 존재하는 경우에는 시장상황을 고려한 할인율 및 판매비용 등을 고려하여 산정(예: 장부가액의 50% 수준에서 판매 등) • 범용성이 없는 재고자산은 고철가 등 잔존가치 등에 매각비용을 고려하여 산정 • 원재료 등 범용성 있는 재고는 실사가치의 일정 비율(예: 30~50%)을 회수비용으로 조정 • 잔존가치 파악이 용이하지 자산은 회수가액이 없다고 보거나, 실사가치의 일정 비율(예: 50%)을 회수비용으로 조정
지분증권	• 유동성과 회수비용을 고려하여 산정 - 시가가 있는 증권의 경우: 시가에 거래비용 조정 - 시가 및 유동성이 낮은 증권의 경우: 이익 발생 여부, 순자산, 매각가능성 등의 상황에 따라 실사가치의 일정비율(예: 20~100%)을 회수비용으로 조정
기타유동자산	• 미수수익 중 이자수익 해당액은 중도상환수수료 고려하여 산정 • 미수법인세, 부가세 대급금은 청산비용 없는 것으로 가정 • 대여금은 거래처의 상황을 고려하되, 불분명할 경우 실사가치의 일정비율(예: 50% 등)을 회수비용으로 조정
토지, 건물, 기계 장치 등	• 감정평가액으로 산정한 실사가액을 기준으로 하여 최근 1년간(또는 6개월간) 자산소재지별·용도별 법원경매 낙찰가율을 적용한 후 경매비용 등 회수비용을 차감하여 청산가치를 산정
기타 유형자산	• 차량운반구 등은 중고가액 또는 실사가치의 일정 비율(예: 20~30%)을 회수비용으로 조정 • 공기구, 비품 등은 자산의 성격에 따라 실사가치의 일정비율(예: 50~90%)을 회수비용으로 조정
무형자산	• 일반적으로 청산가치가 없는 것으로 가정
기타비유동자산	• 이연법인세자산은 일반적으로 청산가치가 없는 것으로 가정 • 임차보증금은 실사가치를 청산가치로 반영하거나 일정 회수비용(예: 10%)을 적용하여 조정 • 골프회원권 등은 시가가 있고 거래가 활발할 경우 실사가치와 동일하거나 일정 회수비용(예: 시가의 10% 등)을 고려하여 평가하고 시가가 없는 경우에는 장부가액의 일정비율(예: 30% 등)을 회수비용으로 조정
사업장(건설 등)	• 완성사업장은 감정평가액, 실거래가, 분양가, 예상 매매가 등을 고려하여 산정된 실사가액에 법원 경매 낙찰율 및 경매비용 등 회수비용을 조정하여 산정

구분	청산가치 산정 기준의 예
	• 예정사업장은 취득이 완료된 토지는 감정평가액 등에 법원 경매 낙찰율 및 회수비용 조정하여 산정 • 진행사업장은 개별 사업장별로 회수가액을 분석하되, 예상 감정가액(총 직접투입비 등)에 일정비율(예: 30~50%)을 회수비용으로 조정하여 산정하거나, 재분양 수입 추정액(기존 분양가 × 낙찰율 등)에서 낙찰자의 추가 투입예상액 (잔여 공사비 등)을 차감하여 산정

4 청산가치 산정 사례

회생절차에서 청산가치 산정의 사례는 법원에 제출하는 조사보고서를 참고할 수 있다. 조사보고서에서는 재산상태에 대한 조사내역(실사내역), 회사의 사업을 청산할 때의 가치 산정내역, 손익추정 및 계속기업의 가치 평가내역 등이 자세히 기술되어 있다.

여기서는 조사보고서에 일반적으로 포함되는 상기의 내역 중 청산가치 산정과 관련된 예시이다.

[표 5-4] 조사보고서 상 청산가치 산정 내역의 예시[337]

조사보고서 목차 구분	예시
조사기준 (실사기준)	회사의 재산상태는 회사가 제시한 20##년 #월 #일 현재의 재무상태표와 부속명세서를 기초로 조사하였습니다. 재산상태의 조사를 실사함에 있어서는 일반적으로 실시되는 조회, 회계기록의 검토, 서류열람, 실사의 입회, 질문 및 조사에 필요하다고 인정되는 기타의 절차를 실시하였으며, 자산과 부채의 실재성 및 완전성, 평가 및 회수가능성에 중점을 두고 조사하였습니다.
재산상태 조사결과의 요약	조사기준일 현재 회사의 재산상태는 다음과 같습니다. (단위: 천원)

구분	회사제시금액	실사조정금액	수정 후 금액
총자산	2,599,000,000	(-)888,000,000	1,710,000,000
총부채	2,024,000,000	-	2,024,000,000
순자산가액	574,000,000	(-)888,000,000	(-)314,000,000

*수정 후 금액은 회사가 제시한 재무제표 상의 자산 및 부채를 일반적으로 인정된 회계기준을 준용하고 조사목적에 부합하게 설정된 실사기준을 적용하여 산정하였습니다.

---

337) 상기 표는 예시로서 청산가치를 산정할 때에는 회수가능가액과 청산비용을 고려하여 개별자산별로 평가하여야 할 것이다.

조사보고서 목차 구분	예시				
수정 후 재무상태표 (실사조정 후 가액)	(단위: 천원)				

구분	회사제시 재무상태표	실사조정		수정 후 재무상태표
		차변	대변	
현금및현금성자산	61,000,000	1,000,000		62,000,000
토지	30,000,000	6,000,000		36,000,000
회원권	9,000,000		3,000,000	6,000,000
장기대여금	7,000,000		7,000,000	–
:	:	:	:	:

수정사항 (실사조정사항)

(단위: 천원)

조정내역	차변		대변	
	계정과목	금액	계정과목	금액
정기예금 MMF평가액 미반영분 조정	현금및현금성자산	1,000,000	실사조정	1,000,000
토지 감정평가액으로 조정	토지	6,000,000	실사조정	6,000,000
회원권 시세를 반영한 평가감	실사조정	3,000,000	회원권	3,000,000
장기대여금 회수가능성 고려한 조정	실사조정	7,000,000	장기대여금	7,000,000
:	:	:	:	:

*정기예금잔액 차이는 회사가 계상한 금액과 예금잔액증명서상 금액과의 차이를 조정한 금액으로 환율차이 (−)500,000, 미수이자 미반영차이 (+)1,500,000로 구성되어 있습니다.

*토지는 본사사옥 및 연수원 관련 토지로 20##년 #월 #일 기준으로 ##감정원에서 평가한 감정평가액으로 실사가치를 산정하였습니다.

*회원권은 골프 및 콘도 회원권으로, 회원권거래소(##회원권거래소, ##회원권거래소, ##회원권 거래소)에서 조회한 회원권 시세를 기준으로 산정하였습니다. 단, 골프회원권 중 실재성이 없는 금액은 전액 감액하였고, 조사기준일 이후 매각한 경우 매각금액으로 산정하였습니다.

*장기대여금은 관계회사 ㈜우리가치에 대한 대여금으로 회수 가능성이 없다고 보아 전액 실사조정으로 감액하였습니다. ㈜우리가치는 회사의 자회사로 현재 보유중인 자산에 대한 매각이 진행되고 있어 실질적으로 청산이 진행중입니다. 그러나 매각을 진행중인 보유자산을 모두 처분하여도 담보차입금을 비롯한 금융기관 채무를 변제하지 못할 것으로 추정되어 회사의 장기대여금을 변제할 재원이 없다고 판단됩니다.

조사보고서 목차 구분	예시
청산가치 산정 기준[338]	청산가치는 도산기업이 청산되는 경우에 채권자를 비롯한 이해관계인에게 배당될 수 있는 기업의 모든 개별자산을 분리하여 처분할 때의 예상가액을 합계한 금액을 말하는 것으로, 조사위원이 회사에 대한 실사를 통하여 회사의 재산상태를 파악한 후 회사가 제시한 재무상태표의 자산가액을 실물조사, 현재가치할인, 부실자산의 차감, 고정자산의 시가 및 법원의 경매 낙찰가율 조사 등을 통하여 평가한 가액을 기초로 하였습니다.

청산 재무상태표

(단위: 천원)

구분	수정 후 재무상태표	청산조정		청산 재무상태표
		차변	대변	
현금및현금성자산	62,000,000	–	–	62,000,000
토지	36,000,000	–	8,248,800	27,251,200
회원권	6,000,000	–	600,000	5,400,000
장기대여금	–	–	–	–
⋮	⋮	⋮	⋮	⋮

청산 조정 사항

① 현금 및 현금성자산은 실사가치와 청산가치가 동일한 것으로 평가하였습니다.
② 토지의 청산조정 내역은 다음과 같습니다.

(단위: 천원)

구분	소재지	감정가액	경매낙찰율	청산가치
본사사옥	경기 ##시	29,000,000	73.28%	21,251,200
연수원	경기 ##시	7,000,000	–	6,500,000
합계		36,000,000		27,251,200

연수원은 #월#일 공매로 낙찰완료되어 낙찰가액을 청산가치로 반영하였으며, 본사사옥은 관할법원의 최근 6개월간의 낙찰가율을 적용하여 청산가치를 산정하였습니다.

③ 회원권거래소의 시가를 고려하여 실사 조정된 회원권은 회수비용 등을 고려하여 실사가치의 90%를 청산가치로 산정하였습니다.

---

338) **청산가치 산정 기준 설명의 다른 예**: 청산가치 산정 시 청산가능한 자산을 그 성결별로 구분하여 다음과 같은 관점에서 청산가치를 평가하였습니다.
　－해당 자산의 시장가치가 형성되는 객관적인 시장이 존재할 경우 동 시장에서 형성되는 최근 시가를 청산가치 산정의 기초로 삼았습니다.
　－해당 자산의 성격상 거래되는 시장이 형성되지 아니하거나 불완전한 경우에는 원칙적으로 조사위원의 재산상태 조사결과 평가한 재산상태 조사액을 청산가치 산정의 기초로 삼았습니다.
　－법인 청산시의 처분가격은 기업이 파산적 청산을 통하여 해체·소멸하고 법인을 구성하는 개별자산이 분리되어 개별 매각되는 것을 전제로 하므로 기업활동을 정상적으로 계속 영위할 때의 정상거래가격보다는 통상적으로 낮게 평가된다는 점을 고려하였으며, 이로 인한 영향을 가급적 객관적으로 계량화하여 청산가치 판단 시 고려하였습니다.

조사보고서 목차 구분	예시
청산가치와 계속 기업가치의 비교	(아래 표 참조)

[1] 계속기업의 가치

(단위: 천원)

구분	금액	비율
추정기간 10년간[339] 영업활동으로 인한 가치	290,000,000	43.0%
추정기간 이후의 영업활동으로 인한 가치	310,000,000	45.9%
기타자산의 가치[340]	75,000,000	11.1%
합계	**675,000,000**	

[2] 청산가치

(단위: 천원)

구분	수정 후 금액	청산조정금액	청산가치
총자산	1,100,000,000	(−)800,000,000	300,000,000

[3] 결론

(단위: 천원)

계속기업가치	청산가치
675,000,000	300,000,000

회사의 계속기업가치는 회사를 청산할 때의 가치보다 375,000,000천원만큼 큽니다.

---

339) 회생계획기간을 고려하여 10년간의 영업현금흐름 추정
340) 비영업용자산의 가치를 말한다.

기타의 자산가치접근법

Key Concept

- 자산가치접근법은 기본적으로 순자산가액으로 접근한다. 각 자산 및 부채의 평가기준만 다를 뿐이다.
- 대체원가법은 해당 자산을 대체하기 위해서 소요되는 비용의 합으로 대상을 평가한다.

1 순자산가액법

자산가치접근법은 기본적으로 순자산 개념을 적용한다. 회사가 회계기준에 따라 계상한 장부가액을 기준으로 평가를 하는 경우가 장부가액법이 되고, 어떤 평가기준에 의해 조정 사항을 반영하였는지에 따라 공정가액법, 청산가치법 등으로 구분될 수 있다.

다음의 그림은 일반적인 순자산가액법의 산정 방식을 보여준다.

[그림 5-2] 순자산가액법 적용의 예

구분	장부가액	조정사항	조정 후 가액
I. 유동자산			
현금및현금등가물	300		300
매출채권	200	(−)50	150
:			
II. 비유동자산			
종속기업투자주식	10,000	2,000	12,000
토지	1,000	100	1,100
건물	5,000	500	5,500
:			
자산총계	20,000	2,550	22,550
I. 유동부채			
매입채무	100		100
단기차입금	500		500
:			
II. 비유동부채			
장기차입금	1,000		1,000
:		500	500
부채총계	5,000	500	5,500
순자산	15,000	2,050	17,050

장부가액법

평가기준에 따른 조정

- 실사조정: 실사가치법
- 공정가평가: 공정가액법
- 청산비용조정: 청산가치법
- 기타기준: 조정순자산가액법

425

앞서 자산가치접근법은 타 회사의 지분을 보유함으로써 이익을 얻는 지주회사 평가 등에 고려될 수 있다고 설명하였다. 실제로 지주회사 등을 평가할 때 아래의 사례에서 보는 바와 같이 각각의 보유지분을 시가로 평가한 순자산가액으로 접근하는 사례를 많이 접할 수 있다.

다음은 지분을 주로 보유한 회사에 대해 각 보유 주식에 대한 평가액의 합으로 회사를 평가하는 방식의 자산가치접근법을 활용한 예시이다.

[표 5-5] 시가로 평가한 순자산가액 적용 사례

구분		시가총액($)	지분율	평가액($)	자산별 평가방법
상장사	지분A	15,000	35.0%	5,250	시가
	지분B	30,000	35.0%	10,500	시가
	지분C	800	35.0%	280	시가
	지분D	19,000	33.0%	6,270	시가
	지분E	6,000	40.0%	2,400	시가
	지분F	200	40.0%	80	시가
	지분G	900	35.0%	315	시가
소계				25,095	
비상장사	지분H	−	80.0%	1,000	18년 예상 순이익 P/E 10x 적용
	지분I	−	100.0%	250	장부가
	지분J	−	100.0%	20	장부가
	지분K	−	100.0%	100	장부가
	지분L	−	100.0%	200	장부가
	기타	−	−	150	장부가
소계				1,720	
보유지분 가치 합계				26,815	
부동산가치				1,000	투자부동산 공정가치
순현금				300	현금−차입금
총기업가치				28,115	

2 대체원가법

대체원가법(Replacement cost)은 원가접근법의 하나로 동일한 효용을 지니는 대상을 만드는 데 소요되는 비용을 통해 대상을 평가하는 방법이다.

대체원가법은 일반적으로 개발 초기 단계로서 향후의 이익을 추정하기 어려운 경우나, 판매시장이 존재하지 않는 경우에 사용될 수 있다. 특히, 개별 무형자산을 평가할 때 이러한 접근법이 활용되는데, 대표적인 경우가 내부사용 소프트웨어의 평가와 같은 경우이다.

대체원가법 적용의 예는 "제9장" 회계상 공정가치 평가"의 무형자산 평가방법 중 원가접근법과 다기간초과이익법을 적용한 사례에서 다루기로 하며, 여기서는 "제9장"에 소개된 대체원가법의 간단한 사례를 소개한다.

[표 5-6] 대체원가법 적용사례

소프트웨어 구분	개발시간(h) ⓐ	개발인원(명) ⓑ	총투입시간(h) ⓒ = ⓐ×ⓑ	시간당 임금(원) ⓓ	대체원가(원) ⓔ = ⓒ×ⓓ
Project A	1,000	10	10,000	70,000	700,000,000
Project B	800	10	8,000	70,000	560,000,000
Project C	600	5	3,000	70,000	210,000,000
Project D	400	5	2,000	70,000	140,000,000
합계					1,610,000,000

상기 사례는 내부사용 소프트웨어에 대해 대체원가법으로 평가를 한 경우이다. 소프트웨어 개발에 필요한 총 투입시간과 소요비용을 바탕으로 내부사용 소프트웨어를 대체하는 데 소요되는 원가를 구하는 방식으로 평가가 이루어진다. 여기에 추가적으로 고려될 수 있는 것은 진부화 조정일 것이다. 일반적으로 기존에 보유한 무형자산은 대체되는 자산에 비해 효용성이 낮을 수 있으므로, 측정 가능하다면 감가상각, 경제적 진부화 등을 고려하여 평가대상인 기존 자산의 가치를 대체하는 데 소요되는 원가보다 상대적으로 감액 조정하여 평가할 수 있다.

상법상 현물출자가액 평가

Key Concept

상법 상 현물출자 재산가액 평가 시에는 자본충실의 원칙[341]을 고려하여 상대적으로 보수적인 평가가 이루어진다.

상법 상 현물출자가액을 평가하는 것을 단순히 자산가치접근법이라고 보기는 어려울 것이다. 현물출자 재산에 해당하는 것이 특정 재산뿐만 아니라 하나의 영업자체도 가능하다는 것이 법원의 판례[342]이고 실무상 등기선례[343]도 이를 인정하고 있으며 다수의 사례[344]도 존재하기 때문이다. 그러나 영업권 또는 다른 무형의 재산을 출자할 때 해당 목적물은 자산에 기재될 수 있는 것이어야 하고, 개별재산의 평가 형식을 갖기 때문에 자산가치접근법과 유사한 측면이 있어 본 장에서 설명하기로 한다.

1 현물출자의 개요

현물출자는 회사에 출자를 할 때 금전 이외의 재산을 출자의 목적으로 하는 것을 말한다. 이러한 현물출자를 상법에서는 변태설립사항이라고 하는데, 현금으로 출자하는 것과는 달리 출자재산이 과대평가되는 경우 회사의 재산이 충분히 확보되지 못하여 자본충실을 해치게 되면 다른 주주나 채권자의 이익을 침해할 수 있으므로 검사인이 현물출자 재산을 평가/조사하여 법원에 보고하고 이를 승인받도록 하고 있다.[345],[346]

---

341) 자본충실의 원칙은 자본은 회사가 보유할 최소한도의 재산액이므로 단순히 명목상의 금액으로 머물 것이 아니라 회사는 자본액에 상당하는 재산을 현실로 보유할 필요가 있다는 것이 기본 개념이다.

342) 대법원 1989.3.28. 선고 88다카12100 판결

343) 등기선례 제200305-13호(2003.5.2. 공탁법인 3402-105 질의회답)

344) 두산중공업 주식회사가 배열회수보일러 사업 등을 두산건설 주식회사에 현물출자(2013.4.17), 주식회사 두산이 DCS사업을 두산중공업 주식회사에 현물출자(2013.8.30), 한진해운 주식회사가 전용선 사업부문을 한국벌크해운에 현물출자(2014.2.19) 등

345) 상법 제299조(설립 시 검사인의 현물출자 조사보고), 상법 제422조(신주발행 시 현물출자 조사보고). 단, 공인된 감정인의 감정으로 검사인의 조사에 갈음할 수 있다.

346) 현물출자의 목적인 재산의 가액이 자본금의 5분의 1을 초과하지 아니하고 출자가액이 5,000만원을 초과하지 아니하는 경우, 거래소의 시세 있는 유가증권인 경우(효력발생일 이전 1개월, 1주일 평균종가 및 직전 거래일 종가 산술평균으로 산정한 금액), 변제기가 돌아온 회사에 대한 금전채권을 출자의 목적으로 하는

2 현물출자 절차

현물출자는 법률에 의하여 수행되는 절차이므로 상법 및 자본시장법 등 관련 법률에서 정하는 바에 따라 절차를 이행할 필요가 있다. 일반적으로 필요한 절차는 정관정비,[347] 현물출자 계약체결, 이사회결의, 주주총회(중요한 영업양수도 등의 경우), 공시 및 각종 신고서의 제출, 현물출자 재산에 대한 감정 및 평가, 감정평가에 의한 조사/보고 및 법원의 심사, 현물출자의 이행, 청약 및 배정, 신주의 발행 및 변경 등기 등의 절차를 거치게 된다.

3 현물출자 재산의 평가

상법상 현물출자의 재산평가에서 중요한 고려사항은 자본충실의 원칙에 따른 평가의 보수성이다. 주식회사는 물적 회사로서 회사채권자에 대한 유일한 담보가 자본이기 때문에 자본을 충실하게 유지할 필요가 있다. 즉, 주식회사는 항상 자본액에 상당하는 재산을 확보하여야 하며, 현물출자에 대해 법원의 엄격한 감독 규정을 두고 있는 것도 이러한 개념이 반영되어 있는 것이다. 이로 인하여 현물출자 시의 재산평가도 다른 평가에 비해 상대적으로 보수적인 평가가 이루어지고 있다.

개별자산의 평가는 일반적으로 객관적인 시가가 존재할 경우에는 시가에 의하고, 그렇지 않을 경우에는 실사 등을 통해 회수가능가액을 확인하는 방식으로 이루어진다. 사업을 현물출자 할 때 영업권의 경우는 미래현금흐름할인법(DCF) 등 적절한 가치평가 방법을 적용하여 평가되고 있다.

4 현물출자 재산 평가 사례

다음은 법원에 보고 및 승인 목적으로 현물출자재산에 대해 조사하고 평가하는 "현물출자재산 감정보고서"의 예시이다.

경우로서 그 가액이 회사장부에 적혀 있는 가액을 초과하지 아니하는 경우(채권채무 상계)의 경우에는 검사인의 조사보고 생략 가능하다.

347) 현물출자를 위해서는 정관에 현물출자의 대상 및 가액 등이 특정되어야 하고, 현물출자는 통상 제3자배정으로 이루어지는 경우가 많기 때문에 이에 대해 정관에 근거 규정이 마련될 필요가 있다.

[표 5-7] 현물출자 재산 평가 예시[348)

구분	예시
〈현물출자재산 감정결과의 요약〉 주요 내용: 감정의 목적, 감정의 방법, 평가의 결과	
감정의 방법	현물출자 목적물인 현물출자자의 우주선 사업에 대한 감정방법은 (1) 우주선 사업에 속하는 개별 자산과 개별 부채의 가액을 평가하고, (2) 그 개별 자산 평가액의 합계액에서 개별 부채 평가액의 합계액을 차감하여 우주선 사업의 가액을 평가한 후, (3) 우주선 사업에 대한 평가액과 회사가 정한 우주선 사업에 대한 현물출자가액을 비교하는 방식으로 하였습니다. 개별 자산과 부채의 평가기준일은 2030년 9월 30일로 하였고, 개별 자산과 개별 부채의 구체적인 평가방법은 다음과 같습니다. • 유동자산: 기준일 현재 장부금액에 대하여 재무실사를 통한 가액의 적정성을 확인하고, 시장가치가 안정적으로 형성되는 활성화된 시장이 존재하여 객관적인 시가의 확인이 가능한 자산의 경우에는 시가를 적용 • 유형자산: 태양계감정평가법인이 평가한 가액을 적용 • 영업권: 태양계감정평가법인이 평가한 가액을 적용 • 기타자산: 기준일 현재 장부금액에 대하여 재무실사를 통한 가액의 적정성을 확인하고, 시장가치가 안정적으로 형성되는 활성화된 시장이 존재하여 객관적인 시가의 확인이 가능한 자산의 경우에는 시가를 적용 • 부채: 기준일 현재 장부금액에 대하여 재무실사를 통한 가액의 적정성 확인
평가(감정)의 결과	현물출자 대상 자산과 부채의 평가(감정) 결과는 다음과 같습니다.

구분	금액(원)
매출채권	57,000
재고자산	63,000
우주선	1,315,000
영업권	300,000
기타자산	11,000
자산합계(가)	**1,746,000**
차입금	1,279,000
기타부채	46,000
부채합계(나)	**1,325,000**
현물출자 재산가액 (가-나)	**421,000**

---

348) 상기 사례에서는 재산평가에 대해 상법의 관련 규정(제299조, 제422조)에서 사용하고 있는 **"감정"**이라는 용어를 사용하고 있다.

구분	예시
〈현물출자의 개요〉 주요 내용: 현물출자를 하는 자의 성명, 현물출자 대상자산의 종류와 가액, 현물출자에 대하여 부여할 주식의 종류와 수, 현물출자와 관련한 상법상의 규정 검토	
현물출자 대상 자산의 종류	회사의 2031년 1월 6일 이사회 결의 내용에 의하면 현물출자 대상 자산은 다음과 같습니다. • 현물출자자가 영위하는 우주선 사업과 관련된 일체의 자산, 부채, 계약, 근로자, 영업권, 기타권리 등 일체의 요소
현물출자 대상자산의 가액[349]	회사가 정한 현물출자 대상자산의 가액은 416,000원입니다.
현물출자와 관련한 상법상 규정 검토	(1) 현물출자가액의 공정성 상법 제416조와 상법 제422조에서는 주식의 발행 및 현물출자의 공정성 확보를 위한 현물출자의 검사절차에 관련한 사항에 대하여 규정하고 있으며 그 주요 내용은 다음과 같습니다. • 회사는 이사회 결의 등에 의해 다음과 같이 현물출자를 결정(상법 제416조 제4호) 　－현물출자 시 현물출자하는 자의 성명, 그 목적인 재산의 종류, 수량, 가액, 부여할 주식의 종류와 수 • 현물출자 시 법원은 다음과 같이 현물출자의 검사를 수행(상법 제422조) 　－현물출자 내용(상법 제416조 제4호)의 조사를 위한 검사인의 선임(공인된 감정인의 감정으로 검사인의 조사 갈음 가능) 　－법원은 검사인의 조사보고서 또는 감정인의 감정결과를 심사한 후 부당하다고 인정하는 때에는 변경 결정을 할 수 있음 　－위 변경에 불복하는 경우 현물출자자는 출자 취소 가능(2주 이내) (2) 자본의 충실성 주식회사는 자본충실의 원칙(자본 유지의 원칙)에 의거 존속 중에 항상 자본액에 상당하는 재산을 확보하여야 하며, 이를 위하여 상법에서는 다음과 같이 규정을 두고 있습니다. • 현물출자 등 변태설립사항에 대한 엄격한 감독(제299조, 제310조, 제422조) • 주식의 액면 미달 발행의 금지(상법 제330조) • 신주인수가액의 전액 납입(상법 제305조) • 이익배당의 제한 및 위법배당금의 반환청구(상법 제462조) 그 밖에도 발기인 또는 이사의 인수, 납입 담보책임(상법 제321조 및 제428조) 규정을 두어 자본의 부실화를 방지하고 있습니다.

349) 상기 예시에서 회사가 정한 현물출자 대상자산의 가액은 416,000원이고 해당 가액이 자본으로 계상될 것이다. 그리고, 현물출자 대상 재산의 평가액은 421,000원이다. 특수관계자간 거래의 세무상 이슈는 논외로 하고, 상기 예시에서 재산 평가액보다 출자액이 다소 낮은 것도 자본 충실의 원칙과 관련이 있다.

구분	예시
	(3) 상법상 현물출자와 관련된 규정의 의미 위에서 살펴본 바와 같이 현행 상법에서는 현물출자와 관련하여 출자재산의 공정한 평가 및 이에 대한 엄격한 검사와 감독 규정을 둠으로써 자본의 부실화 방지 및 자본충실의 원칙을 엄격히 적용하고 있습니다. 본 현물출자 대상재산의 가치를 평가함에 있어서도 이러한 상법의 요구를 충분히 고려하여야 할 것으로 판단됩니다.

〈감정결과 및 감정의견〉
주요 내용: 감정(평가)결과, 감정(평가)의견

감정결과	현물출자 목적물인 우주선 사업의 기준일 현재 평가액은 다음과 같습니다.

구분	금액(원)
매출채권	57,000
재고자산	63,000
우주선	1,315,000
영업권	300,000
기타자산	11,000
자산합계(가)	1,746,000
차입금	1,279,000
기타부채	46,000
부채합계(나)	1,325,000
현물출자 재산가액 (가−나)	421,000

*우주선 사업부의 기준일 현재 차입금 중 현물출자일까지 상환이 예정되어 있는 금액은 현물출자 계약에 따라 현물출자 대상에 포함되지 않는 바, 현물출자일까지 상환이 예정된 차입금액은 평가대상에서 제외되었습니다.

위와 같이 기준일 현재 현물출자자의 우주선 사업부 자산가액 합계는 1,746,000원으로 산정되었으며, 그 부채가액 합계는 1,325,000원으로 산정되었습니다. 자산가액에서 부채가액을 차감한 순자산가액, 즉 우주선사업의 평가액은 421,000원으로 산정되었습니다.

감정의견	본 감정인은 관련 규정을 준수하여 성실, 공정하게 업무를 수행하였으며, 현물출자 대상인 우주선 사업과 관련된 재산에 대한 감정결과 등에 비추어 현물출자 계획은 합당하다고 인정됩니다.

구분	예시
〈현물출자 대상재산에 대한 이해〉 주요 내용: 우주선 산업의 이해, 현물출자자의 우주선 사업의 이해	
〈감정 세부내역〉 주요 내용: 총괄표, 자산의 세부 평가 내역, 부채의 세부 평가 내역	
자산	(1) 매출채권 평가: 매출채권은 우주운송서비스와 관련하여 발생한 채권으로서 기준일자 명세서를 검토하여 현물출자 대상 사업의 매출채권임을 확인하고, 조회확인, 증빙 검토, 기준일 이후 회수 내역에 대한 검토를 통해 실재성을 확인하였습니다. (2) 재고자산 평가: 재고자산에 대해서는 세부 명세서를 검토하고, 실사의 입회, 재고자산 수불부를 통한 입출고 내역의 검토를 통해 실재성을 확인하였으며, 재고자산의 구입 증빙 확인 및 외부기관 자료를 통해 구입단가의 적정성과 평가의 적정성에 대해 확인하였습니다. (3) 우주선에 대해서는 부동산 가격공시 및 감정평가에 관한 법률상의 감정평가사가 평가하는 것이 보다 적절한 자산이므로, 태양계감정평가법인이 감정평가를 하고, 그 평가결과를 적용하였습니다. : :
부채	(1) 차입금: 차입금은 우주선 담보대출과 우주선 연불매입 형식의 우주선 금융리스 미지급금으로 구성되어 있습니다. 차입금에 대해서는 명세서 및 차입약정서를 검토하고 차입금 상환 원장과 명세서간 대사, 이자비용 overall test, 조회확인 절차 등을 통해 실재성 및 완전성을 확인하였습니다. 한편, 기준일 현재 차입금 중 현물출자일까지 상환이 예정되어 있는 금액은 현물출자 계약에 따라 현물출자 대상에 포함되지 않는 바, 현물출자일까지 상환이 예정된 차입금액은 평가대상에서 제외되었습니다. : :

Wrap up & 참고사항

1 Wrap up

- 자산가치는 상대적으로 이해하기 쉽고 평가가 간편하며, 객관적이고 검증가능성이 높다.
- 그러나, 미래 수익창출능력에 대한 고려가 용이하지 않아 독립적인 평가방법으로서는 활용도가 제한적이다.
- 평가 대상이 자산가치접근법에 부합하는지에 대한 판단이 필요하다. 자산이 독립적으로 수익창출을 하거나 비교적 자산대비 수익률이 낮은 상황에서 자산가치접근법이 많이 활용된다.

- 청산가치는 회사가 보유하고 있는 각각의 자산을 분리하여 개별적으로 처분한다고 가정한다.
- 그러므로 처분에 이르기까지 소요되는 비용이 모두 고려되어야 한다.

- 자산가치접근법은 기본적으로 순자산가액으로 접근한다. 각 자산 및 부채의 평가기준만 다를 뿐이다.
- 대체원가법은 해당 자산을 대체하기 위해서 소요되는 비용의 합으로 대상을 평가한다.

- 상법 상 현물출자 재산가액 평가 시에는 자본충실의 원칙을 고려하여 상대적으로 보수적인 평가가 이루어진다.

2 참고사항: 회생절차 흐름도

[그림 5-3] 회생절차 흐름도[350]

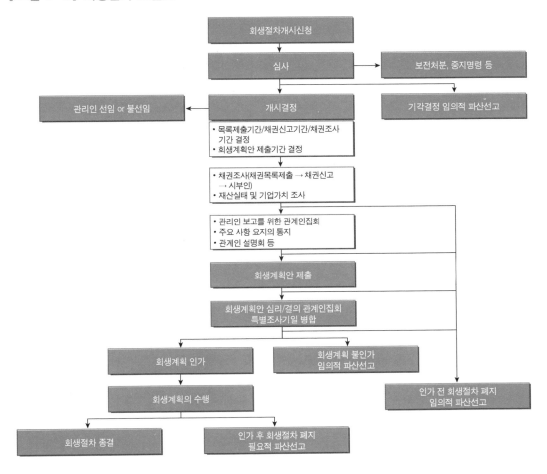

회생절차는 재정적 어려움으로 파탄에 직면해 있는 채무자에 대하여 채권자, 주주·지분권자 등 여러 이해관계인의 법률관계를 조정하여 채무자 또는 그 사업의 효율적인 회생을 도모하는 제도로서, 사업의 재건과 영업의 계속을 통한 채무 변제가 주된 목적이며, 채무자 재산의 처분·환가와 채권자들에 대한 공평한 배당이 주된 목적인 파산과 구별된다. 회생절차는 채무자, 자본의 1/10 이상에 해당하는 채권을 가진 채권자, 자본의 1/10 이상에 해당하는 주식 또는 지분을 가진 주주·지분권자가 신청할 수 있다.

---

350) 회생법원(www.slb.scourt.go.kr) 도산제도 안내 참고

제6장

자본시장법 상 주식평가

I 자본시장법 상 평가의 개요

1 **자본시장법의 기본 구조**

　본서에서 자본시장법 상 평가는 자본시장법 제165조의 4(합병 등의 특례)와 관련된 평가를 말한다. 합병 등의 특례 규정에서 다루는 거래 행위는 합병, 중요한 영업 및 자산의 양수도, 주식의 포괄적 교환 및 이전, 분할 및 분할합병을 포함한다.

[표 6-1] 자본시장법 상 평가관련 법체계

자본시장법	자본시장법 시행령	증권의 발행 및 공시에 관한 규정	증권의 발행 및 공시에 관한 규정 시행세칙
제165조의 4 (합병 등의 특례)	제176조의 5(합병의 요건·방법 등)	제5-13조(합병가액의 산정기준)	제4조(합병가액의 산정방법) 제5조(자산가치) 제6조(수익가치) 제7조(상대가치) 제8조(분석기준일)
	제176조의 6(영업양수·양도 등의 요건·방법 등)		

　자본시장법 제165조의 4(합병 등의 특례)에서는 적용 대상 거래의 종류에 관한 사항을 다루고, 자본시장법 시행령 제176조의 6(영업양수·양도 등의 요건·방법 등)에서는 중요한 영업 또는 자산의 양수 또는 양도 요건 및 평가방법, 주식의 포괄적 교환 또는 포괄적 이전과 분할합병 평가방법 등을 다루고 있다. 합병가액의 산정방법에 대한 세부적인 내용은 증권의 발행 및 공시에 관한 규정과 관련 시행세칙에서 다루고 있다.

2 **자본시장법 상 평가의 기본 구조**

Key Concept

• 자본시장법 상 평가 시, 상장법인은 시가[351]로 평가하고, 비상장법인은 본질가치로 평가한다.

• 본질가치는 수익가치와 자산가치의 가중평균으로 산정한다.

---

351) 기준시가를 말한다. 기준시가는 기준일의 최근종가, 최근 1주일 거래량 가중산술평균종가, 최근 1개월 거래량 가중산술평균종가의 산술평균으로 계산한다.

- 합병, 분할합병, 주식의 포괄적 교환 및 이전에서 본질가치 평가가 이루어지는 경우, 중요한 영업·자산양수도의 경우에는 외부평가를 받아야 한다.

[Note 1] 합병가액 산정 규제 개선안(2024년 11월 26일)

M&A 제도개선을 위한 「자본시장과 금융투자업에 관한 법률 시행령」(이하 시행령) 개정안이 마련되었다. 개정안에는 비계열사간 합병가액 산정 규제를 개정, 외부평가제도를 개정, 이사회 의견서 작성·공시 의무화 등 공시 강화 규정을 포함하고 있다.

기존에는 자본시장법 시행령이 구체적인 합병가액 산식을 직접적으로 규율하는 방식이었는데, 개정안은 **비계열사간 합병의 경우에는 법규로 정한 합병가액 산식의 적용대상에서 제외**한 것이다.

또한 개정 시행령 등은 합병가액 산식의 적용대상에서 제외되는 비계열사간 합병에 대해 외부평가를 의무화하고, 계열사간 합병의 경우에는 외부평가기관 선정시 감사의 동의(감사위원회가 설치된 경우에는 감사위원회의 의결)를 거치도록 하였다.

그리고 외부평가기관이 합병관련 업무수행시 준수해야 할 외부평가업무 품질관리규정*을 마련하고 점검 결과는 공시되도록 하였으며, 합병가액 산정과정에 관여한 경우 해당 합병의 외부평가기관으로 선정될 수 없도록 하였다.

개정 시행령 등은 이사회가 합병의 목적 및 기대효과, 합병가액·합병비율 등 거래조건의 적정성, 합병에 반대하는 이사가 있는 경우 합병에 반대하는 사유 등에 대한 의견서를 작성하여 공시하도록 하였다.

시행령 및 관련 규정은 공포일(11월 26일 잠정)부터 시행된다.

1) 합병의 경우

[표 6-2] 자본시장법 상 합병가액 산정 방법 요약

구분		합병법인	피합병법인
상장법인 간 합병		기준시가 (일정 범위 내 할인·할증 가능)	
상장법인[352]과 비상장법인의 합병		기준시가 (일정 범위 내 할인·할증 가능)	본질가치 $=($자산가치$\times 1+$수익가치$\times 1.5)\div 2.5$
합병(상장)	피합병(비상장)	단, 기준시가가 자산가치에 미달하는 경우에는 자산가치로 할 수 있음.	
비상장법인간 합병		자본시장법 상 별도 규정 없음.	

---

352) 코넥스시장에 주권이 상장된 법인은 제외한다고 규정하고 있다. 즉, 코넥스시장 상장법인과 비상장법인과

[표 6-3] 합병 대상법인에 따른 평가 규정 및 외부평가 의무 여부

구분	대상법인	자본시장법상 규정된 방법 적용	외부기관 평가 의무
상장+상장	계열사간 합병	O	×
	비계열사간 합병	×	O
상장+비상장	계열사간 합병	O	O
	비계열사간 합병	×	O
코넥스+코넥스	계열사간 합병	O	×
	비계열사간 합병	×	O
코넥스+비상장	–	×	×

상기의 평가 구조는 분할합병, 주식의 포괄적 교환 및 이전의 경우에도 준용하고 있다. 단, 영업 및 자산 양수도는 자율적으로 그 가액을 산정할 수 있도록 하고 있다.

상장법인간 합병은 기준시가에 의해 합병가액을 산정한다. 기준시가는 합병이사회 결의일과 합병계약 체결일 중 앞서는 날의 전일을 기준으로 [(최근일의 종가, 최근 1주일의 거래량 가중산술평균종가, 최근 1개월 거래량 가중산술평균종가) ÷ 3]으로 산정한다. 기준시가 산정 예시는 "Ⅱ. 상장주식의 평가"에서 다루기로 한다.

기준시가는 30% 범위 내에서 할인 또는 할증이 가능하며, 계열사간 합병의 경우에는 10% 범위 내에서 할인 또는 할증이 가능하다.[353]

상장법인이 비상장법인과 합병할 때에는 상장법인은 기준시가, 비상장법인은 본질가치법에 의한 평가액으로 합병가액을 산정한다. 이때 상장법인의 기준시가가 자산가치에 미달하는 경우에는 자산가치를 합병가액으로 할 수 있다. 본질가치는 자산가치와 수익가치를 가중산술평균한 가액이다. 본질가치로 평가하는 경우에는 유사업종을 영위하는 법인의 가치인 상대가치를 비교 공시하여야 한다. 본질가치 및 상대가치에 대해서는 다음에 설명할 "Ⅲ. 비상장주식의 평가"에서 자세히 다루기로 한다.

비상장법인 간 합병은 자본시장법에서 별도로 규정하고 있지 않다. 그러므로 비상장법인간의 거래 시에는 거래 당사자간의 합리적인 평가에 따르되, 특수관계자가 간 거래로서 세무상 이슈가 중요할 경우에는 세법상 평가 규정에 따른 평가가액을 고려할 수 있고, 다양한 이해관

합병하는 경우에는 외부평가기관의 평가를 받을 의무가 없다. 또한 코넥스시장 상장법인과 주권비상장법인 간의 중요한 영업 또는 자산의 양수·양도, 주식의 포괄적 교환·이전, 분할·분할합병의 경우에는 외부평가기관의 평가를 받지 않을 수 있다(2018년 기업공시 실무 안내).
353) 실무적으로는 SPAC을 제외한 일반합병의 경우에는 대부분의 회사가 할인 또는 할증을 적용하지 않고 있다.

계자간의 공정가액 이슈가 중요할 경우에는 적절한 공정가치 평가방법이 고려될 수 있다.

상장법인인 기업인수목적회사(SPAC)가 다른 회사와 합병하고자 하는 경우의 평가방법은 기본적으로는 일반법인의 합병가액 산정기준과 동일하나, 몇 가지 차이가 있다. 주권상장법인인 기업인수목적회사의 경우 기준주가 방식을 따르고, 피합병법인이 주권상장법인인 경우에도 기준주가[354] 방식을 따르지만, 피합병법인이 비상장법인인 경우에는 평가방법을 양사가 협의하여 정하도록 하고 있다. 단, 협의하여 산정한 가액은 본질가치 및 상대가치와 비교 공시하여야 한다.

[표 6 - 4] 기업인수목적회사(SPAC) 합병 시 합병가액 산정 방법

구분	평가방법
기업인수목적회사(상장법인)	기준시가
기업인수목적회사와 합병하는 다른 법인	다른 법인이 상장법인인 경우: 기준시가(단, 기준시가 산정 불가 시 본질가치)
	다른 법인이 비상장인 경우: 양사가 협의하여 정하는 가격(본질가치 및 상대가치 비교 공시)

2) 분할합병 및 주식의 포괄적 교환·이전

분할합병 및 주식의 포괄적 교환·이전 시의 평가는 합병 시의 평가방법을 준용한다.[355]

이 경우 분할합병 시에는 분할되는 부분의 합병대상이 되는 부분을 평가할 때, 상장회사이지만 해당 부분만의 시가를 명확하게 파악하는 것은 쉽지 않으므로 본질가치 평가방법을 준용하여 평가한다.[356]

3) 중요한 영업 또는 자산의 양수도

중요한 영업 또는 자산의 양수도에 대해서는 자본시장법에서 별도의 평가방법을 규정하고 있지 않다. 그러나 이에 대해서는 외부평가기관의 평가를 받도록 하고 있으므로 평가대상 및 거래의 성격에 맞는 적절한 평가방법을 활용하여 합리적으로 평가하는 것이 필요하다.

참고로 "중요한" 영업 또는 자산의 양수도인지에 대한 판단이 필요한데, 자본시장법에서는 자산총액기준, 매출액기준, 부채기준을 적용하고 있다.

---

354) 피합병법인인 주권상장법인의 기준시가를 산정할 수 없는 경우에는 본질가치에 따른다.
355) 주식의 포괄적 이전 시 주권상장법인이 단독으로 자회사가 되는 경우에는 합병 시 평가방법을 적용하지 않는다고 규정하고 있는데(자본시장법 시행령 제176조의 6), 이는 경제적 실체의 변화가 없어 시가가 그대로 이전된다고 보는 것으로 해석된다.
356) 자본시장법 시행령 제176조의 6 제2항

[표 6-5] 자본시장법 상 중요성의 기준[357]

구분	기준
중요한 영업양수도의 기준	
자산총액의 10% 이상	양수·양도하려는 영업부문의 자산액(장부가액과 거래금액 중 큰 금액을 말한다)이 최근 사업연도 말 현재 자산총액(한국채택국제회계기준을 적용하는 연결재무제표 작성대상법인인 경우에는 연결재무제표의 자산총액을 말한다)의 100분의 10 이상인 양수·양도
매출액의 10% 이상	양수·양도하려는 영업부문의 매출액이 최근 사업연도 말 현재 매출액(한국채택국제회계기준을 적용하는 연결재무제표 작성대상법인의 경우 연결재무제표의 매출액)의 100분의 10 이상인 양수·양도
부채의 10% 이상 (양수 시 적용)	영업의 양수로 인하여 인수할 부채액이 최근 사업연도 말 현재 부채총액(한국채택국제회계기준을 적용하는 연결재무제표 작성대상법인의 경우 연결재무제표의 부채총액)의 100분의 10 이상인 양수
중요한 자산양수도의 기준	
자산총액의 10% 이상	양수·양도하려는 자산액(장부가액과 거래금액 중 큰 금액)이 최근 사업연도 말 현재 자산총액(한국채택국제회계기준을 적용하는 연결재무제표 작성대상법인의 경우 연결재무제표의 자산총액)의 100분의 10 이상인 양수·양도
중요한 자산양수도 예외	상품·원재료·저장품 또는 그 밖에 재고자산의 매입·매출 등 일상적인 영업활동으로 인한 자산의 양수·양도 영업활동에 사용되는 기계, 설비, 장치 등의 주기적 교체를 위한 자산의 취득 또는 처분(다만, 그 교체주기가 1년 미만인 경우에 한함) 「자본시장과 금융투자업에 관한 법률」 및 「상법」에 따른 자기주식의 취득 또는 처분 등 금융위원회가 정하여 고시하는 자산의 양수·양도

[Note 2] 상법상 영업 및 자산 양수도 규정

상법 제374조 (영업양도, 양수, 임대 등)에서는 다음의 행위를 할 때 주주총회 특별결의가 필요하다고 규정하고 있다.
1. 영업의 전부 또는 중요한 일부의 양도
2. 영업 전부의 임대 또는 경영위임, 타인과 영업의 손익 전부를 같이 하는 계약, 그 밖에 이에 준하는 계약의 체결·변경 또는 해약
3. 회사의 영업에 중대한 영향을 미치는 다른 회사의 영업 전부 또는 일부의 양수

상법에서는 중요성의 기준을 명확하게 규정하고 있지 않으며, 자산양수도는 주주총회 승

---
357) 자본시장법 시행령 제171조 제2항

인 필요사항으로 규정하고 있지 않아 일반적으로 주주총회 승인이 요구되지 않는 것으로 이해되고 있다. 그러나, 판례에서는 '회사영업의 전부 또는 중요한 일부를 양도하거나 폐지하는 것과 같은 결과를 가져오는 영업용 재산의 양도'는 주총특별결의를 거쳐야 한다고 하고 있으므로 주의할 필요가 있다. 또한 주식의 양수도가 영업양수도인지 여부가 문제가 될 수도 있는데, 회사의 영업이나 재산은 아무런 변동이 없고 단지 주식만이 양도되는 상황은 자산양수도로 볼 수 있을 것이다.[358]

4) 외부평가의견서의 필요와 본질가치법의 적용 여부

상장법인의 합병가액 등은 기본적으로 기준시가에 따라 평가하므로 외부평가기관의 평가의무를 두지 않고 있다. 그러나, 비상장법인에 대해 본질가치로 평가를 할 경우에는 본질가치 평가의 적정성을 확보하기 위해 외부평가기관의 평가를 의무 규정으로 두고 있다. 외부평가기관의 평가가 필요한 경우는 다음과 같다.

[표 6-6] 합병의 경우 외부평가기관의 평가 의무 구분

구분	원칙	예외
상장법인 + 상장법인 합병	외부평가의무 없음	〈외부평가의무가 있는 경우〉 • 기준시가의 100분의 10을 초과하여 할인 또는 할증된 가액으로 산정하는 경우 • 본질가치법으로 합병가액을 산정한 경우 • 합병 후 비상장법인이 되고자 하는 경우[359]
상장법인 + 비상장법인 합병	외부평가의무 있음	〈외부평가의무가 없는 경우〉 • 상장법인이 코넥스시장 상장법인인 경우 • 완전자회사를 합병 후 신주를 발행하지 않는 경우

앞서 설명한 사항을 요약하면 합병, 분할합병, 주식의 포괄적 교환 및 이전을 할 경우 비상장법인 등 기준시가를 산정할 수 없는 경우에는 본질가치에 따른 평가가 필요하고, 기준시가에 따라 평가가 이루어지지 않은 경우에는 외부평가기관의 평가가 필요한지 여부에 대한 확인이 필요하다. 그리고, 중요한 영업·자산양수도의 경우에는 합리적인 방법으로 평가가 이루어져야 하고 이에 대해서는 외부평가기관의 평가가 필요하다고 하겠다.

---

358) 2018년 기업공시 실무안내 p.47
359) 기준시가에 따라 산정된 합병가액에 따르는 경우 또는 다른 회사의 발행주식 총수를 소유하고 있는 회사가 그 다른 회사를 합병하면서 신주를 발행하지 아니하는 경우는 외부평가기관의 평가의무에서 제외

[표 6-7] 본질가치법 적용 여부 및 외부평가기관 평가 필요 여부[360]

구분	본질가치법 적용 여부 검토	외부평가의견서 필요 여부 검토
합병	○ (단, 시가 적용의 경우는 제외[361])	○
분할합병		
주식의 포괄적 교환 및 이전		
분할	×	×
중요한 영업·자산양수도	×	○

5) 외부평가업무 가이드라인[362]

외부평가기관이 자본시장법 시행령 제176조의 5 및 6에 의한 평가업무를 수행함에 있어서 준수해야 할 사항을 정한 것으로 평가자가 준수하여야 할 기본원칙, 평가방법, 부적절한 평가 사례 등을 제시하고 있다. 자본시장법 상 평가를 할 경우에는 외부평가업무 가이드라인을 숙지하여야 할 필요가 있다. 그러나, 외부평가업무 가이드라인은 자본시장법 상 업무 이외의 평가에서도 참고할 부분이 많다.[363]

[표 6-8] 외부평가업무 가이드라인의 주요 사항

일반적 평가업무에 적용 가능한 시사점
• 원칙적으로 수익가치, 자산가치, 시장가치 접근법을 모두 고려 후, 적절한 평가방법을 단수 또는 복수로 선택 • 재무정보 이외에 비재무적 정보 분석 • 설립된 지 5년 미만 법인, 적자기업은 자산접근법 또는 시장가치접근법 이외의 평가방법 적용 시 근거 및 차이금액 확인 • 평가대상에 대한 유동성을 고려한 할인, 지배력을 고려한 할증 • 비업무용자산가치의 고려 • 최근 2년 거래가격, 과거 평가 실적에 대한 확인 후 가치 조정 여부 검토 • 평가액에 대한 일정 범위 제시 • 평가대상이 속한 Industry에 대한 고려, 관련 법상 인정되는 효익의 기대기간에 대한 고려 • 특정 자산 및 사업부 평가 시 기업 위험이 아닌 평가 대상 자체의 위험을 반영 • 현금흐름 예측기간은 5년 이상으로 확보 • 영구성장률은 과거 5년치 평균성장률을 고려하여 산정 등

---

360) 2018년 기업공시 실무안내 참고
361) 상장법인과 같이 시가가 있는 경우에는 기준시가를 적용한다.
362) 금융감독원에서 2009년 6월 자산평가의 공정성을 확보하기 위해 제정
363) 외부평가업무 가이드라인의 전체 내용은 별첨으로 첨부

상장주식의 평가

1 기준시가

Key Concept

- 상장법인의 합병가액은 기준시가로 평가하며, 30% 이내에서 할인 또는 할증 가능하다. (단, 계열회사간 합병의 경우에는 10% 이내)
- 기준시가는 기준일의 최근 종가, 최근 1주일 거래량 가중산술평균종가, 최근 1개월 거래량 가중산술평균종가의 산술평균으로 계산한다.

상장법인의 합병가액은 기준시가로 평가한다.[364] 기준시가는 기준일의 최근 종가, 최근 1주일 거래량 가중산술평균종가, 최근 1개월 거래량 가중산술평균종가의 산술평균으로 계산한다.

[표 6-9] 기준시가 산정 방식

구분	규정	
기산일	합병을 위한 이사회 결의일과 합병계약을 체결한 날 중 앞서는 날의 전일[365]	
산정방식	기준시가 = (① + ② + ③) ÷ 3	① 최근 1개월간 거래량 가중산술평균종가[366]
		② 최근 1주일간 거래량 가중산술평균종가
		③ 최근일의 종가
할인율의 적용	상기 기준시가를 기준으로 30%의 범위 내에서 할인 또는 할증 가능(계열사간 합병의 경우에는 10% 이내)	

상기 산정방식에서 종가는 증권시장에 성립된 최종가격을 의미하며, 가중산술평균종가

---

364) 상장법인이 비상장법인과 합병할 때 기준시가가 자산가치에 미달하는 경우에는 자산가치로 평가할 수 있다.

365) 주권상장법인이 합병일정 변경 등을 사유로 2차례 이상 이사회를 개최하거나 합병계약서를 수정할 경우에도 기준주가 산정기준일이 "합병을 위한 이사회결의일과 합병계약을 체결한 날 중 앞서는 날의 전일"로 규정하고 있으므로 기준주가 산정을 위한 기준일은 변경되지 않는다(합병 등 특수공시 관련 실무 안내서, 금감원, 2017.8, 참고).

366) 최근 1개월간의 평균종가 산정 시, 산정대상기간 중에 배당락 또는 권리락이 있는 경우로서 배당락 또는 권리락이 있은 날부터 기산일까지의 기간이 7일 이상인 경우에는 그 기간의 평균종가로 한다.

는 기산일을 포함하여 달력을 기준으로 1개월 및 1주일의 기간 중 영업일의 종가를 거래량으로 가중치를 부여하여 산술평균하여 산정한다.

[표 6-10] 1주일 평균종가 산정방식의 예[367]

합병이사회 결의일 및 합병계약체결일: 5월 24일(토)

기산일: 5월 23일 (금)

	5.19(월)	5.20(화)	5.21(수)	5.22(목)	5.23(금)
거래량(주)	1,000 ①	1,200 ②	2,050 ③	2,400 ④	1,900 ⑤
종 가(원)	1,200 ⑥	1,150 ⑦	1,100 ⑧	1,200 ⑨	1,150 ⑩
평균종가	={(①×⑥)+(②×⑦)+(③×⑧)+(④×⑨)+(⑤×⑩)}/(①+②+③+④+⑤)				

1) 기준시가 산정 사례[368]

① 기산일

다음의 사례에서 이사회결의일 및 합병계약 체결일은 5월 26일이다. 그러므로 기준시가 산정 기산일은 5월 25일이 된다.

일	월	화	수	목	금	토
26	27	28	29	30	5월 1일	2
3	4	5	6	7	8	9
10	11	12	13	14	15	16
17	18	19	20	21	22	23
24	25	26	27	28	29	30

상기 내용을 기준으로 한 1개월, 1주일, 최종일은 다음과 같다.

- 1개월: 4월 26일 ~ 5월 25일
- 1주일: 5월 19일 ~ 5월 25일
- 최종일: 5월 22일(기산일인 25일은 공휴일이며, 24일, 23일도 영업일이 아니므로 영업일 기준 최종일은 5월 22일이 된다.)

---

367) 2018 기업공시실무안내 참고
368) 2015년 S사 합병 사례, 전자공시시스템 참고

② 일자별 종가 및 거래량 확인

일 자	종 가	거래량	종가 × 거래량
2015-05-22	163,500	271,203	44,341,690,500
2015-05-21	161,500	234,730	37,908,895,000
2015-05-20	161,000	319,122	51,378,642,000
2015-05-19	157,500	333,714	52,559,955,000
2015-05-18	157,000	268,107	42,092,799,000
2015-05-15	156,500	650,992	101,880,248,000
2015-05-14	149,000	312,033	46,492,917,000
2015-05-13	150,000	656,457	98,468,550,000
2015-05-12	143,000	340,942	48,754,706,000
2015-05-11	141,500	418,548	59,224,542,000
2015-05-08	143,500	541,510	77,706,685,000
2015-05-07	142,500	2,038,527	290,490,097,500
2015-05-06	159,500	387,018	61,729,371,000
2015-05-04	161,000	370,150	59,594,150,000
2015-04-30	158,500	767,466	121,643,361,000
2015-04-29	166,500	472,742	78,711,543,000
2015-04-28	167,000	667,920	111,542,640,000
2015-04-27	166,000	543,152	90,163,232,000

상기 사례에서 기산일은 5월 25일이고, 최근 1개월은 4월 26일부터이나, 5월 23일~5월 25일과 4월 26일은 휴일이어서 기준시가 산정에 포함되지 않았다.

③ 기준시가 계산

구 분	기 간	금 액
A. 1개월 가중평균종가	2015년 4월 26일부터 2015년 5월 25일까지	153,704
B. 1주일 가중평균종가	2015년 5월 19일부터 2015년 5월 25일까지	160,678
C. 최근일 종가	2015년 5월 22일	163,500
D. 산술평균종가([A+B+C]÷3)		159,294
E. 합병회사 보통주 기준시가(=D)		159,294

위의 사례에서 기준시가 산정 기준일은 휴일이며, 휴일이 있을 경우에도 1개월, 1주일, 최종일의 종가는 달력을 기준으로 해당하는 영업일의 종가 및 거래량을 계산하여 산정하는 것을 볼 수 있다.

2) 할인 및 할증 적용 사례 분석

상장법인의 합병가액에 대해서는 앞서 언급한 바와 같이 기준시가를 적용하나, 기준시가를 기준으로 비계열사간 합병의 경우에는 30%의 범위 내에서 할인 또는 할증 적용이 가능하고, 계열사간 합병의 경우에는 10% 이내에서 할인 또는 할증이 가능하다.

2017년 합병관련 증권신고서를 제출한 법인 중 기준시가를 적용한 상장법인 30개[369] 기업의 할인 또는 할증률 적용 사례를 분석하여 보면, 할인율 또는 할증률을 적용한 법인이 16개 기업, 적용하지 않은 곳이 14개 기업이다. 할인 또는 할증을 적용한 기업 16개 중 15개는 SPAC(기업인수목적회사)이 합병한 경우이며, 일반합병의 경우는 1개 기업이다. SPAC을 제외한 일반합병의 경우에는 대부분 할인 또는 할증률을 반영하지 않고 기준시가를 합병가액으로 하고 있다.

[그림 6-1] 할인 또는 할증률 적용 범위 및 적용 법인

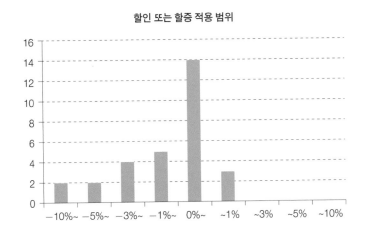
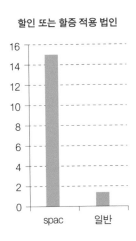

369) 증권신고서 최종 접수일 기준, 코넥스 제외, 피합병법인 2개 기업 포함

3) 코넥스시장 상장법인의 합병비율 산정 방법

코넥스시장에 주권을 상장한 법인도 자본시장법상 주권상장법인이므로 다른 주권상장법인과 합병하고자 할 경우 기준주가로 합병가액을 산정한다. 이 경우에도 기준주가의 30% 이내에서 할인 또는 할증을 허용하나, 그 비율이 10%를 초과할 경우에는 외부평가를 받아야 한다.

다만, 자본시장법상 코넥스시장에 주권을 상장한 법인이 다른 비상장법인과 합병할 경우에는 합병가액 산정방식은 자율화되어 있다고 볼 수 있다. 상장법인과 비상장법인 합병 규정에서 코넥스시장 상장법인은 주권상장법인에서 제외하고 있기 때문이다.

2 자산가치

자산가치는 상장법인과 비상장법인이 합병할 경우에 비상장법인의 합병가액을 산정하기 위해서도 필요하지만, 상장법인의 경우에도 기준시가가 자산가치에 미달할 경우 자산가치로 평가할 수 있으므로 자산가치를 검토하는 것이 필요하다. 자산가치 산정에 대한 자세한 사항은 "Ⅲ. 비상장주식의 평가"에서 다루기로 한다.

Ⅲ　비상장주식의 평가

1　비상장주식 평가의 개요: 본질가치 계산 기본 구조

> **Key Concept**
>
> • 본질가치는 자산가치와 수익가치를 1과 1.5로 가중평균하여 산정한다.
>
> • 상대가치는 유사 회사가 3사 이상일 경우에만 비교 공시한다.

　상장법인과 합병, 주식의 포괄적 교환 및 이전 등을 하는 비상장법인의 주식은 본질가치에 따라 평가한다. 본질가치는 자산가치와 수익가치를 1:1.5의 비중으로 가중평균하여 산정한다. 과거 규정에서는 이렇게 산정된 본질가치와 상대가치를 평균하여 합병가액을 산정하였으나, 현재는 유사한 업종이 있는 경우에 이를 비교 공시만 하도록 하고 있다.

> **본질가치 산정 계산 구조**
>
> $$본질가치 = \frac{자산가치 \times 1 + 수익가치 \times 1.5}{2.5}$$

　본질가치 산정을 위한 자산가치와 수익가치를 구체적으로 설명하기 전에 합병비율이 산정되는 방식을 사례를 통해 살펴보기로 한다.

[표 6-11] 합병비율 산정 예시[370]

(단위: 원)

구분	합병법인 (D사, 상장법인)	피합병법인 (K사, 비상장법인)
A. 기준주가	72,910	해당사항 없음.
B. 본질가치	해당사항 없음.	113,412
a. 자산가치	35,147	6,472
b. 수익가치	해당사항 없음.	184,706

370) 2014년 D사(상장)와 K사(비상장) 합병사례, 전자공시시스템 참고

구분	합병법인 (D사, 상장법인)	피합병법인 (K사, 비상장법인)
C. 상대가치	해당사항 없음.	해당사항 없음.
D. 합병가액/1주	72,910	113,412
E. 합병비율	1	1.5555137

상기 사례에 대한 항목별 내용은 다음과 같다.

A. 기준주가: 합병법인은 상장법인이므로 합병가액은 기준주가로 평가하였다(기준주가가 자산가치에 미달하는 경우에는 자산가치로 할 수 있다).

B. 본질가치: 피합병법인은 비상장법인이므로 합병가액은 자산가치와 수익가치를 1:1.5의 비중으로 가중평균한 본질가치로 평가하였다.

$(6,472 \times 1 + 184,706 \times 1.5) \div 2.5 = 113,412$

a. 자산가치: 합병법인의 자산가치는 기준주가보다 낮아 기준주가를 합병가액으로 하였고, 피합병법인의 자산가치는 본질가치 평가 시 적용하였다.

b. 수익가치: 피합병법인의 본질가치 산정 시 현금흐름할인모형에 의해 수익가치를 산정하였다.

C. 상대가치: 유사회사 선정기준을 충족시키는 주권상장법인이 3사 미만이므로 상대가치를 산정하지 않았다.

D. 합병가액/1주: 상장법인은 기준주가로, 피합병법인은 본질가치로 합병가액을 산정하였다.

E. 합병비율: 상장법인 1주당 피합병법인 주주에게 몇 주를 교부할 것인지에 대한 비율이다. 그러므로 113,412 ÷ 72,910로 산정하였다(합병비율은 공시실무상 소수점 이하 7째 자리까지 표기한다[371]).

---

371) 합병비율의 경우에는 주식의 종류별로 소멸회사 주식 1주에 대하여 배정하는 존속회사 또는 신설회사 주식의 수를 소수점 이하 7째 자리까지 표기하고, 소멸회사의 주식과 합병신주의 액면금액이 상이한 경우에는 별도로 액면금액을 기재한다(기업공시서식 작성기준 2018).

2 자산가치

Key Concept

- 자산가치는 직전(최근) 사업연도 말 재무상태표에서 분석기준일까지 발생한 중요한 순자산의 증감으로 규정된 사항을 가감하는 방식으로 산정한다.
- 피합병법인의 자산가치는 상장법인인 합병법인과 동일한 회계기준으로 산정한다.[372]

[표 6 – 12] 자산가치 산정 구조

구분	내용
기본 계산 구조[373]	자산가치 = 순자산 ÷ 발행주식총수
분석기준일	주요사항보고서를 제출하는 날의 5영업일 전일
순자산	직전 사업연도 말 재무상태표에서 시행세칙에서 정한 조정사항 가감
발행주식총수	분석기준일의 총발행주식수[374]

자산가치는 분석기준일 현재의 발행회사(평가대상회사)의 주당 순자산가액이다.

분석기준일은 주요사항보고서를 제출하는 날의 5영업일 전일이며, 이후 분석에 중요한 영향을 줄 수 있는 사항이 발생한 경우에는 그 사항이 발생한 날을 기준일로 한다.[375]

순자산은 직전 사업연도 말 재무상태표의 자본총계에서 실질가치가 없는 무형자산과 회수가능성이 없는 채권을 차감하고 자기주식은 가산하는 등 가감 사유를 반영하여 산정한다. 분석기준일은 주요사항보고서를 제출하는 날의 5영업일 전일인데, 순자산가치 산정의 기준 재무제표는 직전 사업연도 말 재무상태표를 사용하도록 하고 있다. 사업연도 말 이후에 재무상태표에 미치는 주요 변동사항은 순자산의 조정항목으로 반영하여 분석기준일의 조정순자산을 산정하는 구조이다.

---

372) 상장법인인 합병법인이 K-IFRS를 회계기준으로 채택하고 있다면 비상장회사인 피합병법인의 경우에도 이와 같은 회계기준으로 작성된 재무제표를 기준으로 자산가치를 산정하여야 한다는 의미이다.
373) 증권의 발행 및 공시에 관한 규정 시행세칙 제5조
374) 합병가액 산정을 위한 총발행주식수에는 보통주 외에 상환우선주를 포함한 우선주도 합산하여야 함(비상장법인 합병가액 평가 관련 유의사항, 금융감독원, 2011.10). 또한 분석기준일 현재 전환주식, 전환사채, 신주인수권부사채 등 향후 자본금을 증가시킬 수 있는 증권의 권리가 행사될 가능성이 확실한 경우에는 권리행사를 가정하여 이를 순자산 및 발행주식의 총수에 반영한다.
375) 증권의 발행 및 공시에 관한 규정 시행세칙 제8조

재무상태표는 실무상으로 개별 또는 별도 재무제표를 이용한다. 2021년 증권의 발행 및 공시에 관한 규정 시행세칙 개정전에는 연결재무제표를 이용하여 평가를 할 수 있는지에 대한 부분이 명확하지 않았으나, 순자산의 가감항목으로 "최근사업연도말 현재 비지배지분을 차감한다. 단, 최근사업연도말의 연결재무상태표를 사용하는 경우에 한한다"라는 규정을 신설하여, 개별 또는 별도 재무상태표뿐만 아니라 연결재무상태표를 이용하여 자산가치를 평가할 수 있음을 명확히 하였다.[376]

직전 사업연도가 없는 경우에는 최근 감사보고서 작성 대상 시점을 기준으로 한다.

여기서 주의할 점은 합병가액은 주권상장법인이 가장 최근 제출한 사업보고서에서 채택하고 있는 회계기준을 기준으로 산정한다고 규정하고 있다는 점이다.[377] 이는 상장법인인 합병법인이 K-IFRS를 회계기준으로 채택하고 있다면 비상장회사인 피합병법인의 경우에도 이와 같은 회계기준으로 작성된 재무제표를 기준으로 자산가치를 산정하여야 한다는 의미이다.

[표 6-13] 자산가치의 계산 시 조정사항

구분	산정방법 및 고려사항
A. 자본총계	주요사항보고서 제출하는 날이 속하는 사업연도의 직전사업연도말 재무상태표 (직전사업연도가 없는 경우에는 최근 감사보고서 작성대상시점)
a. 가산항목	
최근사업연도말 현재 자기주식	순자산가치를 발행주식총수로 나누어 주당 자산가치를 산정하므로 자기주식의 가산이 필요
분석기준일까지 유상증자 등에 의하여 증가한 자본금	최근 사업연도 말 이후 분석기준일까지 유상증자 등 중요한 자본거래로 인한 순자산 증가 사항을 가산함. 특히, 주당순자산 계산을 위한 발행주식총수가 분석기준일이므로 기준의 일치가 필요
분석기준일까지 전환권(또는 신주인수권) 행사 등에 의하여 증가한 자본금[378]	
분석기준일까지 자본잉여금 및 재평가잉여금 증가액	

---

376) 합병 등 특수공시 실무 안내서, 금융감독원, 2017.8.
377) 증권의 발행 및 공시에 관한 규정 제5-13조
378) 자산가치 산정 시 CB, BW와 같은 전환가능증권은 부채로 반영하는 것이 원칙이나, 전환권 행사가 거의 확실한 경우에는 발행주식총수에 적절히 반영하는 것이 합리적이다. (증권의 발행 및 공시에 관한 규정 시행세칙 제5조, 합병 등 특수공시 관련 실무 안내서)

구분	산정방법 및 고려사항
분석기준일 현재 투자주식 중 취득원가로 측정하는 시장성 없는 주식의 순자산가액이 재무상태표에 계상된 금액과 차이나는 경우에는 순자산가액과의 차이	순자산가액이 재무상태표금액보다 더 크면 가산, 작으면 차감(2021년 시행세칙 개정). 단, 손상이 발생한 경우에는 순자산가액과의 차이를 가산할 수 없음
분석기준일 현재 투자주식 중 시장성 있는 주식의 종가가 재무상태표에 계상된 금액과 차이나는 경우에는 종가와의 차이를 가감	시가가 재무상태표금액보다 더 크면 가산, 작으면 차감(2021년 시행세칙 개정)
분석기준일까지 발생한 전기오류수정이익	전기오류수정이익은 가산, 전기오류수정손실은 차감(2021년 시행세칙 개정)
분석기준일까지 이익잉여금의 증감을 수반하지 아니한 중요한 순자산 증가액[379]	

b. 차감항목

구분	산정방법 및 고려사항
분석기준일 현재 실질가치가 없는 무형자산[380]	
분석기준일 현재 회수가능성이 없는 채권[381]	
분석기준일 현재 투자주식 중 취득원가로 측정하는 시장성 없는 주식의 순자산가액이 재무상태표에 계상된 금액과 차이나는 경우에는 순자산가액과의 차이	투자주식 중 취득원가로 평가하는 시장성 없는 주식의 순자산가액이 재무상태표 계상액보다 낮은 경우에는 순자산가액과 장부가액의 차이를 차감[382]
분석기준일 현재 투자주식 중 시장성 있는 주식의 종가가 재무상태표에 계상된 금액과 차이나는 경우에는 종가와의 차이를 가감	시가가 재무상태표금액보다 더 크면 가산, 작으면 차감(2021년 시행세칙 개정)

---

379) 이익잉여금의 증감을 수반하지 아니한 중요한 순자산 증가액에는 실질이 자본거래가 아닌 미실현손익의 성격은 순자산가액에 가산 반영하지 않는다. 감소한 경우에도 마찬가지이다(합병 등 특수공시 관련 실무안내서). 단, 시장성있는 지분의 시가평가와 같은 시행세칙에 규정되어 반영된 항목은 제외된다.
380) 실무적으로는 법적 보호장치가 없는 개발비나 영업권 등에 대한 감액사례가 많으나, 이는 최근사업연도말 이후부터 분석기준일까지 자산성 판단에 영향을 미치는 상황의 유무 등에 대한 종합적인 판단이 필요하다.
381) 실무적으로 대손설정의 적정성에 대한 검토가 이루어질 필요가 있는데, 최근사업연도말 이후 분석기준일까지 발생한 사건으로 인한 추가적인 정보로 회수가능성이 낮아졌다고 판단할 상황이 존재한다면 채권의 조정사항이 발생할 수 있을 것이다.
382) 별도재무제표에서는 종속기업, 관계기업 주식에 대해 지분법, 원가법, 공정가액법 등을 선택하여 회계처리하도록 하고 있다. 원가법으로 회계처리되고 있는 해당 주식에 대해 순자산가액이 취득원가보다 낮다면 조정이 필요할 것이다. 단, 2021년 시행세칙 개정으로 순자산가액이 더 큰 경우에도 가산항목으로 조정할 수 있도록 하였다. 또한 시장성이 없는 투자주식이라도 공정가치로 평가하고 있는 자산의 경우에는 해당 조정사항의 대상에서 제외될 수 있다.

구분	산정방법 및 고려사항
분석기준일 현재 퇴직급여충당부채 등의 부족액	퇴직급여채무 또는 퇴직급여충당부채의 잔액이 회계처리기준에 따라 계상하여야 할 금액보다 적을 때에는 그 차액을 차감
분석기준일까지 발생한 자산의 손상차손	최근 사업연도말 이후 발생한 자산의 손상차손을 차감
분석기준일까지 유상감자에 의하여 감소한 자본금	최근 사업연도말 이후 분석기준일까지 유상감자 등 중요한 자본거래로 인한 순자산 감소 사항을 차감함. 특히, 주당순자산 계산을 위한 발행주식총수가 분석기준일이므로 기준의 일치가 필요
분석기준일까지 배당금 지급, 전기오류 수정손실 등	
분석기준일까지 이익잉여금의 증감을 수반하지 아니한 중요한 순자산 감소액	
최근 사업연도말 현재 비지배지분을 차감. 단, 최근 사업연도말의 연결재무상태표를 사용하는 경우에 한함	연결재무상태표를 이용한 평가가 가능함을 규정함 (2021년 시행세칙 개정)
B. 조정 순자산	B = A + a - b
C. 발행주식총수	분석기준일 현재의 총발행주식수. 분석기준일 현재 전환주식, 전환사채, 신주인수권부사채 등 향후 자본금을 증가시킬 수 있는 증권의 권리가 행사될 가능성이 확실한 경우에는 권리 행사를 가정하여 이를 순자산 및 발행주식의 총수에 반영한다
D. 1주당 자산가치	D = B ÷ C

자산가치는 직전(최근) 사업연도 말 재무상태표에서 분석기준일까지 발생한 중요한 순자산의 증감사항을 가감하는 방식으로 산정하고 있다.

유상증자 또는 유상감자 등으로 인한 자본변동 사항을 반영해주고, 최근 사업연도 말 이후 분석기준일까지 발생한 사건으로 인해 자산성 평가에 변동이 있을 수 있는 무형자산이나, 채권을 포함한 자산의 손상차손 등을 반영하여 순자산을 조정한다. 이때 주의할 점은 자본거래로 인한 변동사항이 아닌, 무형자산, 채권, 투자주식 등의 자산·부채 항목 조정사항을 반영할 때에는 순자산의 감소요인에 대한 조정은 있으나, 증가요인에 대한 조정은 없다는 점이다. 그러나, 2021년 시행세칙 개정으로 투자주식 등 일부항목에 대해서는 시가 및 순자산가액과의 차이를 조정할 수 있도록 함으로써 증감요인이 모두 고려되도록 하였다.

또한 자기주식의 직전 사업연도 말 이후부터 분석기준일까지 취득한 자기주식을 가산하여야 하는지에 대한 이견이 있었다. 그러나, 2021년 시행세칙 개정으로 최근사업연도말 시점에 자기주식을 가산함으로써 조정시점을 순자산 평가시점과 일치시켰다.

[표 6-14] 자산가치 산정 사례(별도재무제표 기준)[383]

(단위: 원, 주)

과목	금액
가. 최근 사업연도말 별도재무상태표 상 자본총계[주1]	164,000,859,862
나. 조정항목(A-B)	4,426,036,816
A. 가산항목	10,638,096,136
(1) 분석기준일 현재 투자주식 중 취득원가로 측정하는 시장성 없는 주식의 순자산가액이 재무상태표에 계상된 금액보다 높은 경우 차이 금액. 단, 손상이 발생한 경우는 제외[주2]	529,645,861
(2) 분석기준일 현재 투자주식 중 시장성 있는 주식의 종가가 재무상태표에 계상된 금액보다 높은 경우 차이 금액[주3]	10,034,130
(3) 최근사업연도말 현재 자기주식[주4]	10,098,416,145
(4) 분석기준일까지 유상증자 등에 의하여 증가한 자본금	–
(5) 분석기준일까지 전환권(또는 신주인수권) 행사 등에 의하여 증가한 자본금	–
(6) 분석기준일까지 자본잉여금 및 재평가잉여금 증가액	–
(7) 분석기준일까지 발생한 전기오류수정이익	–
(8) 분석기준일까지 이익잉여금의 증감을 수반하지 아니한 중요한 순자산 증가액	–
B. 차감항목	6,212,059,320
(1) 분석기준일 현재 실질가치 없는 무형자산[주5]	43,344,475
(2) 분석기준일 현재 회수가능성 없는 채권[주6]	18,953,878
(3) 분석기준일 현재 투자주식 중 취득원가로 측정하는 시장성 없는 주식의 순자산가액이 재무상태표에 계상된 금액보다 낮은 경우 차이 금액[주2]	115,925,767
(4) 분석기준일 현재 투자주식 중 시장성 있는 주식의 종가가 재무상태표에 계상된 금액보다 낮은 경우 차이 금액	–
(5) 분석기준일 현재 퇴직급여채무 또는 퇴직급여충당부채 과소설정액	–
(6) 분석기준일까지 손상차손이 발생한 자산의 손상차손	–
(7) 분석기준일까지 유상감자에 의하여 감소한 자본금	–
(8) 분석기준일까지 배당금 지급, 전기오류수정손실 등[주7]	6,033,835,200
(9) 분석기준일까지 이익잉여금의 증감을 수반하지 아니한 중요한	–

383) 2021년 H사 합병사례, 전자공시시스템 참고

과목	금액
순자산 감소액	
다. 조정된 순자산가액(가+나)	168,426,896,678
라. 발행주식총수[주8]	16,460,000
마. 1주당 순자산가치(다÷라)	10,232

상기 사례에서 각 항목의 반영 및 조정 내역은 다음과 같다.

(주1) 「증권의 발행 및 공시 등에 관한 규정 시행세칙」 제5조에 따라 주요사항보고서를 제출하는 날이 속하는 사업연도의 직전 사업연도말인 2020년 12월 31일 현재 한국채택국제회계기준(K-IFRS)에 의하여 작성된 감사받은 별도재무상태표 상 금액을 적용하였습니다.

(주2) 분석기준일 현재 합병법인이 보유한 투자주식 중 취득원가로 평가하는 시장성 없는 투자주식의 순자산가액과 취득원가의 차이를 조정하였습니다.

(주3) 분석기준일 현재 합병법인이 보유한 투자주식 중 시장성 있는 투자주식의 장부가액과 종가의 차이를 조정하였습니다.

(주4) 최근사업연도말 현재 합병법인의 자기주식 10,098,416,145원(1,375,412주)을 가산하였습니다.

(주5) 분석기준일 현재 무형자산 중 실질가치가 없는 무형자산으로 특허권 32,515,192원, 디자인권 7,834,218원, 실용신안권 2,995,065원을 차감하였습니다.

(주6) 분석기준일 현재 회수가능성이 없는 매출채권 18,953,878원을 차감하였습니다.

(주7) 합병법인은 2021년 3월 25일의 정기주주총회일에 유통주식(보통주 15,084,588주)에 대하여 주당 400원의 배당(총액: 6,033,835,200원)을 결의하였습니다. 이후 2021년 4월 23일 유통주식(보통주 15,084,588주)에 대하여 주당 400원의 배당금(총액: 6,033,835,200원)을 지급하였으며, 이에 동 배당금을 자산가치에 차감하여 반영하였습니다.

(주8) 합병법인은 분석기준일 현재 향후 자본금을 증가시킬 수 있는 전환주식, 전환사채, 신주인수권부사채 등의 증권을 발행하지 않았기 때문에 분석기준일 현재 발행주식총수 산정 시 고려하지 않았습니다.

상장법인이 비상장법인과 합병할 때, 상장법인인 합병법인의 자산가치는 기준시가와의 비교가 필요하다. 자산가치가 기준시가보다 크다면 합병법인의 평가액은 자산가치로 할 수 있다. 그리고, 상장법인과 합병하는 비상장법인인 피합병법인에 대해 산정한 자산가치는 본질가치 산정 시 수익가치와 가중평균하는 데 사용된다.

[표 6-15] 자산가치 산정 사례(연결재무제표기준)[384]

(단위: 원)

구 분	금액
A. 최근 사업연도말 연결재무상태표 상 자본총계[주1][주6]	287,885,110,974
B. 조정항목(B=a-b)	124,435,150,625
a. 가산항목	293,428,855,708
(1) 최근사업연도말 현재 자기주식	-
(2) 분석기준일까지 유상증자 등에 의하여 증가한 자본금	-
(3) 분석기준일까지 전환권(또는 신주인수권) 행사 등에 의하여 증가한 자본금[주2]	-
(4) 분석기준일까지 자본잉여금 및 재평가잉여금 증가액[주2]	-
(5) 분석기준일 현재 투자주식 중 취득원가로 측정하는 시장성 없는 주식의 순자산가액이 재무상태표에 계상된 금액과 차이나는 경우에는 순자산가액과의 차이	-
(6) 분석기준일 현재 투자주식 중 시장성 있는 주식의 종가가 재무상태표에 계상된 금액과 차이나는 경우에는 종가와의 차이를 가감	-
(7) 분석기준일까지 발생한 전기오류수정이익	-
(8) 분석기준일까지 이익잉여금의 증감을 수반하지 아니한 중요한 순자산 증가액[주3]	293,428,855,708
b. 차감항목	168,993,705,083
(1) 분석기준일 현재 실질가치 없는 무형자산	-
(2) 분석기준일 현재 회수가능성이 없는 채권	-
(3) 분석기준일 현재 투자주식 중 취득원가로 측정하는 시장성없는 주식의 순자산가액이 재무상태표에 계상된 금액과 차이나는 경우에는 순자산가액과의 차이	-
(4) 분석기준일 현재 투자주식 중 시장성 있는 주식의 종가가 재무상태표에 계상된 금액과 차이나는 경우에는 종가와의 차이를 가감	-
(5) 분석기준일 현재 퇴직급여채무 또는 퇴직급여충당부채 과소계상액	-
(6) 분석기준일까지 손상차손이 발생한 자산의 손상차손	-
(7) 분석기준일까지 유상감자에 의하여 감소한 자본금	

---

384) 2021년 C사 합병사례, 전자공시시스템 참고

구 분	금액
(8) 최근 사업연도말 현재 비지배지분을 차감. 단, 최근 사업연도말의 연결재무상태표를 사용하는 경우에 한함[주7]	154,095,977,296
(9) 분석기준일까지 발생한 배당금 지급, 전기오류수정손실[주4]	14,897,727,787
(10) 분석기준일까지 이익잉여금의 증감을 수반하지 아니한 중요한 순자산 감소액	–
C. 조정된 순자산가액(C=A+B)	412,320,261,599
D. 발행주식총수[주5]	46,378,195
E. 주당 자산가치(E=C÷D)	8,890

상기 사례의 반영 및 조정내역은 다음과 같다.

(주1) 증권의 발행 및 공시 등에 관한 규정 시행세칙 제5조에 따라 주요사항보고서를 제출하는 날이 속하는 사업연도의 직전 사업연도말인 2020년 12월 31일 현재 한국채택국제회계기준(K-IFRS)에 의해 감사받은 연결재무상태표 상 금액을 적용함.

(주2) 합병법인은 보통주로 전환 가능하며 자본으로 분류된 신종자본증권이 존재하며, 분석기준일 현재 신종자본증권 중 2,568,654주가 보통주로 전환됨. 다만, 신종자본증권이 보통주로 전환된다 하더라도 순자산에는 영향이 없기 때문에 조정사항을 반영하지 않음.

(주3) 분석기준일 현재 지배기업의 소유주에게 귀속되는 자본 중 신종자본증권 발행을 통해 증가한 기타자본을 반영함.

(주4) 분석기준일 현재 지배기업의 소유주에게 귀속되는 신종자본증권 이자를 반영함.

(주5) 분석기준일 현재 발행주식총수는 다음과 같음.

구분	주식수
최근사업연도말 합병법인 발행주식총수	35,100,000
분석기준일 현재 신종자본증권이 보통주로 전환됨에 따라 증가한 주식수	2,568,654
분석기준일 현재 지배기업의 소유주에게 귀속되는 자본 중 신종자본증권으로 인하여 자본금을 증가시킬 수 있는 증권의 주식수(신종자본증권이 자본으로 분류되어 순자산가액에 이미 포함된 점을 고려하여, 보통주로 전환가능한 주식수를 반영함)	8,709,541
분석기준일 현재 합병법인의 발행주식총수	46,378,195

(주6) 증권의 발행 및 공시 등에 관한 규정 시행세칙 제5조에 따라 주요사항보고서를 제출하는 날이 속하는 사업연도의 직전 사업연도말인 2020년 12월 31일 현재 한국채택국제회계기준(K-IFRS)에 의해 감사받은 연결재무상태표를 적용함.

(주7) 증권의 발행 및 공시 등에 관한 규정 시행세칙 제5조에 따라 주요사항보고서를 제출하는 날이 속하는 사업연도의 직전 사업연도말인 2020년 12월 31일 현재 한국채택국제회계기준(K-IFRS)에 의해 감사받은 연결재무상태표상 비지배지분을 반영함.

3　**수익가치**

Key Concept

- 수익가치는 평가대상법인의 성격을 고려하여 일반적으로 공정하고 타당한 것으로 인정되는 모형을 자율적으로 선정하여 평가한다.
- 실무적으로는 현금흐름할인법이 많이 활용되고 있다.

　수익가치는 현금흐름할인모형, 배당할인모형 등 미래의 수익가치 산정에 관하여 일반적으로 공정하고 타당한 것으로 인정되는 모형을 적용하여 합리적으로 산정한다. 과거에는 향후 2개년의 이익을 자본환원율로 할인하여 수익가치를 산정하도록 규정되어 있었으나, 2012년 12월 5일 시행세칙의 개정으로 평가방법을 자율적으로 결정하도록 하였다.[385] 현재 수익가치 산정방법으로 가장 많이 활용되고 있는 평가방법은 DCF(현금흐름할인법)이다. 현금흐름할인법에 대해서는 앞서 설명한 "수익가치접근법"을 참조하기 바라며, 과거 자본시장법에서 수익가치 산정의 방법으로 규정하였던 이익할인법에 대해서는 다음 장에서 다루기로 한다.[386]

　참고로 2017년 합병관련 증권신고서가 공시된 기업 중 본질가치 평가가 이루어진 보고서를 보면 31개사[387]의 본질가치 평가 중 수익가치를 현금흐름할인법(DCF)으로 적용한 사례가 26개사, 이익할인법으로 적용한 사례가 5개사이다. 이익할인법을 적용한 사례는 모두 SPAC과의 합병 사례이다.

---

385) 수익가치 평가방식이 자율화되었으나, 미래 수익에서 발생하는 효익(현금, 배당, 이익 등)에 기반을 두는 수익가치의 본질에 부합하는 방법만을 인정하고 있다. 순실현가치 방식은 미래 수익에서 발생하는 효익에 기반하지 아니한 채 순자산의 공정가치로 평가한 방식이므로 수익가치로 볼 수 없다고 해석하고 있다.(합병 등 특수공시 관련 실무 안내서)

386) 실무적으로 합병비율 산정 목적의 본질가치 평가를 할 때에는 최근 공시된 외부평가기관 평가의견서(분석기관 평가의견서)를 참고하는 것이 평가의 흐름을 이해하는 데 많은 도움을 줄 수 있다.

387) 증권신고서 최종 접수일 기준. 피합병법인이 다수일 경우에는 개별 건으로 보았으며, 합병법인 또는 피합병법인의 자회사 평가는 포함하지 않았다.

[그림 6-2] 수익가치 적용 방법 사례 조사

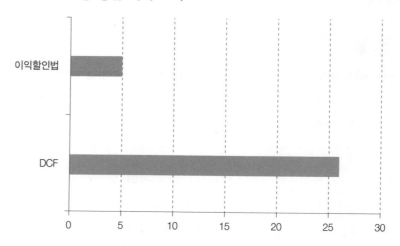

4 최근 거래가격에 대한 고려

외부평가업무 가이드라인[388])에서는 최근 2년간 거래가격이 있고, 이러한 가격이 공정한 가격이라면 평가에 해당 거래가격을 고려하도록 하고 있다. 관련 문단의 내용은 다음과 같다.

> 30. 평가자는 대상자산의 최근 2년간 거래가격, 과거 평가실적 등이 존재하고 입수 가능한 경우 이를 고려하여 최종가치산출에 반영 여부를 검토하여야 한다. 시장에서 충분한 기간 거래된 후 그 대상물건의 내용에 정통한 거래당사자간에 성립한다고 인정되는 적정가격과 평가방법으로 구한 가치가 차이가 나는 경우 반드시 가치 조정 여부를 고려하여야 하며, 가치 조정을 하지 않는 경우 가치조정을 하지 않는 사유를 문서화하고 평가의견서에 기재하여야 한다.

해당 내용에 따라 앞서 설명한 본질가치 평가 사례[389])에서는 최근 2년간의 거래내역에 대해 검토한 사항을 다음과 같이 기재하였다.

> [최근 2년간 주식 거래 현황 및 가치 조정 여부 검토]
> 다음은 피합병법인의 최근 2년간 주요 주식 거래 현황입니다.

---

388) 2009년 6월 금융감독원이 평가의 공정성을 확보하기 위해 제정한 것으로 자본시장법상 평가를 위해서는 참고가 필요하다.
389) 2014년 D사(상장)와 K사(비상장) 합병사례, 전자공시시스템 참고

일자	구분	매도자	매수자	거래량	주당 거래가액
2014년 3월 26일	주식양수도	개인주주	개인주주	10,000 주	124,000원/주
2014년 3월 ##일	주식양수도	개인주주	개인주주	10,000 주	126,000원/주
2014년 3월 ##일	주식양수도	법인주주	개인주주	10,000 주	120,000원/주
2014년 3월 ##일	주식양수도	법인주주	개인주주	10,000 주	120,000원/주
2014년 1월 ##일	주식양수도	개인주주	법인주주	180,000 주	90,000원/주
2013년 10월 ##일	주식양수도	개인주주	법인주주	185,070 주	78,000원/주
2013년 10월 ##일	주식양수도	개인주주	피합병법인 우리사주조합	141,100 주	78,000원/주
2013년 7월 ##일	주식양수도	법인주주	법인주주	100,000 주	60,000원/주
2013년 2월 14일	주식양수도	개인주주	개인주주	100,000 주	50,000원/주

피합병법인으로부터 제공받은 최근 2년간 주요 주식 거래는 9건이며, 구체적인 평가방법 및 주요 가정사항에 대한 정보는 입수할 수 없었습니다. 다만, 상기 9건의 거래 모두 개인주주 또는 법인 주주간 합의에 의해 이루어진 주식양수도 거래입니다. 상기 거래들의 주당 거래가액이 금융감독원 '외부평가업무 가이드라인'의 문단 30의 내용에 따른, '시장에서 충분한 기간 거래된 후 그 대상물건의 내용에 정통한 거래당사자간에 성립한다고 인정되는 적정가격'이라고 판단할 수 있는 충분하고 합리적인 근거를 확인하지 못하였으며, 따라서 본 평가에서 산정한 합병가액에 대한 추가적인 가치 조정은 반영하지 아니하였습니다.

[장외시장 거래가격 검토]
피합병법인의 주식이 장외거래소에서 거래되고 있는 것으로 확인됨에 따라 본 평가인은 추가로 장외시장에서 거래되고 있는 주식 가격 추이를 추가로 검토하였습니다. 국내 장외주식 거래 전문 사이트인 ○○ STOCK에서 제공하는 피합병법인 장외주식의 기준주가(매수호가와 매도호가의 산술평균 금액)는 2014년 5월 22일 기준으로 117,000원이며, 과거 1주일 평균 기준주가는 112,000원, 과거 1개월 평균 기준주가는 119,632원입니다. 다만, 본 가격은 거래량에 대한 정보가 충분하지 않아 참고 목적으로만 검토하였습니다.

이와 같이 최근 2년간 거래내역이 있다면 이러한 가격이 공정한 시장가격으로서 평가되어 거래되었는지를 확인하여야 한다. 그리고, 공정한 시장가격으로 파악된다면, 거래가격과 차이가 있는 경우 차이원인을 파악하여 문서화하여야 한다.

5 이익할인법(구, 자본시장법 상 수익가치 산정 방법)

Key Concept

- 이익할인법은 회계 상 이익을 기초로 수익가치를 산정하는 방법이다.
- 일반적으로 자본시장법 상 평가에서 이익할인법은 향후 2개년의 추정이익과 자본환원율 (10%)을 적용하여 평가하는 과거 규정에 따른 방법을 말한다.

이익할인법은 현금흐름할인법과 달리 회계 상 이익을 기초로 수익가치를 산정하는 방법이다. 이 장에서 설명하는 이익할인법은 과거 자본시장법(증권의 발행 및 공시에 관한 규정 시행세칙)에서 규정하였던 수익가치 산정방법이다. 해당 규정은 2012년 12월 시행세칙 개정으로 수익가치 산정 방법이 현금흐름할인모형, 배당할인모형 등 미래의 수익가치 산정에 관하여 일반적으로 공정하고 타당한 것으로 인정되는 모형을 적용하여 합리적으로 산정하도록 바뀐 이후에도 비상장법인 합병가액 산정 등의 방법으로 적용되는 사례[390]들이 존재하며, 여전히 비상장법인의 가치에 대한 접근 방법으로서 활용되는 부분이 있어 간단하게 과거 규정에서 다루었던 내용을 소개한다.

과거 자본시장법 규정에 의한 이익할인법의 기본 구조는 향후 2개년의 추정이익을 자본환원율로 나누어 수익가치를 산정하는 방식이다.

[표 6-16] 과거 자본시장법 상 이익할인법 계산 방법

구분	계산 방법
수익가치	$\text{수익가치} = \dfrac{\text{1주당 평균추정이익}}{\text{자본환원율}}$
1주당 평균 추정 이익[391]	$\text{1주당 평균 추정이익} = \dfrac{\text{(1차 사업연도 추정이익×3 + 2차 사업연도 추정이익×2)}}{5}$

---

390) 이익할인법을 적용한 사례들의 대부분은 SPAC과 합병한 경우이다.
391) 1주당 평균 추정이익 산정 시 1차 사업연도는 분석기준일이 속하는 사업연도를 말한다.

[표 6-17] 과거 자본시장법 상 이익할인법 1주당 추정이익 산정 방식

구분	추정1차 연도	추정2차 연도	비고
a 추정연도 법인세비용 차감전 계속사업이익	(a1)	(a2)	이자수익·비용 등 영업외 항목을 이익계산식에 직접 차감 또는 가산
b 법인세 등	(b1)	(b2)	일시적인 세액공제 등 한시적인 감면사항은 반영하지 아니함.
c 우선주배당조정액	(c1)	(c2)	대상회사가 우선주를 발행하였고, 평가대상이 되는 주식이 보통주일 경우 보통주 배당을 초과하는 우선주 배당 예정액을 차감
d 각사업연도추정이익	(d1)	(d2)	D=a-d-c
e 발행주식총수	(e1)	(e2)	분석기준일의 발행주식수
f 1주당추정이익	(f1)	(f2)	F=d ÷ e
g 추정연도별 가중치	60%	40%	2차연도이익이 1차연도 추정이익보다 클 경우 적용 (1차연도의 이익이 더 큰 경우에는 50:50으로 가중치 적용)
h 1주당평균추정이익	h		j=f1 × 60% + f2 × 40%
i 자본환원율	i		Max(①가중평균차입이자율의 1.5배, ②10%[392])
j 1주당 수익가치	I = h÷i		1주당 수익가치가 (-)인 경우 그대로 반영 → 단, 가중평균한 본질가치가 (-)인 경우에는 0으로 반영

　　상기 이익할인법을 평가방법으로 활용할 경우에는 일시적인 항목을 제외하여 평가하는 등 평가목적에 부합하게 각 항목을 적용할 필요가 있을 것이다.

---

392) 「상속세 및 증여세법 시행령」 제54조 제1항에 따라 기획재정부장관이 정하여 고시하는 이율로서 법 개정 시점 기준으로 10%가 적용되었다.

[표 6-18] 이익할인법[393] 적용 사례

내 역	2017년	2018년
가. 추정 법인세비용차감전순이익	7,393,493	10,137,824
나. 법인세비용[주1]	1,604,568	2,208,321
다. 각 사업연도 추정이익 (가-나)	5,788,925	7,929,503
라. 발행주식수[주2]	4,366,663주	4,366,663주
마. 주당 추정이익 (다÷라)	1,326원	1,816원
바. 추정 연도별 가중치[주3]	3	2
사. 평균 주당 추정이익		1,522원
아. 자본환원율[주4]		10.00%
자. 1주당 수익가치 (사÷아)		15,220원

상기 사례에서 적용된 값의 주요 내용을 살펴보면 다음과 같다.

(주1) 법인세비용은 추정된 법인세비용차감전순이익이 과세표준과 동일하고 이에 따라 별도의 세무조정사항이 발생되지 않는 것으로 가정하고, 동 금액을 과세표준으로 하여 다음과 같은 법인세율(지방소득세 포함)을 적용하여 산출하였습니다.

세율	2017년	2018년
과세표준 2억원 이하	11.00%	11.00%
과세표준 2억원 초과 200억원 이하	22.00%	22.00%
과세표준 200억원 초과	24.20%	24.20%

(주2) 피합병법인의 발행주식수는 분석기준일 현재 보통주 주식수입니다.
(주3) 추정 연도별 가중치는 2012년 12월 개정전 증권의 발행 및 공시 등에 관한 규정 시행세칙 제6조 제3항에 의거하여 제1차 사업연도의 주당추정이익과 제2차 사업연도의 주당추정이익을 각각 3과 2의 비율로 가중평균하였습니다.
(주4) 자본환원율은 개정 전 증권의 발행 및 공시 등에 관한 규정 시행세칙 제6조에 의거하여 분석기준일 현재 다음의 이율 중 큰 이율을 적용하였습니다.
　- 피합병법인이 상환하여야 할 모든 차입금의 가중평균차입이자율의 1.5배
　- 상속세 및 증여세법 시행령 제54조 제1항에 따라 기획재정부장관이 정하여 고시하는 이율인 10%

---

393) 2017년 K기업인수목적회사 및 K사의 합병관련 증권신고서 상 분석기관평가의견서 중, 전자공시시스템 참고

6 상대가치

Key Concept

• 상대가치는 합병가액 산정에 반영되지 않고, 유사회사가 3사 이상일 경우에만 비교 목적으로 공시한다.

• 상대가치는 유사회사의 주가에 평가대상회사와의 주당이익과 주당순자산 비율을 고려한 비교가치와 평가대상회사의 유상증자 등 최근 1년 내 거래가액의 평균으로 산정한다.

상대가치는 합병가액 산정에 직접적으로 반영되지 않으나, 본질가치에 따라 합병가액을 평가하는 경우 상대가치를 비교 공시하도록 규정하고 있다.[394] 단, 규정에 따라 검토한 유사회사가 3사 이상일 경우에만 해당 상대가치를 산출하도록 하고 있다. 상대가치의 기본 계산 방식은 다음과 같다.

[표 6-19] 상대가치 계산 방식

구분		산식
상대가치 계산 방식	원칙	(A + B) ÷ 2
	예외	B금액이 없는 경우 또는 B 〉 A인 경우에는 A의 금액으로 함.
A. 유사회사별 비교가치		유사회사 비교가치의 평균액을 30% 이상 할인한 가액
B. 최근 거래가액		분석기준일 이전 1년 이내 유상증자, CB, BW 발행사실이 있는 경우 그 거래가액을 가중산술평균한 가액을 10% 이내 할인 또는 할증한 가액

위의 산식에 따라 상대가치를 계산하기 위해서는 유사회사를 선정하고, 유사회사의 주가, 주당법인세비용차감전 계속사업이익, 주당 순자산 등의 파악을 통한 유사회사별 비교가치를 산정하고, 분석기준일 이전 1년 이내의 주식발행 거래 내역에 대한 검토가 필요하다.

1) 유사회사의 선정

상대가치는 다음의 조건을 만족하는 3사 이상의 법인을 선정하여 산정하게 된다.

---

394) 자본시장법 시행령 제176조의 5 제2항

[표 6-20] 유사회사의 선정 기준

구분	내용
1차 기준: 유사업종	• 평가대상회사와 한국거래소 업종분류에 따른 소분류 업종이 같은 주권 상장법인 중 매출액에서 차지하는 비중이 가장 큰 제품 또는 용역의 종류가 유사한 법인
2차 기준: 재무사항의 객관성 및 건전성	• 상장일이 속하는 사업연도의 결산을 종료하였을 것 • 최근 사업연도의 재무제표에 대한 감사인의 감사의견이 "적정" 또는 "한정"일 것 • 주당법인세비용차감전 계속사업이익이 액면가액의 10% 이상일 것 • 주당순자산이 액면가액 이상일 것
3차 기준: 재무실적의 유사성	• 최근 사업연도 말 주당법인세비용차감전 계속사업이익과 주당순자산을 평가대상회사와 비교하여 각각 100분의 30 이내의 범위에 해당할 것

2) 유사회사별 비교가치 산정

① 비교가치 산정 방식

유사회사별 비교가치는 평가대상회사와 유사회사의 법인세비용차감전 계속사업이익과 주당순자산의 비율만큼 유사회사 주가를 조정한 가액으로 다음의 산식에 따라 계산한다.[395]

$$\text{유사회사별 비교가치} = \text{유사회사 주가} \times \left[\frac{\text{평가대상회사의 주당 법인세비용차감전 계속사업이익}}{\text{유사회사의 주당 법인세비용차감전 계속사업이익}} + \frac{\text{평가대상회사의 주당순자산}}{\text{유사회사의 주당순자산}} \right] \div 2$$

② 유사회사의 주가

유사회사의 주가는 당해 기업의 보통주를 기준으로 분석기준일의 전일부터 소급하여 1월간의 종가를 산술평균하여 산정하되 그 산정가액이 분석기준일의 전일 종가를 상회하는

---

395) 비상장회사와 유사회사의 주식 액면금액이 서로 다른 경우에도 이에 대한 조정 없이 유사회사의 보통주 주가(명목주가)를 기준으로 비교가치를 산정하여야 한다(비상장법인 합병가액 평가 관련 유의사항, 금융감독원, 2011.10). 또한, 비상장법인의 법인세차감전 계속사업이익이 (-)이거나 유사회사별 비교가치가 (-)인 경우에도 이를 그대로 적용한다. 유사회사로 선정된 회사가 3사 이상으로 상대가치를 적용할 때 선정된 회사는 모두 비교가치를 산정하여야 한다.

경우에는 분석기준일의 전일 종가로 한다. 이 경우 계산 기간 내에 배당락 또는 권리락이 있을 때에는 그 후의 가액으로 산정한다.

> 유사회사의 주가 =
> Min 〔분석기준일의 전일부터 소급하여 1월간의 종가 산술평균, 분석기준일의 전일 종가〕

③ 주당 법인세 차감전 계속 사업이익

평가대상회사와 유사회사의 주당법인세비용차감전 계속사업이익은 다음 산식에 의하여 산정한다. 이 경우에 발행주식의 총수는 분석기준일 현재 당해 회사의 총발행주식수로 한다.

$$\text{주당법인세비용차감전계속사업이익} = \left[\frac{\text{최근사업연도의 법인세비용차감전계속사업이익}}{\text{발행주식의 총수}} + \frac{\text{최근사업연도의 직전사업연도의 법인세비용차감전계속사업이익}}{\text{발행주식의 총수}} \right] \div 2$$

④ 주당 순자산

평가대상회사의 주당순자산은 본질가치 산정 방식에 따른 자산가치로 평가된 가액이며, 유사회사의 주당순자산도 이와 같다. 그러나 유사회사에 대해서는 분석기준일 또는 최근 분기 말을 기준으로 산출하되, 분석기준일 현재까지 발생한 거래 중 배당금 지급, 전기오류 수정손실 및 이익잉여금의 증감을 수반하지 않고 자본총계를 변동시킨 거래로 인한 중요한 순자산 증감액 등의 반영은 제외된다. 이는 정보 확보의 한계를 고려한 것이다. 그러나, 유사회사에 대해서도 평가대상회사와 마찬가지로 주당순자산 계산을 위한 본질가치 규정의 자산가치 평가가 기본적으로 이루어져야 한다는 점을 주의하여야 한다.

3) 최근 거래가액

상대가치는 유사회사별 비교가치와 평가대상회사의 최근 거래가액을 산술평균하여 산정 하도록 하고 있다. 여기서 최근 거래가액은 분석기준일 이전 1년 이내에 유상증자, 전환사 채 또는 신주인수권부사채를 발행한 경우 주당 발행가액 또는 주당 행사가액을 가중산술평 균한 가액을 10% 이내로 할인 또는 할증한 가액으로 산정한다.

① 상대가치 검토 사례

2014년 D사와 K사의 합병비율 평가 시 상대가치 검토 사례를 살펴보면 다음과 같다.[396]

피합병법인인 K사는 한국거래소 업종분류에 따른 소분류 업종 분류 상 "자료처리, 호스팅, 포털 및 기타 인터넷 정보매개 서비스업"을 영위하고 있습니다. 분석기준일 현재 "자료처리, 호스팅, 포털 및 기타 인터넷 정보매개 서비스업"을 영위하는 주권상장법인은 총 16개사입니다.

(단위: 원)

상대가치 요건 1: 증권의 발행 및 공시에 관한 규정 시행세칙 제7조 제5항										
회사명	액면가액	요건1 (시행세칙 제7조 제5항 제1호)		요건2 (시행세칙 제7조 제5항 제2호)		요건3 (시행세칙 제7조 제5항 제3호)		요건4 (시행세칙 제7조 제5항 제4호)		유사회사 여부
		주당법인세차감전 계속사업이익	충족여부 (주1)	주당순자산	충족여부 (주2)	상장일	충족여부 (주3)	감사의견	충족여부 (주4)	
[코] 사람인에이치알	500	537	충족	5,225	충족	2012-02-21	충족	적정	충족	충족
[코] 케이아이엔엑스	500	902	충족	7,784	충족	2011-02-08	충족	적정	충족	충족
[유] 네이버	500	16,611	충족	52,116	충족	2008-11-28	충족	적정	충족	충족
∞										
[코] 케이티뮤직	500	(89)	불충족	1,466	충족	2000-07-20	충족	적정	충족	불충족
[코] 다음커뮤니케이션	500	6,649	충족	39,269	충족	1999-11-11	충족	적정	충족	충족
[유] 다우기술	500	577	충족	10,217	충족	1997-08-27	충족	적정	충족	충족
[코] 아이디엔	500	(623)	불충족	916	충족	1996-09-24	충족	적정	충족	불충족

(주1) 주당법인세차감전 계속사업이익이 액면가액의 10% 이상
(주2) 주당순자산이 액면가액 이상
(주3) 상장일이 속하는 사업연도의 결산종료
(주4) 최근 사업연도 재무제표에 대한 감사인의 감사의견이 "적정" 또는 "한정"

상대가치 요건 2: 증권의 발행 및 공시에 관한 규정 시행세칙 제7조 제1항 제1호							
회사명	주당법인세비용차감전계속사업이익	피합병법인의 주당법인세비용차감전계속사업이익	충족여부	주당순자산	피합병법인의 주당순자산	충족여부	유사회사여부
[코] 사람인에이치알	537	1,078 (범위: 755 ~ 1,402)	불충족	5,225	6,472 (범위: 4,530 ~ 8,413)	충족	불충족
[코]	902		충족	7,784		충족	충족

---

396) 2014년 D사(상장)와 K사(비상장) 합병사례, 전자공시시스템 참고

상대가치 요건 2: 증권의 발행 및 공시에 관한 규정 시행세칙 제7조 제1항 제1호							
회사명	주당법인세비용차 감전계속사업이익	피합병법인의 주당법인세비용차감전 계속사업이익	충족 여부	주당 순자산	피합병법인의 주당순자산	충족 여부	유사회사 여부
케이아이엔엑스							
~							
[코] 케이티뮤직	(89)		불충족	1,466		불충족	불충족
[코] 다음커뮤니케이션	6,649		불충족	39,269		불충족	불충족
[유] 다우기술	577		불충족	10,217		불충족	불충족
[코] 아이디엔	(623)		불충족	916		불충족	불충족

　　최근 사업연도 말 주당법인세비용차감전 계속사업이익과 주당순자산을 비교하여 각각 100분의 30 이내의 범위에 있는 법인은 총 1개사입니다.

　　상기 사례의 경우에는 유사회사 증권의 발행 및 공시 등에 관한 규정 시행세칙 제7조에 따른 유사회사 요건을 충족하는 법인이 3사 미만이므로, 비교목적으로 공시되는 피합병법인의 상대가치는 산정하지 않았다. 유사회사의 주가를 기준으로 한 상대가치의 비교 공시는 유사회사가 3사 이상인 경우에만 하도록 되어 있다.

기업인수목적회사(SPAC)

기업인수목적회사(SPAC: Special Purpose Acquisition Company)란 모집을 통하여 주권을 발행하여 다른 법인과 합병하는 것을 유일한 사업목적으로 하는 회사를 말한다.[397]

주권상장법인인 기업인수목적회사가 투자자보호 등을 위한 요건을 갖추어 다른 법인과 합병하여 주권상장법인이 되려는 경우 평가방법은 기본적으로는 일반법인의 합병가액 산정기준과 동일하나, 몇 가지 차이점이 있다. 즉, 주권상장법인인 기업인수목적회사의 경우 기준주가 방식을 따르고, 피합병법인이 주권상장법인인 경우에도 기준주가[398] 방식에 따라 평가하지만, 피합병법인이 비상장법인인 경우에는 평가방법을 양사가 협의하여 정하도록 하고 있다. 단, 협의하여 산정한 가액은 본질가치 및 상대가치와 비교 공시하여야 한다.

[표 6-21] 기업인수목적회사(SPAC) 합병 시 합병가액 산정 방법

구분	평가방법
기업인수목적회사(상장법인)	기준시가
기업인수목적회사와 합병하는 다른 법인	다른 법인이 상장법인인 경우: 기준시가 (단, 기준시가 산정 불가 시 본질가치)
	다른 법인이 비상장인 경우: 양사가 협의하여 정하는 가격

[표 6-22] 투자자 보호를 위한 요건

① 합병반대주주의 주식매수청구가격을 공모가격 이상으로 매수
② 투자매매업자가 소유하는 증권을 합병기일 이후 1년간 계속 소유
③ 주권비상장법인과 합병시 협의하여 산정한 가액을 영 제176조의 5 제2항에 따라 산출한 합병가액 및 상대가치와 비교하여 공시할 것

---

397) 자본시장법 시행령 제6조 4항 14호. 공모로 인수자금을 마련하고 상장 후 3년 내에 기업결합을 완료하여야 한다. 공모자금의 대가로 주식만을 발행할 수 있으며 기업결합 방식은 합병만 허용되고, 공모자금의 90% 이상을 합병·해산시까지 예치·신탁하여야 한다. 합병대상 기업의 가치는 예치·신탁자금의 80% 이상으로 제한되고, 기한 내 합병이 무산된 경우 해산 후 예치·신탁자금을 반환하여야 한다.
398) 피합병법인인 주권상장법인의 기준시가를 산정할 수 없는 경우에는 본질가치에 따른다.

실무 상 추가 고려사항

1 자산가치 또는 수익가치가 (-)의 금액일 경우

자산가치 또는 수익가치가 (-)의 금액을 나타내는 경우에는 이 금액을 그대로 합병가액 산정에 반영하도록 하고 있다.[399] 합병은 피합병회사의 권리와 의무를 포괄적으로 승계한다는 측면에서 자산가치의 (-) 금액을 그대로 본질가치 산정에 반영하는 것이다. 마찬가지로 자산가치는 (+)의 금액을 나타내지만 수익가치는 (-)의 금액을 나타내는 상황에서 피합병회사가 즉시 청산된다고 가정할 경우에는 수익가치를 "0"으로 처리하는 것이 적정할 수 있으나, 계속기업을 가정할 경우 (-)의 수익가치가 향후 (+)의 자산가치를 훼손하게 되므로 (-)의 금액까지 본질가치 계산 시 반영하도록 하고 있다. 그렇지만 피합병법인의 자산양수가 주목적인 합병에서 향후 피합병법인의 사업을 영위하지 않을 것이 확실한 경우에는 수익가치를 (-)의 금액이 아닌 0으로 처리하는 것이 적정할 수도 있다고 해석하고 있다.[400]

또한 자산가치와 수익가치를 가중평균한 본질가치가 (-)일 경우에는 해당 가액은 0으로 본다.

2 합병가액 산정 시 최근 사업연도 재무제표의 의미

주권상장법인이 이미 경과한 사업연도의 재무제표가 확정되기 이전에 주권비상장법인과 합병계약을 체결한 경우 주권비상장법인 합병 가액 산정 시 어떤 재무제표를 사용하여야 하는지가 이슈가 될 수 있으며 이와 관련한 최근 사업연도에 대한 명시적인 규정도 없다. 이에 대해 "합병 등 특수공시 관련 실무 안내서[401]"에서는 재무제표 확정 이전에는 자산·부채 등을 확정할 수 없으므로 '최근 사업연도'는 재무제표가 확정된 사업연도 중 가장 최근의 사업연도를 의미'하는 것으로 해석하고 있다. 단, 재무제표가 확정된 사업연도 이후에 합병, 대규모 유상증자 등 중대한 변화가 발생한 경우에는 달리 판단할 여지도 있다는 점에 주의하여야 할 것이다.

---

399) 2016 기업공시 실무안내. P.138, 비상장법인 합병가액 평가 관련 유의사항(금융감독원, 2011.10.)
400) 합병 등 특수공시 관련 실무 안내서, 금융감독원, 2017.8.
401) 금융감독원, 2017.8.

또한 직전 사업연도 이후 1차 합병(분할)한 법인이 다시 2차 합병할 때의 자산가치 산정에 사용될 재무제표 작성시점이 직전 사업연도 말인지 1차 합병(분할) 종료시점인지에 대한 의문이 있을 수 있다. 이에 대해 "합병 등 특수공시 관련 실무 안내서"에서는 자산가치는 직접 사업연도 말 시점의 재무제표를 기준으로 산정하고, 직전 사업연도 말 순자산 가액에서 1차 합병으로 인하여 이익잉여금 증감을 수반하지 않고 자본총계를 변동시킨 중요한 순자산 증감액을 가감하여야 한다고 해석하고 있다.

3 우선주의 평가

합병 등의 비율을 산정할 때 우선주는 어떻게 평가할 것인가? 우선주 합병가액을 어떻게 산정하고 합병비율을 어떻게 결정할 것인지에 대해서 자본시장과 금융투자업에 관한 법률 등 관련 법령상 명문규정이 없어, 합병회사마다 다른 방식을 취하고 있다. 그러나 그 중에서도 "괴리율"이라는 개념이 우선주의 합병가액 산정 적정성을 확인하기 위해 많이 활용되고 있다. 이 괴리율은 보통주의 가격과 우선주의 가격이 얼마나 차이가 나는지를 보여주는 일종의 할인(할증)의 개념이다.

실무상으로는 보통주 합병비율을 우선주와 동일하게 적용한 후, 이렇게 적용된 보통주와 우선주의 가격차이가 조사된 괴리율의 범위 내에 위치하는지를 비교하여 우선주 합병비율의 적정성을 검토하는 방식으로 적용되기도 하고, 조사된 괴리율을 우선주 합병비율에 직접적으로 적용하기도 한다. 단, 이렇게 괴리율을 적용하기 위해서는 우선주의 성격에 대한 파악이 선행되어야 할 것이다.

[표 6 - 23] Case별 우선주 합병가액 산정 방식

우선주 유무		우선주 합병비율 산정	사례
합병법인	피합병법인		
○	○ (상장)	기준주가 적용	LG화학과 LG생명과학의 합병(2016) 등
○	○ (비상장)	괴리율 적용 또는 괴리율 분석으로 우선주 합병비율 적정성 검토[402]	삼양홀딩스와 삼양제넥스 분할합병(2012) 등
×	○		한솔제지와 한솔아트원 제지의 합병(2016), 제일모직과 삼성물산의 합병(2015), SK C&C와 SK의 합병(2015) 등
○	×	우선주 합병비율 계산하지 않음.	NH농협증권과 우리투자증권의 합병(2014) 등

괴리율의 적용에 대한 이해를 돕기 위해 다음의 2가지 사례를 소개한다. 첫 번째 사례는 보통주 합병비율을 우선주 합병비율에 동일하게 적용한 후 보통주-우선주 괴리율이 합병비율의 범위에 포함되는지를 검토하여 우선주 합병비율의 적정성을 확인하는 방식의 사례이고, 두 번째 사례는 조사된 보통주-우선주 괴리율을 우선주 합병비율에 직접적으로 적용한 사례이다.

[표 6-24] 우선주 평가 사례1: J사와 S사 합병(2015)[403]

구 분	합병회사 (J사)	피합병회사 (S사)	비고
A. 보통주 합병가액	159,294	55,767	기준시가 적용
B. 보통주 합병비율	1	0.3500885	
A. 우선주 기준시가	해당사항 없음	34,810	
D. 우선주 합병비율	1	0.3500885	보통주 합병비율 적용
E. 우선주 합병가액/1주	99,432	34,810	
F. 괴리율	37.58%	37.58%	1-E(우선주 가액) ÷ A(보통주 가액)

두 회사는 모두 상장회사이다. 합병회사는 우선주가 없고, 피합병회사는 우선주가 상장되어 있다. 이러한 상황에서 피합병회사의 우선주에 대하여 권리의 내용 면에서 기존 피합병회사 우선주와 실질적으로 동일한 조건[404]의 합병회사의 우선주를 발행하여 배정할 것을 결정하였다.

양사의 보통주는 상장되어 있기 때문에 기준시가로 합병비율을 산정하였고, 산정된 보통주 합병비율을 우선주 교부비율로 동일하게 적용하였다. 그리고, 다음과 같이 괴리율 검토를 통해 우선주 합병비율로 산정된 가액이 조사된 괴리율의 범위 내에 있는지를 확인하였다.

괴리율 분석대상은 기준시가 산정기간과 동일한 기간으로 하였으며, 분석대상은 다음의 3가지 방식으로 하였다.

---

402) 아세아제지와 아세아페이퍼텍의 합병(2012)과 같이 피합병법인의 우선주에 대해 합병법인의 보통주를 발행한 사례도 있다(합병법인은 우선주는 없고 보통주만 발행).
403) 전자공시시스템 참고
404) 해당 사례에서 발행된 우선주는 무의결권이며, 보통주의 배당률에 액면금액을 기준으로 1%를 우선적으로 가산해 주는 구형우선주이다.

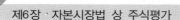

구분	괴리율
가) KOSPI200 보통주 및 구형우선주 상장 47개 회사 전체의 평균 – 중간값 괴리율 범위	34.39% ~ 48.17%
나) KOSPI200 보통주 및 구형우선주 상장회사 중 합병당사회사 계열회사의 평균 – 중간값 괴리율 범위	27.19% ~ 39.99%
다) 피합병회사의 괴리율 최소값 – 최대값 범위	35.54% ~ 40.60%
합병회사 우선주 합병가액 산정에 적용한 괴리율	37.58%

상기 표와 같이 보통주 – 우선주의 가격 차이율인 괴리율의 범위 내에 합병비율 산정 시 적용한 보통주 – 우선주 가격 괴리율인 37.58%가 위치하고 있으므로 적용한 합병가액은 적절하다고 본 것이다.

[표 6-25] 우선주 평가 사례2: S1사와 S2사의 합병(2015)[405]

구 분	합병회사 (S1)	피합병회사 (S2)	비고
A. 보통주 합병가액	235,073	173,198	기준시가 적용
B. 보통주 합병비율	1	0.7367839	
A. 우선주 기준시가	–	118,050	기준시가 적용
D. 괴리율	54.76824%	–	분석대상기간 동안 표본으로 선정된 기업들의 보통주 가격에 대한 우선주 가격의 괴리(할인)율의 평균값
E. 우선주 합병가액/1주	106,328	118,050	합병회사 우선주 가액은 보통주 합병가액에서 괴리율을 차감하여 산정
F. 우선주 합병비율	1	1.1102438	우선주 합병가액 비율

두 회사는 모두 상장회사이다. 합병회사는 우선주가 없으며, 피합병회사는 우선주가 상장되어 있는 등 상황은 사례 1과 동일하다. 양사의 보통주는 상장되어 있기 때문에 보통주에 대해서는 기준시가를 합병비율로 산정하였고, 우선주 합병비율을 산정함에 있어서 조사된 괴리율을 우선주 합병가액으로 적용하였다는 점이 사례 1과 차이가 있다. 그러므로 보통주 합병비율과 우선주 합병비율이 차이가 있다.

괴리율 분석에 있어서 사례 2의 경우는 분석대상기간을 최근 10년(2005년 1월 1일부터

---

405) 전자공시시스템 참고

2015년 4월 19일까지의 분석대상기간)으로 하였다. 대상법인은 보통주와 우선주가 동시에 상장되어 있는 107개의 법인들(유가증권 상장법인 103개, 코스닥시장 상장법인 4개)의 127개의 우선주를 분석대상으로 선정하였고, 이 중에서 ⓐ보통주가액〉우선주가액, ⓑ관리종목으로 지정되지 않은 항목, ⓒ보통주 주당 배당액 대비 액면금액의 일정률을 추가 배당하는 조건의 비누적적인 우선주, ⓓ합병당사회사와 유사한 규모의 조건에 해당하는 회사를 분석대상으로 하였다.

4 (전환)우선주의 평가[406]

우선주는 각각의 우선주마다 다양한 속성을 가지고 있기 때문에, 평가를 위해서는 우선주가 갖고 있는 권리 및 성격에 대한 파악이 필요하다. 이익배당에 대한 권리, 전환권과 같은 옵션의 부여 여부 등 우선주에 부여된 권리를 파악한 후 이러한 권리 등을 구분하여 평가에 반영하는 것이다. 이익배당에 대한 권리는 배당의 우선권이 갖는 속성에 따라 배당의 가치를 가산하거나, 보통주와 우선주의 괴리율[407] 등을 적용하여 평가하는 방법 등이 있다. 만약, 우선주의 발행비중이 중요하지 않다면 타인자본으로 간주하여 기업가치에서 차감하거나, 보통주로 간주하고 평가하는 것도 실무적으로 고려해 볼 수 있다.

전환권의 가치를 옵션가격결정모형 등에 의해 평가하는 방법은 별도로 살펴보기로 하고, 이 장에서는 보통주에 비해 우선적으로 지급되는 배당금이 정해져 있고, 일정기간이 지나면 보통주로 전환되는 전환우선주를 평가할 때 고려할 수 있는 방법에 대해 설명하고자 한다.

---

406) 우선주 가치평가에 대해 제3장 현금흐름할인법(DCF)에서는 이론적인 평가방법 및 고려요소, 제6장 자본시장법상 주식평가에서는 보통주와 우선주의 괴리율을 적용하여 평가하는 방법과 우선주의 배당가치를 가산하여 평가하는 방법, 제7장 상속세및증여세법 상 주식평가에서는 예규 등에서 언급하고 있는 우선주 평가방법 등에 대해 설명하며, 제10장에서는 전환권이 부여된 기업의 가치평가에 대해 설명한다.

407) 괴리율은 보통주의 가격과 우선주의 가격이 얼마나 차이가 나는지를 보여주는 일종의 할인(할증)의 개념으로서, 유사한 성격을 갖는 상장된 우선주의 가격이 동일기업 보통주의 가격과 얼마만큼의 가격차이가 있는지를 통해 대상회사의 보통주 평가액에 조사된 괴리율을 가감하여 우선주를 평가하는 방법이다. 주로 합병비율 평가시 보통주는 상장되어 있으나, 우선주는 상장되지 않은 경우 혹은 합병당사법인 중 어느 한 법인이 우선주를 발행하지 않은 경우 등의 우선주 평가에 활용된다.

[표 6-26] 전환우선주의 조건 (사례1)[408]

구분	내용
발행증권	전환우선주
발행일	20×6년 9월 1일
주당 액면가액	금 500원
주당 발행가액	금 5,000원(우선주 발행가격)
의결권	무의결권. 다만 어느 사업연도에 대하여 그에 대한 주주총회일까지 소정의 우선배당에 대한 결의가 이루어지지 않을 경우, 해당 정기주주총회의 다음 주주총회부터 우선배당에 대한 결의가 이루어지는 주주총회의 종료시까지 우선주 1주당 1의결권이 있음
우선배당	매년 발행회사의 직전 사업연도말 주주명부에 등재된 우선주 주주에게 우선주 발행가격의 5.0%(단, 발행일이 속하는 사업연도의 경우에는 이를 발행일로부터 사업연도 종료일까지의 기간으로 일할 계산으로 산정한 율로 한다)를 우선 배당함. 이러한 우선배당은 누적적, 비참가적으로 함
전환기간	20×7년 9월 1일 ~ 20×9년 8월 31일
전환비율	전환비율: 우선주 1주당 보통주 1주 전환비율의 조정: • 우선주 발행 이후로서 전환 전에 합병, 무상증자, 주식분할, 주식병합이 이루어지는 경우에는 그에 따라 조정됨 • 미지급배당금에 따른 추가 조정: 우선주 발행 이후로서 전환권 행사일까지의 누적 미지급배당금이 있는 경우, 이에 대하여 전환비율에 따른 보통주의 주당 발행가액을 적용한 수만큼의 보통주가 추가로 발행되도록 조정됨
평가기준일	20×8년 3월 1일
추가가정	우선주 배당에 대한 결의는 아직 이루어지지 않았고, 회사의 현 상황을 고려하여 전환기간의 마지막날 누적적으로 우선배당이 이루어지고, 보통주의 전환이 이루어진다고 가정

위의 예시는 보통주는 상장되어 시가가 있고, 우선주는 상장되어 있지 않은 경우, 우선주의 가치를 평가한 사례이다. 이와 같은 경우 전환우선주의 조건상 향후 우선주 1주당 보통주 1로 전환될 것이고, 전환 전까지는 보통주 대비 우선배당의 가치가 있으므로 이를 고려하여 전환우선주의 가치를 산정할 수 있을 것이다.

---

408) Dart(전자공시) 공시 사례 참고

구분	내역
ⓐ 보통주 기준주가	3,000원/주[409]
ⓑ 보통주 대비 우선배당의 가치	618원/주
ⓒ 전환우선주의 주당가치(ⓐ+ⓑ)	3,618원/주

위의 표에서 보는 바와 같이 전환우선주의 가치는 보통주의 가치에 보통주 대비 우선배당의 가치를 가산하여 산정하였다. 보통주 대비 우선배당의 가치는 앞에서 언급한 가정에 따라 다음의 표와 같이 산출할 수 있다.

구분	내역
ⓐ 전환우선주 발행가액	5,000원/주
ⓑ 우선배당률	연 5%
ⓒ 우선배당기간(20×6년 9월1일～ 20×9년 8월 31일)	3년
ⓓ 우선배당금 총액(ⓐ×ⓑ×ⓒ)	750
ⓔ 현가계수(할인률 13.75% 가정, 잔여기간 1.5년 할인)[410]	0.8241
ⓓ 보통주 대비 우선배당의 가치(ⓓ×ⓔ)	618

앞서 언급한 가정에서 우선배당은 누적적으로 이루어지고 보통주로의 전환기간 마지막날에 배당이 이루어지는 것으로 가정하였으므로 3년간의 누적적 우선 배당액인 주당 750원의 현재가치가 보통주의 가치에 가산된다. 이때 현재가치를 구하기 위해서는 할인율을 파악하여야 한다. 제3장에서 언급한 바와 같이 우선주의 자본비용을 직접적으로 측정하는 어렵기 때문에 상장되어 있는 우선주 중에서 평가대상회사와 속성이 유사한 우선주의 거래가격과 배당액을 검토하여 이로부터 우선주 자본비용을 측정하는 방법 등을 고려하거나, 회사의 상황과 우선주의 성격 등에 따라 보통주의 자본비용과 타인자본(이자부부채)의 자본비용 수준을 감안하여 우선주 자본비용을 추정하는 방법 등을 고려해 볼 수 있다. 우선주 자본비용은 보통주 자본비용보다는 낮고 타인자본비용보다는 높다고 보는 것이 일반적이다.

---

[409] 평가기준일 현재 보통주 전환이 가능한 상황으로 비유동성으로 인한 할인을 고려하지 않았지만, 전환기간이 아니거나 전환 가능한 상황이 아닌 경우에는 비유동성으로 인한 할인을 고려할 수 있다.

[410] 우선주에 대해서는 우선주의 현금흐름 특성이 고려된 자본비용이 적용되어야 한다. 우선주 자본 비용 추정 시 고려할 사항에 대해서는 제3장에서 설명하였다. 위의 사례에서 우선주는 전환시점 이전까지는 일정 배당액을 수령하기 때문에 채권으로서의 성격을 갖지만, 일정기간이 지나면 보통주로 전환될 것이고, 보통주로 전환시점이 얼마 남지 않았기 때문에 채권의 성격보다는 보통주로서의 성격에 근접하다고 보고 자기자본비용(15% 가정)×75%+타인자본비용(10% 가정)×25%의 가중치를 적용하여 우선주 자본비용을 추정하였다.

위의 사례가 모든 우선주의 평가에 적용될 수 있다고 보기는 어렵다. 회사의 상황과 우선주가 갖는 속성의 차이에 따라 고려되어야 할 사항이 달라질 수 있기 때문이다. 그러나, 괴리율을 적용하여 평가하는 방법이나, 우선배당의 가치를 보통주의 가치에 가산하여 적용하는 방법과 같이 각 지분의 성격에 따른 차이와 유사성을 고려하여 평가하는 방법은 다양하게 응용될 수 있을 것으로 보인다.

5 비상장법인 수익가치 평가 시 주요 정정 사항

상장법인이 비상장법인과 합병 등을 할 때 비상장법인에 대해 본질가치 평가를 하게 되는데, 금감원 심사과정에서 정정사항이 빈번하게 발생되고 있다. 주요 정정사항은 ⓐ기초자료 인용의 잘못, ⓑ추정에 대한 근거 미기재, ⓒ추정산식 및 계정과정 오류, ⓓ추정 논리상 모순점 존재 등이다. 다음은 주요 정정사항을 정리한 것이다. 이에 대해서는 2017.8.에 금감원에서 발표한 "합병 등 특수공시 관련 실무 안내서"를 참고하였다.

[표 6-27] 비상장법인 수익가치 평가 시 주요 정정 사항

구분	정정 사례
추정에 바탕이 되는 기초자료 적용상 오류	K-IFRS가 아닌 K-GAAP를 적용한 재무제표를 기초로 가치평가
	회계오류가 존재하는 재무제표를 수정 없이 사용하여 가치평가
	피합병법인의 제품·용역과 직접적 상관없는 외부 연구·조사 자료 사용
추정에 대한 근거 미기재	과거 추세와 다른 신제품·신규 거래처로 발생할 매출에 대한 산정근거 미기재
	각종 수익·비용 추정에 대한 개념만 기재하고 구체적인 산정 내역 미기재
	과거보다 높은 매출성장률을 적용하면서 이에 대한 합리적인 근거 미기재
추정 산식·계산과정 오류	증권신고서에 기재된 수익·비용 추정 산식대로 재계산한 결과 차이 발생
	대손상각비 및 스톡옵션 관련 비용을 가치평가 추정 산식에 미반영
	지방세 계산시 과세표준을 법인세 차감세액이 아닌 산출세액을 적용
추정 논리상 모순점 존재	가치평가 결과가 미래 매출액은 증가하나 매출원가는 감소하는 상황 발생
	운전자본 산정 시 재무제표 상 일시 계상되는 미지급법인세를 연평균 개념으로 산정
	향후 매출 및 임직원 수 증가를 예상했음에도 비품 등의 투자는 없는 것으로 가정

증자 등의 경우 자본시장법 상 평가 규정

1 유상증자 시 발행가액의 산정 방법[411]

주권상장법인의 유상증자 발행가액 산정방법은 증자방식에 따라 달라진다.

[표 6-28] 유상증자 시 발행가액 산정방법

구 분	제3자배정 증자		일반공모 증자	주주배정 증자
	일반	증자후 1년간 예탁시 (선택 가능)		
기산일	청약일 전 제3거래일 부터 제5거래일	이사회결의일 전일	청약일 전 제3거래일 부터 제5거래일	발행가액 자율결정 (실권주 일반공모시 40%, 제3자배정시 30% 이내 할인)
기준주가	가중산술평균주가 (총 거래금액 / 총 거래량)	①② 중 낮은 가액 ① [1개월 주가 + 1주일 주가 + 최근일 주가] / 3 ② 최근일 주가 *주가는 가중산술평균 주가임.	가중산술평균주가 (총 거래금액 / 총 거래량)	
발행가액	기준주가 × (1 - 할인율)			
할인율	10% 이내	10% 이내	30% 이내	

상기 평가 방법은 액면가액 이상 발행 시에만 해당되며, 액면가액 미만으로 발행되는 경우에는 주주총회의 특별결의를 거쳐야 하고 발행가액은 시행령의 기준주가 및 할인율 (30%)을 적용하여 결정한다.[412]

---

411) 2018년 기업공시 실무안내 p.218(자본시장법 제165조의 6, 제165조의 8, 자본시장법 시행령 제176조의 8, 제176조의 10, 증권의 발행 및 공시에 관한 규정 제5-15조의 2, 제5-18조)
412) 액면미달 발행의 경우에는 주주총회 소집을 위한 이사회 결의일 전일을 기산일로 하여 다음 ①, ②, ③ 중 높은 가격의 70% 이상(① 과거 1개월간 종가의 산술평균, ② 과거 1주일간 종가의 산술평균, ③ 기산일 종가)으로 결정한다(자본시장법 시행령 제176조의 10).

2 주식매수청구권

1) 주식매수청구권의 개념

주식매수청구권이란 주주총회에서 합병, 영업양수도 등 주주의 이해관계에 중대한 영향을 미치는 회사의 중요한 의사결정이 결의되었을 때 그 결의에 반대했던 주주가 자신이 소유하는 주식을 회사로 하여금 매수하게 할 수 있는 권리로서 투하자본의 회수기회를 부여하여 소수주주의 이익을 보호하기 위한 제도이다.

2) 주식매수청구권이 인정되는 경우

[표 6-29] 주식매수청구권이 인정되는 경우[413]

구분	주식매수청구권이 인정되는 경우	관련 규정
합병	일반합병, 간이합병 *소규모 합병은 인정되지 않음. *간이합병에서 소멸회사 총주주가 동의하는 경우에도 인정될 여지 없음.	상법 제522조의 3
분할합병	합병과 동일	상법 제530조의 11 제2항
분할	주권상장법인의 일부 인적분할 시, 새로이 설립되는 회사가 거래소에 재상장되지 않고 비상장법인이 되는 경우	자본시장법 제165조의 5 제1항 및 시행령 제176조의 7 제1항
포괄적 주식교환 또는 이전	합병과 동일	상법 제360조의 5(주식교환), 상법 제360조의 22(주식이전)
영업양수도	• 영업의 전부 또는 중요한 일부의 양도 • 영업 전부의 임대 또는 경영 위임 • 타인과 영업의 손익전부를 같이 하는 계약 기타 이에 준하는 계약의 체결, 변경 또는 해약 • 회사의 영업에 중대한 영향을 미치는 다른 회사의 영업 전부 또는 일부의 양수	상법 제374조의 2, 제374조
자산양수도	원칙적으로 주식매수청구권이 인정되지 않으나, 영업의 폐지 또는 중단을 초래할 정도의 중요한 자산양수도 경우에는 주식매수청구권이 인정될 여지가 있음.	

---

413) 기업금융과 M&A, P.401(최상우 외 공저, 삼일인포마인, 2016년) 및 2018년 기업공시실무 참고

3) 주식매수가격의 결정

주식매수가격은 해당 법인과 매수를 청구한 주주의 협의[414]에 의하여 결정함이 원칙이다. 협의가 이루어지지 않는 경우 시장가격 등에 따르고, 해당 법인이나 매수를 청구한 주주가 그 매수가격에 대하여도 반대하면 법원에 매수가격의 결정을 청구할 수 있다.

이때 상장법인으로서 증권시장에서 거래가 형성된 주식은 다음의 가격을 협의가격 기준으로 하고 증권시장에서 거래가 형성되지 아니한 주식은 본질가치를 준용하여 협의가격의 기준으로 한다.[415]

기준 협의가격 = (①과거 2개월간 거래량 가중산술평균종가 + ②과거 1개월간 거래량 가중산술평균종가 + ③과거 1주간 거래량 가중산술평균종가) ÷ 3

3 IPO(Initial Public Offering: 기업공개)

회사의 주식이 최초로 상장될 때, 불특정 다수의 투자자들을 대상으로 공개모집의 방식으로 신주를 발행하거나, 기존 주식을 매각하게 된다. 이 과정에서 주식가치 평가가 필요하다. 주식 상장 시 공모가격 평가는 현재 수요예측을 고려하여 주식을 발행한 회사와 주관회사(증권사)가 협의하여 결정하고 있다. 이때 공모가격 산정의 기초가 되는 가격의 평가는 과거에는 본질가치와 상대가치의 평균으로 산정하였으나, 지금은 자율화되어 시장가치접근법(상대가치접근법)에 의한 평가가 많이 활용되고 있다.

2017년 KOSPI 신규 상장법인의 사례를 보면, 공모희망가격 산정 방법은 대상기업의 특성을 고려하여 선택된 시장가치접근법이 많이 활용되고 있다. 다수의 기업이 PER를 사용하고 있으며, PBR, PSR, EV/EBITDA 및 대상업종에 적합한 다른 배수의 적용도 활용되고 있다. 최근 공모희망가격 산정 사례 조사에 대해서는 "제4장 시장가치접근법"을 참고하기 바란다.

1) 공모가격 공모 절차

공모가격은 주관사가 기관투자자 등에 공모희망가격을 제시하고, 매입희망가격, 수량 등의 수요 상황을 파악하는 수요예측을 통해 주관사와 발행회사가 공모가격을 협의하여 결정하는 구조이다.

---

414) 주식매수가격의 협의는 해당 법인과 매수를 청구한 주주가 집단적으로 행하는 것이 아니라 개개인의 주주가 해당 법인과 개별적으로 행하는 것이며, 보유주식 수와 무관하게 법원에 가격의 결정을 청구할 수 있다.
415) 자본시장법 시행령 제176조의 7 제3항

[그림 6-3] 공모가격 공모 절차

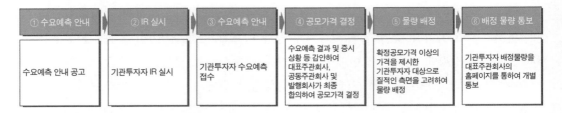

① 수요예측 안내	② IR 실시	③ 수요예측 안내	④ 공모가격 결정	⑤ 물량 배정	⑥ 배정 물량 통보
수요예측 안내 공고	기관투자자 IR 실시	기관투자자 수요예측 접수	수요예측 결과 및 증시 상황 등 감안하여 대표주관회사, 공동주관회사 및 발행회사가 최종 합의하여 공모가격 결정	확정공모가격 이상의 가격을 제시한 기관투자자 대상으로 질적인 측면을 고려하여 물량 배정	기관투자자 배정물량을 대표주관회사의 홈페이지를 통하여 개별 통보

2) Due Diligence

공모가격을 평가하기 위해서는 회사에 대한 기업실사(Due-Diligence)가 이루어진다. 기업실사를 바탕으로 주식가치를 평가할 때에는 최근 3사업연도의 결산서 및 감사보고서 등 관련 자료를 바탕으로 대상회사의 사업성, 수익성, 재무안정성, 비교회사의 주가 등 주식가치에 미치는 중요한 사항을 분석하게 된다.

3) 공모희망가액 산출 방법

공모가액의 산출방법은 특정되어 있지 않다. 그러므로 평가대상회사를 가장 적절하게 평가하기 위한 방법으로 현금흐름할인법(DCF), 시장가치평가방법(PER, PBR, PSR, EV/EBITDA 등) 등 다양한 방법이 활용될 수 있다. 실무적으로는 시장가치평가방법이 많이 활용되고 있다.

다음의 사례는 공모가격 산출방법으로 상대가치를 적용하였고, 상대가치를 적용한 이유가 "주식시장에서 일반적으로 활용되고, 평가기관의 주관성 개입 가능성이 낮으며 투자자가 이해하기 용이"하기 때문이라고 기술하고 있다.[416]

4) 공모가격 산출 방법 사례 1: N사[417]

① 평가의 개요

금번 공모의 공동대표주관회사인 ○○투자증권㈜, ○○증권회사 서울지점 및 공동주관회사인 ○○투자증권㈜, ○○증권㈜은 회사의 공모예정가액 산정을 위한 평가가치 산출을 위해 상대가치 평가법 중 PSR 및 PBR 평가방법을 적용하였습니다.

---

416) 사례는 N사 상장을 위한 투자설명서 중, 전자공시시스템 참고
417) N사 상장을 위한 투자설명서 중, 전자공시시스템 참고

② 상대가치 평가방법의 적용

공동대표주관회사인 OO투자증권㈜, OO증권회사 서울지점 및 공동주관회사인 OO투자증권㈜, OO증권㈜은 주식시장에서 일반적으로 활용되고, 평가기관의 주관성이 개입할 가능성이 낮으며 투자자가 이해하기 용이한 상대가치 평가방법을 적용하였습니다.

③ 평가방법의 선정

동사의 상대가치를 산출함에 있어 동사의 2016년 실적과 3개 비교 기업의 2016년 1월부터 9월(2016년 연간 실적에 대한 공시 포함)까지의 경영실적을 기준으로 성장성, 매출액 및 자기자본규모를 반영할 수 있는 PSR 및 PBR 평가방법을 적용(산술평균)하여 기업가치를 평가하였습니다.

④ PSR 및 PBR 적용 사유

적용 지표	적용 사유
PSR	• PSR(주가매출액비율)은 해당 기업의 주가가 SPS(주당매출액)의 몇 배인가를 나타내는 지표로 성장성에 대한 시장의 평가 등이 반영된 지표입니다. • PSR은 다른 상대가치평가 방법보다 변동성이 높지 않아 가치평가에 적용하는데 보다 안정성이 높습니다. PSR의 기준이 되는 매출액은 영업이익 및 당기순이익 대비 연도별 변동성이 크지 않고 안정적이기 때문입니다. 또한 영업이익, 당기순이익 등은 감가상각비, 재고자산 등과 관련하여 회사 별로 채택한 회계정책에 의해 영향을 크게 받지만, 매출액은 채택된 회계정책 등의 영향이 상대적으로 낮습니다. • 성장기 단계 산업의 특성상 다수의 경쟁자가 시장에 진입하게 되며, 시장의 경쟁은 치열해지게 됩니다. 따라서 동 시기에는 시장참여자들은 시장점유율을 확대하여 시장을 선점하기 위해 노력합니다. 따라서 성장기 단계 산업에서는 기업 매출액의 크기가 향후 성장성 및 수익성 등의 회사 실적에 영향을 미치는 중요한 요소입니다. • 동사는 최근 3사업연도 동안 연평균 124.08%의 매출액 성장률을 시현하고 있습니다. 이는 동사의 높은 경쟁력 및 모바일 게임 산업의 구조적인 성장성에 기인한 것으로 판단됩니다. 이러한 사항들에 근거하여 금번 N사 주식 평가에 있어서 회사 및 산업의 성장성을 반영할 수 있는 PSR 평가 방법을 적용하였습니다.
PBR	• PBR(주가순자산비율)이란 기업의 주가를 1주당 순자산으로 나눈 값으로 해당기업의 주가가 BPS(주당순자산)에 비해 어느 정도로 평가되고 있는지를 나타내는 비율입니다. • 자기자본은 상대적으로 변동성이 낮은 안정적인 수치로 순이익이 마이너스인 기업에도 적용할 수 있는 장점을 가지고 있습니다. 또한, 손익계산서 상의 순이익만을 고려할 경우 회사의 수익성에 대한 평가는 가능하나 특정기간의 순이익만 고려되며, 회사가 보유하고 있는 자산 및 자기자본의 규모에 대한 평가가 이루어지기가 어렵습니다. 따라서, 보유하고 있는 투자자산 등이 큰 기업의 경우 PBR은 자산가치 및 누적된 회사의 이익에 대한 평가가 가능한 지표입니다.

적용 지표	적용 사유
PBR	• 모바일게임산업은 지속적인 흥행 게임 출시를 통해 성장하는 흥행산업의 성격을 가지고 있습니다. 흥행산업의 특성상 자기자본 규모 및 자기자본을 활용한 투자는 매우 중요한 요소이며 세부 내용은 다음과 같습니다. 　－개발회사에 대한 투자 능력: 게임산업의 특성상 소수의 게임에 대한 매출의존도가 높을수록 실적의 변동성이 커지고 안정성이 낮아집니다. 따라서 게임회사는 분산된 게임 포트폴리오를 갖추기 위해 노력하고 있으며, 이를 위해서 다수의 게임 개발회사에 대한 투자가 필요합니다. 동사도 균형잡힌 게임 포트폴리오를 구성하기 위해 현재까지 자기자본을 활용하여 개발력이 높은 국내 게임 개발회사에 대한 투자를 활발히 진행하고 있습니다. 　－대규모 자본력에 기반한 퍼블리싱 능력: 초기 모바일게임 시장에서는 게임의 경쟁력이 흥행의 가장 중요한 요소였습니다. 그러나 시장규모가 커질 수록 게임 자체의 경쟁력뿐만 아니라, 흥행가능성을 높이기 위한 마케팅 능력의 중요성이 커지고 있어 대규모 자본력과 네트워크를 갖춘 대형회사 위주로 시장이 재편되고 있습니다. 　－해외시장 진출: 모바일 관련 산업은 타 산업 대비 글로벌화가 용이하고 그 속도도 빠른 특성이 있어 적극적인 해외 시장 진출이 요구되고 있습니다. 동사는 현재까지 성공적인 해외 진출/현지화를 위하여 높은 개발력을 보유한 해외기업을 적극적으로 인수하고 있으며, 이를 위해서는 M&A를 위한 자본여력이 뒷받침되어야 합니다. • 상기와 같은 이유로 흥행산업의 특성을 보유한 모바일게임회사는 자기자본을 활용한 적극적인 투자가 필수적입니다. 따라서 자기자본의 규모가 기업가치를 결정하는 주요한 요소가 되며, 이에 따라 PBR을 이용한 평가방법을 적용하였습니다.

⑤ 공모희망가격 산출 결과

구분		내용
비교가치 주당 평가가액	PSR 평가가치	148,312
	PBR 평가가치	248,465
	평균	198,389
평가액 대비 할인율		39.01% ～ 20.86%
공모희망가액 밴드		121,000원 ～ 157,000원
확정 공모가액		157,000원

상대가치를 산정하기 위해서는 유사회사의 선정이 중요한데, 추가적으로 상기 사례에서 유사회사를 선정한 방식을 살펴보면 다음과 같다.

[표 6-30] 유사회사 선정 절차: N사 상장 사례[418]

> 발행회사인 N사는 모바일 게임 개발 및 공급업을 주된 영업으로 하고 있으며, 국내 및 해외 시장을 대상으로 게임을 퍼블리싱하고 있습니다. N사는 설립 이후 자체 개발 게임의 해외 퍼블리싱 및 해외 모바일 게임회사의 인수 등을 통해 해외 진출을 위해 노력하여 왔으며, 이에 따라 해외에서 발생하는 매출액 비중이 지속적으로 증가하고 있습니다. 따라서 N사의 주요 목표/경쟁시장에는 국내뿐만이 아니라 해외시장도 포함되는 바, 국내 및 해외 유관 업종 상장회사 중에서 동사와 유사한 사업을 영위하고 있는 기업을 유사회사로 선정하였습니다.

[국내 유사회사 선정 절차 및 결과]

단계	선정 기준	세부 검토 기준	선정 회사
1차 선정	업종 관련성	① 한국표준산업분류 세분류 상 "(J58210)게임 소프트웨어 개발 및 공급업"에 속한 유가증권시장 또는 코스닥시장 상장회사	엔씨소프트 등 29개 사
2차 선정	사업의 유사성	① 전체 매출액 중 게임 관련 매출 비중이 가장 높을 것	엔씨소프트 등 26개 사
3차 선정	재무적 기준	① 2015년 및 2016년 영업이익 및 지배주주순이익을 시현하였을 것 ② 2016년 매출액, 영업이익 및 지배주주순이익이 전기 대비 증가하였을 것 ③ 2016년 자산총계가 N사의 50% 이상일 것	엔씨소프트 1개 사
4차 선정	비재무적 기준	① 최근 사업연도 감사의견이 적정일 것 ② 투자위험종목, 관리종목으로 지정된 사실이 없을 것 ③ 상장 이후 1년 이상 경과하였을 것 ④ 12월 말 결산법인일 것	엔씨소프트 1개 사

[해외 유사회사 선정 절차 및 결과]

단계	선정 기준	세부 검토 기준	선정 회사
1차 선정	업종 관련성	① App annie 2016년 기준 글로벌 Top20 퍼블리셔(IOS+구글플레이) 중 상장회사 ② 게임산업 선도시장인 미국, 일본, 중국(홍콩 포함) 시장에 상장된 회사일 것	Tencent 등 14개 사
2차 선정	사업의 유사성	① 전체 매출액 중 게임 관련 매출 비중이 가장 높을 것	Tencent 등 10개 사

---

418) 전자공시시스템 참고

단계	선정 기준	세부 검토 기준	선정 회사
3차 선정	재무적 기준	① 2015년 및 2016년 (연환산)영업이익 및 지배주주순이익을 시현하였을 것 ② 2016년 (연환산)매출액, 영업이익 및 지배주주순이익이 전기 대비 증가하였을 것 ③ 2016년 자산총계가 N사의 50% 이상일 것 ④ 최근 3사업연도 매출액 연평균성장률이 30% 이상일 것	Tencent 등 2개 사
4차 선정	비재무적 기준	① 최근 사업연도 감사의견이 적정일 것 ② 상장 이후 1년 이상 경과하였을 것 ③ 12월 말 결산법인일 것	Tencent 등 2개 사

5) 공모가격 산출 방법 사례 2: D사[419]

① 평가의 개요

금번 공모의 공동대표주관회사인 OO증권㈜, OO증권회사 서울지점 및 공동주관회사인 OO증권㈜, OO증권㈜, OO증권 서울지점, OO증권 서울지점은 회사의 공모예정가액 산정을 위한 평가가치 산출을 위해 상대가치 평가법 중 PER 평가방법을 적용(산술평균)하였습니다.

② 평가방법 선정 사유

주식시장에서 일반적으로 활용되고, 투자자가 상대적으로 이해하기 용이한 상대가치 평가방법을 적용하였습니다. 동사의 상대가치를 산출함에 있어 동사와 2개 비교 기업의 2016년 1월부터 6월까지의 경영실적을 기준으로 PER 평가방법을 적용(산술평균)하여 평가하였습니다.

③ PER 평가 적용 사유

적용 지표	적용 사유
PER	• PER(주가수익비율)는 해당 기업의 주가가 주당순이익(EPS)의 몇 배인가를 나타내는 지표로 기업의 영업활동 기반 수익력에 대한 시장의 평가, 성장성, 영업활동의 위험성 등이 총체적으로 반영된 지표입니다. • 또한 개념의 명확성, 산출의 용이성 등으로 가장 일반적으로 사용되는 투자지표이기도 합니다. PER는 순이익을 기준으로 상대가치를 산출하기에 개별 기업의 수익성 반영 측면에서 유용성이 높다는 것이 일반적인 의견입니다. 향후 산업의 성장성 등이 투영되어 개별 기업의 PER이 형성되는 것이 일반적이기에 PER를 적용할 경우 특정 산업과 관련된 기업의 성장성, 수익성 및 고유 위험 관련 할인 요인도 주가에 반영될 수 있습니다.

---

419) D사 상장을 위한 투자설명서 중, 전자공시시스템 참고

적용 지표	적용 사유
PER	• 이러한 사항들에 근거하여 금번 D사 주식 평가에 있어서 상대가치 평가방법 중 가장 일반적으로 활용되고, 해당 산업 및 기업의 성장성, 수익성, 위험 요인을 반영할 수 있는 PER 평가 방법을 적용하였습니다.

④ PER 배수를 적용한 상대가치 산출 결과

구분	D사	비고
반기 순이익(천달러 기준)	95,883	A
적용 순이익(천달러 기준)	191,767	B = A × 2
회사 적용 PER 배수	26.22	C
시가총액(백만달러 기준)	5,028	D = B × C
적용 환율(단위: 원)	1,114.0	E
시가총액(백만원 기준)	5,601,163	F = D × E
적용주식수	100,254,913	G
평가 주당 가액(단위: 원)	55,869	H = F / G

⑤ 공모희망가액 결정

상기 PER 상대가치 산출 결과를 적용한 D사 주식회사의 희망공모가액을 아래와 같이 제시하였으며, 수요예측 결과 및 주식시장의 상황 등을 감안한 후 공동대표주관회사 및 공동주관회사와 발행회사인 D사가 협의하여 1주당 확정공모가액을 30,000원으로 결정하였습니다.

구분	D사 (단위: 원)	비고
비교가치 주당평가가액	55,869	–
희망공모가액	29,000~33,000	40.9 ~ 48.1% 할인율 적용
확정공모가액	30,000	**수요예측 결과 등 반영하여 결정**

상대가치를 산정하기 위해서는 유사회사의 선정이 중요한데, 추가적으로 상기 사례에서 유사회사를 선정한 방식을 살펴보면 다음과 같다.

[표 6 - 31] 유사회사 선정 절차: D사 상장 사례

발행회사인 D사는 건설기계 제조 및 판매를 주된 영업으로 하고 있으며, 글로벌 시장을 대상으로 Compact 건설기계 제품의 판매를 영위하고 있습니다. 따라서 주요 경쟁 시장이 국내가 아닌 바, 국내만이 아닌 해외에서 동사와 유사한 사업을 영위하고 있는 상장사 중 유사업체를 선정하였습니다. 동사가 속해 있는 산업분류와 실질적인 사업내용의 유사성을 고려하여, 다음과 같은 세부적인 선정기준을 적용하여 최종적으로 유사회사로는 Caterpillar, Komatsu 2개사를 유사회사로 선정하였습니다.

그러나, 상기 회사들은 D사와 주력 제품, 영업 환경, 성장성 등의 차이가 존재할 수 있으며, 투자자들께서는 비교참고 정보를 토대로 한 투자의사 결정시 이러한 차이점이 존재한다는 사실에 유의하시기 바랍니다.

단계	선정 기준	세부 검토 기준	선정 회사
1차	업종 관련성	① D사의 주요 제품인 Compact 건설기계(SSL, CTL, MEX), Heavy 건설기계(Crawler Excavators, Wheeled Loaders, Wheeled Excavators, Articulated Dump trucks)의 북미/유럽 내 시장점유율 10위 업체 중 상장사 (출처: Yengst, Off-Highway Research)	Caterpillar 등 14개사
2차	사업 비교 유의성	① FY2015 기준 건설 관련 기계 매출 비중이 50% 이상일 것	Caterpillar 등 6개사
3차	재무 비교 유의성	① 2015년/2016년 반기 영업이익, 당기순이익 시현하였을 것 ② 2015년 영업이익률 7% 이상 15% 이하일 것	Caterpillar Komatsu

Wrap up

1 Wrap up

- 자본시장법 상 평가 시, 상장법인은 시가로 평가하고, 비상장법인은 본질가치로 평가한다.
- 본질가치는 자산가치와 수익가치를 1과 1.5로 가중평균하여 산정한다.
- 합병, 분할합병, 주식의 포괄적 교환 및 이전에서 본질가치 평가가 이루어지는 경우, 중요한 영업·자산양수도의 경우에는 외부평가를 받아야 한다.

- 상장법인의 합병가액은 기준시가로 평가하며, 30% 이내에서 할인 또는 할증 가능하다. (단, 계열회사간 합병의 경우에는 10% 이내)
- 기준시가는 기준일의 최근종가, 최근 1주일 거래량 가중산술평균종가, 최근 1개월 거래량 가중산술평균종가의 산술평균으로 계산한다.

- 자산가치는 직전(최근) 사업연도 말 재무상태표에서 분석기준일까지 발생한 중요한 순자산의 증감으로 규정된 사항을 가감하는 방식으로 산정한다.
- 피합병법인의 자산가치는 상장법인인 합병법인인과 동일한 회계기준으로 산정한다.

- 수익가치는 평가대상법인의 성격을 고려하여 일반적으로 공정하고 타당한 것으로 인정되는 모형을 자율적으로 선정하여 평가한다.
- 실무적으로 수익가치는 현금흐름할인법이 많이 활용되고 있다.

- 이익할인법은 회계상 이익을 기초로 수익가치를 산정하는 방법이다.
- 일반적으로 자본시장법 상 평가에서 이익할인법은 향후 2개년의 추정이익과 자본환원율(10%)을 적용하여 평가하는 과거 규정에 따른 방법을 말한다.

- 상대가치는 합병가액 산정에 반영되지 않고, 유사회사가 3사 이상일 경우에만 비교 목적으로 공시한다.
- 상대가치는 유사회사의 주가에 평가대상회사와의 주당이익과 주당순자산 비율을 고려한 비교가치와 평가대상회사의 유상증자 등 최근 1년 내 거래가액의 평균으로 산정한다.

2 수익가치 평가 결과에 대한 자체 점검 항목 (예시)[420]

[표 6 - 32] 수익가치[421] 평가 결과에 대한 자체 점검 항목 (예시)

주요 사항	중점 점검사항
평가 모형의 적절성	해당 모형이 수익가치 정의에 부합 여부
	통상적 평가모형과 비교 시 차이 및 영향
	통상적 평가모형을 사용하지 않은 경우 합리적 사유
추정기간의 합리성	수익추정 기간을 장기로 정하는 경우 합리적 사유
	결손금 존재 시 이연법인세자산 인정 여부
	5년 초과기간에 대한 근거자료의 신뢰성
수익가치 일반사항	매출 추정액의 실현가능성 및 합리적 근거
	과거 실적 및 재무비율과 연관성 및 일관성
	근접 추정액과 분반기 결산 확정치와 비교
	추정에 대한 합리적 근거와 산정내역의 충실한 기재
	기초자료 및 산정내역의 오류 발생 여부
자본비용 산정 내역	동종업종 선정에 대한 일관성 및 합리성
	비체계적 위험 미적용시 합리적 사유
영구성장률 적정성	영구성장률을 높게(1% 초과) 설정한 합리적 근거
	동종업종 중 동일 성장률 적용 사례 여부

---

420) 자체 점검 항목(예시)자료는 2017년 8월 금융감독원에서 발표한 "합병 등 특수공시 관련 실무 안내서"를 참고하였다.

421) 수익가치는 상장법인과 비상장법인이 합병 등을 하는 경우, 비상장법인에 대해 본질가치 평가 시 추정하는 수익가치를 말한다.

제 **7** 장

상속세 및 증여세법 상 주식평가

I 상속세 및 증여세법(이하 "상증법") 상 재산평가의 개요

1 상증법 상 주식평가 방법 Summary

Key Concept

• 시가 평가가 기본 원칙이다.
• 시가를 산정하기 어려운 경우에 보충적 평가방법을 적용하여 평가한다.

[표 7-1] 상증법 상 주식평가 Summary

구분	내용	
상장주식의 시가	• 평가기준일 전후 2개월 종가평균	
비상장주식의 평가	• **시가의 원칙**: 거래일의 시가. 단, 시가란 불특정 다수인간에 자유로운 거래가 이루어지는 경우에 통상 성립된다고 인정되는 가액으로 한정 • 시가로 인정받는 경우: 제3자간의 **매매사례가액**, 수용·공매 등(상속은 전후 6개월, 증여는 평가기준일 전 6개월부터 평가기준일 후 3개월까지) • 시가 산정이 어려운 경우: **보충적 평가방법**에 의한 가액	
보충적 평가방법에 의한 비상장주식가치[422]	• 일반적 평가	[순손익가치 × 3 + 순자산가치 × 2] ÷ 5 하한은 순자산가치의 80%
	• 부동산 과다보유 법인(부동산 비율 50% 이상, 80% 미만)	[순손익가치 × 2 + 순자산가치 × 3] ÷ 5 하한은 순자산가치의 80%
	• 부동산 또는 주식 과다보유 법인 (부동산 또는 주식 80% 이상)	순자산가치
	• 최대주주의 경우에는 할증	20% 할증(중소기업 및 매출 5천억원 미만 중견기업 제외)[423]

---

422) 보충적 평가방법의 평가액 하한은 순자산가치의 80%임. 즉, 상기 보충적 평가방법에 의한 평가액이 순자산가치의 80%에 미달하는 경우에는 순자산가치의 80%로 함.
423) 중소기업과 직전 3개년 매출액 평균이 5천억원 미만인 중견기업법 상 중견기업은 할증평가 대상에서 제외. 중견기업 할증평가 제외는 2023년 1월 1일 이후부터 적용

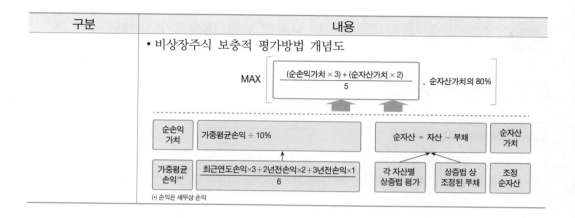

구분	내용

• 비상장주식 보충적 평가방법 개념도

$$\text{MAX}\left[\frac{(\text{순손익가치} \times 3) + (\text{순자산가치} \times 2)}{5}, \text{순자산가치의 80\%}\right]$$

순손익 가치	가중평균손익 ÷ 10%	순자산 = 자산 − 부채	순자산 가치
가중평균 손익(*)	$\dfrac{\text{최근연도손익}\times 3 + \text{2년전손익}\times 2 + \text{3년전손익}\times 1}{6}$	각 자산별 상증법 평가 / 상증법 상 조정된 부채	조정 순자산

(*) 손익은 세무상 손익

2 주식평가의 목적

상증법 제63조에 따른 비상장주식의 평가는 상증법 상 상속 또는 증여가 이루어지는 경우 그 대상자산을 평가하여 과세하기 위한 목적으로 수행된다. 그러나, 상증법 상 비상장주식평가는 상속 및 증여 대상이 되는 자산의 평가 이외에도 많이 사용된다. 대표적인 것이 법인세법 및 소득세법 상 특수관계인간의 거래로 인하여 법인세법 제52조 및 소득세법 제101조에 의한 부당행위계산부인 규정의 적용을 사전에 해소하기 위해 수행되는 평가일 것이다. 부당행위계산부인 규정을 적용함에 있어 시가가 불분명한 경우 상증법상 주식평가규정을 준용하고 있기 때문이다.

주식평가 시에는 해당 거래의 목적 및 거래구조에 대한 이해가 필요하다. 거래 목적, 거래 구조 등에 따라 과세 문제, 평가기준일, 할증 여부 등이 달라질 수 있기 때문이다.

[표 7-2] 일반적인 주식평가 목적 및 세무 문제 예시

거래 종류	주요 세무 문제	관련 규정
상속 및 증여	상속세 및 증여세 산정	상증법 제13조, 제47조 및 제60조~제66조
주식양수도	고가양수 및 저가양도에 따른 부당행위계산부인 및 증여의제	법인령 제88조, 소득령 제167조, 상증법 제35조
합병, 분할	불공정합병·분할에 따른 부당행위계산부인 및 증여의제	법인령 제11조 및 제88조, 상증법 제38조
증자 및 감자	불균등 증자·감자에 따른 부당행위계산부인 및 증여의제	법인령 제11조 및 제88조, 상증법 제39조 및 제39조의 2

3 세법 상 주식의 시가 개념

> **Key Concept**
>
> • 법인세법 상 시가는 "건전한 사회 통념 및 상거래 관행과 특수관계인이 아닌 자 간의 정상적인 거래에서 적용되거나 적용될 것으로 판단되는 가격"이다.
> • 상증법 상 시가는 "불특정 다수인간에 자유로운 거래가 이루어지는 경우에 통상 성립된다고 인정되는 가액"이다.[424]

　세법상 시가의 개념은 법인세법, 소득세법 그리고 상증법에서 각각 정의하고 있는데, 각 세법별로 시가의 개념에 있어서는 큰 차이가 없으나, 세부적인 시가의 규정에 있어서는 조금 차이가 있다.

[표 7-3] 각 세법에서의 시가의 개념 비교

구분	상증법	법인세법	소득세법
시가의 개념	불특정 다수인간에 자유로운 거래가 이루어지는 경우에 통상 성립된다고 인정되는 가액	건전한 사회 통념 및 상거래 관행과 특수관계인이 아닌 자 간의 정상적인 거래에서 적용되거나 적용될 것으로 판단되는 가격[425]	상증법 준용
상장주식의 시가[426]	평가기준일 전후 2개월 종가평균	• 거래소 장내거래: 평가기준일의 종가[427] • 그 외: 평가기준일 전후 2개월 종가평균	• 부당행위계산부인 적용 시 상증법 상 시가 준용 • 양도소득계산 시 실지거래가액 원칙(실지거래가액 불분명 시에는 기준시가 적용)[428]
비상장주식의 평가	• 거래가액 원칙(시가) • 시가로 인정받는 경우(매매사례가액, 수용/공매 등) • 시가산정 어려운 경우 보충적 평가방법	• 시가원칙 • 시가 불분명 시에는 상증법상 보충적 평가방법	

---

424) 소득세법상 시가는 상증법을 준용한다.
425) 또한 시가의 범위로 유사한 상황에서 당 법인이 특수관계자 외의 불특정다수인과 계속적으로 거래한 가격 또는 특수관계가 아닌 제3자간에 일반적으로 거래한 가격을 규정하고 있으며, 비상장주식의 평가에 있어 시가가 불분명한 경우에는 상증법을 준용하여 평가한다(법령 제89조).
426) 상장주식이라고 상증법에서 규정하고 있는 주식은 유가증권시장 및 코스닥시장에서 거래되는 주식을 말하며, 코넥스시장에서 거래되는 주식을 포함한 그 외의 주식은 비상장주식 평가방법에 따라 평가하여야 한다.

1) 상속세 및 증여세법 상 시가

[표 7 - 4] 상속세 및 증여세법 상 시가의 기본 원칙

구분	법규	내용
시가의 개념	상증법 제60조 제2항	불특정 다수인간에 자유로운 거래가 이루어지는 경우에 통상 성립된다고 인정되는 가액
상장주식	상증법 제60조 제1항 상증법 제63조 제1항 제1호 가목	평가기준일 이전·이후 각 2개월 동안 공표된 매일의 한국거래소 최종 시세가액의 평균액
비상장주식	상증법 제60조 제2, 3항 상증법 제63조 제1항 제1호 나목	• 시가가 있는 경우 시가적용 • 시가로 인정되는 경우: 매매사례가액 등 • 시가 산정이 어려운 경우: 보충적 평가방법

상증법상 평가의 기본 원칙은 시가 평가이다. 시가는 불특정 다수인간 자유로운 거래가 이루어지는 경우 통상 성립된다고 인정되는 가액을 말하고 있으므로, 실제 거래가액이 이러한 시가에 기반한 거래라고 하면 거래가액이 상증법상 평가가액이 되는 것이다. 따라서 비상장법인의 주식도 활발한 거래가 이루어지고 있고 그러한 가액으로 거래가 이루어졌다면 그 거래가액을 시가로 우선 적용받는 것이다.[429]

매매사례가액 등이 시가로 인정되는 시기는 일반적으로 평가기준일 전후 6개월(증여재산의 경우에는 평가기준일 전 6개월~평가기준일 후 3개월) 이내의 기간 중 매매·수용·경매가 이루어진 가격을 말하나, 특수관계자간 거래 또는 소액거래[430]는 시가로 인정되지 않는다[431]. 시가로 보는 가액이 둘 이상인 경우에는 평가기준일을 전후하여 가장 가까운 날에 해당하는 가액을 적용한다.[432] 다만, 평가기간이 아닌 기간으로서 평가기준일 전 2년 이내의 기간 중에 매매 등이 있거나, 평가기간이 경과한 후부터 법정결정기한[433]까지의 기

단, 소득세법상 상장주식 기준시가 산정시에는 코넥스 상장주식을 포함한다.
427) 한국거래소에서 거래된 경우에 한하고, 장외거래의 경우에는 상증법상 주식평가방법에 준하여 평가기준일 전후 2개월 종가 평균으로 산정한다.
428) 기준시가는 상증법 평가방법을 준용하되, 일부차이가 있다. 예를 들어, 상장주식은 양도·취득일 이전 1개월간 최종시세가액 평균액으로 산정한다. 또한, 보충적 평가방법을 준용한 기준시가 산정시에도 적용기준에 차이가 있으므로 주의하여야 한다. 자세한 평가방법은 본장의 '3) 소득세법 상 시가' 참고
429) [재산세과-622, 2011.12.29.] 비상장법인의 특수관계 없는 주주간 주식 매매시 시가평가: 시가를 산정함에 있어 당해 재산에 대한 매매사실이 있는 경우에 그 거래가액은 시가에 해당하는 것이나, 그 거래가액이 특수관계에 있는 자와의 거래 등 객관적으로 부당하다고 인정되는 경우를 제외하는 것임.
430) 액면가액의 합계액으로 계산한 해당 법인의 발행주식총액 또는 출자총액의 100분의 1에 해당하는 금액 또는 3억원 중 적은 금액 미만
431) 최대주주 등의 비상장주식을 경매·공매로 최대주주 등의 특수관계인 또는 상속인이 취득하는 경우에도 시가로 인정되지 않음.
432) 그 가액이 둘 이상인 경우에는 그 평균액을 시가로 본다.

간 중에 매매 등이 있는 경우에는 납세자 또는 관할세무서장 등의 신청과 평가심의위원회의 심의를 통해 해당 가액도 시가로 인정될 수 있다.[434]

그렇다면 DCF(Discounted Cashflow Method; 미래현금흐름할인법) 등 거래시장에서 많이 사용되는 평가방법이 세법상 시가로 인정받을 수 있을까? 이에 대한 구체적인 규정은 세법에 존재하지 않는다. 그러나, 유권해석이나 판례의 입장은 특수관계자가 아닌 제3자간의 거래에서 DCF 등의 방법으로 평가하여 양수도한 경우 건전한 사회통념과 상관행 상 정상적인 거래에서 적용되거나 적용될 것으로 판단되는 가격은 시가로 보고 있다는 점은 참고할 수 있을 것이며,[435] 이러한 경우에는 평가심의위원회의 심의제도를 활용하는 것도 고려할 수 있을 것이다.[436]

[표 7-5] 시가로 보지 않는 경우의 예

구분	시가로 보지 않는 경우
시가 인정 기간	평가기간 전후 6월(증여재산은 전 6월, 후 3월) 이전 또는 이후 기간의 가액
매매사례가액[437]	특수관계인과의 거래 등으로 그 거래가액이 객관적으로 부당하다고 인정되는 경우
	액면가액의 합계액으로 계산한 해당 법인의 발행주식총액 또는 출자총액의 100분의 1에 해당하는 금액 또는 3억원 중 적은 금액 미만
수용, 공매, 경매 가액	물납한 재산을 상속인 또는 그의 특수관계인이 경매 또는 공매로 취득한 경우
	액면가액의 합계액으로 계산한 해당 법인의 발행주식총액 또는 출자총액의 100분의 1에 해당하는 금액 또는 3억원 중 적은 금액 미만
	경매 또는 공매절차의 개시 후 관련 법령이 정한 바에 따라 수의계약에 의하여 취득하는 경우
감정가액[438]	일정한 조건이 충족될 것을 전제로 당해 재산을 평가하는 등 상속세 및 증여세의 납부목적에 적합하지 아니한 감정가액
	평가기준일 현재 당해 재산의 원형대로 감정하지 아니한 경우의 당해 감정가액

433) 법정결정기한은 상증법 시행령 제78조 제1항에 따라 상속세의 경우 상속세과세표준 신고기한부터 9개월, 증여세의 경우 증여세과세표준 신고기한부터 6개월을 말한다.
434) 상증령 제49조 제1항
435) [심사증여 2010-19, 2010.4.20.] 회계법인의 평가를 받아 결정한 주식의 가액이 합리적인 시가로 봄이 타당하다 할 것이므로 상속세 및 증여세법의 보충적 평가방법에 의하여 증여세를 부과한 것은 부당함. [서면2팀-1021, 2007.5.28] 등
436) 납세자가 평가한 가액이 보충적 평가방법에 따른 주식평가액의 100분의 70에서 100분의 130까지의 범위 안의 가액인 경우에는 평가심의위원회의 심의를 거쳐 시가로 인정해주는 제도가 있다. 종전에는 유사상장법인이 있는 중소기업의 주식만이 심의의 대상이었으나, 2017.7.1.부터는 유사상장법인이 있거나 현금흐름할인법 적용 등을 통한 합리적 평가액 및 평가방법이 있는 중소기업 또는 일반법인의 비상장주식까지 심의 대상을 확대하였다.

즉, 시가로 인정받는 경우는 평가 기간 내에 매매·수용·경매가 이루어진 가격이 시가의 기본 개념인 "불특정 다수인간에 자유로운 거래가 이루어지는 경우에 통상 성립된다고 인정되는 가액"에 부합하는 경우에 시가로 인정하는 것으로서, 그 거래가액이 객관적으로 부당하다거나 시가로 인정되기에 미흡한 경우에는 시가로 보지 않는 것이다. 한 예로 평가 기간 내에 유상증자가 있는 경우에 해당 유상증자 가액이 시가로 인정될 수 있을 것인지에 대한 의문이 있을 수 있다. 유상증자의 주당 주금납입액 자체가 단정적으로 매매사례가액이라고 인정받기는 어려울 수 있으며,[439] 해당 유상증자가액이 법규상 정의에 부합하는 시가에 해당하는지 여부를 반드시 확인할 필요가 있다.

2) 법인세법 상 시가

[표 7-6] 법인세법 상 시가의 기본 원칙

구분	법규	내용
시가의 개념	법법 제52조 [부당행위계산부인][440] 제1항	건전한 사회 통념 및 상거래 관행과 특수관계인이 아닌 자 간의 정상적인 거래에서 적용되거나 적용될 것으로 판단되는 가격
원칙	법령 제89조 [시가의 범위 등] 제1항	해당 거래와 유사한 상황에서 해당 법인이 특수관계인 외의 불특정다수인과 계속적으로 거래한 가격 또는 특수관계인이 아닌 제3자간에 일반적으로 거래된 가격이 있는 경우에는 그 가격 단, 주권상장법인이 발행한 주식을 한국거래소에서 거래한 경우 해당 주식의 시가는 그 거래일의 한국거래소 최종시세가액

---

437) 유사사례가액도 시가도 볼 수 있다. 평가대상 재산과 면적·위치·용도·종목 및 기준시가가 동일하거나 유사한 다른 재산의 거래가액이 있는 경우에는 해당 가액을 시가로 본다(상증령 제49조 제4항, 상증칙 제15조 제3항).

438) 감정가액은 상증법상 2 이상의 공신력 있는 감정기관의 평가액 평균으로 하며, 주식은 감정가액을 인정하지 않는다(기준시가 10억원 이하의 부동산 평가는 하나의 감정기관 평가로 가능하다. 2018년 4월 1일부터 적용). 보충적 평가방법을 사용하여 비상장주식평가 시에 개별 자산에 대해서는 감정가액이 적용될 수도 있다. 또한, 해당 감정가액이 상증법 보충적 평가방법에 따라 평가한 가액과 유사재산시가의 100분의 90에 해당하는 가액 중 적은 금액에 미달하는 경우에는 세무서장이 다른 감정기관에 의뢰하여 감정한 가액에 의하되, 그 가액이 납세자가 제시한 감정가액보다 낮은 경우에는 납세자가 제시한 가액으로 한다. 또한 납세자가 제시한 감정기관의 감정가액이 세무서장 등이 다른 감정기관에 의뢰하여 평가한 감정가액의 100분의 80에 미달하는 경우에는 1년의 범위 내에서 시가 불인정 감정기관으로 지정할 수 있고, 시가 불인정 감정기관의 감정가액은 시가로 보지 않는다(상증법 제60조 제5항).

439) [재산상속 46014-604, 2000.5.19.] 유상증자시 1주당 주금납입액은 거래가액이 아니므로 시가에 해당되지 아니함. [법규과-798, 2006.3.3.] 평가기준일부터 2월전 비상장법인의 유상증자시 기관투자자가 공모방식으로 신주를 인수한 경우 당해 주금납입액은 시가에 해당되지 아니함.

440) 법인세법상 시가에 관한 규정은 법인세법 제52조 [부당행위계산의 부인]에서 규정하고 있으며, 해당 규정

구분	법규	내용
시가가 불분명한 경우[441]	법령 제89조 [시가의 범위 등] 제2항 제2호[442]	상장주식: 상증법 준용(평가기준일 이전·이후 각 2개월 동안 공표된 매일의 한국거래소 최종 시세가액의 평균액)
		비상장주식: 상증법 준용(보충적 평가방법)[443]

법인세법에서는 특수관계자가 아닌 자간의 정상적인 거래에서 적용되는 가액을 시가로 규정하고 있다. 그러므로 한국거래소에서 거래되는 경우에는 이를 시가로 본다. 그러나, 이 경우에도 장중거래가격이 아닌 거래일의 최종시세가액으로 명시하고 있으며, 장외거래의 경우에는 시가로 보지 않는 것이다.

상증법에서는 매매사례가액의 시가 인정 범위를 평가기간 전후 6월(증여재산은 전 6월, 후 3월)로 명시하고 있으나, 법인세법에서는 시가를 "해당 거래와 유사한 상황에서 해당 법인이 특수관계인 외의 불특정다수인과 계속적으로 거래한 가격 또는 특수관계인이 아닌 제3자간에 일반적으로 거래된 가격이 있는 경우에는 그 가격"으로만 정의하고 별도로 시가가 인정되는 기간을 규정하고 있지는 않다. 그러므로 6개월 이전의 매매사례가액도 거래현황, 기업가치 변동 등의 내용을 살펴 특별한 가격변동이 있었다고 볼 만한 사정이 없는 경우에는 그 가액을 시가로 볼 수 있다는 해석도 존재한다.[444]

시가가 불분명하다고 보는 경우에는 원칙적으로 상증법상 보충적 평가방법을 준용하도록 하고 있다. 그러나, 이 경우에도 평가대상 비상장주식을 발행한 법인이 보유한 주권상장법인의 평가금액은 평가기준일의 한국거래소 최종시세가액으로 한다.

취득 이후에는 평가와 처분 시 취득원가에 대한 문제가 발생한다. 법인세법에서는 일반적인 주식의 평가에 대한 원칙은 취득원가주의로 규정하고 있으며(법법 제42조 제1항), 단가 산정시에는 총평균법 및 이동평균법을 적용하도록 규정하고 있다(법령 제75조 제1항). 다만 부도, 회생 등의 사유가 발생한 경우에는 보유주식을 시가로 평가하여 장부가액을 감

은 거래의 불가피성, 거래의 무차별성, 객관적인 입증가능성을 고려하여 판단하여야 하는 것으로 판례는 보고 있다(국심 2005전 735, 2005.7.14.).

441) 법령 제89조 [시가의 범위 등] 제2항 제1호에서는 감정평가 및 감정평가사에 관한 법률에 의한 감정평가법인이 감정한 가액이 있는 경우 그 가액(감정한 가액이 2 이상인 경우에는 그 감정한 가액의 평균액)으로 평가하도록 하고 있으나, 주식은 감정가액을 적용하지 아니한다.

442) 상증법 제63조 제3항에 따라 중소기업 및 직전 3개년 평균매출 5천억원 미만 중견기업 할증 배제 규정이 적용된다.

443) 비상장주식을 발행한 법인이 보유한 주식(주권상장법인이 발행한 주식으로 한정한다)의 평가금액은 평가기준일의 한국거래소 최종시세가액으로 평가한다.

444) [대법 2015두 49276, 2015.11.17.], [조심 2001중 1568, 2011.12.13.]

액할 수 있다(법법 제42조 제3항).

3) 소득세법 상 시가

[표 7-7] 소득세법 상 시가의 기본 원칙

구분	법규	내용
시가의 개념	소득령 제167조 [양도소득의 부당행위계산부인] 제5항	상증법 상 평가액을 준용[445],[446]
양도 소득 부당행위계산 부인 적용 시 시가	소득령 제167조 제5항	상증법 상 재산평가 규정 준용
기준시가 적용 시 (상장주식)	소득세법 제99조 [기준시가의 산정] 제1항 제3호	상증법 준용(단, 상증법 규정상 평가기준일 이전·이후 각 2개월 최종시세가액 평균액을 "양도일·취득일 이전 1개월 최종시세가액 평균액으로 한다)
기준시가 적용 시 (비상장주식)	소득세법 제99조 [기준시가의 산정] 제1항 제4호	순손익가치와 순자산가치를 3과 2의 비율로 가중평균(단, 평가액=Max[가중평균액, 순자산가치의 80%] • 순손익가치: 양도일 또는 취득일이 속하는 사업연도의 직전 사업연도의 1주당 순손익액 ÷ 10%[447] • 순자산가치: 양도일 또는 취득일이 속하는 사업연도의 직전 사업연도 종료일 현재 해당 법인의 장부가액(토지는 개별공시지가) ÷ 발행주식총수[448]

소득세법 상 주식의 평가는 주로 양도소득금액 계산을 목적으로 한다. 양도소득세 과세대상 자산을 평가할 때 원칙적으로 실지거래가액으로 따른다고 규정하고 있으나, 시가의 정의를 별도로 규정하지 않고 상증법을 준용하고 있다. 즉, 특수관계자간의 거래에서 부당행위계산부인 규정을 적용하기 위한 기준으로서의 시가는 상증법을 준용하여 판단하고, 양도소득을 계산하기 위해서는 실지거래가액 또는 기준시가(실지거래가액이 불분명할 경우)를 적용하도록 규정하고 있다. 만약 특수관계자간 거래에서 실지거래가액으로 양도소득을

---

445) 상증법 제63조 제3항에 따라 중소기업 및 직전 3개년 평균매출 5천억원 미만 중견기업 할증 배제 규정이 적용된다.
446) 시가는 「상속세 및 증여세법」 제60조부터 제66조까지와 제49조, 제50조부터 제52조까지, 제52조의 2, 제53조부터 제58조까지, 제58조의 2부터 제58조의 4까지, 제59조부터 제63조까지 및 「조세특례제한법」 제101조의 규정을 준용하여 평가한 가액
447) 3년만기회사채의 유통수익률을 고려하여 기획재정부장관이 정하여 고시하는 이자율
448) "발행주식총수"는 양도일 또는 취득일이 속하는 사업연도의 직전 사업연도 종료일 현재의 발행주식총수에 의한다. [소득령 제165조 제4항 제4호]

계산하였으나, 해당 실지거래가액이 상증법상 평가액과 차이가 있다면 부당행위계산부인 규정이 적용되는 것이다.

양도차익을 계산할 때 양도가액을 실지거래가액(매매사례가액·감정가액 등을 포함)에 따를 때에는 취득가액도 실지거래가액에 따르고, 양도가액을 기준시가[449]에 따를 때에는 취득가액도 기준시가에 따르게 된다. 즉, 비상장주식을 양도할 경우 기본적으로 실지거래 가액에 따라 양도소득을 계산하나, 실지거래가액을 확인할 수 없는 경우에는 소득세법상 기준시가로 양도소득을 계산하게 된다. 주로 환산취득가액[450] 산정의 경우나 취득가액 안분 등의 경우가 기준시가를 사용하게 되는 경우라 할 수 있다.

기준시가의 기본 계산 구조는 상증법상 보충적 평가방법을 따르나, 평가기준일 속하는 직전 1개 사업연도의 순손익과 순자산을 기준으로 적용한다는 점, 순자산가액 산정 시 토지를 제외하고는 양도일 또는 취득일이 속하는 사업연도의 직전 사업연도 종료일 현재 해당 법인의 장부가액[451]을 적용한다는 등에서 차이가 있다.

양도소득 부당행위계산부인 규정에 있어서 시가 산정에 관하여는 법인령 제89조[시가의 범위 등]을 준용하고, 시가는 상증법 상 재산평가 규정(상증법 제60조에서 제64조)과 조특법 101조의 규정을 준용하여 평가하도록 하고 있다.

또한, 개인과 법인간에 재산을 양수 또는 양도하는 경우에는 법인세법상 시가와 소득세법상 시가의 차이에 의해 법인 또는 개인의 부당행위계산부인 문제가 발생할 수 있는데, 그 대가가 법인세법 시가 규정에 의한 가액에 해당되어 당해 법인의 거래에 대하여 법인세법의 부당행위계산부인의 규정이 적용되지 아니하는 경우에는 소득세법상 부당행위계산부인의 규정도 적용하지 않도록 규정하고 있다.

---

449) 기준시가는 양도소득세 과세대상자산의 양도 또는 취득 당시의 기준이 되는 가액으로, 양도소득세의 과세 방식이 실지거래가액 과세원칙으로 개정된 이전에는 과세의 기준가격이었으나, 실질거래가액 과세 원칙으로 전환 이후에는 주로 취득 당시의 실지거래가액이 확인되지 않은 자산에 대한 환산 취득가액 산정 등에 주로 사용된다.

450) 환산가액 = 양도당시의 실지거래가액, 매매사례가액 또는 감정가액 × 취득당시의 기준시가 / 양도당시의 기준시가

451) 비상장주식 등의 순자산가치를 산정함에 있어 해당 법인의 장부가액은 당해 주식발행법인의 장부가액(토지는 기준시가)에 세무조정사항에 의한 유보금액을 가감한 세무상 장부가액을 말한다. [재일 46014-348, 1996.2.7.]

4 상증법 상 주식평가 규정의 기본 구조

Key Concept

- 시가 또는 매매사례가액이 있는 경우에는 해당 가액으로 평가한다.
- 상장주식은 평가기준일 전후 2개월의 종가평균액을 시가로 본다.
- 시가 산정이 어려운 경우 보충적 평가방법으로 평가한다.

1) 상증법 상 주식평가의 기본 구조

상증법상 주식의 평가는 평가기준일의 "불특정 다수인간에 자유로운 거래가 이루어지는 경우에 통상 성립된다고 인정되는 가액"인 시가[452] 또는 매매사례가액을 원칙으로 하며, 시가 산정이 어려운 경우에는 보충적 평가방법에 따라 평가한다.

[그림 7-1] 상증법 상 주식평가의 기본 구조

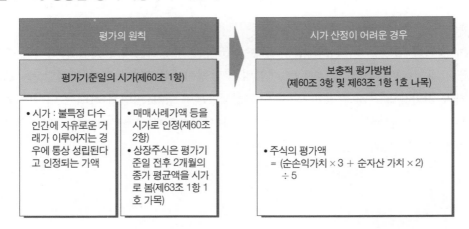

2) 재산평가 관련 상증법 상 법 체계

상증법 상 평가의 기본원칙은 상증법 제60조에서 규정하고 있으며, 시가를 산정하기 어려운 경우 각 자산의 성격별로 상증법 제61조에서 제66조까지 평가 규정을 정하고 있다. 이 중에서 비상장주식의 평가방법은 제63조에서 규정하고 있으나, 법인의 보유 자산 구성

---

452) 상장주식의 시가는 상증법에서는 평가기준일 전후 2개월의 종가 평균액으로 보는데, 여기서 종가평균액은 최종시세가액의 평균액으로서 거래실적 유무를 고려하지 아니한다. 즉, 거래량에 따라 가중평균하지 않은 매일의 공표된 최종시세가액의 단순평균으로 계산한다.

이 다양하므로 각각의 자산은 제60조에서 제66조까지의 규정에 의한 가액으로 평가하게 되는 것이다.

[표 7-8] 재산평가 관련 상증법 상 법 체계

상속세 및 증여세법 제4장 재산의 평가	시행령 제4장 재산의 평가	시행세칙
제60조【평가의 원칙】	제49조【평가의 원칙 등】	제15조【평가의 원칙 등】
	제49조의 2【평가심의위원회의 구성 등】	
	제58조의 3【국외재산에 대한 평가】	
제61조【부동산 등의 평가】	제50조【부동산의 평가】	제15조의 2【임대가액의 계산】
	제51조【지상권 등의 평가】	제16조【지상권의 평가 등】
제62조【선박 등 그 밖의 유형재산의 평가】	제52조【그 밖의 유형재산의 평가】	
제63조【유가증권 등의 평가】	제28조【합병에 따른 이익의 계산방법 등】	
	제52조의 2【유가증권시장 및 코스닥시장에서 거래되는 주식등의 평가】	제16조의 2【유가증권시장 및 코스닥시장에서 거래되는 주식등의 평가】
	제53조【코스닥시장에 상장신청을 한 법인의 주식등의 평가 등】	
	제54조【비상장주식의 평가】	제17조【비상장주식의 평가】
	제55조【순자산가액의 계산방법】	제17조의 2【순자산가액의 계산방법】
	제56조【1주당 최근 3년간의 순손익액의 계산방법】	제17조의 3【1주당 최근 3년간의 순손익액의 계산방법】
	제57조【기업공개준비중인 주식등의 평가 등】	제18조【매매기준가격 등】
	제58조【국채·공채 등 그 밖의 유가증권의 평가】	제18조의 2【액면가액으로 직접 매입한 국채등의 평가】
	제58조의 2【전환사채 등의 평가】	제18조의 3【전환사채 등의 평가】
	제58조의 3【국외재산에 대한 평가】	
	제58조의 4【외화자산 및 부채의 평가】	
제64조【무체재산권의 가액】	제59조【무체재산권의 평가】	제16조【지상권의 평가 등】
		제19조【무체재산권 등의 평가】

상속세 및 증여세법 제4장 재산의 평가	시행령 제4장 재산의 평가	시행세칙
제65조【그 밖의 조건부 권리 등의 평가】	제60조【조건부권리 등의 평가】	
	제61조【신탁의 이익을 받을 권리의 평가】	제19조의 2【신탁의 이익 및 정기금을 받을 권리의 평가】
	제62조【정기금을 받을 권리의 평가】	
제66조【저당권 등이 설정된 재산 평가의 특례】	제63조【저당권 등이 설정된 재산의 평가】	제19조의 3【신용보증기관의 범위】

상속세 및 증여세법 상 상장법인 주식의 평가

> **Key Concept**
>
> • 상증법에서 상장주식은 평가기준일 전후 2개월의 종가 평균액을 시가로 본다.
>
> • 거래량을 가중평균하지 않는다.
>
> • 전후 2개월 내에 합병·증자 등의 사유가 발생하였다면 해당 사유로 인한 기간을 제외하고 평균액을 산정한다.

1 상장주식[453]의 시가 기준

상장주식은 평가기준일 이전·이후 각 2개월 동안의 거래소 최종 시세가액의 평균액으로 평가한다. 최종시세가액은 거래실적 유무를 고려하지 아니하므로 거래량에 따라 가중평균하지 않은 매일의 공표된 최종시세가액의 단순평균으로 계산한다. 평가기준일이 매매가 없는 날인 경우에는 그 전일을 기준으로 하며, 평가기준일 전후 2개월 이내에 거래소가 정하는 기준에 따라 매매거래가 정지되거나 관리종목으로 지정된 기간의 일부 또는 전부가 포함되는 주식 등은 해당 기간 동안 적정하게 **시가를 반영하여 정상적으로 매매거래가 이루어진 것으로 보지 않으므로 전후 2개월의 최종시세가액 평균액으로 산정한 가액을 시가로 보지 않는다.**[454]

평가기준일 이전·이후 각 2개월 동안에 증자·합병 등의 사유가 발생하여 그 평균으로 하는 것이 부적당한 경우에는 다음과 같이 평가한다.

---

453) 상증법상 시가평가 규정에서 상장법인은 유사증권시장과 코스닥시장에 한하고 코넥스시장은 상장법인에 포함되지 않는다.

454) 시가로 보지 않기 때문에 비상장주식 평가방법에 따라 평가하여야 할 것이며, 공시의무 위반 및 사업보고서제출의무 위반 등으로 인하여 관리종목으로 지정·고시되거나 등록신청서 허위기재 등으로 인하여 일정 기간 동안 매매거래가 정지된 경우로서 적정하게 시가를 반영하여 정상적으로 매매거래가 이루어지는 경우는 시가로 보지 않는 경우에서 제외된다(상증령 제52조의 2 제3항, 상증칙 제16조의 2 제2항).

[표 7-9] 증자 · 합병의 경우 상장주식 평가를 위한 적용 기간

구분	적용 기간
평가기준일 이전에 증자 · 합병 등의 사유가 발생한 경우	사유가 발생한 날의 다음 날부터 평가기준일 이후 2월이 되는 날까지의 기간
평가기준일 이후에 증자 · 합병 등의 사유가 발생한 경우	평가기준일 이전 2월이 되는 날부터 동 사유가 발생한 날의 전일까지의 기간
평가기준일 이전 · 이후에 증자 · 합병 등의 사유가 발생한 경우	평가기준일 이전 동 사유가 발생한 날의 다음 날부터 평가기준일 이후 동 사유가 발생한 날의 전일까지의 기간
평가기준일 이전 · 이후 각 2월간의 합산기간이 4월에 미달하는 경우	해당 합산기간을 기준으로 계산

[그림 7-2] 상장주식 평가를 위한 적용 기간

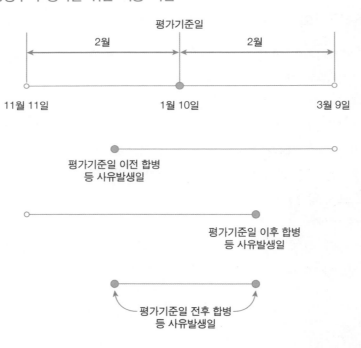

508

2 합병법인이 보유한 상장주식의 시가

특수관계에 있는 법인 간의 합병으로 인한 대주주 등의 이익(상증법 제38조 [합병에 따른 이익의 증여])을 계산할 때 합병(분할합병을 포함)으로 소멸하거나 흡수되는 법인 또는 신설되거나 존속하는 법인이 보유한 상장주식의 시가는 평가기준일 현재의 거래소 최종 시세가액으로 한다.[455]

3 증자 후 미상장된 주식[456]

거래소에 상장되어 있는 법인의 주식 중 그 법인의 증자로 인하여 취득한 새로운 주식으로서 평가기준일 현재 상장되지 아니한 주식은 배당기산일이 기존 주식과 달라 주가에 차이가 발생할 수 있으므로 이러한 차이를 조정해 주도록 하고 있다. 그러나 해당 법인의 정관에 의하여 당해 법인의 증자로 취득한 새로운 주식 등에 대한 이익을 배당함에 있어서 평가기준일 현재 상장되어 있는 해당 법인의 주식 등과 배당기산일을 동일하게 정하는 경우에는 배당차액을 조정하지 않는다.

[표 7-10] 증자 후 미상장된 주식의 평가

증자 후 미상장된 주식의 평가액	기존 주식의 평가액 − 배당차액
기존 주식의 평가액	평가기준일 전후 2월간의 최종시세가액 평균액
배당차액	주식 1주당 액면가액 × 직전기 배당률 × $\dfrac{\text{신주발행일이 속하는 사업연도개시일 부터 배당기산일 전일까지의 일수}}{365}$

4 기업공개 준비중인 주식 등의 평가

상증법의 평가 원칙은 평가기준일의 시가이며, 시가는 불특정 다수인간에 자유로운 거래가 이루어지는 경우에 통상 성립된다고 인정되는 가액이다. 그러므로 시가가 있는 경우에는 시가가 적용되며 시가가 불분명한 경우 보충적 평가방법에 따라 평가하게 된다. 기업공개 준비중인 주식은 평가기준일 시점에는 비상장주식이므로 시가가 불분명하다고 할 수 있

---

455) 상증법 제63조 제1항 제1호
456) 상증법 제63조 제2항 제3호, 상증령 제57조 제3항, 상증칙 제18조 제2항

을 것이나, 평가기준일 직후 상장되어 시가를 확인할 수 있게 되므로 상장시점의 공모가격과 비상장주식 평가방법을 비교하여 큰 금액으로 평가하도록 규정하고 있다.

① 유가증권시장 상장 준비중인 법인의 주식

유가증권시장에 상장을 준비 중인 기업 주식의 평가규정은 평가기준일 현재 상장신청[457] 직전 6개월(증여의 경우에는 3개월)부터 거래소에 최초로 주식 등을 상장하기 전까지의 기간에 해당하는 주식의 평가에 적용된다. 평가액은 보충적 평가방법과 공모가격을 비교하여 큰 금액을 적용하며, 최대주주 등에 대한 할증평가도 적용한다.

[표 7 - 11] 유가증권시장 상장 준비중인 법인의 주식 평가

대상법인	유가증권시장 상장 준비 중인 법인
대상기간	평가기준일 현재 유가증권 신고(유가증권 신고 미대상 주식은 상장신청일) 직전 6개월(증여는 3개월)부터 거래소에 최초로 주식 등을 상장하기 전까지의 기간
평가방법	Max[(1), (2)] (1) 공모가격 (2) 비상장주식 평가방법의 적용 가격 (코스닥 상장법인은 시가)[458]

② 코스닥시장 상장 준비중인 법인의 주식

코스닥시장에 상장을 준비 중인 기업의 주식 평가 규정은 기본적으로 유가증권시장 상장 준비중인 법인의 주식 평가 방법과 동일하다. 단, 유가증권시장에 상장하는 법인은 비상장법인 외에도 코스닥 상장법인이 상장하는 경우도 있어 공모가격과의 비교 방식에 시가에 대한 규정이 추가로 규정되어 있다.

[표 7 - 12] 코스닥시장 상장 준비중인 법인의 주식 평가

대상법인	코스닥시장 상장 준비 중인 법인
대상기간	평가기준일 현재 증권 신고(증권 신고 미대상 주식은 상장신청일) 직전 6개월(증여는 3개월)부터 거래소에 최초로 주식 등을 상장하기 전까지의 기간
평가방법	Max[(1), (2)] (1) 공모가격 (2) 비상장주식 평가방법의 적용 가격

---

457) 상장을 위한 유가증권 신고를 한 경우에는 유가증권 신고 직전 6개월부터 적용된다.
458) 코스닥 상장법인이 유가증권증권 시장의 상장을 준비하는 경우에도 적용되며, 이 경우에는 평가기준일 전후 2월의 최종시세가액 평균액과 공모가격 중 큰 금액을 한다.

III   상속세 및 증여세법 상 비상장주식의 보충적 평가방법

1   기본 구조

Key Concept

• 비상장주식의 보충적 평가는 순손익가치와 순자산가치를 가중평균하여 산정한다.

• 가중평균한 가치는 최소한 순자산가치의 80% 이상이어야 한다.

[그림 7-3] 비상장주식 보충적 평가방법의 일반적 계산 구조 예시

순손익가치

구분	세무상손익	가중평균손익
FY1	45	
FY2	50	51.7
FY3	55	
자본환원율		10%
순손익가치		517

가중평균손익
(45 × 1 + 50 × 2 + 55 × 3) ÷ 6

순자산가치

구분	BS순자산	조정	세무상 순자산
순자산가치	500	+50	550

평가액

상증법상 평가액 : 530
(517 × 0.6 + 550 × 0.4) (평가의 하한 = 550 × 80% = 440)

비상장주식 평가의 기본원칙은 시가평가이다. 보충적 평가방법은 시가가 불분명할 경우에 사용하는 것으로 시가가 불분명하다는 것은 불특정 다수인간에 자유로운 거래가 이루어지는 경우에 통상 성립된다고 인정되는 가액이 없거나, 평가기준일 전후 6월(증여재산은 전 6개월, 후 3개월) 이내에 매매사례가액 등이 없는 경우를 말한다. 보충적 평가방법의 기본 원칙은 평가기준일의 순자산과 최근 3년간의 순손익액의 가중평균액을 통해 가치를 산정한다. 순자산가치와 순손익가치의 가중평균비율은 2:3이 기본원칙이나, 부동산과다법인 등에 자산가치의 비중을 더 높게 하는 등 회사의 상황에 맞게 가중평균의 비율을 조정하는 규정과 최소평가 한도 등의 규정 등을 추가로 두고 있다.

보충적 평가방법에서 순손익가치는 기본적으로는 과거 손익에 기반하여 평가하나, 과거 손익을 사용하는 것이 적절하지 않다고 규정된 경우에는 추정이익을 기반으로 평가할 수 있도록 하고 있다. 또한 법적 안정성을 위해 개별법인의 특성을 감안하지 않은 획일적 방법의 적용에 대한 보완으로 평가심의위원회 제도를 두어 다른 합리적인 평가방법에 의한 평가가 가능하도록 하고 있다.

[표 7-13] 비상장주식 평가방법 Summary

구분		기본 내용
원칙	주당 평가액	• (1주당 순손익가치 × 3 + 1주당 순자산가치 × 2) ÷ 5
	순손익가치	• 1주당 최근 3년간[459] 순손익액[460]의 가중평균액 ÷ 10%* * 10%: 국세청장이 고시하는 이자율
	순자산가치	• 해당 법인의 순자산가액[461] ÷ 평가기준일 현재의 발행주식총수
		• 각 자산가액의 평가 = MAX [① 상증법에 의한 평가액, ② 장부가액]
부동산과다법인[462]		• (1주당 순손익가치 × 2 + 1주당 순자산가치 × 3) ÷ 5
순자산가치만으로 평가		• 청산, 휴·폐업, 3년 미만, 부동산 또는 주식 보유 비율 80% 이상 등
평가의 하한		• 순자산가치의 80%

　　1주당 최근 3년간의 순손익액의 가중평균액이 음수인 경우에는 0으로 하고, 순자산가액이 0원 이하인 경우도 0원으로 한다. 1주당 가액을 산정하기 위해 순자산가치와 순손익가치를 가중평균할 경우에는 순자산가치와 순손익가치 중 어느 하나의 값이 음수로 평가되더라도 가중치의 합계는 5로 계산한다.[463]

　　상증법 상 재산평가의 계산을 할 때 상장주식의 1주당 최종시세가액의 평균액과 비상장주식의 1주당가액, 1주당 순손익액 및 이의 가중평균액, 배율에 따른 부동산의 제곱미터당 가액 등의 계산에 있어 원단위 미만의 금액은 이를 버린다.[464]

---

459) 최근 3년은 평가기준일 속하는 사업연도의 직전 3개 사업연도를 말한다.
460) 세무상 각 사업연도 소득금액에 가산항목과 차감항목을 조정
461) 재무제표상 자산부채에서 가산항목과 차감항목을 조정하며, 각 자산가액의 평가 시 상증법 평가액과 비교가 되는 가액도 기본적으로는 재무제표 상 장부가액이다.
462) 부동산 등이 자산총액에서 차지하는 비율이 50% 이상인 법인(상증령 제54조, 「소득세법」 제94조 제1항 제4호 다목)
463) 상증령 제55조 제1항 및 제56조 제1항
464) 상증법 기본통칙 60-0…1【재산평가시 계산단위】

2 순손익가치 평가방법

> **Key Concept**
>
> - 평가기준일 이전 3개년 사업연도의 순손익액 가중평균액으로 손익가치를 산정한다.
> - 가중치는 최근 사업연도부터 "3:2:1"이다.
> - 순손익액은 각 사업연도 소득금액에서 실질적으로는 해당 법인의 수익 또는 비용에 해당되지만 각 사업연도 소득금액에 반영되지 못한 항목을 가감하여 산정한다.

1) 기본 구조

[표 7 – 14] 순손익가치의 기본구조

1주당 순손익가치	$\dfrac{\text{1주당 최근 3년간 순손익액[465]의 가중평균액}}{\text{손익가치환원율}}$
1주당 최근 3년간의 순손익액의 가중평균액	= [평가기준일 이전 1년이 되는 사업연도의 1주당 순손익액 × 3 + 평가기준일 이전 2년이 되는 사업연도의 1주당 순손익액 × 2 + 평가기준일 이전 3년이 되는 사업연도의 1주당 순손익액 × 1] ÷ 6
손익가치 환원율	10%(국세청장이 고시하는 이자율)

순손익가치는 평가기준일 전 최근 3년간 1주당 순손익액을 가중평균하여 손익가치 환원율(10%)로 나누어 산정한다. 이는 1주당 순손익액의 가중평균액이 영구히 발생하는 것으로 가정하는 것과 같다. 즉, 계속기업으로서 사업의 영위를 가정할 때 장래 수익력을 측정하기 위해 최근 3년간의 순손익액을 사용하는 것이다. 그러므로 만약 최근 3년 기간 내에 일시적이고 우발적인 중요한 거래가 발생하였다면 과거 손익으로 평가하는 것은 불합리하게 된다. 이러한 일시 우발적 사항은 별도로 규정하여 추정이익으로 평가할 수 있도록 하고 있다.

최근 3년은 평가기준일이 속하는 사업연도 직전 3개년 사업연도를 말한다. 단, 사업연도 종료일이 평가기준일인 경우에는 평가기준일이 속한 당해 사업연도부터 3개년 사업연도 손익을 가중평균한다.[466]

---

465) 법인세법상 각 사업연도 소득금액에 가산항목과 차감항목을 조정
466) [**서면4팀 – 263, 2006.2.10.**] 비상장주식의 최근 3년간 순손익액의 가중평균액을 계산할 때 평가기준일이

2) 순손익가치 계산 순서

[표 7-15] 순손익가치 계산 방법 요약

구분	20x3	20x2	20x1
① 각 사업연도 소득금액			
② 가산항목			
국세, 지방세 과오납에 대한 환급금 이자			
수입배당금 중 익금불산입액			
기부금의 손금산입 한도 초과액의 이월손금 산입액			
화폐성외화자산 등의 평가이익			
이월된 업무용 승용차 관련 손금산입액			
합계(A)=(①+②)			
③ 차감항목			
벌금, 과료, 과태료, 가산금 및 체납처분비			
손금 용인되지 않는 공과금			
업무에 관련 없는 지출			
각 세법에서 규정하는 징수불이행으로 납부세액			
기부금 한도 초과액			
접대비 한도 초과액			
과다경비 등 손금불산입액			
지급이자 손금불산입액			
감가상각비 시인부족액			
화폐성외화자산 등의 평가손실			
징벌적 목적의 손해배상금 등에 대한 손금불산입액			
업무용 승용차 관련 손금불산입액			
법인세 총 결정세액			
농어촌특별세 총 결정세액			
지방소득세 총 결정세액			
합계(B)=(③)			
④ 순손익액=(A−B)			
⑤ 유상증자(감자)시 반영액			
⑥ 순손익액 = (④ ± ⑤)			
⑦ 사업연도 말 주식수 또는 환산주식수			
⑧ 주당순손익 = (⑥÷⑦)	a	b	c

2005.12.31.인 경우 최근 3년간 순손익사업연도는 2005년, 2004년, 2003년 사업연도를 의미함. [**서면4팀**-499, 2007.2.6.] 평가기준일이 2006.12.30.인 비상장주식의 최근 3년간 주당 순손익의 가중평균액 계산시 '평가기준일 이전 1년이 되는 사업연도'라 함은 2005년 사업연도를 말함.

구분	20x3	20x2	20x1
⑨ 가중평균액	(a×3+b×2+c×1)÷6		
⑩ 기획재정부령으로 정하는 이자율	10%		
⑪ 최근 3년간 순손익액의 가중평균액에 의한 1주당가액	⑨÷10%		

① 각 사업연도 소득금액

각 사업연도 소득금액은 법인세법 제14조에 따른 금액으로서 법인세과세표준 및 세액조정계산서(별지 제3호 서식)의 (107)의 금액을 말한다.[467] 각 사업연도소득을 계산할 때 손금에 산입된 충당금 또는 준비금이 세법의 규정에 따라 일시 환입되는 경우에는 해당 금액이 환입될 연도를 기준으로 안분한 금액을 환입될 각 사업연도소득에 가산한다.

각 사업연도소득에 가산하거나 차감하는 항목은 실질적으로는 해당 법인의 수익 또는 비용에 해당되나 조세정책적 목적으로 익금불산입하거나 손금불산입한 항목들을 주식가치가 적절하게 산정될 수 있도록 다시 실질에 부합하게 수익 또는 비용에 반영하도록 하는 구조이다.

② 가산항목[468]

각 사업연도 소득금액에 가산하는 항목은 다음과 같다.

국세, 지방세 과오납에 대한 환급금 이자	법인세법 제18조 4호의 규정에 의한 국세, 지방세의 과오납에 대한 환급금 이자로서 각 사업연도 소득금액계산상 익금에 산입하지 아니한 금액
수입배당금 중 익금불산입액	법인세법 제18조의 2와 제18조의 3에 의한 수입배당금 중 익금불산입액
기부금의 손금산입 한도 초과액의 이월손금 산입액	법인세법 제24조 제4항에 따라 해당 사업연도의 손금에 산입하였지만, 손금산입한도를 초과한 금액은 다음 사업연도로 이월하여 손금에 산입할 수 있다. 이 경우 기부금 한도초과액을 소득의 차감항목으로 보고 있으므로 이월손금을 손금으로 인정할 경우 이중 계산이 되므로 소득금액에 가산하는 것이다. (법인세 과세표준 및 세액조정계산서(별지 제3호 서식)의 (106)기부금 한도초과 이월액 손금산입의 금액을 말함)

---

467) 순손익액을 계산할 때 그 법인에 대한 법인세 경정으로 주식평가액에 변동이 생긴 때에는 법 제76조 제4항에 따라 상속세 및 증여세의 과세표준과 세액을 경정하여야 한다. [상증법 기본통칙 63-56⋯10【순손익액 계산에 있어 각사업연도 소득금액이 변동된 경우】]

468) 법인세 세무조정계산서 별지 제15호 서식(소득금액조정합계표)의 손금산입 및 익금불산입 조정 항목 및 별지 제3호 서식(법인세 과세표준 및 세액조정계산서) 등에 기재된 금액

화폐성외화자산 등의 평가이익	화폐성외화자산·부채 또는 통화선도 등에 대하여 해당 사업연도 종료일 현재의 기획재정부령으로 정하는 매매기준율 또는 재정(裁定)된 매매기준율로 평가하지 않은 경우 해당 화폐성외화자산 등에 대하여 해당 사업연도 종료일 현재의 매매기준율 등으로 평가하여 발생한 이익
이월된 업무용 승용차 관련 손금산입액	이월된 업무용 승용차 관련 손금산입액은 각 사업연도 소득금액에 가산

③ 차감항목[469]

각 사업연도 소득금액에 차감하는 항목은 다음과 같다.

벌금, 과료, 과태료, 가산금 및 체납처분비	법인세법 제21조 제3호에 따른 벌금, 과료, 과태료, 가산금 및 체납처분비로서 각 사업연도 소득금액계산 시 손금에 산입하지 아니한 금액을 말함.
손금 용인되지 않는 공과금	법인세법 제21조 제4호에 규정된 공과금 이외에 공과금으로서 각 사업연도 소득금액계산상 손금 용인되지 아니한 금액을 말함.
업무에 관련 없는 지출	법인세법 제27조에 따라 법인이 각 사업연도에 지출한 비용 중 법인의 업무와 직접 관련이 없다고 정부가 인정하는 금액으로 각 사업연도 소득금액 계산상 손금 용인되지 아니한 금액을 말함.
각 세법에서 규정하는 징수불이행으로 인한 납부세액	법인세법 제21조 제1호 동법 시행령 제21조에 따라 각 세법에 규정하는 의무 불이행으로 인하여 납부하였거나 납부하여야 할 세액(가산세 포함)으로 각 사업연도 소득금액 계산상 손금에 산입하지 아니한 금액을 말함.
기부금 한도 초과액	법인세법 제24조에 따른 기부금 한도초과액((법인세 과세표준 및 세액조정계산서(별지 제3호 서식)의 (105)금액) 및 비지정기부금(별지 제15호 서식 소득금액조정 합계표에 계상되어 비지정기부금으로 손금불산입된 금액)
접대비 한도 초과액	법인세법 제25조에 따른 접대비 한도초과액
과다경비 등 손금불산입액	법인세법 제26조에 따라 각 사업연도 소득금액 계산상 손금에 산입하지 아니한 금액을 말함.
지급이자 손금불산입액	법인세법 제28조에 따른 지급이자 손금불산입액[470]
감가상각비 시인부족액에서 상각부인액을 손금으로 추인 차감한 금액[471]	법인세법상 상각범위액에 미달하게 상각한 경우 미달상각비 해당액을 소득금액에서 차감조정 (법인세법 시행령 제32조 제1항에 따른 시인부족액에서 같은 조에 따른 상각부인액을 손금으로 추인한 금액을 뺀 금액)

---

469) 법인세 세무조정계산서 별지 제15호 서식(소득금액조정합계표)의 익금산입 및 손금불산입 조정 항목 및 별지 제3호 서식(법인세 과세표준 및 세액조정계산서) 등에 기재된 금액

470) 국제조세조정에 관한 법률 제14조의 규정에 의하여 배당으로 간주된 이자의 손금불산입 금액은 순손익액을 계산함에 있어 각 사업연도 소득금액에서 차감한다(상증세법 기본통칙 63−56…9 ②).

471) 감가상각비 조정사항은 경우에 따라서는 회계와 세무상 가액의 차이가 크게 발생할 수도 있는 항목이다.

화폐성외화자산 등의 평가손실	화폐성외화자산·부채 또는 통화선도 등에 대하여 해당 사업연도 종료일 현재의 기획재정부령으로 정하는 매매기준율 또는 재정(裁定)된 매매기준율로 평가하지 않은 경우 해당 화폐성외화자산 등에 대하여 해당 사업연도 종료일 현재의 매매기준율 등으로 평가하여 발생한 손실
징벌적 목적의 손해배상금 등에 대한 손금불산입액 및 업무용 승용차 관련 손금불산입액	징벌적 목적의 손해배상금 및 업무용 승용차 관련 손금불산입액을 각 사업연도 소득금액에서 차감
법인세 총 결정세액 농어촌특별세 총 결정세액 지방소득세 총 결정세액	평가대상 각 사업연도의 소득에 대하여 납부하였거나 납부하여야 할 법인세, 농어촌특별세 및 지방소득세의 총 결정세액을 말함.[472] (산출세액에서 공제감면세액을 차감하고 외국납부세액을 가산한 금액)

④ 순손익액

각 사업연도별로 각 사업연도 소득금액에서 가산항목과 차감항목을 가감하여 순손익액을 산정한다.

만약 1개 사업연도를 1년에서 3개월로 변경한 경우에는 4개의 사업연도를 1개 사업연도로 보아 순손익액을 산정한다.[473] 최근 3년간 순손익액의 가중평균액은 평가기준일 이전 1년, 2년 및 3년이 되는 날이 속하는 사업연도의 순손익액을 기준으로 하여 계산하는 것이나, 평가대상 기간 중 사업연도가 변경되어 1년 미만인 사업연도가 포함되게 된다면, 1년 미만인 사업연도의 순손익액은 연으로 환산한 가액으로 계산한다는 유권해석이 있으므로 사업연도 변경 시에는 순손익 계산에 주의할 필요가 있을 것이다.[474] 또한 평가기준일이 속하는 사업연도 3년 이내에 합병이 있는 경우에는 피합병법인의 순손익액을 합산하여야

---

472) 유권해석에 의하면 각 사업연도의 소득금액에서 차감할 법인세액은 이월결손금을 각 사업연도소득에서 공제하기 전의 소득금액(단, 비과세소득은 각 사업연도소득에서 공제함)에 대하여 납부하였거나 납부하여야 할 법인세 총결정세액을 말하는 것이며, 만약 감면되는 법인세액이 있는 경우에는 그 금액을 차감한 후의 법인세액에 의하는 것이라고 하고 있다. [상증법 기본통칙 63-56…9【순손익액에서 차감하는 법인세 등】, 서면4팀-897, 2006.4.10. 및 재산-79, 2010.2.5.] 또한 법인세 산출세액에는 토지 등 양도소득에 대한 법인세 추가납부세액과 법인세에 추가하여 납부하는 조특법 제100조의 32【투자·상생협력 촉진을 위한 과세특례】 등도 포함된다고 본다. 그러나, 평가대상기간이 아닌 사업연도의 법인세 추가납부세액은 각 사업연도소득에서 차감하지 않는다(조심 2013서4806, 2014.9.2.). 외국법인세액으로서 손금에 산입되지 아니하는 세액도 각 사업연도소득에서 차감하는 법인세를 포함하는데, 이 때 외국법인세액은 실제 공제받는 사업연도가 아니라 발생한 사업연도의 각 사업연도소득에서 차감하는 것으로 실무상 해석하고 있지만, 조문상 불분명한 부분이 있으므로 해당 금액이 중요할 경우에는 당국의 해석을 받을 필요가 있다.

473) 서면법령재산-21246, 2015.3.27.

474) 서면4팀-152, 2005.1.20.

하며,[475] 분할신설법인의 경우에는 분할 전 법인의 순손익액 중 분할승계사업에 대하여 구분하여 계산하여야 한다.[476]

⑤ 유상증자 또는 유상감자시 반영액

순손익액을 계산할 때 평가기준일이 속하는 사업연도 이전 3년 이내에 유상증자를 하거나 유상감자를 한 사실이 있는 경우에는 유상증자 또는 유상감자를 한 사업연도와 그 이전 사업연도의 순손익액에 유상증자 조정액을 더하고 유상감자 조정액을 차감하여 계산한다. 이 경우 유상증자 또는 유상감자를 한 사업연도의 순손익액은 사업연도 개시일부터 유상증자 또는 유상감자를 한 날까지의 기간에 대하여 월할로 계산하며, 1개월 미만은 1개월로 하여 계산한다.

[표 7-16] 유상증자 및 유상감자 시 조정 산식

유상증자 조정액	유상증자한 주식 등 1주당 납입금액 × 유상증자에 의하여 증가한 주식 등 수 × 10%
유상감자 조정액	유상감자 시 지급한 1주당 금액 × 유상감자에 의하여 감소된 주식 등 수 × 10%

*조정률은 기획재정부령으로 정하는데 현행 규정은 순손익가치 환원율과 동일한 10%이다.

[표 7-17] 유상증자 및 유상감자 조정액 반영 예시

구분	2015년	2016년	2017년
유상증자	100,000원 (7월 3일)		
유상감자			50,000원 (12월 1일)
유상증자 조정액	100,000×10%×7/12	-	-
유상감자 조정액	(-)50,000×10%	(-)50,000×10%	(-)50,000×10%×12/12

⑥ 유상증자 또는 유상감자 반영 후 순손익액

각 사업연도 소득금액에서 가산조정항목과 차감조정항목을 가감한 순손익액에 유상증자 또는 유상감자 조정액을 반영하여 각 사업연도 주당순손익액 계산을 위한 순손익액을 산정한다. 이때 어느 하나의 사업연도에 순손익액이 음수인 경우에도 음수를 그대로 적용하여 3개년 가중평균액을 산정하게 된다. 그러나, 3개년 가중평균액이 음수인 경우에는 그 가액을 0으로 한다.[477]

---

475) 상속증여세과-302, 2014.8.12.

476) 직전 3개 사업연도 이내에 합병과 분할이 있었던 경우의 평가는 "주식평가 시 추가 고려사항"을 참고하기 바란다.

477) 순순익액을 0으로 하는 경우에도 가중치 합계는 5로 계산한다(서면인터넷방문상담4팀-1351, 2004.8.27).

⑦ 사업연도 말 주식수 또는 환산주식수

1주당 순손익액을 계산하기 위한 주식수는 각 사업연도 말 발행주식총수에 의한다. 다만, 평가기준일이 속하는 사업연도 이전 3년 이내에 증자 또는 감자를 한 사실이 있는 경우에는 증자 또는 감자 전의 각 사업연도 종료일 현재 발행주식총수의 환산이 필요한 데, 증자로 주식수가 증가한 경우에는 증가한 주식수를 증자 전 사업연도 말 주식수에 더하고, 감자로 주식수가 감소한 경우에는 감소한 주식수를 감자 전 사업연도 말 주식수에서 차감하여 환산 주식수를 계산한다.

[표 7-18] 증자 또는 감자의 경우 환산주식수

증자의 경우 환산주식수	증자 전 각 사업연도말 주식 수 $\times \dfrac{(증자\ 직전\ 사업연도\ 말\ 주식수\ +\ 증자주식수)}{증자\ 직전\ 사업연도\ 말\ 주식수}$
감자의 경우 환산주식수	감자 전 각 사업연도말 주식 수 $\times \dfrac{(감자\ 직전\ 사업연도\ 말\ 주식수\ -\ 감자주식수)}{감자\ 직전\ 사업연도\ 말\ 주식수}$

[표 7-19] 증자 또는 감자의 경우 주식수 환산 예시

구분	2015년	2016년	2017년
기초주식수	10,000주	12,000주	12,000주
유상증자	2,000주	-	
유상감자		-	(-)3,000주
기말주식수	12,000주	12,000주	9,000주
유상증자	10,000 × (10,000+2,000)/10,000 =12,000		-
유상감자	12,000 × (12,000-3,000)/12,000 =9,000	12,000 × (12,000-3,000) × 12,000 =9,000	-
환산주식수	9,000	9,000	9,000

환산 주식수의 계산은 유상 및 무상의 증자·감자에 모두 적용된다. 즉 위의 산식에 따른 주식수를 환산한 결과는 평가기준일 현재의 발행주식총수가 된다.[478]

1주당 액면가액을 변경함으로써 총발행주식수가 달라진 경우 액면가액 변경 전 사업연

이러한 경우에는 평가의 하한(순자산가치의 80%)의 적용을 받게 될 것이다.

478) 예를 들어 12월말 결산법인의 평가기준일이 2017년 8월 1일이고, 당해연도 5월에 무상증자 또는 감자가 발생하였다면, 과거 3개년인 2016년, 2015년, 2014년의 1주당 순손익계산 시 무상증자 또는 무상감자에 따른 환산주식수를 발행주식총수로 적용하여야 한다. [재재산 46014-44, 2002.2.22.]

도말 발행주식총수는 평가기준일 현재 액면가액을 기준으로 발행주식총수를 다시 환산하여 1주당 순손익액을 계산하며,[479] 주식배당이 있는 경우에도 무상증자와 같이 직전 사업연도 주식수를 환산한다.[480]

⑧ 주당순손익

해당 사업연도별로 각각 순손익액을 사업연도 말 주식수 또는 환산주식수로 나누어 계산한다.

⑨ 주당순손익 3개년 가중평균액

1주당 순손익액은 평가기준일 이전 1년이 되는 사업연도의 1주당 순손익액, 평가기준일 이전 2년이 되는 사업연도의 1주당 순손익액, 평가기준일 이전 3년이 되는 사업연도의 1주당 순손익액을 3:2:1로 가중평균하여 계산한다.

$$\frac{(1년\ 이전\ 주당순손익액 \times 3) + (2년\ 이전\ 주당순손익액 \times 2) + (3년\ 이전\ 주당순손익액 \times 1)}{6}$$

⑩ 순손익가치 환원율

1주당 순손익가치로 환산하는 순손익가치 환원율은 3년만기 회사채의 유통수익률을 감안하여 기획재정부령으로 정하는 이자율에 의하며, 현재 규정된 이자율은 "10%"이다.

⑪ 최근 3년간 순손익액의 가중평균액에 의한 1주당가액

이 경우 1주당 가중평균액이 "0" 이하인 경우에는 "0"으로 기재한다. 여기서 "0"으로 한다는 것은 각 사업연도 중 특정 사업연도의 순손익액이 "0" 이하인 경우에는 해당 (−)금액을 해당 사업연도 순손익액에 반영하여 3개년 순손익 가중평균액을 계산한 금액이 "0" 이하인 경우에 "0"으로 한다는 의미이다.

---

479) 재산 01254−717, 1988.3.10.
480) 서일 46014−10141, 2002.1.31.

3 순자산가치 평가방법

Key Concept

- 평가기준일의 순자산가액이다.
- 순자산가액은 각 자산과 부채를 회계상 재무상태표의 장부가액을 기초로 하여 규정에 따라 상증법으로 평가하거나, 세무상 장부가액으로 평가하여 산정한다.
- 순자산가액에는 영업권 평가액을 가산한다.

1) 기본 구조

[표 7 - 20] 순자산가액의 기본 구조

구분	기본 구조
1주당 순자산가액	$\dfrac{\text{평가기준일 현재 순자산가액}}{\text{평가기준일 현재 발행주식총수}}$
순자산가액	= (자산총계 ± 상증법 상 조정액) − (부채총계 ± 상증법 상 조정액) + 영업권 평가액

　순자산가액은 평가기준일 현재 당해 법인의 기업회계기준에 의해 작성된 재무상태표 상 자산 및 부채의 장부가액을 기초로 하여 각 자산과 부채를 상증법 상 재산 평가 규정(법 제60조 내지 제66조)에 의하여 평가한 가액의 차액으로 하며, 순자산가액이 0원 이하인 경우에는 0원으로 한다. 이 경우 당해 법인의 자산을 상증법 상 재산 평가 규정에 의하여 평가한 가액이 **장부가액**보다 적은 경우에는 장부가액으로 하며, 장부가액보다 적은 정당한 사유가 있는 경우에는 그러하지 아니하다. 또한 순자산가액에는 별도로 평가한 영업권 평가액을 가산하도록 하고 있다.

[그림 7-4] 순자산가액 산정 시 개별자산의 평가 방법

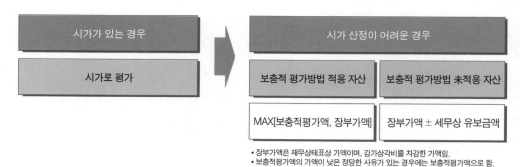

- 장부가액은 재무상태표상 가액이며, 감가상각비를 차감한 가액임.
- 보충적평가액의 가액이 낮은 정당한 사유가 있는 경우에는 보충적평가액으로 함.

[Note 1] 장부가액의 의미[481],[482]

상증령 제55조 제1항에서 장부가액은 취득가액에서 감가상각비를 차감한 가액으로 규정하고 있다. 상증법 평가액과 비교대상이 되는 장부가액에 대해 [서면상속증여-5087, 2016.9.27.] 등의 해석에서는 "기업회계기준 등에 따라 작성된 재무상태표 상 장부가액"이라고 하고 있는데, [재산-29, 2012.2.1.] 등의 해석에서는 "취득가액에서 차감하는 감가상각비는 법인이 납세지 관할세무서장에게 신고한 상각방법에 의하여 계산한 취득일부터 평가기준일까지의 감가상각비 상당액을 말하는 것이며, 감가상각자산의 내용연수는 「법인세법 시행령」 제28조 제1항 제2호의 규정에 의한 기준내용연수를 적용하는 것임"으로 기술하고 있다. 이를 종합하면 장부가액은 개념적으로 회계상 장부가액을 의미하나, 장부가액으로 평가할 경우에는 세무상 유보금액을 가감하도록 규정하고 있으므로 결국 장부가액으로 평가되는 경우에는 세무상 장부가액을 의미하는 것으로 해석된다. 그러나 현행 법규와 예규는 일부 불분명한 부분이 존재하므로 규정상 이를 명확히 할 필요가 있을 것으로 보인다.

---

481) 장부가액과 관련하여 추가적으로 고려할 문제는 상증법상 평가액과 비교하여 장부가액으로 평가하게 된 금액에서 유보를 가감하여야 하는 지에 대한 부분이다. 상증법상 보충적 평가방법이 없어서 장부가액으로 평가하는 자산에 대해서는 유보를 가감하도록 하고 있다. 그러나, 보충적 평가액이 장부가액보다 낮아 장부가액으로 평가한 자산에 대해 유보를 가감하는 지는 명확하지 않은 부분이 있다. [서면상속증여-5087, 2016.9.27.] 등의 유권해석에서는 "보충적 평가방법의 규정에 의하여 평가한 가액이 장부가액(취득가액에서 감가상각비를 차감한 가액을 말함)보다 적은 경우에는 장부가액으로 하되, 장부가액보다 적은 정당한 사유가 있는 경우에는 그러하지 아니합니다. 이 경우 장부가액은 기업회계기준 등에 따라 작성된 재무상태표 상 장부가액에 의하는 것이나, 순자산가액 계산시 장부가액을 적용하는 경우에는 자본금과 적립금조정명세서(을)상의 유보금액을 자산가액에 가감하는 것임"이라고 기술하고 있는데, 만약 장부가액이 100, (-)유보 20, 보충적 평가액이 90일 때, 평가의 하한을 회계상 장부가액인 100으로 보느냐, 유보금액을 가감한 세무상 장부가액 80으로 보느냐에 따라 평가결과가 달라진다. 따라서 상증법 상 평가규정이 없어서 유보를 가감하여 평가하는 경우와 상증법 상 평가액이 장부가액보다 낮아 장부가액으로 평가하는 경우의 유보 가감 여부를 규정상 명확히 할 필요가 있을 것으로 보인다. 단, 최근의 예규(기준-2020-법령해석재

2) 순자산가치 계산 순서[483]

순자산가치는 자산총계와 부채총계를 산출하여 차이를 구하고, 영업권을 평가하여 가산하는 방식으로 산정한다. 이번 장에서는 순자산가액 계산의 기본구조를 다루고 개별 자산 및 부채에 대한 상세한 평가 방법은 "Ⅵ. 개별 자산 및 부채의 상세 평가 방법"에서 다루고자 한다.

① 자산총계 산출

[표 7 - 21] 자산총계 계산 방법 요약

구분		내용
가. 재무상태표 상 자산가액		기업회계기준 상 자산총액[484]
나. 가산항목	평가차액	상증법상 평가액과 장부가액 중 큰 금액(예외 있음)
	법인세법 상 유보금액	상증법으로 자산평가하여 평가차액으로 조정된 자산에 대한 유보를 제외한 나머지 자산에 대한 유보금액
	유상증자 등[485]	재무제표일부터 평가기준일까지의 유상증자액[486] (평가기준일 현재의 재무제표를 기준으로 한 경우에는 해당 사항 없음)
	기타	재무상태표에 계상되지 않았으나 평가기준일 현재 지급받을 권리가 확정된 가액
다. 차감항목	선급비용, 개발비 등	평가기준일 현재 비용으로 확정된 선급비용 및 무형자산 중 개발비 차감
	증자일 전일의 잉여금 유보액	신입주주(사원) 지분 평가 시 해당 주주에게 분배하지 않은 잉여금 상당액[487]
	기타	이연법인세 자산 등[488]
라. 자산총계(= 가+나 - 다)		

산-0031, 2020.9.25. 등)에서는 평가한 가액이 장부가액보다 적은 경우에는 장부가액으로 하는 것으로, 이 경우 장부가액이란 취득가액에서 감가상각비를 차감한 가액을 말하고, 감가상각 대상자산이 아닌 경우(지분법적용 투자주식 등)의 장부가액은 해당 자산의 취득가액을 말하는 것이라고 설명하고 있다. 여기서 취득가액은 유보금액을 가감한 세무상 취득가액으로 해석될 수 있다는 점은 참고할 필요가 있다.

482) 개별자산의 장부가액과 구분되어야 할 것이 순자산가치로만 평가하는 비상장법인의 주식 등에 해당하는지 여부 판단 시 법인의 '자산총액' 및 '주식 등의 가액'은 세무계산상 장부가액을 의미하며[서면 - 2018 - 법령해석재산 - 2796, 2019.6.25.], 부동산 과다보유법인 해당 여부 판단시에도 세무상 장부가액에 의한다[상속증여세과 - 557, 2013.9.23.].

483) 순자산가액은 재산평가심의위원회 운영규정 별지 제4호 서식 부표5에 따라 이루어진다. (www.ntsgo.kr (국세청) → 국세법령정보 → 법령 → 훈령 → 재산)

484) 평가기준일 또는 직전 사업연도 말 기준 자산총액

485) 유상감자의 경우에는 차감하여야 한다.[평가심의위원회 운영규정 별지 4호 서식 순자산가액 계산서 작성요령]

가) 평가차액(가산항목)

상증법 상 보충적 평가방법의 순자산가액 계산구조는 재무상태표 상 장부가액과 상증법에 의한 개별자산 평가액(제60조~제66조 규정에 따라 평가한 가액)과의 차이를 조정하는 방식으로 이루어진다. 이러한 차이 조정 금액이 평가차액으로 재무상태표 상 자산가액에 가산조정된다. 정당한 사유가 있는 경우를 제외하고는 장부가액과 상증법 평가액 중 큰 금액으로 평가한다. 실무적으로 평가차액의 계산은 평가차액계산명세서[489]를 참고하여 이루어진다.

나) 법인세법 상의 유보금액(가산항목)

개별자산 평가의 기초 금액은 기업회계기준에 의한 재무상태표 상 금액이기 때문에 이는 세무 상 가액과 차이가 있을 수 있다. 그러므로 세무 상 자산가액과의 차이인 법인세법 상 유보금액[490]을 가산 조정하는 것이다.

그러나, 개별자산 평가 시 상증법 상 평가규정에 의해 평가가 이루어진 자산은 상증법 상 평가를 통해 평가가 완료되었으므로 유보금액을 가산 조정하지 않는다. 개발비와 같이 자산으로 보지 않거나, 제충당금과 같이 부채로 보지 아니하는 계정과목과 관련한 유보금액도 순자산가액 계산과 관계가 없으므로 자산가액을 조정할 필요가 없다. 또한 미수이자와 같은 익금불산입 유보잔액도 개별자산 평가 시 평가기준일까지 발생한 이자에서 원천징수세액을 차감하는 방식으로 별도 평가하고 있으므로 유보금액을 가감하지 않는다.

[표 7-22] 순자산가액 산정 시 유보 가감 여부

구분	유보 가감 여부
상증법상 개별자산에 대한 보충적 평가 규정에 의해 평가가 이루어진 자산	유보금액을 가감하지 않음.
상증법상 개별자산에 대한 보충적 평가 규정에 의한 평가가 이루어지지 않은 자산	재무상태표 상 장부가액에 유보금액을 가감

---

486) 재무제표일과 평가기준일에 대한 사항은 "Ⅳ. 주식 평가 시 추가 고려사항"의 평가기준일을 참고하기 바란다.
487) 상증세법 기본통칙 63-55…6
488) 이연법인세자산의 차감에 대한 내용은 규정에 명확하지 않으나, [서면4팀-498, 2008.2.28.]에서는 이연법인세자산을 순자산가액을 계산할 때 차감하도록 하고 있다.
489) 평가심의위원회 운영규정 별지 4호 부표6
490) 자본금과 적립금조정 명세서(을) 상의 유보금액을 의미함.

[표 7 - 23] 유보항목별 조정 여부의 예

구분	유보항목	조정 여부
충당금 관련 유보	대손충당금, 퇴직급여충당부채 및 퇴직보험예치금	장부상 충당금은 부채에서 차감하고 확정채무 등을 부채에 가산조정하므로 유보가감 불필요
	토지 압축기장충당금, 유형자산 일시상각충당금 등	유형자산을 보충적 평가방법으로 평가하는 경우 유보가감 불필요
	기계장치 감가상각누계액	재취득가액이 없어서 장부가액으로 평가하게 되는 경우에는 유보를 가감조정
준비금 관련 유보	연구개발준비금 등	준비금은 부채에서 제외하므로 유보가감 불필요
미실현 및 환산 관련	미수수익 등	미수이자를 자산평가에 가산하므로 유보가감 불필요
	지분법손익 등	보충적 평가방법으로 평가하므로 유보가감 불필요
		지분법을 적용하는 지분 중 지분율이 10% 이하여서 장부가액으로 평가할 경우에는 관련 유보를 가감
	외화환산손익 등	평가기준일의 환율로 평가하므로 유보가감 불필요
자산에서 제외	개발비 등	개발비는 자산에서 제외되므로 유보가감 불필요

다) 유상증자 등의 금액(가산항목)

순자산가액은 평가기준일 현재의 재무상태표를 기초로 평가하는 것이 원칙이다. 그러나 현실적으로 평가기준일의 결산을 통해 재무상태표를 이용하는 것이 어려울 수 있으며, 이러한 경우에는 직전 사업연도말의 재무상태표를 기준으로 하는 등 순자산가액 산정에 기준이 되는 재무상태표의 기준일과 평가기준일이 차이가 있을 수 있다. 이렇게 직전 사업연도말 재무상태표 등을 사용하는 경우에는 해당 재무상태표 기준일부터 평가기준일까지 유상증자한 금액을 가산하여야 하며, 유상감자를 한 경우에는 감자대가로 지급한 금액을 자산가액에서 차감하여야 할 것이다.

라) 평가기준일 현재 지급받을 권리가 확정된 가액(가산항목)

평가의 기준이 되는 재무상태표 상에 계상되어 있지 않지만 평가기준일 현재 지급받을 권리가 확정된 가액이 있을 경우에는 이를 자산가액에 가산한다. 또한 매각목적으로서 일시 보유 중인 자기주식의 경우에도 자산의 가산항목으로 반영한다.[491]

마) 선급비용(차감항목)

선급비용은 지출은 이루어졌으나 아직 비용으로 인식되지 않은 금액을 자산으로 계상한 것으로 장부상 계상되어 있는 선급비용 중 기간 경과로 인하여 평가기준일 현재 비용으로 확정된 선급비용은 자산가액에서 차감한다. 따라서 비용의 귀속기간이 도래하지 않은 자산성이 있는 선급비용은 자산가액에 포함된다.

바) 법인세법상 무형자산 중 개발비(차감항목)

개발비는 법인세법상 개발비로서, 상업적인 생산 또는 사용 전에 재료 · 장치 · 제품 · 공정 · 시스템 또는 용역을 창출하거나 현저히 개선하기 위한 계획 또는 설계를 위하여 연구결과 또는 관련 지식을 적용하는 데 발생하는 비용으로서 당해 법인이 개발비로 계상한 것을 의미한다. 이러한 성격의 개발비는 자산가액에서 차감하도록 규정하고 있다.[492] 개발비 이외의 무형자산은 자산성을 파악하여 평가의 필요성을 고려하여야 한다.

사) 이연법인세자산(차감항목)

이연법인세자산이란 기업회계기준과 법인세법의 손익귀속의 일시적 차이로 인한 법인세효과를 반영하는 계정이다.[493] 이러한 이연법인세자산을 순자산가액 계산 시 차감하여야 하는지에 대해서는 상증법에 명확하게 규정되어 있지는 않다. 다만, 해당 자산은 지급받을 권리가 확정된 금액으로 보기 어렵고, [서면4팀 - 498, 2008.2.28.] 등의 회신에서도 "비상장법인의 순자산가액을 계산할 때, 기업회계기준에 따라 계상된 이연법인세차(대)는 당해 법인의 자산 및 부채에서 차감하는 것임"으로 기술하고 있어, 일반적으로 순자산가액 계산 시 차감한다.

아) 증자일 전 잉여금 유보액(차감항목)

증자일 전의 잉여금의 유보액을 신입주주 또는 신입사원에게 분배하지 아니한다는 것을 조건으로 증자한 경우 신입주주 또는 신입사원의 출자지분을 평가함에 있어 상증법상 보충적평가방법의 "순자산가액"에는 신입사원 또는 신입주주에게 분배하지 아니하기로 한 잉

---

491) 소각목적으로 보유하고 있는 자기주식은 자산에 가산하지 않고 감자로 가정하여 발행주식수에서 해당 자기주식을 차감하여 주당 가액을 계산한다.

492) 회계상 계정이 개발비이지만 성격상 개발비가 아닌 독점적 권리로서 로열티 등의 수익을 창출하는 자산은 개발비가 아닌 무형자산으로서, 그 특성을 파악하여 자산가액에서의 차감여부 또는 평가의 필요성을 검토하여야 한다.

493) 기업회계기준상으로는 아직 당기순이익에 가산되지 아니하였으나 법인세법에 의하여 당해 사업연도 중 익금 가산되어 기업회계기준에 비해 상대적으로 이익이 증가한 부분에 대한 법인세 유출액을 추후 회계상 당기순이익이 가산되는 사업연도에는 법인세를 절감할 수 있는 효과가 있어 이를 재무상태의 이연법인세자산의 계정과목으로 회계처리하고 있다.

여금에 상당하는 금액이 포함되지 아니한다.[494]

② 부채총계 산출

[표 7-24] 부채총계 계산 방법 요약

구분		내용
마. 재무상태표 상 부채액		기업회계기준 상 부채총액
바. 가산항목	법인세, 농어촌특별세, 지방소득세	평가기준일까지 발생된 소득에 대한 법인세액, 법인세액의 감면액 또는 과세표준에 부과되는 농어촌특별세액 및 지방소득세액
	배당금 및 상여금 등	평가기준일 현재 이익의 처분으로 확정된 배당금·상여금 및 기타 지급의무가 확정된 금액
	퇴직금 추계액	평가기준일 현재 재직하는 임원 또는 사용인 전원이 퇴직할 경우에 퇴직급여로 지급되어야 할 금액의 추계액[495]
사. 제외항목[496]	제충당금	평가기준일 현재 확정적인 부채만 인정하겠다는 취지로서 충당금 중 평가기준일 현재 비용으로 확정된 것은 제외하지 않음.
	제준비금	
아. 부채총계 (=마+바-사)		

부채가액 평가의 기본 원칙은 평가기준일 현재 평가대상법인이 지급하여야 할 것으로 확정된 금액으로 평가한다. 즉 재무상태표에 계상된 부채의 경우에도 실질적으로 지급의무가 확정되지 않았거나 또는 발생하지 않은 충당금이나 세법상 준비금 등은 부채가액에서 제외하여야 하는 것이며, 재무상태표에 부채로 계상되어 있지 않지만 보증채무를 평가대상법인이 변제한 후에도 주채무자가 변제불능상태이고 주채무자에 구상권을 행사할 수 없는 경우 등에 해당할 때에는 부채에 가산하여 평가하게 된다.

가) 법인세 등(부채에 가산항목)

평가기준일까지 발생된 소득에 대한 법인세액, 법인세액의 감면액 또는 과세표준에 부과되는 농어촌특별세액 및 지방소득세액은 부채에 가산하여 계산한다. 그러므로 평가기준일이 기중일인 경우에 평가기준일 시점의 재무상태표만 필요한 것이 아니라, 사업연도 개시

---

494) 상증법 기본통칙 63-55…6 【비상장주식 평가시 순자산가액】
495) 퇴직급여충당부채 등으로 기 계상되어 있는 금액은 제충당금으로 부채에서 차감할 때 포함되어 제외되고, 부채의 가산항목으로서 평가기준일 현재의 퇴직금추계액이 반영되는 구조이다.
496) 평가기준일 현재 지급의무가 확정된 채무는 부채에 가산하고, 이연법인세부채와 같은 지급의무가 확정되지 아니한 채무는 부채에서 제외한다.

일부터 평가기준일까지의 손익계산서와 세무조정을 통한 소득금액이 필요한 것이다. 재무상태표 상에 미지급법인세로 계상된 금액이 있다면 납부할 법인세 등에서 계상된 미지급법인세를 차감한 금액을 부채에 가산한다. 즉, 재무상태표 상 미지급법인세가 직전 사업연도의 법인세와 관련하여 실제 납부할 법인세와 차이가 있다면, 차이 금액을 조정해 주어야 할 것이고, 여기에 추가로 평가기준일이 속하는 사업연도 개시일부터 평가기준일까지의 소득금액에 대한 법인세가 가산되는 것이다.

나) 배당금 및 상여금 등(부채에 가산항목)

평가기준일 현재 이익의 처분으로 확정된 배당금·상여금 및 기타 지급의무가 확정된 금액은 부채에 가산한다.

다) 퇴직금 추계액(부채에 가산항목)

평가기준일 현재 재직하는 임원 또는 사용인 전원이 퇴직할 경우에 퇴직급여로 지급되어야 할 금액의 추계액은 부채에 가산한다. 퇴직금 추계액은 법인의 장부에 계상하였는지 여부에 관계없이 지급의무가 사실상 확정된 채무이므로 부채로 보아 평가하는 것이다. 재무상태표 상에 퇴직급여충당부채 등으로 기 계상되어 있는 금액은 제충당금으로 부채에서 차감하고, 평가기준일의 퇴직금 추계액 전액을 부채에 가산하는 방식으로 순자산가액을 계산한다.[497]

라) 그 밖에 변제하거나 지급할 의무가 확정된 부채(부채에 가산항목)

순자산가액 계산 시 부채에 가산 여부는 "지급의무"의 확정을 기준으로 판단하고 있으므로 평가기준일 현재 지급의무가 확정된 채무는 부채가액에 포함되어야 할 것이다.[498]

마) 제충당금 및 제준비금(부채에서 제외되는 항목)

평가기준일 현재의 제충당금과 「조세특례제한법」 및 기타 법률에 의한 제준비금은 이를 각각 부채에서 차감하여 계산한다. 충당금은 채무가 확정된 금액이라기보다는 향후 지출이 예상되는 금액을 합리적인 방식으로 추정하여 계상한 것이므로 부채에서 제외하는 것이다. 그러므로, 충당금 중 평가기준일 현재 비용으로 확정된 것은 부채에서 제외하지 않는다. 예를 들어 매출채권에 대해 평가계정으로서 1%의 대손충당금을 계상하였다면 이는 부채로 보지 않는 것이며(또는 자산에 가산), 만약 거래처의 부도 등으로 사실상 채권액의 회수가 불

---

497) 퇴직급여지급규정 등이 없는 경우에는 '근로자퇴직급여 보장법'에 따라 계산한 금액을 퇴직급여추계액으로 한다.
498) 지급의무가 확정되지 않은 채무는 부채에 포함하지 않지만, 주채무자가 변제불능상태이고 구상권행사가 불가능한 보증채무는 부채에 포함한다.

가능하다는 것이 명확하게 확인된 경우에는 이를 부채로 보는 것이다(또는 자산에서 차감).

　제준비금도 조세정책적 목적에 의해 계상한 것으로 지급의무가 확정된 채무가 아니기 때문에 부채에서 제외하는 것이다.[499]

바) 기타 (부채에서 제외되는 항목)

　평가기준일 현재 지급의무가 확정되지 아니한 채무는 부채가액에 포함하지 아니한다. 이러한 부채로는 이연법인세부채가 있을 수 있다. 이연법인세자산이 지급받을 권리가 확정되지 않아 순자산가액 계산 시 차감하는 것과 같이 이연법인세부채도 지급의무가 확정되지 않은 채무이므로 부채가액에서 제외한다.[500]

③ 영업권 평가

　영업권은 자기자본이익률을 초과하는 순손익액이 평가기준일 이후 영업권 지속연수(원칙적으로 5년) 동안 발생한다고 가정하였을 경우의 초과손익 합계액을 통해 산정하게 된다.

[표 7 - 25] 영업권 계산 구조[501]

영업권 평가액	$\displaystyle\sum_{n=1}^{5} \frac{\text{초과이익}}{(1+0.1)^n}$
초과이익	(최근 3년간 순손익액의 가중평균액 × 50%) − (평가기준일 현재의 자기자본 × 10%)

　평가기준일 이전 최근 3년간 순손익액의 가중평균액은 상증세법 시행령 제56조 제1항의 순손익액 가중평균액에 의한 금액이며[502], 동조 제2항의 추정이익으로 산정할 경우에는 해당 추정이익을 말한다.

　평가기준일 현재 자기자본이란 상증세법 시행령 제55조 제1항의 규정에 의하여 계산(보충적 평가규정에 따라 평가)한 당해 법인의 총자산가액에서 부채를 뺀 가액을 말한다. 이

---

499) 법인세법 제30조 제1항에 규정된 보험업을 영위하는 법인의 책임준비금과 비상위험준비금으로서 동법 시행령 제57조 제1항 내지 제3항에 규정된 범위 안의 것은 부채에서 제외하지 않는다(상증칙 제17조의 2).

500) 전환사채 및 신주인수권부사채를 발행한 경우에는 채권자가 중도에 전환권 또는 신주인수권을 행사하지 않아 만기 상환할 것을 가정하여 발행회사가 만기에 지급하는 이자비용을 장기미지급이자로 계상하였다면 당해 장기미지급이자도 지급의무가 확정된 것으로 보지 않아 부채에 가산하지 않는 것으로 해석하고 있다 [서일 46014 - 10359, 2001.10.26.].

501) 상증령 제59조 2항 및 3항, 상증칙 제19조 2항

502) 최근 3년간 순손익액 산정 시 3년에 미달하는 경우에는 해당 연수로 하고, "개인사업 + 법인" 영위기간을 합한 기간이 3년 이상인 경우, ⅱ) 개인사업 영위기간 중 소유·사업에 실제 사용한 특허권 등 무형자산을 법인에 현물출자하고, 해당 자산을 그 법인이 사용하는 경우에는 개인사업자로서 사업을 영위한 기간을 포함한다.

경우 상증세법 시행령 제59조 제2항에 따른 영업권(상기 평가에 의한 영업권)은 총자산가액에 포함하지 아니한다.[503],[504]

상증령 제54조 제4항에 따른 순자산가액으로 평가하는 경우로서 청산절차가 진행 중이거나, 사업개시 3년 미만의 경우,[505] 3년 연속 결손인 경우, 부동산과다법인의 경우에는 영업권 평가액을 자산가액에 합산하지 않는다.[506]

만약, 매입한 무체재산권으로서 그 성질상 영업권에 포함시켜 평가되는 무체재산권의 경우에는 이를 별도로 평가하지 아니하되, 당해 무체재산권의 평가액이 환산한 영업권평가액보다 큰 경우에는 당해 가액을 영업권의 평가액으로 하게 된다.[507] 매입한 무체재산권은 평가기준일까지의 감가상각비 상당액을 차감한 장부가액으로 한다.

[그림 7-5] 매입한 무체재산권이 있는 경우 영업권 가산액

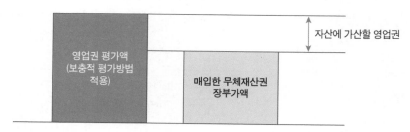

---

503) 상증세법 기본통칙 64-59…1

504) [상증령 제59조 제7항] 영업권을 평가함에 있어 제시한 증빙에 의하여 자기자본을 확인할 수 없는 경우에는 다음의 금액 중 큰 금액으로 한다. Max [① 사업소득금액 ÷ 소득세법 시행령 제165조 제10항 제1호에서 규정하는 자기자본이익률, ② 수입금액 ÷ 소득세법 시행령 제165조 제10항 제2호에서 규정하는 자기자본회전율]

505) 개인사업자가 현물출자 또는 사업양수도의 방법으로 법인전환한 경우로서 개인사업자와 법인의 사업 영위 기간의 합계가 3년 이상인 경우에는 영업권 평가액을 가산한다(상증령 제55조 제3항 제2호).

506) 상증령 제55조 제3항

507) 상증령 제59조 제2항. 즉, 매입한 무체재산권으로서 그 성질상 영업권에 해당하는 가액은 영업권 평가 산식에 포함되어 계산되기 때문에 영업권 평가 산식에 의한 금액과 비교하여 매입한 영업권 상당액 장부가액을 초과하는 부분이 자산에 가산되고 미달할 경우에는 영업권 평가 산식에 의해 가산된 금액은 없고 매입한 영업권 상당액 평가액이 당해 영업권 평가액이 되는 것이다.

④ 순자산가액 산출

[표 7-26] 영업권을 가산한 순자산가액

구분	내용
자. 영업권 포함전 순자산가액	
차. 영업권	상증령 제59조 제2항에 따라 계산한 자가창설 영업권
카. 순자산가액(=자+차)	

영업권 평가액을 반영한 후의 순자산가액을 발행주식총수로 나누어 1주당 순자산가액을 계산하게 되며, 영업권을 가산하여 계산한 순자산가액이 "0" 이하인 경우에는 "0"으로 한다.

⑤ 발행주식총수

발행주식총수는 평가기준일 현재의 발행주식총수에 의한다.

우선주가 있는 경우 이를 포함하여 발행주식총수를 계산하는 것으로 해석하고 있다.[508] 그러나, 우선주의 성격상 실질적인 성격이 부채에 해당되는 경우에는 우선주 발행가액을 자산가액에서 차감하고 발행주식총수에서도 제외하도록 하고 있는 해석[509]도 있으므로 우선주의 성격에 대한 판단이 필요하다.

자기주식은 보유목적에 따라 발행주식 총수의 산입 여부를 다르게 규정하고 있는데, 주식의 소각 또는 자본 감소의 목적으로 보유하는 경우에는 주주의 출자금이 환급된 것으로 보고 발행주식총수에서 제외하며, 일시 보유 목적인 경우에는 발행주식총수에 포함하여 계산한다.

⑥ 1주당 순자산가치

1주당 순자산가치는 영업권을 포함한 순자산가액을 평가기준일 현재의 발행주식총수로 나누어 계산한다. 발행주식총수 계산에는 앞서 언급한 바와 같이 우선주 및 자기주식을 발행주식총수에 산입할 것인지에 대해 판단하여야 한다.

---

508) [서면4팀 -3474, 2007.12.5.]. 비상장주식을 평가함에 있어 발행주식총수 등에는 상환우선주도 포함된다. [**상속증여** -145, 2013.5.24.] 우선주 등의 시가를 확인할 수 없는 경우로서 비상장법인의 주식을 보충적으로 평가하는 경우 순자산가치와 순손익가치의 가중평균액 등을 일괄하여 적용하는 것임. [**상속증여** - 231, 2014.7.3.] 시가를 확인할 수 없는 경우로서 비상장법인의 주식을 보충적으로 평가하는 경우 순자산가치 및 순손익가치를 계산할 때 발행주식총수에 전환우선주를 포함함.
509) 서면4팀 -3346, 2006.9.29.

4 주당 가치의 산정

> **Key Concept**
>
> • 순자산가치와 순손익가치를 2:3으로 가중평균하여 주당 가치를 산정한다.
> • 부동산, 주식 과다 보유 법인이거나 3년 미만 법인, 사업의 지속이 어려운 법인은 순자산가치의 비중이 확대된다.

1주당 순손익가치와 1주당 순자산가치를 산정하였다면, 순손익가치와 순자산가치의 가중치를 결정하여 가중평균한 1주당 주식가치를 산정하고, 할증률 반영 여부를 파악하여 주당가치를 계산하게 된다.

1) 1주당 주식가치의 산정

[표 7 - 27] 1주당 주식가치의 산정 구조

구분	비고
1주당 평가액	순자산가치와 순손익가치 평가 가중치 결정
	일반적인 경우 1주당 평가액 = (1주당 순자산가치×2 + 1주당 순손익가치×3)÷5
할증률	최대주주 할증 20% (중소기업 및 중견기업 제외)[510]
할증 후 1주당 평가액	할증 전 1주당 평가액 × (1+ 할증률)

2) 가중치 결정

순손익가치와 순자산가치의 가중치 결정은 평가대상회사의 상황에 따라 달라질 수 있다. 아래 표에는 상황별 가중치를 정리한 것이다.

[표 7 - 28] 순손익가치와 순자산가치의 상황별 가중치

구분	순손익가치	순자산가치
일반적인 경우	0.6	0.4
부동산 과다법인(자산총액 중 부동산가액이 50% 이상인 법인)	0.4	0.6
부동산 과다법인(자산총액 중 부동산가액이 80% 이상인 법인)	0	1

---

510) 상증법 제63조 제3항. 중견기업은 직전 3개년 평균매출 5천억원 미만 중견기업법상 중견기업을 의미함.
511) 상증령 제54조 제4항

구분	순손익가치	순자산가치
청산중인 법인이거나 사업지속이 곤란한 법인	0	1
사업개시 전, 사업개시 후 3년 미만 법인 또는 휴·폐업중 법인	0	1
주식 보유 비율 80% 이상 법인 등[511]	0	1
법인 잔여 존속기간이 3년 이내인 법인	0	1

부동산 과다법인 판단 시 부동산가액은 소득세법 제94조 제1항 제1호 및 제2호에 해당하는 토지, 건물, 부동산에 관한 권리 등을 말하며, 해당 법인이 보유한 다른 법인의 주식가액에 그 다른 법인의 부동산 등 보유비율을 곱하여 산출한 가액을 포함하여 계산한다. 여기서 다른 법인은 부동산 과다법인을 말한다.

$$\text{부동산 비율} = \left(\begin{array}{l}\text{토지, 건물 등}\\ \text{부동산 가액}\end{array} + \begin{array}{l}\text{평가대상법인이 보유한}\\ \text{다른 법인 주식 가액}\end{array} \times \left(\frac{\text{다른 법인의 부동산가액}}{\text{다른 법인의 총자산가액}}\right)\right) \div \begin{array}{l}\text{평가대상법인}\\ \text{자산가액}\end{array}$$

부동산 과다보유법인을 판정할 때 자산총액 및 부동산 등의 가액은 해당 법인의 장부가액에 의하며, 토지와 건물의 경우에는 기준시가가 장부가액보다 큰 경우에는 기준시가에 따른다. 또한 개발비, 사용수익기부자산, 양도일부터 소급하여 1년이 되는 날부터 양도일까지의 기간 중에 차입금 또는 증자 등에 의하여 증가한 현금·금융재산 및 대여금의 합계액은 자산총액에 포함하지 않는다.[512] 동일인에 대한 「법인세법」 제28조 제1항 제4호 나목에 따른 가지급금 등과 가수금이 함께 있는 경우에는 이를 상계한 금액을 자산총액으로 한다. 다만, 동일인에 대한 가지급금 등과 가수금의 발생 시에 각각 상환기간 및 이자율 등에 관한 약정이 있는 경우에는 상계하지 아니한다.

주식보유비율이 80% 이상이 되어서 순자산가치로만 평가하는 비상장법인의 주식 등에 해당하는지 여부를 판단하는 경우에, 법인의 자산총액 및 주식 등의 가액은 각 사업연도의 소득에 대한 법인세 과세표준 계산 시 자산의 평가와 관련하여 익금 또는 손금에 산입한 금액을 가감한 세무계산상 장부가액을 의미하는 것으로 해석하고 있다.[513]

순자산가액만으로 평가하는 경우와 부동산과다법인의 판정에 관한 사항은 "Ⅳ. 주식 평가시 주요 고려사항"을 참고하기 바란다.

---

511)
512) 소득령 제158조 제3항
513) 서면-2017-법령해석재산-3343, 2019.6.25.

3) 비상장주식 평가액의 하한

2017년 2월 법령 개정을 통해 가중평균한 가액이 1주당 순자산가치에 100분의 80을 곱한 금액보다 낮은 경우에는 1주당 순자산가치에 100분의 80을 곱한 금액을 비상장주식 등의 가액으로 하도록 평가의 하한을 설정하였다.

> 보충적 방법에 의한 비상장주식의 가액 = Max〔①가중평균액, ②1주당 순자산가치 × 80%〕

4) 평가결과가 음수인 경우

1주당 최근 3년간의 순손익액의 가액이 음수(陰數)인 경우에는 영으로 한다. 이때 0으로 하는 경우는 3년간 순손익액의 가중평균액이 0인 경우이므로 각 사업연도의 순손익액이 0 이하인 경우에는 0으로 하지 않고 가중평균액을 계산한다. 순자산가액이 0 이하인 경우에도 0원으로 한다.[514] 순손익액 또는 순자산가액이 0으로 평가되는 경우에도 가중치의 합계는 5로 하여 평가한다.[515]

5 최대주주 등의 할증

> **Key Concept**
>
> • 최대주주는 20%를 할증하여 평가한다.
> • 중소기업 및 요건충족 중견기업[516]의 최대주주는 할증하여 평가하지 않는다.
> • 사실상 경영권 프리미엄이 있다고 보기 어려운 상황으로 규정된 경우에는 할증을 적용하지 않는다.

1) 기본 개념

최대주주 및 그와 특수관계에 있는 주주의 주식을 평가할 경우에는 할증률을 적용하여 평가한다.

할증을 적용하는 이유는 일반적으로 최대주주가 보유하는 주식은 경영권 프리미엄이 형

---

514) 상증령 제55조 제1항 및 제56조 제1항
515) 서면4팀－1351, 2004.8.27.(예: 순자산가액이 0원 이하인 경우의 평가, 1주당 평가액 = 1주당 순손익가치 × 3/5)
516) 요건충족 중견기업은 직전 3개년 평균매출 5천억원 미만 중견기업법 상 중견기업을 의미함.

성되어 통상적인 보통의 주식보다는 높은 가치를 지니고 있다고 보기 때문이다. 세법에서도 이러한 현상을 반영하여 경영권 프리미엄도 상속대상으로 보고 과세하겠다는 의미이다. 그러므로 경영권 프리미엄이 없다고 규정 상 인정하는 경우에는 할증을 하지 않는다.

[표 7-29] 최대주주 할증률

구분	일반기업	중소기업 및 중견기업
할증률	20%	–

한편, 중소기업의 할증 배제에 추가하여 2023년 1월 1일부터는 직전 3개년 평균매출 5천억원 미만 중견기업법 상 중견기업도 할증을 적용하지 않는 것으로 개정하였다.

2) 할증평가의 대상

할증평가는 최대주주 및 그와 특수관계에 있는 주주의 주식을 평가할 경우에 적용한다. 할증평가는 상장주식과 비상장주식 모두에 적용되며, 평가대상 법인이 보유한 다른 법인의 주식에 대해서도 최대주주 등에 해당할 경우 적용된다.

[표 7-30] 할증평가의 대상

적용대상	최대주주 등의 지분으로 다음의 주식 평가 시
	• 상증법 제63조 제1항 제1호에 따른 상장주식 평가 및 비상장주식 보충적 평가 시 • 상증법 제63조 제2항에 따른 주식 평가(기업공개준비중인 법인 평가 등) 시 • 상증법 제60조 제2항에 따른 시가 및 시가로 인정되는 매매사례가액 등 적용 시
	법인이 보유한 주식이 최대주주 등에 해당하는 경우

최대주주는 최대주주 등 중 보유주식의 수가 가장 많은 1인을 말하며, 최대주주 및 그의 특수관계인에 해당 주주의 지분이 모두 할증평가 대상이 된다. **최대주주 등이 보유하는 주식수는 평가기준일부터 소급하여 1년 이내에 양도하거나 증여한 주식 등을 합산**하여 계산하는데, 이는 최대주주가 높은 할증률 적용을 회피하기 위해 일부 주식을 양도 또는 증여한 후 나머지 주식을 증여하는 것을 방지하겠다는 취지이다. 이때 양수 및 양도가 반복적으로 이루어진 경우에는 순양도분만을 합산하도록 해석하고 있다.[517]

의결권 있는 주식이 할증대상이므로 자기주식을 제외하고 지분율을 산정[518]하며, 특수관

---

517) 서일 46014-10377, 2001.10.31.
518) [서일 46014-10519, 2003.4.24.] 최대주주 주식의 할증평가시, 최대주주 등이 보유하는 주식수 및 발행주식 총수 등은 평가기준일 현재 당해 법인이 발행한 상법상 의결권이 있는 주식에 의함.

계자를 포함한 지분이 할증대상이면 일부 지분이 평가대상이라고 하더라도 할증하여 평가하게 된다.

또한 최대주주 등에 해당하는 주주집단이 2 이상인 경우에는 각각의 주주집단에 속하는 주주 모두를 최대주주 등으로 보아 할증평가규정을 적용한다.[519]

3) 할증하지 않는 경우[520],[521]

경영권 프리미엄이 있다고 보기 어렵거나 경영권 프리미엄이 반영된 거래가액을 시가로 인정하는 경우는 할증을 하지 않는 것이 합리적이며, 이러한 경우로서 다음의 규정된 거래의 경우에는 할증평가를 하지 않는다.

[표 7 - 31] 할증하지 않는 경우

가) 평가기준일이 속하는 사업연도 전 3년 이내의 사업연도부터 계속하여 「법인세법」 제14조 제2항에 따른 결손금이 있는 경우
나) 평가기준일 전후 6개월(증여재산의 경우에는 평가기준일 전 6개월부터 평가기준일 후 3개월로 한다) 이내의 기간 중 최대주주 등이 보유하는 주식 등이 전부 매각된 경우
다) 상증법 상 합병·증자·감자·현물출자에 따른 이익 및 전환사채 주식 전환에 따른 이익을 계산하는 경우
라) 평가대상 법인이 보유한 다른 회사 지분 평가의 경우

마) 평가기준일부터 소급하여 3년 이내에 사업을 개시한 법인으로서 사업개시일[522]이 속하는 사업연도부터 평가기준일이 속하는 사업연도의 직전사업연도까지 각 사업연도의 기업회계기준에 의한 영업이익이 모두 영 이하인 경우
바) 상속세·증여세 과세표준 신고기한 이내에 평가대상 주식 등을 발행한 법인의 청산이 확정된 경우
사) 최대주주 등이 보유하고 있는 주식 등을 최대주주 등 외의 자가 10년 기간 이내에 상속·증여받은 경우로서 상속·증여로 인하여 최대주주 등에 해당되지 아니하는 경우

---

519) 국심 2000서 1698, 2001.2.5.
520) 상증령 제53조 제6항
521) 법인세법상 비상장주식을 평가할 때에는, 상증법상 보충적 평가방법을 준용하여 평가하는 데 평가대상 비상장법인이 보유한 상장법인의 지분은 평가기준일 현재 최종시세가액으로 평가하며, 할증을 하지 않는다고 해석되고 있다.[서면2팀-174, 2005.1.25.]
522) 사업개시일은 당해 법인이 처음으로 재화 또는 용역의 공급을 개시한 때를 말하며, 휴면법인의 사업개시일은 사업재개 후 최초로 재화 또는 용역의 공급을 개시한 때를 말한다[재산세과-130, 2011.3.14, 재산세과

아) 주식 등의 실제소유자와 명의자가 다른 경우로서 [명의신탁재산의 증여의제][523] 규정에 따라 해당 주식 등을 명의자가 실제소유자로부터 증여받은 것으로 보는 경우
자) 중소기업 및 직전 3개년 평균매출 5천억원 미만 중견기업법 상 중견기업 주식을 평가하는 경우[524]

결손이 계속 발생하고 있거나, 사업초기에 영업이익이 발생하지 않는 경우에는 현실적으로 경영권 프리미엄이 형성되어 있다고 보기 어렵기 때문에 할증 평가를 하지 않는다.

최대주주 등이 보유한 주식 등이 전부 매각된 경우는 경영권 프리미엄이 이미 포함된 가액으로 거래가액이 결정된 것으로 볼 수 있으므로 다시 할증 평가하지 않는다.

평가대상법인이 다른 법인의 지분을 보유하고 있을 때 이에 대한 할증평가를 어디까지 하여야 하는지에 대한 문제가 있다.

이에 대하여 과거 규정에서는 평가대상법인이 직접 보유한 1차 출자법인에 대해서는 할증을 하고, 1차출자법인이 보유한 2차출자법인의 지분에 대해서는 할증하지 않는 것으로 규정하였으나[525], 세법 개정에 따라 2021년 2월 17일 이후 상속세 및 증여세 과세표준 신고분부터는 평가대상법인이 보유한 다른 회사의 지분평가시에는 할증을 하지 않는다.

또한 합병비율 계산을 위한 주식 평가 시에는 합병 당사 법인의 주식 모두 할증하지 아니하며, 주식의 포괄적 교환 시에는 **완전모회사가 교환대가로 발행하는 주식**에 대해서는 할증을 하지 않으나, 완전자회사의 주식은 할증을 하도록 하고 있다.[526]

한편 중소기업 및 직전 3개년 평균매출 5천억원 미만 중견기업법 상 중견기업 최대주주 지분에 대해서는 상증법 제63조 제3항에 따라 할증평가하지 않도록 하고 있다.

4) 중소기업의 기준

할증률을 적용할 때 중소기업의 해당 여부는 중소기업기본법 제2조를 준용하도록 하고 있으며, 중소기업기본법에서는 규모기준과 독립성 기준을 모두 충족하여야 중소기업에 해당하는 것으로 규정하고 있다.

-66, 2009.1.8.].
523) 상증법 제45조의 2
524) 기존 조세특례제한법에서 한시규정으로 적용하던 중소기업지분에 대한 할증배제는 세법개정에 따라 상증법에서 규정함(상증법 제63조 제3항, 상증령 제53조 제7항 제9호)
525) 기업가치평가와 재무실사 3쇄(2020년, 삼일인포마인) 참조
526) 상속증여-432, 2014.11.7., 상속증여-437, 2014.11.11.

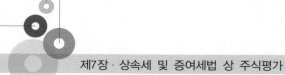

[표 7 - 32] 중소기업의 기준

규모 기준: 업종별 규모 기준과 상한기준 모두 충족	독립성 기준: 3가지 중 어느 하나에도 해당하지 않을 것
주된 업종의 평균 매출액 기준을 충족할 것	상호출자제한기업집단, 채무보증제한기업집단 및 공시대상기업집단에 속하는 기업
업종에 관계없이 자산총액이 5천억원 미만일 것	자산총액 5천억원 이상인 법인이 주식의 30% 이상을 직접 또는 간접으로 소유하면서 최다출자자인 기업
	관계기업[527]에 속하는 기업의 경우에는 출자비율에 해당하는 평균매출액 등을 합산하여 업종별 기준을 미충족하는 기업

---

527) 관계기업은 기업간의 주식 등 출자로 지배·종속 관계에 있는 기업의 집단을 말하며, 비영리 사회적기업 및 협동조합은 관계기업제도를 적용하지 않음.

주식평가 시 추가 고려사항

1 평가기준일

보충적 평가방법에 의해 주식평가를 할 때 평가기준일에는 주식평가의 목적이 되는 거래의 행위가 언제 발생한 것으로 볼 것인가의 문제와 평가를 할 때 어느 시점의 결산 재무제표를 사용할 것이냐의 문제가 있다.

주식평가의 목적이 되는 거래의 행위가 언제 발생한 것으로 볼 것이냐의 문제는 평가 시점에 따라 평가액에 차이가 발생할 수 있고, 이로 인하여 부담세액이 달라지기 때문에 기준이 필요한 중요한 문제이다.

[표 7 - 33] 거래 행위별 평가기준일

거래행위	평가기준일	관련 법규
주식양수도	• 법인세법: 대금청산일, 주식을 인도받은 날 또는 명의개서일 중 빠른 날[528] • 소득세법: 대금청산일 또는 등기·명의개서 중 빠른 날[529] • 상증법: 상속이 개시된 날 또는 증여를 받은 날	법령 제68조, 서면2팀 - 945, 2007.5.16. 소법 제98조 및 소득령 제162조
합병[530]	• 전후 2개월 종가평균으로 평가하는 주식: 합병등기일[531] • 상기 이외의 주식: 대차대조표 공시일[532]	상증령 제28조 제5항[533]
증자	• 주식대금납입일과 신주인수권증서 교부일 중 빠른 날[534], [535]	상증법 제39조, 시행령 제29조 제1항
감자	• 감자를 위한 주주총회 결의일	상증법 제39조의 2

528) 고가 또는 저가 거래 여부의 판단 시점은 매매계약 시점이라는 해석이 있다(국심 200서 1555, 2001.1.27., 법인 46012 - 1594, 2000.7.18.).
529) 상속 또는 증여에 의하여 취득한 자산에 대하여는 그 상속이 개시된 날 또는 증여를 받은 날, 장기할부조건의 경우에는 소유권이전등기(등록 및 명의개서를 포함한다) 접수일·인도일 또는 사용수익일 중 빠른 날로 한다.
530) 합병 시 평가기준일은 규정이 다소 혼란스럽게 보여질 수 있다. 상증법 제38조 제1항에서 "합병으로 인하여 이익을 얻은 경우에는 그 합병등기일을 증여일로 하여 그 이익에 상당하는 금액을 그 대주주 등의 증여재산가액으로 한다."로 규정하여 합병에 따른 증여의제 기준일을 합병등기일로 보고 있으나, 증여이익의 계산 기준일은 상증법 시행령 제28조 제5항 및 관련 예규 등에서 「상법」 제522조의 2에 따른 대차대조표 공시일 등으로 별도로 정하고 있기 때문이다.
531) 상증법 제28조 제5항 제1호의 규정(평가기준일 전후 2개월 종가평균에 의한 방법)을 선택한 경우에 적용
532) 상장법인의 경우에는 「상법」 제522조의 2에 따른 대차대조표 공시일 또는 「자본시장과 금융투자업에 관한 법률」 제119조 및 같은 법 시행령 제129조에 따라 합병의 증권신고서를 제출한 날 중 빠른 날
533) 법인세과 - 131, 2014.3.25., 서면인터넷방문상담2팀 - 316, 2006.2.7., 재재산 46014 - 68, 2002.3.28.

상증법에서는 증여재산의 종류와 증여 방법별로 평가기준일을 달리 정하고 있는데,

예를 들어, 저가 양수 또는 고가 양도에 따른 이익 증여의 경우에는 대금을 청산한 날을 양수도일로 규정하고, 대금청산일이 분명하지 않는 경우에는 소득세법의 주식양수도 기준일에 따른다. 단, 매매계약일부터 대금청산일 전일까지 환율이 100분의 30 이상 변동하는 경우에는 매매계약일을 기준으로 한다.(상증령 제26조 제5항)

어느 시점의 결산재무제표를 사용할 것이냐의 문제에 있어서는 연도 말 재무제표를 기준으로 할 경우 신뢰성은 높으나, 거래일이 기중일 경우 적시성은 낮아질 수 있다. 반면 기중 사유 발생일을 기준일로 평가를 할 경우 적시성은 높아질 수 있으나, 재무제표의 신뢰성은 하락할 가능성이 있으며, 실무상 거래일 기준 재무제표를 기준으로 평가하는 것이 용이하지 않은 경우가 있을 수 있다. 절충안으로서 거래일과 가장 가까운 월말 또는 분기말 결산 재무제표를 기준으로 평가를 하거나, 여러 실무적인 이유로 기말과 기중 사유 발생일을 비교하여 큰 변동이 없는 경우에는 연도 말 평가액을 이용하는 경우도 있다.

평가기준일과 함께 고려되어야 하는 것이 시가로 인정되는 기간이다. 상증법에서는 상속의 경우에는 평가기준일(상속일) 전후 6개월 이내의 매매 등의 거래가격을 시가로 인정하고 있으며, 증여의 경우에는 증여재산에 대한 평가기준일 전 6개월부터 평가기준일 후 3개월 이내의 가액을 시가로 인정하고 있다.[536] 평가 기간 이내에 시가로 볼 수 있는 가액이 2 이상인 경우에는 평가기준일 전후 가장 가까운 날에 해당하는 가액을 시가로 한다.[537] 법인세법에서는 이와 관련된 별도의 규정이 없으며, 소득세법에서는 실지거래가액을 부인하고 부당행위계산부인 규정에 따른 시가를 산정할 때 평가기준일 전후 3개월 이내의 가액을 기준으로 하고 있다.

---

534) 유가증권상장 또는 코스닥상장 법인이 해당 법인의 주주에게 신주를 배정하는 경우에는 권리락이 있은 날, 전환주식의 경우에는 다른 종류의 주식으로 전환된 날을 증자에 따른 이익이 증여된 날로 보는 것임.
535) 신주의 인수인은 납입 또는 현물출자의 이행을 한 때에는 납입기일의 다음 날로부터 주주의 권리의무가 있다(상법 제423조). 참고로 무상증자의 경우에는 주주총회 결의일이 평가기준일이 된다.
536) 다만, 평가기간이 아닌 기간으로서 평가기준일 전 2년 이내의 기간 중에 매매 등이 있거나, 평가기간이 경과한 후부터 법정결정기한까지의 기간 중에 매매 등이 있는 경우로서 가격변동의 특별한 사정이 없다고 인정되는 때에는 평가심의위원회 자문을 거쳐 시가로 인정할 수 있다(상증령 제49조 제1항).
537) 그 가액이 둘 이상인 경우에는 그 평균액을 시가로 본다.

2 **특수관계자의 범위**

상증법상 주식가치 평가에서 특수관계자의 범위가 중요한 이유는 시가 평가 시 불특정
다수인간에 자유로운 거래가 이루어지는 경우에 통상 성립된다고 인정되는 가액으로서 매
매사례가액은 시가로 인정되나 특수관계에 해당하는 자간의 거래는 해당 거래가액이 시가
로 인정되지 않기 때문이다.

[표 7-34] 특수관계자의 범위 (상증령 제2조의 2 제1항)

구분	범위
1호) 친족관계[538]	① 4촌 이내의 혈족 ② 3촌 이내의 인척 ③ 배우자(사실상의 혼인관계에 있는 자를 포함한다) ④ 친생자로서 다른 사람에게 친양자 입양된 자 및 그 배우자·직계비속 ⑤ 본인이 「민법」에 따라 인지한 혼인 외 출생자의 생부나 생모(본인의 금전이나 그 밖의 재산으로 생계를 유지하는 사람 또는 생계를 함께하는 사람으로 한정한다)
2호) 사용인	① 사용인(출자에 의하여 지배하고 있는 법인의 사용인을 포함)[539] ② 사용인 외의 자로서 본인의 재산으로 생계를 유지하는 자
3호) 사실상 영향력을 행사하는 기업집단	① 본인이 개인인 경우: 본인이 직접 또는 본인과 친족관계에 해당하는 자가 임원에 대한 임면권의 행사 및 사업방침의 결정 등을 통하여 그 경영에 관하여 사실상의 영향력을 행사하고 있는 기업집단[540]의 소속 기업(해당 기업의 임원을 포함하며, 임원에는 퇴직 후 5년이 지나지 않은 전직 임원도 포함) ② 본인이 법인인 경우: 본인이 속한 기업집단의 소속 기업(해당 기업의 임원을 포함)과 해당 기업의 임원에 대한 임면권의 행사 및 사업방침의 결정 등을 통하여 그 경영에 관하여 사실상의 영향력을 행사하고 있는 자 및 그와 친족관계에 있는 자
4호), 5호) 비영리법인 1	① 본인, 상기 특수관계자(1~3호) 또는 본인과 상기 특수관계자(1~3호)가 공동으로 재산을 출연하여 설립하거나 이사의 과반수를 차지하는 비영리법인 ② 사실상 영향력을 행사하는 기업집단의 임원이 이사장인 비영리법인

---

538) 친족관계의 ①~④는 국세기본법 시행령 제1조의 2를 인용하였고, ⑤는 상증령 제2조의 2에서 추가한 규정임.
539) 사용인은 임원, 상업사용인, 그 밖에 고용계약관계에 있는 자를 말하며, 출자에 의해 지배하고 있는 법인은 상기 표의 6, 7호에 해당하는 법인 및 1호부터 7호까지에 해당하는 자가 발행주식총수 등의 100분의 50 이상을 출자하고 있는 법인을 말함.
540) 독점규제 및 공정거래에 관한 법률 시행령 제3조에 해당하는 기업집단에 속하는 계열회사를 말하며, 필요한 경우 기획재정부장관은 사회통념상 경제적 동일체로 인정되는 회사의 범위에 관한 기준을 정하여 고시할 수 있다.

구분	범위
6호) 출자법인 1	본인, 상기 특수관계자(1~5호) 또는 본인과 상기 특수관계자(1~5호)가 공동으로 발행주식총수 또는 출자총액의 100분의 30 이상을 출자하고 있는 법인
7호) 출자법인 2	본인, 상기 특수관계자(1~6호) 또는 본인과 상기 특수관계자(1~6호)가 공동으로 발행주식총수 등의 100분의 50 이상을 출자하고 있는 법인
8호) 비영리법인 2	본인, 상기 특수관계자(1~7호) 또는 본인과 상기 특수관계자(1~7호)가 공동으로 재산을 출연하여 설립하거나 이사의 과반수를 차지하는 비영리법인

[그림 7-6] 상속세 및 증여세법 상 특수관계자 범위[541]

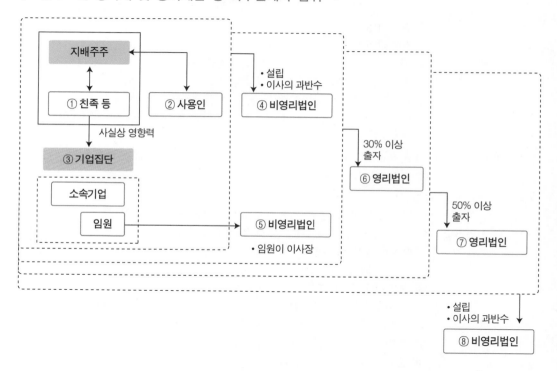

3 순자산가치로 평가하는 경우

순손익가치를 보충적 평가방법의 취지에 맞게 계산하는 것이 어려울 경우 등 순손익가치의 반영이 주식의 가치를 평가하는 데 적절하지 않는 경우에는 순자산가치만으로 주식가치를 평가하도록 하고 있다.

---

541) 상증령 §2의2①, "국세청 2022년 일감몰아주기 · 일감떼어주기 증여세 신고안내" 참고

[표 7-35] 순자산가치로만 평가하는 경우(상증령 제54조 제4항)[542]

> a. 상속세 및 증여세 과세표준신고기한 이내에 평가대상 법인의 **청산**절차가 진행 중이거나 사업
>   자의 사망 등으로 인하여 사업의 계속이 곤란하다고 인정되는 법인의 주식등
> b. 사업개시 전의 법인, 사업개시 후 **3년 미만**의 법인 또는 휴업·폐업 중인 법인의 주식등. 이
>   경우 「법인세법」상 적격분할 또는 적격물적분할로 신설된 법인의 사업기간은 분할 전 동일
>   사업부분의 사업개시일부터 기산
> c. 업종에 관계없이 자산총액 중 **부동산** 등의 가액의 합계액이 차지하는 비율이 100분의 80 이상
>   인 법인의 주식등[543]
> d. 자산총액 중 **주식등**의 가액의 합계액이 차지하는 비율이 100분의 80 이상인 법인의 주식등
> e. 법인의 설립 시 정관에 존속기한이 확정된 법인으로서 평가기준일 현재 잔여 존속기한이 3년
>   이내인 법인의 주식등

사업개시 후 3년 미만의 법인은 당해 법인의 사업개시일부터 평가기준일까지 역에 의하여 계산한 기간이 3년 미만인 법인을 말하는 것이다.[544]

순자산가치는 원칙적으로 영업권 평가액을 가산하여 계산하나, 상기 a, b, c의 경우 및 3년 연속 결손법인의 경우에는 주식가치를 평가할 경우에 영업권 평가액을 가산하지 않는다.

4 추정이익으로 평가하는 경우

순손익가치를 과거 3개년 순손익액의 가중평균액을 토대로 산정하는 것은 과거의 수익이 미래에도 계속 발생할 것이라는 가정을 전제하므로 일반적인 안정적인 이익을 실현하는 기업의 경우에는 합리적인 가정일 수 있으나, 추세가 그러하지 않은 기업의 평가에 있어서는 손익가치의 과소 또는 과대 평가 문제가 발생할 수 있다. 또한 일시적이거나 우발적인 사건이 발생하였을 경우에도 해당 손익을 바탕으로 손익가치를 산정할 경우 평가의 왜곡을 가져올 수 있으므로, 이러한 경우 추정이익으로 평가할 수 있도록 규정하고 있다.

---

542) 2018년 2월 13일 상증령 개정으로 3년 연속 결손법인에 대해 자산가치로 평가하는 규정은 삭제되었다.
543) 2018년 2월 13일 개정으로 업종 요건 삭제
544) 재산세과-21, 2012.1.18.

1) 추정이익 적용 대상

[표 7 - 36] 추정이익으로 평가할 수 있는 경우[545]

- 기업회계기준의 자산수증이익, 채무면제이익, 보험차익 및 재해손실(자산수증이익 등)의 합계액에 대한 최근 3년간 가중평균액이 법인세 차감전 손익에서 자산수증이익 등을 뺀 금액에 대한 최근 3년간 가중평균액의 50퍼센트를 초과하는 경우[546]
- 평가기준일 전 3년이 되는 날이 속하는 사업연도 개시일부터 평가기준일까지의 기간 중 합병 또는 분할을 하였거나 주요 업종이 바뀐 경우
- "상증법 제38조[합병에 따른 이익의 증여]" 규정에 의한 증여받은 이익을 산정하기 위하여 합병당사법인의 주식가액을 산정하는 경우
- 최근 3개 사업연도 중 1년 이상 휴업한 사실이 있는 경우
- 기업회계기준상 유가증권·유형자산의 처분손익과 자산수증이익 등의 합계액에 대한 최근 3년간 가중평균액이 법인세 차감전 손익에 대한 최근 3년간 가중평균액의 50퍼센트를 초과하는 경우
- 주요 업종(당해 법인이 영위하는 사업 중 직접 사용하는 유형고정자산의 가액이 가장 큰 업종을 말한다)에 있어서 정상적인 매출발생기간이 3년 미만인 경우
- 상기와 유사한 경우로서 기획재정부장관이 정하여 고시하는 사유에 해당하는 경우

2) 추정이익 산출 기준

추정이익으로 산정하는 부분은 보충적 평가방법의 일반 계산식에서 "1주당 최근 3년간의 순손익액의 가중평균액"을 추정이익으로 할 수 있다고 규정하고 있으므로, 추정이익으로 1주당 순손익액을 산정하는 것이고, 순손익환원율(10%) 등 이외의 방식은 일반 계산식을 적용하게 된다.

추정이익은 2 이상의 평가기관(회계법인, 세무법인, 신용평가전문기관)이 산출한 평균가액으로 계산된다.

상증법에서 "추정이익"을 산정할 때 자본시장법[547]에 따른다고 하였는데, 이는 자본시장법 및 관련 규정의 개정전 규정에서 수익가치 산정 시 향후 2개년의 각 사업연도 추정이익을 통해 1주당 추정이익을 산정하도록 하는 방식을 준용하기 위함이었다. 문제는 2012년 12월 해당 규정(증권의 발행 및 공시 등에 관한 규정)의 개정으로 수익가치 산정방식이 자율화되면서 해당 추정이익 산정방식이 삭제되었다는 점이다. 이에 따라 "추정이익"을 어떻

---

545) 상증령 제56조 제2항 및 상증칙 제17조의 3
546) [서면4팀 - 4182, 2006.12.27.]은 법인세차감전손익에서 자산수증이익 등을 뺀 금액의 3개년 가중평균액이 음수인 경우 50% 초과 여부를 판단함에 있어 절대값을 기준으로 판단한다 해석하고 있음.
547) 증권의 발행 및 공시 등에 관한 규정 시행세칙 제6조

게 산정해야 하느냐의 논란이 있는데, 2014년 3월 상증칙 제17조의 3 제4항의 개정으로 "추정이익"이라는 용어를 "수익가치"로 변경함으로써 자본시장법 상 평가방법을 여전히 수익가치로 사용할 수 있도록 하였다.

[표 7 - 37] 추정이익을 통한 순손익가치 산정 방법

기본개념	1주당 추정이익 = 자본시장법 상 수익가치 × 순손익가치환원율 1주당 순손익가치 = 1주당 추정이익 ÷ 순손익가치환원율						

Case 비교

일반적인 경우			추정이익의 경우		
구분	주당 순손익	주당 가중평균손익	구분	주당 순손익	주당 가중평균손익
FY1	45	51.7	추정이익	자본시장법 상 수익가치[*1] × 10% (*1) 520 가정	52
FY2	50				
FY3	55				
자본환원율		10%	자본환원율		10%
순손익가치		517	순손익가치		520

관련규정	상증칙 제17조의 3 제4항 영 제56조 제2항 각 호 외의 부분에서 "기획재정부령으로 정하는 기준에 따라 산출한 **1주당 추정이익의 평균가액**"이란 「자본시장과 금융투자업에 관한 법률 시행령」 제176조의 5 제2항에 따라 금융위원회가 정한 **수익가치**에 영 제54조 제1항 따른 **순손익가치환원율**을 곱한 금액을 말한다. (2014.3.14. 개정)

3) 추정이익 적용 요건[548]

추정이익을 적용하기 위해서는 다음의 요건을 충족하여야 한다.
- 일시적이고 우발적인 사건으로서 최근 3년간 순손익액이 증가하는 등 추정이익을 평가할 수 있는 경우에 해당할 것
- 상속세 과세표준 신고기한 및 증여세 과세표준 신고기한까지 1주당 추정이익의 평균가액을 신고할 것
- 1주당 추정이익의 산정기준일과 평가서 작성일이 해당 과세표준 신고기한 이내일 것
- 1주당 추정이익의 산정기준일과 상속개시일 또는 증여일이 같은 연도에 속할 것

---

548) 상증령 제56조 제2항

5 부동산 과다보유 법인 평가시 고려사항

부동산이 전체 자산에서 차지하는 비율이 50% 이상인 법인은 일반기업과는 달리 순손익가치와 순자산가치의 가중치가 2:3으로 적용된다.

그리고, 부동산비율이 80% 이상이면 순자산가치만으로 주식가치를 평가한다. 이 경우에는 순자산가치 산정 시 보충적 평가방법에 의한 영업권을 가산하지 않는다.

1) 부동산가액의 산정

부동산가액을 산정할 때 부동산은 토지, 건물 이외에도 부동산에 관한 권리를 포함하며, 부동산 과다법인이 지분으로 보유한 다른 부동산 과다법인이 있을 경우에는 당해 다른 법인의 지분가액에 다른 법인의 부동산비율을 평가대상 법인의 부동산으로 간주하고 가산하여 부동산비율을 산정한다.

[표 7-38] 부동산 비율 산정 시 부동산에 포함되는 가액[549]

구분	부동산 비율 산정 시 부동산에 포함되는 가액	
부동산 가액	A+B	
A. 부동산의 범위[550]	토지 또는 건물(건물에 부속된 시설물과 구축물을 포함한다)	
	부동산을 취득할 수 있는 권리(건물이 완성되는 때에 그 건물과 이에 딸린 토지를 취득할 수 있는 권리를 포함한다)	
	지상권	
	전세권과 등기된 부동산임차권	
B. 보유한 다른 법인의 부동산에 대한 지분 해당액	해당 법인이 보유한 다른 법인의 주식가액에 그 다른 법인의 부동산등 보유비율을 곱하여 산출한 가액. 여기서 다른 법인은 부동산비율이 50% 이상인 법인을 말한다(단, 특정법인[551]은 부동산비율이 80% 이상).	
	계산식	$B = $ 다른 법인의 주식가액 $\times \dfrac{\text{다른 법인의 부동산가액}}{\text{다른 법인의 자산총액}}$

---

549) 완성주택상가, 분양용지, 임대용지도 준공일(임시사용승인일, 실제 사용개시일) 현재 소득세법 제94조의 부동산에 해당하는 경우, 부동산가액에 포함하고(부동산거래-812), 기업회계기준상 재고자산이라 하더라도 건설용지는 토지로 평가한다(재삼 46014-2910, 1996.12.31). 또한, 건설중인 자산은 소득세법 제94조 제1호 및 제2호의 자산가액에 포함되지 아니하는 것으로 해석하고 있다(부동산거래-812, 2010.6.14.).

550) 소득세법 제94조 제1항 제1호 및 제2호

551) 체육시설의 설치·이용에 관한 법률에 의한 골프장업·스키장업 등 체육시설업 및 관광진흥법에 의한 관광사업 중 휴양시설관련업과 부동산업·부동산개발업으로서 골프장, 스키장, 휴양콘도미니엄 또는 전문휴양시설 중 어느 하나에 해당하는 시설을 건설 또는 취득하여 직접 경영하거나 분양 또는 임대하는 사업을 영위하는 법인의 경우 부동산 비율이 80% 이상인 법인

상기 부동산 비율 계산에 대한 예시는 "Ⅴ. 보충적 평가 절차 및 평가 예시"를 참고하기 바란다.

2) 자산총액의 산정

부동산비율을 산정할 때 부동산가액과 자산총액의 산정은 장부가액으로 한다. 이때 장부가액은 각 사업연도의 소득에 대한 법인세 과세표준 계산 시 자산의 평가와 관련하여 익금 또는 손금에 산입한 금액을 가감한 세무계산상 장부가액을 말하며,[552] 기준시가가 장부가액보다 큰 경우에는 기준시가에 따른다.[553]

자산총액을 산정할 때에는 다음의 두 가지 금액은 자산총액에서 제외한다.

- 개발비 및 사용수익기부자산[554]
- 양도일부터 소급하여 1년이 되는 날부터 양도일까지의 기간중에 차입금 또는 증자등에 의하여 증가한 현금·대여금 및 기획재정부령으로 정하는 금융재산의 합계액(예금, 적금, 주식 등 모든 금융자산)

6 주식을 주로 보유한 법인 평가 시 고려사항

법인의 자산총액 중 주식등의 가액의 합계액이 차지하는 비율이 100분의 80 이상인 법인 주식의 평가는 순자산가치만으로 평가한다.[555] 과거 규정에서는 순자산가치만으로 산정하는 경우로서 주식 보유비율은 포함되지 않았으나, 2017년 2월 개정으로 부동산과 마찬가지로 주식보유비율이 높은 경우에도 순자산가치만으로 평가하도록 하였다. 지주회사 등의 평가에서 영향을 줄 수 있을 것으로 보인다. 또한 주식을 주로 보유한 법인의 평가 시에는 보유주식 평가 시 최대주주 할증문제에 주의하여야 할 것이다. 그리고 이러한 종류의 지분은 주식가액의 합계액이 80%에 미달하여 순자산가치와 순손익가치를 가중평균하여 산정할 때에도 '순자산가치의 80% 한도' 규정이 적용될 가능성이 있음을 유의하여야 한다.

---

552) 서면인터넷방문상담5팀-2571, 2007.9.14.
553) 소득령 제158조 제3항
554) 「법인세법 시행령」 제24조 제1항 제2호 바목부터 사목까지의 규정에 따른 무형고정자산의 금액
555) 상증령 제54조 제4항 제5호

7 분할, 합병 등의 구조재편 여부에 따른 평가

1) 합병의 경우

① 상장법인의 평가

상증법상 유가증권시장 및 코스닥시장에서 거래되는 주식의 평가는 평가기준일 이전, 이후 각 2개월간의 종가평균으로 주식가액을 산정한다. 그러나, 해당 기간 동안 합병의 사유가 발생한 경우에는 다음과 같이 기간을 조정하여 평가한다.

[표 7-39] 합병이 발생한 경우 상장법인의 주식평가

구분	적용 기간
평가기준일 이전에 합병 등의 사유가 발생한 경우	사유가 발생한 날의 다음 날부터 평가기준일 이후 2월이 되는 날까지의 기간
평가기준일 이후에 합병 등의 사유가 발생한 경우	평가기준일 이전 2월이 되는 날부터 동 사유가 발생한 날의 전일까지의 기간
평가기준일 이전·이후에 합병 등의 사유가 발생한 경우	평가기준일 이전 동 사유가 발생한 날의 다음 날부터 평가기준일 이후 동 사유가 발생한 날의 전일까지의 기간

[그림 7-7] 합병이 발생한 경우 상장주식 평가를 위한 적용 기간

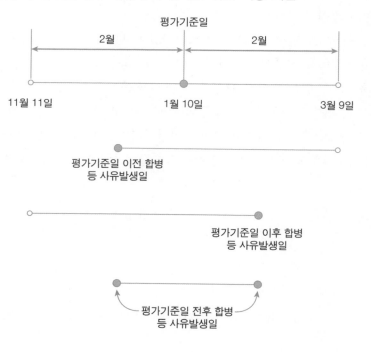

② 비상장법인의 평가

합병을 한 날이 평가기준일을 이전 3년 이내인 경우에는 과거 3개년 손익을 어떻게 산정할 것인지에 대한 문제가 있을 수 있다. 이러한 경우에는 추정이익의 방식과 과거 손익 방식을 선택할 수 있다.

과거 손익방식을 선택할 경우에는, 합병전 각 사업연도 또는 과세기간의 1주당 순손익액은 합병법인과 피합병법인의 순손익액의 합계액을 합병 후 발행주식총수로 나누어 계산한 가액에 따른다.[556]

만약 사업영위기간이 3년 미만인 법인을 합병한 경우에는, 피합병법인의 순손익액 계산이 3년에 미달하여 손익가치가 적절하게 계산되지 못할 수 있다. 이 경우 합병법인의 3개 사업연도 중 피합병법인의 사업연도가 없는 사업연도의 1주당 순손익액을 계산할 때, 합병법인의 순손익액을 그 합병법인의 당해 사업연도 말 발행주식총수로 나누어 계산한 가액으로 산정한다.[557]

③ 합병에 따른 이익 증여 시 주식평가

상증법 제38조 [합병에 따른 이익의 증여] 규정에 따른 증여 이익을 계산하기 위해서는 합병 후 법인의 1주당 평가가액을 산정하여야 한다. 이에 대해서는 상증령 제28조에서 다음과 같이 평가방법을 제시하고 있다.

[표 7 - 40] 합병 후 법인의 1주당 평가액 산정 방법

구분	합병 후 법인의 1주당 평가가액	
합병법인이 상장법인인 경우	MIN[합병등기일 후 2개월간의 종가평균, 이론가액(A)]	
	이론가액(A)	$=\dfrac{(과대평가법인의\ 합병\ 전\ 주식가액+과소평가법인의\ 합병\ 전\ 주식가액)}{합병법인의\ 주식수}$
합병법인이 비상장법인인 경우	1주당 평가액	$=\dfrac{(과대평가법인의\ 합병\ 전\ 주식가액+과소평가법인의\ 합병\ 전\ 주식가액)}{합병법인의\ 주식수}$

이 경우 합병직전 주식등의 가액의 평가기준일은 대차대조표 공시일 또는 합병의 증권신고서를 제출한 날 중 빠른 날로 하여 이전 2개월간의 종가평균액으로 산정한다.

분할합병시 분할사업부문의 평가는 종전에는 분할법인의 분할직전 주식가액을 분할사업

---

556) 상증법 기본통칙 63 - 56…12
557) 서면인터넷방문상담4팀 - 945, 2007.3.21.

부분의 순자산가액 비율로 안분하도록 규정하고 있었으나, 이를 비상장법인의 보충적 평가방법으로 평가하도록 개정하였다.[558]

2) 분할의 경우

① 상장법인의 경우

상증법상 유가증권시장 및 코스닥시장에서 거래되는 주식의 평가는 평가기준일 이전, 이후 각 2개월간의 종가평균으로 주식가액을 산정한다. 그러나, 해당 기간 동안 합병 등의 사유가 발생한 경우에는 기간을 조정하여 평가한다고 앞서 "합병의 경우"에서 설명하였다. 해당 규정에서 말하고 있는 "증자·합병 등"에는 기본통칙 63-0…2【증자·합병 있는 날의 다음 날의 정의】[559]에서 분할도 포함한다고 규정하고 있으므로 합병의 경우와 동일하게 기간을 조정하여 평가한다.

② 비상장법인의 경우

비상장법인의 평가기준일 이전 3년 이내에 분할을 한 경우에도 과거 3개년 손익을 어떻게 산정할 것인지에 대한 문제가 있을 수 있다. 이 경우에도 추정이익의 방식과 과거 손익방식을 선택할 수 있다.

과거손익방식을 선택할 경우, 최근 3년간의 순손익액이 각각 구분된다면 그 구분된 순손익액을 기준으로 1주당 순손익가치를 계산한다.[560] 만약, 분할법인의 분할전 순손익액이 사업부문별로 구분되지 아니하는 경우에는 분할당시의 순자산가액비율로 안분계산한다.[561]

분할의 경우에는 사업개시일을 언제로 볼 것인가의 문제도 중요한데, 적격분할 또는 적격물적분할로 신설된 법인의 사업기간은 분할 전 동일 사업부분의 사업개시일부터 기산하도록 하고 있다.[562] 만약, 비적격분할의 경우에는 분할신설법인이 사업을 개시한 것으로 보고 사업연도를 처음부터 기산하므로 평가기준일 3년 이내에 비적격분할한 경우에는 순자산가액으로 평가해야 한다.[563]

---

558) 동 개정규정은 2016년 2월 5일 이후 증여받는 경우부터 적용한다.
559) 기본통칙 63-0…2【증자·합병 있는 날의 다음 날의 정의】: 영 제52조의 2를 적용할 때 "증자·합병 등의 사유"에는 감자, 주식 등의 액면분할 또는 병합, 회사의 분할을 포함한다.
560) [서면-2017-상속증여-0389, 2017.3.9.] 종전 예규는 물적분할의 경우 분할신설법인을 3년 미만으로 보고 순자산가치로 계산하도록 하였으나, 2009년 6월 15일(재재산-1065) 예규를 통해 분할사업부문의 과거 손익으로 평가하도록 하였다.
561) 상속증여세과-322, 2014.8.22.
562) 상증령 제54조 제4항 제2호
563) 서면법규-070, 2014.10.10, 재산-624, 2009.3.25.

8   지분율 10% 이하인 지분의 평가

비상장주식을 평가할 때, 평가대상법인이 보유하고 있는 다른 법인의 주식에 대해서도 평가가
이루어져야 한다. 다른 법인의 주식에 대해 시가에 해당하는 가액이 있는 경우에는 시가에 따라
평가한다. 시가가 없는 경우에는 보충적 평가방법에 따라 평가를 하여야 한다. 그러나 해당 지분
율이 10% 이하인 경우에는 보충적 평가액과 취득가액 중 선택할 수 있다.[564] 여기서 취득가액
은 법인세법 시행령(제74조 제1항 제1호 마목)에 따른 이동평균법에 의한 가액을 말한다.

9   감자, 증자의 유무에 따른 평가

평가기준일이 속하는 사업연도 이전 3년 이내에 유상증자 또는 유상감자를 하였다면, 유
상증자 등이 이전부터 있었던 것처럼 유상증자 등을 한 사업연도와 그 이전 사업연도의 순
손익액에 유상증자 이익 등을 가감한다.[565] 그리고, 이와 동시에 발행주식수도 유상증자 등
으로 인한 효과 가감하여 각 사업연도 발행주식총수를 계산한다.

[표 7-41] 유상증자 및 유상감자 조정액 반영 예시

구분	2015년	2016년	2017년
유상증자	100,000원(7월 3일)		
유상감자			50,000원(12월 1일)
유상증자 조정액	100,000×10%×7/12	−	−
유상감자 조정액	(−)50,000×10%	(−)50,000×10%	(−)50,000×10%×12/12

[표 7-42] 증자 또는 감자의 경우 주식 수 환산 예시

구분	2015년	2016년	2017년
기초주식수	10,000주	12,000주	12,000주
유상증자	2,000주	−	
유상감자		−	(−)3,000주
기말주식수	12,000주	12,000주	9,000주

---

564) 상증령 제54조 제3항. 최대주주 등의 지분도 평가대상법인이 보유한 지분이 10% 이하이면 취득가액으로
평가할 수 있으며, 이러한 경우 취득가액으로 평가하더라도 최대주주 등의 지분이라면 할증평가를 하여야
한다(재산세과-912, 2010.12.8.).
565) 직전사업연도 종료일 이후 평가기준일까지 증자(감자)를 한 경우에도 직전 3년간의 사업연도말 발행주식
수를 환산하여야 한다(재재산 46014-44, 2002.2.22.).

구분	2015년	2016년	2017년
유상증자	10,000×(10,000+2,000)/10,000 =12,000		−
유상감자	12,000×(12,000−3,000)/12,000 =9,000	12,000×(12,000−3,000)×12,000 =9,000	−
환산주식수	9,000	9,000	9,000

증자 및 감자로 인한 순손익 조정은 유상증자 및 유상감자의 경우에만 반영하지만, 주식수의 환산은 무상증자 및 무상감자의 경우에도 반영한다.

10 자기주식의 평가

1) 주식소각 · 자본감소를 위해 보유하는 경우

주식을 소각하거나 자본을 감소하기 위하여 자기주식을 보유하게 된 경우에는 주주의 출자금액을 환급한 것과 같은 동일한 효과가 있으므로 자기주식 매입으로 인해 자산 및 자본이 감소한 것으로 볼 수 있다. 즉, 이러한 경우의 자기주식은 자산 및 자본이 차감된 것으로 평가하며, 1주당 순자산가치 및 1주당 순손익가치를 계산할 때 발행주식총수의 계산에 있어서도 자기주식 수를 차감한다.[566]

2) 일시적으로 보유한 후 처분할 경우

주식소각 또는 자본감소의 목적이 아닌 일시적으로 보유한 후 처분할 목적의 자기주식은 자산으로 보아 상증령 제55조 제1항의 규정에 의해 평가하며,[567] 이 경우 1주당 순자산가치 및 1주당 순손익가치를 계산할 때의 발행주식총수도 자기주식을 포함하게 된다.

3) 자기주식의 평가

당해 법인이 일시적으로 보유한 후 처분할 자기주식은 자산으로 보아 순자산가액에 가산한다고 하고 있으나, 자기주식의 평가에 대해서는 구체적인 평가 규정이 없다. 자기주식 보유비율이 10% 이하일 경우에는 취득가액으로 하면 될 것이나 자기주식을 10% 초과하여 보유할 경우 평가방법이 문제가 된다. 최근 유권해석[568]에서는 상증법 시행령 제55조 제1

---

566) 법규−906, 2013.8.21., 재재산−1494, 2004.11.10., 재산상속 46014−107, 2002.4.8. 및 조심 2011서 2545, 2012.4.18.
　　단, 자기주식 소각목적으로 반영할 경우 순손익액에 반영하는 유상감자 이익을 적용하여야 하는 지에 대해서는 명확한 규정 및 해석이 아직 없다. 논리상으로는 유상감자 이익을 반영하는 것이 합리적이라고 볼 수도 있을 것이나, 명확한 규정이 없는 상황에서는 과세당국의 해석을 받아 평가를 진행하는 것이 필요할 수 있을 것이다.
567) 재재산−1494, 2004.11.10.

항[순자산가액의 계산방법]의 규정에 따라 평가한다고만 설명하고 있는데, 이 경우 자기주식에 대한 평가가 필요하다고 볼 수 있다. 자기주식을 평가하게 되는 경우에는 일시 보유목적이므로 자기주식을 처분한다는 가정이 전제되어 있고 그렇다면 자기주식을 시가로 처분하게 된다고 보는 것이 합리적일 것이다. 즉, 시가가 있다면 시가, 시가가 불분명하다면 보충적 평가방법에 따라 평가해야 할 것인데, 평가에 있어서 순환의 문제가 발생하므로 아래의 방정식에 따라 평가를 하는 것이 합리적일 것이다.[569]

자기주식 10% 초과 보유 시 1주당 가중평균액 산정 방법

$$S = \left[\frac{1주당\ 순손익}{10\%} \times 3 + \frac{(자기주식\ 제외\ 순자산가액\ +\ 자기주식수 \times S)}{총발행주식수(자기주식\ 포함)} \times 2 \right] \div 5$$

11 우선주식의 평가

상증법상 보충적 평가방법으로서 우선주식의 평가는 상증법 기본통칙 63-0…3에서 "법인이 우선주 등 이익배당에 관하여 내용이 다른 수종의 주식을 발행한 경우에는 그 내용을 감안하여 적정한 가액으로 평가하여야 한다"고 원론적인 내용만 언급되어 있고 구체적인 평가방법에 대해서는 명문화된 규정이 없다.

유권해석의 경우에도 우선주의 시가를 확인할 수 없는 비상장법인의 주식을 평가할 때, 보통주와 구분하지 않고 순자산가치 및 순손익가치를 계산할 때 발행주식총수에 포함하도록 하고 있다.[570]

단, 보통주의 권리와 차이가 나는 우선주의 시가를 파악할 수 있을 때에는 우선주의 가액을 보통주와 구분하여 평가하도록 하는 해석도 존재한다.[571]

우선주에는 다양한 종류가 있지만 1995년 12월 개정된 상법의 적용을 받아 1996년 12월 1일부터 발행된 신형우선주는 일정기간이 지난 뒤 보통주로 전환할 수 있는 기한부 우선주, 잔여배당이 다음 해로 누적되는 누적형 우선주가 대표적이다. 신형우선주는 배당측면에서는 최저배당률이 정해져 있고 만기가 있으며, 배당조건이 완료되면 보통주로 전환된다. 즉, 일정기간 이후에는 모두 보통주가 되는 것이다. 그러므로 실무상 우선주의 시가를 확인할 수 없고, 우선주의 비중이 중요하지 않다면 보통주와 우선주를 모두 포함하여 주식가치를

---

568) 법규-906, 2013.8.21., 재재산-1494, 2004.11.10.
569) 주식평가와 세무조사, 안병일 著, 2014년, 삼일인포마인 참고
570) 상속증여세과-231, 2014.7.3., 상속증여세과-145, 2013.5.24.
571) 서면인터넷방문상담4팀-2966, 2006.8.28.

평가하고 있다. 그러나, 우선주의 성격이 보통주와 차별적인 성격을 가지고 중요한 경우에는 그 내용을 감안한 평가방법에 대해 개별적인 접근이 이루어져야 할 것이다.[572]

12 상호출자지분의 평가

상호출자지분이란 A법인이 B법인의 지분을 보유하고 있는 상태에서 B법인도 A법인의 지분을 보유하고 있는 경우를 말한다. 만약 상호간의 보유하고 있는 지분이 10% 이하인 경우에는 취득가액으로 평가할 수 있으나, 상호간에 10%를 초과하여 보유하고 있다면 A법인의 주식을 평가할 때에 B법인의 주식가액이 확정되어야만 A법인의 순자산가액이 결정되고 B법인도 A법인의 주식가액이 확정되어야만 순자산가액이 확정됨에 따라 두 법인의 주식가액을 동시에 확정시켜야만 평가가 가능해진다. 이러한 경우 다음과 같은 방정식을 통해 1주당 평가액을 산정하도록 유권해석하고 있다.

[표 7 - 43] 상호출자지분의 평가[573]

A법인				B법인			
자산	80,000,000	부채	22,000,000	자산	17,000,000	부채	3,000,000
B주식	1,400,000			A주식	2,500,000		
	81,400,000				19,500,000		

총발행주식수: 1,000주 B주식: 280주(70%) 갑주주(A법인 최대주주): 60% α: A법인 주식평가액	총발행주식수: 400주 B주식: 500주(50.5%) 을주주(B법인 최대주주): 70% β: B법인 주식평가액

수익가치는 "0"으로 간주함.
법인이 보유한 타법인 지분평가시 할증률을 적용하지 않는 것으로 가정

$$\alpha = \frac{80,000,000 + 280주 \times \beta - 22,000,000}{1,000주} = 58,000 + 0.28\beta$$

$$\beta = \frac{17,000,000 + 500주 \times \alpha - 3,000,000}{400주} = 35,000 + 1.25\alpha$$

법인별 주식평가액	주주별 주식평가액(20% 할증시)
α(A법인): 165,385원 β(B법인): 104,308원	갑주주(α × 1.3): 198,462원 을주주(β × 1.3): 125,169원

---

572) 단, 이에 대해서는 명확한 규정이 없으므로 과세관청으로부터 예규 등 해석을 받아 평가를 진행할 필요가 있을 것이다.
573) 재재산 46014 - 201, 2000.7.4.

13 외국법인 주식의 평가

외국에 있는 재산도 기본적으로 는 상증법 제60조 내지 제65조의 규정을 적용하는 것이 원칙이다. 그러나, 현실적으로 외국재산을 국내 재산과 동일한 방법을 적용하여 평가하는 데 어려운 경우가 많기 때문에 그러한 경우에는 당해 재산이 소재하는 국가에서 양도소득세·상속세 또는 증여세 등의 부과목적으로 평가한 가액을 평가액으로 하도록 하고 있다.[574] 이러한 평가액이 없는 경우에는 세무서장 등이 2 이상의 국내 또는 외국의 감정기관에 의뢰하여 감정한 가액을 참작하여 평가한 가액에 의한다.

원칙적으로 상증법 제60조에서 제65조를 적용하도록 하고 있으므로 시가의 원칙이나 매매사례가액 등의 규정이 그대로 적용된다고 볼 수 있다. 시가 원칙이므로 한국거래소에 해당되는 외국의 증권거래소 등에서 거래되는 주식의 가액은 평가기준일 이전·이후 각 2개월 최종시세가액 평균액을 준용하여 평가하는 것이고, 평가기준일 전후 6월(증여재산은 3월) 이내의 매매사례가액이 있는 경우에는 그 가액으로 한다.[575]

시가를 산정하기 어려운 외국법인이 발행한 비상장주식의 경우는 보충적 평가방법에 따라 평가하게 되며, 이 경우 순자산가액 및 순손익액의 계산은 원칙적으로 국내법인과 같이 한국 기업회계기준과 법인세법을 기준으로 재조정하여 계산하며,[576] 순손익 계산시 차감하는 법인세액은 그 법인이 실제 납부하였거나 납부할 세액을 적용한다.[577]

최대주주에 대한 할증평가도 적용되며, 평가한 가액을 원화로 환산할 때에는 평가기준일 현재 「외국환거래법」 제5조 제1항[578]에 따른 기준환율 또는 재정환율을 적용한다.

14 평가심의위원회

비상장주식의 경우 불특정다수인간에 거래가 자주 일어나지 않는 등 세법상 인정되는 시가가 확인되지 않는 경우가 많고, 이에 따라 통상 보충적 평가방법에 의하여 평가되는 것이

---

574) 상증령 제58조의 3
575) 서면상속증여-416, 2015.5.11, 상속증여-497, 2013.8.23.
576) 비상장법인의 주식을 순손익으로 평가시 감가상각비는 비상장법인 소재지국에 관계없이 기준내용연수를 반영하여 각 사업연도소득을 재계산하는 것을 포함(재산-876, 2010.11.24.). 단, 대법원판례에서는 한국회계기준과 세법으로의 재조정은 이를 그대로 적용하는 것이 부적당하지 아니한 때에 한하여 적용할 수 있다고 판시하고 있다(대법원 2010.01.14. 선고 2007두5646).
577) 재산-296, 2011.6.17.
578) 외국환거래법 제5조 제1항 기획재정부장관은 원활하고 질서 있는 외국환거래를 위하여 필요하면 외국환거래에 관한 기준환율, 외국환의 매도율·매입률 및 재정환율(이하 "기준환율등"이라 한다)을 정할 수 있다.

일반적인데, 보충적 평가방법은 법적 안정성을 위해 평가방법을 획일적으로 규정하고 있어 개별회사의 특성이 감안되지 않는다. 이로 인한 주식가치의 평가가 과소 또는 과대 평가되는 등 불합리하게 평가되는 경우가 발생할 수 있다. 이러한 주식에 대한 적정한 평가를 도모하기 위해 평가 평가심의위원회 제도를 두고 있다. 종전에는 유사상장법인이 있는 중소기업의 주식만이 심의의 대상이었으나, 2017.7.1.부터는 유사상장법인이 있거나 현금흐름할인법 적용 등을 통한 합리적 평가액 및 평가방법이 있는 중소기업 또는 일반법인의 비상장주식까지 심의대상을 확대하였다.

1) 평가심의위원회의 심의 개요

2017년 7월 1일 이후부터 비상장주식 등을 평가할 때 납세자가 다음 중 어느 하나에 해당하는 방법으로 평가한 평가가액을 첨부하여 평가심의위원회에 비상장주식 등의 평가가액 및 평가방법에 대한 심의를 신청하는 경우에는 평가심의위원회가 심의하여 제시하는 평가가액에 의하거나 그 위원회가 제시하는 평가방법 등을 고려하여 계산한 평가가액에 의할 수 있다. 다만, 납세자가 평가한 가액이 보충적 평가방법에 따른 주식평가액의 100분의 70에서 100분의 130까지의 범위 안의 가액인 경우로 한정한다.

[표 7 - 44] 평가심의위원회 심의를 위한 비상장주식 평가 방법

> a. 해당 법인의 자산·매출액 규모 및 사업의 영위기간 등을 고려하여 같은 업종을 영위하고 있는 다른 법인(유가증권시장과 코스닥시장에 상장된 법인)의 주식가액을 이용하여 평가하는 방법
> b. 향후 기업에 유입될 것으로 예상되는 현금흐름에 일정한 할인율을 적용하여 평가하는 방법
> c. 향후 주주가 받을 것으로 예상되는 배당수익에 일정한 할인율을 적용하여 평가하는 방법
> d. 그 밖에 a~c 규정에 준하는 방법으로서 일반적으로 공정하고 타당한 것으로 인정되는 방법

또한, 다만, 평가기준일 전 2년 이내의 기간 혹은 평가기간이 경과한 후부터 법정결정기한[579]까지의 기간(시가 인정기간은 제외) 중에 해당 비상장주식에 대한 거래가액이 있는 경우로서 평가기준일과 매매계약일까지의 기간 중에 주식발행회사의 경영상태, 시간의 경과 및 주위 환경의 변화 등을 감안하여 가격변동의 특별한 사정이 없다고 인정되는 때에는 그 거래가액은 관할세무서장 등의 신청에 따라 평가심의위원회의 자문을 거쳐 해당 재산의 시가로 채택할 수 있다.

---

579) 법정결정기한은 상증법 시행령 제78조 제1항에 따라 상속세의 경우 상속세과세표준 신고기한부터 9개월, 증여세의 경우 증여세과세표준 신고기한부터 6개월을 말한다.

즉, 평가심의위원회는 크게 세 가지 업무를 수행하는데, 비상장주식의 가액평가 및 평가방법에 대한 심의, 재산의 가액에 대한 시가인정 심의, 그리고 시가불인정 감정기관 지정이다.

평가심의위원회의 설치·운영, 심의신청절차, 비상장주식 등의 가액평가 및 평가방법 등에 관한 사항은 재산평가심의위원회 운영규정에서 정하고 있다.

2) 비상장주식 평가 대상

비상장기업 주식에 대한 평가대상은 영 제54조 제1항(순손익 및 순자산가액의 가중평균액 산정), 제4항(순자산가치로 산정), 제55조(순자산가액 계산방법) 및 제56조(1주당 최근 3년간의 순손익액의 계산방법)에 따라 평가하는 것이 불합리하다고 인정되는 법인이 발행한 비상장주식이다.

3) 비상장주식 평가 신청

평가심의위원회에 평가 심의는 다음의 자료를 첨부하여 기한 내에 신청하여야 한다.

[표 7-45] 납세자의 신청 기한과 위원회의 통지 기한

구분	납세자의 신청 기한[580]	위원회의 통지 기한[581]
상속의 경우	상속세 신고기한 만료 4월 전	신고기한 만료 1월 전
증여의 경우	증여세 신고기한 만료 70일 전	신고기한 만료 20일 전

[표 7-46] 평가심의위원회 평가 심의 시 첨부 자료

구분	첨부 자료
평가기준일 미 해당 기간 매매사례가액의 경우[582]	매매 등의 가액의 입증자료
보충적 평가방법의 경우	ⓐ 보충적 평가방법에 따른 주식평가액 ⓑ 보충적 평가방법에 따른 주식평가액이 불합리하다고 인정할 수 있는 근거자료 ⓒ 유사상장법인 비교평가, 현금흐름할인방법, 배당흐름할인방법 및 이에 준하는 방법으로서 일반적으로 공정하고 타당한 것으로 인정되는 평가방법에 따라 평가한 비상장주식 등의 평가액 및 그 평가 부속서류

---

580) 단, 평가기간이 경과한 후부터 상속세 또는 증여세 법정결정기한까지의 기간 중에 매매 등이 있는 경우에는 해당 매매 등이 있는 날부터 6개월 이내에 해당 자료를 첨부하여 평가심의위원회에 신청하여야 한다(상증법 시행령 제49조의 2 제5항).
581) 단, 평가기간이 경과한 후 매매등의 자료를 첨부하여 신청한 경우에는 신청을 받은 날부터 3개월 이내에 그 결과를 납세자에게 서면으로 통지해야 한다(상증법 시행령 제49조의 2 제6항).

4) 비상장주식 평가업무의 가이드

① 현금흐름할인법 및 배당할인법

평가서 작성자는 평가심의위원회 운영규정에서 별도로 규정한 부분을 제외한 다른 부분에 대해서는 한국공인회계사회가 제정한 "가치평가서비스 수행기준" 및 금융감독원 기업공시본부에서 제시한 "외부평가업무 가이드라인"을 준수하여 평가업무를 수행하여야 한다. 이때 추정기간 및 할인율 등은 다음에 따른다.[583)]

[표 7-47] 현금흐름할인법 적용 시 평가 지침

구분	현금흐름할인법	배당할인법
추정기간	5년	5년
할인율	10%	10%
영구성장률	0%	0%
기타	주요 거시경제지표, 임금상승률 등의 가정은 한국은행 경제전망보고서 및 한국은행 경제통계시스템을 이용하여 산출한다.	

② 자산평가법

평가서 작성자는 영 제54조 제2항 및 제55조(비상장주식의 보충적 평가방법에 따른 순자산가치)에 따라 평가업무를 수행하여야 한다.[584)]

③ 유사상장법인 비교 평가 방법

가) 평가 대상법인의 요건

상증법 상 보충적 평가방법의 사용이 불합리하다고 인정되는 비상장법인은 다음의 요건을 갖추어야 한다.[585)]

[표 7-48] 평가대상 법인의 요건

> • 사업개시 후 3년 이상 경과할 것
> • 1주당 경상이익, 1주당 순자산가액이 양수일 것
> • 유사상장법인이 2개 이상 있을 것

---

582) 다만, 평가기준일 전 2년 이내의 기간 혹은 평가기간이 경과한 후부터 상속세 또는 증여세의 법정결정기한까지의 기간에 한한다.
583) 재산평가심의위원회 운영규정 [2017.7.1. 국세청훈령 2209] 제15조 및 제16조
584) 재산평가심의위원회 운영규정 [2017.7.1. 국세청훈령 2209] 제17조
585) 재산평가심의위원회 운영규정 제18조

> • 자산총액 중 부동산 등이 80% 이상인 법인의 주식등에 해당하지 않을 것. 이 경우 부동산 등의 범위는 소득세법 제94조 제1항 제4호 다목에 따른다.

나) 유사상장법인의 요건

유사상장법인은 평가기준일 현재 다음 각 호의 요건에 모두 해당하는 유가증권시장 상장법인 및 코스닥시장 상장법인이어야 한다.[586)]

[표 7 - 49] 유사상장법인의 요건

구분	요건
일반기준	ⓐ 상장일부터 6개월이 경과할 것 ⓑ 최근 2년간의 감사의견이 적정의견에 해당할 것 ⓒ 최근 2년간 경영에 중대한 영향을 미칠 수 있는 합병, 영업의 양수도, 분할 등이 없을 것 ⓓ 최근 2년간 기업회계기준 위배로 인한 조치를 받은 사실이 없을 것 ⓔ 최근 6개월 이내에 관리종목으로 지정된 사실이 없을 것 ⓕ 1주당 경상이익, 1주당 순자산가액이 양수일 것
업종기준	「소득세법 시행령」 제145조 제1항에 따라 국세청장이 결정하는 기준경비율·단순경비율의 업종분류를 기준으로 하여 평가대상 비상장 기업과 같은 중분류 이내에 해당하는 업종을 영위하되, 도·소매 및 소비자용품 수리업의 경우에는 소분류 이내에 해당하는 업종을 영위할 것. 이 경우 해당 비상장 기업 및 유사상장법인이 2 이상의 업종을 영위하는 경우에는 매출의 비중이 가장 높은 업종을 주업종으로 한다.
규모기준	ⓐ 유사상장법인의 총자산가액이 평가대상 비상장 기업의 총자산가액의 5배를 초과하지 않을 것 (2017.7.1. 개정) ⓑ 유사상장법인의 매출액이 평가대상 비상장 기업의 매출액의 5배를 초과하지 않을 것

다) 유사상장법인의 선정

비상장 기업과 비교할 유사상장법인은 상기 기준에 해당하는 법인으로서 업종분류를 기준으로 하여 세세분류가 같은 2 이상의 법인으로 하며, 세세분류가 같은 법인이 2개에 미달하는 경우에는 세분류, 소분류, 중분류까지 순차로 적용하여 2개 이상의 유사상장법인을 선정한다. 이렇게 선정된 유사상장법인 중에서 자본이익률이 평가대상 비상장 기업의 자본이익률[587)]과 가장 근접한 상위 2개 법인과 하위 2개 법인을 유사상장법인으로 선정한다.

---

586) 재산평가심의위원회 운영규정 제19조
587) 평가기준일이 속하는 사업연도의 직전 사업연도의 재무상태표 및 손익계산서를 기준으로 "자본이익률 = 당기순이익 ÷ 자산총계"의 방식으로 계산한다.

라) 비상장 기업의 유사상장법인 주가 비교 평가액의 계산방법

[표 7 - 50] 유사상장법인 주가비교 평가 방법

기본 평가 방법	평가대상 비상장주식의 유사상장법인 주가 비교평가액 = Max [ⓐ, ⓑ]
	ⓐ 유사상장법인의 주가 비교평가액 단순평균값
	ⓑ 해당 비상장주식의 1주당 순자산가치의 100분의 70
ⓐ 유사상장법인의 주가 비교 평가액[588]	$\text{유사상장법인의 1주당 가액} \times \left[\dfrac{\text{비상장기업의 1주당경상이익}}{\text{유사상장법인의 1주당경상이익}} \times 3 + \dfrac{\text{비상장기업의 1주당순자산가액}}{\text{유사상장법인의 1주당순자산가액}} \times 2 \right] \div 5$
	유사상장법인의 1주당 가액[589] = 평가기준일 이전 2개월간의 보통주의 종가평균액
	$\text{1주당 경상이익} = \left[\dfrac{\text{평가기준일이 속하는 사업연도의 직전 사업연도의 경상이익}}{\text{평가기준일이 속하는 사업연도의 직전 사업연도말 현재 발행주식총수}} + \dfrac{\text{평가기준일이 속하는 사업연도의 직전전 사업연도의 경상이익}}{\text{평가기준일이 속하는 사업연도의 직전전 사업연도말 현재 발행주식총수}} \right] \div 2$
	$\text{1주당 순자산가액} = \dfrac{(\text{자산총계} - \text{부채총계})}{\text{발행주식총수}}$
ⓑ 평가대상의 순자산가치	$(\text{상증법상 보충적 평가방법에 의한 순자산 가액} \div \text{발행주식총수}) \times \dfrac{70}{100}$

상기 산식에서 경상이익은 법인세차감전 손익에서 자산수증익, 채무면제익, 보험차익, 재해손실을 차감하여 계산한다.

평가대상법인의 순자산가액 계산 시에는 상증법상 보충적 평가방법에 의해 계산하나, 유사상장법인의 1주당 순자산가액을 계산할 때에는 평가기준일이 속하는 사업연도의 직전 사업연도말의 재무상태표를 기준으로 한다. 이는 비교 대상 유사기업에 대해 상증법상 보충적 평가방법에 따른 평가가 실무적으로 어렵기 때문이다.

---

588) 부동산과다보유법인(소득세법 제94조 제1항 제4호 다목에 해당하는 법인을 말한다)에 해당하는 법인의 경우에는 1주당 경상이익과 순자산가액의 비율을 각각 2와 3으로 가중평균한다.

589) 평가기준일 현재 유사상장법인의 주식 액면가액이 평가기준일이 속하는 사업연도의 직전 사업연도 말의 액면가액과 다른 경우에는 "유사상장법인의 환산 1주당 가액 = 제3항에 따른 유사상장법인의 1주당 가액 × (직전 사업연도 말의 액면가액 ÷ 평가기준일 현재의 액면가액)"으로 환산한 1주당 가액에 의한다.
[재산평가심의위원회 운영 규정 [2017.7.1. 국세청훈령 제2209호, 제21조 제2항]

마) 유사상장법인 비교요소일람표

국세청장은 납세지 관할세무서장이 유가증권시장 상장법인 및 코스닥시장 상장법인으로부터 「법인세법」 제60조 제1항 및 제2항에 따라 제출받은 재무상태표 및 손익계산서 등 부속서류(이하 이 조에서 "재무제표"라 한다)를 기준으로 유사상장법인 비교요소일람표를 매년 1회 이상 작성하여 발표하여야 한다.[590]

납세자는 '유사상장법인 비교평가방법'에 따른 비상장주식의 평가신청자격 해당 여부 판정, 유사상장법인의 선정 및 비상장 기업의 유사상장법인 주가 비교평가액의 계산 등을 위하여 유사상장법인 비교요소일람표를 이용할 수 있다.

유사상장법인 비교요소일람표는 국세청장이 평가기준일이 속하는 사업연도의 직전 사업연도의 재무제표를 기준으로 작성하여 발표한 자료를 말한다. 다만, 해당 유사상장법인 비교요소일람표가 발표되지 아니한 경우에는 평가기준일이 속하는 사업연도의 직전 전 사업연도의 재무제표를 기준으로 작성하여 발표된 유사상장법인 비교요소일람표에 따른다. 납세자는 만약 유사상장법인 비교요소일람표에 사실과 다른 부분이 있는 것으로 확인되는 경우에는 정당한 내용에 따른다.

유사상장법인 비교요소일람표의 비교요소 중에서 평가기준일이 속하는 사업연도 중에 실시한 무상증자 또는 무상감자 등의 사실과 같이 직전 사업연도 말의 재무제표에 의하여 파악할 수 없는 비교요소에 대하여는 납세자가 유사상장법인, 거래소에서 자료를 수집하여야 한다.

[표 7-51] 유사상장법인 비교요소일람표 예시[591]

| 법인명(상호) | 구분 | 개업일 | 직전 사업연도 | | 업종기준 | 규모기준 | |
			결산월	사업연도	업종코드	총자산가액(①)	매출액
동원산업(주)	거래소	19690416	201612	2016	051104	1,300,945,482,645	829,999,736,435

| 당기순이익 (②) | 발행주식총수 | 액면가액 | 자본이익률 (②/①) | 1주당 가액 | |
				순자산가액	경상이익
59,579,844,966	3,363,200	5,000	0.0458	3,776	176,840

590) 국세청(www.nts.go.kr)〉국세정보〉국세청발간책자〉기타 참고 책자
591) 국세청(www.nts.go.kr)〉국세정보〉국세청발간책자〉기타 참고 책자의 유사상장법인 비교요소일람표 중

5) 재산가액에 대한 시가인정 심의 대상

지방청평가심의위원회는 상증령 제49조 제1항 단서[592]에 따라 다음의 어느 하나에 해당되는 경우에는 납세자, 납세지 관할세무서장 및 지방국세청장의 재산 가액에 대한 시가인정 심의에 응할 수 있다.

[표 7 - 52] 재산가액에 대한 시가인정 심의 대상

ⓐ 평가기준일 전 2년 이내의 기간 혹은 평가기간이 경과한 후부터 상속세 또는 증여세의 법정결정기한까지의 기간(평가기간 제외) 중에 매매·감정·수용·경매(「민사집행법」에 따른 경매를 말한다) 또는 공매(이하 "매매 등"이라 한다)가 있는 경우로서 평가기준일과 상증령 제49조 제2항 각 호의 어느 하나에 해당하는 날까지의 기간 중에 가격변동의 특별한 사정이 없다고 인정되는 때에 해당 매매 등의 가액을 시가에 포함할 경우
ⓑ 상증령 제49조 제1항 제2호에 따른 감정가액이 상증법 제61조·제62조·제64조 및 제65조에 따라 평가한 가액과 유사매매사례가액에 따른 시가의 100분의 90에 해당하는 가액 중 적은 금액 이상이지만 담보제공목적 등 시가평가 외의 목적으로 감정을 받은 경우로서 그 감정가액이 해당 재산의 시가로 인정되기에는 부적정하다고 판단하여 다른 감정기관에 감정을 의뢰할 경우
ⓒ 상속·증여세 외의 타세목 과세목적으로 재산평가를 하는 경우로서 해당 법령에서 영 제49조 및 제54조 규정을 준용하는 경우
ⓓ 상증령 제49조 제1항 제1호 나목에 따라 비상장주식에 대한 거래가액이 소액(액면가액의 합계액으로 계산한 해당 법인의 발행주식총액 또는 출자총액의 100분의 1에 해당하는 금액과 3억원 중 적은 금액 미만의 금액을 말한다)인 경우로서 그 거래가액이 거래의 관행상 정당한 사유가 있는지에 대한 판단이 필요할 때
ⓔ 건물, 오피스텔 및 상업용 건물 가치의 산정·고시를 하기 위한 자문

---

592) 단, 평가기간에 해당하지 아니한 기간으로서 평가기준일 전 2년 이내의 기간 혹은 평가기간이 경과한 후부터 상속세 또는 증여세의 법정결정기한까지의 기간 중에 매매 등이 있는 경우에도 평가기준일부터 제2항 각 호의 어느 하나에 해당하는 날까지의 기간 중에 주식발행회사의 경영상태, 시간의 경과 및 주위환경의 변화 등을 고려하여 가격변동의 특별한 사정이 없다고 보아 상속세 또는 증여세 납부의무가 있는 자(이하 이 조 및 제54조에서 "납세자"라 한다), 지방국세청장 또는 관할세무서장이 신청하는 때에는 제49조의 2 제1항에 따른 평가심의위원회의 심의를 거쳐 해당 매매 등의 가액을 다음 각 호의 어느 하나에 따라 확인되는 가액에 포함시킬 수 있다.

보충적 평가 절차 및 평가 예시

1 평가 절차

평가는 거래와 평가대상회사의 일반현황을 파악하는 데에서부터 시작된다. 주주구성, 업종, 중소기업 해당 여부, 사업영위기간, 결산월일, 지분의 거래 여부, 과거 분할, 합병, 증자, 감자 등의 발생 여부, 거래 및 평가 목적 등을 살펴봄으로써 평가를 하기 위해 필요한 정보를 확보할 필요가 있다.

평가기준일의 재무제표와 세무조정내역, 과거 3개 사업연도의 법인세 세무조정계산서를 검토하여 전반적인 검토 방법을 계획하고 세부적인 평가절차를 수행한다. 세부적인 평가를 수행하기에 앞서서는 평가와 관련한 세법의 개정사항 또는 새로운 해석 등을 확인하여 평가에 미치는 영향을 고려하여야 한다.

세부적인 평가결과의 정리는 '평가심의위원회 운영규정의 별지 서식'을 참고할 수 있다.

아래 그림은 비상장주식의 보충적 평가절차를 정리한 것이고, 다음 장의 평가 예시는 이러한 평가절차를 고려하여 사례를 전개하였다.

[그림 7-8] 비상장주식 보충적 평가 절차

일반현황 분석	재무제표 (가)결산 및 세무조정	개별 자산 및 부채의 평가	주식가치 산정

• 거래의 목적 및 거래 구조 파악
• 세법 개정사항 파악
• 시가 존재 여부 파악
• 일반현황 검토
  – 주주구성, 업종, 결산기간, 상장, 사업영위기간, 3년내 분할/합병, 증자/감자 존재 여부 등
• 평가 예외 해당 여부 파악
  – 순자산가치, 추정이익 등
	• 재무제표 (가)결산
	  – 평가기준일 현재 자산, 부채 확정
	  – 평가기준일까지의 손익계산서(법인세 등 부채에 가산)
	• 세무조정(유보 조정 등)
	• 직전 3개 사업연도 법인세 세무조정계산서 검토
		• 시가 평가
		• 시가 평가 어려운 경우 보충적 평가방법으로 평가
			• 순손익 가치 산정
			• 평가차액 계산
			• 영업권 평가
			• 순자산 가치 산정
			• 예외적 평가대상 여부 검토
			  – 부동산/주식 과다법인 여부 등
			• 평가 하한 검토
			• 비상장주식 평가

2 평가 예시

1) 일반현황 분석

① 평가대상회사인 "㈜가치"의 일반사항

구분	현황	구분	현황
주식가액 산정 목적	최대주주 보유 지분 일부 증여	대표자	윤희순
설립연월일	2003년 4월 26일	법인소재지	서울특별시 종로구 종로 31
업종	기타제조업	중소기업 여부	해당하지 않음.
상장 여부	비상장	결산월일	12월 말

　　최대주주 보유지분 증여이므로 상증법상 평가규정에 따른 비상장주식평가 규정을 적용하며, 사업영위기간이 3년 이상이므로 매매사례가액 등이 없는 경우에는 순손익가치와 순자산가치를 가중평균하여 주식가치를 산정하는 방법을 우선 고려한다. 그리고, 중소기업 및 중견기업에 해당하지 않기 때문에 최대주주 할증률을 적용한다.

② 평가기준일: 2018년 4월 1일

　　평가기준일 현재의 재무제표를 기준으로 순자산가치를 산정하고, 평가기준일 이전 3개 사업연도는 2017년, 2016년, 2015년이므로 해당 사업연도의 손익자료를 기초로 순손익가치를 산정한다.

③ 주주현황

주주명	주식수	지분율	특수관계자 여부
윤희순	55,000	55.00%	해당
윤자현	5,000	5.00%	해당
윤차정	20,000	20.00%	해당
정재용	10,000	10.00%	기타주주
정정화	10,000	10.00%	기타주주
보통주 계	100,000	100.0%	

　　주주현황을 확인한 결과 평가대상은 최대주주의 지분이고, 중소기업 및 중견기업에 해당하지 않기 때문에 할증률은 20%를 적용한다.

④ 자본금 변동 내역

구분	주식발행총수(보통주)	비고
2015년 12월 말	100,000주	
2016년 12월 말	100,000주	분할, 합병, 증자, 감자 등 자본
2017년 12월 말	100,000주	변동 없음.
2018년 4월 1일	100,000주	

평가기준일 이전 3년 내에 유상증자나 유상감자가 있었다면 증자이익 등을 순손익액 반영하고, 주식수도 증자 및 감자를 고려하여 환산하여야 한다. 또한 직전사업연도 이후 평가기준일까지 유상증자 등이 발생하였을 때에도 순자산가치와 주식수에 증자 및 감자로 인한 효과를 고려해 주어야 한다. 자세한 사항은 "Ⅲ. 상속세 및 증여세법 상 비상장주식의 보충적 평가방법"을 참고하기 바란다. 상기 예시는 주식의 변동이 없는 것으로 가정하였다.

⑤ 최근 매매거래 등 시가 존재 여부

비특수관계자 등의 거래 등 세법상 시가로 볼 수 있는 거래 유무를 확인하여야 한다.[593] 만약 상증법 제60조에 따른 시가가 존재한다면, 비상장주식에 대해 보충적 평가방법이 아닌 시가가 적용되어야 한다. 상기 예시는 평가기준일 전후 3개월 이내에 매매사례가액 등 시가로 볼 수 있는 거래는 존재하지 않은 것으로 가정한다.

2) 재무현황 분석

① 평가기준일 재무상태표

(단위: 원)

자산	금액	부채	금액
현금및현금성자산	20,000,000	매입채무	30,000,000
단기금융상품	10,000,000	단기차입금	20,000,000
매출채권	50,000,000	미지급비용	3,000,000
대손충당금	(600,000)	유동이연법인세대	15,000,000
재고자산	15,000,000	퇴직급여충당금	70,000,000
재고평가충당금	(300,000)	퇴직보험예치금	(60,000,000)

---

593) 특수관계자간 거래 또는 소액거래는 시가로 인정되지 않는다. 소액거래는 액면가액의 합계액으로 계산한 해당 법인의 발행주식총액 또는 출자총액의 100분의 1에 해당하는 금액 또는 3억원 중 적은 금액 미만을 말한다.

자산	금액	부채	금액
지분법적용투자주식	50,000,000	**부채총계**	78,000,000
매도가능증권	10,000,000		
토지	100,000,000		
건물	50,000,000	자본	금액
건물상각누계액	(15,000,000)	자본금	50,000,000
개발비	3,000,000	이익잉여금	164,000,000
특허권	2,000,000	기타자본	2,100,000
자산총계	294,100,000	**자본총계**	216,100,000

② 평가기준일 직전 3개 사업연도 손익 및 소득금액 현황

(단위: 원)

구분	2017.12.31	2016.12.31	2015.12.31
매출	1,400,000,000	1,300,000,000	1,200,000,000
당기순이익	140,000,000	130,000,000	120,000,000
익금산입	90,000,000	80,000,000	75,000,000
손금산입	70,000,000	65,000,000	60,000,000
각 사업연도 소득금액	160,000,000	145,000,000	135,000,000

3) 개별 자산 및 부채의 평가

각 개별 자산 및 부채에 대해서 평가할 때의 기본원칙은 다음과 같다.

시가가 있는 경우에는 시가를 적용하고, 시가가 없는 경우에는 상증법상 보충적 평가방법에 따라 평가하되, 장부가액을 하한으로 평가한다. 그러나, 보충적 평가방법이 장부가액보다 낮은 정당한 이유가 있는 경우에는 장부가액보다 낮더라도 보충적 평가액으로 한다. 그리고, 상증법상 보충적 평가규정에 따라 평가할 수 없어 장부가액으로 평가할 경우에는 장부가액에 세무상 유보잔액을 가감하여 평가한다.

우선 개별 자산 및 부채에 대해 평가방법과 평가결과를 정리한다. 이때는 장부에 계상되지 않았으나 지급의무가 확정된 부채나 지급받을 권리가 확정된 자산도 평가대상에 포함한다. 이렇게 개별 자산에 대한 평가를 정리하여 평가차액계산, 순자산계산, 영업권평가조서와 대사 및 검증을 한다.

① 개별 자산·부채의 평가

(단위 : 원)

계정과목	상증법에 따른 평가액	재무상태표상 금액	차액	순자산가액 반영 방법
자산	319,915,000	294,100,000	25,815,000	
현금및현금성자산	20,000,000	20,000,000	0	평가차액계산
단기금융상품	12,115,000	10,000,000	2,115,000	평가차액계산
매출채권	49,000,000	50,000,000	(1,000,000)	평가차액계산
대손충당금		(600,000)	600,000	평가차액계산 (*)
재고자산	15,000,000	15,000,000	0	평가차액계산
재고자산평가충당금		(300,000)	300,000	평가차액계산 (*)
지분법적용투자주식	60,500,000	50,000,000	10,500,000	평가차액계산
매도가능증권	11,300,000	10,000,000	1,300,000	평가차액계산
토지	110,000,000	100,000,000	10,000,000	평가차액계산
건물	40,000,000	50,000,000	5,000,000	평가차액계산
건물상각누계액		(15,000,000)		평가차액계산서(*)
개발비	0	3,000,000	(3,000,000)	자산차감
특허권	2,000,000	2,000,000	0	평가차액계산
유보 반영액				
부채	71,844,000	78,000,000	(6,156,000)	
매입채무	30,000,000	30,000,000	0	평가차액계산
단기차입금	20,000,000	20,000,000	0	평가차액계산
미지급비용	3,000,000	3,000,000	0	평가차액계산
미지급법인세	8,844,000		8,844,000	부채 가산
유동이연법인세대	0	15,000,000	(15,000,000)	부채에서 제외
퇴직급여충당금	70,000,000	70,000,000	0	충당금제외, 추계액가산
퇴직보험예치금	(60,000,000)	(60,000,000)	0	평가차액계산
유보 반영액				
순자산	248,071,000	216,100,000	31,971,000	

(*) 매출채권 대손충당금, 재고자산평가충당금은 순자산가치계산서에서 충당금으로 조정될 수 있으나, 충당금을 차감하지 않은 장부가액으로 상증법상 평가가 이루어져서 평가차액으로 조정함. 순자산에 미치는 영향은 동일함.

순자산가액을 산정하기 위해 개별자산 및 부채의 평가결과를 요약하면 다음과 같다.

구분	금액	내역
자산		
평가차액	28,815,000	자산 평가차액의 합계
자산에 가산	−	
자산에서 차감	(−)3,000,000	개발비
부채		
평가차액	0	부채 평가차액의 합계
부채에 가산	8,844,000	법인세 등
	70,000,000	퇴직급여추계액
부채에서 제외	(−)70,000,000	퇴직급여충당금
	(−)15,000,000	이연법인세대

② 개별자산 및 부채별 조정내역

계정과목	조정내역
현금및현금성자산	장부가액과 시가가 동일함.
단기금융상품	장부가액은 10,000,000원에, 미수이자 2,500,000원을 가산하고, 원천징수세액 385,000원을 차감하여 산정
매출채권 및 대손충당금	대손충당금은 평가성충당금으로서 확정적이지 않으므로 자산에 가산하고, 사실상 회수가 불가능한 것으로 명백하게 확인된 채권 1,000,000원을 차감함.
재고자산 및 평가손실충당금	순장부가액이 14,700,000원인 재고자산의 평가기준일 재취득가액은 15,000,000원으로 확인됨.
지분법투자주식	지분법투자주식에 대해서는 상증법상 보충적 평가방법과 장부가액 중 큰 금액으로 평가함.

회사명	직접 보유 지분율	ⓐ장부가액	ⓑ상증법평가	ⓒ평가액 MAX〔ⓐ, ⓑ〕
SEJONG사	100.00%	10,000,000	12,000,000	12,000,000
GREEN사	100.00%	20,000,000	22,500,000	22,500,000
RED사	50.00%	15,000,000	20,000,000	20,000,000
HAND사	30.00%	5,000,000	6,000,000	6,000,000
		50,000,000	−	60,500,000

계정과목	조정내역
매도가능증권	매도가능증권에 대해서는 지분율 10% 초과인 경우에는 상증법상 보충적 평가방법과 장부가액 중 큰 금액으로 평가함. 지분율 10% 이하는 취득원가로 평가함.

계정과목	조정내역				
	회사명	직접 보유 지분율	ⓐ장부가액	ⓑ상증법평가	ⓒ평가액 MAX〔ⓐ, ⓑ〕
	LAND사	5.00%	3,000,000	3,000,000	3,000,000
	FA사	5.00%	2,000,000	3,000,000	3,000,000
	ECO사	15.00%	1,000,000	1,300,000	1,300,000
	EDU사	15.00%	4,000,000	3,750,000	4,000,000
			10,000,000		11,300,000

토지	토지는 시가를 확인할 수 없어, 개별공시지가와 장부가액을 비교하여 큰 금액으로 평가함. 단, 담보가 제공된 토지는 담보가액을 하한으로 평가함.

구분	장부가액 ⓐ	공시지가 ⓑ	담보가액 ⓒ	ⓓ평가액 MAX〔ⓐ, ⓑ, ⓒ〕
토지A	85,000,000	90,000,000	–	90,000,000
토지B	15,000,000	12,000,000	20,000,000	20,000,000
	100,000,000			110,000,000

건물	건물은 시가를 확인할 수 없어, 기준시가와 장부가액을 비교하여 큰 금액으로 평가함. 이때 장부가액은 법인세법상 기준내용연수를 적용한 세법상 감가상각비를 차감한 장부가액임.

구분	취득가액	상각누계액	장부가액
회계상 장부가	50,000,000	(15,000,000)	35,000,000
세무상 장부가	50,000,000	(17,604,167)	32,395,833

구분	장부가액 ⓐ	기준시가 ⓑ	담보가액 ⓒ	ⓓ평가액 MAX〔ⓐ, ⓑ, ⓒ〕
건물	32,395,833	40,000,000	–	40,000,000

개발비	개발비는 보충적 평가방법에서 자산으로 보지 않으므로 제외함.
특허권	법인세법상 기준내용연수에 따른 상각후 잔액과 동일한 금액임.
매입채무, 단기차입금, 미지급비용	매입채무 등의 평가액은 장부가액과 동일함.
미지급법인세	평가기준일이 속한 사업연도 개시일부터 평가기준일까지의 소득에 해당하는 법인세를 부채에 가산
(유동)이연법인세대	이연법인세대는 확정부채가 아니므로 부채에서 제외
퇴직급여부채	퇴직급여충당금은 순자산가액 계산 시 제충당금으로서 부채에서 제외하고, 퇴직급여추계액을 부채에 가산함. 회사가 계상한 퇴직급여충당금은 퇴직급여추계액과 동일하였음.

③ 평가기준일의 유보내역

평가기준일의 자본금과 적립금조정명세서(을)표는 상증법상 보충적 평가방법을 적용하지 않고, 장부가액으로 순자산가치에 반영할 때 유보액을 반영하기 위해 살펴 볼 필요가 있다.

상기 사례는 각 개별 자산이 상증법상 평가방법에 의해 평가가 이루어졌기 때문에 추가적으로 반영할 유보는 없다.

구분	평가기준일 유보	유보 반영 여부	사유
매출채권 대손충당금	100,000	×	평가차액 관련 제외
재고평가충당금	300,000	×	평가차액 관련 제외
매도가능증권	(200,000)	×	평가차액 관련 제외
지분법투자주식	(17,000,000)	×	평가차액 관련 제외
퇴직급여충당부채	70,000,000	×	제충당금 관련 제외
퇴직연금운용자산	(60,000,000)	×	제충당금 관련 제외

상기 사례에서 유보는 각 자산이 모두 상증법상 평가가 이루어졌거나, 제충당금 등으로 반영하였기 때문에 추가적으로 순자산가액에 가산할 유보는 없는 것으로 가정하였다. 참고로 매도가능증권 중 지분율 10% 이하로 장부가액으로 평가된 항목에 대해 유보가 있다면 유보액을 장부가액에 가감하여 순자산가액을 계산하여야 하나, 상기 사례는 해당 자산에 대한 유보는 없는 것으로 가정하였다.

④ 부동산 비율의 산정

1주당 가액을 산정하기 위한 가중치를 결정하기 위해서는 부동산비율과 주식보유비율에 대한 확인이 필요하다.

상기 사례는 아래 표에서 보는 바와 같이 부동산비율이 50% 이상이므로 순자산가치 : 순손익가치의 가중치는 3 : 2의 비율을 적용하였다. 부동산비율의 계산 예는 다음과 같다.

구분			가액	비고
부동산 가액	토지	MAX(장부가, 기준시가)	105,000,000	(ㄱ)
	건물	MAX(장부가, 기준시가)	40,000,000	
		건축물관련 유보	–	
	부동산과다법인 투자주식	부동산비율 및 지분율 고려	2,840,000	(ㄴ)
	소계(a) = (ㄱ) + (ㄴ)		147,840,000	

구분			가액	비고
자산 총액	자산총액－부동산장부가액	재무상태표상 가액	159,100,000	
	부동산 평가액	MAX(장부가, 기준시가)	145,000,000	(ㄷ)
	유보항목	자산관련 유보(부동산 제외)	(16,800,000)	
	1년 이내 차입거래	자산총액에서 제외	2,000,000	(ㄹ)
	개발비, 사용수익기부자산	자산총액에서 제외	3,000,000	(ㅁ)
	소계 (b) = (ㄷ) - (ㄹ) - (ㅁ)		282,300,000	
부동산보유비율	(a) ÷ (b)		52.4%	

(ㄱ) 토지와 건물 등 부동산은 장부가액과 기준시가 중 큰 금액으로 한다. 만약 장부가액으로 평가된 부동산이 있다면 관련 유보는 가감한다.

(ㄴ) 보유주식 중 부동산과다법인인 주식이 있다면 해당 법인의 부동산 해당액에 평가대상법인이 보유한 지분율을 곱한 금액은 평가대상법인이 부동산 해당액을 보유한 것으로 보고 추가적으로 부동산가액에 가산한다. 보유주식 중 추가적으로 부동산가액에 가산하는 금액은 다음과 같다.

법인명	부동산 과다법인 여부	부동산보유비율 (B)	세무상 장부가액 (A)	평가가액 (=A×B)
매도가능증권				
LAND사	×	45.00%	3,000,000	－
FA사	×	30.00%	1,500,000	－
ECO사	○	55.00%	800,000	440,000
EDU사	×	10.00%	4,500,000	－
지분법투자주식				
SEJONG사	×	20.00%	5,000,000	－
GREEN사	×	40.00%	12,000,000	－
RENAI사	×	0.00%	12,000,000	－
HAND사	○	60.00%	4,000,000	2,400,000
합 계			42,800,000	2,840,000

(ㄷ) 자산총액은 장부가액을 기준으로 하는데, 세무상 유보가액은 가감 조정한다. 그리고, 재무상태표 상 부동산가액은 분자와 동일하게 장부가액과 기준시가 중 큰 금액으로

할 것이므로 일차적으로 자산총액에서 차감한 후, 분자에 가산한 부동산가액을 더해주는 방식으로 계산하였다.

(ㄹ)1년 내 차입거래 등으로 증가한 금액은 자산총액에서 제외한다. 이때 제외되는 금액은 양도일부터 소급하여 1년이 되는 날부터 양도일까지의 기간 중에 차입금 또는 증자 등에 의하여 증가한 현금·금융재산(「상속세 및 증여세법」제22조의 규정에 의한 금융재산을 말한다) 및 대여금의 합계액을 말한다. 이렇게 단기 내에 차입 및 증자로 인해 증가한 현금 등을 제외하도록 한 것은 자산총액을 증가시켜 부동산비율을 의도적으로 낮추려는 유인을 없애기 위함이다.

상기 사례에서 1년 이내 차입거래로 인한 금융자산 증가로 간주되어 자산총액에서 제외되는 금액은 2,000,000원이다.

1년 이내 차입거래		
구분	금액	비고
ⓐ 금융자산 증가분	7,000,000	
ⓑ 차입금 증가분	2,000,000	
ⓒ 자산총액에서 차감할 금액	2,000,000	MIN[ⓐ, ⓑ]
ⓓ 자산에서 차감할 금액	2,000,000	MAX[ⓒ, 0]

금융자산 증가분			
잔액	2017-04-01	2018-04-01	증가분
현금 및 현금성자산	15,000,000	20,000,000	5,000,000
단기금융상품	8,000,000	10,000,000	2,000,000
단기대여금			-
매도가능증권	10,000,000	10,000,000	-
합계(ⓐ)	33,000,000	40,000,000	7,000,000

차입금 및 분양선수금 증가분			
잔액	2017-04-01	2018-04-01	증가분
단기차입금	18,000,000	20,000,000	2,000,000
장기차입금	-	-	-
장기보증금	-	-	-
합계(ⓑ)	18,000,000	20,000,000	2,000,000

4) 주식가치 산정

주식가치 산정은 '평가심의위원회 운영규정의 별지 서식'의 흐름에 따라 수행하면 추후 자료 작성 측면에서나 업무의 검증 측면에서 효과적일 수 있다.

① 순손익가치 계산

평가기준일 이전 1년, 2년, 3년이 되는 사업연도			2017년	2016년	2015년
①사 업 연 도 소 득		계	160,000,000	145,000,000	135,000,000
소득에 가산할 금액	② 국세, 지방세과오납에 대한 환급금이자				
	③ 수입배당금 중 익금불산입한 금액		5,000,000	4,000,000	3,000,000
	④ 기 부 금 의 손 금 산 입 한 도 액 초 과 금 액 의 이 월 손 금 산 입 액		1,000,000		
	⑤ 화 폐 성 외 화 자 산 등 의 평가이익				
	⑥ 이월된 업무용 승용차 관련 손금산입액				
	(A)합계(①+②+③+④+⑤+⑥)		166,000,000	149,000,000	138,000,000
소 득 에 서 공 제 할 금 액	⑦ 벌금, 과료, 과태료 가산금과체납처분비			−	500,000
	⑧ 손금 용인되지 않는 공과금				
	⑨ 업무에 관련없는 지출				
	⑩ 각 세법에 규정하는 징수 불이행 납부세액				
	⑪ 기부금 한도 초과액		−	1,000,000	
	⑫ 접대비 한도 초과액		3,000,000	2,000,000	1,000,000
	⑬ 과다경비 등의 손금불산입액				
	⑭ 지급이자의 손금불산입액				
	⑮ 감가상각비 시인부족액에서 상각 부인액을 손금으로 추인 차감한 금액				
	⑯ 화폐성외화자산등의 평가손실		−	−	−
	⑰ 징벌적 목적의 손해배상금 등에 대한 손금불산입액				
	⑱ 업무용 승용차 관련 손금불산입액				
	⑲ 법인세 총결정세액		35,180,000	31,900,000	29,700,000
	⑳ 농어촌특별세 총결정세액				
	㉑지방소득세 총결정세액		3,520,000	3,190,000	2,970,000
	(B) 공제할 금액 합계(⑦~㉑)		41,700,000	38,090,000	34,170,000
㉒순 손 익 액 (A − B)			124,300,000	110,910,000	103,830,000
㉓유 상 증 (감) 자 시 반 영 액					

㉔ 순 손 익 액 (⑲ ± ⑳)		124,300,000	110,910,000	103,830,000
㉕ 사 업 연 도 말 주 식 수 또 는 환 산 주 식 수		100,000	100,000	100,000
㉖ 주 당 순 손 익 액 (㉑ ÷ ㉒)		ⓐ1,243	ⓑ1,109	ⓒ1,038
㉗ 가 중 평 균 액{((ⓐ×3+ⓑ×2+ⓒ)/6}	1,164			
㉘ 기 획 재 정 부 령 으 로 정 하 는 이 자 율	10%			
㉙ 최 근 3 년 간 순 손 익 액 의 가 중 평 균 액 에 의 한 1 주 당 가 액(㉔÷㉕)	11,641			

각 사업연도 소득금액은 법인세법 제14조에 따른 금액으로서 법인세 과세표준 및 세액조정계산서(별지 제3호 서식)의 (107)의 금액을 사용하고, 각 사업연도 소득금액에 가산하는 기부금의 손금산입한도액 초과금액의 이월손금산입액은 법인세 과세표준 및 세액조정계산서(별지 제3호 서식)의 (106)란의 금액을 반영하면 된다. 이와 관련하여 기부금 한도초과액을 소득금액에서 차감하는 조정액은 법인세 과세표준 및 세액조정계산서(별지 제3호 서식)의 (105)란의 금액을 반영하였다.

상기 사례 중 법인세 총결정세액 등이 산출되는 과정을 추가로 설명하면 다음과 같다. 세율은 22%를 일률적으로 적용하는 것을 가정하였다.

구분	2017년	2016년	2015년
ⓐ 각 사업연도 소득금액	160,000,000	145,000,000	135,000,000
ⓑ 산출세액 (ⓐ × 22%)	35,200,000	31,900,000	29,700,000
ⓒ 세액공제 · 세액감면	20,000	–	–
ⓓ 결정세액 (ⓑ-ⓒ)	35,180,000	31,900,000	29,700,000

상기 사례에서 사업연도의 소득금액에서 차감할 법인세액은 이월결손금을 각 사업연도 소득에서 공제하기 전의 소득금액에 대하여 납부할 금액으로 산출세액을 계산하였으며, 감면되는 법인세액을 차감한 후의 금액을 법인세 총결정세액으로 반영하였다.[594]

② 평가차액 명세서

앞서 개별 자산부채의 평가에서 상증법에 따른 평가액과 재무상태표 상 금액을 비교하였다. 이 중에는 평가차액으로 반영할 사항도 있고, 자산에 직접 가감 또는 부채에 직접가감 조정할 항목도 있다. 다음의 표는 평가차액으로 반영할 항목만을 구분하여 정리하였다. 정

---

594) 상증법 기본통칙 63-56…9 【순손익액에서 차감하는 법인세액 등】, 서면4팀-897, 2006.4.10 및 재산-79, 2010.2.5, 서면4팀-2028, 2007.7.2.

리 과정에서 장부가액과의 비교가 적절하게 이루어졌는지 확인할 수 있다. 여기에 정리된 평가차액의 합계는 순자산가액 계산 시 "평가차액" 항목에 가산된다.

자 산 금 액				부 채 금 액			
계정과목	상증법에 따른 평가액	재무상태표상 금 액	차 액	계정과목	상증법에 따른 평가액	재무상태표상 금 액	차 액
합 계	319,915,000	291,100,000	28,815,000	합 계	53,000,000	53,000,000	0
현금및현금성자산	20,000,000	20,000,000	0	매입채무	30,000,000	30,000,000	0
단기금융상품	12,115,000	10,000,000	2,115,000	단기차입금	20,000,000	20,000,000	0
매출채권	49,000,000	49,400,000	(400,000)	미지급비용	3,000,000	3,000,000	0
재고자산	15,000,000	14,700,000	300,000				
지분법적용투자주식	60,500,000	50,000,000	10,500,000				
매도가능증권	11,300,000	10,000,000	1,300,000				
토지	110,000,000	100,000,000	10,000,000				
건물	40,000,000	35,000,000	5,000,000				
특허권	2,000,000	2,000,000	0				

③ 순자산가액 계산

구분		금액	내역
A. 재무상태표 상의 자산가액		294,100,000	
	ⓐ 평가차액[595]	28,815,000	평가차액명세서
B. 자산에 가산	ⓑ 법인세법상 유보금액		
	ⓒ 유상증자 등		
	ⓓ 기타		
C. 자산에서 차감	ⓔ 선급비용, 개발비 등	3,000,000	개발비
	ⓕ 증자일 전의 잉여금 유보액		
D. 자산 총계		319,915,000	(A+ⓐ+B−C)
E. 재무상태표 상의 부채가액		78,000,000	
	ⓖ 평가차액	0	평가차액명세서

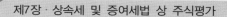
구분		금액	내역
F. 부채에 가산	ⓗ 법인세, 농특세 및 지방소득세	8,844,000	당해 사업연도 법인세
	ⓘ 배당금 및 상여금		
	ⓙ 퇴직금추계액	70,000,000	퇴직급여추계액
	ⓚ 기타		
G. 부채에서 차감	ⓛ 제충당금 및 제준비금	70,000,000	퇴직급여충당금
	ⓜ 기타	15,000,000	이연법인세 부채
H. 부채 총계		71,844,000	(E+ⓖ+F−G)
I. 영업권포함 전 순자산가액		248,071,000	D−H
J. 영업권		126,633,190	영업권 평가조서
K. 순자산가액		374,704,190	I−J

④ 영업권 평가조서

① 평가 기준일	평가기준일 전 3년간 순손익액 가중평균액			
	②평가기준일 이전 1년이 되는 사업 연도 순손익액	③평가기준일 이전 2년이 되는 사업 연도 순손익액	④평가기준일 이전 3년이 되는 사업 연도 순손익액	⑤가중평균액 (②×3+③×2+④) / 6
2018년 4월 1일	124,300,000	110,910,000	103,830,000	116,425,000

⑥ 3년간 순손익액의 가중평균액의 50% (⑤ × 50 / 100)	⑦ 평가기준일 현재의 자기자본	⑧ 기획재정부령이 정하는 이자율	⑨ 영업권 지속연수
58,212,500	248,071,000	10%	5년

⑩영업권 계산액(5년 현재가치 할인액의 합계액) $\left[\dfrac{⑥-(⑦×⑧)}{(1+0.1)n}\right]$ n : 평가기준일부터의 경과연수	⑪ 영업권 상당액에 포함된 매입한 무체재산권가액 중 평가기준일까지의 감가상각비를 공제한 금액	⑫ 영업권평가액 (⑩−⑪)
126,633,190	0	126,633,190

※ 계산근거 : 「상속세 및 증여세법 시행령」 제59조 제2항

---

595) 평가차액을 자산의 가산 또는 차감에서 별도로 구분한 것은 해당금액이 (+) 및 (−) 모두 될 수 있기 때문이다.

⑤ 비상장주식평가

① 법 인 명 (사 업 자 등 록 번 호)	㈜가치	② 대 표 자	윤희순
③ 소 재 지	서울특별시 종로구 종로 31	④ 사 업 개 시 일	2003년 4월 26일
⑤ 발 행 주 식 총 수	100,000주	⑥ 자 본 금	50,000,000원
⑦ 1 주 당 액 면 가 액	500원	⑧ 휴 · 폐 업 일	. . .
⑨ 해 산 (합병) 등 기 일	. . .	⑩ 평 가 기 준 일	2018년 4월 1일

2. 1주당 가액 평가

⑪ 순 자 산 가 액	374,704,190
⑫ 1 주 당 순 자 산 가 액 (⑪ ÷ ⑤)	3,747
⑬최근 3년간 순손익액의 가중평균액에 의한 1주당 가액 또는 2 이상의 신용평가전문기관(회계법인 포함)이 산출한 1 주당 추정이익의 평균액	11,641
⑭1주당 평가액 [{(⑫×2)+(⑬×3)} ÷ 5] * 자산가액 중 부동산가액의 50% 이상인 법인 [{(⑫ × 3)+(⑬ × 2)} ÷ 5]	6,904
⑮최대주주 소유주식의 1주당 평가액 : ⑭ ×할증률	8,285

3. 「상속세 및 증여세법 시행령」 제54조 제4항 제1호부터 제6호까지에 해당되는 경우

⑯ 사업의 계속이 곤란하다고 인정되는 법인	n	⑰사업개시 전 법인	n	⑱ 사업개시 후 3년 미만 법인	n
⑲ 휴·폐업 중에 있는 법인	n	⑳평가기준일 전 3년 내 계속 결손인 법인	n	㉑ 부동산평가액이 총 자산의 80% 이상인 법인	n
㉒ 주식평가액이 총자산의 80% 이상인 법인	n	㉓잔여존속기한이 3년 이내인 법인	n		

비상장주식 평가는 최종적인 평가결과를 나타낸다. 평가결과를 요약하면 다음과 같다.

1주당 순자산가치	금액
영업권 및 자기주식 포함전 순자산가액	248,071,000
자기주식가치	–
영업권	126,633,190
영업권 포함 순자산가액	374,704,190
1주당 순자산가치	3,747
1주당 순손익가치	금액
순손익액의 가중평균액	1,164
1주당 순손익가치	11,641
1주당 가액	금액
1주당가치	6,904
최대주주할증(20%)	8,285

순자산가치만으로 평가되거나, 추정이익이 적용될 수 있는 사항이 아니므로 과거 3개년 순손익을 기준으로 산정한 순손익가치와 평가기준일의 순자산가치를 가중평균하여 주식가치를 산정하였다. 부동산보유비율이 50% 이상이므로 순자산가치와 순손익가치의 비율을 3:2로 가중평균하여 1주당 가액을 산정하였고, 최대주주 주식이면서 중소기업 및 중견기업이 아니므로 할증률 20%를 적용하였다.

최종적으로 가중평균한 1주당 가액이 순자산가치의 80%에 미달하는지 여부를 확인해보아야 한다. 가중평균하여 산정한 주식가치가 순자산가치의 80%에 미달하는 경우에는 순자산가치의 80%를 평가액으로 적용하여야 하기 때문이다.

ⓐ 가중평균하여 산정한 1주당 가치	ⓑ 순자산가치의 80%	MAX[ⓐ, ⓑ]
6,904	2,998	6,904

개별 자산 및 부채의 상세 평가방법

1 평가의 기본 원칙

각 개별 자산은 상증법 제60조에서 제66조에 규정된 재산 평가 방법에 따라 평가한다. 즉, 상증법 상 평가의 **기본원칙이 "시가"평가**이므로 평가대상법인이 보유한 개별자산에 대해 평가할 때에도 시가를 산정할 수 있는 경우에는 시가를 이용하고 시가가 불분명한 경우에 보충적 평가규정을 적용하게 되는 것이다. **개별자산에 대해 평가한 가액이 장부가액**(취득가액에서 감가상각비를 차감한 가액)**보다 적은 경우에는 장부가액으로 하되, 장부가액보다 적은 정당한 사유가 있는 경우에는 그러하지 아니하다.**[596]

보충적 평가방법에서 순자산가액의 기본구조는 재무상태표 상 자산 및 부채가액에서 상증법 상 평가규정에 의한 사항을 가감하여 계산하도록 하고 있다. 그러므로 실무적으로도 기업회계기준에 의해 작성된 재무상태표 상 자산 및 부채 금액을 기초로 하여 평가기준일 현재를 기준으로 상증법 상 규정에 따라 평가한 금액과의 차이를 조정하는 방식으로 평가가 이루어지며, 상증법 평가액과 비교하게 되는 장부가액도 재무상태표 상 장부가액이다.

[그림 7-9] 개별자산 평가의 기본 Frame (주식평가는 제외)

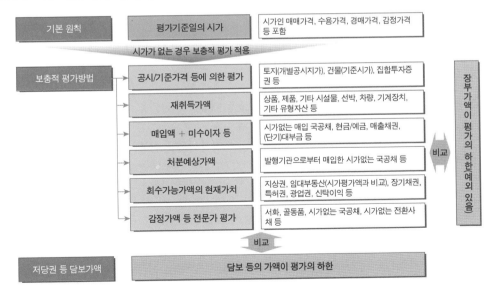

---

596) 상증령 제55조 제1항

2 개별 자산별 보충적 평가방법 요약

[표 7 − 53] 개별 자산 보충적 평가방법 요약표

구분	평가방법	평가산식 등
부동산 등의 평가(법 61조, 영 50조, 51조, 칙 15조의 2, 16조)		
토지	• 시가가 원칙	시가
	• 시가가 없는 경우에는 개별공시지가와 장부가액 중 큰 금액으로 평가하며, 2 이상의 감정평가법인의 평균으로 할 수 있음.[597]	Max[장부가, 개별공시지가]
	• 단, 담보가 설정된 경우 당해 재산이 담보하는 채권액이 개별공시지가를 초과할 경우에는 담보가액으로 함.	Max[Max(장부가, 개별공시지가), 당해 재산이 담보하는 채권액]
	[예외적 평가방법] − 개별공시지가가 없는 토지: 인근 유사토지의 개별공시지가를 참작한 비교표에 의해 납세지 관한 세무서장이 평가한 가액 − 지가 급등지역: 국세청장이 매매사례가액을 감안하여 고시한 배율을 곱하여 평가한 가액	−
건물	• 시가가 원칙	시가
	• 시가가 없는 경우에는 기준시가와 장부가액 중 큰 금액으로 평가하며, 2 이상의 감정평가법인의 평균으로 할 수 있음.[598]	Max[장부가, 기준시가(국세청장 고시가액)]
	• 단, 담보가 설정된 경우 당해 재산이 담보하는 채권액이 기준시가를 초과할 경우에는 담보가액으로 함.	Max[Max(장부가, 기준시가), 당해 재산이 담보하는 채권액]
지상권 등	• **지상권**이 설정되어 있는 토지의 2%에 해당하는 금액을 잔존연수 동안 할인하여 합한 금액	$\Sigma\{$토지 $\times$ 2% $\div$ $(1.1)^n\}$
	• **부동산을 취득할 수 있는 권리** 또는 **특정시설물을 이용할 수 있는 권리**의 가액은 기준시가가 있는 경우에는 기준시가, 기준시가가 없는 경우에는 평가기준일까지 불입한 금액에 평가기준일 현재의 프리미엄에 상당하는 금액을 합한 금액으로 평가함.	• 기준시가 有: 기준시가 • 기준시가 無: 납입액 + 프리미엄

---

[597] 기준시가 10억원 이하의 부동산에 대해서는 하나의 감정기관 가액도 시가로 인정된다(2018년 4월 1일 이후 감정을 의뢰하는 경우부터 적용).

[598] 기준시가 10억원 이하의 부동산에 대해서는 하나의 감정기관 가액도 시가로 인정된다(2018년 4월 1일 이후 감정을 의뢰하는 경우부터 적용).

구분	평가방법	평가산식 등
기타 시설물 및 구축물	• 기타 시설물 및 구축물은 재취득가액에서 설치일부터 평가기준일까지의 감가상각비 상당액을 차감하여 평가 *재취득가액 산정이 어려운 경우에는 지방세법상 시가표준액으로 할 수 있음. *공동주택에 부속 또는 부착되어 있는 시설물 및 구축물은 토지 및 건물과 일괄하여 평가한 것으로 봄.	• 재취득가액 – 기준내용 연수에 의한 감가상각비 상당액 • 시가표준액(재취득가액 산정 불가능시)
임대자산 599)	• 사실상 임대차 계약이 체결되었거나 임차권이 등기된 자산의 평가는 해당 부동산에 대한 시가와 임대료의 환산가액 중 큰 금액으로 평가함.	MAX[A, B] *A(입목 및 그 외 유형자산): 1년간 임대료 ÷ 12% +임대보증금 *B: 상증법상 평가액

선박 등 그 밖의 유형재산의 평가(법 62조, 영 52조)

구분	평가방법	평가산식 등
선박, 차량, 기계장치 등	• 선박, 항공기, 차량, 기계장치 및 입목(입목에 관한 법률을 적용받는 입목)은 재취득가액, 장부가액 및 시가표준액을 순차적으로 적용함. *장부가액은 취득가액에서 감가상각비를 차감한 가액	A: 재취득가액 B: 재취득가액 불분명 시 장부가 및 시가표준액
임대차계약이 체결된 선박, 항공기, 차량, 기계장비	• 재취득가액 → 순장부가액 → 시가표준액을 순차 적용한 가액을 순차적으로 적용한 가액과 임대환산가액 중 큰 값	MAX(①, ②) ① 재취득가액 → 순장부가액 → 시가표준액을 순차 적용한 가액 ② 임대환산가액 $=$임대보증금 $\times (1-$기준경비율$)$ $+\sum \dfrac{\text{임대료} \times (1-\text{기준경비율})}{(1+\text{이자율})^n}$
서화, 골동품 등	• 판매용이 아닌 서화, 골동품 등 예술적 가치가 있는 유형재산의 평가는 전문분야별 2 이상의 전문기관이 감정한 가액의 평균액으로 함 • 감정평균액이 국세청장이 위촉한 3인 이상의 감정평가심의위원회의 감정가액에 미달할 경우에는 심의위원회의 가액600)	2 이상의 전문기관의 감정평가액
상품, 제품 등	• 상품, 제품, 반제품, 재공품, 원재료 기타 이에 준하는 동산 및 소유권의 대상이 되는 동산의 평가는 그것을 처분할 때에 취득할 수 있다고 예상되는 가액 *사업용 재고자산의 경우 재취득가액에 부가가치세는 포함되지 아니함. *장부가액은 판매가 불가능한 재고를 차감한 금액임.	A: 재취득가액 B: 재취득가액 불분명 시 장부가

---

599) 임대부동산의 존재 여부는 토지건물의 등기부등본 및 재무상태표 상 임대보증금의 유무로 파악 가능

구분	평가방법	평가산식 등
그 밖의 유형재산	• 소유권의 대상이 되는 동물 및 별도로 규정하지 않은 기타 유형재산은 처분 시 취득할 수 있다고 예상되는 가액으로 함. • 처분 예상가액이 확인되지 않을 경우에는 장부가액	A: 재취득가액 B: 재취득가액 불분명 시 장부가

유가증권의 평가(법 63조, 영 52조의 2 ~ 58조의 4, 칙 16조의 2 ~ 18조의 3)

구분	평가방법	평가산식 등
상장주식	• 평가기준일 이전, 이후 각 2개월간의 종가 평균액[601] *평가기준일이 공휴일인 경우에는 그 전일로 함.	기준일 전후 2개월 종가 평균
비상장주식	• 상증법상 시가평가가 원칙 • 시가가 없을 경우, 상증법상 주식가치평가 방법으로 평가 • 지분율이 10% 이하[602]인 경우 취득가액으로 할 수 있음. (단, 시가가 있는 경우에는 시가가 우선 적용됨)[603]	• 시가 • 시가가 없을 경우 보충적 평가방법
기업공개 준비 중인 주식의 평가	• 유가증권 상장신청일 직전 6개월(증여 3개월)부터 주식상장 전까지의 기간이 평가기준일에 해당하는 경우에는 공모가격과 상증법상 평가액을 비교하여 큰 금액으로 함.	Max[공모가액, 상증법상 평가액]
국채, 공채 등 그 밖의 유가증권	• 거래소에서 거래되는 국채 등은 평가기준일 이전 2개월의 최종시세가액 평균액과 평가기준일 이전 최근일의 최종시세가액 중 큰 가액으로 함.	Max[이전 2개월 종가 평균, 평가기준일 전일 종가]
	• 거래소에서 거래되지 않는 국채 등은 　① 타인으로부터 **매입한 국채** 등은 매입가액에서 평가기준일까지의 미수이자 상당액을 가산한 금액 　② ① **외의 국채** 등은 처분하는 경우 받을 수 있다고 예상되는 금액 　③ **처분예상금액을 산정하기 어려운 경우**에는 2 이상의 증권사, 회계법인 등 평가기관에서 상환기간, 이자율, 이자지급방법 등을 참작하여 평가한 금액의 평균액	①: 매입가액 + 미수이자 ②: 처분예상가액 ③: 2 이상 기관의 평가액

---

600) 다만, 감정평가액이 감정평가심의회 감정가액의 150%를 초과하는 경우에는 감정평가심의회의 감정가액 (특수관계인 간에 양도 또는 양수하는 경우에 한해 적용)

601) 평가대상법인인 비상장법인이 보유하고 있는 상장주식 또는 코스닥상장주식의 가액은 평가기준일 이전·이후 각 2개월 동안 공표된 매일의 한국거래소 최종시세가액으로 평가하는 것이다. 단, 합병으로 인한 이익을 계산할 때 합병(분할합병을 포함한다)으로 소멸되거나 흡수되는 법인 또는 신설되거나 존속하는 법인이 보유한 상장주식의 시가는 평가기준일 현재의 거래소 최종 시세가액으로 하며, 법인세법상 시가는 거래일의 종가이므로, 법인세법상 평가 목적으로도 거래일의 종가로 평가한다.

602) 지분율 10% 이하 여부를 판단하는 보유비율 계산 시 자기주식은 제외하고 계산한다.[상증령 제54조 제3항]

603) 비상장주식 주식의 평가방법은 평가기준일 전후 2개월 이내에 매매거래가 정지되거나, 관리종목으로 지정된 경우에도 적용한다.[상증령 제52조의 2 제3항]

구분	평가방법	평가산식 등
국채, 공채 등 그 밖의 유가증권	• 집합투자증권의 평가는 평가기기준일 현재의 거래소 기준가격으로 하거나 관련법에 따라 산정, 공고한 기준가격으로 함. • 다만, 평가기준일 현재의 기준가격이 없는 경우에는 평가기준일 현재의 환매가격 또는 평가기준일 전 가장 가까운 날의 기준가격으로 함.	기준가격
전환사채 등의 평가	[①한국거래소에서 거래되는 전환사채 등] • 평가기준일 이전 2개월의 최종시세가액 평균액과 평가기준일 이전 최근일의 최종시세가액 중 큰 가액으로 함.	Max[이전 2개월 종가 평균, 평가기준일 전일 종가]
	[평가기관에서 평가한 가액] • 거래소에서 거래되지 않는 전환사채 등에 대해 2 이상의 평가기관에서 평가한 가액이 있는 경우에는 아래 ②, ③의 규정에도 불구하고 그 평균액으로 할 수 있음.	평가기관의 평가액
	[②주식전환이 불가능한 기간 중인 경우] • 상환액의 현재가치 등 [③주식전환이 가능한 기간 중인 경우] • 주식전환이 불가능한 기간 중인 경우의 평가방법으로 산정한 가액과 주식으로 전환 등을 할 수 있는 주식가액 중 큰 가액	–
현금 등 (예금 등)	• 평가기준일 현재 예입총액과 이미 경과한 기간에 대한 미수이자 상당액의 합계액에서 원천징수세액상당액을 차감한 가액	[예입총액 + 미수이자 – 원천징수세액[604]]
매출채권, 대부금 등	• 평가기준일 현재 원본에 미수이자를 가산하고, 회수가 불가능한 것으로 확인되는 금액을 차감[605]	[원본 + 미수이자 – 회수불능 금액]
	• 정리채권 또는 회수기간이 5년을 초과하는 장기채권의 경우에는 만기일의 원본가액에 만기일까지의 이자를 합한 금액을 현재가치로 할인하여 평가 *시설물이용권에 대한 입회금, 보증금 등으로서 원본의 회수기간이 정하여지지 않은 것은 그 회수기간을 5년으로 봄.	$\sum_{n=1}^{n}$ $\dfrac{\text{각 연도에 회수할 금액}}{(1+8\%)}$

---

604) 미수이자에 원천징수세액이 차감되어 있지 않으므로 14%를 차감하여야 함.
605) 회수가능성에 대한 판단이 필요하며, 회수불능 판단 채권에 대해서는 그 가액을 산입하지 아니한다. 부채에 가산하는 제충당금에 대손충당금이 포함되어있다면, 매출채권은 대손추정액을 차감한 회수가능액으로 평가가 필요하고, 회수불능채권으로 평가액에 반영하지 않는 자산에 해당하는 유보금액은 가감하지 아니한다.

구분	평가방법	평가산식 등
기타 고려 사항	[최대주주지분에 대한 할증] • 20%(중소기업 및 특정 중견기업 제외)	
	[국외재산(외국법인 주식 포함)에 대한 평가] • 상증법 평가 규정을 적용하여 평가 → 국내 상증법 평가규정 적용이 부적당한 경우에는 당해 재산이 소재하는 국가에서 양도소득세 · 상속세 또는 증여세 등의 부과목적으로 평가한 가액 → 2 이상의 국내 또는 외국 감정기관 의뢰하여 감정한 가액	
	[외화자산 및 부채에 대한 평가] • 외화자산 및 부채는 평가기준일 현재 「외국환거래법」에 따른 기준환율 또는 재정환율에 따라 환산한 가액을 기준으로 평가	

무체재산권(법 64조, 영 59조, 칙 19조)

구분	평가방법	평가산식 등
영업권	• 최근 3년간 순손익 가중평균액의 50%가 평가기준일의 자기자본의 10%를 초과한 금액이 향후 5개년 지속된다고 가정하여 10%로 현가 할인한 금액의 합 *자기자본은 상증법 평가 후 자기자본임.	$영업권 = \sum_{n=1}^{5} \dfrac{초과이익}{(1+0.1)^n}$ 초과이익 = (최근 3년간 순손익액의 가중평균액 × 50%) − (평가기준일 현재의 자기자본 × 10%)
매입한 무체 재산권	• 매입가액에서 평가기준일까지의 법인세법상의 감가상각비를 뺀 가격과 장래 수입 예상액의 현재가치 중 큰 금액으로 평가 *매입가액은 매입 당시 부대비용을 포함 *영업권 성격은 보충적 평가액과 비교	Max [①, ②] ① 매입가액 − 평가기준일까지의 법인세법 상 감가상각비 ② 장래 수입금액 예상액의 현재가치 합계
특허권 등	• 특허권 · 실용신안권 · 상표권 · 디자인권 및 저작권 등은 그 권리에 의하여 장래에 받을 각 연도의 수입금액을 10%로 현가 할인한 합계액 *향후 수입금액이 확정되지 않은 경우에는 최근 3개년 평균한 금액 *최근 3개년 수입금액이 없거나, 수입금액 하락이 명백한 경우에는 2 이상의 감정기관 등의 평가액으로 할 수 있다. *평가기준일부터 경과연수가 20년을 초과할 경우에는 20년까지만 함.	$\sum_{n=1}^{n} \dfrac{각\ 연도의\ 수입금액}{(1+\frac{10}{100})^n}$
광업권	• 평가기준일 전 3년간의 평균소득을 10%로 할인하여 합계 *실적이 없는 경우에는 예상 순소득 *조업할 가치가 없는 경우에는 설비 등만 평가	$\sum_{n=1}^{n} \dfrac{평가기준일전\ 3년간의\ 평균소득}{(1+\frac{10}{100})^n}$

구분	평가방법	평가산식 등
그 밖의 조건부 권리 등의 평가(법 65조, 영 60조, 61조, 62조, 칙 19조의 2)		
조건부 권리 등의 평가	• 조건부권리는 본래의 권리의 가액을 기초로 하여 평가기준일 현재의 조건내용을 구성하는 사실, 조건성취의 확실성, 기타 제반 사정을 감안한 적정가액 등	
신탁의 이익을 받을 권리의 평가	• 상증법상 재산평가방법에 의한 평가액과 해지 등에 따른 일시금 중 큰 금액(단, 원본과 수익의 수익자가 다른 경우에는 신탁의 수익 평가액은 수익하는 금액을 3%로 할인한 금액으로 계산하고, 원본은 상증법상 재산평가방법에서 수익권 평가액을 차감하여 계산)	Max [①, ②] ① 일시금 ② 상증법상 재산평가방법에 의한 평가액
정기금을 받을 권리의 평가	• 유기정기금: 각 연도에 받을 정기금을 3%로 할인한 현가의 합 (단, 1년 정기금의 20배 한도) • 무기정기금: 1년분 정기금의 20배에 상당하는 금액 • 종신정기금: 기간에 있어서 기대여명을 고려	유기정기금 $=$ $$\sum_{n=1}^{n} \frac{\text{각 연도에 받을 정기금액}}{(1+3\%)^{n}}$$
가상자산의 평가	• 국세청장이 고시하는 가상자산사업자의 사업장에서 거래되는 가상자산: 평가기준일 전·이후 각 1개월 동안에 해당 가상자산사업자가 공시하는 일평균가액의 평균액 • 그 밖의 가상자산: 국세청장이 고시하는 가상자산사업자에 준하는 사업자의 사업장에서 공시하는 거래일의 일평균가액 또는 종료시각에 공시된 시세가액 등 합리적으로 인정되는 가액	시가 (전후 1개월 평균) 등
연부 또는 월부로 취득하여 상환완료전인 재산	• 연부 또는 월부에 따라 취득한 재산으로서 평가기준일 현재 상환이 완료되지 아니한 재산에 대해서는 그 재산의 가액에서 미상환금을 뺀 가액으로 평가	
저당권이 설정된 재산 평가의 특례(법 66조, 영 63조, 칙 19조의 3)		
저당권 등	• 저당권: 상증법 평가액과 당해 재산이 담보하는 가액 중 큰 금액 *담보 채권액에서 신용보증기관의 보증금액은 차감 *동일 재산이 다수의 담보일 경우에는 담보 채권액의 합계 • 공동저당권: 상증법 평가액과 당해 재산이 담보하는 채권액을 공동저당된 재산의 평가기준일 현재의 가액으로 안분하여 계산한 가액 중 큰 금액 • 근저당권, 질권, 임대보증금 등: 평가기준일 현재 당해 재산이 담보하는 채권액과 상증법 평가액 중 큰 금액 • 신탁계약을 체결한 재산의 가액은 신탁계약 또는 수익증권에 따른 우선수익자인 채권자의 수익한도금액	Max[상증법 상 평가액, 담보채권액 등]

구분	평가방법	평가산식 등
사채	• 사채할인(할증)발행차금은 부채에 가감하지 않음.	
정리채무, 장기채무, 입회금 등	• 정리채무, 지급기간이 5년을 초과하는 장기채무 또는 입회금·보증금 등은 현재가치로 할인하여 평가	$\sum_{n=1}^{n} \dfrac{\text{각 연도에 지급할 금액}}{(1+8\%)}$

3 개별 자산 및 부채의 보충적 평가방법

상증법 제60조부터 제66조까지의 재산평가 규정은 해당 자산의 성격별로 규정되어 있다. 즉, 재무상태표 상 계정과목의 명칭과 상관없이 상증법 재산평가 규정에서 정의한 재산의 성격에 따라 평가가 이루어져야 하는 것이다. 예를 들어 유형자산이 아닌 다른 계정에 토지 또는 건물이 있다면 해당 자산은 상증법 상 부동산 등의 평가 규정에 따라 평가가 이루어져야 하는 것이다.

1) 부동산 등의 평가(상증법 제61조)

① 토지

가) 일반기준

토지는 평가기준일의 시가로 평가하는 것이 원칙이며, **시가**를 확인할 수 없는 경우에는 「부동산 가격공시에 관한 법률」에 따른 개별공시지가[606]로 평가하는데, 이때 **개별공시지가**는 평가기준일 현재 고시되어 있는 것을 적용한다.[607]

나) 개별공시지가가 없는 경우

개별공시지가가 없는 토지의 가액은 납세지 관할세무서장이 인근 유사 토지의 개별공시지가를 고려하여 대통령령으로 정하는 방법으로 평가한다. 여기서 "대통령령으로 정하는 방법으로 평가한 금액"이란 개별공시지가가 없는 해당 토지와 지목·이용상황 등 지가형성요인이 유사한 인근토지를 표준지로 보고 「부동산 가격공시에 관한 법률」 제3조 제7항에 따른 비교표에 따라 납세지 관할세무서장이 평가한 가액을 말한다. 이 경우 납세지 관할세

---

606) 개별공시지가의 열람은 해당 자치단체, 민원24(www.minwon.go.kr), 국토교통부 일사편리(부동산 종합민원; http://www.kras.go.kr, 부동산공시가격알리미; http://www.realtyprice.kr) 등에서 열람 가능. 개별공시지가는 매년 1월 1일을 기준으로 매년 5월 31일 고시하고 있다.

607) 필지별로 평가하는 것이 원칙이다. 단, 골프장용지 등과 같이 용도상 불가분의 관계가 있어 각 필지별로 평가하는 것이 불합리한 경우에는 그 용도별로 평가하는 것이 타당하다고 해석하고 있다(서면4팀-1557, 2004.10.5.).

무서장은 「지방세법」 제4조 제1항 단서에 따라 시장·군수가 산정한 가액 또는 둘 이상의 감정기관에 의뢰하여 감정한 가액의 평균액을 평가가액으로 할 수 있다.[608]

이와 같은 방법에 따라 유사한 인근토지의 개별공시지가를 고려하여 평가하는 대상이 되는 토지는 다음과 같다.

> a. 「공간정보의 구축 및 관리 등에 관한 법률」에 의한 신규등록 토지
> b. 「공간정보의 구축 및 관리 등에 관한 법률」에 의하여 분할 또는 합병된 토지
> c. 토지의 형질변경 또는 용도변경으로 인하여 「공간정보의 구축 및 관리 등에 관한 법률」 상의 지목이 변경된 토지
> d. 개별공시지가의 결정·고시가 누락된 토지(국·공유지를 포함)

분할 또는 합병된 토지의 개별공시지가는 상기 방법에 따라 평가하되 분할 또는 합병 전후 그 토지의 지목변경 및 이용상태 등으로 보아 종전의 개별공시지가를 적용하는 것이 합리적이라고 인정되는 경우에는 다음과 같이 평가할 수 있다.

> a. 분할된 토지: 분할 전 토지에 대한 개별공시지가
> b. 합병된 토지: 합병 전 토지에 대한 각 개별공시지가의 합계액을 총면적으로 나눈 금액

다) 지가 급등 지역

각종 개발사업 등으로 지가가 급등하거나 급등할 우려가 있는 지역으로서 국세청장이 지정한 지역의 토지가액은 배율방법(倍率方法)으로 평가한 가액으로 한다. 이 경우 "배율"이란 국세청장이 평가기준일 현재의 개별공시지가에 지역마다 그 지역에 있는 가격사정이 유사한 토지의 매매실례가액을 감안하여 고시하는 배율을 말한다.

라) 환지 예정지

환지[609]예정지의 가액은 환지권리면적에 따라 계산한 가액에 따른다.[610]

마) 도로 등의 평가

불특정다수인이 공용하는 사실상 도로 및 하천·제방·구거 등(이하 이 조에서 "도로

---

608) 기준시가 10억원 이하의 부동산에 대해서는 하나의 감정기관 가액도 시가로 인정된다(2018년 4월 1일 이후 감정을 의뢰하는 경우부터 적용).
609) 환지란 예전의 토지구획정리사업(2000.8.3 폐지)에 의한 토지구획정리사업 시행시 정리 전의 택지의 위치, 지목, 면적, 이용도, 기타 필요한 사항을 고려하여 사업시행 후 소유주에게 재배분하는 택지 혹은 이에 따른 행위를 말한다.(서울시 도시계획 용어사전)
610) 상증법 기본통칙 61-50…3 【환지예정지의 평가】

등"이라 한다)은 상속재산 또는 증여재산에 포함되나, 평가기준일 현재 도로 등 외의 용도로 사용할 수 없는 경우로서 보상가격이 없는 등 재산적 가치가 없다고 인정되는 때에는 그 평가액을 영(0)으로 한다.[611]

② 건물

시가가 없는 일반 건물은 건물의 신축가격, 구조, 용도, 위치, 신축연도 등을 고려하여 매년 1회 이상 국세청장이 산정·고시하는 가액(국세청 **건물기준시가**[612])으로 평가한다. 건물기준시가는 건물가격만을 말하며, 건물 부속토지의 가격과 영업권 등 각종 권리의 가액은 포함되지 아니한 것으로 한다.

[표 7-54] 건물기준시가 산정 기본 계산식[613]

> 기준시가 = 평가대상 건물의 면적(m^2)[a] × m^2당 금액[b]
> m^2당 금액 = 건물신축가격기준액 × 구조지수 × 용도지수 × 위치지수 × 경과연수별잔가율 × 개별
> 건물의 특성에 따른 조정률[c]

a) 연면적을 말하며, 집합건물의 경우 전용면적과 공용면적을 포함한 면적을 말한다.
b) m^2당 금액은 1,000원 단위 미만은 버린다.
c) 개별건물의 특성에 따른 조정률은 「상속세 및 증여세법」 제61조 제1항 제2호에 따라 기준시가를 계산하는 경우에만 적용한다.

[표 7-55] 건물기준시가 산정의 예

장부상 건물	소재지	구조	지붕	층	용도	면적(m^2)	준공(증축)일자
본사사옥	ABC	철근콘크리트구조	슬래브지붕	4	일반업무시설	474.544	1995.2.25
ⓐ 기준가격	ⓑ 구조지수	ⓒ 용도지수	ⓓ 위치지수	ⓧ 조정률	ⓔ 잔가율	ⓕ 기준시가(m^2)	ⓖ 기준시가
660,000	1.1	1.1	1.05	1.0	0.622	521,000	247,237,424

상기 표에서 기준시가(m^2)는 ⓐ×(ⓑ)×(ⓒ)×(ⓓ)×(ⓧ)×ⓔ로 계산하여 521,000m^2가 계산되었고, m^2당 기준시가에 면적을 곱하여 기준시가ⓖ가 계산된다. 상기 표와 같은 각 개별

---

611) 상증법 기본통칙 61-50…4【도로 등의 평가】
612) 기준시가는 국세청 홈택스에 조회가능(www.hometax.go.kr〉조회/발급〉기타조회〉기준시가조회)
613) 2016.12.30. 국세청고시 제2016-21호 국세청 건물기준시가 산정 방법

지수 및 산정지침 등은 국세청 웹페이지에서 확인할 수 있다.

③ 오피스텔 및 상업용 건물

건물에 딸린 토지를 공유(共有)로 하고 건물을 구분 소유하는 것으로서 건물의 용도·면적 및 구분 소유하는 건물의 수(數) 등을 고려하여 대통령령으로 정하는 오피스텔 및 상업용 건물(부속토지 포함)에 대해서는 건물의 종류, 규모, 거래 상황, 위치 등을 고려하여 매년 1회 이상 국세청장이 토지와 건물에 대하여 일괄하여 산정·고시한 가액에 따라 평가한다. 여기서 대통령령으로 정하는 오피스텔 및 상업용 건물(부속토지 포함)은 국세청장이 해당 건물의 용도·면적 및 구분 소유하는 건물의 수(數) 등을 감안하여 지정하는 지역에 소재하는 오피스텔 및 상업용 건물(이들에 부수되는 토지를 포함한다)을 말한다. 즉, 모든 오피스텔 및 상업용 건물에 대해 일괄 고시하는 것은 아니기 때문에 일괄 고시하지 않은 오피스텔 및 상업용 건물에 대해서는 토지와 건물을 각각 평가해야 하고, 토지는 개별공시지가, 건물은 국세청 건물기준시가를 적용한다.

④ 주택

주택의 평가는 「부동산 가격공시에 관한 법률」에 따른 개별주택가격 및 공동주택가격으로 한다. 단, 국세청장이 국토교통부장관과 협의하여 공동주택가격을 별도로 결정·고시하는 경우[614]로서 국세청장이 결정·고시한 공동주택가격이 있는 때에는 그 가격(고시주택가격)으로 평가한다.

그러나, 해당 주택의 고시주택가격이 없거나, 고시주택가격 고시 후에 해당 주택을 「건축법」 제2조 제1항 제9호 및 제10호에 따른 대수선 또는 리모델링을 하여 고시주택가격으로 평가하는 것이 적절하지 아니한 경우에는 납세지 관할세무서장이 인근 유사주택의 고시주택가격을 고려하여 정하는 다음의 (가)와 (나) 중 어느 하나에 해당하는 가액과 (a)와 (b) 중 어느 하나에 해당하는 가액으로 평가한다.

---

614) 「부동산 가격공시에 관한 법률」 제18조 제1항의 단서

[표 7-56] 고시주택가격이 없는 경우의 주택 평가 방법

(a)	(가) 「부동산 가격공시에 관한 법률」에 따른 개별주택가격이 없는 단독주택의 경우에는 해당 주택과 구조·용도·이용 상황 등 이용가치가 유사한 인근주택을 표준주택으로 보고 같은 법 제16조 제6항에 따른 주택가격 비준표에 따라 납세지 관할세무서장[615]이 평가한 가액 (부동산 가격공시 및 감정평가에 관한 법률 시행령 부칙)
	(나) 「부동산 가격공시에 관한 법률」에 따른 공동주택가격이 없는 공동주택의 경우에는 인근 유사 공동주택의 거래가격·임대료 및 해당 공동주택과 유사한 이용가치를 지닌다고 인정되는 공동주택의 건설에 필요한 비용 추정액 등을 종합적으로 고려하여 납세지 관할세무서장이 평가한 가액 (부동산 가격공시 및 감정평가에 관한 법률 시행령 부칙)
(b)	「지방세법」 제4조 제1항 단서에 따라 시장·군수가 산정한 가액이나 둘 이상의 감정평가기관에 해당 주택에 대한 감정을 의뢰하여 산정된 감정가액을 고려하여 납세지 관할세무서장이 평가한 가액

⑤ 건설 중인 건물과 철거대상 건물

건설중인 건물은 평가기준일까지 발생한 건설에 소요된 비용의 합계액으로 평가한다. 평가기준일 현재 다른 법령에 따라 철거대상에 해당하는 건물의 평가액은 그 재산의 이용도, 철거의 시기 및 철거에 따른 보상의 유무 등 제반 상황을 감안한 적정가액에 따라 평가한다.[616]

⑥ 지상권 및 부동산을 취득할 수 있는 권리와 특정시설물을 이용할 수 있는 권리

지상권(地上權) 및 부동산을 취득할 수 있는 권리와 특정시설물을 이용할 수 있는 권리는 그 권리 등이 남은 기간, 성질, 내용, 거래 상황 등을 고려하여 평가한다.

가) 지상권

지상권[617]의 가액은 지상권이 설정되어 있는 토지의 가액에 기획재정부령으로 정하는 율(2%)을 곱하여 계산한 금액을 해당 지상권의 잔존연수를 감안하여 다음의 방법에 따라 환산한 가액으로 한다. 이 경우 그 잔존연수에 관하여는 「민법」 제280조 및 제281조에 규정된 지상권의 존속기간을 준용한다.

---

615) 납세지 관할세무서장과 해당 주택의 소재지를 관할하는 세무서장이 서로 다른 경우로서 납세지 관할세무서장의 요청이 있는 경우에는 해당 주택의 소재지를 관할하는 세무서장
616) 상증법 기본통칙 61-50…2 【철거대상건물의 평가】
617) 지상권은 타인의 토지에 건물 기타 공작물이나 수목을 소유하기 위한 그 토지를 사용하는 권리를 말한다. (민법 제279조)

[표 7-57] 지상권 평가방법

지상권 평가액	$\sum_{n=1}^{n} \dfrac{\text{각 연도의 수입금액}}{(1+\frac{10}{100})^n}$
각 연도의 수입금액	지상권이 설정되어 있는 토지의 가액 × 2%

*n = 평가기준일부터의 경과연수

[표 7-58] 민법 상 지상권의 약정기간

민법 제280조 【존속기간을 약정한 지상권】
① 계약으로 지상권의 존속기간을 정하는 경우에는 그 기간은 다음 연한보다 단축하지 못한다.
1. 석조, 석회조, 연와조 또는 이와 유사한 견고한 건물이나 수목의 소유를 목적으로 하는 때에는 30년
2. 전호 이외의 건물의 소유를 목적으로 하는 때에는 15년
3. 건물 이외의 공작물의 소유를 목적으로 하는 때에는 5년
② 전항의 기간보다 단축한 기간을 정한 때에는 전항의 기간까지 연장한다.
민법 제281조 【존속기간을 약정하지 아니한 지상권】
① 계약으로 지상권의 존속기간을 정하지 아니한 때에는 그 기간은 전조의 최단존속기간으로 한다.
② 지상권 설정 당시에 공작물의 종류와 구조를 정하지 아니한 때에는 지상권은 전조 제2호의 건물의 소유를 목적으로 한 것으로 본다.

나) 부동산을 취득할 수 있는 권리

부동산을 취득할 수 있는 권리[618)의 가액은 평가기준일까지 납입한 금액과 평가기준일 현재의 프리미엄에 상당하는 금액을 합한 금액으로 한다. 다만, 해당 권리에 대하여 「소득세법 시행령」 제165조 제8항 제3호에 따른 가액(기준시가)이 있는 경우에는 해당 가액으로 한다.

[표 7-59] 부동산을 취득할 수 있는 권리의 평가방법

기준시가 있는 경우	「소득세법 시행령」 제165조 제8항 제3호에 따른 기준시가
기준시가 없는 경우	평가기준일까지 납입한 금액 + 평가기준일 현재의 프리미엄 상당액

다) 특정시설물을 이용할 수 있는 권리

특정시설물을 이용할 수 있는 권리라 함은 특정시설물이용권·회원권 기타 명칭여하를

---

618) 건물이 완성되는 때에 그 건물과 이에 부수되는 토지를 취득할 수 있는 권리를 포함

불문하고 당해 시설물을 배타적으로 이용하거나 일반이용자에 비하여 유리한 조건으로 이용할 수 있도록 약정한 단체의 일원이 된 자에게 부여되는 권리를 말한다.

특정시설물을 이용할 수 있는 권리의 가액의 평가는 부동산을 취득할 수 있는 권리의 평가와 동일하다.

[표 7-60] 특정시설물을 이용할 수 있는 권리의 평가방법

기준시가 있는 경우	「소득세법 시행령」 제165조 제8항 제3호에 따른 기준시가[619]
기준시가 없는 경우	평가기준일까지 납입한 금액 + 평가기준일 현재의 프리미엄 상당액

⑦ 그 밖의 시설물과 구축물

토지 또는 건물과 일괄하여 평가하는 것을 제외한 그 밖의 시설물 및 구축물은 평가기준일에 그것을 다시 건축하거나 다시 취득할 경우에 소요되는 가액(재취득가액)에서 그것의 설치일부터 평가기준일까지의 기획재정부령으로 정하는 감가상각비상당액[620]을 뺀 것을 말한다.

이 경우 재취득가액 등을 산정하기 어려운 경우에는 「지방세법 시행령」 제4조 제1항에 따른 가액[621]을 해당 시설물 및 구축물의 가액으로 할 수 있다.

그 밖의 시설물과 구축물을 평가할 때에 공동주택에 부속 또는 부착된 시설물 및 구축물은 토지 또는 건물과 일괄하여 평가한 것으로 본다.

⑧ 사실상 임대차계약이 체결되거나 임차권이 등기된 재산

사실상 임대차계약이 체결되거나 임차권이 등기된 재산의 경우에는 임대료 등을 기준으로 하여 평가한 가액과 상증법 보충적 평가 규정에 따라 평가한 가액 중 큰 금액을 그 재산의 가액으로 한다.

---

619) 회원권 등은 회원권거래소에서 거래되고 있으나, 회원권거래소의 시세는 호가로서 매매사례가액으로 인정받기 어려울 수도 있다. 또한 국세청에서는 2009년까지는 회원권 기준시가를 고시하였으나, 현재는 국세청에서 별도로 정보를 제공하지 아니하므로, 국토교통부에서 매년 고시하는 기준시가를 활용하고 있다. www.wetax.go.kr에서 회원권 시가표준액을 조회할 수 있다.

620) "기획재정부령으로 정하는 감가상각비상당액"이라 함은 「법인세법」 제23조 및 동법 시행령 제24조·제26조 및 제28조의 규정에 의하여 계산한 금액을 말한다. 이 경우 감가상각자산의 내용연수는 「법인세법 시행령」 제28조 제1항 제2호의 규정에 의한 기준내용연수를 적용한다.

621) 「지방세법 시행령」 제6조 각 호에 규정된 특수부대설비에 대하여 「지방세법 시행령」 제4조 제1항에 따라 해당 시설물 및 구축물과 별도로 평가한 가액이 있는 경우에는 이를 가산한 가액을 말한다.

[표 7 - 61] 사실상 임대차계약이 체결되거나 임차권이 등기된 재산의 평가방법

평가액 = Max [(a), (b)]

(a: 입목 및 그 외 유형자산) 임대료 등의 환산가액 $= \dfrac{1년간의\ 임대료}{12\%} + 임대보증금$

(a: 선박, 항공기, 차량, 기계장비) 임대료 등의 환산가액 $= 임대보증금 \times (1-기준경비율)$

$$+ \sum \dfrac{임대료 \times (1-기준경비율)}{(1+이자율)^n}$$

(b) 부동산에 대한 기준시가 등 보충적 평가액

임대료 등의 환산가액을 적용하여 토지와 건물의 소유현황 등에 따른 가액을 계산할 때에는 토지와 건물의 소유자가 동일한 경우와 토지와 건물의 소유자가 다른 경우로 구분하여 평가액을 산정한다.

[표 7 - 62] 토지와 건물의 소유현황에 따른 평가

(가) 토지와 건물의 소유자가 동일한 경우	토지 및 건물의 소유자가 임차인으로부터 받은 임대료 등의 환산가액을 법 기준시가 등 보충적 평가방법으로 평가한 토지와 건물의 가액[622]으로 나누어 계산한 금액을 각각 토지와 건물의 평가가액으로 한다.
(나) 토지와 건물의 소유자가 다른 경우	토지 소유자와 건물 소유자가 제3자와의 임대차계약 당사자인 경우에는 토지 소유자와 건물 소유자에게 구분되어 귀속되는 임대료 등의 환산가액을 각각 토지와 건물의 평가가액으로 한다.
	토지 소유자와 건물 소유자 중 어느 한 사람만이 제3자와의 임대차계약의 당사자인 경우에는 토지 소유자와 건물 소유자 사이의 임대차계약의 존재 여부 및 그 내용에 상관없이 제3자가 지급하는 임대료와 임대보증금을 토지와 건물 전체에 대한 것으로 보아 제3자가 지급하는 임대료 등의 환산가액을 토지와 건물의 기준시가로 나누어 계산한 금액을 각각 토지와 건물의 평가가액으로 한다.

⑨ 공유물인 재산의 타인지분에 감정가액이 있는 경우

평가대상 재산이 공유물인 경우 그 재산의 타인지분에 감정가액이 있는 경우에는 그 감정가액을 재산의 시가로 볼 수 있다. 다만, 공유물이 현실적으로 각자가 별도로 관리·처분할 수 있고 이에 대한 계약 등에 따라 그 사실이 확인되거나 상호 명의신탁재산에 해당하여 사실상 이를 공유물로 볼 수 없는 경우에는 타인지분에 대한 감정가액을 평가대상 재산의

---

622) 상증법 제61조 제1항부터 제4항까지의 규정으로 평가한 가액

시가로 보지 아니한다.[623)]

2) 선박 등 그 밖의 유형재산의 평가(상증법 제62조)

① 선박·항공기·차량·기계장비·입목에 대한 평가

선박·항공기·차량·기계장비 및 「입목에 관한 법률」의 적용을 받는 입목은 해당 자산을 처분할 경우 다시 취득할 수 있다고 예상되는 가액으로 평가하며, 그 가액이 확인되지 아니하는 경우에는 장부가액(취득가액에서 감가상각비[624)]를 뺀 가액) 및 「지방세법 시행령」 제4조 제1항의 시가표준액에 따른 가액을 순차로 적용한다.

② 상품·제품·반제품·재공품·원재료 기타 이에 준하는 동산 및 소유권의 대상이 되는 동산의 평가

상품·제품·반제품·재공품·원재료 기타 이에 준하는 동산 및 소유권의 대상이 되는 동산의 평가는 그것을 처분할 때에 취득할 수 있다고 예상되는 가액으로 한다. 단, 그 가액이 확인되지 아니하는 경우에는 장부가액으로 한다. 재취득가액 산정 시 사업용 재고자산인 경우 재취득가액에는 부가가치세가 포함되지 않는다.

③ 판매용이 아닌 서화·골동품 등 예술적 가치가 있는 유형재산의 평가

판매용이 아닌 서화·골동품 등 예술적 가치가 있는 유형재산의 평가는 다음 표에 의한 전문분야별로 2인 이상의 전문기관이 감정한 가액의 평균액으로 한다. 다만, 그 가액이 국세청장이 위촉한 3인 이상의 전문가로 구성된 감정평가심의회에서 감정한 감정가액에 미달하는 경우에는 그 감정가액에 의하며, 특수관계인 간에 양도 또는 양수하는 경우에는 감정평가액이 감정평가심의회 감정가액의 150%를 초과하는 경우에는 감정평가심의회의 감정가액으로 한다.

---

623) 상증법 기본통칙 60-49…3 【공유물인 재산의 타인지분에 감정가액이 있는 경우의 평가방법】

624) [재산-386, 2012.10.31.] 「상속세 및 증여세법 시행령」 제52조 제1항에서 정한 선박, 기계장치 등의 유형재산을 평가함에 있어 재취득가액을 확인할 수 없어 장부가액으로 평가할 경우 장부가액은 취득가액에서 감가상각비를 뺀 가액을 말하며, 감가상각비는 법인이 납세지 관할세무서장에게 신고한 상각방법(「법인세법 시행령」 제27조에 따라 납세지 관할세무서장의 승인을 얻어 상각방법을 변경한 경우에는 변경 전과 변경 후 각각의 상각방법을 말한다)에 따라 법인세법상 기준내용연수를 적용하여 계산한 취득일부터 평가기준일까지의 감가상각비를 말하는 것임.

[표 7 - 63] 서화 · 골동품 등 예술적 가치가 유형자산의 전문 분야

```
가. 서화 · 전적
나. 도자기 · 토기 · 철물
다. 목공예 · 민속장신구
라. 선사유물
마. 석공예
바. 기타 골동품
사. 가목부터 바목까지에 해당하지 아니하는 미술품
```

④ 소유권의 대상이 되는 동물 및 기타 유형재산의 평가

소유권의 대상이 되는 동물 및 보충적 평가방법의 규정에서 따로 평가방법을 규정하지 아니한 기타 유형재산의 평가는 상품 등의 평가 규정을 준용하여 평가한다. 즉, 그것을 처분할 때에 취득할 수 있다고 예상되는 가액으로 평가하며, 그 가액이 확인되지 아니하는 경우에는 장부가액으로 한다.

3) 유가증권 등의 평가 (상증법 제63조)

① 주식 등의 평가

평가대상법인이 보유한 주식 등의 평가는 상장주식 또는 비상장주식의 평가방법과 동일하게 적용한다. 즉, 비상장법인이 보유한 상장주식의 평가는 평가기준일 전후 2월간의 매일의 최종시세가액 평균액으로 평가하는 것이며, 비상장주식도 원칙으로는 시가로 평가하고, 시가가 불분명한 경우에는 보충적 평가방법에 따라 평가하여야 하는 것이다. 그러나, 모든 보유 주식에 대해 이렇게 평가하는 것이 실무적으로 간단하지 않기 때문에 평가대상법인이 보유한 다른 비상장법인의 지분이 100분의 10 이하인 경우에는 취득가액[625]에 의해 평가할 수 있도록 하고 있다. 다만, 이 경우에도 시가 있으면 시가를 우선 적용하도록 하고 있다. 100분 10 이하 여부를 판단하기 위한 발행주식총수 계산에 있어서는 자기주식은 제외하고 보유비율을 산정한다.

② 국채(國債) · 공채(公債) 등 주식 이외의 유가증권의 평가

가) 거래소에서 거래되는 국채 등

거래소에서 거래되는 국채 등(평가기준일 이전 2개월의 기간 중 거래실적이 없는 국채 등은 제외)은 평가기준일 전후 2월간 공표된 매일의 최종시세가액 평균액과 평가기준일 이

---

625) 「법인세법 시행령」 제74조 제1항 제1호 마목에 따른 취득가액

전 최근일의 최종 시세가액 중 큰 가액으로 한다.

[표 7 - 64] 거래소에 거래되는 국채 등의 평가방법

거래소에 거래되는 국채 등의 평가액 = Max[ⓐ, ⓑ]
ⓐ 평가기준일 전후 2월간 공표된 매일의 최종 시세가액 평균액
ⓑ 평가기준일 이전 최근일의 최종 시세가액

나) 가) 이외의 국채 등[626]

[표 7 - 65] 거래소에서 거래되는 국채 이외의 평가방법

구분	평가방법
타인으로부터 매입한 국채 등[627]	매입가액 + 평가기준일까지의 미수이자상당액
그 밖의 국채	평가기준일 현재 이를 처분하는 경우에 받을 수 있다고 예상되는 금액(처분예상금액)
	처분예상금액 산정이 어려울 경우에는 2 이상 평가기관의 평가액 평균액

그 밖의 국채 평가 시 처분예상금액을 산정하기 어려운 경우에는 「자본시장과 금융투자업에 관한 법률」에 따라 인가를 받은 투자매매업자, 투자중개업자, 「공인회계사법」에 따른 회계법인 또는 「세무사법」에 따른 세무법인 중 둘 이상의 자가 상환기간 · 이자율 · 이자지급방법 등을 감안하여 평가한 금액의 평균액으로 할 수 있다.

③ 대부금 · 외상매출금 및 받을어음 등의 채권가액과 입회금 · 보증금 등의 채무가액

대부금 · 외상매출금 및 받을어음 등의 채권가액과 입회금 · 보증금 등의 채무가액은 원본의 회수기간 · 약정이자율 및 금융시장에서 형성되는 평균이자율 등을 감안하여 다음과 같이 평가한다. 다만, 채권의 전부 또는 일부가 평가기준일 현재 회수불가능한 것으로 인정되는 경우에는 그 가액을 산입하지 아니한다.[628]

---

626) 상장되었더라도 평가기준일 이전 2개월의 기간 중 거래실적이 없는 국채 등에 평가를 포함한다.

627) 국채 등의 발행기관 및 발행회사로부터 액면가액으로 직접 매입한 것을 제외한다.

628) 대손금이 법인세법에 의하여 손금에 산입되는 시기와 상속세및증여세법에 의하여 순자산가액에서 차감되는 시기는 동일하다고 볼 수는 없으며, 평가기준일 현재 대손으로 회계처리하지 아니하였더라도 사실상 대손으로 확정된 금액이 있다면 동 금액에 상당하는 채권을 자산에서 제외하여 평가하는 것이 상속세및증여세법상 시가주의 평가원칙에 부합하다고 해석하고 있다(국심 2004광1863, 2004.10.20., 국심 2003서3666, 2004.2.25.).

[표 7-66] 외상매출금 등 채권가액 또는 보증금 등 채무가액의 평가방법

구분	평가방법[629]
원본의 회수기간이 5년을 초과하는 채권	$\sum_{n=1}^{n} \dfrac{\text{각 연도에 회수할 금액}}{(1+8\%)}$
회사정리절차 또는 화의절차의 개시 등의 사유로 당초 채권의 내용이 변경된 경우	
그 밖의 채권	원본의 가액 + 평가기준일까지의 미수이자 상당액

각 연도에 회수할 금액에는 원본에 이자상당액을 가산한 금액을 말하며, 시설물이용권에 대한 입회금·보증금 등으로서 원본의 회수기간이 정하여지지 아니한 것은 그 회수기간을 5년으로 본다.[630]

④ 집합투자증권의 평가

「자본시장과 금융투자업에 관한 법률」에 따른 집합투자증권의 평가는 평가기준일 현재의 거래소의 기준가격으로 하거나 집합투자업자 또는 투자회사가 같은 법에 따라 산정 또는 공고한 기준가격으로 한다. 다만, 평가기준일 현재의 기준가격이 없는 경우에는 평가기준일 현재의 환매가격 또는 평가기준일 전 가장 가까운 날의 기준가격으로 한다.

⑤ 예금·저금·적금 등의 평가

예금·저금·적금 등의 평가는 평가기준일 현재 예입(預入) 총액과 같은 날 현재 이미 지난 미수이자(未收利子) 상당액을 합친 금액에서 「소득세법」 제127조 제1항에 따른 원천징수세액 상당 금액을 뺀 가액으로 한다. 일반적으로 미수이자는 회수시점까지 법인세법 상 익금불산입되어 유보처리되었을 것이나, 상증법 상 보충적 평가방법의 순자산가액 산정 시에는 순자산가액에 가산하게 된다.

> 예금 등의 평가 = 평가기준일 현재의 예입 총액 + 이미 경과한 기간에 대한 미수이자 상당액 − 원천징수세액[631]

---

629) 할인율은 기획재정부령이 정하는 이자율로서 바뀔 수 있으며, 현재는 8%가 적용되고 있다.

630) 상증칙 제18조의 2

631) 현 규정 상 미수이자를 평가하여 가산할 때 예금 및 적금 등 관련 원천징수세액을 차감하도록 규정되어 있으나, 다른 재산 평가에는 관련 규정이 없어 대여금 등 미수이자를 가산하는 다른 재산에 대한 평가 시에 는 원천징수세액을 차감하지 않는 것으로 해석되고 있다.

⑥ 전환사채의 평가

전환사채는 사채를 발행회사의 주식으로 전환할 수 있는 권리를 사채권자에게 부여한 사채로서 거래소에 거래가 이루어지는 경우에는 시가로 평가하고, 거래소에 거래되지 않은 경우에는 주식으로 전환이 불가능한 기간과 주식으로 전환이 가능한 기간을 구분하여 평가방법을 규정하고 있다. 다만, 거래소에 거래되지 않는 전환사채에 대한 2 이상의 평가기관의 평가액이 있는 경우에는 평가한 금액의 평균액으로 할 수 있다(이하 신주인수권부 사채 등도 동일하다).[632]

[표 7 - 67] 전환사채의 기본 평가 구조

구분		평가 방법[633]
거래소에서 거래되는 전환사채		Max[ⓐ, ⓑ] ⓐ 평가기준일 전후 2월간의 공표된 매일의 최종시세가액 평균액 ⓑ 평가기준일 이전 최근일의 최종시세가액
거래소에 거래되지 않은 전환사채	주식으로 전환이 불가능한 기간	$\dfrac{\text{만기상환금액}}{(1+Min[8\%, \text{사채발행이율}])^n} + \text{평가기준일까지의 이자상당액}$
	주식으로 전환이 가능한 기간	Max [ⓒ, ⓓ] ⓒ $= \dfrac{\text{만기상환금액}}{(1+Min[8\%, \text{사채발행이율}])^n} + \text{평가기준일까지의 이자상당액}$ ⓓ $=$ 전환사채로 전환할 수 있는 주식가액 $-$ 배당차액[634]
	평가기관의 평가액이 있는 경우	2 이상의 평가기관의 평균액[635]으로 할 수 있음.

⑦ 신주인수권부사채의 평가

신주인수권부사채는 사채발행 후 일정기간 내에 사채발행회사의 신주발행을 청구할 수 있는 권리를 사채권자에게 부여한 사채로서, 신주인수권부사채의 평가구조는 기본적으로 전환사채 평가방법과 동일하다. 단지 전환사채와 신주인수권부사채의 근본적인 차이로 인

---

632) 상증령 제58조의 2 제2항, 상증칙 제18조의 2 제1항

633) 할인율은 기획재정부령이 정하는 이자율로서 바뀔 수 있으며, 현재는 8%가 적용되고 있다.

634) 배당차액은 상증칙 제18조에 따른 금액으로 (1주당 액면가액 × 직전기 배당률 × $\dfrac{\text{신주발행일이 속하는 사업연도 개시일부터 배당기산일 전일까지의 일수}}{365}$)에 의해 계산한다.

635) 「자본시장과 금융투자업에 관한 법률」에 따라 인가를 받은 투자매매업자, 투자중개업자, 「공인회계사법」에 따른 회계법인 또는 「세무사법」에 따른 세무법인 중 둘 이상의 자가 상환기간·이자율·이자지급방법 등을 감안하여 평가한 금액의 평균액을 말한다.

한 거래소에 거래되지 않는 사채의 신주인수권 행사가 가능한 기간에 대한 평가방법만 차이가 있을 뿐이다.

[표 7 - 68] 신주인수권부사채의 기본 평가 구조

구분		평가방법[636]
거래소에서 거래되는 신주인수권부사채		Max [ⓐ, ⓑ] ⓐ 평가기준일 전후 2월간의 공표된 매일의 최종시세가액 평균액 ⓑ 평가기준일 이전 최근일의 최종시세가액
거래소에 거래되지 않은 신주인수권부사채	신주인수권의 행사가 불가능한 기간	$\dfrac{\text{만기상환금액}}{(1+\text{Min}[8\%, \text{사채발행이율}])^n}$ + 평가기준일까지의 이자상당액
	신주인수권의 행사가 가능한 기간	Max [ⓒ, ⓓ] ⓒ $=\dfrac{\text{만기상환금액}}{(1+\text{Min}[8\%, \text{사채발행이율}])^n}$ + 평가기준일까지의 이자상당액 ⓓ $=$ⓒ $-$ 전환사채 평가방법을 준용하여 평가한 신주인수권가액 + 신주인수권증권 평가방법을 준용하여 평가한 신주인수권가액을 가산한 금액
	평가기관의 평가액이 있는 경우	2 이상의 평가기관의 평균액으로 할 수 있음.

신주인수권 행사가 가능한 기간의 평가는 전환사채 평가 시 전환사채의 사채로서의 평가액과 주식으로 전환할 경우의 평가액 중 큰 금액으로 평가하는 것과 같이 신주인수권부사채로서의 평가액과 신주인수권이 없는 사채와 신주인수권의 가치의 합계액 중 큰 금액으로 평가하는 것이다. 신주인수권의 행사가 불가능한 기간의 신주인수권증권 평가액과 신주인수권 행사가 가능한 기간의 신주인수권 평가액 산정에 대한 방법은 다음 장에서 다룬다.

⑧ 신주인수권증권의 평가

신주인수권부사채에서 신주인수권이 분리된 경우의 증권을 신주인수권증권이라고 한다. 신주인수권증권의 경우에도 거래소에 거래되는 경우와 거래소에 거래되지 않을 경우 신주인수권 행사 가능 기간과 신주인수권 행사가 불가능한 기간을 각각 구분하여 평가방법을 규정하고 있다.

---

636) 할인율은 기획재정부령이 정하는 이자율로서 바뀔 수 있으며, 산식에는 현행 규정의 이자율로 표시하였다.

[표 7-69] 신주인수권의 기본 평가 구조

구분		평가방법[637]
거래소에서 거래되는 신주인수권증권		Max [ⓐ, ⓑ] ⓐ 평가기준일 전후 2월간의 공표된 매일의 최종시세가액 평균액 ⓑ 평가기준일 이전 최근일의 최종시세가액
거래소에 거래되지 않은 신주인수권증권	신주인수권의 행사가 불가능한 기간	$$\frac{만기상환금액}{(1+사채발행이율])^n} - \frac{만기상환금액}{(1+8\%)^n}$$
	신주인수권의 행사가 가능한 기간	Max [ⓒ, ⓓ] $$ⓒ = \frac{만기상환금액}{(1+사채발행이율])^n} - \frac{만기상환금액}{(1+8\%)^n}$$ ⓓ = 신주인수권증권으로 인수할 수 있는 주식가액 - 배당차액[638] - 신주인수가액
	평가기관의 평가액이 있는 경우	2 이상의 평가기관의 평균액으로 할 수 있음.

신주인수권 행사가 불가능한 기간의 평가액 산정에 있어서 만기상환금액은 만기 전에 발생하는 이자상당액을 포함하여 계산하고, 만약 적정할인율(8%)이 사채발행이율보다 낮다면 상기 평가액이 음수가 될 수 있는데, 이러한 경우에는 "0"으로 한다.

⑨ 신주인수권증서의 평가

신주인수권증서는 기업이 유상증자 등 신주를 발행할 때 신주를 인수할 수 있는 권리를 서류화한 증서로서 신주인수권부사채에 부여된 신주인수권증권과는 구별된다.

신주인수권증서의 평가는 거래소에 거래되는 경우와 그렇지 않은 경우로 구분하여 평가방법을 정하고 있다.[639] 거래소에서 거래되는 경우에는 거래소에 상장되어 거래되는 전체 거래일의 종가 평균가액으로 하며, 그 밖의 경우에는 신주인수권증서로 인수할 수 있는 주식의 권리락 전 가액에서 배당차액과 신주인수가액을 차감한 가액으로 한다. 다만, 당해 주식이 주권상장법인 등의 주식인 경우로서 권리락 후 주식가액이 권리락 전 주식가액에서

---

637) 할인율은 기획재정부령이 정하는 이자율로서 바뀔 수 있으며, 산식에는 현행 규정의 이자율로 표시하였다.
638) 배당차액은 상증칙 제18조에 따른 금액으로 (1주당 액면가액 × 직전기 배당률
 $\times \dfrac{신주발행일이 속하는 사업연도 개시일부터 배당기산일 전일까지의 일수}{365}$)에 의해 계산한다.
639) 2018년 2월 13일 개정

배당차액을 차감한 가액보다 적은 경우에는 권리락 후 주식가액에서 신주인수가액을 차감한 가액으로 한다.

[표 7-70] 신주인수권증서의 평가 방법

구분	평가방법
거래소에서 거래되는 경우	거래소에 상장되어 거래되는 전체 거래일의 종가 평균
그 밖의 경우	인수할 수 있는 주식의 권리락 전 가액 − 배당차액 − 신주인수가액
[권리락 후 주식가액 〈 (권리락 전 주식가액 − 배당차액)] 인 경우	인수할 수 있는 주식의 권리락 후 가액 − 신주인수가액
평가기관의 평가액이 있는 경우	2 이상의 평가기관의 평균액으로 할 수 있음.

4) 무체재산권의 가액(상증법 제64조)

무체재산권(無體財産權)은 영업권, 어업권, 특허권·실용신안권·상표권·디자인권 및 저작권, 광업권 및 채석권 등이 있다.

무체재산권의 기본적인 평가 방법은 재산의 취득가액에서 취득한 날부터 평가기준일까지의 「법인세법」 상의 감가상각비를 뺀 금액과 장래의 경제적 이익을 고려하여 다음의 각 무체재산권 성격별로 평가한 금액 중 큰 금액으로 평가한다.

[표 7-71] 무체재산권 평가방법

무체재산권의 평가액 = Max [ⓐ, ⓑ]
ⓐ 취득가액 − 취득한 날부터 평가기준일까지의 「법인세법」 상의 감가상각비를 뺀 금액
ⓑ 장래 수입금액 예상액의 현재가치 합계액(상증령 제59조 [무체재산권의 평가]에 의한 평가)

① 영업권의 평가

영업권의 평가는 자기자본이익률을 초과하는 순손익액이 평가기준일 이후 영업권 지속연수(원칙적으로 5년) 동안 발생한다고 가정하였을 경우의 초과손익 합계액을 통해 산정하게 된다. 다만, 매입한 무체재산권으로서 그 성질상 영업권에 포함시켜 평가되는 무체재산권의 경우에는 이를 별도로 평가하지 아니하되, 당해 무체재산권의 평가액이 환산한 영업권평가액보다 큰 경우에는 당해 가액을 영업권의 평가액으로 하게 된다.[640] 영업권 평가와 관련한 구체적인 내용은 "Ⅲ. 4. 4) 영업권 평가"에서 다룬다.[641]

---

640) 상증령 제59조 제2항

② 특허권 · 실용신안권 · 상표권 · 디자인권 및 저작권 등

특허권 · 실용신안권 · 상표권 · 디자인권 및 저작권 등은 그 권리에 의하여 장래에 받을 각 연도의 수입금액을 현재가치로 환산하여 계산한 금액의 합계액에 의한다. 이 경우 각 연도의 수입금액이 확정되지 아니한 것은 평가기준일 전 최근 3년간[642]의 각 연도 수입금액의 평균액으로 할 수 있다. 만약 최근 3년간 수입금액이 없거나 저작권으로서 평가기준일 현재 장래에 받을 각 연도의 수입금액이 하락할 것이 명백한 경우에는 세무서장 등이 2 이상의 공신력 있는 감정기관 또는 전문가의 감정가액 및 해당 권리의 성질 기타 제반 사정을 감안하여 적정한 가액으로 평가할 수 있다.

[표 7-72] 특허권 등의 평가방법

특허권 등의 평가액[643]	$\sum_{n=1}^{n} \dfrac{\text{각 연도의 수입금액}}{(1+\frac{10}{100})^n}$
평가기간	당해 권리의 잔여 존속기간(20년 이내)

상기 평가를 함에 있어서 평가기준일부터의 최종 경과연수는 당해 권리의 존속기간에서 평가기준일 전일까지 경과된 연수를 차감하여 계산한다. 이 경우 평가기준일부터의 최종 경과연수가 20년을 초과하는 때에는 20년으로 한다.[644]

③ 광업권 및 채석권 등

광업권 및 채석권 등은 평가기준일 이후의 채굴가능연수에 대하여 평가기준일 전 3년간 평균소득[645]을 각 연도마다 현재가치로 의하여 환산한 금액의 합계액으로 평가한다. 다만, 조업할 가치가 없는 경우에는 설비 등에 의하여만 평가한 가액으로 한다.

[표 7-73] 광업권 등의 평가방법

광업권 등의 평가액[646]	$\sum_{n=1}^{n} \dfrac{\text{평가기준일 전 3년간의 평균소득}}{(1+\frac{10}{100})^n}$
평가기간	채굴가능연수

641) 어업권의 가액은 영업권에 포함하여 계산한다.
642) 3년에 미달하는 경우에는 그 미달하는 연수로 한다.[상증칙 제19조 제4항]
643) 할인율은 기획재정부령이 정하는 이자율로서 바뀔 수 있으며, 산식에는 현행 규정의 이자율로 표시하였다.
644) 상증칙 제19조 제3항
645) 실적이 없는 경우에는 예상순소득으로 한다.

상기 평가를 함에 있어서 기간은 평가기준일부터 채굴가능연수를 의미한다.

[참고 1] 무형고정자산의 내용연수표(법인세법 시행규칙 별표 3)

내용연수	무형자산
5년	영업권, 디자인권, 실용신안권, 상표권
7년	특허권
10년	어업권, 「해저광물자원 개발법」에 의한 채취권(생산량비례법 선택 적용), 유료도로관리권, 수리권, 전기가스공급시설이용권, 공업용수도시설이용권, 수도시설이용권, 열공급시설이용권
20년	광업권(생산량비례법 선택 적용), 전신전화전용시설이용권, 전용측선이용권, 하수종말처리장시설관리권, 수도시설관리권
50년	댐사용권

5) 그 밖의 조건부 권리 등의 평가(상증법 제65조)

조건부 권리, 존속기간이 확정되지 아니한 권리, 신탁의 이익을 받을 권리 또는 소송 중인 권리 및 대통령령으로 정하는 정기금(定期金)을 받을 권리에 대해서는 해당 권리의 성질, 내용, 남은 기간 등을 기준으로 다음의 종류별 평가방법에 의해 그 가액을 평가하며, 그 밖에 상증법 재산평가 규정에서 따로 평가방법을 규정하지 아니한 재산의 평가는 상증법 제60조에서 제65조까지의 규정을 준용하여 평가한다.

① 조건부권리 등의 평가

조건부권리란 법률행위의 효력 발생 또는 소멸을 장래의 불확정한 사실의 성공, 실패 여부가 미정인 동안에 있어서 당사자의 일방이 가지는 「조건의 성취로 인하여 일정한 이익을 받을 것」이라는 기대권을 말하는데, 이러한 조건부 권리 등의 평가는 조건과 관련한 제반 사항을 감안하여 적정한 가액으로 평가하도록 하고 있다.

---

646) 할인율은 기획재정부령이 정하는 이자율로서 바뀔 수 있으며, 산식에는 현행 규정의 이자율로 표시하였다.

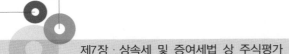

[표 7-74] 조건부 권리 등의 평가방법

구분	평가방법
조건부 권리	본래의 권리의 가액을 기초로 하여 평가기준일 현재의 조건내용을 구성하는 사실, 조건성취의 확실성, 기타 제반 사정을 감안한 적정가액
존속기간이 불확정한 권리의 가액	평가기준일 현재의 권리의 성질, 목적물의 내용연수 기타 제반 사항을 감안한 적정가액
소송중인 권리의 가액	평가기준일 현재의 분쟁관계의 진상을 조사하고 소송진행의 상황을 감안한 적정가액

② 신탁의 이익을 받을 권리의 평가

신탁의 이익이란 신탁에 기하여 수탁자가 신탁재산의 관리 · 처분 · 멸실 · 훼손 기타의 사유로 얻은 재산적 이익을 말하는데, 신탁 계약에 따라 그 신탁재산을 위탁한 신탁재산 원본의 이익의 수익자와 수익의 이익의 수익자가 동일할 수도 있고 다를 수도 있는데, 계약 내용에 따라 다음과 같이 구분하여 평가한다.

[표 7-75] 신탁의 이익을 받을 권리 평가방법[647]

구분		평가방법	평가하한
원본과 수익의 이익 수익자가 동일한 경우		평가기준일 현재 상증법상 재산평가방법에 따라 평가한 신탁재산의 가액	평가기준일 현재 신탁계약의 철회, 해지, 취소 등을 통해 받을 수 있는 일시금의 가액
원본을 받을 권리와 수익을 받을 권리의 수익자가 다른 경우	원본을 받을 권리를 수익하는 경우	평가기준일 현재 상증법상 재산평가방법에 따라 평가한 신탁재산의 가액에서 아래의 계산식에 따라 계산한 금액의 합계액을 뺀 금액	
	수익을 받을 권리를 수익하는 경우	다음의 계산식에 따라 계산한 금액의 합계액 $$\frac{\text{각 연도에 받을 수익의 이익} - \text{원천징수세액상당액}}{(1+3\%)^n}$$ * 신탁의 수익시기가 정해지지 않은 경우에는 정기금을 받을 권리의 평가규정을 준용한 기간으로 함.	

n은 평가기준일부터 수익시기까지의 연수이며, 할인율은 2017년 3월 10일 이전에는 10% 였으나, 이후부터는 3%를 적용한다.

---

647) 다만, 평가기준일 현재 신탁계약의 철회, 해지, 취소 등을 통해 받을 수 있는 일시금이 다음 각 호에 따라 평가한 가액보다 큰 경우에는 그 일시금의 가액에 의한다(2019.2.12.. 이후 상속이 개시되거나 증여받는 분을 평가하는 경우부터 적용).

③ 정기금을 받을 권리의 평가

정기금이란 일정한 기간 동안 정기적이고 반복적으로 금전이나 기타의 물건의 급부를 받을 것을 목적으로 하는 정기금 계약에 따라 받는 금액을 말하며, 급부 기간에 따라 다음과 같이 구분하여 평가한다.

[표 7-76] 정기금을 받을 권리의 평가방법[648]

구분	평가방법[649]
유기정기금	$\sum_{n=1}^{n} \dfrac{\text{각 연도에 받을 정기금액}}{(1+3\%)^n}$
무기정기금	1년분 정기금액의 20배에 상당하는 금액
종신정기금	정기금을 받을 권리가 있는 자의 「통계법」 제18조에 따라 통계청장이 승인하여 고시하는 통계표에 따른 성별·연령별 기대여명의 연수까지의 기간 중 각 연도에 받을 정기금액을 기준으로 유기정기금의 계산식에 따라 계산한 금액의 합계액

n은 평가기준일부터의 경과연수이며, 유기정기금의 평가액은 1년분 정기금액의 20배를 초과할 수 없다. 정기금을 받을 권리의 평가 시 적용할 이자율은 2017년 3월 10일 시행규칙 개정을 통해 종전 3.5%에서 3%로 하향 조정되었고, 이는 2017년 3월 10일 이후 상속 또는 증여 분부터 적용한다. 참고로 기존의 적용 이자율은 다음과 같다.

[표 7-77] 정기금을 받을 권리에 적용되는 이자율의 변경 내역

적용시기	적용 이자율
2017년 3월 10일 이후	3%
2016년 3월 21일 이후	3.5%
2004년 1월 1일 이후	6.5%

④ 가상자산의 평가

암호화폐와 같은 자산의 평가도 거래되는 시가를 반영하여 평가하도록 하고 있다. 즉, 「특정 금융거래정보의 보고 및 이용 등에 관한 법률」 제7조에 따라 신고가 수리된 가상자산사업자(이하 이 항에서 "가상자산사업자"라 한다) 중 국세청장이 고시하는 가상자산사

---

648) 다만, 평가기준일 현재 계약의 철회, 해지, 취소 등을 통해 받을 수 있는 일시금이 다음 각 호에 따라 평가한 가액보다 큰 경우에는 그 일시금의 가액에 의한다(2019.2.12. 이후 상속이 개시되거나 증여받는 분을 평가하는 경우부터 적용).
649) 할인율은 기획재정부령이 정하는 이자율로서 바뀔 수 있으며, 산식에는 현행 규정의 이자율로 표시하였다.

업자의 사업장에서 거래되는 가상자산은 평가기준일 전·이후 각 1개월 동안에 해당 가상자산사업자가 공시하는 일평균가액의 평균액으로 평가한다. 이러한 거래시장이 아닌 곳에서 거래되는 그 밖의 가상자산은 국세청장에 고시하는 가상자산사업자의 사업장에 준하는 사업자의 사업장에서 공시하는 거래일의 일평균가액 또는 종료시각에 공시된 시세가액 등 합리적으로 인정되는 가액으로 평가한다[650].

6) 연부 또는 월부로 취득하여 상환완료 전인 재산의 평가 (상증법 기본통칙 65 - 0…1)

연부 또는 월부에 따라 취득한 재산으로서 평가기준일 현재 상환이 완료되지 아니한 재산에 대해서는 그 재산의 가액에서 미상환금을 뺀 가액으로 평가하는 것이며, 이 경우 그 뺀 가액이 음수인 경우에는 "0"으로 한다.

7) 저당권 등이 설정된 재산 평가의 특례(상증법 제66조)

저당권 등이 설정된 재산은 상증법 상 재산평가의 기본원칙에도 불구하고 그 재산이 담보하는 채권액 등을 기준으로 상증법 상 재산평가의 기본원칙에 따라 평가한 가액과 담보하는 채권액 등을 기준으로 평가한 금액 중 큰 금액을 그 재산의 가액으로 한다[651].

[표 7 - 78] 저당권 등이 설정된 재산의 평가 특례

구분	특례평가의 방법	
특례 평가의 기본 방법	저당권 등이 설정된 재산의 평가 = Max [ⓐ, ⓑ] ⓐ 대상 재산의 시가. 시가 불분명의 경우에는 보충적 평가방법에 의한 평가액 ⓑ 담보하는 채권액 등을 기준으로 대상 자산별 평가방법에 따라 평가한 가액	
대상 자산별 평가 방법	(가) 저당권(공동저당권 및 근저당권은 제외)이 설정된 재산의 가액	당해 재산이 담보하는 채권액

---

650) 단, 상증세법 시행령 제60조 제2항에 따른 가상자산의 평가 규정은 2022년 1월 1일부터 시행한다.
651) 담보채권가액이 시가보다 비정상적으로 크다는 예외적인 사실을 납세자가 입증한다면 저당권 등이 설정된 재산 평가의 특례(상증법 제66조)의 적용을 배제할 수 있다. 그러나 본 조항은 기본적으로 시가가 존재하더라도 담보채권가액으로 평가하도록 규정하고 있으므로 1차적으로는 대상자산에 대한 시가를 파악하고, 다음으로는 담보채권가액이 시가를 반영하면서 정상적인 범위에서 설정되어 있는지를 파악하여 이를 비교함으로써 재산평가가 이루어져야 한다.

구분	특례평가의 방법	
대상 자산별 평가 방법	(나) 공동저당권이 설정된 재산의 가액	당해 재산이 담보하는 채권액을 공동저당 된 재산의 평가기준일 현재의 가액으로 안 분하여 계산한 가액
	(다) 근저당권이 설정된 재산의 가액	평가기준일 현재 당해 재산이 담보하는 채 권액
	(라) 질권이 설정된 재산 및 양도담 보재산의 가액	당해 재산이 담보하는 채권액
	(마) 전세권이 등기된 재산의 가액	등기된 전세금
	(바) 임대보증금을 받고 임대한 경우	임대보증금
	(사) 신탁계약을 체결한 재산	신탁계약 또는 수익증권에 따른 우선수익 자인 채권자의 수익한도금액

저당권 등의 재산을 평가함에 있어서 당해 재산에 설정된 근저당의 채권최고액이 담보하는 채권액보다 적은 경우에는 채권최고액으로 하고, 당해 재산에 설정된 물적담보 외에 기획재정부령이 정하는 신용보증기관[652]의 보증이 있는 경우에는 담보하는 채권액에서 당해 신용보증기관이 보증한 금액을 차감한 가액으로 하며, 동일한 재산이 다수의 채권(전세금채권과 임차보증금채권을 포함한다)의 담보로 되어 있는 경우에는 그 재산이 담보하는 채권액의 합계액으로 한다.

8) 외화자산 및 부채의 평가(상증령 제58조의 4)

외화자산 및 부채는 평가기준일 현재「외국환거래법」제5조 제1항[653]에 따른 기준환율 또는 재정환율에 따라 환산한 가액을 기준으로 평가한다.

9) 2 이상의 재산가액이 포함된 경우 시가의 안분

시가로 인정되는 매매 등의 가액에 2 이상의 재산가액이 포함됨으로써 각각의 재산가액이 구분되지 아니하는 경우에는 각각의 재산을 상증법 제61조 내지 제65조의 규정에 의하여 평가한 가액에 비례하여 안분 계산하되 각각의 재산에 대하여 감정가액(동일감정기관

---

652) 「법인세법 시행령」제63조 제1항 각호에서 규정하는 법인으로서 기술보증기금, 주택보증기금, 주택도시보증공사 등이 포함된다.
653) 기획재정부장관은 원활하고 질서 있는 외국환거래를 위하여 필요하면 외국환거래에 관한 기준환율, 외국환의 매도율·매입률 및 재정환율(이하 "기준환율등"이라 한다)을 정할 수 있다. 실무적으로는 "서울외국환중개"에서 고시하는 환율을 많이 활용한다.

이 동일한 시기에 감정한 각각의 감정가액을 말한다)이 있는 경우에는 감정가액에 비례하여 안분 계산한다. 다만, 토지와 그 토지에 정착된 건물 기타 구축물의 가액이 구분되지 아니하는 경우에는 「부가가치세법 시행령」 제64조에 따라 안분 계산한다.[654]

[표 7-79] 시가 평가 액의 안분 방법

구분		안분계산 방법
일반원칙	감정가액이 있는 경우	감정가액 비율로 안분계산
	그 외	보충적 평가방법(상증법 61조~65조)에 의해 평가한 가액에 비례하여 안분계산
토지와 그 토지에 정착된 구축물	감정가액 있는 경우	감정가액 비율로 안분계산
	기준시가가 모두 있는 경우	기준시가 비율로 안분계산
	하나 이상의 기준시가가 없는 경우	장부가액비율로 안분계산 (장부가액이 없는 경우에는 취득가액) → 기준시가가 있는 자산은 장부가액으로 1차 안분 후 금액을 기준시가로 2차 안분계산
	상기 사항 적용 곤란 시	국세청장이 정하는 "토지와 건물 등의 가액구분이 불분명한 경우 과세표준 안분계산방법"에 따름.

10) 부채의 평가

상증법 상 보충적 평가방법으로서의 재산 평가 규정에서는 부채의 개별 항목에 대한 규정은 별도로 두고 있지 않고, 비상장주식평가 규정의 순자산가액 산정 방법으로서 상증령 제55조와 상증칙 제17조의 2에 규정된 사항 및 상증법 제63조의 유가증권 평가 규정 중 '국채(國債)·공채(公債) 등 그 밖의 유가증권' 평가 규정을 참고하여 평가하여야 한다.

① 부채평가의 기본 원칙

부채가액은 평가기준일 현재 평가대상법인이 지급하여야 할 것으로 확정된 금액으로 평가한다. 즉 재무상태표에 계상된 부채의 경우에도 실질적으로 지급의무가 확정 또는 발생하지 아니하는 충당금이나 세법상 준비금 등은 부채가액에서 제외하여야 하는 것이며, 재무상태표에 부채로 계상되어 있지 않지만 보증채무를 평가대상법인이 변제한 후에도 주채무자가 변제불능상태이고 주채무자에 구상권을 행사할 수 없는 경우 등에 해당할 때에는 부채에 가산하여 평가하게 된다.

---

654) 상증령 제49조 제3항

② 부채평가 시 고려해야 할 사항

가) 장기채무의 현재가치 할인 평가 여부

「상속세 및 증여세법 시행령」제58조 제2항 및 같은 법 시행규칙 제18조의 2 제2항 제1호의 규정에 의하여 원본의 회수기간이 5년을 초과하는 채권·채무는 각 연도에 회수할 금액을 금융기관이 보증한 3년만기 회사채의 유통수익률(8%)을 감안하여 국세청장이 정하여 고시하는 이자율에 의하여 현재가치로 할인한 금액의 합계액으로 평가하는 것으로 규정하고 있다. 이 경우「소득세법」제94조 제1항 제4호 나목의 규정에 의한 시설물이용권에 대한 입회금·보증금 등의 회수기간은 평가기준일부터 입회금을 반환하기로 약정한 날까지의 기간을 말하는 것이나, 원본의 회수기간이 정하여지지 아니한 경우에는 그 회수기간을 5년으로 보고 평가하게 된다.[655]

나) 사채의 평가 계정 등

사채할인(할증)발행차금은 당해 법인의 부채에서 가감하지 아니하는 것이며, 전환사채 및 신주인수권부사채의 권리자가 중도에 전환권 또는 신주인수권을 행사하지 않아 만기 상환할 것을 가정하여 발행회사가 채권자에게 만기에 지급하는 이자비용을 장기미지급이자로 계상한 경우 당해 장기미지급이자는 부채에 가산하지 아니하는 것으로 해석하고 있다.[656]

---

655) 재산-1516, 2009.7.23.
656) 서일 46014-10359, 2001.10.26.

Wrap up & 참고사항

1 Wrap up

- 상증법상 평가는 시가 평가가 기본 원칙이다.
- 시가를 산정하기 어려운 경우에 보충적 평가방법을 적용하여 평가한다.

- 법인세법 상 시가는 "건전한 사회 통념 및 상거래 관행과 특수관계인이 아닌 자 간의 정상적인 거래에서 적용되거나 적용될 것으로 판단되는 가격"이다.
- 상증법 상 시가는 "불특정 다수인간에 자유로운 거래가 이루어지는 경우에 통상 성립된 다고 인정되는 가액"이다.

- 상증법 상 평가는 시가 또는 매매사례가액이 있는 경우에는 해당 가액으로 평가한다.
- 상장주식은 평가기준일 전후 2개월의 종가평균액을 시가로 본다.
- 시가 산정이 어려운 경우 보충적 평가방법으로 평가한다.

- 상증법에서 상장주식은 평가기준일 전후 2개월의 종가 평균액을 시가로 본다.
- 거래량을 가중평균하지 않는다.
- 전후 2개월 내에 합병·증자 등의 사유가 발생하였다면 해당 사유로 인한 기간을 제외 하고 평균액을 산정한다.

- 비상장주식의 보충적 평가는 순손익가치와 순자산가치를 가중평균하여 산정한다.
- 가중평균한 가치는 최소한 순자산가치의 80% 이상이어야 한다.

- 평가기준일 이전 3개년 사업연도의 순손익액의 가중평균액으로 손익가치를 산정한다.
- 순손익액의 가중치는 최근 사업연도부터 "3:2:1"이다.
- 순손익액은 각 사업연도 소득금액에서 실질적으로는 해당 법인의 수익 또는 비용에 해 당되지만 각 사업연도 소득금액에 반영되지 못한 항목을 가감하여 산정한다.

- 보충적 평가방법에서 순자산가치는 평가기준일의 순자산가액이다.
- 순자산가액은 각 자산과 부채를 회계상 재무상태표의 장부가액을 기초로 하여 규정에 따라 상증법으로 평가하거나, 세무상 장부가액으로 평가하여 산정한다.
- 순자산가액에는 영업권 평가액을 가산한다.

- 순자산가치와 순손익가치를 2:3으로 가중평균하여 주당 가치를 산정한다.

- 부동산, 주식 과다 보유 법인이거나 3년 미만 법인, 사업의 지속이 어려운 법인은 순자산 가치의 비중이 확대된다.

- 최대주주 지분은 20%를 할증하여 평가한다.
- 중소기업 및 직전 3개년 매출 평균 5천억원 미만인 중견기업법 상 중견기업은 최대주주 지분이더라도 할증평가하지 않는다.
- 사실상 경영권 프리미엄이 있다고 보기 어려운 상황으로 규정된 경우에는 할증을 적용 하지 않는다.

2 Checkpoint & 필요자료 예시

1) Checkpoint 예시

구분	Checkpoint
일반사항	
규정	- 최근 세법 개정사항 여부를 확인하고 이러한 개정사항이 평가에 미치는 영향을 확인 하였는가? (판례, 예규 포함)
회사 일반 사항	- 회사명, 대표자, 사업자등록번호, 주소, 결산월 등 일반현황에 대해 파악하였는가?
	- 주주구성, 업종, 중소기업 해당 여부를 확인하였는가?
	- 상장 혹은 상장 준비 중인 회사인가?
	- 사업영위기간이 3년 이상인가?
	- 평가기준일 이전 최근 3사업연도 중 증자, 감자 존재 여부는? (순손익가치 및 순자산 가치 조정 사항 및 주식 수 산정)
	- 평가기준일 이전 3사업연도 중 합병, 분할 등의 존재 여부는? (손익합산 또는 안분, 주식수 산정)
평가 일반 사항	- 주식평가의 목적과 평가기준일을 확인하였는가?
	- 주식평가의 목적에 따라 발생 가능한 과세이슈를 파악하였는가? (예: 고가양수 및 저가양도에 따른 부당행위, 증여의제 등)
	- 시가 또는 시가로 의제되는 가액(매매사례가액 등)이 존재하는가?
	- 추정이익 사용이 가능한지, 그리고 사용될 필요가 있는지 고려되었는가?
	- 순자산만으로 평가하는 대상이 되는가?
	- 부동산보유비율, 주식보유비율이 검토되었는가?
	- 평가심의위원회제도 활용 여부가 고려되었는가? (회사의 경영상태, 유사법인의 거래내역 등을 감안한 평가액의 적정성을 고려)

구분	Checkpoint
순손익가치	
각사업연도 소득금액	– 평가 대상 3개 사업연도에 대한 정의가 이루어졌는가? (평가기준일이 사업연도 말인 경우 등)
	– 최근 3개 사업연도 각 사업연도 소득금액을 확인하였는가?
	– 법인세 경정신고 또는 수정신고 등이 있었는가?
	– 사업연도가 1년 미만인가? 혹은 사업연도 변경이 있었는가?
가산항목	– 국세 또는 지방세의 과오납금의 환급금에 대한 이자를 가산하였는가?
	– 수입배당금 익금불산입액을 가산하였는가?
	– 기부금의 손금산입 한도 초과액의 이월손금 산입액을 비용에서 제외하였는가?
	– 기타 가산이 필요한 항목이 있는지 확인하였는가?
차감항목	– 벌금, 과료, 과태료, 가산금 및 체납처분비를 차감하였는가?
	– 법령에 의하여 의무적으로 납부한 것이 아닌 공과금을 차감하였는가?
	– 업무무관지출비용을 차감하였는가?
	– 각 세법에서 규정하는 징수불이행으로 인하여 납부하였거나 납부할 세액을 차감하였는가?
	– 기부금, 접대비, 과다경비 손금불산입액을 차감하였는가?
	– 지급이자 손금불산입액을 차감하였는가?
	– 감가상각비 시인부족액을 차감하였는가?
	– 당해 사업연도의 법인세 총 결정세액을 반영하였는가?
	– 총 결정세액에 지방소득세 및 농어촌특별세를 포함하였는가?
	– 기타 추가적으로 각 사업연도소득에서 차감하여야할 항목이 있는지 여부를 확인하였는가?
기타	– 충당금 및 준비금 등 세법의 규정에 따라 일시 환입되는 금액이 있는지 여부를 확인하였는가?
	– 유상증자 또는 유상감자 시 반영할 이익(손익)을 가감하였는가?
	– 증자 또는 감자로 인한 주식수 환산이 이루어졌는가?
주당 순손익가치	– 사업연도 말 주식수 또는 환산주식수는 적절하게 계산되었는가?
	– 3개 사업연도 손익의 가중평균액은 적정하게 계산되었는가? (최근연도부터 3:2:1로 가중평균하며, 각 사업연도의 1주당 순손익액이 0원 이하인 경우 0원 이하의 가액을 그대로 적용하고, 가중평균한 1주당 순손익가치가 0원 이하인 경우에는 0원으로 하여 주식가치를 산정 등)
	– 자본환원율은 확인하였는가?

구분	Checkpoint
순자산가치	
일반사항	– 평가기준일의 재무상태표를 확인하였는가?
자산 가산항목	– 각 개별자산을 검토하여 상증법 평가방법으로 평가할 항목과 장부가액으로 평가할 항목을 구분하였는가? (구분기준은 규정의 존재 여부, 시가의 존재 여부, 자산의 성격 및 중요성 등 고려)
	– 개별자산에 대한 상증법상 평가가 이루어졌는가?
	– 장부가액과 비교가 이루어졌는가?
	– 평가차액에 반영이 필요한가 혹은 장부가액으로 평가가 필요한가?
	– 개별자산을 상증법으로 평가하지 않은 자산이 있는가?
	– 상증법 평가가 이루어지지 않은 자산에 대한 법인세법 상 유보금액을 확인하였고, 유보금액을 가감 여부를 파악하였는가?
	– 재무상태표에 계상되지 않았으나 평가기준일 현재 지급받을 권리가 확정된 가액이 있는가?
자산 차감항목	– 선급비용 중 평가기준일 현재 비용으로 확정된 가액이 있는가?
	– 무형자산 중 법인세법상 개발비로 계상된 내역이 있는가?
	– 이연법인세 자산 항목으로 계상된 가액이 있는가?
자산 기타 고려사항	– 평가시 적용하는 재무제표일과 평가기준일 사이에 유상증자 또는 유상감자한 내역이 있는가?
부채 가산 항목	– 평가기준일까지 발생된 소득에 대한 법인세액을 부채에 가산하였는가?
	– 평가기준일 현재 이익의 처분으로 확정된 배당금·상여금 및 기타 지급의무가 확정된 금액을 부채에 가산하였는가?
	– 평가기준일 현재 재직하는 임원 또는 사용인 전원이 퇴직할 경우에 퇴직급여로 지급되어야 할 금액의 추계액은 부채에 가산하였는가? (이 경우, 부채로 기 계상된 퇴직급여충당부채 등 제충당금 계정의 차감 여부도 확인)
	– 이외에 평가기준일 현재 지급의무가 확정된 채무가 있는가?
부채 차감 항목	– 평가기준일 현재의 제충당금 및 제준비금을 확인하였고 부채에서 차감하였는가?
	– 충당금 중 평가기준일 현재 비용으로 확정된 가액이 있는가?
	– 이러한 금액은 순자산차감항목으로서 고려되었는가?
	– 이연법인세 부채 등 평가기준일 현재 지급의무가 확정되지 아니한 채무가 있는가?
영업권	– 순자산가액만으로 평가가 필요한 법인인가? (또는 영업권 평가액을 자산가액에 합산하지 않는 대상에 해당하지는 않는가?)
	– 최근 3년간의 순손익액 가중평균액의 50%를 산정하였는가?
	– 평가기준일 현재 자기자본의 10%를 산정하였는가?

구분	Checkpoint
	- 자기자본 계산 시 상증법 상 평가한 순자산가액을 적용하였고, 영업권은 순자산가액에서 제외되었는가?
	- 영업권의 지속연수를 확인하였는가? (원칙적으로 5년)
	- 매입한 무체재산권으로서 그 성질상 영업권에 포함시켜 평가되는 무체재산권이 있는가?
	- 해당 금액이 영업권 평가 산식에 의해 계산된 금액과 비교가 이루어졌는가?
주식 수	- 발행주식총수를 확인하였는가?
	- 자기주식을 보유하고 있는가? 보유 목적은 무엇인가?
개별 자산 부채의 평가	- 개별 자산 부채의 평가는 시가, 보충적 평가액, 담보가액, 장부가액, 세무상 유보 등이 적절하게 고려되어 평가되었는가? *개별 자산 부채의 평가와 관련된 항목별 Checkpoint는 "VI. 2. 개별 자산별 보충적 평가방법 요약표"를 활용한다.
주식가치 평가	
주식가치 평가	- 순손익가치와 순자산가치의 가중치를 결정하기 위한 요소가 검토되었는가? (부동산보유비율, 주식보유비율, 사업개시연도, 휴폐업/계속사업 여부 등)
	- 할증 여부가 검토되었는가? (최대주주 등, 중소기업/중견기업, 할증 적용 예외 사항 등)
	- 가중평균으로 산정된 주식가치와 순자산가치의 80%와 비교가 이루어졌는가?

2) 필요자료 예시

필요 자료	Source 등
1) 기본 자료	
- 평가기준일의 법인 등기부 등본	
- 평가기준일 이전 최근 3개 사업연도 법인세 세무조정계산서	
- 평가기준일 현재 재무상태표 및 각 계정별 명세서	
- 평가기준일까지의 세무조정 내역(최근 사업연도말~평가기준일)	
- 평가기준일 전후 6개월(또는 3개월) 기간 내 주식매매 발생 내역	
- 주주구성 내역 및 특수관계자 현황과 최근 3년간 주주변동 내역	
- 평가기준일 이전 3개 사업연도 중 증자, 감자, 합병, 분할 등 자본변동 여부 및 해당 내역	증자 등의 내역, 피합병법인 등의 세무조정계산서 등
- 평가기준일 및 최근 3사업연도의 발행주식 총수, 주식의 종류 및 자기주식 내역	

필요 자료	Source 등
2) 순손익가치 필요자료	
– 평가기준일 이전 최근 3개 사업연도 법인세과세표준 및 세액조정 계산서	법인세 세무조정계산서 별지 제3호 서식
– 평가기준일 이전 최근 3개 사업연도 소득금액조정합계표	법인세 세무조정계산서 별지 제15호 서식
– 평가기준일 이전 3개 사업연도 손익계산서	추정이익 대상 파악 등
3) 순자산가치 필요자료	
– 평가기준일 현재 재무상태표	
– 평가기준일 현재 결산 잔액 명세서	
– 토지, 건물의 등기부등본 및 건축물대장 (유형자산 외의 타계정 부동산을 포함)	지번별 취득가액, 장부가액 등
– 토지, 건물 등의 공시지가 및 기준시가	지자체, 국세청, 국토교통부 등
– 평가기준일 전후 6개월(또는 3개월) 기간 내의 감정평가 자료	
– 감가상각비 계산 내역	상각방법, 내용연수, 취득가액, 취득일자 등
– 상품, 제품 등의 재취득가액	
– 보유 상장주식의 평가기준일 전후 2개월 최종시세가액	한국거래소 등
– 보유 비상장주식의 평가내역(지분 10% 초과 법인)	
– 매출채권 등 현실적으로 회수가 불가능한 채권액 및 내역	
– 대여금, 보증금, 차입금 등 채권, 채무액의 약정서	기간, 만기, 이자율, 상환(회수) 스케줄 등
– 회원권 등의 내역	구좌수, 시가 등
– 예적금 등의 미수이자 및 원천징수세액	
– 국공채, 전환사채 등의 내역	시가, 기간, 만기, 이자율, 상환(회수)구조 등
– 특허권 등 무체재산권 등의 내역	매입 여부, 기간, 예상수입금액 등
– 저당권, 담보권 등의 설정 자산의 내역	
– 임대부동산의 내역	
– 기준환율	
– 평가기준일 현재 지급받을 권리가 확정된 가액 여부	
– 선급비용 중 평가기준일 현재 비용으로 확정된 내역	

필요 자료	Source 등
- 평가기준일까지 발생된 소득에 법인세, 농어촌특별세액, 지방소득세 등의 내역	
- 평가기준일 현재 일시 퇴직기준 퇴직금추계액	
- 평가기준일 현재 지급의무가 확정된 배당금 등 채무 내역	
- 평가기준일 현재 지급의무가 확정되지 아니한 미확정 부채 내역	
- 충당금 및 준비금 내역	
- 평가기준일의 자본금과 적립금조정 명세서(을) 상의 유보금액	법인세 세무조정계산서 별표 제50호 서식(을)
- 기타	
4) 기타 필요자료	
- 평가기준일과 이용 재무제표기준일 사이 주요 변동 사항	
- 이전 3사업연도에 대한 세무조사, 수정신고, 경정청구 등의 내역	

3 비상장주식 평가심의위원회 평가 서식[657]

〈평가심의위원회 운영규정 별지 제4호 서식 부표4〉 (2016.8.16. 신설)　　　　　　(앞면)

순 손 익 액 계 산 서

평가대상 법인명 :		평가기준일 :		
평가기준일 이전 1년, 2년, 3년이 되는 사업연도				
① 사 업 연 도 소 득	계			
소득에 가산할 금 액	② 국세,지방세과오납에 대한 환급금이자			
	③ 수입배당금 중 익금불산입한 금액			
	④ 기부금의 손금산입한도액 초과금액의 이월손금 산입액			
	④-1 화폐성 외화자산 등의 평가이익[658]			
	④-2 이월된 업무용 승용차 관련 손금 산입액			
	(A)합계(①+②+③+④+④-1)			
	⑤ 벌금, 과료, 과태료 가산금과			

---

657) 평가심의위원회 운영규정 별지 제4호

소득에서 공제할 금액	체납처분비				
	⑥ 손금 용인되지 않는 공과금				
	⑦ 업무에 관련없는 지출				
	⑧ 각 세법에 규정하는 징수 불이행 납부세액				
	⑨ 기부금 한도 초과액				
	⑩ 접대비 한도 초과액				
	⑪ 과다경비 등의 손금불산입액				
	⑫ 지급이자의 손금불산입액				
	⑬ 감가상각비 시인부족액에서 상각 부인액을 손금으로 추인 차감한 금액				
	⑬-1 화폐성 외화자산 등의 평가손실[659]				
	⑬-2 징벌적 목적의 손해배상금 등에 대한 손금불산입액				
	⑬-3 업무용 승용차 관련 손금불산입액				
	⑭ 법인세 총결정세액				
	⑮ 농어촌특별세 총결정세액				
	⑯ 지방소득세 총결정세액				
(B) 공제할 금액 합계(⑤+…⑯)					
⑰ 순 손 익 액 (A - B)					
⑱ 유 상 증 (감) 자 시 반 영 액					
⑲ 순 손 익 액 (⑰ ± ⑱)					
⑳ 사 업 연 도 말 주 식 수 또 는 환 산 주 식 수					
㉑ 주 당 순 손 익 액 (⑲ ÷ ⑳)			ⓐ	ⓑ	ⓒ
㉒ 가 중 평 균 액 { (ⓐ × 3 + ⓑ × 2 + ⓒ) / 6 }					
㉓ 기 획 재 정 부 령 으 로 정 하 는 이 자 율					
㉔ 최 근 3 년 간 순 손 익 액 의 가 중 평 균 액 에 의 한 1 주 당 가 액(㉒ ÷ ㉓)					

---

658) 서식은 개정되지 않았으나 법규 개정 사항을 고려하여 추가함.
659) 서식은 개정되지 않았으나 법규 개정 사항을 고려하여 추가함.

순손익액 계산서 작성요령

1. 각 사업연도 소득(①) : 법인세법 제14조에 따른 각 사업연도 소득금액[법인세 과세표준 및 세액조정계산서(별지 제3호 서식) ⑩의 금액]을 말합니다.
2. 국세, 지방세 과오납에 대한 환급금이자(②) : 법인세법 제18조 제4호에 따른 국세·지방세의 과오납에 대한 환급금 이자로서 각 사업연도 소득금액계산상 익금에 산입하지 아니한 금액을 말합니다.
3. 기관투자자, 지주회사 등의 수입배당금 중 익금불산입액(③) : 법인세법 제18조의 2와 제18조의 3에 따른 수입배당금 중 익금불산입액을 말합니다.
4. 기부금의 손금산입한도액 초과금액의 이월손금 산입액(④): 법인세법 제24조 제4항에 따라 해당 사업연도의 손금에 산입한 금액으로서 손금에 산입하지 아니한 지정·법정기부금의 손금산입한도액 초과금액을 해당 사업연도의 다음 사업연도 개시일부터 5년 이내에 끝나는 각 사업연도에 이월하여 손금에 산입하는 그 초과금액(별지 제3호 서식 ⑩ 기부금 한도초과이월액 손금산입란의 금액)을 말합니다.
5. 벌금, 과료, 과태료, 가산금과 체납처분비(⑤) : 법인세법 제21조 제3호에 따른 벌금·과료·과태료·가산금 및 체납처분비로서 각 사업연도 소득금액계산액 손금에 산입하지 아니한 금액을 말합니다.
6. 손금 용인되지 않는 공과금(⑥) : 법인세법 제21조 제4호에 규정된 공과금 이외에 공과금으로서 각 사업연도 소득금액계산상 손금 용인되지 아니한 금액을 말합니다.
7. 업무에 관련없는 지출(⑦) : 법인세법 제27조에 따라 법인이 각 사업연도에 지출한 비용 중 법인의 업무와 직접 관련이 없다고 정부가 인정하는 금액으로 각 사업연도 소득금액계산상 손금 용인되지 아니한 금액을 말합니다.
8. 각 세법에 규정하는 징수불이행 납부세액(⑧) : 법인세법 제21조 제1호 및 동법 시행령 제21조에 따라 각 세법에 규정하는 의무 불이행으로 인하여 납부하였거나 납부하여야 할 세액(가산세 포함)으로 각 사업연도 소득금액 계산상 손금에 산입하지 아니한 금액을 말합니다.
9. 기부금 한도초과액(⑨) : 법인세 제24조에 따른 기부금 한도초과액(별지 제3호 서식 ⑩란의 금액) 및 비지정기부금(별지 제15호 서식 소득금액조정 합계표에 계상되어 비지정기부금으로 손금불산입된 금액)
10. 접대비 한도초과액(⑩) : 법인세법 제25조에 따른 접대비 한도초과액을 기재합니다.
11. 과다경비 등의 손금불산입액(⑪) : 법인세법 제26조에 따라 각 사업연도 소득금액 계산상 손금에 산입하지 아니한 금액을 말합니다.
12. 지급이자의 손금불산입(⑫) : 법인세법 제28조에 따른 지급이자 손금불산입액을 말합니다.
13. 감가상각비 시인부족액에서 상각부인액을 손금으로 추인 차감한 금액(⑬) : 법인세법 시행령 제32조 제1항에 따른 시인부족액에서 같은 조에 따른 상각부인액을 손금으로 추인한 금액을 뺀 금액을 말합니다.
14. 법인세액(⑭), 농어촌특별세액(⑮), 지방소득세액(⑯) : 평가대상 각 사업연도의 소득에 대하여 납부하였거나 납부하여야 할 법인세, 농어촌특별세 및 지방소득세의 총결정세액을 기재합니다.

15. 순손익액(A - B)(⑰) : 평가대상 기준이 되는 사업연도별로 (A)합계에서 (B)공제할 금액 합계를 차감하여 기재합니다.

16. 유상 증(감)자시 반영액(⑱) : 평가기준일이 속하는 사업연도 전 3년 이내에 해당 법인의 자본을 증가시키기 위하여 유상증자를 하거나 해당 법인의 자본을 감소시키기 위하여 유상감자를 한 사실이 있는 경우에는 유상증자 또는 유상감자를 한 사업연도와 그 이전 사업연도의 순손익액은 ⑰의 금액에 제1호에 따른 금액을 더하고 제2호에 따른 금액을 뺀 금액으로 합니다. 이 경우 유상증자 또는 유상감자를 한 사업연도의 순손익액은 사업연도 개시일부터 유상증자 또는 유상감자를 한 날까지의 기간에 대하여 월할로 계산하며, 1개월 미만은 1개월로 하여 계산합니다.

   1. 유상증자한 주식 등 1주당 납입금액 × 유상증자에 의하여 증가한 주식 등 수 × 기획재정부령으로 정하는 이자율

   2. 유상감자시 지급한 1주당 금액 × 유상감자에 의하여 감소된 주식 등 수 × 기획재정부령으로 정하는 이자율

17. 사업연도말 주식수 또는 환산주식수(⑳) : 평가대상 각 사업연도 종료일 현재의 발행주식총수를 기재합니다.

   다만, 평가기준일전 3년 이내에 증자나 감자를 한 사실이 있는 경우 증자 또는 감자전의 각 사업연도 종료일 현재의 발행주식총수는 다음 산식에 의하여 환산한 주식수로 합니다.

$$\text{증자 · 감자전 각사업연도말 주식수} \times \left(\frac{\text{증자 · 감자 직전 사업연도말 주식수} \pm \text{증자 · 감자 주식수}}{\text{증자 · 감자 직전 사업연도말 주식수}} \right) = \text{환산주식수}$$

17. 주당순손익액(㉑) : 해당 사업연도 별로 각각 순손익액(⑲)을 사업연도말 주식수 또는 환산주식수(⑳)로 나누어 계산합니다.

18. 가중평균액(㉒) :

   • 평가기준일 전 1년이 되는 사업연도의 주당순손익액을 해당 사업연도란 ⓐ에, 2년이 되는 사업연도분은 ⓑ에, 3년이 되는 사업연도분을 ⓒ에 기재하여 가중평균액을 계산합니다.

   • 「상속세 및 증여세법 시행규칙」 제17조의 3 제1항 각호의 사유가 있는 경우에는 「자본시장과 금융투자업에 관한 법률」 제335조의 3에 따라 신용평가업인가를 받은 신용평가전문기관, 회계법인 또는 세무법인 중 둘 이상의 신용평가기관이 「자본시장과 금융투자업에 관한 법률 시행령」 제176조의 5 제2항에 따라 금융위원회가 정한 1주당 추정이익을 산출하기 위한 기준에 따라 산출한 1주당 추정이익(상속세과세표준신고 및 증여세과세표준신고의 기한까지 신고한 경우로서 1주당 추정이익의 산정기준일과 평가서작성일이 해당 과세표준신고의 기한 이내에 속하고, 산정기준일과 상속개시일 또는 증여일이 같은 연도에 속하는 경우로 한정한다)의 평균가액에 의할 수 있습니다.

19. 기획재정부장관이 고시하는 이자율(㉓) : 순손익가치환원율

20. 최근 3년간 순손익액의 가중평균액에 의한 1주당가액(㉔) : ㉒가중평균액을 ㉓란의 이자율로 나눈 금액을 기재합니다. 이 경우 계산된 1주당 가중평균액이 "0" 이하인 경우에는 "0"으로 기재합니다.

〈평가심의위원회 운영규정 별지 제4호 서식 부표 5〉 (2016.8.16. 신설)　　　　　　(앞면)

순 자 산 가 액 계 산 서

평가대상 법인명 :

구 분 ＼ 평가기준일				
① 재 무 상 태 표 상 의 자 산 가 액				
자산에가산	② 평　　가　　차　　액			
	③ 법 인 세 법 상 유 보 금 액			
	④ 유　상　증　자　등			
	⑤ 기　　　　　　　타			
자산에서제외	⑥ 선　급　비　용　등			
	⑦ 증 자 일 전 의 잉 여 금 의 유 보 액			
가. 자 산 총 계 (①＋…⑤) － (⑥＋⑦)				
⑧ 재 무 상 태 표 상 의 부 채 액				
부채에가산	⑨ 법　　　인　　　세			
	⑩ 농　어　촌　특　별　세			
	⑪ 지　방　소　득　세			
	⑫ 배　당　금 · 상　여　금			
	⑬ 퇴　직　급　여　추　계　액			
	⑭ 기　　　　　　　타			
부채에서제외	⑮ (제　준　비　금)			
	⑯ (제　충　당　금)			
	⑰ (기　　　　　타)			
나. 부 채 총 계 (⑧＋…⑭) － (⑮＋…⑰)				
⑱ 영 업 권 포 함 전 순 자 산 가 액 (가－나)				
⑲ 영　　　　　업　　　　　권				
⑳ 순　자　산　가　액 (⑱ ＋ ⑲)				

620

순자산가액 계산서 작성요령

1. 재무상태표 상의 자산가액(①) : 평가기준일 또는 직전 사업연도말 현재 재무상태표 상의 자산총액을 기재합니다.
2. 평가차액(②) : 재무상태표 상의 자산종류별로 「상속세 및 증여세법」 제60조부터 제66조까지의 규정에 따라 평가액 가액과 재무상태표 상 금액과의 차액(평가차액계산명세서에서 옮겨 적음)을 기재합니다.
3. 법인세법 상의 유보금액(③) : 법인세결의서 「자본금과 적립금조서(을)」의 ⑤란 기말잔액의 합계액에서 ㉠~㉢을 차감한 금액을 기재합니다.
   ㉠ 보험업법에 의한 책임준비금과 비상위험준비금을 부인한 유보액
   ㉡ 제충당금 및 제준비금을 부인한 유보액
   ㉢ 「상속세 및 증여세법 시행령」에 의하여 평가한 자산의 가액에 포함된 부인 유보액
4. 유상증자 등(④) : 직전 사업연도말 현재의 재무상태표를 기준으로 하여 순자산가액을 계산하는 경우 직전 사업연도 종료일로부터 평가기준일까지 유상증자한 금액(유상감자한 경우에는 △로 차감으로 표시)을 기재하되, 유상증자 등의 내용이 반영된 평가기준일 현재 재무상태표를 기준으로 하는 경우에는 그러하지 아니합니다.
5. 평가기준일 현재 지급받을 권리가 확정된 금액은 이를 자산에 가산을 기재합니다.
6. 선급비용(⑥) : 평가기준일 현재 비용으로 확정된 선급비용을 말합니다.
7. 증자일 전의 잉여금의 유보액(⑦) : 증자일전의 잉여금의 유보액을 신입주주 또는 신입사원에게 분배하지 아니한다는 것을 조건으로 증자한 경우 신입주주 또는 신입사원의 출자지분을 평가함에 있어 분배하지 아니하기로 한 잉여금에 상당하는 금액을 말합니다.
8. 자산총계(가) : [①+②+③+④+⑤]－⑥－⑦
9. 재무상태표 상의 부채액(⑧) : 평가기준일 또는 직전 사업연도말에 현재 재무상태표상의 부채총액을 기재합니다.
10. 법인세(⑨), 농어촌특별세(⑩), 지방소득세(⑪) : 부채로 계상되지 아니한 평가기준일까지 발생된 소득에 대한 법인세, 농어촌특별세 및 지방소득세로서 납부할 세액을 말합니다.
11. 배당금, 상여금(⑫) : 평가기준일 현재 주주총회에서 처분결의된 주주에 대한 배당금 및 임원에 대한 상여금을 말합니다.
12. 퇴직급여추계액(⑬) : 평가기준일 현재 재직하는 사용인(임원 포함)의 전원이 퇴직할 경우 지급하여야 할 퇴직금추계액을 기재합니다.
13. 기타(⑭) : 피상속인의 사망에 따라 상속인과 그 외의 사람에게 지급하는 것이 확정된 퇴직수당금, 공로금, 기타 이에 준하는 금액을 기재합니다.
14. 제준비금(⑮) : 비상장법인인 보험회사 주식 평가시 보험업법에 따른 책임준비금과 비상위험준비금으로서 「법인세법 시행령」 제57조 제1항부터 제3항까지에 준하는 금액을 제외한 재무상태표상의 제준비금의 합계액을 기재합니다.
15. 제충당금(⑯) : 퇴직급여충당금, 단체퇴직급여충당금, 대손충당금 등 재무상태표상의 제충당금의 합계액(평가기준일 현재 비용 확정분 제외)을 기재합니다.
16. 부채총계(나) : [⑧+⑨+⑩+⑪+⑫+⑬+⑭]－⑮－⑯－⑰
17. 영업권(⑲) : 영업권평가조서 ⑳란의 영업권평가액을 옮겨 기재합니다.
18. 순자산가액(⑳) : ⑱란에 ⑲란의 평가액을 가산한 금액을 말하며, 이 경우 평가액이 "0" 이하인 경우에는 "0"으로 기입합니다.

〈평가심의위원회 운영규정 별지 제4호 서식 부표 6〉 (2016.8.16. 신설)

평 가 차 액 계 산 명 세 서

평가대상 법인명 :				평가기준일 : 년 월 일			
자 산 금 액				부 채 금 액			
계정과목	상증법에 따른 평가액	재무상태표상 금 액	차 액	계정과목	상증법에 따른 평가액	재무상태표상 금 액	차 액
합 계			A	합 계			B
비 고							

※ 기재요령

평가기준일 또는 직전 사업연도말 현재의 재무상태표상의 자산 또는 부채금액을 기준으로 하여 순자산가액을 계산시 재무상태표상 미계상된 경우를 포함한 평가차액을 계산하는 경우에 사용합니다.

 1. 계정과목란에는 평가대상 자산 또는 부채를 재무상태표에 기재된 계정명으로 기입하며 재무상태표상 미계상된 경우에는 추가로 기재합니다.
 2. 평가차액란 A(자산)에서 B(부채)를 차감한 잔액을 순자산가액계산서의 ②평가차액란에 옮겨 기재합니다.

〈평가심의위원회 운영규정 별지 제4호 서식 부표 7〉 (2016.8.16. 신설)

영 업 권 평 가 조 서

평가대상 법인명 :

① 평 가 기 준 일	평가기준일 전 3년간 순손익액 가중평균액			
	②평가기준일 이전 1년이 되는 사업 연도 순손익액	③평가기준일 이전 2년이 되는 사업 연도 순손익액	④평가기준일 이전 3년이 되는 사업 연도 순손익액	⑤가중평균액 $\dfrac{(②\times3+③\times2+④)}{6}$

⑥ 3년간 순손익액의 가중평균액의 50% (⑤ × 50 / 100)	⑦ 평 가 기 준 일 현 재 의 자 기 자 본	⑧ 기 획 재 정 부 령 이 정 하 는 이 자 율	⑨ 영 업 권 지 속 연 수
		10%	

⑩영업권 계산액(5년 현재가치 할인액의 합계액) $\left[\dfrac{⑥-(⑦\times⑧)}{(1+0.1)^n}\right]$ n : 평가기준일부터의 경과연수	⑪영업권 상당액에 포함된 매입한 무체재산권가액 중 평가기준일까지의 감가상각비를 공제한 금액	⑫ 영 업 권 평 가 액 (⑩ - ⑪)

※ 계산근거 : 「상속세 및 증여법 시행령」 제59조 제2항

623

<평가심의위원회 운영규정 별지 제4호 서식 부표3> (2017.4.21. 개정)　　　　　(앞면)

비 상 장 주 식 평 가 조 서

1. 평가대상 비상장법인

① 법　　인　　명 (사업자등록번호)		② 대　　표　　자	
③ 소　　　재　　　지		④ 사 업 개 시 일	
⑤ 발 행 주 식 총 수		⑥ 자　　본　　금	
⑦ 1 주 당 액 면 가 액	．　　．　　．	⑧ 휴 · 폐　업　일	．　．　．　．
⑨ 해산(합병) 등기일	．　　．　　．	⑩ 평 가 기 준 일	．　．　．　．

2. 1주당 가액 평가

⑪ 순　　자　　산　　가　　액	
⑫ 1 주 당 순 자 산 가 액 (⑪ ÷ ⑤)	
⑬ 최근 3년간 순손익액의 가중평균액에 의한 1 주당가액 또는 2이상의 신용평가전문기관(회계 법인 포함)이 산출한 1주당 추정이익의 평균액	
⑭ 1주당 평가액 [{(⑫×2)+(⑬×3)} ÷ 5] * 자산가액 중 부동산가액의 50% 이상인 법인 [{(⑫ × 3)+(⑬ × 2)} ÷ 5]	
⑮ 최대주주 소유주식의 1주당 평가액 : ⑭ ×할증률	

3. 「상속세 및 증여세법 시행령」 제54조 제4항 제1호부터 제6호까지에 해당되는 경우

⑯ 사업의 계속이 곤란하다고 인정되는 법인		⑰ 사업개시 전 법인		⑱ 사업개시 후 3년 미만 법인	
⑲ 휴 · 폐업 중에 있는 법인		⑳ 평가기준일 전 3년 내 계속 결손인 법인		㉑ 부동산평가액이 총자산의 80% 이상인 법인	
㉒ 주식평가액이 총자산의 80% 이상인 법인		㉓ 잔여존속기한이 3년 이내인 법인			

비상장주식 평가조서 작성요령

1. 법인명 등(①~③) : 평가기준일 현재 평가대상 비상장법인의 기본사항을 기재합니다.

2. 사업개시일(④) : 부가가치세법 시행령 제6조에 따른 사업개시일을 말합니다.

3. 발행주식총수(⑤) : 평가대상 비상장법인의 평가기준일 현재 발행주식총수를 기재합니다.

4. 사업개시일(⑦) : 부가가치세법 시행규칙 제3조에 따른 사업개시일을 말합니다.

5. 휴·폐업일(⑧) : 휴업기간은 시작하는 연월일과 종료하는 연월일을 기재하며, 폐업일은 그 사업을 실질적으로 폐업하는 날을 기재합니다.

6. 해산(합병)등기일(⑨) : 법인등기부상 해산(합병)등기한 날을 기재합니다.

7. 평가기준일(⑩) : 상속개시일 또는 증여일을 기재합니다.

8. 순자산가액(⑪) : 순자산가액계산서의 ⑳란의 금액을 기재합니다.

9. 1주당 순자산가액(⑫) : 순자산가액(⑪)을 발행주식총수 (⑤)로 나눈 금액을 기재합니다.

10. 최근 3년간 1주당 순손익액의 가중평균액에 의한 1주당가액(⑬) : 순손익액계산서의 ㉒란의 금액을 기재합니다.
    (⑯~㉓)에 해당하는 법인인 경우에는 기재하지 않습니다.)

11. 1주당평가액(⑭) : ⑫와 ⑬의 금액 중 많은 금액을 기재합니다.
    (⑯~㉓)에 해당하는 법인인 경우에는 ⑫란의 금액이 그대로 기재합니다.)

12. 최대주주 소유주식의 1주당 평가액(⑮) : 「상속세 및 증여세법」 제63조 제3항 및 동법 시행령 제53조 제4항에 따른 할증평가율을 적용하여 산출합니다.

13. ⑯~㉓ : ⑦~⑨란 등을 참고하여 해당란에 "○"로 표시합니다.

제**8**장

기타 평가방법

주주현금흐름할인법(FCFE)

주주현금흐름할인법[660]은 기업현금흐름에서 타인자본의 현금흐름(이자비용, 차입 및 상환 등)을 차감하여 최종적으로 주주에게 귀속되는 현금흐름을 바탕으로 주주지분 가치를 산정하는 방법이다. 이에 대한 개념에 대해서는 "제3장 현금흐름할인법(DCF)"에서 설명하였다. 기본적인 계산구조는 다음과 같다.

[표 8-1] 기업현금흐름할인법과 주주현금흐름할인법의 계산구조 비교

FCFF Method (Free Cash Flow to Firm: 기업현금흐름)		FCFE Method (Free Cash Flow to Equity: 주주현금흐름)
EBIT(영업이익)		EBIT(영업이익)
+ 감가상각비 − 투자비 ± 순운전자본변동 − EBIT에 대한 법인세		+ 감가상각비 − 투자비 ± 순운전자본변동
		− 이자비용 − EBT[661]에 대한 법인세 − 차입금 상환액
Free Cash flow (to Firm)		Free Cash flow (to Equity)
가중평균자본비용(WACC)으로 할인		자기자본비용으로 할인
기업가치		
순차입금 차감		
주주가치	≒	주주가치

앞서 언급한 바와 같이 기업현금흐름할인법(FCFF)과 주주현금흐름할인법(FCFE)으로 산정한 가치는 이론적으로 동일하다고 알려져 있다. 그러나 현실적으로는 두 가지 방법으로 계산한 결과는 차이가 발생하게 되는데, 차이가 나는 사례와 차이의 원인을 다음의 예를 통해 설명하고자 한다.

---

660) FCFE: Free Cash Flow to Equity
661) EBT(Earnings before tax): 이자비용 차감 후 법인세 공제 전 영업이익

1   기업현금흐름할인법과 주주현금흐름할인법의 비교

다음은 기업현금흐름할인법으로 주주지분의 가치를 산정하였다. 가정을 단순화하기 위해 목표자본구조(타인자본/자기자본)는 100%로 하고, 연말현금흐름을 가정하며, 영구가치산정을 위한 영구현금흐름도 예측기간 마지막 현금흐름과 같다고 가정한다.

[표 8-2] 기업현금흐름할인법에 적용할 가중평균자본비용(WACC) 가정

구분	가정	산식
① 타인자본	5%	
② 세후타인자본	3.9%	① × (1−22%)
③ 법인세율	22%	
④ 부채비율	100%	B/S (타인자본/자기자본)
⑤ 자기자본비용	16.1%	
⑥ 가중평균자본비용	10%	② × 50% + ⑤ × 50%

[표 8-3] 기업현금흐름할인법에 의한 가치 산정

구분	산식	Projection				
		20*1(F)	20*2(F)	20*3(F)	20*4(F)	20*5(F)
① 영업이익		14,103	15,385	17,949	20,513	23,077
② 법인세		3,103	3,385	3,949	4,513	5,077
③ 세후영업이익	①-②	11,000	12,000	14,000	16,000	18,000
④ 감가상각비		13,000	13,100	13,200	13,300	13,400
⑤ 운전자본의 변동		(1,400)	(1,700)	(2,500)	(2,900)	(3,200)
⑥ CAPEX		(13,100)	(13,200)	(13,300)	(13,400)	(13,500)
⑦ Free Cash Flow	③+④+⑤+⑥	9,500	10,200	11,400	13,000	14,700
⑧ Discounted FCF		8,636	8,430	8,565	8,879	9,128
⑨ 예측기간 현재가치 합		43,638				
⑩ 영구현금흐름의 가치		91,275	14,700/(10%−0%) × 1/(1+10%)^5			
⑪ 영업가치(기업가치)		134,913	⑨+⑩			
⑫ 타인자본(net Debt)		67,457				
⑬ 주주지분 가치		67,457	⑪−⑫			

기업현금흐름할인법으로 산정한 주주지분의 가치는 67,457원이다.

다음은 동일한 가정 하에서 타인자본의 현금흐름(이자비용)을 예측 현금흐름에서 직접 차감한 주주현금흐름할인법에 의해 가치를 산정하였다.

[표 8-4] 주주현금흐름할인법에 의한 가치 산정[662]

구분	산식	Projection				
		20*1(F)	20*2(F)	20*3(F)	20*4(F)	20*5(F)
① 영업이익		14,103	15,385	17,949	20,513	23,077
ⓐ 이자비용	타인자본 × 이자율 (67,457 × 5%)	3,373	3,373	3,373	3,373	3,373
ⓑ EBT[663]	①－ⓐ	10,730	12,012	14,576	17,140	19,704
② 법인세	ⓑ × 22%	2,361	2,643	3,207	3,771	4,335
③ 세후영업이익	ⓑ－②	8,369	9,369	11,369	13,369	15,369
④ 감가상각비		13,000	13,100	13,200	13,300	13,400
⑤ 운전자본의 변동		(1,400)	(1,700)	(2,500)	(2,900)	(3,200)
⑥ CAPEX		(13,100)	(13,200)	(13,300)	(13,400)	(13,500)
⑦ Free Cash Flow	③+④+⑤+⑥	6,869	7,569	8,769	10,369	12,069
⑧ Discounted FCF		5,917	5,615	5,604	5,707	5,722
⑨ 예측기간 현재가치 합		28,564				
⑩ 영구현금흐름의 가치		35,538	12,069/(16.1%－0%) × 1/(1+16.1%)^5			
⑬ 주주지분 가치		64,102	⑨+⑩			

주주현금흐름할인법으로 산정한 주주지분의 가치는 64,102원이다.

이는 기업현금흐름할인법으로 산정한 주주지분의 가치인 67,457원과 3,354원만큼 차이가 난다.

이렇게 두 가지 방법으로 계산한 값이 차이가 나는 이유는 기업현금흐름할인법이 타인자본과 자기자본에 대한 귀속이 실질적으로 매 기간 다를 수 있음에도 불구하고, 단일의 목표자본 구조 가정으로 단일의 할인율을 적용하여 매 기간의 모든 현금흐름을 할인하는 데 비하여, 주주현금흐름할인법에서는 목표자본구조를 설정하지 않고 타인자본을 매 기간 직접

---

662) 주주현금흐름할인법에서는 차입금 등 타인자본의 원본 상환과 추가 차입 등이 발생할 경우 현금흐름에 반영되는데 상기 예시는 가정의 단순화를 위해 타인자본의 원본이 유지된다고 가정하였다.

663) EBT: Earnings before tax로 EBIT에서 이자비용을 차감한 영업이익

현금흐름에 반영하고 있기 때문이다.

이와 같은 이유로 기업현금흐름할인법과 주주현금흐름할인법이 동일해지기 위해서는 현금흐름이 일정하게 유지되어 매기간의 현금흐름이 타인자본과 자기자본에 자본구조와 동일하게 귀속되는 경우이어야 한다.[664]

다음의 사례는 기업현금흐름할인법과 주주현금흐름할인법이 동일한 결과를 얻게 되는 경우이다.

2 동일한 결과를 위한 가정

기업현금흐름할인법 산정을 위해 매 기간 현금흐름이 동일하다고 가정하였다. 다른 가정은 상기 사례와 동일하다.

[표 8-5] 기업현금흐름할인법에 의한 가치 산정

구분	산식	Projection				
		20*1(F)	20*2(F)	20*3(F)	20*4(F)	20*5(F)
① 영업이익		14,103	14,103	14,103	14,103	14,103
② 법인세		3,103	3,103	3,103	3,103	3,103
③ 세후영업이익	① - ②	11,000	11,000	11,000	11,000	11,000
④ 감가상각비		13,000	13,000	13,000	13,000	13,000
⑤ 운전자본의 변동		(1,400)	(1,400)	(1,400)	(1,400)	(1,400)
⑥ CAPEX		(13,100)	(13,100)	(13,100)	(13,100)	(13,100)
⑦ Free Cash Flow	③+④+⑤+⑥	9,500	9,500	9,500	9,500	9,500
⑧ Discounted FCF		8,636	7,851	7,137	6,489	5,899
⑨ 예측기간 현재가치 합		36,012				
⑩ 영구현금흐름의 가치		58,988	$9,500/(10\% - 0\%) \times 1/(1+10\%)^5$			
⑪ 영업가치(기업가치)		95,000	⑨+⑩			
⑫ 타인자본(net Debt)		47,500				
⑬ 주주지분 가치		47,500	⑪ - ⑫			

기업현금흐름할인법으로 산정한 주주지분의 가치는 47,500원이다.

---

664) 기업현금흐름할인법에서 자본구조에 부합하는 할인율을 매 기간 달리 적용하는 경우에도 같은 결과에 도달할 수 있을 것이다.

다음은 동일한 가정 하에서 타인자본의 현금흐름(이자비용)을 예측 현금흐름에서 직접
차감한 주주현금흐름할인법에 의해 가치를 산정하였다.

[표 8-6] 주주현금흐름할인법에 의한 가치 산정

구분	산식	Projection				
		20*1(F)	20*2(F)	20*3(F)	20*4(F)	20*5(F)
① 영업이익		14,103	14,103	14,103	14,103	14,103
ⓐ 이자비용	타인자본 × 이자율 (47,500 × 5%)	2,375	2,375	2,375	2,375	2,375
ⓑ EBT[665]	① − ⓐ	11,728	11,728	11,728	11,728	11,728
② 법인세	ⓑ × 22%	2,580	2,580	2,580	2,580	2,580
③ 세후영업이익	ⓑ − ②	9,148	9,148	9,148	9,148	9,148
④ 감가상각비		13,000	13,000	13,000	13,000	13,000
⑤ 운전자본의 변동		(1,400)	(1,400)	(1,400)	(1,400)	(1,400)
⑥ CAPEX		13,100	13,100	13,100	13,100	13,100
⑦ Free Cash Flow	③+④+⑤+⑥	7,648	7,648	7,648	7,648	7,648
⑧ Discounted FCF		6,587	5,674	4,887	4,209	3,625
⑨ 예측기간 현재가치 합		24,982				
⑩ 영구현금흐름의 가치		22,518	12,069/(16.1% − 0%)×1/(1+16.1%)^5			
⑬ 주주지분 가치		47,500	⑨+⑩			

주주현금흐름할인법에 의해 산정한 가치도 47,500원으로 기업현금흐름할인법과 동일하
다. 이와 같이 매 기간의 현금흐름이 일정하여 귀속현금흐름이 목표자본구조와 동일하게
이루어지는 경우에는 두 가지의 평가방법으로부터 동일한 평가결과를 얻을 수 있다. 그러
나 이러한 사례는 일반적이지 않다고 볼 수 있다.

3 주주현금흐름할인법(FCFE)의 활용

주주현금흐름할인법이 일반적으로 활용되는 경우는, 금융업[666] 등에서 통상 타인자본으
로 분류되는 차입금과 같은 이자부부채가 단순히 자금조달을 위한 재무활동의 성격을 넘어

---

665) EBT: Earnings before tax로 EBIT에서 이자비용을 차감한 영업이익
666) 금융업 이외에도 부동산, 인프라 개발사업 등의 PF프로젝트와 같이 자금조달 및 상환이 중요한 경우에도
　　많이 사용된다.

실질적으로 영업활동을 위한 중요한 운전자본 또는 투자자본의 성격과 유사한 경우이다. 이러한 경우에는 채권자 현금흐름을 잉여현금흐름에서 직접 가감하여 주주잉여현금흐름을 산정하는 방법을 이용한다.

다음은 주주현금흐름할인법을 통해 주주가치를 산정한 예시이다.

[표 8-7] 주주현금흐름 산정 사례 1(㈜가치캐피탈 사례)

(단위: 원)

구분	20*1	20*2	20*3	20*4	20*5
영업현금흐름(①+②)	5,228	5,847	6,512	7,227	7,995
① 순이익(ⓔ-ⓕ)	5,928	6,570	7,259	7,999	8,792
ⓐNet Financing Margin	14,000	14,924	15,906	16,950	18,059
이자수익	30,000	31,650	33,391	35,227	37,165
기타수익	2,000	2,066	2,134	2,205	2,277
이자비용	(18,000)	(18,792)	(19,619)	(20,482)	(21,383)
ⓑ 순신용손실	(2,300)	(2,376)	(2,454)	(2,535)	(2,619)
ⓒ 영업비용	(9,100)	(9,400)	(9,711)	(10,031)	(10,362)
ⓓ 수수료 수익	5,000	5,275	5,565	5,871	6,194
ⓔ 법인세차감전이익(ⓐ~ⓓ)	7,600	8,423	9,306	10,255	11,272
ⓕ 법인세	(1,672)	(1,853)	(2,047)	(2,256)	(2,480)
② 자산부채 증감	(700)	(723)	(747)	(772)	(797)
금융채권의 증감	(610)	(630)	(651)	(672)	(695)
리스자산의 증감	220	227	235	243	251
기타영업자산부채의 증가	(310)	(320)	(331)	(342)	(353)
투자현금흐름	(450)	(460)	(470)	(480)	(491)
Capital Expenditure	(450)	(460)	(470)	(480)	(491)
재무현금흐름	241	(99)	(24)	11	36
차입조달	222,241	192,401	203,576	237,011	243,036
차입상환	(222,000)	(192,500)	(203,600)	(237,000)	(243,000)
주주귀속현금흐름	5,019	5,288	6,018	6,758	7,541

상기 사례는 일반적인 재무제표의 현금흐름표를 작성하는 방식과 유사한 방법으로 주주현금흐름을 추정하였다. 상기의 주주현금흐름은 자기자본비용으로 할인되어 주주가치가

산정되는데, 주주가치는 다음과 같이 평가된다.

구분	금액
예측기간 현재가치	21,553
영구기업가치	35,484
영구현금흐름[667]	7,504
자기자본비용	12.0%
영구성장률	0.0%
Total Equity Value	57,037

다음은 주주현금흐름할인법을 이용하여 가치를 평가한 실제 사례이다. 2017년 8월에 공시된 합병비율 평가를 위한 자본시장법 상의 본질가치를 평가함에 있어서 금융업을 영위하는 회사에 대해 주주현금흐름할인법을 적용한 사례 일부를 소개한다.

[표 8-8] 주주현금흐름할인법 평가 사례 2(L캐피탈)[668]

(단위: 백만원)

구 분	추 정				
	2017년	2018년	2019년	2020년	2021년
순이자수익(이자수익 – 이자비용)	329,435	344,686	357,633	370,433	386,860
기타 순수익비용	189,660	198,907	206,994	215,660	226,241
영업이익	139,775	145,779	150,639	154,773	160,619
법인세등	33,363	34,816	35,993	36,993	38,408
당기순이익(A)	106,412	110,963	114,646	117,780	122,211
목표 레버리지 유지 자본 추가 적립액(B)[669]	44,002	43,968	30,735	43,101	51,440
주주현금흐름(C=A-B)	62,409	66,995	83,911	74,679	70,772
현가계수(할인율 10.03%)	0.9533	0.8664	0.7874	0.7157	0.6504
주주현금흐름 현재가치	59,497	58,046	66,076	53,445	46,032
추정기간 동안의 현재가치(D)					283,096

---

667) 영구현금흐름은 예측기간 마지막연도의 주주현금흐름에서 재무현금흐름은 조달과 상환이 동일한 것으로 가정하였다.

668) 전자공시시스템 공시 사례로서 합병비율 평가를 위한 본질가치 중 수익가치 산정 목적으로 수행된 L캐피탈 평가 사례이다.

669) 여신전문금융업법 제48조 및 여신전문금융업감독규정 제7조의 3에 따르면, 외형확대 위주의 경영을 제한

구 분	추 정				
	2017년	2018년	2019년	2020년	2021년
영구현금흐름의 현재가치(E)					792,519
주주가치(F＝D+E)					1,075,615

　　영구현금흐름의 현재가치는 추정기간의 최종연도인 2021년 이후의 주주현금흐름이 향후 영구적으로 0%씩 성장하는 것을 가정하여 추정하였으며, 이에 따라 목표 레버리지 유지 자본 추가 적립액도 0% 성장으로 인해 추가적으로 발생하지 않는 것으로 가정하였다.[670]

구분	적용비율
가. 무위험이자율(Rf)	2.09%
나. 시장수익률(Rm)	11.61%
다. Beta[671]	0.8345
라. 자기자본비용 [가+(나－가)×다]	10.03%

　　상기 사례는 이자비용 등 채권자의 현금흐름을 제외한 주주현금흐름을 자기자본비용으로 할인하여 주주가치를 산정하였다.

　　하기 위하여 신용카드업을 영위하지 아니하는 여신전문금융회사는 총자산이 자기자본의 10배를 넘기지 못하도록 규정하고 있습니다. 따라서, 자기자본금액을 총자산의 10분의 1 이상 유지하는 범위 내에서 회사의 최근 레버리지율(7.12배)을 목표 레버리지비율로 설정하였습니다(상기 평가보고서 주석 중).

670) 법규상의 제한으로 인해 발생하는 추가적인 운전자본의 투자 성격으로 보면 된다.

671) 금융회사에 존재하는 대부분의 부채는 영업부채로, 목표자본구조에 따른 재무위험을 제거하기 위하여 해당 부채들을 Unlevered Beta로 전환 혹은 Re-leverage하지 않는 것이 합리적이라고 판단되는 경우에는 유사 동종기업 관측된 Beta를 그대로 적용하기도 한다. 상기 사례의 경우에도 관측된 Beta의 중간값 0.8345를 적용하였다.

초과이익모형(RIM: Residual Income valuation model)

1 초과이익모형(RIM)의 기본 개념[672]

초과이익모형은 평가기준일의 순자산장부가액에 미래초과이익의 현재가치를 합한 가액으로 주주지분의 가치를 평가하는 방법이다.

[표 8-9] 초과이익모형(RIM)의 기본 개념

구분	초과이익모형 평가 방법
기본개념	주주지분가치 = 자기자본 장부가액 + 미래초과이익의 현재가치
자기자본	평가기준일의 순자산 장부가액
초과이익	당기순이익[673] – 정상이익
정상이익	자기자본 장부가액[674] × 자기자본비용

초과이익모형은 자기자본에서부터 시작된다. 자기자본은 주주가 기업에 투자한 금액의 합으로서 평가의 기본가액이 되는 것이다. 주주는 투자를 함으로써 일정 수익률을 기대할 것이고, 이러한 주주 요구수익률이 자기자본비용이라고 설명하였다.[675] 즉, 자기자본액에 자기자본비용을 곱한 금액은 주주가 투자하면서 요구하는 기대수익이므로 이를 정상이익 (normal Income)으로 간주한다. 만약 회사가 주주의 기대수익(자기자본비용) 정도의 이익만을 창출한다면 회사의 내재가치는 자기자본액과 같게 된다.

자기자본액에 가산되는 주주가치는 초과이익이다. 초과이익은 회사가 창출하는 이익이 정상이익을 초과하는 부분이다. 만약 초과이익이 발생한다면 향후 초과이익의 현재가치가 평가기준일의 자기자본가액에 가산되어 주주지분의 가치를 산정하게 된다.

초과이익모형을 현금흐름할인법(DCF)과 비교하면 다음과 같다.

---

672) James Ohlson 교수가 논문 "Earings, book values and Dividends in Equity Valuation"에서 초과이익모형을 개발하였다.
673) 통상 초과이익을 산정할 때 당기순이익을 기준으로 산정하나, 포괄손익이 중요한 경우에는 포괄손익을 기준으로 평가하는 것이 더 적절할 수 있다.
674) 자기자본 장부가액은 배당 후 금액을 말하며, 매 기초 또는 매기 평균 잔액을 의미한다.
675) "제3장 현금흐름할인법"을 참고하기 바란다.

[그림 8 - 1] 초과이익모형과 DCF(현금흐름할인법)의 기본 개념 비교

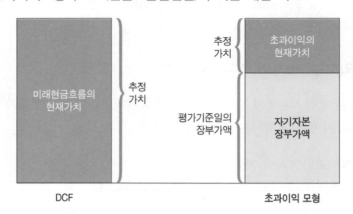

현금흐름할인법은 예측정보를 바탕으로 평가되지만, 초과이익모형은 현재 확인 가능한
가액(순자산장부가액)에 예측정보의 일부가 가산되는 개념으로 전체 평가액에서 예측정보
가 차지하는 비중이 상대적으로 낮다.

초과이익모형은 발생주의 원칙에 따른 회계정보를 사용하여 가치를 평가하는 방법이다.
기존의 현금흐름할인법(DCF)이 회계정보 분석을 바탕으로 미래 현금흐름을 추정하는 방
식이라면, 초과이익모형은 회계상 금액에 기초하여 가치를 산정한다. 또한 현금흐름할인법
은 기본적으로 유량(flow: 현금흐름) 정보만을 이용하지만, 초과이익모형은 유량(flow: 초
과이익) 및 저량(stock: 순자산장부가액) 정보를 모두 활용한다. 즉 이익정보 이외에도 자
기자본이라는 저량 정보를 이용하는 것이다.[676]

초과이익모형은 기존의 회계 분석틀을 이용하여 다양한 추가적인 분석을 가능하게 해준다.
초과이익모형(RIM)을 PBR[677]과 관련하여 살펴볼 수 있다.

[표 8 - 10] PBR과 RIM

PBR	PBR을 이용한 초과이익모형
$\dfrac{\text{주주지분가치}}{\text{순자산장부가액}}$	$1 + \dfrac{\text{예상 초과이익의 현재가치}}{\text{순자산장부가액}}$

상기 표에서 보는 바와 같이 정상이익만을 창출하는 기업은 PBR이 1이다. 여기서 주주

---

676) 재무제표분석과 기업가치평가, 백복현/장궈화/최종학, 박영사
677) Price to book value ratio로서 주가와 주당순자산 장부가액 비율이다. 자세한 설명은 "제4장 시장가치접근
법"을 참고하기 바란다.

지분의 가치는 본질가치(내재가치)이다. 만약 미래의 예상되는 초과이익이 0보다 크다면, 내재가치 기준의 PBR은 1보다 클 것이다. 그러나, 시장에서 형성되는 주가는 내재가치와는 다를 수 있다. 내재적 가치의 PBR과 시장에서 형성된 주가 기준의 PBR을 비교함으로써 주가의 과대/과소 평가 여부를 판단할 수 있을 것이다.

또한 당기순이익을 ROE(Return on Equity)와 연결해서 보면, 초과이익모형은 다음의 산식으로도 표현할 수 있다. 자기자본이익률(ROE)과 자기자본비용(Ke)에 따른 초과이익의 크기와 지속성이 초과이익모형(RIM)으로 평가한 결과에 중요한 영향을 미치는 것이다.

구분	설명
RIM 산식	자기자본장부가액 $+ \dfrac{((ROE - Ke) \times \text{자기자본장부가액}_0)}{(1+Ke)^1} + \dfrac{((ROE - Ke) \times \text{자기자본장부가액}_1)}{(1+Ke)^2} + \cdots$
	RoE: 자기자본순이익률 ke: 자기자본비용

2 초과이익모형 활용의 예

[표 8 - 11] ㈜가치북의 초과이익모형을 통한 평가 예시

자기자본비용은 10%, 예측기간 이후의 영구성장률은 0%로 가정한다.

(단위 : 원)

구분	2XX0	2XX1	2XX2	2XX3	2XX4	2XX5	이후기간	가정 등
① 주당 순자산장부가액	100.0	112.0	125.2	139.7	155.7	173.3		①전기+③-②
② 주당 배당액		3.0	3.3	3.6	4.0	4.4		
③ 주당 당기순이익		15.0	16.5	18.2	20.0	22.0		
④ 주당 정상이익		10.6	11.9	13.2	14.8	16.4		① × 10%
⑤ 주당 초과이익		4.4	4.6	4.9	5.2	5.5		③-④
⑥ 예측기간 초과이익의 현재가치		4.0	3.8	3.7	3.5	3.4		
⑦ 예측기간 초과이익 현재가치 합	18.5							
⑧ 잔여가치의 2××5년 가치							55.1	⑤에 영구 성장모형 적용
⑨ 잔여가치의 현재가치	34.2							
⑩ 초과이익 현재가치 합	52.7							⑦+⑨

구분	2XX0	2XX1	2XX2	2XX3	2XX4	2XX5	이후 기간	가정 등
⑪ 주당 지분가치	152.7							①+⑩

㈜가치북의 평가시점은 2XX1년 초로서 평가기준일의 주당 순자산장부가액은 100원이다. 예측기간 동안의 주당 순자산장부가액은 기초 순자산장부가액에서 당기 주당순이익을 가산하고 배당액을 차감하여 산정한다.

주당 당기순이익을 ③과 같이 예상할 때 주당 정상이익은 연평균장부가액[678]에 자기자본비용(10%)을 곱하여 산정하였다.

초과이익은 ③당기순이익에서 ④정상이익을 차감하여 산정한다.

초과이익은 자기자본비용으로 할인하여 현재가치로 계산한다.

예측기간 이후의 가치는 현금흐름할인법에서 영구성장모형을 적용하는 것과 같이, 예측기간 마지막 연도의 초과이익을 기초로 영구성장모형을 적용하였다.[679] 상기 사례의 경우는 영구성장률을 0%로 가정하였다. 초과이익모형은 자기자본장부가액에 초과이익의 가치를 가산하는 방식이므로 영구성장률은 일반적으로 낮게 가정하게 된다. 초과이익이 장기적으로 지속되기는 어렵다고 가정하는 경우에는 미래 초과이익을 영구히 지속된다는 가정이 없이 예측기간 5년만 추정하여 가산하는 경우도 있을 수 있다.

기초 순자산장부가액에 초과이익의 현재가치를 합하여 주당지분가치를 산정한다.

초과이익모형은 실무에서도 점차 활용하는 사례가 증가하고 있다. 특히 증권시장에서 상장회사 주가의 적정성 평가를 위해 초과이익모형을 이용하여 대상회사의 본질가치(내재가치)를 평가하는 사례들이 있다. 다음의 예시가 그러한 목적으로 활용되는 평가의 예이다.

[표 8-12] RIM Valuation 예시 2

(단위:원)

	비고	16년	17년(E)	18년(E)	19년(E)	이후	가치비중
① 주 당 순 이 익 (EPS)		1,000	1,200	1,440	1,728		
② 주당배당금		300	300	300	300		
③ 주당자기자본	③전기+①-②	9,000	9,900	11,040	12,468		62%

---

678) 기초 장부가액으로 계산하기도 하지만, 사례의 경우에는 기초와 기말 장부가액의 평균액으로 하였다.
679) 영구성장모형은 "제3장 현금흐름할인법" 참조

	비고	16년	17년(E)	18년(E)	19년(E)	이후	가치비중
④ 자기자본수익률	①÷③연평균		12.7%	13.8%	14.7%		
⑤ 기대수익률 (자기자본비용)	10% 가정		10.0%	10.0%	10.0%		
⑥ 정상이익	⑤×③연평균		945	1,047	1,175		
⑦ 주당초과이익	①−⑥		255	393	553		
⑧ 초과이익의 현재가치	10%로 할인		232	325	415		
⑨ 초과이익 현재가치 합	⑧의 합		972				7%
⑩ 계속기업가치	1% 영구성장					6,201	
⑪ 계속기업의 현재가치	10%로 할인		4,659				32%
⑫ 적정 본질가치	③+⑨+⑪		14,631				

배당할인모형(Dividend Discount Model)

1 배당할인모형의 기본 개념

자산의 가치는 자산으로부터 기대되는 미래현금흐름의 현재가치 합이라고 볼 수 있다. 그렇다면 주식으로부터 기대되는 미래현금흐름은 무엇일까? 단기간으로 보면 다음 기의 배당과 주식가격(주식을 매각할 때의 가격)의 합이 될 것이고, 장기간으로 보면 장기간의 미래 예상 배당금과 이후 기간의 주식가격 현재가치의 합이 될 것이다. 그리고 이보다 더 장기간으로 보면 미래 예상 배당금의 현재가치 합이 된다고 볼 수 있다.

즉, 주식의 가치는 미래 예상되는 모든 배당의 현재가치 합이라는 가정하에서 접근하는 주식가치평가방법이 배당할인모형(Dividend Discount Model)이다.

이를 수식으로 표현하면 다음과 같다.

단기간	$P_0 = \dfrac{D_1}{1+R} + \dfrac{P_1}{1+R}$
2기간	$P_0 = \dfrac{D_1}{1+R} + \dfrac{D_2}{(1+R)^2} + \dfrac{P_2}{(1+R)^2}$
중장기간	$P_0 = \dfrac{D_1}{1+R} + \dfrac{D_2}{(1+R)^2} + \cdots\cdots \dfrac{D_n}{(1+R)^n} + \dfrac{P_n}{(1+R)^n}$
장기간	$P_0 = \dfrac{D_1}{1+R} + \dfrac{D_2}{(1+R)^2} + \cdots\cdots = \sum\limits_{t=1}^{\infty} \dfrac{D_t}{(1+R)^t}$
영구기간	$P_0 = \dfrac{D_1}{R-g}$

P_0＝주식의 현재가치, P_1＝1기간 후의 주식가치, P_n＝ n기간 후의 주식가치
D_1＝1기간 후의 배당, D_2＝2기간 후의 배당, D_n＝ n기간 후의 배당
R＝할인율, 주주의 요구수익률

위의 산식에서 단기간 주식을 보유하는 경우의 주식가치는 다음 기의 배당(D_1)과 다음 기 주식가격(P_1) 현재가치의 합이다. 그렇다면 이 때 다음 기 주식가격은 무엇일까? 배당할 인모형에서 다음 기의 주식가격은 그 시점을 기준으로 다음 기의 배당(D_2)과 다음 기 주식 가격(P_2)의 현재가치 합이 된다. 위의 산식에서는 2기간의 보유를 기준으로 주식가치를 추

정하는 것과 같다. 이를 같은 방식으로 장기간으로 확장을 하면 위의 산식 표의 제일 마지막과 같이 주식의 가치는 향후 기대되는 모든 미래 배당금의 현재가치와 같게 된다. 이 개념이 주식가치를 추정함에 있어서 배당할인모형(Dividend Discount Model)의 핵심 가정이다.

위의 산식에 의하면 단기투자의 경우나 장기투자의 경우나 미래 예상 배당을 합리적으로 추정할 수 있다면 배당할인모형은 주식가치를 평가하는 데 있어서 유용한 방법이 될 수 있다. 그러나 DCF(미래현금흐름할인법)와 마찬가지로 미래 예상 배당을 합리적으로 추정하는 것이 쉽지 않고, 적절한 주주 요구수익률의 가정이 필요하다는 점 등은 배당할인모형으로 평가를 할 때 한계로서 고려되어야 할 것이다.

그렇기 때문에 실무에서는 주로 안정적인 배당의 예측이 가능하고 성장성에 큰 변동이 없는 경우에 주식가치 평가방법 중의 하나로 배당할인모형의 적용을 고려한다.

2 배당할인모형의 주요 변수

기업의 가치는 성장률과 할인율의 영향을 크게 받는다. 배당할인모형에서도 이는 동일하게 적용된다. DCF에서 예측기간 이후의 가치를 영구성장모형에 따라 구하였던 방식을 배당할인모형에 동일하게 적용하면 다음과 같다.

$$P_0 = \frac{D_1}{R-g}$$

P_0=주식의 현재가치 $\quad\quad$ D_1=다음 기의 예상 배당
R= 주주 요구수익률 $\quad\quad$ g= 성장률

위의 산식을 보면 할인율이 낮으면 낮을수록, 성장률이 높으면 높을수록 주식가치는 커질 수 있다는 것을 알 수 있다. 즉, 배당할인모형에서도 기업의 가치는 성장률과 할인율의 함수이다.

① 성장률

성장률의 가정은 과거 성장률 추세, 경쟁력을 바탕으로 한 향후 기업의 성장 전망, 산업 성장 전망 및 경제성장률 전망 등이 종합적으로 고려되어야 한다. 이론상 기업의 성장률은 유보율과 유보이익에 대한 이익률의 함수로 정의되지만, 기업의 유보에 대한 의사결정과 유보이익에 대한 이익률이 기업과 산업, 경제 성장 전망의 영향을 받을 것이기 때문이다.

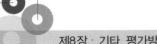

[표 8-13] 기업의 성장률 추정 방법

구분	성장률 추정 산식
성장률(g)	g = 유보율 × 유보이익에 대한 이익률
NI_1(내년이익)	$NI_1 = NI_0 \times (1 + g) = NI_0 + NI_0 \times g$ * NI_0(올해 이익)
유도식	$NI_0 \times g$ = 유보이익 × 이익률 $NI_1 = NI_0$ + 유보이익 × 이익률 ⇨ 위의 식의 양변을 각각 NI_0으로 나누어 보면, $NI_1/NI_0 = 1 +$ (유보이익/NI_0) × 이익률 ⇨ $1 + g = 1 +$ (유보율 × 유보이익에 대한 이익률) ⇨ g = 유보율 × 유보이익에 대한 이익률 * 이익률 혹은 유보이익에 대한 이익률은 유보이익으로 투자되는 프로젝트의 이익률 또는 ROE(자기자본이익률, return on equity)

성장하는 기업은 투자가 뒷받침되어야 한다고 본다면 기업 이익의 유보한 자금이 투자로 이루어진다. 결국 올해의 이익에 유보된 이익에 대한 이익률이 내년도 이익이 되는 것이다. 유보란 올해 이익을 배당 등의 방법으로 외부에 유출하지 않고 기업에 남겨두는 것을 의미한다. 만약 올해 이익이 1억원이고 유보율이 50%라면 5천만원은 배당등을 통해 투자자에게 지급하고 기업에 남겨둔 5천만원을 성장을 위해 재투자한다는 개념이다. 이익률은 일반적으로 ROE의 개념으로 접근하는데, 기업의 개별적인 프로젝트의 이익률 정보를 얻거나 예측하기가 쉽지 않기 때문에 유보이익에 대한 기대수익률로서 자기자본이익률(ROE)을 적용하는 경우가 많다.

위의 산식은 비록 이론상의 개념이기는 하지만 기업의 성장이 투자재원과 이익률에 영향을 받는다는 것을 보여준다는 측면에서 중요한 의미가 있다.

② 할인율

이론상 배당할인모형에서 할인율, 요구수익률은 배당수익률과 자본이익률의 함수이다. 앞서 설명한 배당할인모형에서 주식가치의 산식을 다시한번 살펴보면 다음과 같다.

[표 8-14] 배당할인모형에서의 할인율

구 분	성장률 추정 산식1	성장률 추정 산식2
주식가치(P_0)	$P_0 = \dfrac{D_1}{R-g}$	$P_0 = \dfrac{D_1}{1+R} + \dfrac{P_1}{1+R}$
유도식	$R-g = D_1/P_0$	$P_0 \times (1+R) = D_1 + P_1$ $1+R = D_1/P_0 + P_1/P_0$
할인율(R)	$R = D_1/P_0 + g$ R = 배당수익률 + 성장률 *성장률 ≒ 자본이익률	$R = D_1/P_0 + P_1/P_0 - 1$ R = 배당수익률 + 자본이익률

위의 산식에서 할인율(R)은 배당수익률(D_1/P_0)과 배당성장률(g)의 합으로 도출된다. 단기 모형에서는 할인율(R)은 배당수익률(D_1/P_0)과 자본이익률의 함수이기도 하다.

개념적으로 배당할인모형에서 할인율은 배당수익률과 자본이익률이라는 두 개의 요소로 구분되는 것이다. 기업에 투자함으로써 투자자가 기대하는 현금흐름이 배당과 자본이득이라는 두 가지 요소라고 보기 때문이다.

할인율은 성장률의 영향을 많이 받는 것으로 알려지고 있다. 위의 산식 1에서 성장률이 할인율과 같거나 유사한 수준이 되면 주식가치는 무한대가 되는 오류가 발생할 수 있다. 그러므로 이와 같은 경우 한 가지 고려해야 할 사항이 높은 성장률은 초기 성장단계의 기업에 있어서는 일정기간 동안 발생할 수 있지만, 아주 높은 성장률을 영구히 유지할 수는 없다는 점이다.

③ 무배당기업의 가치는?

배당할인모형은 기업의 배당현금흐름이 주식가치 평가의 핵심요소이다. 그러나 현실에서는 무배당기업도 높은 가치로 평가받는 경우가 있다. 성장단계에 있는 기업이나 기업이 많은 성장기회를 갖는 경우에 기업은 배당을 할 것인지, 당장의 배당을 포기하고 미래에 더 많은 배당을 할 수 있는 기회를 찾아 선투자하고 추후 배당을 할 것인지에 대한 의사결정이 필요하다. 이렇듯 양의 성장기회를 찾는 기업은 배당 대신 투자를 선택하고 기업의 이러한 의사결정에 동의하는 투자자들이 주주로서 남게 된다. 물론 이 경우에도 일정 기간 이후부터 배당이 적용되는 차등성장 모형 등을 통해 배당할인모형으로 주식가치를 평가할 수 있지만, 실무적으로 배당시작일, 배당률, 배당성장률 등에 대한 가정이 쉽지 않기 때문에 배당성장모형을 활용한 평가는 어렵다고 볼 수 있다. 그러므로 실무에서는 성장단계에 있는 기업보다는 주로 안정적인 배당의 예측이 가능하고 성장성에 큰 변동이 없는 경우에 주식가치 평가방법 중의 하나로 배당할인모형의 적용을 고려한다.

3 배당할인모형의 실무 적용

배당할인모형을 실무적으로 적용할 때에는 앞서 설명한 주주현금흐름할인법(DCF, FCFE)과 유사한 방식으로 평가한다. 즉 미래현금흐름을 추정하고 현금흐름에 적용할 할인율을 추정하여 현금흐름 현재가치의 합을 주식가치로 평가하는 것이다.

현금흐름은 매출에서 시작하여 배당의 재원이 되는 당기순이익까지 연도별로 추정한다. 이 때 이익은 지속가능한 이익에 대한 고려가 필요하다.

현금흐름할인법과 다른 점은 연도별 배당액을 추정하여야 하기 때문에 배당가능이익, 배당성향, 배당정책, 배당성장률 등에 대한 고려가 필요하다는 점이다.

일정기간의 배당현금흐름을 추정한 이후에는 추정기간 이후의 가치 산정을 위해 영구성장률을 이용한 영구기업의 가치를 평가한 후 이를 가산하는 방법을 적용할 수 있다.

아래 예시에서 할인율은 DCF 평가시 지분투자에 대한 자본비용으로 적용하였던 CAPM 모형을 적용하여 [무위험이자율+시장위험프리미엄×베타]의 방식인 $[Rf+(Rm-Rf)\times\beta]$의 산식으로 추정하였다.

[표 8-15] 배당할인모형을 활용한 주식가치평가 예시

	구분	2024 E	2025 E	2026 E	2027 E	2028 E	2029 E	2030 E	2031 E	2032 E	2033 E
십억원	지속가능 당기순이익	1,000	1,100	1,210	1,331	1,464	1,537	1,614	1,695	1,780	1,869
%	당기순이익 성장률	10%	10%	10%	10%	10%	5%	5%	5%	5%	5%
천주	유통주식수	90,000	90,000	90,000	90,000	90,000	90,000	90,000	90,000	90,000	90,000
원	EPS (주당순이익)	11,111	12,222	13,444	14,789	16,268	17,081	17,935	18,832	19,774	20,762
%	배당성향	25.0%	26.0%	27.0%	28.0%	29.0%	30.0%	31.0%	32.0%	33.0%	34.0%
원	DPS (주당배당금)	2,778	3,178	3,630	4,141	4,718	5,124	5,560	6,026	6,525	7,059

	구분	2024 E	2025 E	2026 E	2027 E	2028 E	2029 E	2030 E	2031 E	2032 E	2033 E
%	할인율	10.0%									
%	영구성장률	1.0%									
년	할인기간	1	2	3	4	5	6	7	8	9	10
	할인계수	0.9091	0.8264	0.7513	0.6830	0.6209	0.5645	0.5132	0.4665	0.4241	0.3855
원	현재가치	2,525	2,626	2,727	2,828	2,929	2,893	2,853	2,811	2,767	2,722
원	추정기간 현재가치합계	27,682									
원	추정기간 이후 가치(Terminal value)	30,543									
원	주식가치 (현재가치 합계)	58,225									

배당할인모형은 다양한 방식으로 적용 가능하지만 위와 같은 방식의 모델은 기본형식이 주주현금흐름할인법(DCF, FCFE)과 유사하다는 것을 볼 수 있다. 주주현금흐름을 추정한 후 배당성향을 고려한 배당현금흐름 추정이 추가로 고려된다는 점이 주요한 차이이다.

그러므로 배당을 하지 않거나 배당정책의 변동 등 배당률이 일정하지 않을 경우에는 대안으로서 EPS(주당순이익)을 적용하는 것도 고려해 볼 수 있는 것이다. 다만 배당을 하지 않는 경우에는 그 이유가 성장기회에 따른 투자라는 측면이라면, 그에 따른 성장성에 대한 고려가 필요하다는 점은 유의해야 할 것이다.

제**9**장

사업결합원가의 배분(PPA) 및
손상평가

회계상 공정가치 평가의 개요

최근 회계기준의 중요한 흐름은 공정가치 평가이다.

공정가치란 "측정일에 시장참여자 사이의 정상거래에서 자산을 매도할 때 받거나, 부채를 이전할 때 지급하게 될 가격[680]"이다. 즉 "독립된 당사자간의 정상 거래에서 성립되는 가격"으로 장부에 계상된 가액을 공정가치로 평가하게 되면 재무제표가 현재시점의 가치로 보여지는 효과가 있다.

여기서 "시장참여자 사이의 정상적인 거래"의 의미는 매도하는 자나 매수하는 자에게만 영향을 미치는 특성이 아니라 시장참여자 중 누가 참여하더라도 고려가 가능한 일반적인 특성만이 반영되어야 한다는 의미이다. 이것이 보통의 M&A 거래에서 가치와는 다를 수 있는 재무보고 목적 공정가치 정의의 중요한 부분이다.

한국채택국제회계기준(K-IFRS)에서도 공정가치 평가 항목은 유형자산, 무형자산, 투자부동산, 금융상품, 충당부채, 매각예정비유동자산, 사업결합, 분할, 자산손상 등 다양한 영역에 걸쳐 있다. 특히 공정가치 측정 체계를 하나의 기준서(K-IFRS 1113호 공정가치 측정)로 정하여 공정가치 측정에 대한 공시를 요구하고 있다.

이 중 본서에는 실무상 빈번하게 발생하며, 외부평가기관을 통한 공정가치 평가의 중요성이 커지고 있는 사업결합원가 배분(PPA: Purchase Price Allocation)과 자산손상에서의 회수가능가액 평가에 대해 다루고자 한다.

---

680) K-IFRS 1113호 공정가치 측정 문단 9

[Note 1] 회계상 공정가치에 있어서의 주요 가정[681]

- **시장참여자**(Market Participant) 가정 vs **기업특유**(Entity specific)의 가정

  회계상 공정가치는 시장참여자 가정에 기반한다고 하였다. 그러므로 취득자의 사용 의도나 취득 기업만의 시너지와 같은 기업 특유의 가정은 공정가치 추정 시에 배제된다.[682] 단, 다수의 시장참여자가 기대할 수 있는 시장참여자 시너지는 공정가치 측정 일부로 받아들여진다.

- **공정가치와 사용가치**

  회계상 공정가치와 사용가치는 조금 차이가 있다. 재무보고 목적 공정가치의 기본 개념은 누가 측정하더라도 그 가치에 중요한 차이가 없어야 한다는 것에 기초한다. 반면 "사용가치"는 해당 기업에만 특정된 상황이 고려되는 개념이다.[683]

  즉, 동일한 대상에 대해 미래현금흐름할인법(DCF)으로 공정가치와 사용가치를 평가한다면 위와 같은 이유로 그 결과는 다를 수 있다.[684]

[Note 2] 각 자산별 공정가치 평가

- **유형자산**: 재평가모형과 원가모형 중 선택. 재평가모형을 선택하거나 사업결합에서 유형자산을 취득할 경우, 그리고 K-IFRS를 최초채택하고 전환일에 공정가치를 간주원가로 사용하는 경우에 공정가치를 측정한다.
- **무형자산**: 재평가모형과 원가모형 중 선택. 재평가모형을 적용하는 경우와 사업결합에서 무형자산을 취득하는 경우 공정가치를 측정한다.

---

681) 회계상 공정가치의 다른 주요 가정 중의 하나에는 "주된 시장"과 "가장 유리한 시장"의 가정이 있다. 공정 가치 측정을 위한 거래는 주된 시장 또는 가장 유리한 시장에서 거래가 이루어지는 것으로 가정한다는 것이다. 주된 시장은 해당 자산의 거래 규모와 빈도가 가장 큰 시장이고, 가장 유리한 시장은 자산을 매도하면서 수취하는 금액을 최대화하는 시장이다. 주된 시장이 없을 경우에 가장 유리한 시장의 가정이 적용된다. 또한 반증이 없는 한 통상적으로 거래가 이루어지는 시장을 주된 시장이나 가장 유리한 시장으로 본다.

682) 만약 기업특유의 시너지에 대한 대가가 인수가액에 포함되었다면 이는 영업권의 일부로 간주될 수 있을 것이다.

683) 예를 들어, ①시너지 효과, ②자산의 현 소유자에게만 적용되는 법적 권리나 법적 제약 또는 세금혜택이나 세금 부담 등은 시장참여자가 일반적으로 적용할 수 없다면 사용가치에 반영을 고려할 수 있지만, 공정가치에는 반영되어서는 안될 것이다. 추가적으로 회계기준(K-IFRS 1036, 자산손상)에 따른 사용가치 평가 시에는 기준에서 정하고 있는 제약사항이 고려되어야 한다.

684) 미래현금흐름할인법의 핵심요소는 "현금흐름"과 "할인율"이라고 설명하였다. 이 중 공정가치와 사용가치는 할인율의 차이는 통상적인 경우에는 없을 것이고, 미래현금흐름의 추정에서 차이가 발생할 수 있는 것이다.

- **투자부동산**: 공정가치모형과 원가모형 중 선택. 투자부동산의 공정가치는 일반적으로 비교 가능한 부동산 시장에서 판매에 근거한 시장접근법 또는 이익접근법 중의 하나를 기초로 하며 원가접근법은 적절하지 않다.
- **금융상품**: 금융자산과 부채는 그 분류에 따라 공정가치 또는 상각후원가로 측정한다.
- **충당부채**: 보고기간말 현재의무를 이행하기 위해 소요되는 지출에 대한 최선의 추정치를 적정 할인율로 할인하여 산정한다.
- **매각예정비유동자산**: 매각예정비유동자산(또는 처분자산 집단)은 장부금액과 순공정가치 중 낮은 금액으로 측정된다.
- **사업결합**: 피취득자의 식별가능한 자산(기존에 인식되지 않았던 무형자산 포함), 부채, 우발부채는 일반적으로 공정가치로 인식한다.
- **분할**: [기업회계기준해석서 제2117호 소유주에 대한 비현금자산의 분배]규정을 적용받을 경우, 소유주에게 배당으로 비현금자산을 분배해야 하는 부채는 분배될 자산의 공정가치로 측정한다.
- **자산손상**: 손상검사를 위한 회수가능액은 사용가치와 순공정가치 중 큰 금액이므로 공정가치 측정이 필요하다.
- **재고자산**: 재고자산은 취득원가와 순실현가능가치 중 낮은 금액으로 측정하므로 공정가치의 적용대상은 아니다. 단, 상품중개인의 재고자산과 사업결합 시 재고자산은 공정가치 측정 대상이 된다.

위의 내용은 각 기준서에 기술하고 있는 해당 자산의 인식 및 측정방법이다. 사업결합시에 취득자는 식별할 수 있는 취득 자산과 인수 부채를 취득일의 공정가치로 측정하는데, 공정가치 측정방법은 각 기준서와 공정가치측정 기준서에서 정의한 "측정일에 시장참여자 사이의 정상거래에서 자산을 매도하면서 수취하거나 부채를 이전하면서 지급하게 될 가격"으로 한다. 사업결합은 기준서상 예외로 적용하고 있는 사항을 제외하고는 기본적으로 모두 공정가치 측정대상이다. 그러므로 재고자산이 공정가치 기준서(K-IFRS 1113호)의 적용대상은 아니더라도, 사업결합기준서상 공정가치 측정대상은 되는 것이다[685].

---

685) 재고자산에 대해 공정가치로 측정할 때에는 원재료는 현행대체원가, 재공품은 제품의 판매가격에서 ① 완성하기 위한 추가 원가와 ② 제품의 처분부대원가 및 ③ 취득자의 완성 및 판매노력에 대한 합리적 이익상당액(유사한 제품의 이익에 근거한)을 차감한 금액, 제품은 판매가격에서 ⅰ) 처분부대원가와 ⅱ) 취득자의 판매노력에 대한 합리적 이익상당액(유사한 제품의 이익에 근거한)을 차감한 금액으로 측정할 수 있다.

[Note 3] 자산손상 기준서 (K-IFRS 제1036호) 적용 범위

기준서 제1036호 '자산손상'은 다음을 제외한 모든 자산에 적용된다(기준서 제1036호 문단 2).

- 재고자산(기준서 제1002호)
- 계약자산과 계약을 체결하거나 이행하기 위해 든 원가에서 생기는 자산(기준서 제1115호)
- 이연법인세자산(기준서 제1012호)
- 종업원급여에서 발생한 자산(기준서 제1019호)
- 기준서 제1109호가 적용되는 금융자산(기준서 제1109호)
- 공정가치로 측정되는 투자부동산(기준서 제1040호)
- 순공정가치로 측정되는 생물자산(기준서 제1041호)
- 이연신계약비 및 기준서 제1104호의 적용범위에 해당하는 보험자의 계약상 권리에서 발생하는 무형자산
- 매각예정으로 분류되는 비유동자산(또는 처분자산집단)(기준서 제1105호)

이 기준서는 예외에 해당하지 않는 한 모든 자산의 손상에 포괄적으로 적용되므로, 일반적인 유형자산 및 무형자산의 손상뿐만 아니라 다음 자산의 손상에도 적용됨에 유의해야 한다.

- 재평가법을 적용하는 유형자산
- 재평가법을 적용하는 무형자산
- 원가로 측정하는 투자부동산
- 건설중인 유형자산
- 영업권
- 사용권자산
- 연결재무제표 상 관계기업, 공동기업에 대한 투자지분(단, 기준서 제1109호에 따라 회계처리하는 경우는 범위에서 제외)
- 별도재무제표 상 종속기업, 관계기업, 공동기업에 대한 투자지분(단, 기준서 제1109호에 따라 회계처리하는 경우는 범위에서 제외)

II   PPA(사업결합[686]시 이전대가 배분)[687]

1   PPA의 기본 개념

Key Concept

사업결합시 이전 대가의 배분(PPA)은 사업결합으로 취득한 **식별가능한 자산을 구분**하여 취득일의 **공정가치로 평가**하여 재무제표에 계상하는 과정이다. 특히, 무형자산을 구분하여 평가하는 것이 핵심이다.[688]

회계기준(K-IFRS)에서는 사업결합으로 취득한 자산 및 부채를 취득일의 공정가치로 측정하도록 하고 있으며, 공정가치를 초과하여 지급한 인수대가를 영업권으로 계상하도록 하고 있다. 공정가치로 인식하여야 하는 자산은 피투자회사의 장부에 계상되어 있는 자산뿐만 아니라, 피투자회사의 가치창출에 기여하는 장부에 계상되지 않은 무형의 자산들도 구분하여 계상되어야 한다. 그러므로 각각의 무형자산을 구분하여 공정가치로 평가하는 것이 필요하다. 이를 위해 사업결합 시 이전대가를 배분하는 작업인 PPA(Purchase Price Allocation) 방법을 적용하여 각 유형, 무형의 자산에 대한 공정가치를 평가한 후 전체 취득원가를 공정가액으로 평가된 자산별로 배분하여 장부에 계상하는 것이다.

---

686) 사업결합은 취득자가 하나 이상의 사업에 대한 지배력을 획득하는 거래나 그 밖의 사건으로써 일반적으로 합병, 지분인수, 사업양수 등이 해당된다.
687) Purchase Price Allocation(PPA). 본 장에서 PPA, 사업결합시 이전대가 배분, 사업결합원가 배분은 동일한 개념으로 사용된다.
688) 유형자산은 일반적으로 회계상 구분되어 계상되어 있으므로, 분리가능한 무형자산을 식별하여 공정가치로 평가하는 것이 실무상 중요하다고 여겨진다.

[그림 9-1] Purchase Price Allocation 개념도

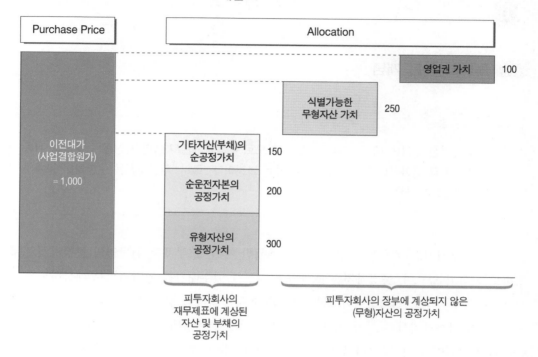

[표 9-1] Purchase Price Allocation 개념 예시

구분	PPA 前 장부가	공정가치 조정	PPA 後 장부가
운전자본	200	–	200
유형자산	200	(+)100	300
무형자산	–	(+)250	250
기타자산	150	(+)50	200
부채	(50)	–	(50)
자본(순자산)	500	(+)400	900
사업결합원가	1,000	–	1,000
순자산(영업권 제외)	500		900
영업권	500		100

상기 그림과 같이 사업결합으로 인한 취득가액이 1,000이라면 이를 피투자기업의 장부에 계상되어 있는 각 자산에 대한 공정가치와 장부에 계상되지 않은 무형자산의 공정가치를

구분하여 취득(투자)기업의 장부에 계상하는 것이다. 여기서 취득가액 1,000은 기업전체의 가치에 대한 대가이다. 만약 100% 지분을 취득한 것이 아니라면 취득지분에 해당하는 가액에 취득하지 않은 지분의 공정가액을 가산하여 분석이 이루어져야 할 것이다.[689]

이렇게 무형자산을 식별하여 공정가액으로 평가하는 것이 회계상 중요한 이유는 영업권이나 비한정 무형자산은 상각하지 않고 자산손상 검사만을 수행하는 데 반해, 식별된 무형자산은 성격과 내용연수에 따라 일정하게 상각이 이루어지므로 향후 손익 및 순자산에 미치는 영향이 무형자산의 식별 여부에 따라 크게 차이가 날 수 있기 때문이다.

장부에 계상된 자산의 공정가치에 대한 부분은 앞서 설명한 가치평가접근법을 참고하길 바라며, 이장에서는 피취득기업의 장부에 계상되지 않은 무형자산의 공정가치 평가방법에 대해서 설명하고자 한다.[690]

2 사업결합원가배분(PPA) 절차

Key Concept

- 주요 절차는 **공정가액 평가가 필요한 자산의 파악**, 적절한 **평가 방법**의 선정, **공정가치 개념에 따른 평가**, 그리고 사업결합원가(취득가액)를 각 자산의 공정가치로 **배분**하는 것이다.
- 이 과정에서 자산별 현금흐름과 현금흐름에 맞는 할인율 추정의 합리성은 IRR과 WACC, 그리고 WARA[691]의 비교를 통해 검토된다.

---

689) "사업결합 이전대가의 배분 및 영업권 산정"에서 다시 설명하겠지만, 대상회사가 자회사를 100% 보유하고 있지 않아 비지배지분이 있을 경우에는 비지배지분도 공정가치로 측정하여 영업권을 계상한다. 즉, 100% 지분을 취득하는 것과 동일하게 영업권이 연결재무제표에 측정되도록 하는 것이다. 단, 비지배지분의 요소가 현재의 지분이며 청산할 때 보유자에게 기업 순자산의 비례적 몫에 대하여 권리를 부여하고 있는 경우에는 공정가치법과 순자산의 비례지분으로 측정하는 방법 중 선택할 수 있다. 비례지분법 적용시에는 비지배지분 몫에 해당하는 영업권은 인식되지 않는다(K-IFRS 1103호 사업결합 문단 18, 19).

690) 실무적으로 유형자산은 감정평가법인 등 외부평가기관의 평가를 통해 공정가치를 평가하고, 운전자본은 특이한 항목을 제외하고는 장부가액을 공정가치로 보는 경우가 일반적이다.

691) IRR(Internal Rate of Return, 내부수익률)은 매수가액과 예상미래현금흐름을 일치시키는 할인율, WACC(Weighted Average Cost of Capital, 가중평균자본비용)은 회사의 위험과 효익이 고려된 기대수익률, WARA(Weighted Average Return on Assets, 가중평균투자수익률)는 각 자산의 기대수익률을 가액 기준으로 가중평균한 수익률을 의미한다.

1) 평가절차

사업결합시 이전 대가 배분(PPA)과 관련하여 수행될 업무는 식별가능한 자산과 부채의 공정가치를 평가하고, 사업결합 시 매수대가를 공정가치 평가결과를 기초로 자산별로 배분하여 재무상태표에 계상하는 과정이다.

이를 위해서는 사업적 환경뿐만 아니라 자산의 특성을 이해하는 것이 필요하다. 즉, 거래의 내역, 대상회사 및 대상회사의 경영환경에 대한 충분한 이해를 바탕으로 평가 대상 자산과 부채를 식별하여 자산별 성격에 맞는 평가방법에 따라 공정가치를 평가하여야 한다. 이 과정에서 식별가능한 무형자산에 대한 파악과 회계상 자산 요건을 충족하는 무형자산을 구분하여 공정가치를 평가하는 업무가 수행된다.

즉, 실무에서 PPA의 업무를 무형자산의 평가와 거의 동일시 하는 것은 피투자기업의 회계 장부상 계상된 자산이 일반적으로 공정가액으로 간주되거나 사업결합과정에서 공정가액으로 평가되는 데 비해, 무형자산의 경우에는 회계기준의 인식요건에 따라 구분하여 공정가액으로 평가함으로써 매수기업의 장부에 최초로 계상되기 때문이다.

[그림 9-2] 사업결합시 이전대가 배분 수행 절차

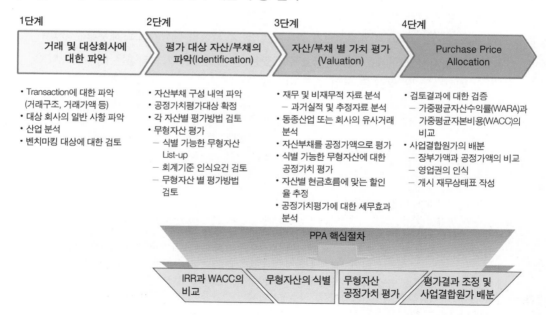

위의 평가절차를 핵심절차 위주로 단순화하면, 평가대상 무형자산을 식별하여 공정가치를 평가하고, 매수대가를 각 자산의 공정가치에 기초하여 배분하는 것이다. 이때 각 자산별 공정가치를 사업결합원가에 배분하고 남는 부분을 영업권으로 인식하게 된다.

[표 9-2] PPA의 핵심적 절차

STEP1.	내부수익률과 가중평균자본비용 추정을 위한 피투자기업 또는 양수한 사업의 가치평가
STEP2.	식별가능한 무형자산의 인식 및 구분
STEP3.	무형자산의 공정가치 평가
STEP4.	평가결과의 조정 및 사업결합원가의 배분

PPA의 핵심절차는 이전(취득)대가에 포함된 무형자산을 성격별로 구분하여 각각의 무형자산을 공정가치로 평가하는 것이다. 이러한 절차는 위의 표에서 보는 바와 같이 4단계로 나누어 볼 수 있을 것이다.

첫 번째 단계(STEP1)는 예상되는 미래현금흐름을 매수대가와 일치시켜주는 할인율 (IRR[692])과 가중평균자본비용(WACC)을 비교하는 절차이다.

PPA의 기본 가정은 IRR이 각 자산에 대한 기대수익률의 가중평균(WARA[693])과 유사할 것이라고 보며, IRR과 WARA는 대상에 대한 위험과 기대가 반영된 자본비용(WACC)과 차이가 없을 것이라고 보는 데 있다. 즉, IRR과 WACC의 비교는 PPA의 출발점이다.

이를 위해서 미래현금흐름과 할인율을 추정한다. IRR분석은 거래대가가 이미 주어져 있으므로 시장참여자 가정을 고려한 현금흐름 분석이 중요하다. 그리고, STEP1에서 예측되고 분석이 이루어진 현금흐름과 할인율은 식별된 자산의 공정가치를 산정하고 검증하는 데 활용된다.[694]

STEP2에서는 장부에 계상되지 않은 무형자산을 구분하여 인식하는 단계이다. 무형자산은 기업의 핵심가치동인에 대한 파악, 산업분석, 이사회 회의록 또는 계약서 등의 문서를 통해 존재를 확인하고 회계기준 상 인식 및 식별 요건을 충족하는지 확인한다. 그리고 상대적인 중요성을 검토하여 인식의 우선순위를 결정한다.

STEP3에서는 인식된 무형자산을 공정가액으로 평가하는 단계이다.[695] 무형자산은 성

---

692) 내부수익률(IRR: Internal rate of return), 취득기업이 지출한 매수가격과 미래현금흐름의 현재가치가 일치되는 할인율을 계산하는 것이며, 만약 취득지분이 100%가 아니라면 매수가액을 100% 지분으로 환산하여 산정되어야 할 것이다.
693) WARA: Weighted Average Return on Assets(가중평균투자수익)
694) 매수가 이미 완료된 상황이므로 실무적으로는 매수시 추정한 현금흐름을 확보하여 진행하는 것이 유용하다.

격에 따라 시장접근법, 이익접근법, 원가접근법 등의 평가방법을 이용하여 평가한다. 해당 무형자산이 거래되는 활성시장이 존재하는 경우에는 시장접근법을 활용할 수 있지만, 활성시장이 존재하지 않을 경우에는 이익접근법과 원가접근법[696]을 이용하여 공정가치를 평가한다. 평가방법의 종류에서 후술하겠지만 실무상으로는 이익접근법이 일반적으로 활용된다.

STEP4에서는 각 자산의 공정가치를 매수가격에 배분하고, 인식된 무형자산을 포함한 각 자산의 공정가치 합이 매수가격보다 작을 경우에는 차이금액을 영업권으로, 높을 경우에는 염가매수차익으로 인식하게 된다. 이 과정에서는 STEP1에서 산정한 내부수익률 및 가중평균자본비용과의 일치 여부를 확인하기 위해 가중평균투자수익률(WARA)을 계산하여 비교한다. 가중평균투자수익률(WARA)은 개별자산의 기대수익률을 각 자산의 공정가치 기준으로 가중평균한 수익률이다. 만약 차이가 발생한다면 차이원인을 분석하여 조정하는 과정을 통해 최종적으로는 IRR, WACC, WARA가 유사한 수준이 되었을 때 검증과정은 마무리된다.

만약 동종 산업 내의 다른 거래에서 적용된 내부수익률이나 다른 사례에서의 무형자산 평가 금액과 비교할 수 있다면, 매수가액에서 무형자산의 평가액이 차지하는 비중, 영업권 가액의 비중 등을 비교하여 사업결합원가 배분의 적정성을 추가적으로 검토할 수 있을 것이다.

[Note 4] 무형자산 평가에서 가중평균자본비용(WACC)의 활용

각 자산별 공정가치를 산정할 때 개별 자산별로 적용하는 할인율은 차입이자율, 자기자본비용, 가중평균자본비용을 참고로 하여 해당 유무형자산의 성격에 따른 Risk Premium 또는 Risk Discount를 반영하여 추정한다. 예를 들어 식별된 무형자산의 기대수익률은 현금흐름의 특성 및 위험의 수준에 따라 가중평균자본비용(WACC)에 1~5%의 프리미엄을 가산하여 추정하는 방식이 있을 수 있다.[697] 추정된 가중평균자본비용의 적정성은 IRR과 비교를 통해서, 각 자산별 기대수익률의 적정성 여부는 WARA분석을 통해서 검토된다.

---

695) 기준서에서는 공정가치로 측정하는 자산은 **재무제표에 계상된 자산 및 부채**뿐만 아니라 장부에 계상되지 않았지만 **식별가능한 무형자산과 우발부채**의 공정가치도 함께 측정하여야 한다고 하고 기술하고 있으므로 장부에 계상된 가액 중 공정가치가 아닌 경우에는 공정가치로 측정하는 절차가 필요하다.
696) 회계상 공정가치 평가에 원가접근법은 집합적 노동력(Assembled Workforce), 내부사용 소프트웨어 등과 같은 자산의 평가에만 제한적으로 활용된다.
697) 무형자산의 위험은 회사전체의 자본비용보다는 높다고 가정하는 것이 일반적이다.

2) PPA의 회계상 효과

일반적으로 사업결합원가배분은 세전이익과 향후 장부가액에 영향을 미친다. 영업권의 경우 상각을 하지 않고 매년 손상검토를 수행하지만, 식별가능한 무형자산의 경우 내용연수 동안 상각이 필요하다. 즉, 무형자산의 식별 여부에 따라 상각액의 차이로 인하여 세전이익에 영향을 미치게 되고 향후 장부가액에도 차이를 가져오게 된다.

무형자산을 식별한 경우에는 상각을 통해 매년 일정금액이 비용화되어 장부가액 감소를 가져오지만, 영업권의 경우 상각하지 않고 손상검토를 수행하기 때문에 일시적으로 손익 및 장부가액 감소에 영향을 미칠 수 있어, 무형자산을 식별하지 않고 영업권으로만 계상하는 경우에는 향후 손익의 불확실성에 상대적으로 더 노출되어 있다고 볼 수도 있다.

유형자산의 경우에도 공정가치 평가결과에 따라 평가증이 되는 경우 상각액이 증가하게 되고, 평가감의 경우에는 상각액이 감소함으로써 세전이익에 영향을 줄 수 있다.

또한 사업결합이 식별가능한 취득자산과 인수부채의 세무기준액에 영향을 미치지 않거나 다르게 영향을 미치는 경우 일시적 차이가 발생하여 이연법인세부채가 발생할 수도 있다.

사업결합시 이전대가 배분의 핵심적인 절차는 앞서 언급한 바와 같이 무형자산을 식별하여 평가하는 것이지만 인수대상 다른 자산의 공정가액 평가도 포함하므로 다양한 회계기준과 관련이 있다. 이와 관련하여서는 해당 기준서를 참고할 필요가 있을 것이다. 취득단계에서는 K-IFRS 1103호 사업결합, 취득 후 PPA 및 손상평가 시에는 K-IFRS 1038호 무형자산, 1016호 유형자산, 1040호 투자부동산, 1036호 자산손상, 1012호 법인세 기준서 등이 주로 참고되고 있다.

3 거래 및 대상회사에 대한 파악

PPA(Purchase Price Allocation)는 사업결합원가를 자산별 공정가액으로 평가하여 회계처리하는 과정이라고 하였다. 즉, 사업결합이 어떤 방식으로 이루어졌고, 취득가액은 얼마이며, 어떻게 평가되었고, 지분은 어느 수준인지, 그리고 사업결합일은 언제이며, 사업결합방식은 어떻게 되는지 등에 대한 이해가 필수적이다.

또한 사업결합원가 배분과정에서 무형자산을 식별하여 공정가액으로 평가하게 되는데, 공정가액 평가 시에는 자산별 특성에 대한 파악 이전에 회사 및 산업에 대한 이해가 바탕이 되어야 한다.

4 내부수익률(IRR)과 가중평균자본비용(WACC)의 추정

> **Key Concept**
>
> - 내부수익률(IRR)과 가중평균자본비용(WACC)은 유사하거나 동일할 것이다.
> - 미래현금흐름의 추정은 기본적으로 현금흐름할인법(DCF)과 동일하나, 추정된 현금흐름은 시너지 등이 배제된 시장참여자 관점에서 기대 가능한 것이어야 한다.

평가대상회사 또는 사업 전체의 미래현금흐름을 추정하여 이를 매수가격과 일치시키는 할인율인 내부수익률(IRR)[698]과 평가대상의 현금흐름에 적절한 가중평균자본비용을 추정하여 이를 비교한다. 미래현금흐름과 가중평균자본비용(WACC)을 추정하는 절차는 DCF(현금흐름할인법)와 동일하다. 이때 현금흐름의 추정은 시너지 등 회사 특유의 상황이 배제된 시장참여자 관점에서 기대 가능한 현금흐름이 추정되어야 한다. 이는 회계상 공정가치[699]를 추정하는 과정이기 때문이다.

내부수익률(IRR)과 가중평균자본비용(WACC)이 유사하다고 판단되면, 추정된 미래현금흐름과 가중평균자본비용을 바탕으로 무형자산 평가를 하게 된다. 만약 IRR과 WACC이 중요하게 차이가 난다면 차이를 이해하기 위한 추가분석이 필요할 것이다. 예를 들어 IRR이 WACC보다 중요하게 크다면, 인수대가에 기업특유의 시너지가 포함되어 있거나, 추정이 낙관적일 수 있고, 또는 인수대가가 공정가치보다 더 낮다는 의미가 될 수 있다. 반대로 IRR이 WACC보다 중요하게 작다면 시장참여자의 시너지가 포함되지 않았거나, 추정이 보수적일 수 있고 또는 인수대가가 공정가치보다 더 높다는 의미가 될 수 있다. 추가적인 분석을 통해 파악된 차이원인 중 조정이 필요한 부분은 현금흐름의 재추정 등을 통하여 적절히 수정되어야 한다.

각각의 무형자산 공정가치 산정 시 적용되는 할인율은 가중평균자본비용에 일정한 리스크 프리미엄을 가감하여 산정하게 되며, 각 자산의 수익률을 가중평균한 가중평균수익률(WARA)[700]과 내부수익률 및 가중평균자본비용을 비교함으로써 평가의 합리성이 검토된

---

636) Internal rate of return (매수가격 = $\Sigma \frac{\text{미래추정현금흐름}}{(1+\text{IRR})^n}$)

699) 공정가치: 측정일에 시장참여자 사이의 정상거래에서 자산을 매도할 때 받거나 부채를 이전할 때 지급하게 될 가격

700) Weighted Average Return on Assets. 가중평균수익률에 대해서는 다음에 설명할 "10. WARA(가중평균

다. 그러므로 무형자산 공정가치 평가에 앞서 기업의 **미래현금흐름**에 대한 추정, **내부수익률**(IRR)과 **가중평균자본비용**(WACC)을 추정하는 절차가 필요하다.

5 장부에 계상된 자산의 공정가치 평가

Key Concept

무형자산을 식별하여 평가하기 이전에, 장부에 계상된 자산 중 공정가치 평가가 필요한 자산 및 부채가 있는지 확인하여야 한다.

사업결합에서 식별할 수 있는 취득 자산과 인수 부채를 취득일의 공정가치로 평가하여야 한다. 식별할 수 있는 취득 자산이란 회계상 계상된 자산 이외에 취득시점에 피취득기업에서 별도로 구분되지 않은 무형자산을 구분하여 공정가치로 인식하는 것을 포함한다. 무형자산의 식별은 별도로 논하기로 하고, 피취득기업의 장부에 계상된 자산 중에도 공정가치로 계상되지 않은 자산이 있다면 이를 공정가치로 평가하는 절차가 필요한 것이다. 이러한 자산의 대표적인 예로는 토지ㆍ건물 등의 유형자산이 있을 수 있다.[701] 또한 부채의 공정가치 측정도 필요할 수 있는데, 공정가치 측정의 고려가 필요한 부채의 예로는 고정금리로 차입한 장기차입금 등이 있을 수 있다.

지분법을 적용하는 관계기업 투자주식이 있을 경우에는 공정가치를 측정하고 해당 피투자기업에 대한 PPA가 필요한지 고려하여야 한다. 또한 우발부채가 있고 공정가치 측정이 가능할 경우에는 우발부채의 공정가치도 측정이 필요하다. 그리고, 사업결합이전에 재무제표에 계상되어 있는 영업권과 관련 이연법인세는 장부가액을 그대로 인식하지 않고, 사업결합원가배분 과정을 통해 취득가액을 기 인식된 영업권을 제외한 자산과 부채의 공정가치에 우선적으로 배분하고 그 나머지를 영업권으로 배분하는 절차에 따라 재측정된다.

투자수익률) 분석" 부분을 참고

701) 또한 회계상 공정가액으로 측정되지 않은 재고자산의 경우에도 공정가치 측정이 필요하다. 순실현가액으로 측정된 금액이 사업결합 기준서에서 정의하는 공정가치 개념은 아니기 때문이다 재고자산의 공정가치는 항목별로 다음과 같이 측정한다. 원재료는 현행대체원가. 재공품은 제품의 판매가격에서 완성하기 위한 추가원가/처분부대원가/합리적인 이익상당액을 차감한 금액, 제품은 판매가격에서 처분부대원가/합리적인 이익상당액을 차감한 금액이다. 단, 실무적으로는 재고자산 장부가액이 이러한 가액을 반영하고 있다고 보고 장부가액을 공정가액으로 간주하기도 한다.

6 무형자산의 식별

Key Concept

분리가능하거나, **계약적·법적 권리**가 있다면 무형자산은 식별 가능하다고 본다.

사업결합으로 인한 무형자산의 평가는 인식할 무형자산의 파악으로 시작된다고 볼 수 있다. 무형자산은 물리적 실체가 없는 자산으로서, "식별"이란 영업권과는 별도로 인식되어야 하는 무형의 자산이 있는지를 파악하고 결정하는 것이다.

회계기준서[702]에서 정의하고 있는 무형자산의 주요 특성은 ⓐ 물리적 실체가 없으며, ⓑ 식별가능하여 영업권과 구분되며, ⓒ 기업이 통제하고, ⓓ 미래 경제적 효익이 기업에 유입될 것으로 기대되는 자원이라고 볼 수 있다.

사업결합으로 취득한 무형자산은 거래의 특성 상 미래 경제적 효익이 높고, 공정가치를 신뢰성 있게 측정 가능하다고 간주한다. 그러므로 사업결합 시에는 식별가능한 무형자산을 영업권과 구분하여 별도의 자산으로 인식하여야 하며, 이를 위해 해당 무형자산의 공정가치 평가가 수행되어야 한다. 사업결합원가의 배분(PPA)이 필요한 이유이다.

무형자산은 ① 과거 사례, ② 회계기준서 및 ③ 관련 법규 검토, ④ 계약내용, ⑤ 사업적 특성, ⑥ 담당자와의 인터뷰 등의 절차를 통해 식별하게 된다. 이때 회계기준서에서 제시하는 예시 항목[703]은 무형자산을 식별하는 데 참고가 될 수 있다.

1) PPA에서 무형자산의 식별기준

무형자산의 식별가능성은 "**분리가능성[704]**"이 있거나, "**계약적, 법적 권리**"의 여부로 식별한다. 분리가능성은 자산이 개별적으로 또는 다른 자산과 함께 기업으로부터 분리되거나 분할하여 매각 등을 통해 이전할 수 있으면 분리 가능하다고 본다. 계약이나 법적으로 발생하는 권리는 분리하여 양도가 가능한지 여부에 관계없이 식별가능한 것으로 본다.

---

702) K-IFRS 1038 [무형자산]
703) K-IFRS 1103 [사업결합]의 적용사례 IE16~IE44
704) 개별적으로 또는 관련된 계약, 식별가능한 자산이나 부채와 함께 매각, 이전, 라이선스, 임대, 교환할 수 있으면 분리 가능하다고 볼 수 있다(K-IFRS 1038, 문단 12).

[그림 9-3] 무형자산 식별 기준

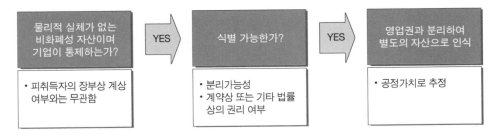

2) 사업결합거래에서 식별가능한 주요 무형자산의 예시[705]

기준서 실무지침에서는 사업결합에서 인식할 수 있는 무형자산에 대한 예를 제시하고 있다. 제시하고 있는 예시가 반드시 무형자산으로 인식되어야 하는 것은 아니고, 이러한 성격에 해당하는 자산이 있는지를 살펴보고 해당 자산이 회계상 자산성의 요건을 충족하는지 확인하여야 하는 것이다.

[표 9-3] 식별가능한 무형자산의 예시[706]

무형자산의 종류	식별가능성 기준	
	계약적·법적 권리	분리가능성 (비계약적)
마케팅 관련 무형자산의 예시		
등록상표, 상표명	○	
서비스마크, 단체마크 및 인증마크	○	
상품외장(독특한 색, 모양 또는 포장디자인)	○	
신문 제호	○	
인터넷 도메인 명	○	
비경쟁 합의	○	
고객 관련 무형자산의 예시[707]		
고객목록		○

---

705) K-IFRS 1103 실무지침 IE16~44 및 삼일IFRS 2016 참고

706) 별도의 무형자산으로 식별하지 않고, 영업권의 일부를 구성하는 것으로 가정하는 무형자산도 있다. 이러한 예로는 ⓐ 집합적 노동력, ⓑ 고객 서비스 역량, ⓒ 유리한 위치 및 장소, ⓓ 노조와의 우호적인 관계, ⓔ 교육 및 채용 프로그램, ⓕ 뛰어난 신용도, ⓖ 정부와의 호의적인 관계 등이 있다(Valuation, 박대준 공저, 삼일인포마인 참고).

707) 피취득자와 취득자 사이의 기존 거래 관계가 존재할 때, 취득자 자신과의 관계는 별개의 무형자산으로 인식하지 않고 영업권에 포함한다(K-IFRS 1103 사업결합 IE56).

무형자산의 종류	식별가능성 기준	
	계약적·법적 권리	분리가능성 (비계약적)
주문잔고나 생산잔고	○	
고객계약 및 관련 고객관계	○	
비계약적 고객관계		○
예술관련 무형자산의 예시		
연극, 오페라 및 발레	○	
책, 잡지, 신문 및 그 밖의 저술 작품	○	
작곡, 노래 가사 및 광고용 노래 등과 같은 음악 작품	○	
그림, 사진	○	
동영상이나 필름, 뮤직비디오 및 텔레비전 프로그램 등 시각 및 시청각 자료	○	
계약에 기초한 무형자산의 예시		
라이선스, 로열티 및 불가침협정	○	
광고, 건설, 경영, 용역 또는 공급 계약	○	
리스 약정	○	
건축 허가	○	
프랜차이즈 합의	○	
운영권 및 방송권	○	
시추·물·공기·벌목 및 노선 등에 대한 사용 권리	○	
관리용역계약	○	
고용 계약	○	
기술에 기초한 무형자산의 예시		
특허 받지 않은 기술		○
권원 기록부(title plants)를 포함한 데이터베이스		○
연구 및 개발		○
특허기술	○	
컴퓨터 소프트웨어와 마스크 작업물	○	
비밀 공식·공정 및 조리법 등과 같은 거래상의 비밀	○	

3) 완전성 검토

완전성에 대한 검토는 무형자산의 식별과정에서 식별되어야 할 무형자산이 제외되지 않았는지 확인하는 과정이다. 완전성 검토를 위해서는 회사가 보유하고 있는 등록상표 등의 무형자산과 관련된 서류, 장부의 확인, 과거 사용 내용과 향후 사용계획에 대한 검토, 그리고 담당자와의 인터뷰를 통한 확인이 필요하다. 재무제표에 있는 산업재산권을 중심으로 특허권, 상표권 등의 내역을 살펴보는 것과 영업활동의 과정을 이해[708]하는 것은 회사의 무형자산을 파악하는 데 도움이 될 수 있다.

4) 평가대상 무형자산의 선정

무형자산이 식별되었다면 무형자산의 종류별로 성격에 맞게 공정가액 평가를 수행한다. 단, 식별된 무형자산을 모두 공정가액으로 평가하는 것은 실무적으로 용이하지 않을 수 있다. 그러므로 무형자산으로서 가치의 중요성 또는 장부가액과의 예상되는 차이의 정도 등을 고려하여 공정가치 평가대상을 최종 선정하는 것이 일반적이다.

아래의 표에서 예시적으로 설명하는 부분은 식별된 무형자산 중에서 중요성 등의 요소를 고려하여 공정가액 평가대상 무형자산을 선정하는 과정이다. 예를 들어 인터넷 도메인명은 일반적으로 무형자산의 정의를 충족하고 계약적·법적 기준에 따라 식별가능성 요건도 충족한다. 이러한 인터넷 도메인명은 영업을 하는 데 상당한 가치를 갖는 경우[709]도 있으나, 인터넷 도메인명 자체가 사업을 하는 데 있어서 중요한 자산이 아닌 경우도 있을 것이다. 이러한 사항을 판단하여 평가대상 무형자산을 선정하게 되는 것이다.

[표 9-4] 무형자산 평가 대상의 선정 예시

무형자산	무형자산 정의 충족	식별 여부		중요성	평가 대상
		계약적/법적 기준	분리가능성 기준		
마케팅관련 무형자산					
등록상표	YES	YES		YES	○
인터넷 도메인 명	YES	YES		No	–
고객관련 무형자산					
고객목록	YES		YES	YES	○
계약에 기초한 무형자산					
라이선스	YES	YES		No	–
기술에 기초한 무형자산					
소프트웨어	YES	YES		No	–

---

708) 사업에 대한 이해, 가치가 창출되는 과정에 대한 이해를 의미한다.
709) Naver, daum과 같은 인터넷 도메인명은 회사 영업에 중요한 무형자산이라고 볼 수 있다.

7 무형자산 평가방법

1) 무형자산 평가방법의 종류

Key Concept

- 무형자산의 평가방법에서는 시장접근법, 이익접근법, 원가접근법이 있다.
- 대부분의 경우 이익접근법이 평가에 사용된다. 시장접근법은 활용 가능한 정보가 제한적이고, 원가접근법은 특정 무형자산에 대해서만 제한적으로 활용된다.
- 여러 종류의 무형자산이 포함되어 있을 경우에 평가방법 적용에 제약[710]이 있을 수 있으므로, 식별된 무형자산별로 적용 가능한 평가방법을 List-up하여 중요성과 적용 가능성 등을 고려하여 무형자산별 평가방법을 선택하여야 한다.

인식된 무형자산을 공정가액으로 평가하는 방법에는 시장접근법, 이익접근법, 원가접근법이 있다. 해당 무형자산이 거래되는 활성시장이 존재하는 경우에는 시장접근법을 활용할 수 있지만, 활성시장이 존재하지 않을 경우에는 이익접근법과 원가접근법을 이용하여 공정가치를 평가한다. 이 중에서 시장접근법을 활용할 수 있는 경우가 많지 않기 때문에 실무상으로는 이익접근법이 일반적으로 활용되고 있다.

[그림 9-4] 무형자산 평가방법

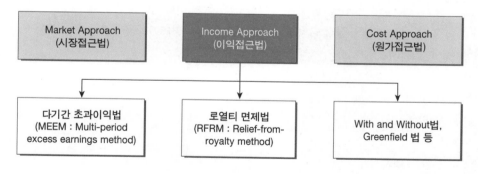

---

710) 예를 들어 다기간초과이익법은 일반적으로 중요한 무형자산에 대해 적용되는데, 동일한 사업 내에서 하나의 무형자산에 대해 다기간초과이익법을 적용할 경우에는 다른 무형자산에 대해서는 다기간초과이익법을 적용할 수 없고 다른 평가방법을 활용하여야 한다.

2) 시장접근법

> **Key Concept**
>
> - 시장접근법은 동일하거나 유사한 자산에 대한 거래가격을 기초로 무형자산을 평가한다.
> - 유사성 판단이 중요하며, 이를 위해서는 계약조건, 기술 수준 등에 대한 다양한 정보가 필요하다.

시장접근법은 평가대상 무형자산과 동일하거나 유사한 자산이 시장에서 거래되는 가격을 기초로 평가하는 방법이다. 이는 시장에서 유사한 자산의 거래가 있는 경우 제한적으로 사용할 수 있는 방법이다. 시장접근법은 앞서 설명한 시장가치 평가방법(상대가치평가방법)과 접근방법이 동일하다고 볼 수 있다.

시장접근법을 활용하여 무형자산 평가 시 특히 주의하여야 할 점은 무형자산은 각각의 무형자산이 계약조건, 기술수준, 거래조건, 시장상황 등에 따라 다르게 평가될 수 있다는 점이다. 시장접근법을 통한 무형자산 평가 시에는 이러한 차이 조정 여부에 대한 고려가 필요하다.[711]

실무적으로 무형자산의 가치를 시장접근법만으로 평가하기에는 어려움이 있는 것이 사실이다. 외부 이해관계자가 시장에서 거래되는 무형자산의 계약조건, 거래된 무형자산 기술의 수준, 정상적인 거래인지 여부 등을 정확하게 파악하는 것은 쉽지 않으며, 또한 무형자산이 해당 사업과 분리되어 별도로 거래되는 사례도 드물기 때문이다. 이러한 이유로 실무에서는 시장접근법을 사용하여 무형자산을 평가하는 경우는 많지 않다.

3) 이익접근법

> **Key Concept**
>
> - 이익접근법의 기본 가정은 **시장참여자 가정**[712]에 기초한다.
> - 이익접근법에서 가장 많이 활용되는 방법은 **로열티면제법**과 **다기간초과이익법**이다.
> - **로열티면제법**은 로열티를 제3자에게 지급하지 않아도 된다는 가정에 기초하여 **절감한 로열**

---

711) 시장접근법을 활용할 때 평가대상의 가치에 상각절세효과가 포함되어 있다면, 이익접근법에서 적용하는 것과 같은 상각절세효과의 추가 반영은 하지 않는다.

712) 시장참여자 가정은 기업 특유의 시너지 등이 배제된 시장 참여자가 일반적으로 기대할 수 있는 상황에

티의 현재가치 합을 통해 무형자산을 평가하는 것이다.

- **다기간초과이익법**은 특정 사업으로부터 기대되는 이익에서 해당 이익 창출에 공헌한 **다른 자산의 기여분을 차감한 후의 잔여 이익**이 측정하고자 하는 무형자산으로 인해 발생한 이익이라는 가정에 기초한 평가방법이다.
- 다기간초과이익법은 **주된 무형자산**의 평가에 활용하며, 평가의 마지막 단계에서 수행한다.

이익접근법은 자산을 소유함으로써 추가되는 수익 또는 감소되는 비용의 현재 가치를 적용하여 무형자산의 가치를 추정한다. 이익접근법은 미래 경제적 효익에 대한 가정에 따라 **로열티면제법, 다기간초과이익법, 그린필드법**(Greenfield method), **위드앤위드아웃법**(With and Without method) 등으로 구분하여 볼 수 있다. 실무적으로는 로열티면제법(RFRM)[713]과 다기간초과이익법(MEEM)[714]이 많이 활용되고 있다.

이익접근법에서는 통상 상각으로 인한 절세효과(TAB; Tax Amortization Benefit)가 반영된다. 상각절세효과는 실제 거래에서 세금 공제 효과의 발생 유무와 무관하게 적용된다고 보며, 시장참여자 관점에서 공통적으로 기대할 수 있는 가치를 평가한다는 개념의 접근이 필요하므로, TAB 계산을 위해서는 해당 국가의 세법을 고려하는 것이 일반적인 방식이다.

① 다기간초과이익법 (Multi-Period Excess Earnings Method)

다기간초과이익법은 무형자산과 관련하여 발생할 것으로 예상되는 미래의 이익에서, 그 이익을 창출하는 데 이용된 다른 자산의 원가[715] (기여자산; Contributory Asset Charges)를 차감한 후의 금액을 적절한 할인율로 할인한 현재 가치의 합으로 평가하는 방법이다.

후술하는 로열티면제법이 로열티를 측정하여 직접적으로 무형자산의 가치를 측정하는 개념이라면, 다기간초과이익법은 간접적으로 무형자산을 측정하는 개념으로 볼 수 있다. 무형자산을 포함한 다양한 자산의 집합으로부터 기대되는 이익에서 해당 이익 창출에 기여한 다른 자산의 기여분(원가)을 차감한 이익이 측정하고자 하는 무형자산으로 인해 발생하는 이익이고 이렇게 산정된 이익의 합으로 무형자산의 가치를 추정하기 때문이다. 즉, 전체 이익에서 다른 자산의 기여분을 차감한 후 잔여이익을 통해 가치를 추정하는 방법이다.

기반하는 것이다.

713) RFRM: Relief-from royalty method
714) MEEM: Multi period excess earning method
715) 기여자산의 원가는 그 이익을 창출하는 데 사용된 다른 자산의 시장기대이익을 의미한다.

예를 들어 고객목록과 같은 무형자산을 식별하여 평가할 때, 먼저 평가 대상 고객으로부터 발생이 예상되는 영업이익을 추정한다. 다음으로는 영업이익을 창출하기 위해 고객관계라는 무형의 자산 외에 운전자본이나 유형자산, 노동력과 같은 다양한 자산이 활용되었을 것이므로 고객관계를 제외한 자산이 영업이익 창출에 기여한 부분을 차감한다. 이를 일반적으로 기여자산의 원가[716]라고 한다. 기여자산의 원가를 차감한 잔여이익의 현재가치를 산정하여 무형자산의 가치를 구한다.

[그림 9-5] 다기간초과이익법의 기본 개념[717]

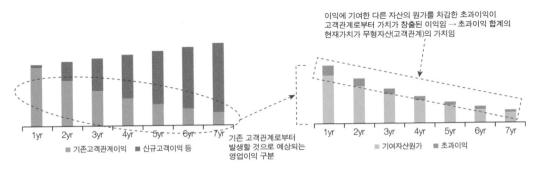

[그림 9-6] 다기간초과이익 계산의 기본 구조

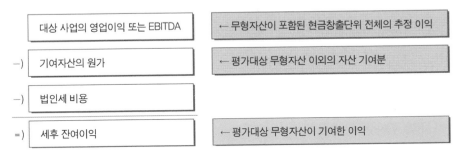

716) 기여자산의 원가는 그 이익을 창출하는 데 활용된 다른 모든 자산의 시장기대이익을 의미하는 것으로 특정 무형자산이 포함된 현금창출단위의 전체 가치 중에서 해당(평가대상) 무형자산 이외의 자산에 의한 공헌을 의미한다. 기여자산의 원가는 현금흐름을 창출하기 위하여 필요한 모든 자산을 가상의 제3자로부터 임차 혹은 리스한다고 가정하고, 자산소유자에게 임차 혹은 리스에 대한 공정한 대가를 지불한다고 가정하여 산정하게 된다.
717) 기존고객으로부터 발생하는 이익이 감소하는 것으로 추정하는 것은 고객이탈율 등의 가정이 적용되기 때문이다.

위의 기본구조에서 보는 바와 같이 해당 무형자산이 포함된 전체 현금흐름(영업이익 또는 EBITDA)에서 다른 자산의 기여분을 차감하는 방식으로 산정되기 때문에 일반적으로 식별가능한 무형자산 중에서 중요성이 큰 주된 무형자산의 평가에 다기간초과이익법이 활용된다. 공통된 이익창출에 기여하는 다른 식별가능한 무형자산은 로열티면제법 등 다른 평가방법을 통해 측정하여야 한다. 이는 계산 구조상 동일한 사업(혹은 현금창출단위)에서 둘 이상의 무형자산 평가에 동시에 적용하기에는 현금흐름의 순환 문제 등 무리가 있기 때문이다.

다기간초과이익법은 실무적으로 주문잔고, 고객관계, 계약관계 무형자산의 평가 시에 주로 활용되고 있다.

다기간초과이익법의 상세 평가 방법 및 절차에 대해서는 다음에 설명할 "무형자산의 공정가치 평가"에서 사례를 통해 설명하고자 한다.

② 로열티면제법

로열티면제법은 로열티 면제액의 현재가치로 무형자산의 가치를 산정한다. 즉, 기업이 해당 무형자산을 직접 소유함으로써 제3자에게 로열티를 지급하지 않아도 된다는 가정에 기초하여, 지출하지 않아도 되는 로열티의 현재가치를 평가하는 것이다. 로열티 면제법이 주로 사용되는 무형자산은 상표권, 브랜드, 노하우, 특허 등 사용허가가 가능한 자산이다.

로열티면제법은 ① 적용될 로열티율, ② 로열티율이 적용될 사업의 예상 수익, ③ 로열티율이 적용될 자산의 내용연수, 그리고 이를 ④ 현재가치로 계산할 할인율을 추정하는 것이 중요하다.

즉, 무형자산으로 인해 창출될 미래 현금흐름에 적절한 로열티율을 곱하여 매년 절감될 것으로 예상되는 로열티 금액을 산정하고 이러한 현금흐름의 현재가치를 산정하여 그 무형자산의 가치를 구하는 방법이다.

로열티율의 추정은 실무적으로 시장에서 유사한 자산에 적용되는 로열티율을 참고한다. 이때, 각각의 무형자산은 기술수준, 거래 조건 등에 있어서 차이가 있을 수 있으므로 평가대상 무형자산의 성격과 비교하여 적용의 적정성에 대해 검토하는 것이 필요하다.

[그림 9-7] 로열티 면제 현금흐름 계산 기본 구조

대상 사업의 매출	← 무형자산과 관련된 제품, 서비스의 판매로 기대되는 매출액
x) 로열티율	← 유사사례 등을 고려한 로열티율
-) 법인세 비용	
=) 세후 로열티	← 평가대상 무형자산의 현금흐름

로열티면제법의 상세 평가 방법 및 절차에 대해서는 다음에 설명할 "무형자산의 공정가치 평가"에서 예를 들어 다루고자 한다.

③ 기타 이익접근법

기타의 이익접근법에는 그린필드법(Greenfield method), 위드앤위드아웃법(With and Without method) 등이 있다.

그린필드법(Greenfield method)은 무형자산을 제외하고는 어떠한 자산도 가지지 않은 가상의 신규기업 가치로 평가하는 방법이다. 가상의 신규기업을 운영하기 위해 필요한 자본적 지출액(CAPEX)과, 향후 영업활동으로 인한 현금유입액을 추정하고 이를 적절한 할인율로 할인하여 가치를 평가한다. 이 방법은 초과이익이 발생하지 않더라도 사업의 영위를 위해 반드시 필요한 무형자산을 평가할 경우에 사용될 수 있을 것이다.

위드앤위드아웃법(With and without Method)은 평가기준일 현재 평가대상 무형자산을 포함한 모든 자산을 고려한 사업의 가치와 해당 무형자산을 제외한 사업 가치의 차이를 통해서 무형자산 가치를 산정하는 방법이다. 앞서 설명한 바와 같이 다기간초과이익법이 동일 사업에서 둘 이상의 무형자산 가치 평가에 사용되기에 무리가 있으므로 하나의 무형자산을 위한 평가방법으로 다기간초과이익법을 활용하기로 하였다면 대체적인 방법으로 다른 무형자산을 평가할 때 With and without법을 사용할 수 있다. 예를 들어 일반적으로 고객관계는 다기간초과이익법을 활용하여 평가하나, 다른 무형자산 평가에 다기간초과이익법을 사용하기로 하였다면 고객관계는 With and without법으로 평가할 수 있을 것이다.

4) 원가접근법

> **Key Concept**
>
> • 원가접근법은 대체의 개념이 바탕이 되는 접근법이다.
> • 주된 무형자산의 평가에는 일반적으로 적합하지 않아 내부적으로 사용되는 특정 소프트웨어나 집합적 노동력(Assembled Workforce)의 공정가치 평가에 제한적으로 활용된다.

원가접근법은 재생산원가 또는 대체원가가 공정가치라고 보는 관점이다. 그러므로 원가접근법은 자산의 재생산 또는 재구축 비용을 산정하고, 여기에 물리적 감가상각, 경제적 또는 기능적 진부화 등을 고려하여 자산의 가치를 추정한다.

원가접근법은 개발 초기 단계로서 향후의 이익을 추정하기 어려운 경우나, 판매시장이 존재하지 않는 경우에 사용될 수 있으며, 이러한 예로는 내부사용 소프트웨어의 평가와 같은 경우가 있을 것이다. 또한 영업권의 일부로서 별도로 식별되어 인식되지는 않으나 다기간초과이익법에서 기여자산원가로 산정되는 집합적 노동력(Assembled workforce)[718]의 경우도 원가접근법이 적용된다.

원가접근법의 예는 다음의 표와 같다.

[표 9-5] 원가접근법의 예

소프트웨어 구분	개발시간(h) ⓐ	개발인원(명) ⓑ	총투입시간(h) ⓒ = ⓐ×ⓑ	시간당 임금(원) ⓓ	대체원가(원) ⓔ = ⓒ×ⓓ
Project A	1,000	10	10,000	70,000	700,000,000
Project B	800	10	8,000	70,000	560,000,000
Project C	600	5	3,000	70,000	210,000,000
Project D	400	5	2,000	70,000	140,000,000
합계					1,610,000,000

상기 표에서 대체원가의 합이 원가접근법 하에서 무형자산의 공정가치이다. 여기에 추가적으로 고려될 수 있는 것은 진부화 조정이다. 일반적으로 기존에 보유한 무형자산은 대체

---

718) 다기간초과이익법의 기여자산원가 산정과 관련된 집합적노동력(Assembled Workforce)에서도 원가접근법에 의한 무형자산 가치평가를 다루고 있다. Workforce는 별도의 무형자산으로 식별하여 계상하지 않고, 영업권에 포함되는 것으로 간주하며, 다기간초과이익법에서 기여자산원가로만 구분하여 계산한다.

되는 자산에 비해 효용성이 낮을 수 있으므로 측정 가능하다면 감가상각, 경제적 진부화 등의 고려가 필요하다는 관점이 진부화 조정의 내용이다. 진부화 조정은 평가시점에 새로운 기술의 출현 등으로 내용연수가 단축되었거나 계획시점 대비 효용의 진부화 정도를 측정하여 대체원가를 조정하는 것이다.

5) 무형자산 유형별 평가방법의 예시

무형자산 평가방법의 선정은 무형자산의 특성 등이 고려되어야 한다. 한 가지 무형자산에 대한 평가에는 다양한 평가방법이 적용될 수도 있다. 적용 가능한 평가방법으로 모두 평가하여 각 평가결과를 비교하는 것이 바람직할 수 있지만, 실무적으로 다양한 평가방법 중 가장 합리적으로 평가가 가능한 방법을 미리 선정하여 평가가 이루어지고 있다. 아래의 표는 무형자산의 유형별로 평가방법을 선정함에 있어 참고가 될 수 있을 것이다.

[표 9-6] 무형자산별 평가방법의 예시

무형자산 유형	일반적인 평가방법
브랜드, 상표권	로열티면제법, 다기간초과이익법
고객목록 및 고객계약	다기간초과이익법
수주잔고	다기간초과이익법
특허기술, 개발기술	다기간초과이익법, 로열티면제법
IPR&D	다기간초과이익법, 로열티면제법, 대체원가법
소프트웨어	로열티면제법
내부사용 소프트웨어	대체원가법
Assembled Workforce	대체원가법
비경쟁 합의	With and Without법
(장기간의) 인허가, 면허	그린필드법

8 무형자산 평가에 적용될 할인율 추정

Key Concept

WACC, IRR, 자기자본비용 등을 참고하여 합리적인 범위 안에서 무형자산의 할인율이 결정되어야 한다.

무형자산의 위험 수준은 회사 전체의 위험수준보다 높다고 보며, 할인율의 적용도 회사의 가중평균자본비용에 프리미엄을 가산하여 할인율을 추정하는 것이 일반적이다. 또한 식별된 개별 무형자산은 종류별로 위험의 수준에 차이가 있을 것이므로 무형자산별로 할인율이 차이가 날 수 있음을 고려하여야 한다. 자산별 수익률 가정은 후술하는 "WARA분석"(Weighted Average Return on Assets Analysis; 가중평균투자수익분석)에서 추가적으로 다루고자 한다.

9 무형자산의 공정가치 평가 예시

Key Concept

브랜드, 고객관계, 기술 등 다양한 무형자산의 수익성, 내용연수, 위험 등이 유사하다면 하나의 집합으로 측정될 수도 있으나, 일반적으로 각각의 무형자산 가치는 별도로 측정한다.

평가대상 무형자산이 식별되면 앞서 설명한 바와 같이 해당 무형자산의 평가에 가장 적절한 평가방법을 선정하여야 한다. 평가방법의 선정은 무형자산의 특성 등이 고려되어야 하는데, 무형자산 유형별 평가방법을 선정함에 있어서 앞서 설명한 "무형자산 유형별 평가방법의 예시"는 참고가 될 수 있을 것이다.

무형자산이 식별되고, 평가대상 무형자산이 선정되었으며, 유형별 평가방법이 결정되었다면, 평가방법에 따라 공정가액 평가절차가 진행된다.

이 장에서는 무형자산 종류별로 평가방법을 선정하여 평가를 수행하는 절차의 예시를 다루고자 한다. 이 장에서 다루는 무형자산 평가의 예시는 실무적으로 가장 많이 활용되는 로열티면제법과 다기간초과이익법이다.

-마케팅 관련 무형자산에 대한 로열티면제법을 통한 평가
-고객 관련 무형자산에 대한 다기간초과이익법을 통한 평가[719]

1) 로열티면제법을 적용한 평가의 예(등록상표)

Key Concept

- 로열티면제법에서 핵심적인 요소는 **적절한 로열티율(Royalty rate)**의 산정이고, 로열티율은 시장에서 관측가능한 자료를 사용하는 것이 필요하다.
- 그 외의 변수는 로열티와 관련된 사업부의 예상 매출, 할인율 및 로열티의 내용연수이다.

① 평가 방법

등록상표 등과 같이 사용허가가 가능한 무형자산에 대한 평가방법은 로열티면제법이 주로 활용된다. 로열티면제법의 기본 개념은 등록상표 등으로 인해 창출될 미래현금흐름에 적절한 로열티율을 곱하여 매 기간 절감 가능한 로열티 금액을 산정하고, 이를 현재가치로 할인하여 해당 무형자산의 가치를 산출하는 방법이다.

로열티면제법을 평가하는 기본 절차는 다음과 같다.

[표 9-7] 로열티면제법 계산 절차

기본 계산 절차	
	추정매출액
(×)	로열티율
	세전 로열티
(−)	Tax
	세후 로열티
할인율	WACC + Risk Premium
Σ	상각절세효과 전 현재가치 합
(+)	절세효과(TAB)
	무형자산의 가치

---

719) 상기 사례는 고객별 매출형태, 내용연수 및 수익성이 유사하다고 가정하여 단일의 고객관계로 통합하여 평가하였다. 만약 고객별 성격이 상이한 경우에는 고객관계를 보다 작은 단위로 계층화하여 평가하여야 하는지 고려할 필요가 있다.

② 평가예시

[표 9-8] 로열티면제법 평가 예시

(단위: 백만원)

구분	20X1	20X2	20X3	20X4	20X5	비고
ⓐ 총매출액	9,000	9,270	9,548	9,835	10,130	연 3% 성장 가정
ⓑ 연평균유지율	90%	70%	50%	30%	10%	매년 20%씩 감소 가정
ⓒ 순매출액	8,100	6,489	4,774	2,950	1,013	[ⓐ × ⓑ]
ⓓ 세전 로열티[720]	162	130	95	59	20	[ⓒ × 로열티율] (로열티율 2% 가정)
ⓔ 세후 로열티	126	101	74	46	16	[ⓓ × (1-세율)] (세율 22% 가정)
ⓕ 할인기간(기중)	0.5	1.5	2.5	3.5	4.5	기중 현금흐름 가정
ⓖ 현가계수	0.9435	0.8398	0.7476	0.6655	0.5924	할인율 12.3% 가정
ⓗ 현재가치	119	85	56	31	9	
ⓘ 현재가치 합	300					
ⓙ 상각절세효과	60		–			[ⓘ × 20%](절세효과 프리미엄 20% 가정)
ⓚ 무형자산가치	360					[ⓘ + ⓙ]

가) 내용연수의 추정

과거 실적 및 동일 업종 사례를 통한 평균 내용연수, 법적·계약적 보호기간 등을 고려하여 내용연수를 추정한다. 그리고 기존 사용기간을 차감하여 잔여 내용연수를 산정한다. 상호 및 브랜드명의 경우 지속가능하다면 장기 또는 비한정 내용연수를 갖는 것으로 가정하는 경우도 있으나, 상기 사례의 경우 지속가능하지 않은 비교적 짧은 내용연수인 것으로 가정한다. 만약 브랜드 내용연수를 비한정으로 가정할 경우에는 브랜드의 가치를 유지하기 위한 비용(마케팅비, 광고선전비 등)을 추가적으로 반영할 필요가 있는지 고려하여야 한다.

나) 매출액의 추정

개별기업, 업종, 시장환경의 특성을 고려하여 평가대상 무형자산과 관련된 제품, 상품, 서비스의 판매로 기대되는 매출액을 추정한다.

다) 유지율(Annual Retention factor)의 추정

취득한 무형자산의 가치는 비한정 내용연수를 갖는 것으로 가정하거나 조금씩 소멸할 것

---

720) 세전 현금흐름을 추정할 때 만약 로열티와 관련된 중요한 비용이 있고, 이러한 비용이 로열티 보유 유무와 밀접한 관련이 있다면 해당 비용도 현금흐름 추정 시 고려되어야 할 것이다.

이라고 가정할 수 있다. 한정 내용연수를 가정할 경우에는 등록상표 등의 가치도 최종 내용연수에 한꺼번에 소멸하는 것이 아니라, 내용연수에 걸쳐 점진적으로 소멸한다고 가정할 수 있으며, 이때 실무적으로 적용하는 것이 유지율의 개념이다. 상기 사례에서 유지율(ⓑ)은 연평균 유지율을 적용하였다.

[표 9-9] 유지율(Annual Retention factor)의 추정 예시

구분	20X1	20X2	20X3	20X4	20X5	비고
기초 유지율	100%	80%	60%	40%	20%	
기말 유지율	80%	60%	40%	20%	0%	매년 20%씩 감소 추정
연평균 유지율	90%	70%	50%	30%	10%	

유지율의 추정은 내용연수의 추정과 연계하여 파악할 필요가 있으며, 과거 실적 및 동일 업종 사례 검토 등을 통한 감소율, 법적·계약적 보호기간 등이 고려된다.[721]

라) 로열티율(Royalty rate)의 추정

로열티율의 추정은 로열티면제법의 핵심적인 절차이다. 로열티율의 추정과정은 가치평가에서 시장가치접근법(상대가치)과 유사하다. 독립된 당사간의 거래에서 결정된 것으로 시장에서 관측 가능한 유사 사례의 자료를 확보[722]하고, 이 중에서 비교 가능성을 고려하여 로열티율을 추정하게 된다. 비교가능성을 고려한다는 것은 자료가 명확하지 않은 계약을 제외하거나, 로열티 이외의 계약을 포함하고 있는 거래를 제외하거나, 거래대상이 평가대상의 성격과 차이가 있는 계약을 제외하거나, 로열티 계산 방식이 상이한 거래를 제외하거나, 로열티율이 다른 거래와 현저하게 차이가 나는 계약의 원인을 분석하여 포함 여부를 결정하는 방식으로 가능한 평가대상 무형자산에 가장 합리적으로 적용 가능한 로열티율을 추정하도록 하는 과정이다. 로열티율이 적용되는 대부분의 상표권, 브랜드, 노하우, 특허권은 각각 독특한 특성을 가지고 있어서 이러한 비교가능성을 위한 판단과 고려가 중요하게 요구된다.[723]

---

721) 유지율의 추정은 실무적으로 과거 분석 및 동일 업종 사례 분석을 통해 연평균 감소율을 추정하여 적용하기도 하며, Iowa curve와 같은 통계적 분석을 적용하기도 한다. 과거 실적분석을 통한 고객이탈율의 추정 예시는 다음에 설명할 다기간초과이익법을 참고하기 바란다.
722) 로열티율은 관련 정보제공회사(Royalty Source, Consor, LexisNexis 등)를 통해 확보하는 방법과 dart 등의 공시사항으로부터 직접적인 research를 통해 획득하는 방법이 있다.
723) Royalty 검색 및 선별 과정의 예: ⓐ Royalty DB 검색(사업관련성 등 고려) → ⓑ 자료 불분명 계약 제외 → ⓒ royalty 종류별 구분(예: 회사명 사용 이외의 계약 제외 등) → ⓓ Royalty가 적용된 대상 구분(예:

[그림 9-8] 로열티 Research 예시1

No	Year	Licensee	Licensee business	Licensor	Licensor business	Royalty rate		Upfront fee	Royalty base	Licensed property
						Low	High			
1						3.00%	3.00%	n/a	Sales	
2	20XX	O···MANUFACTURING	Air-Conditioning···	AAF···INC	Air-Conditioning And Warm Air Heating Equipment	2.00%	5.00%	n/a	Net sales	use the trademark "M···"
3						2.00%	2.00%	n/a	Net sales	
4						2.00%	2.00%	n/a	Sales	
5						1.50%	1.50%	n/a	Sales	
23						7.00%	7.00%	n/a	Sales is excess of the minumum limit	
24						0.80%	0.80%	n/a	Sales	
25						1.00%	1.00%	n/a	Net sales	

	Low	High	평균
최소값	0.20%	0.20%	0.20%
1분위	0.30%	0.50%	0.40%
중간값	0.50%	0.50%	0.50%
3분위	0.80%	0.80%	0.80%
최대값	2.00%	2.00%	2.00%

B2C 관련 산업 제외 등) → ⓔ Royalty 계산방식 상이 제외 → ⓕ Low rate와 High rate의 편차에 따른 차이 구분(예: 과도하게 차이 나는 rate 적용 사례는 제외 등) → ⓖ 업종차이 구분 등

[그림 9-9] 로열티 Research 예시2

회사명	부과기준	브랜드 사용요율		수취방법
		Low	High	
A사	매출액-광고선전비	0.20%	0.20%	월단위 수취
B사	매출액	0.24%	0.24%	미확인
C사	매출액-광고선전비	0.10%	0.20%	6개월단위 수취
D사	연결매출액-광고선전비	0.15%	0.15%	매분기말 정산 후 익월말일까지 결제
Q사	해외매출액	3.00%	5.00%	매분기단위 수취
R사	매출액	0.30%	0.30%	월단위 수취
S사	매출액	1.30%	1.30%	월단위 수취

	Low	High	평균
Min	0.50%	0.10%	0.08%
Max	1.30%	3.00%	2.15%
Median	0.20%	0.20%	0.20%
Average	0.56%	0.87%	0.71%

마) 세후로열티 산정

매출에 로열티율을 적용한 후 법인세를 차감한 세후 금액으로 산정한다.

사업결합에서 자산의 공정가치는 시장참여자 사이의 정상적인 거래에서 그 개별 자산이 별도로 거래될 때의 가치를 반영하고, 해당 자산이 개별적으로 취득을 하는 지, 다른 자산과 함께 취득을 하는지와 무관하게 독립적으로 가치가 결정된다고 앞서 언급하였다. 이는 시장참여자 관점에서 기대 가능한 현금흐름을 통해 측정되는 가치이므로 대상회사가 이월결손금을 보유하고 있더라도 법인세비용을 차감한 세후 현금흐름 산정하는 것이 일반적이다. 또한 세율도 시장참여자 관점에서 적용하는데, 실무적으로는 기대현금흐름 수준을 고려하여 세율을 적용한다.

바) 할인율의 추정

추정된 세후로열티를 현재가치로 할인하기 위한 할인율의 추정이 필요하다. 일반적으로 할인율은 기업가치 평가 시에 활용되는 가중평균자본비용(WACC)에 무형자산으로부터 발생하는 현금흐름의 불확실성을 고려하여 프리미엄을 가산하여 적용한다. 실무적으로 3% 내외의 프리미엄이 가산되고 있다. 자산별로 적용되는 할인율에 대해서는 후술하는 "WARA(가중평균투자수익률) 분석"에서 추가적으로 다루고자 한다.

사) 현재가치 계산

내용연수 동안의 예상 세후로열티를 해당 무형자산에 적용하기 위해 추정한 할인율로 할인하여 현재가치를 계산한다. 이렇게 산정된 현재가치의 합은 무형자산을 상각함으로 인해 기대되는 절세효과가 반영되기 전이다. 일반적으로 무형자산의 공정가치는 상각절세효과까지 합산되어야 한다고 보고 있다.

아) 상각절세효과(TAB)의 계산

상각절세효과는 세무상 효과이므로 대상 자산에 대한 세법상 상각 기간과 법인세율 및 상각 대상 금액에 대해 파악하여야 한다. 그러나 앞 단계까지의 계산으로는 무형자산의 공정가치가 산정 전이므로 상각 대상 금액이 확정되기 전이다. 이러한 문제를 순환참조 계산법으로 해결할 수도 있으나, 일반적으로는 상각절세효과 증가요소(step up factor TAB[724])을 적용한다. 상각절세효과 증가요소는 자산가치 "1"를 기준으로 상각절세효과의 가치가 얼마가 되는지를 계산하여 이를 상각절세효과 고려 전 무형자산 현재가치 합계에 반영하여 주는 방식이다. 상각절세효과를 계산하기 위해서는 세법상 상각가능성과 상각기간, 법인세율 및 할인율에 대한 고려가 필요하다.

다음의 표는 이러한 상각절세효과 증가요소 계산의 개념 및 예시이다.

[표 9-10] 상각절세효과의 개념 및 예시[725]

아래의 예시는 1의 가치에 포함된 상각절세효과를 산정하기 위해 할인율 15%, 법인세율 22%, 5년 상각을 가정하였다.

구분		20X1	20X2	20X3	20X4	20X5	비고
① 연 상각비		0.2	0.2	0.2	0.2	0.2	1 ÷ 5년＝0.2
② 연 절세효과		0.04	0.04	0.04	0.04	0.04	① × 22% (법인세율)
③ 할인기간 (기중)		0.5년	1.5년	2.5년	3.5년	4.5년	
④ 현가계수 (15% 가정)		0.9325	0.8109	0.7051	0.6131	0.5332	$1/(1+15\%)^{\wedge n}$
⑤ 현재가치		0.041	0.036	0.031	0.027	0.023	② × ④
⑥ 현재가치 합	0.1582						상각절세효과를 가산한 후 가치가 "1"

---

724) Tax Amortization Benefit
725) 상각절세효과를 산정하기 위해서는 해당 자산에 적용되는 세무상 상각기간과 경제적 내용연수를 모두 파악하여 세무상 실제적으로 인정되는 기간 동안 절세효과를 적용하기 때문에 평가시점 세법의 규정을 확인하는 것도 필요하다.

구분		20X1	20X2	20X3	20X4	20X5	비고
⑦ 절세효과 전 무형자산	0.8418						이라고 가정하면 "1"에서 "0.1582"는 상각절세효과이고 "0.8418"은 절세효과 반영 전 가치이다.
⑧ 절세효과 프리미엄	0.19						⑥ ÷ ⑦ → 상각절세효과 반영 전 금액이 주어진다면 상각절세효과와의 비율을 구할 수 있다.
⑨ step up factor TAB	1.19						상각절세효과 반영 전 금액에 Step up factor를 곱하면 상각절세효과가 반영된 가치가 산정된다.

위에서 설명된 Step-up factor는 [상각기간/{상각기간 − (법인세율 × 할인율 현가계수)}]의 산식으로 계산하기도 한다. 위의 경우에는 상각기간은 5년, 법인세율 22%, 할인율 현가계수는 ④의 합인 3.5948이다. 이를 대입하여 계산하여 [5/{5 − (22% × 3.5948)}] = 1.19로 산정할 수도 있다.

또한 위의 산식에서 필요한 정보를 다음의 표로 정리하여 TAB을 간단하게 계산하기도 한다. 기본가정은 위의 표와 동일하다.

[표 9-11] TAB 계산을 위한 표 예시

상각연수	기중조정	상각(정액)	할인율	현가계수	세율	Tax benefit	Tax benefit 계산 내역
1년	0.5년	0.2	15.0%	0.9325	22%	0.0410	
2년	1.5년	0.2	15.0%	0.8109	22%	0.0357	
3년	2.5년	0.2	15.0%	0.7051	22%	0.0310	상각액 × 현가계수 × 세율
4년	3.5년	0.2	15.0%	0.6131	22%	0.0270	
5년	4.5년	0.2	15.0%	0.5332	22%	0.0235	
합계				3.5948		0.1582	

상기 표에서 연도별 Tax benefit의 합은 0.1582이다. 이 값이 전체 가치를 "1"로 보았을 때의 절세효과인 것이다. 그러므로 절세효과 반영 전 가치에 곱하여 절세효과 반영 후 무형자산 가치를 산출할 Step up factor는 1/(1 − 0.1582)로 계산할 수 있고 이렇게 계산된 값은 1.19로 앞서 설명한 방식과 동일함을 알 수 있다.

지금까지 설명한 TAB계산 방식에 따라 평가예시의 TAB을 계산하면 상각기간 5년 정액법, 할인율 12.3%, 세율 22%를 적용하여 Tax benefit의 합이 "0.1667가 산정되어 Step up factor는 "1.20"나오게 된다. Step up factor(1.20)를 절세효과 반영 전 가치 (ⓘ 현재가치 합)인 "300"에 곱하여 절세효과를 반영한 가치(ⓚ 무형자산 가치)인 "360"가 산정된다.

[Note 5] 상각절세효과(TAB: Tax Amortization Benefit)는 무엇인가?

무형자산 평가의 기본 개념은 각각의 개별자산(로열티 등)을 별도로 취득하였을 경우를 가정하여 평가한다. 개별자산이 창출하는 가치를 평가하는 것이다. 로열티면제법에서 로열티의 가치는 로열티 보유로 절약할 수 있는 현금흐름(로열티 총액)의 현재가치이다. 그런데, 이렇게 산정된 가치에 상각절세효과를 가산해 주는 이유는 로열티를 별도의 자산으로 구입하여 상각할 경우 상각으로 인해 법인세가 절감되는 측면이 있다고 보기 때문이다. 그러므로 법인세가 절감되는 부분도 가치를 구성하는 것으로 보아 가산해주어야 하는 논리인 것이다. 물론 TAB에 대해 실질적인 절세효과를 기대하기 어려운 경우에는 고려가 불필요한 것이 아닌가 하는 의견도 있지만 국내 실무에서는 TAB을 가산하여 무형자산을 평가하는 것이 일반적이다.[726]

상각절세효과를 산정하기 위해서는 해당 자산에 적용되는 세무상 상각기간과 경제적 내용연수를 모두 파악하여야 한다. 예를 들어 세법상 평가대상 무형자산의 상각기간이 5년일 경우, 경제적 내용연수가 5년 이상이라면 경제적 내용연수 동안 상각절세효과를 적용하게 되고, 경제적 내용연수가 5년 미만이라면 세법상 상각기간인 5년이 상각절세효과 적용 기간이 될 수 있기 때문이다.

---

2) 다기간초과이익법을 적용한 평가의 예(고객관계)

Key Concept

- 수익에서 영업비용 이외에 이익창출에 기여한 다른 자산들의 기회비용을 차감한 초과이익의 현재가치 합이 무형자산의 가치이다.

- 다기간초과이익법에서 핵심적인 요소는 평가대상 **무형자산과 관련된 수익**을 구분해내고, 여기에 **기여한 자산의 원가를 측정**하는 것이다.

- 기여자산의 원가는 영업활동에 활용된 **유무형자산의 기대수익률**이 영업비용에 추가적으로 고려되는 개념으로 볼 수 있다.

---

726) 실제적으로 공정가치로 평가된 무형자산에 대해 세무상 가액으로 인정되지 않는 경우 이연법인세가 발생할 수도 있다.

① 평가 방법

다기간초과이익법은 로열티면제법과 함께 무형자산 평가를 위해 많이 활용되는 평가 방법이다. 고객목록, 고객계약, 주문잔고와 같은 고객관련 무형자산의 평가에도 다기간초과이익법이 적용될 수 있다.

다기간초과이익법의 평가방법에서 다른 자산들의 원가(기여자산원가)를 산정하는 방법으로는 Gross lease method와 Return on Investment method가 있다. Gross lease method에서 기여자산의 원가는 리스료와 유사한 개념으로 본다. 리스 이용자가 지불하는 리스료에는 기여자산을 할부 구매한다고 가정할 때 할부 구매원가와 이자비용이 포함되어 있으며, 할부 구매원가는 감가상각비를 대체하는 개념이므로, Gross lease method로 기여자산원가를 차감할 때에는 감가상각비 차감전인 EBITDA에서 차감하여야 한다. 이 중으로 원가가 차감되는 것을 방지하기 위해서이다.

반면, Return on Investment method에서는 기여자산에 대한 기대수익(이자비용)만을 기여자산의 원가 개념으로 보아서 감가상각비 차감 후인 EBIT에서 해당 자산에 대한 기대수익(이자비용)을 차감하여 초과이익을 산정한다.[727]

---

727) 일반적인 계산 Flow에서 세금을 차감하는 단계가 Gross lease method와 Return on Investment method가 다르기 때문에 기여자산의 원가를 차감할 때에도 이러한 계산구조를 고려하여야 한다. 즉, 로열티에 대한 기여자산 원가를 차감할 때 Gross lease method에서는 일반적으로 세금차감 전 로열티율을 적용하지만, Return on Investment method에서는 세금차감 후 로열티율을 적용하여 기여자산 원가를 산정한다.

[표 9 - 12] 고객관계 다기간초과이익법 계산 절차 (Gross lease method & Return on Investment)

	Gross lease method		Return on Investment method
	추정매출액		추정매출액
(×)	고객 잔여율(Annual retention rate)	(×)	고객 잔여율(Annual retention rate)
	현재 고객관계 매출액		현재 고객관계 매출액
(−)	현재 고객관련 영업비용	(−)	현재 고객관련 영업비용
	EBITDA		EBIT
(−)	기여자산의 원가의 합 • 순운전자본 기여자산 원가 • 유형자산의 기여자산 원가 • 식별된 무형자산의 기여자산 원가 • 집합적 노동력의 기여자산 원가	(−)	Tax
			세후 영업이익
	기여자산 원가 차감 후 EBITDA	(−)	기여자산의 원가의 합 • 순운전자본 기여자산 원가 • 유형자산의 기여자산 원가 • 식별된 무형자산의 기여자산 원가 • 집합적 노동력의 기여자산 원가
(−)	Tax		
	초과이익(Excess Earnings)		초과이익(Excess Earnings)
할인율	WACC+Risk Premium	할인율	WACC+Risk Premium
Σ	상각절세효과 전 현재가치 합	Σ	상각절세효과 전 현재가치 합
(+)	절세효과(TAB)	(+)	절세효과(TAB)
	무형자산의 가치		**무형자산의 가치**

② 평가예시

[표 9 - 13] 고객관계 다기간초과이익법 평가 예시

구분	20X1	20X2	20X3	20X4	20X5	~	가정 및 산식
ⓐ 평가 대상 매출	9,000	9,270	9,548	9,835	10,130		향후 15년 추정 가정
ⓑ 고객잔여율	85.0%	59.5%	41.7%	29.2%	20.4%		연 30% 고객이탈율 적용
ⓒ 기존 고객 매출액	7,650	5,516	3,977	2,867	2,067		(ⓐ × ⓑ)
ⓓ 영업비용	6,885	4,964	3,579	2,581	1,861	~	ⓒ − ⓔ
ⓔ 영업이익(EBIT)	765	552	398	287	207		영업이익률 10% 가정(ⓒ × 10%)
ⓕ 신규고객확보비용	2,066	1,489	1,074	774	558		영업비용의 30% 가정
ⓖ 조정영업이익	2,831	2,041	1,471	1,061	765		ⓔ + ⓕ
ⓗ Tax	623	449	324	233	168		22% 가정
ⓘ 세후 영업이익	2,208	1,592	1,148	827	597		ⓖ − ⓗ

구분	20X1	20X2	20X3	20X4	20X5	～	가정 및 산식
ⓙ 기여자산원가	725	522	377	272	196		자산별 매출액 대비 비율 적용
ⓚ 초과이익(Excess Earnings)	1,483	1,069	771	556	401		ⓘ － ⓙ
ⓛ 할인율			12.3% 가정				WACC + 2% premium 가정
ⓜ 현재가치	1,399	898	576	370	237		
ⓝ 현재가치 합	3,936						내용연수 현재가치 합
ⓞ 상각절세효과	457						TAB 11.6% 가산
ⓟ 무형자산가치	4,392						

상기 평가 예시는 Return on Investment method를 기본 접근법으로 가정하여 설명하고자 한다. Gross lease method과의 차이에 대해서는 추가적으로 비교하여 설명하였다.

가) 매출액의 추정

기존 고객으로부터 발생할 것으로 예상되는 매출액을 추정한다. 한 가지 주의할 점은 관계기업 매출은 시장참여자 모두가 일반적으로 기대할 수 있는 매출이 아니므로 평가 대상 매출액 추정시 제외할 것을 고려하여야 한다는 것이다.[728] 상기 예시는 평가대상 매출액이 연 3% 성장할 것이라고 가정하였으며, 추정기간은 고객 잔여율 추정에 따라 기존 고객이 대부분 이탈할 것으로 예상되는 기간(15년 가정)까지로 하였다.

나) 고객이탈율 및 고객잔여율의 추정

신규 고객이 확보되고 기존 고객이 이탈하는 과정은 지속적으로 반복된다고 보는 것이 합리적일 것이다. 고객목록, 고객관계 무형자산의 가치를 추정함에 있어서도 고객변동은 지속된다고 가정한다. 그러므로 고객이탈율을 추정하여 향후 예상 매출액에 이를 반영한다. 이탈율의 추정은 실무적으로 과거 분석(기존 거래처의 변동 추이 분석 등) 및 동일 업종 사례 분석을 통해 연평균 이탈율을 추정하여 적용하기도 하며, Iowa curve와 같은 통계적 분석을 적용하기도 한다.[729]

---

728) 예를 들어 총 매출액이 100원이고 관계기업 매출이 10원이라면 평가대상 매출액, 비용 및 기여자산원가는 관계기업 매출을 제외한 90원을 기초로 추정되어야 할 것이다. 그러나, 유형자산 등 자산의 기여활동은 관계기업 매출을 포함하고 있으므로 매출액 대비 기여자산원가율을 산정할 때에는 전체 매출액 대비 비율로 산정한 후, 이렇게 산정된 기여자산원가율을 다시 관계기업 매출분을 제외한 평가대상만의 매출액 추정액에 적용하여 기여자산 원가를 산정하게 된다. 다만, 관계기업 매출도 시장참여자 모두가 기대할 수 있고 계속적으로 발생 가능하다면, 관계기업 매출을 포함하여야 할 것이다.: (또한 상황에 따라서는 상기 사례와 달리 기존고객으로부터의 매출을 직접 추정하는 방법을 사용할 수도 있을 것이다.)

729) 또한, 추정기간은 추정방법에 따라서는 무한이 될 수 있으므로 실무적으로는 고객관계 매출의 비중이 중요

[표 9-14] 고객 이탈율 추정의 예[730]

구분	20X1	20X2	20X3	20X4	20X5	20X6	CAGR
계속 거래하는 기존 거래처 수	1,000	740	503	352	232	170	(−)30%

상기 예시는 고객 수 변동추이 분석을 통해 이탈율을 추정한 경우이다. 매년 기존 거래처 중 다음 연도에도 계속 거래하는 고객수를 시계열로 분석하여 연평균 고객 이탈율을 추정하였다.

평가 예시에서는 과거 고객 이탈율 분석을 통해 전기 대비 30%의 고객 이탈이 연중 균등하게 발생하는 것으로 가정하였다.

[표 9-15] 고객 이탈율 및 잔여율 추정 예시

구분	20X1	20X2	20X3	20X4	20X5	~
㉠ 연평균 고객이탈율	30%	30%	30%	30%	30%	
㉡ 고객잔여율 (전기말 잔여율 × 당기 고객이탈율)	70.0%	49.0%	34.3%	24.0%	16.8%	~
㉢ 연평균 고객잔여율 (전기말 고객잔 여율과 당기말 고객잔여율의 평균)	85.0%	59.5%	41.7%	29.2%	20.4%	

다) 영업이익, 조정 영업이익 및 세후 영업이익 산정

매출액에 고객잔여율을 고려하여 평가 대상인 기존 고객 매출액을 산정한다. 여기에서 영업비용을 차감하여 영업이익을 추정하게 된다. 실무적으로는 전체매출에 대한 영업이익률이 기존 고객에게도 동일하게 적용할 것이라고 가정하고 기존 고객 매출액에 영업이익률을 적용하여 영업이익을 산정한 후 영업비용을 역산하는 방식이 적용되기도 한다.

단, 여기서 추가적으로 고려되어야 하는 사항은 영업비용 중에는 신규고객을 확보하기 위한 비용이 포함되어 있을 것인데, 기존고객에게는 이러한 비용이 발생하지 않는 것으로 가정하는 것이 합리적이라면 신규고객 확보를 위한 영업비용은 다시 이익에 가산해 주어야 한다. 상기 예시에서는 영업비용의 30% 정도가 신규고객확보를 위한 비용인 것으로 가정

해지지 않게 되는 시점(예: 매출비중 5% 이하가 되는 시점 등) 등 일정시점으로 한정하여 기존 고객관계 매출은 이후에는 없는 것으로 가정하기도 한다.
730) 고객층에 따라 거래 금액이 여러 단계로 구분될 수 있는 경우에는 금액기준을 반영하여 이탈율을 추정할 수도 있을 것이다.

하였다.

영업이익을 산정하고 나면 세금을 차감하여 세후 영업이익을 산정한다. 앞서 설명한 바와 같이 무형자산의 공정가치는 시장참여자 관점에서 해당 자산을 개별적으로 취득을 하는지, 다른 자산과 함께 취득을 하는 지와 무관한 독립적인 가치를 평가하는 것이므로 대상회사에 이월결손금이 있더라도 시장참여자 관점에서 세후 영업이익이 타당하다면 세금 납부를 고려한 후의 영업이익을 바탕으로 초과이익(Excess Earnings)이 산정되어야 한다.

라) 기여자산 원가(CAC)[731]의 추정

상기의 현금흐름을 창출하기 위해서는 다양한 자산이 기여하였을 것이다. 여기서 무형자산의 가치를 구분하여 산출해 내기 위해서는 직접적으로 현금이 지출되는 영업비용 이외에도 다른 자산이 기여한 부분을 비용화 하여 차감해 주어야 한다. 다른 자산이 기여한 정도를 차감하는 방법으로는 해당 자산을 제3자로부터 리스한다고 가정하여 리스료 개념의 비용을 차감하는 방식인 Gross lease method와 각각의 자산에 대한 기대수익(이자비용)을 기여자산 원가로 보고 차감하는 방식인 Return on Investment method가 있다. 리스료에는 할부구매원가 상당액과 이자비용이 포함되었을 것이므로 Gross lease method가 감가상각비 상당액과 기대수익(이자비용)을 모두 기여자산으로 본다면 Return on Investment method는 기대수익(이자비용)만을 기여자산으로 보기 때문에 전자는 EBITDA에서 기여자산원가를 차감하고, 후자는 EBIT에서 기여자산원가를 차감한다. 상기 예시는 Return on Investment 방법을 적용하였으므로 영업이익(EBIT)에서 기여자산 원가를 차감하였다.

기여자산으로는 순운전자본, 유형자산, 그리고 다른 식별가능한 무형자산이 포함되나, 무형자산 중 영업권은 합리적으로 측정될 수 있는 자산으로 보지 않아 일반적으로 제외된다. 단, 실무상으로는 영업권에 포함된다고 보는 집합적 노동력(Assembled workforce)은 회계상 무형자산의 구분 인식 요건에 부합하지 않을 수 있지만 합리적 추정이 가능할 경우 기여자산의 원가 추정 시 포함된다. 상기 사례에서는 순운전자본, 유형자산, 무형자산을 식별하여 로열티면제법으로 가치를 추정한 상표권, 그리고 집합적 노동력을 기여자산으로 보아 기여자산원가를 추정하였다.

---

731) CAC: Contributory Asset Charge

[표 9-16] 기여자산원가 추정 예시

구분	2Xx1	2Xx2	2Xx3	2Xx4	2Xx5	~
㉠ 순운전자본 (매출액의 0.6% 가정)	46	33	24	17	12	
㉡ 유형자산 (매출액의 2.7% 가정)	205	148	107	77	55	
㉢ 로열티 (매출액의 1.6% 가정)	119	86	62	45	32	~
㉣ 집합적 노동력 (매출액의 4.6% 가정)	354	255	184	133	96	
㉤ 기여자산 원가 합계	725	522	377	272	196	

예시에서 기여자산의 원가는 매출액 대비 각 기여자산의 원가율로 추정되고 있다. 이는 기여자산원가를 추정하는 데 있어서 실무상 가장 일반적으로 활용되는 방법이다.

㉠ 순운전자본의 기여원가

Return on Investment Method하에서 순운전자본의 기여원가는 내용연수 동안의 순운전자본을 추정하고, 순운전자본에 대한 기대수익(이자비용)을 산출하여 기대수익과 매출액비율을 산정한 후 내용연수 동안의 평균비율을 기여자산의 원가율로 적용한다. 아래 표는 이러한 과정을 보여주고 있다.

[표 9-17] 순운전자본 기여원가 추정 예시

구분	2Xx1	2Xx2	2Xx3	2Xx4	2Xx5	~
㉠ 기초순운전자본	1,775	1,805	1,838	1,874	1,914	
㉡ 증감	30	33	36	40	44	
㉢ 기말순운전자본	1,805	1,838	1,874	1,914	1,958	
㉣ Average balance	1,790	1,822	1,856	1,894	1,936	
㉤ 기대수익(㉣ × 3.1%, 기대수익률 3.1% 가정)	56	57	58	59	60	~
㉥ 전체 매출액	9,000	9,270	9,548	9,835	10,130	
㉦ 기여자산원가율(㉤ ÷ ㉥, 평균 0.6%)	0.62%	0.61%	0.61%	0.60%	0.60%	
㉧ 기존 고객 매출액	7,650	5,516	3,977	2,867	2,067	
㉨ 순운전자본 기여원가(㉧ × 0.6%)	46	33	24	17	12	

순운전자본의 기대수익률은 세후평균단기차입이자율[732] 적용을 가정하였다. 기대수

---

732) 4% × (1-22%) = 3.1% 적용 가정

익률(할인율)과 관련한 자세한 사항은 후술하는 "WARA(가중평균투자수익률) 분석"에서 다루기로 한다.

기여자산의 원가율은 내용연수 동안의 매기간의 매출액에서 순운전자본에 대한 기대수익이 차지하는 비율을 평균하여 산정한다. 여기서 매출액은 기존 고객뿐만 아니라 신규고객을 포함한 해당 사업 전체 매출이다. 순운전자본이 기존 고객매출과 신규고객매출로 구분되지 않았기 때문에 전체 매출액을 기준으로 비율을 산정한다. 이렇게 산정된 기여자산원가율(상기 사례의 경우 평균 0.6%)을 기존 고객매출액에 적용하여 순운전자본의 기여원가를 구한다.

ⓒ 유형자산의 기여원가

[표 9-18] 유형자산 기여원가 추정 예시

구분	2Xx1	2Xx2	2Xx3	2Xx4	2Xx5	~
㉠ 기초잔액	3,850	3,860	3,870	3,880	3,890	
㉡ Capex	390	400	410	420	430	
㉢ 감가상각비	380	390	400	410	420	
㉣ 기말잔액(㉠+㉡-㉢)	3,860	3,870	3,880	3,890	3,900	
㉤ Average balance	3,855	3,865	3,875	3,885	3,895	
㉥ 기대수익(㉤ × 7.5%, 기대수익률 7.5% 가정)	290	290	291	292	293	~
㉦ 전체 매출액	9,000	9,270	9,548	9,835	10,130	
㉧ 기여자산원가율(㉥÷㉦, 평균 2.7%)[733]	3.2%	3.1%	3.0%	3.0%	2.9%	
㉨ 기존 고객 매출액	7,650	5,516	3,977	2,867	2,067	
㉩ 유형자산 기여원가(㉨ × 2.7%)	205	148	107	77	55	

유형자산 기여원가의 산정방식도 순운전자본 기여원가 산정방식과 유사하다. 매기간의 유형자산 평균잔액에 해당 자산에 적용되는 기대수익률(할인율)을 적용하여 매출액대비 비율을 산정한다. 상기 사례에서 유형자산 기대수익률은 회사의 신용등급에 적용되는 장기 회사채수익률의 세후 적용을 가정하였다. 할인율에 대한 자세한 사항은 후술하는 "WARA(가중평균투자수익률) 분석"에서 다루기로 한다.

상기 예시는 앞서 설명한 바와 같이 "Return on Investment method"로 계산되었다.

---

733) 해당 평균비율은 2Xx1~2×15년까지 연도별 매출액과 유형자산의 기대수익 비율로 계산되었다.

그러므로 기여원가는 유형자산 평균잔액에 대한 이자비용(기대수익)만이 반영되었다. 만약 Gross lease method로 산정된다면 감가상각비와 이자비용이 모두 포함된 리스료 개념의 비용이 기여자산원가로 반영될 것이다.[734]

ⓒ 식별된 무형자산(로열티)의 기여원가

장부에 계상되지는 않았지만 로열티면제법과 같이 다른 방법에 의해 식별되어 평가된 무형자산이 있다면 이러한 자산도 해당 사업의 이익창출에 기여한 것이므로 기여자산원가로 차감되어야 한다. 상기 예시에서는 앞서 로열티면제법에서 산정된 세후 로열티율을 기존고객 매출에 적용하여 로열티의 기여자산원가를 차감하였다.

ⓓ 집합적 노동력(Assembled Workforce)의 기여원가[735]

상기 사례에서 기여자산원가로 반영한 다른 하나는 집합적 노동력(Assembled workforce)이다. 노동력이 현금흐름 창출에 기여한 가치는 보유한 인력의 경험 및 생산성의 대가로 지불하여야 하는 금액이며, 이는 인력을 채용하여 현재의 생산성 수준을 유지하기 위해 소요되는 비용과 그 이후의 인건비로 구성될 것이다. 회사가 기 보유한 인력에 대한 인건비는 영업비용에서 이미 차감되었으므로 집합적 노동력에서 산정하는 기여자산의 원가는 신규 채용을 가정하여 발생할 것으로 예상되는 비용이다. 집합적 노동력은 장부상 계상된 금액이 아니므로 공정가치를 산정하는 것이 우선적으로 필요하다. 공정가치의 산정방법은 원가접근법이 일반적으로 활용되고 있다.

[표 9-19] 집합적 노동력(Assembled Workforce)의 공정가치 산정 예시

(단위: 명, 年, 백만원)

직급	인원수 (A)	1인당 평균 교육 훈련비 (B)	1인당 평균 고용비 (C)	Lost productivity (D) [월별 보상×(1-고용시점생산력)×생산성 도달 기간]				Replacement Cost (B+C+D)×A
				1인당 월별 평균보상	고용시점 생산력	100% 생산력 도달 월수	Lost Productivity	
이사	3	2.0	0.5	8.5	50%	12	51.0	160.5
부장	8	1.8	0.4	7.5	30%	12	63.0	521.6
차장	10	1.6	0.3	6.5	30%	12	54.6	565.0

734) Gross lease method에 의한 방법은 본 장 "사) 참고: Gross lease method"에서 추가적으로 다루었다.
735) 집합적 노동력(Workforce)은 별도의 무형자산으로 식별하여 계상하지 않고, 영업권에 포함되는 것으로 간주하며, 다기간초과이익법에서 기여자산원가로만 구분하여 계산한다.

직급	인원수 (A)	1인당 평균 교육 훈련비 (B)	1인당 평균 고용비 (C)	Lost productivity (D) [월별 보상×(1-고용시점생산력)×생산성 도달 기간]				Replacement Cost (B+C+D)×A
				1인당 월별 평균보상	고용시점 생산력	100% 생산력 도달 월수	Lost Productivity	
과장	20	1.4	0.2	5.5	20%	6	26.4	560.0
대리	25	1.2	0.2	4.5	20%	6	21.6	575.0
사원	40	1.0	0.1	3.5	–	6	21.0	884.0
Total	106							3,266.1

구분	금액	비고
ⓐ 총 비용 합계	3,266	Case1*
ⓑ 법인세 효과 차감액	(-)719	
ⓒ 상각절세효과[736]	(+)576	
ⓓ 집합적 노동력 공정가액	3,124	Case2**

* 순수하게 원가접근법으로 평가할 경우에는 잠재적인 절세효과가 내포되어 있다고 가정하여 상각절세효과를 반영하지 않고, 법인세 효과도 차감하지 않는다. 그러므로 Replacement cost의 합계로 집합적 노동력의 공정가액을 산정한다. 그러나 실무적으로는 집합적 노동력의 가치를 cost saving approach(이익접근법)로 가정하여 법인세 효과를 차감하고 상각절세효과를 가산해 주는 경우가 많이 있으며, 사례의 경우에도 이러한 방식으로 계산되었다.

** 상기 사례는 cost saving approach(이익접근법)로 가정하여 법인세 효과를 차감하고 상각절세효과를 가산해 주는 방식으로 집합적 노동력의 가치를 산정하였다. 법인세효과를 차감하는 이유는 고용관련된 비용의 발생에 따른 법인세 감소분을 고려한 것이고, 상각절세효과를 가산하는 이유는 고용관련 비용과 관련 법인세 감소분의 합계가 무형자산의 가치로서 해당 무형자산 취득시 상각으로 인한 절세효과가 있기 때문이다. 만약 위에서 언급한 바와 같이 집합적 노동력의 가치를 원가접근법에 따라 Replacement cost로 가정하였다면 법인세 효과 차감액과 상각절세효과는 모두 고려될 필요가 없을 것이다.

집합적 노동력의 공정가치는 직급별 1인당 평균 교육훈련비, 1인당 월별 평균보상비, 100% 생산성 도달 시까지의 기간을 추정[737]하여 신규 인원을 확보하였을 경우의 비용의 합을 우선적으로 산정한다. 법인세 효과 차감액은 집계된 비용에 법인세율 22%를 적용하여 산정하였다.

---

736) 상각절세효과는 집합적 노동력을 별도 자산으로 구분하지 않으므로 영업권으로 보아 세법상 5년 상각을 가정하였고, 할인율은 가중평균자본비용(WACC)에 3% 프리미엄 가산을 가정하여 13.3%를 적용하여 산정하였다. 집합적 노동력에 적용하는 할인율로 영업권과 동일한 기대수익률을 가정하였으나, WACC를 사용하는 경우도 있다.

737) 실무적으로 과거 실적분석과 산업분석을 바탕으로 추정한다.

집합적 노동력의 공정가치가 산정되었다면 기대수익률을 추정하고 이를 바탕으로 매출액 대비 기대수익 비율을 계산하여 기여자산원가율을 산정하게 된다. 기대수익률의 추정에 대해서는 후술하는 "WARA(가중평균투자수익률) 분석"에서 자세히 다루기로 한다.

[표 9 - 20] 집합적 노동력(Assembled Workforce) 기여원가 산정 예시 1

구분	금액	산정 내역
ⓐ 공정가치	3,124	집합적 노동력의 공정가치
ⓑ 기대수익률	13.3%	기대수익률 가정 (WACC+3%)
ⓒ 기대수익	417	ⓐ × ⓑ
ⓓ 매출액	9,000	
ⓔ 기여자산원가율	4.6%	ⓒ ÷ ⓓ

실무적으로 집합적 노동력의 기여자산원가율을 산정하는 방식으로는 위의 방식 이외에도 추정기간 동안의 연도별 Average balance에 따른 연도별 기대수익으로부터 산출된 기여자산원가율의 평균을 적용하는 방식을 사용하는 경우도 있다. 예를 들어 집합적 노동력의 기초 가액이 3,124로 평가되었을 경우 연도별 Average balance에 따라 산정한 집합적 노동력의 기여자산원가율은 순운전자본 기여자산원가 추정과 동일한 방식으로 다음과 같이 산정한다.

[표 9 - 21] 집합적 노동력 기여자산원가 산정 예시 2

	20X1	20X2	20X3	20X4	20X5
㉠ 기초 잔액	3,124	3,124	3,124	3,124	3,124
㉡ 기말 잔액	3,124	3,124	3,124	3,124	3,124
㉢ Average balance	3,124	3,124	3,124	3,124	3,124
㉣ 기대수익 (㉢ × 13.3%)	415	415	415	415	415
㉤ 전체매출	9,000	9,270	9,548	9,835	10,130
㉥ 기여자산원가율(㉣ ÷ ㉤)	4.6%	4.5%	4.4%	4.2%	4.1%
㉦ 평균기여자산 원가율	4.4%				

마) 할인율의 추정 및 현재가치 계산

추정된 초과이익을 현재가치로 할인하기 위한 할인율의 추정이 필요하다. 일반적으로 할인율은 기업가치 평가 시에 활용되는 가중평균자본비용(WACC)에 무형자산으로부터 발생하는 초과이익의 불확실성을 고려한 프리미엄을 가산하여 적용한다. 상기 예시에서 다기간초과이익법으로 무형자산의 가치를 구하기 위한 할인율은 가중평균자본비용(WACC)에 2%의 프리미엄 가산을 가정하였다. 초과이익은 기존 고객에 대한 매출이 대부분 소멸할 것이라고 예상되는 시점까지 추정된다. 상기 예시에서는 15년을 가정하였다.

바) 상각절세효과(TAB)의 계산[738]

고객목록이라는 무형자산의 계상에 따른 상각절세효과를 가산하여야 다기간초과이익법에 따른 무형자산의 가치 추정이 마무리된다. 앞서 로열티면제법에서 살펴본 바와 같은 방식으로 상각절세효과를 계산한다.[739] 상기 사례는 할인율은 12.3%, 상각기간 15년, 현가계수의 합은 7.0897, 법인세율 22%를 가정하여 상각절세효과 가산을 위한 Step up Factor는 "15 ÷ (15 − (22% × 7.0897)) = 1.116"로 계산되었다.

로열티면제법과 같은 방식으로 Step up factor 1.116를 절세효과 반영 전 가치(ⓝ 현재가치 합)인 "3,935"에 곱하여 절세효과를 반영한 가치(ⓟ 무형자산 가치)인 "4,392"이 산정된다.

사) 참고: Gross Lease Method에 의한 평가 예시

[표 9 - 22] 다기간초과이익법 평가 예시 (Gross Lease Method의 경우)

구분	2Xx1	2Xx2	2Xx3	2Xx4	2Xx5	～	가정 및 산식
ⓐ 평가 대상 매출	9,000	9,270	9,548	9,835	10,130		15년 추정 가정
ⓑ 고객잔여율	85.0%	59.5%	41.7%	29.2%	20.4%		연 30% 고객이탈율 적용
ⓒ 기존 고객 매출액	7,650	5,516	3,977	2,867	2,067		(ⓐ × ⓑ)
ⓓ 영업비용	6,503	4,688	3,380	2,437	1,757	～	ⓒ − ⓔ (역산 가정)
ⓔ EBITDA	1,148	827	597	430	310		EBITDA margin 15% 가정(ⓒ × 15%)
ⓕ 신규고객확보비용	2,066	1,489	1,074	774	558		Return on investment 방법과 동일한 비용 가정[740]

---

738) 상각절세효과를 산정하기 위해서는 해당 자산에 적용되는 세무상 상각기간과 경제적 내용연수를 모두 파악하여야 한다. 예를 들어 세법상 평가대상 무형자산의 상각기간이 5년일 경우, 경제적 내용연수가 5년 이상이라면 경제적 내용연수 동안 상각절세효과를 적용하게 되고, 경제적 내용연수가 5년 미만이라면 세법상 상각기간인 5년이 상각절세효과 적용 기간이 될 수 있기 때문이다.

739) 상각절세효과(TAB)에 대한 자세한 설명은 "로열티면제법을 적용한 평가의 예"를 참고하기 바람.

구분	2Xx1	2Xx2	2Xx3	2Xx4	2Xx5	~	가정 및 산식
⑧ 조정EBITDA	3,213	2,317	1,670	1,204	868		ⓔ + ⓕ
ⓗ 기여자산원가(CAC)	1,312	946	682	492	354		
ⓘ EBITDA(CAC차감후)	1,901	1,371	988	713	514		⑧ - ⓗ
ⓙ Tax	418	302	217	157	113		22% 가정
ⓚ 세후 현금흐름	1,483	1,069	771	556	401		ⓘ - ⓙ
ⓛ 할인율	12.3% 가정						WACC + 2% premium 가정
ⓜ 현재가치	1,399	898	576	370	237		
ⓝ 현재가치 합	3,935						내용연수 현재가치 합
ⓞ 상각절세효과	457						TAB
ⓟ **무형자산가치**	4,392						

Gross lease method로 계산한 상기 예시가 앞서 설명한 Return on investment method와의 가장 중요한 차이는 기여자산원가 부분이다. Return on Investment Method가 기여자산에 대한 이자비용 해당액만을 기여자산의 원가로 보는 데 반해, Gross lease method에서는 기여자산원가를 연간 구매원가와 이자비용을 포함한 금액으로 본다. 연간 구매원가는 해당자산의 감가상각비와 유사하다고 간주한다. 그래서 Return on Investment method가 영업이익(EBIT)에서 기여자산원가를 차감하는 것과 달리 Gross Lease method에서는 감가상각비를 차감하기 전인 EBITDA에서 기여자산원가를 차감한다.

[표 9 - 23] 기여자산원가 추정 예시 (Gross lease method)

구분	2Xx1	2Xx2	2Xx3	2Xx4	2Xx5	~
㉠ 순운전자본 (매출액의 0.8% 가정)	61	44	32	23	17	
㉡ 유형자산 (매출액의 8.0% 가정)	612	441	318	229	165	
㉢ 로열티 (매출액의 2.0% 가정)	153	110	80	57	41	~
㉣ 집합적노동력 (매출액의 6.3% 가정)	485	350	252	182	131	
㉤ **기여자산 원가 합계**	1,312	946	682	492	354	

---

740) 실무적으로는 영업비용 등의 일정비율로 적용한다.

[표 9-24] 유형자산 기여자산원가 추정 예시 (Gross lease method)

구분	2Xx1	2Xx2	2Xx3	2Xx4	2Xx5	～
㉠ 연리스료 741)	720	720	720	720	720	
㉡ 법인세 (22%)	158	158	158	158	158	
㉢ 세후 리스료(㉠-㉡)	562	562	562	562	562	
㉣ 현재가치(할인율 7.5%)	542	504	469	436	405	～
㉤ 현재가치 합	5,137					
㉥ 상각절세효과	675					
㉦ 유형자산 공정가액 (㉤+㉥)	5,812					
㉧ 매출액	9,000					
㉨ 리스료	720					
㉩ 매출액 대비 리스료 비율	8.0%					
㉪ 기존 고객 매출액	7,650	5,516	3,977	2,867	2,067	
㉫ 적용비율	8.0%	8.0%	8.0%	8.0%	8.0%	～
㉬ 유형자산 기여자산 원가	612	441	318	229	165	

Gross lease method에 의한 기여자산 원가는 앞서 살펴본 Return on Investment method 에 비해 큰 것을 알 수 있다.

---

741) 실무적으로 연리스료는 유형자산의 공정가액과 동일한 평가액이 나오는 수준인지를 고려해가면서 추정된다.

[표 9-25] 집합적 노동력 기여자산원가 추정 예시 (Gross lease method)

구분	2Xx1	2Xx2	2Xx3	2Xx4	2Xx5	~
㉠ 연리스료	571	571	571	571	571	
㉡ 법인세 (22%)	126	126	126	126	126	
㉢ 세후 리스료(㉠-㉡)	445	445	445	445	445	
㉣ 현재가치(할인율 13.3%)[742]	418	369	326	287	254	~
㉤ 현재가치 합	2,547					
㉥ 상각절세효과	577					
㉦ 집합적노동력 공정가액 (㉤+㉥)	3,124					
㉧ 매출액	9,000					
㉨ 리스료	571					
㉩ 매출액 대비 리스료 비율	6.3%					
㉪ 기존 고객 매출액	7,650	5,516	3,977	2,867	2,067	
㉫ 적용비율	6.3%	6.3%	6.3%	6.3%	6.3%	~
㉬ 집합적 노동력 기여자산 원가	485	350	252	182	131	

집합적 노동력도 유형자산과 같은 방식으로 적정 연리스료를 산정하여 기여자산원가를 측정한다.

순운전자본과 로열티에 대한 기여자산은 Return on investment method와 동일한 방법으로 계산하나, Return on investment method에서는 세후 영업이익에서 기여자산을 차감하므로 세후 수익률 또는 세후 로열티율 기준으로 기여자산원가율을 산정하였다면, 상기 예시에서 Gross lease method는 세전 EBITDA에서 기여자산원가를 차감하였기 때문에 세전 수익률 또는 세전 로열티율 기준으로 기여자산원가율을 산정한다는 차이가 있다.

순운전자본의 경우에는 향후 추정액 기준이 아닌 과거 매출액 대비 순운전자본의 평균적 비율을 이용하여 산정하기도 한다. 예를 들어 과거 5개년 매출액 대비 순운전자본 비율의 평균이 20%라고 가정하고, 순운전자본에 적용할 수익률을 4%로 가정하면, 20% × 4% = 0.8%이므로 0.8%를 기여자산원가율로 보는 방법이다.

---

742) 집합적 노동력의 할인율로 영업권과 동일한 기대수익률을 적용하였으나, 가중평균자본비용(WACC)을 적용하는 경우도 있다.

10　WARA(가중평균투자수익) 분석

Key Concept

IRR ≒ WACC ≒ WARA의 유사성을 검토한다. 만약 중요하게 차이가 난다면 그 원인을 살펴볼 필요가 있다.

　각 자산별 공정가액평가가 이루어지고 나면, 각 자산의 공정가액이 적정하게 평가되고 사업결합의 이전대가가 적절하게 배분되었는지, 공정가액 평가의 기초가 되는 회사의 사업계획과 할인율이 적절하게 추정되었는지 판단하기 위해 가중평균수익률(WARA),[743] 내부수익률(IRR)을 가중평균자본비용(WACC)과 비교한다. 일반적으로 IRR ≒ WACC ≒ WARA의 경우가 가장 이상적일 것이나 실무적으로는 완전히 일치하지 않아도 상당히 유사하다면 적절하다고 판단하고 있다. 그러나, 각각의 값이 크게 차이가 난다면 자산별 추정 할인율의 적정성을 재검토할 필요가 있을 것이며,[744] 차이 원인이 합리적일 경우에는 그러한 원인이 미치는 영향에 대해 고려할 필요가 있다.

　WARA를 WACC과 비교 목적으로 분석을 할 때에는 일반적으로 영업자산이 가중평균 대상이 된다. 그러므로 사업결합 시 비영업자산 등의 가치가 포함되어 있다면 이를 제외한 대가를 기준으로 WARA분석이 수행되는 것이다.[745]

　다음의 표는 가중평균수익률(WARA)을 산정하여 가중평균자본비용(WACC)과 내부수익률(IRR)과 비교 검토하는 과정을 예시적으로 보여준다.

구분	Fair value (a)	Rate of Return (b)	Total Return (c) = (a)×(b)	Return as % Purchase Price (d) = (c) ÷ 영업자산
순운전자본	1,775	3.1%	55	0.3%
유형자산	5,812	7.5%	436	2.4%

---

743) Weighted Average Return on Assets
744) IRR, WACC, WARA 차이는 1% 이내로 분석이 이루어지는 경우가 많으나, 1~2% 정도의 차이는 실무적으로 인정되고 있다(Valuation, 박대준 공저, 삼일인포마인 참고)
745) 기업현금흐름할인법의 Enterprise Value 개념으로 이해하면 될 것 같다. 영업현금흐름을 가중평균자본비용으로 할인한 현재가치는 영업가치가 되고, 비영업자산과 타인자본이 있는 경우에는 영업가치에 비영업자산을 가산한 후 타인자본을 차감하여 주주지분가치를 산정하는 것처럼 주주지분가치는 Purchase price가 되고, 타인자본을 가산한 Enterprise value(또는 Operating Value)가 배분대상가액이 되는 것이다.

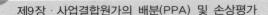

구분	Fair value (a)	Rate of Return (b)	Total Return (c) = (a)×(b)	Return as % Purchase Price (d) = (c) ÷ 영업자산
브랜드	360	12.3%	44	0.2%
고객관계	4,392	12.3%	542	3.0%
영업권 (Goodwill)[746]	6,000	13.3%	800	4.4%
합계(영업자산)	18,339		WARA	10.2%
			WACC	10.3%
			IRR	10.4%

상기 예시에서 각 자산은 자산의 성격과 위험의 수준에 따라 각각 다른 할인율이 적용되고 있음을 알 수 있다. 개별 자산에 적용되는 할인율을 개별자산의 공정가액에 따라 가중평균한 할인율이 가중평균수익률(WARA; Weighted Average Return on Assets)이다. 이렇게 산정한 가중평균수익률을 내부수익률(IRR), 가중평균자본비용(WACC)과 비교 조정하면서 개별 자산에 적용된 할인율의 합리성이 검토되는 것이다.

다음의 표는 WARA 분석을 수행한 다른 사례이다. 이 사례에서는 집합적노동력을 영업권과 구분하여 WARA 분석을 한 경우이고, 각 자산별 요구수익률의 산정내역도 참고할 수 있다. 단, 아래의 사례는 예시일 뿐이고, 각 자산별 요구수익률은 절대적 순서가 있거나 WACC에 가산하는 프리미엄의 수준이 정해져 있는 것은 아니기 때문에 개별자산의 위험도에 따라 상황에 맞게 판단하여 적용하여야 한다.

[표 9-26] WARA 분석 예시

구분	fair value	% of fair value	Required rate of return (after-tax)	weighted return	적용기준
순운전자본	2,000	6.9%	2.5%	0.2%	세후단기차입 이자율
유형자산	10,000	34.5%	8.0%	2.8%	세후타인자본

---

746) 기대수익률은 개별자산의 위험도에 따라 다르기 때문에 집합적노동력에 대한 기대수익률도 영업권과 다르다고 판단될 경우에는 영업권과 구분하여 WARA 분석을 한다. 그리고, 자산별 기대수익률에 대한 순서를 획일적으로 정할 수는 없지만 집합적노동력의 기대수익률이 브랜드나 고객관계보다는 낮은 것으로 가정하는 경우도 볼 수 있다. 또한 식별된 무형자산의 평가증과 관련된 이연법인세부채는 WARA분석대상 부채에서 제외하여 분석이 이루어지는 사례들을 많이 볼 수 있다.

구분	fair value	% of fair value	Required rate of return (after-tax)	weighted return	적용기준
					비용
무형자산__특허권	3,000	10.3%	12.5%	1.3%	WACC+1%
무형자산__고객관계	4,000	13.8%	13.5%	1.9%	WACC+2%
집합적노동력	1,000	3.4%	11.5%	0.4%	WACC+0%
영업권(집합적노동력 제외)	9,000	31.0%	14.5%	4.5%	WACC+3%
영업자산 합계	29,000		WARA	11.0%	
			WACC	11.5%	
			IRR	11.2%	

[Note 6] 각 자산별 요구수익률(Rate of Return)] 적용 가정

- **순운전자본**: 일반적으로 순운전자본에 대한 할인율은 구성되는 자산 및 부채의 조합을 고려하여 추정한다. 실무적으로 만기구조를 이용한 조달비용(단기차입이자율 등) 또는 기회비용(이자수익률 등)을 사용하는데, 상기 사례는 세후평균단기차입이자율 적용을 가정하였다.
- **유형자산**: 유형자산 역시 자산의 구성 조합을 고려하여 할인율을 추정한다. 실무적으로 리스수익률을 적용하거나, 운전자본과 비교할 때 상대적으로 위험수준이 더 크고 기업 전체의 현금흐름보다는 위험수준이 상대적으로 더 낮을 것으로 간주하여 가중평균자본비용과 운전자본 적용수익률 사이에서 합리적인 값을 적용한다.[747] 상기 사례는 회사의 신용등급에 적용되는 장기 회사채수익률의 세후 적용을 가정하였다.
- 브랜드, 특허기술, 고객관계와 같은 식별된 **무형자산과 영업권**: 실무적으로 무형자산은 기업전체의 IRR보다 높다고 가정한다.[748] 또한 영업권은 다른 자산에 적용되는 요구수

---

747) 대상회사 조달금리를 사용하거나, 가중평균자본비용을 사용하는 경우도 있으며, 대상회사의 상황 및 현금흐름의 성격 또는 동업종 기업들의 유사자산 조달비용 등이 고려된다.
748) 현금흐름이 대부분 무형자산을 통해 창출되는 회사의 경우에는 무형자산의 IRR이 기업전체의 IRR과 유사할 수도 있을 것이다.

익률보다 높다고 가정하므로[749] 식별된 무형자산보다 영업권의 요구수익률이 더 높다고 가정하는 것이 일반적이다. 상기 사례에서는 가중평균자본비용(WACC)에 현금흐름의 위험수준을 고려하여 식별된 무형자산에는 2%, 영업권에는 3%의 프리미엄 적용을 가정하였다.[750]

[그림 9-10] WARA 분석 시 자산별 수익률

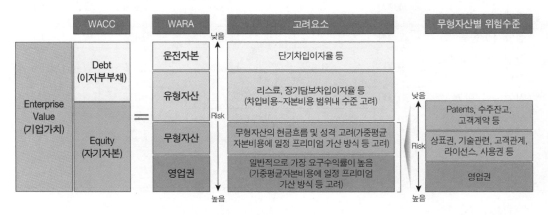

그림에서 보는 바와 같이 PPA에서는 가중평균자본비용(WACC)과 가중평균수익률(WARA)이 같거나 유사할 것이라는 가정이 전제된다. 이는 각 자산의 수익률을 측정할 때에 평가대상 기업에 적용되는 할인율이 고려요소가 될 수 있음을 의미한다. 실무적으로도 자산별 수익률은 기초자산과 관련된 현금흐름의 유형을 고려하여 추정하는데, 운전자본과 유형자산의 수익률로는 세후 장단기차입이자율, 리스수익률 등을 고려하여 추정되고, 무형자산의 수익률은 자산별로 위험을 계층화하여 자기자본비용 또는 가중평균자본비용 등에 일정 프리미엄을 반영하여 추정된다.

---

749) 그렇다고 하더라도 영업권에 적용되는 할인율이 다른 무형자산에 적용되는 할인율보다 현저하게 높지 않는 것이 일반적일 것이다. 만약 영업권에 적용되는 할인율이 현저하게 높다는 것은 다른 개별자산의 수익률을 재검토할 필요가 있다는 의미일 수 있다.

750) 실무적으로 고객관계, 등록상표 등의 경우에는 가중평균자본비용의 1~5% 정도의 프리미엄을 적용하고 있다. 무형자산도 각각의 성격에 따라 적용되는 수익률이 다를 수 있으므로 각 무형자산의 성격, 관련 산업의 특성 등이 종합적으로 고려될 필요가 있다. 또한 상황에 따라서는 해당 무형자산 요구수익률 파악의 대용치가 되는 신생벤처기업의 할인율, 프로젝트의 성패 혹은 현금흐름과 밀접한 관련이 있는 무형자산의 경우에는 프로젝트 할인율 등이 프리미엄 산정에 참고가 될 수도 있다(Valuation, 박대준 공저, 삼일인포마인 참고).

11 사업결합 이전대가의 배분 및 영업권 산정

각 자산별 공정가액 평가 및 WARA분석을 통한 조정 작업이 완료되면 사업결합 시 이전대가(취득가액)를 자산별 공정가액으로 배분하게 된다. 배분 전에는 장부가액을 초과한 취득가액이 모두 영업권으로 계상되지만 배분 후에는 식별가능한 자산들의 공정가액을 평가하여 배분한 후 이를 초과한 가액이 영업권으로 계상되게 된다. 아래 그림은 이러한 과정을 개념적으로 보여주고 있다.

[그림 9-11] 사업결합 이전 대가 배분 예시

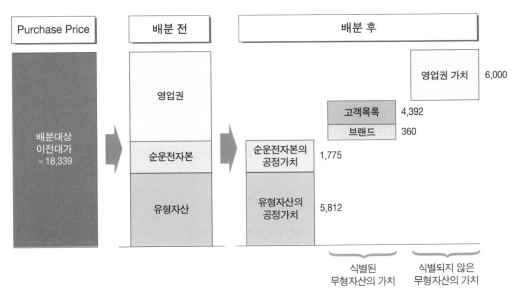

만약 위의 사례에서 공정가액 평가로 인한 금액이 세무기준액과 차이가 발생한다면 이연법인세부채가 발생할 수도 있을 것이다. 예들 들어 고객목록이나 브랜드 가치에 대해 세무상으로 평가액을 인정받지 못한다면 이연법인세 부채가 발생하게 되고 최종적인 영업권은 이연법인세 부채를 차감한 가액이 되는 것이다. 상기 사례에서 이연법인세 부채가 발생하였다고 가정하면 다음과 같이 조정될 수 있을 것이다.[751]

---

751) 단 영업권의 경우에는 최초로 인식할 때에는 이연법인세 부채를 인식하지 않는다. 상기 사례에서 보는 바와 같이 영업권에 대해 이연법인세부채를 인식하게 되면 이를 통해 다시 영업권이 증가하게 되는 현상이 반복적으로 발생하기 때문이다.

[표 9 - 27] 이연법인세부채 발생 시 무형자산 배분액

구분	금액	가정
①고객목록	4,392	
②브랜드	360	
③이연법인세부채	(-)1,045	(①+②) × 22%(법인세 22% 적용 가정)
④영업권	7,045	이연법인세부채 금액을 반영
⑤무형자산 계	10,752	

K-IFRS 기준을 적용하는 경우에는 비지배지분이 있는 경우에는 비지배지분도 공정가치로 측정하여 영업권을 계상한다. 즉, 100% 지분을 취득하는 것과 동일하게 되도록 영업권이 측정되는 것이다. 그러나 지분의 성격이 일정 요건을 충족할 경우에는 공정가치 측정법과 비지배지분을 식별가능한 순자산에 대해 비례지분으로 인식하는 방법 중 선택할 수 있다. 이 경우(비례지분법 적용의 경우) 영업권은 지배주주지분의 영업권 해당액만 인식하게 된다.[752]

그러나 일반회계기준을 적용하는 경우에는 비지배지분에 대한 영업권은 인식하지 않는다.

[그림 9 - 12] 비지배지분이 있을 경우의 영업권 반영

100% 취득 시		비지배지분 공정가치법 적용 시		비지배지분 비례지분법 적용 시
이전대가	영업권	비지배지분 이전대가	영업권	이전대가
	식별가능한 순자산	비지배지분 이전대가	식별가능한 순자산	비지배지분 이전대가

VS ... VS

---

752) 일정 요건을 충족하는 경우란 "비지배지분의 요소가 현재의 지분이며 청산할 때 보유자에게 기업 순자산의 비례적 몫에 대하여 권리를 부여하고 있는 경우"를 말한다(K-IFRS 1103호 사업결합 문단 19).
순자산의 비례적 몫에 대한 권리를 부여하지 않는 비지배지분의 대표적인 예로는 잔여재산의 분배에 대하여 비례적인 몫을 제공하지 않는 우선주 등이 있을 것이다.

다음은 취득지분이 100%가 아닌 경우 취득가액을 100%로 환산하여 사업결합원가를 배분한 예시이다.

[그림 9 - 13] 취득지분이 100%가 아닌 경우 사업결합원가 배분한 예시

■ Purchase Price Allocation

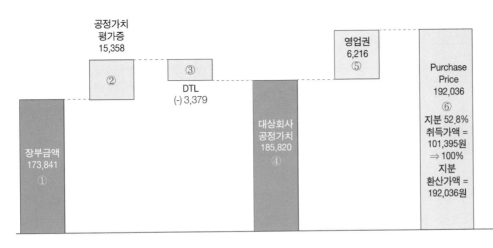

(단위 : 원)

위 예시는 평가기준일 ① 순자산 장부가액에서 ② 식별가능한 자산의 공정가치 평가증액을 반영하고 ③ 공정가치 평가증액에 한계세율을 반영한 이연법인세부채(DTL)를 차감하여 ④ 영업권을 제외한 대상회사의 공정가치를 구한다. 그리고 ⑥ 취득가액과 ④ 영업권을 제외한 대상회사의 공정가치의 차이를 ⑤ 영업권으로 인식한다. 위의 예시에서는 취득회사가 인수한 지분은 52.8% 101,395원이지만 이를 100% 지분가액으로 환산한 192,036원을 취득가액으로 보고 대상회사의 공정가치와 비교하여 영업권을 인식하였다.

아래의 그림은 비지배지분이 있는 경우에 비례지분법을 적용하여 사업결합원가를 배분한 예시이다.

[그림 9-14] 비지배지분 비례지분법 적용시 사업결합원가 배분 예시

■ Purchase Price Allocation

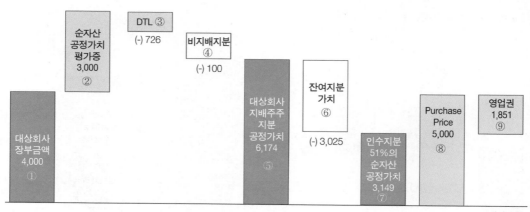

(단위 : 원)

위 예시에서 사업결합원가 배분 방식을 간단히 살펴보면, ① 검토기준일의 순자산 Book value에서 출발하여 ② 식별가능한 자산의 공정가치 평가증액을 반영하고, ③ 공정가치 평가증액 × 한계세율 24.2%을 통해 조정이 필요한 이연법인세부채를 순자산에서 차감하고, ④ 대상회사의 비지배 주주지분에 대한 공정가치 평가액을 차감하여 비례지분법 적용을 통해 영업권을 산정하기 위한 대상회사 지배주주 지분 순자산 공정가치가 계산된다. 여기서 취득자의 인수지분에 해당하는 순자산 공정가치와 인수대가의 차이를 영업권으로 계상하는 것이다.

[Note 7] 영업권과 염가매수차익

취득자가 지불한 가격에 기초한 100% 환산가액 기준 취득대가가 피취득회사의 순자산 공정가치보다 크면 영업권이 계상되고, 취득대가가 순자산 공정가치보다 작으면 염가매수차익이 발생한다.

통상적인 사업결합에서는 영업권이 발생하는 것이 일반적이라고 본다. 그러므로 염가매수차익이 발생하는 경우에는 피취득자의 식별가능한 자산과 부채의 공정가치가 적절하게 식별되고 평가되었는지 다시 확인해 보는 것을 권장하고 있다.

염가매수차익은 법규나 경제적 상황에 따른 불가피한 매각의 경우, 할인요인이나 부외부채가 존재하는 경우 등에 발생할 수 있다. 재측정의 경우에도 이와 같은 이유로 염가매수차익이 발생할 경우에는 염가매수차익이 어떤 이유에서 발생하였는지 합리적인 논거를 확보해둘 필요가 있다.

그리고 취득자는 해당 염가매수차익을 당기손익으로 인식하게 된다.

[Note 8] 피취득자가 자회사가 있는 경우

피취득법인이 자회사가 있는 경우 취득자는 피취득법인뿐만 아니라 피취득법인의 자회사도 사업결합의 대상이 된다. 그러므로 중요한 자회사에 대해서는 피취득법인과 같이 사업결합원가배분 목적의 공정가치 평가가 필요할 수 있다. 이 경우 연결재무제표를 기초로 순자산공정가치를 평가하고 영업권을 산정할 수도 있지만, 피취득법인과 자회사를 별도 재무제표 기준으로 각각 평가하여 사업결합원가배분을 하는 방법이 향후 취득자산을 관리하는 데 효과적일 수 있다. 피취득법인과 자회사에 대해 각각 사업결합원가배분을 할 경우에 취득대가는 피취득법인과 자회사의 공정가치 기준으로 구분한다.

12 PPA 참고사항

1) 사업결합 및 무형자산 회계기준의 주요 내용

구분	K-IFRS 1103(사업결합)의 주요 내용[753]
식별가능한 자산부채의 인식	• 자산과 부채의 정의를 충족하는 식별가능한 모든 자산과 부채를 인식(문단 11) • 피취득자의 장부에 계상되지 않았던 자산·부채도 상기 정의에 근거하여 인식(예: 연구개발비, 브랜드, 고객관계 등)(문단 13)
측정기준	• 취득한 자산·부채는 원칙적으로 공정가치로 측정(문단 18)

구분	K-IFRS 1038(무형자산)의 주요 내용
정의 (문단 8)	• **무형자산**: 물리적 실체는 없지만 식별할 수 있는 비화폐성자산 • **공정가치**: 측정일에 시장참여자 사이의 정상거래에서 자산을 매도할 때 받거나 부채를 이전할 때 지급하게 될 가격 • **자산**: 과거 사건의 결과로 기업이 통제하고 있고 미래경제적 효익이 유입될 것으로 기대되는 자원

무형자산의 인식요건	• **식별가능성**: 분리가능성, 자산성이 계약상 또는 법적 권리로부터 발생(문단 12)
	• **통제**: 기초가 되는 자원에서 유입되는 미래경제적 효익을 확보할 수 있고 그 효익에 대한 제3자의 접근을 제한할 수 있다면 통제 가능하다고 봄.(문단 13~16)
	  – 숙련된 종업원, 교육훈련, 경영능력, 기술적 재능 등은 일반적으로 통제할 수 없다고 봄.
	  – 고객과의 관계와 고객의 충성도 등은 일반적으로 통제할 수 없다고 봄. 단, 고객관계 등에 대한 교환거래가 발생한 경우에는 무형자산의 정의를 충족한다고 봄.
	• **미래경제적 효익**: 제품의 매출, 용역수익, 원가절감 또는 자산의 사용에 따른 기타 효익의 형태로 발생할 수 있어야 함.(문단 17)
	• **원가의 측정 가능성**: 자산의 원가를 신뢰성 있게 측정 가능하여야 함.(문단 21)[754]

무형자산의 분류 (문단 24)	• 개별 취득 무형자산
	• 사업결합 시 취득한 무형자산(문단 33)
	  – 공정가치를 항상 신뢰성 있게 측정할 수 있다고 간주하며, 식별 가능하다면 사업결합 전 피취득자가 장부상 인식 여부와 무관하게 영업권과 분리하여 별도의 무형자산을 인식하여야 함.
	• 내부적으로 창출한 무형자산(문단 48, 57)
	  – 내부적으로 창출한 영업권은 자산으로 인식하지 않으며, 기술적 실현가능성, 미래경제적 효익의 유입 가능성, 측정 가능성 등의 요건을 충족하는 개발비는 자산으로 인식 가능

---

753) K-IFRS에서는 사업결합으로 취득하는 무형자산은 신뢰성 있는 측정 기준을 충족하는 것으로 항상 간주하여 공정가치로 인식하나, 일반기업회계기준에서는 사업결합으로 취득한 무형자산의 공정가치를 신뢰성 있게 측정할 수 없는 경우에는 그 자산을 개별 무형자산으로 인식하지 않고 영업권에 포함한다.

754) 개별 취득한 무형자산은 미래경제적 효익 유입가능성이 높고 원가를 신뢰성 있게 측정 가능하다고 본다. (문단 25~26)

Ⅲ 자산손상 검토를 위한 회수가능가액의 측정[755]

1 자산손상의 기본 개념

> **Key Concept**
>
> • 재무상태표에 자산의 장부가액이 회수가능액을 초과하여 계상될 수 없으므로, "장부가액〉회수가능 가액"이면 자산이 손상된 것이다.
> • 회수가능가액의 평가는 **사용가치**[756]와 **공정가치**[757]로 평가한다.

어떤 자산으로부터 회수할 수 있는 가액이 재무상태표 상 계상된 장부가액보다 낮다면 해당 자산은 손상된 자산으로 보고, 장부가액과 회수가능가액의 차이를 손상차손으로 인식하는 것이 자산손상의 기본 개념이다. 회계기준서에서는 회수가능가액을 어떻게 볼 것인지, 손상자산의 단위를 어디까지 볼 것인지 등을 규정하고 있다. 이때 회수가능가액을 측정함에 있어서 가치평가 방법론이 적용된다.

회수가능액이란 자산 또는 자산 집단의 사용을 통해 실현될 것으로 예상되는 미래 현금흐름유입액의 현재가치인 사용가치나 해당 자산 등을 시장에 처분하여 획득하게 되는 공정가치 중 큰 금액을 말한다.

회수가능가액은 사용가치 및 처분부대원가를 차감한 공정가치로 측정되고, 이 두 가지 방법으로 측정된 가액 중 큰 금액과 장부가액을 비교하여 손상 여부를 판단하게 된다.

회계기준[758]에서는 사용가치와 공정가치를 다르게 정의하고 있다.

사용가치는 "자산이나 현금창출단위에서 얻을 것으로 예상되는 미래현금흐름의 현재가치"로서 일반적인 기업에 적용할 수는 없는 해당 기업에만 특정되는 요소의 영향을 반영하여 산출되는 가치이다. 그러므로 회계 상 평가에 있어서 사용가치 평가는 공정가치 측정이라고 보지 않는다.

---

755) 손상평가, 특히 사용가치 평가는 회계기준(K-IFRS 1036)에 따른 제약사항을 고려하여 평가하여야 한다. 즉, 회계기준의 내용을 충분히 숙지하고 평가하는 것이 필요하므로 손상평가를 하고자 할 때에는 반드시 관련 기준서를 확인할 필요가 있다.
756) 사용가치(VIU: Value in Use): 자산이나 현금창출단위에서 얻을 것으로 예상되는 미래현금흐름의 현재가치
757) 공정가치((FVLCD; Fair value less costs of disposal): 측정일에 시장참여자 사이의 정상거래에서 자산을 매도할 때 받거나 부채를 이전할 때 지급하게 될 가격으로 처분부대원가를 차감후의 가치
758) K-IFRS 1036 [자산손상]

공정가치는 "측정일에 시장참여자 사이의 정상거래에서 자산을 매도할 때 받거나 부채를 이전할 때 지급하게 될 가격"으로 시장의 관점이 반영되는 가치이다. 즉, 시장참여자가 가격을 결정할 때 사용할 가정을 고려한다. 예를 들어, ① 시너지 효과, ② 자산의 현 소유자에게만 적용되는 법적 권리나 법적 제약 또는 세금혜택이나 세금 부담 등은 시장참여자가 일반적으로 적용받을 수 없다면 공정가치에는 반영되어서는 안된다.

또한 공정가치를 위해 산정된 금액은 세후 회수가능액으로서 세후기준의 장부가액과 비교되고, 사용가치는 세전 회수가능가액으로서 세전 장부가액과 비교되는 것이 기본 원칙이다.[759] 그러나, 사용가치 계산 시 실무상 이유로 세후 기준으로 평가하는 것이 일반적이고, 그러므로 비교대상 장부가액과의 비교도 일관성 있게 세후 기준으로 하게 된다.[760]

아래 그림은 장부가액과 회수가능가액이 비교되는 기본 개념을 보여준다.[761],[762]

[그림 9 – 15] 자산손상의 개념

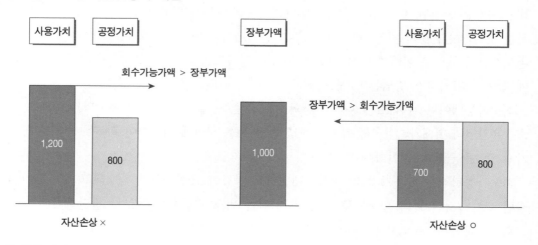

759) 즉, 공정가치는 자산 또는 자산집단과 관련한 이연법인세부채를 차감한 장부금액과 비교되고, 사용가치는 장부금액에서 이연법인세부채를 차감하지 않는다. 그러나, 사용가치를 세후기준으로 산정할 경우에는 다를 수 있다.
760) 사용가치 평가를 실무상 세후기준으로 하는 이유는 실질적인 세전할인율의 산정이 실무적으로 어렵기 때문이다.
761) 그림에서 보는 바와 같이 사용가치 또는 공정가치 중 하나의 가액이 장부가액보다 크다면 다른 가치평가를 수행할 필요가 없지만, 장부가액보다 낮은 경우에는 두 가지 가치평가 방법을 모두 수행해 보아야 한다. 단, 공정가치를 신뢰성 있게 측정할 수 없을 때에는 사용가치만, 처분목적으로 보유하는 자산과 같은 경우에는 순공정가치만으로 평가할 수 있다(K-IFRS 1036호 자산손상 문단 20, 21).
762) 원칙적으로는 순공정가치는 세후기준이고 사용가치는 세전기준이므로 비교대상 장부가액도 이연법인세 등이 있을 경우에는 차이가 있을 수 있다. 그리고 이러한 차이가 순공정가치 및 사용가치를 장부가액과 비교할 때 혼란을 가져오기도 한다. 그러나 사용가치도 세후기준으로 산정하는 것이 실무상 일반적인 상황이므로 비교대상 장부가액에 있어서 법인세 현금흐름으로 인한 차이는 없을 것이다.

본 장에서 손상검토는 사용가치 검토를 중심으로 다루고, 순장부가액과의 비교 및 관련 회계기준에 대해서는 참고적으로 다루기로 한다.

2   자산손상 회계기준[763]의 주요 내용

> **Key Concept**
>
> • 개별자산 또는 **현금창출단위**로 표현되는 자산의 집단(CGU)으로 손상검사가 이루어진다.
>
> • 자산의 **장부금액은 회수가능액과 비교**된다. 장부가액과 비교되는 회수가능가액은 처분부대원가를 차감한 **공정가치와 사용가치 중 큰 금액**이다.
>
> • 사용가치는 **세전개념**이고, 공정가치는 처분부대원가를 차감한 가액으로 **세후개념**이다. (그러나, 실무상으로는 사용가치도 세후개념을 활용하여 평가한다.)
>
> • 사용가치는 해당 **기업에만 특정되는 요소의 영향**을 반영하여 산정하는 개념이라면, 공정가치는 **시장참여자들이 가격을 결정할 때 사용할 가정**이 반영되는 개념이다.

손상검토는 회계기준에 따른 평가이다. 회계기준에서 정의하는 개념에 대한 이해가 필수적인 이유이다. 평가대상과 평가단위, 사용가치와 공정가치 평가 시 고려되어야 하는 사항과 같이 회계기준에서 정하는 사항들은 평가의 가이드라인이 된다. 그러므로 손상을 위한 평가 시에는 자산손상 회계기준을 충분히 이해한 후 접근하여야 할 것이다.

다음의 내용은 자산손상 회계기준 중 사용가치 평가를 위한 주요 내용이다.[764]

- **손상검토의 단위**: 회수가능액은 개별자산 수준에서 측정한다. 그러나 대부분의 자산은 독립적인 현금유입을 창출하지 못하는 경우가 많아 현금창출단위(CGU)[765]로 표현되는 자산의 집단으로 손상검사가 이루어진다.
- **사용가치의 정의**: 자산이나 현금창출단위에서 얻을 것으로 예상되는 미래현금흐름의 현재가치로서 원칙은 세전현금흐름으로 추정하는 것이나, 실무상으로 세후 현금흐름을 세후 할인율로 추정하는 경우가 대부분이다.[766] 사용가치에는 **기업 특유의 사항이 고려**

---

763) K-IFRS 1036호 [자산손상]
764) 자산손상 회계기준(K-IFRS 1036호)의 주요 내용을 요약한 사항은 본장의 "7. 손상검토 참고사항"에서 다루었으며, 요약본은 회계기준의 모든 내용을 포함한 것은 아니므로 자세한 내용은 관련 회계기준서(K-IFRS 1036호)를 참고하여야 한다.
765) 현금창출단위(CGU)는 다른 자산이나 자산집단에서의 현금유입과는 거의 독립적인 현금유입을 창출하는 식별가능한 최소 자산집단을 말한다.

되지만 기준서상 현금흐름에 포함하지 않도록 하는 제약사항 또한 고려되어야 한다.
- **공정가치의 정의**: 측정일에 시장참여자 사이의 정상거래에서 자산을 매도할 때 받거나 부채를 이전할 때 지급하게 될 가격으로 처분부대원가를 차감한 공정가치를 말한다. 공정가치의 측정은 **시장참여자들의 관점이 반영**되어 평가된다.
- **손상인식의 조건**: 장부금액[767] > Max [순공정가치, 사용가치]

[Note 9] 지분의 보유 성격별 회계 상 손상검토 기준 적용 여부

기업이 보유한 지분상품의 분류 별로 회계처리를 적용하는 기준이 다르고 이에 따라 손상을 적용해야 하는 기준이 달라진다. 지분의 분류별로 손상검토의 요구사항을 정리하면 다음과 같다.[768]

구분	손상검토 요구 사항
지분증권 (금융자산)	기준서 제1109호(금융자산)의 적용범위에 포함되는 지분상품은 자산손상 기준서 적용의 예외사항으로 해당 기준서(1109호)에 따라 회계처리하며 더이상 손상검사가 요구되지 않는다.
지분법 주식	지분법 투자지분에 대한 손상은 지분법에 대한 기준서 제1028호 '관계기업과 공동기업에 대한 투자'에서 별도로 다루고 있다(기준서 제1028호 문단 40~43). 지분법 투자지분에 대해 지분법을 적용한 후 추가적인 손상을 인식할 필요가 있는지의 여부는 기준서 제1028호 문단 41A~41C를 적용하며, 순투자자산의 손상 징후가 나타날 때마다 기준서 제1036호에 따라 단일자산으로서 투자자산 전체 장부금액을 회수가능액(순공정가치와 사용가치 중 큰 금액)과 비교하여 손상검사를 한다.
연결재무제표에서 종속기업	연결재무제표에서 종속기업은 유무형자산, 영업권 등 해당 계정으로 직접 계상된다. 그러므로 종속기업의 자산에 대한 손상검토는 자산손상 기준서에 따라 수행한다.
별도재무제표에서 지분법 주식	기준서 제1109호(금융자산)의 적용범위에서 제외되며, 기준서 제1036호(자산손상)에 따라 손상검토를 수행한다.

---

766) 세전현금흐름을 할인할 세전할인율의 산정 및 적용이 쉽지 않아 세후현금흐름과 세후할인율을 적용한 방법으로 사용가치를 평가한다. 단, 장부가액과 비교할 때에도 동일한 기준으로 비교가 될 수 있도록 하면 된다고 보는 것이 실무상 일반적인 견해이다.
767) 장부금액은 상각비 반영 및 재평가 후의 금액이다.
768) 한국공인회계사회 K-IFRS 실무사례와 해설 참고

3 평가절차(손상검토 및 사용가치)

Key Concept

손상가능성이 있는 자산 및 자산의 집합(CGU[769])를 식별하여 검토 단위를 결정한다. 회수가능가액(Max[공정가치, 사용가치])을 측정하여 장부가액과 일관성 있게 비교한다.

손상검토는 대상 자산 및 검토 대상 단위의 결정에서부터 시작된다. 현금창출단위(CGU)의 판단 및 결정은 회사의 상황에 맞게 이루어져야 하며, 일반적으로는 활성시장의 존재 여부가 CGU 판단의 중요한 요소가 된다.

회수가능가액은 공정가치와 사용가치 중 큰 금액이다. 우선 처분부대원가를 차감한 공정가치를 결정할 수 있고, 해당 순공정가치가 장부가액보다 크다면 자산이 손상되지 않았으므로 사용가치 검토는 필요 없을 것이다. 그러나 공정가액 산정이 용이하지 않거나, 공정가치가 장부가액보다 낮을 경우에는 사용가치의 평가가 필요하다.

아래 그림에서 수익가치평가절차는 공정가치 평가의 경우에도 시장가치보다 수익가치가 적절할 경우에는 동일하게 적용할 수 있겠으나, 여기서는 사용가치 평가를 가정하여 절차를 설명하였다. 사용가치 평가는 앞서 설명한 미래현금흐름할인법(DCF)과 유사하다.

사용가치 평가 절차에서 가치평가방법의 선정은 전통적 접근법과 기대현금흐름 접근법 중 더 효과적인 측정수단을 선정해야 한다는 의미이다. 전통적 접근법은 단일의 추정 현금흐름을 해당 현금흐름에 대한 위험이 모두 반영된 자본비용으로 할인하여 평가하는 방법이고, 기대현금흐름 접근법은 위험을 현금흐름에 반영하여 시나리오별로 추정하고 할인율은 현금흐름 위험이 배제된 화폐의 시간가치만 반영된 자본비용을 적용하여 평가하는 방법이다.

그리고 장부가액과 회수가능가액의 합리적 비교를 위해서는 자산부채의 범위에 일관성이 있어야 한다. 즉, 비교 대상에 포함되는 장부가액의 범위와 회수가능가액 평가에 포함된 자산부채의 범위가 동일하여야 할 것이다. 그러므로 현금창출단위와 현금창출단위에 포함될 장부가액을 사용가치 평가 전에 결정하는 것이 필요하다.

---

769) CGU: Cash Generating Unit(현금창출단위)

[그림 9-16] 손상검토 및 사용가치 절차

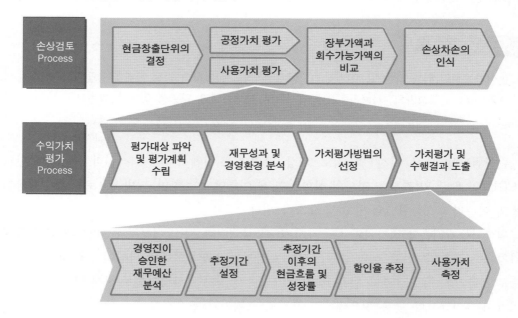

4 사용가치평가

> **Key Concept**
>
> • 사용가치는 Value In Use, 즉, 회사가 대상 자산을 사용함으로 기대되는 현금흐름이 고려된 가치이다.
>
> • 평가에는 **미래현금흐름할인법(DCF)**이 일반적으로 적용된다.
>
> • 손상 평가 대상 자산의 범위, 회계기준의 숙지, 재무예산 기초 자료에 대한 확인, **미래현금흐름**의 합리성, 추정기간, 영구성장률 및 **할인율**에 대한 확인은 사용가치 평가에 있어 중요한 항목이다.
>
> • 가정의 합리성은 과거 실적, 시장 및 산업 data와의 비교를 통해 확인한다.
>
> • 사용가치는 **회계기준에 따른 제한과 규정이 있는 평가**이다.

　자산손상과 관련된 회계기준[770]에서는 사용가치 측정의 방법론으로서 전통적 접근법과 기대현금흐름법을 예시적으로 들고 있다. 전통적 접근법은 미래추정현금흐름을 자본비용

---

770) K-IFRS 1036호 [자산손상]

으로 할인하여 평가하는 방식으로 가치평가에서 일반적으로 사용하는 미래현금흐름할인법 (DCF)법과 유사하다. 그러나, 회계상 손상평가를 위해서는 DCF를 통해 사용가치를 산정 하더라도 회계기준에서 기술하고 있는 내용에 대해 숙지하고 주의할 필요가 있다. 이 장에 서 중심으로 다루는 전통적 접근법은 기준서에 설명하고 있는 지침 중 중요한 사항에 대해 평가 절차별로 정리한 것이다.

1) 사용가치평가의 핵심적 고려사항

① 회계기준의 숙지

자산 손상검토는 회계목적상의 평가이다. 회계기준에서 제시하는 가이드를 충분히 이해 하여야 하고 평가 시에도 고려되어야 한다.

손상검토의 회계기준은 원칙과 실무적 허용 기준을 두는 경우에, 실무적 허용 기준이 대 부분의 실무 사례에서 적용되는 경우가 있다. 대표적인 경우가 사용가치 평가 시 세전할인 율 적용이 원칙이지만 세후할인율을 활용하는 경우와, 매출채권이나 매입채무와 같은 운전 자본도 현금흐름 추정 시에 포함하지 않는 것을 원칙적으로 규정하고 있지만 실무적으로는 이를 포함하여 평가하는 경우이다. 이러한 경우에는 장부가액과 비교에 일관성을 가져야 하는 등 회계기준의 가이드 내에서 적용될 수 있도록 하여야 한다.

② 평가 대상의 범위

자산손상검토는 회수가능가액과 장부가액을 비교하여야 한다. 비교대상 자산이 일관성 이 있어야 비교의 의미가 있으므로 평가 시에는 평가에 포함되는 자산의 범위가 타당한지 확인할 필요가 있다. 예를 들어 회계기준에서는 매출채권은 거의 독립적인 현금유입을 창 출하고, 매입채무는 현금유출이 예정된 이미 부채로 인식된 의무이므로 사용가치 평가 시 미래현금흐름 추정에 포함하지 않는다고 원칙적으로 규정하고 있다. 그러나, 실무상 운전 자본의 변동 등에 매출채권과 매입채무를 포함하여 추정하는 경우가 있으며, 이를 회계기 준에서도 인정하고 있다.[771] 이 경우에는 비교대상 장부가액에도 동일하게 포함하여 일관 성 있는 비교가 이루어지도록 하여야 한다.

③ 기초자료에 대한 확인

경영진이 승인한 재무예산을 기초로 평가가 이루어져야 한다. 경영진이 승인한 재무예산 은 합리적이고 객관적인 가정으로 현시점에서 파악 가능한 잔여 내용연수 동안의 경제상황

---

771) K-IFRS 1036호 [자산손상] 문단 79

등이 반영된 것이어야 한다. 가정이 합리적이고 객관적인가를 확인할 수 있는 용이한 방법은 과거 실적, 시장 및 산업의 자료와 비교하는 것이다.

④ 미래현금흐름의 합리성 및 기준상 제약사항

자산이나 현금창출단위의 현 수준에서 발생 가능한 현금유입과 현 수준을 유지하기 위해 필요한 현금유출이 반영되어야 하며, 지속가능한 현금흐름에 대한 고려가 이루어져야 한다. 또한 회계기준에서는 자산의 현재 상태를 기준으로 평가되어야 하고, 성능향상을 위한 현금유출입 및 확약되지 않은 사항과 관련된 현금흐름은 미래현금흐름에 포함되어서는 안된다고 규정하고 있다. 추정된 미래현금흐름이 이러한 제약사항 등을 충족하고 있는지 확인이 필요하다.

⑤ 추정기간

추정기간은 평가대상의 현금창출 능력의 지속성이 고려되어야 하는데, 자산 손상 회계기준에서는 재무예산에 기초한 추정대상 기간은 정당한 사유가 없는 한 최장 5년으로 하는 것을 가이드로 제시하고 있다. 여기서 5년의 의미는 재무예측기간을 의미하며 내용연수가 5년 후 종료함을 의미하지는 않는다. 내용연수는 손상검토 대상 CGU가 보유한 자산의 내용연수를 고려하여야 한다.

⑥ 영구현금흐름 및 영구성장률

추정 최종기간의 현금흐름이 지속 가능한 안정적인 상태로 영구현금흐름으로 적용하기에 타당하여야 하며, 영구성장률은 추정기간 동안의 성장률 또는 해당 제품 시장의 장기평균성장률 등의 이하로 적용되었는지 확인하여야 한다.

⑦ 할인율

회계기준에서는 미래현금흐름과 관련된 위험요소가 적절하게 반영된 세전할인율을 적용하도록 하고 있다. 그러나, 세전할인율을 독립적으로 측정하는 것이 용이하지 않아, 실무적으로는 세후현금흐름을 세후할인율로 할인하여 평가하는 경우가 일반적이다.[772] 현금창출단위(CGU)의 사용가치 계산 시에는 일반적으로 가중평균자본비용(WACC)으로 할인율을 적용하고 있다.

⑧ 사용가치 정의에 따른 평가

사용가치는 해당 기업에만 특정될 수 있는 요소의 영향들이 반영된다. 여기에는 자산을

---

772) K-IFRS 1036 [자산손상] 문단 BCZ85 참고

그룹화하여 생기는 추가 가치나 시너지효과 등도 포함된다. 사용가치가 Company perspective <u>Internal value</u> 관점이라면 공정가치는 <u>Market-based</u> measurement 관점이라고 볼 수 있다. 공정가치는 해당 기업만의 개별적인 특수한 상황에 대한 요소가 반영되지 않고 시장참여자 관점에서 가정이 수립된다는 측면에서 사용가치와 차이가 있다.

2) 전통적인 접근법

전통적인 접근법에서 미래현금흐름을 통한 현재가치 추정은 기본적으로 DCF Model(미래현금흐름할인법)과 유사하므로 이 장에서는 자산손상평가 시 추가적으로 고려되어야 하는 사항을 중심으로 설명할 것이며, DCF Model과 관련한 상세한 내용은 "제3장 현금흐름할인법(DCF)"을 참고하기 바란다.

① 미래현금흐름의 추정

가) 기초자료

미래현금흐름의 추정은 잔여내용연수 동안의 경제상황을 고려한 **경영진이 승인**한 재무예산 또는 예측이 기초자료가 된다. 기초자료가 합리적이고 객관적인 가정에 근거하는 지 여부는 내부증거보다는 **외부증거**에 기반하여 확인한다. 사용가치의 주요 가정은 과거 실적치 및 시장의 예상수준과 일관성이 필요하다. 그러므로 미래추정치가 과거 실적과 어떠한 연관성이 있는지, 시장 전망 및 산업 분석 자료와 부합하는 지 검토가 필요하다.

나) 추정기간(예측기간)

재무예산에 기초한 추정대상 기간은 정당한 사유가 없는 한 **최장 5년**으로 하는 것을 가이드라인으로 제시하고 있다. 일반적으로 5년을 초과하는 기간의 미래현금흐름에 대해서는 상세하고 신뢰성있는 재무예산을 추정하기는 어렵다고 보기 때문이다. 그러나, 경영진이 미래현금흐름 추정이 신뢰할 수 있다고 확신하고 과거의 경험에 기초하여 5년보다 긴 기간의 미래현금흐름을 정확하게 예측할 수 있는 능력을 보일 수 있다면 5년보다 긴 기간에 대한 재무예산/예측에 기초하여 현금흐름을 추정할 수 있다. 5년을 초과하는 기간에 대한 현금흐름을 신뢰성 있게 예측할 수 있는 상황의 예로는 장기계약의 경우를 들 수 있다.

현금창출단위(CGU)가 서로 다른 추정 내용연수의 자산으로 구성되어 있고, 해당 자산 모두가 현금창출단위의 계속적인 영업에 반드시 필요한 경우가 있을 수 있다. 이러한 현금창출단위와 관련된 미래현금흐름을 추정할 때 상대적으로 내용연수가 짧은 자산을 대체하는 것은 현금창출단위의 일상적인 관리 유지의 일부로 본다.[773]

현금창출단위의 내용연수가 한정된 경우와 비한정인 경우가 있을 수 있다. 한정된 내용

연수 동안 운영되는 현금창출단위의 경우에 현금흐름의 추정은 내용연수 동안의 현금흐름만 반영하여야 한다.[774] 이와 같은 예는 발전설비 등이 있을 수 있다. 그러나, 해당 주요 영업자산을 대체할 것이라는 가정이 합리적이라면 영구현금흐름의 가정을 통해 추정기간 이후의 현금흐름을 측정할 수 있을 것이다.

영업권 또는 내용연수가 비한정인 무형자산은 사실과 상황에 근거하여 현금흐름 반영기간을 결정하여야 하는데, 일반적으로 영구적 기간이 적용된다.

[Note 10] 추정기간과 내용연수

추정기간과 내용연수는 다른 의미로 보아야 할 것이다. 5년의 추정기간이 의미하는 것은 경영진이 승인한 재무예산을 기초로 현금흐름을 추정하는 기간을 의미하며, 내용연수는 현재 상태를 기준으로 한 현금창출단위(CGU)의 현금흐름 창출기간 또는 보유 자산의 내용연수를 의미한다.

즉, 어떤 CGU 핵심자산의 잔여 내용연수가 15년이라면 추정기간 5년 동안은 경영진이 승인한 재무예산을 기초로 현금흐름을 추정하고 이후 6년차부터 15년까지는 Normalized cash flow(안정화된 지속 가능 현금흐름)에 일정 성장률을 적용하여 추정하는 것이다.

추가적으로 추정기간 이후의 현금흐름을 영구현금흐름을 가정할 것인가, 아니면 CGU가 보유한 자산의 내용연수까지만 가정할 것인지에 대한 판단이 필요하다.[775]

일반적으로 비한정 내용연수를 가지는 영업권이 배부된 CGU나 보유지분에 대한 손상평가를 하는 경우에는 영구현금흐름을 가정한다.

그러나, 한정내용연수를 지닌 다양한 자산으로 구성된 CGU를 평가할 때, 내용연수가 가장 긴 자산의 내용연수까지를 CGU의 내용연수로 볼 것인지, 아니면 정상적인 상황에서 CGU는 현재 상태를 유지하는 수준에서 재투자를 가정하여 지속할 것으로 볼 것인지에 대한 판단은 실무상 다양한 견해가 존재하고 있다. 그러므로 상황에 따라 합리적인 판단을 할 필요가 있다. 예를 들어 성능이 월등하게 좋은 대체품이 나온 상황에서는 기존 제품을 생산하는 CGU가 재투자를 가정하여 지속할 것이라는 가정은 합리적이지 않을 수 있다.

---

773) 이와 비슷하게 개별 자산이 내용연수가 다른 항목들로 구성되어 있는 경우에도 자산이 창출하는 미래현금흐름을 추정할 때 상대적으로 내용연수가 짧은 항목을 대체하는 것은 일상적인 관리 유지의 일부로 본다.
774) 한정된 내용연수 동안 운영되는 현금창출단위의 현금흐름 추정은 영업권이 배부되지 않았다면 내용연수가 가장 긴 자산의 기간으로 한다.
775) 일반적으로 CGU(현금창출단위)가 아닌 한정내용연수의 개별자산 평가에 있어서는 영구현금흐름을 가정하지 않고 경제적인 내용연수를 고려하여 유한기간 동안의 현금흐름을 가정하여 평가한다.

다) 추정기간 이후의 현금흐름 및 성장률

재무예산 추정 기간 이후의 현금흐름은 재무예산 추정 현금흐름에 일정한 성장률을 적용하여 추정하게 된다. 일반적으로 추정기간 마지막 연도의 현금흐름이 **향후 지속될 수 있는 안정적인 상태**라고 가정하고, 이러한 현금흐름에 일정한 성장률을 반영하여 영구적 또는 일정기간 동안 할인하는 방식을 적용한다.[776]

재무예산 추정기간 이후의 현금흐름 성장률은 추정기간 동안의 **안정적인 성장률로 고정되거나 감소**한다고 가정하게 된다. 이때 적용할 성장률은 해당 제품, 산업 및 시장의 장기 평균성장률을 초과하지 않도록 하여야 한다. 이는 경험적으로 기업이 과거 일정기간의 평균성장률을 초과하여 지속적으로 성장하는 것은 쉽지 않다고 보는 것이 합리적인 예측이기 때문이다.

라) 미래현금흐름 추정치의 구성

미래현금흐름 추정치는 ⓐ 자산을 계속 사용하여 생기는 현금유입에 대한 추정, ⓑ 자산을 계속 사용함으로 인하여 발생하는 현금유입을 창출하기 위하여 반드시 필요하며 자산에 직접 귀속되는 현금 유출에 대한 추정, ⓒ 합리적이고 일관된 기준에 따라 해당 자산에 배분할 수 있는 현금유출에 대한 추정, ⓓ 내용연수 말에 해당 자산을 처분하여 받을(또는 지급할) 순현금흐름을 모두 포함한다.

회계기준에서는 미래현금흐름 추정과 관련하여서 몇 가지 유의하여야 할 점을 언급하고 있으므로 현금흐름 추정 시에는 이를 고려할 필요가 있다. 이 중 가장 핵심적인 사항은 **현재 상태를 근거로 추정**되어야 하므로 확약되지 않은 구조조정 비용이나, 성능을 향상시키기는 과정에서 발생한 현금 유출, 유입은 추정에서 제외한다는 점이다.

다음의 표는 기준서에서 기술하고 있는 미래현금흐름 추정치를 구성함에 있어서 고려하여야 할 사항을 정리한 것이다.

---

776) 영구성장을 가정할 경우에는 (추정 최종기간의 현금흐름/자본비용 – 성장률)의 산식으로 계산하는 영구현금흐름 할인 등의 방식을 적용하고, 한정 내용연수를 가정할 때에는 잔여 자산에 대한 처분 현금흐름이 고려되어야 한다.

[표 9-28] 미래현금흐름 추정 시 유의사항

- 현 수준을 유지하기 위해 필요한 현금유출(자산대체에 따른 관리유지비용 등)은 추정에 포함한다.
- 건설중인 자산, 개발중인 프로젝트 등 완성을 위해 추가 현금유출이 필요한 자산은 사용 가능하거나 매각 가능할 때까지의 현금유출을 추정에 포함한다.
- 자산이나 현금창출단위의 현재 상태를 근거로 추정되어야 하므로 확약되지 않은 구조조정 비용이나, 성능을 향상시키기는 과정에서 발생한 현금 유출, 유입은 추정에서 제외한다.
- 매출채권과 매입채무 등의 현금흐름은 추정에서 제외하는 것이 원칙이지만, 실무상으로는 손상인식에 유의적인 차이가 발생하지 않는다는 가정 하에 운전자본을 현금흐름 추정에 포함하는 경우가 있으며, 이 경우에는 적절한 손상검토를 위해 해당 자산 및 부채를 비교대상 장부가액에 포함하여 일관성 있는 비교가 되도록 하여야 한다.
- 매출액, 매출원가가 성장하는 가정 하에서는 운전자본의 잔액은 체감하는 방향으로 추정되어서는 안된다.
- 자본적 지출로 매년 재투자가 되는 상황을 가정한다면, 현재의 감가상각비보다 낮은 수준의 자본적 지출을 가정하는 것은 합리적이지 않을 것이다.
- 재무활동에서 생기는 현금유입이나 현금유출은 포함하지 않는다. 즉, 이자비용과 차입금의 차입, 상환은 일반적으로 제외된다.[777] 그러므로 차입금 등 관련 부채는 비교 대상이 되는 현금창출단위의 장부금액에서도 제외되어야 한다.
- 사용가치가 세전으로 검토될 경우, 법인세비용은 현금흐름에 포함하지 않는다. 그러나, 세후 현금흐름 기준으로 사용가치를 계산할 때에는 법인세 비용도 현금흐름에 포함되어야 할 것이다.
- **명목현금흐름** vs **실질현금흐름**: 현금흐름 추정 시에는 인플레이션에 따른 가격상승 효과가 고려될 필요가 있다. 이러한 효과는 할인율과 현금흐름에 일관성 있게 반영되어야 할 것이다. 즉, 할인율에 인플레이션이 원인인 가격 상승의 영향을 포함할 경우에 미래현금흐름은 명목금액으로 추정하고, 할인율에 이러한 인플레이션의 영향을 제외할 경우에는 미래현금흐름은 실질금액으로 추정한다.
- 현금유출 추정에는 자산 사용에 직접 귀속되거나 합리적이고 일관된 기준에 따라 배분할 수 있는 미래의 간접원가와 일상적 관리 유지비용을 포함한다.
- 내용연수 말에 자산을 처분하여 받을(또는 지급할) 순현금흐름의 추정치를 반영한다. 이 때 반영할 금액은 합리적인 판단력과 거래의사가 있는 독립된 당사자 사이의 거래에서 자산을 매각하여 받을 것으로 예상되는 금액에서 추정 처분부대원가를 뺀 금액이다.

---

777) 차입금 등에서 발생하는 비용은 현금흐름을 할인하는 자본비용에서 고려된다. 그러나, 금융업과 같이 차입금이 중요한 영업자산 및 부채인 경우에는 현금흐름에 포함하여 추정하고 할인율에서도 관련 비용은 제외되어야 할 것이다(제3장에서 설명한 '주주현금흐름할인법(FCFE)'의 방법).

[Note 11] 세전현금흐름 vs 세후현금흐름

　　회계기준(K-IFRS 1036 자산손상)에서는 세전 현금흐름에 세전 할인율을 적용하도록 기본 원칙을 규정하고 있다. 그러나, 세전할인율을 독립적으로 관측하는 것이 용이하지 않아, 실무적으로는 세후 현금흐름에 세후 할인율을 적용하여 평가하고 있다.[778] 여기에는 세전현금흐름을 세전할인율로 할인한 값과 세후현금흐름을 세후할인율로 할인한 값이 개념적으로 동일할 것이라는 가정이 전제되어 있다. 그러므로 실무적으로는 세후할인율을 적용하기 위해서 세후현금흐름 산정을 위한 법인세비용을 현금흐름에 포함시키고 있다.

　　그러나, 세후기준으로 사용가치를 산정할 때에는 반영되는 세금의 속성에 대한 명확한 기준의 부재[779]로 이러한 차이를 어떻게 조정할 것인지에 대한 다양한 견해가 존재한다. 실무적용의 혼란을 방지하고 이해가능성을 제고하기 위해 현금흐름과 할인율의 세전·세후 적용 기준에 대한 좀 더 명확한 기준이 필요할 것으로 보인다.

　　현금흐름 산정 시 주의할 점의 하나로 기준에서 규정하고 있는 사항은 이중 계산을 방지하기 위하여 미래현금흐름 추정치에는 매출채권과 같은 검토 대상 자산에서 생기는 현금유입과 거의 독립적인 현금유입을 창출하는 자산에서의 현금유입과, 매입채무와 같은 이미 부채로 인식된 의무와 관련된 현금유출은 포함하지 않는다고 원칙적으로 규정하고 있다.[780] 그러나 이 역시 실무적인 이유로 현금흐름에 반영하는 것을 허용하고 있으며, 이 경우 장부가액과의 비교 시에 동일한 조건으로 비교하도록 하고 있다.[781]

[표 9-29] 운전자본의 현금흐름 포함 여부 비교

구분		1차연도	2차연도	3차연도	4차연도	5차연도
기초 운전자본 포함 시	운전자본 반영 전 현금흐름(ⓐ)	1,100	1,200	1,300	1,400	1,500
	기초 순운전자본	100	110	130	155	190
	기말 순운전자본	110	130	155	190	230
	증감(ⓑ)	10	20	25	35	40
	순현금흐름(ⓐ-ⓑ)	1,090	1,180	1,275	1,365	1,460
	현금흐름의 합	6,370				

---

778) 국내의 경우에는 위와 같은 이유로 세후할인율 적용 시에도 세전할인율의 공시를 요구하고 있지 않다.
779) 예를 들어 사용가치가 현재가치로 적용되는 데 비해, 이연법인세자산 및 부채는 할인하여 적용하지 않는 차이 등이 있을 수 있다.
780) K-IFRS 1036 자산손상 문단 43
781) K-IFRS 1036 자산손상 문단 79

구분		1차연도	2차연도	3차연도	4차연도	5차연도
기초 운전자본 제외 시	기초 순운전자본	0	110	130	155	190
	기말 순운전자본	110	130	155	190	230
	증감(ⓑ)	110	20	25	35	40
	순현금흐름(ⓐ-ⓑ)	990	1,180	1,275	1,365	1,460
	현금흐름의 합	6,270				

상기 예시는 사용가치 계산 시 운전자본을 포함하는 경우와 포함하지 않는 경우의 현금흐름을 보여주고 있다. 두 가지 경우의 현금흐름 차이는 기초 순운전자본의 차이인 100이다. 만약 아래의 표와 같이 비교대상 장부가액이 운전자본을 포함하여 5,100이고 운전자본을 제외하고 5,000이라고 가정해 보자. 사용가치와 장부가액을 비교할 때, 비교에 포함되는 장부가액의 범위를 일관성 있게 가져가면 기초 운전자본을 포함하는 경우와 그렇지 않은 경우의 차이는 없을 것이라는 것이 실무에서 운전자본을 포함하여 산정할 수 있도록 허용하는 이유이다.

[표 9-30] 운전자본 포함 여부에 따른 장부가액과의 차이 비교

	운전자본 포함 시	운전자본 제외 시
장부가액	5,100	5,000
사용가치 현금흐름 합계	6,370	6,270
차이	(1,270)	(1,270)

매출채권이나 매입채무와 같은 운전자본을 현금흐름에 포함하여 계산하는 것은 실무적인 이유로 허용되는 예외사항이므로, 기준서상 규정되어 있지 않은 다른 자산으로 확대 해석하여서는 안될 것이다. 예를 들어, 투자부동산이나 비영업자산을 CGU에 포함할 경우에는 손상평가대상이 아닌 자산으로부터의 현금흐름이 손상평가 대상 자산의 손상을 희석시킬 우려가 있으므로 주의하여야 한다.

마) 외화현금흐름에 대한 환산

자산손상 기준서에서는 미래현금흐름은 창출될 통화로 추정하고 사용가치 계산 시점(대차대조표일)의 현물환율을 사용하여 현재가치로 환산하도록 규정하고 있다. 미래현금흐름 추정시 선도환율을 적용하지 않고 외화로 추정한 후 외화표시 사용가치를 현물환율로 환산하도록 한 것은 선도환율에는 이자율 차이에 대한 시장의 조정이 반영되어 있기 때문에 할인율에 이미 반영된 화폐의 시간가치가 이중으로 고려될 위험이 있기 때문이다.

통화가 자유롭게 환전될 수 없거나 활성시장에서 거래되지 않는다고 하더라도, IAS 36에 따르면 기업이 외화로 추정한 사용가치를 환산하기 위해 대차대조표일의 현물환율을 사용하게 된다. 이는 IASC가 현행 현물환율보다 더 신뢰성 있는 미래 환율에 대한 추정치를 기업이 산출할 수 있을 것 같지는 않다고 보았기 때문이다.

그렇기 때문에 외화현금흐름을 갖는 CGU의 회수가능가액을 추정할 때에는 현금흐름이 창출되는 통화로 추정하는 것이 필요하다.

② 할인율

할인율은 ⓐ 화폐의 시간가치와 ⓑ 해당 자산 특유의 위험 요소[782]를 반영하여 산정한다. 만약 현행 시장거래에서 형성되는 내재이자율이나 용역잠재력 또는 위험의 측면에서 검토대상 자산과 비슷한 하나의 자산(또는 자산의 포트폴리오)을 보유한 상장기업이 있다면, 해당 기업의 가중평균자본비용을 이용하여 추정할 수 있을 것이다. 그러나, 이러한 자산을 시장에서 찾는 것은 일반적으로 쉽지 않다. 그러므로 대부분의 경우 자산의 고유할인율을 시장에서 직접 구할 수 없기 때문에 대용치를 사용하여 할인율을 추정한다.[783] 대용치를 사용하여 할인율을 추정하더라도 국가위험, 환위험, 경쟁에 의한 가격할인 압력과 같은 가격위험 등 대상 자산 특유의 위험을 반영하기 위한 조정이 필요할 수 있다.

앞서 설명한 바와 같이 실무상으로는 일반적으로 세후할인율을 활용하고 있으며, 현금창출단위(CGU)에 적용하는 세후할인율은 CAPM(자본자산 가격결정모형)과 같은 기법을 사용하여 산정한 가중평균자본비용(WACC)을 많이 활용한다.[784]

시장참여자관점의 할인율 적용에 대해 기술하고 있는 기준 특성상 만약 WACC에 감안되지 않은 자산의 특정 위험이 있는 경우에는 추가적인 프리미엄을 일정률(%)로 가산하여 할인율을 산정하는 사례가 많다.

가중평균자본비용(WACC)에 대한 자세한 설명은 "제3장 현금흐름할인법(DCF)"에서 다루기로 하며, 여기에서는 계산구조에 대해서만 살펴보기로 한다.

---

782) 특유 위험의 예로 기준서에서는 ⓐ 그 미래현금흐름의 금액 및 시기의 가능한 변동성, ⓑ 자산에 내재된 불확실성에 대한 보상수준, ⓒ 비유동성 등과 같이 가격을 결정할 때 시장참여자들이 반영하는 요소들이라고 기술하고 있다. 이때 주의할 점은 위험요소의 반영에 일관성이 있어야 하는데, 미래현금흐름 추정 시 반영한 위험 요소는 할인율에는 반영하여서는 안된다.

783) 대용치를 사용하여 자산의 고유할인율을 추정할 때 고려할 이자율은 ① CAPM(자본자산 가격결정모형)과 같은 기법을 사용하여 산정한 기업의 가중평균자본비용 → ② 기업의 증분차입이자율 → ③ 그 밖의 시장차입이자율이다(K-IFRS 1036, 문단 A17).

784) 자산의 사용가치를 추정하기 위하여 하나의 할인율을 사용하는 것이 일반적이나 자산의 사용가치가 기간별 위험의 차이나 이자율의 기간구조에 민감하게 반응하는 경우에는 미래 기간별로 별도의 할인율을 사용한다(K-IFRS 1036 A21).

[표 9 - 31] 가중평균자본비용(WACC: Weighted Average Cost of Capital)

가중평균자본비용 기본 계산식	$K_{(WACC)} = K_d(1-t) \times \dfrac{B}{V} + K_e \times \dfrac{S}{V}$	
자기자본비용(Ke)	$K_e = R_f + (R_m - R_f) \times \beta + R_s$	
부채비용(Kd)	$k_d - k_d \cdot t = k_d(1-t)$	
용어	$K_{(WACC)}$: 가중평균자본비용 K_e : 자기자본비용 B : 타인자본(부채)가치 R_f : 무위험이자율 β : 개별기업의 시장수익률에 대한 민감도 R_s : 기업특유의 추가 위험	K_d : 타인자본비용 t : 법인세율 V : 기업가치 R_m : 시장수익률

할인율은 기업의 자본구조 및 자산구입대금을 조달하는 방법과는 독립적이므로[785], 가중평균자본비용(WACC) 산정 시 부채비율은 회사의 부채와 자본의 현재 비중을 반영하기 보다는, 산업의 자본구조를 반영하는 유사 기업집단의 부채와 자본비중에 따라 계산하는 것이 일반적이다. 이러한 목표자본구조를 산정하기 위해서는 평가대상과의 유사성 및 산업의 대표성이 고려되어야 한다.

만약, 가중평균자본비용이 회사 전체의 자본비용을 기초로 산정한 것이라면 현금창출단위(CGU)의 고유위험을 반영한 조정이 필요한 지 고려해 보아야 하며, 비상장 소규모 기업의 경우에는 유동성 위험 또는 size premium 등을 할인율에 추가적으로 반영할 것인지에 대한 고려가 필요할 수 있다.[786]

전통적 접근법에서 현재가치를 산정할 때에는 하나의 추정 현금흐름에 하나의 할인율을 사용하는 것이 일반적이다. 이러한 할인율의 적용에 있어서 측정 대상 자산과 비교할 수 있는 자산을 시장에서 찾을 수 있는 경우에는 비교적 용이하게 적용할 수 있을 것이나, 현실적으로 평가대상 자산과 현금흐름 및 위험이 동일한 자산을 찾기는 쉽지 않다. 그러므로 평가대상 자산과 비교 가능한 유사한 자산을 분석하여 선별해 내는 절차가 전통적 접근법에서는 필요하다. 이때 필요한 절차는 다음과 같다.[787]

---

785) K-IFRS 1036 [자산손상], A19 참고
786) 일반적으로 CAPM에 추가하여 반영하는 Size Premium이나 유동성 Premium은 둘 중의 하나만 고려하는 것이 일반적이다. 두 가지를 모두 반영할 경우 프리미엄의 속성 상 중복 적용의 가능성이 있어 할인율 측정의 왜곡을 방지하기 위해서이다.
787) K-IFRS 1036 [자산손상], A4~A6 참고

[표 9-32] 전통적 접근법에서 적정 할인율 관측 절차[788]

1. 할인할 일련의 현금흐름을 식별한다.
2. 시장에서 비슷한 현금흐름 속성을 가진 다른 자산 찾는다.
3. 두 항목이 비슷하다는 것을 확인하기 위하여 두 자산에서 생길 일련의 현금흐름을 비교한다.
   (예: 둘 다 계약상 현금흐름인지, 하나는 계약상 현금흐름이고 다른 하나는 추정 현금흐름인지)
4. 한 항목에서는 존재하나 다른 항목에서는 존재하지 않는 요소가 있는지를 검토한다.
   (예: 하나가 다른 것보다 유동성이 낮은지)
5. 두 자산에서 일련의 현금흐름이 경제상황 변화에 비슷하게 반응할 것 같은지를 검토한다.

[그림 9-17] 사용가치 추정시 고려사항[789]

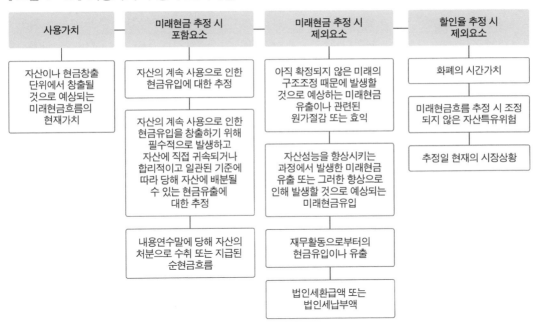

③ 진정한 세전할인율의 산정

　자산손상 회계기준[790]에서는 미래현금흐름을 현재가치로 할인할 때 세전할인율로 할인할 것을 원칙적으로 요구하고 있다. 세전할인율과 세후할인율의 적용문제에 대해서는 별도로 설명하였으며, 여기에서는 세후현금흐름을 세후할인율을 적용하여 사용가치를 산정할 경우, 이와 동일한 결과를 가져오는 세전할인율에 대해 살펴보고자 한다.

---

788) K-IFRS 1036 [자산손상], A6 참고
789) 한국공인회계사회, K-IFRS 실무사례 및 해설 참조
790) K-IFRS 1036 [자산손상], 문단 55 참고

다음의 사례는 이론적으로 세전할인율이 세후할인율에 미래법인세 현금흐름의 특정 금액 및 시기를 반영하여 조정한 것이기만 하면, 세후현금흐름을 세후할인율로 할인하든 세전현금흐름을 세전할인율로 할인하든, 그 결과는 같아야 한다는 것을 예시적으로 제시하고 있다.

[표 9 - 33] 진정한 세전할인율 산정 예시[791]

| 현황 | 20×0년 말에 자산의 장부금액은 1,757원이고 남은 내용연수는 5년이다.
20×0년의 세무기준액은 자산의 원가와 같다. 자산의 원가는 20×1년 말에 전액 세무상 손금으로 공제되며, 세율은 20%이다.
자산에 대한 할인율은 세후기준으로만 산정될 수 있고 10%로 추정된다.
20X0년 말에 세전기준으로 산정된 현금흐름 추정은 다음과 같다. |

(단위: 원)	20X1	20X2	20X3	20X4	20X5
ⓐ 세전 현금흐름	800	600	500	200	100

세후현금흐름과 세후할인율을 사용하여 산정한 사용가치

(단위: 원)	20X1	20X2	20X3	20X4	20X5
ⓐ 세전현금흐름	800	600	500	200	100
ⓑ 세무상 손금 공제액	(1,757)	–	–	–	–
ⓒ 법인세 현금흐름 [(ⓐ-ⓑ)×20%]	(191)	120	100	40	20
ⓓ 세후현금흐름 [ⓐ-ⓒ]	991	480	400	160	80
ⓔ 10%로 할인된 세후현금흐름	901	396	301	109	50
사용가치 [Σⓔ]					1,757

상기 사례는 측정된 사용가치가 모두 세무상 손금으로 공제되는 경우를 가정한다.

세전할인율의 도출

(단위: 원)	20X1	20X2	20X3	20X4	20X5
ⓐ 세전현금흐름	800	600	500	200	100
ⓕ 세전할인율(11.2%)로 할인된 현재가치	719	485	363	131	59
사용가치 [Σⓕ]					1,757

세전할인율 11.2%는 세후현금흐름을 세후할인율 사용하여 산정한 사용가치 1,757원이 세전현금흐름을 할인하여 동일하게 나올 수 있는 할인율로서 내부수익률(IRR)의 산정과 유사하게 반복계산(시행착오법)을 하여 도출한 값이다.

---

791) K-IFRS 1036 [자산손상], 문단 BCZ85 참고

④ 영구현금흐름 산정 시 유의 사항

사용가치 추정 시 영구현금흐름을 가정하여 반영하는 경우가 있다. 지분에 대한 평가, 비한정 내용연수를 가지는 영업권이 배부된 현금창출단위(CGU)에 대한 평가 또는 한정된 내용연수를 가지는 자산으로 구성되지만 현금창출단위의 계속적인 재투자를 가정하여 영구현금흐름 가정으로 평가하는 경우가 그러한 경우일 것이다.

이렇게 영구현금흐름을 적용할 때에는 유의해야 할 몇 가지 사항이 있는데, 그 중 중요한 사항은 다음과 같다.

[표 9-34] 영구현금흐름 산정 시 유의사항

Checkpoint	고려 사항
지속 가능한 현금흐름인가?	• 일반적으로 영구현금흐름은 추정 최종기간의 현금흐름이 지속된다는 가정을 하고 있는데, 이때 최종연도의 현금흐름에 일시적이고 비경상적인 현금흐름이 포함되어 있다면 사용가치는 크게 왜곡될 수 있다. 그러므로 일시적, 비경상적인 항목은 제외되어야 한다. • 상황에 따라서는 추정 최종연도의 현금흐름이 지속가능한 현금흐름이 아니라고 판단될 때에는 지속가능한 현금흐름에 도달할 때까지의 추정이 필요한지에 대해 고려하여야 하거나,[792] 추정 최종연도 현금흐름의 normalization(평준화)을 통해서 지속가능한 현금흐름으로 조정하는 것을 고려하여야 한다.
물가상승률 수준만큼 영구 성장하는가? 합리적인 영구성장률은?	• 시장 또는 업종 상황에 따라서 현금흐름이 물가상승률 수준으로 지속적으로 성장할 것으로 예상하기 어려운 상황이라면 물가상승률보다 낮은 성장을 가정하여야 할 것이다. • 일반적으로 재무예산 추정기간 동안의 성장률 또는 해당 제품, 산업, 시장의 장기평균성장률 이하로 적용하며, 보수적으로 영구성장률을 0%로 가정하기도 한다.
모든 자산 또는 사업에 대해 영구 현금흐름의 가정을 적용하는가?	• 한정된 내용연수를 가진 자산 또는 추가적인 대규모 설비투자 없이는 영구 현금흐름 창출이 불가능한 경우에는 해당 자산 내용연수 마지막 연도의 청산가치를 추정에 반영하는 방법을 고려하여야 한다.

---

792) 지속 가능한 안정적인 상태의 현금흐름 도출을 위해서 추정 최종연도의 현금흐름을 그대로 적용하지 않고, normalized 등을 통해 조정하여 활용하기도 한다. 감가상각비 및 자본적 지출 등을 조정(normalized)하는 것이 대표적이다. 예를 들어 자본적 지출의 경우 매년 일정하지 않고, 2~3년에 한 번씩 주기적으로 발생하는 경우가 있는데, 이러한 경우 연할(年割) 계산하여 매년 발생하는 것으로 가정하는 것이다. 또한 일반적인 경우 현수준을 유지하기 위해서는 감가상각비만큼 자본적 지출이 발생하는 것으로 가정하기도 한다.

⑤ 예시를 통해 보는 사용가치 추정의 오류

[그림 9-18] 사용가치 추정 오류 예시

		20*3(Actual)	20*4(F)	20*5(F)	20*6(F)	20*7(F)	20*8(F)	영구 현금흐름	
				forecasting					
매출액		309,108	324,563	340,792	382,831	403,223	424,759		
	기존 매출	309,108	324,563	340,792	357,831	375,723	394,509		
	신규 매출				25,000	27,500	30,250		①
매출원가		275,106	288,861	303,304	340,720	358,868	378,035		
		89.0%	89.0%	89.0%	89.0%	89.0%	89.0%		
매출총이익		34,002	35,702	37,487	42,111	44,354	46,723		
판매비와관리비		15,954	16,473	17,014	17,635	18,273	18,937		
영업이익		18,048	19,229	20,473	24,476	26,081	27,786		
기타 조정사항									
	이자비용	(−)200	(−)200	(−)200	(−)200	(−)200	(−)200		②
	감가상각비	12,699	12,699	11,429	10,286	9,258	8,332		
	CAPEX	(−)13,506	(−)8,000	(−)7,000	(−)1,000	(−)1,000	(−)1,000		③
	운전자본증감	(−)2,091	(−)2,091	(−)2,091	200	200	200		④
세전 추정현금흐름		14,950	21,637	22,611	33,762	34,339	35,118	35,118	⑤
								1,030,000	
WACC	11.0%								
세전 할인율[WACC×(1−세율)]	8.6%	⑥							
영구 성장률	5.0%	⑦							
기중 현가 조정			0.5	1.5	2.5	3.5	4.5		
추정현금흐름 현재가치		14,950	20,765	19,985	27,483	25,743	24,247	711,153	
추정기간 현금흐름 현재가치	118,222								
추정기간 이후 현금흐름 현재가치	711,153								

상기 예시는 전통적인 접근법인 미래현금흐름할인법(DCF)을 적용하여 현금창출단위 (CGU)의 사용가치를 평가하였다. 그러나, 상기 사례는 일반적으로 범하기 쉬운 몇 가지 오류 및 주의할 사항을 보여준다.

첫 번째는 ①의 **신규매출** 부분이다. 사용가치의 측정은 현재 상태에서의 현금흐름 추정을 기본으로 하기 때문에 미래의 신규제품 판매를 통한 현금유입 및 이와 관련된 신규투자를 위한 현금유출은 고려되지 않는다.

두 번째는 ②의 **이자비용** 부분으로 비경상적인 현금흐름이나 차입금, 이자비용, 이자수익, 배당과 같은 재무활동 관련 현금흐름은 일반적으로 추정현금흐름에 포함하지 않는다. 재무활동과 관련된 기대수익 또는 위험요인은 할인율에 반영하도록 하고 있다.

세 번째는 ③의 감가상각비와 CAPEX(투자비) 관련 부분이다. 현재의 매출수준을 지속적으로 유지하기 위해서는 그에 상응하는 설비 등의 유지 및 보수를 위한 투자가 필요할 것이다. 그러므로 영구현금흐름이 전제된다면 재투자 가정에 따라 적어도 현재수준의 감가상각비 수준을 고려한 CAPEX(자본적 지출)이 발생할 것으로 가정하는 것이 합리적일 것이다. 이는 미래 언젠가는 현재의 설비를 대체할 수준의 투자가 필요할 수 있다는 점에서도 합리적인 측면이 있다.

　네 번째는 ④의 운전자본증감과 관련한 부분이다. 회계기준에서는 매출채권 및 매입채무 등은 사용가치 계산시 포함하지 않도록 하고 있으나, 실무상 이러한 운전자본은 사용가치 계산 목적의 현금흐름에 포함하고 비교대상 장부가액에도 동일하게 포함하는 방법을 사용하고 있다. 상기 사례에서도 운전자본을 포함하여 운전자본 증감을 현금흐름에 반영하고 있다. 그러나 매출 및 매출원가가 증가하는 상황에서는 순운전자본의 투자액은 일정하지 않고 보통의 경우 증가하는 방향으로 나타나는 것이 일반적이다. 각 계정을 연관 검토하면서 상호간 가정의 일관성 및 합리성 여부를 검토할 필요가 있다.

　다섯 번째 및 여섯 번째는 ⑤과 ⑥번의 세전현금흐름을 세전할인율로 할인한 부분이다. 상기 사례에서 세전할인율을 가중평균자본비용(WACC)에 세율(22%)을 차감하여 산정하였다. 그러나 일반적으로 세후할인율에서 표준세율을 차감하여 조정한 값은 세전할인율과 항상 같지는 않기 때문에 이렇게 산정된 할인율이 진정한 세전할인율이라고 보지 않는다. 실무상 세전할인율 측정이 용이하지 않으므로 세후현금흐름을 세후할인율로 할인할 것을 고려해 보아야 한다.

　일곱 번째는 ⑦의 영구현금흐름과 영구성장률이다. 일반적으로 비한정내용연수를 가지는 영업권이 배부된 현금창출단위는 영구현금흐름을 가정하여 사용가치를 평가한다.[793] 상기 사례의 경우에도 영구현금흐름을 가정하여 평가되었다. 영구성장률 5%는 추정기간의 기존 매출성장률 5%를 그대로 적용한 것이다. 그러나, 추정기간 동안의 최대 매출성장률을 향후 영구적으로 유지한다고 가정하는 경우는 일반적이지 않다. 만약 기업이 속한 산업의 장기평균성장률이 3%이고, 물가상승률이 2.5%라면 그 이하로 영구성장률을 적용하는 것을 고려해 보아야 할 것이다.

　추가적으로 위의 사례에서 강조된 부분은 아니지만, 매출 성장률이 객관적 자료에 근거하는지, 동종산업 또는 거시경제지표 예측치 및 과거 실적치와 차이가 나지는 않은지, 자산의 내용연수는 적절히 고려되었으며, 내용연수가 짧은 자산은 대체를 고려하여 현금유출

---

[793] 비한정 내용연수를 가지는 자산으로 구성된 현금창출단위(CGU)의 경우에는 내용연수기간 동안 현금흐름을 추정하나, 재투자를 반영하여 영구현금흐름을 가정하는 것이 합리적이라는 견해도 있다. 이는 상황에 따른 판단이 필요한 부분이기도 하다.

(CAPEX)에 반영하였는지, 가중평균자본비용(WACC)은 회사의 전체 자본비용을 토대로 산정된 것이라면 CGU 고유위험을 반영하여 조정하였는지, 공동 사용 자산이나 비용이 합리적으로 배분되어 현금흐름에 반영되었는지 등이 검토되어야 할 것이다.

상기의 고려사항을 반영하여 다시 추정한 사용가치는 다음과 같다.

[그림 9-19] 수정된 사용가치 추정의 예시

		forecasting						
		20*3(Actual)	20*4(F)	20*5(F)	20*6(F)	20*7(F)	20*8(F)	영구 현금흐름
매출액		309,108	324,563	340,792	357,831	375,723	394,509	
	기존 매출	309,108	324,563	340,792	357,831	375,723	394,509	①
매출원가		275,106	288,861	303,304	318,470	334,393	351,113	
		89.0%	89.0%	89.0%	89.0%	89.0%	89.0%	
매출총이익		34,002	35,702	37,487	39,361	41,329	43,396	
판매비와관리비		15,954	16,473	17,014	16,484	17,027	17,589	
영업이익		18,048	19,229	20,473	22,878	24,302	25,807	
	#DIV/0!	5.8%	5.9%	6.0%	6.4%	6.5%	6.5%	
세후 영업이익	22.0%	14,078	14,999	15,969	17,845	18,956	20,130	②
기타 조정사항								
	감가상각비	12,699	12,699	12,699	12,699	12,699	12,699	③
	CAPEX	(−)13,506	(−)12,710	(−)12,710	(−)12,710	(−)12,710	(−)12,710	
	운전자본증감	(−)2,091	(−)2,196	(−)2,305	(−)2,421	(−)2,542	(−)2,669	④
세전 추정현금흐름		11,179	12,792	13,653	15,413	16,403	17,450	17,450 ⑤
								176,245
WACC	11.0% ⑥							
영구 성장률	1.0% ⑦							
기중 현가 조정			0.5	1.5	2.5	3.5	4.5	
추정현금흐름 현재가치		11,179	12,142	11,674	11,874	11,384	10,910	110,195
추정기간 현금흐름 현재가치	57,984							
추정기간 이후 현금흐름 현재가치	110,195							

상기 예시는 앞서 설명한 추정 오류를 수정하여 재추정한 사례이다. ①매출액은 현재 상태를 근거로 기존의 매출 추정만 사용가치 추정에 반영하였다. 이러한 경우에는 제외된 신규매출 관련한 비용과 투자 등의 현금유출도 함께 제외되도록 하여야 할 것이다. ②, ⑤와 ⑥에서 세후현금흐름을 세후할인율로 할인하였다. ③과 ④에서 현재 상태의 매출이 가능하도록 기존 설비의 유지 보수를 위한 재투자를 고려하였다.[794] 영구현금흐름의 가정 하에서

---

794) 물론 영구현금흐름 산정을 위한 예측기간 이후의 CAPEX는 감가상각비 수준을 고려하여 Normalization이 이루어지는 것이 일반적이지만, 예측기간 동안의 감가상각비 수준과 CAPEX 수준은 반드시 유사하여야 하는 것은 아니다.

감가상각비 수준을 고려한 재투자가 합리적이라고 가정하였다. ⑦에서 산업의 장기성장전망과 추정기간의 성장률 등을 종합적으로 고려하여 영구성장률은 1%로 가정하였다.

3) 기대현금흐름접근법

기대현금흐름접근법은 측정치를 이끌어낼 때 발생 가능성이 가장 높은 하나의 현금흐름을 사용하지 않고 발생 가능한 현금흐름에 대한 모든 예상을 사용한다. 시나리오별로 현금흐름의 발생가능성을 확률로 추정하여 기대값을 구하는 과정과 같다.[795]

[표 9-35] 기대현금흐름접근법에 따른 기대값 산정 예시 1

확률	예상 현금흐름	기대 현금흐름
20%	1,000	200
50%	2,000	1,000
30%	3,000	900
기대 현금흐름	-	2,100

〈예시1〉과 같이 기대현금흐름접근법은 확률의 적용이 필요하며, 동일한 방식으로 현금흐름의 시기가 불확실한 경우에도 현재가치와 확률을 통해 기대현금흐름접근법을 사용할 수 있다.

[표 9-36] 기대현금흐름접근법에 따른 기대값 산정 예시 2

확률	1,000원의 유입시점	적용 할인율	현재가치	기대 현금흐름
20%	1년 후	5.00%	952.4	190.5
50%	2년 후	5.25%	902.7	451.4
30%	3년 후	5.50%	851.6	255.5
기대 현금흐름	-			897.3

〈예시2〉에서 전통적인 접근법의 개념에서 최선의 추정치는 확률이 가장 높은 2년 후에 유입된다는 예상이 될 것이고, 이를 기대현금흐름의 위험이 반영된 할인율로 현재가치를 계산한 값이 될 것이다.

---

795) 실무적으로는 손상평가에 있어서 전통적인 접근법이 많이 이용되고 있다.

> **[Note 12] 사용가치 평가 시에 전통적인 접근법과 기대현금흐름접근법의 차이**
>
> 전통적인 접근법과 기대현금흐름접근법은 기본적으로는 동일한 수익가치접근법에 따른 평가이다. 그러나 기대현금흐름법이 가치평가 시 하나의 현금흐름을 사용하지 않고 시나리오별 현금흐름의 발생가능성을 확률로 추정한다는 점이 차이가 있는데, 이러한 차이는 할인율의 적용에 있어서도 차이를 가져온다. 즉, 현금흐름 추정에 대한 위험요소를 전통적인 접근법에서는 할인율에 반영한다면, 기대현금흐름할인법에서는 현금흐름에 확률로 반영하고 할인율에는 주로 현금흐름에 반영하지 않은 화폐의 시간가치를 반영한다.

5 순공정가치

Key Concept

- 순공정가치는 **시장참여자 관점**에서 시장참여자가 가격을 결정할 때 이용할 가정만을 반영하여 측정한다. 즉, 시장참여자가 일반적으로 기대할 수 없는 기업특유의 시너지 등은 반영되지 않는다.
- 순공정가치는 거래세 등 **처분부대원가를 뺀** 공정가치이다.
- 시장가치접근법과 이익접근법이 주로 활용된다.

　회계기준에서 공정가치는 "측정일에 시장참여자 사이의 정상거래에서 자산을 매도할 때 받거나 부채를 이전할 때 지급하게 될 가격"으로 정의하고 있다.[796] 여기서 공정가치는 "처분부대원가를 뺀 공정가치"를 의미한다.

　처분부대원가 고려 시 이미 부채로 인식된 처분부대원가는 제외한다. 처분부대원가의 예로는 법률원가, 인지세 및 이와 유사한 거래세, 자산 제거원가, 자산을 매각 가능한 상태로 만드는 과정과 직접 관련된 증분원가 등이 있다[797]. 그러나 자산 처분에 따르는 사업의 축소나 조직변경과 관련된 해고급여와 그 밖의 원가는 자산 처분에 대한 직접 증분원가가 아니므로 처분부대원가에 해당하지 않는다.

---

796) 회계기준에 따른 공정가치의 세부적인 정의는 "K-IFRS 1113호 공정가치측정"에서 다루고 있다.
797) 매각 자문수수료 등도 처분부대원가에 포함될 수 있으며, 실무적으로 rule of thumb에 의해 공정가치의 일정비율을 처분부대원가로 차감하는 경우도 있다.

일반적으로 공정가치를 측정하는 방법은 시장가치접근법, 이익접근법, 원가접근법이 있다. 이 중 원가접근법은 현금창출단위(CGU)로부터 기대되는 미래경제적 효익을 실질적으로 반영하지 못한다고 보아 손상검토 목적의 공정가치 평가에는 사용하지 않는다.[798]

공정가치를 산정할 때 주의할 점은 공정가치는 시장참여자 관점에서 시장참여자가 가격을 결정할 때 이용할 가정만을 반영한다. 이 점은 사용가치가 해당 기업에만 특정될 수 있는 요소의 영향을 반영한다는 측면에서 공정가치가 가지는 중요한 차이점이라고 볼 수 있다. 일반적으로 시장참여자 관점의 가격 결정 시 고려요소가 아니라고 보아 공정가치 측정 시 포함되지 않은 항목의 예는 다음과 같다.

[표 9-37] 공정가치 측정 시 포함되지 않는 항목의 예

- 자산을 그룹화하여 생기는 추가 가치
- 측정되는 자산과 다른 자산 사이에 나타나는 시너지 효과
- 자산의 현재 소유자에게만 특별히 적용되는 법적 권리나 법적 제약
- 자산의 현재 소유자에게만 특별히 적용되는 세금 혜택이나 세금 부담

손상검사 당시 시장참여자 사이에 이루어질 것으로 기대되는 정상가격을 신뢰성있게 추정할 수 없는 경우에는 공정가치를 산정하지 아니하고 사용가치만으로 회수가능가액을 측정한다.[799]

공정가치의 측정은 기준서 "공정가치측정(K-IFRS 1113호)"을 참고할 필요가 있다. 공정가치측정 기준서에는 공정가치서열체계를 가치평가기법의 투입변수의 수준에 따라 3가지로 분류하고 있다.

---

798) 공정가치의 측정도 현금흐름할인법(DCF)과 같은 사용가치 평가 시에 적용한 평가방법을 사용할 수 있으나, 이 경우에는 다른 시장참여자들도 자산의 공정가치 추정 시 공통으로 사용하였을 가정만을 고려하여야 한다는 측면에서 사용가치 평가 시 현금흐름 가정과는 다르다.
799) K-IFRS 1036 자산손상 문단 20

[표 9-38] 공정가치 서열체계[800]

서열체계	정의	사례
수준 1	동일한 자산이나 부채에 대한 접근 가능한 활성시장의 (조정되지 않은) 측정일의 공시가격	거래소에서 거래되는 주식과 같이 활성시장에서 거래되는 금융상품이나, 곡물/광물과 같이 활성시장에서 거래되는 상품
수준 2	수준 1의 공시가격 이외에 자산이나 부채에 대해 관측 가능한 투입변수	비활성시장에서 공시된 가격, 비슷한 자산이나 부채에 대한 활성시장의 공시가격, 동일하거나 비슷한 자산이나 부채에 대한 비활성시장의 공시가격, 자산이나 부채에 대한 공시가격 외의 (이자율과 수익률곡선과 같이) 관측할 수 있는 투입변수
수준 3	자산이나 부채에 대한 관측 가능하지 않은 투입변수[801]	가격이 공시되지 않는 지분상품, 무형자산 및 투자부동산 등에 대한 평가

　현금창출단위의 회수가능액이 순공정가치로 평가될 때에는 평가된 순공정가치가 합리적인 수준인지를 점검하기 위해 시가총액과 회수가능가액을 비교하거나, 비교가능한 유사업종 상장기업들의 배수와 평가된 시장배수를 비교하기도 한다. 또한 이 경우 지배주주가치(Control premium)를 시가총액에 더하는 것이 적절하다는 견해도 있다.[802]

　합리성을 점검할 때에는 측정된 시장배수가 비교회사들의 시장배수와 현저하게 차이가 나는 경우에는 측정된 순공정가치가 동종업계 기업들의 시장에서 형성되는 가격을 반영하지 못하고 있는 것은 아닌지 확인할 필요가 있다. 그러나 만약 시장과의 차이가 합리적인 자료에 기초하여 정당화 할 수 있는 경우라면 합리적인 추정치가 될 수 있을 것이다.

6 장부가액과의 비교

Key Concept

장부가액과 회수가능가액의 비교는 **일관성**이 있어야 한다. 이는 두 가액 산정 시 포함되는 자산 및 부채의 범위가 동일하여야 함을 의미한다.

---

800) K-1113 [공정가치측정] 참고. 서열체계 분류에 따라 공시 등의 요구사항이 다르다.
801) 공정가치 서열체계 중 가장 낮은 수준으로 분류된다고 해서 공정가치의 측정에 문제가 있다는 의미는 아니다.
802) K-IFRS 실무사례와 해설 '자산손상', 한국공인회계사회 참조

사용가치 평가와 순공정가치 평가의 값 중 큰 금액을 회수가능가액으로 하여 장부가액과 비교가 이루어지게 된다.

[표 9-39] 회수가능가액의 의미와 손상의 인식

손상의 인식	손상인식: 장부가액 〉 회수가능가액
회수가능가액	회수가능가액 = Max [순공정가치, 사용가치]

비교대상 장부가액은 손상인식 전 해당 자산에 대하여 관련 기준서에 따른 감가상각비 등의 회계처리 반영 후 장부가액으로 비교가 이루어져야 한다. 회수가능가액 산정 시 포함된 자산의 구성과 비교할 장부가액에 포함된 자산의 구성은 일관성이 있어야 한다. 이처럼 일관되게 비교가 이루어지는 몇 가지 예는 다음과 같다.

일관된 비교의 예시	장부가액	회수가능가액[803]
기본 Logic 예시		
법인세 관련 자산·부채	사용가치와 비교할 현금창출단위(CGU)의 장부금액에서도 법인세 관련 자산, 부채를 제외	세전가치인 사용가치를 산출할 때에는 당기 및 이연법인세와 관련된 현금흐름은 현금흐름추정에서 제외
	비교될 CGU의 장부금액에도 당기법인세 자산, 부채 및 이연법인세를 포함[804]	순공정가치 추정시 세효과 고려

803) 실무적인 이유로 현금창출단위의 회수가능가액을 현금창출단위에 포함되지 않는 자산(예: 수취채권이나 그 밖의 금융자산)과 이미 인식된 부채(예: 매입채무, 퇴직급여채무, 그 밖의 충당부채)를 고려하여 산정하는 경우가 있다. 이러한 경우에 현금창출단위의 장부금액은 그 자산의 장부금액만큼 증가하고 그 부채의 장부금액만큼 감소한다(K-IFRS 1036, 문단 43, 79).

804) 공정가치는 처분부대원가를 뺀 세후기준으로 결정된다. 그러므로 공정가치와 비교되는 장부금액은 이연법인세자산·부채 등을 반영한 장부금액이 되어야 한다. 사용가치를 세후기준으로 측정한 경우에는 현금흐름추정 시 CGU에서 발생하는 수익비용에 대해서는 모두 당해연도의 법인세에 유출로 반영된다고 가정하는 것이 일반적이므로, 이러한 경우에는 일시적차이의 미래 세효과는 회수가능가액을 산정할 때 고려하지 않고, 비교대상 장부가액에도 제외한다. 또한, 세무상 결손금 등 현금창출단위의 회수가능가액에 직접적인

일관된 비교의 예시	장부가액	회수가능가액[797]
차입금	차입금 등은 비교대상 CGU의 장부금액을 구성하지 아니함.	차입금의 현금흐름(이자비용 등)을 사용가치 산출 시 포함하지 아니함.
기초운전자본	비교대상 장부가액에도 운전자본 잔액을 포함	기초 운전자본을 현금흐름에 포함
	비교대상 장부가액에도 운전자본 잔액을 제외	기초 운전자본을 현금흐름에 포함하지 않음.

7 손상 검토 참고사항

1) 자산손상검토와 관련한 Q&A

Question	Answer
최근의 급변하는 경제상황이 발생하기 전에 경영진에 의해 승인된 사업계획은 그러한 사항을 반영하여 수정되어야 하는가?	손상검사 시 사용하는 현금흐름은 최근의 경제상황을 통해 예측된 영향이 반영되어야 하며, 예전의 전망치에 근거한 사업계획은 현재의 시장상황을 충실히 반영하지 못할 가능성이 크므로 사업계획은 수정되고 수정된 사업계획을 경영진이 승인하여야 할 것이다.
CEO인건비 등 기업 전체수준에서 발생하는 비용은 현금창출단위 현금흐름에 고려되지 않아도 되는가?	기업전체수준에서 발생하는 비용은 각 현금창출단위에 적절하게 배분하여 현금유출로 고려하여야 한다(K-IFRS 1036, 39).
재고자산이 CGU에 포함되는 것이 맞는가?	재고자산은 K-IFRS 1036, 문단2의 적용범위에서 제외한다고 명시하고 있으므로 CGU에 포함하지 않고, 해당 재고자산의 판매로 인한 현금흐름도 CGU의 현금흐름에 포함되어서는 안될 것이다. 그러나, 실무상으로는 CGU에 재고자산을 포함하고, CGU의 현금흐름에 해당 재고자산으로 인한 현금흐름을 포함하여 비교하여도 CGU에 포함하지 않는 경우와 비교하여 논리적으로 큰 차이가 없을 것이라는 가정하에 CGU에 포함하여 비교하는 경우도 있다. 이렇게 재고자산을 CGU에 포함하여 비교하는 경우에도 재고자

영향을 주지 않는 사항도 CGU 회수가능가액 측정시 반영하지 않는다.

요약하면, 사용가치를 세전현금흐름 사용하여 평가시 비교대상 장부가액에도 법인세관련 자산부채를 포함히지 않는다. 동일한 맥락으로 순공정가치를 세후현금흐름 사용하여 평가시 비교대상 장부가액에도 법인세관련 자산부채를 포함한다. 하지만 사용가치평가시 세후현금흐름을 사용하여 평가한 경우에도, 기발생한 이월결손금이나 향후 추정에 고려하지 않은 기발생 일시적차이로 인한 이연법인세자산부채 등을 CGU의 회수가능액에 직접적으로 영향을 주지 않는 항목으로 가정하였다면 법인세관련항목을 비교대상장부가액에서 제외하여 비교한다.

805) 자세한 사항은 본 장 "사업결합으로 취득한 영업권 손상검사"를 참고하기 바란다.

Question	Answer
	산은 별도의 기준서가 적용되므로 손상인식 대상자산에 재고자산을 포함하지는 않는다.
실무적인 이유로 운전자본을 CGU에 포함하여 사용가치 산정 후 손상 발생 시 해당 운전자본에도 손상차손이 배부되는가?	실무상 이유로 CGU에 포함하여 손상검토를 하더라도 매출채권, 매입채무, 재고자산 등의 운전자본은 별도의 현금흐름을 창출하는 자산으로 CGU를 구성하지 않는 것이 원칙이므로 손상차손의 배부 시에는 해당 운전자본은 배부대상에서 제외되어야 한다.
영업권 손상검사 시 평가결과를 영업권 장부가액과 비교하면 되는가?	영업권은 각 현금창출단위(현금창출단위에 배분된 영업권을 포함한)와 평가결과가 비교가 되어야 한다.[805]
기준서에 재무예산에 기초한 추정기간은 5년을 넘기지 않도록 규정하고 있어 5년 내의 추정기간 마지막 연도 현금흐름을 영구가치 평가에 그대로 사용하면 되는 것인가?	재무예산 추정기간의 마지막 연도가 향후 지속 가능한 안정적인 수준인지에 대한 고려가 필요하며, 또한 CAPEX, 운전자본투자 등에 대해서도 안정화 또는 평준화(normalized)가 필요한 부분이 있는지에 대한 고려가 필요하다.
CGU(현금창출단위) 미래현금흐름의 추정에서 과거 결손금과 관련된 절세효과가 포함되는가?	제외되는 것이 타당하다고 본다. 공정가치 측정에서는 시장참여자 관점이므로 일반적으로 제외될 것이고, 사용가치 측정에서는 세전 개념으로 접근하는 것이 기본 원칙에 부합할 것이기 때문이다. 이는 과거의 결손금으로 인한 절세효과가 현재 평가대상이 되는 자산의 회수가능성에 영향을 주지 않는 것으로 보는 것이며, 사용 가치를 실무상 이유로 세후 개념으로 산정하더라도 동일하다고 본다. 즉, 현금흐름을 추정할 때 평가시점 이전에 기발행한 결손금은 고려하지 않는 것이다. 그러나 현금흐름 추정기간 중에 발생한 결손금은 고려하는 것이 합리적이라고 판단된다.
사용가치와 순공정가치를 모두 현금흐름할인법에 의해 평가한다면 평가결과는 동일할 것인가?	실무적으로 사용가치와 순공정가치를 모두 세후현금흐름을 세후할인율로 할인하여 평가한다고 하여도 현금흐름의 기준이 다를 수 있으므로 평가결과도 달라질 수 있다. 즉, 사용가치는 인수자의 시너지 등이 포함될 수 있으므로 일반적으로 순공정가치에 비해 평가결과가 높게 나올 수 있다.

2) 자산손상 회계기준(K-IFRS 1036)의 주요 내용 Summary

본 Summary는 회계기준의 모든 내용을 포함한 것은 아니므로 추가적인 사항은 관련 회계기준서(K-IFRS 1036호)를 참고하여야 한다.

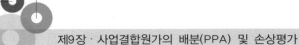

구분	K-IFRS 1036호의 주요 내용
자산손상 적용범위	• 적용 제외로 규정한 자산을 제외한 **모든 자산**의 손상 회계처리에 적용 *적용 제외[806] – 재고자산, 건설계약에서 발생한 자산, 이연법인세자산, 종업원급여에서 발생한 자산, 금융자산, 공정가치로 평가하는 투자부동산, 매각예정으로 분류되는 자산 등
손상검사의 단위[807]	• **개별자산** • **현금창출단위**(CGU: cash-generating unit)[808] • **영업권** 　→ 회수가능액은 개별자산 수준에서 측정. 그러나 대부분의 자산은 독립적인 현금유입을 창출하지 못하는 경우가 많아 현금창출단위(CGU)로 표현되는 자산의 집단으로 손상검사가 이루어짐.
손상검사의 시기	• <u>매 보고일</u>(분반기 포함)마다 손상의 징후가 있는지 검토하고, 손상의 징후가 있을 경우 손상검사 실시 • 손상 징후가 있는지에 관계없이 매년[809] 손상검사를 실시하여야 하는 경우: 　① 내용연수 비한정 무형자산, ② 아직 사용할 수 없는 무형자산, ③ 사업결합으로 취득한 영업권
손상의 징후	• **외부적 요인 예시** 　– 기술 · 시장 · 경제 · 법률 환경의 불리한 변화 　– 시장이자율의 상승 　– PBR이 1 이하 • **내부적 요인 예시** 　– 자산의 진부화 또는 물리적 손상 　– 자산유휴화, 해당 영업부문의 중단, 구조조정 계획, 자산처분 계획 　– 예상에 미달하는 성과 • **종속기업, 공동지배기업 또는 관계기업의 손상징후 예시** 　– '별도재무제표상 투자의 장부금액 〉 연결재무제표상 영업권 포함한 피투자회사의 순자산 중 지분해당액'인 경우 　– 배당이 선언된 기간의 배당금이 해당 종속기업, 공동지배기업 또는 관계기업의 총포괄이익을 초과하는 경우

---

806) 해당 자산에 적용되는 현행 한국채택국제회계기준서에서 이러한 자산의 측정 및 인식에 관한 요구사항을 포함하고 있기 때문에 제외됨.

807) 개별자산에 대한 손상차손을 인식할 수 있다면 개별자산별로 손상인식, 개별자산의 회수가능액을 추정할 수 없다면 현금창출단위 수준으로 손상인식. 예를 들어 특정 기계장치가 물리적으로 파손되었다는 정보를 얻었다면 해당 기계장치는 개별자산으로 손상검사. 반면, 특정 제품의 시장수요 하락으로 기업의 미래현금흐름의 유입이 매우 낮을 것으로 예상된다면 해당 제품을 생산하기 위해 필요한 자산(토지, 건물, 기계장치, 영업권, 특허권 등) 전체를 하나의 집단으로 손상검사

808) **현금창출단위**(CGU: cash-generating unit): 다른 자산이나 자산집단에서 생기는 현금유입과는 거의 독립적인 현금유입을 창출하는 식별할 수 있는 최소 자산집단

809) 매년 같은 시기에 수행한다면 회계연도 중 어느 때에라도 할 수 있으며, 해당 자산 최초 취득 시 해당 회계

구분	K-IFRS 1036호의 주요 내용
회수가능가액의 추정 - **사용가치**	• **사용가치의 정의**: 자산이나 현금창출단위에서 얻을 것으로 예상되는 미래현금흐름의 현재가치 • 세전현금흐름을 추정(실무상으로 세후 할인율을 적용하는 경우에는 세후 현금흐름으로 추정되어야 함)
	• **현재가치 측정의 구성요소**[810] 　① 자산에서 생길 것으로 예상되는 미래현금흐름의 추정치 　② 그 미래현금흐름의 금액 및 시기의 가능한 변동에 대한 예상 　③ 현행 시장 무위험 이자율로 표현되는 화폐의 시간가치 　④ 자산에 내재된 불확실성에 대한 보상가격 　⑤ 자산에서 생길 것으로 예상되는 미래현금흐름의 가격을 결정할 때 시장참여자들이 반영하는, 때로는 식별할 수 없는 그 밖의 요소들(예: 비유동성) 　→ 사용가치는 **기업 특유의 사항이 고려**되지만 기준서상 현금흐름에 포함하지 않도록 하는 제약사항 또한 고려되어야 함.
	• **미래현금흐름에 포함할 수 없는 항목** 　- 아직 확정되지 않은 미래의 구조조정이나 자산의 성능향상으로부터 기대되는 현금흐름 　- 자산성능향상을 위한 현금유출 및 유입 　- 재무활동 관련 현금흐름 제외(차입금, 이자, 배당) 　- 법인세비용/환급액 제외(Pre-tax cash flow) → 단, 세후할인율의 적용을 위해 세후현금흐름을 적용할 때에는 법인세비용 등도 고려됨. 　- 거의 독립적인 현금유입을 창출하는 금융자산, 매출채권과 이미 부채로 인식한 의무(매입채무, 퇴직급여채무, 충당부채) 제외 → 단, 실무적인 이유로 CGU에 포함하여 현금흐름을 산정할 경우에는 비교대상 장부가액도 동일한 기준에서 비교가 이루어져야 함.
	• **할인율**(Discount rate) 　- 세전할인율 적용이 원칙이지만 세후할인율이 세전할인율에 비해 상대적으로 시장에서 쉽게 이용 가능하므로 실무상으로는 세후기준의 사용가치가 장부금액을 충분히 초과할 경우에는 세후할인율과 세후현금흐름을 적용[811] 　- Cash flow의 시간가치, 자산의 고유 위험 등을 고려 　- 일반적으로 가중평균자본비용(WACC)을 이용하여 할인 　- 자산에서 얻을 것으로 예상되는 미래현금흐름의 가격을 결정할 때 시장참여자들이 반영하는 비유동성과 같은 시장관점의 요소들 고려

연도 말 전에 손상검사

810) 일반적인 DCF(전통적접근법)에서는 ②~④는 할인율에 반영되고, 기대현금흐름접근법에서는 ②, ④, ⑤의 요소가 기대현금흐름에 반영될 수 있음.

811) 세후할인율을 적용할 경우에는 현금흐름도 세후로 산정해야 한다.

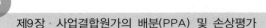

구분	K-IFRS 1036호의 주요 내용
회수가능가액의 추정 – 공정가치	• **처분부대원가를 차감한 공정가치** • **공정가치의 정의**: 측정일에 시장참여자 사이의 정상거래에서 자산을 매도할 때 받거나 부채를 이전할 때 지급하게 될 가격 • **처분부대원가의 정의** − 자산 또는 현금창출단위의 처분에 직접 기인하는 증분원가 • **처분부대원가의 예** − 법률원가, 인지세와 이와 비슷한 거래세, 자산 제거원가, 자산을 매각할 수 있는 상태로 만드는 데에 드는 직접 증분원가 등 • **공정가치에 포함되지 않는 항목**[812] − 자산을 그룹화하여 생기는 추가 가치 − 측정되는 자산과 다른 자산 사이에 나타나는 시너지 효과 − 자산의 현재 소유자에게만 특별히 적용되는 법적 권리나 법적 제약, 세금혜택이나 세금 부담 → 공정가치의 측정은 **시장참여자들의 관점이 반영**되어 평가된다.
손상의 인식	• **손상인식**: 장부금액 > Max [순공정가치, 사용가치] *장부금액: 상각비 반영 및 재평가 후의 금액
손상의 환입	• **자산의 추정가액이 회복된 경우** *자산의 손상이 없었을 경우 계상되었을 장부가액을 한도로 회복 가능
CGU (현금창출단위)	• **CGU의 정의**: 다른 자산이나 자산집단에서의 현금유입과는 거의 독립적인 현금 유입을 창출하는 식별 가능한 최소 자산집단[813] • **영업권의 배부**: 영업권은 사업결합으로 인한 시너지효과의 혜택을 받는 것으로 기대되는 각 CGU나 CGU 집단에 배부[814]

현금흐름과 할인율의 관점	기준서	측정항목	측정속성	현금흐름관점	할인율관점
	기준서 제1113호	공정가치로 측정한 자산·부채	공정가치	시장	시장
	기준서 제1036호	비금융자산(손상)	사용가치	기업	시장

*한국공인회계사회 K-IFRS 실무사례와 해설 참조

참고로 다음의 그림은 손상검사의 핵심 판단지표인 손상징후, 자산의 내용연수가 비한정 인지 여부, 개별자산의 회수가능가액 측정 가능 여부, 현금창출단위의 회수가능가액 측정

---

812) 손상평가 기준서에서의 공정가치는 시장참여자가 가격을 결정할 때 사용할 가정만을 반영하며, 해당기업에만 특정되는 요소의 영향은 반영하지 않는다. (반대로 사용가치 평가 시에는 해당 기업의 특정되는 요소의 영향을 반영함)

813) CGU(cash-generating unit)는 개별자산이 될 수도 있으며, 해당 산출물을 외부에 판매하는지 여부와 상관 없이 산출물의 활성시장이 존재하는 경우는 CGU로 식별

814) 영업권은 일반적으로 그 자체적으로 독립적인 현금유입을 창출하지 못하므로 CGU를 구성하는 자산에 배부되어야 한다.

가능 여부에 따라 손상검사를 수행하는 수준의 결정을 의사결정 단계별로 정리한 것이다.

[그림 9-20] 손상검토 의사결정Tree에서 사용가치 및 공정가치 평가 단계[815]

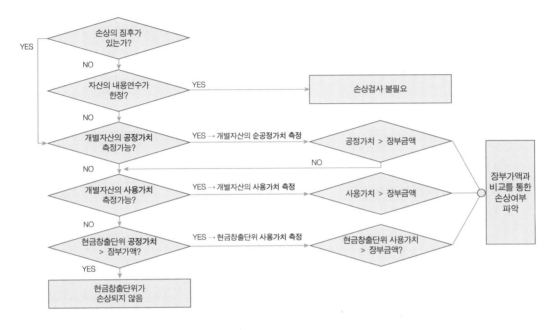

3) 사업결합으로 취득한 영업권의 손상검사

사업결합으로 취득한 영업권은 사업결합으로 획득하였지만 개별적으로 식별하여 별도로 인식하는 것이 불가능하다. 그러므로 사업결합으로 인한 시너지 효과의 혜택을 받게 될 것으로 기대되는 각 현금창출단위 또는 현금창출단위집단에 배분[816]하여 손상검사를 수행한다.

영업권이 배분된 현금창출단위는 매년 그리고, 손상을 시사하는 징후가 있을 때마다 손상검사를 수행한다. 매년 수행되는 손상검사는 회계연도 중 어느 때라도 할 수 있으며 매년 같은 시기에 실시한다. 서로 다른 현금창출단위에 대해서는 각기 다른 시점에서 손상검사를 수행할 수 있다.

영업권이 배분된 현금창출단위에 속하는 자산에 대해서 당해 현금창출단위와 동일한 시점에 손상검사를 하는 경우에는 2단계로 손상검사를 수행하는데,

---

815) 삼일IFRS 해설 2016, 삼일회계법인, p.507 [별첨3] 참고
816) 배분되는 현금창출단위(또는 현금창출단위집단)는 ① 내부관리목적상 영업권을 관찰하는 기업 내 최저수준으로서 ② K-IFRS 1108 '영업부문'에 따라 결정되는 통합 전 영업부문보다 크지 않아야 한다. 영업권을 현금창출단위에 배분하는 실무적인 방법으로는 ⓐ 상대적 공정가치 비율, ⓑ 식별가능한 순자산의 상대적 공정가치 비율 ⓒ 사업결합 전후 CGU의 공정가치에 차이를 기준으로 배분하는 방법 등이 있다.

우선 영업권을 포함하지 않은 해당 자산에 대한 손상검사를 먼저 실시하고,

다음 단계로 영업권 배부 후 현금창출단위에 대한 손상검사를 수행한다. 이때 현금창출단위는 1단계 손상이 반영된 금액이다.

2단계 손상검사로 손상차손이 발생할 경우에는 ① 현금창출단위(또는 현금창출단위집단)에 배분된 영업권의 장부금액을 먼저 감소시키고, ② 그 다음 현금창출단위(또는 현금창출단위집단)에 속하는 다른 자산에 각각 장부금액에 비례하여 배분한다.

[표 9-40] 영업권 손상차손 반영의 예시

구분	단계별 손상 절차				
현황	구분	CGU ⓐ	CGU ⓑ	영업권	CGU집단
	장부가액	300	200	100	600
	사용가치	380	150	–	–
	두 개의 CGU와 영업권을 포함한 CGU집단에 대한 손상을 검토하고자 한다.				
1단계 손상검사	구분		CGU ⓐ		CGU ⓑ
	장부가액		300		200
	사용가치		380		150
	손상차손		–		50
	손상검사 후 장부가액		300		150
	영업권 배부 전 CGU 단위에서 손상검사를 실시하여 CGU ⓑ에 대해 50의 손상차손을 반영 후 장부가액을 150으로 수정한다.				
2단계 손상검사	구분	CGU ⓐ	CGU ⓑ	영업권	CGU집단
	장부가액	300	150	100	550
	사용가치	380	150	–	530
	손상차손	–	–	20	20
	1단계 손상검사 반영 후 장부가액에 영업권을 추가적으로 고려한 장부가액과 사용가치를 비교하여 2단계 손상검사를 진행하고, 이때 CGU집단에 배분된 영업권의 장부가액을 먼저 감소시킨다.				
손상검사 후 장부가액	구분	CGU ⓐ	CGU ⓑ	영업권	CGU집단
	장부가액	300	150	80	530
	단계별 손상검토를 통해 CGU ⓑ에서 80, 영업권에서 20의 손상이 발생된 것으로 반영된다.				

4) 비지배지분이 있는 경우 영업권 손상검사

비지배지분이 있는 경우 공정가치법을 적용하게 되면 지분을 100% 취득하는 것과 동일하게 되도록 영업권이 측정된다. 일정요건을 충족하는 경우에 적용하는 비례지분법의 경우에는 비지배지분에 대한 영업권은 인식되지 않는다.

만약 비지배지분에 대해 영업권을 인식하지 않았을 경우 영업권의 손상검사는 비지배지분에 대해서도 영업권을 인식한 것으로 가정하여 손상검사를 수행한 후, 최종적으로 인식하는 손상차손은 지배지분 해당액만 반영하는 것이다.

| 비지배지분에 대한 영업권을 인식하지 않았을 경우의 손상차손 검토 |

구분	지분 해당액	100% 환산액	비고
순자산공정가치	1,000	1,000	
취득지분	75%	100%	
취득가액	1,200	1,600	100% 지분 취득시 취득가액으로 환산
영업권		600	
영업권(지배지분)		450	재무제표에 인식된 지배지분 영업권
영업권(비지배지분)		150	재무제표에 인식되지 않은 비지배지분 영업권
장부가액		1,600	
회수가능가액		1,500	
장부가액 – 회수가능가액		100	100% 지분 취득을 가정한 손상차손
손상차손 인식액	75	–	재무제표에 인식된 지배지분에 해당하는 영업권 손상차손

물론 비지배지분에 대한 영업권을 인식하였을 경우에는 영업권이 지분 100% 기준으로 재무제표에 반영되었기 때문에 위와 같은 절차가 필요없고, 지배지분과 비지배지분을 포함한 영업권에 대한 손상차손 반영을 위해 장부가액과 회수가능가액의 차이에 대해 손상차손을 인식하면 된다.

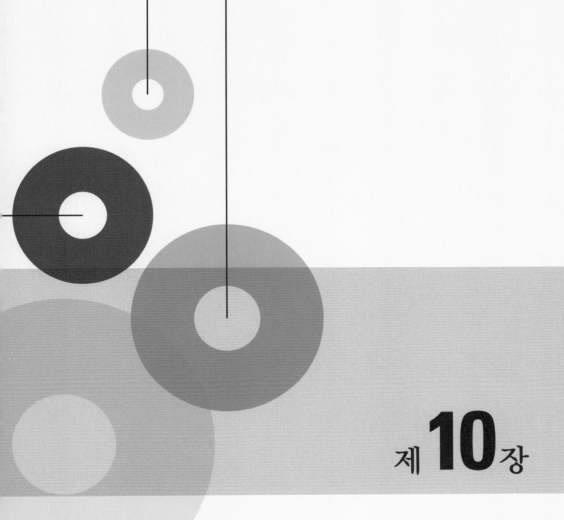

제 10장

스타트업 및 데이터 가치평가
(Start-up, Venture and Data Valuation)

개 요

　어떤 유형의 가치평가를 하든 기본적으로 고려하여야 하는 요소들이 달라지지는 않을 것이다. 다만 기업이 어느 성장단계에 있느냐 혹은 어떤 업종에 있느냐에 따라 현금흐름의 추정과 위험을 반영한 할인율의 산정에 있어서 강조되거나 추가적으로 고려되는 부분이 조금씩 차이가 날 수 있다. 이러한 차이는 산업 및 각 기업의 성장단계와 밀접한 관련이 있을 것이다. 적절한 가치평가는 평가대상의 역량과 환경으로 인한 기회 및 관련 위험을 어떻게 측정하고 반영하느냐에 있는 것이기 때문이다. 이 장과 다음 장에서는 지금까지 설명한 가치평가 방법론과 실무적 고려사항 이외에 기업의 성장단계별 혹은 업종에 따라 추가적으로 고려할 필요가 있는 사항을 다루고자 한다.

 신생 벤처기업 또는 고성장기업의 가치평가

　신생 벤처기업과 같은 사업초기 회사의 가치를 평가하는 것은 쉬운 일이 아니다.

　신생 벤처기업은 매출이 미미하거나, 매출이 발생하고 있다고 하더라도 영업손실을 기록하거나 양(+)의 현금흐름을 창출하지 못하는 경우가 많다. 비교를 위한 동업종 회사들도 각각의 성장단계(Stage)나 현황 등에 있어 차이가 많아 비교가 용이하지 않은 경우가 많고, 평가를 위한 정보나 자료가 불충분한 경우가 대부분이다. 이러한 요인들이 신생 벤처기업의 평가를 쉽지 않게 하는데, 그 중에서도 성장하여 지속적으로 생존해 나갈 수 있는지, 즉 계속기업의 가정이 적절한지에 대한 물음이 신생 벤처기업의 평가를 가장 어렵게 하는 이유가 될 것이다.

　다음의 표는 미국 신생 법인의 설립 후 7년간의 생존율을 조사한 자료이다.

[표 10 -1] 기업의 연도별 생존율 (Survival of new establishments founded in 1998-2005)[817]

산업 구분	1998년에 설립된 법인이 연도별로 생존한 확률						
	1차년도	2차년도	3차년도	4차년도	5차년도	6차년도	7차년도
Natural resources	82.33%	69.54%	59.41%	49.56%	43.43%	39.96%	36.68%
Construction	80.69%	65.73%	53.56%	42.59%	36.96%	33.36%	29.96%
Manufacturing	84.19%	68.67%	56.98%	47.41%	40.88%	37.03%	33.91%
Transportation	82.58%	66.82%	54.70%	44.68%	38.21%	34.12%	31.02%
Information	80.75%	62.85%	49.49%	37.70%	31.24%	28.29%	24.78%
Financial activities	84.09%	69.57%	58.56%	49.24%	43.93%	40.34%	36.90%
Business services	82.32%	66.82%	55.13%	44.28%	38.11%	34.46%	31.08%
Health services	85.59%	72.83%	63.73%	55.37%	50.09%	46.47%	43.71%
Leisure	81.15%	64.99%	53.61%	43.76%	38.11%	34.54%	31.40%
Other services	80.72%	64.81%	53.32%	43.88%	37.05%	32.33%	28.77%
All firms	81.24%	65.77%	54.29%	44.36%	38.29%	34.44%	31.18%

상기 조사결과를 보면 1998년에 설립된 기업들의 44%만 4년 동안 살아남았고, 7년차에는 31%만 존재했다. 계속기업의 가정이라는 기본적인 전제의 불확실성은 평가를 어렵게 하고, 높은 위험은 그대로 투자자들의 요구수익률로 이어진다.

다음 표는 미국의 경우 Venture Capital에서 사업초기단계의 기업에 대해 성장단계별로 요구하는 수익률이다.

[표 10 -2] (미국)Venture Capital의 성장 단계별 목표 요구수익률[818],[819]

Stage of development	Typical target rates of return
Start up	50-70%
First stage	40-60%
Second stage	35-50%
Bridge / IPO	25-35%

---

817) Valuing Young, Start-up and Growth Companies: Estimation Issues and Valuation Challenges, Stern School of Business, May 2009 (원출처: Knaup, Amy E., May 2005,, "Survival and longevity in the Business Employment Dynamics data.")

818) Valuing Young, Start-up and Growth Companies: Estimation Issues and Valuation Challenges, Stern School of Business, May 2009

819) 국내 벤처캐피탈 업계의 비상장 기업가치평가에서 자기자본비용은 통상 10~25% 수준이 적용되고 있다(기술가치평가 실무가이드 2014.12. 산업통상자원부).

상기 표를 보면 Venture capital의 목표요구수익률은 일반적인 자본시장에서 투자자의 요구수익률에 비해 현저하게 높은 것을 볼 수 있다. 그러나, 모든 사업초기 기업의 투자에 상기 표의 요구수익률을 그대로 적용하기는 어려울 것이다. 미국과 국내의 시장환경이 다를 뿐 아니라, 기업마다 예상 현금흐름 등 기대수익의 위험수준이 다르기 때문이다. 현실적으로 벤처캐피탈 입장에서도 모든 투자에 상기의 기대수익률을 요구하고 있지는 않다고 알려지고 있다. 실제로 아래 표의 Research를 보면 2007년을 기준으로 최근 3년, 5년, 10년, 20년 동안 벤처캐피탈의 연간 수익률은 상기 표에서 제시된 요구수익률에 비해 낮은 것을 알 수 있다.

[표 10 - 3] Returns earned by Venture Capitalists - 2007년[820]

구분	3years	5years	10years	20years
Early/Seed VC	4.90%	5.00%	32.90%	21.40%
Balanced VC	10.80%	11.90%	14.40%	14.70%
Later Stage VC	12.40%	11.10%	8.50%	14.50%
All VC	8.50%	8.80%	16.60%	16.90%
NASDAQ	3.60%	7.00%	1.90%	9.20%
S&P	2.40%	5.50%	1.20%	8.00%

그렇다면, 신생 벤처기업 혹은 사업초기 단계 기업을 평가할 때에는 어떤 가치평가방법을 적용하여야 하는가? 이 역시 대상회사의 상황이나 평가에 필요한 정보의 수준에 따라 달라 일률적으로 판단할 수는 없다. 성장단계별로 평가에 적합한 정보가 다르므로 달리 접근해야 한다는 의견도 있다. 예를 들어,

① 신생단계에서는 평가를 위한 재무자료 등이 충분하지 않으므로 보유역량(가입자 수와 같은 비재무지표)을 기준으로 시장가치접근법에 따라 평가하고,

② 매출을 실현하기 시작하는 단계에서는 재무자료(PSR, EV/Revenue)[821]를 이용한 시장가치접근법을 이용하며,

③ 과거 재무정보가 쌓이고 이익을 창출하기 시작하는 단계에서는 수익가치접근법(DCF)이나 이익지표를 활용한 시장가치접근법(PER, EV/EBITDA)의 적용이 필요하다는 것이다.

---

820) Valuing Young, Start-up and Growth Companies: Estimation Issues and Valuation Challenges, Stern School of Business, May 2009

821) PSR: Price to Sales ratio(매출액 대비 주주가치 비율), EV/EBITDA(EBITDA 대비 기업가치 비율)

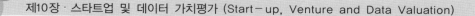

그러나, 앞서 언급한 평가의 불확실성으로 인해 가능하다면 수익가치접근법과 더불어 자산가치접근법 또는 재무적/비재무적 지표에 의한 시장가치접근법을 병행하여 평가하는 것이 필요하다고 본다.[822]

[표 10-4] 신생벤처기업의 평가방법

구분	평가방법
Income Approach	• DCF • Scenario method (the first Chicago method) • Adjusted NPV (혹은 Risk-adjusted NPV)
Market Approach	• Transaction multiple method • Trading multiple method • Back-solve method
Asset Approach	• Book value • Liquidation value • Cost approach
Other Approach	• Step-Up valuation method (The Berkus Method) • Scorecard method • Risk-factor summation method

Income approach에서 현금흐름할인법(DCF) 적용 시 고려사항과 시나리오접근법은 본장에서, 그리고 Adjusted NPV는 본장의 "Bio, Healthcare산업의 평가(Pipeline 또는 IP개발 기업의 평가)"편에서 다루고 있으며, Market approach에서 시장가치접근법 적용시 고려사항은 본장에서 다루나, 자세한 사항은 "제4장 시장가치접근법"에서, 그리고 Backsolve method는 본장에서 다루기로 한다. Asset Approach는 "제5장 자산가치접근법"과 본장의 "데이터 가치평가"에서 다루고, Other approach는 본장의 "신생벤처기업의 기타평가방법"에서 설명하기로 한다.

---

822) 금감원이 외부평가업무 가이드라인에서는 신생 벤처기업이나 적자기업 등의 가치평가에 자산접근법 또는 시장접근법의 적용을 고려하지 않고 이익접근법만을 적용하여 평가하는 것은 적절하지 않다고 설명하고 있다.

1 시장가치접근법 적용 시 고려사항

신생 벤처기업은 매출액, 영업이익 등 비교를 위한 재무지표 들이 작거나 음수 등으로 나타나 비교에 적절하지 않은 경우들이 있을 수 있다. 이런 경우 적용 가능한 다른 지표가 필요할 수 있다. 가입자 수 혹은 고객 수, 방문자 수, MAU[823] 등과 같은 비재무적 지표가 대안이 될 수도 있고, 재무지표의 합리적인 추정이 가능하다면 현재의 매출액이나 이익이 아닌, 추정 매출액이나 추정 이익을 토대로 평가하는 것도 고려할 수 있을 것이다.

또한 신생 벤처기업의 평가 시에는 적절한 비교대상이 충분하지 않거나, 비교대상 기업들의 stage나 기술수준, Fundamental, 유동성 등을 포함한 개별기업 상황의 현저한 차이로 직접적인 비교가 적절하지 않을 수 있다. 이러한 경우에는 배수의 적절한 조정이 필요한지를 고려해 보아야 할 것이다.

비재무지표를 통한 시장가치접근법, 배수의 조정 등 시장가치접근법의 활용과 관련한 자세한 사항은 "제4장 시장가치접근법"을 참고하기 바란다.

만약 배수 조정 이후 추가적으로 고려할 사항 있다면 그것은 생존확률과 관련된 것일 수 있다. 비교대상 기업이 안정적으로 사업을 영위하는 기업으로서 시장에서의 평가가 계속기업의 가정을 전제로 평가되었을 경우에 이러한 고려가 필요할 수 있다. 앞서 제시한 기업의 연도별 생존율을 고려하여 목표시점의 평가액에 반영하는 것이다. 그러나, 비교대상 기업의 배수에 생존율에 대한 위험이 이미 고려되어 있는 경우에는 적용하지 않는 것이 합리적일 것이다.

[표 10-5] 시장가치접근법을 활용한 벤처기업 Valuation 예시

	사업부 구분	20XX년 예상매출 (억원) ⓐ	PSR(배) ⓑ	가치 (억원) ⓒ=ⓐ×ⓑ	조정 및 산정 내역
①포털/ 기존사업	A사(모바일 제외)	6,000	4.6	27,300	글로벌 인터넷 기업 PSR(6.5)의 70%
	B사(모바일 제외)	15,000	4.6	68,250	
	C사(모바일 제외)	4,000	4.6	18,200	

---

823) Monthly Active User(월간 활성 사용자)
824) MAU(Monthly Active User)는 한 달 동안 플랫폼에 방문하는 순수방문자(동일인의 중복 방문은 1회로 계산) 수를 의미하며, MAU가치는 시가총액÷MAU을 의미한다.

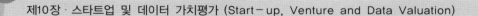

	사업부 구분	MAU[824] (억명)	MAU가치(원)	가치(억원)	
②모바일 플랫폼 사업	A사(모바일)	1.0	150,000	150,000	글로벌 모바일 평균 MAU당 가치
	B사(모바일)	2.0	105,000	210,000	글로벌 MAU당 가치의 70%
	C사(모바일)	0.5	90,000	45,000	글로벌 MAU당 가치의 60%
③기업 가치 (①+②)	기업 구분			가치 합계(억원)	
	A사			177,300	
	B사			278,250	
	C사			63,200	

상기 예시를 보면 기업가치 평가 시 시장가치접근법을 적용함에 있어서 재무적 지표 및 비재무적 지표를 모두 활용하고 있고, 비교대상 기업의 배수(Multiple)를 회사의 상황을 고려하여 조정한 배수로 가치평가에 적용하고 있는 것을 볼 수 있다(모바일부분의 가치를 평가할 때 MAU당 가치를 차등 적용하고 있다). 요약하면 신생벤처기업 평가시 시장가치접근법을 적용할 경우에는 가치창출요소인 비재무적 지표의 활용이 적절한지, 추정 매출액이나 추정이익 등 추정 재무자료의 활용이 가능한지, 비교대상회사로부터 확보한 시장가치배수를 적절하게 조정하여 반영하는 것이 필요한지, 평가대상의 성격에 따른 discount/premium을 반영하여 평가하는 것이 필요한지 등에 대한 고려가 필요하다. 이러한 사항을 고려한 시장가치접근법의 활용방안은 "제4장 시장가치접근법"의 내용이 도움이 될 수 있을 것이다.

[Note 1] Venture capital Quick Valuation 예시

현재 이익을 창출하지 못하는 기업에 투자를 할 때, 벤처캐피탈은 자본 투자액을 투자 이후 일정 시점의 가치로 나누어 지분율을 산정한다.
회사의 현황 및 투자 예상액은 다음과 같다.[825]

---

825) 회사의 5년 후 예상 매출 및 이익은 투자 후의 추정액으로 가정한다.

구분	금액, 배수	구분	금액, 수익률, 기간
5년 후 예상 매출액	100억	투자액	20억원
당기순이익	20억	기대수익률	20%
예상 PSR	3.5배	투자기간	5년
예상 PER	15배		

상기의 현황을 바탕으로 벤처캐피탈에서는 지분율을 다음과 같이 산정한다.

구분	금액, 지분율	산정 내역
ⓐ 회사의 추정 가치	325억	(100억 × 3.5배 + 20억 × 15배) ÷ 2
ⓑ 요구수익률을 고려한 미래가치 (Exit Value)	50억	20억 × (1+20%)^5
ⓒ 벤처캐피탈 지분율	15.3%	ⓑ÷ⓐ

상기 사례에서 평가는 시장가치평가법을 적용하는 것을 가정하였지만, 현금흐름할인법 (DCF)을 적용하여 Exit 시점(투자회수 시점)의 가치를 산정하기도 한다. 또한 재무지표가 불안정한 Start-up의 특성상 MAU(Monthly Active User), ARPU(Average Revenue per User)와 같은 시장에서 신뢰하고 핵심경쟁요소로 받아들여지는 지표를 통해 Exit value가 산정되기도 한다.

[Note 2] 추정매출과 추정이익을 이용한 시장가치접근법

향후 성장성이 기대되는 기업을 평가할 때에는 미래 추정 매출이나 미래 추정 이익을 기초로 시장가치접근법을 적용하는 경우가 있다. 다음의 예시는 T사 공모가액을 추정함에 있어서 미래 추정 이익을 기초로 하여 PER를 적용한 사례이다.

구분	산출 내역	비고
2024년 추정 당기순이익	88,065백만원	A
연 할인율	21.2%	
2024년 추정 당기순이익의 2021년 반기말 현가	44,931백만원	$B = A ÷ (1+0.212)^{3.5}$
적용 주식수	8,219,358주	C
2021년 반기말 기준 환산 주당순이익	5,466원	$D = B ÷ C$
적용 PER	30.61배	E
주당 평가가액	167,343원	$F = D × E$

위의 사례에서 T사를 PER를 적용하여 상대가치로 평가할 때 T사의 주당순이익을 평가 시점의 최근 주당순이익이나 평가기준일로부터의 단기 예상 주당순이익이 아닌 약 3.5년

후 예상 주당순이익을 기준으로 평가하였다.

이는 T사의 평가시점에 당기순이익이 (-)이기 때문에 과거 실적 기준으로는 PER가 산출되지 않는다. 그러나, 보유기술이 본격적으로 매출로 이어질 것으로 예상되는 3개년 이후 시점에서는 당기순이익이 (+)로 시현될 것으로 예상되고 T사의 현재시점의 가치는 이러한 미래 기대가 반영된 것이기 때문에 미래 예상 순이익을 기초로 PER를 적용하여 평가한 것이다.

이렇게 가까운 미래 어느 시점의 당기순이익을 예측하고 예측된 미래 당기순이익에 할인율을 적용하여 현재가치로 할인한 금액에 PER를 적용하는 경우는 스타트업의 평가나 현재시점이 아닌 몇 년 후 미래에 본격적으로 정상적인 수준의 이익창출이 예상되는 성장기 기업의 평가에 활용되는 방법이다.

2 현금흐름할인법(DCF) 적용 시 고려사항

일반적으로 성숙기업으로서 사업이 안정화된 상태에 있거나 또는 과거 실적이 풍부한 기업들은 과거 재무자료를 기초로 회사를 분석하고 관련 산업 환경에 대한 이해를 더하여 미래 현금흐름을 합리적 기준에 의해 예측할 수 있다고 가정한다. 그러나 신생벤처기업은 이러한 분석을 위해 필요한 데이터가 충분하지 않은 것이 일반적이고, 데이터가 존재한다고 하여도 변동성이 크거나, 매출이 미미하거나, 이익을 창출하지 못하는 경우가 대부분이다. 그래서 신생 벤처기업을 평가할 때에는 Bottom-up 방식이 아닌 Top-down 방식을 적용하여 추정하는 것을 고려할 수 있다.

1) 미래현금흐름의 예측

[그림 10-1] 신생 벤처기업 또는 사업초기단계 기업 평가 시 현금흐름 예측 절차[826] 예시

---

826) 현금흐름 예측 및 현금흐름할인법을 적용한 가치평가의 자세한 사항은 "제3장 현금흐름할인법(DCF)"를 참고하기 바란다.

① 제품 또는 서비스의 정의

Top-down 방식의 추정은 시장규모 예측부터 시작된다. 그러나, 시장규모를 예측하기 위해서는 회사가 제공하는 제품 혹은 서비스에 대한 정의가 필요하다. 제품이나 서비스의 정의가 명확한 경우도 있지만, 기술기반 기업 또는 기존과는 다른 비즈니스 모델을 가지고 있는 회사의 경우에는 Target 시장이 명확하게 정의될 필요가 있다. 제품/서비스의 정의를 좁게 정의하면 잠재시장의 범위도 제한될 것이고, 제품/서비스의 정의를 넓게 하면 시장의 규모도 상대적으로 확장된다. 그러나, 여기에는 현금흐름 예측치의 위험(실현가능성), 역량, 관련 비용, 투자지출 등이 종합적으로 고려될 문제이다.[827]

② 시장 규모 예측 또는 시장 성장률 예측

시장이 정의되었다면 시장의 규모가 추정되어야 한다. 시장의 규모는 일반적으로 시장전문 예측기관의 자료를 활용한다. 그러나 상황에 따라서는 회사의 제품이나 서비스의 정의를 바탕으로 직접 시장 규모를 추정할 수도 있다. 또한 지향하는 바는 같으나 방법론적으로 점유율의 예측이 용이하지 않을 경우에는 성장률에 의한 추정이 적용되는 경우가 있다. 이러한 상황에서는 시장의 성장률 예측이 필요할 수 있다.

③ 시장점유율 또는 평가 대상의 성장률 예측

시장규모에서 회사가 차지하는 시장점유율만큼이 회사의 예상 매출액이 된다. 시장점유율을 추정할 때에는 회사의 경쟁력, 서비스 제공 가능한 능력(Capability 등)이 종합적으로 고려되어야 하며, 과거 유사 시장에서 타사의 점유율 추이 등도 고려될 수 있다. 상황에 따라서는 시장점유율을 예측하기보다는 대상회사의 경쟁력과 시장의 상황을 고려하여 성장률 예측치를 적용하는 것이 보다 합리적인 경우가 될 수 있다.

④ 영업 비용/마진

영업비용은 초기단계와 성장단계, 안정단계에 따라 차이가 날 수 있다. 초기 단계에서는 set-up 비용 등 비경상적 비용의 발생이 많을 수 있고, 비용의 구분이 명확하지 않을 수도 있다. 또한 종종 비용화되어야 할 부분이 (무형자산 등으로) 자산화되어 있을 수도 있다. 이러한 비용들은 추정시 적절하게 조정되어야 한다. 현재 발생비용을 기준으로 Normalization(평준화)[828]이 필요하지만, 비경상적 비용이 일정기간 발생할 수 있는 부분도 고려되어야

---

827) 예를 들어 아마존의 Target 시장을 사업초기 단계에 인터넷서점으로 정의하느냐, 아니면 인터넷 소매업으로 정의하느냐에 따라 시장의 규모와 위험 등이 달라질 수 있다.
828) Normalization(평준화)는 이익이나 비용의 계속적이고 반복적으로 발생하는 정상적 수준의 금액으로 조정하는 것으로 자세한 사항은 "제2장 경영환경분석 및 재무실사"를 참고하기 바란다.

할 것이다. 일정 시점 이후에는 유사회사의 원가율/영업이익률 등이 참고가 될 수 있다.

⑤ 성장을 위한 투자

기업의 성장에는 투자가 필요하다. 성장을 가정한 현금흐름이 추정되었다면, 이 과정에서 필요한 투자지출액도 합리적으로 추정되어 현금흐름에 반영되어야 할 것이다. 투자는 유형, 무형의 자산에 대한 투자, 그리고 운전자본 투자를 포함한다. 투자 계획이 있는 경우 투자규모 및 시기가 추정 매출에 적절한 수준인지를 파악하여야 하며, 계획이 없는 경우에는 유사기업의 투자비율을 참고할 수 있을 것이다.[829]

2) 할인율 추정

할인율의 산정은 CAPM(자본자산가격결정모형)[830]으로 산정한 자본비용에 여러 방식의 Risk premium(위험조정)을 고려할 필요가 있을 것이다. 예로는 Size Risk Premium,[831] 유동성 위험 프리미엄, 파산 위험과 같은 Specific Risk Premium 등이 있을 수 있다. 위험조정은 할인율이 아닌 평가액에서 직접 조정하는 것도 고려할 수 있다. 또한 이해관계자의 합의가 있다면 앞서 언급한 stage별 투자자의 기대수익률을 참고하여 조정한 할인율의 적용도 고려할 수 있다.[832]

계속기업을 가정한 경우, 신생 벤처기업의 현 단계에서 적용되는 자본비용은 안정화 단계로 접어들었을 때에는 현 단계에서 기대되는 수준과 차이가 날 수 있다. 만약 자본비용 변동 예상시점과 차이 수준이 합리적으로 추정 가능하다면, 자본비용을 단계적으로 적용하는 것도 고려해 볼 수 있을 것이다.

3) 영구기업의 가치[833]

신생 벤처기업의 평가에서 영구기업의 가치는 일반적인 평가의 경우보다 훨씬 중요하다. 전체 가치에서 차지하는 비중이 80% 혹은 90% 이상이 될 수도 있기 때문이다.[834] 그러므로

829) 운전자본 투자의 경우에도 과거 실적이 충분하지 않아 적절한 회전율 분석이 이루어지지 않을 경우, 유사회사의 회전율을 참고하여 적용하는 것을 고려할 수 있을 것이다.
830) 시장수익률(주가지수 등)에 해당 기업의 위험을 반영한 할인율로 해당기업의 위험을 측정할 수 없는 경우에 유사기업의 위험을 대신 반영하여 측정한다. 그러므로 평가대상기업에 추가적으로 반영할 위험이 있다면 이를 고려하여야 한다.(제3장 현금흐름할인법(DCF)) 참고
831) 규모가 작은 기업은 규모가 큰 기업에 비해 상대적으로 위험이 큰 반면 수익률도 높다는 가정 하에 소규모 기업의 할인율에 가산하는 프리미엄이다.
832) 참고로 기술가치평가시에는 기술사업화 위험 평점을 고려하여 0.18%에서 최대 10%의 위험프리미엄을 가산하고 있다.(기술가치평가 실무가이드, 2014.12, 산업통산자원부)
833) 영구기업의 가치를 산정하는 자세한 방법은 "제3장 현금흐름할인법(DCF)"를 참고하기 바란다.
834) Valuing Young, Start-up and Growth Companies: Estimation Issues and Valuation Challenges, Stern

적절한 영구기업가치를 산정하기 위하여 향후 전체 현금흐름을 대표할 수 있는 현금흐름[835]을 찾는 것이 필요하다. 영구기업 가치를 산정하기 위한 현금흐름이 지속적이고 안정적으로 발생할 것으로 예상되는 수준이 아니라면 추정기간을 연장하는 것도 고려하여야 한다.

4) Top-down 방식을 활용한 매출 추정 예시

① 제품 및 Target 시장의 정의

- 제품의 정의: 재활 목적의 의료용 로봇
- Target 시장: 정형외과, 재활의학과가 있는 병원

② 시장규모의 예측

시장규모는 전문 예측기관의 자료를 활용할 수 있지만, 시장이 아직 형성되어 있지 않은 제품이나 서비스의 경우에는 이러한 데이터를 확보하는 것이 쉽지 않을 수 있다. 이러한 경우에는 직접 조사 등을 통해 시장규모를 추정할 수 있다. 아래의 경우에는 직접 조사를 통해 시장규모를 예측하는 경우의 예시이다.

	재활의학과 수	정형외과 수	재활 OR 정형외과 보유 병원 수	병원당 판매 가능 대수	총판매 대수	교체주기	연간 평균 판매대수
상급종합	43	43	43	20	860	3년	287
종합병원	163	279	280	20	5,600	3년	1,867
병원	391	831	937	10	9,370	3년	3,123
의원	299	1,841	2,140	2	4,280	3년	1,427
요양병원	3	-	3	15	45	3년	15
계	899	2,994	3,403	-	20,155		6,718

상기 예측에서 병원당 판매 가능대수는 병원당 수술 후 재활이 필요한 환자의 수, 재활에 소요되는 기간, 제품이 제공되어 서비스될 수 있는 공간 등이 종합적으로 고려되어 추정될 수 있다.

시장 예측과 관련하여 추가적으로 고려한다면 상기 사례는 판매 시장을 병원에 한정하였으나, 수술환자의 재활이 병원이 아닌 곳에서도 이루어질 수 있다고 볼 경우, 시장을 확대

School of Business, May 2009
835) 영구가치 산정에 적용할 영구현금흐름을 의미한다.

정의할 수 있는지에 대한 고려이다. 시장의 정의가 바뀐다면 시장 규모의 추정 시 인구 구성에 대한 조사를 기초로 시장 규모를 재정의할 필요가 있을 것이다. 그리고 제품의 설계변경이 필요한지 여부 및 의료 관련 법률의 규정 충족 가능성 등도 종합적으로 고려하여야 할 것이다. 또한 판매 시장을 국내시장에 한정할 것인지 해외시장을 포함할 것인지에 대한 정의도 필요할 수 있다.

③ 시장점유율의 예측

기존의 시장에 존재하지 않았던 신규 제품의 경우 시장점유율을 예측하는 것이 현금흐름 추정에서 가장 불확실성이 큰 부분 중의 하나이다. 상기 사례에서는 과거 신규 제품이 시장에 침투할 때, 기존의 제품을 대체하는 비율과 대체 기간 및 유사제품의 진출 시기 등이 고려될 수 있을 것이다.

(단위: 연간 판매 대수)

	20*1년	20*2년	20*3년	20*4년	20*5년	20*6년	영구현금흐름
대체비율 및 점유율	10.0%	20.0%	40.0%	40.0%	40.0%	40.0%	40%
판매 1차연도	2,016			2,016			
판매 2차연도		4,031			4,031		
판매 3차연도			2,016			2,016	
합계	2,016	4,041	2,016	2,016	4,031	2,016	2,687

20*1년도에는 잠재적인 시장규모에서 시장침투율이 10%이고, 이후 누적적으로 20%, 40%로 상승한다고 가정하였다. 그러므로 20*3년에는 한해 판매는 전체 시장규모 대비 10% 물량의 판매가 이루어질 것이다. 20*4년부터는 경쟁기업의 진출로 시장점유율은 40%를 계속 유지하게 된다. 그러므로 3년 주기의 교체 수요만 발생하는 것이다. 여기서는 기존고객의 이탈과 경쟁업체 고객의 유치를 고려하지 않는 것으로 가정한다. 영구현금흐름은 계속 기업의 가치를 산정하기 위해 연간 평균 판매대수가 향후 매년 판매되는 대수인 것으로 가정하고 있다.

④ 매출 추정

제품 판매가격은 대당 5백만원이며, 연평균 가격 증가율은 5%, 매년 판매가격의 10% 수준으로 판매와 별도의 서비스 매출이 발생한다고 가정한다.

(단위: 백만원)

	20*1년	20*2년	20*3년	20*4년	20*5년	20*6년	영구현금흐름
제품 매출	10,078	21,163	11,110	11,666	24,499	12,862	17,149
서비스 매출	1,008	2,116	1,111	1,167	2,450	1,286	1,715
매출계	11,085	23,279	12,221	12,833	26,948	14,148	18,864

3 시나리오 기법의 활용

기업의 매출이나 영업이익에 대한 다양한 예측이 가능할 경우에는 각각의 시나리오에 따른 평가를 수행한 후 해당 시나리오가 실현될 것으로 예상되는 확률을 고려하여 평가를 하는 방법이 활용되기도 한다.

시나리오 기법을 활용하기 위해서는 먼저 ① 시나리오의 가정에 대한 정의가 필요하다. 경영진과의 인터뷰 또는 시장에서 확보 가능한 정보 등에 기초하여 회사의 성장, 매출규모, 이익규모 등에 대한 시나리오를 가정한다. 통상적으로 Best scenario, modest scenario, worst scenario 등으로 구분할 수 있을 것이다. ② 다음은 시나리오별 Exit 시점 혹은 평가 시점을 정의하고 각 시나리오별 추정 현금흐름 또는 추정 시장가치 평가 배수에 근거한 가치를 추정한다. ③ 시장관점에서의 투자자별 요구수익률을 정의하고, ④ 시나리오별 실현될 것으로 예상되는 확률을 정의하여, 확률 가중평균액을 통해 Target을 평가하게 된다.

다음은 스타트업 기업의 평가에 시나리오 기법을 적용한 예시이다.[836)]

(단위: 억원)

구분	매출액	영업이익률	DCF에 의한 지분가치 ⓐ	확률 ⓑ	자기자본가치 기여분 ⓒ=ⓐ×ⓑ
시나리오A (시장지배자)	250	10.0%	225	20%	45
시나리오B (기본Case)	180	10.0%	126	50%	63
시나리오C (낮은 이익률)	180	5.0%	90	20%	18

---

836) Measuring and Managing the Value of Companies, Tom koller 외/김종일 외 공역, Mckinsey&Company, 2009 참고

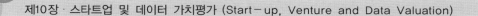

구분	매출액	영업이익률	DCF에 의한 지분가치 ⓐ	확률 ⓑ	자기자본가치 기여분 ⓒ=ⓐ×ⓑ
시나리오D (전통소매업체)	30	3.0%	6	10%	0.6
자기자본가치					126.6

상기 사례를 보면 각각의 시나리오에 따라 가치를 평가하고, 각 시나리오별 가치에 예상 발생 확률을 곱하여 대상회사에 대한 가치를 산출하였다. 여기서 확률은 매우 주관적일 수밖에 없다. 확률에 대한 합리적인 근거가 없다는 것은 이해관계자의 합의가 필요한 평가에는 적용이 용이하지 않을 수 있다. 그러나, 이러한 시나리오 분석은 불확실성이 큰 신생 벤처기업의 향후 성과에 따른 가치의 범위를 보여준다는 측면에서 유용할 수 있다. 특히 시장이 존재하는 상황에서 새로운 제품/서비스를 제공하고자 하는 콘텐츠산업(게임산업 등)의 경우에 위와 같은 시나리오 분석은 효과적으로 활용이 가능할 것이다.

4 Backsolve method

상환전환우선주, 전환사채 및 보통주 등 다양한 방식으로 자본을 조달하는 기업은 자본의 성격별 특성을 분석하여 자본을 각 class로 구분하여 평가액을 배분하는 방식으로 평가가 이루어지는 경우도 있다. 이러한 방법 중의 하나로 Backsolve method가 있는데, 평가대상 기업의 최근 조달사례에 근거하여 투자자가 해당 지분율을 취득하기 위하여 지불한 금액 및 권리조건을 분석하고, 이 분석에 근거하여 투자자가 해당 자금을 투자하기 위하여 고려하였을 것으로 예상되는 대상 회사의 지분가격을 역산하여 추정하는 방식이다.

손익이나 현금 흐름이 마이너스인 스타트업의 경우에는 최근 자금 조달 라운드에서의 투자사례가 일반적으로 회사 가치의 가장 신뢰할 수 있는 지표가 되기도 한다. 그렇기 때문에 최근 거래를 기반으로 회사의 가치를 추정하는 것이 이러한 기업들을 평가하는 데 일반적으로 활용된다. 예를 들어, 투자자가 회사 보통주 지분의 10%에 대해 100,000원 투자하는 경우 회사의 지분가치는 100,000원 / 10% = 1,000,000원이 되는 것이다. 이는 backsolve method의 핵심 개념이다.

그런데 이런 간단해 보이는 개념을 적용하는 Backsolve method가 복잡해 보이는 이유는 각 지분의 성격이 동일하지 않은 경우가 많기 때문이다. 즉, 재무적 투자자들이 스타트업/벤처기업에 투자할 때는 일반적으로 상환전환우선주와 같은 하이브리드 지분 상품을 사용하며, 그 조건은 투자시점마다 조금씩 달라지게 되므로 지분마다 각기 다른 가치를 가질 수 있기 때문이다.

상환전환우선주의 투자자는 회사의 가치가 높아질 경우에는 보통주로 전환을 하는 선택을 할 것이고, 회사의 가치가 충분히 높아지지 않으면 상환을 통해 일정 이자율을 확보하는 선택을 할 것이다. 어떠한 경우든 기존 보통주의 가치에 영향을 미치게 된다. 이렇게 투자자가 최적의 선택을 하게 되는 "Breakpoint"를 분석하고 이 Breakpoint마다 각 투자자가 얻게 되는 가치를 분석함으로써 각 지분의 종류별 투자자 가치를 파악하는 것이다. 이 과정은 옵션가격결정모형을 이용하게 된다.

[그림 10 - 2] Waterfall analysis (Class별 수익배분 구간 산정 예시)

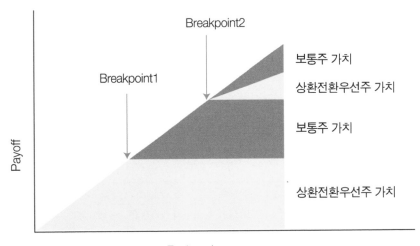

Backsolve method는 회사의 종류별 지분을 전체 지분가치에 대한 일련의 Call – Option으로 모델링하기 때문에, 각 투자자별 최선의 선택을 하게 되는 Breakpoint 분석이 필요하다. 각 "breakpoints"는 옵션 가격 책정 모델에서 행사 가격으로 사용되고, 옵션 가격 결정 방법론을 활용하여 각 지분의 종류별 Pay – off 구간에 대한 분석이 이루어지게 된다.

그리고, 각 Breakpoint에서 결정된 옵션 가치는 종류별 각 지분 Class에 할당하여 종류별 지분가치와 전체 지분가치를 산정하게 된다.

요약하면, Backsolve method는 먼저 ① Capital Structure를 분석하고, ② 자본의 각 Class별 수익배분(Break – point) 구간을 산정하여(Waterfall analysis), ③ 각 Class별 지분가치를 산정한 후, ④ 보통주 지분가치와 전체 지분가치를 산정하게 되는 구조이다.

목적에 따라서는 ① DCF를 통해 총 영업가치를 산정한 후, ② Capital Structure를 분석하고, ③ 자본의 각 Class별 수익배분(Break-point)구간을 산정하여(Waterfall analysis), ④ 발행주식수를 고려한 총 지분가치를 배분한 후, ⑤ 각 Class별 지분가치를 산정하는 방식으로 이루어질 수도 있다.

이 과정을 간단한 사례를 통해 살펴보면 다음과 같다.

ⓐ B가 Target인 A회사를 6개월 전 @100원에 10,000주를 투자해서 지분 20%를 확보한 사례가 있다.

ⓑ B가 투자한 지분의 성격은 상환전환우선주이고, A회사의 Capital structure를 분석하여 지분을 각 Class별로 구분하고 각 Class의 특징 및 여러 조건을 분석한다. (A사는 보통주 40,000주와 상환전환우선주 10,000주로 구성되어 있다고 가정한다.)

ⓒ 그리고 Capital structure 분석 및 Option pricing model 등을 통해 각 Class별 주식가치를 추정해 보니 상환전환우선주 가치는 주당 100원, 보통주 가치는 주당 60원으로 추정되었다.

ⓓ 이렇게 각 Class별로 지분가치를 배분하는 Equity allocation 과정을 통해, 혹은 각 Class별로 추정된 가치를 토대로 지분가치를 추정하는 과정이 지분마다 다양한 권리를 가지고 있는 신생벤처기업의 평가에 적용될 수 있는 것이다.

classes	주당가치	주식수	value	지분율	지분가치비율
상환전환우선주	100	10,000	1,000,000	20%	29%
보통주	60	40,000	2,400,000	80%	71%
합계		50,000	3,400,000	100%	100%

이렇게 종류가 다른 각 지분에 옵션 가치 등이 반영된 지분가치를 할당하는 과정을 통해 전체 지분가치와 보통주의 가치를 추정하게 되는데, "the value has been backsolved"이기 때문에 Backsolve method라고 한다.

"Backsolve method의 적용 예시는 "제12장 옵션 등 권리가 부여된 주식 가치 평가"에서 자세히 설명하기로 한다."

단, Backsolve 방법을 적용하기 위해서는 발행 및 거래사례의 가격정보가 공정가치로 간주될 수 있을 만큼 참고한 거래사례의 신뢰성과 대표성이 중요하다. 만약 특수관계자 간 거래나 매우 적은 지분에 대한 거래는 정상거래가 아닐 가능성이 있으므로 신뢰성이 낮다고 볼 수 있다.

5 신생벤처기업의 기타 평가 방법

신생벤처기업의 평가는 앞서 언급한 바와 같이 상당히 어려운 점들이 존재한다. 이러한 이유로 경험 많은 투자자들은 다양한 정성적인 지표들을 토대로 신생벤처기업을 평가하는 경우가 있다.

1) Step-up valuation(The Berkus Method)

The Berkus Method라고 불리는 Step up valuation도 정성적인 지표들을 기초로 가치를 평가하는 접근법이다.

예를 들어 대상회사의 가치를 가져오는 다양한 요소들을 분석하여 이에 대한 가치를 부여함으로써 대상회사의 가치를 평가하는 것이다.[837] 만약 early stage startup에 투자할 상한이 25억원이라고 한다면 다음의 각 요소별 가치에 5억원씩을 배정하여 각 요소별 가치를 합산하여 대상회사의 가치를 산정하는 방식이다. 아래의 표의 예시에서는 대상회사의 가치는 15억원으로 평가되는 것이다.

평가요소	Step up value 예시
1. Sound Idea (Basic value)	5억원
2. Prototype (Reducing technology risk)	5억원
3. Quality of Management Team (Reducing Execution risk)	5억원
4. Strategic relationship (Reducing market risk)	–
5. Product Rollout or sales (Reducing production risk)	–

2) Scorecard Method

Scorecard Method는 다양한 가치평가 요소에 가중치를 적용하여 수치로 평가한 후, 이를 대상회사의 Pre-value에 곱하여 대상회사의 가치를 추정하는 방법이다.

예를 들어 가치평가 요소를 도출하고 각 요소별 가중치를 부여한 다음의 예시를 살펴보자.

---

837) Startup valuation, Founder's Pocket Guide, 1X1 MEDIA 참고

평가요소	가중치	평가	factor
1. Sound Idea (Basic value)	30%	150%	0.45
2. Prototype (Reducing technology risk)	15%	80%	0.12
3. Quality of Management Team (Reducing Execution risk)	15%	100%	0.15
4. Strategic relationship (Reducing market risk)	10%	80%	0.08
5. Product Rollout or sales (Reducing production risk)	10%	80%	0.08
6. Customer (가입자 수)	20%	150%	0.30
합계	100%		1.18

이 경우 pre-valuation에 적용할 배수값은 1.18이다. 만약 비교대상회사의 가치가 50억원으로 평가되었거나, 평가대상회사가 이전에 50억원 value로 평가되어 투자유치가 이루어졌을 때, 위의 Scorecard에 의해 도출된 배수를 반영하여 [50억원×1.18=59억원]으로 평가하는 방법이다.

6 핵심역량

신생 벤처기업은 과거 재무 실적이 이익/현금 등의 창출로 이어지지 않았기 때문에 보유역량에 대한 분석이 향후 가치평가로 이어지는 경우가 많다. 벤처기업의 핵심역량으로서 대표적인 예가 IP(Intellectual Property)[838]나 **인력**, 기술력이나 사업성 등이다. 그러나, 이러한 핵심역량이 기업에 내재되어 있지 않은 경우도 있으며, 인력의 경우에는 상당히 유동적일 수도 있다.[839] 즉, 벤처기업의 핵심역량은 기업의 시스템에 의해 작동되는 것이 아닐 가능성이 크다. 가치평가가 이러한 핵심역량을 전제로 이루어지기 위해서는 핵심역량의 내재화 또는 지속성에 대한 검토도 필요할 것이다.

제2장의 비재무적 분석에서 설명한 바와 같이 신생 벤처기업의 경우에는 비재무적 사항에 대한 분석이 중요하다. 성숙한 회사의 경우에는 회사의 역량이 상당부분 재무실적으로 달성되어 왔기 때문에 재무실적의 분석은 회사의 역량을 파악하는 데 중요한 근거자료가

---

838) 기술력뿐만 아니라 다양한 지적재산권을 모두 포함한다. 예를 들어 콘텐츠 산업에서 캐릭터 등의 소유권/사용권 등이 이에 해당된다.

839) 예를 들어 사업에 중요한 지적재산권 등 무형자산이 회사 소유가 아닌 개인소유인 경우도 있으며, 핵심인력의 이동으로 사업이 어렵게 되는 경우가 있을 수 있다. 가치평가가 이러한 핵심역량에 바탕을 두어 이루어졌다면 평가의 전제로서 핵심역량이 사업안정화 단계까지 유지될 수 있는 구조(계약 등을 통해)가 필요할 수 있다.

되지만, 신생 벤처기업의 경우는 회사의 역량이 재무실적으로 실현되지 못한 경우가 많아, 비재무적 요소에 대한 분석이 회사의 평가에 중요한 부분을 차지하게 된다. 회사의 역량이 재무실적으로 실현되지 못하였다는 의미는 자산 혹은 보유 역량의 대부분이 비재무적 요소인 무형의 자산인 경우가 대부분일 수 있다는 의미이기도 하다.

다음은 모바일 게임회사의 경우 비재무적 분석 사항의 예시이다.

- 경영자의 능력(경험, 경영능력, Knowledge 등)
- 제작사 능력(개발실적, 자금조달능력, 연구개발 투자비율 등)
- 제작능력(PD 역량, 핵심개발자 역량, 콘텐츠 개발 역량 등)
- 콘텐츠의 질적 수준 및 경쟁력(기획 및 사업전략의 타당성, 콘텐츠 우수성, 제작 진척도, 사업성 등)
- 시장 환경 및 마케팅 능력(시장 전망 및 시장 적합성, 수익모델, 파급효과 등)

Bio, Healthcare산업의 평가(Pipeline[840] 또는 IP개발 기업의 평가)

Bio, Healthcare와 같은 산업에서 신약, 또는 신기술은 개발에 성공할 경우 고부가가치를 창출할 수 있지만, 개발기간이 길고 많은 비용이 소요되며, 사업화 성공 가능성을 불확실하게 하는 임상시험 단계를 수차례 거쳐야 하는 등 타 산업과는 다른 사업구조를 가지고 있다.

장기간의 개발 및 임상시험 기간과 막대한 개발비 투입에도 불구하고 실제 제품 출시로 이어지는 가능성이 낮기 때문에 신약 개발이 상품화 되면 특허가 만료되는 기간까지 시장을 독점적으로 점유하는 경우가 일반적이다.

이와 같은 산업의 특성 때문에 개발 중인 신약 또는 기술이 미래에 창출할 수 있는 가치를 확률적으로 예측하는 방법이 평가에 활용된다. 확률적 예측 방법으로서 많이 활용되는 방법은 "위험조정 순현재가치 평가법(rNPV: Risk-adjusted Net present Value)"이다.

1 risk-adjusted Net Present Value의 개념

rNPV(risk-adjusted Net Present Value)는 일반적인 현금흐름할인법 DCF(Discounted Cash Flows)과 기본적인 개념은 동일하다. 차이점은 연도별 현금흐름에 발생 확률을 적용한다는 것이다. 발생확률을 적용하는 것은 개발과정에서 임상단계라는 과정을 반드시 통과해야만 상용화가 가능한 산업의 특수성을 고려한 것이다.

[그림 10-3] 위험 조정 순현재가치법의 기본 개념

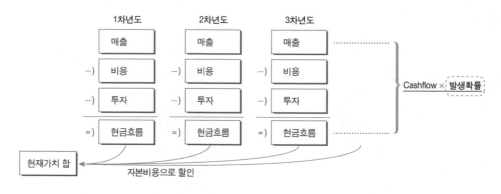

---

840) 신약 파이프라인(pipeline)은 전임상·임상시험 단계에 있는 신약 후보물질을 의미한다. 즉, 개발중인 신약의 의미이다. IP는 Intellectual Property(지적재산권)로서 여기서 IP는 개발이 완료되면 배타적 권리를 갖게 되는 연구개발 중인 저작물 등을 의미한다.

현금흐름의 각 항목은 승인(허가)가능성 등 향후 매출이 발생할 가능성을 동일하게 적용할 수도 있지만, 각 임상 단계별 승인확률을 다르게 적용할 경우에는 각 단계별 개발비용의 발생확률도 다르게 적용될 수 있다.

매출발생확률과 개발비용 발생확률이 다르게 적용되는 예는 다음과 같다.[841]

단계	단계별 성공확률	최종 승인(누적) 확률	비고
ⓐ Preclinical (전임상)	100%	-	-
ⓑ Phase1	100%	100%	ⓐ 확률 × ⓑ 확률
ⓒ Phase2	66.7%	66.7%	ⓑ 누적확률 × ⓒ 단계별 확률
ⓓ Phase3	48%	32%	ⓒ 누적확률 × ⓓ 단계별 확률
ⓔ NDA (신약허가신청)	90%	28.8%	ⓓ 누적확률 × ⓔ 단계별 확률
ⓕ Approval	-	28.8%	

상기 예시에서 최종 승인을 위한 허가 신청 전 단계인 Phase3까지 성공할 확률은 32%이므로 Phase3단계에서 기술이전계약 등으로 인한 Milestone fee(수익)가 발생할 확률은 32%를 적용한다. 그러나 개발비용은 Phase3단계의 성공 여부와 무관하게 발생할 것이므로 발생확률은 66.7%가 적용될 수 있을 것이다. 단, 실무적으로는 재료비 등과 같은 연구개발에 직접적으로 소요되는 비용을 제외한 개발비용은 성공확률과 무관하게 발생하는 것으로 가정하기도 한다.

rNPV법에서 시장규모나 시장점유율, 판매가격 등의 추정도 중요하지만 이러한 요소는 일반적인 현금흐름할인법에서도 필요한 부분이라고 한다면, 발생확률의 적용을 어떻게 할 것인지가 rNPV법에서 추가적으로 검토되어야 할 중요한 부분이라고 할 수 있겠다.

발생확률은 일반적인 승인가능성 또는 각 질환군별 임상 성공률에 대한 조사를 참고하여 적용한다. 임상 성공확률 조사 사례로 많이 활용되는 것이 FDA(미국 식품의약국)[842]의 사례이다.

다음의 그림은 2006년부터 2015년까지 지난 10년 동안 FDA에서 수행했거나 진행중인 약물의 임상 성공률 분석 자료이다.

---

841) 제약산업의 기술가치평가 방법론 rNPV(risk-adjusted Net Present Value)과 활용 전망, 보건산업브리프 Vol. 244, 2017.9.20 참고
842) FDA는 전세계에서 가장 엄격하고 신중하게 관리 및 시판 승인하는 기관으로 알려져 있다. 개발에 따른 시장성을 확보하기 위해서는 FDA의 승인이 필요하므로 FDA 사례가 발생확률로서 중요한 자료가 될 수 있다.

[그림 10-4] FDA 임상 각 단계별 & 누적 성공확률[843]

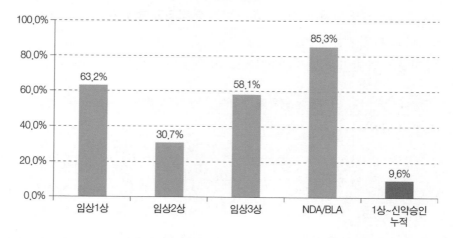

FDA의 각 임상에서 성공률이 가장 낮은 단계는 임상 2상이고, 가장 성공률이 높은 단계는 제품허가 단계인 NDA 및 BLA[844]단계이다. 임상 1상을 통과할 확률은 63.2%, 임상 2상은 30.7%, 임상 3상은 58.1%, 그리고 NDA/BLA는 85.3%이다. 임상 1상에서부터 제품허가 단계인 NDA/BLA를 거쳐 최종적으로 신약의 허가 승인이 이루어질 가능성은 9.6%이다. 주요 질환군별로 임상 성공확률을 구분하여 보면 다음의 그래프와 같다.

[그림 10-5] 주요 질환 군별 FDA 임상 성공 가능성(임상 1상~신약승인)[845]

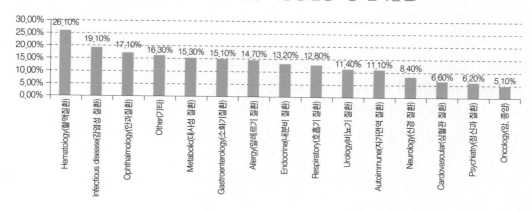

---

843) 한국바이오협회 및 SK 증권 report(Industry Analysis 2016.7.29) 참고(원출처: FDA, Amplion, Biomedtracker, Biotechnology Innovation Organization)

844) NDA(New Drug Application)는 합성 의약품의 신약승인 과정이고, BLA(Biologic License Application)는 바이오 의약품의 신약승인 과정이다.

845) 한국바이오협회 및 SK 증권 report(Industry Analysis 2016.7.29) 참고(원출처: FDA, Amplion, Biomedtracker, Biotechnology Innovation Organization)

발생확률을 적용할 때에는 이와 같이 개발 중인 해당 제품과 유사한 제품군의 과거 성공 확률을 참고하여 적용하는 것이 일반적이다.

2 rNPV법 적용 사례

1) 적용 사례 1

[표 10-6] rNPV법을 적용한 Valuation 예시

구분		$	비고
영업가치		3,000	기존 영업의 가치
비영업가치		2,684	개발중인 신약의 가치
	Pipe1	500	
	Pipe2	200	
	Pipe3	1,000	rNPV법을 적용하여 평가
	Pipe4	184	
	Pipe5	800	
순차입금		100	
기업가치		5,584	

상기 예시는 제약회사의 가치를 평가하면서 기존 사업의 가치와 개발중인 신약의 가치를 구분하여 평가하고, 개발중인 신약의 가치를 rNPV법으로 평가하여 기존사업의 가치에 가산함으로써 기업가치를 산정한 예이다. rNPV를 적용한 신약 가치 valuation은 다음과 같이 수행한다.

[표 10-7] 신약 개발 가치 평가 예시 (Pipe4)

(단위: $)

구분	20X1E	20X2E	20X3E	20X4E	20X5E	20X6E	20X7E	20X8E	20X9E	20X0E	...	20XXF
ⓐ 개발일정	임상1상 종료	임상2상 개시		임상2상 종료	임상3상 개시		임상3상 종료	허가	발매			
ⓑ 마일스톤 매출	100			200			300	100	100			
ⓒ 로열티 매출									120	200	~	500
ⓓ Tax(22%)	22	0	0	44	0	0	66	22	48.4	44	~	110
ⓔ FCF(잉여 현금흐름)	78	0	0	156	0	0	234	78	171.6	156		390

구분	20X1E	20X2E	20X3E	20X4E	20X5E	20X6E	20X7E	20X8E	20X9E	20X0E	...	20XXF
ⓕ 예측기간 현재가치 합	2,100	10% 할인 가정										
ⓖ 잔여가치 (영구현금 흐름가치)	200	영구성장률 (-)5% 가정										
ⓗ 합산가치 (NPV)	2,300	추정현금흐름의 가치(ⓕ)+영구성장가치(ⓖ)										
ⓘ 성공률	10%	제품이 허가되어 판매될 확률										
ⓙ rNPV	230	합산가치 × 성공확률										
ⓚ 배분비율 고려 가치	184	최종 수익에 대한 회사 귀속분 (80% 가정)										

상기 평가 예시는 신약개발의 가치를 약식으로 평가한 경우로서 rNPV의 기본 개념 이해를 위한 참고가 될 수 있을 것이다. 우선적으로 매출의 발생형태는 개발 과정에서 단계별로 기술이전 계약에 따른 Milestone fee[846] 매출이 발생하고, 신약 판매로 제품이 판매됨에 따라 매출액의 일정비율로 수령하게 되는 로열티매출이 발생한다. 추정 현금흐름에 발생확률을 곱하여 신약개발의 가치를 산출한다(상기 예시에서는 추정 현금흐름의 현재가치 합에 발생확률을 곱하여 산출하였다).

2) 적용 사례2

다음의 사례는 rNPV법을 적용한 현금흐름의 추정 사례이다. rNPV법을 실무적으로 어떤 방식으로 적용하고 있는지에 대한 예시 중 하나로서 참고할 수 있을 것이다.

① rNPV법을 적용한 현금흐름 추정[847]

(단위: 백만원)

	2017년	2018년	2019년	2020년	2021년	~	2035년	2036년	2037년
매출액		691	5,463	5,374	23,860		45,290	12,554	10,053
매출원가			482	2,379	6,269		12,283		

---

846) 신약개발을 하는 중 기술이전계약(License out)을 체결할 수 있으며, 계약 체결시점에 계약금을 수령하고 각 개발 단계에 따라 Milestone Fee를 수령한다. Milestone Fee란 신약 개발회사가 개발중인 신약을 다른 회사에 매각할 때 그에 대한 자금을 일시 수령하지 않고 일정 목표에 도달할 때마다 분할 수령하기로 계약함에 따라 단계별로 수령하게 되는 수수료를 의미한다.

847) 2017년 바이오신약개발 L사에 대한 전자공시시스템 상 증권신고서 첨부문서인 분석기관평가의견서 참고

	2017년	2018년	2019년	2020년	2021년	~	2035년	2036년	2037년
매출총이익		691	4,981	2,995	17,590		33,007	12,554	10,053
판매비와관리비	2,986	4,745	2,330	1,525	1,932		3,294	3,441	3,483
영업이익	(2,986)	(4,053)	2,651	1,469	15,658		29,712	9,113	6,571
(-) 법인세비용	-	-	-	-	2,258		6,728	1,983	1,424
세후영업이익	(2,986)	(4,053)	2,651	1,469	13,401		22,984	7,130	5,147
(+) 감가상각비	55	255	511	766	1,102		146	1	1
(-) CAPEX		1,001	1,281	1,281	1,781		1	1	1
(+) 순운전자본 증감	2	(169)	(1,207)	(149)	(4,858)		2,803	9,087	610
영업현금흐름(FCFF)	(2,929)	(4,967)	674	805	7,864		25,932	16,217	5,757
현가계수(할인율 16.29%)	1	1	1	1	1		0	0	0
Discounted FCFF	(2,716)	(3,961)	462	475	3,988		1,590	855	261

상기 사례는 rNPV법을 적용하여 현금흐름을 추정하였다. 현금흐름 산정방식은 기본적으로 "제3장"에서 살펴본 현금흐름할인법(DCF)과 동일한 것을 볼 수 있다. 차이점은 현금흐름에 발생확률을 고려한 것이다. 상기 사례에서는 매출과 원가의 주요 항목인 재료비에 대해서는 발생확률을 적용하였고, 인건비, 감가상각비, 기타원가를 포함한 관리비 등은 성공확률과 무관하게 발생하는 것으로 가정하였다. 만약, 원가나 비용 항목 중에 성공확률과 연관되어 발생 여부가 영향을 받는 항목이 있다면 이 역시 단계별 발생확률을 고려하여 추정할 수 있을 것이다. 이러한 항목으로 대표적인 비용이 연구개발비용이 있을 것이다. 연구개발비용이 단계별 성공확률에 따라 발생 여부가 달라질 것으로 추정된다면 앞서 rNPV법의 개념에서 설명하였던 바와 같이 단계별 발생확률을 적용하여 추정하는 것을 고려할 수 있다.

② 매출 추정-제품 매출

(단위: 백만원)

	~	2030년	2031년	2032년	2033년	2034년	2035년	~
가. 예상수요(건)	~	762	798	835	-	-	-	~
나. 1회 시술 단가(백만원)	~	111	108	106	-	-	-	~
다. 발생확률(%)	~	54.74%	54.74%	54.74%				
라. 국내매출(라 = 가 × 나 × 다)	~	46,139	47,357	48,608				~

상기 사례에서 매출은 각 제품별로 추정되었고, 각 제품은 기술개발단계에서 라이선스를 판매하여 발생하는 Front매출(Milestone fee), 로열티매출, 제품 직접 판매로 인한 매출로 구분된다. 이 중 제품 직접 판매로 인한 매출 추정을 살펴보면 상기 표에서 보는 바와 같이 시장규모를 고려한 예상 판매수량에 예상 판매단가를 곱하여 예상 매출을 산출하고, 여기에 임상을 통과하고 제품 허가를 받아 판매될 확률을 추가적으로 반영하여 연도별 매출 추정치를 산정하고 있다.

예상수요(시장규모 및 점유율)는 기술보증기금의 평가보고서나 전문 예측기관의 자료를 사용하고, 판매가격은 시장 예측자료의 판매가격 추정치나, 유사제품의 가격 등에 각국의 정책적 상황을 고려하여 산정한다. 예를 들어 OECD 평균 약가 대비 국내 약가의 평균비율이 60% 수준이라면 시장추정자료를 바탕으로 하여 이러한 차이를 조정해 주는 방식이다.

성공확률은 앞서 설명한 바와 같이 통계적으로 알려져 있는 신약 개발 분야의 특성 및 각 임상 단계별 사업화 성공확률을 고려하여 적용한다.

③ 매출 추정 – Front 수익 (Milestone fee)

(단위: 백만원)

	~	2022년	2023년	2024년	2025년	2026년	2027년	~
가. 진행단계		미국 임상 2상 통과 (Milestone I)	미국품목 승인 (Milestone II)					
나. 수령 가능금액		5,520	5,261	-	-	-	-	
다. 성공확률		36.50%	32.49%	-	-	-	-	
라. Front 수익 (라=나×다)		2,015	1,709	-	-	-	-	

Milestone fee는 신약 개발을 하는 중 기술이전계약(License out)을 체결하는 경우 계약 체결시점에 계약금을 수령하고 각 개발 단계에 따라 Milestone Fee를 수령하게 된다. Milestone Fee란 신약 개발회사가 개발중인 신약을 다른 회사에 매각할 때 그에 대한 자금을 일시 수령하지 않고 일정 목표에 도달할 때마다 분할 수령하기로 계약함에 따라 단계별로 수령하게 되는 수수료를 의미한다.

수령가능 금액에 대한 추정은 투입된 개발비의 일정 비율 등 산업의 일반적인 관행에 따르고, 성공확률은 다음의 표와 같이 해당 질환별로 임상 성공확률 및 품목 승인확률을 고려하여 적용한다.

[표 10-8] 각 단계별 성공확률 적용 사례

구분	확률	결합확률	적용대상
미국 임상2상 통과 확률	50.0%	50.0%	Milestone fee Ⅰ
미국 임상3상 통과 확률	73.0%	36.50% (50.0%×73.0%)	
미국 품목승인 확률	89.0%	32.49% (36.5%×89.0%)	Milestone fee Ⅱ, 로열티 수입

④ 매출 추정 - 로열티 매출

(단위: 백만원)

	~	2030년	2031년	2032년	2033년	2034년	2035년	~
A.기업매출액		445,601	424,862	405,093	386,038	327,093	277,215	
B.로열티율		9.34%	9.34%	9.34%	9.34%	9.34%	9.34%	
C.로열티수익(C = A × B)		41,640	39,702	37,855	36,074	30,566	25,905	
D.성공확률		32.49%	32.49%	32.49%	32.49%	32.49%	32.49%	
E.성공확률 적용 후 로열티수익(E = C × D)		13,527	12,897	12,297	11,719	9,929	8,415	

　로열티율의 적용은 유사회사 또는 유사제품 사례나 통계자료를 활용하여 적용한다. 상기 사례의 경우 기준 로열티율에 회사 제품의 특성을 고려하여 조정한 로열티율을 적용하였는데, 기준 로열티율은 생명공학정책연구센터의 BT정책연구보고서상 인용된 'Royalty Source 데이터베이스 거래사례에 대한 산업별 평균 로열티율 통계'를 활용하였다고 기술하고 있다. 로열티 매출에도 동일하게 성공확률을 적용하여 현금흐름을 추정하고 있다.

⑤ 원가 - 재료비 추정

(단위: 백만원)

	~	2030년	2031년	2032년	2033년	2034년	2035년	~
가. 예상수요(건)		762	798	835	-	-	-	-
나. 1회당 투입재료비		22	22	22	-	-	-	-
다. 매출발생확률		54.74%	54.74%	54.74%	-	-	-	-
라. 재료비(라= 가 × 나 × 다)		8,970	9,564	10,208	-	-	-	-

재료비 항목의 경우에도 앞서 "매출 추정-제품매출"에서 살펴본 바와 같이 예상 원가에 매출 발생확률과 동일한 확률을 적용하여 현금흐름을 추정하고 있다.

사례에서 살펴본 바와 같이 "위험조정 순현재가치 평가법(rNPV: Risk-adjusted Net present Value)"은 "제3장 현금흐름할인법(DCF)"의 기본 방식을 따르되 각 현금흐름의 발생확률을 추정하여 반영하는 방식으로 위험요인을 고려한다.

Bio, Healthcare 기업의 평가 또는 Pipeline, IP 개발 기업의 평가 시에는 지금까지 설명한 방법론적인 측면 이외에도 사업구조나 산업의 특수성에 대한 이해를 바탕으로 추가적으로 고려해야 할 사항들이 있다. 다음 장의 평가 절차 및 절차별 고려사항은 이러한 사항들을 이해하는 데 참고가 될 수 있을 것이다.

3 Pipeline 또는 IP 개발 기업 평가 절차 및 절차별 고려사항

Pipeline 또는 IP 개발 기업의 평가도 현금흐름할인법을 적용하는 경우에는 일반적인 현금흐름할인법과 기본적으로는 동일하다. risk-adjusted Net Present Value법을 적용하는 경우에도 마찬가지이다. 그러므로 이번 장에서는 바이오산업 및 의약산업과 같이 Pipeline이나 IP를 개발중인 기업을 평가할 때 또는 rNPV법 적용 시 추가적으로 고려할 사항을 중심으로 설명하고자 한다.

1) 산업에 대한 이해

의약산업은 규제산업이다. 신약 연구개발 과정은 정부의 각종 규제로 엄격한 안전성과 유효성 검증을 받아야 하며, 앞서 설명한 바와 같이 철저한 임상 단계를 거쳐 사용 승인을 받아야 한다. 또한 매출 단계에서도 보험정책, 약가제도 등 각국의 정책에 대한 이해가 필요하다.[848]

개발 기간이 장기이기 때문에 개발기간 중 단계별로 기술이전계약(license-out) 또는 판매권의 판매를 통한 계약이 이루어질 수 있으며, 계약조건에 따라 개발 기간 중에 매출이 발생할 수 있다. 이에 따라 개발 완료 후에는 개발 기간 중 발생한 여러 계약 조건에 따라 매출 실현 방식 또는 수익의 배분 방식이 달라질 수 있다.

---

848) 제품과 시장의 특성이 다른 산업과 많은 차이가 있어 일반적으로 기술성, 권리성, 사업성, 시장성과 같은 산업과 제품에 대한 분석은 해당 산업 전문가의 자문을 받는 것이 필요하다.

2) Pipeline 파악 및 평가대상 Pipeline 선정

평가대상 법인이 영위하고 있는 기존의 영업가치에 추가적으로 연구개발 중인 신약 등의 가치가 회사의 가치에 포함되어야 하는 지 검토한다. 이를 위해 보유하고 있는 Pipeline 또는 IP를 파악한다. 그러나 Pipeline이나 IP가 모두 사업화로 이어지지는 않을 수 있다. 그러므로 그 중에서 사업화를 위한 연구개발이 진행중인 Pipeline이나 IP를 대상으로 추가 검토를 한다. 매출 등의 현금흐름을 추정하기 위해서는 연구개발 중인 Pipeline 등이 어느 정도 가치가 있는지를 파악하여야 하는데, 이러한 사항은 해당 분야의 전문가가 아니라면 분석하기 힘들 수가 있다. Pipeline 등의 가치가 중요하다면 해당 연구개발 제품의 기술성, 권리성, 시장성, 사업성과 같은 평가들은 해당 분야 전문 분석기관의 자문을 받을 필요가 있다.

3) 위험에 대한 적절한 고려

바이오산업, 의약산업 등에서 Pipeline을 보유한 기업의 평가 시에는 해당 기술이 가져오는 위험과 기대의 속성에 대한 이해가 필요하다. 이는 앞서 설명한 산업의 이해와 관련된다.

우선 이러한 산업은 연구개발 후 그 즉시 성과물을 낼 수 있는 타 산업과는 달리 복잡한 개발 과정과 승인과정을 거쳐야 하고, 개발과정의 각 단계, 수차례의 임상단계에서 인허가 단계에 이르기까지 많은 제약이 따른다. 그렇지만 다른 산업에 비해 특허 독점기간이 길며, 시장의 범위도 넓은 편이다.

이러한 위험의 속성을 반영하는 방법은 현금흐름에 반영하는 방법과 할인율에 반영하는 방법이 있다. 현금흐름에 반영하는 방법으로는 앞서 설명한 발생 확률을 반영하여 평가하는 risk-adjusted NPV법이 있다. 발생확률은 전체 현금흐름에 대해 적용할 수도 있지만, 항목별 분석을 통해 매출과 비용을 구분하여 적용할 수도 있다. 여러 개발 단계에서 각 단계별 진입확률이 다르다면 각 개발단계에서 적용할 매출과 비용의 확률은 다를 수도 있기 때문이다.

할인율에 반영하는 방법은 "제3장 현금흐름할인법(DCF)"에서 설명한 자본비용 산출 방식에 위험프리미엄을 가산하는 방법이 있다. 자본비용 산출 방식은 "제3장"을 참고하기 바라며, 여기서는 간단히 위험프리미엄 가산 방식만을 설명하고자 한다.

구분	계산식
일반적인 할인율(WACC)[849] 산정 방식	가중평균자본비용(WACC) = [자기자본비용 × 자기자본구성비율] + [타인자본비용 × (1-법인세율) × 타인자본구성비율]
일반적인 자기자본비용 산정 방식 (CAPM)	자기자본비용 = 무위험이자율 + (시장프리미엄) × 유사회사에서 도출한 회사의 위험(β)
자기자본비용에 프리미엄 가산	자기자본비용 = 무위험이자율 + (시장프리미엄) × 유사회사에서 도출한 회사의 위험(β) + **위험조정 프리미엄**

자기자본비용에 가산하는 위험조정프리미엄은 바이오·의약산업에서 신약 개발과 같은 연구개발의 특성에 따른 위험을 할인율에 반영하는 것이다. 위험조정프리미엄을 반영하는 방법으로는 "기술가치평가 실무가이드"에서 제시하고 있는 "기술사업화 위험평점과 위험 프리미엄" 표와 같이 기술성, 시장성, 사업성 등을 평가하여 평가 수준에 따라 위험프리미엄을 차등 적용하는 방법을 고려할 수 있을 것이다.[850]

4) 현금흐름 추정 기간 및 영구현금흐름의 가치

바이오·의약산업에서 신약 개발은 개발과정과 제품 개발 후 판매 승인까지 상당한 기간이 소요된다. 일반적으로 성숙기업의 평가 시에는 현금흐름 분석기간을 5년으로 하는데, Pipeline을 보유한 기업의 평가에는 5년의 분석기간으로는 적절한 분석이 이루어지지 않을 수 있다. 현금흐름을 적절히 분석하기 위해서는 제품 승인 후 특허만료기간 또는 경제적 수명 기간 등을 고려하여 장기간의 분석이 필요할 수 있다.

만약 현금흐름 분석이 경제적 수명 기간을 고려하여 장기 추정으로 이루어졌다면 영구현금흐름을 별도로 고려하지 않는 경우도 있으며, 영구성장률을 (-)성장률로 가정하여 추정하는 경우도 있다.

---

849) 가중평균자본비용(Weighted Average Cost of Capital)
850) "기술사업화 위험평점과 위험프리미엄"에 대한 자세한 사항은 산업통상자원부에서 2014년 12월에 발간한 기술가치평가 실무가이드를 참고할 수 있다.

Ⅳ　데이터 가치평가(Data Valuation)

1　데이터 가치평가란 무엇인가?

1) 데이터 가치평가 필요성

'데이터 경제(Data Economy)'는 데이터가 경제 활동의 중요한 자원으로 활용되는 경제를 말한다[851]. 4차 산업혁명 시대가 도래하면서 데이터는 인공지능(AI), 사물인터넷(IoT) 등 신기술 구현을 위한 필수 요소로 평가받고 있다. 최근 기업들은 데이터 수집 및 분석을 기반으로 새로운 비즈니스 기회를 창출하기 위해 데이터 보유량을 폭발적으로 늘리고 있으며, 데이터 획득 목적의 M&A에도 적극적인 투자를 하고 있다.[852]

이러한 시대적 변화속에서 데이터 기반 사업을 영위하는 혁신 기업들은 크게 성장하고 있다. 그러나 이 기업들은 전통적인 평가방식으로는 시장에서 평가받고 있는 기업가치를 충분히 설명할 수 없는 경우들이 발생하고 있다[853].

이제는 기업을 평가하는 방식에 있어 기존의 재무성과나 기술평가와는 다른 새로운 시각으로 접근할 필요가 대두되고 있다. 4차 산업혁명 시대에는 회사가 보유하고 있는 데이터가 핵심가치 중 하나이다. 데이터를 기반으로 그 기업의 가치를 평가할 수 있어야 하는 것이다. 이제 국내에서도 이러한 데이터 시대에 맞춰 기업이 보유한 데이터를 자산으로 인식하여 기업가치를 평가할 수 있는 모델의 개발이 이루어지고 있으며, 이러한 모델들이 다양한 기업활동에 활용되고 있다[854].

---

851) 데이터가 곧 자산이 되는 데이터 경제 시대의 막이 오른 가운데, 우리 정부도 '데이터 3법 개정' '데이터 댐 추진' 등 데이터 경제 활성화를 위한 정책을 추진하고 있다. 데이터3법 시행으로 데이터 산업 활성화를 위한 기본 틀을 마련하였고, 데이터 댐 프로젝트를 본격 추진하면서 대규모의 데이터를 개방하고자 한다. 또한 기업들의 양질의 데이터 확보를 위해 2015년 9월 데이터스토어 오픈 이후, 금융데이터거래소(FinDX)와 한국데이터거래소(KDX) 등 데이터 거래소를 출범시키면서 데이터 거래 활성화를 위한 플랫폼을 마련했으며 거래소 내 데이터 거래도 점차 활발해지고 있다.

852) 2017년 3월 MIT 슬론 매니지먼트 리뷰(Sloan Management review)는 마이크로소프트(Miscrosoft)의 링크드인(Linkedin) 인수 건을 링크드인 사용자 데이터를 262억달러(약 31조원)에 획득한 사례로 평가했다. MIT Sloan Management review − What's Your Data Worth? (2017.3.3)

853) 우리가 잘 아는 쿠팡을 살펴보자. 쿠팡은 매년 영업적자를 기록하고 있으나, 2021년 3월 17일 뉴욕증권거래소 상장 시 630억달러(약 72조원)의 기업가치를 평가받았다. 이는 쿠팡의 재무제표에 포착되지 않는 무형자산, 그 중에서도 쿠팡이 보유한 고객 데이터의 가치를 인정받은 결과로 해석된다.

854) 이러한 데이터 시대에 맞춰 KDB산업은행은 기업이 보유한 데이터를 자산으로 인식하여 기업가치를 평가할 수 있는 모델을 개발하였고, 이 평가 모델을 통해 혁신기업에 데이터를 담보로 대출을 실행하였다. 이는 부동산 등 유형자산이 없는 기업에 데이터 등 무형자산을 담보로 대출을 실시한 관행 타파 사례라고 볼

데이터 가치평가 모델은 혁신기업 대상의 데이터 기반 금융 상품·서비스 개발 시 활용할 수 있을 뿐만 아니라 데이터 보유 기업의 M&A 시 기업가치평가는 물론, 기업 보유 데이터 판매 시 데이터 가격 산정에도 활용 가능할 것이다. 데이터 가치평가를 통한 합리적인 데이터 가치 산정은 데이터 거래 시장을 활성화시키고 데이터 유통 생태계 발전을 촉진시키는 역할을 할 것이라 기대된다.

[표 10-9] 데이터 경제의 특징[855]

구 분	특 징
비경합성	여러 주체가 동시에 데이터를 사용할 수 있음
외부성	데이터 결합 시 개별데이터 가치의 단순 합계와는 다른 가치 창출
배제성	데이터 성격이나 수집수단에 따라 일부 주체의 접근 제한
가치 변동성	현시점에서 미래 가치 예측이 어려움
규모의 경제	초기 투자비용이 높고 한계 비용이 낮음

2) 평가대상 데이터

디지털 기술의 발전으로 기업이 보유하고 있는 데이터가 폭발적으로 증가하고 있다. 델 EMC가 전세계 기업들의 데이터 보호 현황과 전략 성숙도를 조사 및 분석한 '글로벌 데이터 보호 인덱스(Global Data Protection Index)' 2020년 보고서에 따르면 기업별 평균 데이터 보유량이 글로벌 기준으로 2016년 1.45PB에서 2019년 13.53PB로 4년만에 8.3배 증가하였다고 한다.[856] 기업이 보유한 이 방대한 데이터 중에 어떤 데이터가 평가대상이 될 것인가? 우선 기업이 보유한 데이터를 살펴보도록 하자.

기업 보유 데이터를 분류하는 여러 가지 방법이 있지만 데이터 가치 평가를 위해서 다음과 같이 크게 3가지로 구분하는 것도 고려해 볼 수 있다. 재무 데이터, 인사 데이터 등과 같이 기업의 일상적인 운영으로 발생하는 운영 데이터(Operation data), 생산 진척 정보, 생산량 및 작업시간 등 생산 과정에서 발생하는 제조 데이터(Manufacturing data) 그리고 고객 구매이력 데이터, 콘텐츠 소비 데이터 등과 같이 데이터를 기반으로 수익 창출을 목적으로 수집/구매한 비즈니스 데이터(Business data)로 구분할 수 있다. 운영 데이터는 현상황에서는 범용화되기 어려운 측면 등이 있어 가치측정 대상에서 일반적으로 제외되며, 제

수 있다.

855) 정보통신연구원 정책동향 2023. 10. "주요국의 데이터 가치평가 논의 동향" 참고
856) 글로벌 데이터 보호 인덱스(Global Data Protection Index)' 2020년 보고서

조 데이터는 비용 효율화 측면에서, 비즈니스 데이터는 수익 창출 측면에서 가치가 있다. 데이터 가치평가 모델은 비즈니스 데이터를 평가하는 모델(Data valuation model for Data–driven business) 개발이 먼저 진행되었고, 뒤를 이어 제조 데이터 평가 모델(Data valuation model for Data–driven manufacturing) 개발이 진행되었다. 본 서에서는 비즈니스 데이터 평가 모델 기준으로 설명하고자 한다.

[표 10–10] 기업 보유 데이터 구분

구분	상세	가치	예시
운영 데이터 (Operation Data)	기업의 일상적인 운영으로 발생하는 데이터	–	재무 데이터, 인사 데이터, 임직원 출입 기록 등
제조 데이터 (Manufacturing Data)	생산 과정에서 발생하는 데이터	비용 효율화	생산 진척 정보, 생산량 및 작업시간 등
비즈니스 데이터 (Business Data)	데이터를 기반으로 수익 창출을 목적으로 수집/구매한 데이터	수익 창출	고객 구매이력 데이터, 콘텐츠 소비 데이터 등

참고로 비즈니스 데이터를 평가할 때 어떤 데이터가 비즈니스 데이터인가라는 정의를 내리는 데 어려움이 있을 수 있다. 비즈니스 데이터를 명확하게 구분하기 위해 Data–Business model Matrix를 정의하는 방법 등을 고려해 볼 수 있을 것이다. Data–Business model Matrix는 비즈니스 데이터를 데이터 동인별, 활용되는 비즈니스 모델별 등으로 구분하여 평가대상을 식별하고 평가대상별 평가방법을 파악하는 데 도움을 줄 수 있다.

[표 10–11] Data–Business model Matrix 예시

Business Model / Business Data	데이터 동인	수수료 사업		데이터 판매	
		금융상품 중개수수료	사업 중개수수료	정부대상	기업대상
고객 구매이력 데이터	개인	V		V	V
콘텐츠 소비 데이터	개인	V		V	V
고객 상품예약 데이터	개인	V		V	V
가맹점 구매이력 데이터	가맹점	V	V		V

3) 데이터 가치평가의 활용

데이터 가치평가는 데이터 거래, 금융지원, 소송, 현물출자, 전략수립, 청산가치 산정, 세무 등 다양한 영역에서 활용 가능하다.

[그림 10-6] 데이터 가치평가의 활용 예시

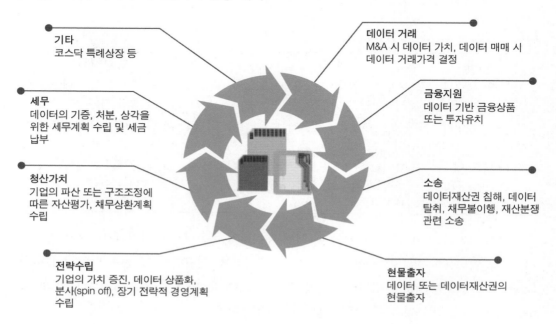

기타
코스닥 특례상장 등

세무
데이터의 기증, 처분, 상각을
위한 세무계획 수립 및 세금
납부

청산가치
기업의 파산 또는 구조조정에
따른 자산평가, 채무상환계획
수립

전략수립
기업의 가치 증진, 데이터 상품화,
분사(spin off), 장기 전략적 경영계획
수립

데이터 거래
M&A 시 데이터 가치, 데이터 매매 시
데이터 거래가격 결정

금융지원
데이터 기반 금융상품
또는 투자유치

소송
데이터재산권 침해, 데이터
탈취, 채무불이행, 재산분쟁
관련 소송

현물출자
데이터 또는 데이터재산권의
현물출자

데이터의 가치는 객관적이거나 절대적이지 않기 때문에 목적이나 상황에 맞게 적절한 평가방법이 적용되어야 할 것이며, 평가방법은 기본적으로는 데이터 가치평가 활용 목적 등을 고려하여 이해관계자 간의 합의에 의해서 결정된다.

데이터 가치평가 접근법도 다양하게 존재하기 때문에, 데이터 가치평가의 목적에 맞는 평가방법을 적용하는 것이 중요한데, 예를 들어 금융지원 목적이라면 보수적인 관점에서 원가접근법을 활용하거나 시장에서 유사한 거래사례를 탐색한 다음 조정하여 적용하는 시장접근법이 적절할 수 있다. 데이터 보유 기업의 경영전략수립 목적이라면, 대상기업이 자체 보유하고 있는 평가방법과 자료를 활용할 수도 있고, 세금 문제와 같이 법적으로 평가를 요구하는 경우에는 규정되어 있거나 신뢰성 있는 평가방법 및 투명한 평가절차가 요구된다. 적합한 평가방법의 적용이 평가결과의 수준을 결정하는 데 핵심이므로, 데이터 가치평가를 수행하기 이전에 평가목적에 적합한 평가방법을 선택하는 것이 중요하다.

4) 데이터 가치평가 모델의 의의 및 한계

데이터 가치평가 모델은 데이터라는 무형자산의 가치를 평가하기 위한 정형화된 프레임워크가 확립되지 않은 상황에서, 데이터를 자산으로 인식하여 데이터의 가치를 평가할 수 있는 모델을 소개하는 것에 의의가 있으며, 기존의 재무실적 중심의 평가방식이 아닌 데이터 기반의 미래성장성 중심으로 기업을 평가하는 대안을 제시하는 데 의미가 있을 것이다.

데이터 가치평가는 일반적인 가치평가와 동일한 리스크를 가지고 있다. 가치평가의 객관성을 유지하기 위해 평가자는 이해관계자들이 받아들일 수 있는 다양한 기준과 가정을 두기 때문에 평가자의 주관이 개입될 여지가 크고 이로 인해 완전히 객관적인 가치평가는 불가능하다.

또한 가치평가는 현 상황에서 바라보는 관점으로 1년 후 동일한 대상을 평가할 때는 미래에 경제 환경 및 시장수요의 변화가 급격하게 발생하여 가치평가에 설정된 가정과 매우 달라질 경우 산출된 평가결과에 차이가 있을 수 있다.

데이터는 다른 자산들과 달리 매 순간 새로운 데이터가 수집되고 과거 데이터는 그 가치를 상실할 수 있다. 그리고 데이터는 데이터 동인(데이터를 제공하는 자)에 따라, 기업 자신이 데이터를 제공하는 경우, 고객이 서비스를 이용하면서 제공하는 경우, 그리고 외부에서 데이터를 구매하는 경우가 있다. 이 데이터 동인이 플랫폼 안에 들어와 있는지가 가치에 영향을 미치는데 데이터 동인이 서비스를 이용하는 고객인 경우 즉, 데이터 주권이 기업에게 없어 고객의 접근 용이성이 높은 경우에는 그 가치가 언제든지 달라질 수 있으므로, 가치평가 후에도 주기적으로 상황 변화를 관찰 후 재평가할 필요가 있다.

2 데이터 가치평가 방법론

데이터 가치평가 방법론은 기존 가치평가에서 많이 사용하는 방법인 원가접근법, 시장접근법, 수익접근법 등의 전통적 평가법과 실물옵션, 기업가치접근법 등의 대체 평가법으로 나누어 볼 수 있다.

1) 전통적 평가법

전통적 접근법으로 분류할 수 있는 데이터 가치 평가방법은 기존 자산 가치평가 시 많이 활용되는 원가접근법, 시장접근법 그리고 수익접근법이다.

과거 지출한 비용으로 가치를 평가하는 원가접근법은 과거 자료를 토대로 자산 가치를 측정한다는 측면에서 객관성이 높으며, 검증 가능성이 높아 신뢰성이 있는 반면 미래 수익

창출능력에 대한 고려가 용이하지 않아 계속 기업의 가정에 적합하지 않을 수 있다는 단점이 있다.

시장에서 거래되는 유사 사례를 바탕으로 가치를 평가하는 시장접근법의 경우 직관적이고 이해 가능성이 높으며 재무적·비재무적 요인을 모두 고려할 수 있다는 장점이 있어 가장 이상적인 결과를 기대할 수 있는 평가방법이지만, 평가 시점별로 변동 가능성이 클 수 있고 가치평가에 참고할 정도로 충분한 유사 사례를 찾기는 어려워 실무적으로 활용하기에는 한계가 있는 방법이다.

수익접근법의 경우 가치창출이라는 기업의 목적을 고려할 때 이론적으로 가장 합리적이며, 내재가치 측정에 상대적으로 적합하다는 장점이 있지만, 평가과정에서 고려해야 될 변수가 많고 복잡하며 다양한 가정을 기반으로 한 추정이 이루어지므로, 가정이 적합하지 않거나 추정이 불확실할 경우 적절하지 않은 결과 값이 도출될 수 있다.

전통적인 평가방법인 원가접근법(혹은 자산가치접근법), 시장가치접근법, 수익가치접근법의 자세한 설명과 장단점 및 활용방안의 비교는 본서 제1장을 참고하기 바란다. 또한 무형자산 평가를 위한 접근방법은 제9장에서 "무형자산 평가방법"을 참고할 수 있다.

[표 10-12] 데이터가치를 평가하기 위한 전통적 평가방법 비교[857]

구분	시장 접근법 (Market approach)	원가(비용) 접근법 (Cost approach)	수익 접근법 (Income approach)
개념	동일·유사한 데이터의 거래 사례와 비교하여 시장가치 산정	대상 데이터 또는 동일한 경제적 효익을 가진 데이터 소요 비용 추정 - 재생산비용(reproduction cost) : 동일 데이터 재생산 비용 기준 - 대체비용(replacement cost) : 동일한 효용을 갖는 데이터 재현 비용 기준	데이터 활용으로 발생할 미래 경제적 효익을 현재가치로 환산 - 매출증가 : 데이터로 인한 추가 매출 추정치 - 비용절감 : 데이터 이용으로 감소한 비용 추정치
장점	비교가능한 자산에 대하여 실제로 지불된 가격을 활용하는 실용적 접근방식	데이터베이스 구축 및 유지비용 또는 기회비용을 기준으로 가치를 산정하는 객관적이고 일관성 있는 접근방식	데이터 사용으로 인한 미래 이익을 고려하는 이론적으로 가장 강력한 접근방식

---

857) IMDA, PDPC(2019)를 재구성한 정보통신연구원 정책동향 2023. 10. "주요국의 데이터 가치평가 논의 동향" 참고

구분	시장 접근법 (Market approach)	원가(비용) 접근법 (Cost approach)	수익 접근법 (Income approach)
단점	대상·유사 데이터의 거래사례가 없는 경우 적용 불가	데이터가 생성할 수 있는 미래 경제효익 포착하지 못함	− 미래 현금흐름*을 예측하기 위한 기술적 가치평가 지식 요구 − 평가자의 주관적 요소 개입 가능성 높음
특징	실제로 충분한 정보가 공개되는 경우가 거의 없기 때문에 다른 방법론에 대한 교차점검으로 사용	미래 경제적 효익을 포착하지 못하기 때문에 일반적으로 기초 가치(base value) 평가에 사용	미래 현금흐름이 데이터 사용의 법적 제약과 데이터의 경제적 수명에 의해 영향을 받을 수 있음을 고려해야 함

① 원가접근법

원가접근법은 무형자산을 형성하는 데 투입된 비용을 기초로 가치를 산정하는 방법이다. 원가접근법은 '무형자산 개발자가 같은 가치를 가지는 무형자산을 개발 비용보다 비싸게 구매하고 도입하지 않을 것이다'라는 가정을 근거로 한다. 무형자산의 개발에는 동일한 비용과 노력으로 개발이 가능함을 의미한다. 무형자산 공정가치는 합산 개발 비용을 넘을 수 없다고 가정하는 것이다.

비용 계산에 포함되는 요소는 인건비, 재료비, 간접비이다. 인건비 계산에는 세금, 연금, 보험 등 모든 급여 혜택을 포함한다. 무형자산 개발에는 드물게 적용되나, 개발에 직접적으로 소비된 재료비 역시 비용에 포함된다. 간접비는 시설 비용, 관리 및 행정 비용, 기타 미할당 비용 등을 포함한다.

과거 자료를 토대로 자산 가치를 측정한다는 측면에서 주관성이 낮으며, 비용만을 고려하기 때문에 보수적으로 평가된다는 점이 고려되어야 한다. 수익을 내지 못하는 초기 단계의 기업 또는 무형자산의 평가에는 유용하게 사용될 수 있다. 또한, 금융지원, 세무 목적 등 보수적 관점에서 데이터 가치를 평가할 때 활용될 수 있다.

원가접근법의 주요 평가 모델에는 대상 무형자산 개발에 사용됐던 과거 비용을 모두 합산하여 가치를 평가하는 방식인 역사적 원가법(Historical Cost Approach), 현시점에서 완전히 동일한 재료, 생산 기준, 디자인 등으로 무형자산을 정확히 복제하는 데 사용된 비용을 측정하는 재생산 원가법(Reproduction Cost Approach), 그리고 평가 시점에서 현시대의 재료나 생산기준, 디자인 등을 이용해 '동일한 효용성'을 제공하는 무형자산을 만드는 데 사용되는 비용을 측정하는 대체 원가법(Replacement Cost Approach)이 있다.

일반적으로 무형자산을 평가할 때에는 대체 원가법을 권장하는 경우도 있으나[858], 대체적 원가법은 '동일한 효용성'을 판단함에 있어 주관적인 요소가 많이 반영되어 원가접근법의 장점인 객관성을 확보하는 데 부적합하다고 보아, 데이터 가치를 평가할 때에는 원가에서 데이터 활동과 관련한 일시적 비용 및 자산에 투입된 비용을 구분 집계하고 이를 현시점 기준으로 환산하는 재생산 원가법으로 데이터의 가치를 측정하는 것이 적합하다고 보는 의견도 있다.

[표 10-13] 원가 접근법의 주요 평가 모델

주요 평가모델	평가 접근 방법
역사적 원가법 (Historical Cost Approach)	• 대상 무형자산 개발에 사용됐던 과거 비용을 모두 합산하여 가치를 평가하는 방식. 개발 비용을 모두 알고 있는 경우 사용 가능. 무형자산 이외 유형자산의 평가에도 적용 가능한 방식임.
재생산 원가법 (Reproduction Cost Approach)	• 현시점에서 완전히 동일한 재료, 생산 기준, 디자인 등으로 무형자산을 정확히 복제하는 데 사용된 비용을 측정. 역사적 원가법에 물가상승이나 비용비교지수를 적용하면 재생산 원가법의 결과로 귀결될 수 있음.
대체 원가법 (Replacement Cost Approach)	• 평가 시점에서 현시대의 재료나 생산기준, 디자인 등을 이용해 '동일한 효용성'을 제공하는 무형자산을 만드는 데 사용되는 비용을 측정. 재생산 원가법에서 대체 불가능한 기능적 진부화를 제외하면 대체 원가법상 비용으로 귀결

원가접근법에서의 데이터 가치는 데이터 관련 자산 취득가액과 원가 구성 요소별 비용에서 데이터와 관련하여 발생한 총 비용 중 데이터 활동비중만큼이 원가인 데이터 활동비용의 합으로 계산된다.

$$데이터\ 가치 = \frac{데이터\ 자산\ 취득비용}{(데이터\ 관련\ 자산\ 취득원가)} + \frac{데이터\ 활동비용}{(총\ 비용 \times 데이터\ 활동비율)}$$

데이터 활동비율이란, 계정별 총 비용 대비 계정별 데이터 활동비용을 의미하며, 데이터 활동은 회사가 데이터베이스를 구축하기 위한 활동으로 정의할 수 있다. 데이터 활동은 ① 데이터를 수집하고 가공하는 데이터 생산활동, ② 수집·가공한 데이터를 저장·갱신하는

---

858) "무형의 시대" 신한금융투자(2020)

데이터 관리활동, ③ 하드웨어 및 소프트웨어 등을 운영하는 데이터 제공활동, ④ 데이터 보안 유지 및 데이터 이용자·제공자를 관리하는 데이터 지원활동 등 4가지 유형으로 분류[859]할 수 있으며, 이 활동과 관련 있는 비용과 자산을 집계하는 방식으로 계산할 수 있다.

[표 10-14] 데이터 활동(생산, 관리, 제공, 지원) 분류 및 관련 비용 및 자산 계정

분류	세부 활동	관련 비용 및 자산 계정
데이터 생산	- 데이터 수집 및 입력 - 데이터 가공 및 분석	- 인건비, 외주비 등
데이터 관리	- 데이터 저장 관리 - 데이터 갱신 관리	- 인건비, 지급수수료 등
데이터 제공	- H/W 및 S/W 운영 - Application 개발 및 운영 - 네트워크 인프라 구축 및 운영	- 인건비, 개발비, 통신비, 무형자산 (취득가액) 등
데이터 지원	- 데이터 기획 및 생산을 위한 홍보 - 데이터 보안 유지 - 데이터 이용자 및 제공자 관리	- 인건비, 지급수수료, 광고선전비 등

데이터와 관련하여 발생한 총 비용의 집계 기간은 합리적으로 추정해야 한다. 일반적인 데이터의 경우 최신 데이터이면서 시의 적절한 데이터가 가치를 가지게 되며, 시간이 지나면서 가치를 상실한다. 평가하고자 하는 기업이 속한 산업 특성별로 합리적인 추정기간이 다를 수 있지만, 산업 특성을 파악하기 어려운 경우 합리적인 집계기간을 ① 데이터 비즈니스 시작 이후부터 평가시점 간의 기간, 또는 ② 데이터 수명주기 등을 고려한 일정 기간(예: 평가시점 직전 5년[860] 등)으로 설정하는 것을 고려해 볼 수 있다.

원가접근법의 보충적인 설명은 제5장 자산가치접근법을 참고할 수 있다.

② 수익접근법

현금흐름할인법(DCF[861])은 가치창출이라는 기업 목적에 기초한 평가방법으로서 그 이론적 배경과 목적 적합성으로 인해 대부분의 자산가치 평가에 적용할 수 있는 방법이다. 데이터 가치평가에서도 수익접근법은 원가접근법, 시장접근법 대비 가장 기본적 평가방법론이 될 수 있다.

---

859) '데이터베이스 구축 비용 산정기준 및 서비스 이용요금 체계 설정에 관한 기초 연구' 오해석 (1995) 및 '데이터베이스 서비스의 원가 계산 방법에 대한 기초 연구' 이영재 (1994) 참조
860) '데이터베이스 자산 가치평가 모형과 수명주기 결정' 성태응 (2016) 참조
861) Discounted Cash Flow

수익접근법은 보유한 유·무형의 자산으로 향후 얼마만큼의 수익(또는 현금흐름)을 실현시킬 수 있는가라는 관점에서 가치를 평가하는 방법이다. 즉, 미래의 수익(현금) 창출능력을 바탕으로 가치를 평가하는 것이다.

[그림 10-7] 수익접근법의 기본 개념

미래 현금흐름할인법은 미래 예상되는 '경제적 이익의 합은 기업가치'라는 개념이 그 출발점이다. 데이터는 기본적으로 자산이기 때문에 보유하거나 활용가능할 때 경제적 효익을 가지며, 현금흐름 관점에서 효익은 매출의 증대나 비용의 감소를 의미한다. 즉, 데이터를 보유하거나 활용함으로써 발생하는 미래 현금흐름(기회)을, 할인율(위험)로 할인한 후 합산한 값은 데이터라는 자산의 본질적인 가치를 나타낼 수 있다는 것이다.

[표 10-15] 현금흐름할인 방법론

DCF 방법론		적용상황의 예	실무방법의 예
직접법	일반적인 DCF	무형자산 단독 현금흐름 추정이 가능할 때	추정한 현금흐름을 할인하여 합산
	다기간 초과이익법 (MEEM[862])	현금흐름에 다수의 자산이 기여했을 때 혹은 무형자산이 중요 현금흐름 원천일 때	기업 현금흐름에서 유형자산과 장부상 무형자산의 기여 현금흐름을 공제
간접법	로열티공제법, 데이터기여도법	자산보유에 따른 비용 절감/매출 증가의 간접 추정 가능할 때	특허 상표권 기술보유 여부에 따른 로열티율을 시장에서 참조해 산정 후 NPV 계산

데이터로부터 산출되는 현금흐름과 비용을 추정해서 데이터의 가치를 산출하는 직접법을 사용하는 것이 이상적일 수 있으나, 데이터가 단독으로 기업 현금흐름에 기여하는 경우

862) Multi Period Excess Earnings Method

보다는 일반적으로 다른 자산과 함께 현금흐름에 기여하는 경우가 대부분이므로, 미래 현금흐름을 추정하고, 여기에 데이터 기여도를 적용하여 데이터의 가치를 계산하는 간접법을 활용하는 것이 현실적인 가치평가 방법일 수 있다. 간접법을 사용함에 있어 가장 중요한 것은 기업의 현금흐름에서 데이터의 기여분을 추정하는 것이 수익접근법을 활용한 데이터 가치평가의 핵심이다. 데이터 기여도를 산출하는 방법에는 여러 가지가 있겠지만, 시장에서 유사 데이터에 적용되는 기여도율 또는 로열티율 등을 적용하는 방법, 기업 내 데이터와 관련하여 업무를 수행하는 인원 비중 또는 기업 내 데이터와 관련 자산 비중 등을 활용하는 방법 등을 고려할 수 있다.

수익접근법에 대한 보충적인 설명은 제3장 현금흐름할인법을 참고할 수 있으며, 다기간 초과이익법과 로열티공제법은 제9장 사업결합원가의 배분(PPA) 및 손상평가를 참고할 수 있다.

③ 시장접근법

시장접근법은 평가대상 데이터와 동일 또는 유사한 데이터가 활성시장에서 거래된 가치에 근거하여 비교·분석을 통하여 상대적인 가치를 산정하는 방법이다. 실제 시장에서의 거래사례란 독립적인 제3자의 입장에서 공정한 거래로서 비교 가능하거나 또는 기준이 될 수 있는 데이터의 거래를 의미한다. 주식가치평가 등의 평가시에 일반적으로 활용되는 시장가치접근법에 추가로 고려되어야 하는 부분은 데이터드라이버 대비 가치에 대한 직접적인 multiple 이외에 해당 데이터로부터 창출가능한 현금흐름을 추정하기 위한 유사데이터가 창출하고 있는 데이터드라이버 대비 현금흐름 혹은 매출 등에 대한 multiple의 분석이 필요할 수 있다는 점이다.

[그림 10-8] 시장접근법 기반 데이터 가치평가 프로세스

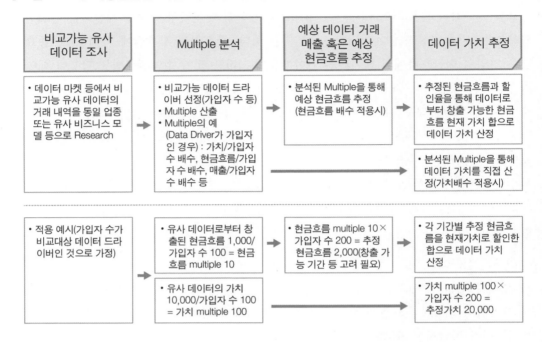

시장접근법에서 시장거래 사례 비교법을 사용하기 위해서는 대상기술의 속성과 동일한 혹은 유사한 데이터의 거래사례 정보가 있어야 한다. 거래사례로부터 거래조건, 데이터의 속성, 데이터 활용 분야 등과 같은 비교정보를 수집할 수 있어야 한다.

데이터 거래소 등에서 거래사례 비교정보를 수집하였다면, 거래사례 데이터와 대상 데이터는 여러 측면에서 차이가 있을 수 있으므로 비교기준에 대한 차이의 조정을 통해 적정가치를 산출해야 하고, 비교기준의 차이에 대한 분석 근거가 제시될 수 있어야 할 것이다.

시장거래 사례 비교법은 시장에서 동일 혹은 유사 데이터에 대한 거래사례가 없을 경우 적용하기 어렵고, 거래사례가 매우 적은 경우에는 적용이 제한적일 수밖에 없어서 가치산출의 객관성을 담보하기 어렵다.

시장접근법에서 거래사례와 비교정보가 수집 가능하더라도, 대상기술의 차별화된 특성을 반영하는 데 필요한 조정의 결정이 어려운 경우에는 다른 평가방법을 적용하는 것을 고려해 보아야 할 것이다.

시장접근법을 의미 있게 적용하기 위해서는 ① 데이터 분류 기준이 체계화되어야 하고 활용가능한 데이터 거래사례가 충분하여야 하며, ② 이용가능한 데이터의 확보 또는 데이터 거래 정보 입수가 가능해야 할 것이다. 더 나아가서는 ③ 시장 데이터베이스(DB)구축

및 시스템 내 유사거래 탐색 및 매칭 프로세스의 구축이 이루어진다면 시장접근법의 활용도는 높아질 수 있을 것이다.[863]

시장가치접근법에 대한 보충적인 설명은 제4장 시장가치접근법을 참고할 수 있다.

2) 대체적 평가법

데이터의 중요성이 커지면서 재무학 기반의 전통적인 가치평가 이외의 다양한 접근법으로 데이터의 가치를 현실성 있게 평가하는 연구가 진행되고 있다. 현재 여러 연구 및 논문들 중에 유의미하게 실무에 적용되고 있는 평가법은 실물옵션, 게임이론, 경제적 가치 접근법 그리고 기업가치 접근법이 있다.

[표 10 - 16] 대체 평가법 연구 자료 및 사례 검토 내역

구분	실물옵션	게임이론	경제적 가치 접근법	기업가치 접근법
내용	- 전망이론을 기반으로 실물 옵션 평가 모델을 구축하고 최소자승 몬테카를로 시뮬레이션 방법으로 빅 데이터 자산의 가치를 분석 - 전망 이론[864]을 기반 : 경제학적으로 최적화된 결정을 내는 것이 아닌 실생활의 의사 결정을 반영	- 머신 러닝을 활용한 협동 게임 이론의 고전적인 개념인 샤플리 가치[865](Shapley Value)로 데이터 가치를 평가 - 데이터 가치 : 여러 데이터 기여자에게 이익을 공정하게 분배하고 데이터 유출이 발생했을 때 예상되는 보상	- 데이터를 Infonomics 관점에서 비즈니스를 위한 경제적 가치를 지닌 정보로 보고 이에 대한 경제적 가치(희소성, 지연전략, 효율성 등)를 평가하려는 접근법	- 데이터 가치 = 외부 투자자가 평가한 기업가치 - 순운전자본 - 유형자산 - 데이터를 제외한 무형자산 - 데이터 가치 = (외부 투자자가 평가한 기업가치 - 순운전자본 - 유형자산) × 데이터 기여도

---

863) 참고로 한국의 데이터 거래소는 데이터스토어, KDX한국데이터거래소, 금융데이터거래소가 있다. 데이터 스토어는 한국데이터산업진흥원 주관으로 2014년 출범했다. 현재 386개의 판매사의 데이터 1946건이 등록되어 있고 회원 수와 이용건수는 꾸준히 증가하고 있다. 유료/무료 상품의 총 거래량은 연 2,000~3,000건 이내 정도이며, 매년 평균 20~30% 증가하는 추세를 보인다. 그 중 유료 상품 거래량은 연 1,000건 정도의 거래가 이루어지고 있다.
국내 첫 민간 데이터 거래소인 KDX한국데이터거래소는 NIA한국정보화진흥원과 MBN이 구축하여 2019년 12월 2일 출범했다. 현재 22개의 판매사의 데이터 70,508건이 등록되어 있고 회원 수와 이용건수는 꾸준히 증가하고 있다.
금융위원회 금융보안원 주관으로 2020년 5월 11일 금융데이터거래소(FinDX)가 출범하면서, 금융회사가 가지고 있는 금융데이터를 암호화해 사고팔 수 있는 시장이 형성되었다. 현재 90개 판매사의 데이터 534건이 등록되어 있고 회원 수와 이용건수는 꾸준히 증가하고 있다. 20년 9월 기준 누적거래량은 477건으로 그 중 유료상품의 누적거래액은 3억 5700만원으로 집계되었다.
864) 대니얼 카너먼과 아모스 트버스키가 주장한 이론으로, 일반적으로 경제학에서 가정하는 것처럼 의사결정자

구분	실물옵션	게임이론	경제적 가치 접근법	기업가치 접근법
내용	-최소자승 몬테카를로 시뮬레이션[866] : 데이터를 중도 포기할 수 있는 특성이 아메리칸 옵션과 유사			-데이터를 제외한 무형자산 = 브랜드, 인적자원, 플랫폼 가치 등
장점	-급변하는 경영환경 속에서 기업가치에 영향을 미치는 여러 의사결정의 가치 산정 가능 (확장, 축소, 포기 등)	-샤플리 가치는 공정성, 합리성 및 분산 가능성과 같은 현실적인 해석으로 데이터의 속성을 만족시키는 고유한 이익 할당 체계	-경제적 가치 산정의 기 연구된 정성적 방법 이용	-이미 거래된 시장가격을 기반으로 가치를 산정하기에 시장 정보가 반영됨. -매출이 작음에도 기업가치가 높은 벤처기업이나 스타트업에 적용 가능
단점	-경영상황 변동성 추정이 어렵고, Decision tree를 만드는 Parameter의 도출이 어려움.	-정확한 샤플리 가치 계산에 필요한 효용 함수 평가의 수는 플레이어 수가 늘어날수록 기하급수적으로 증가하여 계산이 어려움.	-비즈니스에 대해 주관적이고 정성적인 접근법이라 정량화하여 모델링하기 어려움.	-기업가치에서 데이터 가치가 적절히 식별되지 않을 경우 가치가 왜곡될 수 있음. -무형자산에서 데이터 가치만 분류하기가 어려움.
선행 연구	-Y Fang (2018), "Real Option Prospect theory applying to big data" -Emmanuel Llinares (2019), "Hard to value intangibles"	-Ruoxi Jia (2019), "Towards Efficient Data Valuation Based on the Shapley Value" -Wang Jianbo (2016), "Research on Data Asset's Value Evaluation Method"	-Mouwafac Sidaoui (2017), "APPLYING ECONOMIC CONCEPTS TO BIG DATA TO DETERMINE THE FINANCIAL VALUE OF THE ORGANIZATION'S	-Brand Finance (2019), "Global Intangible Finance Tracker (GIFTTM) 2019." - 공개되지 않은 무형자산 1) 전산화된 정보: SW, 데이터 등 2) 경제적 역량: 브랜드 가치, 인적

구분	실물옵션	게임이론	경제적 가치 접근법	기업가치 접근법
			DATA AND ANALYTICS, AND UNDERSTANDING THE RAMIFICATIONS ON THE ORGANIZATION'S FINANCIAL STATEMENTS AND IT OPERATIONS AND BUSINESS STRATEGIES"	자본, 사업노하우 3) 지적재산: R&D, 저작권, 디자인

이 평가법들에 대해 범용성, 객관성, 신뢰성, 적용 편의성 관점에서 고려해 보았을 때 게임이론의 경우에는 그 계산 과정이 매우 복잡하고, 경제적 가치 접근법의 경우 가치를 평가하는 과정이 매우 주관적이어서 현단계에서 실무에 적용하기에는 어려움이 있어 보인다.

[표 10-17] 대체 평가법 연구 자료 및 검토 결과

구분		범용성	객관성	신뢰성	적용 편의점	비고
전통적 평가법	원가접근법	●	◑	●	●	• 가장 기본적인 평가방법이지만 데이터 자산의 속성을 고려할 때 매우 저평가될 수 있음.
	시장접근법	◔	●	●	●	• 만약 유사 시장데이터가 존재한다면 가장 개관적이고 신뢰할 수 있으며 적용이 편리. 하지만 평가하려는 데이터와 유사한 시장 거래 데이터가 없을 수 있으므로 범용성은 떨어짐.
	수익접근법	●	◕	◕	●	• 가장 보편적인 방법이지만 미래 수익의 예측이 주관적일 수 있으며 수익에 데이터만의 기여분을 추정하여야 하는 데 어려움이 있음.

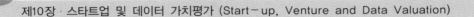

구분		범용성	객관성	신뢰성	적용 편의점	비고
대체 평가법	실물옵션	◑	◐	◑	◔	• 미래 데이터 비즈니스의 성장성 및 불확실성을 반영할 수 있으나 파라미터(변동성) 추정이 어렵고 주관적인 입력값이 가치를 크게 변화시킬 수 있음.
	게임이론 (Shapely value)	◐	◐	◐	◔	• 여러 종류의 데이터가 사용되어 수익 또는 결과를 만들어냈을 때 각각의 데이터에 대한 기여분을 계산하는 데 주로 사용되기에 비즈니스 데이터 가치 산정 목적에 사용되기는 힘들며 계산과정이 매우 복잡함.
	경제적 가치 접근법	◔	◐	◐	◔	• Infonomics에 의거한 접근법으로 목표 비즈니스 및 비즈니스 결정과 데이터 셋과의 매핑 과정 후 이에 대한 가치산정이 필요. 이러한 과정이 매우 주관적임.
	기업가치 접근법	●	◔	◔	●	• 시장 가격을 기반으로 데이터 가치를 산정하여 객관적이고 신뢰성이 높으며, 무형자산 중 데이터 가치를 분리하기 힘드나 모델 설계 후 활용하기 용이

① 실물옵션

실물옵션평가는 전통적으로 사용되는 투자에 따른 미래 현금흐름의 가치, 투자비용 등과 같은 변수들뿐만 아니라, 사업의 변동성을 핵심적인 변수로 감안함으로써 보다 유연하고 동적으로 투자를 할 수 있는 전략적 도구로 활용가능한 평가 기법이다.

[그림 10-9] Data-Driven Business를 영위하는 기업의 옵션가치

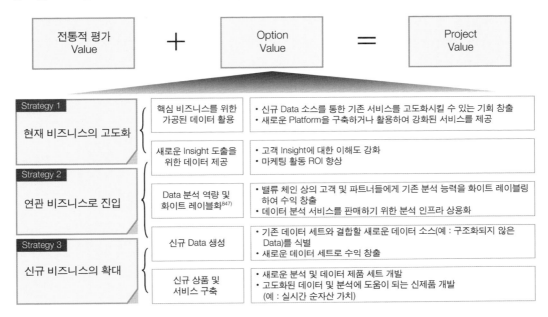

전통적 기법인 현금흐름할인법과 실물옵션 방법 모두 프로젝트나 투자로부터 발생하는 미래의 현금흐름을 현재가치로 할인한다는 측면에서는 유사하다. 즉, 실물옵션 방법에서 의사결정의 유연성을 고려하지 않을 경우가 바로 현금흐름할인법인 것이다. 현금흐름할인법은 현재시점에서 가지고 있는 정보에 기초하여 프로젝트의 현금흐름과 비용을 평가하고, 프로젝트를 채택하는가 기각하는가의 문제를 현재시점에서 결정한다. 따라서 여러 가지 대안들의 현재가치를 각각 계산하고 최고의 현재가치를 가져오는 방법을 택한다.

실물옵션 방법에서는 현금흐름할인법과는 달리 프로젝트의 시작 여부를 현재시점에서 결정할 필요가 없다. 다시 말해, 시간이 흐르면서 프로젝트가 가지는 불확실성이 없어지면서 보다 확실한 상황에서 프로젝트의 가치를 평가하고 투자 여부를 결정한다.

실물옵션의 유형으로는 우선 투자 전략 측면에서는 성장옵션, 유예옵션, 포기옵션 등 몇 가지로 분류할 수 있으며, 실물옵션에서 적용하는 옵션가격결정모형은 크게 이항모형, 블랙-숄즈모형, 몬테카를로 시뮬레이션 모델 등이 있다.[868]

---

867) 상품 혹은 서비스를 다른 회사의 브랜드를 입혀서 판매할 수 있도록 레이블 없이 판매하는 것
868) 옵션가치결정모형의 기본개념에 대해서는 본서 제11장을 참고

② 게임이론

게임이론 중 데이터 가치를 평가할 수 있는 방법에는 샤플리 가치(Shapley Value)가 있는데 샤플리 가치란 협조적 게임 이론에서 게임의 참여자 간 협조로 얻어진 총 이득을 각 참여자의 기여도에 따라 배분하는 방법론이다. 게임 참여자의 샤플리 가치는 ① 각 참여자의 가중치와 ② 한계 기여도로 산출 가능하다.

[그림 10 - 10] 샤플리 가치(Shapley Value)의 개념

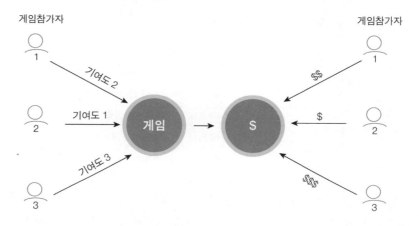

샤플리 가치를 이용한 데이터 가치평가 방법은 데이터 머신 러닝 기반 모델의 서비스를 통해 특정한 양의 수익을 창출한다고 가정했을 때, 총 수익을 각각 데이터 기여자에게 배분하여 원천 데이터 가치를 산출한다.

수익 배분 시 샤플리 가치를 이용하여 각각의 데이터 기여자(데이터 소스)의 기여도 측정이 가능하다. 하지만 정확한 샤플리 가치 계산에 필요한 수익에 대한 기여도 계산 시, 효용 함수 평가의 수는 참여자 수가 늘어날수록 기하급수적으로 증가하여 계산의 어려움이 있어 실제 평가에 활용하기에는 아직까지는 한계가 있다.

[그림 10-11] 샤플리 가치를 활용한 데이터 가치평가 로직

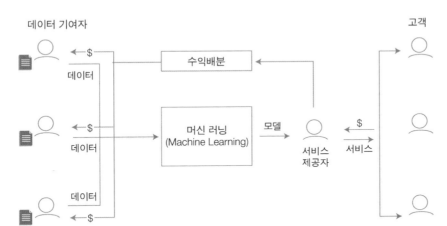

[표 Data-Driven M&A 사례]

인수기업	피인수기업(시기)	거래 규모	핵심 가치
미이크로소프트	링크드인 Linkedin(2016)	$262억	구인구직 등에 활용가능한 개인 경력 정보
구글	딥마인드 DeepMind(2014)	$40억	데이터 딥 러닝 분야 전문가
	유튜브 YouTube(2006)	$16억 5000만	광고 마케팅 등에 활용 가능한 개인성향 데이터
페이스북	인스타그램 Instagram(2012)	$10억	광고 마케팅 등에 활용 가능한 개인성향, 행동패턴 데이터

③ 기업가치접근법

기업가치접근법은 시장에서 평가되는 시가총액(상장기업의 경우) 또는 외부 평가에 의한 투자가치(비상장기업의 경우)를 이용하여 재무제표에 계상되지 않은 무형자산가치 중에서 데이터의 가치를 산출하는 방법이다.

[그림 10-12] 기업가치의 구성[869]

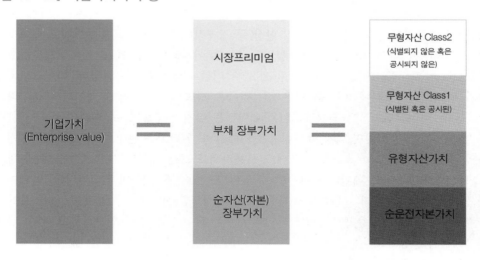

기업가치의 접근법은 이미 거래된 시장가격을 기반으로 가치를 산정하기에 시장정보가 반영되어 있고, 매출이 작음에도 기업가치가 높은 벤처기업이나 스타트업의 평가에 적용될 수 있다. 기업가치에서 데이터 가치가 적절히 식별되지 않을 경우 가치가 왜곡될 수 있으며,

---

869) Brand finance 리포트 (2019.11.) 참고 및 제9장 Purchase Price allocation 예시 그림 수정

무형자산에서 데이터 가치만 분류하기가 쉽지 않을 수 있다는 점이 고려되어야 한다. 기업가치접근법은 [데이터 가치 = 외부 투자자가 평가한 기업가치 − 순운전자본 − 유형자산 − 데이터를 제외한 무형자산] 혹은 [데이터 가치 = (외부 투자자가 평가한 기업가치 − 순운전자본 − 유형자산) × 데이터 기여도]의 로직으로 산정하기 때문에 데이터를 제외한 무형자산을 식별하는 것 혹은 무형자산 가치에서 데이터의 기여도를 추정하는 것이 매우 중요하다. 데이터 기여도를 산출하는 방법은 앞서 수익접근법에서 언급한 바와 같이 유사 데이터에 적용되는 기여도율 또는 로열티율 등을 분석하거나, 기업 내 데이터와 관련하여 업무를 수행하는 인원 비중 또는 기업 내 데이터와 관련 자산 비중 등을 고려하여 분석에 활용할 수 있다.

3) 평가방법 별 데이터 가치평가 예시

A사는 2018년에 설립되어 플랫폼을 기반으로 서비스를 제공하는 기업으로 기본적으로 제공하는 서비스 외에 플랫폼에서 생성된 데이터와 외부로부터 구입한 데이터를 기반으로 추가적인 사업을 영위하고 있다. 데이터를 Raw 데이터 형태 또는 가공 데이터 형태로 판매하기도 하며, 금융상품 중개수수료 및 사업 중개수수료를 통해 수익을 발생시키고 있는 기업이다. A사가 판매하고 있는 데이터 중 일부 데이터와 유사한 데이터가 시장에서 활발하게 거래되고 있지 않으며, 데이터를 기반으로 한 신사업을 계획하고 있으나 그 시기를 미래에 조정할 수 없다. A사는 비상장사이나 최근 한 투자자로부터 2,000억원의 기업가치를 인정받아 200억원의 투자를 유치한 바가 있다. (데이터 기여도는 60%로 가정)

1) 원가접근법

2018년도부터 평가일 현재까지 A사에서 발생한 데이터 자산 취득비용 및 데이터 활동비용은 다음과 같다.

① 데이터 자산 취득비용 (단위: 백만원)

자산유형	계정	2018년	2019년	2020년	총 취득가액
무형자산	소프트웨어	20	40	90	150

② 데이터 활동 비용 (단위: 백만원)

구분		총 비용 (FY18~20)	데이터 활동비율	데이터 활동비용
인건비	급여	7,000	75.0%	5,519
	퇴직급여	250	75.0%	224

구분		총 비용 (FY18~20)	데이터 활동비율	데이터 활동비용
경비	복리후생비	400	75.0%	279
	지급수수료	5,000	95.0%	5,184
	광고선전비	8,000	100.0%	8,956
	기타 경비	950	67.0%	4
합계		21,600	88.5%	19,124

∴ 데이터 가치 = 데이터 자산 취득비용 + 데이터 활동 비용
= 1.5 + 191.2 = 192.7억원

2) 수익접근법

DCF 기반 기업가치 (영구성장률 1.0%, 할인율 14.55% 가정, 단위 = 백만원)

구분	3m20F	FY21F	FY22F	FY23F	FY24F	T.V.
영업현금흐름	−2,300	−2,300	13,000	20,000	39,000	250,000
현가계수	0.9832	0.9032	0.7885	0.6883	0.6009	0.6009
현재가치	−2,261	−2,077	10,251	13,766	23,435	150,225
영업가치						193,338
비영업용자산						1,698
기업가치						195,036
타인자본						−
주주가치						195,036

∴ 데이터 가치 = DCF 기반 기업가치 × 데이터 기여도
= 1,950 × 60.0% = 1,170억원

3) 기업가치접근법

∴ 데이터 가치 = 투자가치 × 데이터 기여도
= 2,000 × 60.0% = 1,200억원

따라서 A사의 데이터 가치는 192.7억원에서 1,200억원 사이로 평가가 된다. 이처럼 데이터 가치를 Range 형태로 산출하는 이유는 앞서 설명한 바와 같이 데이터 가치를 평가하는 다양한 목적에 따라 목적적합하게 적용하게 하기 위함이다.

3 데이터 가치평가 기타 고려 사항

1) 데이터 기반으로 다양한 비즈니스 모델을 영위하고 있는 경우

Data-Driven Business 기업 내에서도 데이터 기반으로 다양한 비즈니스 모델을 영위하고 있는 경우라면, 비즈니스 모델별로 상이한 현금흐름을 창출할 수도 있다. 이러한 경우에는 각각의 비즈니스 모델의 기반이 되는 데이터를 파악하고 이를 구분하여 평가하는 것이 필요할 수도 있다.

이처럼 평가대상기업이 데이터 기반으로 다양한 비즈니스 모델을 영위하고 있는 경우에는 보유하고 있는 데이터와 비즈니스 모델 간의 연계성을 파악하기 위한 목적으로 설계된 Data-Business Model Matrix를 활용할 수 있을 것이다.

[표 10-18] Data-Business Model Matrix

Business Model Business Data	데이터 동인	BM 1		BM 2		BM 3	
		BM 1-1	BM 1-2	BM 2-1	BM 2-2	BM 3-1	BM 3-2
Raw Data 1	개인	V			V	V	V
Raw Data 2	개인	V			V	V	V
Raw Data 3	개인	V			V	V	V
Raw Data 4	가맹점	V		V	V	V	V
Raw Data 5	개인	V			V	V	V
Raw Data 6	개인	V			V	V	V
Raw Data 7	가맹점	V			V	V	V
Raw Data 8	개인	V			V		

[Note 4] Data-Driven Business기업은 어떤 기업인가?

비즈니스 데이터 가치평가를 위해서는 데이터를 평가할 만한 가치가 있는 기업이어야 할 것이고, 이러한 기업을 Data-Driven Business기업이라고 정의할 수 있다. 이런 기업은 우선 데이터를 기반으로 사업을 영위하고 있거나 사업을 영위할 계획이 있는 기업이고, 평가하고자 하는 데이터가 유의미하고 활용 가능하며 완전한 데이터를 보유하고 있어야 한다. 흔히, Data-Driven Business 기업은 특정 플랫폼을 기반으로 사용자를 모으고 여기서 수집되는 데이터를 바탕으로 비즈니스를 고도화하여 연관 비즈니스로 진입하거나 혹은 신규 비즈니스로 확대하는 등 명확하게 데이터를 기반으로 수익을 창출하는 기업들을 말한다.[870] 그러나 어떤 기업의 경우에는 고객 구매 데이터 등 데이터를 쌓아 두고 있지만 어떻게 활용해야 하는지 모르는 기업도 있을 것이다. 이런 기업들이 모두 Data-Driven Business 기업이거나 잠재적인 Data-Driven Business 기업이 될 수 있다. Data-Driven Business 기업이라면 데이터와 비즈니스 모델 간의 연계성을 제시할 수 있어야 하고, 해당 데이터를 관리할 수 있는 역량을 갖는 것이 중요할 것이다.

2) 데이터 가치평가 모델 선정 시 고려사항 예시

앞서 설명한 데이터 가치평가 모델 중 평가에 적합한 모델을 선정하기 위해서는 Data-Driven Business 유형, 평가대상 기업의 시장성, 데이터를 활용한 신사업 추진 계획, 평가대상 기업이 보유한 데이터의 거래 여부 등을 고려해야 한다.

① 평가대상 기업은 특정 유형의 Data-Driven Business를 영위할 계획이 있는가?

Data-Driven Business는 데이터 판매기업, 데이터 활용기업 그리고 데이터 판매 및 활용기업으로 분류할 수 있다. 데이터 판매기업은 외부에서 데이터를 구입하거나 자체적으로 수집한 데이터를 Raw 데이터 형태 또는 가공한 데이터를 판매하는 기업이다.[871] 데이터 활용기업은 데이터를 기반으로 기존 서비스를 개선하거나 새로운 사업을 추진하는 기업이다.[872] 마지막으로 데이터 판매 및 활용 기업은 상기 비즈니스를 모두 영위하는 기업이다.[873]

이 유형을 구분하는 기준은 사업계획 기준으로 분류하는 것을 고려해 볼 수 있다. 예를 들어 현재 데이터 판매만 하는 기업이 사업계획에 데이터 기반 사업을 영위할 계획이 있다면 데이터 판매 및 활용기업으로 분류한다.

이렇게 유형을 구분하는 이유는 데이터 활용기업 또는 데이터 판매 및 활용기업의 경우에는 데이터를 활용하여 신사업을 추진할 계획이 있고 시작 시기를 미래에 결정할 수 있다면 실물옵션을 적용할 수 있겠지만, 데이터 판매기업의 경우에는 데이터를 활용하여 신사

---

870) 예를 들어 카카오와 같이 카카오톡이라는 플랫폼을 기반으로 사용자를 모으고 거기서 수집되는 데이터를 바탕으로 비즈니스를 고도화하고, 카카오선물하기와 같이 연관 비즈니스로 진입을 하고, 더 나아가 카카오뱅크와 같이 신규 비즈니스로의 확대를 하는 경우가 명확하게 데이터를 기반으로 수익을 창출하는 기업의 예가 될 것이다.

871) 기업들의 재무 분석 정보 등을 제공하는 에프앤가이드가 그 예라고 할 수 있다.

872) 고객의 구매이력을 통한 맞춤 서비스를 제공하는 쿠팡을 예라고 할 수 있다.

873) 데이터 판매 및 구매연결 수수료 사업을 영위하는 한국신용데이터(KCD)가 그 예라고 할 수 있다.

업을 영위할 계획이 없는 경우라면 실물옵션 적용이 아닌 전통적 평가방법이나 기업가치접근법 등의 활용을 고려해 볼 수 있을 것이다.

② 평가대상 기업은 시장성이 있거나 혹은 최근 투자사례가 있는가?

평가대상 기업의 시장성을 고려하는 이유는 기업가치접근법 적용 시 상장기업의 경우에는 거래소의 시가총액을 평가에 활용할 수 있으며, 비상장기업이면서 최근에 투자를 유치한 기업의 경우에는 최근의 투자가치 등을 평가에 활용할 방안을 고려해 볼 수 있을 것이다.

③ 평가대상 기업은 데이터를 활용한 신사업을 추진할 계획이 있고 그 시기를 미래에 결정할 수 있는가?

평가대상 기업이 데이터를 활용한 신사업을 추진할 계획이 있고 그 시기를 미래에 결정할 수 있다면 실물옵션을 적용할 수 있지만, 데이터를 활용한 신사업을 추진할 계획이 명확하지 않거나, 그 시기를 미래에 결정할 수 없는 경우에는 실물옵션이 아닌 전통적 평가방법이나 기업가치접근법 등의 평가방법 적용을 고려해 보아야 할 것이다.

④ 평가대상 기업이 보유한 데이터 중 시장에서 거래되고 있는 데이터가 있는가?

평가대상 기업이 보유한 데이터 중에서 데이터 거래소와 같은 시장에서 충분히 거래되고 있는 데이터가 있는 경우에는 시장접근법을 적용할 수 있지만, 그렇지 않은 경우에는 시장접근법이 아닌 다른 방법의 적용을 고려해 보아야 한다. 여기서 충분한 거래라고 하면 일반적으로 최소한 30건 이상의 동일 혹은 유사한 거래를 의미한다.[874]

3) 데이터 가치평가접근법 선정 예시

① 대상회사에 대한 이해

A사는 소프트웨어 개발, 자문 및 공급을 주요 영업으로 하고 있는 기업으로 소상공인에게 매출관리, 고객관리, 세금신고, 식자재구매 등 경영관리 솔루션을 제공하는 플랫폼을 출시하였으며, 2020년 9월 기준 해당 플랫폼 시장 내에서 92%의 시장 점유율을 확보하고 있다.

현재 사업은 초기 단계로 매출 확대보다 플랫폼 유저 확보를 우선으로 하고 있으며, 회사는 2020년 하반기부터 수익성 비즈니스를 본격화할 예정이다. 회사는 자산운용사 및 금융투자사 등으로부터 투자를 유치한 바 있다. (2020년 9월 기준 추정 기업가치 평가금액도 존재함)

---

874) '데이터베이스 자산 가치평가 모형과 수명주기 결정' 성태응 (2016)

2020년 9월 말 기준 경영관리 솔루션 이용 유효 사업장 수는 약 65만개로, 회사는 2021년 약 80만개 이상, 2022년 약 100만개 이상의 유효 사업장 확보를 목표로 하고 있고, 회사는 지속적인 플랫폼 유저 확대를 기반으로 2021년부터 본격적으로 수익모델을 강화할 계획이 며, 사업계획상 2020년 하반기 출시한 신규 서비스는 다음과 같다.

[표 10-19] A사 신규 서비스 리스트

구분	매출 유형	내용
구독사업	서비스 매출	기존 유료 서비스인 경영관리 솔루션 종료 후 보다 상향화된 서비스를 제공하는 서비스 출시 및 구독료 인상을 통해 서비스 매출 창출
마켓플레이스 사업	수수료 매출	사업장과 식자재 공급망 연결을 통한 수수료 수익 창출, 경영관리 솔루션 전용 사업자 신용카드(PLCC) 출시를 통한 지급결제 수수료 및 기타 대출/보험/공제회 등 중개수수료, 기타 B2B 마케팅
기타사업	기타매출	데이터 판매

② A사 데이터 가치평가 시 적용 모델 선정 결과

A사의 경우 외부에서 구입하거나 자체적으로 수집한 데이터를 Raw 형태 또는 가공하여 판매를 하고 있고, 데이터를 기반으로 경영관리 솔루션을 제공하는 사업을 하는 데이터 판매 및 활용 기업이다. 또한 데이터를 활용하여 사업장과 식자재 공급망 연결을 통한 수수료 수익 창출을 하는 마켓플레이스 사업을 추진할 계획이 있고, 이 사업의 시작 시기를 미래에 결정할 수 있는 권리가 있어 실물옵션 적용이 가능할 것으로 판단된다.

A사는 비상장기업이지만 여러 차례 투자를 받은 이력이 있고 평가기준일 현재 투자사로 부터 기업가치를 평가받은 바 있어 투자가치 기준의 기업가치접근법 활용이 가능하다. 하지만 A사의 비즈니스 데이터 중 데이터 거래소와 같은 시장에서 거래되는 동일 혹은 유사 데이터는 없는 것으로 판단되어 시장접근법 적용은 어려울 것으로 보인다.

따라서 A사의 경우에는 원가접근법, 수익접근법, 기업가치접근법 그리고 실물옵션을 활용하여 데이터 가치를 평가할 수 있을 것이다.

[표 10-20] 데이터 가치평가 모델 선정 Checklist 예시

Question		Answer 예시
① 데이터 비즈 니스 유형	평가대상 기업은 특정 유형의 데이터 비즈니스를 영위할 계획이 있는가?	1) 데이터 판매기업: 외부에서 구입하거나 자체적으로 수집한 데이터를 Raw 형태 또는 가공하여 판매하는 기업

Question		Answer 예시	
		2) 데이터 활용기업: 데이터 기반으로 기존 서비스를 개선하거나 새로운 사업을 추진하는 기업	
		3) 데이터 판매+활용기업: 상기 비즈니스를 모두 영위하는 기업	√
② 기본가치	평가대상 기업이 시장성이 있는가?	1) 상장기업의 경우: 기업가치접근법 (시가총액)	
		2) 비상장/투자유치 기업의 경우: 기업가치접근법 (투자가치)	√
		3) 모든 기업: 수익접근법 / 원가접근법	√
③ 실물옵션	데이터를 활용한 신사업 추진계획이 있고 시작 시기를 미래에 결정할 수 있는가?	1) 신사업 추진계획 ○ and 시작 시기 조정 ○: 실물옵션 적용	√
		2) 신사업 추진계획 × or 시작 시기 조정 × : 실물옵션 적용 불가	
④ 시장접근법	평가대상 기업이 보유한 데이터 중 시장에서 거래되고 있는 데이터가 있는가?	1) 유사 데이터 시장거래 ○ : 시장접근법 적용	
		2) 유사 데이터 시장거래 × : 시장접근법 적용 불가	√

제**11**장

다양한 상황 하에서의 가치평가

다양한 사업부로 구성된 기업 가치평가[875]

    회사는 단일의 사업이 아닌 성격이 다른 다양한 사업을 영위하는 경우가 있다. 이 경우 기업가치를 평가하는 데 있어서, 이를 하나의 사업으로 간주하고 평가할 것인지, 각각의 사업을 별도로 구분하여 평가할 것인지에 대한 문제에 직면하게 된다. 이러한 문제에서 우선적으로 확인할 사항은 사업부문 구분의 실효성과 필요한 자료의 확보 가능성이다.

    만약 하나의 사업이 절대적으로 중요하고 다른 사업의 중요성이 크지 않다면 회사의 가치는 중요사업을 중심으로 단일 사업을 가정하여 평가가 이루어질 수 있을 것이다. 각각이 사업이 차지하는 비중이 유사하며 사업별 성격이 상이하다면 이를 구분하여 평가하는 것을 고려할 수 있을 것이다.

    그러나, 개별 사업부문의 사업 성격이 상이하다고 하여도 이를 구분하여 평가하기 위해서는 다양한 정보가 필요하다. 손익, 성장률, 운전자본의 규모, 투자액, 자본의 기대수익, 타인자본비용, 목표자본구조 등이 사업부문별로 구분되어 확보되어야 하는 것이다.[876] 이러한 정보가 확보되지 않는다면 사업부문을 구분하여 평가하는 것의 효과성이 낮아질 수 있다.

1　수익가치 접근법(DCF)에 의한 평가

1) 통합 평가 (value the company as a whole)

    사업부문을 구분하여 평가하는 것이 적합하지 않거나, 충분한 정보가 확보될 수 없는 경우에는 사업부문을 구분하지 않고 전체 사업부의 가치를 통합하여 평가할 수 있다.

① 현금흐름의 추정

    통합하여 평가한다는 것이 사업부문의 현금흐름을 추정하는 데 있어서도 구분하지 않는다는 의미는 아니다. 사업부문별로 수익성이나 성장성 및 그에 따른 투자의 필요수준이 다르다면 현금흐름은 구분하여 추정하는 것이 통합 평가의 경우에도 필요할 것이다. 운전자본의 경우에도 사업부문별 채권-채무가 구분된다면 사업부문별 운전자본 규모를 추정하여 현금흐름에 반영하는 것이 더 적절할 수 있다. 그러나, 전사 공통비용을 사업부문별로 배부

---

875) 다양한 사업부로 구성된 기업가치평가의 이론적인 내용은 "The Octopus: Valuing Multi-business, Multi-national companies, Stern School of Business, New York University, November 2009"의 내용을 참고하였다.
876) 가치평가를 위해 필요한 각 사업부문의 구분 재무정보는 회사 내부적으로도 명확하게 구분 및 관리되지 않는 경우가 많다.

하는 것은 의미가 없을 수 있다. Headquarter 비용과 같은 전사 공통비용은 배분보다는 향후 발생 수준을 적절히 예측하는 것이 더 중요한 부분일 것이다.

② 자본비용의 추정

자본비용을 추정하기 위해서는 회사의 기대수익에 대한 위험(베타), 목표자본구조, 타인자본비용과 같은 추정을 위해 필요한 항목을 분석하여야 한다.[877] 이러한 분석을 할 때에 유사회사 분석이 필요한데, 유사회사는 평가대상회사와 같이 다각화한 기업을 유사회사로 선정하여 분석하는 방법과, 각 사업부문별로 유사회사를 선정하여 분석하는 방법이 있다.

가) 베타 추정

첫 번째 방법은 다각화 기업을 유사기업으로 선정하여 베타를 추정하는 방법이다. 사실 현실적으로 사업부문의 구성이 평가대상회사와 모두 같거나 전체 기업에서 차지하는 비중이 모두 같은 회사는 찾기 힘들 것이다. 또한 유사한 회사가 있다고 하여도 그것은 현재의 유사성이지 미래의 유사성까지를 의미하는 것은 아니다. 물론 여러 유사한 회사의 자료를 모집단으로 사용하게 되면 이러한 차이가 희석화 될 수 있다는 견해도 있지만, 이러한 방식으로 추정된 자본비용은 회사가 갖는 현금흐름의 위험 속성과는 기본적으로 다를 수 있다는 점을 인지하고 있어야 한다.

두 번째 방법은 각 사업부문별로 유사회사를 선정하고, 사업부문별 유사회사의 베타를 통해 각 사업부문별 베타를 구한 후, 가중평균하여 전사 베타를 추정하는 방식이다. 그렇다면 어떤 기준으로 가중평균할 것인지를 정하여야 하는데, 이러한 기준으로는 사업부문별 매출액이나 영업이익이 기준이 될 수 있고, 각 사업부문을 시장가치접근법으로 평가한 가치도 기준이 될 수 있을 것이다.

[표 11-1] 사업부문별 베타 가중평균 예시[878]

사업부문	영업이익	가중치	Unlevered Beta
가전부문	$1,500	18.2%	0.85
방위산업부문	$2,000	24.2%	0.8
건설부문	$2,500	30.3%	1.2
보안부문	$500	6.1%	0.65

---

877) 자본비용 추정에 대한 자세한 내용은 "제3장 현금흐름할인법(DCF)"을 참고하기 바란다.
878) The Octopus: Valuing Multi-business, Multi-national companies, Stern School of Business, November 2009 참고

사업부문	영업이익	가중치	Unlevered Beta
제조부문	$1,000	12.1%	1
항공부문	$750	9.1%	1.2
회사 전체	$8,250	100%	0.98

나) 타인자본비용

통합평가에서 타인자본비용은 회사 전체의 타인자본비용을 사용하는 것을 고려할 수 있다. 각 사업부문별 신용도를 고려한 한계비용의 산정이 어려울 것이며, 이러한 상황에서는 각 사업부문이 회사 전체에 기여하는 재무위험이 동일하다고 가정하는 것도 하나의 방안이 될 수 있는 것이다.[879] 타인자본 산정과 관련된 다양한 방법은 "제3장 현금흐름할인법 (DCF)"을 참고하기 바란다.

다) 목표 자본구조

유사한 다각화 기업의 평균 부채비율을 고려하여 목표 자본구조를 산정할 수 있을 것이다. 유사한 다각화 기업이 없는 상황이라면, 회사가 오랜 기간 사업을 다각화 해오면서 확립된 재무구조가 통합법인의 시가기준 부채비율이 될 수 있는지를 분석해 볼 수 있을 것이다.[880]

라) 기 타

만약 사업부문이 다양한 국가에 걸쳐 있다면, 어떤 통화를 기준으로 하고, 시장수익률은 무엇으로 하며, 세율은 어떤 세율을 한계세율로 정할 것인가의 문제가 통합평가에 있어서 발생할 수 있다.

일반적으로 통화는 영업활동에 가장 중요한 비중을 차지하는 통화를 기준으로 할 수 있으며, 또는 본사의 통화를 기준으로 정할 수도 있을 것이다. 통화의 선택은 무위험이자율의 선택과도 관련되어 있다. 사업부문이 다국가에 걸쳐 있을 경우에 무위험이자율은 일반적으로 선택된 통화를 기준으로 정하면 될 것이다.[881] 시장수익률의 경우에도 베타 산정의 사례

---

879) 재무위험이 명확하게 다른 사업부가 존재한다면, 해당 사업부문은 가능한 구분하여 평가하는 것을 우선적으로 고려하여야 할 것이다. 예를 들어 산업의 구조를 보아도 차입규모나 부채비율이 높지 않은 사업을 영위하는 회사에서 선박을 리스하여 해운업을 한다면, 해당 해운사업에서 발생하는 이자비용과 재무위험을 다른 사업과 동일하다고 간주하여 평가하기는 어려울 수 있다.
880) 자본비용 산정 시 필요한 자본구조는 목표자본구조이지만, 통합 평가 시 대안이 부재할 경우 통합법인의 부채비율이 목표자본구조로 가정할 수 있는지에 대한 분석은 각 사업부문의 유사회사 목표부채비율을 고려하여 통합 & 환산한 부채비율 및 과거 추이 분석 등을 통해 이루어질 수 있을 것이다.
881) "제3장 현금흐름할인법(DCF)" 참고

에서처럼 각 국가의 시장수익률을 가중평균하여 적용하는 것을 고려할 수 있다. 이때 베타는 사업부문별 베타를 산출하였지만, 시장수익률은 사업부문별이 아닌 국가별로 산정될 것이므로 베타와 시장수익률의 가중치 산정 기준은 다를 수 있을 것이다.

세율은 일반적으로 본사나 기업활동이 주로 이루어지는 국가의 세율의 적용을 고려할 수 있을 것이다.[882]

③ Closing (통합평가, DCF)

통합평가는 사업부문별로 구분하여 평가하는 데 정보가 충분하지 않거나, 실익이 없을 경우에 활용할 수 있는 방법이다. 사업부문별로 구분하여 평가하는 방법에 비해 쉽게 활용할 수 있는 등 장점이 있지만, 사업부문의 이익이나 가치의 비중이 시간에 따라 변하는 부분이 충분히 고려되기 어렵다는 한계가 있다.

2) 사업부문별 평가

사업부문별로 구분하여 평가를 하기 위해서는 많은 정보가 뒷받침되어야 한다. 사업부문별 손익 및 자산부채가 구분되어야 하고, 과거 및 미래의 투자비도 구분되어야 한다. 사업부간 내부거래 및 내부 채권-채무의 구분, 사업부문의 베타(위험), 금융비용 등도 구분이 가능하여야 한다. 다음은 사업부문별로 현금흐름할인법을 적용하여 평가할 때 일반적인 평가 시 고려되는 사항에 추가로 갖게 되는 물음들을 정리하였다.

① 통화의 선택

만약 사업부문이 다양한 국가에서 영업활동을 영위하고 있다면, 어떤 통화를 사용할 것인지 결정하여야 한다. 통화는 영업활동에 가장 중요한 비중을 차지하는 통화를 기준으로 할 수 있으며, 본사, 또는 평가가 이루어지는 기준 통화로 정할 수도 있을 것이다.[883]

② 사업부 구분 및 사업부문별 재무제표 작성

사업부별 가치를 평가하기 위해서는 우선 평가 대상 사업부문을 구분하고 해당 사업부문별로 구분 재무제표를 작성하여야 한다.

구분 재무제표를 작성할 때 가장 어려운 부분은 공동으로 사용하는 자산이나 부채를 어떻게 배부하고 공통비용 혹은 간접비를 어떻게 배부할 것인가 하는 문제이다.

---

882) 일반적으로 현금흐름추정 시 세율은 영업이익이 창출되는 지역의 세율 적용이 우선적으로 고려될 것이다. 자본비용 산정 목적으로는 이론적으로 이자비용의 Tax benefit을 가장 높게 누릴 수 있는 국가의 세율을 한계세율로서 적용하는 것도 고려할 수 있다.
883) 통화의 환산 문제는 "제3장 현금흐름할인법"을 참고하기 바란다.

가) 공통비용 또는 간접의 배부

우선 공통비를 각 사업부문에 배부할 것인지, 아니면 별도로 구분하여 회사 전체의 비영업부채로 반영할 것인지 판단이 필요하다. 이러한 판단을 함에 있어서 동업종 다른 회사의 사업구조와 비교하는 것은 도움이 될 수 있다. 예를 들어 다른 유사회사와 비교하여 볼 때 해당 사업에 귀속되어 발생되었어야 할 비용이 공통비로서 발생하고 있는 것이라면 이는 배부되는 것이 합리적일 것이다. 그렇지 않고 개별 사업단위와 무관한 공통비의 경우에는 배부하지 않고 전체 회사의 부채로서 반영하는 것을 고려할 수 있을 것이다.

개별 사업부문에 배부될 성격의 비용 예로는 회계, 인사, 급여, 교육 등 stand-alone cost 로서 기업이 독립적으로 운영될 때 필연적으로 발생하는 비용이 있을 수 있다. 이러한 비용들은 각각의 원가 변동 요인에 따라 배부되어야 할 것이다.

개별 사업단위와 무관한 공통비의 예로는 각각의 기존 사업과는 무관한 신사업개발 또는 투자부서와 관련 비용이 있을 수 있다.[884] 기존사업의 역량 강화를 위한 투자가 아닌 다른 사업 또는 투자 목적의 검토를 위한 비용이라면 해당 비용을 사업부문에 배부할 경우 사업부 가치의 비교 가능성을 저해할 수 있을 것이다.

배부되지 않을 공통경비를 기업가치에서 차감하는 방법은 발생비용을 추정하고 이를 현재가치로 할인하여 부채의 개념으로 차감할 수 있을 것이다. 예를 들어 현재 연환산 기준 10억원의 공통경비가 발생하고, 매년 3%씩 발생비용은 증가한다고 가정한다면, 세금효과를 제외한 현금흐름이 예측기간 동안 산출될 것이고 이를 회사 전체 기준 자본비용으로 할인한 합을 기업가치에서 차감하여야 하는 부채로 볼 수 있을 것이다.[885]

나) 순운전자본의 추정

운전자본은 각 사업부문별 손익과 채권-채무가 구분된다면 각 사업부문별 운전자본 분석을 통해 추정하면 되겠지만, 사업부별 운전자본을 분석하기 위한 충분한 자료를 보유하고 있지 않은 경우가 많이 있다. 이러한 경우에는 각 사업부문별 산업 평균 자료와 회사 정책 등을 참고할 수 있을 것이다.

다) 내부거래의 조정

내부거래는 각 사업부간 거래가 이루어지는 것을 말한다. 철광석을 생산하는 사업부와

---

884) 그러나 이러한 비용도 개별 사업단위에 배부되어야 한다고 보는 견해도 있으므로 상황에 따른 판단이 필요하다.
885) 영구현금흐름의 가정은 일반적인 현금흐름할인법 적용 방법과 동일한 방식을 적용하면 되고, 전사의 자본비용은 통합평가에서 살펴본 바와 같은 방법으로 전사의 자본비용을 구할 수 있다.

철강제품을 생산하는 사업부가 있을 경우, 양 사업부가 각각 별도의 회사였다면, 양 사업부 간에 발생한 거래는 양 사업부의 재무제표에 수익과 비용으로 인식되었을 것이다. 각 사업 부문의 구분 재무제표를 작성 시, 가능하다면 이러한 내부거래를 구분하여 제3자가 시장에서 거래하였을 정상적인 가격으로 조정 후 반영하는 것이 필요하다.

일반적인 거래에서는 매출 및 매입으로 인해 채권-채무가 발생한다. 그러나, 독립된 개별 회사 내에서의 내부거래는 채권-채무를 인식하지 않는 경우가 많다. 이러한 경우에는 각 사업부문의 순운전자본 투자액이 왜곡될 수 있다. 내부거래가 조정되었으므로 이와 관련된 채권-채무도 기존의 다른 채권-채무와 같은 방식[886]으로 추정되어 각 사업부문의 순운전 자본에 반영하는 것이 필요할 것이다.[887]

라) 금융비용, 그리고 차입금의 배부

차입금은 대부분 기업의 공통부채로서 관리되는 경우가 많다. 그러므로 각 사업부문에 배부하기 위해서는 일정 기준 및 가정이 필요할 수 있다.

사실, 차입금의 사업부문별 배부는 그 자체로 기업가치에 미치는 영향은 없을 수 있다. 그렇지만 차입금의 배부가 사업부문별 타인자본비용에 미치는 영향을 고려할 필요는 있을 것이다. 차입금의 배부가 각 사업부문의 타인자본비용을 동일하게 간주할 것인가, 타인자 본비용을 사업부문별로 다르게 추정할 것인가의 문제와 연결될 수 있기 때문이다.

기업현금흐름할인법에서 모든 사업부문에 적용될 타인자본비용이 동일하다고 간주한다면 차입금의 배부는 기업의 가치평가에 직접적인 영향이 없을 것이다.[888] 물론 목표자본구 조가 각 사업부문의 산업평균 자본구조나 회사전체의 부채비율을 고려하여 결정되었다는 전제는 필요할 수 있다.

재무구조와 한계자본비용이 특수한 사업이 있는 경우, 이자율이 다른 특정 차입금이 있는 경우, 사업부문별 차입금이 명확히 구분되면서 한계비용이 다른 경우 등 일부 상황을 제외하고는, 차입금의 배부 및 타인자본비용의 가정에 따라 기업의 내재가치가 달라지지 않게 할 필요가 있을 것이다. 즉, 각 사업부문이 동일한 재무위험에 기여한다는 가정 하에 모든 사업 부문에 동일한 타인자본비용을 적용하는 것을 고려할 필요가 있을 것으로 보인다.

만약 차입금의 배부가 필요한 경우에는 몇 가지 기준을 생각해 볼 수 있다. 총자산 기준

---

886) 기존 채권-채무의 추정이 매출이나 원가의 회전율로 추정되었다면, 수정된 매출액 및 매출원가를 토대로 외부거래로부터 인식된 채권-채무 회전율을 적용하여 추정할 수 있을 것이다.
887) 하나의 사업부만을 평가하는 경우가 아닌 전사 평가를 사업부별로 구분하여 평가할 경우에는 운전자본의 추정을 산업평균 등을 활용할 때 내부거래 채권채무를 구분하지 않고 추정할 수도 있을 것이다.
888) 현금흐름할인법의 기본 구조에 대해서는 "제3장 현금흐름할인법(DCF)" 참조

으로 배부, 이자보상배율[889)에 따른 배부, 산업의 평균 부채비율을 고려한 배부, 전사의 부채비율과 동일한 부채비율을 유지하도록 배부하는 방법 등이다. 상황에 맞는 기준의 적용이 필요하다. 예를 들어 산업의 특성을 고려하여 부채비율이 높은 사업부문이 있다면 다른 사업부와 동일한 부채비율을 가정하는 것은 적절한 기준이 아닐 수 있다.

③ 사업부문별 자본비용 추정

사업부문별 가치를 별도로 추정하기 때문에 자본비용도 각 사업부문별로 추정한다. 사업부문별 자본비용은 일반회사의 자본비용을 산정하는 것과 동일하다.

각 사업부문별로 유사회사의 베타를 통해 위험을 측정한다.

산업평균 부채비율을 이용하거나, 회사의 부채비율과 각 사업부문의 부채비율이 동일할 것이라는 가정 등을 활용하여 사업부문의 목표자본구조를 추정한다.[890)

타인자본비용은 각 사업부문의 재무위험을 구분하여 측정하는 것이 쉽지 않을 것이므로 회사 전체의 타인자본비용을 동일하게 적용할 수 있다. 단, 앞서 차입금의 배부에서 언급하였던 바와 같이 특정 사업부문의 재무구조와 타인자본비용이 다른 사업부문과 현저한 차이가 있다면 타인자본비용을 사업부문별로 달리 적용하는 것도 고려할 수 있을 것이다.

만약 사업부문이 다양한 국가에 걸쳐 있다면 시장수익률이나 무위험이자율도 각 국가별로 추정할 필요가 있을 것이다.

④ 비영업자산, net debt

영업의 가치를 사업부문별로 추정하였지만, 영업과 무관한 비영업자산의 가치 및 Net Debt(순이자부부채)은 각 사업부문의 영업가치 합에 별도로 가산 및 차감하는 방식으로 산정된다. 이는 일반적인 기업현금흐름할인법과 같은 방식이다. 그러나 여기서 추가적으로 고려할 것은 앞서 언급한 바와 같이 공통비용 등 각 사업부문에 귀속되지 않은 현금흐름이 있다면 추가적으로 해당 현금흐름의 가치를 산정하여 가산 또는 차감하여야 한다는 것이다.

또한, 연결개념으로 추정하였다면 비지배지분도 차감하여야 할 것이다.[891)

⑤ Closing(사업부문별 구분 평가, DCF)

사업부문을 구분하여 평가하는 것이 전사 관점에서 통합하여 평가하는 것보다는 기업의

---

889) 이자보상배율에 따른 배부는 각 사업부문이 EBITDA 또는 EBIT 등에 대한 동일한 배수(예: EBITDA/이자비용)를 갖도록 배부하는 방법으로 각 사업부문이 동일한 재무위험을 부담한다는 의미이다.

890) 검증 차원에서 각 사업부문의 목표자본구조의 합으로 구한 전사 자본구조가 회사 전체적인 입장에서 파악되는 자본구조와 어떤 차이가 있는지 확인할 필요가 있을 것이다.

891) 비지배지분의 가치를 차감하는 방법에 대해서는 "제3장 현금흐름할인법(DCF)"를 참고하기 바란다.

내재가치를 분석하는 데 있어서는 더 효과적일 수 있다. 그러나, 사업부문별 평가를 하기 위한 정보가 충분하지 않은 경우에는 다양한 가정이 필요하게 되고 이로 인해 가치가 왜곡될 수 있음을 인지하여야 할 것이다.

2 시장가치접근법에 의한 평가

1) 통합 평가

다양한 사업부가 있는 회사를 사업부문으로 구분하지 않고 통합 기준으로 시장배수(Multiple)를 적용하기 위해서는 비교대상 회사도 사업의 구성, 다각화로 인한 현금흐름, 성장성 및 위험요소가 평가대상회사와 유사하여야 할 것이다. 그러나, 현실적으로는 동일한 사업구성을 갖춘 유사기업을 찾는 것 조차도 쉽지 않을 것이다.

그러므로 비교대상회사의 정의를 확대하여야 한다. 예를 들어 다양한 사업에 진출하고 있는 회사 전체를 대상으로 할 수도 있지만, 다각화의 사업 영역이 상당부분 중복된다던지, 다양한 국가에 진출한 다각화라던 지, 수직적인 다각화, 수평적인 다각화 등 유사성의 정의를 확대하여 볼 필요가 있다. 이는 Business-Mix(사업구성)의 차이를 떠나 다각화 기업은 분산투자 등으로 인하여 현금흐름, 성장성 및 위험요소가 기본적으로 유사할 수 있다는 가정이 전제되어야 하는 것이다.

2) Sum of parts valuation(사업부문별 구분하여 평가)

각 사업부문의 가치를 평가한 후, 평가된 사업부문의 가치 합을 통해 다각화 기업의 가치를 산정할 수 있다.

사업부문의 가치 평가에 적용할 시장배수는 각 사업부문별로 산정한다. 사업부문과 유사한 사업만을 영위하는, 단일 업종 영위기업을 비교대상회사로 선정하는 것이 비교목적으로는 좋은 선택일 수 있다.

이 경우 한 가지 고려하여야 할 사항은 EV/EBITDA, PER 등 이익지표를 활용할 때에는 공통비용의 배부 및 내부거래의 조정 문제를, PSR, EV/Revenue의 배수를 활용할 때에는 내부거래의 인식 문제를, PBR 등의 배수 활용 시에는 차입금의 배부 문제 등 각각의 지표를 사용함에 있어서 각 사업부문의 재무실적이 적절하게 구분되었는지를 검토하여야 한다.

예를 들어 공통비용을 어떻게 간주하고, 배분할 것인지에 따라 기업가치가 달라질 수 있

기 때문이다. 각 사업부문에 적용할 배수는 다를 것인데, 사업부문별 이익규모가 공통비용
의 배분에 따라 달라진다면 이로 인해 기업가치가 변동될 수 있는 것이다. 그러므로
Stand-alone cost는 사업부문별로 배부하고, 그렇지 않은 비용은 배부하지 않고 기업가치에
서 별도로 차감하는 등 합리적인 기준이 무엇인지 검토할 필요가 있다.[892]

　사업부문별로 시장가치접근법을 적용하여 평가하는 방식은 증권시장의 분석보고서에서
많이 활용되는 평가 방식이기도 하다.

[표 11-2] 시장가치접근법을 적용한 Sum of Parts valuation의 예시

(단위: 억원)

구분	비고	A사업부	B사업부	C사업부	D사업부	E사업부
ⓐ 사업부별 EBITDA		60	10	15	5	1.2
ⓑ 산업평균 EV/EBITDA		4.5	3.5	6.9	6.5	7.2
ⓒ 사업부별 EV	ⓐ×ⓑ	270	35	103.5	32.5	8.64
ⓓ 영업가치(EV)	사업부EV의 합					449.6
ⓔ 투자자산가치						5
ⓕ 순부채						12
ⓖ Equity value	ⓓ+ⓔ-ⓕ					442.6

　상기 표를 보면 각 사업부문의 EBITDA 배수를 기준으로 사업부문별 가치를 추정하고,
추정된 값을 합산하여 회사전체의 영업가치를 추정하고 있다.

3 각 사업부별 가치의 합과 회사의 가치

　다양한 사업부를 영위하는 기업가치를 평가할 때 전사의 가치를 통합하여 하나로 간주하
여 평가할 수 있고, 각 사업부문별로 가치를 별도로 평가한 후 이를 합산하여 전체기업의
가치를 평가할 수 있다고 하였다.

　사업부문별로 가치를 평가하여 합산할 때에는 음(-)의 가치가 나오는 사업부문이 있을
수 있다. 음(-)의 가치는 0이 아니라 음(-)의 가치를 그대로 기업가치에서 차감하는 것이
합리적인지에 대한 검토를 할 필요가 있다. 그리고 이러한 검토 과정은 다음과 같은 질문으
로 이어지게 된다.

---

892) 공통비용의 배부와 관련된 문제는 본장의 수익가치접근법(DCF)을 활용한 사업부문별 평가를 참고하기
　　바란다.

여기서 추가적으로 갖게 되는 질문은 각 사업부문의 가치 평가 결과의 합이 기업가치라고 할 수 있는가 하는 것이다. 이는 시너지 또는 역시너지와 같은 효과를 고려하여야 하는 것은 아닌가 하는 물음을 포함한다.

시너지와 역시너지는 각 사업부문의 현금흐름 또는 이익추정을 어떻게 하였는지와 관련이 있다. 즉, 시너지와 역시너지와 같은 효과가 실제하고 합리적으로 예측 가능하다면 현금흐름 추정 시 또는 시장가치접근법을 사용할 이익지표 등에 반영하여야 하는 것이고 이러한 효과가 반영된 현금흐름 또는 이익지표 등으로 평가된 가치에는 해당 가치 역시 포함된 것으로 보아야 할 것이다.

앞에서 음(−)의 가치가 나오는 사업부문의 가치는 시너지 창출과정에서 필연적으로 발생하는 것일 수 있다 이러한 경우에는 음(−)의 가치 그대로 기업가치에서 차감하는 것이 합리적일 것이다. 그러나, 시너지와 무관하게 수익성의 저하로 음(−)의 가치가 나올 수도 있을 것이다. 이러한 평가 결과는 경영자 입장에서는 사업포트폴리오의 재조정과 같은 전략적인 부분에 대한 시사점을 제공해 줄 수 있을 것이며, 가치 평가자는 시나리오 구성의 필요성에 대해 고려하게 될 것이다. 고려 가능한 시나리오의 예로는, 현재의 기준과 같이 계속적으로 (−)의 가치를 실현하는 경우, 이익수준을 회복할 수 있도록 매출-원가 구성의 변화를 가정하는 경우, 그리고 계속기업으로서 가정이 적절하지 않다면 사업을 청산하는 경우 등이다.

Cross-border 평가

Cross-border deal은 해외 기업을 인수하는 하는 M&A로서, 국내 기업이 해외 기업을 인수하는 아웃바운드(outbound) 딜과 해외 기업이 국내 기업을 인수하는 인바운드(inbound) 딜이 있다. 이 과정에서 이루어지는 평가가 Cross-border Valuation인데, Cross-border Valuation도 기본적으로는 지금까지 설명한 평가방법과 크게 차이는 없다. Valuation의 기본적인 방법이 국가를 달리한다고 달라질 이유는 없기 때문이다. 그러나, 통화와 국가가 다름으로 인해 몇 가지 추가적으로 고려하여야 하는 사항은 있을 수 있다.

일반적으로 Cross-border Valuation에서 추가적으로 고려되는 사항은 다음과 같다.
- 현금흐름 추정 및 평가에 적용할 통화의 선택
- 대상회사의 현금흐름(또는 손익)기준으로 평가할 것인가, 본사의 송금기준으로 평가할 것인가
- 해당 국가의 Tax
- 적용할 자본비용과 국가위험

여기에 추가적으로 고려할 것은 국가간 회계처리 차이를 이해하는 것이다. 상이한 회계기준이 가치의 차이를 가져오지는 않지만, 가치평가의 기본은 재무제표를 이해하는 데에서부터 출발하는 것이므로 현지국의 회계기준을 이해하는 것은 대상회사의 재무상황을 효과적으로 분석하는데 도움을 줄 것이다.

1 평가에 적용할 통화 문제[893]

Cross-border Valuation에서는 평가대상 회사는 화폐가 본국 통화와 다른 것이 일반적이어서 어떤 화폐로 현금흐름을 추정하고 평가할 것인지에 대한 판단이 필요하다. "제3장 현금흐름할인법"에서 설명하였던 바와 같이 외화 현금흐름의 평가방법은 크게 두 가지 방법이 있다.

한 가지는 현금흐름을 국내통화로 환산 후 국가위험조정이 고려된 국내 할인율로 할인하여 현재가치를 계산하는 방안이다. 다른 하나는 외화현금흐름을 현지국(외국) 할인율로 할

---

893) 본 장에서 Cross-border valuation에 대한 설명은 기본적으로 국내기업이 해외기업을 평가하는 Outbound deal valuation을 가정한다.

인하여 현재가치를 먼저 계산한 후 국내통화로 환산하는 방안이다. 주의할 점은 현금흐름
과 할인율은 항상 일관성이 있어야 하며, 외국 현금흐름을 국내할인율로 할인할 경우에는
할인율에 국가위험(Country risk)의 조정이 필요할 지 확인하여야 한다는 점이다.

어떤 방법을 활용할 것인지는 상황에 따라 다를 수 있지만, 만약 평가대상회사의 가치가
환율에 민감하게 반응할 수 있는 경우에는 평가대상회사의 현지통화로 평가를 한 이후 국
내통화로 환산하여 평가하고 환율에 따른 민감도 분석을 수행하는 것이 효과적일 수 있다.

[표 11-3] Cross-border valuation에서 통화 적용

STEP	환산 현금흐름으로 추정	현지화폐(외화) 현금흐름으로 추정
① 현금흐름	외화(Local currency)로 미래현금흐름을 추정	외화(Local currency)로 미래현금흐름을 추정
② 현금흐름을 환산	예상환율을 이용하여 현금흐름을 국내통화(Domestic Currency)로 전환	–
③ 현재가치	국내 할인율(Domestic discount rate)을 이용하여 현재가치를 계산 * Domestic discount rate는 국가위험조정 프리미엄 또는 할인이 고려됨.	외국 할인율(Local discount rate)을 이용하여 현재가치를 계산
④ 현재가치를 환산	–	현물(spot)환율을 이용하여 현재가치를 국내통화로 전환

외화 현금흐름을 국내 통화로 환산하여 국내할인율을 이용하여 현재가치를 계산할 경우
에는 다음과 같이 Country Risk Premium 반영하여 자기자본비용을 산정할 수 있다.

자기자본비용(Ke) = Rf + β x (Rm−Rf) + Country Risk Premium

Rf : 국내 무위험이자율

β : 유사기업의 베타는 유사기업의 수익률을 KOSPI와 같은 국내 주식시장 Index와 비교하여
산출하거나, 전세계적으로 사업을 영위하는 기업의 경우에는 MSCI 등에서 제공하는 Global
Index와 비교하여 산출. 시장위험프리미엄과 동일 기준으로 베타(β)를 산정하는 것을 우
선적으로 고려하나, 유사기업의 제약, 분산된 시장으로서 대표성 부족 등 가용 정보의 한계
가 있을 때 CAPM을 보다 유연하게 적용하여 자본비용을 산출하는 것이 실용적인 경우가
있음.

Rm-Rf = MRP(Market Risk Premium) : 국내 시장위험프리미엄

Country Risk Premium : 현지국(Foreign)과 국내(Home) country risk premium의 차이

외화 현금흐름을 현지국(외국) 할인율을 이용하여 현재가치를 계산할 경우에는 다음과 같이 현지국 시장정보를 이용하여 자기자본비용을 산정할 수 있다.

$$자기자본비용(Ke) = Rf + \beta \times (Rm - Rf)$$

Rf : 현지국(외국) 무위험이자율
β : 유사기업의 베타는 유사기업의 수익률을 평가대상기업이 주로 해당국가에서 사업을 영위할 경우에는 해당국가 주식시장 Index와 비교하여 산출하고, 평가대상기업이 전세계적인 범위에 걸쳐 사업을 영위할 경우에는 MSCI 등에서 제공하는 Global Index와 비교하여 산출. 시장위험프리미엄과 동일 기준으로 베타(β)를 산정하는 것을 우선적으로 고려하나, 유사기업의 제약, 분산된 시장으로서 대표성 부족 등 가용 정보의 한계가 있을 때 CAPM을 보다 유연하게 적용하여 자본비용을 산출하는 것이 실용적인 경우가 있음.
Rm - Rf = MRP(Market Risk Premium) : 현지국 시장위험프리미엄
* 만약 현지국 주식시장이 CAPM을 적용하기 위한 분산된 시장으로서의 대표성이 부족하다고 판단될 경우에는 선진국시장의 무위험이자율, 글로벌 시장위험프리미엄, 글로벌 시장지수 대비 베타를 적용하고, 필요시 일정 스프레드·프리미엄을 반영하여 자본비용을 산출하는 방법도 고려해 볼 수 있음.

2 평가 대상 현금흐름의 기준

평가 대상 현금흐름의 기준이란 평가대상회사가 현지국에서 창출한 손익 혹은 현금흐름을 기준으로 평가할 것인가, 아니면 본국으로의 송금 혹은 배당 가능액 기준으로 평가할 것인가의 문제이다. 해외에서의 투자는 다양한 법적, 세무적 제약으로 인해 이 두 가지 기준에 차이가 있을 수 있기 때문이다.

평가목적과 상황에 따라 다르겠지만 일반적으로는 국내기업의 평가와 동일한 방식으로, 현지국에서 창출한 손익을 기준으로 평가대상회사의 독립적인 가치를 평가한다. 이렇게 평가하는 기본 개념은 창출된 현금을 현지회사가 보유하고 있더라도 궁극적으로는 모회사(국내법인)에 귀속될 것이라는 가정이 전제된 것이다.[894]

3 Tax

현지법인(외국법인)의 현금흐름을 파악하기 위해서는 현지국(외국)의 법인세율 구조를

---

894) 세무목적으로는 Tax leakage 분석을 비롯한 배당유효세율에 대한 검토가 이루어질 수는 있다. 이는 회수방안 또는 자금운용방안과 관련된 것으로 보아야 할 것이다.

파악할 필요가 있다. 세율 구조는 국가별로 차이가 있으며, 지분구조에 따른 세제 혜택 또는 조세 조약 등도 영향을 미칠 수 있다. 세율의 구조는 소득에 따라 단계별 세율을 적용하는 경우 한계세율을 파악할 필요가 있다. 미국의 경우에는 연방세율에 추가하여 소재한 주에 따라 주세를 가산하여 분석하여야 하고, 일본의 경우에는 법인 소재지와 자본금 규모에 따라 법인세율에 차이가 날 수 있다.

아래의 표는 주요 국가별 세율의 차이를 보여주고 있다. 세율은 변동 가능하고 상황에 따라 달리 적용되는 경우도 있으므로 아래 표는 참고만 하고, 실제 현금흐름 추정 시에는 해당 국가의 세율구조를 이해한 후 추정 시점과 상황에 맞는 세율을 적용하여야 할 것이다.

[표 11-4] 2017년 기준 국가별 Corporate Marginal Tax Rates[895]

국가	Canada	China	France	Germany	Hong Kong SAR	India	Indonesia	Japan
세율	26.5%	25.0%	33.3%	29.8%	16.5%	30.0%	25.0%	30.9%
국가	Korea, Republic of	Malaysia	Singapore	Taiwan	Thailand	United Kingdom	United States	Vietnam
세율	22.0%	24.0%	17.0%	17.0%	20.0%	19.0%	21.0%	20.0%

4　자본비용과 국가위험

자본비용은 현금흐름과 일관성을 가져야 한다. 현금흐름 추정이 현지국 통화로 이루어졌다면 자본비용도 현지국 통화를 기초로 추정된 할인율을 적용하여야 하고, 현금흐름 추정이 본국(국내)통화로 이루어졌다면 자본비용도 본국 통화를 기초로 추정된 할인율을 적용하여야 한다.

현지 자본비용의 추정 방법은 국내기업의 자본비용 추정방법과 기본적으로 동일하다. 현지기준의 데이터[896]를 사용한다는 차이점만 있을 뿐이다.[897] 그러나, 외화현금흐름을 본

---

895) 애스워드 다모다란 페이지(http://pages.stern.nyu.edu)의 Corporate Marginal Tax Rates by Country 참고(January 2018 Update)
896) 무위험이자율, 베타, 시장위험프리미엄 등을 말한다.
897) CAPM에 따른 자본비용 산정방법은 "제3장 현금흐름할인법"을 참고하기 바란다. 이 경우 베타는 대상회사의 사업 영위 범위에 따라 현지국 또는 Global Index 기준으로 적용하기도 한다. 즉, 평가대상 기업이 해당 국가에서 주로 사업을 영위한다면 해당 국가의 지수를 적용하고, Target market이 국제적이라면 MSCI Index와 같은 Global Index를 적용하는 것이다.
물론 이상적으로 완전한 시장포트폴리오라고 볼 수 있는 Index는 없기 때문에 합리적으로 설명될 수 있는 Index를 적용하는 것이 필요하다. 예를들어 한국시장에서 사업을 영위하는 한국기업의 베타를 산정할 때,

국통화로 환산하여 평가를 할 때에는 자본비용에 외화(현지)국가의 위험프리미엄을 반영할 것인지에 대한 고려가 필요하게 된다. 국가위험프리미엄(Country Risk Premium)의 반영이 필요한지에 대해서는 이견이 있기 때문이다.

통화 위험은 이미 환율에 반영되어 있기 때문에 환산과정에서 고려가 되므로 추가적인 위험프리미엄은 필요가 없다는 견해와 국가의 채무불이행 위험과 같은 국가별 위험은 존재하므로 할인율에 상대적인 위험의 정도는 고려되어야 한다는 견해가 존재한다.[898]

그러므로 외화 주식을 평가할 때에는 외화(현지화폐)기준으로 추정하고 현지시장의 자본비용으로 할인한 후 환산하는 방법을 우선적으로 고려하는 것이 필요하다고 본다. 만약 본국(국내)통화로 환산한 후 국내 자본비용으로 할인하여 평가하여야 하는 상황이라면 국가위험프리미엄(Country Risk Premium)의 반영 여부에 대해서는 판단이 필요하다. 국가위험프리미엄의 반영에 대해서는 "제3장 현금흐름할인법"의 "Ⅶ. 7. 할인 또는 할증"을 참고하기 바란다.

5 글로벌 기업의 평가

해외 여러 국가에서 사업을 영위하고 해외 투자의 제약이 상대적으로 없다고 볼 수 있는 글로벌 기업을 평가할 때에는 글로벌 CAPM으로 자본비용을 추정할 수 있다.

앞서 언급한 외화현금흐름을 갖는 자산의 평가에서 시장위험프리미엄은 국내 시장위험프리미엄 또는 현지국의 시장위험프리미엄을 사용하면서 베타를 국내 또는 현지국의 로컬 베타를 사용하는 것은 각 항목들을 일관성있게 적용하는 것이 되지만, 시장위험프리미엄은 국내 시장위험프리미엄 또는 현지국의 시장위험프리미엄을 사용하면서 베타를 글로벌 지수와 비교한 베타를 사용하게 되면 다소 일관성이 부족한 적용이라는 주장이 있을 수 있다. 그럼에도 불구하고 이런 방식으로 사용하는 것은 유사기업이 충분하지 않는 등의 현실적인 제약이 있기 때문이다.

만약 이러한 경우에 해당 기업의 시장이 글로벌이고 해외 투자의 제약이 많지 않은 글로

S&P500(대표적인 시장지수라고 하더라도)과 같은 해외지수를 사용하면 상관성과 환율효과 등의 이슈가 있을 수 있어, KOSPI와 같은 동일 국가 내의 대표지수(해당 지수가 안정적이라면)가 일반적으로 Benchmark Index로 사용된다. 그러므로 전세계적으로 사업을 영위하는 해외기업의 베타를 산정하는 경우에 있어서 Global Index를 사용할 때에도 상관성, 대상지역, 환율 등 다른 요소의 개입 최소화 등의 고려를 통해 합리적으로 설명될 수 있는 Index의 적용이 필요할 것이다.

898) Country risk Premium을 반영하지 않아도 된다는 견해에서는 현지 국가의 현금흐름에 위험성이 있다면 이는 기대현금흐름에서 조정할 수 있다고 보고 있다.

벌 기업이라고 가정할 수 있는 경우에는 글로벌 CAPM으로 자본비용을 산출하는 것을 고려해볼 수 있다.

글로벌 CAPM에서 시장위험프리미엄은 MSCI world index와 같은 글로벌 지수를 바탕으로 산출한다. 때로는 글로벌 지수의 대용치로 S&P500과 같은 미국시장의 지수를 사용하기도 한다.

이 경우 베타도 글로벌 지수를 바탕으로 산출한 글로벌 베타를 사용한다.

한 예로 미국달러를 기초 통화로 두고 미국달러 무위험이자율, 글로벌지수 또는 미국시장지수 기반 시장위험프리미엄, 글로벌 베타를 통해 자본비용을 추정하고, 필요시 일정 스프레드 또는 프리미엄을 반영한다. 그리고 이렇게 산출된 자본비용으로 미국달러를 기반으로 한 현금흐름을 할인하여 가치를 평가하는 것이다.

전환권이 발행된 회사의 가치평가

전환증권 등이 부여된 주식, 사채 등을 발행한 기업을 평가할 때에도 기본적으로 회사의 본질가치가 달라진다고 볼 수는 없을 것이다. 즉, 회사의 영업가치 혹은 기업가치를 산정하는 방식은 지금까지 설명하였던 바와 동일하다. 그러나, 전환권 등 옵션이 부여된 주식이나 채권을 보유한 투자자는 일반적인 보통주나 사채권을 보유한 투자자와는 다른 가치를 가질 수 있다. 이러한 가치는 투자자 입장에서의 투자가치로 접근하게 되는 것이고, 해당 옵션을 부여한 주체가 회사라면 한정된 가치를 옵션이 부여된 투자자와 그렇지 않은 투자자가 나누어야 하므로 가치의 배분 문제가 발생한다. 이러한 경우 옵션이 부여된 다양한 투자자별로 기업의 가치를 배분하는 과정을 Equity Allocation이라고 한다.

통상적으로 Equity allocation은 다양한 권리를 가진 주주들로 구성된 기업의 경우, 다른 특성을 가진 개별 증권은 각각의 가치 구간이 다르게 형성될 수 있으므로 이러한 특성을 고려하여 기업가치를 배분하는 과정을 말한다. 다만, 본 장에서는 보통주로의 전환권이 내재된 증권에 대해 이를 보통주로서 가치를 배분할 것인지, 아니면 타인자본인 사채 또는 우선주로 보고 평가할 것인지에 대해 살펴보기로 한다.

1 미전환 가정의 경우

앞서 설명한 바와 같이 전환권이 발행된 기업을 평가할 때, 해당 전환권의 전환 여부에 대한 가정(전환 가정과 미전환 가정)에 따라 투자자별 가치배분은 달라질 수 있다.

먼저 다음의 예시는 전환사채 투자자의 전환가액을 전환 가정 및 미전환 가정에 따른 주당 가액과 비교하여 전환사채를 타인자본인 이자부부채로 판단한 경우이다.

[표 11-5] 전환권이 발행된 기업의 예

구분	평가액 등	비고
영업가치	100억원	
이자부부채(일반차입금)	30억원	
이자부부채(전환사채)	10억원	전환가액 @20,000원, 발행주식수 50,000주
주식수(보통주)	500,000주	

위의 표와 같은 상황에서 가치를 평가하면 전환사채를 이자부부채로 영업가치에서 차감하여 주주지분의 가치를 산출할 것인지, 아니면 전환되는 것으로 가정하여 주주지분의 가치를 산출할 것인지에 대한 판단이 필요한 경우가 있다. 이러한 경우에는 전환가격과 주당가격을 비교하여 합리적인 투자자의 경우에 선택가능한 포지션에 따라 가정하는 것을 고려해 볼 수 있다. 예를 들어 전환가격이 평가된 주당가액보다 높다면 합리적인 투자자는 전환하지 않을 것이므로 전환가능성이 낮은 것으로 보고 이자부부채로 가정하거나, 전환가격이 전환가정 후 평가된 주당가액보다 낮다면 전환을 고려할 것이므로 전환가능성이 높은 것으로 보고 주주지분으로 가정할 수 있을 것이다.

구분	미전환 가정 시	전환 가정 시
ⓐ 영업가치	100억원	100억원
ⓑ 이자부부채	40억원	30억원
ⓒ 주주가치(ⓐ-ⓑ)	60억원	70억원
ⓓ 발행주식수(보통주)	500,000주	550,000주
ⓔ 주당가치(ⓒ÷ⓓ)	@12,000원	@12,727원

예시와 같은 상황에서는 전환가격(@20,000원)이 전환가정시 주당가액(@12,727원)보다 크기 때문에 합리적인 투자자의 경우 전환하지 않을 것이므로, 미전환을 가정하여 전환사채를 이자부부채로 간주하여 평가하는 것을 우선적으로 고려하여야 할 것이다.

2 전환 가정의 경우

다음의 예시는 상환전환우선주 투자자의 전환가액을 주당 평가액과 비교한 후, 상환전환우선주를 자기자본으로 판단하여 평가한 경우이다.

[표 11-6] 상환전환우선주의 전환을 가정하여 순자산가치를 평가한 사례 1[899]

과목	금액(원)
A. 최근 사업연도말 자본총계	7,000,000
B. 조정항목(a - b)	1,170,000
a. 가산항목: 상환전환우선주[주1]	1,270,000

---

899) Dart(전자공시)공시사례(2018년 4월) 참고

과목	금액(원)
b. 차감항목: 투자주식평가손실	100,000
C. 조정된 순자산가액(A + B)	8,170,000
D. 발행주식총수^(주2)	200
E. 1주당 자산가치(C ÷ D)	40,850

상환전환우선주의 전환을 가정하여 순자산가액에 가산한 금액과 증가한 주식수의 내역은 다음과 같다.

(주1) 상환전환우선주의 전환권 행사시기는 전환상환우선주 존속기간 내 언제든지 가능한 조건이며, 전환가격은 20,000원으로서 상장시 공모가격이 전환가격 미만일 경우 공모가격의 80%로 전환가격이 조정됨. 동 상환전환우선주는 전환가격과 본 평가에서의 합병가액 평가액 수준을 비교할 때 보통주로의 전환 가능성이 매우 높다고 판단. 이에 본 평가에서는 금융감독원이 제정한 "외부평가업무 가이드라인(2009.6.)" 붙임 2의 문단 11 "전환가능증권(CB, BW 등)이 있는 경우, 해당 증권의 전환 여부를 고려하여 주식수를 산출하고 최종 주당가치를 산출해야 한다"는 규정에 따라, 해당 상환전환우선주가 보통주식으로 전환된다는 가정하에 상환전환우선주 및 이와 관련된 항목(상환할증금 및 파생상품부채)의 장부가액을 순자산가액에 가산하였으며, 보통주식으로의 전환시 발행할 주식수를 피합병법인의 발행주식총수에 합산 반영함. 순자산가액에 가산 반영한 최근 사업연도말 현재 상환전환우선주의 장부가액 내역은 다음과 같음.

구분	금액(원)
상환우선주부채	250,000
미지급비용(상환할증금)	20,000
파생상품부채	1,000,000
합계	1,270,000

(주2) 상기 (주1)에서 설명하고 있는 바와 같이 금융감독원이 제정한 "외부평가업무 가이드라인 (2009.6.)"의 붙임 2의 문단 11" 규정에 근거하여 합병당사회사 간의 협의에 따라 합병비율 평가시 상환전환우선주의 전환권 행사로 인해 발행될 주식수를 발행주식총수에 포함함. 분석기준일 현재 발행주식총수 산정 내역은 다음과 같음.

구분	주식수(주)
분석기준일 현재 등기부등본 상 보통주식수	180
상환전환우선주 전환가능 주식수	20
발행주식총수	200

위의 예시와 같이 전환권의 전환이 더 합리적인 가정이라고 판단할 경우에는, 해당 전환권이 내재된 증권의 가액을 주주지분에 가산하고, 전환 가정시 주식수를 발행주식총수에 가산하여 주당가치를 산정하게 된다.

3 기타 고려사항

전환권 등 부여된 옵션의 행사 여부가 합리적인지의 여부를 떠나서 해당 옵션이 행사되는 것을 가정하여 주당가치를 산정하는 경우가 있다. 예를 들어 회계목적상 주식매수선택권(Stock Option)의 공정가치를 평가함에 있어서 기초주가 평가시에는 부여된 주식매수선택권의 주식수를 잠재적 보통주로서 발행주식총수에 포함하고, 주식매수선택권 행사로 인한 현금유입을 지분가치에 합산하는 방식으로 주식매수선택권의 희석효과를 반영하는 방법이 실무에서 많이 활용된다. 이는 해당 기업의 주당가치 산정이 주 목적이 아니고 주식매수선택권(Option)의 평가가 주 목적이므로, Option 행사로 주식이 부여된 경우를 가정하는 것이 더 합리적이라고 보기 때문이다.

전환권이나 스톡옵션이 부여된 경우 주주가치를 산정하는 다른 방법으로는 주주가치에서 전환권이나 스톡옵션에 부여된 옵션의 가치를 차감한 가액을 현 시점의 주주가치로 보는 것이다.

> 현재 발행된 지분의 주주가치 = 기업가치 – 순이자부부채 – 옵션가치

이와 같이 주주가치를 산정하기 위해서는 "제12장"에서 설명하고 있는 옵션의 가치 평가 방법을 통해 산정한 옵션가치를 기업가치에서 차감해주어야 한다. 만약 전환권과 같은 옵션의 가치가 평가기준일의 재무제표상에 공정가치로 평가되어 부채로 계상되어 있다면 이 가액을 기업가치에서 차감하여 주주가치를 산정하는 것도 방법일 수 있다.

제 **12** 장

옵션 등 권리가 부여된 주식 가치 평가

개 요

　최근 기업들의 자본조달 방법은 다양해지고 있다. 특히, 투자자들의 다양한 요구사항을 반영하여 상환전환우선주, 전환사채와 같은 전환권 및 상환권 등의 권리가 내재된 지분이나 채권의 발행이 많이 이루어지고 있다. 또한 Start-up 기업들을 중심으로 임직원들에게 보상의 방법으로서 회사의 주식을 정해진 가격에 매입할 수 있는 주식매수선택권(Stock Option)의 발행도 활발하게 이루어지고 있다.

　즉, 기업들은 자본이나 인력 등과 같은 자원을 확보하고 유지하기 위해 다양한 권리의 부여라는 방법을 활용하고 있는 것이다. 본 장에서는 이러한 권리의 가치를 평가하기 위해 어떠한 방법이 주로 활용되고 있는지 살펴보기로 한다.[900]

　단, 한 가지 고려하여야 하는 것은 복합계약상품에 대한 평가방법은 지속적으로 논의중이고 시장에서 실무적으로 검증하는 과정에서 다양한 견해와 새로운 시도들이 나오고 있기 때문에 그 변화 과정을 지켜볼 필요가 있다는 것이다.

---

[900] 참고로 우선주 가치평가에 대해 제3장 현금흐름할인법(DCF)에서는 이론적인 평가방법 및 고려요소를 다루었고, 제6장 자본시장법상 주식평가에서는 시가가 없는 우선주를 어떻게 평가할 수 있는지에 대해 다루었으며, 제7장 상속세및증여세법상 주식평가에서는 예규 등에서 언급하고 우선주 평가방법 등에 대해 설명하였다. 또한 10장 다양한 상황하에서의 가치평가에서는 전환권이 발행된 회사의 가치를 평가하는 데 고려할 사항에 대해 설명하였다.

옵션가격결정모형

1 옵션(Option)이란?

옵션(Option)은 옵션 소지자가 미리 정해진 가격으로 특정 자산을 사거나 팔 수 있는 권리를 말한다. 옵션은 거래를 할 수 있는 권리(Right)이며, 반드시 정해진 계약조건에 따라 거래를 해야 하는 의무(Obligation)가 아니다. 그러므로 옵션 소지자는 권리를 행사하여 거래를 할 수도 있고, 권리를 포기할 수도 있다. 옵션의 유형은 크게 두 가지가 있다. 특정자산을 정해진 가격에 살 수 있는 권리인 콜옵션(Call Option; right to buy)과 특정자산을 정해진 가격에 팔 수 있는 권리인 풋옵션(Put Option; right to sell)의 유형이다. 이때 사거나 팔 수 있는 특정자산을 기초자산(Underlying asset)이라고 하고, 사거나 팔기 위해 미리 정해진 가격을 행사가격(Strike Price 또는 Exercise Price)라고 한다.

1) 콜옵션의 만기가치(Call Option Pay-off)

만기가치(Pay-off)는 옵션의 만기시점에 기초자산의 가격에 따른 옵션의 가치 또는 손익을 말한다. 콜옵션(Call Option) 보유자는 기초자산의 가격이 행사가격(미리 정해진 살 수 있는 가격)보다 높으면 옵션을 행사할 것이고, 기초자산의 가격이 행사가격보다 낮으면 옵션을 행사하지 않는 것이 합리적인 선택일 것이다. 즉 콜옵션의 경우 옵션 매매를 위한 거래비용을 고려하지 않는다면 행사 또는 만기 시점에서의 손익은 Max [0, S-X]가 된다.

[표 12-1] 콜옵션의 만기가치

Case	옵션행사 여부	콜옵션의 가치
S(기초자산가격) > X(행사가격)	옵션행사	S-X
S(기초자산가격) < X(행사가격)	옵션을 행사하지 않음	0

[그림 12-1] 콜옵션 만기가치(Pay-off Diagram on a Call Option)

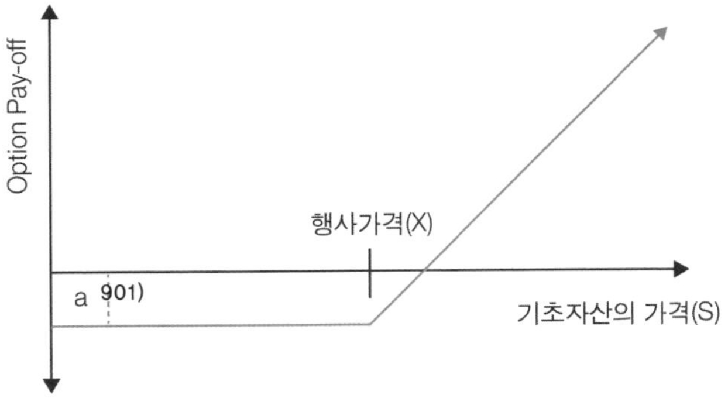

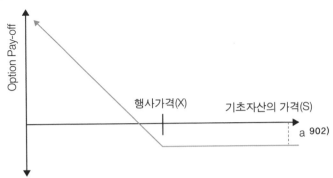

2) 풋옵션의 만기가치(Put Option Pay-off)

풋옵션(Call Option) 보유자는 행사가격(미리 정해진 팔 수 있는 가격)이 기초자산가격보다 높을 경우 옵션을 행사할 것이고, 행사가격이 기초자산가격보다 낮으면 옵션을 행사하지 않는 선택을 할 것이다. 즉 풋옵션의 경우에는 옵션 매매를 위한 거래비용을 고려하지 않는다면 행사 또는 만기 시점에서의 손익은 Max [0, X-S]가 된다.

[표 12-2] 풋옵션의 만기가치

Case	옵션행사 여부	풋옵션의 가치
X(행사가격) > S(기초자산가격)	옵션행사	X-S
X(행사가격) < S(기초자산가격)	옵션을 행사하지 않음	0

[그림 12-2] 풋옵션 만기가치(Pay-off Diagram on a Put Option)

---

901) a는 콜옵션을 구매하기 위해 소요된 비용이다.
902) a는 풋옵션을 구매하기 위해 소요된 비용이다.

2 옵션가격의 결정요인

옵션가격에 영향을 미치는 요인으로서 가장 중요하게 언급되는 것은 ① 기초자산(주식)[903]의 가격, ② 행사가격, ③ 만기, ④ 변동성, ⑤ 무위험이자율이다.

[표 12-3] 옵션가격 결정요인

구분	콜옵션	풋옵션	결정방식
In the money(가치가 있는 상황)	주가(S) 〉행사가격(X)	주가(S) 〈 행사가격(X)	–
기초자산가격(주가 등)	기초자산가격이 높을수록 옵션가치 상승 효과	기초자산가격이 높을수록 옵션가치 하락 효과	시장상황에 따라 변동
행사가격	행사가격이 낮을수록 옵션가치 상승 효과	행사가격이 높을수록 옵션가치 상승 효과	계약시 결정
만기	만기가 길수록 옵션가치 상승[904]가능성	일반적으로 만기가 길수록 옵션가치 상승(하락 요인도 존재)[905]	계약시 결정
변동성	주식가격의 변동성이 커질수록 옵션의 가치 상승 효과		시장상황에 따라 변동
무위험이자율	이자율이 상승하면 행사가격의 현재가치 감소로 옵션가치 상승 효과	이자율이 상승하면 행사가격의 현재가치가 감소로 옵션가치 하락 효과	시장상황에 따라 변동

추가적으로 고려될 수 있는 사항으로 배당이 있다. 배당은 주가에 영향[906]을 주고, 이로 인하여 옵션가격에 영향을 줄 수 있기 때문이다.

---

903) 본서에서는 특별한 언급이 없다면 기초자산을 주식으로 가정한다.
904) 만기가 길수록 주가의 변동 가능성이 커지고, 변동성이 커지면 옵션의 가치는 증가할 가능성이 높아진다. 그리고 만기가 길수록 행사가격의 현재가치가 작아지는 효과도 옵션의 가치를 증가시킨다. 이는 일반적으로 일정시점 이후 권리행사를 자유롭게 할 수 있는 옵션(흔히 아메리칸 옵션이라고 함)에 해당하는 특징이라고 볼 수 있다. 그러나, 특정한 날에만 행사 가능한 옵션(유러피언 옵션)은 만기의 장단에 따른 가치 효과를 단정하기 쉽지 않다고 보는 관점도 있다.
905) 만기가 길수록 주가의 변동 가능성이 커지고, 변동성이 커지면 옵션의 가치는 증가하는 효과가 있으나, 만기가 길수록 행사가격의 현재가치가 작아지는 효과를 고려하면 풋옵션에서 만기의 효과는 단정하기 어렵다고 보기도 한다.
906) 일반적으로 배당은 단기적으로 주가의 하락을 가져오는 요인 중의 하나로 간주되어 콜옵션의 가치를 하락시키는 영향을 줄 것이라고 가정한다. 반대로 풋옵션의 경우에는 가치의 상승 요인이 된다고 본다.

3 옵션가격결정 모형의 종류

1) 이항모형(Binominal Option Pricing Model)

1976년 Cox & Rubinstein에 의해 제시된 모형으로 평가대상 기초자산의 주가가 매기간 상승 또는 하락하는 두 가지 경우, 즉 이항분포를 따른다는 가정하에 도출된 옵션의 가격결정 모형이다.

이항모형은 확률변수(p)에 의하여 기초자산(주식 등)의 가격변화가 이산적인 값을 갖는다고 가정한 모형으로 주가의 상승 또는 하락에 따른 주가트리를 생성하고, 각각의 주기 또는 가격변동 단계(time-step, node)마다 옵션에 따른 가치트리(Pay-off tree)를 생성하여 만기 옵션가격에서 현재시점까지 단계별로 소급하여 옵션의 현재가치를 구하는 방식이다.

이항모형은 옵션의 만기일까지 주가가 변할 수 있는 여러 과정을 보여주고, 옵션의 최종가격을 산정한 후 이를 각 시점마다 할인하여 옵션가치를 산정하는 방식으로, 평가가 이루어지는 과정이 명료하고 다양한 옵션평가에 적용이 용이하여 실무적으로 많이 활용되고 있다. 본서에서도 이항모형을 중심으로 옵션가치 평가를 설명하고자 한다.

2) 블랙숄즈 모형(Black-Scholes Model)

1973년 Black & Scholes에 의해 제시된 모형으로 옵션의 행사가 특정한 날에 이루어지는 유러피언 옵션에 적용이 적합하며, 특정 가정[907]하에서 도출된 수학적 모형에 의해 가치를 산정하기 때문에 이론적인 모형이라고 보는 경향이 있다. 그러나, 옵션 가격 결정식의 변수들만 확인 가능하다면 간편하게 옵션가격을 산정할 수 있기 때문에 이항모형 등에 의해 평가한 옵션가치와 비교함으로써 평가의 적정성을 검토하기 위한 목적으로 활용되는 경우도 있다.

블랙숄즈 모형의 기본 가정은 기초자산은 연속적으로 변동하며 로그 정규분포를 따르고, 만기에만 옵션을 행사할 수 있다고 가정한다. 기본적으로 기초주식을 매입하고 콜옵션을 발행한 헷지포트폴리오[908]를 구성하여 헷지포트폴리오의 수익률이 무위험이자율과 같다는 개념은 이항모형과 동일하다고 볼 수 있다. 블랙숄즈 모형의 기본 산식은 다음과 같다.

---

907) 주요가정으로는 정보의 편의가 없는 완전시장의 가정, 만기까지 배당이 없고 옵션은 만기일에만 행사 가능하다는 가정, 주가의 변동이 연속적이라는 가정 등이 있다.
908) 헷지포트폴리오의 의미에 대해서는 이항모형에 대한 설명에서 추가적으로 다루었다.

[표 12-4] 블랙숄즈 모형의 기본 산식 및 예시

기본 산식	C(Call Option 가치) = 현재 주가 × N(d₁) − 행사가격의 현재가치 × N(d₂)
산식의 의미	C(Call Option 가치) = 현재 주가 × 헷지비율[909] − 행사가격의 현재가치 × 행사확률 ⇨ 즉, 콜옵션의 가치는 만기 기초자산 기대값의 현재가치와 만기에 지급할 행사가격 기대값의 현재가치 차이로 산정할 수 있다는 의미로 볼 수 있다.
주요 변수에 대한 설명	• 행사가격의 현재가치는 연속적 모형이므로 [행사가격 ÷ e^{rt}]로 계산한다. • r 또는 R_f는 연속복리 연단위 무위험이자율, t는 만기까지 잔여연수 • N(d)는 표준정규분포표에서 d까지의 누적확률[910] • $d_1 = \dfrac{\ln\left(\dfrac{현재주가}{행사가격}\right) + \left(Rf + \dfrac{\sigma^2}{2}\right)}{\sigma\sqrt{t}}$ • $d_2 = d_1 - \sigma\sqrt{t}$ • σ는 주식수익률의 연간 표준편차, σ^2는 주식수익률의 연간 분산
예시	현재주가: 10,000원 행사가격: 9,000원 잔존만기: 1년 주식 수익률의 분산 15%(표준편차는 39%) 무위험이자율 2% • d1 = = 0.52 • $d_1 = \dfrac{\ln\left(\dfrac{10,000}{9,000}\right) + \left(2\% + \dfrac{15\%}{22}\right)}{0.39\sqrt{1}} = 0.52$ • d2 = 0.52 − $0.39\sqrt{1}$ = 0.13 • N(d₁) = 0.70 • N(d₂) = 0.55 • C = 10,000 × 0.70 − 9,000/ $e_{0.02*1}$ × 0.55 = 2,108 ⇨ 블랙숄즈 모형 산식에 의해 계산한 콜옵션의 가치는 2,108원이다.

---

909) 헷지비율의 의미에 대해서는 이항모형의 설명에서 추가적으로 다룬다. 이항모형에서 설명하는 헷지비율은 헷지포트폴리오를 구성하기 위해 1개의 주식을 매입하고 발행하여야 하는 콜옵션 개수를 의미한다. 그러한 의미에서 본다면 블랙숄즈 모형에서 N(d₁)은 헷지비율의 역수가 된다. 그러나, 여기서는 콜옵션을 기준으로 콜옵션 1개를 발행하고 매입하여야 하는 주식수가 N(d₁)이라는 의미에서 헷지비율이라고 표현하였다.

910) N(d)의 값은 표준정규누적확률분포표를 이용하여 구할 수 있는데, 엑셀 등과 같은 소프트웨어를 사용한다면 함수(NORMSDIST)를 이용하여 계산할 수도 있다.

3) 기타 평가방법

옵션 평가 방법으로서 가장 많이 활용되는 방법은 앞서 설명한 이항모형과 블랙숄즈 모형이라고 볼 수 있다. 이항모형과 블랙숄즈 모형은 기초자산이 주식인 옵션을 평가할 때에 적용되는 평가방법이다. 기초자산이 이자율인 옵션을 평가할 때에는 Black – Derman and Toy' Model(BDT 모형), Hull & White Model 등이 활용된다. 또한 기초자산이 주식인 경우와 기초자산이 이자율인 경우 모두 활용가능한 방법으로 반복수행 시뮬레이션을 통해 평가하는 몬테카를로 시뮬레이션 방법이 있다.

Ⅲ 이항모형에 따른 옵션 평가

1 이항모형 평가의 기본 개념

이항모형은 평가대상 기초자산의 가격은 일정하게 상승하거나 하락하는 두 가지 상황만 발생하고, 상승확률과 하락확률도 매기간 일정하다고 가정한다. 그렇기 때문에 이항모형은 기간별로 상승하거나 하락할 경우 각각의 주가가 어떻게 될 것인지를 추정하여 표의 형태로 나타낸다. 이러한 표를 주가 Tree 또는 기초자산 가격 Tree라고 하고, 가격 Tree를 통해 옵션의 Pay-off tree를 만들어 옵션가격을 평가하는 방식이다.

가정을 단순화한 다음의 사례를 통해 옵션의 가치를 평가해 보는 것은 이항모형의 개념을 이해하는 데 도움이 될 것이다.

[사례 1] 이항모형을 통한 콜옵션(Call Option) 평가의 기본 가정

구분	기본 가정
기초자산의 가격	1,000원
행사가격	1,100원
상승확률(하락확률)	51%(49%)
상승시 상승률(하락시 하락률)	20%(16.7%)
무위험이자율	3%(연: 1기간은 1년으로 가정)[911]

이항모형으로 옵션가치를 평가하기 위해서는 먼저 옵션가치를 결정하는 요인들에 대한 파악이 이루어져야 한다. 그리고 이를 바탕으로 기초자산의 가격 Tree를 만든다. 기초자산의 가격은 현재 1,000원이고, 1기간 후의 가격은 20% 상승하거나 16.7% 하락한다고 하였으므로, 이에 따라 1기간 후의 가격이 1,200원이 되거나 833원이 될 것이라고 추정하여 다음과 같이 표(tree)를 만든다.

---

911) 사례에서는 1기간을 1년으로 가정하고, 1년 무위험이자율을 적용한다. 만약 1기간을 1개월로 가정할 경우에는 1개월 무위험이자율을 적용하여야 한다.

[그림 12-3] 기초자산 가격트리

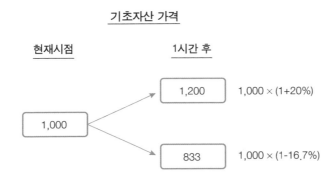

기초자산 가격

현재시점   1시간 후

1,200   1,000 × (1+20%)

1,000

833   1,000 × (1-16.7%)

    기초자산 가격 Tree를 토대로 1기간 후의 옵션 pay-off 표를 만든다. 콜옵션은 기초자산의 가격이 상승할 경우에는 행사가격보다 높기 때문에 옵션을 행사하면 100원만큼의 이익을 얻을 수 있다. 그러나, 기초자산의 가격이 하락할 경우에는 옵션을 행사하여 얻는 이익이 없으므로 옵션을 행사하지 않는 선택이 합리적이다. 이렇게 1기간 후의 이익(pay-off)은 상승확률과 하락확률을 고려하여 무위험이자율을 통해 현재가치로 환산한다. 현재시점에서 옵션을 행사하여 얻는 이익이 없으므로 옵션의 가치는 max[현시점에서의 옵션 행사에 따른 가치, 1기간 후의 옵션 pay-off에 따른 현재가치]인 49.5원(max[0, 49.5])이 되는 것이다.

    이러한 논리에 따라 옵션의 기간별 pay-off를 표(tree)로 만든다.

[그림 12-4] 옵션가치트리(Option Pay-off Tree)

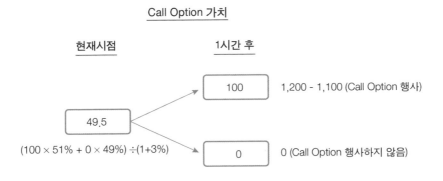

Call Option 가치

현재시점   1시간 후

100   1,200 - 1,100 (Call Option 행사)

49.5

(100 × 51% + 0 × 49%) ÷ (1+3%)   0   0 (Call Option 행사하지 않음)

[Note 1] 헷지포트폴리오의 구성 및 이항옵션가격결정 모형 도출 과정

1. 헷지포트폴리오의 구성

1주의 주식을 매입하고, 이 주식에 대해 m개의 콜옵션을 매도하는 포트폴리오를 구성한다.

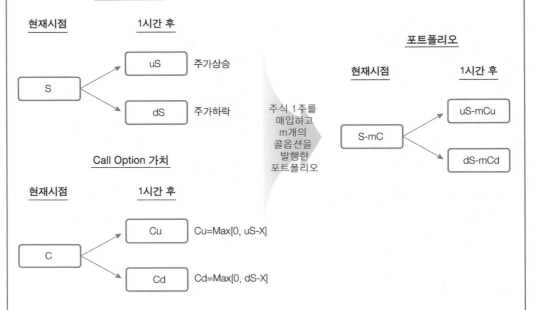

2. 콜옵션 개수(m) 산정

주식 1주를 매입하여 주가가 상승할 경우와 하락할 경우에 관계없이 일정한 수익을 얻기 위해 매도(발행)하여야 할 콜옵션 개수(m)를 구한다.

$$uS - mCu = dS - mCd$$

이라는 산식으로부터 $m = \dfrac{(uS - dS)}{Cu - Cd}$ 가 산정된다.

3. 무위험수익률을 이용한 헷지포트폴리오 균형식

헷지포트폴리오의 수익률은 무위험수익률(Rf)과 같다고 정의하였으므로 다음과 같은 식이 성립한다.

$$(S - mC) \times (1 + Rf) = uS - mCu$$

또는

$$(S - mC) \times (1 + Rf) = dS - mCd$$

4. 콜옵션가격의 도출

3번의 식을 콜옵션(C)를 중심으로 정리하면 다음과 같은 가격결정식이 도출된다.

$$C = \frac{1}{m} \times \left(S - \frac{uS - mCu}{(1+Rf)} \right)$$

5. 헷지확률을 적용한 콜옵션 가격식

$$C = \frac{[pCu + (1-p)Cd}{(1+Rf)}$$

$p = \dfrac{1+Rf-d}{u-d}$, $\quad 1-p = \dfrac{u-(1+Rf)}{u-d}$ 이고,

p는 헷지확률(위험중립확률)

u는 (1+주가상승률)

d는 (1-주가하락률)

Rf는 무위험이자율

Cu는 주가 상승 시점의 콜옵션가치, Cd는 주가 하락 시점의 콜옵션가치

C는 현재시점의 콜옵션가치

2　이항모형에 따른 전환권 평가

전환권이란 옵션의 소유자가 계약에 따라 미리 정해진 행사가격과 기간 내에 기초자산으로 교환할 수 있는 권리를 말한다. 대표적인 예로는 전환우선주, 전환사채, 신주인수권부사채에 부여된 주식으로 전환할 수 있는 권리가 있으며, 주식매수선택권(Stock Option)도 이와 유사한 성격의 권리로 볼 수 있을 것이다.

본 장에서는 전환권만 부여된 옵션상품을 가정하여 평가모형을 설명하고, 상환권 또는 상환 가정 등이 전환권과 함께 부여되었을 경우 추가적으로 고려하여야 하는 사항에 대해서는 다음 장에서 설명하기로 한다.

[그림 12-5] 이항모형에 따른 전환권 평가 Flow

발행조건 및 평가방법론 검토	옵션가격결정 요인 분석	주가 Tree 생성	옵션 Pay-off Tree 생성	옵션가격 결정 및 결과 검토
• 평가 목적 파악 • 기본 현황 파악 및 관련규정 파악 • 적합한 평가방법 결정	• 기초자산가격 (주가 등) • 행사가격 • 만기 • 변동성 • 무위험이자율	• 상승확률, 하락확률 검토 • 주기별 주가 상승, 하락 분포 tree 생성	• 헷지확률 검토 • 만기시점 옵션가격 산정 • 만기시점부터 현재까지 각 주기별 옵션가격 산정	• Pay-off tree로 부터 현재시점의 옵션가격 산정 • 평가결과 검토

1) 발행조건 및 평가방법론 검토

앞서 가치평가를 위해서는 사전적으로 거래의 속성, 평가대상에 대한 이해, 평가의 목적 등에 대한 이해가 필요하다고 하였다. 옵션가치 평가에 있어서도 이는 동일하게 적용할 수 있다. 예를 들어 회계목적[912] 공정가치 평가라면 발행자 입장과 투자자 입장에 따라, 그리고 전환권 및 상환권 등 옵션(내재파생상품)의 분리 혹은 분류 방법에 따라 평가방법은 달라질 수 있다.[913] 거래 목적 평가라면 거래 참여자들의 이해관계 및 기대가 고려되어야 할 수도 있다. 또한 옵션의 행사 가능시점, 기초자산의 특성에 따라서도 옵션 평가방법은 달라질 수 있다.

2) 옵션가격 결정 요인 분석

① 기초자산가격

기초자산은 옵션 행사를 통해 거래되는 자산을 말한다. 전환우선주에서 전환권의 가치를 산정할 때 기초자산은 전환하여 얻게 되는 보통주가 되는 것이다. 기초자산이 유통시장에서 거래되어 시가가 있는 경우에는 현 시점에서의 거래가 (주가 등)를 사용하면 되고, 거래가 되지 않는 경우에는 시가를 별도로 평가하여야 한다. 예를 들어 비상장주식에 부여된 전환권 등을 평가할 때 비상장주식에 대한 가치평가가 별도로 이루어질 필요가 있는 것이다.[914]

---

912) 회계처리 목적 옵션가치 평가라면 회계기준에 의해 평가가 필요한 부분이므로, 사전에 평가대상 옵션의 회계기준 적용 방법 등에 대해 충분히 논의할 필요가 있을 것이다.

913) 이에 대해서는 다음 장의 "4. 옵션 평가 시 고려사항: 회계기준(K-IFRS 1032호 및 1109호)"를 통해 설명하기로 한다. 이와 관련된 회계기준은 K-IFRS 제1032호 금융상품(표시) 및 K-IFRS 제1109호 금융상품에서 확인할 수 있다.

914) 회계목적의 평가라고 한다면 비상장주식 평가 시 K-IFRS 1113호를 참조할 필요가 있다. 예를 들어 비상장

② 행사가격

기초자산을 사거나 팔 수 있는 권리를 미리 정해진 가격에 행사할 수 있는 행사가격은 옵션 부여시점 혹은 계약시점에 정해진다. 옵션에 따라 특정 금액으로 정해지는 경우도 있고, 투자금액에 일정 이자율을 가산한 금액 등 기간별 계산식에 의해 정해지는 경우도 있다. 또한 발행 이후 대상회사의 유상증자, 액면분할 등에 의해 조정될 수 있다.

[Note 2] 발행 시 행사가격의 제약

참고로 행사가격은 옵션의 종류 및 상황에 따라 일정 제약조건이 있을 수 있다.

상법에서는 전환사채의 발행 시 그 발행가액 또는 전환가액은 공정한 가액[915]에 의해야 한다고 규정하고 있다. 공정한 가액에 대한 명확한 기준에 대해 상법에서는 언급된 바가 없지만[916] 주권상장법인이 전환사채를 발행하는 경우에는 증권의 발행 및 공시 등에 관한 규정 제5-22조에 따라 전환사채 발행을 위한 이사회결의일 전일을 기산일로 하여 소급하여 산정된 ① [1개월 가중산술평균주가, 1주일 가중산술평균주가 및 최근일 가중산술평균주가를 산술평균한 가액], ② [최근일 가중산술평균주가], ③ [청약일전(청약일이 없는 경우에는 납입일) 제3거래일 가중산술평균주가] 중 높은 가액 이상으로 하여야 한다.[917] 또한, 신주인수권부사채를 발행하는 경우에는 신주인수권 행사로 인하여 발행할 주식의 발행가액 합계액은 신주인수권부 사채의 발행가액 한도내[918]에서 이루어져야 한다.

주식매수선택권(Stock Option)의 경우에는 법인의 성격에 따라 행사가격 제약조건에 차이가 있을 수 있다.

주식의 경우에는 DCF법 등의 평가기법을 통해 평가하는 것이 일반적이지만, 최근 거래가격이 있는 경우에는 해당 가액을 공정가액으로 적용할 수 있는지 여부에 대한 판단이 필요한 것이다.

915) 상법 제424조의 2(불공정한 가액으로 주식을 인수한 자의 책임) ① 이사와 통모하여 현저하게 불공정한 발행가액으로 주식을 인수한 자는 회사에 대하여 공정한 발행가액과의 차액에 상당한 금액을 지급할 의무가 있다.

916) 시가가 없는 주식으로 전환되는 전환사채의 경우에 행사가액은 적합한 주식가치평가방법을 고려하여 평가된 공정가액 이상으로 하는 것이 합리적일 것이다.

917) 다만, 전환에 따라 발행할 주식이 증권시장에서 시가가 형성되어 있지 않은 종목의 주식을 발행하고자 하는 경우에는 권리내용이 유사한 다른 주권상장법인의 주식 시가(동 시가가 없는 경우에는 적용하지 아니한다) 및 시장상황 등을 고려하여 이를 산정한다. 또한, 신용등급이 BB+ 이하인 경우이거나, 유동화증권의 기초자산으로 하는 경우에는 본문의 규정으로 산정된 가액의 90%이상으로 할 수 있고, 대출금 또는 사채 상환을 위해 전환사채를 발행하는 경우에도 예외조항이 있다(증권의 발행 및 공시 등에 관한 규정 제5-22조).

918) 상법 제516조의 2(신주인수권부사채의 발행) ③ 각 신주인수권부사채에 부여된 신주인수권의 행사로 인하여 발행할 주식의 발행가액의 합계액은 각 신주인수권부사채의 금액을 초과할 수 없다(증권의 발행 및 공시 등에 관한 규정 제5-24조에도 동일한 조문 규정).

구분	일반법인	상장기업	벤처기업
관련규정	상법 제340조의 2	상법 제340조의 2, 자본시장과금융투자업에 관한 법률 시행령 제176조의 7 준용	벤처기업육성에 관한 특별조치법 시행령 제11조의 3
신주발행 시	실질가액과 주식의 권면액(券面額) 중 높은 금액[919]	일반기업과 동일하나, 실무적으로 실질거래가액을 주주총회 또는 이사회 전일을 기준으로 1주일, 1개월, 2개월간의 가중산술평균가액을 적용	상속세및증여세법 상 비상장주식 평가방법[920]에 의한 가액과 해당 주식 권면액 중 높은 금액 이상[921]
자기주식 교부 시	주식의 실질가액[922]	실질가액으로 상기 평가액으로 적용	부여 당시 시가[923] 이상

③ 만기

옵션은 일정기간 동안 기초자산을 사거나 팔 수 있는 권리인데, 권리가 소멸하는 시점까지의 기간이 만기이다. 만기는 곧 행사기간과 관련이 있으며, 일반적으로 발행시점에 정해진다. 행사기간은 통상적으로 일정시점 이후 만기까지의 기간으로 정해지거나, 특정 기간 동안으로 정해질 수도 있다. 이항모형 등으로 옵션가치를 평가할 때 일반적으로 계약상의 만기시점까지 평가가 이루어진다.[924]

옵션만기에 따라 옵션의 종류가 구분될 수 있는데, 옵션 만기일에만 권리를 행사할 수 있는 옵션을 유러피언 옵션(European Option)이라고 하고, 옵션 만기일 이내에서 정해진 기간내에 언제든지 권리를 행사할 수 있는 옵션을 아메리칸 옵션(American Option)이라고 한다.

---

919) 상법 제340조의 2(주식매수선택권) 제4항 제1호. 신주를 발행하는 경우에는 주식매수선택권의 부여일을 기준으로 한 주식의 실질가액과 주식의 권면액(券面額) 중 높은 금액. 다만, 무액면주식을 발행한 경우에는 자본으로 계상되는 금액 중 1주에 해당하는 금액을 권면액으로 본다.

920) 주식매수선택권을 부여한 날을 기준으로 「상속세 및 증여세법」 제60조를 준용하여 평가한 해당 주식의 시가(벤처기업육성에 관한 특별조치법 시행령 제11조의 3)

921) 행사가격이 주식의 권면액 이상이고, [(부여 당시 시가 – 행사 가격) × 행사 대상 주식 수]가 1인당 5억원 이하인 경우에는 행사가격을 시가보다 낮은 가액으로 할 수 있다(벤처기업육성에 관한 특별조치법 시행령 제11조의 3).

922) 상법 제340조의 2(주식매수선택권) 제4항 제2호. 자기의 주식을 양도하는 경우에는 주식매수선택권의 부여일을 기준으로 한 주식의 실질가액

923) 부여 당시 시가는 주식매수선택권을 부여한 날을 기준으로 「상속세 및 증여세법 시행령」 제54조를 준용하여 평가한 해당 주식의 시가를 말한다(벤처기업육성에 관한 특별조치법 시행령 제11조의 3).

924) 즉, 임의의 일정 시점까지만으로 모델을 구성하지는 않는다. 행사가능성 등은 발행조건, 가격변동 등 모형의 구성상에 각각의 요소로 반영된다고 보며, 각 요소에서 임의적인 기대치의 반영은 공정가치로 보지 않기 때문이다.

④ 변동성

이항모형에서의 변동성은 기초자산의 변동성을 의미한다. 변동성은 내재적 변동성과 역사적 변동성이 있는데, 측정의 용이성 때문에 역사적 변동성이 이항모형 변동성을 측정하는 방법으로 많이 활용된다. 역사적 변동성을 측정하는 통계적 방법으로는 단순이동평균법(SMA, simple moving average), 지수가중이동평균법(EWMA, exponentially weighted moving average), 자기회귀조건부이분산모형법(GARCH, generalized auto regressive conditional heteroskedasticity) 등이 있는데, 기초자산가격의 표준편차를 평균하여 구하는 단순이동평균법이 실무적으로 많이 활용되고 있다. 이론적으로는 옵션의 가격에 영향을 미치는 요소는 미래 가격의 변동성이므로 기초자산의 미래 변동성을 적용하는 것이 타당할 수 있으나, 미래 가격 변동성을 측정하는 것은 현실적으로 불가능하기 때문에 역사적 변동성, 즉 기초자산의 과거 가격을 통해 수익률의 표준편차를 계산하고 이를 옵션가치 산정 시의 변동성으로 적용하는 것이 일반적이라 볼 수 있다.[925]

변동성은 주가트리 생성을 위한 주가의 상승률과 하락율을 추정하기 위해 필요하다. 주가의 상승과 하락의 폭은 변동성과 시간의 경과에 영향을 받는다고 가정하기 때문이다.

상장기업과 같이 시가가 있는 주식을 기초자산으로 하는 경우에는 해당 주식의 과거 일정기간 주가 변동성을 측정하여 적용하고, 비상장기업과 같이 시가가 형성되어 있지 않은 기초자산의 변동성은 유사상장기업 같은 평가대상과 유사한 기초자산의 변동성을 측정하여 적용한다.[926]

---

925) 변동성은 옵션의 활성시장을 통해 측정하는 내재적 변동성과 과거 일정기간 동안의 기초자산 가격변화율을 통해 측정하는 역사적 변동성이 있는데, 옵션이 활성시장에서 거래되는 경우가 많지 않은 등 내재적 변동성 측정이 쉽지 않기 때문에 통상적으로 역사적 변동성을 많이 활용하고 있다.
926) 상장기업이라고 하더라도 최근 상장되어 역사적 변동성 측정을 위한 기간이 충분하지 않다면 유사기업의 변동성을 측정한 후, 이를 참고하여 적용하는 것을 고려할 수 있다는 의견이 있는 반면, 상장 후 일정기간 이상이라면 역사적 변동성으로써의 의미가 전혀 없는 것은 아니므로 유사기업보다는 해당 기업의 변동성이 더 적합할 수 있다는 의견(즉, 실무적으로 많이 적용하고 있는 180영업일이 되지 않는다는 이유로 해당 기업의 역사적 변동성을 배제하는 것은 적합하지 않다는 의견)도 존재한다.

[표 12-5] 변동성 측정을 위한 유사회사 선정시 고려사항[927]

- 사업의 유사성: 사업이 유사할수록 변동성의 크기는 유사할 것으로 가정
- 기업규모의 유사성: 기업규모가 작을수록 변동성은 비교적 크게 나타나는 경향이 있음.
- 사업영위기간: 사업영위기간이 짧을수록 변동성은 비교적 크게 나타나는 경향이 있음.
- 자본구조: 부채비율이 높을수록 변동성은 비교적 크게 나타나는 경향이 있음.

역사적 변동성의 측정 기간은 옵션의 잔존만기에 대응되는 기간의 주가수익률 정보를 통해 측정하는 방법이 실무적으로 많이 적용되고 있다. 즉, 옵션의 잔존만기가 1년일 경우, 과거 1개년의 주가수익률 정보를 통해 변동성을 측정하는 것이다.[928]

[표 12-6] 변동성 측정기간 적용예시

관측기간	180, 250영업일 등 단기	평가대상의 잔여만기 또는 5년, 10년 등의 장기
사용예시	조기상환옵션 내재된 RCPS, CB	만기행사 가능성이 높은 스톡옵션 등
참고사항	단기간 내 행사가능 혹은 최근 사업모형의 특성을 효과적으로 반영하는 것이 필요한 경우	잔존만기에 대응되는 과거기간의 주가수익률 설명력이 필요한 경우

측정된 변동성이 주가트리 생성을 위한 주가의 상승률과 하락률에 적용될 때에는 기초자산의 가격 변동 측정주기에 따라 환산되어 적용된다. 예를 들어 주가트리를 월단위로 생성할 경우에는 일간(daily) 기준으로 측정된 변동성이 월간(monthly)으로 환산되어 적용되는 것이다.

기초자산의 가격 측정주기는 옵션의 행사가능시기와 잔여기간 등이 종합적으로 고려되어야 한다. 만약 상장되어 있는 주식을 기초자산으로 하여 발행된 콜옵션이 있을 경우, 주가는 매일 변동하고, 옵션도 주가변동에 따라 매일 행사할 수 있다면 일단위로 주가트리의 가격 변동 주기를 생성하는 것이 논리적일 것이다. 그러나, 잔여기간이 충분히 긴 상황에서 일단위로 가격변동 주기를 생성하는 것이 비효율적일 수 있어 전체적인 가격변동횟수 및 총node 수를 고려하여 가격변동주기를 생성하는 것을 고려할 수도 있다. 또한 주가는 매일 변동하나 옵션의 행사가 매월말에만 가능한 경우라면 주가트리의 가격 변동 주기도 이에

---

927) 다수의 유사기업을 선정하여 평가대상에 적용할 변동성을 산정할 때에는 각 대용기업 1주당 주가의 변동성의 평균값 혹은 중앙값을 산정한 후 대용기업의 시가총액을 기준으로 각 기업의 변동성을 가중평균하여 산정한다.
928) 잔존만기가 많이 남아 있는 경우, 잔존만기에 대응하는 과거 기간의 주가 수익률 변동성을 측정하는 경우도 있지만, 먼 과거의 주가수익률이 최근의 주가수익률에 대한 설명력이 낮다고 보는 경우에는, 실무상 180영업일 혹은 1년(약 250영업일) 동안의 주가수익률을 통해 변동성을 측정하는 경우가 많이 있다.

대응하여 월단위로 하는 것을 고려할 수 있다. 비상장기업의 경우에는 상장기업과 달리 주가가 매일 변동한다고 가정하는 것이 합리적이지 않을 수 있다. 이러한 경우에는 만기까지의 기간, 옵션의 행사주기, 기초자산의 가격변동사유 등을 종합적으로 고려하여 주가 및 옵션의 가격 변동 트리를 생성할 때의 가격변동 측정주기를 결정하여야 한다.[929]

[Note 3] 변동성 측정의 예시

이항모형은 주가 등 기초자산 가격의 변동이 이항분포를 따른다고 가정한다. 즉, 시간의 흐름을 이산적으로 보는 것이다. 그럼에도 불구하고 실무에서는 많은 사례에 있어서 연속복리의 개념을 적용하고 있다. 이는 이항모형에서의 시간의 흐름을 가능한 확장하여 사실상 연속복리의 세계로 가정하는 것으로 보인다.

이러한 개념을 활용하여 역사적 변동성을 측정하는 방법을 다음의 예시를 통해 살펴보도록 한다.

ⓐ 해당 주식의 일정 기간동안(예: 180일)매일의 종가를 확보한다.
ⓑ 일별 수익률을 계산한다.(예: 당일주가/전일주가)
ⓒ 자연로그값을 계산한다.(예: ln(당일주가/전일주가)
ⓓ 계산된 자연로그값의 표준편차를 구한다. 이 표준편차가 일별 역사적 변동성이 된다.
ⓔ 일별 변동성의 연율화(연환산)가 필요한 경우에는 ⓓ에서 계산된 표준편차값에 $\sqrt{\text{연간영업일}}$[930]을 곱하여 산정한다.

다음의 표는 위에서 설명한 단계에 따라 변동성을 측정한 예시이다. 실제 변동성 측정에는 더 많은 데이터를 필요로 하지만 이해를 위해 10개의 데이터만으로 변동성을 측정해 보도록 한다.

No.	일자	ⓐ 주가	ⓑ 일별수익률 (당일주가/전일주가)	ⓒ 자연로그 ln(ⓑ)
1	20×9/03/17	11,063	101.03%	1.022%
2	20×9/03/16	10,950	97.55%	-2.48%
3	20×9/03/15	11,225	101.01%	1.01%
4	20×9/03/14	11,113	100.79%	0.79%
5	20×9/03/13	11,025	101.97%	1.95%
6	20×9/03/10	10,813	100.58%	0.58%
7	20×9/03/09	10,750	99.42%	-0.58%
8	20×9/03/08	10,813	99.43%	-0.58%
9	20×9/03/07	10,875	102.72%	2.68%
10	20×9/03/06	10,588	99.65%	-0.35%
11	20×9/03/03	10,625	–	–

ⓓ data No.1~10까지의 표준편차값을 구한다. 위의 예시에서 자연로그 값의 표준편차는 1.46%이다.

ⓔ 연간 영업일을 250일로 가정하여 일일 변동성을 연율화하면 $1.46\% \times \sqrt{250} = 23.2\%$ 가 된다.

⑤ 무위험이자율[931]

무위험이자율은 평가기준일 현재 옵션의 잔존만기에 대응하는 국고채 금리를 실무적으로 많이 적용하고 있다. 예를 들어 옵션의 잔존만기가 3년일 경우, 평가 기준일을 기준으로 하여 3년 만기 국고채 수익률을 이용하는 것이다. 만약 옵션의 잔존만기에 따른 기간의 수익률 정보가 없을 경우에는 선형 보간법을 적용하여 수익률 추정한다.

⑥ 기타 요인

기타 고려되어야 하는 사항으로는 발행조건 검토 시 각 옵션의 행사 가능 시점이 있을 수 있다. Pay-off 트리를 생성할 때 각 구간별로 부여된 권리가 있는지, 부여된 권리의 행사 가능 시점인지 등을 고려하여야 하기 때문이다.

배당도 옵션 평가에 영향을 미칠 수 있는 요인 중의 하나라고 볼 수 있다. 만약 배당을 가정한다면, 기초자산의 주가트리를 생성할 때 고려할 수 있다. 즉, 배당은 단기적으로 주가 하락 요인이 있다고 보기 때문에 가격변동 단계별로 각 node에서 배당의 영향을 반영하여

---

931) Stock-option의 평가 등에 있어서 현금정산일 경우에는 실무상 신용위험을 고려한 할인율을 적용하는 경우가 많다.

주가 트리를 생성할 수 있는 것이다. 이때 주의할 점은 평가대상이 되는 옵션의 보유자가 갖는 배당에 대한 권리의 내용을 확인하여야 한다는 점이다.[932]

3) 주가 트리 생성

주가트리 생성을 위해서는 현재시점의 주가(기초자산의 가격)와 주가의 변동성, 만기 등의 정보가 필요하다. 다음의 가정을 통해 주가트리를 생성하는 과정을 살펴보자.

[표 12-7] 주가트리 생성을 위해 필요한 요소의 가정

구분	가정
현재시점 주가(기초자산의 가격)	10,000원
측정주기[933]	월간 측정을 가정
주가변동성	10%(일 변동성 측정을 통해 환산된 월 변동성)
1기간 주가 상승률(u)[934]	exp(10%)=1.1052
1기간 주가 하락율(d)	1/u= 1/1.1052 = 0.9048
옵션만기	4개월 후

현재시점의 주가 10,000원에서 1기간 후의 주가는 주가상승률(1.1052)만큼 상승하여 11,052원이 되거나, 주가하락률(0.9048)만큼 하락하여 9,048원이 될 것으로 추정한다.[935] 이렇게 각 측정주기별로 주가 상승률과 하락률을 각각 반영하여 추정하면 다음과 같은 트리(Tree) 형태의 기간별 주가 추정표를 구할 수 있다.

---

932) 옵션보유자가 배당에 대한 권리가 없는 경우에는 기초자산가격의 하락으로 인한 효과가 고려되어야 할 것이고, 옵션보유자가 배당에 대한 권리가 있는 경우에는 배당락 등으로 인한 기초자산 하락효과를 배당수취로 확보할 수 있다는 점이 고려되어야 할 것이다.

933) 실무적으로 기초자산의 가격변동횟수와 옵션의 행사가능시기 및 만기 등을 고려하여 일일, 주간, 월간, 분기 등으로 모형을 확장하여 옵션모형을 구성한다.

934) 이항모형은 주가 등 기초자산 가격의 변동이 이항분포를 따른다고 가정한다. 즉, 시간의 흐름을 이산적으로 보는 것이다. 그럼에도 불구하고 실무적으로 연속복리를 적용하는 것은 이항모형에서의 시간의 흐름을 가능한 확장하여 사실상 연속복리의 세계로 가정하는 것이다.

935) 트리(Tree)에서 주가상승 또는 하락시 추정되는 각 기간의 값을 가진 항목을 "노드(node)"라고 한다.

[그림 12 - 6] 주가 트리

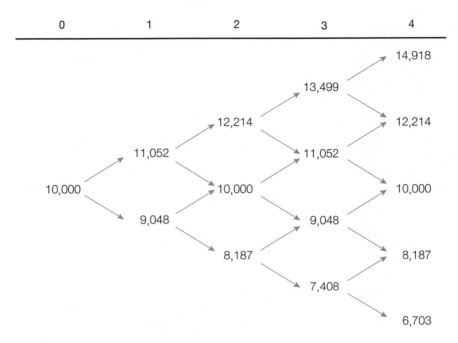

측정주기(기초자산 가격변동)

4) 옵션 Pay-off tree 생성

콜옵션 pay-off tree를 만들기 위해서는 주가 트리를 통해 추정된 시점별 주가, 행사가격, 헷지확률, 무위험이자율 등에 대한 정보가 필요하다. 이러한 정보를 토대로 하여 만기시점의 옵션가격을 추정하고, 헷지확률을 적용하여 만기시점부터 현재시점까지 시간의 역순으로 기간별 옵션가격을 산정한다.

[표 12 - 8] 콜옵션 pay-off tree 생성 단계

단계	구분	설명
Step1	만기시점 옵션가격 추정	옵션만기 시점의 주가 상승률과 하락률에 따라 추정된 주가와 행사가격을 통해 만기시점의 옵션가격 산정
Step2	헷지확률 검토	주가 상승률과 하락률의 기대수익률이 무위험수익률이 되도록 하는 확률로서 위험중립확률 산정
Step3	옵션 pay-off tree 생성	만기시점부터 현재시점까지 역순으로 각 노드(node)별 옵션가치를 산정

[표 12-9] 옵션 pay-off tree 생성을 위해 필요한 요소의 가정

구분	가정
주가	주가트리의 기간별 주가
행사가격	9,000원
무위험이자율	0.03%(월기준) → 1기간 현가계수: 0.9997
주가 상승률 (주가하락률)	1.1052 (0.9048)

① 만기시점 옵션가격 추정

콜옵션 보유자는 만기시점의 주가가 행사가격보다 크면 옵션을 행사하여 주가와 행사가격의 차이만큼 가치를 얻게 되고, 주가가 행사가격보다 낮을 경우에는 옵션을 행사하지 않는 의사결정을 하게 될 것이다. 이러한 가정하에 주가트리에서 추정된 만기시점의 주가와 행사가격을 비교하여 만기시점 옵션가격을 다음과 같이 산정한다.

[표 12-10] 만기시점 콜옵션 가격

추정 주가	행사가격	콜옵션가격 산정식	콜옵션가격
14,918	9,000	Max[0, (14,918 − 9,000)]	5,918
12,214	9,000	Max[0, (12,214 − 9,000)]	3,214
10,000	9,000	Max[0, (10,000 − 9,000)]	1,000
8,187	9,000	Max[0, (8,187 − 9,000)]	0
6,703	9,000	Max[0, (6,703 − 9,000)]	0

② 헷지확률(위험중립확률) 검토

주가트리를 생성할 때 1기간에서 2기간의 주가는 주가 상승률과 하락률을 적용하였다. 옵션가격의 pay-off tree에서는 헷지확률(위험중립확률)을 적용한다.

헷지확률(위험중립확률)은 주가의 상승 또는 하락과 무관하게 일정한 수익을 얻게 되는 비율로서 주가의 상승률(하락률) 또는 주가가 상승할 확률(하락할 확률)과는 다른 의미이다. 이항옵션모형은 기대수익이 무위험수익률과 동일한 옵션가격을 도출하는 과정이므로 이때 필요한 확률도 주가의 상승확률 또는 하락확률이 아닌 위험중립형 투자자를 가정한 헷지확률(p)인 것이다. 즉, 위험중립확률이란 상승비율과 하락비율의 기대수익률이 무위험수익률이 되도록 하는 확률로서, 무위험이자율과 주가의 변동성(상승률과 하락률, 배당률 등)에 의해 결정된다.

위험중립확률(헷지확률)
$$p = \frac{1+Rf-d}{u-d} = (1+0.03\%-0.9048) \div (1.1052-0.9048) = 0.4767$$

③ 옵션 pay-off tree 생성(기간별 옵션 가격 산정)

옵션 pay-off tree는 만기 시점부터 현재시점까지 시간의 역순으로 각 기간별 옵션가치를 산정하여 작성한다. ① 단계에서 만기시점의 옵션가격을 산정하였다면, 직전기간의 옵션가치는 직후기간의 주가상승시 옵션가치와 주가하락시 옵션가치에 헷지확률을 적용한 값을 무위험이자율로 할인한 값과 해당 기간에 주가와 행사가격 차이를 비교한 값 중 큰 값이 된다. 즉, 옵션보유자는 해당 기간에 옵션을 행사하는 것이 나을지, 아니면 다음기까지 옵션을 보유하는 것이 나을지를 비교하여 행사여부를 결정한다는 논리가 반영된 것이다.

위의 사례에서 3개월 후 주가가 계속 상승하여 13,499원으로 추정되는 경우, 3기 시점의 콜옵션의 pay-off는 다음과 같이 계산될 수 있다.

C = Max {(5,918 x 0.4767 + (1-0.4767) x 3,214) x 0.9997, 13,499-9,000}
  = max (4,502, 4,499)
  = 4,502원

위의 식에서 앞부분의 5,918원은 직후 기간의 주가 상승 시 옵션가치이고, 3,214원은 직후기간의 주가하락 시 옵션가치이다.

이를 0.4767과 1-0.4767인 헷지확률 p와 1-p를 반영하여 계산한 후 무위험이자율인 0.03%로 할인하였다.

뒤부분의 13,499원은 주가트리에서 해당 노드(node)의 주가이며, 9,000원은 행사가격이다.

해당 노드에서는 옵션을 행사하지 않고 다음기로 행사를 이연할 경우의 가치가 4,502원이고, 해당 시점에 옵션을 행사할 때의 가치가 4,499원이므로, 옵션보유자는 옵션을 행사하지 않고, 다음기로 이전하여 해당 노드에서의 옵션가치는 4,502원이 된다. 이러한 방식으로 각 노드별 옵션가치를 산정하면 다음과 같은 옵션 pay-off tree가 작성된다.

[그림 12-7] 옵션 pay-off tree

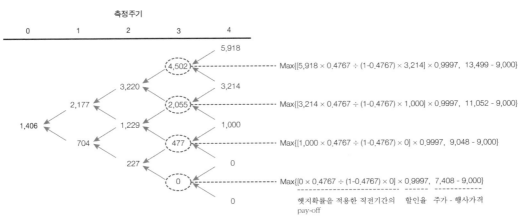

5) 옵션가격 결정 및 평가 결과 검토

옵션 pay-off tree에서 만기시점부터 현재시점까지 시간의 역순으로 각 노드(node)별 옵션가치를 산정하면 0기간(평가기준일)의 노드에서 산정된 가치가 바로 현재시점의 옵션가치가 된다. 위의 예시에서는 1,406원이 현재시점에서의 옵션가치이다.

옵션가치를 각 노드별로 산정할 때에는 반드시 해당기간에 옵션의 행사 가능 여부를 확인하고, 행사가 가능하다면 해당 기간에 옵션을 행사할 때의 가치와 다음기까지 옵션을 보유하였을 때의 가치를 비교하여 더 큰 값으로 평가하여야 한다는 점에 주의하여야 한다.

이항옵션모형에 의한 평가결과를 검토하는 방법으로 블랙숄즈 모형에 의한 평가결과와 비교하는 방식이 사용될 수 있다. 블랙숄즈 모형은 만기에만 옵션이 행사 가능하다고 가정하고 있으므로 이항옵션모형에 의한 평가 결과가 블랙숄즈 모형에 의한 평가결과보다 큰 것이 일반적이다. 예시의 가정을 블랙숄즈 산식에 적용하여 계산하면 옵션가치는 1,367원이 산정된다. 이는 이항모형에 의한 평가결과인 1,406원에 비해 낮기 때문에 이항모형에 의한 평가결과는 적정하다고 볼 수 있다.

이처럼 이항옵션모형을 이용하면 주식 등 기초자산의 가격변동 기간에 따라 다양한 만기 등으로 확장하여 적용할 수 있고, 옵션의 권리 행사 내용을 각 노드에 적용하여 평가할 수 있으므로 실무적으로 전환권 등의 콜옵션가치를 평가하는 데 유용하게 활용되고 있다.

3 이항모형에 기초한 복합계약상품 평가(T-F모형과 G-S모형)

전환권이나 상환권과 같은 주식 옵션과 채권 옵션이 포함된 복합금융상품의 평가를 위해서는 주식의 변동성과 채권의 기초자산인 이자율의 변동성을 하나의 모형에서 동시에 고려하는 것이 이상적이다. 최근 시장에서 주로 활용되고 있는 이항모형 기반의 G-S 및 T-F 모형 등의 혼합할인율 모형은 복합계약상품의 지분과 채권을 혼합한 속성을 다루는 데 중점을 두며 금리변수의 확률적 변동은 고려하지 않고 있다. 이자율의 변동을 고려한 방법으로는 BDT 및 Hull & white모형 등이 시장에서 많이 활용되고 있다. 그러나 이 모형은 지분의 변동성은 고려하지 않고 있다. 그러므로 주식옵션과 채권옵션이 동시에 포함된 옵션의 가치를 평가할 때에는 어떤 부분에 중요성을 둘지를 판단하여야 한다. 예를 들어 복합계약상품을 발행한 기업 중 초기 및 성장단계 기업은 높은 위험할인율을 적용받는 기업인 경우로 이러한 기업이 발행한 복합계약상품은 이자율의 확률변수적 특성이 가치에 미치는 영향이 유의하지 않고 주식의 확률변수적 특성이 중요한 경우로 가정하여 혼합할인율 모형인 T-F모형이나 G-S모형을 사용하는 것이다. 또다른 예로 평가대상 복합계약상품을 높은 신용등급을 지닌 기업이 발행한 경우로서 신용등급의 변화로 보장되는 수익률과 위험할인율의 차이가 유의하지 않고, 이자율 변동에 따른 시간가치 고려 여부에 따라 옵션부채권 및 투자자의 조기상환청구권의 가치가 유의하게 달라질 것으로 기대되는 경우에는 이자율 변동 위험이 중요하다고 가정하여 BDT모형을 사용하는 것이다.

다만 복합계약상품의 평가모형은 연구가 계속되고 있는 분야로서 지속적으로 논의중이고 시장에서 실무적으로 검증하는 과정에서 다양한 견해와 새로운 시도들이 나오고 있기 때문에 그 변화 과정을 지켜볼 필요가 있다는 것이다. 또한 복합계약의 특성상 그 성격이 정형화되어 있지 않다는 점도 어떤 특정 방법이나 단일의 규범으로 정의하기에는 부족한 부분이 있다는 점도 고려되어야 한다.

1) Tsiveriotis-Fernandes model(T-F 모형)과 Goldman-sachs model(G-S 모형)

전환권 및 상환권과 같은 다양한 옵션이 부여된 상품을 평가하기 위해서는 해당 옵션의 조건들이 평가모델에 반영될 수 있어야 한다. 이러한 다양한 조건들을 평가모형에 반영하는 방법으로 실무상 많이 활용되는 방법이 "T-F 모형" 및 "G-S 모형"과 같이 무위험할인율과 함께 위험할인율을 반영하여 평가하는 모델이다. 이들 평가모델은 이항모형에 기초하여 옵션이 부여된 금융상품을 평가하는 방법이다.

이들 모형은 각 시점별로 금융상품 보유자의 선택가능한 옵션을 "전환 시 가치", "상환시 가치", "보유 시 가치" 등으로 구분하고, 이를 지분가치부분과 채권가치부분으로 구분하여 각각의 현금흐름 특성에 맞는 할인율을 적용하여 전체가치를 측정하는 방식이다. 즉, 위험중립확률이 적용되는 지분요소가치 부분은 무위험이자율로 할인하여 가치를 산정하고, 채권요소가치 부분은 신용위험이 반영된 위험이자율로 할인하여 가치를 산정한다. 그리고, 지분요소가치와 채권요소가치가 복합적으로 내재된 보유가치를 산정할 때는 무위험이자율과 위험이자율을 가중평균하여 적용한다. 단, 무위험이자율과 위험이자율을 가중평균하는 방식은 G-S모형이 위험중립확률이 적용된 각 노드별 현금흐름을 무위험할인율과 위험할인율이 가중평균된 할인율을 사용하는 방법이고, T-F 모형은 각 노드별 현금흐름을 지분가치와 채권가치로 구분한 후, 지분가치는 무위험할인율로 할인하고 채권가치는 위험할인율로 할인하여 적용하는 방식이라는 점이 차이가 있다.[936].

T-F모형 및 G-S모형과 같은 옵션 평가방법은 복합금융상품 발행기업에 대한 신용위험을 고려하고 있을 뿐만 아니라, 옵션이 부여된 금융상품 보유자의 의사결정과정이 옵션의 조건에 따라 전환하였을 때의 가치, 상환하였을 때의 가치, 계속 보유할 때의 가치 등으로 구분하여 반영가능하고, 다양한 조건의 효과를 모형에 반영하여 파악할 수 있다는 장점 등으로 인하여 실무적으로 많이 활용되고 있다.

2) 전환사채 평가 예시 1(위험 - 무위험 할인율 가중평균 방식)

전환사채(CB, Convertible Bond)는 보통주식 등으로 전환할 수 있는 전환권이 부여된 사채이다. 권리(옵션) 보유자 입장에서는 전환권을 행사할 것인지, 사채상환권을 행사할 것인지의 판단은 주어진 상황 하에서 각각의 권리 행사로 인한 이익을 비교하여 최선의 선택을 한다고 본다면, 전환권과 상환권의 권리행사는 상호 영향을 미치는 의존적 관계로서 두 권리의 중첩되는 부분이 있기 때문에, 이러한 특성은 평가시에도 고려되어야 하고, 회계처리를 할 때에도 고려되어야 한다.

다음은 Goldman-sachs model(G-S 모형)과 같이 무위험이자율과 위험이자율 및 이를 가중평균한 위험조정할인율을 혼합하여 적용하는 방식(Blended discount model)으로 전환사채의 가치를 산정하는 경우의 예시이다. 기본적인 평가과정은 앞서 설명한 전환권의 평가과정과 큰 차이가 없으므로 추가적으로 고려되어야 하는 사항 위주로 알아보기로 한다.

---

936) 공정가치평가, 강진홍, 2020.01

[표 12-11] 전환사채 평가를 위한 기본 가정[937]

구분	내용	설명
전환사채 액면가액	10,000원	1:1로 보통주 전환 가능 (발행일부터 만기시까지 전환청구 가능)
기초주가	10,000원	-
만기상환액	11,000원	만기보장원리금
조기상환액	10,700원	2년 후 실행 가능
액면이자율(연)	1%	액면가액의 1%(연 100원)
무위험이자율(연)(Rf)	2%	측정기간은 연단위 가정
위험이자율(연)(Rd)	10%	발행자 신용위험이 고려된 이자율
연간 변동성	30%	-
주가상승계수(u)	1.3499	Exp(30%)
주가하락계수(d)	0.7408	1/주가상승계수
위험중립확률(p)	0.4587	(1+Rf-d)/(u-d) 또는 [Exp(Rf)-d]/(u-d)[938]

기초주가를 기준으로 상승확률(u)와 하락확률(d)를 적용하여 다음과 같이 각 기간별 주가트리를 완성한다. 이 주가트리는 옵션보유자가 전환권을 행사할 경우 해당 시점의 가치가 된다.

---

937) 이자율은 기간구조를 고려하지 않고 각 기간별 위험이자율과 무위험이자율은 동일하다고 가정
938) 시간의 흐름을 이산적으로 가정하는 기본 이항모형의 전제에도 불구하고, 옵션평가모형을 실무 적용할 때에는 이항모형에서의 시간의 흐름을 가능한 확장하여 사실상 연속복리의 세계로 가정하여 (1+r)을 적용할 때 엑셀함수 exp(r)를 많이 활용하고 있다.

[그림 12-8] 기초자산 주가트리

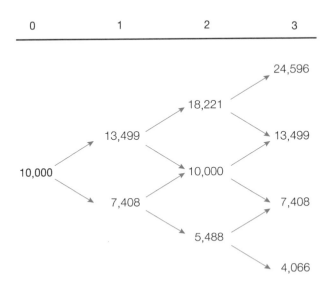

주가트리 (기초자산 가격변동)

기초자산 주가트리를 완성한 다음으로는 각 기간별 채권의 가치를 산정한다.

채권가치는 각 기간별 액면이자와 만기상환액, 조기상환가치 등을 고려하여 현재가치를 통해 산정하는데, 이 때 적용하는 이자율은 발행자의 신용위험이 고려된 위험이자율이다.

아래 그림에서 만기시점인 3년 시점의 가치는 만기상환원리금이며, 2년 시점의 가치는 채권을 만기까지 보유하였을 때의 2년 시점에서의 현재가치(10,053원)이지만, 본 예시에서는 조기상환권이 있기 때문에 만기까지의 보유가치와 조기상환권의 가치 중 더 큰 가치인 조기상환권을 행사하였을 때의 가치(10,700원)가 2년 시점의 채권가치가 된다. 그리고 1년 시점과 평가 기준시점은 위험이자율로 할인한 채권보유가치이다.

[그림 12-9] 각 기간별 상환가치 및 채권을 보유함에 따른 가치(채권가치)

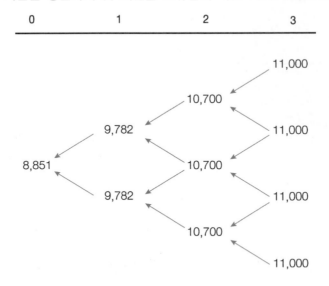

다음으로는 기초자산에 주가트리와 각 기간별 채권가치를 비교하여 옵션보유자가 전환권을 행사할 것인지, 상환권을 행사할 것인지, 아니면 해당 기간의 행사를 유보하고 보유할 것인지의 가치를 비교하여 각 기간별 전환사채 가치트리를 작성한다. 이 때 작성은 만기시점의 가치에서 시작하여 평가기준일 시점까지 시간의 역순으로 계산하게 된다.

[그림 12-10] 전환사채 가치트리

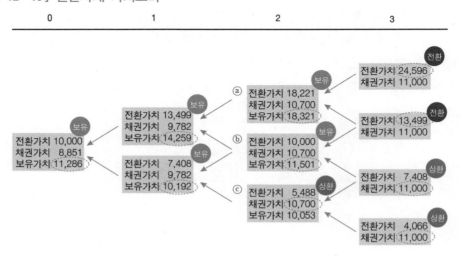

옵션보유자는 만기시점에는 전환시 가치와 상환시 가치(채권가치)를 비교하여 이 중 더 큰 가치를 행사할 것이기 때문에 전환가치와 채권가치 중 더 큰 금액이 만기시점의 가치가 된다.

2년 후 시점에서는 전환시 가치와 채권가치, 그리고 옵션을 행사하지 않고 보유하였을 때의 가치를 비교하게 된다.

여기서 보유가치(Holding Value)는 해당 기간에 권리를 행사하지 않고 다음 기간으로 권리행사를 이전하는 경우를 말하는 것으로 시간상 역순으로 직전기간의 가치를 통해 산정한다. 즉 2년 시점의 보유가치 산정 시 직전기간은 3년 시점이므로 만기시점이 직전기간이 된다. 직전기간(만기시점)의 가치가 전환가치이면 무위험할인율로 할인하고, 직전기간의 가치가 채권가치이면 위험할인율로 할인하며, 전환가치와 채권가치가 혼합된 보유가치이면 무위험할인율과 위험할인율을 가중평균한 할인율을 적용한다.

[표 12-12] 2년 시점 보유가치 산정

구분	내용
기본산식	[상승시 만기가치 × 위험중립확률＋하락시 만기가치 × (1−위험중립확률)] × 할인율＋액면이자
ⓐ 보유가치 : 18,321	[24,596 × 0.4587＋13,499 × (1−0.4587)] × 0.9802＋100
ⓑ 보유가치 : 11,501	[13,499 × 0.4587＋11,000 × (1−0.4587)] × 0.9387＋100
ⓒ 보유가치 : 10,053	[11,000 × 0.4587＋11,000 × (1−0.4587)] × 0.9048＋100

위에서 첫 번째 보유가치ⓐ는 만기가치가 상승시(24,596원) 및 하락시(13,499원) 모두 전환시 가치이므로 무위험이자율인 2%[exp(−2%)][939]를 적용하였다.

그리고 보유가치ⓒ는 만기시 가치가 모두 상환가치(11,000원)이므로 위험이자율 10%를 적용하였다.

그리고 보유가치ⓑ는 만기가치가 상승시에는 전환가치이고, 하락시에는 상환가치이므로 전환가치에 적용할 무위험이자율 2%와, 상환가치에 적용할 위험이자율 10%를 위험중립확률로 가중평균한 6.33%[exp(−6.33%)]를 적용하였다.

---

939) Exp(−2%)는 1/(1+2%)를 연속함수 개념으로 적용한 것임.

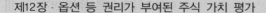

[표 12-13] 2년 시점 각 노드별 적용 할인율

구분	적용이자율	산식	설명
ⓐ	2%	–	무위험할인율
ⓒ	6.33%	$[2\% \times 0.4587 + 10\% \times (1-0.4587)] = 6.33\%$	위험가중할인율
ⓑ	10%	–	위험할인율

위의 표와 같이 각 노드별 적용할 할인율을 산정하여 할인율 트리를 생성한 후 각 노드별 가치를 구한다.

[그림 12-11] 각 노드별 적용할 할인율 트리 예시[940)

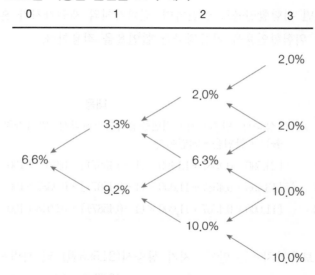

추가적으로 전환사채를 계속 보유하는 의사결정을 할 경우에는 액면이자 1%를 얻을 수 있기 때문에 보유가치에 이를 가산해 주었다.

이렇게 만기시점부터 시간상 역순으로 전환가치, 채권가치(상환가치), 보유가치를 비교하여 옵션이 부여된 성격에 따라 옵션보유자가 행사할 가능성이 높은 금액으로 각 노드별 가치를 산정하여 평가기준일 시점의 전환사채 가치를 산정하면 11,286원이 된다.

이와 같은 방법이 Goldman-sachs model과 같이 평가시 적용하는 할인율을 무위험이자율과 위험이자율 및 이를 가중평균한 위험조정할인율을 혼합하여 적용하는 방식(Blended discount model)으로 전환사채의 가치를 산정하는 경우라고 볼 수 있다.

---

940) 이자율은 기간구조를 고려하지 않는 것으로 가정하였으므로 각 기간별 위험이자율과 무위험이자율이 동일하다고 가정한 값을 기준으로 할인율을 가중평균함.

3) 전환사채 평가 예시 2 (지분-채권 현금흐름 가중평균 방식)

Tsiveriotis-Fernandes model(T-F 모형)도 위험이자율과 무위험이자율을 혼합하여 적용하는 방식으로 전환사채의 전체가치를 산정하는데, T-F모형에서는 할인율을 가중평균하여 조정하지 않고, 지분가치부분과 채권가치부분을 구분하여 지분가치(전환가치)부분은 무위험이자율로 할인하고, 채권가치(상환가치)부분은 위험이자율로 각각 할인한 후, 지분가치와 채권가치를 합산하여 보유가치를 산정하는 방식을 적용한다.

예시 1과 동일한 가정의 사례를 통해 T-F 모형과 같이 각 노드의 현금흐름을 지분가치요소와 채권가치요소로 구분하여 각각의 현금흐름 특성에 맞는 할인율을 반영한 후, 이를 합산하는 방식을 적용하여 평가해보면 다음과 같다. 이 방법에서도 기초자산의 가격트리를 우선적으로 작성한다.

[그림 12-12] 기초자산 주가트리

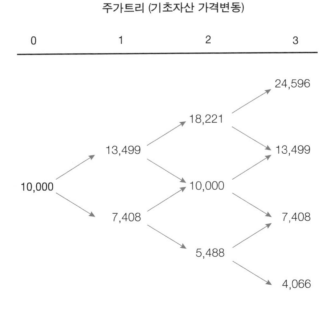

주가트리 (기초자산 가격변동)

마찬가지로 만기시점부터 시간상 역순으로 각 노드별 지분가치와 채권가치, 보유시 가치를 비교하여 옵션보유자 입장에서 최선의 선택을 해당 노드의 가치로 측정한다. 이 과정을 통해 각 노드별 가치를 위험중립확률과 할인율로 할인하여 평가기준일 시점의 전환사채 가치를 산정한다.

[그림 12-13] 전환사채 가치 트리

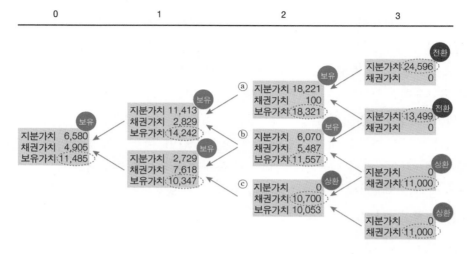

이 평가모형도 각 노드별로 보유, 전환, 상환이라는 의사결정과정이 "평가 예시1"에서 살펴본 할인율 가중평균방식(G-S모형)과 동일하고, 전환시에는 무위험이자율로, 상환시에는 위험이자율로 할인한다는 측면에서도 동일하다. 차이점은 보유가치(Holding value)를 어떤 방식으로 산정하느냐에 있는데, 보유가치를 신용위험이 반영된 가중평균한 위험조정할인율을 사용하는가, 아니면 지분가치에 해당하는 현금흐름과 채권가치에 해당하는 현금흐름을 구분하여 각각의 현금흐름 특성에 맞는 할인율을 적용하는 방식을 사용하는가의 차이이다.

T-F 모델과 같은 후자의 방법은 각 노드별 현금흐름을 지분가치와 채권가치로 구분한 후, 지분가치는 무위험이자율로, 채권가치는 위험이자율로 적용하고, 보유가치 산정과 같은 혼합된 영역에서는 각 노드별 가치를 지분가치요소와 채권가치요소로 구분하여 각각의 현금흐름을 지분가치부분은 무위험할인율로, 채권가치부분은 위험할인율로 할인한 후 이를 합산하여 가치를 산정한다.

이 방법으로 옵션가치를 평가하기 위해서는 지분가치와 채권가치를 각 노드별로 구분하는 것이 필요하다.

예를 들어, 각 노드별로 상환이 유리한 경우에는 해당 노드의 지분가치는 0이고 상환가치로만 측정된다. 만약 각 노드에서 전환이 유리할 경우에는 해당 노드의 채권가치는 0이고, 전환시 지분가치로만 측정된다. 그리고 각 노드에서 보유가 유리할 경우에는 직전기간의 가치가 지분가치에 해당하는 부분은 무위험할인율로, 직전기간의 가치가 채권가치에 해당하는 부분은 위험할인율을 이용하여 산정한다.

상기 표에서 옵션보유자는 만기시점에는 전환이나 상환 중에서 선택하게 되므로, 해당 노드에서 전환이 유리한 경우에는 지분가치(채권가치는 0)로 측정되고, 해당 노드에서 상환이 유리한 경우에는 채권가치(지분가치는 0)로 측정된다.

보유가 유리한 경우에는 시간 상 역순으로 직전기간의 지분가치와 채권가치를 할인한 가치로 측정하는데, 이 때 지분가치는 무위험이자율, 채권가치는 위험이자율을 적용하며, 적용 방식은 다음과 같다[941].

$$\text{보유가치} = \frac{p \times \text{지분가치}u + (1-p) \times \text{지분가치}d}{(1+Rf)} + \frac{p \times \text{채권가치}u + (1-p) \times \text{채권가치}d}{(1+Rd)} + \text{coupon}$$

*p는 위험중립확률, u는 주가상승시, d는 주가하락시

이를 토대로 2년 시점에서 각 노드별 가치를 지분가치, 채권가치, 보유가치(Holding value)별로 구분하여 측정하면 다음과 같다[942].

	구분	값 및 산식	설명
ⓐ	지분가치	$18,221 = [24,595 \times 0.4587 + 13,499 \times (1-0.4587)] \times \exp(-2\%)$	지분보유가치 "상환가치⟨보유가치⟨전환가치"이면 전환시 주가로 값이 반영될 것이나 "상환가치⟨전환가치⟨보유가치"이므로 3기 지분가치를 무위험이자율로 할인
	채권가치	$100 = [0 \times 0.4587 + 0 \times (1-0.4587)] \times \exp(-10\%) + 100$	채권보유가치 전환이 유리할 경우에는 채권가치는 0일 것이나 "상환가치⟨전환가치⟨보유가치"이므로 3기 채권가치를 위험이자율로 할인
	보유가치	<u>$18,321$</u> $= [24,595 \times 0.4587 + 13,499 \times (1-0.4587)] \times \exp(-2\%) + [0 \times 0.4587 + 0 \times (1-0.4587)] \times \exp(-10\%) + 100$	무위험이자율로 할인한 지분가치와 위험이자율로 할인한 채권가치의 합계

---

941) 산식에서 기재된 1/(1+r)은 실무 적용시에는 연속함수 개념으로 적용하여 Exp(-r)함수로 적용하는 경우가 많음.

942) 기간별 할인시 적용할 이자율은 기간구조를 고려하지 않고 각 기간별 위험이자율과 무위험이자율은 동일하다고 가정

구분		값 및 산식	설명
ⓑ	지분가치	$6,070 = [\underline{13,499} \times 0.4587 + \underline{0} \times (1-0.4587)] \times \exp(-2\%)$	지분 보유 가치이므로 무위험이자율로 할인
	채권가치	$5,487 = [\underline{0} \times 0.4587 + \underline{11,000} \times (1-0.4587)] \times \exp(-10\%) + 100$	채권 보유 가치이므로 위험이자율로 할인
	보유가치	$\underline{11,557} = [13,499 \times 0.4587 + 0 \times (1-0.4587) \times \exp(-2\%) + [0 \times 0.4587 + 11,000 \times (1-0.4587)] \times \exp(-10\%) + 100$	무위험이자율로 할인한 지분가치와 위험이자율로 할인한 채권가치의 합계
ⓒ	지분가치	0	상환이 유리하므로 지분가치는 0 (전환시 가치는 5,488이므로 채권가치가 더 크기 때문에 지분가치는 0으로 간주)
	채권가치	$\underline{10,700}$	조기상환가치
	보유가치	$10,053 = [11,000 \times 0.4587 + 11,000 \times (1-0.4587)] \times \exp(-10\%) + 100$	채권 보유 가치이므로 위험이자율로 할인

참고로 이렇게 측정하여 전환사채가치 트리에 반영된 지분가치와 채권가치를 구분한 각 노드별 가치를 트리화하여 작성하면 다음과 같다.

[그림 12-14] 보유가치, 지분가치, 채권가치 트리

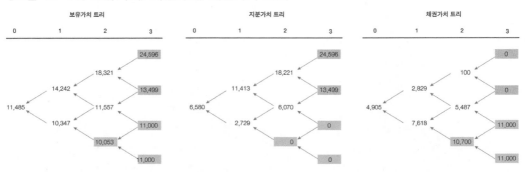

회색 배경의 노드가 전환이 이루어져 지분가치로 측정되는 노드이고, 초록색 배경의 노드가 상환이 이루어져 채권가치로 측정되는 노드이며, 하얀 배경의 노드가 보유가치 (holding value)로서 위험중립확률과 위험조정할인율(지분가치부분과 채권가치부분을 구분하여 지분가치부분은 무위험이자율, 채권가치부분은 위험이자율)을 적용하여 산정한 노드이다. 전환사채 전체가치는 각 노드별로 전환가치와 조기상환가치, 보유가치를 비교하여

큰 값으로 결정되고, 보유가치는 1기간 후 지분가치와 채권가치를 할인한 가치를 합산하여 산정하는데, 이 과정에서 채권가치를 위험이자율로 할인함으로써 발행자의 신용위험이 고려되는 구조이다.

옵션가치 평가는 산식과 구조가 복잡하기 때문에 트리 작성을 통한 가치 측정이 완성되면, 각 트리의 pay-off를 검증할 필요가 있다. 지분가치트리, 채권가치트리, 전환사채전체가치 트리별로 Pay-off의 검증 포인트는 다음의 표를 참고할 수 있다.

구분	시기	각 노드별 Pay-off 작성 기준
지분가치	만기시점	만기상환금액 〈 전환가치 = 전환가치 만기상환금액 〉 전환가치 = 0
	만기이전	상환가치 〉 MAX[전체보유가치, 전환가치] = 0
		상환가치 〈 전체보유가치 〈 전환가치 = 전환가치
		상환가치 〈 전환가치 〈 전체보유가치 = 보유가치(지분보유가치의 Backward 값: 1기간 후 지분가치를 무위험이자율로 할인한 값)
채권가치	만기시점	만기상환금액 〉 전환가치 = 채권가치(만기상환금액) 만기상환금액 〈 전환가치 = 0
	만기이전	상환가치 〉 MAX[전체보유가치, 전환가치] = 채권가치(상환가치)
		상환가치 〈 전체보유가치 〈 전환가치 = 0
		상환가치 〈 전환가치 〈 전체보유가치 = 보유가치(채권보유가치의 Backward 값: 1기간 후 채권가치를 위험이자율로 할인한 값)
전환사채 전체가치	매시점, 각 노드별	MAX [①보유가치, ②전환가치(주가), ③조기상환가치] *보유가치=1기간 후 지분가치를 무위험이자율로 할인한 값 + 1기간 후 채권가치를 위험이자율로 할인한 값

Tsiveriotis-Fernandes model**방식**과 같이 지분가치와 채권가치로 구분한 현금흐름을 가중평균하는 방식을 적용하여 평가한 전환사채의 가치는 11,485원으로 산정되었다. 이 가치는 내재된 옵션인 상환권과 전환권의 가치가 포함된 전환사채의 전체 가치라고 볼 수 있다[943].

Tsiveriotis-Fernandes model(T-F 모형)과 Goldman-sachs model(G-S 모형)은 모든 가

---

943) 전환권과 상환권이 모두 부여된 경우, 각 옵션의 공정가치가 모두 필요하다면 전환권과 상환권을 모두 고려한 전체가치에서 전환권만의 가치 혹은 상환권만의 가치 혹은 주계약의 가치를 별도로 산정하여 각각의 차이를 통해 다른 권리의 가치를 산정하는 방법을 고려해 볼 수 있다. 예를 들어 먼저 전환권만이 존재한다고 가정하여 전환권의 가치를 산정하고(A), 상환권과 전환권을 모두 고려한 가치를 산정하여(B), B와 A의 차이를 상환권의 가치로 보는 것이다.

정이 동일하다면 기본적으로 평가결과에 큰 차이는 없을 것이다. 차이가 나는 부분은 지분 가치와 채권가치가 혼합된 영역의 보유가치(Holding value)를 산정할 때 적용하는 할인율을 어떻게 적용할 것인지에 대한 차이이다. 이러한 방법 모두 발행자의 신용위험을 반영하는 Blended discount model이기는 하지만 위험이자율의 반영 방법을 어떤 방식으로 적용하느냐에 따라 다소 차이가 날 수 있는 것이다.

4 제3자 지정 콜옵션

제3자 지정 콜옵션에 대한 평가는 다른 복합계약상품과 마찬가지로 복합계약의 특징을 고려하는 관점에 따라 시장에서는 여러 가지 평가방법이 논의되고 있다. 제3자 지정 콜옵션의 가치를 평가하는 방법으로는 With&Without 기법과 옵션차익혼합할인법(Compound option 기법)이 있다.

With&Without 기법은 보통주를 기초자산으로 하며 투자자의 입장에서 제3자 지정 콜옵션이 있는 경우와 없는 경우의 복합금융상품의 가치를 각각 계산한 뒤 두 평가결과의 차액으로 평가하는 방법이다. 이는 직관적이라는 장점은 있으나, 대상을 직접 평가하지 않는 간접적인 접근이라는 점으로 인해 제3자 지정 콜옵션을 별도의 자산으로 분리하여 평가하는 경우에는 직접적인 평가방법이 우선 고려되어야 한다는 견해가 존재한다.

직접적으로 제3자 지정 콜옵션을 평가하는 방법으로는 옵션차익혼합할인법과 상품자체기초자산법이 있다. 옵션차익혼합할인법은 보통주를 기초자산으로 하고 혼합할인율 모형상의 제3자 지정 콜옵션의 Payoff를 계산하여 이를 Payoff의 자산 및 부채 구성을 고려한 혼합할인율로 할인하는 방법이다. 이 방법에서는 call payoff 구성을 채권가치를 먼저 차감할지 지분가치를 먼저 차감할지에 따라 현재가치 할인을 위해 적용되는 할인율이 달라질 수 있다는 점을 고려하여야 한다.

상품자체기초자산법은 제3자 지정 가능 콜옵션을 고려하지 않은 복합금융상품 자체를 먼저 평가하고 해당 복합금융상품을 기초자산으로 하여 보통주를 기초자산으로 하는 일반 신주인수권 등과 유사한 방법으로 페이오프를 계산 및 할인하여 콜옵션을 평가하는 방법이다.

예를 들어 상품자체기초자산법에서 전환사채에 대한 콜옵션이라면 주가를 기초자산으로 하여 전환사채를 평가한 후, 이렇게 평가된 전환사채를 기초자산으로 하여 콜옵션을 계산하는 것이다.

상품자체기초자산법은 기초자산을 보통주가 아닌 복합금융상품으로 함에 따라 보통주의 변동성을 그대로 적용하는 경우가 많은데, 보통주의 변동성과 복합금융상품의 변동성은 다를 수 있다는 점이 고려되어야 한다. 복합금융상품 자체의 변동성 관측 및 추정은 실무적으로 어려움이 있는 것으로 알려져 있어 합리적인 추정에 한계가 있다는 견해가 있다.

[표 12-14] with & without 법과 옵션차익혼합할인법 비교(전환사채 평가의 예)[944]

with & without 법	옵션차익혼합할인법 (Compound option)	상품자체기초자산법
• 보통주를 기초자산으로 평가 • 콜조항을 포함한 전환사채의 가치와 콜조항을 포함하지 않은 전환사채의 가치를 비교하여 두 평가금액의 차이로 콜옵션 가치를 계산	• 보통주를 기초자산으로 하며 혼합할인율 모형 상의 제3자지정콜옵션의 Payoff를 계산하여 이를 Payoff의 자산 및 부채 구성을 고려한 혼합할인율로 할인하는 방법 • 혼합할인율[945]을 Payoff에 적용하여 기초자산이 되는 복합금융상품의 특성을 평가에 고려 • 전환사채 가치에서 채권가치를 우선 차감하는 방법, 지분가치를 우선 차감하는 방법, 채권가치와 지분가치를 균등하게 차감하여 call payoff를 구하는 방법이 있음	• 전환사채를 기초자산으로 평가 • 주가를 기초자산으로 하여 전환사채를 평가한 후, 이렇게 평가한 전환사채를 기초자산으로 하여 콜옵션을 계산

5 Black-Derman-Toy 모형(BDT모형)

1) 모형의 소개

Black-Derman-Toy Model(BDT 모형)은 조기상환권 등이 부여된 옵션부채권의 평가에 사용되는 평가모형 중 실무적으로 가장 많이 활용되고 있는 모형으로서, 단기선도이자율을 이항옵션모형에 적용하여 공정가치를 측정하는 방식이다.

---

944) 금융위원회는 2022년 5월 3일, 제3자 지정 콜옵션부 전환사채 발행기업은 제3자지정콜옵션을 별도의 파생상품으로 회계처리해야 한다는 감독지침을 배포하였으며, 일반적인 복합금융상품의 기초자산이 보통주에 해당하는 것과는 달리 제3자지정콜옵션의 기초자산은 전환사채 등 복합금융상품 자체인 특징이 있어, 이를 고려한 옵션차익혼합할인법(Compound option) 등 여러 평가방법이 논의되고 있음.
945) 혼합할인율은 무위험이자율과 위험이자율을 가중평균등의 방법으로 혼합하여 사용하는 할인율이며, payoff 상에서 행사가격이 지분가치와 채권가치가 모두 고려되기 때문에 혼합할인율을 적용한다.

[그림 12-15] 일반사채와 상환옵션부사채의 가치

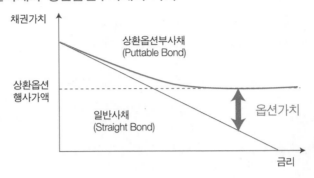

BDT모형은 기초자산을 일반채권가격 혹은 금리인 옵션가치를 산출하는 방식으로 주식을 기초자산으로 하는 이항모형에서 주가트리를 이용하여 옵션가치 평가를 하였다면, BDT모형에서는 이자율트리를 이용하여 옵션가치 평가를 하게 된다.

위의 그림과 같이 이항모형을 이용하여 상환옵션부사채의 현재가치와 일반사채의 현재가치를 각각 계산하여 각각의 현재가치 차이를 옵션가치로 추정하게 되는데, 일반사채와 상환옵션부사채의 평가에 적용되는 이자율을 트리를 생성하여 가치를 도출하게 된다.

BDT 모형을 적용하는 순서는 다음과 같다.

만기수익률 조사	현물이자율 추출	현물이자율로 할인채권 현재 가치계산	금리 변동성 측정	단기선도이자율 트리 생성	조정단기선도 이자율 트리 생성	채권 및 옵션 공정가치 측정

[Note 4] 이자율 기간구조를 이해하기 위한 몇 가지 이자율에 대한 개념

① 현물이자율

현물이자율은 현재시점을 기준으로 한 일정기간 동안의 연평균 이자율 개념이다. 아래의 그림과 같이 현재시점에서 1년 후 시점까지의 연평균이자율이 1년 현물이자율, 현재시점에서 2년 후 시점까지의 연평균이자율이 2년 현물이자율이다. 그러므로 현물이자율은 순수할인채권의 이자율이라고 말하기도 한다.

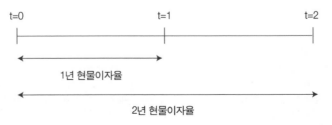

② 선도이자율

선도이자율은 현재시점에서 결정된 미래 일정 기간의 이자율이다. 아래의 그림과 같이 1기간의 현물이자율과 2기간의 현물이자율이 주어지면 t=1과 t=2 구간의 이자율을 구할 수 있는데, 현재시점에 결정된 2번째 구간의 이자율을 선도이자율($_1f_2$)이라고 한다.

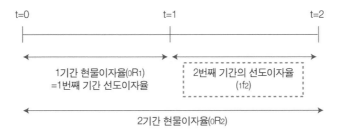

계산상으로는 각 만기별 현물이자율이 주어졌을 때 선도이자율을 추정할 수 있지만, 이자율이론에 따라서는 투자자들이 예상하는 선도이자율이 먼저 결정된 후 이러한 이자율들이 각 만기별 현물이자율에 반영되는 것이라고 볼 수도 있다.

현물이자율과 선도이자율의 관계식은 다음과 같다.

$$(1 + {}_0R_1)(1 + {}_1f_2) = (1 + {}_0R_2)^2$$

③ 만기수익률

만기수익률은 채권의 미래현금흐름의 현재가치와 채권가격을 일치시키는 할인율, 즉 채권수익률이다. 이자를 지급하지 않은 할인채권의 경우에는 현물이자율과 만기수익률이 동일하겠지만 이자가 지급되는 경우에는 이자지급에 따른 현금흐름과 만기 상환금액을 고려해야 하기 때문에 현물이자율과 만기수익률은 차이가 날 수 있다.

채권가격과 만기수익률의 관계식은 다음과 같다.

아래 관계식에서 C가 매기간 지급되는 이자이며, 채권가격과 채권으로부터의 현금흐름을 일치시키는 할인율 "r"이 만기수익률이 된다.

$$채권가격 = \frac{C1}{(1+r)} + \frac{C2}{(1+r)^2} + \frac{C3 + 액면금액}{(1+r)^3}$$

2) BDT 모형 적용 예시

BDT 모형의 적용 예시를 통해 BDT 모형으로 상환옵션부채권의 공정가치를 평가하는 과정을 살펴보고자 한다.

[표 12-15] BDT 모형 평가를 위한 기본 가정

구분	기본 가정	설명
액면가액	10,000원	
만기	5년	
액면이자율	2%	매기간 후불
만기보장수익률	6%	연복리
변동성	5%	상승계수＝1.0513 하락계수＝0.9512

① 만기수익률 조사

평가대상 채권 발행 기업의 신용등급을 고려한 만기수익률을 조사해야 한다. 만기수익률은 금융투자협회 채권정보센터 등에서 조회가 가능하며 만기수익률의 관측주기는 옵션의 잔존만기와 옵션 행사가능 주기를 고려해야 한다. 그러나 일반적으로 관측되는 만기는 3개월~1년단위이기 때문에 관측되지 않은 기간의 이자율은 대체적인 방법으로 보간적으로 적용하는 경우가 많다.

보간법은 1년 만기수익률이 4.0%, 2년 만기수익률이 4.5%로 관측되는 상황에서 1.5년의 만기수익률을 적용할 때 다음의 산식을 적용하여 계산할 수 있다.

$$1.5년\ 만기수익률 = 4.0\% + \frac{(4.5\%-4.0\%)}{(2년-1년)} \times (1.5년-1년) = 4.25\%$$

본 예시에서는 가정을 단순화하여 연단위로 측정하는 것으로 가정하며, 관측된 연단위 만기수익률은 다음과 같다고 가정한다.

기간	1년	2년	3년	4년	5년
만기수익률	4.00%	4.50%	5.00%	5.50%	6.00%

② 현물이자율 추출

채권평가에 적용할 이자율 트리를 생성하기 위해서는 구간별 선도이자율을 구할 필요가 있다. 앞의 이자율 개념 설명에서 보았던 것처럼 각 기간별 현물이자율을 알고 있다면 선도이자율을 구할 수 있기 때문에 현물이자율 산정이 필요하다. 현물이자율은 각 기간별 할인채권 수익률이 관측된다면 시장에서 관측된 기간별 할인채권 이자율을 적용하면 될 것이지만, 각 기간별 할인채권이 활발하게 이루어지지 않기 때문에 일반적으로 만기수익률에서 현물이자율을 추출한다.

만기수익률에서 현물이자율을 추출하는 방법을 bootstrapping이라고 하는데, bootstrapping은 만기수익률로 계산한 채권의 가치와 기간별 현물이자율로 계산한 채권의 가치가 동일하여야 한다는 개념을 이용하여 계산한다.

[그림 12-16] Bootstrapping의 기본 개념

$$\frac{C1}{(1+YTM)} + \frac{C2+액면금액}{(1+YTM)^2} = \frac{C1}{(1+{}_0r_1)} + \frac{C2+액면금액}{(1+{}_0r_2)^2}$$

C : 이자
YTM : 만기수익률
r : 현물이자율

[그림 12-17] Bootstrapping 계산 예시

$$\frac{450}{(1+4.5\%)} + \frac{450+10,000}{(1+4.5\%)^2} = \frac{450}{(1+4.0\%)} + \frac{450+10,000}{(1+4.51\%)^2}$$

기간	1년	2년
만기수익률	4.00%	4.50%
현물이자율	4.00%	?
연이자	450	450
상환액면금액	–	10,000

⇨

기간	1년	2년
만기수익률	4.00%	4.50%
현물이자율	4.00%	4.51%

위와 같은 bootstrapping과정을 거쳐 다음과 같이 현물이자율을 추출하였다.

기간	1년	2년	3년	4년	5년
만기수익률	4.00%	4.50%	5.00%	5.50%	6.00%
현물이자율	4.00%	4.51%	5.03%	5.57%	6.13%

③ 현물이자율로 할인채권의 현재가치 계산

현물이자율을 적용하여 기간별 할인채권의 현재가치를 계산한다. 현물이자율로 할인채권의 현재가치를 계산하는 이유는 구간별 선도이자율로 이자율 이항트리를 만들어 채권가치를 구하는데, 구간별 선도이자율을 적용한 할인채권의 현재가치가 만기별 현물이자율로 할인한 채권의 현재가치와 같아야 한다는 논리를 통해 구간별 선도이자율을 추정하기 위함이다.

현물이자율을 적용한 각 기간별 할인채권의 현재가치는 다음과 같다.

기간	1년	2년	3년	4년	5년
액면금액	10,000	10,000	10,000	10,000	10,000
할인채권가치	9,615.38	9,155.32	8,629.97	8,050.20	7,427.31
산식	$\dfrac{10,000}{(1+4.0\%)^1}$	$\dfrac{10,000}{(1+4.51\%)^2}$	$\dfrac{10,000}{(1+5.03\%)^3}$	$\dfrac{10,000}{(1+5.57\%)^4}$	$\dfrac{10,000}{(1+6.13\%)^5}$

④ 금리변동성의 추정

1기간의 현물이자율을 기초로 이항트리 각 노드의 구간별 선도이자율을 계산하기 위해 상승계수와 하락계수의 산정이 필요하고 이를 위해 변동성을 측정한다. 변동성 측정과정은 주가트리 생성시 적용하였던 변동성 측정과정과 유사하다. 단, 동일 신용등급의 채권이라고 하여도 만기에 따라 측정되는 금리 변동성이 다를 수 있는데, 본 사례에서는 5년 만기 채권을 가정하였으므로 채권 발행 회사의 신용등급에 해당하는 5년 만기 채권의 연간 금리 변동성으로 가정하고, 해당 변동성을 5%로 가정한다.

5% 금리변동성 가정에서 상승계수 "u=EXP(5%) = 1.0513"이고, 하락계수 "d=0.9512 =(1/1.0513)"이다.

⑤ 단기선도이자율 트리 생성

금리변동성으로부터 계산한 상승계수와 하락계수를 적용한 단기선도이자율 트리는 다음과 같이 만들어진다.

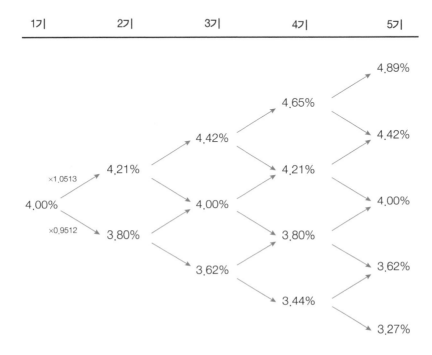

| 1기 | 2기 | 3기 | 4기 | 5기 |

그러나 위의 트리의 선도이자율을 적용하여 기간별 할인채권의 현재가치를 구하면 현물이자율을 적용한 기간별 할인채권의 현재가치와 일치하지 않을 수 있다.

아래의 그림과 같이 각각의 기간별 현물이자율을 적용한 할인채권의 현재가치와 기간별 선도이자율을 적용한 할인채권의 현재가치가 동일하여야 하는데, 동일하지 않을 경우에는 기간별 단기선도이자율에 조정계수를 반영하여 이를 일치시키는 작업이 필요하다. 이 과정이 조정 단기선도이자율 트리 생성 단계이다.

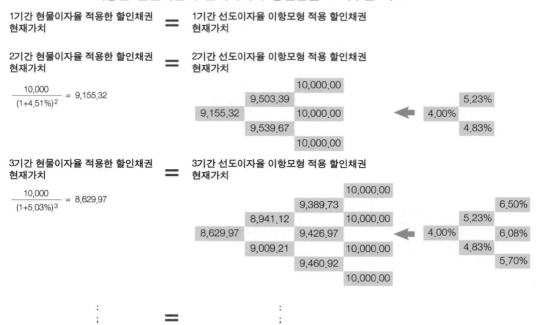

[그림 12 - 18] 기간별 현물이자율을 적용한 할인채권 현재가치는 기간별 선도이자율 이항모형을
적용한 할인채권의 현재가치와 동일함을 보여주는 차트

⑥ 조정 단기 선도이자율 트리 생성

1기간 현물이자율과 선도이자율은 동일하므로 1기간 현물이자율을 적용한 할인채권의 현재가치와 1기간 선도이자율을 적용한 할인채권의 현재가치는 동일하다.

2기간 현물이자율을 적용한 할인채권의 현재가치와 2기간 조정 전 선도이자율을 적용한 할인채권의 현재가치는 다음과 같다.

구분	현물이자율 적용	조정 전 선도이자율 적용		
액면금액	10,000	10,000		
		0	1	2
할인채권가치	9,155.32	9,245.15	9,596.46 / 9,633.45	10,000.00 / 10,000.00 / 10,000.00
산식	$\dfrac{10,000}{(1+4.51\%)^2}$	$9,596.46=(10,000\times0.5+10,000\times0.5)/(1+4.21\%)$ $9,633.45=(10,000\times0.5+10,000\times0.5)/(1+3.80\%)$ $9,245.15=(9,596.46\times0.5+9,633.45\times0.5)/(1+4.00\%)$		

위의 표에서 현물이자율을 적용한 할인채권의 현재가치는 9,155.32원으로 조정 전 선도이자율을 적용한 할인채권의 현재가치인 9,245.15와 89.8원 차이가 난다. 그러므로 이 값이 일치하도록 조정 전 2기 선도이자율 4.21%와 3.80%에 +a를 반영하여 조정 후 선도이자율을 계산한다.

현물이자율을 적용한 할인채권의 현재가치와 선도이자율트리를 적용한 할인채권의 현재가치가 일치하는 조정 후 선도이자율 값을 조정계수 값 1.02%를 반영하여 다음과 같이 5.23%와 4.83%로 계산해 낼 수 있다.

조정 전 선도이자율트리		조정계수 반영		조정 후 선도이자율트리	
1	2			1	2
	4.21%	4.21%+1.02%	➡		5.23%
4.00%				4.00%	
	3.80%	3.80%+1.02%	➡		4.83%

2기의 조정계수를 반영한 조정 후 선도이자율을 적용하면 현물이자율을 적용한 할인채권의 현재가치와 선도이자율트리를 적용한 할인채권의 현재가치가 9,155.32원으로 일치하게 된다.

구분	현물이자율 적용	조정 전 선도이자율 적용		
액면금액	10,000	10,000		
		0	1	2
할인채권가치	9,155.32	9,155.32	9,503.39	10,000.00
				10,000.00
			9,539.67	10,000.00
				10,000.00
산식	$\dfrac{10,000}{(1+4.51\%)^2}$	$9,503.39 = (10,000 \times 0.5 + 10,000 \times 0.5)/(1+5.23\%)$ $9,539.67 = (10,000 \times 0.5 + 10,000 \times 0.5)/(1+4.83\%)$ $9,155.32 = (9,503.39 \times 0.5 + 9,539.67 \times 0.5)/(1+4.00\%)$		

동일한 과정을 통해 3기간 조정계수와 조정 후 선도이자율을 다음과 같이 계산할 수 있다.

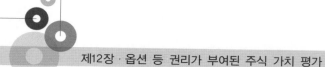

| 조정 전 선도이자율트리 | 3기 조정계수 반영 | 조정 후 선도이자율트리 |

조정 전 선도이자율트리

1	2	3
		4.42%
	4.21%	
4.00%		4.00%
	3.80%	
		3.62%

3기 조정계수 반영

4.42%+2.08% ➡
4.00%+2.08% ➡
3.62%+2.08% ➡

조정 후 선도이자율트리

1	2	3
		6.50%
	5.23%	
4.00%		6.08%
	4.83%	
		5.70%

2기와 3기의 조정계수를 반영한 조정 후 선도이자율을 적용하면 현물이자율을 적용한 할인채권의 현재가치와 선도이자율트리를 적용한 할인채권의 현재가치가 8,629.97원으로 일치하게 된다.

구분	현물이자율 적용	조정 전 선도이자율 적용			
액면금액	10,000	10,000			
		0	1	2	3
할인채권가치	8,629.97				10,000.00
				9,389.73	
			8,941.12		10,000.00
		8,629.97		9,426.97	
			9,009.21		10,000.00
				9,460.92	
					10,000.00
산식	$\dfrac{10,000}{(1+5.03\%)^3}$	$9,389.73 = (10,000 \times 0.5 + 10,000 \times 0.5)/(1+6.50\%)$ $9,426.97 = (10,000 \times 0.5 + 10,000 \times 0.5)/(1+6.08\%)$ $9,460.92 = (10,000 \times 0.5 + 10,000 \times 0.5)/(1+5.70\%)$ $8,941.12 = (9,389.73 \times 0.5 + 9,426.97 \times 0.5)/(1+5.23\%)$ $9,009.21 = (9,426.97 \times 0.5 + 9,460.92 \times 0.5)/(1+4.83\%)$ $8,629.97 = (8,941.12 \times 0.5 + 9,009.21 \times 0.5)/(1+4.00\%)$			

이 과정을 통해 다른 기간의 조정 후 선도이자율을 구하여 조정 후 선도이자율 트리를 생성하면 다음과 같다.

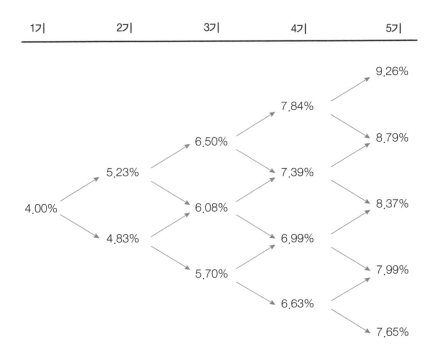

| 1기 | 2기 | 3기 | 4기 | 5기 |

4.00%　5.23%　4.83%　6.50%　6.08%　5.70%　7.84%　7.39%　6.99%　6.63%　9.26%　8.79%　8.37%　7.99%　7.65%

이 조정 후 선도이자율 트리를 이용하여 일반채권의 현재가치와 상환옵션부채권의 현재가치를 구하여 상환옵션부채권의 현재가치와 일반채권의 현재가치 차이를 통해 상환권의 가치를 추정하는 것이다.

ⓖ 조정 선도이자율 트리를 이용한 일반채권의 가치평가

기본 가정에서 제시된 바와 같이 매기 이자는 200원이 지급되고 만기수익율을 고려한 만기시점 상환액은 12,582.26원으로 가정한다. 그리고 주가트리에서 시간의 역순으로 계산하여 현재가치를 구하였던 것과 같이 조정 선도이자율 트리를 이용하여 일반채권의 현재가치를 계산한다.

일반채권 가격트리

현재	1기	2기	3기	4기	5기
이자 및 상환액 → 200	200	200	200	12,582.26	
					12,582.26
				11,716.32	
			11,087.72		12,582.26
		10,652.69		11,765.54	
	10,381.40		11,176.37		12,582.26
10,054.25		10,774.18		11,810.43	
일반채권의 현재가치 10,531.44		11,257.53		12,582.26
		10,885.76		11,851.36	
			11,331.75		12,582.26
				11,888.64	
					12,582.26

조정 선도이자율 트리

1기	2기	3기	4기	5기
				9.26%
			7.84%	
		6.50%		8.79%
	5.23%		7.39%	
4.00%		6.08%		8.37%
	4.83%		6.99%	
		5.70%		7.99%
			6.63%	
				7.65%

〔**참고**〕 4기말 11,716.32원의 계산식
$$11,716.32 = (12,582.26 \times 0.5 + 12,582.26 \times 0.5)/(1 + 9.26\%) + 200$$

⑧ 상환옵션부채권의 가치평가

조기상환옵션은 2기부터 행사가능하며 각 구간별 행사가격은 다음과 같이 주어졌다고 가정한다.

구분	발행시점	1기	2기	3기	4기	5기 후
행사가격	-	-	11,036.00	11,510.16	12,024.77	12,582.26

이제 구간별 행사가격, 일반채권 가격트리, 조정 선도이자율 트리를 이용하여 상환옵션부 채권의 가격트리를 생성할 수 있다. TF 모델에서 보유가치와 전환가격을 비교하는 방식과 동일하게, 전기간 노드에서의 일반사채 가치와 상환옵션부가치를 비교하여 큰 값을 할인한 가치와 상환옵션 행사가액과 비교하여 큰 값을 해당 노드에서의 상환옵션부채권의 가치로 산정하게 된다.

이를 통해 상환옵션부채권의 트리를 생성하면 다음과 같다.

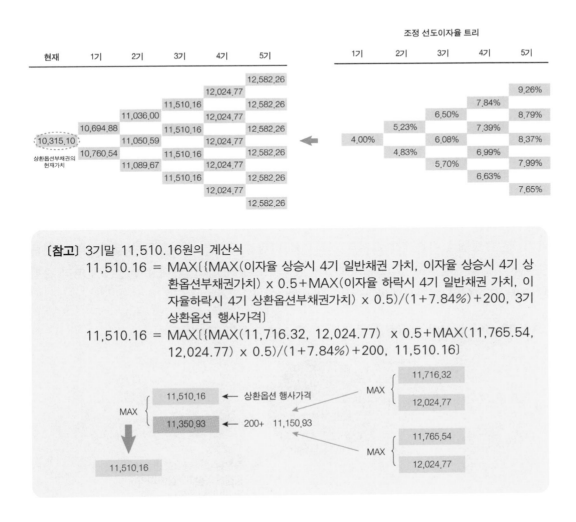

조정 선도이자율 트리

현재	1기	2기	3기	4기	5기
					12,582.26
				12,024.77	
			11,510.16		12,582.26
		11,036.00		12,024.77	
	10,694.88		11,510.16		12,582.26
10,315.10		11,050.59		12,024.77	
	10,760.54		11,510.16		12,582.26
		11,089.67		12,024.77	
			11,510.16		12,582.26
				12,024.77	
					12,582.26

상환옵션부채권의
현재가치

1기	2기	3기	4기	5기
				9.26%
			7.84%	
		6.50%		8.79%
	5.23%		7.39%	
4.00%		6.08%		8.37%
	4.83%		6.99%	
		5.70%		7.99%
			6.63%	
				7.65%

[참고] 3기말 11,510.16원의 계산식

11,510.16 = MAX〔{MAX(이자율 상승시 4기 일반채권 가치, 이자율 상승시 4기 상환옵션부채권가치) × 0.5+MAX(이자율 하락시 4기 일반채권 가치, 이자율하락시 4기 상환옵션부채권가치) × 0.5)/(1+7.84%)+200, 3기 상환옵션 행사가격〕

11,510.16 = MAX〔{MAX(11,716.32, 12,024.77) × 0.5+MAX(11,765.54, 12,024.77) × 0.5)/(1+7.84%)+200, 11,510.16〕

⑨ 상환옵션가치 산정

조정선도이자율 트리를 통해 일반사채의 가치를 10,054.25원으로 산정하였고, 구간별 상환옵션 행사가격, 일반채권 가격트리, 조정 선도이자율 트리를 이용하여 상환옵션부채권의 가치를 10,315.10원으로 산정하였다. 상환옵션부채권의 가치와 일반채권의 가치는 상환옵션의 차이이므로 상환옵션의 가치는 10,315.16원-10,054.25원=260.85원으로 추정할 수 있다.

6 옵션 평가 시 고려사항[946]

1) 공정가액 평가 대상에 대한 확인: 회계기준(K-IFRS 1032호 및 1109호)

옵션 등이 내재된 복합계약 또는 복합금융상품은 각 구성요소 즉, 주계약, 전환권, 상환권 등이 각각 분리되며 부채로 분류되는지, 아니면 자본으로 분류되는지에 따라 평가방법이 달라질 수 있다.

아래의 그림과 같이 복합금융상품은 여러 가지 특성의 계약이 하나의 상품 안에 담겨 있기 때문에 각각의 요소를 개별적으로 평가하여 합할 경우 거래가액 또는 복합금융상품 전체가치와는 다른 가치가 산정될 수 있다. 그러므로 회계기준(K-IFRS)에서는 각 요소의 분리 및 분류 방법을 우선적으로 파악하고 이에 따라 공정가치를 평가할 부분과 잔여가치로 산정할 부분을 구분하고 있고, 평가방법에 있어서도 평가 범위 및 대상의 성격에 따라 중첩된 부분을 고려한 평가모델의 구현이 필요할 수 있는 것이다.

[그림 12-19] 옵션이 부여된 상품에서 각 요소별 가치의 상호의존성

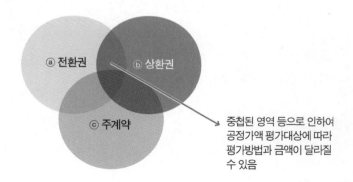

2) 전환사채의 예[947]

전환권이 부여된 사채인 전환사채가 다음과 같이 발행되고 각 구성요소가 아래의 표와 같이 평가되었을 경우 K-IFRS상 각 요소의 분류 및 측정방법에 대해 예시적으로 살펴보면 다음과 같다.

---

946) K-IFRS 제1032호 금융상품(표시) 및 K-IFRS 제1109호 금융상품에서 관련 기준을 확인할 수 있다.
947) 전환(상환)우선주의 경우에도 배당에 대한 우선적 권리가 있는 일반적인 우선주를 주계약으로 본다면 예시로 제시된 전환사채의 경우와 동일한 Logic으로 파악할 수 있다.

구분	거래시 (발행시) 가액
발행가액(거래가액)	10,000원
일반사채의 공정가치	8,000원
조기상환권의 공정가치	1,000원
전환권의 공정가치	2,500원

① 발행자입장

주계약(일반사채권)과 상환권은 부채요소, 전환권은 자본요소로 회계상 분류가 될 경우에는 주계약과 상환권은 공정가치로 측정하고, 전환권은 발행가액 또는 전체 거래가액에서 주계약과 상환권가치를 차감한 가액으로 측정된다. 즉, 회계기준 상 부채요소와 자본요소가 함께 포함되어 있는 경우에는 발행가액(거래가액)을 공정가치 측정을 한 부채요소에 먼저 배분하고, 잔여가치를 자본에 배분한다. 위의 예시에는 발행가액(전체가치) 10,000원에서 부채요소인 일반사채(주계약) 및 상환권의 공정가치 합 9,000원이 우선적으로 인식되고, 자본요소인 전환권은 1,000원으로 보는 것이다.[948],[949]

후속측정 시에는 발생 시 공정가치로 측정된 주계약과 상환권은 후속측정시 공정가치로 측정한다.[950] 자본요소로 식별된 전환권은 최초 측정 이후 후속측정하지 않고, 부채요소로 전환권이 식별된 경우에는 공정가치로 후속 측정한다.

② 투자자입장

전환사채 발행시점에 투자하는 투자자는 거래가액(발행가액)을 공정가치로 인식한다. 그리고, 전환권과 상환권의 가치를 먼저 배분하고 잔여가치를 주계약에 반영한다. 상기 예

---

948) 이 경우 이항모형에 의한 전환권의 공정가치가 2,500원이라고 하더라도 이는 회계상 인식액으로 반영되지 않는다.

949) 만약 전환권만 부여된 전환사채에서 전환권이 부채로 분류될 경우에는 전체가치에서 전환권의 가치를 부채요소로 우선적으로 식별하고 잔여가치를 주계약에 배분한다(예: 전체가치가 10,000원, 부채로 분류된 전환권의 가치가 2,500원이며, 전환권과 상환권을 동시에 고려한 가치에서 전환권의 가치를 제외한 상환권 가액이 500원이라고 하면, 주계약인 사채는 10,000원-2,500원-500원 = 7,000원으로 인식된다).

950) 채무상품인 경우에는 후속적으로 측정할 경우에 상각후원가로 측정한다. 단, 발행자가 채무상품을 '당기손익-공정가치 측정 금융부채(FVPL)'로 지정하는 경우에는 공정가치로 측정한다. 또한, 발행자 입장에서 부채요소로 분류된 내재파생상품이 분리요건을 충족할 경우 후속측정시 공정가치 평가, 분리요건을 충족하지 않을 경우, 주계약의 후속측정방법에 따라 상각후 원가나 공정가치평가 방법 등을 적용한다.
최근의 해석에 의하면 최초에 전환권은 자본, 조기상환권과 사채를 부채요소로 분류하여 부채요소를 각각 공정가액 평가하였다면, 이후 측정시 자본에 계상된 전환권대가는 그대로 유지되고, 사채 및 조기상환권은 사채를 유효이자율로 상각하고 조기상환권을 결산시마다 평가하거나, 조기상환권 청구가능기간까지 사채와 조기상환권을 합하여 유효이자율로 상각하도록 하고 있다.

시에서 전환권과 상환권의 상호의존성을 고려한 공정가치가 3,000원이라면 주계약의 가치는 거래가액인 10,000원에서 3,000원을 차감한 7,000원으로 배분하는 것이다.

후속측정시에는 주계약과 옵션을 모두 공정가치로 측정한다.

3) 상환우선주의 상환시 배당가능이익

전환상환우선주 및 상환우선주는 지분의 상환을 요구할 수 있는 권리가 부여된다. 그러나 상환은 일반적으로 배당가능이익의 범위에서만 가능하기 때문에 상환우선주 평가시에는 배당가능이익에 대한 검토도 이루어져야 한다.

4) 복합계약상품의 특성에 따른 전환권 및 조기상환권 평가시 고려사항[951]

복합계약상품은 주계약이 채권기반인지 주식기반인지 등에 따라 고려해야 하는 사항이 달라질 수 있다.

구분	전환사채는 등 채권기반 복합계약상품	전환상환우선주 등 우선주기반 복합계약상품
투자자의 조기상환청구권 행사시 발행자의 상환부담	• 발행자는 일반적인 채권의 경우와 동일한 상환의무가 있음.	• 배당가능이익과 현금화 가능한 자산이 있을 경우에 한하여 상환절차 진행 가능 • 투자자 상환을 위한 배당가능이익과 현금화 가능한 자산 확보는 경영활동의 결과로 의무는 아님.
기대행사시점 가정 (고정이자율 가정의 경우임)	• 약정상 회수금액의 현재가치가 최대화되는 시점을 조기상환청구권의 기대행사시점으로 가정	• 발행 약정사항 외에 발행회사가 현실적으로 상환할 수 있는 시점에 대한 고려 필요
적용할인율	• 발행자의 신용위험 및 기대행사시점까지 잔여기간에 대응하는 위험할인율을 적용	• 채권기반 복합계약상품과 유사하나 우선주의 후순위 특성과 회수관련 가정에 따른 추가 위험에 대한 전문가적 판단 필요
주식발행초과금의 감액을 통한 배당가능이익 확보 가정 관련	–	• 주주총회에서 타 주주들의 동의가 필요하며, 발행기업이 대부분 성장기업으로 보유한 현금의 용도가 정해져 있는 경우가 일반적임. • 상환권 대응 목적으로 추가 투자유치를 하는 방안도 있으나 관련한 경영진의 구체적인 실행계획 없이 임의 가정하는 것은 적절하지 않을 수 있음.

---

951) 230712 한국공인회계사회 복합금융상품 공정가치 평가모형 세미나 참조

구분	전환사채는 등 채권기반 복합계약상품	전환상환우선주 등 우선주기반 복합계약상품
추정손익정보를 바탕으로 한 배당가능이익 확보 시점의 추정 관련	–	• 이론적인 측면에서 이익접근법에 적용된 추정손익은 미래에 발생 가능한 여러 가지 시나리오 중 하나로 옵션가격결정모형에 활용하는 것은 권장되지 않음. • 하지만 배당가능이익의 확보를 위해 경영진이 물리적으로 필요로 하는 최소기간이 존재한다면 관련한 추정손익정보는 조기상환청구권의 행사가능시점 가정을 위한 고려사항이 될 수 있음.

5) 리픽싱(Re-fixing)에 대한 고려

리픽싱은 주가가 하락 또는 상승하는 경우, 혹은 IPO공모단가의 일정 비율을 곱한 값이 IPO 직전 전환가보다 하락하는 경우에 전환상환우선주(RCPS), 전환사채(CB)의 전환가격이나 신주인수권부사채(BW)의 인수가격을 함께 낮춤으로써 가격을 재조정하는 것을 의미한다.

이항모형에 기반한 복합계약상품 평가모델을 사용할 경우에는 주가 추정 프로세스에서 고려된 확률을 고려하여 주가뿐 아니라 전환가액에 대해서도 트리를 생성하여 리픽싱 효과를 반영할 수 있다. 즉, 이전 시점의 위, 아래 노드에서의 전환가액에 하락, 상승확률을 고려하여 다음 시점의 전환가액을 결정하도록 하는 것이다. 아래 예시와 같이 전환가액의 상승, 하락확률을 각각 1/2로 가정하여 트리를 생성하는 하는 것이다.

[그림 12 - 20] 리픽싱을 고려한 전환가액 트리생성 예시[952]

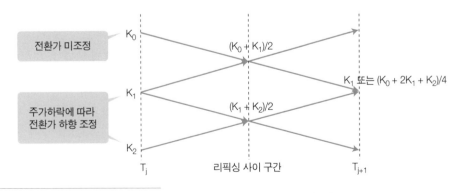

952) 230712 한국공인회계사회 복합금융상품 공정가치 평가모형 세미나 참조

그러나 리픽싱은 이론적으로 구하는 것과 투자자의 현실적인 판단과 괴리가 발생할 수 있다는 점은 향후 평가모델이 개선되면서 고려되어야 하는 부분이다. 예를 들어 상환권과 전환권이 모두 포함된 복합계약상품에 시가 하향 리픽싱이 있는 경우, 시가 하향 리픽싱을 반영하여 전환가액을 조정하면 전환권의 가치가 상당히 크게 발생하는 상황이 발생할 수 있다. 그러나 현실적으로 시가가 하락하여 전환권의 조정이 발생하는 구간에서는 투자자는 지분을 계속보유하기보다는 상환권을 행사할 가능성이 더 큰 경우가 많을 수 있다. 이론과 실제가 달라지는 경우가 생기는 것이다. IPO 리픽싱의 경우도 마찬가지이다. IPO 리픽싱은 우선적으로 IPO 성공이 전제되어야 하기 때문에 주가가 너무 낮은 상황에서는 IPO성공은 커녕 IPO 심사청구도 진행하지 못하는 경우가 많기 때문에 리픽싱을 고려하지 않는 것이 보다 합리적인 판단일 수 있다. 이론과 다른 이러한 현실적인 상황이 앞으로 평가모델이 발전되어 가는 과정에서 고려되어야 할 것으로 보인다.

6) 담보부 전환사채 평가시 할인율 적용

담보가 제공된 전환사채의 경우, 담보로 제공된 자산이 변동성이 없는 안정적인 자산이라면 회수가 확정적인 금액만큼은 채무불이행 위험이 없다고 가정하여 담보로 회수가 확정적인 금액까지는 무위험할인율을 적용하거나 담보금액에 담보의 신용위험을 고려한 위험할인율을 적용하고, 그 이상의 금액은 동 전환사채 발행자의 위험할인율을 적용하는 것을 고려해 볼 수 있다.

7) 위험이자율의 변동성 추정 여부

발행자의 신용등급이 변동하기 때문에 미래의 신용등급 변동을 고려하여 위험이자율을 추정하여야 한다고 보는 견해가 있다. 그러나 현재까지는 평가일의 신용등급에 해당하는 채권이자율을 기초로 위험이자율의 변동성을 추정하는 경우가 많다.

신용등급 전이율을 고려하여 위험이자율의 변동성을 추정할 수도 있지만, 기초신용등급이 기말신용등급으로 유지되는 확률이 가장 높기 때문에 모델의 효과성과 효율성 등의 측면에서 전이율에 대한 고려를 하지 않고 평가일의 신용등급을 고려하는 것만으로도 충분하다는 견해 또한 존재하기 때문이다.

신용위험 전이 가능성을 모델에 고려하는 또다른 견해로는 신용위험 전이 가능성을 고려하지 않았을 때의 이자율 변동성 과소평가 가능성이 있기 때문에 이를 반영하기 위해 신용위험 전이 가능성을 모델에 구현하여 반영하는 실무적 적용의 어려움을 감안하여 무위험이자율 변동성을 위험이자율 변동성으로 적용하는 대안을 고려해 볼 수 있다는 주장이다.

그리고 또다른 견해로는 현재의 신용위험에는 이러한 신용위험 전이 가능성이 이미 고려되어 있다고 가정하여 별도로 신용위험 전이 가능성을 고려하는 것은 불필요하다는 주장이다.

평가방법이 점차 발전하고 고려해야 하는 사항이 많아지는 상황에서 모델이 지나치게 복잡해지는 것이 바람직한가에 대한 부분은 고려되어야 할 필요가 있을 것으로 보인다.

7 다양한 성격의 자본으로 구성된 기업의 자본구성요소별 평가

기업이 자금조달을 하는 방법은 다양하다. 가장 대표적으로는 출자 혹은 증자를 통해 보통주 자본을 조달하는 방법과 이자부 부채인 차입이나 사채를 발행하는 방법이 있다. 보통주와 이자부부채로 자금을 조달하는 기업의 평가는 앞서 설명한 일반적인 기업가치평가의 기본 구조에서 설명이 가능하다. 그러나 기업이 우선주, 전환우선주, 전환상환우선주, 전환사채, 신주인수권부사채, 스톡옵션 등을 발행한 경우에는 각각의 지분 요소별로 가치를 구분하여 평가하여야 하는지에 대한 판단이 필요할 수 있다.

특히, 스타트업의 경우 여러 차례에 걸쳐 다양한 권리의 투자가 이루어지게 되면 자본구조가 복잡해질 수 있고, 각각의 자본별로 성격이 다르다면 각각의 자본이 가진 권리의 성격에 따라 구분하여 평가가 이루어질 필요가 있다고 볼 수도 있다. 이러한 경우 전환상환우선주, 전환사채 등의 각 회차와 보통주 등 다양한 방식으로 자본을 조달하는 기업은 자본의 성격별 특성을 분석하여 각각의 자본 종류별로 구분하여 평가액을 배분하는 방식으로 평가가 이루어지는 경우도 있다.

각각의 자본에 부여된 권리로는 경제적 권리와 지배권 관련 권리가 있다. 우선배당권, 청산우선권, 상환권, 전환권 등이 있으며, 지배권 관련 권리로는 의결권, 동반매각청구권(Drag-along right), 우선매수청구권(First refusal right), 공동매각권(Tag-along rights) 등이 있다.

이러한 권리들 중에는 수리적으로 평가가 가능한 것과 수리적 평가가 어려운 것으로 구분할 수 있는데, 경제적 권리와 같이 수리적인 평가가 가능한 권리는 각각의 자본 성격별로 구분하여 평가가 이루어질 필요가 있을 경우에는 가치평가시 그 특성을 고려하여 평가를 하게 된다.

다양한 성격의 자본으로 구성된 기업에 대한 각 자본 구성 요소별 평가방법은 옵션가격결정모형(Option pricing method; OPM), Current Value method(CVM), Probability-

weighted expected return method(PWERM), OPM과 PWERM을 혼합한 Hybrid method가 있으며, 이 중 실무적으로 많이 활용되는 옵션가격결정모형(OPM)에 대해 알아보기로 한다.

1) OPM을 활용한 주식가치평가 개념

옵션가격결정모형을 활용한 주식가치평가의 기본 원리는 기업이 보통주와 이자부부채만을 사용하고 있는 경우, 보통주의 가치는 기업가치를 기초자산으로 하고 행사가격이 이자부부채의 액면금액인 콜옵션과 동일한 성격으로 보는 데서 출발한다.

그러므로 주주지분 가치와 이자부부채의 가치는 다음과 같은 Pay-off를 가진다.

주주지분 가치	주주지분 가치 = Max [0, 기업가치 - 이자부부채 가치]
이자부부채 가치	이자부부채 가치 = Min [기업가치, 이자부부채 가치]

위의 산식에서 주주지분의 가치는 기초자산이 기업가치이고 행사가격이 이자부부채 가치인 콜옵션과 동일하다는 것을 알 수 있다. 그러므로, 주주지분의 가치를 콜옵션 평가모형으로 평가할 수 있는 것이다.

주주지분 가치	주주지분 가치 = 콜옵션의 가치
이자부부채 가치	이자부부채 가치 = 기업가치 - 콜옵션가치

다음의 그림은 기업가치가 1,000,000원, 이자부부채 액면가액이 800,000원인 경우 옵션가격결정모형에서 주주지분 가치와 이자부부채 가치의 만기가치(Pay-off)를 관계를 나타낸 것이다.

[그림 12 - 21] OPM에서 주주지분 가치와 이자부부채 가치의 Pay-off

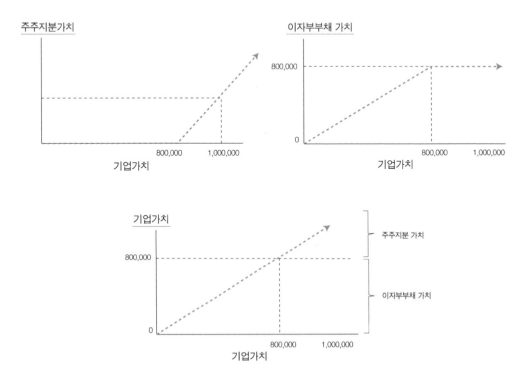

2) OPM을 활용한 주식가치평가 예시; 보통주와 이자부부채만 있는 경우

다음은 보통주와 이자부부채만 있는 경우에 옵션가격결정모형(OPM)을 이용하여 각 구성요소별 가치를 평가하기 위한 기본 가정이다.

구분	기본 가정
기업가치	1,000,000원
이자부부채 액면가액	800,000원
액면이자율	0%
이자부부채 만기	1년
무위험이자율	2%
변동성	30%

위의 가정을 토대로 앞서 설명한 옵션가격결정모형(OPM)에 의해 보통주의 가치를 평가해보자. 우선 기업이 보통주와 이자부부채만을 사용하고 있는 경우, 보통주의 가치는 기

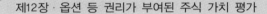

업가치를 기초자산으로 하고 행사가격이 이자부부채의 액면금액인 콜옵션과 동일한 성격이라고 하였다.

그렇다면 옵션평가모형인 블랙숄즈모형을 이용하여 기초자산은 기업가치인 1,000,000원, 행사가격은 이자부부채 액면가액인 800,000원인 콜옵션 가치를 평가해 보면 다음과 같다.

구분	금액	산식
Call option value	235,172	Call Option value = 기초자산가격 × N(d₁) - 행사가액의 현재가치 × N(d₂)
d₁	0.960	$d_1 = \dfrac{\ln\left(\dfrac{현재주가}{행사가격}\right) + \left(Rf + \dfrac{\delta^2}{2}\right)}{\sigma\sqrt{t}}$
ln(현재주가/행사가격)	0.2231	
$Rf + \dfrac{\delta^2}{2}$	6.5%	
$\sigma\sqrt{t}$	0.30	
d₂	0.6605	$d_2 = d_1 - \sigma\sqrt{t}$

구분	산식	금액
주주지분 가치	주주지분 가치 = 콜옵션의 가치	235,172
이자부부채 가치	이자부부채 가치 = 기업가치 - 콜옵션가치	764,828

기업가치 1,000,000원을 옵션가격결정모형에 의해 보통주의 가치와 이자부부채의 가치로 배분하여 평가하면 보통주 가치는 235,172원, 이자부부채의 가치는 764,828원이 된다. 이 결과는 기본 가정에서 제시되는 기업가치 1,000,000원에서 이자부부채 액면가액 800,000원을 단순하게 차감한 200,000원을 보통주 지분의 가치로 보는 것보다 보통주 가치가 35,172원 (235,172원 - 200,000원) 높게 평가되고 있다. 이는 기초자산인 기업가치의 변동성으로 인해 나타나는 옵션가치로 인한 증가분이라고 볼 수 있다.

3) OPM을 활용한 주식가치평가 예시; 보통주와 전환우선주가 있는 경우

다음은 보통주와 전환우선주만 있는 경우에 옵션가격결정모형(OPM)을 이용하여 각 구성요소별 가치를 평가하기 위한 기본 가정이다.

구분	기본 가정
기업가치	1,000,000원
보통주	800,000주
전환상환우선주	200,000주(주당 액면가액 및 전환가액 1원)
전환비율	1:1
예상 전환시기(행사시기)	3년
무위험이자율	2%
변동성	30%

위의 가정에 따른 각 지분의 구성요소별 만기 Pay-offs는 다음의 그래프와 같다.

[그림 12-22] 보통주와 전환상환우선주의 기업가치에 따른 Pay-off

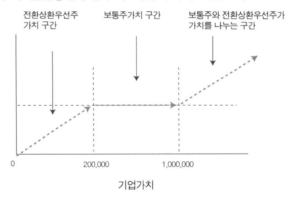

위의 그림에서 보는 바와 같이 전환상환우선주는 기업가치에 대한 우선권을 갖는 속성이 포함되어 있다면 기업가치가 우선주 액면가액에 도달할 때까지는 기업의 가치는 모두 전환 상환우선주에 귀속된다.

그리고 기업가치가 우선주의 액면가액을 초과하는 구간부터 전환상환우선주가 보통주로 전환하는 행사구간까지는 우선주의 액면가액을 초과하는 기업가치는 보통주에게 귀속된다. 위의 그래프에서 전환상환우선주가 보통주로 전환시 액면가액보다 높은 가치를 얻을 수 있는 기준가치는 액면가액을 전환상환우선주 지분율로 나눈 200,000원/20% = 1,000,000원이다.

그리고, 기업가치가 1,000,000원을 초과하는 구간에서는 전환상환우선주가 보통주로 전환한다고 가정하므로 보통주와 전환상환우선주가 지분율에 따라 기업가치를 나눠 갖는 구간이 된다.

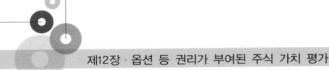

위의 구간별 pay-off 내역을 정리하면 다음과 같다.

pay-off	Breakpoint	Allocation(가치배분)	가치배분비율	
			전환우선주	보통주
1st payoff	0 ~ 200,000	전환상환우선주	100%	0%
2nd payoff	200,000 ~ 1,000,000	보통주	0%	100%
3rd payoff	1,000,000 ~	보통주&전환상환우선주	20%	80%

이에 각 구간별 가치를 옵션가격결정모형(OPM)을 이용하여 산정해 본다.

옵션가치평가방법을 적용하여 각 구간별 가치를 산정한다.

블랙숄즈모형으로 각 구간별 옵션가치평가를 위한 기본 정보는 다음과 같다.

OPM variable	행사(strike) #1	행사(strike) #2	행사(strike) #3
Asset price(s)	1,000,000	1,000,000	1,000,000
Exercise price (x)	0	200,000	1,000,000
term (t, year)	3.0	3.0	3.0
volatility factor (σ)	30%	30%	30%
risk-free rate (r)	2.0%	2.0%	2.0%
옵션가치	1,000,000	800,052	203,177

첫 번째 행사구간(1st call Option)에서는 전환상환우선주는 기업가치 전체에 대한 우선권을 부여받아 기업가치가 곧 전환상환우선주의 가치가 되는 구간이다.

두 번째 행사구간(2nd call Option)은 보통주에게 가치가 귀속되는 구간으로 기초자산이 기업가치인 1,000,000원, 행사가격이 전환상환우선주의 액면가액인 200,000원인 콜옵션의 성격을 갖는다.

세 번째 행사구간(3rd call Option)은 전환상환우선주가가 전환을 하여 보통주와 전환상환우선주가 가치를 나눠 갖는 구간으로 기초자산이 1,000,000원, 행사가격이 전환이 예상되는 가치인 1,000,000원이 되는 콜옵션의 성격을 갖는다.

위의 과정을 통해 각 구간별로 배분되는 가치를 산정하면 다음과 같다.

구분	Description	행사가격 (strike price)	옵션가치	옵션가치 증가분
Strike #1	Beginning value(기업가치가 모두 전환상환우선주주에게 배분)	–	① 1,000,000	199,948 (①-②)
Strike #2	전환상환우선주가 보통주에 우선하여 기업가치에 대한 경제적 청구권을 갖고 행사가격을 초과하는 부분은 보통주주에게 배분되는 구간(즉, 액면가액 200,000원까지는 전환상환우선주주에게 그 초과분은 보통주주에게 가치 배분)	200,000	② 800,052	596,874 (②-③)
Strike #3	전환우선주 보통주 전환(전환상환우선주주와 보통주주주에게 지분율에 따라 가치 배분)	1,000,000	③ 203,177	203,177 (③)

이렇게 각 구간별 기초자산과 행사가격으로 옵션가치를 산정하여 각 자본의 구성요소별로 기업가치를 배분하여 지분가치를 산정한다. 첫번째 구간은 전환상환우선주가 우선권을 갖기 때문에 전환상환우선주에 첫번째 구간의 가치를 먼저 배분하고, 두번째 구간은 전환상환우선주가 보통주로 전환되기 전 구간으로 전환상환우선주에 배부된 가치를 차감한 부분을 보통주에게 배부하게 되며, 세번째 구간은 기업가치가 해당 구간 행사가격인 1백만원을 초과할 경우 전환상환우선주가 보통주로 전환되어 전환상환우선주와 보통주주에 가치를 지분율에 따라 배분하는 구간이다. 이렇게 기업가치를 각 지분별로 배분하게 되면 기업전체가치 1백만원이 전환상환우선주에 배부되는 가치는 240,583원이며, 보통주에 배부되는 가치는 759,417원이 된다.

구분	구간별 옵션가치 증가분	전환우선주 배부	보통주 배부	합계
행사가격(strike price) #1	199,948	100%	0%	100%
행사가격(strike price) #2	596,875	0%	100%	100%
행사가격(strike price) #3	203,177	20%	80%	100%
지분가치 배분	1,000,000	240,583	759,417	1,000,000

8 옵션가격결정모형을 활용한 Equity Allocation 적용 예시

다양한 성격의 자본으로 구성된 기업의 자본구성요소별 평가방법 중에서 실무적으로 많이 활용되고 있는 옵션가격결정모형(Option pricing method; OPM)을 이용한 Backsolve method의 적용 예시가 기업가치를 자본구성요소별로 배분하여 평가하는 과정을 이해하는 데 도움을 줄 수 있을 것이다.

다음은 옵션가치평가모형의 기본 구조하에서 Backsolve method를 적용하여 주주지분의 종류별 가치를 평가한 예시이다.

최근 전환우선주를 신주로 발행한 ㈜가나다의 지분 종류별 구성내역은 다음과 같다.

구분	구분	구분	주식수	주식비율
보통주	기초	보통주	600,000	60%
전환우선주	신주발행	전환우선주	400,000	40%
합계			1,000,000	

ⓐ ㈜가나다의 전환우선주 발행 내역을 살펴본다.

구분	내역
주식수	400,000
주당 발행가액	100
발행가액	40,000,000
우선주 1주당 보통주 전환비율	1:1

ⓑ ㈜가나다의 지분구조를 분석하여 지분 각 class별로 구분하고 각 지분 class의 특징 및 여러 조건을 분석한다. ㈜가나다는 보통주 600,000주와 전환우선주의 종류는 Series A 한 가지 종류로 발행주식수는 400,000주이다. 전환우선주는 보통주보다 우선하여 기업가치에 대한 경제적 권리를 갖으며, 기업가치 상승분을 보통주 주주와 공유할 수 있는 보통주로의 전환권이 내재되어 있다.

구분	구분	구분	주식수	주식비율
보통주	기초	보통주	600,000	60%
전환우선주	신주발행	전환우선주	400,000	40%
합계			1,000,000	100%

ⓒ Class별 수익배분(Breakpoint) 구간을 산정한다. 지분구조 분석을 통해 파악된 내용을 토대로 기업가치의 구간별 각 지분의 수익배분(Breakpoint) 구간을 산정한다.

pay-off	Breakpoint	allocation	전환우선주	보통주
1st payoff	0 ~ 40,000,000	전환우선주	100%	0%
2nd payoff	40,000,000 ~ 100,000,000	보통주	0%	100%
3rd payoff	100,000,000 ~	보통주&전환우선주	40%	60%

ⓓ 옵션가치평가방법을 적용하여 각 구간별 가치를 산정한다.

옵션가치평가를 위한 기본 정보는 다음과 같다.

OPM variable	행사(strike) #1	행사(strike) #2	행사(strike) #3
Asset price(s)	69,217,082	69,217,082	69,217,082
Exercise price (x)	0	40,000,000	100,000,000
term (t, year)	3.0	3.0	3.0
volatility factor (σ)	40%	40%	40%
risk-free rate (r)	2.0%	2.0%	2.0%
dividend yield (δ)	0%	0%	0%

여기서 asset price는 ㈜가나다의 기업가치이며, Exercise price는 행사가격으로서 각 수익배분 구간의 Breakpoint이다. Term은 각 지분의 예상 행사기간, volatility는 변동성으로서 해당 기업의 주가변동성 혹은 유사기업의 주가변동성을 이용한다. risk-free rate는 무위험이자율로 국공채이자율을 이용하며, dividend yield는 약정사항과 과거 실적 등을 기초로 한 예상 배당률을 이용한다.[953]

위의 기본정보를 이용하여 블랙-숄즈 옵션가치평가모형에 의해 각 구간별 가치별로 배분되는 가치를 평가하면 다음과 같다.

구분	Description	행사가격(strike price)	옵션가치	옵션가치 증가분
행사#1	Beginning value (기업가치)	–	① 69,217,082	35,930,886 (①-②)
행사#2	전환우선주가 보통주에 우선하여 기업가치에	40,000,000	②	23,113,411

953) 옵션가치평가방법의 자세한 사항은 "제12장 옵션 등 권리가 부여된 주식 가치 평가"를 참고

구분	Description	행사가격(strike price)	옵션가치	옵션가치 증가분
	대한 경제적 청구권을 갖고 행사가격을 초과하는 부분은 보통주주에게 배분되는 지점		33,286,196	(②-③)
행사#3	전환우선주 보통주 전환(전환우선주와 보통주 주주가 가치를 나누어 갖는 지점)	100,000,000	③ 10,172,785	10,172,785 (③)

ⓔ 각 지분별로 기업가치를 배분하여 지분가치를 산정한다. 첫 번째 구간은 전환우선주가 우선권을 갖기 때문에 우선주에 첫 번째 구간의 가치를 먼저 배분하고, 두 번째 구간은 우선주가 보통주로 전환되기 전 구간으로 우선주에 배부된 가치를 차감한 부분을 보통주에게 배부하게 되며, 세 번째 구간은 기업가치가 해당 구간 행사가격인 100백만원을 초과할 경우 전환우선주가 보통주로 전환되어 전환우선주와 보통주주에 가치를 지분율에 따라 배분하는 구간이다. 이렇게 기업가치를 각 지분별로 배분하게 되면 기업전체가치 69백만원이 전환우선주에 배부되는 가치는 40백만원이며, 보통주에 배부되는 가치는 29백만원이 된다.

구분	구간별 옵션가치 증가분	전환우선주 배부	보통주 배부	합계
행사가격 (strike price) #1	35,930,886	100%	0%	100%
행사가격 (strike price) #2	23,113,411	0%	100%	100%
행사가격 (strike price) #3	10,172,785	40%	60%	100%
지분가치 배분	69,217,082	40,000,000	29,217,082	69,217,082

참고로 위의 예시에서 전환우선주의 발행가액 40백만원을 전환우선주의 시가로 볼 경우에는 전환우선주에 배분되는 가치가 40백만원이 되는 기업가치를 파악하기 위해 옵션평가모형의 현재가치(asset price)를 역으로 계산하여 찾는 방법을 적용하기도 한다.

부 록

외부평가업무 가이드라인

제1편 목 적

1. 이 가이드라인은 외부평가기관이 「자본시장과 금융투자업에 관한 법률」(이하 "법"이라 한다) 시행령 제176조의 5 및 제176조의 6에 의한 평가업무를 수행함에 있어 준수해야 할 사항들을 정함을 목적으로 한다.
2. 외부평가기관(이하 "평가자"라 한다)은 법 시행령 제176조의 5 제6항에서 정한 자를 말한다.

제2편 외부평가기관의 적격성

3. 평가자는 평가원칙과 이론에 대한 일정 수준의 지식, 관련 자료를 파악·수집·분석할 수 있는 능력, 적절한 가치평가접근법 및 평가방법을 적용할 수 있는 기술, 가치의 추정치를 결정함에 있어 전문가적 판단을 할 수 있는 자질을 갖추어야 한다.
4. 평가자는 평가계약체결 전에 해당 평가와 관련하여 전문가적 판단을 할 수 있는 자질을 갖추었는지를 고려하여 계약체결 여부를 결정하여야 한다. 이때 고려해야 될 최소한의 사항은 다음과 같다.
   가. 평가대상 회사와 그 업종
   나. 평가대상 자산
   다. 평가기준일
   라. 평가의견서가 공시서류에 첨부된다는 점, 평가에 적용될 것으로 예상되는 가정과 제약조건, 공정가치, 공정한 시장가치 등 적용될 가치기준, 계속기업 가정 등 가치에 대하여 적용할 전제조건
5. 평가자는 평가업무를 수행함에 있어 공정하고 불편·부당한 자세를 유지하여야 하고 평가업무를 수행하는 과정에서 객관성을 유지해야 한다. 객관성을 유지한다 함은 편파적이지 않고 이해관계에 있어 중립적이고 이해상충이 없어야 함을 의미한다.
6. 평가자는 정당한 주의의무를 가지고 성실하게 업무를 수행해야 한다.
7. 평가업무 수행과정에서 획득한 정보와 평가결과를 정당한 사유없이 누설하거나 의뢰받은 목적 이외에 사용하여서는 아니되며 성공보수 조건의 평가업무 수임은 금지되어

야 한다.

8. 평가자는 관계 법규, 평가자가 속한 전문가단체 등이 제정한 윤리기준 등 평가업무와 관련된 추가적인 요구사항이 있을 경우 이를 준수하여야 한다.

제3편 외부평가업무의 수행

기본원칙

9. 평가자는 평가업무 수행 시 실지조사 등에 의해 평가 대상자산을 확인하고 대상자산과 관련된 재무적·비재무적 자료를 수집하여 특징을 분석하여야 한다.

10. 평가자는 대상자산의 평가를 위해 수집한 기초자료의 합리성·타당성에 대하여 검토한 후 적정한 경우에만 수집한 기초자료를 평가에 이용하여야 한다. 평가 시 가설적 상황을 설정하거나 평가방법에 적용할 변수를 추정하여 이용하는 경우 합리적인 설정근거, 추정근거를 확보하여야 한다.

11. 평가자의 평가업무범위에는 대상자산의 평가에 적용할 평가방법의 선택을 포함한다. 다만, 법 시행령 제176조의 5에 의한 합병(주식의 포괄적 교환 또는 포괄적 이전 및 분할합병 포함)비율의 적정성 평가의 경우에는 법 시행령 및 「증권의 발행 및 공시 등에 관한 규정 시행세칙」에서 이 가이드라인과 달리 정하고 있지 않은 사항은 이 가이드라인을 따라야 한다.

12. 평가자는 대상자산을 분석하여 이용가능한 평가방법 중 가장 적합한 평가접근법과 방법을 고려하여 평가방법을 선택하여야 한다.

13. 평가자의 평가 결과 산출되는 가치는 공정시장가치(Fair Market Value)를 원칙으로 한다. 공정시장가치란 대상자산에 대한 충분한 지식을 가진 자발적인 매수자와 자발적인 매도자가 합의할 수 있는 거래가격을 의미한다. 일반적인 매수자와 매도자가 아닌 특정한 투자자입장에서의 가치인 투자가치를 산출하여 평가의견을 제시하는 것은 이 가이드라인에 따른 평가로 인정되지 아니한다.

타전문가의 활용

14. 평가자는 부동산이나 지적재산권 등에 대하여 타전문가의 업무에 의존할 수 있으나 타전문가의 평가내용만을 유일한 근거로 평가의견을 도출해서는 안 된다. 타전문가의 업무를 활용할 때에는 타전문가가 적용한 가정과 방법을 이해하고, 그 적정성과 합리성을 고려하여 활용 여부를 검토하여야 한다.

15. 평가자가 타전문가의 업무를 활용하고자 하는 경우 타전문가의 능력과 객관성을 평가하여 적정한 경우에만 활용하여야 한다. 타전문가의 전문가로서의 적격성을 평가할 때에는 국가 및 전문가단체 등이 발행한 자격증·면허증·회원증, 대상자산의 평가 분야의 경험이나 명성을 고려하여야 한다. 타전문가의 객관성을 평가할 때에는 재무적으로 회사(의뢰인)에의 종속 여부, 회사에의 투자 여부, 평가와 관련하여 회사와 성공보수조건의 보수지급계약체결 여부를 고려하여야 한다.

16. 평가자는 타전문가가 평가업무 수행 시 준수해야 할 법률이나 규정 등을 파악하여 이에 대한 준수 여부를 확인하여야 한다.

17. 타전문가가 수행한 업무를 평가의견서에 인용하는 경우 타전문가의 동의를 받고 동의를 받았음을 함께 기재하여야 한다. 타전문가의 동의란 타전문가의 업무내용을 공시서류의 첨부서류인 평가의견서에 인용함에 대하여 동의함을 말한다.

가치평가

18. 평가자는 대상자산의 특징을 고려하여 합리적인 평가모형과 적절한 추정치를 사용하여 신뢰성 있게 평가하여야 한다.

    합리적인 평가모형과 적절한 추정치를 사용한 신뢰성있는 평가라 함은 ① 비재무적 정보의 분석 ② 재무정보의 분석 ③ 평가방법의 선정 및 적용 ④ 최종가치 산출의 일반적인 가치평가절차에 따라 객관적으로 평가하는 것을 말한다.

평가대상자산 – 지분증권

비재무적 정보의 분석

19. "비재무적 정보의 분석"은 평가대상기업에 대한 이해를 높이고 이후의 평가절차를 수행하기 위한 기본적 평가근거자료를 마련하기 위하여 평가대상기업을 둘러싼 경제 여건, 해당 산업 동향 등에 관한 정보를 수집·분석하는 것을 말한다. 이 경우 평가자가 수집, 분석해야 할 비재무적 정보의 유형, 이용가능성, 상대적 중요도는 평가대상에 따라 결정된다. 일반적으로 고려되는 비재무적 정보는 아래와 같다.

    가. 조직 형태(주식회사, 조합기업 등), 기업 연혁 및 사업배경

    나. 주요 제품과 서비스

    다. 경쟁사현황, 시장 및 고객현황

    라. 경영진의 경력 및 평판

    마. 경제, 산업 및 회사에 대한 전망

　　바. 비상장주식의 과거 거래 내역

　　사. 계절적 요인이나 경제 순환적 요인에 대한 민감도 등의 위험요인

　　아. 이용정보의 출처

　　자. 기타 평가대상 기업을 이해하기 위해 필요한 정보

재무정보의 분석

20. "재무정보의 분석"은 평가모형의 투입변수로서 활용되는 회계 및 재무자료의 신빙성을 확보하기 위해 재무제표를 분석하는 것을 말한다. 이 경우 다음과 같은 재무적 정보를 수집, 분석하여야 한다.

　　가. 평가에 필요하다고 판단되는 충분한 과거기간의 재무정보

　　나. 추정재무제표를 비롯한 예측정보

　　다. 소속 산업에 대한 재무정보

　　라. 과거 일정기간에 대한 세무조정계산서

21. 재무제표를 분석하는 과정에서 평가를 위하여 필요하다고 판단되면 재무제표 수치에 대한 조정을 하여야 한다. 재무제표의 조정이 필요한 상황을 예시하면 다음과 같다.

　　가. 평가대상회사의 재무제표와 비교대상 재무제표 사이에 회계처리방법의 중요한 차이가 존재하는 경우

　　나. 재무제표 상 수치를 공정가치로 조정해야 할 필요가 있는 경우

　　다. 수익과 비용항목 중 일시적인 비경상항목을 제외하거나 계속사업과 관련되는 항목만을 반영할 필요성이 있는 경우

22. 감사받지 않은 재무제표의 경우 평가자가 당해 재무제표에 대한 신뢰성을 확보할 수 있는 정도의 필요한 절차를 수행하여야 한다.

23. 일부 가치평가모형 적용 시 요구되는 투입변수의 추정을 위해 추정재무제표를 작성하여 이를 사용할 수 있다. 추정재무제표의 작성을 위해 설정된 가정이나 기초변수는 합리적인 근거를 토대로 하여야 한다.

24. 평가자는 회사 등이 제시한 평가를 위한 기초자료(예측자료, 전문가의 평가자료 포함)에 대하여 객관성·적정성 여부를 확인하기 위하여 상당한 주의를 기울여야 하며 이러한 적정성에 대한 검토과정 없이 동 자료를 평가에 사용해서는 안된다.

평가접근법 및 평가방법의 선정 및 적용

25. "평가접근법 및 평가방법의 선정 및 적용"은 대상자산의 특성을 고려하여 평가에 사

용되는 평가접근법 및 평가방법을 정하고 이를 수행하는 것을 말한다. 평가접근법1) 은 크게 이익접근법, 시장접근법, 자산접근법으로 구분할 수 있다. 평가자는 특별한 이유가 없는 한 이 세 가지 접근법을 모두 고려하여야 한다. 그 결과 평가자는 전문가 적인 판단을 사용하여 평가대상 기업의 특성 등을 고려하여 가장 적합하다고 판단되 는 하나 또는 둘 이상의 평가방법을 사용하여 적정가치를 계산한다.

최종가치산출

26. 평가자는 각 평가접근법 및 평가방법을 사용하여 가치추정치를 결정한 후 이들 가치 추정치를 기초로 최종가치를 산출하여야 한다.

27. 평가자는 평가접근법을 선택할 때 대상자산의 특성을 분석하여 반영하여야 한다. 예 를 들어, 설립된 지 5년 미만인 기업이 발행한 지분증권을 자산접근법 이외의 평가접 근법을 적용하여 평가하고자 하는 경우 거래처목록, 고객 또는 공급자와의 관계, 고 객충성도 등을 고려하여 자산접근법을 적용하는 경우와의 차이금액에 대한 합리적 근거를 확보하고 이를 문서화하고 평가의견서에 기재하여야 한다.

28. 각 가치추정치의 타당성 및 신뢰성을 평가하여 하나의 평가접근법과 방법의 결과만 활용할 것인지 또는 여러 평가접근법이나 방법의 결과를 종합하여 활용할 것인지를 결정해야 한다. 최종가치를 산출함에 있어서 적절한 방법의 선택 및 각 방법에 대한 의존정도는 평가자의 전문가적 판단에 기초하여야 하며 정해진 공식 등에 의하여 기 계적으로 결정하여서는 아니 된다.

29. 각 평가접근법 및 평가방법을 사용하여 산정된 가치추정치를 근거로 가치의 결론을 도출함에 있어서 가치의 조정이 필요한지 여부를 신중히 고려하여야 한다. 예를 들면, 평가대상 유가증권의 유동성이 결여된 경우 이에 대한 할인의 필요성을 고려해야 한 다. 또한 평가대상지분에 대한 관련사업의 영업, 매각이나 청산을 결정할 수 있는 지배 력을 갖는 경우에는 이에 대한 할증을 고려할 수 있다. 또한 이익접근법에 의한 평가 시 비업무용 자산가치를 고려하여야 하며 전환가능증권(CB, BW 등)이 있는 경우, 해 당 증권의 전환 여부를 고려하여 주식수를 산출하고 최종 주당가치를 산출해야 한다.

30. 평가자는 대상자산의 최근 2년간 거래가격, 과거 평가실적 등이 존재하고 입수가능한 경우 이를 고려하여 최종가치산출에 반영 여부를 검토하여야 한다. 시장에서 충분한 기간 거래된 후 그 대상물건의 내용에 정통한 거래당사자간에 성립한다고 인정되는 적정가격과 평가방법으로 구한 가치가 차이가 나는 경우 반드시 가치 조정 여부를 고려하여야 하며, 가치 조정을 하지 않는 경우 가치 조정을 하지 않는 사유를 문서화

하고 평가의견서에 기재하여야 한다.

31. 평가자는 향후 전망 예측치(매출액, 매출원가, 가중평균자본비용 등)를 합리적인 가정에서 설정한 시나리오에 기초하여 평가가액을 일정범위로 제시할 수 있으며, 아울러 거래상대방이 합의한 가격의 적정성에 대해서도 적정가격의 범위를 제시하는 방식으로 적정성 여부에 대한 의견을 표명할 수 있다.

후속사건

32. 평가기준일은 평가자가 대상자산의 평가에 대한 결론을 내리는 특정일이다. 평가기준일의 가치에 영향을 줄 수 있는 사건이 평가기준일 이후 발생할 수도 있는데, 이를 후속사건이라고 한다. 평가자는 평가기준일에 존재하고 있는 상황과 그 때까지 발생한 사건만을 고려하여 평가하는 것이 일반적이다. 그러나 평가의견서 제출일까지 발생한 후속사건이 평가의견서 이용자에게 중요한 경우 평가자는 평가의견서의 별도 문단에 후속사건을 기술하여야 한다. 이때 후속사건과 관련된 정보는 정보목적으로만 제공되는 것일 뿐 평가기준일 현재의 가치에 반영되지 않았음을 명시하여야 한다.

문서화

33. 평가자는 가치평가에 대한 결론을 도출하는 과정에서 수행한 주요 절차를 문서화하고 3년간 보존하여야 한다. 문서화 대상에는 다음의 내용이 반드시 포함되어야 한다.

　가. 수집·분석한 정보

　나. 가치평가에 적용한 가정과 동 가정의 타당성 검증내용

　다. 제약조건 및 동 제약조건하에서의 가치평가 수행 타당성 검토내용

　라. 평가자의 업무범위 또는 분석에 필요한 자료입수의 제약 및 동 제약을 극복하기 위해 수행한 대체절차

　마. 가치평가에 고려한 제반 평가접근법과 방법

　바. 가치평가에 실제 적용한 평가접근법과 방법 및 그 방법의 적용 타당성 검토내용

　사. 타전문가의 업무를 활용한 경우 동 내용 및 활용 여부에 대한 타당성 검토내용

　아. 후속사건과 관련하여 평가자가 고려한 정보

　자. 최종가치산출과정

평가대상자산 – 기타 자산

34. 지분증권을 제외한 기타 자산의 평가 시에도 기본적으로 문단 19 내지 문단 33에 따라 평가하되 개별자산의 특성을 반영하여 적절히 수정 적용이 필요한 경우 수정 적용

가능하며, 수정 적용에 대한 내용 및 그 판단근거를 문서화한다.

35. 평가자는 부동산에 대한 평가를 할 때에는 실지조사에 의하여 대상자산을 확인하여야 한다. 다만, 신뢰할 수 있는 자료가 있는 경우에는 실지조사를 생략할 수 있다.

36. 부동산에 대한 평가 시 선순위 채권자유무, 완성된 건물인지여부 등 대상자산의 가치에 영향을 줄 수 있는 사유가 있는지를 확인하여 평가에 반영하여야 한다.

37. 토지의 평가는 평가대상토지와 용도지역·이용상황·지목·주변환경 등이 동일 또는 유사한「부동산 가격공시 및 감정평가에 관한 법률」에 의하여 공시된 인근지역 또는 동일수급권안 유사지역 내 표준지의 공시지가를 이용하여 공시기준일부터 평가기준일까지의 지가변동률·생산자물가상승률 및 기타사항을 종합적으로 참고하여 평가하여야 한다.

38. 건물의 평가는 가치평가접근법 중 자산접근법 또는 시장접근법의 적용을 우선 고려하여야 한다. 만일 자산접근법 또는 시장접근법에 의한 평가가 적정하지 않아 이익접근법에 의해 평가하는 경우 자산접근법 또는 시장접근법을 사용하였을 경우와 비교하여 이익접근법이 타당한 근거를 문서화하고 평가의견서에 기재하여야 한다. 다만, 임대목적의 상업용건물의 경우 이익접근법을 우선적으로 적용할 수 있다.

39. 건설중인 건물, 설치중인 기계장치 등을 대상으로 가치평가를 하는 경우 가치평가접근법 중 자산접근법의 적용을 우선 고려하여야 한다. 만일 다른 방법을 사용하는 경우 자산접근법을 사용하였을 경우와 비교하여 그 다른 가치평가접근법이 타당한 근거를 문서화하고 평가의견서에 기재하여야 한다.

40. 산림의 평가는 임지와 입목을 구분하여 평가하여야 한다. 다만, 임지와 입목을 일체로 한 가격의 산정이 가능한 경우에는 이를 일괄하여 평가할 수 있다.

41. 임지의 평가는 토지의 평가방법에 따르고 입목의 평가는 자산접근법 또는 시장접근법을 적용하여야 하며, 특히 치수림과 소경목림의 경우에는 자산접근법의 적용을 우선 고려하여야 한다. 만일 다른 방법을 사용하는 경우 자산접근법을 사용하였을 경우와 비교하여 그 다른 가치평가접근법이 타당한 근거를 문서화하고 평가의견서에 기재하여야 한다.

42. 평가자가 광산이나 유전광구 등 자원관련 자산을 평가하는 경우 관련 업계에서 일반적으로 통용되는 평가 및 보고기준에 따라 업무를 수행하여야 한다.(「유전(가스)개발사업 모범공시기준」의 '제5편 유전개발사업의 평가'참고)

43. 평가자가 채무증권을 포함한 채권에 대한 평가를 할 때에는 연체발생 여부, 채권 발

행인(채무자)의 재무상태 등을 고려한 원리금 상환가능성에 대한 부분을 고려하여야 한다.

44. 평가자가 특허를 포함한 지적재산권에 대한 평가를 할 때에는 관련법 상 인정되는 지적재산권의 존속기간 등을 고려하여야 한다. 특허 및 전용실시권 등을 이익접근법 으로 평가하는 경우 평가대상으로부터 미래 효익의 기대기간이 관련법 상 인정되는 특허의 존속기간을 초과하는 것은 적정하지 않다.

제4편 외부평가의견서

45. 평가자는 평가의견서의 이용자가 가치평가의 기초가 된 자료, 분석, 추론 등 평가내용 을 이해할 수 있도록 외부평가의견서에 충분한 정보를 제공하여야 한다. 이러한 목적 으로 제공되는 정보에는 다음의 사항들이 포함된다.

가. 평가기관의 명칭

나. 평가의뢰인

다. 평가목적(주요사항보고서 등의 작성 및 공시첨부서류로 사용)

라. 평가에 사용된 가정과 제한 조건

마. 평가개요 및 평가대상자산

바. 정보의 원천

사. 평가대상회사, 관련 비재무적 정보 및 재무정보(재무제표 포함)의 분석내용

아. 사용가능한 가치평가접근법 및 방법

자. 평가에 사용된 가치평가접근법 및 세부평가방법, 사용한 방법의 타당성, 가중치부 여 내용

차. 최종가치 산출시 적용된 할증이나 할인 등 가치조정사항 및 논리적 근거

카. 평가기준일과 결산일이 다를 경우 평가기준일과 결산일 사이에 발생한 중요한 거 래나 사건

타. 외부전문가를 활용한 경우 그 내용

파. 평가가액의 산출근거

하. 평가가액과 평가의견

거. 평가기간, 평가기준일

너. 평가의견서 제출일까지 발생한 중요한 후속사건

46. 외부평가의 목적이 공시서류의 작성 및 그 첨부서류에 이용하는 것이므로 이를 부정하는 어떠한 책임제한 문구도 평가의견서에 기재해서는 안 된다.

※ 붙임 1. 부적절한 평가사례
※ 붙임 2. 가치평가접근법

(붙임 1 : 부적절한 평가사례)

1. 평가대상자산에 대한 확인 소홀
   가. 미분양아파트를 평가함에 있어 미분양된 사실을 고려하지 아니하고 실제시가보다 높게 평가
   나. 평가대상토지에 대해 공법상 제한사항이 있음에도 불구하고 공법상 제한이 없는 상태를 가정한 용도지역기준으로 비교표준지가를 그대로 적용하여 평가
   다. 평가대상토지와 용도지역·이용상황 등이 유사한 표준지공시지가가 인근 지역에 소재하고 있음에도 불구하고 뚜렷한 이유없이 토지특성(용도지역, 이용상황, 주변환경 등)이 크게 차이나는 표준지를 비교표준지로 선정하여 평가
   라. 평가대상토지가 북동향의 하단부 완경사, 상단부 급경사임에도 불구하고 남향으로 평가하고, 맹지임에도 현황 임도를 통하여 출입이 가능한 것으로 평가
   마. 평가대상토지가 주변토지에 비하여 급경사 임야지대로 개발이행이나 용도전환 가능성이 다소 불리하여 공시지가가 낮음에도 불구하고 주변토지의 공시지가 수준으로 하루만에 평가

2. 평가에 이용되는 자료에 대한 검토없이 사용
   가. 회사가 제시한 자료의 신뢰성이나 합리성 여부에 대한 검토없이 평가에 이용
   나. 타전문가가 수행한 업무의 적정성 및 합리성 여부에 대한 검토없이 타전문가의 의견·평가내용에만 의존하여 그대로 인용하여 평가

3. 평가 시 설정한 가정에 대한 합리적 근거 미비
   가. 평가 시 투입되는 변수에 대한 합리적 근거 없이 가정하거나 평가치를 시나리오별로 제시하면서 각 시나리오 설정기준(예: 시장점유율, 예상 판매량 등)에 대한 합리적인 근거 부재
   나. 특허에 대한 전용실시권을 평가하면서 특허권의 법적 존속기간을 초과하여 영구 사용가능한 것으로 가정하여 평가

부 록

4. 가치평가접근법 적용 오류

가. 신생 벤처기업이나 적자기업 등의 가치평가에 자산접근법 또는 시장접근법의 적용을 고려하지 않고 이익접근법만을 적용하여 평가

나. 영업활동을 수행하지 않고 부동산이나 타 회사의 지분을 보유함으로써 이익을 얻는 지주회사 평가 시 자산접근법 또는 시장접근법을 고려하지 않고 이익접근법만을 적용하여 평가

다. 야산에 장뇌삼 종자 파종 및 1년생 이식을 한지 2년이 안된 장뇌삼밭을 자산접근법 또는 시장접근법을 고려하지 않고 이익접근법만을 적용하여 평가

라. 건물(공장) 건설부지를 매입함에 있어 자산접근법 또는 시장접근법이 아닌 건물(공장)을 완공했을 경우를 가정한 이익접근법으로 평가

마. 설립된 지 5년 미만인 기업가치를 평가하면서 자산접근법 또는 시장접근법의 적용을 고려하지 않고 실현가능성이 낮은 미래추정치를 근거로 이익접근법만을 적용하여 평가

5. 공정시장가치가 아닌 투자가치로 평가

가. 기계장치가 설치되어 있지 않은 공장부지와 공장건물을 평가함에 있어 외국 유수의 기업으로부터 정밀한 설비라인을 설치한 경우를 가정하여 평가

나. 건설중인 건물에 대하여 완성건물을 가정하여 이익접근법으로 평가하면서 미분양위험을 고려하지 않고 평가

다. 이익접근법을 적용하여 평가하면서 평가대상 자산을 현재 상태와 다르게 가정(예: 토지가 현재 농지임에도 산업용지로 가정)하여 평가

라. 현재 염전인 토지를 휴양시설 건설부지로 쓰기 위해 매입하는 거래와 관련하여 관련 인·허가 등이 결정되지 않았음에도 불구하고 휴양시설건설에 따른 개발이익을 반영하여 평가

6. 이익접근법 적용 시 발생되는 오류

가. 기업의 위험보다 개별 특허기술의 사업위험이 일반적으로 높음에도 불구하고 할인율 산정 시 기업의 위험을 산정하는 일반적인 방법인 WACC 방법을 적용하고 별도의 위험 미조정(평가대상자산 자체의 위험 미반영)

나. 미래 효익 추정시 예측기간을 5년 이상으로 확보하여야 함에도 불구하고 5년 미만으로 추정하여 평가

904

다. 영구가치산출시 적용하는 영구성장률을 과거 5년치 평균성장률보다 높게 추정하여 평가

라. 전환가능증권(CB, BW 등)이 있음에도 불구하고, 해당 증권의 전환 여부를 고려하여 주식수를 산출하지 아니하고 최종 주당가치를 산출

7. 과거 거래가격을 최종가치산출에 미고려

가. 양도자의 평가대상 자산 취득원가를 고려하지 않고 평가

나. 평가대상 자산의 경매평가 및 매각가격 선례가 있음에도 이를 조사·수집, 참작하지 않고 평가

8. 채권 발행인의 원리금상환능력을 미고려

가. 채권을 평가함에 있어 발행인의 원리금상환능력을 고려하지 않고 권면금액으로 평가

나. 미지급되어 연체상태인 급여채권임에도 채권평가 시 이러한 사실을 미반영

9. 업무정지기간 중인 외부평가기관에 의해 평가

10. 성공보수조건으로 외부평가 계약을 체결

(붙임 2 : 가치평가접근법)

시장접근법

1. 시장접근법은 유사한 유가증권과의 비교를 통하여 평가대상의 가치를 결정하는 가치평가접근법이다.

2. 시장접근법에서 가장 보편적으로 사용되는 평가방법은 유사기업이용법, 유사거래이용법, 과거거래이용법이다.

① 유사기업이용법은 평가대상기업과 유사한 상장회사들의 주가를 기초로 산정된 시장배수를 이용하여 평가대상의 가치를 평가하는 방법이다.

② 유사거래이용법은 평가대상기업과 유사한 회사들의 지분이 기업인수 및 합병거래 시장에서 거래된 가격을 기초로 산정된 시장배수를 이용하여 평가대상의 가치를 평가하는 방법이다.

③ 과거거래이용법은 평가대상기업 지분의 과거 거래가격을 기초로 시장배수를 산정하여 평가대상의 가치를 평가하는 방법이다.

3. 유사기업이 상장회사인 경우에는 시장배수 적용 시 적절한 유동성 할인을 고려하고, 유사기업이 국내에 없을 경우에는 해외사례를 조정하여 사용하는 것을 고려하여야 한다.

4. 시장접근법을 적용함에 있어 가치평가과정에서 비교기준의 역할을 충실히 할 수 있는 비교대상의 선정이 가장 핵심이다. 시장접근법을 적용함에 있어 사용되는 유사기업은 평가대상기업과 동일한 산업에 속하거나, 동일한 경제 요인에 의해 영향을 받는 산업에 속해야 한다. 유사기업의 선정을 위해서는 합리적인 기준이 설정되어야 하며 선정과정에서 고려해야 할 요소들은 다음과 같다.

(가) 사업 특성상의 정성적·정량적 유사성

(나) 유사기업에 대하여 입수 가능한 자료의 양과 검증가능성

(다) 유사기업의 가격이 독립적인 거래를 반영하는지 여부

5. 가치평가에서 보편적으로 사용되는 시장배수는 주가비율로서 주가이익비율(PER), 주가장부가치비율(PBR), 주가매출액비율(PSR), 주가현금흐름비율(PCR) 등이 있으며, 기업가치비율로서 EV/EBITDA, EV/EBIT 비율이 주로 활용된다. 시장배수의 선택과 계산은 다음과 같은 사항들을 고려하여 신중하게 이루어져야 한다.

(가) 시장배수는 기업 가치에 대하여 의미 있는 정보를 제공하여야 한다.

(나) 시장배수의 계산에 사용되는 유사기업의 자료는 정확해야 한다.

(다) 시장배수의 계산은 정확해야 한다.

(라) 자료에 대한 평균값이 이용되는 경우에는 평균을 산정하는 기간과 평균산정방법이 적절해야 한다.

(마) 시장배수의 계산방식은 유사기업들과 평가대상기업에 대하여 일관성 있게 적용되어야 한다.

(바) 시장배수산정에 사용된 가격자료는 가치평가일 현재 유효해야 한다.

(사) 필요하다면 유사기업들과 평가대상기업간의 비교가능성을 제고하기 위해 비경상적 항목, 비반복적 항목 및 영업과 관련이 없는 항목 등에 대한 조정을 고려해야 한다.

6. 과거거래이용법이 사용되는 경우에 해당 과거거래가 이루어진 이후 기간에 발생한 중요한 상황 변화에 대한 조정을 고려해야 한다.

이익접근법

7. 이익접근법은 평가대상으로부터 기대되는 미래 효익을 평가하여 평가대상의 가치를 결정하는 가치평가접근법이다. 미래 기대효익은 화폐액으로 표현되어야 하며 이익 또는 현금흐름으로 표현될 수 있다. 미래 기대효익을 추정함에 있어 평가대상기업의 특성, 비경상적 수익·비용항목에 대한 조정, 자본구조, 과거 성과, 당해 기업과 소속 산업의

전망, 기타 경제적 요인을 종합적으로 고려하여야 한다. 일반적으로 이익접근법을 신생 벤처기업이나 적자기업 등의 가치평가에 적용하는 것은 적절하지 못할 수 있다.

8. 이익접근법에는 이익(현금흐름)자본화법, 현금흐름할인법(또는 배당할인법), 경제적 부가가치법, 초과이익할인법, 옵션평가모형 등이 있다.

(가) 이익자본화법은 평가대상으로부터 기대되는 미래 효익을 예측하여 자본환원율로 나누거나 자본환원계수를 곱함으로써 평가대상의 가치를 산정하는 방법이다. 이론적으로 자본화 대상이 되는 미래 효익은 이익이나 현금흐름을 이용하여 다양하게 정의될 수 있으나 실무상으로는 일반적으로 이익을 사용한다.

(나) 현금흐름할인법(또는 배당할인법)은 평가대상으로부터 기대되는 미래 현금유입액(배당액)을 측정한 후 할인율을 적용하여 현재가치를 산정하는 방법이다. 현금흐름은 다양하게 정의될 수 있으나 실무상으로는 주주에게 귀속되는 잉여현금흐름, 기업전체에 귀속되는 잉여현금흐름 또는 미래 기대배당액이 사용된다.

(다) 경제적부가가치법은 영업투하자본에 미래 경제적 부가가치의 현재가치를 합하여 기업의 가치를 계산하고 순재무부채의 시장가치를 차감하여 평가대상의 가치를 산출하는 방법이다. 여기서 미래 경제적 부가가치는 미래 t기간의 세후순영업이익에서 자본비용을 차감한 금액의 현재가치이다. 경제적부가가치법은 다각화기업의 가치평가에 유용할 수 있다.

(라) 초과이익할인법은 현재의 자기자본 장부가치에 미래초과이익의 현재가치를 더하여 평가대상의 가치를 산출하는 방법이다. 미래초과이익은 자본비용을 초과하는 회계이익이므로 미래에 기대되는 자기자본이익률이 자본비용보다 높을 것으로 기대되어 양의 초과이익이 예상되면 가치가 창출되어 주주지분가치는 자기자본 장부가치보다 크게 된다.

(마) 옵션평가모형은 이항옵션모형, 블랙-숄즈모형 등을 활용하여 평가대상의 가치를 측정하는 방법이다. 특히, 벤처기업의 경우 시장환경이 불확실하고 환경변화에 따라 후속투자의 확대, 연기, 포기 등 다양한 선택권을 보유하므로 경영자의 의사결정 여하에 따라 미래현금흐름과 투자비용이 크게 변할 수 있으며 이러한 의사결정상의 유연성의 가치를 옵션평가모형으로 평가할 수 있다.

9. 미래 효익 추정시 예측기간은 5년 이상 충분히 길게 하고 과거 장기간의 추세분석을 바탕으로 기업이 속한 산업의 경기순환주기를 결정하는 경우 경기순환주기상 중간점에서의 이익수준에 근거하여 영구가치를 산출하여야 한다. 또한 영구가치산출시 적용

부 록

하는 영구성장률은 과거 5년치 평균성장률을 넘지 않도록 추정한다.

10. 자본환원율이나 할인율은 평가대상으로부터 기대되는 미래 효익이나 현금흐름이 발생되는 시점, 위험요소, 성장성 및 화폐의 시간가치 등을 종합적으로 고려하여 결정하여야 한다. 자본환원율이나 할인율은 가치평가에 사용되는 이익 또는 현금흐름의 정의와 일관성이 있어야 한다. 예를 들어, 세전이익에는 세전 자본환원율을 적용하여야 하며 세후이익에는 세후 자본환원율을 적용하여야 한다. 또한 주주에 귀속되는 잉여현금흐름이나 배당금에는 자기자본비용을, 기업전체에 귀속되는 잉여현금흐름은 가중평균자본비용을 사용하여 할인하여야 한다.

11. 비업무용 자산가치를 고려하여야 하며 전환가능증권(CB, BW 등)이 있는 경우, 해당 증권의 전환 여부를 고려하여 주식수를 산출하고 최종 주당가치를 산출해야 한다.

자산접근법

12. 자산접근법은 자산에서 부채를 차감한 순자산의 가치를 이용하여 평가대상의 가치를 결정하는 가치평가접근법이다. 자산접근법을 적용함에 있어서 대차대조표상 자산·부채는 가치평가기준일의 공정가치로 측정되어야 한다. 만약 매각을 전제로 한 가치평가인 경우에는 매각과 관련된 비용이 고려되어야 한다.

13. 자산접근법을 적용하는 일반적인 절차는 다음과 같다.

(가) 기업회계기준에 따라 작성된 대차대조표를 입수한다.

(나) 취득원가로 기록된 자산과 부채의 가액을 공정가치로 조정한다.

(다) 대차대조표에 누락되어 있는 부외자산 및 부외부채의 공정가치를 측정한다.

(라) 공정가치로 측정된 개별 자산과 부채를 기초로 공정가치 기준 대차대조표를 작성하고 이를 이용하여 가치평가를 수행한다.

14. 자산접근법은 평가대상기업이 영업활동을 수행하지 않고 부동산이나 타 회사의 지분을 보유함으로써 이익을 얻는 지주회사이거나 청산을 전제로 한 기업인 경우에 적절한 방법이다. 계속기업을 전제로 한 가치평가에서 자산접근법만을 유일한 방법으로 선택해서는 안 되며 만일 자산접근법만을 사용하는 경우에는 그에 대한 정당한 근거를 제시하여야 한다.

Ⅱ 한국공인회계사회 한국의 시장위험 프리미엄 가이던스

다음의 내용은 한국공인회계사회 가치평가위원회가 한국의 시장위험프리미엄(MRP)에 대한 가이던스로 2023년 6월 7일에 발표한 자료이다. 한국공인회계회사는 시장상황을 지속적으로 모니터링하여 시장상황이 변동하면 시장위험프리미엄 가이던스가 시장상황에 맞게 변동할 수 있다고 언급하고 있으므로 평가시 참조할 목적이라면 평가시점의 가이던스를 반드시 확인할 필요가 있다.

한국의 시장위험 프리미엄 가이던스

(2023.6.7.)

한국의 시장위험 프리미엄 가이던스(이하 '가이던스')는 한국공인회계사회 회원이 가치평가 관련 업무를 수행하거나 제3자 평가 전문가가 수행한 평가 결과를 검토할 때 도움을 주기 위하여 한국공인회계사회가 가치평가위원회의 심의를 거쳐 마련하고 매년 정기적으로 발표합니다.

이 가이던스는 한국의 시장위험 프리미엄에 대한 한국공인회계사회의 입장을 기술한 것이므로 이 자료에 있는 내용을 그대로 사용해야 할 의무가 있는 것은 아닙니다. 이 자료에 있는 내용과 다른 접근방법 또는 결과가 더 적절한 상황이 있을 수 있으며, 그러한 경우 특정 사실과 상황에 따라 다른 접근방법 또는 결과를 사용할 수 있습니다.

이 자료 내용의 사용 또는 인용 여부는 이용자가 판단하여야 하며 이 자료의 내용을 사용 또는 인용하여 발생하는 결과의 책임은 이용자에게 있습니다.

이 자료는 발표일부터 적용되며, 향후 중요한 변경 사유가 발생하면 이를 반영하여 변경될 수 있습니다.

1. 가이던스의 배경

한국공인회계사회 가치평가위원회(이하 '위원회')는 가치평가 전문가로 활동하는 학계와 실무 전문가로 구성되어 있으며 가치평가와 관련된 현안에 대하여 연구 및 심의를 한다.

위원회는 유럽 국가의 공인회계사단체에서 시장위험 프리미엄에 대한 권고안을 발표한 사례를 참고하여 한국의 시장위험 프리미엄에 대한 한국공인회계사회의 입장을 나타낼 필요가 있다고 보았다. 이에 2022년 6월에 「한국의 시장위험 프리미엄 가이던스」를 발표한 바 있다.

위원회는 한국의 경제상황과 자본시장을 고려하여 시장위험 프리미엄 연구를 수행하고 있으며, 시장 및 경제상황의 변화에 따라 시장참여자의 견해가 시장위험 프리미엄에 반영되도록 지속적인 모니터링을 하고 있다. 또한 위원회는 외부에 의뢰한 연구결과, 가치평가 실무 현황, 한국과 해외 자본시장의 추세, 글로벌 경제상황 및 실무 전문가와 학계의 의견 등을 종합적으로 고려하는 총체적 접근방식(look-at-everything approach)을 채택하고 있다.

2. 한국의 시장위험 프리미엄 추정 결과

위원회는 다음 발표 전까지 한국의 시장위험 프리미엄을 전년과 동일한 7%~9%로 유지하기로 하였다.

위원회가 외부에 의뢰하여 수행하는 시장위험 프리미엄 연구는 설문조사 MRP, 역사적 MRP, 내재적 MRP, 재무정보제공업체의 MRP, 성숙시장의 MRP에 국가위험프리미엄을 가산하는 방식 등을 사용하여 한국의 시장위험 프리미엄을 추정한다. 2023년 시장위험 프리미엄 연구결과를 종합적으로 검토한 결과 전년도와 비교하여 전체적으로 중요한 변동이 존재하지 않았다.

위원회가 외부 연구결과 외에 총체적 접근방식의 일환으로 고려한 시장위험 프리미엄의 결정 요인은 대표적으로 위험회피와 소비선호, 경제적 위험의 예측 정도, 인플레이션과 이자율, 기업정보의 정확성, 유동성과 현금흐름 등이 있다.

최근 코로나 격리 의무가 해제되어 경제활동이 정상화되고 있으나 물가, 금리, 전기·가스 등의 공공요금 변동, 국제 전쟁의 장기화 등 시장의 불확실성을 상승시키는 변화도 존재한다. 위원회는 이러한 요인을 종합적으로 고려하였을 때 시장위험 프리미엄의 상승 요인과 하락 요인이 상쇄되어 전년과 비슷하게 유지되는 것으로 보았다.

한편 일부 위원들은 중장기적으로 한국의 시장위험 프리미엄의 하향 필요성을 언급하였다. 위원회에서는 여타 요인들의 전개 상황을 총체적 접근방식에 따라 면밀히 분석하면서 시장위험 프리미엄의 변경 필요성을 지속적으로 검토하기로 하였다.

[별첨1] 시장위험 프리미엄 측정방법

시장위험 프리미엄(Market Risk Premium, 이하 'MRP')은 위험투자에 대한 대가로 무위험수익률을 초과하는 주식시장의 기대수익률을 의미한다. MRP는 자본자산가격결정모형(Capital Asset Pricing Model, 이하 'CAPM')과 같은 자본비용을 추정하는 모형의 필수적인 구성요소이며 forward-looking 개념에 기반하므로 위험 프리미엄에 대한 시장참여자의 기대를 반영한다.

(1) MRP의 정의

현금흐름할인모형을 이용하여 기업가치를 평가하기 위해서는 (잉여)현금흐름을 가중평균자본비용으로 할인한다. 가중평균자본비용을 결정하기 위해서는 자기자본비용, 세후 타인자본비용, 회사의 목표자본구조 등의 구성요소를 먼저 산출해야 한다. 이러한 변수는 모두 직접적으로 관측할 수 없으므로 각 구성요소 들을 산출하기 위하여 다양한 모형, 가정 및 추정이 사용된다. 가중평균자본비용을 계산하는 가장 단순한 방법은 세후 타인자본비용과 자기자본비용을 시장가치로 가중평균하는 것이다.

이 중 자기자본비용은 주식의 기대수익률로 결정된다. 기대수익률은 관찰이 어려운 항목이기 때문에 위험을 기대수익률로 전환하는 CAPM을 많이 사용한다. CAPM은 자기자본비용을 산출하기 위하여 무위험이자율, 시장위험프리미엄, 주식베타 등 세 가지 투입변수를 사용한다.

$$E(R_i) = r_f + \beta_i [E(R_m) - r_f]$$

E(R$_i$) = 주식의 기대수익률
r$_f$ = 무위험이자율
β$_i$ = 시장에 대한 주식의 민감도
E(R$_m$) = 시장의 기대수익률

MRP는 시장에 존재하는 모든 위험자산을 포함하고 있으며, 완전히 분산 투자되어 비체계적 위험이 제거된 시장 포트폴리오의 기대수익률과 무위험이자율의 차이로 계산된다.

(2) MRP의 측정방법

MRP는 직접 관찰이 불가능하기 때문에 다양한 방법과 표본을 이용하여 산출된다. MRP 추정에 사용되는 대표적인 접근방법은 다음과 같다.

• 역사적 MRP

MRP는 미래현금흐름에 대응되는 할인율을 계산하기 위한 것이므로 기대치라는 특징을 가진다. MRP는 미래의 기대치를 추정하는 것이지만, 이러한 추정에 사용되는 데이터는 대부분 과거자료이다. 역사적 MRP는 과거 자료를 이용하여 장기간의 주식시장의 초과수익률을 계산한 후, 무위험이자율을 차감하여 MRP를 추정하는 방식이다.

역사적 MRP 추정을 위하여 과거 자료를 언제까지 거슬러 올라가야 하는지에 대해서는 여러 의견이 있을 수 있다. 주가 자료가 존재하는 최초 일자까지 거슬러 올라가지 않고 이보다 짧은 추정기간을 사용하기도 하는데 그 이유는 평균적 투자자의 위험회피성향이 시간이 흐르면서 변화할 가능성이 있고, 더 최근 데이터를 사용하면 더 최근 값을 제공할 수 있기 때문이다. 그러나 추정기간이 짧아지면 표본 수의 감소로 표본오차가 증가하여 추정의 정확도가 떨어질 우려가 있다.

- 내재적 MRP

  역사적 MRP는 과거 데이터에 기반하여 소급적으로 MRP를 추정하는 것이므로, 미래지향적 MRP 추정이 목표라면 평균회귀와 과거 데이터에 의존한 역사적 MRP는 한계가 있다. 이러한 한계를 극복하기 위하여 내재적 MRP를 적용하는데 이는 현금흐름할인(DCF) 모형에 기반한 MRP, 디폴트 스프레드에 기반한 MRP 등이 있다.

- 성숙시장의 MRP에 스프레드를 가산하는 방식

  역사적 MRP를 계산하기 위해서는 장기간의 데이터가 필요한데 주식시장의 이력이 짧거나 데이터를 신뢰하기 어려운 신흥시장의 경우 MRP 추정이 쉽지 않을 수 있다. 선행연구 등에 따르면 일반적으로 신흥시장이 성숙시장에 비하여 평균수익률과 변동성이 더높은 것으로 나타나고 있다. 그러므로 주식시장의 역사가 상대적으로 짧을 때 성숙시장의 MRP에 국가위험 프리미엄(Country Risk Premium) 등을 가산하는 방식을 적용할수 있다.

[별첨2] 한국의 시장위험 프리미엄 가이던스 FAQ

위원회가 채택한 총체적 접근방식이란 무엇인가?

위원회가 채택한 총체적 접근방법이란 특정 접근방법에 국한한 분석이 아니라, 외부에의뢰하여 다양한 방법론을 적용한 연구결과, 통계자료 및 이를 가공한 지표, 가치평가 실무 현황, 한국과 해외 자본시장의 추세, 글로벌 경제상황 및 기타 관련 요소 등을 학계와실무 전문가들이 종합적으로 면밀히 분석하는 방식을 말한다. 한국은행 금융통화위원회가총체적 접근방식을 채택하고 있으며, 유럽국가의 공인회계사 단체도 유사한 접근방식을채택하고 있다.

한국의 기업규모위험 프리미엄(Size Risk Premium) 연구결과

　다음의 내용은 한국공인회계사회에서 외부 전문가그룹에 연구를 의뢰한 한국의 기업규모위험 프리미엄(Size Risk Premium)의 연구결과로서 2022년 6월 28일에 발표한 자료이다. 이후 2024년 6월 5일에 발표한 자료도 추가로 수록하였다.

　기업규모위험프리미엄(Size risk premium) 연구는 앞으로 지속적으로 이어질 예정이며 더 많은 표본과 장기의 조사기간을 통해 점차 안정적인 결과를 도출하게 될 것으로 기대된다.

한국의 기업규모위험 프리미엄(Size Risk Premium) 연구결과

(2022.6.28.)

　이 자료는 한국공인회계사회가 외부에 의뢰한 연구결과를 참고목적으로 제공하는 것으로 한국공인회계사회의 입장을 기술한 것이 아니다.

　여러 위험 프리미엄 중 자본시장 전체와 관련된 시장위험 프리미엄 외에 개별 기업에 적용되는 기업특유위험 프리미엄(Firm Specific Risk Premium)은 다양하게 존재한다. 기업의 규모위험 프리미엄(Size Risk Premium, 이하 SRP라 한다)은 기업특유위험 프리미엄 중 하나이며 실무적으로 상황에 따라 고려되기도 한다.

　SRP는 여러 가지 방법론을 사용하여 구할 수 있는데, 실무적으로는 기업의 시가총액 규모 분위수별(3분위, 5분위, 10분위 등)로 수익률 스프레드를 나타내는 방법을 많이 사용한다.

　한국공인회계사회 가치평가 위원회는 실무에서 한국의 SRP를 고려할 경우에 참고할 수 있도록 외부에 의뢰한 한국의 SRP 연구결과를 다음과 같이 보여주기로 하였다.

[규모위험 프리미엄 : 3분위수]

규모	주1) 평균	시가총액(단위 : 백만원)			
		Min	Max	Median	Mean
Mid	−0.26%	922,834	544,116,848	11,103,155	2,238,130
Low	0.60%	336,121	859,621	556,629	543,750
Micro	3.35%	63,685	333,630	212,443	216,340

규모	주2) 순자산 장부금액(단위 : 백만원)					
	Min	Max	Median	Mean	Q1(1분위)	Q3(3분위)
Mid	123,757	275,948,016	1,074,278	주3) 7,170,951	551,593	주3) 3,712,136
Low	53,082	3,454,653	337,508	512,961	188,064	589,531
Micro	28,757	1,243,463	137,782	203,946	75,267	241,805

주1) 여러 방법론에 따라 산출된 평균값을 단순 평균한 것임.
주2) 규모분위수별 순자산 장부금액 관련 내용은 실무적용시 참고목적으로 보여주는 것이며 주재무제
표(연결재무제표)를 기준으로 함.
주3) 특정 기업의 순자산 장부금액이 예외적으로 커서 3분위보다 평균이 더 크게 나옴.

[규모위험 프리미엄 : 5분위수]

규모	주1) 평균	시가총액(단위 : 백만원)			
		Min	Max	Median	Mean
1분위	−0.25%	1,851,312	544,116,848	4,187,573	17,793,014
2분위	0.00%	721,685	1,824,793	1,067,545	1,127,037
3분위	0.44%	402,051	718,622	543,751	546,965
4분위	1.82%	236,816	401,845	305,786	314,292
5분위	4.16%	63,685	234,320	162,566	163,406

규모	주2) 순자산 장부금액(단위 : 백만원)					
	Min	Max	Median	Mean	Q1(1분위)	Q3(3분위)
1분위	197,605	275,948,016	1,846,502	주3) 11,419,987	831,889	주3) 6,859,108
2분위	61,252	5,032,291	641,216	1,050,385	270,464	1,295,141
3분위	53,081	2,617,104	337,012	426,536	187,750	499,074
4분위	43,622	1,243,462	203,695	292,375	125,056	460,925
5분위	28,757	760,165	120,254	157,634	69,299	189,056

주1) 여러 방법론에 따라 산출된 평균값을 단순 평균한 것임.
주2) 규모분위수별 순자산 장부금액 관련 내용은 실무적용시 참고목적으로 보여주는 것이며 주재무제
표(연결재무제표)를 기준으로 함.
주3) 특정 기업의 순자산 장부금액이 예외적으로 커서 3분위보다 평균이 더 크게 나옴.

다음의 내용은 한국공인회계사회에서 외부 전문가그룹에 연구를 의뢰한 한국의 기업규모위험 프리미엄(Size Risk Premium)의 연구결과로서 2022년 최초 발표 이후 2024년 6월 5일에 추가 연구를 통해 발표한 자료이다.

한국의 기업규모위험 프리미엄 연구 결과

(2024. 6. 5.)

[규모위험 프리미엄 : 3분위수]

규모	주1) 평균	시가총액(단위 : 백만원)			
		Min	Max	Median	Mean
Mid	−0.31%	799,816	469,000,000	2,118,418	7,275,833
Low	1.31%	247,355	798,867	412,800	450,343
Micro	3.75%	22,360	247,238	143,444	144,436

규모	주2) 순자산 장부금액(단위 : 백만원)					
	Min	Max	Median	Mean	Q1(1분위)	Q3(3분위)
Mid	80,500	364,000,000	1,790,000	주3)7,390,000	813,000	주3)5,040,000
Low	32,600	3,520,000	347,000	485,000	197,000	627,000
Micro	16,800	1,330,000	121,000	172,000	72,500	198,000

주1) 여러 방법론에 따라 산출된 평균값을 단순 평균한 것임.
주2) 규모분위수별 순자산 장부금액 관련 내용은 실무적용시 참고목적으로 보여주는 것이며 주재무제표(연결재무제표)를 기준으로 함.
주3) 특정 기업의 순자산 장부금액이 예외적으로 커서 3분위보다 평균이 더 크게 나옴.

[규모위험 프리미엄 : 5분위수]

규모	주1) 평균	시가총액(단위 : 백만원)			
		Min	Max	Median	Mean
1분위	−0.63%	1,660,780	469,000,000	4,089,102	11,400,000
2분위	0.08%	609,450	1,658,212	915,395	995,841
3분위	1.27%	299,250	608,290	412,800	425,863
4분위	2.47%	162,910	299,171	222,198	226,573
5분위	4.73%	22,360	162,876	108,300	105,495

규모	순자산 장부금액(단위 : 백만원) 주2)					
	Min	Max	Median	Mean	Q1(1분위)	Q3(3분위)
1분위	81,600	364,000,000	3,960,000	11,500,000 주3)	1,450,000	9,820,000 주3)
2분위	60,200	11,200,000	761,000	1,080,000	380,000	1,440,000
3분위	39,200	3,520,000	346,000	467,000	199,000	612,000
4분위	32,600	2,090,000	191,000	275,000	119,000	347,000
5분위	16,800	858,000	96,300	126,000	59,400	149,000

주1) 여러 방법론에 따라 산출된 평균값을 단순 평균한 것임.

주2) 규모분위수별 순자산 장부금액 관련 내용은 실무적용시 참고목적으로 보여주는 것이며 주재무제표(연결재무제표)를 기준으로 함.

주3) 특정 기업의 순자산 장부금액이 예외적으로 커서 3분위보다 평균이 더 크게 나옴.

자본비용 적용 사례 분석

1 조사 개요

1차 조사개요

- 조사대상(공시)기간: 2017년 7월 1일 ~ 2017년 12월 31일
- 조사대상: 금융감독원 전자공시시스템 상 합병, 영업양도, 영업양수, 주식양수, 주식양도 최종보고서 공시일이 조사대상기간에 해당하는 공시건[1]
- 총 평가건수는 179건이며, 이 중에서 자본비용 분석을 위한 DCF(현금흐름할인법)가 적용된 것임을 확인할 수 있는 건은 96건임. 96건 중 해외기업을 대상으로 평가한 건을 제외한 86건을 분석 대상으로 함.[2], [3]
- 한계: 조사대상기간의 제한 및 조사대상이 공시된 사례에 한정되므로 분석결과는 이를 고려하여 제한적으로 해석될 필요 있음.

2차 조사개요

- 조사대상(공시)기간: 2020년 1월 1일 ~ 2020년 12월 31일
- 조사대상: 금융감독원 전자공시시스템 상 합병 최종보고서 공시일이 조사대상기간에 해당하는 공시건[4]
- 자본비용 분석을 위한 현금흐름할인법이 적용된 것임을 확인할 수 있는 49건을 분석대상으로 함.
- 한계: 조사대상기간의 제한 및 조사대상이 공시된 사례에 한정되므로 분석결과는 이를 고려하여 제한적으로 해석될 필요 있음. 또한 1차 조사와 2차 조사의 조사범위가 완전히 일치한 것은 아니기 때문에 1차 조사와 2차 조사의 차이를 추세로 단정하기는 어려울 수 있음.

---

1) 증권신고서(합병), 주요사항보고서(영업양수결정), 주요사항보고서(영업양도결정), 주요사항보고서(타법인 주식 및 출자증권양수결정), 주요사항보고서(타법인주식 및 출자증권양도결정)으로 조회되는 최종보고서 기준으로 조사하였다.
2) 기본적으로 한 건의 공시에서는 평가대상 회사에 대한 분석만을 1건으로 보고 조사분석이 이루어졌으나, 평가대상회사에 대한 분석이 자회사에 대한 분석을 토대로 이루어진 투자회사(투자부문)의 경우에는 자회사를 각각으로 건으로 보아 분석하였다. 이러한 건은 27건이 포함되어 있다. 단, 이 경우에도 적용기준에 대한 분석 (예: 베타의 적용기준, 무위험이자율의 적용 기준 등)은 하나의 공시 건에서는 모두 동일한 기준을 사용하고 있으므로 이는 모두 1건으로 간주하여 분석하였다. 또한, 항목별 적용 기준의 분석에서 각 항목의 적용 근거가 명확하지 않은 경우에는 이를 제외한 대상만으로 사례 분석이 이루어졌다.
3) 이와 유사한 분석으로는 2015년 경제개혁연구소(ERRI)의 "DCF 적용시 사용된 할인율의 적정성 분석" 연구가 있다.

2 자본비용(WACC) 및 자기자본비용 적용 사례 분포

1) 자본비용 적용 사례 분포

자본비용의 의미는 기업이 조달한 자금에 대하여 투자자가 요구하게 되는 최소한의 수익률이다. 자본비용은 주주의 요구수익률인 자기자본비용과 채권자의 요구수익률인 이자율(타인자본비용)을 사용비율로 가중평균하여 산정하게 되는데, 이러한 자본비용은 예상현금흐름의 위험과 기회비용, 기대수익 등 다양한 요소가 고려된다.

공시대상 거래에서 이러한 자본비용의 적용 사례를 조사한 결과 2017년 적용 사례 조사시에는 5%~18%대 수준으로 적용되고 있었으며, 평균 10.9%, 중앙값 11%이며, 9%~13% 수준의 자본비용이 상대적으로 가장 많이 활용되고 있는 것으로 조사되었다. 2020년 적용 사례 조사시에도 5%~17% 수준에서 자본비용이 적용되고 있었으며, 평균과 중앙값이 11.3%이고, 1차 조사시와 동일한 9%~13% 수준의 자본비용이 상대적으로 많이 적용되고 있는 것으로 조사되었다. 2차 조사시 특이한 점은 16% 이상의 자본비용이 적용된 사례가 늘어난 것인데, 이는 스타트업을 비롯한 성장기업에 대한 투자가 증가한 부분도 영향을 미친 것으로 보인다.

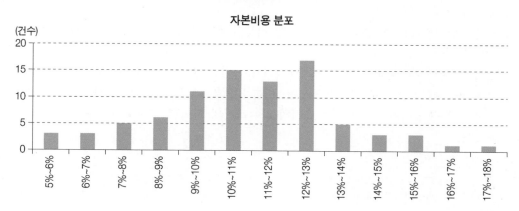

2017년 적용 사례 조사

자본비용 분포

---

4) 주요사항보고서(회사합병결정)으로 조회되는 최종보고서 기준으로 조사하였다.

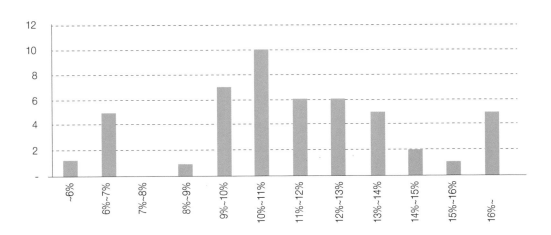

2020년 적용 사례 조사

자본비용 분포

2) 자기자본비용 적용 사례 분포

자기자본비용은 주주의 요구수익률이다. 실무상 자기자본비용은 시장수익률(주가지수 등)에 대상회사가 갖는 위험의 정도를 추가적으로 고려하여 측정하는데, 2017년 적용 사례 조사시에는 공시대상 거래에서 자기자본비용의 적용은 평균 12.4%, 중앙값 12.5%이며 5%~19% 수준으로 적용되고 있었다. 2020년 적용 사례 조사시에는 자기자본비용 적용은 평균 13.3%, 중앙값 13.4%이며 6%~21% 수준으로 적용되고 있었다. 자기자본비용은 상대적으로 9%~15% 수준에서 많이 적용되고 있었으며, 특이한 점은 17%~18% 수준의 자본비용의 적용이 많이 증가하였는데, 이는 스타트업을 비롯한 성장기업에 대한 투자가 증가한 부분도 영향을 미친 것으로 보인다.

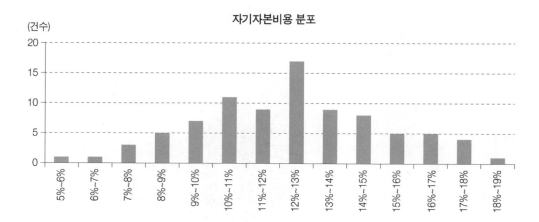

2017년 적용 사례 조사

자기자본비용 분포

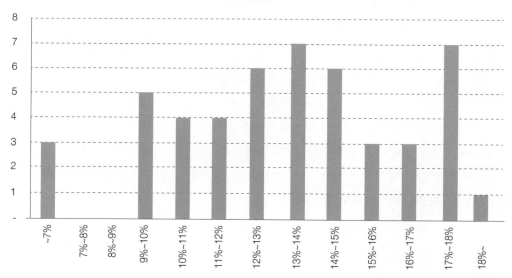

2020년 적용 사례 조사

자본비용 분포

3 가치(평가규모)에 따른 자본비용 및 자기자본비용 적용 사례

1) 기업가치별 자본비용 적용 사례

기업가치별로 적용된 자본비용 사례를 조사하였다. 각 구간별 적용된 자본비용의 범위는 분포된 기업의 수가 많을수록 넓고 다양하게 적용되고 있기 때문에 하나의 기준으로 단정할 수는 없고 다양한 요소가 고려되어야 할 것이나, 전반적인 흐름 상에서는 상대적으로 소규모 기업이 대규모 기업에 비해 높은 자본비용을 적용받을 가능성이 있음을 조사결과가 보여주고 있다. 이는 2017년 적용 사례와 2020년 적용 사례에서 모두 유사한 흐름을 관측할 수 있었다.

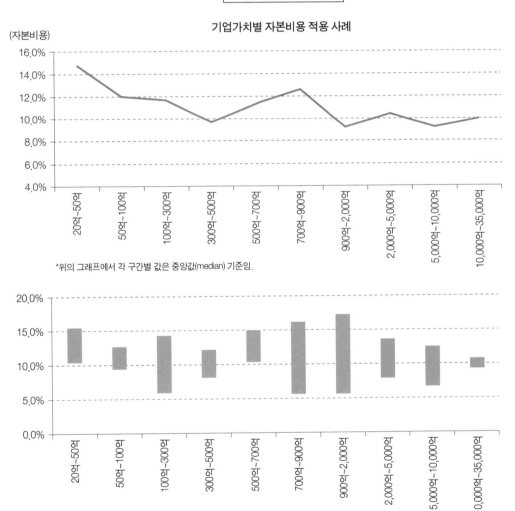

2017년 적용 사례 조사

기업가치별 자본비용 적용 사례

*위의 그래프에서 각 구간별 값은 중앙값(median) 기준임.

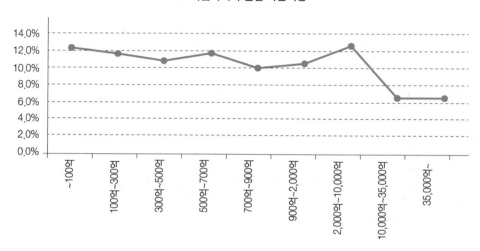

2020년 적용 사례 조사

기업가치 구간별 자본비용

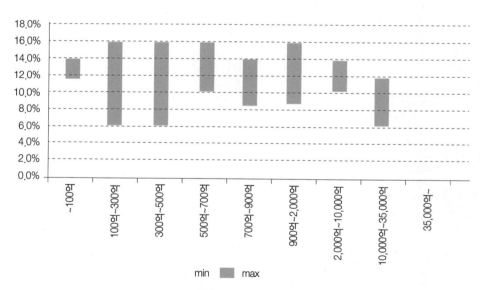

기업가치 구간별 자본비용 범위

2) 주주지분 가치별 자기자본비용 적용 사례

　자기자본가치별(주주가치별)로 적용된 자기자본비용 사례를 조사하였다. 각 구간별 적용된 자기자본비용의 범위는 분포된 기업의 수가 많을수록 넓고 다양하게 적용되고 있기 때문에 자본비용과 마찬가지로 하나의 기준으로 단정할 수는 없고 다양한 요소가 고려되어야 할 것이나, 전반적인 흐름 상에서는 상대적으로 소규모 기업이 대규모 기업에 비해 높은 자기자본비용을 적용받을 가능성이 있음을 조사결과가 보여주고 있다. 이는 2017년 적용 사례와 2020년 적용 사례에서 모두 유사한 흐름을 관측할 수 있었다.

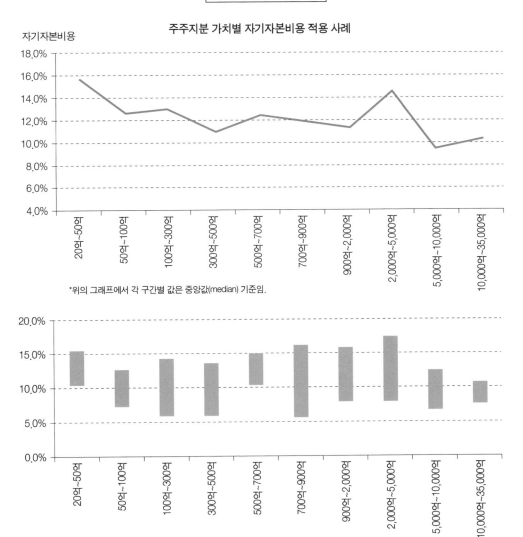

2017년 적용 사례 조사

주주지분 가치별 자기자본비용 적용 사례

자기자본비용

*위의 그래프에서 각 구간별 값은 중앙값(median) 기준임.

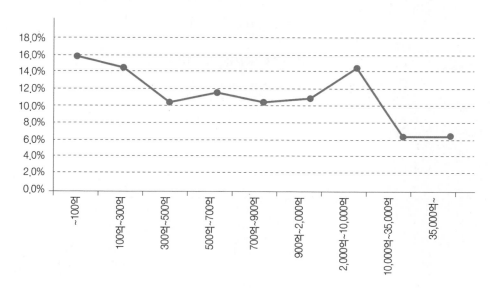

2020년 적용 사례 조사

주주지분가치 구간별 자기자본비용

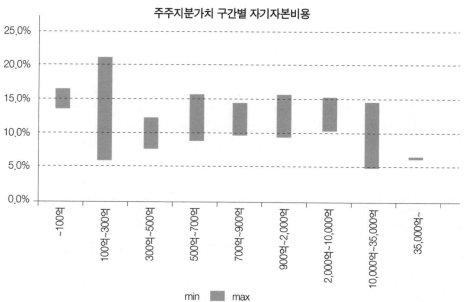

주주지분가치 구간별 자기자본비용

4 성장률(CAGR)[5]에 따른 자본비용 적용 사례

예측기간동안의 추정된 매출성장률 수준별로 자본비용 적용 사례를 조사 분석하였다. 기업가치별 적용 사례 분석과 마찬가지로 각 성장률 구간별로 자본비용의 적용범위가 다양하기 때문에 하나의 기준으로 단정할 수는 없을 것으로 보인다. 다만 전반적인 흐름 상 상대적으로 성장률이 높을수록 적용되는 자본비용이 다소 높아질 가능성이 있지만, 2017년 적용 사례 조사시에는 공시대상 거래의 분석대상 기간 동안의 적용사례에서는 기업규모 구간별 적용된 자본비용 적용 사례에 비해 성장률 구간별 자본비용의 차이는 상대적으로 유의적이라고 보기 어려울 수 있을 것 같다. 그러나 상대적으로 2020년 적용 사례 조사시에는 성장률이 높은 구간에서 자기자본비용도 상대적으로 더 높아질 가능성이 있다는 흐름을 보여주고 있다.

5) 성장률은 매출 성장률을 기준으로 하였으며, 예측기간 직전연도 매출에서 예측최종기간 매출의 연평균 성장률을 기준으로 하였다.

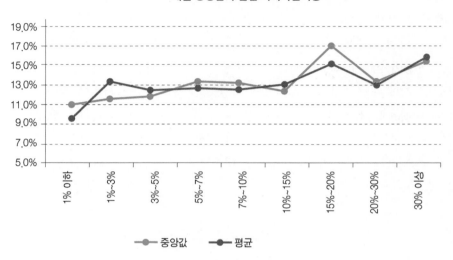

2020년 적용 사례 조사

매출 성장률 구간별 자기자본비용

5 영구성장률 적용 사례 분포

예측기간 이후의 현금흐름에 적용되는 영구성장률은 0%~2% 수준으로 적용되고 있으며, 0%와 1%가 가장 많이 적용되고 있었다. 이러한 흐름은 2017년 적용 사례와 2020년 적용 사례에서 동일하게 나타나고 있다.

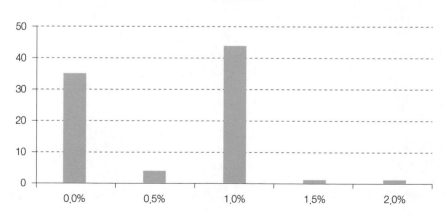

2017년 적용 사례 조사

영구 성장률

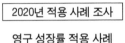

영구 성장률 적용 사례

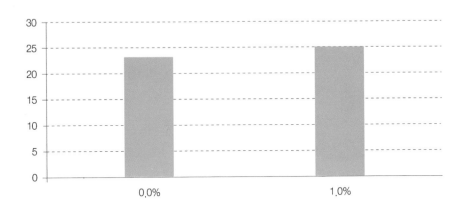

6 추가위험(프리미엄) 적용 사례

추가위험은 자기자본비용 산정 시 CAPM에 의해 산정된 값에 기업 특유의 위험들을 고려하여 추가적으로 가산하는 프리미엄을 말한다. 자본비용에 가산하는 프리미엄으로는 규모에 따른 위험조정, 비유동성에 따른 위험조정, 기타 기업 특유의 위험조정 등이 있다. 그러나, 이러한 위험프리미엄의 조정이 항상 필요한 것인지, 프리미엄을 가산한다면 어느 정도 가산하는 것이 적절한 지에 대해서는 다양한 견해와 사례가 존재한다.

1) 프리미엄 적용 여부

분석대상 사례에서는 추가 위험 조정(프리미엄)을 적용하는 경우와 적용하지 않은 경우가 모두 있는 것으로 조사되었다. 2017년 적용 사례와 2020년 적용 사례가 다소 차이가 나는 것은 모집단의 차이가 존재하므로 단순 비교는 어려우며, 프리미엄을 적용하는 경우와 적용하지 않는 경우가 모두 중요한 비중으로 존재하기 때문에 평가 대상회사의 특성, 평가를 위해 활용한 유사기업의 특성 등을 종합적으로 고려하여 프리미엄의 적용 여부를 판단하여야 할 것으로 보인다.

부 록

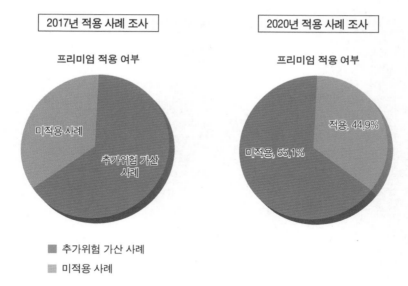

2017년 적용 사례 조사 / 2020년 적용 사례 조사

프리미엄 적용 여부

- ■ 추가위험 가산 사례
- ▨ 미적용 사례

2) 적용된 프리미엄의 범위

추가위험 조정(프리미엄)을 적용한 경우에는 1%~7%의 범위에서 평균적으로 3.4%~3.7%가 적용되고 있었으며, 3%~4% 수준의 프리미엄이 가장 많이 적용되고 있는 것으로 나타났다.

프리미엄 범위	1%~2%	2%~3%	3%~4%	4%~5%	5%~6%	6%~7%
2017년 적용 사례 분포	7.7%	12.8%	51.3%	7.7%	10.3%	10.3%
2020년 적용 사례 분포	4.5%	13.6%	77.3%	–	–	4.5%

구분	평균값	중앙값	최소값	최대값
2017년 적용 사례	3.7%	3.6%	1.0%	6.6%
2020년 적용 사례	3.4%	3.4%	1.5%	7.0%

7 **기타항목의 적용 사례**

1) 무위험이자율 적용 사례

무위험이자율은 5년 만기 국공채수익률과 10년 만기 국공채 수익률이 활용되고 있으며, 10년 만기 국공채 수익률이 상대적으로 더 많이 활용되는 것으로 조사되었다. 2020년 적용 사례에서는 대부분 10년 만기 국공채 수익률이 적용되었던 것으로 조사되었다.

2) 시장수익률 산정 기준 사례

시장수익률은 직접산정하기보다는 90%이상이 Bloomberg 등의 조사기관 자료를 기준으로 사용하고 있으며, 이러한 시장수익률을 적용하는 기준은 사례별로 다양하다. 평가기준일 시점에 조사된 시장수익률을 적용하는 경우, 평가기준일을 기준으로 하여 직전 1개월 평균, 1년 평균, 2년 평균, 3년 평균, 5년 평균 시장수익률을 적용하는 경우 등으로 다양한 적용 사례가 있는 것으로 조사되고 있으며, 상대적으로 평가기준일 시점의 시장수익률과 1년 평균 시장수익률의 적용 사례 비중이 다소 높았다.

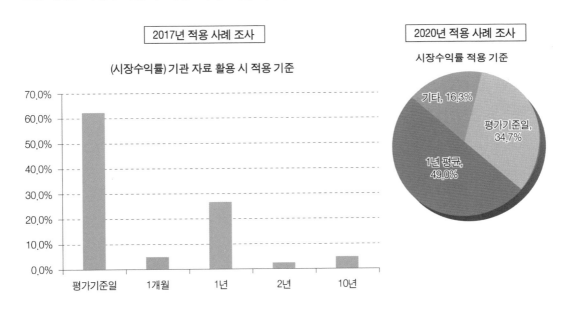

3) 베타 적용 기간 사례

자기자본비용을 CAPM을 활용하여 산정할 때 베타는 대부분의 사례에서 Bloomberg 등의 조사기관 자료를 활용하고 있으며, 베타의 측정주기, 측정빈도는 다양한 적용 사례가 존재하고 있는 것으로 조사되고 있다.[6] 그 중에서 5년과 2년을 측정주기로 산정하는 베타가 상대적으로 많이 활용되고 있었다.

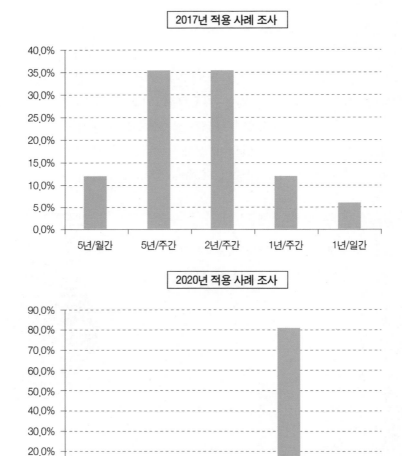

---

6) 자기자본비용, CAPM, 베타에 대한 자세한 사항은 제3장 DCF(현금흐름할인법)를 참고하기 바란다.

4) 재무구조의 적용 기준 사례

가중평균자본비용(WACC)을 산정할 때, 자기자본비용과 타인자본비용은 목표자본구조에 따른 각각의 자본비율에 따라 가중평균하여 산정하는데, 이 때 목표자본구조를 어떤 방식으로 추정하느냐에 대해서 다양한 견해가 존재한다. 실무적으로도 다양한 방식을 활용하고 있는 것으로 조사되고 있는데, 동업종 평균 재무구조를 상대적으로 가장 많이 활용하는 것으로 나타났다.

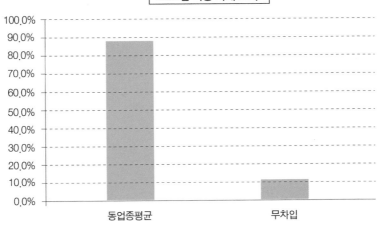

5) 타인자본비용 적용 가정 사례

타인자본비용은 이자비용과 같은 평가시점의 채권자가 요구하는 수익률이다. 실무적으로 타인자본비용은 가중평균차입이자율과 신용등급에 해당하는 회사채 수익률의 적용이 상대적으로 많이 활용되고 있는 것으로 조사되었다.

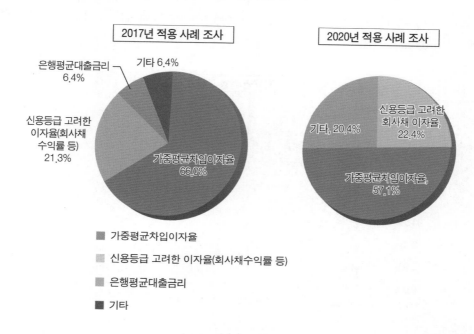

참고자료

- 외부평가업무 가이드라인. 2009.6. 금융감독원, 기업공시본부
- 가치평가서비스 수행기준. 2008.8.28. 한국공인회계사회
- 자본시장과금융투자업에관한법률(2017.1.1.), 시행령(2017.2.13.), 시행규칙(2016.1.25)
- 증권발행및공시에관한규정(2017.2.23.), 시행세칙(2016.6.23.)
- 상속세및증여세법(2017.12.19.), 시행령(2018.02.13.), 시행규칙(2018.3.19.), 기본통칙 (2011.5.20.)
- 상법(2017.10.31.)
- 한국채택국제회계기준
- 기업가치평가, TIM KOLLER , MARC GOEDHART, DAVID WESSELS 지음, 김종일, 이석준, 박종현 옮김, INFINITYBOOKS, 2009년 제4판
- 기업가치평가실무, 강진홍, 조한웅 공저, 영화조세통람, 2016년 개정 5판
- Valuation, 박대준 외, 삼일인포마인, 2018년
- 주식가치평가를 위한 작은 책, 에스워스 다모다란 지음, 정호성 옮김, 부크온, 2013년
- 어스워스 다모다란의 투자철학, 어스워스 다모다란 著, 리딩리더 출판, 2013년
- 주식평가와 세무조사, 안병일, 삼일인포마인, 2014년
- 기업금융과 M&A, 2016, 최상우 외 공저, 삼일인포마인
- 재무관리(이론과 응용), 이의경, 경문사, 2000년
- 재무제표분석과 기업가치평가, 백복현/장궈화/최종학 공정, 박영사
- 비상장 주식평가 pro, 김영수, 도서출판 원, 2016년 제6판
- 사업결합 시 무형자산의 평가절차 및 평가기법과 영업권 손상평가, 권수영, 김종일, 남혜정, 권기정, 박대준, 2011년 6월
- 한국 주식시장의 규모 프리미엄과 자기자본비용의 추정, 오세경, 박기남, 2015.2.11.
- DCF 적용시 사용된 할인율의 적정성 분석(자본시장법 상 합병 및 영업양수도 등을 중심으로), 2015.2.11(ERRI 경제개혁연구소)
- 제약산업의 기술가치평가 방법론 rNPV(risk-adjusted Net Present Value)과 활용 전망(한국보건산업진흥원), 2017.9.20.
- the cost of illiquidity, NYU, Aswath damodaran
- the value of control, NYU, Aswath damodaran

- Growth and Value, NYU, Aswath damodaran
- The Octopus: Valuing Multi-business, Multi-national companies - NYU Stern
- Damodaran Online Homepage
- Illustrative Example of Intangible Asset Valuation(THE CANADIAN INSTITUTE OF CHARTERED BUSINESS VALUATORS)
- Valuing preferred stock, journal of accountancy, BY SCOTT E. MILLER , February 1, 2007.
- 2017 Valuation Handbook Market Results Through 2016 Preview Version U.S. Guide to Cost of Capital, Duff & Phelps
- 기술가치평가 실무가이드, 산업통산자원부, 2014.12.
- 변호사 제49집(2017.1.)
- 회계와세무(2010.1.)
- CFO 제33호(2011)
- 삼일IFRS 해설 2016
- 2018 기업공시실무안내(2018.1.4.), 금융감독원, 기업공시제도실
- 합병 등 특수공시 관련 실무 안내서(2017.8.), 금융감독원
- 기업공시서식 작성기준(2018.2.28.), 금융감독원 기업공시제도팀
- 전자공시시스템(dart.fss.or.kr)의 주요사항보고서, 증권신고서, 사업보고서 등

■ 이중욱 회계사

- 서강대학교 경영학과
- 공인회계사, 세무사
- (전) 삼일회계법인 이사

▌주요저서
- 「M&A와 투자, 기업재편 가이드」 삼일인포마인
- 「가치투자를 위한 나의 첫 주식가치평가」 삼일인포마인
- M&A 소설 「비하인드 바이아웃」 더올림컴퍼니
- 「디지털자산의 이해를 위한 회계, 세무, Valuation 안내서」 삼일인포마인

■ 김성수 회계사

- 서강대학교 경제학과
- 서강대학교 재무관리 석사
- 중앙대학교 회계학 박사수료
- 공인회계사, 세무사
- (전) 삼일회계법인 이사
- (전) PwC컨설팅 상무

▌주요저서
- 「M&A와 투자, 기업재편 가이드」 삼일인포마인
- 「디지털자산의 이해를 위한 회계, 세무, Valuation 안내서」 삼일인포마인

M&A, DCF, 자산손상, PPA, 옵션, 스타트업, Data, 세법 등을 고려한

개정증보판 **기업가치평가와 재무실사**

2018년 6월 28일 초판 발행
2025년 3월 6일 7판 발행

저　자　이　중　욱
　　　　김　성　수
발　행　인　이　희　태
발　행　처　**삼일피더블유씨솔루션**

서울특별시 용산구 한강대로 273 용산빌딩 4층
등록번호 : 1995. 6. 26 제3 - 633호
전　　　화 : (02) 3489 - 3100
F A X : (02) 3489 - 3141
I S B N : 979 - 11 - 6784 - 349 - 4　93320

저자협의
인지생략

※ '삼일인포마인'은 '삼일피더블유씨솔루션'의 단행본 브랜드입니다.
※ 파본은 교환하여 드립니다.

정가 80,000원